MARABOUT ***PRATIQUES***

# LE DICTIONNAIRE
## MARABOUT
## DES
# MOTS CROISÉS

PAR LÉON ET MARYNEL NOËL

TOME 2

# I - Z

MARABOUT

# I

**IAMBE :** **8** iambique ■ **9** chorïambe ■ **10** choliambre.
**IAMBIQUE :** **9** chorïambe.
**IBERIE :** **8** ibérique.
**IBERIQUE :** **5** arobe ■ **6** arrobe.
**IBERIS :** **8** téraspic.
**ICAQUIER :** **6** icaque.
**ICHTYOLOGIE :** **13** ichtyologique, ichtyologiste.
**ICI :** **2** çà, ci, là ■ **5** céans, ci-gît.
**ICONE :** **10** iconologue ■ **11** iconoclasme, iconoclaste ■ **12** iconologiste ■ **14** iconographique.
**ICONOLOGIE :** **12** iconologique.
**ICTERE :** **8** cholémie, jaunisse ■ **9** ictérique.
**IDEAL :** **4** rêvé, type ■ **6** absolu ■ **7** parfait* ■ **8** accompli, ataraxie, idéalité ■ **9** archétype, classique, idéalisme, idéologie, olympisme, prosaïque, prosaïsme ■ **10** aspiration, idéalement, métacentre, platonique, prométhéen ■ **15** substantialisme.
**IDEALISER :** **6** esprit ■ **9** poétiser, ruralisme ■ **11** imagination ■ **12** idéalisation ■ **14** idéalisateur.
**IDEALISTE :** **12** don quichotte.
**IDEE :** **4** dada, mana, rêve, tour, vide ■ **5** blanc, dyade, idéal, idéer, image, jaune, juger, manie, songe ■ **6** donnée, ectype, entité, notion, pensée*, projet ■ **7** chimère, concept, hantise, marotte, noumène, remueur, rêverie, soupçon, théorie*, volonté ■ **8** gnomique, idéation, machisme, militant, pratique, souvenir, velléité ■ **9** allégorie, communier, connaître, fantaisie, idée-force, idéologie, intention, matériaux, monomanie, obsession, péjoratif, prénotion, sensation, sentiment, tentation, universel ■ **10** conception*, érotomanie, idéogramme, impression, répétition, sandinisme, sinistrose, suggestion, vieillerie ■ **11** endoctriner, idéographie, imagination, monoïdéisme ■ **12** connaissance, illumination, intelligible, tachypsychie ■ **13** astrobiologie, compréhension, concaténation, extrapolation, préconception ■ **14** autosuggestion, conceptualisme, évolutionnisme, représentation.
**IDENTIFICATION :** **4** isbn, issn ■ **8** filtrage ■ **10** panthéisme ■ **11** diagnostic ■ **12** assimilation, coproculture, introjection ■ **13** bertillonnage ■ **14** anthropométrie ■ **15** identificatoire.
**IDENTIFIER :** **8** document ■ **9** assimiler ■ **11** reconnaître* ■ **12** identifiable ■ **14** identification.
**IDENTIQUE :** **3** tel ■ **4** même*, seul ■ **5** autre ■ **6** pareil*, propre ■

9 isoglosse, isogreffe, semblable* ■ 10 gémination, identifier ■ 13 identiquement.
**IDENTITE:** 3 nom, r.i.b. ■ 4 même* ■ 5 carte ■ 7 judaïté, judéité ■ 10 communauté, identifier, photomaton, pseudonyme ■ 11 équivalence, identitaire, sans-papiers ■ 13 déculturation.
**IDEOLOGIE:** 8 arabisme, machisme ■ 13 contre-société, sociocritique ■ 14 désidéologiser.
**IDEOLOGIQUE:** 13 maître-penseur.
**IDIOME:** 6 langue* ■ 7 langage ■ 11 idiomatique.
**IDIOT:** 3 sot* ■ 4 bête, nase, naze ■ 5 daube, enflé ■ 6 crétin ■ 7 conneau, idiotie, stupide* ■ 8 insanité ■ 10 idiotement.
**IDIOTISME:** 8 tournure ■ 10 expression.
**IDOINE:** 9 approprié*.
**IDOLATRIE:** 5 amour*, païen ■ 7 nations ■ 8 idolâtre ■ 9 adoration* ■ 11 idolatrique.
**IDOLE:** 4 dieu ■ 7 fétiche ■ 8 idolâtre ■ 9 idolâtrie.
**IDYLLE:** 8 caristys ■ 9 idyllique, pastorale.
**IDYLLIQUE:** 8 arcadien.
**IGNAME:** 6 foufou, foutou.
**IGNARE:** 8 ignorant*.
**IGNE:** 10 pyrosphère.
**IGNIFUGER:** 12 ignifugation.
**IGNITION:** 4 moxa ■ 10 combustion.
**IGNOBLE:** 3 bas ■ 4 beau, joli, laid* ■ 6 abject, hideux ■ 7 affreux, immonde ■ 8 ruisseau ■ 9 dégoûtant ■ 11 ignoblement.
**IGNOMINIE:** 5 honte* ■ 8 opprobre ■ 9 turpitude ■ 10 déshonorer ■ 11 ignominieux.
**IGNORANCE:** 4 insu, maya, nuit ■ 5 doute ■ 6 ânerie ■ 7 bandeau, candeur, ineptie, naïveté, nullité, sottise ■ 8 encroûté, ilotisme, malfaçon, ténèbres ■ 9 décrasser, décrotter, gaucherie, impéritie, ingénuité, innocence, niaiserie ■ 10 incapacité*, maladresse*, simplicité ■ 11 tâtonnement ■ 12 connaissance, incompétence, inconscience, inexpérience, insuffisance, superstition ■ 13 inconséquence ■ 14 méconnaissance.
**IGNORANT:** 3 âne, nul, sot* ■ 4 bâté, bête, buse, naïf, pont ■ 5 borné, idiot, niais ■ 6 cancre, crétin, ignare, inepte, ingénu, nigaud, novice, simple, velche, welche ■ 7 arriéré, barbare, béjaune, béotien, candide, inculte, indocte, profane, stupide* ■ 8 aliboron, apprenti, étranger, grossier, illettré, innocent, jocrisse ■ 9 bourrique, charlatan, dégrossir, maladroit, malhabile ■ 11 analphabète, incompétent, inconscient, vulgum pecus ■ 12 ignorantisme ■ 13 inexpérimenté, irresponsable.
**IGNORE:** 5 épave ■ 6 inédit, obscur, oublié ■ 7 inconnu, méconnu ■ 9 incertain, incompris.
**IGNORER:** 7 croupir, oublier ■ 8 rouiller ■ 9 encrasser ■ 11 méconnaître.
**IGUANE:** 7 basilic ■ 12 amblyrhynque.
**ILE:** 4 îlet, îlot ■ 5 atoll, îlien, oasis ■ 6 îlette, javeau ■ 8 archipel ■ 9 insulaire ■ 10 insularité.
**ILEON:** 5 iléal ■ 6 iléite ■ 11 iléo-cæcal.
**ILIACEE:** 4 houx.
**ILIAQUE:** 5 pubis ■ 7 ischion ■ 9 cotyloïde.
**ILLEGAL:** 9 trafiquer ■ 10 arbitraire, billonnage ■ 12 illégalement, proscription ■ 14 pronunciamento.
**ILLEGITIME:** 7 injuste* ■ 10 exploiteur ■ 14 illégitimement.

**ILLICINEE :** 12 aquifoliacée*.
**ILLICITE :** 5 brûlé ■ 7 défendu, inceste ■ 8 fricoter ■ 10 dichotomie, quasi-délit, subreptice ■ 11 gaspillage ■ 12 illicitement.
**ILLIMITE :** 6 infini ■ 7 immense ■ 8 démesuré ■ 10 amplifiant.
**ILLISIBLE :** 11 barbouillis, gribouillis, hiéroglyphe ■ 12 barbouillage, gribouillage, illisibilité ■ 13 illisiblement ■ 14 indéchiffrable.
**ILLOGIQUE :** 9 illogisme ■ 13 illogiquement.
**ILLUMINATION :** 4 fête ■ 7 lumière* ■ 9 éclairage, illuminer, luminaire ■ 11 embrasement, visionnaire.
**ILLUMINER :** 8 éclairer*, embraser ■ 11 ensoleiller, illuminisme.
**ILLUSION :** 4 rêve ■ 5 bluff, écart, songe ■ 6 erreur, leurre, mirage, utopie, vision ■ 7 chimère, fantôme, rêverie ■ 8 dégriser, prestige ■ 9 désabuser, égarement, illusoire, micropsie, phantasme, simulacre ■ 10 paramnésie ■ 11 aveuglement, désillusion, illusionner, imagination, trompe-l'œil ■ 12 désenchanter ■ 13 fantasmagorie, hallucination ■ 14 désillusionner ■ 15 phénakistiscope.
**ILLUSIONNER :** 5 rêver ■ 6 abuser, égarer ■ 7 leurrer ■ 8 décevoir ■ 9 désabuser.
**ILLUSIONNISME :** 13 illusionniste.
**ILLUSOIRE :** 4 faux*, maya, vain* ■ 10 chimérique ■ 13 illusoirement.
**ILLUSTRATION :** 3 nom ■ 5 éclat, image*, rough ■ 6 gloire, lustre ■ 7 détouré, honneur ■ 8 crayonné, maquette, peinture ■ 9 habillage ■ 10 enluminure.
**ILLUSTRE :** 5 punch ■ 6 fameux ■ 7 célèbre, renommé ■ 8 carte-vue, magazine ■ 9 cover-girl, illustrer ■ 10 apothegme, exemplatif, personnage ■ 12 illustration.
**ILLUSTRER :** 5 orner* ■ 9 triompher.
**ILLUVIATION :** 8 illuvial.
**ILOT :** 6 insula.
**ILOTE :** 6 hilote ■ 8 ilotisme.
**IMAGE :** 4 flou, halo, idée, look, naos, rêve, spot ■ 5 album, buste, champ, fondu, icône, image, pixel, tanka ■ 6 charge, chromo, cliché, dessin*, figure, statue, visuel ■ 7 effigie, emblème, estampe, fétiche, gravure, négatif, parélie, symbole, tableau*, vidicon ■ 8 agnus-dei, dépliant, fantasme, figurine, iconique, imagerie, parhélie, peinture*, pêle-mêle, portrait*, rémanent, séquence, vividité ■ 9 allégorie, décadrage, découpure, linéature, miniature, phototype, simulacre, stock-shot ■ 10 autoscopie, caricature, décalquage, définition, enluminure, iconolâtre, iconoscope, instantané, microforme, photo-robot, projecteur, projection, sécheresse, signifiant, silhouette, télévision, transformé ■ 11 anamorphose, audiovisuel, cinémascope, description, iconolâtrie, iconothèque, pittoresque, prémonition, remnogramme, stéréoscope, transformée, transparent, trompe-l'œil ■ 12 colorisation, illustration, magnétoscope, photographie, remnographie, scanographie, scintigraphie ■ 14 représentation ■ 15 vidéoconférence, visioconférence.
**IMAGERIE :** 3 i.r.m.
**IMAGINAIRE :** 3 fée ■ 4 faux*, pôle ■ 5 conte, fable, roman ■ 6 esprit, fictif, irréel, utopie ■ 8 eldorado, équateur, fabuleux, référent, sélénite, utopique ■ 9 parallèle, phantasme, réactance ■ 10 chimérique, fabulation, quaternion ■ 11 coquecigrue, fantaisiste, fantastique, pandémonium, surréalisme ■ 12 almicantarat, pataphysique.
**IMAGINATION :** 3 feu ■ 4 chic, idée, rêve*, saut, tête ■ 5 aride, génie, idéal, logis, manie, poète, roman, songe, thème, verve ■ 6 délire, esprit, extase, féerie, mirage, pensée, projet, talent, utopie, vision ■

7 chimère, fiction, théorie ■ 8 gamberge, illusion ■ 9 eidétique, fantaisie*, hypothèse, invention ■ 10 conception, imaginaire ■ 11 fantastique, imaginative, inspiration ■ 12 enthousiasme ■ 13 contemplation, fantasmagorie, hallucination, pressentiment ■ 14 représentation*.

**IMAGINER**: 5 juger, rêver ■ 6 aviser, croire, forger, penser ■ 7 délirer, espérer, figurer ■ 8 inventer*, pensable, supposer* ■ 9 concevoir*, gamberger, illustrer, persuader ■ 10 construire, contempler, imaginable, imaginatif, pressentir ■ 11 imaginative, représenter* ■ 12 extérioriser.

**IMBECILE**: 3 âne, sot* ■ 5 gourd, melon, moule, poire ■ 6 conard, crétin, tourte ■ 7 chnoque, connard, conneau, corniot, demeuré, enfoiré, jacques, schnock ■ 8 couillon, schnoque ■ 9 andouille, cornichon.

**IMBECILLITE**: 8 imbécile ■ 10 crétinisme ■ 12 imbécilement ■ 14 ramollissement.

**IMBERBE**: 5 barbu ■ 6 glabre.

**IMBIBE**: 5 soupe ■ 9 spongieux.

**IMBIBER**: 5 bruir ■ 6 aviner ■ 7 arroser, teindre, tremper ■ 8 absorber, mouiller* ■ 10 imbibition.

**IMBROGLIO**: 8 désordre*.

**IMBU**: 4 gras ■ 5 plein.

**IMITATION**: 3 toc ■ 4 faux, mime, stuc ■ 5 camée, copie, stras, vélin ■ 6 calque, charge, modèle, simili, strass ■ 7 emprunt, parodie, plagiat ■ 8 coin-coin, imitatif, original, pastiche, racinage, singerie ■ 9 aquatinte, archaïsme, clinquant, contagion, mimologie, ricercare, vermiculé ■ 10 académisme, anglomanie, caricature, chrysocale, ondulation, onomatopée, ossianisme, pastichage, pastillage, pindarisme, répétition ■ 11 contrefaçon, maillechort, moutonnerie ■ 12 chrysocalque, pétrarquisme, reproduction ■ 13 anacréontisme, contrefaction ■ 15 travestissement.

**IMITER**: 4 mime ■ 5 jouer, mimer, piper ■ 6 copier*, égaler, frouer, gerber, parler, piller, singer, suivre, veiner ■ 7 calquer, charger, feindre, marbrer, modeler, picorer, pirater, plagier, répéter, simuler ■ 8 attraper, bégueter, graniter, imitable, parodier, poissard, veinette ■ 9 briqueter, emprunter, imitateur, imitation, marotique, pasticher, travestir ■ 10 cicéronien, inimitable, iridescent, marivauder, pantomimer, reproduire* ■ 11 caricaturer, contrefaire, courcaillet, lamartinien, rossignoler, tambouriner ■ 13 paramilitaire.

**IMMANENT**: 9 immanence.

**IMMANQUABLEMENT**: 10 assurément ■ 12 certainement ■ 14 invariablement.

**IMMATERIALISME**: 10 immatériel, spiritisme ■ 13 immatérialité ■ 14 immatérialiste.

**IMMATERIEL**: 14 dématérialiser.

**IMMATRICULER**: 13 minéralogique ■ 15 immatriculation.

**IMMATURE**: 12 lymphoblaste.

**IMMEDIAT**: 2 go ■ 3 tôt ■ 5 fonte, subit* ■ 6 illico, prompt* ■ 7 bientôt, soudain* ■ 8 aussitôt, comptant, dare-dare, prochain ■ 9 à l'instant, proximité ■ 10 coaptation, instantané, sur-le-champ ■ 11 automatique, immédiateté, incontinent, périurbain, tout de suite ■ 13 immédiatement ■ 14 intentionalité.

**IMMENSE**: 5 géant, grand* ■ 6 espace, infini ■ 8 colossal, démesuré ■ 11 immensément.

**IMMERGE**: 7 exonder ■ 10 hydrophone.

**IMMERGER**: 4 orin ■ 6 carène, couler ■ 7 plonger* ■ 8 baptiser, mouiller ■ 9 isocarène, mouilleur ■ 10 débouillir.

**IMMERSION**: 4 bain*, noyé ■ 8 immersif ■ 14 débouillissage.

**IMMEUBLE :** 4 cité ■ 5 hôtel, purge ■ 6 maison* ■ 7 impense ■ 8 bâtiment, building ■ 9 bien-fonds, concierge, propriété ■ 10 cité-jardin, gratte-ciel, habitation*, immobilier.
**IMMIGRATION :** 8 immigrer ■ 9 immigrant ■ 10 émigration.
**IMMIGRE :** 6 latino.
**IMMINENT :** 6 proche* ■ 7 instant ■ 8 prochain ■ 9 approcher, imminence.
**IMMISCER :** 8 insinuer ■ 10 intervenir.
**IMMIXTION :** 12 cléricalisme.
**IMMOBILE :** 4 fixe* ■ 5 atone, ferme, oisif ■ 6 arrêté, inerte, passif, stable ■ 7 inactif, perclus, podagre ■ 8 casanier, immuable, impotent, paisible ■ 9 équilibre, stupéfait ■ 10 inamovible, insensible, sédentaire, tranquille ■ 11 flegmatique, immobiliser.
**IMMOBILIER :** 9 pétitoire ■ 12 immobiliaire ■ 13 expropriation.
**IMMOBILISE :** 11 fascinateur.
**IMMOBILISER :** 5 figer ■ 6 clouer ■ 7 arrêter*, coincer, plâtrer ■ 9 rétention ■ 10 stationner ■ 14 immobilisation.
**IMMOBILISME :** 11 immobiliste.
**IMMOBILITE :** 4 mort, yoga ■ 5 calme, repos* ■ 6 fixité, flegme ■ 7 fermeté, inertie, stupeur ■ 8 fixation, oisiveté, surplace ■ 9 assurance, équilibre, passivité, stabilité ■ 10 inactivité, stagnation ■ 13 impassibilité, insensibilité.
**IMMODERE :** 5 sobre ■ 8 cupidité, démesuré, excessif* ■ 10 bambochard, bambocheur, convoitise ■ 12 immodérément ■ 13 insatiabilité.
**IMMODESTE :** 11 orgueilleux* ■ 13 immodestement.
**IMMOLATION :** 9 sacrement, sacrifice* ■ 10 holocauste.
**IMMOLER :** 9 sacrifier ■ 10 immolateur, immolation.
**IMMONDE :** 4 sale* ■ 9 malpropre*.
**IMMONDICE :** 5 égout ■ 6 ordure* ■ 7 cloaque ■ 8 décharge ■ 11 dégorgement.
**IMMORAL :** 5 impur ■ 6 amoral, mœurs ■ 7 déréglé, injuste ■ 8 débauché* ■ 9 antimoral, malpropre ■ 10 licencieux* ■ 12 immoralement.
**IMMORTEL :** 7 éternel* ■ 9 ambroisie ■ 11 immortalité ■ 12 immortaliser ■ 14 immortellement.
**IMMORTELLE :** 7 statice ■ 9 éternelle ■ 10 xéranthème.
**IMMUABLE :** 4 fixe, même* ■ 6 arrêté ■ 10 stéréotypé ■ 12 immuablement, immutabilité.
**IMMUNISATION :** 9 anatoxine.
**IMMUNISE :** 5 immun.
**IMMUNISER :** 8 exempter, inoculer, protéger*, réceptif ■ 10 immunisable ■ 12 immunisation.
**IMMUNITAIRE :** 4 sida ■ 13 immunodéprimé ■ 15 immunocompétent.
**IMMUNITE :** 8 anavenin, dispense ■ 9 franchise ■ 10 immunogène, plasmocyte ■ 11 immunologie ■ 13 mithridatisme.
**IMMUNODEPRESSEUR :** 15 immunodépressif.
**IMMUNOGLOBINE :** 7 myélome.
**IMMUNOLOGIE :** 13 immunologique, immunologiste.
**IMPACT :** 5 heurt* ■ 10 astroblème, microsonde.
**IMPAIR :** 8 ethmoïde, imparié ■ 12 imparidigité.
**IMPALUDATION :** 8 impaludé.
**IMPARFAIT :** 4 brut, vert ■ 5 hâtif, passé ■ 6 avorté, borgne, écorné, fautif, louche, mutilé, véreux ■ 7 avorton, boiteux, ébauché, inexact, infirme, informe, précoce, tronqué, vicieux ■ 8 abâtardi, inachevé, prétérit, velléité ■ 9 dépouillé, inadéquat, incomplet*, incorrect, prématuré, trachéide ■ 10 défectueux ■ 11 insuffisant, superficiel ■ 14 imparfaitement.

**IMPARTIAL :** 4 égal ■ 5 calme, juste* ■ 6 modéré, neutre ■ 7 intègre ■ 9 équitable ■ 10 impassible, insensible ■ 11 indifférent ■ 12 désintéressé.
**IMPARTIALITE :** 6 équité, flegme ■ 7 égalité, justice ■ 9 intégrité, sang-froid ■ 10 modération, neutralité ■ 12 indifférence ■ 13 impassibilité, insensibilité.
**IMPASSE :** 3 rue ■ 5 accul ■ 6 courée, danger ■ 7 venelle ■ 8 cul-de-sac ■ 10 difficulté.
**IMPASSIBLE :** 5 calme*, froid ■ 8 impavide ■ 10 exaltation, pisse-froid, sourciller ■ 11 flegmatique ■ 13 impassibilité, imperturbable ■ 14 impassiblement.
**IMPATIENCE :** 2 ah, çà ■ 3 hum ■ 5 basta, baste, flûte ■ 6 crénom, morgué ■ 9 agacement, morguenne ■ 10 crispation, morguienne ■ 12 impatiemment.
**IMPATIENT :** 5 calme, saint ■ 8 crispant ■ 9 balsamine ■ 12 impatientant.
**IMPATIENTER :** 7 crisper, énerver* ■ 10 tourmenter*.
**IMPATRONISER :** 8 insinuer ■ 15 impatronisation.
**IMPAVIDE :** 5 hardi ■ 10 impavidité, impossible.
**IMPAYABLE :** 7 comique*.
**IMPECCABLE :** 3 net ■ 7 parfait* ■ 13 impeccabilité, irréprochable.
**IMPECUNIOSITE :** 8 pauvreté*.
**IMPEDANCE :** 9 réactance ■ 10 admittance ■ 11 capacitance.
**IMPENETRABLE :** 5 abîme ■ 6 opaque, sphinx ■ 8 mangrove ■ 10 mystérieux, profondeur.
**IMPERATIF :** 2 da, va ■ 4 bref, must ■ 5 ordre* ■ 9 impérieux ■ 14 impérativement, inconditionnel.
**IMPERATRICE :** 7 tsarine, tzarine.
**IMPERCEPTIBLE :** 6 faible ■ 9 invisible ■ 10 insensible.
**IMPERFECTIF :** 11 imperfectif, non-accompli.
**IMPERFECTION :** 4 tare, vice* ■ 5 essai, faute, tache ■ 6 défaut*, manque*, projet ■ 7 ébauche ■ 8 esquisse, fragment, malfaçon ■ 9 imparfait ■ 10 négligence ■ 12 défectuosité, inachèvement, incorrection, inexactitude ■ 13 imperfectible.
**IMPERIAL :** 7 novelle ■ 9 principal ■ 11 pragmatique ■ 12 colonialisme, impérialiste, référendaire ■ 13 impérialement.
**IMPERIEUX :** 6 absolu ■ 7 cassant ■ 9 impératif, magistral ■ 10 jupitérien ■ 11 autoritaire ■ 14 impérieusement.
**IMPERISSABLE :** 7 éternel.
**IMPERITIE :** 9 ignorance* ■ 10 inaptitude, incapacité*, maladresse*.
**IMPERMEABILITE :** 10 fluatation.
**IMPERMEABLE :** 4 ciré ■ 5 alios, chape, imper, kabic, kabig, tissu ■ 6 anorak, cutine, gâtine ■ 7 goretex ■ 8 kératine ■ 9 alquifoux, gabardine ■ 10 mackintosh, porcelaine, trench-coat, waterproof ■ 13 parkérisation ■ 14 imperméabilité ■ 15 imperméabiliser.
**IMPERSONNEL :** 8 aseptisé ■ 14 impersonnalité.
**IMPERTINENT :** 6 faquin ■ 7 incivil ■ 8 insolent*, pimbêche ■ 9 répliquer ■ 10 désinvolte ■ 11 inconvenant ■ 12 impertinence ■ 14 impertinemment.
**IMPERTURBABLE :** 5 ferme ■ 10 impassible ■ 11 flegmatique, indifférent.
**IMPETIGO :** 12 impétigineux.
**IMPETRER :** 7 obtenir ■ 8 postuler.
**IMPETUEUX :** 4 rush ■ 7 furieux*, violent* ■ 8 endiablé, pétulant, véhément ■ 10 bourrasque, tourbillon, volcanique ■ 11 impétuosité, torrentueux.

**IMPETUOSITE :** 5 furia, furie ■ 6 fougue ■ 7 passion* ■ 8 violence* ■ 9 véhémence ■ 14 impétueusement.

**IMPIE :** 4 laps ■ 5 athée, païen ■ 6 déiste, relaps ■ 7 apostat, pêcheur, profane, renégat ■ 8 infidèle, libertin, mécréant ■ 9 hérétique, incrédule, sceptique ■ 10 antéchrist, panthéiste, scandaleux ■ 11 irréligieux*, profanateur ■ 12 libre-penseur, matérialiste, rationaliste ■ 13 blasphémateur.

**IMPITOYABLE :** 3 dur* ■ 5 cruel* ■ 7 endurci ■ 8 inhumain ■ 10 insensible*.

**IMPLACABLE :** 3 dur* ■ 5 cruel* ■ 8 inhumain* ■ 9 rémission ■ 13 implacabilité ■ 14 implacablement.

**IMPLANT :** 6 pellet ■ 13 implantologie.

**IMPLANTATION :** 8 nidation ■ 14 bébé-éprouvette.

**IMPLANTE :** 11 implantable.

**IMPLANTER :** 7 établir*, planter ■ 12 implantation.

**IMPLEXE :** 9 compliqué*.

**IMPLICITE :** 13 implicitement.

**IMPLIQUER :** 5 mêler* ■ 11 débarrasser, implication ■ 12 sous-entendre ■ 14 contradictoire.

**IMPLORATION :** 6 prière* ■ 7 demande* ■ 10 adjuration, invocation ■ 11 conjuration, dépréciation, humiliation, obsécration ■ 12 supplication.

**IMPLORER :** 5 prier* ■ 7 adjurer ■ 8 conjurer, humilier, invoquer, réclamer, supplier ■ 9 implorant ■ 10 implorable ■ 11 imploration, recommander.

**IMPLOSION :** 8 imploser.

**IMPOLI :** 7 incivil ■ 8 effronté, grossier*, impudent, insolent*, saugrenu ■ 9 injurieux, malappris ■ 10 malhonnête ■ 11 discourtois, impertinent*, inconvenant*, malgracieux ■ 14 irrévérencieux.

**IMPOLITESSE :** 8 sans-gêne ■ 9 insolence ■ 10 impoliment, incivilité ■ 11 effronterie, grossièreté, irrévérence ■ 12 impertinence, inconvenance*, malhonnêteté.

**IMPONDERABLE :** 5 éther, léger ■ 6 subtil ■ 15 impondérablité.

**IMPOPULAIRE :** 4 buté ■ 12 impopularité.

**IMPORTANCE :** 4 rien ■ 5 force, gotha, huile, poids ■ 6 crédit, portée, valeur* ■ 7 ampleur, étendue, gabarit, gravité, intérêt, pontife, pouvoir, urgence, utilité ■ 8 autorité, grandeur, grosseur, incident, marquise, mirmidon, modicité, myrmidon ■ 9 apparence, ascendant, bilboquet, broutille, dimension, formalité, freluquet, influence, nécessité, pontifier, puissance ■ 10 intéresser ■ 11 cachotterie, conséquence, supériorité ■ 12 familialisme ■ 13 considération, insignifiance.

**IMPORTANT :** 3 vif ■ 4 fort, gros, tout ■ 5 grand*, grave, genre, léger, mince, petit, vital ■ 6 anodin, bonnet, frimer, magnat, majeur, oudler, soigné, urgent ■ 7 capital, central, modique, notable, sérieux, signalé, spécial, suprême ■ 8 apparent, cardinal, chiffrer, dominant, importer, imposant, influent, marquant, montjoie, précieux, puissant, rondelet, saillant, sinécure, solennel, tragédie, vaniteux ■ 9 culminant, essentiel*, événement, magistral, principal, rengorger, supérieur ■ 10 conséquent, importance, malheureux, nécessaire*, prédominer, privilégié ■ 11 appréciable, fondamental, remarquable, respectable, substantiel, superprofit, sureffectif ■ 12 considérable, prépondérant.

**IMPORTE :** 12 import-export.

**IMPORTER :** 5 lèpre, polka, tabac ■ 6 whisky ■ 7 acheter, chaloir, imposer ■ 8 acheteur, aggraver, apporter ■ 10 importable, intéresser*, réimporter ■ 11 importateur, importation.

**IMPORTUN :** 4 trop ■ 5 fléau ■ 6 gêneur, gluant, intrus, poison, raseur ■ 7 collant, crampon, fâcheux, tannant ■ 8 ennuyeux, excédant, fatigant, obsédant ■ 9 cauchemar, emmerdeur, incommode, indiscret, jérémiade ■ 10 casse-pieds, encombrant ■ 11 clabauderie, criaillerie, envahissant, importunité, intempestif, intolérable, persécuteur, trouble-fête ■ 12 enquiquineur ■ 13 importunément, insupportable.
**IMPORTUNE :** 9 bassinant.
**IMPORTUNER :** 4 suer, tuer ■ 5 peser, raser ■ 6 tanner ■ 7 canuler, embêter, ennuyer*, excéder, obséder ■ 8 assiéger, assommer, déplaire, déranger, étourdir, fatiguer*, harceler, molester ■ 9 accrocher, quémander ■ 10 assassiner, cramponner, persécuter, poursuivre, tarabuster, tourmenter* ■ 11 empoisonner, enquiquiner.
**IMPOSANT :** 5 grave, noble ■ 7 auguste ■ 8 prégnant, solennel ■ 9 grandiose, magistral, prestance ■ 10 majestueux.
**IMPOSER :** 6 dicter, diktat, donner, impôt ■ 7 charger, obliger, saigner ■ 9 commander, gouverner, imposable, offensive, prescrire, réimposer ■ 10 imposition, surcharger ■ 11 caporaliser, contraindre, obligatoire, tendancieux ■ 12 indiscutable ■ 14 quantification.
**IMPOSITION :** 4 cens ■ 5 impôt ■ 8 imposeur ■ 9 réimposer ■ 10 perception ■ 12 réimposition ■ 13 surimposition.
**IMPOSSIBILITE :** 5 point ■ 9 acalculie ■ 10 paralysie ■ 12 constipation ■ 13 astéréognosie ■ 14 infaillibilité, inopposabilité ■ 15 incompatibilité.
**IMPOSSIBLE :** 3 fou ■ 4 faux, vain ■ 6 erroné ■ 7 absurde, insensé ■ 8 ridicule, saugrenu ■ 9 imparable, indatable, ingérable, insoluble ■ 10 imprenable, infaisable ■ 11 inabordable, introuvable ■ 12 impénétrable, impraticable, inaccessible, inadmissible, incalculable, incompatible, inconcevable, indétectable, inexécutable, inexpugnable, inextricable, irréalisable, philosophale ■ 13 déraisonnable, impossibilité, indécrottable, indénombrable ■ 14 contradictoire, incontournable, indéchiffrable.
**IMPOSTEUR :** 9 charlatan ■ 10 antéchrist.
**IMPOT :** 3 i.s.f. ■ 4 cote, dîme, fisc, taxe* ■ 5 congé, droit, ferme, franc, payer, régie, taxer, zakat ■ 6 accise, annone, cédule, charge, excise, imposé, tribut ■ 7 accises, foncier, gabelle, maltôte, patente, subside, tonlieu ■ 8 dégrever, immunité ■ 9 fiscalité, income-tax, redevance ■ 10 antifiscal, capitation, collecteur, fiscaliser, imposition, percepteur, prestation, subvention, surimposer ■ 11 prestataire, regrèvement, répartement ■ 12 contribution, défiscaliser ■ 13 progressivité ■ 14 auto-imposition.
**IMPOTENT :** 8 paralysé* ■ 9 impotence ■ 11 paralytique.
**IMPRATICABLE :** 10 impossible* ■ 15 impraticabilité.
**IMPRECATION :** 2 qu ■ 3 que ■ 5 juron ■ 9 blasphème, exorcisme ■ 10 adjuration, exécration ■ 11 attestation, détestation, imprécateur, malédiction ■ 12 imprécatoire.
**IMPRECIS :** 5 vague* ■ 6 ambigu, latent ■ 7 douteux ■ 8 illimité, indéfini ■ 9 changeant, implicite, incertain ■ 11 énigmatique, indéterminé.
**IMPRECISION :** 6 énigme ■ 9 ambiguïté ■ 10 faux-fuyant, flottement ■ 11 fluctuation ■ 15 indétermination.
**IMPREGNATION :** 8 soufrage ■ 9 savonnage ■ 10 mordançage ■ 12 insalivation ■ 13 lignification.
**IMPREGNER :** 5 mèche ■ 6 aluner, huiler ■ 7 baigner, confire, teindre ■ 8 abreuver, parfumer, pénétrer* ■ 10 intoxiquer ■ 11 imperméable, imprégnable ■ 12 imprégnation.

**IMPRESSION :** 4 joie, pose, sens ■ 5 effet, image, trace ■ 6 apprêt, déjà-vu, offset, saveur ■ 7 couleur, édition, émotion, frayage, morasse ■ 8 écorcher, frappant, garde-vue, imprimer, poignant, réceptif, souvenir ■ 9 affection, avant-goût, hyperbole, impressif, imprimant, in-dix-huit, linotypie, livraison, pellicule, pompadour, sensation*, sentiment*, surcharge ■ 10 consonance, électriser, maculature, multiplier, phototypie, retiration, tabellaire, trichromie ■ 11 autographie, chromotypie, sérigraphie, télesthésie, typographie, xylographie ■ 12 anaglyptique, connaissance, lithographie, photogravure, platinotypie, pointillisme, réimpression, saisissement, stéréoscopie ■ 13 cauchemardeux, imprimabilité, impressionner, similigravure, surimpression, thermogravure ■ 14 photomécanique, téléimpression ■ 15 cauchemardesque, impressionisme.

**IMPRESSIONNER :** 7 exposer, frapper*, toucher* ■ 8 émouvoir ■ 12 photogénique, sensibiliser ■ 14 impressionnant, organoleptique ■ 15 impressionnable, sensibilisation.

**IMPRESSIONNISME :** 13 divisionnisme ■ 15 impressionniste.

**IMPREVISIBLE :** 15 imprévisibilité.

**IMPREVOYANCE :** 8 légèreté ■ 10 imprudence ■ 11 irréflexion.

**IMPREVU :** 4 aléa ■ 5 en-cas, scène, subit, tuile ■ 6 casuel, hasard* ■ 7 brusque, fortuit, fortune, inopiné, soudain* ■ 8 aventure, éventuel, inespéré ■ 9 adventice, fantaisie, inattendu*, rencontre, trafalgar ■ 10 accidentel, contingent ■ 11 contretemps, occasionnel ■ 14 extraordinaire.

**IMPRIME :** 9 imprimant, strip-line, variorium ■ 12 carte-réponse ■ 15 bulletin-réponse.

**IMPRIMER :** 5 creux, encre, tirer ■ 6 éditer, fouler, graver, lister ■ 7 gaufrer, marbrer, marquer, minerve, pousser, publier, tatouer ■ 8 bavocher, cylindre, estamper, mâchurer, rotative ■ 9 bilboquet, inculquer, patronner ■ 10 empreindre, horodateur, impression, imprimable, imprimatur, imprimerie, réimprimer ■ 13 lithographier.

**IMPRIMERIE :** 4 alfa, cyan, fumé, œil, page, pige, type ■ 5 balle, bible, casse, copie, corps, filet, fonte, forme, galée, ligne, marge, moule, passe, perle, plomb, point, prote, texte, thèse, train ■ 6 billet, papier ■ 7 galvano, placard ■ 8 cassetin, italique ■ 9 composeur, imprimeur, incunable, typomètre ■ 10 bas-de-casse, conducteur, correcteur, lignomètre.

**IMPROBABLE :** 7 douteux ■ 13 improbabilité.

**IMPROBATION :** 4 huée.

**IMPRODUCTIF :** 7 stérile*.

**IMPROMPTU :** 5 subit ■ 9 improvisé.

**IMPROPRE :** 4 vice ■ 6 hongre ■ 7 stérile* ■ 9 abiotique, dénaturer ■ 11 impropriété ■ 12 démantibuler, improprement.

**IMPRODUCTIF :** 14 improductivité.

**IMPROUVER :** 12 désapprouver.

**IMPROVISATION :** 3 raï ■ 4 scat.

**IMPROVISER :** 8 préluder ■ 9 impromptu ■ 11 psychodrame ■ 13 improvisateur, improvisation.

**IMPROVISTE :** 7 traître ■ 8 débouler, dépourvu, surprise ■ 9 tout à coup ■ 10 surprendre.

**IMPRUDENCE :** 6 danger ■ 8 légèreté, témérité ■ 10 maladresse ■ 11 irréflexion.

**IMPRUDENT :** 7 étourdi, hasardé ■ 8 casse-cou ■ 9 chauffard, téméraire ■ 12 imprudemment.

**IMPUBERE :** 9 impuberté.

**IMPUDENCE :** 5 front ■ 8 impudeur ■ 9 hardiesse ■ 10 exhibition ■ 11 effronterie, impudemment.
**IMPUDENT :** 5 hardi*, puant ■ 6 éhonté, impoli* ■ 7 cynique, obscène ■ 8 effronté, grossier*, insolent ■ 9 impudence.
**IMPUDIQUE :** 5 impur, puant ■ 7 obscène ■ 8 indécent* ■ 10 impudicité ■ 13 impudiquement.
**IMPUISSANCE :** 9 faiblesse, stérilité ■ 10 inaptitude, incapacité* ■ 11 infécondité ■ 12 insuffisance.
**IMPUISSANT :** 6 faible, inapte ■ 7 eunuque, stérile* ■ 9 incapable* ■ 10 inoffensif ■ 11 insuffisant.
**IMPULSIF :** 8 spontané ■ 10 irréfléchi ■ 11 impulsivité ■ 12 primesautier ■ 13 impulsivement.
**IMPULSION :** 3 stop ■ 4 vent, voix ■ 5 appel, force, nagée ■ 6 branle, mobile ■ 7 poussée, pulsion ■ 8 impulsif, instinct ■ 9 mouvement*, promoteur, pyromanie ■ 10 sitiomanie.
**IMPUNITE :** 10 absolution.
**IMPUR :** 4 sale* ■ 5 silex, xylol ■ 7 immonde, obscène*, trouble ■ 8 impureté ■ 10 impurement.
**IMPURETE :** 3 pus ■ 4 bave, cire ■ 5 morve, sanie, sueur, urine ■ 6 gangue, humeur, pissat, râbler, roupie, saleté*, tartre ■ 7 cérumen, chassie, crachat, furfure, saburre ■ 9 excrément, pellicule, purulence ■ 13 expectoration.
**IMPUTATION :** 8 reproche* ■ 9 imposture.
**IMPUTER :** 6 prêter ■ 7 accuser, référer ■ 9 attribuer* ■ 12 imputabilité.
**IMPRUTESCIBLE :** 4 teck.
**INACCESSIBLE :** 5 ferme ■ 9 difficile* ■ 11 inabordable ■ 12 agnosticisme ■ 15 inaccessibilité.
**INACCOUTUME :** 4 rare* ■ 8 débauché.
**INACHEVE :** 3 dur ■ 4 vert ■ 5 hâtif ■ 7 embryon, informe, précoce ■ 9 imparfait*, prématuré ■ 12 inachèvement.
**INACTIF :** 5 oisif* ■ 6 inerte, passif ■ 7 amorphe ■ 8 attentif, endormir, fainéant, immobile, indolent ■ 9 somnolent ■ 10 antitoxine.
**INACTION :** 5 repos* ■ 6 loisir ■ 7 inertie, marasme, paresse ■ 8 oisiveté* ■ 9 farniente, quiétisme ■ 10 inactivité ■ 13 désoccupation, désœuvrement.
**INACTIVATION :** 9 inactiver.
**INACTIVITE :** 7 attente, chômage, inertie, marasme, sommeil ■ 8 inaction ■ 9 fumerolle, indolence, passivité ■ 11 frictionnel, sommeiller.
**INACTUEL :** 11 inactualité.
**INADAPTE :** 11 caractériel.
**INADEQUAT :** 13 contre-indiqué.
**INADVERTANCE :** 5 oubli* ■ 6 lapsus ■ 7 mégarde ■ 11 distraction*, inattention*.
**INALIENABLE :** 5 dotal.
**INALTERABLE :** 5 apyre, étain, fixer ■ 14 inaltérabilité.
**INANIME :** 4 mort ■ 5 chose.
**INANIMEE :** 10 abiogenèse.
**INANITE :** 6 vanité ■ 9 inutilité.
**INAPTITUDE :** 9 impéritie ■ 10 incapacité* ■ 12 insuffisance.
**INATTAQUABLE :** 7 bétonné.
**INATTENDU :** 5 bœuf, ruade ■ 7 imprévu*, inopiné, raccroc ■ 8 étonnant, inespéré, magicien, surprise ■ 10 déconvenue, étonnement, improviste ■ 11 catastrophe ■ 12 enchantement.
**INATTENTIF :** 3 fou, mou ■ 5 léger ■ 6 absent, rêveur ■ 7 absorbé,

dissipé, étourdi*, évaporé ■ 8 distrait*, écervelé, engourdi, inespéré ■ 9 négligent, préoccupé ■ 10 désordonné, hurluberlu, insouciant, irréfléchi*, nonchalant ■ 11 inconscient, inconsidéré, indifférent*, surperficiel.
**INATTENTION:** 5 faute, oubli* ■ 6 erreur ■ 7 absence, incurie, rêverie ■ 8 désordre, légèreté, mollesse, omission ■ 9 attention, échappade ■ 10 distraction, divagation, étourderie, imprudence, négligence* ■ 11 dissipation, insouciance, nonchalance ■ 12 imprévoyance, inadvertance, inconscience ■ 13 inapplication, inconséquence, précipitation, préoccupation ■ 15 engourdissement.
**INAUGURATION:** 9 inaugural, inaugurer, ouverture.
**INAUGURER:** 6 ouvrir ■ 9 commencer* ■ 12 inaugurateur.
**INCA:** 7 quichua ■ 9 incasique.
**INCANDESCENCE:** 4 néon ■ 5 lampe ■ 9 étincelle ■ 12 incandescent ■ 13 thermocautère.
**INCANTATION:** 6 charme ■ 12 incantatoire.
**INCAPABLE:** 6 cloche, faible, inapte, inepte ■ 7 eunuque, frigide, ganache, infichu, infoutu, stérile ■ 8 emplâtre, ignorant* ■ 9 dépendeur, maladroit* ■ 10 événement, impeccable, impuissant, inoffensif, jean-foutre ■ 11 incompétent, insuffisant ■ 13 incorruptible, inexpérimenté.
**INCAPACITE:** 6 alexie, amusie ■ 7 agnosie, apraxie, ineptie, nullité ■ 9 anarthrie, asymbolie, faiblesse, ignorance*, impéritie, stérilité ■ 10 impatience, inaptitude, inhabileté, maladresse* ■ 11 impuissance ■ 12 apragmatisme, incapacitant, incompétence, inexpérience, insuffisance ■ 15 incompréhension.
**INCARCERER:** 7 détenir ■ 8 interner ■ 11 emprisonner* ■ 13 incarcération.
**INCARNAT:** 5 rouge* ■ 10 incarnadin.
**INCARNATION:** 5 chair, corps, verbe ■ 6 avatar ■ 12 annonciation ■ 13 réincarnation.
**INCARTADE:** 6 sortie ■ 7 caprice, offense ■ 8 algarade.
**INCENDIE:** 3 feu* ■ 5 pompe ■ 7 brûleur, hydrant, pompier ■ 8 coupe-feu hydrante, pyromane, sinistre ■ 9 brûlement, contre-feu, falarique, pétroleur, pyrophyte ■ 10 combustion, extincteur, pétroleuse ■ 11 embrasement, incendiaire ■ 12 fourgon-pompe ■ 13 conflagration.
**INCENDIER:** 6 brûler*.
**INCERTAIN:** 4 flou, zist ■ 5 balan, sourd, temps, vague* ■ 6 ambigu, confus ■ 7 douteux, hésiter, indécis* ■ 8 balancer, éventuel, irrésolu, précaire, vaciller ■ 9 aléatoire, condition ■ 11 incertitude ■ 12 hypothétique.
**INCERTITUDE:** 4 nuit ■ 5 brume, doute* ■ 8 ténèbres ■ 9 équivoque, précarité ■ 10 flottement, hésitation, indécision* ■ 11 déconcerter, embarrasser, tâtonnement ■ 12 irrésolution.
**INCESSANT:** 7 continu* ■ 8 brownien, toujours ■ 9 perpétuel.
**INCESTE:** 10 incestueux ■ 15 incestueusement.
**INCIDENCE:** 10 parenthèse ■ 11 incidemment.
**INCIDENT:** 5 à-coup ■ 7 conflit, épisode ■ 8 aventure, encombre ■ 9 événement, péripétie ■ 10 cabanement, incidenter.
**INCIDENTER:** 8 chicaner.
**INCINERE:** 11 crématorium.
**INCINERER:** 6 brûler ■ 9 cinéraire, crémation ■ 11 columbarium ■ 12 incinérateur.
**INCISER:** 6 couper* ■ 7 scalper ■ 8 débrider ■ 9 scarifier.
**INCISIF:** 4 dent ■ 5 punch ■ 7 mordant* ■ 8 incisive.
**INCISION:** 5 fente ■ 7 bagage, coupure*, scalpel, seppuku ■ 8 bistouri ■ 10 césarienne, cystotomie ■ 11 kératotomie ■ 13 scarification.

**INCISIVE:** 8 grignard ■ 12 labiodentale.
**INCITATION:** 9 tentation ■ 11 instigation, provocation.
**INCITER:** 5 prier ■ 6 tenter ■ 7 engager, exciter*, inviter ■ 8 stimuler ■ 9 instiguer, provoquer ■ 10 encourager, incitateur, incitation ■ 12 aiguillonner.
**INCIVIL:** 6 impoli*.
**INCLEMENT:** 3 dur ■ 9 rigoureux.
**INCLINABLE:** 4 foil.
**INCLINAISON:** 4 gîte, voie ■ 5 bande, fruit, pente*, quête, talus ■ 6 devers, flèche ■ 7 oblique, pendage ■ 8 chavirer, faux-bord, isocline, penchant ■ 9 aclinique, inflexion, obliquité ■ 10 carrossage, clinomètre, dévoiement ■ 11 antéversion.
**INCLINATION:** 4 race ■ 5 amour* ■ 7 appétit, caprice* ■ 8 penchant*, vocation ■ 9 affection*, malignité ■ 10 propension ■ 11 disposition* ■ 12 bienfaisance.
**INCLINE:** 5 pentu ■ 8 proclive, secoueur.
**INCLINER:** 4 cale, fuir, slip ■ 5 céder, lever, plier, rampe ■ 6 saluer ■ 7 baisser, braquer, coucher, courber, pencher ■ 8 résigner*, tremplin ■ 9 infléchir, ventrière ■ 10 inclinable.
**INCLURE:** 7 ci-joint ■ 8 contenir* ■ 10 introduire*.
**INCLUS:** 8 hyponyme.
**INCLUSION:** 10 pinocytose ■ 15 internalisation.
**INCOERCIBLE:** 8 mentisme ■ 10 sitiomanie ■ 14 incoercibilité.
**INCOHERENT:** 5 songe ■ 6 fatras ■ 10 désordonné ■ 11 bafouillage, incohérence ■ 13 schizophrénie.
**INCOLORE:** 4 pâle ■ 5 argon, azote, béril, béryl, encre ■ 7 acétone, méthane ■ 8 créosote, éthylène, glycérol ■ 9 glycérine, phosphore, phtaléine ■ 11 chloroforme ■ 12 sulfhydrique.
**INCOMMODER:** 5 gêner ■ 6 fendre, malade ■ 7 enfumer ■ 8 déplaire* ■ 10 importuner*, indisposer ■ 11 embarrasser, empoisonner ■ 13 incommodement.
**INCOMMUTABLE:** 15 incommutabilité.
**INCOMPARABLE:** 6 unique ■ 7 parfait* ■ 9 supérieur.
**INCOMPATIBILITE:** 8 allergie ■ 10 antipathie ■ 13 contradiction.
**INCOMPLET:** 5 gruau ■ 6 écorné, mutilé ■ 7 informe, tronqué ■ 8 fragment ■ 9 anaplasie, dépouillé, imparfait*, palliatif ■ 10 dépareillé ■ 11 décompléter, insuffisant, superficiel ■ 12 catalectique ■ 14 incomplètement.
**INCOMPREHENSIBILITE:** 12 schizophasie.
**INCOMPREHENSIBLE:** 5 clair, vague* ■ 6 obscur* ■ 9 babélisme, baragouin, illisible ■ 10 esotérique, impensable ■ 12 inconcevable ■ 14 inintelligible.
**INCOMPREHENSION:** 12 connaissance.
**INCONDUITE:** 4 vice* ■ 8 débauche* ■ 9 débaucher.
**INCONGRUITE:** 3 pet ■ 4 vent ■ 12 incongrûment, inconvenance*, incorrection.
**INCONNU:** 2 on ■ 5 caché, inouï, voilé ■ 6 ignoré, inédit, masqué, obscur, oublié, secret ■ 7 anonyme, méconnu, nouveau ■ 8 étranger, inaperçu ■ 9 découvrir, incertain, incognito, incompris, solitaire ■ 10 découverte, divination, mystérieux ■ 11 exponentiel, inconscient ■ 12 substitution ■ 14 extraordinaire.
**INCONSCIENT:** 3 fou ■ 8 ignorant ■ 9 freudisme ■ 10 bruxomanie ■ 11 défoulement ■ 12 narco-analyse, réminiscence, subconscient ■ 14 inconsciemment.
**INCONSEQUENCE:** 7 caprice ■ 8 légèreté ■ 10 étourderie ■ 12 in-

conséquent ■ 15 inconséquemment.
**INCONSIDERE**: 5 léger* ■ 7 étourdi* ■ 9 maladroit* ■ 10 légèrement ■ 12 inconséquent.
**INCONSISTANCE**: 8 légèreté.
**INCONSTANT**: 5 léger* ■ 6 mobile ■ 8 infidèle, ondoyant ■ 9 changeant* ■ 10 capricieux, inconstance ■ 11 incertitude.
**INCONTESTABLE**: 7 certain*, reconnu ■ 8 flagrant ■ 9 contester, démontrer ■ 10 assurément, indéniable ■ 11 apodictique.
**INCONTINENCE**: 5 excès ■ 8 débauche* ■ 10 encoprésie.
**INCONTINENT**: 13 immédiatement.
**INCONTROLE**: 10 flottement.
**INCONVENANCE**: 6 nudité, ordure ■ 7 licence ■ 8 sans-gêne ■ 9 impudence, indécence, obscénité ■ 10 brusquerie ■ 11 discordance, grossièreté ■ 11 impolitesse*, incongruité ■ 12 impertinence, incorrection, indiscrétion*, intempérance*, malhonnêteté ■ 13 inopportunité.
**INCONVENANT**: 2 nu ■ 4 indu, sale ■ 6 abusif, impoli*, odieux ■ 7 cynique, défendu, déplacé, honteux, obscène*, prohibé ■ 8 choquant, excessif*, grossier*, immodéré, impropre, impudent, incongru, indécent*, insolite, malséant, ordurier, saugrenu, shocking ■ 9 immodeste, indiscret*, malpropre, répugnant ■ 10 désordonné, discordant, inopportun, licencieux*, malhonnête ■ 11 impertinent, intempestif ■ 13 déraisonnable, malencontreux.
**INCONVENIENT**: 3 mal ■ 4 gêne* ■ 6 danger, défaut, rançon, risque ■ 7 demi-mal ■ 8 étrenner.
**INCOORDINATION**: 6 ataxie.
**INCORPORATION**: 7 marnage ■ 10 amendement, incération, incorporer, sursitaire ■ 13 médiatisation.
**INCORPORE**: 11 stabilisant.
**INCORPOREL**: 6 esprit ■ 12 incorporéité.
**INCORPORER**: 6 marner ■ 9 excipient, parfondre ■ 10 comprendre ■ 12 incorporable, réincorporer.
**INCORRECT**: 7 barbare ■ 9 cacolalie ■ 10 petit-nègre ■ 14 incorrectement.
**INCORRECTE**: 9 janotisme.
**INCORRECTION**: 11 inconduite, incongruité ■ 12 inconvenance*.
**INCORRIGIBLE**: 13 indécrottable ■ 15 incorrigibilité.
**INCORRUPTIBLE**: 7 intègre ■ 11 inaltérable.
**INCREDULE**: 9 incroyant, sceptique ■ 11 irréligieux.
**INCREDULITE**: 3 bon ■ 4 donc ■ 8 taratata ■ 9 mécréance ■ 11 libertinage, scepticisme ■ 14 voltairianisme.
**INCREMENT**: 11 incrémenter ■ 12 incrémentiel.
**INCRIMINER**: 6 blâmer* ■ 7 accuser* ■ 8 attaquer ■ 12 incriminable ■ 13 incrimination.
**INCROYABLE**: 5 inouï ■ 8 effarant ■ 9 gaguesque ■ 10 effroyable, formidable ■ 11 ébourrifant, fantastique ■ 13 abracadabrant ■ 14 extraordinaire ■ 15 invraisemblable*.
**INCROYANT**: 9 incrédule, sceptique ■ 11 irréligieux.
**INCRUSTATION**: 6 nielle ■ 9 incruster ■ 11 marqueterie ■ 12 damasquinage, désincruster ■ 13 pétrification.
**INCUBATION**: 8 couveuse ■ 10 incubateur.
**INCULPE**: 6 accusé ■ 7 prévenu ■ 8 coupable ■ 9 coïnculpé, meurtrier ■ 12 réquisitoire.
**INCULPER**: 7 accuser* ■ 10 inculpable ■ 11 inculpation.
**INCULQUER**: 9 imprégner, persuader ■ 10 inculcation.
**INCULTE**: 4 brut, dune ■ 5 aride, lande, pampa, vague ■ 6 causse,

désert, friche, jungle, llanos, maquis, savane, steppe ■ 7 garigue, paramos, sauvage, stérile*, toundra ■ 8 limonage ■ 9 inculture, infertile ■ 10 alchemille, indéfriché, inexploité.
**INCURABLE** 9 condamner ■ 10 euthanasie ■ 12 incurabilité ■ 13 incurablement, inguérissable.
**INCURIE :** 10 négligence* ■ 11 inattention.
**INCURSION :** 4 raid ■ 6 razzia, voyage ■ 7 attaque ■ 8 invasion ■ 9 irruption ■ 13 envahissement.
**INCURVE :** 11 incurvation, pied-de-biche.
**INDE :** 3 sal ■ 5 sahib, tabla ■ 6 brahmi, mounda, sarode ■ 7 cajeput, sikhara ■ 8 saktisme, sikhisme, tallipot ■ 9 dravidien ■ 10 cajeputier.
**INDECENCE :** 6 nudité ■ 9 obscénité ■ 10 immodestie ■ 11 malpropreté ■ 12 inconvenance*.
**INDECENT :** 2 nu ■ 6 odieux ■ 7 défendu, honteux, obscène*, prohibé ■ 9 débraillé, immodeste, indécence ■ 10 licencieux* ■ 11 inconvenant*, indécemment.
**INDECHIFFRABLE :** 6 obscur ■ 8 grimoire ■ 9 illisible.
**INDECIS :** 5 balan, vague* ■ 6 ambigu, confus, obscur* ■ 7 amorphe, douteux, flotter, général ■ 8 ballotté, craintif, illimité, imprécis, incolore, indéfini, irrésolu, perplexe, vaporeux ■ 9 changeant, incertain* ■ 10 embarrassé, indécision, indistinct* ■ 11 énigmatique, indéterminé ■ 12 inconsistant ■ 13 indiscernable ■ 14 indéfinissable.
**INDECISION :** 6 énigme ■ 7 crainte ■ 8 embarras, scrupule ■ 9 ambiguïté, confusion ■ 10 hésitation, perplexité, résolution ■ 11 incertitude* ■ 12 irrésolution ■ 13 indistinction ■ 15 indétermination.
**INDEFECTIBLE :** 15 indéfectibilité.
**INDEFINI :** 2 on, un ■ 3 nul, tel, une ■ 4 ciel, rien, tout ■ 5 aucun, autre, monde, nulle, telle, vague* ■ 7 indécis ■ 8 récursif ■ 9 plusieurs, quiconque ■ 10 quelconque,
**INDEFORMABLE :** 15 indéformabilité.
**INDEHISCENT :** 5 akène ■ 8 caryopse ■ 12 indéhiscence.
**INDELEBILE :** 11 ineffaçable ■ 12 indélébilité.
**INDELICAT :** 5 mèche ■ 8 aigrefin, grossier*.
**INDELICATESSE :** 3 vol ■ 8 sans-gêne.
**INDEMNISER :** 9 assurance, compenser, indemnité ■ 10 dédommager* ■ 12 indemnisable ■ 13 indemnisation.
**INDEMNITE :** 4 paie, paye, prêt ■ 10 exproprier, récompense, surestarie ■ 12 compensation, indemnitaire.
**INDEMONTRABLE :** 8 postulat.
**INDENIABLE :** 7 certain* ■ 13 incontestable ■ 14 indéniablement.
**INDEPENDANCE :** 7 liberté* ■ 9 servitude ■ 15 indépendentisme.
**INDEPENDANT :** 5 libre*, outre ■ 6 absolu ■ 8 autonome ■ 9 constante, free-lance ■ 10 appartenir, objectiver ■ 11 anorganique, principauté.
**INDESIRABLE :** 9 xénélasie.
**INDETERMINATION :** 10 indécision*, résolution.
**INDETERMINE :** 5 maint, mille, vague ■ 6 énième ■ 7 myriade ■ 9 aléthique, paramètre, plusieurs ■ 13 saint-glinglin.
**INDEX :** 5 table, toton ■ 8 indexeur ■ 10 indexation ■ 11 saint-office.
**INDEXATION :** 10 désindexer.
**INDEXE :** 6 mot-clé.
**INDEXER :** 8 indexage ■ 10 indexation.
**INDIANISME :** 10 indianiste.
**INDICATEUR :** 5 index, jalon ■ 6 espion ■ 9 axiomètre ■ 11 cinémomètre, hélianthine.

**INDICATION :** 4 cote, date, exit, main, note, opus ■ 5 borne, coche, index, jalon, jeton, obèle, point, sigle, signe, tacet, tiret, trait, volti ■ 6 flèche, indice, marque, renvoi, repère, signet ■ 7 adresse, emblème, formule, insigne, symbole ■ 8 attribut, entaille, esquisse, lettrine, notation, remarque, repérage, rubrique, tomaison ■ 9 directive, étiquette, programme, référence ■ 10 astérisque, coordonnée, correction, didascalie, médication, pancartage, parenthèse, télémesure ■ 11 attribution, intégrateur, ponctuation ■ 13 domiciliation, renseignement* ■ 14 contre-indiquer ■ 15 caractéristique, curriculum vitae.

**INDICE :** 4 œil ■ 5 bosse, signe*, trace ■ 6 marque, rating, repère ■ 7 annonce ■ 8 dow jones, indiciel, symptôme ■ 10 indication*, indiciaire ■ 11 pondération ■ 13 réfractomètre, renseignement* ■ 15 photo-élasticité.

**INDICIBLE :** 9 ineffable ■ 12 inexprimable ■ 13 indiciblement.

**INDIEN :** 3 boa ■ 4 gaur, jute, lion, naja, péon, pion, sari, sikh, thug, tipi, tupi, yoga, yogi, zébu ■ 5 bégum, carte, caste, fakir, hindi, islam, laque, nabab, paria, perle, poule, rajah, rubis, sitar, tigre ■ 6 cipaye, gavial, gurkha, hindou, jungle, radjah, sachem, turban ■ 7 bramine, manitou, mousson, védisme ■ 8 agha khan, balisier, borassus, brahmane, çaktisme, civaïsme, haschich, katchina, parsisme, sagouier, sanscrit, sanskrit, sesbanie ■ 9 cannelier, cotonnier, crocodile, dravidien, gallinacé, indo-aryen, indouisme, jambosier, maharajah, myrobalan, myrobolan, sagoutier ■ 10 amérindien, bouddhisme, hindouisme, indianisme, maharadjah ■ 11 brahmanisme, hindoustani, intouchable ■ 12 indianologie ■ 13 gymnosophiste.

**INDIENNE :** 4 maya, vina ■ 5 mound, otomi, squaw ■ 6 apsara, aymara, vimana ■ 7 apsaras, quichua ■ 8 algonkin, tandoori ■ 10 algonquien ■ 11 tupi-guarani.

**INDIFFERENCE :** 3 heu, pch, pff, pft, zut ■ 4 bast, peuh, pfft, pfut ■ 5 baste, pfutt ■ 6 dégoût, flegme ■ 7 apathie, athymie, cynisme, égoïsme, incurie, nirvanâ, tiédeur ■ 8 froideur, mollesse ■ 9 indolence, passivité ■ 10 haussement, négligence, neutralité ■ 11 athymhormie, détachement, inappétence, inattention, insouciance*, nonchalance, résignation ■ 12 enthousiasme, impartialité, inconscience, laisser-aller ■ 13 impassibilité ■ 15 indifférentisme.

**INDIFFERENT :** 3 mou ■ 4 égal ■ 5 blasé, calme, froid*, glacé, libre, tiède ■ 6 neutre, passif, séparé, serein ■ 7 cynique, dégoûté, détaché, égoïste, résigné ■ 8 indolent, oublieux, paisible ■ 9 apathique, impartial, négligent ■ 10 désordonné, impassible, inattentif*, indifférer, insensible*, insouciant, insoucieux, nonchalant, tranquille ■ 11 désénamouré, flegmatique, inconscient, indifférence ■ 12 désintéressé ■ 13 imperturbable.

**INDIGENCE :** 6 besoin*, manque, misère* ■ 8 opulence, pauvreté* ■ 9 nécessité.

**INDIGENE :** 3 boy ■ 4 caïd, sidi ■ 5 asile, spahi ■ 7 naturel, réserve ■ 8 habitant*, négrille ■ 9 indigénat.

**INDIGENISME :** 11 indigéniste.

**INDIGENT :** 5 gueux ■ 10 malheureux ■ 11 nécessiteux.

**INDIGESTE :** 7 crudité.

**INDIGNATION :** 2 et, ho ■ 4 haro, quoi ■ 5 merde, outre, tollé ■ 6 colère, crénom, mépris, odieux ■ 7 comment, indigné ■ 8 indigner, scandale, soulever ■ 11 exclamation.

**INDIGNE :** 5 lâche, outré ■ 8 profaner ■ 9 indignité, révoltant ■ 11 indignement ■ 13 inqualifiable.

**INDIGNER :** 8 écœurer, hérisser, révolter* ■ 11 scandaliser.

**INDIGNITE :** 5 honte* ■ 7 offense.
**INDIGO :** 4 bleu* ■ 5 indol ■ 6 florée, pastel ■ 7 aniline ■ 8 céruline ■ 10 indigotier, indigotine ■ 13 indigocarmine.
**INDIQUE :** 6 marqué ■ 10 tendanciel ■ 12 quelque chose.
**INDIQUER :** 4 dire ■ 5 noter, penon, pouce, tomer, voilà ■ 6 donner ■ 7 accuser, définir, dénoter, doigter, marquer, montrer*, révéler ■ 8 annoncer, dénoncer, désigner, jalonner, piqueter, ponctuer, proposer, signaler ■ 9 enseigner, étiqueter, gyromètre, indicatif, métronome, milliaire, signifier, souligner ■ 10 anémomètre, indicateur, indication, symboliser.
**INDIRECT :** 5 biais ■ 6 figure, masque, tacite ■ 7 latéral, oblique, sinueux ■ 8 détourné, ricochet ■ 9 implicite, transitif ■ 11 allégorique, sous-entendu ■ 13 conventionnel, indirectement.
**INDISCIPLINE :** 5 horde ■ 8 indocile* ■ 11 dissipation, soldatesque.
**INDISCRET :** 5 hardi ■ 6 intrus ■ 7 curieux*, fâcheux ■ 8 fouinard, fouineur, fureteur, importun, malavisé ■ 9 imprudent, maladroit ■ 10 rapporteur ■ 11 inconsidéré, inconvenant*, trouble-fête ■ 14 indiscrètement.
**INDISCRETION :** 5 fuite ■ 9 bavardage, curiosité, hardiesse, immixtion, ingérence, intrusion, obsession ■ 10 révélation ■ 11 dérangement, importunité ■ 12 inconvenance* ■ 13 tripatouiller.
**INDISPENSABLE :** 5 vital ■ 7 premier ■ 8 munition ■ 9 essentiel*, histidine, thréonine ■ 10 nécessaire* ■ 11 tryptophane.
**INDISPONIBLE :** 15 indisponibilité.
**INDISPOSER :** 6 fâcher*, malade* ■ 8 déplaire* ■ 10 incommoder*.
**INDISPOSITION :** 7 maladie* ■ 8 prodrome ■ 11 indigestion ■ 15 refroidissement.
**INDISSOLUBLE :** 5 river ■ 15 indissolubilité.
**INDISTINCT :** 4 flou ■ 6 confus*, obscur* ■ 7 amorphe, indécis* ■ 8 brouillé, incolore, vaporeux ■ 11 bredouillis, indéterminé ■ 12 inconsistant ■ 13 indiscernable ■ 14 indéfinissable, inintelligible ■15 indistinctement.
**INDISTINCTION :** 9 confusion*, obscurité ■ 10 brouillard.
**INDIVIDU :** 3 gus, zig ■ 4 cave, coco, être, gars, race, sexe, tête, type ■ 5 éthos, gonze, gusse, homme*, jaune, mêlée, meute, pante, paria, racer, sujet, voyou, zèbre, zigue ■ 6 aubain, bandit, bohème, bougre, chacun, coquin, diable, drille, faisan, forban, quidam, roquet, zigoto ■ 7 charlot, citoyen, compère, crapule, eccéité, mastard, merdeux, refoulé, soudard ■ 8 biogénie, camarade, casse-cou, coucheur, créature, exogamie, fantoche, gaillard, génotype, grimpion, personne*, salopard, trublion ■ 9 compagnon, hors-la-loi, margoulin, matricule, ontogénie, peigne-cul, phénomène, sexonomie, sous-fifre, souteneur ■ 10 antoinisme, bréviligne, indicateur, individuel, paroissien, personnage*, sporophyte, trichineux ■ 11 hybridation, indésirable, particulier, pullulation, tétraploïde ■ 12 appartenance, comportement, héritabilité ■ 13 individualité, individuation ■ 14 déviationnisme, hermaphrodisme, interpersonnel ■ 15 interindividuel.
**INDIVIDUALISME :** 3 moi ■ 14 individualiste.
**INDIVIDUALITE :** 6 entité ■ 7 eccéité ■ 10 simplicité ■ 11 bisexualité, singularité ■ 12 personnalité ■ 13 particularité.
**INDIVIDUEL :** 2 p.c. ■ 4 bige, rôle ■ 5 atome, isolé ■ 6 intime, monade ■ 8 destinée, distinct, original ■ 9 essentiel, personnel, respectif, singulier, subjectif ■ 11 numérologie, particulier, sociogramme ■ 13 idiosyncrasie.
**INDIVIS :** 6 quirat ■ 7 partage ■ 9 ségrairie ■ 12 indivisément.

**INDIVISIBLE :** 5 atome ■ 6 simple.
**INDIVISION :** 11 indivisaire.
**INDO-ARYEN :** 7 bengali ■ 8 mahratte.
**INDO-ARYENNE :** 4 urdu ■ 5 oriya ■ 6 népali ■ 7 marathe, marathi, panjabi ■ 8 assamais, gujarati, mahratte, népalais ■ 9 néo-indien.
**INDOCHINOIS :** 13 galéopithèque.
**INDOCILE :** 5 rétif ■ 6 entêté ■ 7 rebelle ■ 9 regimbeur ■ 10 indocilité ■ 11 indomptable, réfractaire ■ 12 récalcitrant ■ 15 indisciplinable.
**INDOCTE :** 8 ignorant*.
**INDO-EUROPEEN :** 4 zend ■ 5 aryen, celte, lette, zende ■ 8 albanais, allemand, arménien, celtique, étrusque, sanscrit, sanskrit ■ 9 tokharien.
**INDO-EUROPEENNE :** 5 balte, perse ■ 7 hittite ■ 8 baltique ■ 9 tokharien.
**INDO-GERMANIQUE :** 5 celte.
**INDOLE :** 12 indométacine.
**INDOLENT :** 3 mou ■ 5 bûche, oisif* ■ 7 cagnard, endormi, inactif ■ 8 empaillé ■ 9 apathique, énergique, indolence, paresseux* ■ 10 insensible ■ 11 indolemment, léthargique.
**INDOLORE :** 10 insensible.
**INDO-MALAIS :** 4 paon ■ 9 tranchoir.
**INDOMPTABLE :** 4 fort ■ 8 indocile*.
**INDONESIEN :** 5 tagal ■ 7 tagalog ■ 8 javanais, malgache ■ 9 quinquina ■ 10 ilang-ilang.
**INDONESIENNE :** 7 cebuano ■ 9 madourais ■ 10 soundanais.
**INDU :** 8 indûment.
**INDUBITABLE :** 3 sûr* ■ 7 certain* ■ 9 certitude* ■ 10 assurément ■ 15 indubitablement.
**INDUCTANCE :** 10 variomètre.
**INDUCTEUR :** 10 excitateur ■ 15 cryoalternateur.
**INDUCTION :** 7 rupteur ■ 8 inductif ■ 9 faradique, inducteur ■ 10 amplifiant ■ 13 auto-induction, self-induction ■ 14 auto-inductance.
**INDUIRE :** 6 abuser, amuser, bercer, égarer ■ 7 blouser, cajoler, enjôler, inviter, leurrer, séduire, tromper ■ 8 attraper, aveugler, captieux, conclure, décevoir, endormir, sophisme, suborner ■ 9 fourvoyer, mystifer ■ 10 embéguiner ■ 11 illusionner ■ 13 démonstration.
**INDUIT :** 14 autoexcitateur.
**INDULGENCE :** 5 bonté*, gâter ■ 6 faveur, jubilé ■ 7 charité*, douceur, gâterie ■ 8 clémence ■ 9 bénignité, faiblesse, tolérance ■ 10 générosité*, mansuétude ■ 11 stationnale ■ 12 complaisance, indulgencier ■ 13 compréhension.
**INDULGENT :** 3 bon* ■ 5 bénin ■ 6 benoît ■ 7 clément, commode ■ 8 paternel, tolérant ■ 9 favorable ■ 10 charitable, conciliant ■ 12 compréhensif.
**INDUMENT :** 8 rabioter.
**INDURATION :** 8 sclérose.
**INDUSTRIE :** 5 firme, forge, usine* ■ 7 adresse, laverie, show-biz, textile, tôlerie ■ 8 cidrerie, combinat, complexe, corderie, exercice, fabrique*, filature, foulerie, gélatine, meunerie, planning, sacherie, sécherie, sellerie, tannerie, tuilerie, vannerie ■ 9 accouvage, chaussure, minoterie, rubanerie, stockiste, texturant ■ 10 batellerie, bonneterie, industriel, mégisserie, miroiterie, plasturgie, savonnerie, technopole, tréfilerie ■ 11 carbochimie, carrosserie, chapellerie, concurrence, connectique, distillerie, lampisterie, manufacture, métallurgie, pétrochimie, technologie ■ 12 aérospatiale, show-business, vaissellerie ■

13 agro-industrie, chaudronnerie, établissement, ostréiculture, quincaillerie, salaisonnerie, siriciculture ■ 14 industrialiser, industrialisme, manufacturable ■ 15 protectionnisme.
**INDUSTRIEL**: 6 fumeur ■ 7 malteur ■ 8 effileur ■ 9 alcoolier ■ 10 biscuitier, clactonien ■ 11 badegoulien, périgordien ■ 12 lavalloisien, tardenoisien ■ 14 photocomposeur.
**INDUSTRIELLE**: 2 z.i. ■ 8 filetage ■ 12 bio-industrie ■ 13 préindustriel ■ 14 postindustriel.
**INDUSTRIEUX**: 5 singe ■ 6 adroit, habile.
**INEBRANLABLE**: 3 fer ■ 4 fixe ■ 5 ferme* ■ 7 robuste ■ 8 constant, impavide, stoïcien.
**INEDIT**: 7 nouveau ■ 8 original.
**INEFFABLE**: 7 sublime ■ 9 indicible ■ 12 inexprimable ■ 13 ineffablement.
**INEFFAÇABLE**: 10 indélébile ■ 15 ineffaçablement.
**INEFFICACE**: 14 inefficacement.
**INEFFICACITE**: 6 vanité ■ 8 caducité.
**INEGAL**: 3 uni ■ 4 âpre, brut, ridé, rude ■ 6 abrupt ■ 7 barlong, calleux, hérissé, rugueux ■ 8 montueux, raboteux, rustique, saillant, scabreux ■ 9 accidenté, capriçant, changeant, disparate, grumeleux ■ 10 discordant, interrompu, irrégulier* ■ 11 anfractueux, inégalement ■ 15 disproportionné.
**INEGALABLE**: 9 nonpareil.
**INEGALITE**: 5 bosse, grain ■ 6 flache, grigne ■ 7 ressaut, saillie ■ 8 accident, aspérité, éminence, évection ■ 9 asymétrie, disparité, monticule ■ 10 différence*, gonflement, inéquation, renflement, séparation ■ 11 dissymétrie ■ 12 astigmatisme, inégalitaire ■ 13 disconvenance, disproportion.
**INELIGIBLE**: 8 nébuleux ■ 13 inéligibilité.
**INELUCTABLE**: 10 inévitable ■ 14 inéluctabilité ■ 15 inéluctablement.
**INENARRABLE**: 7 comique* ■ 12 inexprimable.
**INEPTE**: 3 con.
**INEPTIE**: 6 bêtise* ■ 7 sottise* ■ 9 sottisier, stupidité.
**INEPUISABLE**: 12 intarissable ■ 15 inépuisablement.
**INERTE**: 8 argonide, empaillé.
**INERTIE**: 5 masse ■ 6 atonie, flamme ■ 7 apathie, inactif, paresse, sommeil ■ 8 inertiel ■ 9 faiblesse, paralyser, passivité, stupéfier ■ 10 masselotte, stagnation, stupéfiant ■ 15 engourdissement.
**INERVANT**: 15 pneumogastrique.
**INESPERE**: 7 imprévu.
**INEVITABLE**: 5 fatal*, forcé ■ 10 nécessaire* ■ 11 inéluctable, obligatoire* ■ 14 inévitablement ■ 15 infailliblement.
**INEXACT**: 4 faux* ■ 6 erroné ■ 8 infidèle ■ 12 inexactement.
**INEXCITABLE**: 14 inexcitabilité.
**INEXCUSABLE**: 9 imparable.
**INEXECUTION**: 11 commissoire ■ 13 inobservation.
**INEXIGIBLE**: 13 inexigibilité.
**INEXISTANT**: 7 fantôme.
**INEXORABLE**: 3 dur* ■ 5 cruel*, sourd ■ 8 inhumain ■ 9 indicible ■ 13 inexorabilité ■ 14 inexorablement.
**INEXPERIENCE**: 7 naïveté ■ 9 nouveauté ■ 12 connaissance ■ 13 inexpérimenté.
**INEXPLICABLE**: 7 miracle.
**INEXPRIMABLE**: 9 indicible, ineffable ■ 11 inénarrable.
**INEXTENSIBLE**: 15 inextensibilité.

**INEXTRICABLE :** 6 obscur* ■ 8 dédaléen.
**INFAILLIBLEMENT :** 10 assurément ■ 15 immanquablement.
**INFAME :** 5 drôle, impur, paria ■ 6 abject, coquin, éhonté, fripon, gredin, vilain ■ 7 crapule, galopin, ignoble, infamie, vermine ■ 8 canaille, maroufle, polisson, racaille, ramassis ■ 9 misérable.
**INFAMIE :** 5 crime, honte* ■ 6 stupre ■ 8 infamant ■ 9 ignominie, réclusion ■ 10 exposition.
**INFANTERIE :** 4 arme ■ 5 biffe, lebel ■ 6 vélite, zouave ■ 7 cohorte, lignard, pandour ■ 8 esponton, marsouin, phalange, troubade ■ 9 compagnie, fantassin, flanqueur, hausse-col, piétaille, taxiarque, voltigeur ■ 10 anspessade, bersaglier, janissaire, tirailleur ■ 11 cent-suisses.
**INFANTILE :** 9 pédiatrie.
**INFANTILISER :** 13 infantilisant ■ 15 infantilisation.
**INFATIGABLE :** 10 increvable.
**INFATUE :** 8 infatuer.
**INFATUER :** 7 engouer.
**INFECONDITE :** 9 stérilité* ■ 11 impuissance* ■ 12 contraceptif ■ 13 contraception.
**INFECT :** 7 cloaque ■ 10 pestilence.
**INFECTE :** 11 ragougnasse.
**INFECTER :** 8 empester ■ 9 empuanter, envenimer ■ 10 contaminer, méphitiser ■ 11 empoisonner ■ 12 contagionner.
**INFECTIEUSE :** 7 zoonose ■ 10 arbovirose, borréliose, listériose ■ 13 infectiologie.
**INFECTIEUX :** 11 entéro-rénal.
**INFECTION :** 3 pus ■ 4 pian ■ 5 croup, lèpre, peste ■ 6 typhus ■ 7 anthrax, ecthyma, pyrexie, sycosis, tétanos, variole ■ 8 envenimé, fétidité, puanteur, septique, syphilis, typhoïde ■ 9 chlamydia, érésipèle, érysipèle, infectant, tularémie ■ 10 antisepsie, dysenterie, incubation, infectieux, malodorant, myxomatose, nosocomial, pyrodermite ■ 11 pasteurella, pestilence, polynévrite, tuberculose ■ 12 actinomycose, antiseptique, impaludation, paratyphoïde, salmonellose, streptocoque, surinfection ■ 13 auto-infection, contamination, hippocratisme, streptococcie, toxi-infection ■ 14 primo-infection, staphylococcie ■ 15 cytomégalovirus.
**INFEODER :** 11 inféodation, ministériel.
**INFERER :** 5 tirer ■ 8 conclure ■ 11 inférovarié.
**INFERIEUR :** 3 bas ■ 4 base, cave, îles, lias, nain ■ 5 aigle, basse, culot, djinn, gorge, grade, jambe, lippe, pilon, queue, terme ■ 6 commun, crural, escape ■ 8 bajocien, boui-boui, caboulot, camelote, couaille, minorant, prédelle, procordé, urgonien, vavassal ■ 9 bas-ventre, champagne, contrebas, déclasser, dysmature, mandibule, mucoracée, mycorhize, pacotille, prochordé, rudenture, sacrifier, soupirail, sous-barbe, sous-fifre, sous-homme, sous-ordre, sous-verge, surbaisse, vavasseur, vergeoise ■ 10 architrave, entrailles, épicondyle, hypogastre, orthostate, paraplégie, subalterne, subordonné, ultracourt ■ 11 abaissement, arriération, hypotension, hypotonique, infériorité, mésalliance, sous-assurer, sous-calibre, sous-tension, sous-voltage ■ 12 aplacentaire, morganatique, nimbo-stratus, soubassement, sous-effectif, water-ballast ■ 13 hyposécrétion, rhinencéphale ■ 14 sous-gouverneur, sous-production ■ 15 rachianesthésie.
**INFERIEURE :** 6 bas-mât, labium.
**INFERIORISER :** 15 infériorisation.
**INFERIORITE :** 4 sous ■ 5 moins ■ 11 désavantage.

**INFERNAL:** 5 enfer, furie ■ 8 endiablé ■ 10 diabolique ■ 13 infernalement.
**INFERTILE:** 7 stérile*.
**INFESTER:** 7 ravager.
**INFICHU:** 7 infoutu.
**INFIDELE:** 4 laps ■ 5 félon, impie, merci, païen ■ 6 ingrat, relaps ■ 7 apostat, déloyal, inexact, nations, perfide, renégat, traître ■ 8 cornette ■ 9 hérétique ■ 10 infidélité ■ 12 infidèlement.
**INFIDELITE:** 5 dédit, fugue ■ 7 abandon*, désaveu, félonie, hérésie, lâchage, liaison, parjure, passade, rupture ■ 8 adultère*, perfidie, trahison ■ 9 apostasie, déloyauté, reniement, tromperie ■ 10 abjuration, forfaiture, irréligion ■ 11 ingratitude ■ 12 inexactitude, malversation, rétractation ■ 13 prévarication.
**INFILTRATION:** 5 chape ■ 7 amylose, exhaure ■ 9 infiltrer.
**INFILTRER:** 4 suer ■ 6 passer ■ 7 filtrer, glisser*, suinter ■ 8 pénétrer* ■ 9 dégoutter, traverser ■ 10 transsuder.
**INFIME:** 3 bas ■ 5 petit*.
**INFINI:** 6 absolu ■ 7 immense ■ 8 illimité, infinité ■ 9 asymptote, immensité ■ 10 infinitude.
**INFINITIF:** 5 supin ■ 14 semi-auxiliaire.
**INFIRME:** 3 i.m.c. ■ 5 cassé ■ 6 amputé, blessé, éclopé, faible, mutilé* ■ 7 boiteux, maladif, manchot ■ 8 difforme, estropié, impotent, invalide, manicrot ■ 10 cul-de-jatte.
**INFIRMER:** 6 ruiner ■ 7 annuler ■ 10 infirmatif ■ 11 infirmation.
**INFIRMERIE:** 5 poste ■ 7 hôpital.
**INFIRMIERE:** 5 garde, nurse ■ 11 garde-malade ■ 13 puéricultrice.
**INFIRMITE:** 5 asile ■ 7 infirme, maladie*, nanisme, réformé ■ 8 langueur ■ 9 paralysie ■ 10 difformité, invalidité, mutilation, rachitisme, rhumatisme.
**INFLAMMABLE:** 4 moxa ■ 5 pilou ■ 6 napalm ■ 8 semi-coke ■ 9 ignifuger, phosphore ■ 11 combustible* ■ 14 antidéflagrant, inflammabilité.
**INFLAMMATION:** 3 feu, pus ■ 5 brout, carie, morve, lupus, otite, rhume ■ 6 coryza, iléite, iritis, lésion, onyxis, uvéite ■ 7 adénite, angéite, angiite, anthrax, aortite, cardite, cocotte, coction, cystite, dermite, flegmon, hygroma, mastite, métrite, myélite, myosite, névrite, orchite, ostéite, ovarite, panaris, parulie, pulpite, pyélite, rectite, rhinite, vulvite ■ 8 actinite, annexite, arthrite, arthrose, balanite, catarrhe, chéilite, embarras, enflammé, entérite, exostose, fourchet, furoncle, gastrite, glossite, hépatite, kératite, mycétome, néphrite, phlébite, phlegmon, posthite, proctite, pubalgie, rétinite, sinusite, splénite, synovite, typhlite, urétrite ■ 9 alvéolite, bronchite, cellulite, cervicite, dermatite, duodénite, érésipèle, érysipèle, frayement, gingivite, gras-fondu, laryngite, méningite, myocardie, ophtalmie, oreillons, pleurésie, pneumonie, pourlèche, révulsion, stomatite, tendinite, trachéite, urétérite ■ 10 amygdalite, blépharite, cataplasme, coronarite, écrouelles, épiphysite, mastoïdite, parotidite, périostite, péritonite, pharyngite, phlegmasie, prostatite, rhumatoïde, salpingite, sigmoïdite, thyroïdite ■ 11 appendicite, bourbouille, capillarite, encéphalite, endocardite, endométrite, épididymite, épisclérite, folliculite, lymphangite, œsophagite, pancréatite, péricardite, rectocolite ■ 12 angiocholite, bartholinite, blennorragie, cholécystite, désenflammer, détumescence, échauffement, entérocolite, épicondylite, labyrinthite, lombarthrose, ostéomyélite, panophtalmie, périarthrite, périphlébite, pérityphlite ■ 13 conjonctivite, dacryo-adénite, dacryocystite, hydrosa-

dénite, inflammatoire, pyélonéphrite ■ 14 gastro-entérite, ostéochondrose ■ 15 encéphalopathie, pleuropneumonie, rhino-pharyngite, thrombophlébite.
**INFLAMMATOIRE :** 9 chalazion, dermatite ■ 10 urtication.
**INFLATION :** 12 désinflation ■ 14 inflationniste.
**INFLEXIBLE :** 3 dur* ■ 5 ferme, raide, roide ■ 6 rigide ■ 8 constant, inhumain ■ 9 rigoureux ■ 13 inflexibilité ■ 14 inflexiblement.
**INFLEXION :** 3 ton ■ 10 modulation ■ 11 biflecnodal.
**INFLIGER :** 6 donner ■ 7 doucher, énerver, imposer, moucher ■ 9 pénaliser, prescrire ■ 11 sanctionner ■ 12 tortionnaire.
**INFLORESCENCE :** 3 épi ■ 4 cône, cyme ■ 6 grappe ■ 7 corymbe, ombelle, spadice ■ 8 capitule ■ 9 camomille, glomérule.
**INFLUENCE :** 4 fief, lune ■ 5 lunée, poids, règne, signe ■ 6 charme, crédit, empire, étoile, osmose ■ 7 emprise, pouvoir, prévenu, souffle ■ 8 autorité, infléchi, mainmise, prestige, suicider, tropisme, tyrannie ■ 9 ascendant, direction, discrédit, empreinte, freudisme, japonisme, maléfique, puissance, séduction, trafiquer ■ 10 atmosphère, attraction, convection, domination, giottesque, importance, impression, influencer, magnétisme, persuasion, phénologie, tellurisme, tyrannique ■ 11 démonologie, fascination, interaction, lamarckisme, rayonnement ■ 12 bureaucratie, intimidation, modification, prescripteur, technocratie ■ 13 démonographie, maître-penseur, phototactisme, phototropisme, prépondérance ■ 14 autosuggestion ■ 15 bioclimatologie.
**INFLUENCER :** 4 agir ■ 5 mener, peser, plier ■ 6 capter, causer, dicter, gagner, pétrir, primer, styler ■ 7 attirer, charmer, décider, diriger, dominer, éblouir, exciter, influer, plaider, pousser, séduire ■ 8 affecter, captiver, empaumer, fasciner, inspirer*, modifier, refléter, suggérer ■ 9 déteindre, enchanter, entraîner, intimider, perméable, persuader, retourner, traitable ■ 10 catéchiser, contribuer, convaincre, ensorceler ■ 11 circonvenir, endoctriner ■ 12 impatroniser, influençable ■ 13 impressionner.
**INFLUENT :** 5 pluie, ponte ■ 8 puissant ■ 9 camarilla, pertinent.
**INFLUENZA :** 5 rhume* ■ 6 grippe.
**INFLUER :** 7 militer ■ 10 influencer.
**INFLUX :** 4 bloc ■ 7 frayage ■ 10 conduction ■ 14 neuromédiateur.
**INFOGRAPHIE :** 13 infographiste.
**INFORMATEUR :** 2 on ■ 6 épieur ■ 8 délateur, guetteur ■ 9 éclaireur, enquêteur ■ 10 inspecteur, rapporteur ■ 11 observateur, surveillant ■ 12 dénonciateur.
**INFORMATION :** 3 bit ■ 4 avis, guet, info ■ 5 modem, potin ■ 6 cancan, rumeur ■ 7 annonce, enquête, lecteur, ouï-dire, rapport, simplex, traceur ■ 8 briefing, citation, délation, document, informer, nouvelle*, racontar, vidéotex ■ 9 chronique, commérage, disquette, fluidique, interface, page-écran, recherche ■ 10 initiation, inspection, microforme, privatique, processeur ■ 11 chrominance, observation, perforateur, publication, surinformer ■ 12 connaissance, dénonciation, surveillance, télé-écriture ■ 13 avant-première, communication, renseignement*, télé-affichage ■ 14 informationnel.
**INFORMATIQUE :** 3 bug, bus ■ 4 lisp ■ 5 basic, dédié, digit, drive, macro, zoner ■ 6 codeur, lister, pascal, prolog, visuel ■ 7 cliquer, lecteur, routine, serveur, tableur ■ 8 formater, grapheur, logiciel, opérande, vocodeur ■ 9 démoduler, disquette, émulateur, incrément, interface, monétique, multiplet, page-écran, permalloy, progiciel ■ 10 assembleur, compactage, interactif, métalangue, nanoréseau, pa-

ramétrer, photostyle, processeur, séquenceur, traducteur ■ 11 bureautique, compilateur, descripteur, didacticiel, digitaliser, identifieur, incrémenter, métalangage, productique, superviseur, télématique ■ 12 additionneur, convivialité, incrémentiel, interpréteur, microédition, modélisation, multifenêtre, ordinogramme, préprogrammé ■ 13 concentrateur ■ 14 fonctionnalité, identificateur, initialisation, monoprocesseur, téléchargement ■ 15 péri-information.

**INFORMATISER:** 14 informatisable ■ 15 informatisation.

**INFORME:** 4 brut, laid ■ 5 masse ■ 8 grossier* ■ 9 documenté, imparfait* ■ 11 gribouillis ■ 12 gribouillage.

**INFORMER:** 4 voir ■ 5 citer, épier ■ 6 aviser, écrire, narrer, savoir ■ 7 avertir*, guetter, initier, publier, relater ■ 8 annoncer*, dévoiler, ébruiter, éclairer, enquérir, enquêter, énumérer, observer, prévenir, propager, raconter, répandre ■ 9 apprendre, colporter, divulguer, inspecter, rapporter ■ 10 développer, rechercher, renseigner*, surveiller ■ 11 communiquer, désinformer, transmettre.

**INFORTUNE:** 7 malheur* ■ 8 calamité, disgrâce ■ 9 adversité.

**INFOUTU:** 7 infichu.

**INFRACTION:** 5 crime, délit*, pénal ■ 7 entorse ■ 8 récidive ■ 9 violation* ■ 12 imputabilité ■ 13 contravention, séquestration ■ 15 non-dénonciation.

**INFRASON:** 11 infrasonore.

**INFRASTRUCTURE:** 11 médicaliser.

**INFRAVIRUS:** 5 virus.

**INFROISSABLE:** 15 infroissibilité.

**INFRUCTUEUX:** 4 vain* ■ 6 ingrat ■ 7 stérile*.

**INFUS:** 4 inné.

**INFUSER:** 5 nouet ■ 9 infusette, tisanière.

**INFUSIBLE:** 5 apyre ■ 12 infusibilité.

**INFUSION:** 3 thé ■ 4 amer, café, marc, maté, moka ■ 5 boldo, nouet, punch ■ 6 bichof, bishop, hysope, tisane ■ 7 bischof, infuser, macérer ■ 8 aubépine, colature ■ 12 effondrilles, millepertuis.

**INFUSOIRE:** 5 amibe, cilié ■ 6 filine, monade, polype, protée ■ 7 cyclide, gonelle, stenton ■ 8 bursaire ■ 9 lamelline, paramécie, zoosperme ■ 10 anguillade, macrobiote, urcéolaire, virgulaire, vorticelle ■ 11 protozoaire.

**INGAMBE:** 3 vif ■ 5 agile*, leste ■ 6 valide.

**INGENIERIE:** 12 ingéniériste.

**INGENIEUR:** 5 génie ■ 12 constructeur, hydraulicien ■ 13 sous-ingénieur.

**INGENIEUX:** 3 bon ■ 6 adroit*, habile*, subtil ■ 9 astucieux, combinard, spirituel ■ 11 ingéniosité, intelligent ■ 14 ingénieusement.

**INGENU:** 4 naïf* ■ 7 candide ■ 8 innocent* ■ 9 ingénuité ■ 10 ingénument.

**INGENUE:** 7 dugazon.

**INGERENCE:** 12 intervention ■ 15 panaméricanisme.

**INGERER:** 6 avaler ■ 8 insinuer ■ 9 immiction, ingérence, ingestion.

**INGESTION:** 9 argyrisme ■ 11 coprophagie.

**INGRAT:** 3 sec ■ 7 stérile ■ 8 oublieux ■ 11 ingratement, ingratitude ■ 13 reconnaissant.

**INGREDIENT:** 5 punch ■ 6 drogue ■ 11 assaisonner ■ 14 assaisonnement.

**INGRES:** 8 ingrisme.

**INGRISME:** 9 ingresque.

**INGUERISSABLE:** 9 incurable.

**INGURGITER :** 6 avaler ■ 8 déglutir.
**INHABILETE :** 8 inhabile ■ 9 gaucherie, impéritie ■ 10 maladresse* ■ 12 inhabilement.
**INHABITE :** 5 isolé ■ 6 désert ■ 7 sauvage ■ 9 solitaire.
**INHABITUEL :** 4 rare .
**INHALATION :** 8 silicose ■ 9 asbestose, byssinose ■ 10 fumigation, inhalateur ■ 15 oxygénothérapie.
**INHERENCE :** 9 adhérence.
**INHIBE :** 7 amensal ■ 12 bétabloquant.
**INHIBER :** 7 barrage ■ 8 défendre ■ 10 inhibition ■ 12 cytostatique.
**INHIBITEUR :** 13 bromocriptine.
**INHIBITION :** 10 allostérie, désinhiber ■ 11 amensalisme.
**INHUMAIN :** 3 dur* ■ 5 cruel*, tyran ■ 6 brutal, odieux ■ 7 barbare, despote, forcené, furieux, méchant*, sauvage, violent ■ 8 dénaturé, farouche, furibond, horrible, sensible, terrible ■ 9 fanatique, maupiteux ■ 10 implacable, inexorable, inflexible, inhumanité, insensible ■ 11 impitoyable, persécuteur, sanguinaire ■ 12 tortionnaire ■ 13 inhumainement.
**INHUMANITE :** 7 cruauté, sadisme ■ 8 férocité ■ 9 brutalité.
**INHUMATION :** 5 fosse ■ 7 inhumer ■ 9 sépulture ■ 11 enterrement, funérailles.
**INIMAGINABLE :** 6 épique ■ 10 formidable ■ 15 invraisemblable.
**INIMITIE :** 5 haine* ■ 7 rancune ■ 9 hostilité ■ 12 ressentiment.
**ININFLAMMABLE :** 8 ignifugé ■ 11 chlorofibre.
**ININTELLIGENT :** 3 sot* ■ 7 stupide*.
**ININTELLIGIBLE :** 6 hébreu, obscur* ■ 8 charabia ■ 9 baragouin, patenôtre ■ 10 bafouiller, logogriphe ■ 13 amphigourique.
**ININTERROMPU :** 5 filon, série ■ 9 randonnée.
**INIQUE :** 7 injuste* ■ 9 équitable ■ 10 iniquement.
**INITIALE :** 5 sigle ■ 8 anacruse ■ 9 anacrouse, majuscule ■ 12 allitération.
**INITIALISATION :** 11 initialiser.
**INITIATION :** 9 admission ■ 10 mystagogie ■ 11 initiatique, instruction.
**INITIATIVE :** 4 agir ■ 9 mouvement ■ 10 entreprise ■ 15 discrétionnaire.
**INITIER :** 10 ésotérique, initiateur, renseigner.
**INJECTER :** 7 embouer ■ 10 injectable.
**INJECTION :** 4 bock ■ 7 lançage ■ 8 injecter, lavement ■ 9 créosoter, injecteur ■ 10 irrigateur ■ 12 mésothérapie ■ 14 artériographie, postcombustion ■ 15 autotransfusion, tuberculination.
**INJONCTION :** 4 donc ■ 5 ordre* ■ 9 injonctif ■ 12 commandement* ■ 13 avertissement.
**INJURE :** 4 huée, raca, rixe ■ 5 délit ■ 6 avanie, coquin ■ 7 affront, insulte, offense*, outrage, pouille, sottise, vilenie ■ 8 calomnie, quolibet, riposter, saignant, soufflet ■ 9 blasphème, camouflet, harengère, injurieux, invective ■ 10 engueulade, parpaillot, prêtraille ■ 11 diffamation, imprécation, malédiction ■ 12 plaisanterie, ressentiment.
**INJURIER :** 4 huer ■ 7 bafouer, blesser*, maudire ■ 8 adresser, conspuer, écharper, insulter, offenser*, outrager* ■ 9 accoutrer, engueuler ■ 10 blasphémer, invectiver, vilipender ■ 14 injurieusement.
**INJUSTE :** 4 indu, roué ■ 5 à tort, tyran ■ 6 fautif, fourbe, fripon, furtif, inique, intrus, odieux ■ 7 déloyal, illégal, immoral, indigne, mauvais, méchant*, partial ■ 8 blâmable, illicite, immérité, infidèle ■ 9 équitable, indélicat ■ 10 arbitraire, clandestin, illégitime, irrégulier, malfaisant, tyrannique ■ 11 condamnable, inéquitable, injustement ■ 13 déraisonnable.

**INJUSTICE:** 4 abus ■ 5 crier ■ 6 faveur, fraude, piston ■ 7 rouerie ■ 8 iniquité, rancœur ■ 9 déloyauté, fourberie, indignité, intrusion, quérulent, tromperie ■ 10 illégalité, immoralité, infidélité, manquement, partialité, préférence, usurpation ■ 11 persécution ■ 12 illégitimité, malversation ■ 13 indélicatesse, prévarication.
**INLANDSIS:** 8 inceström ■ 10 glaciation ■ 11 glaciologie.
**INLASSABLE:** 14 inlassablement.
**INNE:** 7 innéité, naturel ■ 8 innéisme, innéiste, spontané ■ 9 prénotion ■ 10 congénital ■ 11 disposition, héréditaire.
**INNERVATION:** 11 dénervation.
**INNERVE:** 10 hypoglosse.
**INNOCENCE:** 6 excuse, pureté* ■ 7 candeur, naïveté ■ 8 adamisme, sainteté ■ 9 blancheur, crédulité, gaucherie, ignorance, ingénuité, justifier, niaiserie, virginité ■ 10 absolution, simplicité ■ 11 innocemment ■ 12 acquittement, disculpation, inexpérience.
**INNOCENT:** 3 bon*, pur* ■ 4 doux, naïf* ■ 5 blanc, niais, saint ■ 6 agneau, anodin, gauche, ingénu, novice, simple, vierge ■ 7 candide, crédule ■ 8 ignorant, immaculé ■ 9 innocence ■ 10 innocenter ■ 13 inexpérimenté.
**INNOCENTER:** 5 laver ■ 7 excuser ■ 8 absoudre, blanchir ■ 9 acquitter, décharger, disculper, justifier, pardonner* ■ 11 réhabiliter.
**INNOVATION:** 8 innovant, novateur ■ 10 changement*, innovateur ■ 11 immobilisme ■ 13 conservatisme.
**INNOVE:** 8 innovant.
**INOCCUPE:** 5 oisif* ■ 6 vacant ■ 10 no man's land ■ 12 inoccupation.
**INOCULATION:** 5 morve ■ 8 inoculer ■ 12 impaludation.
**INOCULER:** 8 vacciner ■ 9 immuniser ■ 10 inoculable ■ 13 inoculabilité.
**INODORE:** 3 eau ■ 5 argon, azote, odeur.
**INOFFENSIF:** 3 bon ■ 4 doux ■ 5 bénin ■ 6 agneau, anodin ■ 7 placebo ■ 8 innocent ■ 9 innocuité ■ 15 inoffensivement.
**INONDATION:** 4 crue ■ 5 orage ■ 6 déluge ■ 7 torrent ■ 9 cataracte ■ 10 cataclysme, submersion ■ 11 débordement ■ 13 envahissement.
**INONDER:** 5 noyer ■ 7 tremper* ■ 8 abreuver, déborder ■ 9 inondable, ruisseler, submerger.
**INOPINE:** 5 subit ■ 7 imprévu* ■ 8 survenir ■ 11 inopinément.
**INOPPORTUN:** 13 contre-indiqué ■ 15 inopportunément.
**INOUÏ:** 7 étrange ■ 14 extraordinaire* ■ 15 invraisemblable.
**INOXYDABLE:** 4 inox.
**INQUIET:** 4 béat ■ 5 agité, rongé ■ 6 dévoré, jaloux, pensif, triste ■ 7 anxieux, indécis, remuant ■ 8 distrait, fiévreux, perplexe, soucieux ■ 9 impatient, incertain, inquiéter, ombrageux, préoccupé, sans-souci, tourmenté, tracassin ■ 10 embarrassé, scrupuleux ■ 11 soupçonneux ■ 14 hypocondriaque.
**INQUIETANT:** 6 sombre ■ 8 alarmant, critique, menaçant, sinistre ■ 11 patibulaire ■ 12 comminatoire.
**INQUIETE:** 6 bileux.
**INQUIETER:** 5 biler ■ 7 alarmer, ennuyer, frapper, soucier ■ 8 émouvoir, redouter, trembler, troubler ■ 9 chagriner, tracasser, trépigner ■ 10 préoccuper, solliciter, tourmenter*.
**INQUIETUDE:** 4 émoi, peur* ■ 5 ennui, peine, souci* ■ 6 tracas, transe ■ 7 anxiété, chagrin, crainte*, émotion, malaise, remords, soupçon, trouble ■ 8 angoisse, détresse, insomnie, scrupule, tintouin, tourment* ■ 9 agitation, épouvante, tristesse ■ 10 indécision, inquiétant, perplexité ■ 11 distraction, incertitude, sollicitude ■ 12 tranquillité, trépignement ■ 13 préoccupation.

**INQUISITION :** 8 autodafé ■ 10 consulteur ■ 11 inquisiteur ■ 13 qualificateur.
**INSALUBRE :** 7 maremme ■ 11 insalubrité.
**INSANE :** 3 sot ■ 13 déraisonnable.
**INSATIABLE :** 5 avide ■ 7 pieuvre ■ 8 dévorant ■ 14 insatiablement.
**INSATISFACTION :** 9 bovarysme ■ 12 insatisfaire ■ 14 mécontentement*.
**INSCRIPTION :** 4 inri ■ 5 liste, titre ■ 6 devise, ex-voto, liston, marque ■ 7 affiche, annonce, écusson, exergue, placard ■ 8 adhésion, écriteau, enseigne, épitaphe, graffiti, intitulé, lapicide, pancarte ■ 9 cartouche, empreinte, épigraphe, estampage, étiquette, matricule, panonceau ■ 10 épigraphie ■ 11 affiliation, registraire ■ 12 chronogramme, embarquement, souscription ■ 13 budgétisation, téléscripteur ■ 14 préinscription.
**INSCRIRE :** 5 coter, livre ■ 6 écrire, passer ■ 7 adhérer, coucher, écrouer, enrôler, marquer ■ 8 annoncer, créditer ■ 9 cadastrer, colloquer, étiqueter, postdater ■ 10 cataloguer, matriculer, non-inscrit, plaquarder, réinscrire ■ 11 enregistrer, inscription, répertorier ■ 12 immatriculer, inscriptible.
**INSECABLE :** 12 insécabilité.
**INSECTE :** 3 nid, pou, ver, vol ■ 4 aile, dard, iule, miel, toto ■ 5 coque, corne, filer, galle, gerce, imago, jabot, patte, perle, queue, tarse ■ 6 anobie, cynips, labium, piquer ■ 7 acarien*, bacille, couvain, diptère*, haliple, tergite, vermine ■ 8 carabidé, cérambyx, corselet, diapause, ecdysone, gallerie, géotrupe, isoptère, mâchoire, métabole, nymphose, papillon*, protoure, sensille, stigmate, syrphidé ■ 9 antennate, arbovirus, galéruque, languette, larvicide, mécoptère, pentamère, phasemidé, prothorax, ptérygote, ravisseur, rhynchote*, xylophage ■ 10 archiptère* arthropode, brachycère, coléoptère*, dermoptère*, éruciforme, mallophage, naphtalène, naphtaline, nématocère, névroptère*, orthoptère*, planipenne, plécoptère, sarracénie, thysanoure* ■ 11 dictyoptère, entomologie, entomophage, hétéroptère*, hyménoptère*, insectarium, insecticide, insectivore, lépidoptère, mégaloptère, trichoptère ■ 12 entomophilie, holométabole, moucheronner, siphonaptère, strepsiptère*, thysanoptère, trichogramme, trophallaxie ■ 13 attrape-mouche, chéleutoptère ■ 14 hétérométabole.
**INSECTICIDE :** 3 d.d.t., h.c.h. ■ 7 sulfure ■ 8 antimite, pyrèthre, quassine, roténone ■ 9 téphrosie ■ 12 organochloré.
**INSECTIVORE :** 5 orvet, taupe ■ 6 coucou, desman, lézard, tanrec, tenrec, tupaïa, tupaja ■ 7 dasyure, échidné, traquet, vampire ■ 8 caméléon, fauvette, hérisson, roitelet ■ 8 sylviidé ■ 9 étourneau ■ 10 amphisbène, musaraigne, pie-grièche, troglodyte ■ 11 chéiroptère ■ 12 macroscélide ■ 13 bergeronnette, galéopithèque.
**INSEMINATION :** 3 i.a.d. ■ 12 inséminateur.
**INSENSE :** 3 fou* ■ 4 pile ■ 6 dément ■ 7 absurde, vésanie ■ 10 impossible ■ 11 extravaguer.
**INSENSIBILISER :** 5 éther ■ 6 mourir ■ 7 chloral ■ 8 cocaïner, étourdir, évanouir, morphine ■ 9 asphyxier, défaillir, engourdir, éthériser, stupéfier ■ 11 anesthésier, morphiniser ■ 12 chloroformer.
**INSENSIBILITE :** 7 apathie, raideur, stupeur ■ 8 asphyxie, froideur ■ 9 analgésie, apoplexie, paralysie ■ 10 anesthésie, catalepsie, sidération ■ 11 détachement ■ 12 indifférence* ■ 13 étourdissement, impassibilité ■ 14 évanouissement ■ 15 engourdissement.
**INSENSIBLE :** 3 dur* ■ 4 mort ■ 5 ferme, froid, glacé, ladre, raide, roche, sourd ■ 6 inerte, sidéré ■ 7 détaché, endurci, étourdi, éva-

noui ■ 8 immobile, indolent, indolore ■ 9 analgique, apathique, dessécher, lentement ■ 10 impassible, stupéfiant ■ 11 analgésique, indifférent* ■ 12 anesthésique ■ 14 insensibiliser ■ 15 tropicalisation.
**INSEPARABLE:** 15 inséparablement.
**INSERER:** 5 enter ■ 7 inclure, sessile ■ 8 encarter, enficher ■ 9 annonceur, enchâsser, implanter, insérable, insertion ■ 10 intercaler, introduire, reproduire ■ 11 enchatonner, interfolier ■ 12 désinsertion.
**INSERTION:** 3 r.m.i. ■ 6 suture ■ 8 aisselle, peaucier ■ 10 phocomélie ■ 12 justificatif ■ 13 circumduction.
**INSIDIEUX:** 8 trompeur.
**INSIGNE:** 5 aigle, bâton, croix, éphod, galon, palme, ruban, verge ■ 6 anneau, cordon, crosse, étoile, fanion, plaque, plumet ■ 7 chevron, cocarde, collier, diadème, emblème, pallium, panache, rosette, sceptre, symbole ■ 8 armoirie, attribut, couronne, faisceau, médaille ■ 9 croissant, demi-pique, épaulette, hausse-col, important ■ 10 décoration, épinglette ■ 11 remarquable*.
**INSIGNIFIANT:** 4 fade ■ 5 falot, petit ■ 7 vétille ■ 8 médiocre, mirmidon, myrmidon, racontar ■ 9 bavardage, dérisoire, enfonceur, engageant ■ 10 foutriquet ■ 13 insignifiance.
**INSINUANT:** 7 patelin ■ 9 chatterie, engageant ■ 10 patelinage ■ 11 patelinerie.
**INSINUER:** 5 mêler ■ 7 glisser*, ingérer ■ 8 immiscer, inspirer, suggérer ■ 9 infiltrer, insinuant ■ 10 insinuatif ■ 11 insinuation ■ 12 impatroniser, infiltration.
**INSIPIDE:** 3 eau ■ 4 fade* ■ 5 azote ■ 7 affadir, fadasse ■ 9 édulcorer ■ 10 insipidité.
**INSISTANCE:** 6 prière ■ 8 instance, tripoter ■ 9 dévisager ■ 10 répétition*.
**INSISTE:** 6 appuyé.
**INSISTER:** 7 appuyer, obséder, presser, répéter, revenir ■ 8 bringuer, rebattre, remettre ■ 9 insistant, ressasser ■ 10 appesantir, insistance.
**INSOCIABLE:** 7 sauvage ■ 8 farouche, hargneux ■ 13 insociabilité.
**INSOLENCE:** 6 audace ■ 7 orgueil* ■ 8 insulter ■ 9 hardiesse, impudence ■ 11 insolamment.
**INSOLENT:** 4 fier ■ 5 rogue ■ 6 altier, impoli* ■ 7 cassant ■ 8 arrogant, cavalier, grossier*, impudent, vaniteux ■ 9 suffisant ■ 11 impertinent*.
**INSOLITE:** 4 rare* ■ 7 bizarre, inusité ■ 10 bizarroïde ■ 14 extraordinaire*.
**INSOLUBLE:** 10 oléorésine ■ 12 insolubilité ■ 13 insolubiliser.
**INSOMNIE:** 5 varus ■ 6 veille ■ 10 insomnieux ■ 11 insomniaque ■ 12 benzodiazépine.
**INSONORISER:** 14 insonorisation.
**INSOUCIANCE:** 3 bah ■ 5 oubli ■ 8 mollesse ■ 9 indolence ■ 10 incuriosité, négligence* ■ 11 inappétence, inattention, nonchalance ■ 12 indifférence*, laisser-aller ■ 13 je-m'en-fichisme.
**INSOUCIANT:** 3 mou ■ 5 relax ■ 6 relaxe ■ 8 indolent, oublieux ■ 9 incurieux ■ 10 inattentif*, nonchalant ■ 11 indifférent, insouciance.
**INSOUMISSION:** 8 insoumis, sédition* ■ 9 désertion, mutinerie ■ 13 désobéissance.
**INSPECTER:** 7 visiter ■ 8 examiner*.
**INSPECTEUR:** 5 édile ■ 6 ingame ■ 8 écolâtre, visiteur ■ 10 inspection ■ 11 inspectorat, provéditeur ■ 13 missi dominici.
**INSPECTION:** 5 revue, ronde ■ 6 visite ■ 8 contrôle ■ 10 souchetage.
**INSPIRATEUR:** 7 scalène.
**INSPIRATION:** 3 feu ■ 4 idée, luth, muse, plan, rêve ■ 5 génie ■

6 délire, poésie, projet, utopie ■ 7 conseil, souffle, stridor, théorie ■ 9 mouvement, prophétie ■ 10 conception ■ 11 inspirateur, supposition ■ 12 illumination, inspiratoire, kimbanguisme ■ 13 versificateur.
**INSPIRE :** 11 antiquisant.
**INSPIRER :** 5 jeter, pitié ■ 6 dicter, élever ■ 7 aspirer, figurer, revenir ■ 8 enticher, imprimer, insinuer, répugner, souffler, suggérer, supposer ■ 9 commander, concevoir, instiguer, instiller, insuffler, intimider, persuader ■ 10 conseiller*, encourager, ensorceler, intéresser ■ 11 émerveiller.
**INSTABILITE :** 8 mobilité ■ 9 fragilité ■ 11 inconstance, vicissitude.
**INSTABLE :** 7 mouvant ■ 8 flottant, précaire ■ 9 changeant, lunatique ■ 10 positonium ■ 11 positronium.
**INSTALLATEUR :** 10 cuisiniste.
**INSTALLATION :** 4 mine ■ 5 poste ■ 7 exhaure, secteur ■ 8 craqueur, héligare, plombier, practice, tubulure ■ 9 absorbeur, campement, déballage, réformeur ■ 10 interphone, multicâble, tuyauterie ■ 11 planétarium, réfrigérant, station-aval, vide-ordures ■ 12 cantonnement, installateur, vapocraqueur ■ 13 signalisation ■ 14 infrastructure ■ 15 autocommutateur, électrification, radiotélévision.
**INSTALLE :** 9 canissier ■ 10 cannissier.
**INSTALLER :** 6 camper, placer* ■ 7 dresser, établir* ■ 8 aplomber, caserner ■ 9 cantonner, descendre ■ 10 introniser ■ 11 réinstaller ■ 12 installation.
**INSTANCE :** 6 prière*, procès ■ 8 conjurer, réclamer, supplier ■ 9 procédure, souverain ■ 10 insistance, instamment ■ 12 commandement, supplication.
**INSTANT :** 5 heure, phase, point, temps ■ 6 moment*, urgent ■ 7 soudain ■ 8 débotter, échappée, imminent, partance, pressant ■ 10 instantané, tournemain ■ 13 immédiatement.
**INSTANTANE :** 6 illico, prompt ■ 7 ad nutum, soudain* ■ 8 vite-vite ■ 13 instantanéité ■ 14 instantanément.
**INSTAURER :** 7 établir*.
**INSTIGATEUR :** 6 moteur ■ 9 promoteur ■ 12 protagoniste.
**INSTIGATION :** 7 conseil ■ 11 inspiration.
**INSTILLER :** 12 instillation.
**INSTINCT :** 6 libido ■ 8 penchant* ■ 9 zoophagie ■ 10 bestialité, grégarisme, instinctif ■ 11 instinctuel ■ 15 instinctivement.
**INSTINCTIF :** 8 machinal ■ 9 sympathie ■ 13 pressentiment.
**INSTITUER :** 6 ériger, nommer, sacrer ■ 7 établir ■ 10 constituer, préconiser ■ 11 consultatif, institution.
**INSTITUT :** 3 i.u.t. ■ 5 école* ■ 9 visagiste ■ 13 esthéticienne.
**INSTITUTEUR :** 5 insti ■ 6 instit, maître ■ 10 frœbélien.
**INSTITUTION :** 4 chef, épée, veto ■ 5 bible, tabou ■ 6 organe ■ 7 édifice, ephébie, pension, tutelle ■ 8 écomusée, érection, mosaïsme ■ 9 olympisme, prud'homie, sinologie ■ 10 chevalerie, monachisme ■ 12 habeas corpus, instaurateur, organisation ■ 13 établissement ■ 14 institutionnel ■ 15 anti-militarisme.
**INSTRUCTEUR :** 8 moniteur.
**INSTRUCTION :** 5 école, guide, leçon, lycée, ordre, palme, prône ■ 6 savoir ■ 7 ciné-tir, clergie, culture, enquête, homélie, théorie ■ 8 consigne, cultiver, exercice, mémorial, opérante ■ 9 directive, éducation, formation, instruire, mandement, pédagogie, programme, règlement, sommation ■ 10 catéchisme ■ 11 institution, instructeur, sous-section ■ 12 enseignement* ■ 13 scolarisation, sous-programme ■ 14 analphabétisme.

**INSTRUIRE :** 5 faire ■ 6 former ■ 7 dresser, étudier, initier, seriner ■ 8 éclairer, informer ■ 9 apprendre, pédagogie, procédure, serinette ■ 10 catéchiser, didactique, indocilité, instructif ■ 11 instituteur ■ 12 conférencier.

**INSTRUIT :** 4 calé, sage ■ 5 livre ■ 6 averti, ignare, lettré, savant* ■ 7 cultivé, éclairé ■ 8 ignorant ■ pédagogue ■ 11 autodidacte, expérimenté, séminariste.

**INSTRUMENT :** (voir : *instrument de musique*) : 2 dé, if ■ 3 clé, cor, fer, hie, pal, par, pic, van ■ 4 arme, clef, clou, coin, étau, gant, lame, loch, mâle, sous, voix ■ 5 ancre, arçon, baume, bongo, broie, burin, canif, clamp, corde, corne, croix, écang, écope, engin, érine, fléau, foret, gibet, gouet, gouge, hâche, happe, herse, hoyau, jauge, lance, limbe, louve, masse, outil*, palot, pelle, perce, peson, pilon, pince, queue, râble, rabot, règle, ritte, sabot, sasse, serpe, sonde, tamis, tille, toise, velte, verge, verre ■ 6 broche, buzuki, compas, coucou, cutter, davier, érigne, étalon, gnomon, maraca, niveau, octant, palmer, playon, pleyon, réglet, réveil, rugine, stadia, tarare ■ 7 ablatif, balance, bagueur, bascule, bouloir, charrue, comtois, curette, doloire, équerre, étrille, forceps, fouloir, fourche, gabarit, grésoir, haltère, horloge, lissoir, navette, palpeur, pendule, pesette, pinceau, potence, régloir, renette, romaine, rouleau, sablier, scalpel, schofar, sextant, sifflet, spatule, tocante, trocart, venturi, vernier, videlle ■ 8 affiloir, affinoir, ajustoir, anéroïde, attisoir, bistouri, bouzouki, chevalet, compteur, cure-dent, cure-pied, dévidoir, diascope, dilatant, écarteur, épiscope, faucille, géophone, lancette, luxmètre, marquoir, matraque, mélodia, mesureur, odomètre, ohmmètre, otoscope, palisson, pêchette, pèse-moût, pilulier, plomboir, raquette, réglette, seringue, soufflet, spéculum, stripper, tire-lait, toquante, trusquin, uromètre ■ 9 acoumètre, aéromètre, aéroscope, aréomètre, arrachoir, assomoir, astrolabe, baromètre, baroscope, bolomètre, bretteler, casse-noix, claquette, clepsydre, croissant, cueilloir, décimètre, découpoir, diagraphe, dialyseur, écailleur, éclimètre, égrappoir, focomètre, fluxmètre, gagne-pain, guimbarde, gyromètre, héliostat, lucimètre, machmètre, manomètre, microtome, oléomètre, ondemètre, osmomètre, pilulaire, podomètre, polissoir, porte-mine, porte-voix, posemètre, potomètre, pyromètre, rhéomètre, rhizotome, serre-file, sonomètre, taximètre, télémètre, télescope, timonerie, tire-balle, tire-botte, tireligne, typomètre, uréomètre, ustensile, voltmètre, wattmètre ■ 10 acétimètre, acétomètre, alcoomètre, anémomètre, audiomètre, barographe, bathymètre, célérifère, clavicorde, clinomètre, cure-ongles, curvimètre, cystoscope, débitmètre, débouchoir, dégorgeoir, densimètre, déplantoir, dilatateur, discipline, draisienne, échanvroir, élaïomètre, embauchoir, embouchure, eudiomètre, excitateur, extracteur, glucomètre, goniomètre, guillotine, gypsomètre, gyrocompas, héliomètre, hygromètre, hygroscope, hypsomètre, irrigateur, lactomètre, marégraphe, micromètre, microphone, navisphère, pantomètre, pendulette, phacomètre, photomètre, pianoforte, piézomètre, planimètre, porte-plume, pycnomètre, serre-joint, spiromètre, tachymètre, théodolite, tourniquet ■ 11 actinomètre, alcalimètre, ampèremètre, butyromètre, calorimètre, capacimètre, chausse-pied, chronomètre, colorimètre, crémaillière, cure-oreille, déchaussoir, dilatomètre, dynamomètre, échenilloir, explorateur, extirpateur, fluviomètre, graphomètre, grisoumètre hache-paille, héliographe, mégohmmètre, odontomètre, pantographe, piérographe, pluviomètre, polarimètre, polariscope, psophomètre, radiocompas, saupoudroir, scléromètre, sismographe, sphéromètre, stéréoscope, stéthoscope, stroboscope, tachéomètre, tensiomètre, thermomètre, thermoscope, troussequin, vulnération ■ 12 arithmomètre, cathétomètre, chronographe, cinémographe, conformateur, coronographe, coupe-cigares, coupe-légumes, coupe-racines, ébulliomètre, ébullioscope, électromètre, électroscope, emporte-pièce, endosmomètre, extensomètre, galactomètre, galvanomètre, hache-légumes, hystéromètre, instrumental, insufflateur, magnétomètre, oblitérateur, oscillomètre, pénétromètre, presse-citron, presse-fruits, psychromètre, séismographe, solarigraphe, stilligoutte, stomatoscope, thermographe, vaporisateur, volucompteur ■ 13 abaisse-langue, conformateur, marteau-piolet, ophtalmomètre, ophtalmoscope, phonocontrôle, pulvérisateur, réfractomètre, saccharimètre, scarificateur, sphygmographe, stalagmomètre, taille-racines, tourne-à-gauche, transpositeur, varheuremètre ■ 14 accélérographe, fréquencemètre, interféromètre, millivoltmètre, sitogoniomètre ■ 15 radiogoniomètre, sphymomanomètre, ultramiscroscope.

**INSTRUMENTAL:** 5 rondo ■ 6 tiento ■ 7 toccata ■ 9 fantaisie, gaillarde, polonaise ■ 10 sicilienne.

**INSTRUMENTALE:** 7 chacone ■ 10 intermezzo ■ 12 divertimento.

**INSTRUMENT DE MUSIQUE:** 3 cor, sax, ton, zon ■ 4 alto, erke, gong, koto, luth, lyre, rote, tuba ■ 5 anche, banjo, basse, bugle, corde, couac, diane, fifre, flûte, guzla, harpe, jouer, loure, orgue, piano, rabab, rebab, rebec, sanza, sitar, tabla, tinya, viole ■ 6 basson, biniou, buccin, cistre, cloche, diaule, néo-cor, pipeau, régale, sarode, sistre, tam-tam, téorbe, vielle, violon ■ 7 balafron, baryton, célesta, cithare, clairon, crotale, cymbale, flûteau, guitare, hélicon, larigot, mandore, musette, ocarina, octavin, olifant, pandore, pianino, pibrock, piccolo, saxhorn, serpent, tambour, théorbe, timbale ■ 8 bombarde, carillon, charango, clavecin, crincrin, cromorne, cymbalum, derbouka, diapason, dondaine, éolienne, épinette, galoubet, hautbois, hydraule, médiator, mirliton, pavillon, pochette, préluder, timballe, triangle, trombone, tympanon, virginal ■ 9 accordage, accordéon, balalaïka, bigophone, bombardon, chalumeau, cliquette, cornemuse, czimbalum, flageolet, guimbarde, harmonica, harmonium, mailloche, mandoline, manicorde, métronome, monocorde, quintette, saxophone, serinette, tambourin, trombonne, trompette, turlututu, typophone, xylophone ■ 10 clarinette, concertina, harmonicor, heptacorde, ophicléide, psaltérion, tétracorde, turlurette ■ 11 castagnette, contrebasse, manicordon, organologie, trois-quarts, violoncelle ■ 12 contrebasson, harmonicorde, manichordion, stradivarius ■ 13 basse continue, sarrussophone ■ 14 instrumentiste.

**INSTRUMENTER:** 9 orchestre ■ 13 orchestration ■ 14 instrumentiste.

**INSTRUMENTISTE:** 7 ripieno.

**INSU:** 11 insciemment.

**INSUBORDINATION:** 12 insubordonné ■ 13 désobéissance.

**INSUCCES:** 4 four ■ 5 chute, échec*, perte, veste ■ 8 réussite ■ 10 avortement, déconvenue.

**INSUFFISAMMENT:** 13 sous-exploiter ■ 14 sous-administré.

**INSUFFISANCE:** 7 idiotie ■ 8 crevasse ■ 9 asystolie, cortisone, myxœdème, tolérance, vicariant ■ 10 anorganisme, déficience, demi-mesure, hypoplasie, inaptitude, médiocrité ■ 11 hypotrophie, kwashiorkor, supplétoire ■ 12 hypocalcémie, hypokaliémie, incomplétude, infantilisme ■ 13 hyperazotémie, hyperthyroïdie.

**INSUFFISANT:** 6 faible, pauvre ■ 8 casilleux ■ 10 hypochrome, sous-équipé, sous-peuplé ■ 11 insatisfait ■ 12 sous-employer, sous-utiliser ■ 13 sous-alimenter ■ 14 insuffisamment.

**INSUFFISANTE :** 13 sous-nutrition ■ 14 sous-exposition.
**INSUFFLER :** 7 aspirer ■ 9 dynamiser ■ 12 insufflateur, insufflation.
**INSULAIRE :** 5 îlien.
**INSULINDE :** 13 mangoustanier.
**INSULINE :** 8 glucagon ■ 9 protamine ■ 10 insulinase.
**INSULTE :** 6 injure* ■ 7 offense* ■ 8 algarade ■ 9 blasphème, insultant, insulteur.
**INSULTER :** 7 cracher ■ 8 outrager* ■ 10 blasphémer, souffleter.
**INSUPPORTABLE :** 6 sciant ■ 8 infernal ■ 9 garnement, imbuvable ■ 10 déplaisant, massacrant ■ 11 insupporter, intolérable.
**INSURRECTION :** 7 insurgé, révolte* ■ 9 agitation ■ 10 révolution ■ 11 chouannerie, soulèvement ■ 15 insurrectionnel.
**INTACT :** 3 pur* ■ 4 sauf ■ 6 entier*, vierge* ■ 7 complet* ■ 10 intangible.
**INTACTILE :** 11 intouchable.
**INTAILLE :** 5 camée.
**INTANGIBLE :** 5 sacré ■ 11 intouchable ■ 13 intangibilité
**INTARISSABLE :** 11 inépuisable.
**INTEGRAL :** 4 tout* ■ 5 plein ■ 6 absolu, entier*, infini, intact, massif ■ 7 complet*, indivis ■ 8 exclusif, illimité, monopole.
**INTEGRALITE :** 4 bloc ■ 5 masse, rafle ■ 8 ensemble* ■ 9 entièreté, intégrant ■ 10 indivision ■ 11 omnipotence ■ 12 accaparement.
**INTEGRATION :** 4 r.n.i.s. ■ 8 high-tech ■ 9 primitive ■ 10 intégratif.
**INTEGRE :** 3 mos, pur ■ 5 juste* ■ 7 honnête* ■ 9 caméscope, impartial, intégrité ■ 11 intègrement.
**INTEGRER :** 9 domotique ■ 10 budgétiser, intégrable ■ 11 désintégrer, intégration ■ 12 sociabiliser.
**INTEGRITE :** 6 pureté ■ 7 probité.
**INTELLECT :** 10 conception ■ 12 intelligence*.
**INTELLECTUALISATION :** 13 mentalisation.
**INTELLECTUALITE :** 11 cérébralité.
**INTELLECTUEL :** 2 q.i. ■ 5 moral, ponte ■ 7 agonie ■ 8 baby-test, culturel, mentisme ■ 9 archétype, inférence, magistère ■ 10 apriorisme, verbalisme ■ 11 minus habens, phrénologie ■ 12 agrammatisme, débilisation, immaturation ■ 14 dégénérescence, intelligentsia ■ 15 intellectualité.
**INTELLIGENCE :** 4 note, test ■ 5 chien, géant, idéal, idiot, union ■ 6 esprit*, pensée*, prolog, raison* ■ 7 cerveau, entente, finesse, lumière ■ 8 capacité, entendre, gamberge, hystérie, jugement, lucidité, trahison ■ 9 collusion, éducation, envergure, intellect, intuition, non-valeur, réflexion, spirituel ■ 10 binet-simon, conception, crétinisme, perception, profondeur ■ 11 abrutisseur, imbécillité, ingéniosité, intelligent, pénétration ■ 12 clairvoyance, discernement, entraccorder, intellectuel, perspicacité ■ 13 abrutissement, compréhension ■ 14 inintelligence, intelligemment.
**INTELLIGENT :** 3 fin, net ■ 4 ours, tête ■ 5 borné, clair, singe ■ 6 adroit, lucide, ouvert ■ 7 bécasse, capable, entendu, ganache, profond ■ 8 fortiche, imbécile ■ 9 ingénieux ■ 10 perspicace ■ 13 intelligent.
**INTELLIGENTSIA :** 14 occidentaliste.
**INTELLIGIBLE :** 5 clair*, glose ■ 9 éclaircir, obscurcir ■ 10 accessible, panlogisme ■ 11 obscurément ■ 14 compréhensible ■ 15 intelligibilité.
**INTEMPERANCE :** 5 excès* ■ 7 ivresse ■ 8 débauche*, sobriété ■ 11 intempérant.
**INTEMPERIE :** 8 rustique.

**INTEMPESTIF :** 4 zèle ■ 8 importun ■ 11 braillement.
**INTEMPOREL :** 13 intemporalité.
**INTENDANCE :** 10 bouteiller, boutillier, riz-pain-sel ■ 12 subsistance ■ 13 sous-intendant.
**INTENDANT :** 6 écuyer ■ 10 intendance, subdélégué ■ 12 surintendant.
**INTENSE :** 3 bas ■ 4 fort* ■ 7 cramine, extrême*, violent* ■ 8 jouissif, ralentir ■ 9 accentuer, exaspérer, marmitage, mysticité, pilonnage ■ 11 intensément ■ 13 intensivement.
**INTENSIFIER :** 9 augmenter*.
**INTENSITE :** 3 ton ■ 4 voix ■ 5 degré, fondu, force*, gamme, masse, seuil ■ 6 acuité, apogée, bougie, cinèse, nuance, portée ■ 7 candela, étendue, hauteur, maximum, œrsted, travail ■ 8 ampérage, diapason, intensif, rhéobase, rhéostat, vitalité ■ 9 brillance, faiblesse, gradation, lucimètre, luminance, paroxysme, puissance*, régresser, rémittent, renforcer, résonance, sforzando ■ 10 dégression, expression, gravimètre, photomètre, pianissimo, proportion, renforçage ■ 11 actinomètre, amortisseur, ampèreheure, ampèremètre, colorimètre, decrescendo, disjoncteur, gravimétrie, microampère, milliampère, phonométrie, photométrie, progression ■ 12 actinométrie, endosmomètre, galvanomètre, magnétomètre, recrudescent, renforcement, surintensité ■ 13 applaudimètre, phonocontrôle, phototactisme, recrudescence ■ 14 infraliminaire ■ 15 expressionnisme.
**INTENTER :** 5 ester ■ 8 attaquer ■ 9 actionner ■ 10 rescisoire ■ 11 actionnable.
**INTENTION :** 3 but*, vue ■ 4 idée ■ 5 désir, final, motif, objet, rôder, tâter, venir, visée ■ 6 pensée ■ 7 chimère, dessein, volonté, vouloir ■ 8 attitude, entendre, illusion, proposer, tendance, velléité ■ 9 médisance, prononcer ■ 11 conception, intentionné, tendancieux ■ 12 intentionnel, significatif ■ 13 arrière-pensée, démonstration ■ 14 malintentionné, volontairement.
**INTENTIONNEL :** 5 noème.
**INTERACTION :** 9 interagir ■ 13 électrofaible ■ 14 interactionnel ■ 15 chromodynamique.
**INTERACTIVITE :** 10 interactif.
**INTERASTRAL :** 5 rayon.
**INTERCALATION :** 5 tmèse ■ 9 embolisme, épenthèse ■ 10 parenthèse ■ 13 interpolation.
**INTERCALER :** 9 enchâsser ■ 10 interpoler, interposer, introduire* ■ 12 opus incertum ■ 13 intercalation.
**INTERCEDER :** 5 prier* ■ 8 défendre, réclamer ■ 10 intervenir* ■ 12 intercesseur, intercession.
**INTERCEPTER :** 6 capter, couper ■ 8 éclipser ■ 11 contre-porte.
**INTERCESSION :** 12 propitiation.
**INTERCOSTAL :** 9 surcostal.
**INTERDICTION :** 6 défens ■ 7 défends, défense, embargo ■ 8 interdit ■ 9 débloquer, exclusion ■ 10 boycottage, suspension ■ 11 excommunion, prohibition ■ 12 condamnation, proscription.
**INTERDIRE :** 5 porte, tabou ■ 6 bannir ■ 7 exclure ■ 8 censurer, défendre, prohiber* ■ 9 boycotter, caviarder, condamner*, consigner, proscrire, suspendre ■ 10 conseiller ■ 11 excommunier ■ 12 bannissement ■ 13 démilitariser, dénucléariser.
**INTERDIT :** 4 sens ■ 5 capot ■ 6 étonné, penaud ■ 7 pantois ■ 8 anathème, déconfit ■ 9 stupéfait ■ 10 déconcerté, prohibitif.
**INTERESSANT :** 5 aride, nanar ■ 6 mariol, utile* ■ 7 piquant ■ 8 émouvant, poignant, touchant ■ 9 attachant, attrayant, captivant, impor-

tant, mirliflor, palpitant ■ 10 avantageux, dramatique, mirliflore, profitable ■ 11 passionnant ■ 13 inintéressant.

**INTERESSE:** 5 avare, valet, vénal ■ 7 combine ■ 9 courtisan ■ 10 mercenaire, utilitaire ■ 11 flagornerie ■ 13 interafricain.

**INTERESSER:** 5 roman, tenir ■ 6 animer, piquer, plaire ■ 7 chaloir, charmer, exciter, pencher, toucher ■ 8 attacher, captiver, cultiver, émouvant, importer, regarder ■ 9 concerner, embrasser ■ 10 participer, passionner*.

**INTERET:** 3 t.i.g. ■ 4 part, pour, taux, unir ■ 5 cause, loyer, oubli, parti, pitié, rente, usure ■ 6 besoin, charme, coupon, estime, profit*, revenu ■ 7 rapport, utilité ■ 8 audience, avantage*, bénéfice, consorts, curateur, désamour, pourcent, syndicat ■ 9 arrérages, attention, curiosité, démagogue, dividende, échiquier, inintérêt, intéressé, moratoire, nécessité, procureur, sympathie, viabilité ■ 10 anatocisme, berquinade, compassion, conversion, désintérêt, dissension, dramatiser, imprésario, intéresser, profession, travailler ■ 11 capitaliser, humanitaire, indifférent, intéressant, pourcentage, sollicitude ■ 12 antinational, bonification, consumérisme, désintéressé, utilitarisme ■ 13 allocentrisme, désintéresser, inintéressant ■ 14 particularisme, pretium doloris.

**INTERFERENCE:** 9 diaphonie ■ 10 interférer ■ 11 interférent ■ 14 interférentiel, interféromètre.

**INTERFOLIER:** 12 interfoliage.

**INTERIEUR:** 3 âme, for ■ 4 bled, cale, fond, robe, sein, sous ■ 5 abyme, accès, cœur, coupe, creux, étang, farce, géode, inter, intra, limbe, marli, noyau, paroi, perle, phare, privé, serre, tripe, zeste ■ 6 centre, dedans, in-bord, intime, maison, milieu, secret, serdah, thèque ■ 7 in petto, interne, in utero, mystère, négligé, venteau ■ 8 audedans, cuvelage, diascope, endogène, exosmose, inquilin, intrados, nucléole, peignoir, persillé, runabout, schrapnel, sous-bois ■ 9 ascospore, cantonade, carlingue, charpente, endocarde, endogamie, languette, lobotomie, métathèse, pénétrant, pet-en-l'air, plutonien, ravisseur, tentation, triforium, tubercule ■ 10 audiencier, chambellan, contre-rail, déshabillé, encoignure, endophasie, intra-muros, panoptique, phréatique, plutonique ■ 11 bronchioles, contre-cœur, intériorité, intra-utérin, intrinsèque ■ 12 conformateur, endoparasite, intracrânien, intraveineux ■ 13 intraoculaire, laryngoscopie ■ 14 intracardiaque, intranucléaire, ophtalmoscopie ■ 15 intra-montagnard, intramusculaire.

**INTERIM:** 8 passager ■ 11 intérimaire.

**INTERIORISER:** 15 intériorisation.

**INTERJECTION:** 2 ah, çà, eh, fi, ha, hé, hi, ho, là, na, oh, ok, té, va ■ 3 ahi, aïe, bah, bis, bon, bye, cri, dia, euh, gai, gué, hem, hep, heu, hip, hop, hou, hue, hum, las, ohé, olé, ouf, oup, paf, pch, pff, pft, pif, pst, sus, vli, zou, zut ■ 4 ah çà, allo, areu, bast, berk, beuh, bien, boum, brrr, chic, chut, ciao, ciel, clac, clic, crac, cric, dame, dieu, évoé, fiat, fixe, flac, floc, foin, gare, haie, hein, hélà, hi hi, hoir, holà, houp, lala, miam, ollé, ouïe, oust, paix, pare, peuh, pfft, pfut, ploc, pouf, pouh, quoi, snif, soit, stop, tope, vive, vlan, youp, zest, zist ■ 5 adieu, allez, basta, baste, beurk, bigre, bravo, broum, couic, enfin, évohé, ferme, flûte, grâce, halte, hardi, hélas, hello, huhau, matin, merci, merde, mince, motus, ouais, ouste, pardi, passe, peste, pouah, pouce, psitt, repos, salut, sniff, tchao, tiens, tollé, vivat, voici, voilà, vroom, vroum, youpi ■ 6 alerte, allons, bye-bye, chance, chiche, coquin, crénom, debout, diable, eh bien, encore, eurêka, hourra, hurrah, jamais, marche, minute, morgué, ouiche, ouille, pin pon, preste, pschut, suffit, taïaut, tarare, tayaut, tintin, tudieu, vivent, voyons ■ 7 accordé, arrière, bagasse, caramba, comment, corbleu, courage, diantre, dommage, entendu, fichtre, halte-là, ho hisse, hosanna, mazette, miracle, morbleu, parbleu, pardieu, parfait, pécaire, pechère, silence, youppie ■ 8 badaboum, bernique, canaille, chouette, continue, des clous, flic flac, fouchtra, miam-miam, patatras, patience, peuchère, sacristi, sapristi, shocking, taratata, tête-bleu, tonnerre, tout doux ■ 9 admettons, attention, doucement, jarnibleu, morguenne, notre-dame, sacrebleu, sacredieu, turlututu, vertubleu, vertuchou, vertudieu, vingt-deux ■ 10 bravissimo, jarnicoton, morguienne, palsambleu, rantanplan, saperlotte, tchin-tchin, ventrebleu ■ 11 interjectif, miséricorde ■ 14 saperlipopette ■ 15 ventre-saint-gris.

**INTERLIGNE:** 11 interligner ■ 12 interlignage ■ 13 interlinéaire.

**INTERLOCUTEUR:** 5 tiret ■ 6 médium, schème ■ 9 n'est-ce pas ■ 10 appellatif ■ 14 téléconférence.

**INTERLOCUTOIRE:** 11 interloquer.

**INTERLOPE:** 7 suspect.

**INTERMEDE:** 7 saynète ■ 9 interlude ■ 14 divertissement.

**INTERMEDIAIRE:** 3 v.r.p. ■ 4 alto, saut, sens, sima ■ 5 canal, ordre ■ 6 broker, médium, schème ■ 7 demi-fin ■ 8 courtier, immédiat, remisier ■ 9 entre-deux, entremise, intermède, médiateur, présidial ■ 10 mandataire, martinisme, somnolence, transition, truchement ■ 11 basse-taille, demi-sommeil, métropolite, négociateur, trait d'union ■ 12 entremetteur, représentant, subconscient ■ 13 brigadier-chef, semi-grossiste ■ 14 contrepartiste, pithécanthrope ■ 15 commissionnaire, concessionnaire.

**INTERMITTENT:** 5 stade ■ 9 clignoter, erratique, permanent, soufflard ■ 10 discontinu, élancement ■ 12 intermission ■ 13 intermittence.

**INTERNAT:** 8 labadens.

**INTERNATIONAL:** 2 si ■ 3 o.i.t. ■ 5 m.a.t.i.f., mètre ■ 9 espéranto ■ 11 moscoutaire.

**INTERNE:** 4 sein ■ 5 tibia ■ 7 cochlée, lactame, lactone, lamelle, médecin ■ 8 gastrite, internat ■ 9 endocarpe, endoderme, intérieur, vestibule, viscosité ■ 10 cochléaire, endoblaste, endoscopie, épicanthus, géothermie, hypothénar, labyrinthe, pensionnat, phlegmasie, résorption ■ 11 biomatériau, cénesthésie, endométrite, endothélium ■ 12 cœnesthésie, labyrinthite, pensionnaire ■ 13 correspondant ■ 14 diaphanoscopie.

**INTERNEMENT:** 10 relégation ■ 11 déportation.

**INTERNER:** 3 fou ■ 7 déporté ■ 10 prisonnier ■ 11 emprisonner*, internement.

**INTEROCEPTIVE:** 15 intéroceptivité.

**INTERPELLATION:** 4 appel ■ 7 vocatif ■ 10 apostrophe.

**INTERPELLER:** 5 héler ■ 7 appeler* ■ 10 appellatif ■ 11 apostropher ■ 14 interpellateur, interpellation.

**INTERPLANETAIRE:** 8 astronef ■ 9 exosphère ■ 10 astronaute ■ 13 astronautique.

**INTERPOLER:** 10 intercaler, interposer ■ 13 interpolateur, interpolation.

**INTERPOSER:** 7 apaiser ■ 8 arranger, composer ■ 9 concilier ■ 10 intercaler, intercéder, intervenir, rapprocher ■ 11 entremettre, réconcilier ■ 13 intermédiaire.

**INTERPOSITION:** 8 donation ■ 9 entremise ■ 11 stipulation ■ 12 conciliation, intercession ■ 13 intermédiaire ■ 14 réconciliation.

**INTERPRETATION:** 5 glose, sacré ■ 6 augure, cabale, phrasé ■ 7 babisme, entente, exégèse, feeling, version ■ 8 anagogie ■ 9 exécution, travestir ■ 10 contre-sens, définition, malentendu, traduction ■ 11 autoanalyse, commentaire, explication* ■ 12 intelligence, interpréteur ■ 13 herméneutique, jurisprudence ■ 15 métapsychologie.
**INTERPRETE:** 6 acteur ■ 7 artiste, drogman ■ 10 traducteur ■ 11 prophétesse ■ 14 interprétariat, interprétateur.
**INTERPRETER:** 6 phrasé ■ 7 définir, prendre, tourner ■ 8 entendre, judaïser, traduire* ■ 9 blasonner, expliquer ■ 10 comprendre, exégétique ■ 11 débrouiller, paraphraser ■ 13 interprétable, psychiatriser, spiritualiser ■ 14 interprétation.
**INTERPROFESSIONNEL:** 4 s.m.i.c.
**INTERROGATIF:** 3 que, qui ■ 4 quel, quoi ■ 5 quels ■ 6 auquel, duquel, lequel, quelle ■ 7 quelles ■ 8 auxquels, desquels, laquelle, lesquels ■ 10 auxquelles, desquelles, lesquelles.
**INTERROGATION:** 4 hein, oral ■ 5 colle ■ 6 énigme, examen ■ 7 charade, demande*, enquête, épreuve, minitel ■ 8 dialogue, est-ce que, question* ■ 9 devinette, interview, recherche, reportage ■ 11 information ■ 12 consultation, interrogatif ■ 13 interrogative, questionnaire ■ 14 interpellation.
**INTERROGER:** 5 héler, poser, sondé ■ 6 coller, sonder ■ 7 scruter ■ 8 cuisiner, demander, enquérir, examiner, informer ■ 9 consulter, inspecter ■ 10 importuner, rechercher, renseigner ■ 11 interpeller, questionner* ■ 13 interrogateur, interrogeable ■ 14 questionnement.
**INTERROMPRE:** 6 briser, cesser, chômer, couper, hâcher, rompre* ■ 7 arrêter*, obturer, quitter, relayer, reposer, séparer ■ 8 alterner, relâcher, surseoir, troubler ■ 9 suspendre, trembleur ■ 10 désamorcer, interposer, raccrocher ■ 11 entrecouper, intercepter ■ 12 discontinuer, interrupteur, interruption.
**INTERROMPU:** 5 hâché ■ 7 continu, déréglé ■ 9 continuel, momentané, rémittent ■ 10 désordonné, discontinu, entrecoupé, incohérent, irrégulier ■ 11 intercadent ■ 12 ininterrompu, intercurrent, intermittent.
**INTERRUPTEUR:** 6 bouton ■ 7 rupteur ■ 11 conjoncteur, disjoncteur.
**INTERRUPTION:** 3 i.v.g. ■ 5 arrêt*, break, congé, délai, grève, répit, repos*, trève ■ 6 hiatus, lacune, relais ■ 7 absence, brisure, chômage, coupure, intérim, relâche, rupture, silence, vacance ■ 8 distance, entracte, toujours ■ 9 armistice, cessation, éclaircie, rémission ■ 10 aposiopèse, avortement, désemparer, disjoncter, inactivité, interstice, intervalle, récréation, rémittence, séparation, suspension ■ 11 arrache-pied, incohérence, interruptif ■ 12 coupe-circuit, interception, interférence, intermission ■ 13 discontinuité, disponibilité, intermittence ■ 15 consécutivement, discontinuation.
**INTERSECTION:** 5 arête, point, voûte ■ 7 croisée ■ 9 coupement ■ 10 méridienne, tiers-point.
**INTERSIDERAL:** 9 météorite.
**INTERSTELLAIRE:** 11 protoétoile.
**INTERSTICE:** 4 méat, palé, pore ■ 5 bande, barre, fasce, fente, palée ■ 6 espace ■ 9 lacunaire ■ 12 interstitiel.
**INTERTEXTUALITE:** 12 intertextuel.
**INTERTIDAL:** 12 intercotidal.
**INTERVALLE:** 3 ton ■ 4 mode, vide ■ 5 comma, écart, entre, fente, fusée, joint, palée, répit, rhumb, sixte, solin, train, trève ■ 6 espace*, métope, octave, quarte, quinte, savart, tierce, travée, triton ■ 7 demiton, intérim, relâche, seconde ■ 8 distance, entracte, immédiat, neu-

vième, scission ■ 9 aréostyle, armistice, battement, entre-deux, entre-nerf, interlune, lendemain, ouverture ■ 10 entre-temps, interrègne, interstice, périodique, semi-ouvert, séparation, suspension, tétracorde ■ 11 interclasse, périsystole, tempérament, transitoire ■ 12 intermission ■ 13 discontinuité, intermittence, intervallaire, interquartile ■ 15 micro-intervalle.

**INTERVENIR:** 4 agir ■ 5 aider* ■ 6 opérer ■ 7 apaiser, plaider ■ 8 arranger, composer, défendre, immiscer, négocier, proposer, secourir ■ 9 catalyser, concilier ■ 10 entremêler, intercéder, interposer, participer ■ 11 entremettre, intervenant ■ 12 intervention ■ 14 psychoaffectif.

**INTERVENTION:** 3 z.i.f. ■ 4 aide ■ 6 action ■ 7 défense, secours ■ 9 chirurgie, entremise, immixtion, médiation, opération, plaidoyer ■ 10 abstention, arthrodèse, engagement ■ 11 merveilleux, négociation ■ 12 conciliation, fourgon-pompe, implantation, interception, intercession ■ 13 interposition, ostéosynthèse, participation ■ 14 action research ■ 15 extra-judiciaire, non-intervention, recherche-action.

**INTERVERSION:** 13 contrepèterie.

**INTERVERTIR:** 8 déplacer ■ 9 renverser ■ 10 commutatif.

**INTERVIEW:** 5 panel ■ 7 enquêté ■ 11 interviewer ■ 12 conversation.

**INTESTIN:** 4 bile ■ 5 amibe, boyau, brout, chyle, côlon, curée, grêle, iléon, iléum, iléus, lacté, sprue, ténia, tripe ■ 6 cæcum, cénure, oxyure, rectum, tænia ■ 7 ascaris, cœnure, jéjunum, maltase, viscère ■ 8 amibiase, ascardie, dextrine, duodénum, entérite, épiploon, érepsine, membrane, pancréas, strongle, trichine ■ 9 baudruche, entérique, lambliase, mégacôlon, mésentère, péritoine, strongyle, tripaille, ventuosité ■ 10 carminatif, engouement, entéralgie, entrailles, flatulence, flatuosité, hippolithe, intestinal, parenchyme, saccharase, tympanisme ■ 11 ankylostome, colibacille, échinocoque, entérocoque, entérorénal, jéjuno-iléon, parégorique, perforation, recto-colite ■ 12 benzonaphtol, dolichocôlon, entérocolite, entérokinase, entérovaccin ■ 13 trichocéphale ■ 14 bothriocéphale, gastro-entérite .

**INTESTINAL:** 7 dérangé.

**INTESTINALE:** 9 invertase ■ 10 entéralgie ■ 11 entéro-rénal.

**INTIME:** 4 fond, home ■ 5 privé, repli ■ 6 étroit, proche, secret ■ 8 conjoint, diariste, éminence, familier, inhérent, intimité ■ 9 accointer, intérieur ■ 10 sanctuaire ■ 12 intérioriser.

**INTIMER:** 8 notifier ■ 10 intimation.

**INTIMIDER:** 5 gêner ■ 6 glacer ■ 7 bluffer ■ 8 troubler* ■ 9 complexer, racketter ■ 10 intimidant, racketteur ■ 11 effaroucher, intimidable ■ 12 comminatoire, intimidateur, intimidation.

**INTIMISTE:** 9 intimisme.

**INTIMITE:** 6 alcôve ■ 11 familiarité, kammerspiel.

**INTOLERANT:** 8 sectaire ■ 9 fanatique ■ 13 insupportable.

**INTONATION:** 3 clé ■ 6 accent ■ 9 intonatif.

**INTOUCHABLE:** 5 paria ■ 9 intactile ■ 10 intangible.

**INTOXICATION:** 6 poison*, urémie ■ 7 cyanose, iodisme ■ 8 anilisme, argyrose, fluorose ■ 9 chélateur, ergotisme, éthérisme, éthylisme, nicotisme, tabagisme, thébaïsme ■ 10 antipoison, cannabisme, lathyrisme, saturnisme ■ 11 absinthisme, morphinisme, nicotinisme, polynévrite ■ 12 barbiturisme, cocaïnomanie, phosphorisme ■ 13 désintoxiquer, hydrargyrisme ■ 14 barbituromanie ■ 15 désintoxication.

**INTOXIQUER:** 5 intox ■ 11 empoisonner.

**INTRACELLULAIRE:** 8 lysosome ■ 10 toxoplasme ■ 13 ergastoplasme.

**INTRADOS:** 8 extrados, jarreter ■ 11 arc-doubleau.

**INTRAITABLE :** 6 entêté ■ 7 cerbère ■ 12 irréductible ■ 13 intransigeant.
**INTRA-MUROS :** 2 ev.
**INTRANSIGEANT :** 6 entier ■ 7 cassant ■ 8 taborite ■ 11 intraitable ■ 14 intransigeance.
**INTRANSITIF :** 14 intransivité.
**INTRANSMISSIBLE :** 10 accommodat.
**INTRANT :** 5 input.
**INTRAOCULAIRE :** 11 tonographie.
**INTREPIDE :** 4 fier ■ 5 brave*, hardi* ■ 8 impavide ■ 9 affronter, audacieux, valeureux ■ 11 intrépidité ■ 13 intrépidement.
**INTRIGANT :** 4 roué, rusé ■ 5 rasta ■ 6 escroc, habile, pirate, souple ■ 7 faiseur, lisette ■ 8 factieux, flatteur ■ 9 arriviste, hypocrite, ingénieux ■ 10 aventurier, flagorneur, mascarille ■ 11 condottiere, écornifleur ■ 12 rastaquouère.
**INTRIGUE :** 4 ruse ■ 5 menée, nœud, pacte, trame ■ 6 action, brigue, cabale, manège, mic-mac ■ 7 complot*, coterie, cuisine, faction, rouerie ■ 8 démarche, éviction, habileté ■ 9 camarilla, flatterie, imbroglio, intrigant, intriguer, manigance, manœuvre, souplesse, tripotage ■ 10 dénouement, galanterie, hypocrisie, roman-photo, subterfuge, vaudeville ■ 11 agissements*, conjuration, flagornerie, machination*, spéculation ■ 12 conspiration ■ 13 maquignonnage, sollicitation.
**INTRIGUER :** 5 mêler, nouer ■ 6 remuer, tisser, tramer ■ 7 aguiche, briguer, étonner, flatter, pousser ■ 8 conjurer, faufiler, spéculer, tripoter ■ 9 comploter*, flagorner ■ 10 manigancer, solliciter ■ 11 entremettre ■ 12 intrigailler.
**INTRINSEQUE :** 9 intérieur ■ 11 extrinsèque ■ 15 intrinsèquement.
**INTRODUCTION :** 5 mitre, porte ■ 6 piqûre, tubage ■ 7 chapeau, lecteur, préface, sondage ■ 8 allergie, moussage, néologie ■ 9 anticorps, emphysème, ingestion, injection, insertion, intrusion, préambule, sulforage ■ 10 engagement, incubation, innovation, intubation ■ 11 avant-propos, contrebande, inoculation ■ 12 cathétérisme, commencement, halogénation, insufflation, intoxication, intromission, mâche-bouchon, monétisation, prolégomènes, pupinisation, tamponnement ■ 13 ingurgitation, introductaire ■ 14 immunotolérant, réintroduction ■ 15 intussusception.
**INTRODUIRE :** 5 lisse, loger, mêler, taper ■ 6 amener, couler, entrer, jingle, mettre, passer, verser ■ 7 coucher, engager, fourrer, glisser, inclure, infuser, ingérer, insérer, viroler ■ 8 encarter, enclouer, huissier, importer, injecter, insinuer, noyauter, produire, varaigne ■ 9 expliquer, implanter, insuffler, mécaniser, présenter ■ 10 acclimater, embauchoir, intercaler, interpoler, randomiser, sexualiser ■ 11 naturaliser ■ 12 démocratiser, introducteur, introduction, réintroduire ■ 13 introductoire.
**INTROIT :** 5 oculi.
**INTRONISER :** 13 intronisation.
**INTROSPECTIF :** 10 autoptique.
**INTROSPECTION :** 10 mentalisme.
**INTROVERSION :** 10 introverti ■ 12 schizothymie.
**INTRUS :** 5 tiers ■ 8 importun.
**INTUITON :** 8 croyance, instinct, intuitif ■ 9 avant-goût, invention, pifomètre, prévision ■ 10 prévention, prévoyance ■ 11 inspiration, probabilité ■ 12 clairvoyance, perspicacité ■ 13 intuitivement, pressentiment ■ 14 intuitionnisme.
**INTUMESCENCE :** 9 laccolite ■ 10 laccolithe.

**INUIT :** 6 eskimo.
**INUSITE :** 8 insolite ■ 9 singulier*.
**INUTILE :** 4 vain* ■ 5 babil, perdu ■ 6 oiseux ■ 7 stérile, verbeux ■ 8 superflu, verbiage ■ 9 gaspiller, inutilisé, vainement ■ 10 battologie ■ 11 chinoiserie, inutilement, remplissage, superfluité, surabondant.
**INVAGINATION :** 9 invaginer.
**INVALIDE :** 6 g.i.c., g.i.g.
**INVALIDER :** 7 annuler ■ 12 invalidation, invalidement.
**INVARIABLE :** 4 amen ■ 5 invar ■ 9 particule ■ 11 conjonction, préposition ■ 13 invariabilité ■ 14 invariablement.
**INVARIANT :** 4 même ■ 13 axisymétrique.
**INVASION :** 7 attaque ■ 8 endigage ■ 9 incursion ■ 10 endiguement ■ 13 sporotrichose.
**INVECTIVER :** 5 crier ■ 6 pester, tonner ■ 8 fulminer, injuruer*, tempêter ■ 9 invective ■ 12 enguirlander.
**INVENDABLE :** 5 nanar.
**INVENDU :** 9 bouillons ■ 11 bouillonner.
**INVENTAIRE :** 4 cote, état ■ 5 liste* ■ 11 description, inventorier, recensement ■ 12 dénombrement.
**INVENTER :** 5 créer*, juger ■ 6 broder, forger, penser ■ 7 deviner, innover, trouver* ■ 8 imaginer*, ingénier ■ 9 concevoir, contrepet, découvrir, fabriquer, inventeur, invention ■ 10 controuver, improviser, réinventer.
**INVENTIF :** 11 inventivité.
**INVENTION :** 4 idée ■ 5 génie, roman ■ 6 talent ■ 7 fiction, légende ■ 8 artifice, création ■ 9 manigance, sortilège ■ 10 découverte, innovation, stratagème ■ 11 imagination, ingéniosité, inspiration ■ 12 intelligence ■ 13 improvisation.
**INVENTORIER :** 12 inventoriage.
**INVERSE :** 6 opposé* ■ 8 inverser, vergence ■ 9 contraire*, cosécante, tête-bêche, vice versa ■ 10 admittance, cotangente, désorption, inversible, relèvement ■ 11 conductance, contrefugue, convergence, inversement ■ 12 banalisation, cologarithme, conductivité, différentiel ■ 13 énantiomorphe.
**INVERSER :** 8 déplacer ■ 11 commutateur.
**INVERSION :** 6 cowper ■ 7 inersif ■ 8 inversif, saphisme.
**INVERTASE :** 7 sucrase ■ 9 invertine ■ 10 saccharase.
**INVERTEBRE :** 3 ver* ■ 6 oursin ■ 7 insecte* ■ 8 articulé*, coccidie, otocyste ■ 9 ectoprote, grégarine, mollusque* ■ 10 arthropode ■ 13 céphalothorax ■ 14 hépatopancréas.
**INVERTINE :** 10 saccharase.
**INVESTIGATION :** 6 examen ■ 9 recherche* ■ 11 inquisition, investiguer, mensuration ■ 12 psychanalyse.
**INVESTIR :** 6 cerner ■ 7 engager, revêtir ■ 8 pourvoir ■ 9 dictateur ■ 10 réinvestir ■ 11 désinvestir, immobiliser ■ 14 investissement.
**INVESTISSEMENT :** 5 sicav ■ 6 blocus.
**INVINCIBLE :** 13 invincibilité ■ 14 invinciblement.
**INVIOLABLE :** 5 asile, sacré ■ 10 sanctuaire ■ 13 inviolabilité ■ 14 inviolablement.
**INVISIBLE :** 5 perdu ■ 6 secret ■ 8 éclipser ■ 10 inapparent ■ 11 ultraviolet ■ 12 invisibilité ■ 13 imperceptible, invisiblement ■ 15 ultramicroscope.
**INVITATION :** 5 appel*, congé, priée, raout ■ 6 prière ■ 7 réunion ■ 9 réception ■ 10 insistance ■ 11 convocation.

**INVITE :** 4 hôte, prié ■ 7 convive.
**INVITER :** 5 prier ■ 6 rastel, réunir ■ 7 appeler, arroser, attirer, convier, engager, exciter, induire ■ 8 insister, invitant, inviteur ■ 9 convoquer, réinviter ■ 10 désinviter, invitation.
**IN VITRO :** 3 f.i.v. ■ 6 fivete ■ 14 bébé-éprouvette.
**INVOCATION :** 4 appel ■ 8 épiclèse, litanies ■ 9 martyrium ■ 10 hésychasme ■ 11 invocatoire ■ 12 kyrie eleison.
**INVOLONTAIRE :** 6 clonie ■ 8 athétose, énurésie, machinal ■ 9 contagion, priapisme ■ 10 échouement, imprudence, syncinésie ■ 11 larmoiement, spasmodique ■ 12 incontinence.
**INVOLUCRE :** 11 involucelle.
**INVOLUTION :** 9 involutif ■ 13 présénescence.
**INVOQUER :** 5 citer, prier ■ 7 évoquer ■ 10 invocateur, invocation ■ 11 recommander.
**INVRAISEMBLABLE :** 5 inouï ■ 8 étonnant* ■ 9 paradoxal ■ 10 incroyable* ■ 11 ébouriffant ■ 12 inimaginable ■ 13 rocambolesque.
**INVULNERABLE :** 15 invulnérabilité.
**IODE :** 5 ioder ■ 6 varech ■ 7 iodisme ■ 9 iodoforme ■ 10 iodo-ioduré ■ 11 iodhydrique.
**IODURE :** 10 iodo-ioduré.
**ION :** 5 anion, redox ■ 6 cation ■ 7 ionique, oxonium ■ 8 monobase ■ 9 composite ■ 10 ionisation, ionogramme, isoïonique ■ 11 coordinence, nucléophile, solvatation ■ 14 électrodialyse ■ 15 électroaffinité.
**IONIQUE :** 2 pk.
**IONISATION :** 8 ionisant ■ 13 radiobiologie.
**IONOSPHERE :** 13 ionosphérique.
**IRAN :** 4 rial.
**IRANIEN :** 4 iwan ■ 5 kurde ■ 7 tchador ■ 9 avestique, baloutchi.
**IRASCIBLE :** 8 coléreux* ■ 9 colérique ■ 11 susceptible.
**IRE :** 6 colère*.
**IRENISME :** 8 irénique.
**IRIDACEE :** 4 iris, ixia, ixie ■ 6 crocus, safran ■ 7 freesia, glaïeul ■ 8 tigridie.
**IRIDIUM :** 2 ir ■ 5 mètre ■ 6 iridié.
**IRIS :** 4 uvée ■ 5 irone ■ 6 flambe, iritis ■ 7 iridien, pupille ■ 8 choroïde ■ 10 iridescent, iridologie ■ 11 iridectomie.
**IRISATION :** 8 marbreur.
**IRLANDAIS :** 4 clan ■ 6 fenian ■ 7 country, whiskey ■ 8 gaélique, sinn fein ■ 9 oghamique ■ 11 néo-celtique ■ 12 irish-terrier.
**IRONIE :** 6 humour, satire ■ 7 parodie ■ 8 badinage, ironique, ironiste, moquerie*, sarcasme ■ 9 épigramme, raillerie* ■ 10 antiphrase, causticité, persiflage ■ 12 ironiquement, plaisanterie.
**IRONIQUE :** 5 badin ■ 8 ironiser, narquois ■ 9 caustique, goguenard, satirique, spirituel ■ 10 persifleur, sacro-saint, sardonique.
**IRONISER :** 7 badiner ■ 8 parodier ■ 9 brocarder, persifler ■ 10 plaisanter ■ 11 goguenarder.
**IRRADIATION :** 12 puvathérapie ■ 15 radioactivation.
**IRRADIE :** 9 irradiant.
**IRRADIER :** 9 perséides ■ 11 irradiation.
**IRRAISONNABLE :** 13 déraisonnable.
**IRRATIONNEL :** 11 surréalisme ■ 13 déraisonnable, irrationalité ■ 14 irrationalisme, irrationaliste.
**IRREALISABLE :** 6 utopie ■ 8 utopiste ■ 9 idéologie ■ 10 impossible.
**IRREALITE :** 7 non-être.
**IRRECONCILIABLE :** 4 juré.

**IRREDENTISME :** 12 irrédentiste.
**IRREDUCTIBLE :** 11 intraitable ■ 15 irréductibilité.
**IRREFLECHI :** 3 fou, sot, vif ■ 5 léger ■ 6 éventé ■ 7 aveugle, brusque, dissipé, étourdi*, évaporé, stupide ■ 8 écervelé, impulsif, spontané ■ 9 brouillon, étourneau, imprudent ■ 10 hurluberlu, inattentif* ■ 11 aventurisme, imprévoyant, inconscient, inconsidéré, superficiel.
**IRREFLEXION :** 7 aboulie, sottise ■ 8 légèreté, vivacité ■ 9 échappade, impulsion, stupidité ■ 10 brusquerie, divagation, étourderie, imprudence ■ 11 dissipation, inattention*, spontanéité ■ 12 imprévoyance, inadvertance ■ 13 inconséquence, précipitation.
**IRREFUTABLE :** 10 indéniable ■ 14 irréfutabilité ■ 15 irréfutablement.
**IRREGULARITE :** 7 caprice, fractal ■ 8 anomalie, arythmie ■ 9 fantaisie ■ 12 excentricité.
**IRREGULIER :** 5 sinus, volve ■ 6 anomal, inégal* ■ 7 anormal, baroque, déréglé, illégal, routier, saccadé, surdent ■ 8 antipape, biscornu, breloque, difforme, incisure, saccader ■ 9 comitadji, distancer, erratique, filoselle ■ 10 capricieux, coupailler, désordonné, trémousser ■ 12 bachi-bouzouk, intermittent ■ 13 anfractuosité ■ 15 irrégulièrement.
**IRRELIGIEUX :** 5 athée, impie* ■ 8 libertin, mécréant, sans-dieu ■ 9 incrédule, incroyant, sceptique ■ 10 antéchrist, parpaillot ■ 12 librepenseur ■ 13 antireligieux, irréligiosité.
**IRREPREHENSIBLE :** 13 irréprochable.
**IRREPROCHABLE :** 3 net ■ 6 intact ■ 10 impeccable ■ 15 irrépréhensible.
**IRRESISTIBLE :** 8 talisman ■ 9 foudroyer, impérieux ■ 10 tyrannique ■ 11 fascination, narcolepsie ■ 12 enchantement.
**IRRESOLU :** 7 indécis* ■ 8 flottant ■ 9 incertain, vacillant ■ 10 chancelant ■ 12 irrésolument, irrésolution.
**IRRESOLUTION :** 5 doute ■ 8 embarras ■ 10 indécision*, résolution ■ 11 vacillation.
**IRRESPECT :** 12 impertinence.
**IRREVERSIBLE :** 15 irréversibilité.
**IRREVOCABLE :** 4 fixe ■ 5 écrit, fatal, vouer ■ 9 ultimatum ■ 14 irrévocabilité ■ 15 irrévocablement.
**IRRIGATION :** 4 tank ■ 5 canal ■ 6 séguia ■ 7 foggera ■ 8 arrosage ■ 9 asperseur, partiteur.
**IRRIGUE :** 6 arrosé.
**IRRIGUER :** 7 arroser* ■ 9 irrigable.
**IRRITABLE :** 5 aigre, aigri ■ 7 brusque, nerveux ■ 8 coléreux ■ 9 braillard, colérique, impatient, irascible, ombrageux ■ 10 nervosisme ■ 11 atrabilaire, susceptible* ■ 12 irritabilité.
**IRRITANT :** 4 âcre, amer ■ 5 ortie ■ 7 turbith ■ 11 adoucissant.
**IRRITATION :** 4 bile, rage, toux ■ 5 envie ■ 6 âcreté, colère*, hargne ■ 7 ténesme ■ 8 irritant, soulever ■ 9 agacement, éréthisme, lassitude, révulsion ■ 10 crispation, énervement, impatience ■ 11 rubéfaction ■ 12 exaspération ■ 13 horripilation ■ 14 mécontentement*.
**IRRITER :** 5 rager ■ 6 aigrir, aviver, fâcher*, piquer ■ 7 énerver*, ennuyer, enrager, excéder ■ 8 offenser, révolter ■ 9 exacerber, exaspérer, irritable, irritatif, provoquer ■ 10 contrarier, courroucer, horripiler, irritation.
**IRRUPTION :** 8 descente, invasion ■ 9 implosion, incursion.
**ISCHEMIE :** 10 ischémique.
**ISCHION :** 9 sciatique ■ 11 ischiatique.
**ISERE :** 9 sassenage.

**ISLAM:** 5 zakat ■ 8 madhisme, sunnisme ■ 9 ayatollah, chafiisme, hanafisme, islamiser, malékisme, malikisme ■ 10 hanbalisme ■ 11 islamologie ■ 13 antéislamique, hodjatoleslam ■ 14 arabo-islamique.
**ISLAMIQUE:** 5 türbe ■ 6 charia, turbeh, zaouïa, zawiya ■ 7 falsafa ■ 8 musulman, soufisme ■ 11 mahométisme ■ 12 hispano-arabe, islamisation ■ 15 hispano-moresque.
**ISLAMISME:** 9 islamiste.
**ISLANDAIS:** 5 morue.
**ISMAELIEN:** 10 ismaélisme.
**ISOBARE:** 13 géotrophique.
**ISOCHRONE:** 12 isochronisme.
**ISODYNAMIE:** 12 isodynamique.
**ISOGAMIE:** 11 hétérogamie.
**ISOLANT:** 5 câble ■ 7 ébonite, perlite, thermos ■ 9 presspahn ■ 10 chatterton, séparateur ■ 11 guttapercha ■ 12 diélectrique ■ 14 cache-poussière.
**ISOLATION:** 8 pyralène ■ 12 carton-feutre.
**ISOLATIONNISME:** 14 isolationniste.
**ISOLE:** 4 bled, pâté, seul*, vide ■ 5 fiche, oasis ■ 6 écarté, ermite, reculé, retiré ■ 7 éloigné, esseulé, ségrais ■ 8 délaissé, dépeuplé, gendarme, inhabité, isolable, pavillon, sélectif ■ 9 abandonné, isolement, solitaire ■ 10 anachorète ■ 11 abstraction ■ 13 individualité ■ 14 isolationnisme.
**ISOLEMENT:** 7 abandon, célibat ■ 8 ermitage, solitude ■ 9 isolation, rouissage ■ 10 désolation, encagement, perditance, sporadique ■ 11 quarantaine ■ 12 coproculture, dépeuplement ■ 13 créationnisme ■ 15 ultrafiltration.
**ISOLER:** 4 lido ■ 7 écarter, séparer* ■ 8 confiner, enfermer, enterrer, paravent, préparer ■ 9 abstraire, cantonner, encercler, isolateur ■ 10 séquestrer ■ 12 retraitement.
**ISOMERE:** 8 fructose, isomérie ■ 9 racémique ■ 11 énantiomère ■ 12 phénanthrène ■ 13 isomérisation, stéréo-isomère, téréphtalique.
**ISOMERIE:** 9 polymérie ■ 14 stéréo-isomérie.
**ISOMETRIQUE:** 9 isométrie.
**ISOMORPHE:** 12 isomorphisme ■ 13 automorphisme.
**ISOPODE:** 5 ligie ■ 6 aselle, bopyre ■ 8 cloporte.
**ISOSTASIE:** 11 isostatique.
**ISOTOPE:** 6 thoron ■ 7 tritium ■ 9 deutérium ■ 11 radiocobalt ■ 12 radio-isotope.
**ISOTROPE:** 7 isotron ■ 9 isotropie.
**ISRAEL:** 6 shekel.
**ISRAELITE:** 4 juif* ■ 5 azyme, bible, manne, pâque, polak, youdi ■ 6 guinal, hébreu, sémite, youpin, youtre ■ 7 polaque.
**ISSANT:** 11 dextrochère.
**ISSIR:** 4 issu ■ 5 issue, tirer ■ 6 naître.
**ISSUE:** 4 rade ■ 5 accul, après, murer ■ 6 sortie*, succès ■ 8 critique, cul-de-sac, résultat* ■ 9 vomitoire ■ 10 émonctoire, procidence ■ 13 aboutissement.
**ITALIEN:** 4 maïs, soie ■ 5 coppa, grana, latin, pizza, rital, sarde, sbire ■ 6 asiago, grappa, ligure, romain, scampi, toscan ■ 7 émilien, fontine, lombard, mosette, mozette, ombrien, ricotta, trévise ■ 8 alkermès, étrusque, fascisme, italique, levrette, podestat, romagnol, sicilien, vénitien ■ 9 bardolino, calabrais, camériste, campanien, colombine, maïolique, spaghetti, trattoria ■ 10 carabinier, mozzarelle, napolitain, piémontais ■ 11 italianiser, italianisme, macchiaioli ■ 12 carbona-

risme, irrédentisme, italianisant, risorgimento, romanticisme, valpolicella ▪ **15** trans-avant-garde.
**ITINERAIRE :** 2 li ▪ **5** lieue, mille, motel, stade, temps ▪ **6** verste, voyage* ▪ **7** circuit ▪ **8** fléchage ▪ **11** cheminement.
**ITINERANT :** **6** dioula.
**IVOIRE :** **4** dame ▪ **5** jeton, morse ▪ **6** cément, corozo, éburne, fichet, morfil, rohart, sillet ▪ **7** dentine, ivoirin, ivorine ▪ **8** éburnéen, éléphant, ivoirier ▪ **10** toreutique ▪ **15** chryséléphantin.
**IVRAIE :** **7** zizanie ▪ **8** ray-grass.
**IVRE :** **3** gai, paf ▪ **4** gris, noir, pris, rond, soûl ▪ **5** aviné, parti, plein, saoul ▪ **6** bourré, éméché, émergé, enivré ▪ **7** ivrogne ▪ **8** pompette, schlasse ▪ **10** éthéromane ▪ **12** brindezingue.
**IVRESSE :** **5** cuite, orgie ▪ **6** biture, ribote ▪ **7** ébriété, vertige* ▪ **8** débauche, dégriser, griserie, soulerie ▪ **9** bacchante, dessouler ▪ **10** alcoolisme, désenivrer, dessaouler, enivrement, ivrognerie ▪ **11** éthéromanie ▪ **12** enthousiasme, soulographie.
**IVROGNE :** **6** buveur, soûlon, suppôt ▪ **7** pochard, poivrot, soûlard, soûlaud ▪ **8** soiffard ▪ **9** dipsomane, éthylique, imbriaque ▪ **10** alcoolique, ivrognesse ▪ **11** intempérant, soûlographe.
**IVROGNERIE :** **10** pochardise ▪ **12** soûlographie.
**IXODE :** **5** tique.
**IXTLE :** **5** agave.

# J

**JABLE :** **6** jabler ■ **8** jabloire.
**JABORANDI :** **9** pilocarpe ■ **11** pilocarpine.
**JABOT :** **5** gorge, poche.
**JABOTE :** **8** jaboteur.
**JABOTER :** **8** bavarder*, jaboteur.
**JACASSER :** **3** pie ■ **8** babiller, bavarder* ■ **9** jacasseur ■ **10** jacasserie ■ **11** jacassement.
**JACENT :** **9** subjacent.
**JACHERE :** **5** lande ■ **6** friche, guéret.
**JACINTHE :** **7** muscari.
**JACOBITE :** **5** copte.
**JACONAS :** **9** brillanté.
**JACQUERIE :** **7** jacques.
**JACQUET :** **7** matador ■ **10** backgammon.
**JACTER :** **6** parler*.
**JADE :** **7** jadéite ■ **8** néphrite.
**JADIS :** **5** antan, soude ■ **7** naguère ■ **9** autrefois ■ **12** anciennement.
**JAILLIR :** **6** couler*, gicler, pisser, sortir* ■ **7** saillir, sourdre ■ **8** débonder, éclateur, épancher, exprimer ■ **9** rejaillir ■ **10** extravaser ■ **11** éclabousser, jaillissant ■ **13** jaillissement.
**JAILLISSEMENT :** **3** jet ■ **4** bave ■ **5** puits ■ **6** geyser, source ■ **7** surgeon ■ **8** éruption ■ **9** pissement ■ **10** hémorragie, hémorroïde ■ **11** épanchement.
**JAÏN :** **6** vihara.
**JAÏNISME :** **4** jaïn ■ **5** djaïn, jaïna.
**JAIS :** **5** jayet.
**JALON :** **4** mire ■ **8** jalonner ■ **9** jalonneur ■ **11** jalonnement.
**JALOUSER :** **6** douter, envier, jaunir ■ **7** guetter ■ **8** craindre, redouter ■ **9** espionner ■ **10** soupçonner, surveiller.
**JALOUSIE :** **5** envie*, volet ■ **6** délire ■ **7** crainte ■ **8** défiance, méfiance, rivalité* ■ **9** émulation ■ **10** inquiétude ■ **11** concurrence.
**JALOUX :** **5** rival, tigre ■ **7** défiant, envieux, inquiet, méfiant ■ **9** ombrageux ■ **11** jalousement, soupçonneux.
**JAMAICAINE :** **3** ska ■ **6** reggae ■ **7** calypso.
**JAMAIS :** **3** onc ■ **6** onques ■ **7** oncques ■ **9** nullipare, trente-six.
**JAMBAGE :** **8** dosseret, piédroit ■ **9** pied-droit ■ **11** empattement.
**JAMBE :** **3** bas ■ **4** pied*, tige ■ **5** amble, bigle, botte, canon, fémur, flûte, genou, gigot, gigue, nager, patte*, pilon, suros, tarse, tibia ■

6 cuisse, flûtes, jarret, javart, mollet, péroné, quille, rotule ■ 7 abattis, fumeron, guibole, jambier, paturon ■ 8 cheville, gambette, guibolle, jambette, jambière, soléaire ■ 9 astragale, calcaneum, métatarse ■ 10 cul-de-jatte, jambonneau ■ 11 unijambiste ■ 12 califourchon, gargouillade.

**JAMBIERE :** 4 arme ■ 5 grève, heuse ■ 6 guêtre ■ 7 cnémide, jambart, legging.

**JAMBON :** 8 basquais, mirepoix ■ 11 coupe-jambon.

**JAMBOSE :** 9 jambosier.

**JAMBOSIER :** 7 jambose.

**JANISSAIRE :** 7 talpack.

**JANSENISME :** 10 janséniste.

**JANTE :** 7 bandage ■ 8 déjanter ■ 11 démonte-pneu.

**JAPON :** 6 yakusa ■ 7 bunraki ■ 11 macrocheire.

**JAPONAIS :** 3 sen, yen ■ 4 saké, saki ■ 5 futon, haiku, kyudo, laque, torii, tsuba ■ 6 gagaku, geisha, haïkaï, kabuki, karaté, kerria, kimono, mikado, mousmé, nippon ■ 7 ikebana, netsuke, origami ■ 8 agar-agar, hara-kiri, kamikaze, samouraï, shamisen, zibeline ■ 9 camphrier, japonerie, japonisme, japoniste ■ 10 japonisant, monogatari, shintoïsme ■ 12 japonaiserie.

**JAPONAISE :** 4 kana, suno ■ 5 kanji ■ 6 jojuri ■ 8 makimono, munchaku.

**JAPPER :** 5 chien ■ 6 aboyer ■ 7 jappeur ■ 9 jappement.

**JAQUETTE :** 7 smoking ■ 9 redingote ■ 10 parmenture.

**JAQUIER :** 5 jaque.

**JARDIN :** 3 zoo ■ 4 éden, mail, parc ■ 5 carré, oasis, pièce, terre, thuya ■ 6 clédar, marais, square, verger ■ 7 closeau, courtil, paradis, planche, vigneau ■ 8 closerie, eldorado, épierrer, jardinet, parterre, tortille ■ 9 bouvreuil, courtille, jardinage, jardinier, magnolier, pelle-à-cul, pépinière ■ 10 balancelle, cité-jardin, jardinerie, jardinière, jardiniste ■ 11 garden-party, rez-de-jardin ■ 12 horticulture.

**JARDINAGE :** 10 jardinerie ■ 13 microtracteur.

**JARDINIER :** 7 binette ■ 8 houlette, jardiner, plantoir ■ 9 jardinage, maraîcher ■ 10 serfouette ■ 11 primeuriste ■ 12 horticulteur.

**JARGON :** 5 argot, sabir ■ 6 langue*, parler* ■ 7 bigorne, langage* ■ 8 javanais, largonji, narquois ■ 9 babélisme, jargonner ■ 10 galimatias.

**JARRET :** 5 acier, jambe, jarde, tarse ■ 6 jardon ■ 7 capelet, éparvin, épervin, poplite, trumeau ■ 8 jarreter, malandre, osso-buco, vessigon ■ 10 énervation

**JARS :** 9 jargonner.

**JAS :** 7 suriner

**JASER :** 6 parler* ■ 8 bavarder*, caqueter.

**JASPER :** 8 barioler.

**JASPINER :** 8 babiller, bavarder*.

**JATTE :** 3 bol ■ 4 jale ■ 6 jattée.

**JAUGER :** 5 jauge, velte ■ 7 mesurer* ■ 8 jaugeage ■ 9 rhéomètre.

**JAUNATRE :** 4 blet, cire, kaki ■ 5 bolet, bulle, fluor, khaki, zèbre ■ 7 saburre ■ 8 éphélide.

**JAUNE :** 3 sil ■ 4 bile, doré, ocre, roux, ulex, vert ■ 5 ambre, beige, béril, béryl, fauve, gaude, genêt, gutte, inule, melon, moyeu, olive, saure, serin, souci, tigre, zeste ■ 6 aurore, citron, cuivre, jaunet, marron, orange ■ 7 chamois, merdoie, safrané ■ 8 isabelle, jaunâtre, massicot, orpiment, picrique, safraner, sardoine, sarrette ■ 9 aubergine, colophane, hyacinthe, jonquille, lécithine, marcasite, mirabelle, strontium, urochrome ■ 10 aventurine, flavescent, hippolithe, jaunissage, lipochrome, marcassite, mayonnaise, mirlicoton, quercitron ■ 11 blastoderme, stil-de-grain, xanthélasma, xanthoderme ■ 12 cuisse-madame, feuille-morte, jaunissement, xanthophylle.

**JAUNIR :** 8 safraner ■ 10 jaunissant.

**JAUNISSE :** 6 ictère ■ 9 ictérique ■ 12 leptospirose.

**JAUNISSEMENT :** 8 chlorose ■ 10 étiolement.

**JAVA :** 6 coléus.

**JAVANAIS :** 6 jargon* ■ 7 gamelan.

**JAVEL :** 10 javelliser.

**JAVELER :** 8 javelage.

**JAVELINE :** 6 flèche.

**JAVELLE :** 5 fagot, javel ■ 7 javeler ■ 8 faisceau, javeleur ■ 9 enjaveler, javeleuse.

**JAVELOT :** 4 arme, dard ■ 5 haste, pilum ■ 6 flèche*, framée, sagaie.

**JAZZ :** 3 hot ■ 4 beat, cool ■ 5 be-bop, combo, dixie, drume, funky, swing ■ 7 big band, drummer, quintet ■ 8 jazzique ■ 9 dixieland ■ 10 charleston, jam-session, middle jazz ■ 11 jazzistique ■ 12 boogie-woogie ■ 14 rhythm and blues.

**JEAN :** 5 denim ■ 10 johannique.

**JEAUGEAGE :** 5 jauge.

**JEJUNUM :** 5 iléon, iléum ■ 7 jéjunal.

**JE-M'EN-FICHISME :** 13 je-m'en-fichiste, je-m'en-foutisme.

**JENNERIEN :** 13 variolisation.

**JEREMIADE :** 7 plainte.

**JERK :** 6 jerker.

**JERRYCANE :** 8 nourrice.

**JESUITE :** 4 maté ■ 8 fausseté ■ 9 hypocrite, moliniste ■ 10 jésuitique, jésuitisme.

**JESUS-CHRIST :** 4 cène, oint ■ 5 agape, croix, messe, pâque, verbe ■ 8 ecce homo, évangile, galiléen, nativité ■ 10 rédempteur ■ 11 évangéliste ■ 12 monophysisme ■ 12 transfiguration.

**JET :** 3 arc, tir ■ 4 dard ■ 5 angon, gerbe, lance, plomb, pluie, pompe, trait ■ 6 douche, fronde, geyser, giclée, lancer, sagaie, source, zagaie ■ 7 baliste, cascade, embruns, jacuzzi, javelot, marteau, rejeton ■ 8 arbalète, émission, pissette ■ 9 boomerang, boumerang, catapulte, chalumeau, entre-deux, géomancie, lave-glace, soufflard, trébuchet ■ 10 balistique, étoilement ■ 13 ruissellement.

**JETABLE :** 7 kleenex.

**JETE :** 7 jetable.

**JETEE :** 4 môle ■ 5 digue, havre ■ 6 musoir ■ 11 débarcadère, embarcadère.

**JETER :** 4 ruer ■ 5 baver, crier, fumer, jouer, poser, semer, tirer, vomir ■ 6 ancrer, couler, darder, ficher, gicler, jeteur, lancer*, poquer, tomber, verser ■ 7 abattre, arroser, beugler, briller, cracher, élancer, émettre, envoyer, épandre, jaillir, joncher, lapider, pousser, rejeter ■ 8 atterrer, balancer, confluer, décocher, démonter, dépotoir, détruire, éclairer, éjaculer, éjection, enferrer, flanquer, fulminer, injecter, irradier, mouiller, parsemer, projeter, répandre ■ 9 débaucher, déboucher, disperser, étinceler, flamboyer, jettatore, jettatura, rejaillir, renverser*, repousser, terrasser ■ 10 consterner, ensemencer, ensorceler, éparpiller, épouvanter, marabouter, précipiter ■ 11 éclabousser, déconcerter, dévergonder ■ 12 époustoufler ■ 14 défenestration.

**JETEUR :** 11 quimboiseur.

**JETON :** 6 marque, marron, méreau, numéro ■ 9 taxiphone.
**JEU :** 3 bog, dés, fou, hoc, jan, pic, rob, roi ■ 4 besi, cave, char, dame, gage, hoca, jass, lego, loto, mail, mise, pile, polo, quiz, rami, rams, siam, tour, truc, walé, yass ■ 5 arène, atout, awalé, bague, balle, banco, baste, batte, belle, bingo, cadet, carré, carte, cœur, coupe, creps, damer, début, donne, écart, enjeu, éteuf, fiche, filou, furet, jeton, jouer, jouet*, levée, loure, massé, momon, palet, passe, paume, pièce, pique, point, poker, pouce, poule, rebot, rébus, reine, repic, robre, score, serré, table, talon, tapis, tarot, trick, whist ■ 6 astuce, banque, barres, belote, biribi, blason, boston, bridge, casino, chibre, clandé, écarté, échecs, énigme, gouret, hockey, hombre, jaquet, lindor, ma-jong, mourre, nasard, pelote, piquet, puzzle, taquin, tarots, tennis, thèque, tripot, volant ■ 7 aluette, baccara, besigue, billard, bouchon, bowling, brisque, canasta, cricket, croquet, gin-rami, jackpot, jacquet, larigot, loterie, ludique, mah-jong, manille, marella, marelle, mariage, matador, mecano, néméens, pharaon, quilles, réversi, sizette, tonneau, wargame ■ 8 alluette, asiarque, banquier, bassette, bataille, crapette, cromorne, croupier, fair-play, gin-rummy, gymkhana, jonchets, ludiciel, massacre, patience, pétanque, prestant, réversis, rigolade, roulette, scrabble, tie-break, trictrac, triomphe, zanzibar ■ 9 amusement, articuler, badminton, bilboquet, black jack, bonneteau, casse-tête, cochonnet, corbillon, devinette, impériale, isthmique, ludologue, manœuvre, mécanisme, nain jaune, olympiade, olympique, pythiques, quadrette, romestecq, sarabande, solitaire, vingt-et-un, water-polo ■ 10 backgammon, bouillotte, boulodrome, cache-cache, cerf-volant, engagement, lansquenet, martingale, passe-temps, philippine, récréation, salicional, strip-poker, tourniquet, trou-madame ■ 11 cache-tampon, cafouillage, charlemagne, chemin de fer, dominoterie, esthétisant, mots croisés, saute-mouton ■ 12 baguenaudier, registration ■ 13 cache-mouchoir, colin-maillard ■ 15 bulletin-réponse.
**JEU DE MOTS :** 5 rébus ■ 6 énigme, pointe ■ 7 charade ■ 8 boniment, quolibet, rosserie ■ 9 anagramme, calembour, épigramme, équivoque ■ 10 acrostiche, logogriphe ■ 11 turlupinade ■ 12 bouffonnerie, plaisanterie ■ 13 contrepèterie.
**JEUDI :** 4 céne ■ 8 fête-dieu, mi-carême ■ 9 baisement.
**JEUNE :** 3 m.j.c., néo ■ 4 beur, bleu, faim, gars, hère, jeun, lais, page ■ 5 cadet, chiot, diète, goret, gosse, osier, petit, plant, provo, puîné, rapin, surin, tapin, taure, thème, volve ■ 6 brunet, carême, daguet, éphèbe, famine, garçon, inédié, jeunet, jeunot, maigre, minime, régime, tendre, vigile ■ 7 apollon, béjaune, bufflon, imberbe, jeûneur, nouveau, poussin, ramadan, ramerot, trottin ■ 8 benjamin, blanc-bec, cochelet, conservé, coquebin, coquelet, cousette, dispense, grisettte, jeunesse, marmiton, paonneau, pioupiou, porcelet, poulette, rajeunir, ramereau ■ 9 austérité, bachelier, bouvillon, buffletin, canardeau, crossette, damoiseau, garçonnet, hirondeau, jeûnement, louveteau, maquiller, midinette, mirliflor, mortifier, outardeau, patronnet, pénitence, pintadeau, pouillard, roquentin, starlette, taurillon, tout-petit ■ 10 abstinence, adolescent, bleusaille, chaponneau, faisandeau, fauconneau, mirliflore, pigeonneau, printanier ■ 11 chaperonner, éléphanteau, pastourelle, petit-maître, quatre-temps ■ 12 rajeunissant ■ 13 saute-ruisseau.
**JEUNE FEMME :** 5 pépée ■ 7 nénette.
**JEUNE FILLE :** 4 coré, môme ■ 5 guide, pépée ■ 7 groupie, nénettte, oiselle, rosière, tanagra ■ 8 valentin ■ 9 bécassine, canéphore, chef-

taine, cover-girl, mannequin, nymphette, trousseau, valentine ■ 10 couventine, demi-vierge ■ 11 blondinette, entraîneuse, jouvencelle ■ 12 catherinette, effeuilleuse.
**JEUNE GARÇON :** 13 préadolescent.
**JEUNE HOMME :** 5 giton ■ 6 couros, kouros ■ 8 milicien ■ 9 bachelier, blondinet, étourneau ■ 10 godelureau, incroyable, mirliflore, pigeonneau ■ 11 blouson noir.
**JEUNER :** 7 jeûneur ■ 8 abstenir, renoncer.
**JEUNESSE :** 4 jour, yé-yé ■ 5 fleur, jeune, matin, zazou ■ 6 ajiste, aurore ■ 7 enfance*, jaciste, puberté, verdeur ■ 8 jouvence ■ 9 printemps ■ 10 juvénilité, printanier ■ 11 adolescence, tourtereaux.
**JIU-JITSU :** 4 judo ■ 5 lutte.
**JOAILLERIE :** 9 bijoutier, joaillier ■ 10 pierreries.
**JOB :** 7 jobiste.
**JOBARD :** 5 niais* ■ 9 jobardise ■ 10 jobarderie.
**JOCKEY :** 5 toque ■ 6 driver ■ 7 casaque ■ 14 gentleman-rider.
**JOCRISSE :** 5 niais*.
**JOGGING :** 6 jogger ■ 7 joggeur.
**JOIE :** 2 ah ■ 3 hip ■ 4 aise, youp ■ 5 larme, youpi ■ 6 délire, extase, gaieté*, liesse ■ 7 bonheur*, entrain, épanoui, hosanna, ivresse, plaisir*, youppie ■ 8 alacrité, euphorie, euthymie, exclamer, hilarité, pavoiser ■ 9 jovialité, optimisme, rabat-joie, triompher ■ 10 allégresse, enjouement, exultation, jubilation ■ 11 acclamation, exclamation, gaillardise, joyeusement, ravissement ■ 12 contentement, enchantement, enthousiasme, réjouissance, satisfaction* ■ 14 épanouissement.
**JOINDRE :** 4 ajut, lier*, unir* ■ 5 ajust, jouer, mêler, nouer, trait ■ 6 abuter, allier, clouer, coller, coudre, fondre, marier, relier, réunir*, souder ■ 7 aborder, abouter, accoler, adapter, adhérer, agréger, ajouter, ajuster, annexer, apposer, coupler, enlacer, épouser, greffer, grouper*, insérer, jumeler, rallier, sceller, toucher ■ 8 aboucher, affilier, ajointer, allonger, apparier, appondre, associer, attacher*, cimenter, coaliser, colliger, confluer, coopérer, emboîter, embrever, empatter, englober, jonction, ramasser, recoudre ■ 9 accoupler, adjoindre, appliquer, assembler*, atteindre, cheviller, concourir, confondre, conjuguer, converger, convoquer, emmancher, fusionner, goujonner, joignable, jointoyer, mastiquer, prolonger, raccorder, rapporter, rattacher, rejoindre ■ 10 agglutiner, collaborer, concentrer, empaqueter, incorporer, intercaler, interpoler, juxtaposer, liaisonner, rapprocher, rassembler*, rencontrer, transfiler ■ 11 accompagner, anastomoser, appareiller, conglomérer, conglutiner, injoignable ■ 12 enchevaucher ■ 13 collectionner.
**JOINT :** 3 lut ■ 5 délit, genou ■ 6 enlier ■ 7 brisure, ci-joint, cohésif, collure ■ 8 adjectif, ci-annexé, ci-inclus, jointure ■ 9 agrégatif, bourrelet, garniture, jointoyer ■ 10 jointoyeur ■ 11 couvre-joint, rejointoyer ■ 12 jointoiement.
**JOINTURE :** 5 nœud ■ 6 boulet ■ 8 cornière, trochlée ■ 9 articuler, arthrodie, charnière ■ 12 articulation.
**JOLI :** 4 beau*, gent, jo-jo ■ 5 bijou, pépée ■ 6 bellot, joliet ■ 8 chouette, joliesse ■ 9 enjoliver ■ 12 enjolivement.
**JONC :** 4 alfa, glui ■ 5 acore, ajonc, auffe, balai, brusc, cabas, canne*, épart, nattte, spart, stick ■ 6 anneau, butome, joncer, scirpe ■ 7 joncier, landier, souchet ■ 8 jonchaie, jonchère ■ 10 époussette, joncheraie.
**JONCACEE :** 4 jonc ■ 6 butome, luzule.

**JONCHER :** 7 prévoir ■ 8 parsemer ■ 9 recouvrir.
**JONCHETS :** 8 honchets.
**JONCTION :** 5 écart, livet, matir, union ■ 6 bregma ■ 7 liaison ■ 8 adhésion, doublage ■ 10 assemblage, commissure ■ 12 raccordement ■ 13 enchevauchure.
**JONGLER :** 8 jongleur ■ 10 troubadour.
**JORDANIEN :** 9 hachémite, hachimite.
**JOTA :** 10 aragonaise.
**JOUBARBE :** 11 sempervivum.
**JOUE :** 4 rose ■ 5 barbe, duvet, gifle, jugal, tempe ■ 6 bajoue, mafflu ■ 7 abajoue, malaire ■ 8 fossette, masséter, pommette, soufflet.
**JOUER** (voir *jeu*) : 4 rôle ■ 5 faire, lento, mimer, opéra, pièce, scène, serré, taper ■ 6 flûter, putter ■ 7 bridger, débuter, figurer, jouable, pionner, rejouer, vieller ■ 8 canarder, exécuter, incarner, octavier, violoner, volleyer ■ 9 batifoler, bostonner, décliquer, injouable, jouailler, scrabbler ■ 11 interpréter, représenter ■ 14 représentation.
**JOUET :** 3 feu* ■ 4 noël, yoyo ■ 5 balle, sabot, toton ■ 6 hochet, joujou, pantin, poupée, toupie ■ 7 bascule, croquet, cuisine, diabolo, flûteau, magasin, tambour ■ 8 massacre, mercerie, panoplie ■ 9 bilboquet, patinette ■ 10 balançoire, cerf-volant, ludothèque ■ 11 passe-boules, trottinette ■ 12 lance-pierres, polichinelle.
**JOUEUR :** 4 demi, onze ■ 5 avant, badin, cadet, capot, école, inter, ponte ■ 6 centre ■ 7 arrière, botteur, donneur, sonneur ■ 8 bouliste, bridgeur, haussier, luthiste, pelotari, pianiste, quilleur, rugbyman, stoppeur, vielleur, violiste ■ 9 cymbalier, dribbleur, hockeyeur, intérieur, manilleur, ménétrier, organiste, quadrette, quinziste, sitariste, talonneur, treiziste ■ 10 basketteur, bassoniste, cithariste, concertant, hautboïste, scrabbleur, simultanée, trompeteur, violoniste ■ 11 avant-centre, buccinateur, tromboniste, cornemuseur, cornettiste, handballeur, trois-quarts ■ 12 claveciniste, mandoliniste, tambourineur, trompettiste ■ 13 accordéonniste, tambourinaire ■ 13 vibraphoniste ■ 14 violoncelliste.
**JOUFFLU :** 4 lune ■ 6 bouffi.
**JOUG :** 7 harnais* ■ 8 enjuguer ■ 9 esclavage ■ 13 subordination.
**JOUIR :** 5 droit, reste ■ 6 goûter ■ 8 mort-gage, savourer ■ 10 bénéficier, garde-noble.
**JOUISSANCE :** 4 bail, baux ■ 5 ferme, libre, usage, vivre ■ 7 douceur, plaisir* ■ 8 impenses, usufruit ■ 9 chasement, privilège, propriété, recréance ■ 10 pas-de-porte, possession* ■ 11 bienheureux ■ 13 concupiscence, non-jouissance.
**JOUR :** 3 têt, vie ■ 4 aube, bref, date, fête, hier, ides, kief, midi, neuf, none, sept, soir ■ 5 ajour, brune, clair, dîner, douze, duodi, faste, férié, heure, jeudi, levée, lundi, mardi, matin, natal, nones, point, repas, seize, sexte, tridi, vingt, zonze ■ 6 décadi, déclin, diurne, épacte, nomidi, nonidi, octodi, samedi, soirée ■ 7 estarie, journée, matinée, primidi, septidi, sextidi ■ 8 bissexte, calendes, demi-jour, dimanche, enfanter, éphémère, mercredi, occurent, pénombre, quartidi, quintidi, vendredi ■ 9 après-midi, ascension, avant-hier, bréviaire, couvre-feu, épiphanie, indiction, lendemain, quotidien ■ 10 après-dîner, assomption, aujourd'hui, claire-voie, journalier, lucernaire, quatre-temps, septénaire, surestarie ■ 11 après-demain, avant-veille, biquotidien, potron-minet, vingt-quatre ■ 12 fenestration, intercalaire, potron-jaquet, photopériode, réactualiser, surlendemain ■ 13 noctambulisme, poltron-jaquet, sans-culottide.
**JOURNAL :** 5 livre, revue ■ 6 brûlot, canard, organe, presse ■ 7 aubette, dazibac, feuille, gazette, libellé, mensuel, morasse ■ 8 bulletin, cour-

rier, diariste, magazine, officiel, pamphlet, retourne, rubrique ■ 9 annonceur, annoncier, articulet, bouillons, chronique*, éditorial, kiosquier, plaquette, quotidien, reportage ■ 10 entrefilet, journaleux, kiosquiste, périodique ■ 11 journaliste, publication ■ 12 hebdomadaire, justificatif, radio-journal ■ 14 journalistique ■ 15 roman-feuilleton.

**JOURNALIER :** 5 marée ■ 6 diurne ■ 9 quotidien.

**JOURNALISTE :** 8 échotier, localier, reporter, soiriste ■ 9 rédacteur, salonnier ■ 10 journaleux, publiciste ■ 11 chroniqueur, interviewer, journalisme, nouvelliste ■ 12 courriériste, folliculaire, pamphlétaire ■ 13 correspondant, éditorialiste, fait-diversier, radio-reporter.

**JOURNEE :** 4 jour*, tard ■ 5 balai, dîner, unité ■ 7 bonjour ■ 9 glorieuse, lucimètre ■ 11 demi-journée.

**JOUTE :** 4 lice ■ 5 lance, morne ■ 7 tournoi.

**JOUVENCEAU :** 6 éphèbe ■ 10 adolescent.

**JOVIAL :** 3 gai* ■ 4 papa ■ 6 drille ■ 9 jovialité ■ 11 jovialement.

**JOYAU :** 5 bijou ■ 8 ménisque ■ 11 ferronnerie.

**JOYEUSETE :** 12 plaisanterie.

**JOYEUX :** 3 gai*, vif ■ 4 aisé ■ 5 badin, luron ■ 6 enjoué, jovial, réjoui ■ 7 allègre, content, épanoui, folâtre, grivois, heureux, pimpant, radieux ■ 8 délirant, enchanté, folichon, fringant, gaillard, gros-rené ■ 9 égrillard, gaudeamus, guilleret, malicieux, optimiste ■ 10 émoustillé, frétillant ■ 11 gobichonner.

**JUBE :** 5 orgue.

**JUBILATION :** 11 jubilatoire.

**JUBILE :** 9 jubilaire.

**JUBILER :** 4 joie, rire* ■ 9 jubilaire ■ 10 jubilation.

**JUCHER :** 7 juchoir, percher ■ 8 déjucher.

**JUDAÏQUE :** 4 juif* ■ 6 rabbin ■ 8 judaïser, judaïsme ■ 10 rabbinisme.

**JUDAÏSME :** 6 kasher ■ 7 cachère, karaïte, quaraïte ■ 10 hassidisme.

**JUDAS :** 7 déloyal*.

**JUDEEN :** 4 juif.

**JUDICATURE :** 4 robe.

**JUDICIAIRE :** 5 datif, forme, plaid ■ 7 command, exploit ■ 8 huis clos, imperium ■ 9 arrêtiste, pétitoire ■ 11 actionnable, collocation, réouverture ■ 14 interlocutoire, judiciairement.

**JUDICIEUX :** 4 sain ■ 11 intelligent ■ 14 judicieusement.

**JUDO :** 3 dan ■ 5 ippon ■ 6 judoka ■ 7 mi-lourd, mi-moyen.

**JUDOKA :** 6 judogi.

**JUGE :** 4 caïd, robe ■ 5 juger, juste, siège ■ 6 veniat ■ 8 hooligan, houligan, official ■ 9 assesseur, justicier, magistrat* ■ 10 judicature ■ 11 inquisiteur, justiciable, préjudiciel, supplétoire ■ 12 inquisitoire, tortionnaire ■ 13 correctionnel ■ 15 discrétionnaire, juge-commissaire.

**JUGEMENT :** 3 ban, sot ■ 4 sens ■ 5 appel, arrêt, lynch, prise, subir ■ 6 arrêté, errata, esprit, estime, procès, raison ■ 7 censure, cerveau, fermeté, jugeote, mal-jugé, manière, opinion*, préjugé, sottise, verdict ■ 8 cervelle, critique, délibéré, écervelé, insanité, intitulé, paradoxe, sentence, solution, troubler ■ 9 déviation, dilatoire, grossoyer, intellect, judicieux, pronostic, rectitude, réflexion, règlement, soumettre, stupidité ■ 10 compétence, conscience, estimation, évaluation, évaluateur, interjeter, opposition, ordonnance, ostracisme, partialité, prévention ■ 11 approbation, entendement, proposition, réprobation, scepticisme, schibboleth ■ 12 appréciation, assertorique, autocritique, discernement, inconscience, intelligence, préjudiciaux, volontarisme.

**JUGER :** 4 dire, voir ■ 5 jurer, louer, toise ■ 6 blâmer, croire, opiner, penser*, priser, régler ■ 7 abonder, arrêter, décider, déduire, deviner,

estimer*, évaluer, méjuger, prévoir, rejuger, réputer, statuer, trouver ■ 8 arbitrer, calculer, conclure, critique, déclarer, examiner, jugeable, préjuger, présumer, résoudre ■ 9 apprécier, approuver, condamner, critiquer, envisager, prononcer, raisonner ■ 10 compétence, considérer, départager, déterminer, lactomètre ■ 11 conjecturer, délicatesse, juridiction ■ 12 discernement ■ 13 physionomiste.
**JUGLANDACEE:** 5 noyer ■ 7 hickory.
**JUGULER:** 7 enrayer ■ 8 refréner.
**JUIF:** 5 bible, goyim, kippa, pâque, sénat, taled ■ 6 lévite, mellah, pourrim, scribe, sémite, taleth, talith, targum, youpin ■ 7 hébreux, talleth, tallith ■ 8 enjuiver, judaïque, judaïsme, juiverie, rational, saducéen, sionisme, zélateur ■ 9 ashkénaze, cabaliste, ébionites, israélite*, lévitique, massorète, pharisien, sadducéen, sanhédrin, synagogue ■ 10 holocauste, thérapeute ■ 11 roch ha-shana, rosh ha-shana ■ 13 antisémitique, antisémitisme, judéo-espagnol, sacrificateur ■ 14 traditionnaire.
**JUILLET:** 11 juilletiste.
**JUIVE:** 5 shéol ■ 6 pessah, pourim ■ 7 judaïté, judéité, kaddish, kippour, soukhot ■ 8 hanoukka, saducéen, shabouot ■ 9 bar-miyava, parascève, sadducéen ■ 10 yom kippour.
**JUJUBIER:** 7 zizyphe.
**JUMEAU:** 6 besson, gémeau, triplé ■ 8 dizygote ■ 9 quadruplé ■ 10 gémellaire, monozygote ■ 11 gémillipare, univitellin ■ 13 superfétation.
**JUMELER:** 7 joindre* ■ 8 jumelage.
**JUMELLE:** 7 gémelle, lunette ■ 8 bessonne ■ 9 lorgnette.
**JUMENT:** 4 baie, mule ■ 5 haras, mulet ■ 6 cavale, cheval*, moreau, suitée ■ 7 ponette ■ 8 haquenée, pouliche, pouliner ■ 10 poulinière.
**JUMPING:** 3 spa.
**JUNIOR:** 5 cadet.
**JUNKER:** 5 stuka.
**JUNON:** 8 junonien.
**JUPE:** 4 kilt, maxi, mini, pouf, tutu ■ 5 cotte, jupon, paréo, tonne ■ 6 jupier, panier, sarong ■ 7 amazone, filibeg, jupette ■ 8 basquine, cotillon, feutrine, juponner, mini-jupe, philibeg, sous-jupe ■ 9 crinoline, porte-jupe ■ 10 enjuponner, fustanelle, vertugadin ■ 11 jupe-culotte.
**JUPON:** 7 filibeg ■ 10 philibeg.
**JURA:** 7 morbier.
**JURASSIQUE:** 4 lias ■ 6 dogger ■ 7 rhétien ■ 8 bajocien, cisjuran, cyclamen, toarcien ■ 9 iguanodon, jurassien ■ 10 diplodocus, stégosaure, télésaure, transjuran ■ 11 ichtyosaure, plésiosaure ■ 12 archéoptéryx, ptérodactyle.
**JURE:** 4 jury ■ 7 jurande.
**JUREMENT:** 5 juron* ■ 7 serment ■ 9 blasphème, notre-dame ■ 10 palsambleu, ventrebleu.
**JURER:** 6 pester, sacrer ■ 7 adjurer, déférer, engager, exécrer, maudire, obliger ■ 8 affirmer, attester, conjurer, détester, maugréer ■ 9 exorciser, promettre* ■ 10 blasphémer, contraster ■ 11 assermenter.
**JURIDICTION:** 3 for ■ 4 rote ■ 5 arrêt, kanat, siège ■ 6 cercle, khanat, sphère ■ 7 basoche, prévôté, qualité, ressort ■ 8 district, instance, official, paroisse, primatie, tribunal ■ 9 baillage, panonceau ■ 10 archevêché, compétence, généralité, margraviat ■ 11 attribution, chatellenie, département, gouvernance ■ 12 archidiaconé, condamnation, introduction, maréchaussée, présidialité, sénéchaussée ■ 14 arrondissement, décriminaliser, juridictionnel ■ 15 circonscription.
**JURIDIQUE:** 3 cas ■ 4 dire ■ 7 exégèse, informé ■ 8 caducité ■

9 chafiisme, électorat, habiliter, hanafisme, huridisme, malékisme, malikisme, passation, paternité, rétorsion ■ 10 hanbalisme, intimation ■ 11 domanialité, heimatlosat, nationalité, subrogation ■ 12 émancipation, habilitation, immutabilité, ratification ■ 13 juridiquement.
**JURISCONSULTE :** 7 légiste.
**JURISPRUDENCE :** 5 droit ■ 8 bien-jugé ■ 13 hodjatoleslam ■ 15 jurisprudentiel.
**JURISTE :** 7 légiste ■ 10 privatiste ■ 12 criminaliste.
**JURON :** 5 jurer, pardi, sabre ■ 6 crénom, morgué, tudieu ■ 7 bagasse, caramba, corbleu, morbleu, parbleu, pardieu ■ 8 fouchtra, sacristi, tête-bleu, tonnerre ■ 9 blasphème, damnation, morguenne, sacrebleu, sacredieu, vertubleu, vertuchou, vertudieu ■ 10 jarnicoton, morguienne ■ 14 saperlipopette ■ 15 ventre-saint-gris.
**JUS :** 3 suc, vin ■ 4 coco, marc ■ 5 cidre, gelée, juter, limon, neige, poire, punch, sirop, sucre ■ 6 coulis ■ 8 citronné, épulpeur, exprimer, réglisse ■ 9 diffuseur, orangeade, pressurer ■ 10 citronnade, lèchefrite ■ 12 presse-citron, presse-fruits, vinification.
**JUSANT :** 6 reflux.
**JUSQU'EN HAUT :** 5 à bloc.
**JUSSIEU :** 4 sain, vrai.
**JUSSION :** 12 commandement.
**JUSTAUCORPS :** 4 body ■ 5 jaque ■ 9 buffletin.
**JUSTE :** 3 pur, sûr ■ 4 faux, sain, vrai* ■ 5 droit*, exact*, fondé, légal, loyal, moral, probe, sensé, tortu ■ 6 étroit, fidèle, licite, précis, strict ■ 7 austère, délicat, honnête, injuste ■ 8 justesse, légitime, régulier, vertueux ■ 9 approprié, équitable*, eurythmie, honorable, impartial, justifier, plausible, rationnel, véritable ■ 10 discordant, scrupuleux, soutenable ■ 13 consciencieux.
**JUSTEMENT :** 10 exactement ■ 11 précisément.
**JUSTICE :** 3 for ■ 4 cour, haro, juge, taxe, tort ■ 5 criée, droit*, ester, juste, levée, salle, siège, titre, vertu ■ 6 équité, pureté, sûreté, vérité ■ 7 balance, loyauté, prêteur, probité, sergent, viguier ■ 8 assigner, attraire, citation, consulte, contumax, débouter, désister, droiture, fidélité, forclore, intenter, légalité, moralité, plaindre, prétoire, requérir, scrupule, sénéchal, spécieux ■ 9 actionner, arrêtiste, audiencia, austérité, basilique, comparoir, contumace, défendeur, demandeur, honnêteté, impartial, injustice, juratoire, juridique, justement, justicier, landgrave, parlement, plaignant, réclamant, requérant, rigorisme, sincérité, théodicée ■ 10 accusation, chancelier, conscience, consulaire, corrégidor, exhibition, judiciaire, légitimité ■ 11 arrestation, codemandeur, comparution, compulsoire, délicatesse, gonfalonier, gonfanonier, justiciable ■ 12 chancellerie, non-comparant, opposabilité ■ 14 non-comparution ■ 15 archichancelier, extra-judiciaire.
**JUSTIFICATION :** 6 excuse, raison ■ 8 apologie, prétexte* ■ 11 explication ■ 12 contre-partie, disculpation.
**JUSTIFIER :** 5 fondé, juste, laver ■ 7 couvrir, excuser*, motiver, prouver ■ 8 blanchir, invoquer, vérifier ■ 9 décharger, dédouaner, disculper, expliquer, légitimer, prétexter* ■ 10 illégitime, injustifié, innocenter ■ 11 justifiable, sans-papiers ■ 12 justificatif ■ 13 injustifiable, justificateur, justification.
**JUTE :** 6 corète ■ 7 corette ■ 8 linoléum ■ 9 corchorus.
**JUVENILE :** 5 jeune ■ 10 juvénilité.
**JUXTAPOSER :** 5 liure ■ 8 cinérama ■ 12 juxtaposable ■ 13 juxtaposition ■ 14 hermaphrodisme.
**JUXTAPOSITION :** 8 parataxe.

# K

**KABBALE :** 10 kabbaliste ■ 13 kabbalistique.
**KABUKI :** 8 shamisen.
**KAKI :** 10 plaquemine.
**KALEIDOSCOPE :** 15 kaléidoscopique.
**KALMOUK :** 7 kalmouk.
**KAN :** 4 khan ■ 5 kanat.
**KANDJAR :** 8 poignard.
**KANGOUROU :** 7 potorou ■ 9 pétrogale.
**KANTISME :** 7 kantien ■ 10 criticisme ■ 11 néo-kantisme ■ 13 néo-criticisme.
**KAOLIN :** 9 kaolinite ■ 13 kaolinisation.
**KAPOK :** 6 bourre ■ 8 fromager, kapokier.
**KARATE :** 5 ippon ■ 8 karatéka ■ 9 taekwondo.
**KARST :** 5 sotch ■ 9 karstique.
**KARSTIQUE :** 5 karst.
**KART :** 7 karting.
**KASSITE :** 7 kassite.
**KAYAK :** 9 kayakable, kayakiste ■ 10 canoë-kayak.
**KAYAKISTF :** 12 esquimautage.
**KENDO :** 5 ippon.
**KENYA :** 6 kenyan.
**KEPI :** 5 shako.
**KERAL :** kozhicode.
**KERATINE :** 10 kératinisé ■ 14 kératinisation, scléroprotéine.
**KERATITE :** 9 occlusion.
**KERMES :** 8 akermès.
**KERMESSE :** 4 fête*.
**KEROSENE :** 13 carburéacteur.
**KETMIE :** 4 nafé ■ 8 hibiscus.
**KHAGNE :** 10 hypokhâgne.
**KHAN :** 5 kanat ■ 6 khanat.
**KHARIDJISME :** 10 kharridjite.
**KHEDIVE :** 8 khédival, khédivat ■ 9 khédiéval.
**KIDNAPPER :** 7 enlever*.
**KILOCALORIE :** 12 millithermie.
**KILOCYCLE :** 2 kc.
**KILOFRANC :** 2 kf.
**KILOGRAMME :** 2 kg ■ 5 arobe, livre.

**KILOGRAMME-FORCE :** 3 kgf.
**KILOGRAMME-POIDS :** 3 kgp.
**KILOGRAMMETRE :** 3 kgm.
**KILOHERTZ :** 9 kilocycle.
**KILOJOULE :** 2 kj.
**KILOMETRE :** 2 km ■ 5 borne lieue ■ 10 kilométrer ■ 11 kilométrage ■ 12 kilométrique.
**KIMONO :** 6 judogi.
**KINESITHERAPIE :** 14 poulithérapie.
**KINESTHESIE :** 9 kinésique ■ 13 cinesthétique, kinesthésique.
**KINSHASA :** 6 kinois.
**KIOSQUE :** 7 aubette, édicule ■ 8 pavillon* ■ 9 baignoire, kiosquier ■ 10 kiosquiste ■ 12 bibliothèque.
**KIRSCH :** 4 baba ■ 6 cerise.
**KIWI :** 7 aptéryx.
**KLAXON :** 9 klaxonner.
**KNOCK OUT :** 2 k.o.
**KOBOLD :** 5 lutin.
**KOLA :** 7 caféine ■ 8 kolatier.
**KOLKHOZE :** 5 artel ■ 10 kolkhozien.
**KORAN :** 5 coran.
**KORRIGAN :** 5 lutin.
**KOWEIT :** 9 koweïtien.
**KRACH :** 8 faillite ■ 11 banqueroute.
**KRILL :** 11 euphausiacé.
**KRISS :** 8 poignard.
**KRYPTON :** 2 kr.
**KURDISTAN :** 5 kurde.
**KYRIELLE :** 5 série*, suite* ■ 10 ribambelle.
**KYSTE :** 6 tumeur* ■ 8 enkyster, kystique ■ 9 chalazion.

# L

**LA :** **2** en ■ **3** ici.
**LABADENS :** **9** compagnon.
**LABEL :** **10** labelliser.
**LABEUR :** **7** travail ■ **9** quartager.
**LABIACEE :** **3** ive ■ **4** spic, thym ■ **5** aspic, bugle, ormin, sauge ■ **6** crosne, hysope, ivette, lamier, lierre, lycope, menthe, népéta, népète, origan ■ **7** ballote, basilic, bétoine, cataire, dictame, épiaire, glécome, lavande, léonure, marrube, mélisse, mélitte, pouliot, romarin ■ **8** calamant, chataire, gléchome, serpolet ■ **9** agripaume, patchouli, sarriette ■ **10** crapaudine, germandrée, marjolaine, toute-bonne ■ **11** patte-de-loup, scutellaire ■ **13** herbe-aux-chats.
**LABIALE :** **9** bilabiale.
**LABIEE :** **6** coléus ■ **8** lamiacée.
**LABILE :** **8** labilité.
**LABORATOIRE :** **3** têt ■ **5** linas, verre ■ **6** bunsen ■ **8** officine, pissette ■ **9** phytotron ■ **10** animalerie, laborantin ■ **11** laborantine ■ **12** coproculture, spermogramme ■ **13** cristallisoir.
**LABORIEUX :** **5** actif ■ **9** difficile*.
**LABOUR :** **5** champ, façon, rayon ■ **6** guéret, parage ■ **7** culture, fermage, jachère, planche ■ **8** dérayure ■ **9** charruage, défonçage, émotteuse, hivernage ■ **10** sous-solage ■ **11** agriculture, défoncement, motoculteur.
**LABOURER :** **5** houer ■ **7** enrayer, tiercer ■ **8** biloquer, défoncer, emblaver, étramper, hiverner, retercer ■ **9** billonner, labourage, laboureur, quartager ■ **10** égratigner, labourable ■ **11** agriculteur.
**LABRE :** **5** lèvre.
**LABYRINTHE :** **6** dédale ■ **13** labyrinthique.
**LAC :** **3** eau ■ **4** loch, rive ■ **5** étang*, lacet, lagon, omble ■ **6** filets ■ **9** benthique ■ **10** asphaltite, désenlacer, euphotique, limnologie ■ **11** bathymétrie ■ **13** sur-creusement.
**LACERER :** **8** déchirer*, délisser ■ **10** lacération.
**LACERTILIEN :** **5** orvet ■ **6** lézard ■ **7** saurien* ■ **8** caméléon, scincidé ■ **9** sciencoïde ■ **12** amblyrhynque.
**LACET :** **4** lacs ■ **5** lacer ■ **6** crevet, ferret, floche ■ **7** contour, œillet, tirette ■ **10** passe-lacet ■ **11** aiguilleter, aiguillette.
**LACHE :** **3** bas, mou, vil ■ **4** cerf, plat ■ **5** brave, capon, libre ■ **6** abattu, couard, faible, fuyard, laxité, péteux ■ **7** ballant, déraidi, détendu, flasque, indécis, pendant, peureux*, pleutre, poltron*, relâché ■

8 craintif, dégonflé, desserré, efféminé, fanfaron, flottant, mollasse, pied-plat, vaillant ■ 9 découragé, élastique, jean-fesse ■ 10 capitulard, jean-foutre, pendillant ■ 11 pusillanime.

**LACHER:** 6 livrer, vesser ■ 7 fléchir, laisser, reculer ■ 8 flancher, relâcher ■ 10 abandonner*, parachuter.

**LACHETE:** 4 peur* ■ 5 fuite ■ 6 effroi ■ 7 crainte, frayeur, inertie ■ 8 bassesse, mollesse ■ 9 couardise, faiblesse*, platitude ■ 10 abattement, indécision, pleutrerie, résolution ■ 12 poltronnerie ■ 13 découragement, pusillanimité ■ 15 engourdissement.

**LACONIQUE:** 4 bref* ■ 5 court* ■ 8 succinct ■ 9 lapidaire.

**LACTATION:** 3 pis ■ 4 lait* ■ 8 agalaxie ■ 9 agalactie ■ 10 prolactine.

**LACTOSE:** 5 sucre ■ 9 galactose ■ 12 disaccharide.

**LACUNE:** 4 trou ■ 5 plein ■ 8 lacuneux, omission ■ 9 lacunaire ■ 10 astérisque.

**LACUSTRE:** 8 sédiment.

**LADANUM:** 10 ladanifère.

**LADRERIE:** 5 ladre, lèpre ■ 6 chiche, lésine ■ 7 avarice* ■ 8 économie ■ 9 lésinerie ■ 10 léproserie, parcimonie.

**LAGUNE:** 4 lido ■ 5 étang, liman, moere ■ 9 lagunaire.

**LA HAVANE:** 8 havanais.

**LAI:** 6 frater.

**LAÏC:** 8 laïciser, laïcisme ■ 11 laïcisation.

**LAICHE:** 5 carex.

**LAID:** 3 toc ■ 4 beau, joli, ridé ■ 5 lourd, magot, merle, moche, singe ■ 6 atroce, guenon, hideux, odieux, tocard, vilain* ■ 7 affreux, déformé, hirsute, ignoble, informe, laideur, macaque, mal-bâti, mocheté, sapajou ■ 8 chafouin, défiguré, difforme, enlaidir, grossier, horrible, laideron, malséant, rabougri, ratatiné ■ 9 chabraque, dégoûtant, disgracié, effrayant, grimaçant, grognasse, grotesque, laidement, maritorne ■ 10 abominable, effroyable, monstrueux, repoussant, schabraque ■ 11 désenlaidir, disgracieux ■ 12 épouvantable.

**LAIDEUR:** 7 turpide.

**LAINE:** 4 bort, bure, drap, lama, poil, reps, saie, saye, toge ■ 5 arçon, beige, burat, cabas, châle, corde, cosse, crêpe, escot, étaim, frisé, gilet, jarre, lainé, lange, loden, ouate, ponge, rabat, ruban, satin, serge, suint, tonte, tripe, tuque, tweed ■ 6 alpaga, bourre, elbeuf, feutre, jersey, lanice, matton, mohair, peigné, picoté, ratine, tartan, toison, tricot ■ 7 alépine, blousse, camelot, casimir, chevron, droguet, finette, granité, lainage, laineux, lainier, lasting, mérinos, riflard, sayette, scoured, tordeur, zéphire ■ 8 agneline, attagène, blanchet, cardigan, chandail, couaille, délainer, écheveau, flanelle, grateron, lainerie, lanifère, lanoline, liserage, molleton, moquette, orseille, retirons, sergette, soufroir, surtonte, thibaude ■ 9 cachemire, carmeline, cheviotte, délainage, échevette, gabardine, lambswool, lampourde, limousine, teddy-bear, tiretaine, tondaille, tondaison ■ 10 débourrage, défeutrage ■ 11 carbonisage, napolitaine, pied-de-poule.

**LAÏQUE:** 4 laïc, laie ■ 5 oblat ■ 6 laïcat ■ 7 laïcité, profane ■ 8 laïciser, laïcisme, séculier ■ 11 laïcisation.

**LAIS:** 8 alluvion.

**LAISSE:** 6 stance ■ 8 alluvion.

**LAISSER:** 5 céder, layer, obéir, piste ■ 6 livrer ■ 7 confier, déposer, larguer, marquer, plaquer, quitter*, relayer ■ 8 couturer, défouler, dépasser, emporter, épargner, imprimer, négliger, paresser, répandre ■ 9 délaisser, distiller, permettre ■ 10 abandonner* ■ 12 opus incertum.

**LAISSEZ-PASSER :** 5 passe ■ 9 coupe-file, passavant, passeport ■ 11 sauf-conduit.
**LAIT :** 4 coco, lolo, peau ■ 5 blanc, cacao, canne, crème, lacté, mûrir, renne, sérum, sucre, tétée, téter, vache ■ 6 boille, caillé, tourne ■ 7 bouille, caséine, laitage, laiteux, laitier, yogourt ■ 8 agalacte, agalaxie, albumine, allaiter, bouillie, chaudeau, crémerie, lactique, laiterie, lysozyme, pèse-lait, tire-lait, yoghourt ■ 9 agalactie, caséation, colostrum, échaudage, écrémeuse, fromageon, lactarium, lactation, lactifère, milk-shake, petit-lait, téterelle, zythogala, zythogale ■ 10 acidimètre, caille-lait, cappuccino, lactomètre, materniser ■ 11 blanc-manger, butyromètre, caillebotte, cardonnette, galactogène, homogénéisé, lactescence, upérisation ■ 12 chardonnette, galactogogue, galactomètre, galactophore, lactalbumine, lactoflavine, montbéliarde ■ 15 lacto-densimètre.
**LAITANCE :** 5 guais, laité.
**LAITEUX :** 5 latex, pavot ■ 6 opalin ■ 10 lactescent.
**LAITON :** 4 zinc ■ 5 corde ■ 6 vergeure ■ 7 similor ■ 9 laitonner ■ 10 laitonnage.
**LAITUE :** 4 ulve ■ 6 chicon, salade ■ 7 batavia, romaine, sucrine ■ 8 thridace ■ 11 lactucarium.
**LAÏUS :** 8 discours, laïusser.
**LAIZE :** 2 lé.
**LAMA :** 6 alpaga ■ 7 guanaco, vigogne ■ 9 lamaserie.
**LAMAÏSME :** 8 lamaïste.
**LAMANAGE :** 8 lamaneur.
**LAMBEAU :** 5 loque ■ 6 klippe, partie ■ 7 morceau* ■ 8 guenille, mâchurer ■ 10 déguenillé, dépenaillé ■ 11 déchiqueter.
**LAMBIC :** 4 faro.
**LAMBINER :** 6 lambin, tarder ■ 7 traîner* ■ 8 paresser.
**LAMBLIA :** 9 lambliase.
**LAMBOURDE :** 7 linsoir.
**LAMBRIS :** 8 pilastre ■ 10 lambrisser ■ 11 lambrissage.
**LAME :** 3 dos ■ 4 busc, épée, faux, flot, noue, plot, scie ■ 5 barde, bêche, branc, brand, canif, carré, coche, criss, dague, fanon, folié, garde, glace, hoyau, kriss, patin, plane, ronce, ruban, samit, serpe, table, tarse, vouge ■ 6 ciseau, cornet, cutter, ligule, onglet, plaque ■ 7 ailette, curseur, écaille, fissile, indusie, lamelle, oripeau, valvule ■ 8 alumelle, médiator, ménisque, palisson, parmélie, paupière, pavillon, raquette, scissile, taillant, tricouni ■ 9 badelaire, boomerang, boumerang, feuilleté, languette, mésenthère, paillette, porte-lame, prothalle, tranchant ■ 10 décrottoir, interligne, porte-objet, talonnette, tourniquet ■ 11 anticathode, blastoderme, couteau-scie, gratte-pieds ■ 12 contrepointe, coupe-circuit, laminectomie.
**LA MECQUE :** 4 hadj ■ 5 qibla.
**LAMELLE :** 4 talc ■ 5 adnée, spath ■ 6 squame ■ 7 baleine, plectre ■ 8 cossette ■ 9 clinquant, décurrent, lamelleux, laminaire, pellicule ■ 10 délaminage ■ 11 couvre-objet ■ 12 lamellé-collé, lamelliforme ■ 13 lamellirostre ■ 14 lamellibranche.
**LAMELLIBRANCHE :** 3 mye ■ 4 lime ■ 5 bysse, coque, donax, moule, olive, perle, pinne, solen, taret, vénus ■ 6 donace, huître, peigne, perlot, pignon, praire ■ 7 bivalve, cancale, cardium, couteau, marteau, mulette, pholade, rudiste, trialle ■ 8 anodonte, bénitier, clovisse, gryphnée, isocarde, palourde, pétoncle, spondyle, tridacne ■ 9 charnière, lithodome, pintadine ■ 10 jambonneau, lithophage, méléagrine, pélécypode ■ 11 vénéricarde.
**LAMELLIROSTRE :** 12 ansériforme.

**LAMENTABLE :** 6 piteux ■ 9 pitoyable* ■ 14 lamentablement.
**LAMENTER :** 6 thrène ■ 7 geindre ■ 8 jérémier, plaindre* ■ 9 jérémiade ■ 11 lamentation.
**LAMER :** 6 lamage.
**LAMINAGE :** 8 lamineur, laminoir ■ 11 aplatissage.
**LAMINAIRE :** 9 alginique ■ 11 aplatisseur.
**LAMINER :** 4 tôle ■ 5 bloom, crêpe, fonte, train ■ 8 cylindre, laminage, laminoir ■ 11 aplatissoir ■ 12 aplatissoire.
**LAMINOIR :** 7 empoise ■ 11 aplatissoir ■ 12 aplatissoire.
**LAMPE :** 3 bec, feu ■ 4 mine, tube ■ 5 culot, diode, flood, mèche ■ 6 bougie, carcel ■ 7 ampoule, lampant, lamparo, lampion, lumière, panache, verrine ■ 8 bigrille, calbombe, demi-watt, lampiste, lanterne*, loupiote, lumignon, papillon, quinquet, survolté ■ 9 baladeuse, calebombe, luminaire*, trigrille, veilleuse ■ 10 baïonnette, cul-de-lampe, lampadaire, lucernaire, photophore ■ 11 lampisterie.
**LAMPER :** 5 boire ■ 6 lampée.
**LAMPOURDE :** 9 glouteron.
**LAMPROIE :** 7 amocète ■ 8 ammocète ■ 10 chatouille, lamprillon.
**LANCE :** 4 ante, arme, bois, hast ■ 5 bague, épieu, haste, joute, morne, pilum, pique, poids ■ 6 faucre, framée, harpon ■ 7 bourdon, bazooka, javelot, lancier, sarisse ■ 8 esponton, fauchard, gros-bois, guisarme, hastaire, lancéole, lancette ■ 9 demi-pique ■ 10 hallebarde, lanciforme, pertuisane, projectile ■ 11 bec-de-corbin.
**LANCEMENT :** 3 ber, jet, tir ■ 7 booster ■ 8 anguille ■ 10 cabanement, cosmodrome ■ 11 publication.
**LANCER :** 5 jeter*, jouer, tirer, vomir ■ 6 darder ■ 7 cracher, émettre, envoyer, éructer, jongler, quiller, shooter ■ 8 décocher, diffuser, éjaculer, fulgurer, fulminer, perrière, projeter, relancer, tromblon ■ 9 bombarder, catapulte, découpler, lancement, vitrioler ■ 10 balistique, catapulter, enfourcher, lance-mines, projection ■ 11 lance-amarre, lance-bombes, lance-fusées, porte-amarre ■ 14 bombardement, lance-flammes, lance-pierres, postillonner ■ 13 lance-grenades ■ 14 lance-roquettes, lance-torpilles.
**LANCETTE :** 6 flamme ■ 12 vaccinostyle.
**LANCIER :** 5 uhlan ■ 7 chapska.
**LANCINE :** 11 lancination, lancinement.
**LANÇON :** 4 vive ■ 7 équille.
**LANDAIS :** 8 écarteur.
**LANDAU :** 5 break ■ 7 voiture ■ 9 landaulet.
**LANDE :** 5 pâtis ■ 6 maquis ■ 7 brousse, jachère ■ 8 garrigue.
**LANDGRAVE :** 11 landgravial.
**LANGAGE :** 3 ton ■ 4 bobo, caca, code, dada, dodo, lisp, mime, mimi, tata, zizi ■ 5 argot, babil, basic broca, cobol, maman, nanan, pépée, sabir ■ 6 cafter, créole, jargon, langue*, parler*, pascal, prolog ■ 7 aphasie, cafteur, lyrisme, phonème, purisme ■ 8 charabia, dyslalie, dyslogie, locution, poissard ■ 9 atticisme, baragouin, cacolalie, dysphasie, euphuisme, grammaire ■ 10 assembleur, audimutité, barbarisme, coprolalie, endophasie, expression, logogriphe, métalangue, petit-nègre, préciosité ■ 11 franc-parler, glossolalie, impropriété, marivaudage, métalangage, tachyphémie ■ 12 dactylologie, linguistique, parisianisme, prudhommerie, schizophasie ■ 13 articulatoire, transverbérer ■ 14 dodécaphonisme.
**LANGE :** 6 couche ■ 7 maillot ■ 11 emmailloter.
**LANGOUREUX :** 6 tendre* ■ 8 langueur, languide ■ 9 roucouler ■ 11 languissant ■ 15 langoureusement.

**LANGOUSTE :** 9 caudrette ■ 11 langoustier.
**LANGOUSTINE :** 6 scampi.
**LANGUE :** 2 oc ■ 3 bec, lao, oïl ■ 4 dard, dari, duel, erse, este, grec, inca, maya, pali, peul, thaï, tupi, turc, urdu, zend ■ 5 aïnou, arabe, argot, argus, azéri, balte, cafre, celte, copte, datif, filet, franc, gallo, guèze, hindi, huron, khmer, khoin, kurde, ladin, lapon, latin, lette, morné, munda, oriya, otomi, parse, parsi, pépie, perse, peuhl, roman, russe, sarde, slave, style, tagal, tamil, tatar, thème, uzbek, védas, vulgo, wende, wolof, zende ■ 6 afghan, aymara, bantou, basque, birman, breton, canara, coréen, créole, danois, eskimo, hébreu, idiome, isthme, jargon, kazakh, langué, malais, mongol, mouda, népali, ostiak, ostyak, ouolof, ourdou, ouzbek, parler, pehlvi, relugu, romani, slavon, somali, tamoul, teuton, vogoul ■ 7 adstrat, aléoute, anglais, araméen, bambara, bengali, berbère, bulgare, catalan, cebuano, chinois, crétois, dalmate, eskuara, euscara, euskera, féroïen, fidjien, finnois, flamand, gaulois, gotique, guarani, haoussa, hittite, iranien, italien, kannara, khalkha, khoisan, kirghiz, langage*, lingual, mahrate, malinké, marathe, marathi, nahuatl, norrois, occitan, osmanli, ougrien, pahlavi, panjabi, papille, platine, prakrit, quechua, quichua, roumain, saburre, suédois, tagalog, tapette, tchèque, touareg, védique, vogoule, volapuk, yiddish ■ 8 ablation, akkadien, albanais, algonkin, allemand, annamite, arménien, assamais, baltique, bilingue, cananéen, celtique, dialecte*, espagnol, estonien, étrusque, français, francien, géorgien, glossite, gujarati, haiitien, hongrois, icesröm, japonais, javanais, kymrique, lampassé, languier, mahratte, malgache, nôn-khmer, népalais, ostiaque, péruvien, polonais, quetchua, quitchua, romaïque, romanche, saburral, samoyède, sanscrit, sanskrit, slovaque, souahéli, substrat, sumérien, syriaque, tahitien, télougou, tibétain, traduire, turcoman, turkmène, tyrolien ■ 9 afrikaans, allophone, américain, amharique, arabisant, avestique, baloutchi, bichlamar, caucasien, dravidien, espéranto, féringien, fistuline, franciste, humaniste, indo-aryen, irlandais, islandais, languette, langueyer, latiniste, linguiste, lituanien, lusophone, madourais, malayalam, mandingue, néo-indien, norvégien, phénicien, portugais, provençal, putonghua, romaniste, sémitique, sinologie, tokharien, toungouse, toungouze, touranien, trilingue, ukrainien ■ 10 alémanique, algonquien, anglicisme, angliciste, barbillons, bêche-de-mer, biélorusse, clappement, gallicisme, germanique, germaniste, hellénisme, hispanisme, hollandais, hypoglosse, indianisme, indonésien, japonisant, lithuanien, mélanésien, métalangue, monolingue, perlingual, phonologie, polygotte, polynésien, pourlécher, québécisme, rétroflexe, russophone, soundanais, sublingual, substratum, superstrat, turcophone, wallonisme ■ 11 africaniste, anglicisant, couchitique, germanisant, glossodynie, glossotomie, hindoustani, languiforme métalangage, multilingue, néerlandais, néo-celtique, occitanisme, ophioglosse, serbocroate, slavistique, tchérémisse, tupi-guarini, véhiculaire, vietnamien ■ 12 articulation, austronésien, finno-ougrien, indo-européen, instrumental, italianisant, lingua franca, linguistique, orientaliste, physicalisme, sino-tibétain ■ 13 abaisse-langue, grenouillette, hellénistique, monolinguisme ■ 14 azerbaïdjanais, holophrastique, ouralo-altaïque, paléoasiatique, phraséologique ■ 15 distributionnel, polysynthétique.
**LANGUEDOC :** 12 languedocien.
**LANGUETTE :** 5 anche, bugne, patte ■ 9 épiglotte, langueyer, sautereau ■ 10 bouveteuse, coulisseau ■ 11 couvre-joint, languiforme ■ 12 langue-de-chat.
**LANGUEUR :** 5 tabès, usure ■ 6 anémie, atonie, étisie ■ 7 apathie,

fatigue, marasme, phtisie, torpeur ■ 8 atrophie, cachexie, caducité, chlorose, débilité ■ 9 faiblesse, infirmité ■ 10 abattement, cacochymie, énervation, épuisement, étiolement, langoureux, morbidesse, rachitisme ■ 11 consomption, délabrement, exténuation ■ 13 dépérissement ■ 14 alanguissement.

**LANGUIR :** 5 pâlir, pâtir ■ 6 fondre, mourir ■ 7 baisser, dépérir, épuiser, étioler, maigrir, traîner, végéter ■ 8 attendre*, consumer, décliner, souffrir, soutenir ■ 9 affaiblir, détraquer.

**LANGUISSANT :** 5 lâche ■ 6 faible ■ 7 mourant ■ 8 alanguir, traînant ■ 9 cacochyme ■ 14 languissamment.

**LANIERE :** 5 bande, fouet, guide, knout, lasso, longe ■ 6 laisse, sangle ■ 7 bélière ■ 8 courroie*, tire-pied ■ 9 spartiate ■ 11 tagliatelle, trousse-pied.

**LANTERNE :** 5 falot, fanal, phare ■ 6 lustre ■ 7 lampion ■ 8 lampiste ■ 9 campanile, lanternon, réverbère ■ 10 campanille, candélabre, lampadaire, lanterneau, lanternier.

**LANTERNER :** 7 traîner ■ 8 remettre ■ 10 temporiser.

**LANTHANE :** 2 la ■ 10 lanthanide.

**LAOS :** 3 kip.

**LAOTIEN :** 4 thaï.

**LAPALISSADE :** 6 vérité.

**LAPER :** 5 boire ■ 8 lapement.

**LAPIDAIRE :** 5 court* ■ 10 débouchoir.

**LAPIDER :** 4 tuer ■ 6 pierre ■ 8 malmener ■ 10 lapidation.

**LAPIDIFIER :** 14 lapidification.

**LAPIN :** 5 furet, halot, patte, râble ■ 6 angora, clapir ■ 7 bouquet, clapier, garenne, lapiner ■ 8 débouler, laiteron, lapereau, léporide ■ 9 gibelotte, lapinière, secrétage ■ 10 coccidiose, couinement, myxomatose, panneauter ■ 11 rabouillère ■ 15 caniculiculture.

**LAPIS-LAZULI :** 4 azur, bleu ■ 5 lapis ■ 8 outremer.

**LAPON :** 5 hutte, renne.

**LAPONIE :** 8 armeline.

**LAPS :** 7 apostat ■ 9 mortalité.

**LAPSUS :** 4 cuir ■ 5 faute.

**LAQUAIS :** 5 groom ■ 8 mandille ■ 9 serviteur* ■ 10 domestique*.

**LAQUE :** 4 cire ■ 5 gomme, spray ■ 6 résine, vernis* ■ 7 laqueux ■ 11 stil-de-grain.

**LAQUELLE :** 3 que, qui ■ 4 quoi.

**LARCIN :** 3 vol* ■ 7 volerie ■ 8 marauder ■ 10 chapardage.

**LARD :** 4 porc ■ 5 bacon, barde, kiche ■ 6 flèche, larder, lardon ■ 7 graisse ■ 8 lardoire, mirepoix ■ 9 ventrèche ■ 10 fricandeau ■ 11 délardement.

**LARDON :** 4 bébé ■ 8 mirepoix ■ 9 lardonner, raillerie.

**LARES :** 6 maison.

**LARGAGE :** 7 larguer ■ 8 droppage ■ 11 parachutage.

**LARGE :** 3 val ■ 4 gros ■ 5 ample, bacul, bande, béant, bêche, bocal, dague, épaté, étole, évasé, fosse, largo, mince, panse, pelle, piste, socle, vigie ■ 7 knicker, largeur ■ 8 beaucoup, couperet, déborder, épaissir, généreux*, knickers, libation, moresque, rélargir, sarcloir, spacieux, taillole ■ 9 boulevard, cimeterre, largement, latifolié, lato sensu, mauresque, rhomboïde ■ 10 estramaçon, pertuisance ■ 11 élargissure ■ 13 brachycéphale, latitudinaire.

**LARGEMENT :** 9 vastement.

**LARGESSE :** 5 pluie ■ 8 bienfait* ■ 10 générosité*, libéralité ■ 11 munificence.

**LARGEUR:** 2 lé ■ 5 filet, laise, laize, large, ligne, pouce, voûte ■ 6 méplat ■ 7 carrure ■ 8 chanteau, diamètre, grandeur ■ 9 envergure, traversin ■ 10 étroitesse ■ 11 libéralisme ■ 12 emmarchement ■ 13 élargissement ■ 14 dolichocéphale.
**LARGO:** 9 larghetto.
**LARGUER:** 6 droper ■ 7 dropper.
**LARME:** 5 perle, pleur ■ 6 goutte ■ 8 lacrymal, larmoyer, lysozyme ■ 9 larmoyant ■ 11 larmoiement.
**LARMIER:** 6 mutule ■ 7 soffite ■ 8 modillon.
**LARRON:** 6 escroc*, voleur*.
**LARVAIRE:** 5 rédie ■ 10 miracidium.
**LARVE:** 3 man, pic, zoé ■ 5 lepte, sphex, taupe, varon ■ 6 aoûtat, myiase, pibale, têtard ■ 7 asticot, couvain, fantôme ■ 8 ammocète, chenille, hydatide, larvaire, naissain, nauplius, néoténie ■ 9 diablotin, larvicide, ver-coquin ■ 10 chatouille, discontinu, érucitorme, lamprillon ■ 11 cysticerque, trochophore ■ 12 leptocéphale, traîne-bûches, trochosphère, trophallaxie.
**LARYNGITE:** 5 croup.
**LARYNX:** 5 nœud ■ 6 glotte, gosier*, hyoïde ■ 7 laryngé ■ 8 cricoïde, thyroïde ■ 9 laryngale, laryngien, laryngite ■ 10 aryténoïde ■ 12 insufflateur, laryngologie, laryngoscope, laryngotomie ■ 13 laryngectomie, laryngoscopie, trachée-artère.
**LAS:** 5 brisé, crevé, flapi, recru, rendu, rompu, vanné ■ 6 claqué, épuisé, excédé, fourbu ■ 7 éreinté, exténué, fatigué*, harassé.
**LASCAR:** 5 luron.
**LASCIF:** 9 luxurieux* ■ 10 libidineux ■ 11 lascivement.
**LASER:** 10 télémétrie ■ 14 audionumérique.
**LASSER:** 7 ennuyer*, rebouter ■ 8 délasser, fatiguer*, rabâcher ■ 9 lassitude ■ 10 décourager, inlassable.
**LASSITUDE:** 4 lala ■ 5 basta, baste, ennui* ■ 9 relaisser ■ 10 abattement ■ 13 découragement.
**LATENT:** 5 caché ■ 6 secret ■ 8 récessif.
**LATERAL:** 4 bras, îles, joue ■ 5 flanc, hampe, jouée, slice, swing, tempe, toton ■ 7 bajoyer, bas-côté, flasque ■ 8 scoliose ■ 9 axillaire, charriage, diduction ■ 10 hypocondre ■ 11 contre-allée ■ 12 ptérogoïdien ■ 13 affouillement.
**LATERALE:** 8 piédroit ■ 9 pied-droit.
**LATERALEMENT:** 5 bridé.
**LATERITE:** 11 latéritique.
**LATERITIQUE:** 13 ferrallitique.
**LATEX:** 4 upas ■ 5 hévéa, opium ■ 6 chicle, lastex ■ 7 papaïne ■ 8 moussage ■ 10 caoutchouc, landolphie, laticifère ■ 11 gutta-percha.
**LATIN:** 2 re, us ■ 3 pro ■ 4 idem, item, olim, opus, semi, vers ■ 5 bible, croix, fanum, fatum, faune, inter, intra, intro, mètre, motet, nodus, prose, recta, recto, roman, rumen, silex, spica, super, supra, tabès, tacet, tibia, tonus, trans, ultra, varia, verso, villa, virus, vivat, vulgo ■ 7 dactyle, sénaire ■ 8 alcaïque, déponent, distique, latinité, prélatin, saphique, tripodie ■ 9 accusatif, hexamètre, latiniser, latiniste, monomètre ■ 10 asclépiade, gréco-latin, latinisant, pentamètre ■ 11 anapestique.
**LATITUDE:** 5 marge, terre.
**LATRINES:** 6 gogues ■ 8 goguenot.
**LATTE:** 5 bâton, palis ■ 6 latter, lattis, volige ■ 7 bardeau, claquet, couchis, échalas, lattage ■ 8 baguette ■ 9 treillage.
**LATTIS:** 8 hourdage.

**LAUDATIF:** 9 louangeur.
**LAUDANUM:** 5 ciste ■ 9 laudanisé.
**LAURACEE:** 7 laurier ■ 9 avocatier, sassafras.
**LAUREAT:** 4 prix ■ 8 palmarès ■ 9 vainqueur.
**LAURIER:** 4 baie ■ 5 garou, lauré ■ 6 daphné, gloire ■ 7 caducée ■ 8 lauréole, lauriste, oléandre, sainbois ■ 9 camphrier, cannelier, sassafras ■ 10 récompense ■ 12 laurier-sauce.
**LAVABO:** 8 toilette ■ 9 lave-mains, manuterge.
**LAVAGE:** 4 bain ■ 5 batée, élavé, énéma, savon ■ 6 douche, lotion ■ 7 élution, rinçage ■ 8 ablution, lave-auto, lavement ■ 9 nettoyage, prélavage ■ 10 gargarisme, shampooing.
**LAVANDE:** 4 spic ■ 5 aspic ■ 7 statice ■ 8 lavandin.
**LAVE:** 6 volcan ■ 7 lapilli ■ 10 pillow-lava ■ 12 cumulo-volcan.
**LAVEMENT:** 6 lavage, remède ■ 8 clystère, seringue.
**LAVER:** 4 écru ■ 5 évier, guéer, tuber ■ 6 lavage, laveur, lavoir, rincer ■ 7 baigner, délaver, doucher, lavable, plonger, relaver, tremper ■ 8 ablution, aiguayer, baptiser, décruser, dégorger, échauder, essanger, lavement, lessiver, mouiller, nettoyer*, plongeur, purifier, savonner, toilette ■ 9 absterger, décrasser, justifier, lave-glace, lave-linge, lotionner, rechinser, wassingue ■ 10 aquamanile, lavandière, lessivière ■ 11 shampouiner ■ 12 blanchisseuse ■ 13 débarbouiller ■ 15 débarbouillette.
**LAVIS:** 5 encre, sépia ■ 6 dessin ■ 9 aquatinte ■ 10 mezzo-tinto.
**LAWRENCIUM:** 2 lr.
**LAXATIF:** 5 mauve, purge, tamar ■ 8 agar-agar, psyllium, purgatif*, rhubarbe, sorbitol ■ 9 bourdaine ■ 10 tamarinier ■ 11 cathartique.
**LAYETTE:** 7 zéphire ■ 8 layetier.
**LAYON:** 6 chemin.
**LAZARET:** 10 léproserie.
**LAZULITE:** 5 lapis.
**LAZZI:** 8 quolibet ■ 12 plaisanterie.
**LEADER:** 6 meneur ■ 7 article ■ 9 éditorial.
**LECHER:** 5 lèche, sucer ■ 6 licher ■ 7 flatter ■ 8 parfaire ■ 9 lèchement ■ 10 lichailler.
**LEÇON:** 5 cours, élève, lycée, salle ■ 6 épître, morale ■ 7 théorie ■ 8 régenter ■ 10 répétition ■ 11 instruction, remontrance ■ 12 enseignement.
**LECTEUR:** 5 drive ■ 6 liseur ■ 8 lectorat ■ 9 anagnoste ■ 13 radiocassette.
**LECTURE:** 5 coran, index, koran, prône, repos, roman ■ 9 anagnoste, bréviaire, illisible, relecture ■ 10 abécédaire ■ 11 semi-globale ■ 12 vidéolecteur ■ 15 alphabétisation.
**LEGAL:** 3 loi, nul ■ 4 aloi ■ 5 cause, excès, grève, juste, temps ■ 6 échars, permis ■ 8 ajustage, légalité, notifier ■ 9 légaliser, légaliste, moratoire, numéraire ■ 10 extra-légal ■ 11 authentique, extrinsèque ■ 12 prescription.
**LEGALISER:** 12 authentifier, authentiquer.
**LEGAT:** 5 nonce ■ 7 a latere.
**LEGATAIRE:** 11 colégataire.
**LEGENDAIRE:** 4 yeti ■ 8 cuissage.
**LEGENDE:** 4 saga ■ 5 conte*, fable, héros, mythe ■ 8 folklore, histoire* ■ 9 tradition ■ 10 légendaire, mythologie.
**LEGER:** 3 fin, tek, vif ■ 4 doux, flou, gaze, grue, menu, teck, yole ■ 5 agile*, aulne, badin, buggy, burat, cange, canoë, crêpe, duvet, en-cas, évent, farce, fleur, jeune, kapok, leste, libre, lueur, mince, om-

bre, neige, petit, pongé, poule, skiff, sulky, surah, tulle ■ 6 aérien, éthéré, éventé, futile, mobile ■ 7 cocotte, étourdi*, évaporé, folâtre, frivole, lisette, nanzouk, scherzo, vaurien, volatil ■ 8 ameublir, corselet, dentelle, distrait, écervelé, filandre, flanelle, flotteur, folichon, gracieux, légèreté, maniable, mantelet, papillon, peltaste, piper-cub, plumetis, portatif, remplage, sergette, singpiel, sylphide, ténorino, vaporeux, voilette ■ 9 aluminium, arachnéen, cascadeur, changeant, collation, duralumin, effiloche, entrechat, freluquet, frôlement, gouleyant, lambswool, potassium, spirituel, versatile, zéphyrien ■ 10 canonnière, capricieux, chatouille, gazouillis, irréfléchi, légèrement, mousseline, nébulosité, scherzando, ultraléger ■ 11 chatouillis, escarmouche, superficiel, titillation ■ 12 boitillement, demi-mondaine, inconséquent, perspiration ■ 13 frissonnement, indisposition ■ 14 cache-poussière.

**LEGEREMENT**: 5 tâter ■ 6 biaisé, moitié ■ 8 excorier, taquiner ■ 9 boitiller, effleurer, faseiller, frisotter, indisposé, mordiller, pleuviner, pleuvoter, siffloter.

**LEGERETE**: 7 agilité, caprice, facétie ■ 8 badinage, futilité, jeunesse, lourdeur, mobilité ■ 9 frivolité, sveltesse ■ 10 étourderie ■ 11 délicatesse, distraction ■ 12 plaisanterie.

**LEGIFERER**: 11 législation.

**LEGION**: 5 légat ■ 6 troupe* ■ 9 multitude* ■ 11 légionnaire.

**LEGIONNAIRE**: 12 légionellose.

**LEGISLATION**: 4 code ■ 5 droit, sénat ■ 9 parlement ■ 10 législatif ■ 11 législateur, législature.

**LEGISLATIVE**: 13 landsgemeinde.

**LEGISTE**: 7 juriste ■ 13 jurisconsulte.

**LEGITIME**: 5 juste* ■ 6 permis ■ 8 agnation, monogame ■ 10 légitimité ■ 11 légitimiste ■ 12 illégitimité, légitimation.

**LEGITIMISTE**: 9 royaliste.

**LEGS**: 3 don* ■ 6 léguer ■ 7 diamant, laisser, prélegs ■ 8 donation, héritage ■ 9 captation, fondation ■ 11 fidéicommis.

**LEGUME**: 3 ail ■ 4 chou, fêve, pita, pois, rave, silo, tian ■ 5 bette, cosse, écale, farce, froid, lupin, mâche, navet, oille, potée, radis ■ 6 cageot, cardon, céleri, endive, igname, laitue, manioc, oignon, panais, patate, persil, piment, plante*, salade, tomate ■ 7 asperge, brocoli, carotte, chervis, ciboule, cresson, épinard, fenouil, haricot, oseille, poireau, romaine, scarole ■ 8 cerfeuil, chicorée, chop suey, échalote, estragon, légumier, lentille, pourpier, rutabaga, salsifis ■ 9 artichaut, aubergine, barigoule, bénincase, betterave, concombre, cornichon, flageolet, maraîcher, pissenlit, sarriette, tétragone ■ 10 enchausser, scorsonère ■ 11 topinambour ■ 12 coupe-légumes, hâche-légumes ■ 13 quick-freezing, taille-racines.

**LEGUMINEUSE**: 3 ers ■ 5 apion, gesse, orobe ■ 7 mimosée ■ 8 roténone ■ 9 mimosacée*, sensitive, tephrosia, téphrosie ■ 10 césalpinée ■ 12 papilionacée* ■ 13 césalpiniacée.

**LEITMOTIV**: 10 répétition.

**LEMNACEE**: 8 lentille.

**LEMURIEN**: 4 maki ■ 5 indri, lémur, loris, potto ■ 6 aye-aye, galago ■ 9 prosimien.

**LENDEMAIN**: 6 avenir ■ 12 surlendemain.

**LENIFIER**: 6 calmer* ■ 7 adoucir*, lénitif.

**LENINISME**: 9 léniniste.

**LENT**: 3 mou ■ 4 long, posé, slow ■ 5 blaps, blues, fondu, géant, grave, lento, lourd, loure ■ 6 lambin, pesant, tai-chi, tardif ■ 7 flâneur, lendore, slow-fox ■ 8 athétose, gnangnan, lourdaud, ralentir, traînard, traîneur ■ 9 larghetto, lentivirus ■ 10 carcinoïde, nonchalant, précession, sicilienne, subsidence, tai-chi-cuan ■ 12 infiltration.

**LENTEMENT:** 5 lento, miner, piano ■ 6 adagio ■ 8 lambiner, maestoso, plan-plan, retarder, savourer ■ 9 chronique, doucement, mâchonner ■ 10 dégouliner, piane-piane, pianissimo ■ 14 insensiblement ■ 15 progressivement.

**LENTEUR:** 4 lent ■ 7 paresse ■ 8 longueur, lourdeur, mollesse, obtusion, vélocité ■ 9 épaisseur, mouvement, pesanteur ■ 11 bradycardie ■ 12 bradypsychie ■ 13 précipitation.

**LENTICULAIRE:** 5 moque ■ 8 pallidium.

**LENTILLE:** 3 ers ■ 4 pois ■ 5 focal, image, loupe, verre, volet ■ 7 triplet ■ 8 bonnette, dioptrie, ménisque, véhicule ■ 9 focomètre, lenticule, lentillon ■ 10 lentiforme ■ 11 convergence ■ 12 achromatisme, condensateur, décentration, décentrement, lenticulaire.

**LENTISQUE:** 6 mastic.

**LEONURE:** 9 agripaume.

**LEOPARD:** 8 léopardé.

**LEPIDOPTERE:** 8 papillon*.

**LEPIOTE:** 7 golmote ■ 8 golmotte ■ 10 coulemelle.

**LEPORIDE:** 4 hase ■ 5 lapin ■ 6 lièvre.

**LEPRE:** 2 fy ■ 5 cagot, ladre ■ 6 hansen ■ 7 lazaret, lépreux, léprome ■ 8 ladrerie ■ 10 léprologie, léproserie, maladrerie ■ 11 chaulmoogra, thalidomide.

**LEPROME:** 10 lépromtaux.

**LEQUEL:** 2 où ■ 3 que, qui ■ 4 quoi.

**LES:** 2 es.

**LESER:** 5 nuire* ■ 7 blesser* ■ 10 prétériter ■ 11 lèse-majesté ■ 12 désavantager.

**LESINER:** 5 ladre ■ 6 chiche ■ 7 liarder, mégoter ■ 8 lésineur ■ 10 économiser.

**LESION:** 5 aphte, léser, nævi, plaie* ■ 6 lucite, lupome, nævus, ptôsis ■ 7 achrome, chancre, fissure, invastif, névrite ■ 8 aggravée, blessure*, engelure, exutoire, froidure, miliaire, symptôme ■ 9 allergide, anarthrie, cancérisé, dysidrose, infarctus, lésionnel, préjudice, syphilide ■ 10 coronarite, coxarthrie, dystrophie, hémiplégie. pédiculose, radiculite, toxidermie ■ 11 anorganique, coxarthrose, folliculite, granulation, lésionnaire, organicisme, sporotriche ■ 12 hépatisation, précancéreux ■ 13 controlatéral ■ 14 extrapyramidal, polytraumatisé.

**LESSIVAGE:** 5 jusée.

**LESSIVE:** 4 buée ■ 6 cuvier ■ 7 azurage, charrée ■ 8 buandier ■ 9 buanderie, lessiviel, lessivier.

**LESSIVER:** 5 laver* ■ 7 décruer, laveuse ■ 8 nettoyer* ■ 9 lessivage ■ 10 lessivière.

**LESTER:** 4 lège ■ 8 délester ■ 9 cliquette.

**LESTE:** 3 vif* ■ 4 vert ■ 5 agile*, singe ■ 6 olé olé, preste ■ 7 ingambe ■ 8 gaillard ■ 9 lestement.

**LETAL:** 8 létalité.

**LETHARGIE:** 7 torpeur ■ 11 hibernation, léthargique ■ 14 assoupissement.

**LETTON:** 5 lettre ■ 7 latvien.

**LETTRE:** 2 bé, dé, el, em, er, jé, ka, ke, le, me, mu, ne, nu, pe, pi, re, ro, se, te, ve ■ 3 ach, chi, ess, éta, ghe, gyp, heu, iks, khi, ksi, mot, phi, pli, psi, rho, tau, vau, yod ■ 4 bêta, bref, cire, iota, tiré, type, zêta ■ 5 aleph, alpha, cagne, clerc, délié, delta, dzêta, endos, gamma, kappa, koppa, levée, lycée, oméga, prime, sigle, sigma, thêta, toton ■ **6** auteur, bifton, billet, en-tête, épître, poulet, savant, souche, traite ■ **7** apocope, dépêche, digamma, epsilon, message, missive*, omicron, réponse, rescrit, upsilon ■ **8** alphabet, capitale, consonne, courrier, deltoïde, digramme, épistole, exposant, graphème, lettrage, lettrine, ligature, logotype, prothèse, retraite ■ **9** anagramme, bafouille, caractère, décrétale, duplicata, endosseur, faire-part, majuscule, miniature, minuscule, monitoire, trigramme, trilitère ■ **10** accréditif, babillarde, chargement, circulaire, dimissoire, encyclique, épistolier, pèse-lettre, recommandé, trilittère ■ **11** abréviation, convocation, épistolaire, littérature, recommander, suscription, timbre-poste ■ **12** postscriptum ■ **13** calligraphier, contrepèterie, correspondant, littéralement, reduplication ■ **14** alphanumérique, correspondance, historiographe.

**LETTRINE :** **9** majuscule.

**LEUCEMIE :** **11** vincristine.

**LEUCOCYTE :** **3** hla ■ **4** sang* ■ **7** exsudat ■ **9** infiltrat, myélocyte ■ **10** lymphocyte ■ **11** éosinophile, granulocyte, méoloplasme ■ **12** leucocytaire ■ **15** immunocompétent.

**LEUCOPENIE :** **10** benzénisme, benzolisme.

**LEUCOPOÏESE :** **14** leucopoïétique.

**LEURRE :** **7** piperie ■ **10** dandinette.

**LEURRER :** **5** piper ■ **7** appâter, bluffer, enjôler, tromper* ■ **8** attraper ■ **11** illusionner.

**LEVAGE :** **4** grue ■ **5** palan, vérin ■ **7** blondin, gerbeur, grappin ■ **8** gerbeuse.

**LEVAIN :** **5** azime, azyme ■ **7** ferment.

**LEVANT :** **3** est ■ **4** caïc ■ **5** matin, papas, sabir ■ **6** aurore, caïque, orient ■ **8** levantin, sacoléva, sacolève ■ **10** crépuscule.

**LEVE :** **13** photogéologie.

**LEVEE :** **3** pli ■ **4** veau, vole ■ **5** capot, trick ■ **6** chelem ■ **7** schelem ■ **8** chaussée, terrasse ■ **10** arrière-ban.

**LEVER :** **4** levé ■ **5** armer, arsis, dîmer, levée, matin, store ■ **6** debout, élever*, gruter, hisser ■ **7** dresser*, enlever, guinder, hausser, relever* ■ **8** banneton, décamper, demi-jour, filetage, géomètre, héliaque, matineux, soulever, soupeser ■ **9** débloquer, palanquer, pont-levis, redresser, treuiller ■ **10** désinhiber, goniomètre, hausse-pied, planchette ■ **11** graphomètre, recoupement, tachéomètre, topographie ■ **12** tachéométrie ■ **15** photogrammétrie.

**LEVIER :** **4** mors ■ **5** balai, barre, épart, espar, force, louve, pesée, pince, point ■ **6** manche, pédale ■ **7** anspect, barreau, cliquet, maneton, manette, ringard, romaine ■ **8** aiguille, embarrer ■ **9** manivelle, timonerie ■ **10** résistance ■ **11** démonte-pneu, pied-de-biche.

**LEVIGER :** **10** lévigation.

**LEVITATION :** **12** psychokinèse ■ **13** psychokinésie.

**LEVOGYRE :** **5** l-dopa.

**LEVRE :** **4** bord, joue, moue, rire ■ **5** labié, labre, lippe, lippu ■ **6** babine, labial, labium, lippée, masque ■ **7** balèvre ■ **8** chéilite, écarteur, perlèche ■ **9** bilabiale, moustache, pourlèche ■ **10** labialiser, pourlécher ■ **11** badigoinces, bec-de-lièvre, buccinateur ■ **12** infibulation, labiodentale, marmottement.

**LEVRIER :** **6** barzoï, levron ■ **7** whippet ■ **8** levrette ■ **9** cynodrome.

**LEVULOSE :** **8** fructose ■ **9** invertase, invertine.

**LEVURE :** **5** kéfir ■ **6** zymase ■ **7** candida, ferment ■ **8** levurier ■ **9** mycoderme, nystatine ■ **12** antifongique ■ **13** saccharomyces.

**LEXICALE :** **9** sémantème.

**LEXICOGRAPHE:** 15 lexicographique.
**LEXICOLOGIE:** 11 lexicologue ■ 13 lexicologique.
**LEXIQUE:** 5 lexie ■ 7 lexical ■ 9 thessaurus ■ 10 lexicalisé ■ 12 dictionnaire*.
**LEZARD:** 4 seps ■ 5 gecko, gekko ■ 6 moloch ■ 7 agamidé, basilic, scinque ■ 9 héloderme ■ 10 tupinambis.
**LEZARDE:** 5 fente ■ 8 lézarder.
**LIAISON:** 2 et ■ 3 fil ■ 4 jeep, lien* ■ 5 brion, herpe, suite, suivi, union* ■ 6 lierne ■ 7 époxyde, planton, pontage, rapport*, tissure ■ 8 affinité, asyndète, coq-à-l'âne, engrener, intimité, pataquès, relation, scout-car ■ 9 cohérence, connexion, connexité, covalence, filiation ■ 10 contexture, cylindrage, incohérent, liaisonner ■ 11 coordinence, semi-polaire ■ 12 acoquinement, désaccoupler, enchaînement ■ 13 communication, desmodromique, fréquentation, homocinétique, transmissions ■ 15 radiotéléphonie.
**LIANE:** 5 cobéa, cobée, gnète ■ 6 cobaea, gnétum ■ 7 glycine ■ 9 rafflesia, rafflésie, vanillier ■ 10 strophante ■ 12 strophantus ■ 13 chèvrefeuille.
**LIANT:** 7 affable, tempera ■ 11 super-ciment.
**LIARDER:** 6 chiche ■ 7 lésiner ■ 8 liardeur.
**LIAS:** 8 liasique, toracien.
**LIASSE:** 5 farde ■ 9 enliasser.
**LIBANAIS:** 5 cèdre.
**LIBANAISE:** 7 taboulé.
**LIBELLE:** 6 satire ■ 10 libelliste.
**LIBELLER:** 6 écrire* ■ 7 rédiger ■ 8 mandater.
**LIBELLULE:** 6 agrion ■ 7 æschne ■ 10 demoiselle.
**LIBER:** 5 tille ■ 6 teille ■ 7 cambium ■ 8 libérien ■ 13 libéroligneux.
**LIBERAL:** 4 muse, whig ■ 5 large ■ 8 généreux* ■ 10 munificent ■ 11 libéraliser, libéralisme, radicalisme ■ 12 libéralement ■ 14 libéralisation, néo-libéralisme.
**LIBERALITE:** 3 don* ■ 6 aumône ■ 7 charité*, subside ■ 8 bienfait*, donation, largesse ■ 9 profusion ■ 10 assistance, générosité* ■ 11 munificence, prodigalité ■ 12 libéralement ■ 13 gratification, philanthropie.
**LIBERATION:** 5 atome ■ 6 pécule, pourim, quille, rachat, rançon, remise ■ 8 amnistie, décharge ■ 9 abolition, moudjahid ■ 10 absolution, rédemption ■ 11 arrestation, défoulement, manumission ■ 12 acquittement, émancipation ■ 13 cholinergique ■ 15 désatellisation.
**LIBERER:** 5 jouer ■ 6 délier, évader, purger, quitte, sauver ■ 7 dégager, élargir, excuser, gracier, relaxer, tolérer ■ 8 absoudre, délivrer*, dépêtrer, désarmer, détacher, échapper, exempter, interner, racheter, relâcher, renvoyer ■ 9 acquitter, amnistier, congédier, décharger, découpler, démarquer, émanciper, libérable, licencier, pardonner, permettre ■ 10 affranchir, déclaveter, décloîtrer, désaliéner, désengager, libérateur ■ 11 libératoire, psychodrame.
**LIBERO:** 8 stoppeur.
**LIBERTE:** 5 choix, droit, lapin, libre, serfs ■ 6 relaxe ■ 7 aisance, élargir, libéral, licence*, servage ■ 8 anarchie, garantie, latitude, phrygien ■ 9 autonomie, captivité, franchise, hardiesse, permettre, réclusion ■ 10 contrainte, démocratie, jansénisme, libération, libertaire, prisonnier, relaxation, république ■ 11 familiarité, franc-parler, liberticide ■ 12 débâillonner, désinvolture, gallicanisme, habeas corpus, indépendance, indifférence, pélagianisme ■ 13 élargissement, séquestration ■ 14 postmodernisme.

**LIBERTIN :** 7 vicieux* ■ 8 débauché* ■ 11 irréligieux, libertinage.
**LIBIDINAL :** 11 sadique-anal.
**LIBIDINEUX :** 8 érotique, pantalon ■ 9 luxurieux* ■ 10 licencieux*.
**LIBIDO :** 9 libidinal.
**LIBRAIRIE :** 8 parution ■ 10 best-seller ■ 11 bouquiniste, pochothèque.
**LIBRE :** 3 cru, lié, net ■ 5 colon, évent, franc, hardi, léger, leste, leude, lycée, thane ■ 6 ingénu, olé olé, vacant ■ 7 gaulois ■ 8 autonome, cavalier, délibéré, échappée, émancipé, familier, gaillard, indocile, insoumis, libertin, pérégrin, pimenter, polisson, spontané ■ 9 affranchi, débloquer, débraillé, égrillard, gaudriole, gravelure, impromptu, inasservi, librement, molinisme ■ 10 appartenir, déclencher, dégagement, deltaplane, demi-vierge, désinvolte, libération, vauclusien ■ 11 concubinage, débattement, inassujetti, indépendant, libéraliser, libéralisme, self-service, super-marché ■ 12 croustilleux, demi-position, libre arbitre, libre-échange ■ 13 non-engagement ■ 14 acquit-à-caution ■ 15 libre-échangiste, location-gérance, protectionnisme.
**LIBRE PENSEUR :** 11 irréligieux.
**LIBRE SERVICE :** 12 cash and carry.
**LIBRETTISTE :** 8 parolier.
**LICE :** 4 camp ■ 5 lisse.
**LICENCE :** 5 grade ■ 6 brevet, luxure*, permis, saleté ■ 7 liberté* ■ 8 érotisme, impureté, licencié ■ 9 indécence, obscénité ■ 10 immoralité, impudicité, paranymphe, permission, saturnales, université ■ 11 grivoiserie ■ 12 autorisation, inconvenance ■ 13 propédeutique.
**LICENCIER :** 9 congédier* ■ 11 licenciable ■ 12 licenciement.
**LICENCIEUX :** 3 cru ■ 4 gras ■ 5 enfer, épicé, impur, libre ■ 6 poivré, risqué ■ 7 grivois, immoral, obscène* ■ 8 érotique, indécent, ordurier, polisson, scabreux ■ 9 débraillé, décolleté, dégoûtant, égrillard, équivoque, graveleux, impudique, luxurieux* ■ 10 dévergondé, libidineux ■ 11 inconvenant* ■ 15 licencieusement.
**LICHEN :** 5 lèpre, renne, usnée ■ 7 rocella, rocelle ■ 8 apothèce, lécanore, orseille, parmélie ■ 9 apothécie ■ 10 thallophyte.
**LICITATION :** 7 enchère ■ 10 colicitant.
**LICITE :** 6 permis* ■ 10 euthanasie, licitement.
**LICOU :** 4 rêne ■ 5 licol ■ 7 harnais ■ 11 enchevêtrer.
**LIE :** 5 dépôt, fécer, fécès, louré, perle, rebut* ■ 6 résidu* ■ 8 gravelée, inhérent, sédiment ■ 9 baissière, juxtaposé, précipité ■ 11 équipollent ■ 12 conventionné ■ 13 fractionnaire.
**LIED :** 5 chant* ■ 7 mélodie*.
**LIEGE :** 5 chêne, ruche, suber ■ 6 liéger ■ 7 bouchon, liégeux ■ 8 subéreux ■ 9 rhytidome ■ 10 chêne-liège, démasclage, lenticelle, phellogène, talonnette ■ 11 phelloderme.
**LIEN :** 3 fil ■ 4 fers, glui, hart, joug, lier, mari, trait ■ 5 agnat, alèse, bande, bride, câble, corde, harde, joint, lacet, licol, licou, longe, nœud, osier, paire, plion, ruban ■ 6 amarre, bolduc, catgut, chaîne*, cordon, garrot, racine, tresse ■ 7 attache, cordage, enlacer, entrave, ficelle, lanière, liaison*, rapport*, rouette ■ 8 accolage, courroie, ligament, ligature, menottes ■ 9 élastique, maternité, parentèle, paternité, périsprit ■ 10 cordelette, désenlacer, fraternité, jarretière, obligation ■ 11 conjonction, nationalité, trait d'union ■ 13 concentration, inconséquence.
**LIER :** 2 et, or, qu ■ 3 que ■ 4 être, lien, unir* ■ 5 happe, lacer, liage, liant, moise, nouer ■ 6 bander, brider, corder, coudre, lourer, relier, serrer, souder ■ 7 accoler, amarrer, atteler, ceindre, engager, fagoter, ficeler, joindre*, liement, renouer, sangler ■ 8 associer, attacher*.

botteler, cimenter, emballer, embosser, engrener, entraver, inféoder, jarreter ■ 9 accointer, accoupler, acoquiner, bauquière, connecter, copulatif, enchaîner, garrotter, harnacher, ligature, rattacher ■ 10 envelopper, franchiser, fréquenter ■ 11 aiguilleter, conjonction, hypothéquer ■ 12 désaccoupler ■ 13 conventionner.

**LIERRE :** 7 glécome ■ 8 gléchome.

**LIESSE :** 4 joie*.

**LIEU :** 2 çà, ci, en, où ■ 3 dès, ici, kan, lit, mue, par, sur ■ 4 abri, aire, base, bois, café, camp, cave, chai, coin, cour, dans, écho, éden, exil, gare, gîte, loge, mine, parc, part, pays, port, près ■ 5 accul, agora, alibi, antre, asile, avant, bagne, bauge, berce, bivac, bouge, cache, cause, colin, curie, dépôt, divan, écart, égout, enfer, entre, étape, fenil, forum, foyer, issue, local, musée, natal, natif, odéon, opéra, pâtis, paume, place*, point, privé, route, salle, scène, sénat, siège, stade, sujet, terme, tiers, toril, venir, vigil, xyste ■ 6 aunaie, caitya, cancel, canier, cliché, élysée, espace, milieu, parage, région, ultime, waters ■ 7 aiguade, atelier, aulnaie, cabinet, cannaie, chênaie, communs, contrée, endroit*, épinaie, frayère, frênaie, habitat, hêtraie, lieu-dit, magasin, nymphée, olivaie, oseraie, paysage, pissoir, planque, podaire, relâche, reposée, saulaie, souille, tribune, urinoir ■ 8 académie, amandaie, antipode, archives, bergerie, bluterie, bourbier, boutique, buissaie, caféière, carrière, cerisaie, charnier, chiottes, cidrerie, coudraie, débarras, débouché, décharge, domicile, eldorado, emporter, entrepôt, feuillée, figuerie, gurdwara, habitant, herberie, houssaie, jonchaie, jonchère, laiterie, latitude, latrines, lingerie, localité, logement, lointain, nègrerie, occasion, oratoire, ossuaire, palestre, pâturage, pêcherie, perchoir, pressoir, quartier, rouvraie, salinage, saussaie, sellerie, solitude, sucrerie, tannerie, toponyme, triperie ■ 9 abreuvoir, acheminer, aclinique, alentours, antérieur, boucherie, buanderie, buissière, campement, carrefour, cimetière, confluent, diathèque, fougeraie, fournaise, fourrière, fruiterie, garde-robe, guilledou, hauturier, hémicycle, hic et nunc, isoglosse, oliveraie, palmeraie, paneterie, patinoire, pharmacie, platanaie, pommeraie, promenade, promenoir, prunelaie, réservoir, roselière, sacristie, sapinière, sépulture, soufrière, synagogue, ubiquiste, volailler ■ 10 animalerie, atmosphère, boulodrome, boyauderie, buen-retiro, capharnaüm, cocoteraie, commodités, cotonnière, coupe-gorge, exposition, forteresse, habitation, héronnière, hippodrome, joncheraie, peupleraie, plantation, pouillerie, purgatoire, raffinerie, réceptacle, réfectoire, sédentaire, trésorerie, vanillerie, vanillière ■ 11 briqueterie, casse-gueule, chamoiserie, crapaudière, destination, distillerie, emplacement, faisanderie, garde-meuble, nourricerie, quelque part, sablonnière, tautochrone, topographie, transmigrer, water-closet ■ 12 chancellerie, charbonnière, équarrissoir, escargotière, laisse-courre, poissonnerie, poulaillerie ■ 13 blanchisserie, châtaigneraie, fréquentation, international, laisser-courre, métacentrique, pavillonnerie, secrétairerie.

**LIEUTENANT :** 4 maje ■ 8 enseigne ■ 9 louvetier ■ 11 lieutenance.

**LIEUX ARIDES :** 10 vaillantie.

**LIEUX HUMIDES :** 9 uligineux, valériane ■ 10 cochléaria, marchantia, marchantie, uliginaire ■ 11 hydrocotyle, scutellaire.

**LIEUX INCULTES :** 13 bouillon-blanc ■ 14 bourse-à-pasteur.

**LIEVRE :** 4 gîte, hase, lacs ■ 5 civet, lacet, lapin, râble, vagir ■ 7 bouquet, bouquin, couiner, levraut ■ 8 débouler, léporide ■ 9 levretter, tularémie.

**LIFT :** 6 lifter.

**LIFTING :** 8 déridage.
**LIGAMENT :** 5 écart, ptôse ■ 6 tendon ■ 8 claquage ■ 11 ligamenteux ■ 12 ligamentaire.
**LIGATURE :** 7 bandage ■ 8 surliure ■ 9 ligaturer, striction.
**LIGNAGE :** 4 lieu, race* ■ 6 parent* ■ 7 parenté ■ 12 patrilignage.
**LIGNE :** 3 axe ■ 4 base, côté, enté, onde, pied, raie*, rang*, site, voie ■ 5 arête, biais, canne, corde, crête, doris, entée, essai, front, fuite, gaule, liner, livet, lusin, luzin, mixte, nœud, ogive, ondée, pique, plane, plomb, point, pouce, raphé, rayon, règle, ronde, scion, sixte, terne, tiret, tracé, trait ■ 6 alinéa, bauffe, brisée, courbe, droite, fuyant, laisse, ligner, linéal, rangée*, rayure, repère, talweg ■ 7 appelet, arêtier, bouchon, contour, cordeau, dorsale, ellipse, grébige, hameçon, héberge, isobare, lignage, oblique, rénette, sécante, séismal, septime, traînée ■ 8 accolade, apothème, bandière, bretelle, ceinture, deadheat, déjauger, flotteur, grébiche, isobathe, isocline, isohyète, isohypse, libouret, linéaire, maintien, moulinet, objectif, palangre, parabole, rainette, tangente, terminus, traillet, tringler, trusquin, turlutte, vermille ■ 9 arondelle, branlette, diagonale, direction, directive, filiation, fontanili, graphique, inflexion, isotherme, linéament, linéature, obliquité, parallèle, périmètre, sillonner, souligner, téléphone, tire-ligne, trigramme, verticale ■ 10 collatéral, curviligne, dandinette, définition, directrice, emplanture, générateur, géodésique, guillochis, interligne, isallobare, isochimène, lignerolle, mixtiligne, osculation, rectiligne, silhouette, surtension, télégraphe ■ 11 arrière-plan, bissectrice, chemin de fer, génératrice, horizontale, palangrotte, paternoster, terminateur, trajectoire, troussequin ■ 12 isodynamique, matrilignage ■ 13 justification ■ 15 circonvallation, contrevallation, perpendiculaire, radio-alignement.
**LIGNEE :** 4 race*, sang ■ 11 descendance*.
**LIGNEUX :** 5 arbre, loupe ■ 7 bagasse ■ 10 chènevotte, frutescent.
**LIGNITE :** 4 jais ■ 5 jayet ■ 8 lignifié ■ 13 lignification.
**LIGOTER :** 4 lier ■ 8 attacher*, ligotage.
**LIGUE :** 5 grève, seize, union* ■ 6 liguer ■ 7 complot*, ligueur ■ 8 alliance, décapole ■ 9 coalition ■ 11 association*.
**LIGURIE :** 6 ligure.
**LILAS :** 5 sauge ■ 6 sauget.
**LILIACEE :** 3 ail, lis, lys ■ 4 cive ■ 5 aloès, yucca ■ 6 fragon, muguet, oignon, safran, scille, smilax, tulipe ■ 7 asperge, ciboule, civette, dracena, muscari, poireau, porreau, vératre ■ 8 dracaena, échalote, endymion, jacinthe, martagon, phormium, tue-chien ■ 9 asparagus, asphodèle, colchique, hyacinthe, parisette, rocambole ■ 10 aspidistra, ciboulette, dragonnier, sansevière ■ 11 fritillaire, hémérocalle, ornithogale ■ 13 salsepareille ■ 14 raisin-de-renard, sceau-de-salomon ■ 15 dame-d'onze-heures.
**LILLE :** 7 lillois.
**LIMACE :** 5 loche.
**LIMAÇON :** 5 corne ■ 7 cochlée ■ 8 escargot ■ 9 colimaçon ■ 10 cochléaire.
**LIMBE :** 7 foliole, pétiole ■ 8 limbaire ■ 9 palmifide, palmilobe ■ 10 palmi-parti, palmisèque, palmiséqué ■ 11 palmatifide ■ 12 palmatiparti, palmatisèque.
**LIME :** 4 râpe ■ 5 limer ■ 6 fraise, râpure, rugine ■ 7 carreau, riflard, rifloir ■ 8 limaille ■ 9 demi-ronde ■ 10 queue-de-rat, tiers-point.
**LIMER :** 4 étau ■ 5 polir, râper ■ 6 mordre, rifler ■ 7 adoucir, dresser, ébarber, ruginer, tailler ■ 8 chapeler, ébaucher, parfaire.

**LIMIER**: 8 policier* ■ 9 rembucher.
**LIMITATION**: 6 limite* ■ 11 restriction ■ 12 cantonnement ■ 14 autolimitation ■ 15 contingentement.
**LIMITE**: 3 but, fin*, mur, out ■ 4 aire, amer, bord*, côte, fini, haie, orée, plus, rive ■ 5 arête, berge, borne, cadre, corde, front, grève, lèvre, ligne, limbe, temps, terme* ■ 6 frange, infini, mesure, rivage ■ 7 ad litem, bordure*, carnèle, circuit, confins, contour, extrême, lisière, origine, plafond, tranche ■ 8 barrière, illimité, littoral, pomerium ■ 9 délimiter, extrémité, franc-bord, frontière, gold-point, interface, limitable, limitatif, périmètre ■ 10 in extremis, limitrophe, restrictif ■ 11 démarcation, déplafonner, stratopause ■ 12 commencement, magnétopause ■ 13 entrebâilleur, extrapolation ■ 14 numerus clausus ■ 15 circonscription.
**LIMITER**: 4 fuir ■ 5 clore ■ 6 border*, borner, fermer, longer, rogner ■ 7 définir, ébarber, enclore, épuiser, modérer, séparer ■ 8 déborder ■ 9 cantonner, contenter, limitable, localiser ■ 10 contourner, déterminer, koudourrou ■ 11 restreindre ■ 12 circonscrire*, contingenter ■ 13 dénucléariser.
**LIMITROPHE**: 6 proche ■ 9 frontière.
**LIMNOLOGIE**: 12 limnologique.
**LIMOGER**: 9 limogeage.
**LIMOGES**: 10 limougeaud.
**LIMON**: 3 lut ■ 4 boue*, silt, vase ■ 5 lœss, marne, patin ■ 6 bourbe, javeau, wagage ■ 8 boulbène, limonade, limonage, limoneux, limonier, mancelle ■ 13 sous-ventrière.
**LIMONADIER**: 4 vaté ■ 7 glacier.
**LIMONITE**: 4 ocre.
**LIMOUSINAGE**: 10 limousiner.
**LIMPIDE**: 3 eau, pur* ■ 5 clair, perle, roche ■ 7 trouble ■ 9 limpidité ■ 11 transparent*.
**LIN**: 4 filé, gaze ■ 5 broie, drège, filer, huile, linge, linon, maque, rouet, tissu, toile ■ 6 étoupe, linacé, linier, macque ■ 7 batiste, chanvre, damassé, filasse, granité, linaire, linette, linière ■ 8 affinoir, chenille, cretonne, écanguer, étaleuse, popeline ■ 9 égreneuse, rouissoir.
**LINACEE**: 3 lin.
**LINAIRE**: 7 velvote ■ 9 linéarité ■ 10 cymbalaire ■ 12 linéairement ■ 13 multilinéaire.
**LINCEUL**: 4 mort ■ 6 sindon, suaire ■ 9 ensevelir.
**LINEAIRE**: 4 yard ■ 5 lieue.
**LINEAMENT**: 5 trait ■ 8 rudiment.
**LINGE**: 3 fin ■ 4 drap, taie ■ 5 ajour, amict, bande, batte, braie, damas, jabot, nappe, nouet, savon, séton, tapon, toile*, tuyau ■ 6 bavoir, couche ■ 7 azurage, damassé, lavette, lessine, lingère, séchoir, tendoir, tuyauté ■ 8 baluchon, buandier, corporal, damasser, essanger, étendoir, frottoir, herberie, lingerie, mercière, mouchoir, tavaïole, troutrou ■ 9 balluchon, bonnetier, cache-sexe, cisailler, compresse, frivolité, lave-linge, manuterge, repassage, serviette, tavaïolle, tortillon, trousseau, véronique ■ 10 bonnetière, écouvillon, essuie-main, garde-nappe, lavandière, lessiveuse, sèche-linge ■ 11 cache-corset ■ 12 bateau-lavoir, patte-mouille, soutien-gorge ■ 13 œil-de-perdrix, purificatoire.
**LINGERIE**: 6 rebras ■ 7 canezou, nanzouk ■ 8 guêpière.
**LINGOT**: 5 barre, bloom, culot ■ 6 cadrat ■ 8 billette, ressuage ■ 9 dégrosser ■ 10 lingotière.
**LINGUISTE**: 11 sémanticien ■ 14 néogrammairien.
**LINGUISTIQUE**: 3 yod ■ 6 monème ■ 7 ougrien ■ 9 isoglosse, topony-

mie ■ 10 diachronie, étymologie, philologie, synchronie ■ 11 littérature ■ 12 finno-ougrien ■ 13 dialectologie ■ 14 structuralisme.

**LINIMENT :** 5 baume* ■ 7 onguent ■ 11 embrocation.

**LINOLEIQUE :** 9 linoléine.

**LINOTTE :** 5 linot ■ 7 étourdi, sizerin.

**LINOTYPE :** 9 linotypie ■ 11 linotypiste.

**LINTEAU :** 7 sommier ■ 8 décharge, poitrail ■ 9 feuillure.

**LION :** 5 tigre, tueur ■ 6 lionin, tiglon, tigron ■ 7 diffamé, léopard ■ 8 crinière, léopardé, lionceau ■ 11 rugissement.

**LIPASE :** 8 estérase ■ 8 saponase.

**LIPIDE :** 9 lécithine, lipidémie, lipidique ■ 12 lipoprotéine ■ 13 pantothénique.

**LIPPE :** 5 lèvre, lippu ■ 7 grimace.

**LIQUEFACTION :** 5 point ■ 10 liquéfiant ■ 11 thixotropie ■ 12 condensation.

**LIQUEFIE :** 3 g.p.l.

**LIQUEFIER :** 6 diluer, fondre, souder ■ 7 dégeler, infuser ■ 8 résoudre ■ 9 condenser, dissoudre, parfondre ■ 11 liquéfiable, réfrigérant ■ 12 liquéfacteur.

**LIQUEUR :** 3 eau, lie, suc, vin ■ 4 arac, arak, brou, café, cave, grog, ivre, lait, ouzo, rack, raki, vaté ■ 5 agave, anisé, arack, baume, crème, éther, huile, jauge, jusée, larme, punch, sépia, sirop, soyer, tamis, tokaj, tokay, verre ■ 6 bitter, cassis, élixir, génépi, kummel, nectar, pastis ■ 7 calabre, curaçao, essence, ratafia, ripopée, rogomme ■ 8 absinthe, alkermès, anisette, apéritif, digestif, eau-de-vie, futaille, genièvre, laudanum, persicot, picardan, prunelle, rossolis, vermouth, vespétro ■ 9 coriandre, guignolet, liquoreux, marasquin, mirabelle, sommelier ■ 10 chartreuse, défécation, liquoriste, manzanilla, peppermint, spiritueux ■ 11 bénédictine, citronelle, trappistine ■ 12 distillateur, fenouillette, sophistiquer.

**LIQUIDATION :** 8 curateur, faillite, liquider ■ 10 liquidatif ■ 11 liquidateur.

**LIQUIDE :** 3 eau*, jus, pus, suc ■ 4 bain, bile, boue, broc, buée, floc, flot, flux, lait, muid, pipe, sang, sève ■ 5 arobe, baume, boire, brome, bulle, chyle, congé, crase, débit, dépôt, écume, égout, encre, éther, fioul, fondu, froid, fuite, huile, kyste, lampe, laque, larme, latex, laver, litre, métal, noyer, ortie, outre, perle, pinte, pompe, purin, rosée, sauce, sérum, sirop, stase, trait, urine, velte, venin, vésou ■ 6 alcool*, arrobe, ascite, brouet, fluide*, giclée, humeur, lotion, oléine, plasma, rasade, sperme, tisane, vortex ■ 7 acétone, amphore, boisson, chassie, chopine, exsudat, filtrat, mélasse, poisson, pucheux, sabayon, saumure, stéride, trempée, vinasse, ypérite ■ 8 babeurre, bouillon, coaguler, colature, congeler, créosote, effluent, émulsion, eye-liner, fait-tout, fixateur, glou-glou, glycérol, laudanum, mucilage, pissette, pyralène, sédiment, sérosité, synérèse, teinture ■ 9 acroléine, agitation, aréomètre, azéotrope, bain-marie, berlingot, bouteille, démixtion, diffluent, digestion, dissoudre, égoutture, entonnoir, immersion, liquéfier, liquidien, mouillant, nébuliser, patouille, petit-lait, précipité, récipient, rembouger, réservoir, sécrétion, stripping, turbidité ■ 10 absorption, aréométrie, caillement, cubitainer, eaux-vannes, ébullition, écoulement, éthylamine, exhausteur, hydramnios, mouillace, piézomètre, pulsomètre, pycnomètre, saturation, shampooing, surchauffe, transfuger, transsudat, turbimètre, turbulence, ventricule ■ 11 chloroforme, consistance, crépitation, crépitement, embrocation, évaporation, hydarthrose, hydrosphère, lactescence, piézogramme, tuberculine ■ 12 distillation, filtre-presse, frémissement, hydrographie, lance-flammes, liquéfaction, perméabilité, sous-refroidi, térébenthine, thoracentèse, vaporisateur, vaporisation, wagon-citerne ■ 13 concordataire, hydrostatique, ingurgitation, navire-citerne, pulvérisateur, saccharimètre ■ 14 bouillonnement, hydrodynamique, solidification.

**LIQUIDER :** 4 tuer ■ 10 liquidable ■ 11 désendetter, liquidateur, liquidation.

**LIRE :** 5 encre ■ 6 liseur, relire, revoir ■ 7 ânonner, dévorer, étudier, lecteur, lecture, réciter, récoler ■ 8 dyslexie, illettré ■ 9 alphabète, bouquiner, centesimo, compulser, illisible, parcourir ■ 10 déchiffrer, dépouiller, feuilleter, illettrisme, lisibilité, palindrome, paperasser, syllabaire ■ 11 analphabète, grammatiste, lisiblement ■ 12 phonocapteur ■ 14 indéchiffrable.

**LIS :** 6 lilial ■ 8 criocère, martagon ■ 9 anaryllis.

**LISERE :** 8 lisérage ■ 9 passepoil.

**LISERON :** 6 ipomée ■ 7 vrillée ■ 9 volubilis ■ 11 belle-de-jour, convulvulus.

**LISIERE :** 2 lé ■ 4 bord*, orée ■ 5 duite, laise, laize, terme ■ 7 bordure*, écotone ■ 9 effiloche.

**LISSAGE :** 7 lisseur.

**LISSE :** 3 uni* ■ 4 lice, poli* ■ 5 chant, crépi, frisé, herpe, hêtre, raban, tuyau ■ 6 lisser ■ 7 agatisé ■ 8 calandre, décrêper, délisser, fibrille, lisseuse, popeline ■ 11 napolitaine.

**LISSER :** 6 gomina.

**LISTE :** 4 état, menu, rôle ■ 5 carte, tarif ■ 6 errata, lister ■ 7 erratum, matrice, mémoire, tabelle, tableau ■ 8 alphabet, annuaire, éponymie, palmarès, syllabus ■ 9 affouager, catalogue, manifeste, matricule ■ 10 grand-livre, inventaire, mercuriale, nécrologie, répertoire ■ 11 martyrologe ■ 12 argumentaire, filmographie, nomenclature, nomenklatura ■ 13 questionnaire.

**LISTER :** 7 listage.

**LIT :** 3 ber ■ 4 dodo, drap, duit, jard, noue, page, pieu, sofa, tara, tune ■ 5 bauge, délit, divan, galet, hamac, kapok, moine, natte, niche, ouate, pagne, pajot, pente, plume, ravin, sopha, tâter ■ 6 canapé, châlit, chevet, coitte, couche*, grabat, pageot, pagnot, pucier, ruelle ■ 7 berceau, couchis, couette, lit-cage, literie, padoque, paillot, peautre, pieuter, plumard ■ 8 courtine, estuaire, pagnoter, ruisseau ■ 9 alitement, baldaquin, canapé-lit, couchette, couvre-lit, paillasse, traversin ■ 10 bassinoire, chauffe-lit, couvre-pied, dégravoyer, fonçailles, grabataire ■ 11 cantonnière ■ 12 défluviation ■ 13 barcelonnette, bercelonnette.

**LITHIASE :** 6 calcul ■ 8 gravelle ■ 11 lithiasique ■ 12 cholécystite.

**LITHIUM :** 2 li ■ 7 lithine ■ 10 lépidolite ■ 11 lépidolithe, lithinifère.

**LITHOGRAPHIE :** 5 litho ■ 11 lithographe ■ 12 zincographie ■ 14 lithographique.

**LITHOLOGIE :** 12 lithologique, pétrographie.

**LITHOSPHERE :** 14 lithosphérique.

**LITHOSPHERIQUE :** 10 subduction.

**LITIERE :** 6 fumier ■ 8 basterne ■ 9 palanquin.

**LITIGE :** 7 dispute* ■ 9 arbitrage, décrétale, litigieux, médiation, recréance ■ 11 contentieux, hors-de-cause ■ 12 contestation.

**LITORNE :** 7 jocasse.

**LITRE :** 3 kil ■ 4 moss ■ 5 bidon, canon, congé, quart ■ 7 chopine ■ 9 décilitre, demi-litre ■ 10 centilitre, hectolitre, millilitre.

**LITTERAIRE :** 3 raï ■ 5 image, unité ■ 7 héterie ■ 8 acméisme, doctrine, épilogue ■ 9 antiroman, œuvrette ■ 10 lipogramme, monogatari ■ 11 indigénisme, littéralité ■ 13 préromantisme ■ 14 littérairement, psychocritique.
**LITTERAL :** 11 littéralité.
**LITTERALEMENT :** 9 à la lettre.
**LITTERATURE :** 4 idée, muse, page ■ 5 écrit, héros, lycée, navet, nègre ■ 6 auteur ■ 7 bluette, cénacle, fresque, lettres, pochade, théâtre, vérisme ■ 8 confrère, dadaïsme, fatrasie, institut, nouvelle, pastiche ■ 9 antiroman, compagnie, félibrige, futurisme, latiniste, lettrisme, macaronée, matériaux, populisme, pot-pourri, salonnier ■ 10 esthétisme, germaniste, médiéviste, ossianique, pastichage, philologie, romantisme, scatologie, symbolisme, unanimisme ■ 11 classicisme, conceptisme, germanisant, littérateur, naturalisme, renaissance, surréalisme ■ 12 comparatisme, comparatiste, dissertation, italianisant, linguistique, miscellanées, pornographie, romanticisme ■ 13 belles-lettres ■ 15 impressionnisme.
**LITTORAL :** 4 baie, bord, lido ■ 5 lagan ■ 6 rivage* ■ 8 avocette, calanque, clovisse, panicaut ■ 9 gattilier.
**LITTORINE :** 9 bigorneau.
**LITUANIE :** 10 lithuanien.
**LITURGIE :** 4 pale ■ 5 motet ■ 6 conopé ■ 10 dalmatique, hiératique, liturgique ■ 12 manécanterie.
**LITURGIQUE :** 4 oint ■ 5 guèze ■ 8 cathèdre, sucologe ■ 9 tunicelle.
**LIVIDE :** 4 noir, pâle* ■ 5 blême ■ 8 lividité ■ 12 meurtrissure.
**LIVRAISON :** 5 lever ■ 7 filière ■ 9 fascicule.
**LIVRE :** 3 abc ■ 4 avis, once, page, prix, sage, tête, tome ■ 5 album, bible, canon, coran, écrit, enfer, flore, folio, garde, guide, index, porno, quart, table, tenue, titre ■ 6 abrégé, barème, livret, manuel, missel, rituel, targum, traité, volume ■ 7 bouquin, édition, elzévir, extrait, fermail, graduel, imprimé, in-douze, in-folio, in-plano, in-seize, lexique, libellé, ouvrage, recueil, rognoir ■ 8 alphabet, brocheur, brochure, chapitre, couvrure, écrivain, eucologe, évangile, expurger, grimoire, guide-âne, herd-book, in-octavo, in-quarto, intitulé, jaquette, keepsake, librairie, maquette, opuscule, post-face, registre*, shilling, vespéral ■ 9 bouillons, bouquiner, bréviaire, brocheuse, charpente, endossure, facturier, fascicule, finissure, flock-book, glossaire, grammaire, in-dix-huit, librairie, liminaire, livresque, plaquette, quarteron, vade-mecum ■ 10 abécédaire, apocalypse, best-seller, brouillard, catéchisme, cérémonial, compendium, directoire, éphéméride, indicateur, paroissien, rhétorique, syllabaire ■ 11 avant-propos, bibliologie, bibliomanie, bibliophile, bouquinerie, bouquiniste, couvre-livre, frontispice, interfolier, pentateuque, pochothèque, publication*, sapientiaux, tranchefile ■ 12 antiphonaire, arithmétique, bibliographe, bibliothèque, évangéliaire, expurgatoire, passionnaire ■ 13 bibliographie, collationnure, processionnal, sacramentaire.
**LIVREE :** 7 laquais.
**LIVRER :** 5 céder, faire, mèche ■ 6 donner*, lâcher, rendre, trahir ■ 7 adonner, confier, émettre, fournir, laisser, livreur ■ 8 délivrer, extrader, hasarder, livrable, repaître ■ 9 combattre, consacrer, intriguer, livraison, sous-palan ■ 10 abandonner, constituer, fainéanter, franco-bord, magouiller, prostituer, recueillir, vandaliser ■ 11 extradition, grenouiller.
**LIVRET :** 6 cahier ■ 8 libretto ■ 11 librettiste.
**LOB :** 5 lober.

**LOBBY :** 8 lobbying, lobbysme.
**LOBE :** 5 labié, lobée ■ 6 lobule ■ 7 lobaire, trilobé, unilobé ■ 8 auricule, polylobé ■ 9 cotylédon, multilobé, occipital ■ 10 homocerque, lobectomie ■ 11 antépophyse ■ 14 quatre-feuilles.
**LOBOTOMIE :** 10 leucotomie.
**LOBULE :** 8 lobuleux ■ 9 lobulaire.
**LOCAL :** 3 bal ■ 4 loft ■ 5 poste, salle, serre ■ 6 arcade, chenil, fumoir, studio ■ 7 baraque, cellule, couvoir, galerie, parquet, séchoir ■ 8 friterie, fruitier, garderie, glacière, localier, noviciat, officine, procaïne, showroom ■ 9 carnotset, carnotzet, pilosisme, sans-logis ■ 10 acoustique, infirmerie, localement, ludothèque, médicalisé, paludarium, pas-de-porte ■ 11 cartothèque, kommandatur, laboratoire, photothèque, turgescence ■ 13 sous-locataire.
**LOCALISATION :** 15 électrolocation.
**LOCALISE :** 6 fondis.
**LOCALISER :** 5 point ■ 6 borner ■ 7 limiter, repérer ■ 11 antérovirus, localisable, spatialiser ■ 12 circonscrire, localisateur, localisation.
**LOCALITE :** 4 bled, lieu*, trou ■ 5 ville ■ 7 endroit ■ 8 enzootie ■ 10 chalandise.
**LOCATION :** 5 congé ■ 6 fréter, louage ■ 7 leasing, louable ■ 8 surlouer ■ 11 colocataire ■ 12 reconduction, sous-location.
**LOCHE :** 7 barbote ■ 8 barbotte.
**LOCK-OUT :** 5 grève ■ 9 lock-outer.
**LOCOMOTEUR :** 7 orthèse.
**LOCOMOTION :** 5 cycle ■ 8 flagelle ■ 9 ambulacre, flagellum ■ 10 célérifère, draisienne, locomoteur, pseudopode, vélocimane.
**LOCOMOTIVE :** 5 bogie, fanal, lacet, train ■ 6 bécane ■ 8 coulisse ■ 11 chemin de fer, pantographe ■ 12 banalisation ■ 13 chasse-pierres, diésélisation.
**LOCUTEUR :** 11 allocutaire.
**LOCUTION :** 2 go ■ 3 fur ■ 8 arabisme, tournure ■ 9 ad valorem, cacologie, poco à poco, sous-palan ■ 10 anglicisme, expression, hispanisme ■ 11 coordonnant ■ 14 provincialisme.
**LOCUTION ADVERBIALE :** 3 à nu, exa ■ 4 à cru, à pic, à vie, delà ■ 5 à bloc, abord, à bras, à côté, à demi, à fond, à gogo, à jeun, à même, à mort, à pari, à part, à plat, à plomb, à quia, à sec, à tort, à vide, en bas, en sus, ne... que, par-là, per os ■ 6 à flots, à force, à froid, à la fin, à l'envi, à moins, à peine, à perte, à pible, à point, à ravir, a tempo, à temps, au fond, au loin, au long, au plus, à verse, d'abord, da capo, de face, de loin, de même, de nuit, de pair, de plus, de près, de visu, du tout, en beau, en bloc, en chef, en face, en fait, en gros, en hâte, en haut, en petit, en rond, en tout, en vain, en vrac, et puis, ex vivo, in situ, in vivo, là-haut, passim, que dal, ric-rac ■ 7 à cheval, à compte, à crédit, ad litem, ad nutum, à droite, à foison, a giorno, à jamais, à la dure, à la file, à la fois, à la hâte, à la mort, à la nage, a latere, al dente, à l'écart, à loisir, à mi-côte, à minima, à mi-voix, à moitié, a priori, à propos, à regret, à savoir, à tâtons, au juste, au large, au moins, au reste, au temps, au total, avenant, ci-après, dans peu, d'aplomb, d'autant, d'avance, de biais, de ce pas, de chant, de court, de front, de grâce, d'emblée, de sitôt, dès lors, de reste, de suite, d'office, du moins, du reste, en avant, en biais, en croix, en forme, en foule, en grand, en marge, en masse, en outre, en plein, en un mot, ex aequo, extenso, in petto, in utero, in vitro, mot à mot, non plus, non sans, par-delà, pas à pas, peu à peu, plein de, pour sûr, ric à rac, sine die, sou à sou, tant pis, une fois, vis-à-vis ■ 8 à coup sûr,

à couvert, à demeure, à demi-mot, à dessein, ad patres, à force de, à la coule, à la ronde, à la Titus, à l'avenir, à la volée, à l'entour, à l'envers, à l'estime, à l'étroit, à l'infini, à mi-corps, à mi-jambe, à nouveau, à part lui, à part moi, à peu près, à plaisir, à poignée, à présent, à rebours, à souhait, à travers, à tue-tête, au bas mot, au-dehors, au-dessus, au diable, au double, au hasard, à vau-l'eau, à vau-vent, à volonté, bien plus, ci-contre, ci-dessus, ci-devant, dare-dare, de-ci de là, de dehors, de moitié, de niveau, en avance, en beauté, en chœur, en commun, en croupe, en dehors, en dessus, en détail, en diable, en double, en fraude, en friche, en partie, en public, en regard, en résumé, en retour, en second, en secret, en vérité, en viager, ex nihilo, jusque-là, là-contre, là-dedans, là-dessus, mi-course, ne... goutte, outre-mer, par cœur, par écrit, par en bas, par suite, pêle-mêle, peut-être, pour lors, que dalle, sans plus, sans quoi, tout beau, tout de go, tout doux, vice versa ■ **9** à bon droit, à cela près, à cet égard, à dire vrai, à distance, ad libitum, à domicile, a fortiori, à la fureur, à la légère, à la longue, à l'amiable, à l'arraché, à l'avenant, à la vérité, à l'endroit, à l'extrême, à l'instant, à l'origine, à mi-chemin, à muche pot, à musse pot, à outrance, à perpette, après coup, après quoi, après tout, à reculons, à tout coup, à tout prix, au complet, au courant, au-dessous, au maximum, au minimum, au naturel, au prorata, au rebours, au surplus, au travers, autre part, avant-hier, avec cœur, à vrai dire, bel et bien, berzingue, cahin-caha, ci-dessous, côte à côte, d'ailleurs, de concert, de coutume, de gré à gré, de nouveau, de partout, depuis peu, de rigueur, de travers, d'habitude, d'instinct, d'occasion, en arrière, en cinq sec, en dessous, en échange, en écharpe, en général, en haleine, en passant, en réalité, en réserve, en spirale, en sursaut, en suspens, en travers, et caetera, face à face, hic et nunc, in extenso, là-dessous, lato sensu, mezza voce, outre-Rhin, par avance, par contre, par-dessus, par-devant, par hasard, par le fait, poco a poco, pour la vie, quand même, sans cesse, sans doute, sans faute, soi-disant, sou par sou, sous-palan, sous terre, sur le coup, sur l'heure, tant mieux, tour à tour, tout à coup, tout à fait, tout à trac, tout court ■ **10** ab intestat, à bon compte, a contrario, à contre-fil, à cor et à cri, à corps perdu, à découvert, à jour nommé, à la dérobée, à la marengo, à l'anglaise, à la rigueur, à l'opposite, à merveille, après-demain, à tire-d'aile, au dépourvu, au pis-aller, au plus près, au possible, couci-couça, couci-couci, dans le fond, dans œuvre, de bon cœur, de guingois, de mal en pis, de surcroît, de traviole, de vive voix, d'ordinaire, en cachette, en catimini, en ce moment, en pantenne, en personne, en présence, en qualités, en revanche, en sourdine, en sous-main, en tapinois, entre-temps, en un moment, ex cathedra, ex professo, extra-muros, grosso modo, in extremis, intra-muros, jusqu'alors, mal à propos, ne varietur, outre-monts, outre-tombe, par-ci par-là, par-dessous, par exemple, par indivis, par intérim, par malheur, par mégarde, par moments, par ouï-dire, par système, pour ma part, quelque peu, qui plus est, sans retour, sine qua non, sur-le-champ, tant et plus, tout du long, tout au plus, tout autour, tout d'abord, tout de même, un tantinet, urbi et orbi ■ **11** à bon escient, à claire-voie, à cloche-pied, à contre-jour, à contre-pied, à contre-poil, à contresens, à croupetons, à discrétion, à grand-peine, à la hussarde, à juste titre, à la redresse, à la renverse, à la sauvette, à l'ordinaire, à perpétuité, à perte de vue, à peu de frais, à point nommé, a posteriori, à proportion, à son escient, à tour de bras, à tous égards, à toute force, à tout hasard, à tout moment, à tout propos, au contraire, au demeurant, au préalable, à vol d'oiseau, bien entendu, bras-le-corps, cœur à cœur, corps à corps, coup sur coup, dans le but de, d'autant plus, de compagnie, de confiance, de plain-pied, de plus belle, de sang-froid, de tout cœur, de tout point, de tout temps, de vive force, d'ores et déjà, en attendant, en compagnie, en confiance, en contrebas, en même temps, en pure perte, en raccourci, en sous-ordre, en substance, en tête à tête, en tout point, hors-d'œuvre, outre-Manche, outre mesure, par accident, par ailleurs, par-derrière, par instinct, par surcroît, petit à petit, plus ou moins, pour la forme, tant soit peu, terre à terre, tout à l'heure, tout de suite, tout d'un coup, tout plein de, tutti quanti ■ **12** à bras le corps, à cœur ouvert, à contre-biais, à contrecœur, à contretemps, à la débandade, à la rescousse, à l'aveuglette, à l'improviste, à livre ouvert, à pied d'œuvre, à suffisance, à tête reposée, à tire-larigot, à tout le moins, au beau milieu, au superlatif, avant le temps, bon gré mal gré, comme de juste, dans un moment, de bonne heure, de but en blanc, de convention, de loin en loin, de part en part, de père en fils, de plein droit, de plus en plus, de prime abord, de toute façon, en bonne forme, en conclusion, en confidence, en conscience, en contrehaut, en second lieu, en sous-œuvre, fur et à mesure, hors de propos, nec plus ultra, non seulement, sans conteste, stricto sensu, touchetouche ■ **13** à bâtons rompus, à beaucoup près, à la billebaude, à la bonne heure, à la découverte, à la perfection, clopin-clopant, dans un instant, de compte à demi, de long en large, de son plein gré, de toutes parts, d'outre en outre, en bandoulière, en conséquence, en fin de compte, en particulier, en perspective, en plein milieu, en premier lieu, en suffisance, en temps et bien, en un clin d'œil, goutte à goutte, manu militari, ni plus ni moins, par conséquent, par excellence, par impossible, pour la plupart, pour tout de bon, sans contredit, sous le manteau, tout d'une tenue, un tant soit peu ■ **14** à chaque instant, à la croque au sel, à qui mieux mieux, à rebrousse-poil, à tous les égards, au bout du compte, au dernier point, au fur et à mesure, au grand complet, au premier abord, con espressione, de fond en comble, de point en point, de temps en temps, d'une seule tenue, en quelque sorte, en rang d'oignons, par comparaison, par intervalles, sans aucun doute, sauf correction ■ **15** à bras raccourcis, à brûle-pourpoint, à coups redoublés, à la vie et à la mort, à peu de chose près, à tort et à travers, au compte-gouttes, au diable vauvert, de gaieté de cœur, de part et d'autres, de son propre chef, de toute évidence, d'un commun accord, intuitu personae, mutatis mutandis, outre-Atlantique.

**LOCUTION CONJONCTIVE :** **5** que si, si que, vu que.

**LOCUTION ELLIPTIQUE :** **5** adieu.

**LOFER :** **5** tâter.

**LOGARITHME :** **3** bit ■ **5** table ■ **8** mantisse, népérien ■ **12** cologarithme ■ **12** logarithmique ■ **14** antilogarithme ■ **15** caractéristique.

**LOGARITHMIQUE :** **7** richter.

**LOGE :** **3** box ■ **4** cage ■ **5** cella, loger, niche, vigie ■ **6** loculé, loggia, zoécie ■ **7** logette, pipelet, portier ■ **8** loculeux, porterie ■ **9** baignoire, concierge, loculaire, vénérable ■ **10** avant-scène, poulailler ■ **11** biloculaire ■ **12** triloculaire, uniloculaire ■ **14** multiloculaire ■ **15** franc-maçonnerie.

**LOGEMENT :** **3** nid ■ **4** abri, loft, loge, toit, trou ■ **5** bouge, garni, loger, logis, loyer, pièce, poste, puits, squat, terme, vivre ■ **6** chenil, maison*, réduit, refuge, taudis ■ **7** adresse, caserne, château, couvert, demeure*, galetas ■ **8** coqueron, domicile, mansarde, sans-abri, squatter ■ **9** déménager, entretien, intérieur, résidence ■ **10** habitation*,

occupation, pied-à-terre ■ 11 appartement, cité-dortoir, garçonnière ■ 12 squattériser.
**LOGER :** 5 caser, gîter, louer ■ 6 camper, jucher, logeur, placer ■ 7 arrêter, établer, habiter*, meubler, occuper, percher, résider ■ 8 demeurer*, héberger, logeable, logement ■ 9 cantonner, emménager.
**LOGETTE :** 5 hutte ■ 6 cabine ■ 8 bretèche, bretesse.
**LOGICIEL :** 7 tableur ■ 8 grapheur, logiciel, ludiciel ■ 10 logithèque ■ 11 développeur, didacticiel ■ 12 incrémentiel, interpréteur, multifenêtre.
**LOGIQUE :** 5 terme ■ 6 raison* ■ 8 alogique, cohésion, logicien ■ 9 illogique, logicisme, pertinent ■ 10 catégorème, conséquent, incohérent, logistique, méthodique, prélogique, sémiotique ■ 11 antilogique, consécution, dialectique, logiquement, logisticien, métalogique, syntactique, systématisé ■ 12 inconsistant, méthodologie ■ 13 concaténation, naturellement.
**LOGIS :** 4 chez ■ 5 céans ■ 6 maison* ■ 7 demeure* ■ 10 habitation* ■ 11 appartement.
**LOGOGRIPHE :** 6 énigme.
**LOGOMACHIE :** 10 discussion ■ 12 logomachique.
**LOGORRHEE :** 12 logorrhéique.
**LOI :** 3 ohm ■ 4 code, édit, émir ■ 5 amour, crime, délit, droit, faute, joule, légal, lynch, macle, magie, norme, ordre, péché, pénal, règle*, saint, série, siège, titre, uléma, usure ■ 6 arrêté, charia, décret, devoir, dharma, omerta ■ 7 formule, légiste ■ 8 attorney, autorité, bienjugé, décemvir, exécutif, intitulé, légitime, loi-cadre, mosaïsme, noncumul, principe, réprouvé, sanction, zoonomie ■ 9 abolition, antinomie, collectif, cotutelle, décret-loi, desperado, féodalité, hors-la-loi, légalisme, légiférer, règlement, sexonomie, taxinomie, taxonomie ■ 10 abrogation, amendement, cosmologie, dérogation, illégalité, infraction, légalement, législatif, obligation, ordonnance ■ 11 absolutisme, constituant, institution, législateur, législation, réfractaire, thesmothète ■ 12 capitulaires, commandement, constitution, contrevenant, crève-tonneau, loi-programme, promulgation ■ 13 associativité, astrobiologie, herméneutique, jurisconsulte, jurisprudence ■ 14 redintégration, réglementation ■ 15 législativement.
**LOIN :** 3 ici ■ 4 tant ■ 5 avant, là-bas, outre, poids, tâter ■ 6 écarté, reculé ■ 7 arrière, ci-après, éloigné* ■ 8 éloigner, excentré, expédier, lointain ■ 9 découvrir, hauturier, subodorer ■ 11 éloignement*, télédynamie ■ 12 téléobjectif ■ 13 pérégrination, télédynamique.
**LOIR :** 8 muscadin.
**LOIRE :** 8 ligérien.
**LOISIBLE :** 6 permis ■ 8 possible*.
**LOISIR :** 5 mûrir, temps ■ 8 inaction ■ 9 permettre ■ 13 occupationnel.
**LOMBAIRE :** 12 lombarthrose.
**LOMBE :** 4 rein* ■ 5 psoas ■ 7 lumbago ■ 8 lombaire ■ 9 ensellure, lombalgie.
**LOMBRIC :** 11 lombricoïde ■ 13 lombriculture.
**LONDONIEN :** 7 cockney.
**LONG :** 3 bon ■ 4 banc, caïc, crin, lent, macr, maxi, tard, toge ■ 5 bande, barre, bâton, batte, bogie, boyau, durer, éclat, épieu, estoc, fente, filet, flûte, fouet, grand, grêle, héron, jetée, lance, latte, macro, moins, panne, patte, pelle, phare, poche, rabot, rampe, rifle, roman, skiff, toise, train ■ 6 étendu, oblong, usance ■ 7 barlong, durable*, éternel, extenso, longuet, prolixe ■ 8 allonger, éternité, felouque, hectique, javeline, kyrielle, ralingue, refendre, skeleton, sommaire ■

9 banderolle, chevronné, clavicule, in-extenso, laïusseur, longévité, macropode, perpétuel, rallonger, redingote, sarbacane ■ 10 emphytéose, filandreux, léviroste, long-jointé, longuement, procession, ribambelle ■ 11 roman-fleuve ■ 12 interminable, macrodactyle, traditionnel ■ 13 brachycéphale.
**LONG-COURS**: 7 clipper ■ 10 cap-hornier ■ 12 long-courrier.
**LONGE**: 5 trait ■ 10 rognannade, rognonnade.
**LONGER**: 6 ranger, suivre.
**LONGEVITE**: 8 macrobie.
**LONGICORNE**: 7 saperde ■ 10 capricorne, coléoptère.
**LONGILIGNE**: 10 bréviligne.
**LONGITUDE**: 12 longitudinal.
**LONGITUDINAL**: 6 liston.
**LONGRINE**: 4 rail.
**LONGTEMPS**: 4 tant ■ 5 durer, piéçà, vieil, vieux ■ 7 lurette ■ 8 mitonner ■ 9 chronique, davantage, égosiller, éterniser, perennité ■ 10 traînasser, vieillesse ■ 12 interminable.
**LONGUE**: 7 géminée, surdent ■ 8 taillote.
**LONGUEUR**: 3 pas ■ 4 aune, long, onde, pied, pige, yard ■ 5 atèle, aunée, canne, chant, cours, fermi, mètre, norme, ondée, palme, point, pouce, stade, ténia, toise, touée, venue, voûte ■ 6 archée, brasse ■ 7 archère, étendue, isodome, largeur, métrage, new-look, semelle, vernier ■ 8 coursive, diamètre, écourter, grandeur, linéaire, linéique, méjanage, quadrant, vélocité ■ 9 aiguillée, angstrœm, décamètre, encâblure, envergure, éterniser, longitude, ondemètre, périmètre, prolonger ■ 10 curvimètre, dilatation, élongation, hectomètre, traînasser ■ 11 allongement, comparateur, millimicron ■ 12 décamétrique, décimétrique, demi-longueur, dilatabilité, longitudinal ■ 13 grandissement, justification, précipitation ■ 14 dilichocéphale ■ 15 accourcissement.
**LOOPING**: 9 immelmann.
**LOPIN**: 7 morceau*.
**LOQUACITE**: 6 disert ■ 9 éloquence*, taciturne.
**LOQUE**: 7 haillon* ■ 8 guenille ■ 9 loqueteux ■ 10 déguenillé.
**LOQUET**: 7 clenche ■ 9 loqueteau, mentonnet.
**LORANTHACEE**: 3 gui.
**LORD**: 4 lady, pair ■ 6 milord ■ 10 seigneurie.
**LORETTE**: 5 fille.
**LORGNER**: 8 lorgneur, regarder*, reluquer ■ 9 convoiter*.
**LORGNETTE**: 7 lunette ■ 8 jumelles.
**LORGNON**: 7 binocle, lunette, monocle ■ 8 pince-nez ■ 9 face-à-main.
**LORSQUE**: 5 quand.
**LOSANGE**: 5 fusée, macle, polka ■ 6 rhombe ■ 7 losangé ■ 9 rhombique ■ 10 losangique, rhomboèdre, rhomboïdal ■ 14 orthorhombique.
**LOT**: 4 part ■ 5 lotir ■ 6 lotois ■ 7 allotir, apanage, jackpot, partage ■ 9 triploïde ■ 11 lotissement.
**LOTERIE**: 3 lot ■ 4 ambe ■ 5 quine, terne ■ 6 hasard ■ 7 tombola, tranche ■ 8 quaterne ■ 10 sweepstake.
**LOTION**: 8 friction ■ 9 hydratant, lotionner ■ 10 after-shave.
**LOTO**: 5 bingo, quine, terne ■ 8 quaterne.
**LOTUS**: 5 lotos ■ 7 nélumbo ■ 8 nymphéa ■ 9 lotophage.
**LOUABLE**: 9 méritoire.
**LOUAGE**: 4 fret, taxi ■ 5 louer, loyer, nolis, rente ■ 7 accense, locatis ■ 8 location ■ 10 nolissement ■ 11 affrètement.
**LOUANGE**: 3 lòs ■ 5 éloge*, idole ■ 6 encens, qasisa ■ 8 apologie,

élogieux, laudatif, louanger, reproche, vanterie ■ 9 adulation, apothéose, bénissage, cajolerie, doxologie, flatterie*, laudateur ■ 10 compliment, dithyrambe* ■ 11 célébration, panégyrique ■ 12 félicitation ■ 13 glorification ■ 14 congratulation ■ 15 applaudissement.

**LOUANGER :** 5 bénir ■ 6 aduler ■ 7 flatter* ■ 8 encenser ■ 9 courtiser, flagorner, louangeur ■ 11 entr'admirer.

**LOUBARD :** 6 loulou.

**LOUCHE :** 5 bigle, poche ■ 6 ambigu, pochon ■ 7 bigleux, suspect* ■ 8 loucheur ■ 9 strabisme.

**LOUCHER :** 6 bigler ■ 9 loucherie ■ 10 louchement.

**LOUER :** 5 garni, louée ■ 6 fréter, louage, prêter, prôner, vanter* ■ 7 amodier, bailler, chanter, combler, engager, exalter, flatter*, laniste, louable, noliser, prêcher, prendre ■ 8 affermer, affréter, arrenter, célébrer, chaisier, location, voiturin ■ 9 applaudir, approuver, canoniser, diviniser, embaucher, féliciter, glorifier*, sous-louer ■ 10 préconiser ■ 11 congratuler, recommander ■ 12 complimenter.

**LOUFOQUE :** 11 loufoquerie.

**LOUP :** 3 bar, leu ■ 4 huée, lynx ■ 5 faune ■ 6 coyotte, lycaon, masque ■ 7 cervier, coyotte, louvart, matelot ■ 8 louveter ■ 9 chien-loup, hurlement, loup-garou, louveteau, louvetier ■ 10 hausse-pied, louveterie ■ 11 épouvantail, lycanthrope ■ 12 lycanthropie.

**LOUPE :** 5 talpa ■ 8 stéatome ■ 10 compte-fils ■ 12 macrographie, quart-de-pouce.

**LOUPER :** 7 loupage.

**LOUP GAROU :** 11 lycanthrope ■ 12 lycanthropie.

**LOURD :** 4 brut, gavé, gros, ours ■ 5 brôme, butor, dense, épais, mulet, nappe, palan, pilum, plomb, wolfe ■ 6 massif, mastoc, pataud, pesant ■ 7 balourd, béotien, compact, onéreux, rustaud, stupide ■ 8 alourdir, campêche, chaloupe, écrasant, grossier*, longotte, lourdaud, matériel, patapouf ■ 9 accablant, indigeste, maladroit, malappris, peigne-cul, pondéreux ■ 11 patouillard.

**LOURDAUD :** 5 butor, enflé ■ 6 ballot ■ 7 balourd.

**LOURDEUR :** 4 lest ■ 5 masse, poids*, somme ■ 6 charge ■ 7 fardeau, surfaix ■ 8 béotisme ■ 9 épaisseur, pesanteur*, surcharge ■ 10 chargement, maladresse ■ 11 indigestion ■ 15 hippopotamesque.

**LOUSTIC :** 5 luron ■ 7 bouffon.

**LOUTRE :** 8 épreinte.

**LOUVOYER :** 7 biaiser ■ 9 louvoyage ■ 11 louvoiement, tergiverser.

**LOVER :** 6 gléner ■ 8 enrouler.

**LOXODROMIQUE :** 13 orthodromique.

**LOYAL :** 4 féal, vrai ■ 5 carré, droit, franc*, réglo ■ 6 fidèle* ■ 9 hypocrite ■ 10 loyalement.

**LOYAUTE :** 3 foi ■ 7 rondeur ■ 8 droiture, fair-play, fidélité*, perfidie ■ 9 franchise ■ 10 sportivité, tortuosité.

**LOYER :** 3 h.l.m. ■ 5 ferme, louer, terme ■ 8 location ■ 9 locataire.

**LOZERE :** 8 lozérien.

**L.S.D. :** 4 trip ■ 9 lysergide ■ 11 lysergamide.

**LUBIE :** 7 caprice* ■ 9 fantaisie* ■ 10 turlutaine.

**LUBRIFIANT :** 4 gras, oing ■ 5 huile, spray ■ 6 axonge ■ 7 graisse ■ 8 saindoux.

**LUBRIFICATION :** 14 autolubrifiant.

**LUBRIFIER :** 6 huiler, oindre ■ 8 graisser ■ 10 lubrifiant ■ 13 lubrification.

**LUBRIQUE :** 6 salace ■ 9 bacchante, lubricité, luxurieux ■ 12 lubriquement.

**LUCANE :** 10 cerf-volant.
**LUCARNE :** 5 gable, jouée ■ 7 fenêtre* ■ 8 faîtière, fardière, fermette, vasistas ■ 9 ouverture, tabatière ■ 10 chien-assis ■ 11 œil-de-bœuf.
**LUCIDITE :** 6 lucide ■ 10 lucidement ■ 12 clairvoyance*, perspicacité.
**LUCRATIF :** 3 bon ■ 5 filon ■ 13 lucrativement.
**LUCRE :** 4 gain*.
**LUDDITE :** 8 luddisme.
**LUDIQUE :** 7 ludisme.
**LUDOTHEQUE :** 12 joujouthèque.
**LUETTE :** 5 uvule ■ 8 uvulaire ■ 9 staphylin.
**LUEUR :** 4 aube ■ 5 éclat, rayon ■ 6 éclair ■ 7 lumière* ■ 8 éclairer ■ 10 lucernaire ■ 12 cache-flammes, rougeoiement.
**LUGUBRE :** 6 morose, triste* ■ 7 funèbre ■ 11 lugubrement.
**LUI :** 5 sézig ■ 7 sézigue.
**LUI-MEME :** 2 en ■ 3 soi ■ 5 imago ■ 7 eccéité ■ 8 autarcie, narcisse, tourneur ■ 9 monologue, soliloque ■ 10 autogreffe, automoteur, autotrophe ■ 11 autoguidage, automatique ■ 12 autoportrait, libre-service ■ 13 automorphisme ■ 14 autobiographie.
**LUIRE :** 7 briller*, luisant, reluire ■ 8 chatoyer.
**LUISANT :** 4 houx, jais, poli ■ 5 glacé ■ 6 moreau.
**LUIT :** 8 luisance.
**LUMBAGO :** 7 lombago.
**LUMEN :** 2 lm, lu.
**LUMIERE :** 3 feu*, rai ■ 4 aube, flux, halo, jour, néon, pâle, rais, spot ■ 5 cache, éclat*, éther, fanal, gelée, lampe*, lueur, luire, nimbe, phare, queue, rampe, rayon, vitre ■ 6 aurore, bougie, clarté, dépoli, éclair, flamme, lustre, phanie, stigma ■ 7 a giorno ■ 8 abat-jour, diaphase, éclairer, éclipser, enclouer, flambeau, garde-vue, lanterne, lévogyre, lucifuge, lumignon, lumineux, miroiter, pénombre, polaroïd, refléter, solarium, torchère ■ 9 diffusion, dispersif, éclairage, éteigneur, irisation, lucimètre, luminaire, luminance, luminisme, obscurité, pellicule, photogène, photolyse, splendeur ■ 10 antireflet, contre-jour, crépuscule, dioptrique, épinglette, euphotique, exposition, luciférine, photogénie, photologie, photomètre, phototaxie, polariseur, réflecteur, réfraction, réfringent, réverbérer ■ 11 caravagisme, catoptrique, chatoiement, coruscation, diffraction, éclairement, ensoleiller, inactinique, irradiation, luminophore, miroitement, papillotage, photocalque, photochimie, photogenèse, photométrie, photophobie, polarimètre, polariscope, réfringence, réverbérant ■ 12 achromatique, année-lumière, fluorescence. illumination, lampadéphore, luminescence, photoglyptie, transparence ■ 13 dermatophique, éblouissement, héliothérapie, photobiologie, photochimique, photosensible, phototactisme, photothérapie, phototropisme, réfléchissant, réverbération, scintillation, scintillement, spectroscopie, translucidité ■ 15 obscurcissement, phosphorescence, photo-électrique, photopériodisme.
**LUMINAIRE :** 5 falot, fanal, herse, lampe* ■ 6 lustre, torche ■ 7 brandon, lampion ■ 8 applique, flambeau, lanterne, lumignon, torchère ■ 9 girandole, veilleuse ■ 10 candélabre, lampadaire, lucernaire, plafonnier, réflecteur, suspension.
**LUMINESCENCE :** 7 blondel.
**LUMINEUX :** 5 astre, clair*, écran, foyer, lampe, laser, lumen, nimbe, noyau, rayon ■ 6 diffus, photon ■ 7 candela, intense, météore, pinceau ■ 8 brillant, éclatant*, luisance, nébuleux, radiance ■ 9 actinisme, arc-en-ciel, aveuglant, chevelure, déflection, étincelle, nébuleuse, phosphère, phosphore, splendide ■ 10 clignotant, clignoteur,

étincelant, luminosité, projecteur ■ 11 éblouissant, incandescent, luminescent, photosphère ■ 12 calorescence ■ 13 auto-cinétique, lumineusement, poil-de-carotte.
**LUNAIRE :** 3 têt ■ 13 monnaie-du-pape.
**LUNATIQUE :** 10 capricieux.
**LUNCH :** 5 repas ■ 7 luncher ■ 10 five-o'clock.
**LUNE :** 4 halo ■ 5 corne, cycle, manie, marée, tache ■ 6 lunule, sélène ■ 7 décours, décroît, lunaire, vive-eau ■ 8 adulaire, évection, lunaison, néoménie, quartier, sélénite ■ 9 aposélène, croissant, dichotome, libration ■ 10 dichotomie, périsélène, sublunaire ■ 11 lunisolaire, terminateur ■ 13 sélénographie.
**LUNETTE :** 4 naja ■ 7 jumelle, lorgnon ■ 8 besicles, lunetier, oculaire, réticule ■ 9 chercheur, longue-vue, lorgnette, lunettier, télescope ■ 10 binoculard, équatorial ■ 13 parallactique.
**LUNURE :** 4 lune.
**LUPERCALE :** 8 luperque.
**LUPUS :** 4 cati ■ 6 lupique, lupome.
**LURON :** 3 bon, gai* ■ 5 mâtin ■ 6 bougre, drille, lascar, zigoto ■ 7 bouffon, comique*, loustic ■ 8 espiègle*, gaillard.
**LUSITANIEN :** 8 lusitain.
**LUSTRE :** 2 an ■ 4 cati, lacé, poli ■ 5 glacé, satin ■ 6 gloire ■ 8 brillant*, tire-fond ■ 9 déglaçage, lustrerie ■ 10 lampadaire, merceriser ■ 11 déglacement, mercerisage, pendeloques.
**LUSTRER :** 5 catir ■ 6 glacer ■ 8 calandre, cylindre, déglacer, lustrage ■ 9 délustrer.
**LUT :** 5 luter ■ 8 délutage.
**LUTH :** 6 buzuki, cistre, sistre, téorbe ■ 7 luthier, mandore, théorbe ■ 8 bouzouki, lutherie, luthiste, shamisen ■ 9 balalaïka.
**LUTHERIEN :** 5 secte ■ 9 ubiquiste ■ 10 impanation, protestant ■ 12 luthéranisme.
**LUTIN :** 3 alf ■ 4 elfe ■ 5 djinn, génie, gnome, troll ■ 6 effrit, kobold ■ 8 espiègle*, farfadet, goguelin, korrigan ■ 9 loup-garou.
**LUTINER :** 8 taquiner*.
**LUTTE :** 4 lice, ring, sumo ■ 5 catch, joute, mêlée, prise, tombé ■ 6 agonie, assaut, combat*, gouren, guerre*, savate, tomber ■ 7 conflit*, lutteur, pugilat ■ 8 concours, jiu-jitsu, pancrace ■ 9 antitabac, collision, émulation ■ 11 agonistique, antagonique, antagonisme, combativité, escarmouche, maccartisme, ramassement ■ 12 antiacridien, maccarthysme ■ 14 antiterroriste.
**LUTTER :** 7 mesurer ■ 8 bagarrer, débattre, disputer ■ 9 accoupler, combattre, rivaliser ■ 13 anticancéreux ■ 14 antialcoolique.
**LUTTEUR :** 7 jouteur, tombeur ■ 8 combatif, militant.
**LUXATION :** 5 écart, luxer ■ 6 hernie ■ 7 entorse, foulure ■ 9 impaction ■ 10 élongation, exarthrose ■ 11 déboîtement, dislocation, froissement ■ 15 désarticulation.
**LUXE :** 5 faste, pompe, rupin ■ 6 parade, parure ■ 7 apparat, luxueux ■ 8 carrosse, élégance, équipage, grandeur, marbreur, maroquin, opulence, richesse*, standing, superflu ■ 9 mondanité, solennité, splendeur ■ 10 somptuaire ■ 11 éclabousser, raffinement, somptuosité, voluptuaire ■ 12 hollywoodien, luxeusement, magnificence ■ 15 sardanapalesque.
**LUXEMBOURG :** 14 luxembourgeois.
**LUXURE :** 5 orgie, péché ■ 6 saleté ■ 7 cynisme, licence*, volupté* ■ 8 débauche*, impudeur, impureté ■ 9 indécence, lasciveté, lascivité, lubricité, luxurieux ■ 10 bestialité, immodestie, sensualité ■ 11 dépra-

vation*, fornication ■ 12 libidinosité, pornographie, prostitution ■ 13 concupiscence.
**LUXURIANT** : 8 abondant* ■ 10 luxuriance.
**LUXURIEUX** : 4 sale ■ 5 impur ■ 6 lascif, salace ■ 7 bestial, cynique, dépravé, immonde, obscène*, sadique, sensuel, vicieux* ■ 8 érotique, indécent, lubrique, paillard ■ 9 immodeste, impudique ■ 10 libidineux, licencieux*, voluptueux.
**LUZERNE** : 7 minette.
**LYCEE** : 2 l.p. ■ 3 l.e.p. ■ 5 bahut, cagne, école, élève ■ 6 lycéen ■ 7 censeur, gymnase, potache ■ 8 première ■ 9 gymnasial, intendant, proviseur, troisième.
**LYCOPE** : 11 patte-de-loup.
**LYCOPERDON** : 11 vesse-de-loup.
**LYCOPODE** : 10 pied-de-loup ■ 11 lycopodinée.
**LYCOSE** : 9 tarentule.
**LYMPHATIQUE** : 7 adénité ■ 12 lymphangiome.
**LYMPHE** : 5 bubon ■ 6 faible ■ 7 adénité ■ 9 leucocyte ■ 11 lymphangite, lymphatique, vaccinifère ■ 13 lymphographie.
**LYMPHOCYTAIRE** : 13 lymphosarcome.
**LYMPHOCYTE** : 9 lymphoïde ■ 10 lymphoïèse ■ 11 lymphopénie ■ 12 lymphocytose ■ 13 lymphocytaire.
**LYMPHOGRANULOMATOSE** : 7 hodgkin.
**LYMPHOÏDE** : 8 amygdale.
**LYNCHAGE** : 8 lyncheur.
**LYNCHER** : 5 lynch ■ 8 lynchage.
**LYNX** : 7 caracal ■ 11 loup-cervier.
**LYONNAISE** : 5 bugne.
**LYOPHILISATION** : 11 lyophilisat, lyophiliser ■ 15 cryodessication.
**LYRE** : 7 cithare ■ 10 heptacorde, pentacorde, tétracorde.
**LYRIQUE** : 2 nô ■ 3 lai, ode ■ 5 barde, épode, poème ■ 6 bouffe ■ 9 cantilène ■ 10 asclépiade ■ 11 pastourelle.
**LYRISME** : 6 poésie* ■ 10 pindarisme ■ 11 lyriquement ■ 12 enthousiasme.
**LYSE** : 5 lysat, lyser ■ 7 lytique ■ 10 protéolyse.
**LYSER** : 14 fibrinolytique.
**LYSIMAQUE** : 10 nummulaire.

# M

**MACADAM :** 7 rouleau ■ 10 tarmacadam ■ 11 macadamiser ■ 12 macadamisage ■ 14 macadamisation.
**MACAO :** 8 macanéen.
**MACAQUE :** 5 magot, singe ■ 6 rhésus, vilain.
**MACARONIQUE :** 9 macaronée.
**MACEDOINE :** 6 salade ■ 7 mélange*.
**MACERATION :** 5 jusée ■ 6 bichof, bishof, tisane ■ 7 bischof ■ 9 digestion, pénitence ■ 10 macérateur ■ 11 alcoolature, pourrissage.
**MACERER :** 5 huile, mater ■ 7 confire ■ 9 mortifier.
**MACH :** 9 machmètre.
**MACHAON :** 10 porte-queue.
**MACHE :** 6 rampon ■ 8 doucette ■ 12 valérianelle.
**MACHEFER :** 6 scorie, sinter.
**MACHELIERE :** 4 dent.
**MACHER :** 5 gober, tabac ■ 6 broyer, manger, mordre ■ 7 chiquer, mâcheur, ruminer, saliver ■ 8 chipoter, remâcher, triturer ■ 9 mâchement, mâchonner, mastiquer ■ 12 masticatoire.
**MACHIAVELISME :** 4 ruse ■ 9 machiavel ■ 13 machiavélique.
**MACHIN :** 6 bidule ■ 9 trucmuche.
**MACHINAL :** 9 mécanique ■ 10 instinctif, irréfléchi ■ 11 automatique ■ 12 involontaire ■ 13 machinalement.
**MACHINATION :** 6 calcul, projet ■ 7 complot*, embûche ■ 8 batterie, intrigue*, machiner ■ 9 manigance ■ 11 combinaison, élaboration, machinateur, préparation ■ 12 agissements*, conspiration, organisation.
**MACHINE :** 4 bâti, came, clou, cric, grue, mine, moto, pile, roue, sole, tête, tour, truc ■ 5 arbre, butée, carde, effet, engin*, épure, frein, jenny, noria, outil*, palan, point, pompe, ronéo, rouet, truca ■ 6 abaque, bélier, bineur, brocard, chèvre, manège, métier, moufle, moulin, onagre, presse, semoir, tarare ■ 7 armeuse, baliste, bascule, bineuse, brinell, charrue, dactylo, faneuse, foreuse, haveuse, horloge, laveuse, lecteur, limeuse, luddite, minerve, plieuse, riveuse, scieuse, tireuse, tokamak, trieuse, turbine ■ 8 aléseuse, appareil, automate, batteuse, calandre, cardeuse, cisaille, colleuse, couseuse, cribleur, dondaine, ébarbeur, enrayoir, épandeur, étaleuse, fonceuse, fondeuse, foulerie, fouleuse, gerbeuse, glaceuse, hélépole, laminoir, linotype, liserage, longeron, lumitype, mantelet, massicot, matériau, monotype, ouvreuse, perceuse, perrière, pierrier, planeuse, pressoir, rotative, sa-

bleuse, sabreuse, sonnette, tracteur, visseuse ■ 9 affûteuse, agrafeuse, ascenseur, balancier, brocheuse, calibreur, canetière, catapulte, chargeuse, chauleuse, cintreuse, coucheuse, défileuse, détireuse, dévolteur, ébarbeuse, écoperche, écrémeuse, effaneuse, égreneuse, élévateur, embrayage, émotteuse, enrobeuse, ensileuse, faucheuse, fraiseuse, injecteur, interlock, javeleuse, lave-linge, manivelle, mécanique*, mécaniser, outillage, peigneuse, piocheuse, planteuse, plisseuse, pointeuse, poudreuse, raboteuse, ratineuse, riveteuse, sténotype, teilleuse, trébuchet ■ 10 arracheuse, aspirateur, automobile, bétonnière, botteleuse, boudineuse, bouveteuse, calibreuse, cannetière, composeuse, corn-picker, décolleuse, découpeuse, défibreuse, délaiteuse, déligneuse, dérouleuse, écharneuse, encarteuse, encolleuse, ensacheuse, épierreuse, étau-limeur, excitateur, générateur, instrument, locomobile, locomotive machinerie, machiniste, mangonneau, mécanicien, moulurière, perforeuse, polisseuse, sulfateuse, survolteur, tabulateur, taraudeuse, toronneuse, tricoteuse, tuyauterie ■ 11 amortisseur, assembleuse, calculateur, corn-sheller, duplicateur, emballement, étiqueteuse, excitatrice, génératrice, grignoteuse, monte-charge, mortaiseuse, pétrisseuse, pick-up baler, pied-de-biche, pulvériseur, rectifieuse, remblayeuse tabulatrice, toupilleuse, ventilateur ■ 12 autoamorçage, commutatrice, décolleteuse, effilocheuse, emboutissoir, lance-flammes, machine-outil, marteau-pilon, mécanicienne, merceriseuse, moissonneuse, perforatrice, poinçonneuse, remplisseuse, reproducteur, sténotypiste, tronçonneuse ■ 13 convertisseur, dactylographe, emboutisseuse, mécanographie, porte-aiguille, reproduction ■ 14 dactylographie, interclasseuse, tourillonneuse ■ 15 dactylographier.

**MACHINE DE GUERRE :** 8 perrière.

**MACHINE-OUTIL :** 9 pointeuse ■ 10 surfaceuse, tenonneuse.

**MACHINER :** 5 bâtir, mûrir ■ 6 bâcler, forger, ourdir, tramer ■ 7 brasser, méditer, ruminer ■ 8 arranger, calculer, chercher, combiner, élaborer, exécuter, imaginer, inventer, préparer, projeter, spéculer ■ 9 comploter, concerter, conspirer, intriguer, organiser ■ 10 manigancer, préméditer.

**MACHINISTE :** 6 mécano ■ 10 conducteur, machinisme, mécanicien.

**MACHISME :** 5 macho ■ 8 machiste.

**MACHO :** 8 machiste.

**MACHOIRE :** 4 dent, mors, scie ■ 5 barbe ■ 7 ganache ■ 8 mordache ■ 9 diduction, mâchelier, mandibule, prognathe, sous-barbe ■ 10 maxillaire ■ 11 margoulette ■ 12 craquètement, ptérogoïdien ■ 13 sus-maxillaire ■ 14 sous-maxillaire.

**MACHONNER :** 6 mâcher* ■ 12 mâchonnement.

**MAÇON :** 4 auge, bard, laie, ripe ■ 5 batte, fiche, gâche, gouge, picot, sabot ■ 6 grelet, niveau, oiseau ■ 7 bouloir, calibre, civière, crochet, doloire, mailler, piqueur, riflard, souille, taloche, truelle ■ 8 archelet, plâtroir, rondelle ■ 9 aide-maçon, berthelée, boucharde, maçonnage, vénérable ■ 10 bourriquet, décintroir, étamperche, jointoyeur, maçonnique ■ 11 lambrissage.

**MAÇONNER :** 5 murer ■ 6 couler, crépir, gâcher, latter ■ 7 cintrer, enduire, gobeter, hourder, plaquer, sceller ■ 8 carreler, corroyer ■ 9 bousiller, bretteler, encroûter, jointoyer, plafonner, raccorder ■ 10 lambrisser, liaisonner.

**MAÇONNERIE :** 3 mur, ope ■ 4 four, môle, pile, pisé, quai ■ 5 butée, culée, jetée, joint, paroi, puits, voûte ■ 7 bâtisse, blocage, chemise, créneau, hourdis, linteau, orillon, ruinure, tambour ■ 8 avant-bec, bâtiment, cheminée, fourneau, hourdage ■ 9 bétonnage, engravure,

entrevous, fondement, travertin ■ 10 briquetage ■ 11 chevalement, limousinage ■ 12 opus incertum.
**MACROCOSME :** 13 macrocosmique.
**MACROCYTE :** 12 macrocytaire.
**MACROECONOMIE :** 15 macroéconomique.
**MACROGRAPHIE :** 14 macrographique.
**MACRO-INSTRUCTION :** 5 macro.
**MACROMOLECULAIRE :** 5 époxy ■ 9 coacervat.
**MACROMOLECULE :** 10 copolymère.
**MACROSCOPIQUE :** 6 durain ■ 7 vitrain.
**MACROSPORE :** 13 macrosporange.
**MACULER :** 5 baver, salir* ■ 6 macule, tacher* ■ 8 maculage ■ 10 maculation.
**MADECASSE :** voir *malgache*.
**MADERE :** 9 madériser.
**MADERISER :** 12 madérisation.
**MADRE :** 5 malin*.
**MADREPORAIRE :** 10 zoanthaire.
**MADREPORE :** 8 polypier ■ 9 méandrine ■ 10 zoanthère ■ 11 madréporien ■ 12 madréporique.
**MADRIER :** 7 basting, poulain ■ 8 bastaing, chantier ■ 11 chevalement.
**MADRIGAL :** 12 madrigaliste.
**MAESTRIA :** 7 adresse.
**MAESTRO :** 8 musicien.
**MAFIA :** 6 maffia, yakusa ■ 7 camorra, coterie, mafieux, mafioso ■ 8 maffieux, maffioso.
**MAFFLE :** 6 bouffi, mafflu.
**MAGASIN :** 4 dock, étal, silo ■ 5 auget, bazar, chais, débit, dépôt, halle, rampe, salon, soute, store ■ 6 agence, marché ■ 7 calicot, cambuse, étalage, shoping ■ 8 barillet, boutique*, commerce*, comptoir, économat, entrepôt, ganterie, huilerie, lainerie, officine, shopping, solderie ■ 9 armurerie, drugstore, librairie, poudrière ■ 10 animalerie, chalandise, chemiserie, confiserie, factorerie, horlogerie, inventaire, magasinage, magasinier, œnothèque, succursale ■ 11 emmagasiner, graineterie, sainte-barbe, supermarché ■ 12 garde-magasin ■ 13 quincaillerie.
**MAGASINAGE :** 10 palettiser.
**MAGAZINE :** 5 revue ■ 8 illustré.
**MAGE :** 5 devin, gnose, magie ■ 8 magicien*.
**MAGHREB :** 5 ribat ■ 7 atérien.
**MAGHREBIENNE :** 4 beur.
**MAGHREBIN :** 7 zellige ■ 9 maugrabin, maugrebin.
**MAGICIEN :** 4 mage ■ 5 devin ■ 6 chaman ■ 7 sorcier* ■ 8 grimoire ■ 9 nécromant ■ 10 enchanteur ■ 11 conjurateur, thaumaturge ■ 12 nécromancien.
**MAGIE :** 4 moly ■ 6 charme, goétie ■ 7 magique, mystère ■ 8 envoûter, magicien, théurgie ■ 9 cabaliste, constellé, népenthès ■ 11 envoûtement, incantation, magiquement ■ 12 cabalistique.
**MAGIQUE :** 8 enchanté.
**MAGISTER :** 6 maître*, pédant.
**MAGISTRAL :** 9 supérieur ■ 14 magistralement.
**MAGISTRAT :** 4 caïd, cour, gens, juge*, toge ■ 5 barbe, édile, jurat, robin, toque ■ 6 consul, éphore, fécial, fétial, préfet, prévôt, tribun ■ 7 censeur, duumvir, échevin, effendi, préteur ■ 8 éméritat, éponymie, inter-roi, podestat, questeur, stratège, tribunal, triumvir ■ 9 dictateur,

dizainier, dizenier, landgrave, procureur, substitut ■ 10 accusateur, propréteur ■ 11 bourgmestre, commissaire, comparaître, lieutenante, procurateur, sophroniste, subrogateur ■ 12 magistrature, référendaire ■ 13 inamovibilité.

**MAGISTRATURE:** 4 robe ■ 6 préture ■ 7 édilité ■ 9 archonat ■ 10 décemvirat.

**MAGMA:** 5 ichor ■ 6 pluton ■ 7 effusif, mélange ■ 8 anatexie ■ 10 magmatique, magmatisme.

**MAGMATIQUE:** 6 aplite ■ 9 sursaturé ■ 10 kimberlite, sous-saturé.

**MAGNANIME:** 5 grand, noble ■ 7 clément ■ 8 généreux* ■ 11 magnanimité ■ 13 magnanimement.

**MAGNESIE:** 15 montmormillonite.

**MAGNESITE:** 5 écume, émeri.

**MAGNESIUM:** 2 mg ■ 4 mica, talc ■ 7 almélec, péridot ■ 8 actinote, dolomite, lazulite, magnésie, pyroxène, saponite ■ 9 amphibole, duralumin, kiesérite, magnésien, partinium ■ 10 almasilium, cordiérite, garniérite, giobertite, serpentine ■ 15 magnésiothermie, organomagnésien.

**MAGNETIQUE:** 3 i.r.m., r.m.n. ■ 7 ferrite, tokamak ■ 8 magnéton ■ 9 disquette ■ 10 ampère-tour, bande-vidéo ■ 13 biomagnétisme, magnétochimie, magnétomoteur, microcassette ■ 15 ferrimagnétisme, paléomagnétisme.

**MAGNETISER:** 8 fasciner, suggérer ■ 10 hypnotiser ■ 11 magnétiseur ■ 12 magnétisable ■ 13 magnétisation.

**MAGNETISME:** 5 crise, gauss, passe ■ 6 aimant, extase, férite ■ 7 hypnose, œrsted, pèlerin, sommeil ■ 8 boussole ■ 9 inducteur, permalloy, sidérisme, solénoïde ■ 10 hypnotisme, magnétique, mesmérisme, réluctance ■ 11 aimantation*, antineutron ■ 13 électro-aimant, géomagnétique, géomagnétisme, magnétométrie, somnambulisme ■ 15 ferromagnétisme.

**MAGNETOMOTRICE:** 10 ampère-tour.

**MAGNETOPHONE:** 12 minicassette ■ 15 magnétocassette.

**MAGNETOSCOPE:** 9 caméscope ■ 13 magnétoscoper.

**MAGNETOSPHERE:** 12 magnétopause.

**MAGNIFICENCE:** 4 luxe* ■ 5 faste ■ 8 monument, richesse* ■ 9 splendeur ■ 10 royalement ■ 11 somptuosité.

**MAGNIFIER:** 9 glorifier.

**MAGNIFIQUE:** 4 beau* ■ 5 noble, riche ■ 7 superbe ■ 8 éclatant, ronflant ■ 9 admirable*, splendide, somptueux ■ 12 magnificence ■ 14 magnifiquement.

**MAGNITUDE:** 7 richter.

**MAGNOLIACEE:** 7 badiane ■ 8 magnolia, tulipier.

**MAGOT:** 4 laid ■ 5 singe ■ 6 trésor, vilain ■ 7 poussah.

**MAGOUILLE:** 10 magouiller.

**MAGOUILLER:** 11 magouilleur.

**MAHARADJA:** 8 maharané, maharani.

**MAHDI:** 8 mahdiste.

**MAHOMETAN:** 4 émir, imam, iman ■ 5 islam ■ 6 hégire ■ 9 islamisme ■ 11 mahométisme.

**MAIE:** 5 huche.

**MAIGRE:** 3 sec ■ 4 gras, hâve ■ 5 bacon, erbue, gigue, grêle, mince*, momie, patte, rosse, sécot ■ 6 chétif, débile, émacié, étique, herbue ■ 7 amaigri, bringué, chafoin, criquet, échalas, maigret, momifié, racorni, spectre ■ 8 décharné, macreuse, maigreur, maigriot ■ 9 efflanqué, famélique, gringalet, haridelle, maigrelet, squelette ■ 10 dépenaillé, entrelardé, maigrichon, médianoche ■ 12 squelettique.

**MAIGREUR :** 6 étisie ■ 7 exilité, minceur ■ 8 hectisie ■ 9 faiblesse ■ 14 amaigrissement.
**MAIGRIR :** 10 efflanquer.
**MAIL :** 9 promenade.
**MAIL-COACH :** 4 drag, mail ■ 5 coach.
**MAILLE :** 5 filet, folle, miton, obole ■ 7 chaînon, haubert, jaseran, mailler, maillon, paillon ■ 8 gansette, treillis ■ 9 démailler, emmailler, remailler ■ 10 remmailler ■ 13 indémaillable.
**MAILLECHORT :** 4 zinc ■ 8 alfénide, argentan, melchior.
**MAILLET :** 4 mail, polo ■ 5 batte, masse ■ 7 hutinet, plommée ■ 9 mailloche, maillotin.
**MAILLON :** 6 chaîne* ■ 7 chaînon.
**MAILLOT :** 5 lange ■ 6 bikini, string, t-shirt ■ 8 chandail, monokini ■ 11 démailloter.
**MAIN :** 3 foi ■ 4 bote, fion, gant, pote, rame, ride, tape ■ 5 atémi, bâton, carpe, doigt, écran, geste, gifle, harpe, index, mudra, palme, passe, patte, paume, pique, pogne, poids, poing, posée, pouce, ronde, taxis, tenir, toper ■ 6 bimane, dextre, manuel ■ 7 abattis, battoir, menotte, paluche, patoche, septime ■ 8 athétose, calotter, chiragre, coquille, durillon, gantelet, manucure, mornifle, palmaire, paumoyer, plumetis, rambarde, senestre, soufflet ■ 9 annulaire, appui-main, dextérité, empoigner, face-à-main, gratte-dos, manipuler, manualité, manucurer, manuscrit, métacarpe, olographe, palmature, scheidage, shake-hand ■ 10 ambidextre, appuie-main, aquamanile, autographe, essuie-main, holographe, mandragore, prétendant, quadrumane, sèche-mains, supination ■ 11 arrière-main, auriculaire, chiromancie ■ 12 attouchement, chauffe-mains, manuellement ■ 15 applaudissement.
**MAIN-D'ŒUVRE :** 9 suremploi.
**MAINMISE :** 6 saisie* ■ 9 influence ■ 12 mainmortable.
**MAINT :** 8 beaucoup* ■ 9 plusieurs*.
**MAINTENANCE :** 15 télémaintenance.
**MAINTENANT :** 2 or ■ 4 ores ■ 7 présent, pressant ■ 12 actuellement, présentement.
**MAINTENIR :** 4 lier ■ 5 érine, lacer, river, tenir*, voler ■ 6 coller, garder, saisir, serrer, trôner ■ 7 accorder, adhérer, amarrer, effacer, joindre, juguler, limiter, mandrin, pavaner, prendre, retenir* ■ 8 armature, attacher, coapteur, contenir, embosser, garantir, humilier, pessaire, soutenir, tire-pied ■ 9 accrocher, confirmer, conserver, contentif, continuer, épontille, gouttière, maîtriser, morailles, redresser, rembouger, rengorger ■ 10 climatiser, cramponner, jarretelle, mainteneur, pique-fleur, plate-longe, pressostat, s^questrer, thermostat, tourniquet ■ 11 entretoiser, équilibreur, pique-fleurs ■ 12 conditionner, positionner, stomatoscope ■ 13 porte-aiguille, presse-papiers ■ 14 thermostatique ■ 15 contre-coussinet, stratosphérique.
**MAINTIEN :** 3 air ■ 4 mine, port ■ 5 façon, ligne, mufti, tenue ■ 6 allure*, aspect, dehors, touche ■ 7 carrure, dégaine, gravité, posture* ■ 8 attitude, démarche, portance, tournure, triplure ■ 9 apparence, eugénisme, prestance, unioniste ■ 10 contenance, régulation ■ 11 représenter ■ 13 équilibration ■ 14 représentation.
**MAIRE :** 6 maïeur, mairie ■ 8 mairesse ■ 9 lord-maire ■ 10 appariteur ■ 11 bourgmestre ■ 12 municipalité.
**MAÏS :** 4 crib ■ 5 zéine ■ 6 foufou ■ 7 maïzena, turquet ■ 8 maïserie, millasse, pourtant, victoria ■ 9 cependant, égreneuse, milliasse, néanmoins, seulement, toutefois ■ 10 corn-picker, isoglucose ■ 11 corn-sheller.

**MAISON** : 3 mas, m.j.c., nid, rue ■ 4 abri, case, chez, faré, gîte, home, îlot, isba, izba, lieu, quai, race, toit, trou ■ 5 aître, arche, bauge, bazar, boîte, borde, buron, cagna, coron, êtres, ferme, folie, foyer, garni, harem, hôtel, hutte, lares, logis, loyer, ménil, ouche, penty, place, porte, préau, santé, taule, tinel, turne, valet, verre, villa, ville ■ 6 ajoupa, cabane, cahute, carbet, chalet, clandé, claque, datcha, gourbi, insula, mairie, masure, ménage, muette, office, réduit, refuge, sérail, taudis, tripot, wig-wam ■ 7 auberge, baraque, bastide, bâtisse, bercail, bicoque, boniche, cambuse, cassine, château, chambre, chez-soi, cottage, couvent, demeure*, édifice, famille, hospice, locatis, lupanar, mouroir, pénates, pension, prieuré ■ 8 bâtiment, borderie, boutique, bungalow, domicile, économie, ermitage, externat, factotum, immeuble, institut, logement*, métairie, pavillon*, plancher ■ 9 basse-cour, bien-fonds, chambrier, chaumière, concierge, gloriette, intendant, intérieur, locataire, maisonnée, majordome, mortuaire, propriété, résidence, tenancier ■ 10 chartreuse, dépendance, domestique, fenestrage, habitation*, hôtellerie, maquerelle, messagerie, multicarte, pensionnat ■ 11 gouvernante, institution, maisonnette, scolasticat ■ 12 mousquetaire ■ 13 conventualité, enchevalement, établissement*, sous-maîtresse.

**MAISTRANCE** : 8 marinier ■ 9 mestrance.

**MAITRE** : 3 dom ■ 4 chef*, dieu, pion, serf, sidi ■ 5 bosco, école, élève, forme, leçon, libre, salle, valet ■ 6 patron, préfet, régent ■ 7 arbitre, paumier, steward ■ 8 empaumer, magistrer, maîtrise, monsieur, seigneur, virtuose ■ 9 magistral, maîtriser, pédagogue, pet-de-loup, supérieur ■ 10 enseigneur, gouverneur, occupation, précepteur, professeur*, sanctuaire ■ 11 instituteur, surveillant ■ 12 impatroniser, propriétaire.

**MAITRESSE** : 6 amante ■ 8 favorite.

**MAITRISE** : 4 posé ■ 6 flegme, rassis ■ 7 adresse, contenu, fermeté, pouvoir*, sagesse ■ 8 froideur, prudence, réfléchi ■ 9 psallette, sang-froid ■ 10 modération ■ 11 chef-d'œuvre, self-control ■ 12 impartialité ■ 14 thalassocratie.

**MAITRISER** : 7 dominer*, dompter*, vaincre* ■ 8 contenir, fasciner ■ 9 commander, reprendre, ressaisir, soumettre, surmonter, triompher ■ 11 discipliner, indomptable, maîtrisable.

**MAJESTE** : 3 lis ■ 7 dignité* ■ 8 grandeur ■ 10 majestueux ■ 11 lèse-majesté.

**MAJESTUEUX** : 5 noble ■ 8 imposant, maestoso, olympien, solennel* ■ 9 grandiose ■ 10 hiératique ■ 15 majestueusement.

**MAJEUR** : 5 grave, ordre ■ 8 prêtrise ■ 12 sous-diaconat.

**MAJORER** : 7 hausser ■ 9 augmenter*, valoriser ■ 10 majoration ■ 11 revaloriser.

**MAJORITAIRE** : 8 sunnisme.

**MAJORITE** : 6 nombre ■ 9 bar-mitsva ■ 11 majoritaire, plébisciter ■ 15 majoritairement.

**MAJUSCULE** : 8 capitale, initiale, lettrine.

**MAL** : 3 pis ■ 4 bobo, haïr, rage, vice, zest ■ 5 accès, brout, crime, crise, digne, fichu, haine, malin, miton, péché, peine*, perdu, pitié, plaie, porte, punir, vague, venue, vertu ■ 6 avarie, défaut, goétie ■ 7 douleur*, éprouvé, forfait, infamie, maladie*, malheur, mauvais, méchant, pervers, résigné, traître, vicieux ■ 8 brailler, céphalée, écorcher, guérison, impureté, innocent, joliment, malandre, maldonne, malfaçon, mécompte, méfiance, patraque, saloper ■ 9 cahin-caha, contraint, diablerie, indignité, indisposé, infirmité, injustice, malignité, malvenant, naupathie, perdition, préserver, souillure, tentateur, tentation, vengeance ■ 10 cacographe, corruption, difficulté, difformité, écrivasser, galimafrée, griffonner, inoffensif, massacreur, méchanceté, méconduire, négligence, odontalgie, perversion, perversité, pessimisme, pessimiste, souffrance*, subintrant ■ 11 dépravation, désavantage, dislocation, malveillant, scandaliser ■ 12 adultération, détraquement, exacerbation, exécrablement, imperfection, malveillance ■ 13 détérioration, exécrablement ■ 14 abominablement.

**MALACOPTERYGIEN :** 6 gadidé*.

**MALACOSTRACE :** 7 isopode* ■ 8 décapode* ■ 9 amphipode*.

**MALADE :** 3 fou ■ 4 pâle, soin ■ 5 alèse, crève, exéat, garde, plomb, santé, sonde, sujet ■ 6 aliéné, crétin, dolent, enroué, gâteux ■ 7 albinos, bilieux, dialysé, enrhumé, infirme, maladif*, patient ■ 8 égrotant, fiévreux, mal fichu, patraque, rechuter ■ 9 alitement, incommodé, indisposé, pestiféré, souffrant, variqueux ■ 10 alcoolique, euthanasie, grabataire, infirmerie, médicament, sanatorium, succussion ■ 11 garde-malade, homéopathie, pléthorique, poitrinaire ■ 12 consultation, convalescent, maladivement ■ 13 occupationnel, valétudinaire ■ 14 extrême-onction.

**MALADIE :** 2 fy ■ 3 cas, mal, m.s.r., rot ■ 4 acné, aura, coma, cure, gale, pian, rage, rash, toux, zona ■ 5 aphte, carie, casse, crise, croup, diète, encre, ergot, folie, foyer, galle lèpre, loque, lupus, morve, otite, ozène, pépie, peste, râler, rogne, santé, sérum, sprue, tabès, virus ■ 6 angine, anémie, anurie, asthme, ataxie, cancer, carate, cécité, chorée, coryza, dartre, dengue, écidie, eczéma, gourme, goutte, grippe, hernie, herpès, ictère, kaposi, lichen, muguet, myopie, nielle, œdème, oïdium, pelage, piétin, pousse, pyurie, rouget, sodoku, suette, teigne, typhus, ulcère, urémie, varice, virose ■ 7 amylose, aortite, apraxie, carreau, cécidie, chancre, charbon, choléra, colique, cystite, diabète, dourine, endémie, gommose, malaria, mildiou, morbide, névrose, pébrine, phtisie, ratelle, rouille, roulure, rubéole, scorbut, syncope, tétanos, tournis, typhose, vaccine, variole, vertigo, zoonose ■ 8 acariose, alopécie, arythmie, béribéri, black-rot, catarrhe, céphalée, chlorose, cirrhose, clavelée, coxalgie, critique, dartrose, diarrhée, diathèse, engelure, entérite, épidémie, évolutif, friselée, frisolée, fumagine, gravelle, hépatite, hystérie, ichtyose, impétigo, invasion, jaunisse, kalaazar, kératite, ladrerie, leucémie, mélanine, mélanose, migraine, mosaïque, néphrite, néphrose, nosémose, pandémie, pédiatre, pellagre, perlèche, phlébite, princeps, prodrome, psychose, reliquat, rétinite, rougeole, roulures, scrofule, séquelle, silicose, sinusite, syndrome, syphilis, tavelure, typhoïde, urologie ■ 9 acrodynie, affection, aliéniste, anévrisme, apoplexie, asystolie, auto-immun, bacillose, bronchite, cardiaque, cataracte, chlorosse, chronique, contagion, dermatose, diphtérie, dyspepsie, emphysème, endémique, épilepsie, épiphytis, épistaxis, épizootie, érésipèle, érysipèle, filariose, flacherie, fusariose, gériatrie, graphiose, grasserie, hématurie, hémogénie, infirmité, influenza, laryngite, méningite, moniliose, névralgie, nosologie, oreillons, ornithose, paludisme, paralysie, paroxysme, pathogène, pemphigus, pleurésie, pneumonie, phtiriase, pourlèche, pourridie, presbytie, pullorose, scabieuse, stomatite, strabisme, syphillis, tularémie, urticaire, varicelle, ventaison, vermineux ■ 10 aérophagie, antoinisme, arbovirose, benzénisme, benzolisme, borréliose, chancrelle, coccidiose, congestion, contagieux, convulsion, coqueluche, diagnostic, dysenterie, endémicité, étiolement, gastralgie, hématémèse, hémiplégie, hémopathie, hémophilie, hémoptysie, hémorragie, hémorroïde, hydropisie, idiopathie, listériose, morbifique, muscardine, myxomatose, neurologie, paraplégie, parasitose, pathogénie, pathologie, péritonite, phtiriasis, pourriture, prévalence, prostatite, psittacose, rachitisme, rhumatisme, scarlatine, sémiologie, septicémie, spirillose, torticolis, traitement, tremblante, trichinose, urédospore, xérodermie ■ **11** adénopathie, albuminurie, anthracnose, appendicite, arthritisme, ascaridiase, avitaminose, bilharziose, bradycardie, collagénose, électrochoc, fonctionnel, furonculose, glossolalie, hypotension, indigestion, leucoplasie, myélomatose, nosoconiose, nosographie, ostéopathie, pathogenèse, phlébologie, pneumologie, séméiologie, tachycardie, tuberculose, vomissement ■ **12** actinomycose, aide-soignant, anguillulose, aspergillose, astigmatisme, blennorragie, constipation, dermatologie, diagnostique, échauboulure, embryopathie, helminthiase, hypertension, légionellose, mélitococcie, néphropathie, nicolas-favre, paratyphoïde, parkinsonien, pneumothorax, poliomyélite, prémonitoire, psychopathie, rickettsiose, salmonellose, sclérodermie, spirochétose, stomatologie, toxoplasmose ■ **13** conjonctivite, contamination, convalescence, diagnostiquer, drépanocytose, échinococcose, éléphantiasis, histoplasmose, hypermétropie, mégalérythème, mucoviscidose, photothérapie, phytothérapie, schizophrénie, trépanématose ■ **14** dermatomyosite, hémoschromatose, sérodiagnostic, thermothérapie, trypanosomiase ■ **15** érythroblastrose, phénylcétonurie, psychochirurgie.

**MALADIF :** 4 hâve ■ 6 faible, malade* ■ 7 crevard, infirme ■ 8 égrotant, érotisme, langueur, patraque ■ 9 cacochyme ■ 13 absinthisme, souffreteux ■ 13 valétudinaire.

**MALADRERIE :** 5 lèpre ■ 10 léproserie.

**MALADRESSE :** 5 faute*, gaffe ■ 6 ânerie, bourde, erreur, impair ■ 7 brioche, ineptie, sottise ■ 8 boulette, brise-fer, malfaçon, massacre, singerie ■ 9 brise-tout, gaucherie, impéritie, stupidité ■ 10 étourderie, imprudence, inaptitude, inhabileté ■ 12 imprévoyance, inadvertance, incompétence, inexpérience ■ 13 tripatouiller.

**MALADROIT :** 3 sot ■ 4 naïf ■ 5 lourd, moule ■ 6 cloche, empoté, gauche, gourde, inapte, pataud, savate ■ 7 aveugle, balourd, boucher, empêtré, étourdi*, gaffeur, godiche, manchot, mazette, rouillé, stupide ■ 8 encroûté, godichon, inhabile, lourdaud ■ 9 chauffard, galvauder, malhabile ■ 10 cartonnier, maladresse ■ 14 maladroitement.

**MALAIS :** 4 amok, gaur, prao, upas ■ 5 criss, étain, kriss ■ 6 sarong ■ 8 sagouier ■ 9 sagoutier ■ 10 grenadille ■ 13 mangoustanier.

**MALAISE :** 4 ardu, gêne* ■ 6 coincé ■ 7 mal-être, mésaise ■ 8 angoisse ■ 9 difficile dysphorie, laborieux, pesanteur ■ 10 incommoder ■ 11 incommodité, sophrologie ■ 13 éblouissement, indisposition.

**MAL A L'AISE :** 8 constipé.

**MALANDRIN :** 6 bandit*.

**MALAPPRIS :** 6 impoli* ■ 7 incivil ■ 8 grossier* ■ 9 paltoquet.

**MAL A PROPOS :** 11 contretemps ■ 13 malencontreux.

**MALARIA :** 9 paludisme.

**MALAVISE :** 6 impoli ■ 7 étourdi ■ 9 maladroit*.

**MALAXANT :** 9 motopaver.

**MALAXER :** 6 pétrir ■ 8 malaxage, malaxeur, mélanger, triturer.

**MALAYSIA :** 7 ringgit.

**MALCHANCE :** 6 cerise, guigne, poisse ■ 7 déveine, guignon, malheur* ■ 9 scoumoune ■ 11 mésaventure.

**MALDONNE :** 6 erreur*.

**MALE :** 4 fils, jars, mari, musc, sexe ■ 5 homme*, laite, matou, paire, pénis, viril ■ 6 malard, malart, sacret, virago ■ 7 laneret ■ 8 mascu-

lin ■ 9 androgène, testicule, tiercelet ■ 10 copulation, spermatide ■ 12 androstérone, anthérozoïde, émasculation, féminisation, masculiniser ■ 13 spermatogonie, spermatozoïde ■ 14 spermatogenèse.
**MALEDICTION :** 8 anathème ■ 10 exécration ■ 11 imprécation*.
**MALEFICE :** 4 sort ■ 6 charme ■ 9 sortilège ■ 11 sorcellerie.
**MALEFIQUE :** 5 opale ■ 11 bienfaisant.
**MALENCONTRE :** 11 mésaventure*.
**MALENTENDANT :** 10 audiophone.
**MALENTENDU :** 6 erreur ■ 8 mécompte ■ 9 confusion.
**MALFAÇON :** 7 bâclage, laideur ■ 8 disgrâce, sabotage ■ 10 bousillage, difformité, négligence ■ 11 déformation ■ 12 barbouillage, gribouillage.
**MALFAIRE :** 6 bâcler, gâcher, sabrer ■ 7 brasser, brocher, manquer, négliger, saboter, saveter, torcher, trousser ■ 9 bousiller, cochonner, estropier, galvauder, massacrer ■ 11 barbouiller, gribouiller.
**MALFAISANT :** 5 djinn, efrit, horde ■ 6 cochon, stryge ■ 7 méchant* ■ 8 korrigan, nuisible*, salopard ■ 11 bienfaisant.
**MAL FAIT :** 4 laid ■ 5 lourd ■ 6 vilain ■ 7 hirsute, informe, malbâti ■ 8 camelote, chafouin, défiguré, difforme, grossier, rabougri, ratatiné ■ 9 disgracié, grimaçant, grotesque ■ 10 bousillage, escogriffe, monstrueux.
**MALFAITEUR :** 4 gang ■ 5 argot, mafia ■ 6 apache, bandit*, coquin, escroc, fripon, relaps, rôdeur, voleur ■ 7 camorra, malfrat, pendard, traître, vaurien ■ 8 coupable, criminel*, gangster ■ 9 faussaire, malandrin, racketter, tire-laine ■ 10 délinquant, racketteur ■ 11 cambrioleur, incendiaire.
**MALFAME :** 8 boui-boui ■ 10 tapis-franc.
**MALFORMATION :** 8 délétion, dysmélie ■ 9 dysplasie ■ 10 exotrophie, phocomélie ■ 11 hypospadias, spina bifida, tératogénie ■ 12 acrocéphalie, tératogenèse ■ 13 craniosténose.
**MAL FORME :** 11 gribouillis, griffonnage ■ 12 gribouillage.
**MALGACHE :** 4 maki, vari, zébu ■ 5 tacca ■ 8 épyornis ■ 9 æpyornis, filanzane, madécasse, népenthès ■ 10 ilang-ilang, landolphia, landolphie ■ 11 cœlacanthe.
**MALGRE :** 4 avec ■ 5 quand ■ 6 contre ■ 9 en dépit de ■ 10 absolument, nonobstant ■ 11 contrecœur.
**MALHABILE :** 9 maladroit* ■ 11 impolitique ■ 13 malhabilement.
**MALHEUR :** 5 chute, échec, peine*, ruine, souci ■ 6 déclin, méchef, misère*, revers ■ 7 abandon, chagrin, déboire, déveine, épreuve, fortune, funeste, guignon, mélasse, trouble ■ 8 accident, calamité, désarroi, détresse, disgrâce, embarras, encombre, fatalité, mécompte, sinistre, vexation ■ 9 adversité, décadence, désespoir, infortune, malchance, préjudice ■ 10 affliction, cataclysme, déconvenue, désolation, malheureux ■ 11 catastrophe, contrariété, contretemps, imprécation, longanimité, malédiction, mésaventure, tribulation ■ 12 dépréciation ■ 13 commisération ■ 15 désappointement, désenchantement.
**MALHEUREUX :** 4 amer, noir, rude ■ 5 cruel, fatal ■ 6 pauvre*, triste* ■ 7 affreux, fâcheux, funeste, néfaste, pénible, ruineux ■ 8 désolant, empêtrer, sinistre, terrible, tragique ■ 9 accablant, infortuné, maléfique, misérable*, pitoyable ■ 10 affligeant, calamiteux, déplorable, désastreux, lamentable, pernicieux ■ 11 défavorable, désespérant, irréparable ■ 12 découragement ■ 13 malencontreux ■ 15 malheureusement.
**MALHONNETE :** 5 brave, probe ■ 6 impoli, véreux, vilain ■ 7 crapule, déloyal, injuste ■ 8 canaille, tripoter ■ 9 fricotage, indélicat, malpro-

pre ■ 10 déshonnête ■ 11 inconvenant ■ 12 malhonnêteté ■ 14 malhonnêtement.
**MALICE:** 5 niche ■ 8 rosserie, vacherie ■ 9 diablerie, malicieux, malignité, saloperie ■ 10 méchanceté*, rapporteur ■ 11 espièglerie ■ 14 malicieusement.
**MALICIEUX** 5 malin, mutin, singe ■ 6 coquin ■ 7 mauvais ■ 8 espiègle*, narquois, roublard ■ 9 spirituel.
**MALIGNE:** 6 kahler, kaposi ■ 7 mycosis ■ 8 lymphome, séminome.
**MALIGNITE:** 4 ruse ■ 5 glose, venin ■ 6 malice ■ 7 sarcome ■ 8 décocher ■ 11 malignement ■ 12 ostéosarcome ■ 14 chondrosarcome.
**MALIN:** 3 fin ■ 4 futé, roué, rusé* ■ 5 benêt, madré, marle, patte, singe ■ 6 diable, finaud, lascar, mariol, matois, renard, retors, zigoto ■ 7 délurer, ficelle, mariole, méchant ■ 8 gaillard, narquois, roublard, sournois ■ 9 épigramme, maléfique, malicieux ■ 12 débrouillard ■ 14 naevo-carcinome.
**MALINGRE:** 4 fort ■ 6 faible ■ 11 demi-portion, souffreteux.
**MALINTENTIONNE:** 11 malveillant.
**MALIQUE:** 9 malonique.
**MALLE:** 3 fût ■ 6 bagage, coffre, valise ■ 7 cantine, portant ■ 8 mallette, marmotte ■ 10 chapelière.
**MALLEABLE:** 3 mou ■ 4 doux ■ 5 liant ■ 8 douillet ■ 9 aluminium, celluloïd ■ 12 malléabilité ■ 13 malléabiliser.
**MALLEOLE:** 5 tibia ■ 8 cheville ■ 11 malléolaire.
**MALLE POSTE:** 6 briska.
**MALLETTE:** 10 nécessaire, vanity-case.
**MALMENER:** 4 huer ■ 6 battre, danser ■ 7 lapider, railler, régaler, rudoyer ■ 8 étriller, molester, sabouler ■ 9 éconduire ■ 10 brutaliser, houspiller, maltraiter, tarabuster, tympaniser, vilipender ■ 11 discréditer.
**MALODORANT:** 5 actée, puant ■ 6 fétide ■ 8 nidoreux ■ 9 infection ■ 10 méphitique.
**MALODORANTE:** 3 ase.
**MALOTRU:** 5 huron ■ 8 grossier*.
**MALPLAISANT:** 11 désagréable.
**MALPROPRE:** 4 sale* ■ 5 bouge, gaupe, goret, goton ■ 6 cochon, infâme, salaud, salope, taudis ■ 7 cloaque, immonde, pouacre, sagouin, sordide, vermine ■ 8 craspeck, crasseux, polisson, saligaud, salisson, salopard, salopiat, souillon ■ 9 crapoteux, dégoûtant, écœurant, maritorne, répugnant, salopiaud ■ 10 cendrillon, pouillerie ■ 11 dégueulasse, patrouiller, vilainement ■ 13 malproprement.
**MALPROPRETE:** 4 roui ■ 6 saleté* ■ 8 propreté ■ 9 saloperie ■ 10 bouchonner ■ 11 cochonnerie.
**MALSAIN:** 4 mare ■ 7 morbide*, sadisme ■ 8 nuisible ■ 9 insalubre.
**MALSEANT:** 9 malséance ■ 11 inconvenant*.
**MALT:** 3 ale ■ 6 lambic ■ 7 lambick, maltage, malteur ■ 8 démêlage ■ 11 touraillage.
**MALTAIS:** 9 magistère.
**MALTERIE:** 7 malteur.
**MALTOSE:** 7 amylase ■ 8 ptyaline ■ 12 disaccharide.
**MALTRAITER:** 6 battre, brimer ■ 7 bourrer, frotter, rudoyer ■ 8 malmener*.
**MALVACEE:** 4 kola ■ 5 alcée, mauve, tiaré ■ 6 baobab, ketmie ■ 7 althæa ■ 8 ambrette, fromager, guimauve, hibiscus, kapokier ■ 9 cotonnier.

**MALVEILLANCE**: 5 venin ■ 8 critique, malfaçon ■ 9 animosité ■ 10 méchanceté* ■ 12 ressentiment ■ 14 malveillamment.
**MALVEILLANT**: 5 tordu ■ 7 méchant* ■ 8 venimeux ■ 14 malintentionné.
**MALVERSATION**: 10 concussion ■ 11 déprédation.
**MAMELLE**: 3 pis ■ 4 sein ■ 5 appât, globe, rumen, téter, têtin, têton, tette ■ 6 aréole, mamelu, tétine, trayon ■ 7 allaite, attrait, mamelon, mastite, têtasse ■ 8 agalaxie, mamelouk, poitrine ■ 9 agalactie, mammifère.
**MAMELON**: 4 sein ■ 5 butte, paget ■ 6 sommet ■ 9 mamelonné ■ 10 mamillaire ■ 12 quadrijumeau.
**MAMMAIRE**: 4 sein* ■ 10 mastologie.
**MAMMIFERE**: 4 lait, musc ■ 5 labre, mufle ■ 6 cétace*, édenté*, ongulé* ■ 7 linsang, primate*, rhytine, rongeur*, tarsien ■ 8 fourrure, péramèle, sirénien*, vibrisse ■ 9 carnivore, créodonte, euthérien, histidine, mammalien, marsupial*, monotrème*, tétrépode, xénarthre ■ 10 carnassier*, chiroptère, hibernation, lagomorphe, mammalogie, pachyderme ■ 11 chéiroptère*, insectivore*, placentaire, tubulidenté ■ 12 aplacentaire, globicéphale, imparidigité, protothérien ■ 14 baluchithérium.
**MANAGEMENT**: 7 manager.
**MANANT**: 6 paysan ■ 8 grossier.
**MANCENILLIER**: 10 mancenille.
**MANCHE**: 3 rob, set ■ 4 ante, bras, cape, ente, œil, robe, soie ■ 5 barre, batte, bêche, caban, coude, coule, crevé, fléau, fouet, garde, gigot, gilet, hampe, hogue, lance, mante, miton, pelle, pieux, plaid, poche, puche, râble, rabot, robre ■ 6 bielle, chasse, rebord, rebras ■ 7 biroute, crispin, détroit, manicle, poignet ■ 8 brimbale, manselle, moulinet, parement ■ 9 démancher, emmancher, mancheron, manchette, manivelle, patarasse, touchette ■ 10 chevillier, emmanchure, entournure ■ 11 micocoulier, transmanche.
**MANCHON**: 5 gaine, lampe, louve.
**MANCHOT**: 7 rookery ■ 8 rookerie, roquerie ■ 10 spénisque.
**MANDARIN**: 7 chinois ■ 9 putonghua ■ 10 kouan-houa, mandarinal, mandarinat.
**MANDARINE**: 6 agrume ■ 9 tangerine ■ 10 clémentine ■ 11 mandarinier.
**MANDAT**: 5 siège ■ 7 mandant, mission, pouvoir ■ 8 mandater ■ 9 commandat, mandature, septennat ■ 10 mandataire ■ 11 mandat-carte, quinquennat, trusteeship ■ 12 contre-mandat, mandat-lettre, représentant.
**MANDATAIRE**: 5 agent ■ 6 envoyé, gérant ■ 7 trustee ■ 11 observateur ■ 13 intermédiaire.
**MANDATER**: 7 députer ■ 8 déléguer ■ 11 mandatement.
**MANDCHOURIE**: 7 manchou.
**MANDEMENT**: 4 bref ■ 11 rescription.
**MANDER**: 5 venir ■ 7 appeler ■ 9 convoquer ■ 11 savoir-faire.
**MANDIBULATE**: 9 antennate.
**MANDIBULE**: 8 mâchoire ■ 12 mandibulaire.
**MANDINGUE**: 7 malinké ■ 9 mandingue.
**MANDOLINE**: 7 mandole, mandore ■ 9 touchette ■ 12 mandoliniste.
**MANDRIN**: 9 mandriner.
**MANDRINER**: 10 mandrinage.
**MANEGE**: 5 flirt ■ 8 caracole, intrigue ■ 9 demi-volte ■ 10 chambrière ■ 11 estrapasser, garde-manège, trépigneuse.

**MANETTE :** 7 maneton.
**MANGANESE :** 2 mn ■ 7 rhénium ■ 8 dendrite ■ 9 duralumin, gold-coast, manganate, manganeux, manganine ■ 10 alabandine, manganique, pyrolusite ■ 13 manganésifère.
**MANGE :** 8 mangeure.
**MANGEAILLE :** 12 boustifaille.
**MANGEOIRE :** 4 auge ■ 6 crêche, trémie.
**MANGER :** 4 faim ■ 5 dîner, gaver, goulu, lèche, pépie, proie, vider ■ 6 avaler, bâfrer, becter, brifer, goûter, happer, jeûner, mâcher, paître, ronger ■ 7 bouffer, bourrer, briffer, brouter, croquer, croûter, dévorer, nourrir, prendre ■ 8 absorber, chipoter, cuillère, déguster, festoyer, géophage, goinfrer, grailler, mangerie, mangeure, omnivore, remanger, repaître, sobriété, tortorer, traiteur, voracité ■ 9 alimenter, becqueter, boulotter, commensal, consommer, empiffrer, grignoter, mangeable, muselière, omophagie, pignocher, rassasier, sustenter, tortiller ■ 10 comestible, grignotage, ingurgiter, mangeaille, mangeotter, restaurant, sitiomanie ■ 11 entremanger, hippophagie, immangeable, manducation ■ 12 incomestible, intempérance ■ 13 boustifailler ■ 14 anthropophagie.
**MANGEUR :** 5 tigre ■ 8 bouffeur ■ 9 gargantua, souricier.
**MANGLIER :** 6 mangle.
**MANGOUSTANIER :** 10 mangoustan.
**MANGOUSTE :** 8 suricate, surikate ■ 9 ichneumon.
**MANGROVE :** 10 palétuvier.
**MANGUIER :** 6 mangue.
**MANIABLE :** 3 mou ■ 5 lâche ■ 6 facile, souple* ■ 7 commode, ductile, fusible, relâché ■ 8 flexible, moelleux ■ 9 élastique, malléable ■ 11 maniabilité.
**MANIAQUE :** 5 toqué ■ 7 maladif ■ 8 pyromane ■ 9 réserpine ■ 11 maniaquerie.
**MANICHEEN :** 9 paulicien ■ 11 manichéisme.
**MANICLE :** 8 gantelet.
**MANIE :** 3 tic ■ 4 dada ■ 5 folie* ■ 6 tocade ■ 7 maladie, marotte, passion*, toquade ■ 8 égotisme, ergotage, habitude ■ 9 analyseur, bougeotte, ergoterie, fantaisie, hypomanie, louangeur, obsession ■ 10 anglomanie, critiqueur, métromanie, mythomanie, turlutaine ■ 11 cleptomanie, écrivassier, éthéromanie, kleptomanie, réunionnite ■ 12 baguettisant, systématiser.
**MANIEMENT :** 7 escrime ■ 12 gouvernement.
**MANIER :** 5 tâter ■ 6 fondre ■ 7 malaxer, prendre, toucher ■ 8 détendre, maniable, relâcher, tripoter ■ 9 assouplir, liquéfier, maniement, manipuler ■ 10 manœuvrer, patouiller ■ 11 intraitable, patrouiller ■ 13 tripatouiller ■ 14 manutentionnaire.
**MANIERE :** 2 de, si ■ 3 air, jeu, par, pas, ton, vie, vue ■ 4 avec, chic, cote, dans, état, goût, idée, mise, mode, ordo, plan, port, sort, tour ■ 5 abord, chère, comme, coupe, danse, daube, débit, école, façon*, faire, forme, garde, genre, girie, guise, idiot, lavis, leçon, mieux, mimer, modal, moule, moyen*, niais, ordre, pièce, pincé, plein, point, prise, rimer, river, rubis, satin, sauce, semis, sorte, sosie, style, tenue, tissu, titus, train, trait, union, ville, vouer ■ 6 allure, aspect, cachet, efféte, espèce, graphie, secret, trolle ■ 7 affecté, attique, diction, graphie, méthode, posture, procédé, qualité, système, tuyauté ■ 8 agacerie, assiette, attelage, batterie, civilité, démarche, diapason, écriture, greffage, habitude, instar de, javelage, latinité, maintien, parlando, plantage, plâtrage, pratique, précieux, principe, sans-gêne, si-

magrée, tournure, vocalise ■ 9 afféterie, apparence, archaïsme, chauffage, clouement, contourné, découpage, découpure, éclairage, éducation, élocution, euphuisme, exécution, existence, façonnage, errements, étêtement, graphisme, intimisme, jappement, labourage, manœuvre, marinière, massiveté, mentalité, mouvement, pasticher, piquetage, politesse, programme, psalmodie, réception, sans-façon, sèchement, sentiment, situation, spiration, structure, zélotisme ■ 10 affabilité, antiphrase, attifement, chamarrure, clayonnage, craquelage, débilement, déhiscence, demi-pointe, elzévirien, enfournage, enjôlement, espacement, intonation, maniérisme, moutonnier, numérotage, obturation, patelinage, pédanterie, pédantisme, piaulement, pindarique, point de vue, préciosité, prévenance, remaillage, sertissure, tractation, traitement, transition ■ 11 arrangement, bégueulerie, bégueulisme, computation, croc-en-jambe, déclamation, disposition, effronterie, énonciation, épistolaire, fabrication, façonnement, gracieuseté, insinuation, italianisme, jalonnement, libertinage, orthographe, patelinerie, ponctuation, remmaillage, ronsardiser, singularité stendhalien ■ 12 accentuation, américanisme, baragouinage, comportement, conformation, conversation, déhanchement, enfournement, impertinence, interlignage, masculiniser, organisation, parachutisme, présentation, raisonnement ■ 13 anacréontique, charlatanerie, électrisation, magnétisation, noctambulisme, ornementation ■ 14 assaisonnement, circonlocution, cosmopolitisme, emmaillotement, fonctionnement, paillassonnage ■ 15 aristophanesque.

**MANIEREE :** 9 chochotte.

**MANIFESTATION :** 3 cas ■ 4 acte, noir ■ 5 crise, éveil, hymne, lueur, manif, signe, stade ■ 6 action, monôme ■ 8 attitude, craw-craw, crow-crow, effusion, madhisme, présence ■ 9 émanation, épiphanie, étincelle, évolution, explosion, tout-paris ■ 10 apparition, expression, gonococcie, spiritisme, volcanisme ■ 11 affectation, alcalifiant, codominance, manifestant, ostentation ■ 12 consentement ■ 14 épanouissement ■ 15 paranéoplasique.

**MANIFESTE :** 5 clair ■ 6 ouvert, patent, public ■ 7 certain, évident*, notoire, visible* ■ 8 éclatant, palpable ■ 9 extérieur, pédophile ■ 10 suspicieux ■ 11 perceptible ■ 12 démonstratif, extra-courant, ostentatoire, psychorigide, significatif ■ 13 manifestement.

**MANIFESTEMENT :** 10 assurément, décidément ■ 11 notoirement.

**MANIFESTER :** 5 crier, levée, luire, mener ■ 6 clamer, donner, éclore, parler, pester, tiquer ■ 7 arborer, éclater, émerger, grogner, jaillir, jubiler, montrer*, révéler ■ 8 abréagir, affecter, afficher, affirmer, annoncer, broncher, conspuer, déclarer, déployer, exprimer, extasier, maugréer, pavoiser, répandre ■ 9 ankyloser, comprimer, étrangler, phénotype, proclamer, prononcer, témoigner ■ 10 apparaître ■ 12 caractériser, extérioriser ■ 13 manifestation.

**MANIGANCER :** 6 ourdir, tramer ■ 8 fricoter, machiner ■ 11 agissements*.

**MANIGUETTE :** 5 amôme.

**MANILLE :** 8 manillon ■ 9 manilleur ■ 10 étalinguer.

**MANIOC :** 4 gari ■ 5 couac ■ 6 fécule, foufou, foutou, langou, matété, pivori ■ 7 cassave, tapioca ■ 9 arrow-root, moussache ■ 12 coussecaille.

**MANIPULATEUR :** 14 marionnettiste.

**MANIPULATION :** 5 manip ■ 6 manipe ■ 10 ostéopathe, pétrissage ■ 11 chiropraxie, manutention ■ 12 chiropractie, pétrissement, radiothermie, reprogrammer.

**MANIPULER :** 6 manier* ■ 8 tripoter, triturer ■ 9 traitable ■ 11 coprophilie ■ 12 manipulateur.
**MANIVELLE :** 5 giron, nille ■ 7 maneton, manette.
**MANNE** 3 suc ■ 5 banne ■ 6 panier ■ 8 mannette, mannitol.
**MANNEQUIN :** 6 poupée ■ 8 tarasque ■ 9 quintaine ■ 11 épouvantail.
**MANNITE :** 7 mannose.
**MANŒUVRE :** 3 dol ■ 4 cape, gril, péon ■ 5 agrès, bosco, lisse, manip, menée, palan, thème ■ 6 action, brigue, centre, laptot, manipe ■ 7 arrondi, bouline, cuisine, ouvrier ■ 8 aussière, capelage, gréement, guindeau, hercheur, intrigue, tactique ■ 9 aérostier, aide-maçon, haussière, herscheur, manigance, mouillage, opération, patte-d'oie, stratégie, wagonnier ■ 10 aiguillage, aiguilleur, enfourneur, manouvrier, tire-veille ■ 11 agissements*, obstruction, travailleur ■ 12 appareillage, lofing-match, manipulation ■ 13 démonstration ■ 14 reconnaissance.
**MANŒUVRER :** 5 ramer ■ 7 canoter, parader ■ 8 conduire, costière, naviguer ■ 9 actionner, commander, manipuler ■ 11 manœuvrier, tireveilles ■ 12 manœuvrable ■ 15 manœuvrabilité.
**MANOIR :** 6 maison* ■ 7 château ■ 12 manométrique.
**MANOMETRE :** 10 manographe.
**MANQUE :** 3 jeu ■ 4 faim, gêne, soif, vide ■ 5 désir, envie, faute*, perte*, poule, solde, thème ■ 6 atonie, baisse, besoin*, défaut*, dégoût, lacune, misère ■ 7 absence*, amorphe, carence, déficit, disette, impiété, incurie, inertie, lenteur, malpoli, pénurie, tiédeur ■ 8 adynamie, barbarie, bassesse, défiance, démesure, déraison, faillite, froideur, impudeur, impunité, insanité, insuccès, lourdeur, maigreur, manquant, méfiance, mollesse, muflerie, pauvreté, retouper, suppléer, timidité, tortueux, veulerie ■ 9 asynergie, brouillon, découvert, défection, déficient, déloyauté, dénuement, désaccord, détriment, disetteux, disparate, encalminé, faiblesse, fragilité, gaucherie, ignorance, illogisme, impondéré, incivisme, incomplet, inconfort, inculture, indécence, indigence, injustice, insolence, inutilité, irrespect, malhabile, misérable, monotonie, petitesse, privation*, prosaïsme, vulgarité ■ 10 défaitisme, déficience, dépareillé, desiderata, désordonné, différence, diminution, élasticité, hésitation, immodestie, impatience, imprudence, incapacité, incivilité, inélégance, infidélité, inhabileté, inhumanité, insécurité, insonorité, invalidité, irréalisme, maladresse, maniérisme, manquement, mésentente, nébulosité, négligence, paupérisme, sécheresse, somnolence ■ 11 absentéisme, amateurisme, aveuglement, avitaminose, défaillance, défectuosité, désideratum, discordance, disgracieux, dissymétrie, distraction, grossièreté, impécunieux, impolitesse, imprécision, imprévision, impuissance, inattention, incohérence, incrédulité, incuriosité, inexécution, ingratitude, insincérité, instabilité, intolérance, irrévérence, malpropreté, meurt-de-faim, nécessiteux, nonchalance, non-réussite ■ 12 délaissement, émancipation, imprévoyance, incompétence, incontinence, inconvenance, indiscipline, indiscrétion, inefficacité, inexactitude, inexpérience, inobservance, insuffisance, intempérance, interruption, irrégularité, malhonnêteté, neurasthénie ■ 13 asynchronisme, déraisonnable, discourtoisie, impécuniosité, impréparation, inconsistance, indélicatesse, inobservation, prévarication, pusillanimité ■ 14 inapplication, inauthenticité, inintelligence, insatisfaction, mécontentement, sophistication ■ 15 disproportionné, indétermination.
**MANQUEMENT :** 5 faute* ■ 6 manque* ■ 9 violation ■ 10 réprimande ■ 12 incorrection.

**MANQUER :** 5 pâtir, payer, rater, taire ■ 6 cacher, cesser, chômer, élider, gâcher, jeûner, louper, pécher, sauter, trahir ■ 7 baisser, dérober, déroger, échouer, faillir, omettre, oublier, patiner ■ 8 absenter, abstenir, aveugler, chipoter, diminuer, endormir, négliger ■ 9 défaillir, dégonfler, escamoter, transiger ■ 10 dépouiller, manquement ■ 11 immanquable, prévariquer.
**MANSARDE :** 6 solier ■ 7 combles, galetas, grenier, membron.
**MANSUETUDE :** 7 douceur*.
**MANTE :** 6 empuse.
**MANTEAU :** 4 cape, maxi, plan, saie, toge ■ 5 amict, caban, capot, chape, hoote, palla, plaid, tabar, voile ■ 6 capote, gueuse, péplos, péplum, poncho, tabard ■ 7 burnous, cagoule, civette, fermail, paletot, palléal, pallium, pelisse, rotonde ■ 8 chasuble, cheminée, chlamyde, courtine, himation, mandille, mantelet, pardosse, régolite ■ 9 gabardine, limousine, pardessus*, redingote ■ 10 douillette, duffelcoat, duffle-coat, mac farlane, mackintosh, parmenture, trench-coat, waterproof ■ 11 parementure, sortie-de-bal, trois-quarts ■ 12 portemanteau ■ 14 cache-poussière.
**MANTILLE :** 7 fanchon.
**MANUEL :** 7 artisan, recueil, servile ■ 9 artisanat, bricoleur ■ 10 ranimation ■ 11 réanimation ■ 12 chiropractie.
**MANUFACTURE :** 5 usine* ■ 7 atelier ■ 8 draperie ■ 9 industrie*, ready-made ■ 12 robinetterie ■ 13 manufacturier.
**MANUSCRIT :** 4 obel ■ 5 copie, obèle, texte ■ 6 papier, volume ■ 7 dazibao, grébige, papyrus ■ 8 archives, dédicace, grébiche, gribiche ■ 11 biblorhapte, palimpseste, papyrologie ■ 12 bibliothèque ■ 13 opisthographe.
**MANUTENTION :** 5 palam ■ 10 automation, palettiser, sauterelle, souffleuse ■ 12 transpalette ■ 13 transstockeur.
**MAORI :** 5 maori.
**MAPPEMONDE :** 11 planisphère.
**MAQUEREAU :** 3 mac ■ 11 maqueraison.
**MAQUETTE :** 5 rough ■ 6 modèle* ■ 7 canevas ■ 8 crayonné ■ 10 plan-relief ■ 11 maquettiste.
**MAQUIGNON :** 13 maquignonnage.
**MAQUILLAGE :** 7 mascara ■ 8 eye-liner.
**MAQUILLER :** 6 farder, grimer ■ 7 plâtrer ■ 8 bidonner, déguiser ■ 9 falsifier ■ 10 maquillage, maquilleur ■ 11 démaquiller, remaquiller.
**MAQUIS :** 5 lande ■ 9 maquisard.
**MARABOUT :** 6 talibé ■ 10 marabouter.
**MARABOUTER :** 11 maraboutage.
**MARAICHAGE :** 9 jardinage ■ 13 microtracteur.
**MARAICHER :** 9 jardinier ■ 11 primeuriste.
**MARAICHERE :** 10 maraîchage.
**MARAIS :** 3 cob, kob, vie ■ 4 mare, noue ■ 5 barge, calla, chott, douve, étang*, étier, fagne, palud, palus, salin ■ 6 polder ■ 7 cistude, liparis, maremme, marigot, œillet, vernier ■ 8 jonchaie, marécage, paludéen, paludier, palustre, varaigne ■ 9 fondrière, maraîchin, marouette, salicorne, tourbière ■ 10 protoptère ■ 11 lépidosiren, linaigrette, rousserolle ■ 12 lépidosirène ■ 13 hortillonnage.
**MARANRACEE :** 8 calathéa.
**MARANTA :** 9 arrow-root.
**MARASME :** 7 apathie ■ 8 langueur ■ 10 stagnation ■ 14 amaigrissement.
**MARASQUE :** 9 marasquin.

**MARATHON :** 10 pentélique ■ 11 marathonien.
**MARATRE :** 4 mère.
**MARAUD :** 6 coquin*.
**MARAUDER :** 5 voler ■ 6 piller ■ 7 dérober, maraude ■ 9 chaparder, maraudage, maraudeur ■ 10 marauderie.
**MARBRE :** 4 onyx, stuc ■ 5 chaux, dalle, gypse, jaspe, liais, paros, table, tarso, tombe, tuile ■ 6 campan, ophite, parian, portor, rosato ■ 7 albâtre, carrare, cipolin, griotte, marbrer, molette, sciotte, turquin ■ 8 calcaire, marbrier, marbure, mosaïque, porphyre, tesselle ■ 9 marbrerie, marbrière, marmoréen ■ 10 brocatelle, granitelle, marmoriser, sarancolin, sérancolin ■ 11 dominoterie, sarrancolin.
**MARBRER :** 5 rayer ■ 8 barioler, marbreur.
**MARBRURE :** 8 marbreur.
**MARC :** 6 grappa.
**MARCHAND :** 4 zinc ■ 5 chand, offre, prime, senau ■ 6 mollah ■ 7 bistrot, blatier, camelot, fondouk, lainier, vendeur ■ 8 acheteur, baratier, crêpière, débitant, fourreur, levurier, lunetier, mercanti, opticien ■ 9 baladeuse, basilique, bonnetier, chausseur, coquetier, disquaire, grossiste, harengère, interlope, lunettier, maquignon, margoulin, négociant, pinardier, rouennier, volailler ■ 10 ballonnier, bourrelier, colporteur, commerçant*, coquassier, mastroquet, trafiquant ■ 11 bimbelotier, bouquetière ■ 12 porcelainier, quincaillier, shipchandler ■ 13 quatre-saisons.
**MARCHANDER :** 11 marchandage, marchandeur.
**MARCHANDISE :** 4 quai, tare, vrac ■ 5 bâche, balle, banne, cargo, coche, décri, nanar, place, solde, sonde, stock, tapis, tarer, tarif, trust, vagon, wagon ■ 6 débord, denrée, pontée ■ 7 couffin, étalage, package, produit ■ 8 arrivage, boutique, camelote, commande, commerce, document, emplette, entrepôt, solderie, vitrerie ■ 9 achalandé, bric-à-brac, cargaison, déballage, dédouaner, garde-port, pacotille, rossignol, sous-palan ■ 10 achalander, chargement, commission, magasinage, messagerie, parfumerie, peausserie, préemballé, triporteur ■ 11 charcuterie, contrebande, coutellerie, désarrimage, exportation, importation, passe-debout ■ 12 palettisable, réceptionner ■ 13 passementerie, quincaillerie.
**MARCHE :** 3 kan, pas ■ 4 aire, côte, cran, étal, kick, pied, rang, souk ■ 5 bazar, degré, étage, étape, foire, forum, galop, giron, halle, halte, lacet, limon, m.a.t.i.f., piste, redan, stock, tempo ■ 6 action, allure, ataxie, captif, course, défilé, gradin, passet, perron, stawug ■ 7 courant, échelle, échelon, étagère, footing, galette, méthode, passant, progrès, ralenti ■ 8 autoport, braderie, coulisse, débouché, démarche, dépanner, dysbasie, échappée, escalier, hors-cote, marchant, marcheur, province, retraite, stellage, trotteur ■ 9 cavalière, démarreur, éclaireur, frontière, monopsone, mouvement, nouveauté, oligopole, processus, promenade ■ 10 abonnement, avancement, béquillard, controller, convention, euromarché, marchander, marche-pied, mercuriale, oligopsone, procession, somnambule, tractation ■ 11 antérograde, chronomètre, combinateur, dégingander, délardement, digitigrade, dispatching, plantigrade, progression, quadrupédie, transaction ■ 12 adjudication, contremarche, déambulation, déhanchement, emmarchement ■ 13 clopin-clopant, contre-courant, rétrogression, superposition.
**MARCHER :** 5 aller, caner, errer, mener, rôder, tâter ■ 6 courir, flâner, foncer, fouler, longer, passer, suivre, trimer ■ 7 avancer, balader, détaler, évoluer, galoper, pavaner, trotter ■ 8 arpenter, barboter,

breloque, carburer, cheminer, circuler, clopiner, déplacer, emboîter, enjamber, franchir, patauger, piétiner, précéder, promener, raquette, tricoter ■ 9 béquiller, chalouper, crapaüter, déambuler, traverser, trottiner, zigzaguer ■ 10 crapahuter ■ 11 ambulatoire, baguenauder, fonctionner, vadrouiller.

**MARCHEUR:** 6 nomade, piéton, rôdeur ■ 7 coureur, flâneur, trottin ■ 8 ambulant, touriste, voyageur ■ 9 chemineau, fantassin, promeneur ■ 10 noctambule, trimardeur.

**MARCOTTE:** 7 bouture, sevrage ■ 8 sautelle ■ 9 marcotter, provigner ■ 10 provignage ■ 12 provignement.

**MARE:** 5 étang*, lagon ■ 6 flache, flaque, marais* ■ 7 gouille ■ 9 notonecte ■ 10 barbotière, canardière.

**MARECAGE:** 4 râle, sale ■ 5 joncs ■ 6 maiche, marais* ■ 7 maremme ■ 8 ciprière, limicole ■ 9 fondrière, tourbière ■ 10 marécageux ■ 12 grenouillère ■ 13 pneumatophore.

**MARECHAL:** 4 chef ■ 5 forge ■ 7 boutoir ■ 8 brochoir, cure-pied, ferrière ■ 9 maréchale, rogne-pied, tricoises ■ 10 maréchalat ■ 12 maréchalerie, maréchaussée.

**MAREE:** 4 flot, flux, lune, vive ■ 5 lagon, plein, revif ■ 6 jusant, reflux ■ 7 cotidal, syzygie, tsunami, vive-eau ■ 8 fraîchin, morte-eau ■ 10 intertidal, marégraphe ■ 11 chasse-marée ■ 13 contre-courant.

**MARGE:** 4 bord, nota ■ 7 margeur ■ 8 marginal, marginer ■ 9 desperado, hors-la-loi, manchette ■ 10 émargement.

**MARGINAL:** 4 skin ■ 8 skinhead ■ 11 marginalité ■ 13 marginalement ■ 15 marginalisation.

**MARGOTIN:** 5 fagot.

**MARGOULIN:** 8 marchand.

**MARGRAVE:** 10 margraviat.

**MARGUERITE:** 10 pâquerette ■ 15 reine-marguerite.

**MARGUILLER:** 9 fabricien ■ 12 marguillerie.

**MARI:** 4 cocu, père, sâti ■ 5 époux*, veuve ■ 6 suttée, suttie ■ 7 cornard, marital ■ 8 beau-père, cornette ■ 9 beau-frère, cotutelle, monogamie, polyandre ■ 10 polyandrie.

**MARIAGE:** 3 ban, lit ■ 4 mari, noce, unir ■ 5 allié, époux, femme, hymen, lunch, parti, poêle, squaw, union*, veuve ■ 6 accord, nubile ■ 7 brisque, divorce, hyménée, marital, putatif ■ 8 alliance, conjugo, divorcer, épouseur, mariable, mistress, polygame ■ 9 apparenté, endogamie, faire-part, remariage ■ 10 conjoindre, épithalame, formariage, infidélité, nuptialité, prénuptial ■ 11 bénédiction, empêchement, épousailles, fiançailles, impuissance, matrimonial, mésalliance ■ 12 accordailles, morganatique ■ 14 régularisation.

**MARIE:** 9 polygynie.

**MARIER:** 4 lier, unir* ■ 8 convoler, remarier.

**MARIHUANA:** 11 marie-jeanne.

**MARIN:** 3 bar ■ 4 ange, clam, cône, luth, merl, moco, thon ■ 5 amibe, caret, ceste, doris, hydre, loche, maërl, mille, moine, morse, orque, pagre, taret, vénus ■ 6 alcyon, animal*, béluga, cétacé, chiton, congre, corail, couane, dugong, éponge, homard, kraken, limule, marais, marine, méduse, néréis, narval, otarie, oursin, phoque, rémora, volvox ■ 7 agnathe, ascidie, astérie, baleine, bélouga, calamar, caouane, cistude, col-bleu, crabier, dauphin, dentale, encrine, éperlan, jubarte, matelot, némerte, néréide, ombrine, ophiure, poisson*, rivière, rorqual, sabelle, sélacien, serpule, stentor, trépang, trionyx, tripang, volvoce ■ 8 cachalot, cnidaire, crinoïde, crevette, épaulard, épinoche, gorgonie, haliotis, hydraire, maritime, marsouin, physalie, rotifère, sirénien, sphyrène, spirorbe, surmulet, torpille, tunicier, zoophyte ■ 9 amphioxus, baleineau, cul-de-porc, géphyrien, haliotide, infusoire, madrépore, méandrine, mégaptère, mérostome, millepore, mollusque*, néritique, nummulite, paramécie, phamarope, polychète, ponantais, ptérygote, serranidé, souffleur, spatangue, syngnathe, térébelle ■ 10 amphineure, bryozoaire, cœlentéré, cyclostome, hippocampe, holothurie, leishmanie, leptospire, métazoaire, microcosme, noctilique, pentacrine, péridinien, phytozoaire, ptérygotus, radiolaire, rhizostome, stelléride, sténohalin, stomocordé, vorticelle ■ 11 balénoptère, brachiopode, euphausiacé, globigérine, hydrozoaire, phytozoaire, plésiosaure, protozoaire, pycnogonide, spirographe, sporozoaire, sténotherme, syngnathidé, térébratule ■ 12 foraminifère, globicéphale, hématozoaire, kamptozoaire, rhynchonelle, scyphozoaire, siphonophore ■ 15 coccolithophore.

**MARINADE :** 9 escabèche.

**MARINE :** 4 ajut, pale, sain, stop, tape ■ 5 ajust, bande, barre, bordé, bosse, caban, capot, coque, écore, épart, épite, espar, falun, filer, funin, fusée, gabie, gaffe, gambe, ganse, genre, gîter, goret, grade, grain, herpe, jauge, lacer, livet, louve, lusin, mille, nager, naval, nœud, palée, panne, parer, passe, patte, pelle, penne, phare, plein, plomb, point, poste, prime, puits, quart, quête, raban, rhumb, rider, risée, saute, suroît, talon, touée, tramp, tréou, virer, voûte ■ 6 novice ■ 7 matelot, midship ■ 8 amirauté, caronade, cornette, enseigne, marinier, maritime, navarque, navigant, portulan, rollmops, tandoori ■ 9 aéronaval, commodore, flottille ■ 10 commandant, maistrance, midshipman, navigation*, torpilleur, trois-ponts, vice-amiral ■ 12 aéromaritime, contre-amiral, shipchandler, terre-neuvien ■ 13 lithothamnium.

**MARINIER :** 4 croc ■ 8 batelier.

**MARIONNETTE :** 6 pantin* ■ 7 bunraku, gigogne, guignol, pupazzo ■ 8 automate, fantoche, shamisen ■ 12 polichinelle ■ 14 marionnettiste.

**MARITIME :** 5 marin* ■ 12 hydrographie ■ 14 continentalité ■ 15 radioalignement.

**MARITORNE :** 6 virago ■ 8 servante.

**MARIVAUDER :** 8 folâtrer ■ 11 marivaudage.

**MARJOLAINE :** 6 origan.

**MARKETING :** 9 marchéage ■ 10 mercatique.

**MARMAILLE :** 6 enfant ■ 7 enfance*, famille.

**MARMELADE :** 5 pomme ■ 9 confiture.

**MARMITAGE :** 8 marmiter.

**MARMITE :** 3 pot ■ 7 cocotte, cuiseur ■ 8 marmitée, pot-au-feu ■ 9 braisière, huguenote ■ 10 bouteillon ■ 11 crémaillère.

**MARMITEUX :** 9 misérable.

**MARMITON :** 9 cuisinier, gâte-sauce ■ 12 tourne-broche.

**MARMONNER :** 8 murmurer* ■ 12 marmonnement.

**MARMOT :** 6 enfant ■ 7 enfance*.

**MARMOTTE :** 5 daman, malle ■ 6 murmel ■ 7 fanchon ■ 8 siffleux ■ 10 marmotteur.

**MARMOTTER :** 8 maronner, murmurer*.

**MARNAGE :** 7 vive-eau.

**MARNE :** 5 salse, trias ■ 6 marner ■ 7 marnage, marnais, marneux ■ 8 marnière.

**MAROCAIN :** 3 fes, fez, kif ■ 4 alfa, kiff ■ 6 mellah ■ 7 maghzen, makhzen.

**MAROCAINE :** 6 tagine, taline.

**MAROQUIN :** 4 cuir ■ 10 maroquiner ■ 11 maroquinage ■ 12 maroquinerie.
**MAROQUINE :** 8 cordouan.
**MAROTTE :** 4 dada ■ 5 folie*, manie*.
**MAROUFLE :** 6 coquin* ■ 8 grossier*.
**MAROUFLER :** 8 maroufle ■ 10 marouflage.
**MARQUAGE :** 5 rodéo ■ 7 ferrage ■ 8 lettrage ■ 10 souchetage.
**MARQUE :** 3 net, pli, v.i.p. ■ 4 bleu, cote, logo, note, obel, slip, tour, zone ■ 5 bâton, borne, coche, diffa, extra, fiche, jalon, jeton, label, livet, mètre, noter, nylon, obèle, palet, pieux, piste, point, ponte, salut, sceau, score, signe, style, suçon, tabou, tache, tigré, titre, toton, trace*, trait, veine, zébré ■ 6 bringé, buriné, cachet, fichet, griffe, indice, isorel, pinçon, preuve, repère, timbre ■ 7 cornier, critère, emblème, estampe, gravure, hommage, insigne, poinçon, pommelé, sillage, tiqueté, tranche, trophée, tuméfié, vestige ■ 8 accentué, balivage, contrôle, couronne, couturer, enseigne, entaille, logotype, marbrure, marqueur, mont-joie, pointage, plombage, prononcé, remarque, réticulé, stigmate, tatouage, vergeure, vervelle ■ 9 alinéaire, cicatrice, contrasté, critérium, démarquer, empreinte*, éraillure, fatidique, martelage, oblitérer ■ 10 astérisque, comparatif, estampille, salamandre, sous-marque, témoignage ■ 11 caractérisé, distinction, flétrissure, remarquable ■ 12 contre-marque ■ 13 contre-marquer, démonstration, transitionnel.
**MARQUER :** 5 coter, layer, noter, tomer ■ 6 cocher, créner, diéser, écrire, ferrer, graver, ligner, signer, tracer, zébrer ■ 7 accuser, augurer, déceler, dénoter, exhaler, flâtrer, flétrir, montrer, plomber, pointer, repérer, révéler, scander, sceller, siniser, tatouer, timbrer ■ 8 annoncer, cacheter, dénoncer, désigner, estamper, gréneler, hachurer, imprimer, indiquer, jalonner, lettrage, marquage, marquoir, marteler, pointeau, ponctuer, présager, respirer, rotoquer, rouanner, signaler, tacheter, tringler, virguler ■ 9 accentuer, bémoliser, biseauter, composter, étalonner, étiqueter, inaugurer, insculper, marqueter, moucheter, numéroter, rechampir, remarquer, souligner ■ 10 composteur, empreindre, kilométrer, matriculer, poinçonner ■ 11 estampiller, stigmatiser ■ 12 pronostiquer.
**MARQUETER :** 6 truité ■ 7 diaprer, taveler ■ 8 barioler, pommeler, tacheter ■ 9 moucheter.
**MARQUETERIE :** 5 boule ■ 6 boulle ■ 7 placage, zellige ■ 8 mosaïque ■ 9 marqueter ■ 10 marqueteur ■ 11 tabletterie ■ 12 incrustation ■ 13 damasquinerie.
**MARQUIS :** 5 comte, titre ■ 9 marquisat.
**MARRAINE :** 7 commère ■ 10 parrainage.
**MARRI :** 5 fâché*.
**MARRON :** 4 coup, gnon ■ 6 havane ■ 8 esculine ■ 9 châtaigne, marronner ■ 11 marronnier, tête-de-nègre.
**MARS :** 11 aréographie.
**MARSOUIN :** 8 épaulard.
**MARSUPIAL :** 5 koala, koola, yapok ■ 6 wombat ■ 7 dasyure, opossum, sarigue, wallaby ■ 8 péramèle ■ 9 kangourou, phalanger, thylacine, wombatidé ■ 11 métathérien.
**MARTEAU :** 3 hie ■ 4 bloc, esse, laie, têtu ■ 5 batte, drome, masse, mater, panne, picot, pilon, tille ■ 6 asseau, chasse, massue, matage, merlin, piffre, rivoir, smille, utinet ■ 7 angrois, assette, bigorne, engrois, longuet, maillet, pannoir, taillet, tapette ■ 8 besaiguë, brochoir, chassoir, couperet, épinçoir, flattoir, marteler, martinet, mar-

toire, repousse, rustique ■ 9 boucharde, casse-tête, décognoir, ferratier, ferretier, machelote, mailloche, maillotin, marteline, patarasse, rabattoir ■ 11 aplatissoir, taillandier ■ 12 aplatissoire, casse-pierres, emboutissoir, frappe-devant, marteau-pilon ■ 13 requin-marteau.
**MARTELAGE :** 5 fonte ■ 8 ressuage ■ 9 marteleur.
**MARTELER :** 8 emboutir, taconeos ■ 11 martèlement.
**MARTENSITE :** 13 martensitique.
**MARTIAL :** 5 brave* ■ 8 guerrier ■ 9 prestance ■ 10 belliqueux ■ 12 martialement.
**MARTIAUX :** 4 dojo.
**MARTIEN :** 11 aréographie.
**MARTINET :** 5 fouet ■ 11 arbalétrier.
**MARTINIQUAIS :** 4 béké, café ■ 7 diamant.
**MARTRE :** 5 sable ■ 6 murmel ■ 8 zibeline.
**MARTYR :** 7 martyre, victime ■ 8 ménologe, supplice ■ 9 martyrium ■ 10 martyriser ■ 11 martyrologe.
**MARTYRISER :** 8 torturer* ■ 10 persécuter.
**MARXISME :** 8 marxiste ■ 10 socialisme ■ 14 freudo-marxisme.
**MARXISTE :** 8 marxiser ■ 10 surtravail.
**MASCARADE :** 6 défilé, masque ■ 8 arlequin, carnaval, chienlit ■ 11 déguisement ■ 15 travestissement.
**MASCARET :** 4 bore ■ 5 barre.
**MASCOTTE :** 7 fétiche.
**MASCULIN :** 4 mâle* ■ 5 agnat, homme*, viril ■ 6 condom ■ 8 virilité ■ 9 pardessus ■ 10 virilisant ■ 11 haut-contre ■ 12 masculiniser.
**MASOCHISME :** 10 algolagnie, masochiste ■ 14 sadomasochisme.
**MASOCHISTE :** 4 maso.
**MASQUE :** 4 loup ■ 5 écran, voile ■ 6 touret ■ 7 cagoule ■ 8 chienlit, katchina, mascaron ■ 9 démasquer, encagoulé, mascarade.
**MASQUER :** 6 cacher*, sauver ■ 7 couvrir* ■ 8 déguiser, masquage, occulter.
**MASSACRE :** 3 sac ■ 6 tuerie ■ 7 carnage ■ 14 septembrisades.
**MASSACRER :** 4 tuer* ■ 7 égorger, immoler ■ 8 trucider ■ 10 exterminer, massacreur.
**MASSAGE :** 6 masser ■ 7 masseur ■ 10 pétrissage ■ 12 pétrissement, vibromasseur.
**MASSE :** 3 roc, ton ■ 4 amas, bloc, gîte, marc, mole, névé, once ■ 5 balle, bulbe, chyme, écume, exode, gauss, géode, grain, lagon, livre, magma, maque, marée, méson, motte, noyau, nuage, ounce, paume, poids, pound, point, prise, roche, savon, sonde, sucre, tonne, tuyau ■ 6 acinus, baryon, coulée, gramme, gueuse, macque, mouton, pépite, pluton, rocher, rognon, volume ■ 7 caillot, cloaque, colonne, iceberg, isobare, marteau, plommée, pressée, quintal, remblai ■ 8 biomasse, coagulum, grammage, komsomol, massique, monument, neutrino, paraison, pollinie, populace, quantité, short ton, synctium, tourteau, tubéreux ■ 9 accrétion, advection, aérolithe, avalanche, grumelure, mass media, multitude, nébuleuse, péninsule, plan-masse ■ 10 antiproton, arrière-ban, atmosphère, kieselguhr, kilogramme, pare-éclats, pondérable, tourbillon ■ 11 caillebotte, conglomérer, coup-de-poing, hectogramme, protoétoile, solifluxion, stéatopygie ■ 12 casse-pierres, solifluction ■ 13 concentration, massification, valence-gramme ■ 14 molécule-gramme.
**MASSELOTTE :** 3 jet.
**MASSER :** 7 frotter, malaxer, massage ■ 11 frictionner.
**MASSIF :** 5 butée, léger, trône ■ 6 pesant, solide, statif ■ 7 bosquet,

couvert, orillon ■ 8 ennoyage ■ 9 massiveté, massivité, propagule ■ 10 emplanture, raz de marée ■ 11 massivement ■ 15 intramontagnard.
**MASSIQUE :** 8 molalité.
**MASSUE :** 3 mil ■ 4 arme ■ 5 bâton, masse, tinel, typha ■ 7 marteau*, plombée ■ 8 matraque ■ 9 casse-tête.
**MASTABA :** 6 serdah.
**MASTIC :** 5 futée, mollé ■ 6 ciment ■ 9 lentisque, masticage, mastiquer ■ 11 démastiquer.
**MASTICATEUR :** 12 ptérogoïdien.
**MASTICATOIRE :** 4 arec ■ 5 bétel ■ 10 chewing-gum ■ 11 mastigadour.
**MASTIQUER :** 6 mâcher* ■ 11 remastiquer.
**MASTITE :** 7 mammite.
**MASTOC :** 5 lourd.
**MASTODONTE :** 4 gros ■ 13 proboscidien.
**MASTOÏDIEN :** 10 mastoïdite.
**MASTROQUET :** 7 troquet.
**MASURE :** 7 baraque.
**MAT :** 3 gui ■ 4 cape, étui, hune, pâle ■ 5 bigue, blème, coque, corne, espar, gabie, gréer, ketch, mater, matir, phare, pomme, raser, sloop, terne, voile ■ 6 albène, bas-mât, échecs, mâtage, matité, mâture, vergue ■ 7 artimon, beaupré, cocagne, misaine, tapecul ■ 8 cacatois, deux-mâts, étambrai, goélette, mâtereau, nid-de-pie, pantoire, perruche, suspente, trinquet ■ 9 banderole, estrapade, galhauban, girouette, perroquet, sémaphore, trois-mâts ■ 10 bout-dehors, emplanture, grand-voile, pas-de-géant, tourmentin.
**MATADOR :** 6 espada, muleta, torero.
**MATAMORE :** 8 bravache, rodomont ■ 15 tranche-montagne.
**MATCH :** 4 ring ■ 5 round, score ■ 6 combat ■ 7 barrage, matcher ■ 8 carencer ■ 9 test-match ■ 10 compétition*.
**MATELAS :** 4 drap ■ 5 duvet, futon, plume ■ 7 sommier ■ 10 matelasser ■ 11 matelassier, matelassure.
**MATELASSEE :** 8 coudière.
**MATELOT :** 4 loup ■ 5 hamac, marin*, mataf, vigie ■ 6 calier, gabier, lascar, mousse ■ 7 pilotin, soutier ■ 8 batelier, coquerie, lamaneur, marinier, marsouin, mathurin, pompiste ■ 9 cambusier, loup de mer ■ 11 moussaillon.
**MATELOTE :** 8 pochouse ■ 9 pauchouse.
**MATER :** 7 dompter*, macérer ■ 8 humilier ■ 9 surmonter.
**MATERIALISATION :** 7 bornage.
**MATERIALISER :** 15 matérialisation.
**MATERIALISME :** 12 matérialiste ■ 13 spiritualisme.
**MATERIAU :** 4 skaï ■ 5 banco, béton, roche ■ 6 cermet ■ 7 formica, gravats, gravois, lamifié, mortier, péperin ■ 8 carrière, emmétrer, gélivité ■ 9 blocaille, décombres, presspahn, stratifié ■ 10 couverture, éboulement, maçonnerie ■ 11 abrasimètre, conglomérat, fibrociment, placoplâtre, soudabilité, usinabilité ■ 12 anélasticité, lamellé-collé ■ 13 amiante-ciment ■ 15 superplasticité.
**MATERIEL :** 4 parc, raid ■ 5 affût, corps, engin, flûte, matos, outil*, point, revue, train ■ 6 glisse, loader, ripper, rooter ■ 7 leasing, surplus, univers ■ 8 archerie, dragline, droppage, physique, temporel, traction ■ 9 archétype, casernier, convivial, jouisseur, tradition, vignetage ■ 10 équipement ■ 11 engineering, maintenance, matérialité, réplication, terre à terre ■ 12 incrémentiel, matérialiser, obsolescence, physiquement, transhorizon ■ 15 matérialisation.
**MATERNEL :** 4 mère ■ 13 matrilinéaire ■ 14 maternellement.

**MATERNELLE :** 10 frœbélien ■ 11 préélémentaire.
**MATHEMATIQUE :** 4 math ■ 5 algol, lemme, limbe, moyen, point, suite, trois ■ 6 précis ■ 7 fractal, matheux ■ 8 actuaire ■ 9 conjugués, hypotaupe, topologie ■ 10 lemniscate, logistique, sémiotique ■ 11 logisticien, statistique ■ 12 combinatoire ■ 13 mathématicien, trigonométrie.
**MATIERE :** 2 de, en, es ■ 3 glu, pvc ■ 4 bran, chef, dont, fond, jute, lave, lest, miel, noir, pâte, pite, soja, soya, suie ■ 5 abaca, bysse, chaos, ciron, colle, corps, crème, dépôt, émail, étron, filon, humus, jaune, joyau, laque, libre, litre, manne, moule, nylon, objet, ovule, plein, point, quick, rocou, rouge, sanie, savon, suint, sujet*, table, tamis, thème, tissu, titre, veine ■ 6 archée, bitume, éosine, indigo, nature*, propos, pruine, râpure, scorie, smegma, téflon ■ 7 amiante, article, charnel, contage, crachat, dulcite, engrais, pigment, quarter, rhodoïd, rupiner, saburre, semoule ■ 8 altuglas, chapitre, dépotoir, dextrine, fuchsine, induline, matériau, matériel, méconium, orseille, peinture, physique, protéine, quartage, rubrique, thionine ■ 9 alizarine, celluloïd, excrément, flammèche, galalithe, hylétique, météorite, phtaléine, plastique, polyester, programme, propergol, purpurine, substance*, rhodamine ■ 10 abiogenèse, dessablage, discipline, discutable, formalisme, hylozoïsme, matiérisme, pultrusion ■ 11 combustible, demi-produit, matérialité, polypropène, polystyrène, prélèvement, rembourrure ■ 12 éclaboussure, fluorescéine, matérialisme, polyéthylène, polyuréthane, psychokinèse ■ 13 polypropylène, polyuréthanne, psychokinésie, vernix caseosa ■ 15 thermoplastique.
**MATIERE COLORANTE :** 6 éosine ■ 8 mauvéine, thionine ■ 10 indophénol.
**MATIERE GRASSE :** 5 crème ■ 8 butyrine.
**MATIERE PLASTIQUE :** 7 oyonnax ■ 11 phénoplaste ■ 14 acétocellulose.
**MATIN :** 4 aube ■ 5 rosée ■ 6 aubade, aurore, landes ■ 7 corneau, corniot, matinal, matinée, matines ■ 8 corniaud, déjeuner, matineux, matinier, nocturne, peignoir ■ 9 matutinal ■ 11 invitatoire ■ 12 matinalement ■ 13 petit déjeuner.
**MATINEE :** 6 brunch ■ 9 avant-midi.
**MATOIS :** 4 rusé* ■ 5 madré, malin* ■ 10 matoiserie.
**MATRAQUE :** 5 bâton ■ 6 bidule ■ 9 matraquer ■ 10 matraqueur.
**MATRAS :** 9 florentin.
**MATRIARCAT :** 10 matriarcal.
**MATRICAIRE :** 8 anthémis ■ 9 camomille.
**MATRICE :** 5 moule ■ 6 étampe, frappe, utérus ■ 8 estamper, matricer ■ 9 matriçage, matriciel ■ 10 transposée.
**MATRICULE :** 5 liste ■ 10 matriculer ■ 12 immatriculer, matriculaire.
**MATRILINEAIRE :** 9 matriclan.
**MATRILOCAL :** 10 uxorilocal.
**MATRIMONIAL :** 7 nuptial ■ 8 conjugal.
**MATRONE :** 9 sage-femme ■ 13 entremetteuse.
**MATTHIOLE :** 7 violier ■ 11 quarantaine.
**MATURATION :** 7 coction ■ 9 mûrissage ■ 10 mégalocyte ■ 11 mûrissement ■ 12 immaturation.
**MATURE :** 3 mât* ■ 5 agrès, drome, vigie ■ 7 tripode ■ 9 boute-hors ■ 10 enfléchure.
**MATURITE :** 5 fruit, valve ■ 7 coction, verdeur ■ 8 immaturé, véraison ■ 9 déhiscent ■ 10 maturation, mûrisserie, sporophyte ■ 13 blettissement.

**MAUDIRE :** 4 haïr, huer ■ 5 jurer ■ 6 blâmer, damner, pester ■ 7 exécrer ■ 8 détester, injurier, maugréer, proférer ■ 9 condamner ■ 10 blasphémer, déshériter ■ 11 excommunier, malédiction, maudissable.
**MAUDIT :** 5 sacré ■ 8 réprouvé ■ 10 abominable.
**MAUGREER :** 8 murmurer* ■ 10 ronchonner.
**MAUPITEUX :** 8 inhumain.
**MAURE :** 5 arabe.
**MAURITANIE :** 7 ougouiya.
**MAUSOLEE :** 5 tombe, türbe ■ 6 turbeh.
**MAUSSADE :** 5 morne ■ 6 bourru, morose, triste* ■ 7 chagrin, grimaud, méchant ■ 8 hargneux ■ 9 acariâtre, renfrogné ■ 10 massacrant, pessimiste ■ 12 maussadement, mélancolique ■ 13 pisse-vinaigre.
**MAUVAIS :** 3 mal, pis ■ 4 abus, aloi, miro, pire, puer, roui ■ 5 bouge, brave, cabot, carne, catin, démon, drôle, fichu, fille, fruit, garce, gaupe, gouge, grime, kitch, ladre, moche, panne, péché, perte, pitié, rapin, rogne, sabot, tapin ■ 6 bibine, chétif, infect, manque, maudit, pauvre, poison, rafiot, tocard, véreux ■ 7 cabotin, mazette, méchant*, mésuser, mévente, peccant ■ 8 barbaque, canasson, chignole, criblure, crincrin, délabrer, déplorer, empester, fagotage, graillon, histrion, malfaire, médiocre, merdique, nuisible*, piquette, rechigné, renfermé, sarclure, sinistre, turlupin ■ 9 chlinguer, clinquant, dangereux*, duplicité, exécrable, garnement, gâte-sauce, grognerie, haridelle, imbuvable, malignité, pitoyable, poétereau, rebuffade, rimailler ■ 10 abominable, barbouille, bousilleur, chamarrure, crayonneur, croquenote, déplorable, détériorer, détestable, fricasseur, intempérie, lamentable, mal-en-point, malodorant, méconduite, médicastre, mésestimer, replâtrage, rimailleur, rossinante, schlinguer, tord-boyaux ■ 11 avocasserie, barbouillis, maussaderie, ragougnasse, turlupinade ■ 12 badigeonneur, barbouillage, gribouillage, maltraitance, malveillance, pestilentiel, polichinelle ■ 14 entourloupette, malintentionné.
**MAUVAISE VIE :** 9 chabraque ■ 10 courtisane, prostituée, schabraque ■ 11 gourgandine.
**MAUVE :** 4 musc ■ 5 lilas, parme ■ 8 lie-de-vin.
**MAUVIETTE :** 6 faible ■ 8 alouette.
**MAXILLAIRE :** 4 auge ■ 7 trismus ■ 13 sus-maxillaire.
**MAXILLIPEDE :** 13 patte-mâchoire.
**MAXIMAL :** 4 maxi ■ 7 vive-eau.
**MAXIMALE :** 14 productibilité.
**MAXIME :** 3 ana, dit ■ 5 adage, dogme, règle ■ 6 axiome, devise, diction, pensée* ■ 7 parémie ■ 8 gnomique, moralité, précepte, proverbe, sentence ■ 9 aphorisme ■ 10 apophtegme.
**MAXIMISER :** 10 maximation ■ 14 maximalisation.
**MAXIMUM :** 4 port ■ 5 phase ■ 6 limite, pointe ■ 7 plafond, valence ■ 8 extremum, virulent ■ 9 amplitude, familiale ■ 10 contingent.
**MAYENNE :** 9 mayennais.
**MAYONNAISE :** 7 tartare ■ 9 rémoulade.
**MAZDEISME :** 7 mazdéen.
**MAZER :** 7 mazéage.
**MAZETTE :** 6 cheval ■ 9 maladroit.
**MAZOUT :** 4 fuel ■ 7 fuel-oil ■ 8 mazouter ■ 10 démazouter ■ 12 water-ballast.
**MAZURKA :** 6 rédowa ■ 11 varsovienne.
**MEA-CULPA :** 4 aveu.
**MEANDRE :** 5 bayou ■ 8 sinuosité ■ 10 labyrinthe, méandrique.

**MEAT :** 5 canal ■ 8 clitoris.
**MEAUX :** 7 meldois.
**MEC :** 3 gus ■ 5 gonze, gusse.
**MECANICIEN :** 6 mécano ■ 7 wattman ■ 10 diéséliste, machiniste.
**MECANIQUE :** 5 joule, masse, pelle, point, polir, siège ■ 6 cardan, joujou, statif, stoker, trieur ■ 7 cautère, machine, scieuse ■ 8 bobinoir, criblage, machinal, psyllium, statique, ultra-son ■ 9 dynamique, escalator, palonnier, renvideur ■ 10 fourchette, machinisme, masselotte, mécanicien, pelleteuse, ranimation, sténotypie ■ 11 cinématique, contraction ■ 12 biomécanique, hémostatique, introjection ■ 13 mécaniquement, servocommande ■ 14 mécanothérapie, servomécanisme ■ 15 différentiateur, thermodynamique.
**MECANISER :** 12 mécanisation.
**MECANISME :** 4 truc ■ 5 armer, point ■ 6 rouage ■ 7 détente ■ 8 arrêtoir, baladeur, enrayage, pédalier, poussoir, registre, revolver, secoueur, tracteur ■ 9 démouleur, détraquer, direction, embrayage, étouffoir, lève-glace, lève-vitre, mécaniste, mouvement, récepteur, réducteur ■ 10 changement, dérailleur, enraiement, enrayement, pathogénie, pétrologie, régulateur, régulation, servofrein ■ 11 échappement, genouillère, mécanicisme, pathogenèse ■ 12 cybernétique, détoxication, introjection, transmission ■ 13 desmodromique, servocommande ■ 14 servomécanisme ■ 15 glycorégulation.
**MECENE :** 10 protecteur.
**MECHANCETE :** 6 fureur, malice ■ 7 aigreur, cruauté, félonie, rancune, vilenie* ■ 8 calomnie, noirceur, vacherie, violence ■ 9 agression, brutalité, épigramme, injustice, malignité, médisance, mordacité, vengeance ■ 10 corruption, mauvaiseté, méchamment, perversité, sauvagerie ■ 12 malveillance, scélératesse, sournoiserie.
**MECHANT :** 3 mal ■ 4 amer, noir ■ 5 aigre, cruel, démon, félon, furie, garce, malin, peste, rétif, rosse, vache, zoïle ■ 6 acerbe, brutal, fripon, mégère, salaud, taquin, teigne, vilain, vipère ■ 7 choléra, emporté, furieux, incisif, indigne, injuste*, mauvais*, mordant, pervers, rossard, sauvage, vachard, violent ■ 8 agressif, corrosif, espiègle, fielleux, indocile, infernal, médiocre, médisant, nuisible, pendable, sournois, venimeux ■ 9 diablesse, rancunier, sans-cœur, satirique ■ 10 calomnieux, diabolique, malfaisant, sardonique, vindicatif ■ 11 malveillant ■ 12 gribouillage, indiscipliné.
**MECHE :** 3 épi ■ 5 barre, bombe ■ 6 fraise, guiche, mécher ■ 7 cordeau ■ 8 bickfort, jaumière, lumignon ■ 9 aiguillot, déméchage, moucheron, rat-de-cave ■ 12 rouflaquette ■ 13 accroche-cœur.
**MECOMPTE :** 9 déception ■ 10 malentendu.
**MECOMPTER :** 7 tromper.
**MECONNAISSABLE :** 9 défigurer.
**MECONNAISSANCE :** 5 oubli.
**MECONNAITRE :** 7 ignorer, inconnu ■ 14 méconnaissance.
**MECONTENT :** 5 fâché* ■ 6 bougon ■ 7 grognon ■ 8 geignard, grognard, grondeur, hargneux, plaintif ■ 9 gémisseur ■ 11 mécontenter ■ 12 pleurnicheur.
**MECONTENTEMENT :** 4 bile, moue ■ 5 dépit ■ 6 colère*, fureur, regret ■ 7 plainte ■ 8 défaveur, disgrâce, reproche, tempêter ■ 9 agacement, déception, déplaisir, discrédit, gronderie ■ 10 grognement, pessimisme, renfrogner, sourciller ■ 11 contrariété*, désagrément, froissement, gémissement ■ 12 exaspération ■ 13 désobligeance ■ 14 pleurnichement.
**MECONTENTER :** 5 gémir ■ 6 agacer, fâcher* ■ 7 ennuyer, geindre,

grogner, gronder, ragoter ■ 8 affecter, déplaire*, maronner, plaindre ■ 9 bougonner, grommeler, marmonner, offusquer, raisonner ■ 10 contrarier*, désobliger, indisposer ■ 11 pleurnicher.
**MECREANT :** 5 impie* ■ 11 irréligieux*.
**MEDAILLE :** 4 coin ■ 5 avers, jeton, pièce, pilon ■ 6 banane, méreau, plaque ■ 7 exergue, insigne ■ 8 quinaire ■ 9 bractéate, crénelage, médailler, médaillon, numismate ■ 10 cistophore, médailleur, médaillier, récompense ■ 11 contorniate, médailliste ■ 12 numismatique.
**MEDE :** 4 mage ■ 5 tiare ■ 7 médique ■ 10 cunéiforme.
**MEDECIN :** 5 ovate, poste ■ 6 toubib ■ 7 adjuvat, carabin, docteur, externe, faculté, interne, légiste, messire ■ 8 esculape, gériatre, médecine, oculiste, spéculum, traitant ■ 9 aliéniste, allopathe, charlatan, clinicien, empirique, empiriste, morticole, phoniatre, physicien, praticien, sidologue ■ 10 angiologue, chirurgien, doctoresse, médicastre, psychiatre, thérapeute ■ 11 cardiologue, gynécologue, hématologue, pneumologue, proctologue, réanimateur, spécialiste ■ 12 anesthésiste, obstétricien, pathologiste, phtisiologue, rhumatologue ■ 13 chiropracteur, gynécologiste, hématologiste, omnipraticien, ophtalmologue, propharmacien ■ 14 dermatologiste, endocrinologue, médecin-conseil, stomatologiste ■ 15 ophtalmologiste.
**MEDECINE :** 4 cure, néré ■ 5 sujet ■ 7 hygiène, médical, médecin ■ 8 clinique, internat, picrique ■ 9 ambulance, chirurgie*, étiologie, galénisme, gériatrie, hépatique, médicinal, pédiatrie, résidanat, spartéine ■ 10 acuponcture, acupuncture, allopathie, biomédical, diagnostic, étiopathie, hippiatrie, phoniatrie, prédictive, proctologie, sémiologie ■ 11 cardiologie, gynécologie, hématologie, médico-légal, pneumologie, prophylaxie, séméiologie, toxicologie ■ 12 allergologie, biomécanique, cancérologie, carcinologie, dermatologie, ergothérapie, médicalement, médico-social, phtisiologie, rhumatologie, voltaïsation ■ 13 abaisse-langue, bactériologie, gouttte-à-goutte, héliothérapie, infectiologie, médico-sportif, périnatalogie, radiothérapie, thérapeutique ■ 14 balnéothérapie, endocrinologie, physiothérapie ■ 15 arsonvalisation.
**MEDIA :** 6 médium ■ 9 ludologue ■ 10 médiatiser, multimédia ■ 11 généraliste.
**MEDIAN :** 6 milieu ■ 8 ethmoïde ■ 9 abduction, adduction, mésocarpe.
**MEDIAT :** 10 médiatiser ■ 13 médiatisation.
**MEDIATEUR :** 10 interposé, intervenir, médiatiser ■ 13 bromocriptine, cholinergique.
**MEDIATION :** 9 entremise ■ 11 négociation ■ 12 intervention.
**MEDICAL :** 8 thérapie ■ 11 orthoptiste ■ 13 démédicaliser.
**MEDICALE :** 4 s.a.m.u. ■ 9 humorisme, sénologie ■ 10 monitoring ■ 11 médicaliser, phlébologie, sous-médical ■ 12 électrologie, néonatalogie ■ 14 surmédicaliser.
**MEDICALISER :** 14 médicalisation.
**MEDICAMENT :** 3 a.z.t. ■ 4 dose ■ 5 baume, codex, doser, gutte, jalep, looch, ovule, sirop, spray ■ 6 drogue, élixir, kamala, kermès, oxymel, pilule, potion, remède* ■ 7 alcalin, collyre, confort, héroïne, mellite, mixtion, onguent, panacée, placébo, surdose ■ 8 adjuvant, assation, comprimé, épithème, héroïque, laudanum, liniment, pastille, sinapisé, ténifuge ■ 9 aconitine, biguanide, clomifène, coupe-faim, diachylon, édulcorer, excipient, glycérole, iatrogène, linguette, pansement, pharmacie*, résolutif, sinapisme, succédané, thériaque ■ 10 antipyrine, antitussif, cataplasme, cholagogue, clofibrate, collutoire, eucalyptol, eupeptique, gargarisme, gomme-gutte, hypnotique, imipramine, iso-

niazide, médication, opodeldoch, pholcodine, saccharole, saccharure, spécialité, spécifique, stomatique, stupéfiant, toxidermie, trochisque, vésication ■ 11 allopurinal, analeptique, chloroquine, emménagogue, hypotenseur, méprobamate, myorelaxant, paracétamol, pharmacopée, psychotrope, rubéfaction, vésicatoire ■ 12 anticalcique, antiémétique, antifongique, antiulcéreux, anxiolytique, arsénobenzol, caryolytique, cholérétique, cyclosporine, hypodermique, indométacine, masticatoire, médicamenter, strophantine, suppositoire ■ 13 acétylcholine, antithermique, cardiotonique, contre-indiqué, médicamenteux, pharmacologie, pharmacomanie, phénobarbital, reconstituant ■ 14 antidépresseur, antidiurétique, neuromédiateur, phénylbutazone, tranquillisant ■ 15 antiasthmatique, antiépileptique, antiprurigineux, ganglioplégique, pharmacodynamie.

**MEDICAMENTEUX :** 6 pellet, saponé.

**MEDICATION :** 4 cure ■ 5 purge ■ 8 ablation, excision, incision ■ 9 opération, résection ■ 10 traitement ■ 11 énucléation, extirpation.

**MEDICINAL :** 3 ive, rue ■ 4 houx ■ 5 aunée, mauve, ricin, sauge, yèble ■ 6 hièble, sabine, simple, sureau ■ 7 bardane, bouleau, cresson, fougère, médical, nerprun, tilleul ■ 8 amandier, consoude, gentiane, guimauve, quassier, réglisse, roquette, verveine, violette ■ 9 bourrache, camomille, chiendent, valériane ■ 10 eucalyptus, herboriste, mercuriale.

**MEDICINALE :** 6 cubèbe.

**MEDIEVAL :** 9 centenier ■ 11 chantefable.

**MEDIEVALE :** 6 vimana ■ 8 languier ■ 9 dravidien.

**MEDIOCRE :** 3 nul ■ 4 fade, menu, pâle, vain ■ 5 banal*, moyen, terne ■ 6 cancre, chétif, cloche, commun, faible, humble, manque, modéré, obscur, pauvre, piètre, piteux, tocard ■ 7 douteux, étriqué, mesquin, modeste, modique, pisseur, trivial ■ 8 grossier, passable, plumitif, violoner, vulgaire ■ 9 imparfait, inférieur, ordinaire, pitoyable, poitereau, reluisant, suffisant ■ 10 médiocrité, quelconque ■ 11 écrivaillon, médiocratie ■ 12 écrivailleur, médiocrement, satisfaisant ■ 13 scribouilleur.

**MEDIOCREMENT :** 9 jouailler.

**MEDIRE :** 5 baver, jaser, lucre ■ 6 abîmer, bêcher, dauber ■ 7 accuser, défiler, potiner, ragoter, ravaler ■ 8 cancaner, commérer, décauser, dénigrer, éreinter, médisant ■ 9 calomnier, clabauder, déprécier, desservir, distiller, épiloguer ■ 10 déblatérer, incriminer ■ 11 discréditer ■ 13 entre-déchirer.

**MEDISANCE :** 3 mal ■ 4 gale ■ 5 aspic, on-dit ■ 6 cancan, propos, satire ■ 7 serpent ■ 8 diatribe ■ 10 méchanceté ■ 11 clabauderie, criaillerie, dénigrement.

**MEDITATION :** 6 pensée ■ 7 rêverie ■ 9 attention, méditatif, réflexion ■ 13 contemplation, recueillement.

**MEDITER :** 5 mûrir, rêver ■ 6 penser*, rouler ■ 8 préparer, spéculer ■ 9 réfléchir* ■ 10 recueillir.

**MEDITERRANEEN :** 2 if ■ 4 cône, lion, loup, thon, thym ■ 5 cabot, murex, myrte, scare ■ 7 étésien, lamparo, néréide ■ 8 alicante, clovisse, felouque, pastèque, pélamide, pélamyde, rascasse, squatina, squatine ■ 9 caroubier, gattilier, grenadier, laurier-tin, santoline ■ 10 carbousier, microcosme ■ 11 agnus-castus, vénéricarde.

**MEDIUM :** 8 télépathe ■ 10 médiumnite ■ 11 médiumnique.

**MEDOC :** 7 margaux.

**MEDULLAIRE :** 6 moelle ■ 8 énostose.

**MEDULLOSURRENALE :** 15 médullosurrénal.

**MEDUSE:** 5 ébahi* ■ 7 aurélie ■ 8 ombrelle ■ 9 manubrium ■ 10 auréliacée, lucernaire, rhizostome.
**MEETING:** 7 réunion.
**MEFAIT:** 5 faute* ■ 7 dommage ■ 11 blouson noir.
**MEFIANCE:** 5 doute* ■ 7 méfiant ■ 8 défiance*, paranoïa.
**MEFIANT:** 7 défiant* ■ 8 farouche, sournois ■ 9 cauteleux, ombrageux ■ 11 soupçonneux.
**MEGAELECTROVOLT:** 3 mev.
**MEGAHERTZ:** 9 mégacycle.
**MEGALITHE:** 6 menhir ■ 8 cromlech ■ 12 mégalithisme.
**MEGALOBLASTE:** 10 mégalocyte.
**MEGALOCYTE:** 13 mégalocytaire.
**MEGALOMANE:** 6 mégalo.
**MEGALOMANIE:** 10 mégalomane ■ 14 mégalomaniaque.
**MEGARDE:** 5 oubli* ■ 6 erreur* ■ 11 distraction*.
**MEGERE:** 5 furie ■ 6 chipie, harpie, ménade, poison, virago ■ 8 sorcière ■ 9 bacchante.
**MEGIR:** 5 mégie, mégis ■ 8 mégisser.
**MEGOTER:** 8 mégotage.
**MEHARI:** 7 méharée ■ 9 méhariste ■ 10 dromadaire.
**MEILLEUR:** 4 état ■ 5 crème, élite, fleur, loges, mieux* ■ 7 premier ■ 8 bonifier, corriger, rabonnir ■ 9 améliorer, substance ■ 10 marchander ■ 11 optimaliser ■ 12 amélioration, quintessence ■ 13 normalisation.
**MEILLEURE:** 12 pole position.
**MEIOSE:** 9 méiosique.
**MEJUGER:** 7 tromper.
**MELAMPYRE:** 7 dulcite ■ 8 rougeole.
**MELANCOLIE:** 5 peine ■ 7 chagrin* ■ 8 atrabile ■ 9 nostalgie, tristesse* ■ 12 mélancolique.
**MELANCOLIQUE:** 4 noir ■ 5 morne, solea ■ 6 sombre, triste* ■ 7 chagrin ■ 8 maussade*, nocturne ■ 9 cafardeux, ténébreux ■ 10 pessimiste ■ 11 cyclothymie, nostalgique ■ 14 neurasthénique.
**MELANESIEN:** 5 kanak ■ 7 canaque, fidjien.
**MELANGE:** 3 pur ■ 4 smog, vrac ■ 5 bétel, béton, crase, doser, émeri, farce, fonte, fumée, impur, julep, magma, métis, patée, phase, punch, rompu, rouan, sabir, staff, varié*, verre ■ 6 cadmie, centon, ciment, dégras, fusion*, gâchis, hachis, mazout, méteil, mixage, muesli, pastis, ragoût, salade, salmis ■ 7 alcoolé, alliage, ammonal, chabrol, chabrot, compost, coupage, cut-back, farrago, lytique, mesclun, miroton, mixtion, mixture, mouture, oxycrat, panaché, praliné, repasse, réunion*, ripopée, taboulé ■ 8 alliance, amalgame, brassage, champart, cocktail cohésion, cryogène, démêlage, hypergol, matelote, mélanger, méli-mélo, miscible, pêle-mêle, provende, rapsodie, roburite, solution, synérèse, thermite ■ 9 admixtion, azéotrope, bigarrure, carbogène, clafoutis, cohérence, confusion, falsifier, farlouche, ferlouche, galimafée, insertion, lithopone, macédoine, motopaver, mouillant, pot-pourri, racémique, zythogala, zythogale ■ 10 anthologie, asphaltite, collection, eutectique, ingrédient, migmatique, mortadelle ■ 11 carburateur, combinaison, composition, contraction, lixiviation, nitrate-fuel, olla-podrida, promiscuité, pyroligneux, ratatouille, salmigondis ■ 12 azéotropique, miscellanées ■ 13 bouillabaisse, concentration, incorporation, intercalation, interpolation ■ 14 centrifugation, chromatogramme, conglomération, conglutination ■ 15 chromatographie, équimoléculaire, oxyacétylénique.

**MELANGER :** 5 dorer, mêler*, semer ■ 6 agiter, étamer, fondre, réunir* ■ 7 brasser, chromer, délayer, emmêler, étendre, malaxer, mitiger, nuancer ■ 8 assortir, bigarrer, combiner*, composer, frelater, recouper ■ 9 amalgamer, amassette, brouiller, confondre, détremper, falsifier, imprégner ■ 10 entrelacer, entremêler, galvaniser, incorporer ■ 11 carburation, embrouiller, enchevêtrer, entortiller ■ 14 batteur-broyeur.
**MELANINE :** 9 mélanique ■ 10 mélanocyte.
**MELANISME :** 9 mélanique.
**MELASSE :** 4 rhum ■ 5 sucre, tafia ■ 9 farlouche, ferlouche.
**MELE :** 10 caramélisé.
**MELEAGRINE :** 9 pintadine.
**MELEE :** 4 maul ■ 6 combat* ■ 7 mélange ■ 9 confusion, talonnage, talonneur.
**MELER :** 4 unir* ■ 5 aider, ioder ■ 6 allier, couper, fondre, mettre, varier ■ 7 cendrer, charger, croiser, fouiner, insérer, intégrer, occuper ■ 8 immiscer, insinuer, mélanger*, négocier, panacher, secourir, touiller ■ 9 brouiller, confondre, emmieller, fusionner, intriguer, manipuler, mélangeur, salpêtrer ■ 10 concentrer, contracter, entremêler, incorporer, intercaler, interpoler, intervenir, mixtionner, participer ■ 11 caraméliser, conglomérer, conglutiner, encanailler, entrelarder.
**MELEZE :** 5 larix ■ 12 térébenthine.
**MELIACEE** 4 sipo ■ 5 melia.
**MELLIFLUE :** 9 doucereux.
**MELODIE :** 3 air* ■ 4 aria, jazz, lied ■ 5 chant* ■ 6 arioso, lieder ■ 7 ariette, déchant, romance ■ 8 harmonie ■ 9 cantabile, cantilène, mélodique, mélodiste ■ 10 barcarolle, complainte ■ 11 contre-chant ■ 12 polytonalité ■ 14 mélodieusement.
**MELODIQUE :** 8 ostinato.
**MELODRAME :** 3 mélo ■ 5 drame ■ 7 emphase ■ 14 mélodramatique.
**MELOMANE :** 14 naevo-carcinome.
**MELON :** 4 cape ■ 6 sucrin ■ 7 melonné, mélonné ■ 8 pastèque ■ 9 cantaloup ■ 10 melonnière.
**MELOPEE :** 5 chant*.
**MEMBRANE :** 4 cire, faux, iris, peau ■ 5 croup, fibre, filet, gaine, hymen, palme, volve, zeste ■ 6 amnion, amnios, coiffe, écorce, fraise, lampas, pelure, plèvre, rétine, tympan ■ 7 capsule, chorion, cloison, crépine, manteau, méninge, palmure, pie-mère, scrotum, séreuse, tunique ■ 8 choroïde, dure-mère, épendyme, épiderme, épiploon, gastrite, ligament, opercule, patagium, pectique, périoste, synovite, tégument, tympanal, vésicule ■ 9 cartilage, endocarde, enveloppe, eucaryote, médiastin, mésentère, pellicule, péricarde, péricrâne, péritoine, tunicelle ■ 10 allantoïde, aponévrose, arachnoïde, diaphragme, épichorion, épithélium, gras-double, membraneux, membranure, pituitaire ■ 11 conjonctive, membranaire, périchondre, sclérotique ■ 12 pelliculaire, permsélectif ■ 13 membraniforme, semi-perméable.
**MEMBRE :** 3 ars, vit ■ 4 aile, bras, juré, mage, nazi, pair, roue, thug, tory, whig ■ 5 atèle, barde, brame, écart, fille, frère, gavot, jambe, moine, oblat, ordre, ovate, patte, pattu, peton, poing, pouce, queue, rabat, scout, spica, serre, torse, tronc, verge ■ 6 ajiste, crural, membru, mormon, quaker, recrue, sachem, trompe, vaiçya, yakusa ■ 7 abbatis, attache, boîtier, citoyen, clubman, eudiste, félibre, haïdouk, jacobin, jacques, ligueur, luddite, mafioso, majoral, mariste, mendéen, muezzin, patarin, rampant, repenti, servite, théatin, vaudois, zutiste ■ 8 adhérent, assimilé, bogomile, brahmane, clausule, clubiste,

confrère, décemvir, droitier, dysmélie, estropié, gangster, hassidim, heiduque, héliaste, impotent, jacobite, komsomol, luperque, maffioso, membrure, mendaïte, nageoire, partisan, pauliste, pénitent, proximal, puritain, questeur, saducéen, samouraï, sénateur, servites, zélateur ■ 9 activiste, ambulacre, atrophier, avant-bras, bâtonnier, caballero, cagoulard, cégétiste, centumvir, défection, directeur, épiscopal, estropier, fabricien, franc-jugé, gouttière, johannite, kchatriya, lazariste, mennonite, nomothète, oligarque, olivétain, oratorien, paulicien, permanent, pharisien, prémontré, prudhomme, résistant, rose-croix, sadducéen, tentacule, tertiaire, tétrapode, ubiquiste, unioniste ■ 10 adventiste, amputation, aréopagite, bréviligne, commission, communiste, conseiller, cooptation, courbature, décabriste, élongation, exerciseur, flagellant, franc-maçon, guillemite, marianiste, méthodiste, monoplégie, mutilation, mutualiste, navigateur, paraplégie, récollette, sabbathien, secouriste, secrétaire, sociétaire, tridactyle, trinitaire ■ 11 académicien, anabaptiste, apparatchik, aristocrate, bolchevique, bolcheviste, commissaire, coopérateur, décembriste, iconoclaste, législateur, manœuvrier, marguillier, orphéoniste, passionniste, phalangiste, spartakiste, tétraplégie ■ 12 congressiste, nosseigneurs, pentecôtiste, référendaire, sous-marinier, travailliste, vieux-croyant ■ 13 conventionnel, coparticipant, parlementaire, rédemptoriste, religionnaire, trombinoscope ■ 14 ecclésiastique, kinésithérapie, occidentaliste ■ 15 maître-assistant, rachianesthésie.

**MEMBRURE:** 5 livet ■ 6 vaigre.

**MEME:** 4 auto, avec, dito, égal*, idem ■ 5 ainsi, autre, ligne, rimer, rival, salve, secte, série, sœur, suite, terne, tribu ■ 6 ibidem, pareil, susdit ■ 8 collègue, conforme, homonyme, identité, mêmement, monotone, occurent, panacher, rediseur, statique, synonyme, uniforme, univoque ■ 9 coïncider, commensal, congénère, constante, converger, covendeur, homodonte, homologue, homophone, identique, isoglosse, isomorphe, isotherme, parallèle, plain-pied, pléonasme, semblable*, simultané, synchrone ■ 10 autographe, cocyclique, colinéaire, concitoyen, concourant, concurrent, convergent, équivalent, isochimène, isoïonique, monoclinal, rendez-vous, sédentaire ■ 11 compatriote, convergence, nationalité, récidiviste, stéréotyper, tutti quanti, uniformiser, univitellin ■ 12 concentrique, fur et à mesure, pareillement, stationnaire, simultanéité ■ 13 homogémétique, isosyllabique ■ 14 consubstantiel ■ 15 autofécondation, monochromatique.

**MEME TEMPS:** 11 concomitant ■ 12 contemporain, synchronique ■ 13 simultanément.

**MEMOIRE:** 4 dire, note, tête ■ 5 azyme, cœur, liste, pâque, thèse, trace ■ 6 compte, traité ■ 7 amnésie, annales, serveur ■ 8 histoire, médaille, mémorial, mémoriel, mnésique, rappeler, repasser, souvenir* ■ 9 cénotaphe, chronique, dysmnésie, évocation, mémorable, mémoriser, permalloy, remémorer, télécarte ■ 10 autodictée, binet-simon, immémorial, mémoration, mnémonique, paramnésie, souvenance ■ 11 commentaire, hypermnésie, remembrance, ressouvenir ■ 12 mémoraliste, mémorisation, mnémotechnie, préprogrammé, réminiscence ■ 13 commémoration, ressouvenance ■ 14 autobiographie, presbyophrénie.

**MEMORABLE:** 5 faste ■ 8 mémorial, monument ■ 10 apophtegme ■ 13 mémorablement.

**MEMORISER:** 11 mémorisable.

**MENAÇANT:** 5 caduc, prier, torve ■ 8 croulant ■ 9 fulminant, inquiétant ■ 12 comminatoire.

**MENACE :** 6 alerte, colère, danger*, fureur, injure ■ 7 outrage ■ 8 chantage, menaçant, patience ■ 9 extorquer, ultimatum ■ 10 réprimande ■ 11 commination, ébranlement ■ 12 comminatoire, intimidation ■ 13 admonestation, avertissement, croque-mitaine.
**MENACER :** 6 braver, sommer ■ 7 avertir ■ 8 effrayer, injurier ■ 9 intimider ■ 10 admonester, gesticuler ■ 11 réprimander.
**MENADE :** 6 mégère.
**MENAGE :** 4 râpe ■ 5 bonne, linge ■ 6 maison ■ 7 batteur, bobonne, cireuse, famille, huilier, ménager, plumeau, réchaud ■ 8 économie, ménagère, pot-au-feu, servante ■ 9 cafetière, confusion, éplucheur ■ 10 pot-bouille ■ 11 dénoyauteur, gouvernante ■ 14 batteur-broyeur.
**MENAGEMENT :** 3 sec ■ 4 soin ■ 5 égard ■ 6 brutal ■ 7 épargne ■ 8 économie ■ 10 précaution.
**MENAGER :** 7 secouer ■ 8 épargner, fenêtrer, préparer ■ 9 conserver, respecter ■ 10 économiser ■ 11 thésauriser.
**MENAGERIE :** 8 fauverie, singerie.
**MENDELEVIUM :** 2 md.
**MENDIANT :** 5 argot, gueux*, pilon ■ 6 gredin, pauvre*, truand ■ 7 servite ■ 8 calender, clochard, mendigot, vagabond* ■ 9 chemineau, mendicité, misérable*, pauvresse ■ 10 turlurette.
**MENDIER :** 9 mendicité, quémander ■ 10 mendigoter, solliciter.
**MENE :** 6 abouti.
**MENEE :** 5 ligue ■ 6 brigue, cabale ■ 8 démarche, intrigue*, syndicat ■ 9 coalition, manigance ■ 10 propagande ■ 11 agissements*, machination* ■ 12 conciliabule.
**MENER :** 5 aller, finir, licol, licou, vivre, zoner ■ 6 agiter, amener, guider, meneur ■ 7 ameuter, briguer, cabaler, diriger*, traîner ■ 8 abaisser, chauffer, coaliser, conduire, fomenter, machiner, parfaire, soulever ■ 9 concerter ■ 10 acagnarder, parachever ■ 11 bourlinguer, gobichonner ■ 13 révolutionner.
**MENESTREL :** 8 bateleur, jongleur ■ 10 troubadour ■ 11 travailleur.
**MENEUR :** 6 tribun ■ 9 agitateur, démagogue ■ 12 perturbateur, protagoniste ■ 15 révolutionnaire.
**MENHIR :** 7 peulven ■ 9 mégalithe.
**MENINGE :** 7 pie-mère ■ 8 dure-mère ■ 9 méningite ■ 10 arachnoïde, méningiome ■ 12 méningocoque.
**MENINGITE :** 12 méningitique.
**MENISQUE :** 8 méniscal ■ 9 méniscite ■ 14 méniscographie.
**MENOPAUSE :** 9 climatère ■ 10 ménopausée ■ 12 ménopausique.
**MENORRHEE :** 9 menstrues.
**MENOTTE :** 9 manchette.
**MENSONGE :** 5 conte ■ 6 blague, craque, feinte ■ 7 duperie*, fiction ■ 8 hâblerie, histoire, menterie ■ 9 fourberie*, franchise, imposture, invention ■ 9 mensonger, tromperie* ■ 10 euphémisme, gasconnade, hypocrisie, tartuferie ■ 11 démystifier, effronterie, exagération ■ 12 contre-vérité, échappatoire, escobarderie, fanfaronnade, faux-semblant ■ 13 dissimulation.
**MENSONGER :** 8 ronflant, trompeur* ■ 14 mensongèrement.
**MENSTRUATION :** 4 flux, mois ■ 5 jours ■ 6 règles ■ 7 anglais, époques ■ 8 affaires ■ 9 histoires, ménopause, ménorrhée, menstruel ■ 10 aménorrhée, ménorragie ■ 12 dysménorrhée, prémenstruel ■ 13 indisposition ■ 15 spanioménorrhée.
**MENSUALITE :** 7 salaire*.
**MENSURATION :** 6 mesure.
**MENTAL :** 6 désaxé ■ 8 psychose ■ 9 aliéniste, logorrhée, mentalité,

monomanie ■ 10 coprolalie, déficience, dépression, érotomanie, gérontisme, glossolalie, psychiatre, puérilisme, sinistrose, stupéfiant ■ 11 hébéphrénie, psychiatrie ■ 12 bradypsychie, déséquilibre, escobarderie, glichroïdie, neurasthénie, oligophrénie, psychopathie ■ 13 psychasthénie, schizophrénie ■ 14 psychoaffectif.
**MENTALEMENT**: 10 mentaliser.
**MENTEUR**: 8 craqueur, trompeur*.
**MENTHE**: 7 pouliot ■ 8 calament ■ 10 peppermint.
**MENTION**: 5 endos ■ 10 historique, mentionner ■ 11 endossement, inscription ■ 13 commémoraison.
**MENTIONNER**: 5 citer ■ 8 inscrire, stipuler ■ 9 consigner ■ 11 enregistrer ■ 12 sus-mentionné.
**MENTIR**: 7 feindre ■ 9 mythomane ■ 10 mythomanie.
**MENTON**: 5 barbe, duvet ■ 7 fanchon, galoche ■ 8 barbiche, fossette, uppercut ■ 9 jugulaire ■ 10 mentonnier ■ 11 mentonnière.
**MENTONNET**: 7 clenche.
**MENTOR**: 10 conseiller.
**MENU**: 3 fin* ■ 4 plat, ténu ■ 5 délié, épais, fagot, fluet, gazon, grêle, haché, mince*, volet ■ 6 faible, fretin ■ 7 bricole, fragile, gracile ■ 8 bûchette, herbette, rabougri ■ 9 arénuleux, brindille, broutille, gravillon, hâtelette, menuaille, porte-menu ■ 11 blanchaille, hors-d'œuvre, menuisaille, mignonnette.
**MENUET**: 4 trio.
**MENUISERIE**: 4 bâti, sipo ■ 5 about, cérat, devis, filet, hêtre, sapin, saule ■ 6 buffet, okoumé ■ 7 arcanne, croisée ■ 8 abattant, badamier, boiserie, feuillet, menuiser, tchitola ■ 9 baldaquin, ■ 10 nothofagus ■ 11 lambrissage, marqueterie.
**MENUISIER**: 4 râpe, scie ■ 5 gouge, rabot, sabot, valet ■ 7 équerre ■ 8 ébéniste, servante.
**MENURE**: 4 lyre ■ 10 oiseau-lyre.
**MEPHITIQUE**: 5 puant ■ 8 nuisible ■ 10 malodorant.
**MEPLAT**: 6 tragus.
**MEPRENDRE**: 7 tromper*.
**MEPRIS**: 2 fi ■ 3 pch, pff, zut ■ 4 beuh, foin, peuh, pfft, pfut, pouh, raca ■ 5 dépit, lever, merde, nabot, nique, petit, pfutt, pitié ■ 6 dédain, dégoût, giaour, injure, maraud ■ 7 cynisme, impiété, infamie, insulte ■ 8 démérité, dérision, lanturlu, misandre ■ 9 arrogance, discrédit, méprisant, mésestime, misérable, sans-façon ■ 10 déshonneur, haussement, méprisable, prêtraille ■ 11 contempteur, dénigrement, diffamation, indignation, piteusement, réprobation ■ 12 dépréciation.
**MEPRISABLE**: 3 vil* ■ 5 drôle, écume, lâche, paria ■ 6 abject, crétin, faquin, fumier, gredin, infâme, triste, vilain ■ 7 ignoble, indigne, malfamé, ravilir, roulure ■ 8 canaille, engeance, séquelle ■ 9 excrément, peigne-cul ■ 10 malheureux.
**MEPRISANT**: 7 chnoque, schnock ■ 8 schnoque.
**MEPRISE**: 5 bévue ■ 6 errata, erreur* ■ 9 quiproquo.
**MEPRISER**: 4 huer ■ 6 braver, flétrir, fouler, moquer, toiser ■ 7 bafouer, crosser, décrier, narguer, ravaler, ricaner ■ 8 affecter, conspuer, dénigrer, dépriser, diffamer, indigner, injurier, insulter, profaner ■ 9 affronter, dédaigner, démériter, déprécier, rabaisser, réprouver ■ 10 déshonorer, mésestimer, vilipender ■ 11 discréditer.
**MER**: 3 eau, ras, raz, ria ■ 4 acul, azur, bras, caïc, côte, dune, flux, fret, grau, lame, lieu, lime, lise, onde, parc, rade, raie, thon, vive ■ 5 alose, ancre, arion, bouée, canal, caret, cotte, doris, drège, eider, étale,

étier, fiord, fjord, galet, glace, golfe, haute, houle, jetée, lagan, large, marée, marin, morse, morue, nable, nolis, océan, ondée, orque, pagre, pinne, plage, point, rayon, tasse, temps, terre, vague, vaste, wharf ■ 6 bonace, corail, laisse, lingue, noroît, plaine, sterne, triton, turbot ■ 7 détroit ■ 8 aiglefin, amariner, bordigue, clapotis, immerger, littoral, mareyeur, maritime, naviguer, océanide, outremer, pingouin, sauvagin, tétrodon, tridacne, tubipore ■ 9 benthique, croisière, exoréique, irruption, naupathie, pélagique, péninsule, piraterie, sépiolite, sous-marin ■ 10 anadyomène, bathymètre, héliomarin, navigation, noctiluque, porcelaine, radiolaire, rembarquer, rhizostome, turritelle, wateringue ■ 11 affrétement, bathymétrie, bathysphère, chaenichtys, euplectelle, globigérine, macrocystis, stercoraire ■ 12 navigabilité, subaquatique, villégiature ■ 14 thalassocratie.

**MERCANTILISME :** 8 marchand, mercanti ■ 10 colbertisme, mercantile ■ 13 mercantiliste.

**MERCAPTAN :** 5 thiol ■ 10 thioalcool.

**MERCATIQUE :** 11 mercaticien.

**MERCENAIRE :** 6 reître, soldat* ■ 9 intéressé ■ 10 lansquenet ■ 11 condottière, mercenariat, travailleur ■ 12 mercenarisme.

**MERCERISER :** 12 merceriseuse.

**MERCI :** 6 pardon ■ 11 miséricorde ■ 14 reconnaissance*.

**MERCREDI :** 13 carême-prenant.

**MERCURE :** 2 hg ■ 4 torr ■ 5 lampe, métal ■ 7 cinabre ■ 8 amalgame ■ 9 mercureux, mercuriel, vermillon, vif-argent ■ 10 hydrargyre, mercurique ■ 13 hydrargyrique, hydrargyrisme.

**MERCURIALE :** 8 discours, foirolle, reproche ■ 10 réprimande* ■ 13 mercurialiser.

**MERCURIEL :** 13 mercurochrome.

**MERE :** 5 flanc, frère, fruit, maman, oncle, sœur, tante ■ 6 parent ■ 7 daronne, marâtre ■ 8 maternel, nourrice ■ 9 belle-mère, grand-mère, maternité, matricide, parricide ■ 10 matriarcat ■ 11 stabat mater ■ 12 beaux-parents ■ 13 fœto-maternel.

**MERIDIEN :** 5 terre ■ 8 quadrant ■ 9 longitude ■ 11 périœciens ■ 12 antiméridien.

**MERIDIENNE :** 6 canapé, sieste ■ 7 sommeil.

**MERIDIONAL :** 2 té ■ 3 sud ■ 4 kali, midi* ■ 5 perle, sacre ■ 7 austral, bagasse ■ 9 poutargue.

**MERINGUE :** 8 vacherin ■ 9 meringuer.

**MERISIER :** 6 merise, putier, putiet.

**MERITE :** 3 nul ■ 4 prix, rang, rare ■ 5 bonté, digne, droit, émule, louer, mince, navet, ordre, rival, séant, titre, vertu ■ 6 gloire, prince, talent, valeur* ■ 7 dignité, qualité, utilité ■ 8 avantage, couronne, habileté, illustre, immérité, méritant, moralité, passible, pendable ■ 9 déprécier, désirable, dignement, haïssable, notoriété, véritable ■ 10 détracteur, exaltation, préférable, punissable ■ 11 condamnable, dédaignable, distinction, infériorité, regrettable, reprochable ■ 12 méritocratie ■ 13 impardonnable ■ 14 responsabilité.

**MERITER :** 5 voler ■ 6 gagner, valoir ■ 7 attirer, obtenir* ■ 8 encourir ■ 9 remporter.

**MERITOIRE :** 13 méritoirement.

**MERLAN :** 4 lieu ■ 5 colin.

**MERLE :** 5 grive, huppe, jaser ■ 6 flûter ■ 7 merleau, moqueur ■ 8 merlette ■ 9 monticole.

**MERLUCHE :** 5 colin, merlu, morue.

**MEROE :** 7 candace.

**MEROSTOME :** 11 chélicérate.
**MEROU :** 6 serran.
**MEROVINGIEN :** 5 leude, plaid ■ 8 basterne.
**MERVEILLE :** 7 miracle, prodige.
**MERVEILLEUX :** 4 beau, rare ■ 5 extra ■ 7 épatant, superbe ■ 8 étonnant*, féerique ■ 9 admirable*, magistère, mirifique ■ 10 mirobolant, prodigieux* ■ 11 éblouissant, magiquement, prestigieux ■ 12 enchantement ■ 14 extraordinaire.
**MERZLOTA :** 5 tjäle ■ 10 permafrost.
**MESALLIER :** 9 forligner.
**MESANGE :** 8 meunière, nonnette ■ 10 zinzinuler ■ 12 charbonnière.
**MESAVENTURE :** 5 avaro, tuile ■ 6 méchef ■ 7 malheur* ■ 8 aventure, échauder ■ 9 malchance ■ 10 déconvenue ■ 11 malencontre.
**MESENCEPHALE :** 12 quadrijumeau.
**MESENTENTE :** 7 zizanie ■ 9 désaccord*.
**MESENTERE :** 7 carreau ■ 12 mésentérique.
**MESINTELLIGENCE :** 5 froid, pique ■ 7 rupture, trouble, zizanie ■ 8 brouille, désunion, discorde, division ■ 9 désaccord* ■ 10 dissension ■ 11 brouillerie ■ 12 dissentiment.
**MESOBLASTE :** 14 diploblastique.
**MESODERME :** 14 diploblastique.
**MESOLITHIQUE :** 7 azilien ■ 11 néolithique.
**MESOMORPHE :** 9 nématique.
**MESOSPHERE :** 11 stratopause ■ 12 stratosphère, thermosphère.
**MESQUIN :** 5 avare*, large, petit ■ 6 chiche ■ 7 étriqué, tire-sou ■ 8 médiocre, riquiqui ■ 11 caporalisme, mesquinerie ■ 12 oriticailler ■ 15 politicaillerie.
**MESQUINERIE :** 9 petitesse ■ 12 mesquinement.
**MESS :** 7 cantine ■ 10 réfectoire*.
**MESSAGE :** 6 exprès, lettre, monème ■ 7 encoder ■ 8 cryptage, discours, messager ■ 9 ambassade ■ 10 télégraphe ■ 11 messageries, radiogramme ■ 12 annonciation ■ 13 communication ■ 14 téléimpression.
**MESSAGER :** 6 envoyé, exprès ■ 8 courrier, renommée ■ 9 émissaire, estafette ■ 11 ambassadeur ■ 15 commissionnaire.
**MESSAGERIE :** 14 télémessagerie.
**MESSE :** 4 obit, paix, pale ■ 5 agnus, amict, autel, biner, canon, kyrie, prône ■ 6 office ■ 7 préface, sanctus, service ■ 8 agnus dei, aspergès, célébret, chasuble, crédence, dies irae, neuvaine, trentain ■ 9 célébrant, élévation, répondant ■ 10 grand-messe, offertoire ■ 12 anniversaire, kyrie eleison ■ 13 sacramentaire.
**MESSIANIQUE :** 12 kimbanguisme.
**MESSIE :** 11 messiniaque, messianisme.
**MESSIRE :** 6 messer.
**MESURAGE :** 5 stère ■ 6 aréage, aunage ■ 7 métrage.
**MESURE :** 2 an, as, li, yu ■ 3 are, bar, erg, m.t.s., pan, pas, pot, saa, sou, tex, ton ■ 4 acre, aire, aune, barn, beat, cube, déca, déci, dose, dyne, inch, marc, mile, mine, moss, muid, once, part, pica, pied, pipe, sone, tact, test, torr, vare, voie, yard ■ 5 arobe, cache, canne, canon, carat, carré, congé, corde, curie, cuvée, degré*, doigt, empan, excès, farde, fermi, force, galée, grâce, grain, heure, jauge, joule, libre, lieue, ligne, litre, livre, mètre, mille, minot, moyen, nœud, obole, ounce, palme, pause, peson, pinel, pinte, plomb, poids, point, potée, pouce, pound, prose, queue, sicle, siège, sixte, stade, stère, temps, toise, union, unité, velte, verge ■ 6 ampère, arpent, arrobe, barrel,

bichet, brasse, cicéro, coudée, espace, estime, étalon, étiage, format, gallon, gorgée, hémine, litron, magnum, mégohm, minute, modéré, module, obscur, octave, parsec, perche, pichet, quarte, quinte, radian, ration, saisie, setier, simple, stokes, sûreté, taille, talent, valeur, vergée, verste, volume ■ **7** archère, archine, brimade, calibre, carafon, charrue, chopine, circuit, cloyère, contour, cruchon, décibel, échelle, étendue, fourrée, gabarit, hauteur, hectare, journal, largeur, matrice, modique, modulor, pH-mètre, picotin, poignée, poisson, quintal, retenue, seconde, sievert, six-huit, statère, stockes, surface, tonneau, venturi ■ **8** abscisse, barrique, black-out, boisseau, boujaron, capacité, démesuré, deux-huit, distance, division, énormité, excessif, fraction, géodésie, grandeur, grosseur, immodéré, jaugeage, longueur, médiocre, métrique, neuf-huit, quadrant, quantité*, quartaut, racloire, réglette, sanction, scrupule, septième, short ton, trimètre ■ **9** antiradar, archétype, assiettée, cuillerée, décalitre, décamètre, décigrade, décilitre, décimètre, deux-seize, deux-temps, dimension, douze-huit, échevette, encâblure, épaisseur, exclusive, focomètre, impondéré, intensité, isolement, kilomètre, lucimètre, mégajoule, parasange, précaution, quarteron, trois-deux, trois-huit, urbanisme ■ **10** apollinien, audimétrie, bordelaise, contenance, cryométrie, dame-jeanne, décagramme, décigramme, demi-mesure, deux-quatre, dosimétrie, gazométrie, graduation, hectolitre, hectomètre, hectopièze, horométrie, hypermètre, kilosthène, manœuvrer, manométrie, métrologie, millimètre, modération*, myrométrie, piézomètre, précaution, prévention, profondeur, quatre-huit, superficie, tachymètre, télémétrie, tonométrie, variomètre, volumétrie ■ **11** acidimétrie, astrométrie, audiométrie, ballon-sonde, bathymétrie, chinoiserie, comparateur, densimétrie, échosondage, gravimétrie, hectogramme, hectopascal, humidimètre, hypsométrie, kilométrage, longimétrie, micrométrie, nivellement, opacimétrie, phonométrie, photométrie, piézographe, planimétrie, réouverture, sociométrie, subdivision, titrimétrie, tribométrie, trois-quatre ■ **12** actinométrie, arithmologie, calorimétrie, contre-mesure, immensurable, pluviométrie, polarimétrie, proscription, psychométrie, quatre-quatre, radiosondage, spectomètre, stéréométrie, vélocimétrie, volucompteur ■ **13** chronométrage, circonférence, commensurable, ébulliométrie, ébullioscopie, électrométrie, hydrotimétrie, magnétométrie, néphélémétrie ■ **14** décimalisation, dynamométrique, élasticimétrie, interlocutoire, rétrogradation, saccharimétrie, stalagmométrie ■ **15** déstalinisation, incommensurable, interférométrie.

**MESURER:** **4** loch ■ **5** auner, cuber, doser, jauge, mètre, peser, piger, radar, rader, toise ■ **6** biller, jauger, métrer, palper, racler, stérer, tester, toiser, velter, verger ■ **7** chaîner, graduer, marquer, niveler, pèse-sel ■ **8** arpenter, calibrer, exagérer, jalonner, luxmètre, mensurer, mesureur, moulinet, odomètre, ohmmètre, pèse-moût, uromètre ■ **9** acoumètre, altimètre, apprécier, astrolabe, cadastrer, compasser, étalonner, fluxmètre, lucimètre, machmètre, manomètre, médionner, mesurable, oléimètre, ondemètre, osmomètre, pèse-acide, posemètre, potomètre, pyromètre, rationner, sonomètre, télémètre, uréomètre, voltmètre, wattmètre ■ **10** alcoolmètre, audiomètre, bathymètre, curvimètre, débit-mètre, densimètre, eudiomètre, goniomètre, héliomètre, hygromètre, micromètre, pantomètre, pèse-esprit, phasemètre, photomètre, piézemètre, planimètre, pycnomètre, radiomètre, rapporteur, spiromètre, théodolite ■ **11** actinomètre, ampèremètre, butyromètre, calorimètre, capacimètre, colorimètre, dilatomètre, dynamomètre, fluviomètre, graphomètre, héliographe, mégohmmètre pluviomètre, polarimètre, psophomètre, scléromètre, sphéromètre, tensiomètre ■ 12 cathétomètre, chronographe, ébulliomètre, ébullioscope, électromètre, endosmomètre, extensomètre, galvanomètre, hystéromètre, oscillomètre, pénétromètre, viscosimètre ■ 13 accéléromètre, fluviographe, ophtalmomètre, potentiomètre, réfractomètre, stalagmomètre, varheuremètre ■ 14 fréquencemètre, interféromètre, millivoltmètre, sitogoniomètre ■ 15 lactodensimètre, sensorimétrique.

**METABOLIQUE :** 10 glutamique.

**METABOLISME :** 8 créatine ■ 9 adénosine, cortisone, lépotrope, porphyrie ■ 10 acétonomie, anabolisme, glycosurie, métabolite ■ 11 catabolisme, histochimie, métabolique, métaboliser ■ 13 pantothénique ■ 14 acétocoenzymea ■ 15 glucocorticoïde.

**METACARPIEN :** 5 genou.

**METACENTRE :** 13 métacentrique.

**METACHRONISME :** 12 anachronisme.

**METAIRIE :** 5 borde, ferme ■ 7 closeau, métayer ■ 8 borderie, closerie.

**METAL :** 2 or ■ 3 fer, fil, pot, tub, vis ■ 4 aloi, armé, broc, cent, clef, flan, gong, inox, iode, lame, lime, mine, plot, scie, seau, sous, tôle, zinc ■ 5 acide, balle, bande, bardé, boîte, bruni, burin, câble, capot, carde, casse, cosse, culot, drain, écrou, émail, émeri, étain, évier, fiche, fonte, forge, fusil, gaffe, grille, jante, jeton, knout, lampe, lance, matir, palet, patin, perle, pièce, plomb, plume, poche, poids, pomme, rivet, ruolz, sabot, style, tasse, tenon, verge ■ 6 argent, baryum, boësse, cæsum, casing, cérium, chrome, cobalt, cuivre, erbium, indium, lingot, nickel, osmium, sodium ■ 7 bimétal, bismuth, brinell, cadmium, cæsium, calcium, étamure, gallium, iridium, lithium, mercure, minerai, monture, nionium, platine, poucier, rhénium, rhodium, tantale, terbium, thorium, uranium, yttrium ■ 8 actinium, alchimie, alfénide, blindage, bosseler, cémenter, doublage, ébarboir, fonderie, francium, lanthane, limaille, lisérage, lutécium, médaille, organeau, pointeau, polonium, pommette, rubidium, samarium, scandium, sparklet, stanneux, thallium, torchère, tournure, tréfiler, vanadium, vergeure ■ 9 aluminium, antimoine, arséniure, béryllium, bouilleur, clinquant, container, coussinet, docimasie, ductilité, ferraille, germanium, glucinium, grenaille, jaquemart, liquation, magnésium, manganèse, martelage, molybdène, palladium, percuteur, plaquette, plutonium, pontuseau, potassium, ringarder, ruthénium, siliciure, solénoïde, strontium, tungstène, ytterbium, zirconium ■ 10 brunissage, cannetille, chasse-roue, gadolinium, grenadière, masselotte, métallique, métalliser, orichalque, platinoïde, praséodyme, prométhéum, quincaille, repoussage, sidérolite, toreutique ■ 11 antimoniure, aplatissoir, cache-entrée, cémentation, coulabilité, écrouissage, ferronnerie, métallifère, métallurgie, passivation, sidérolithe ■ 12 aplatissoire, bimétallique, calorisation, coupellation, ferricyanure, ferrocyanure, protactinium ■ 13 bondérisation, chalcographie, chlorhydrique, fragilisation, métallisation, quincaillerie ■ 14 galvanoplastie, métallochromie, métallographie, minéralisateur ■ 15 alcalino-terreux, supraconducteur, supraconduction.

**METALDEHYDE :** 4 méta.

**METALLIFERE :** 12 métallogénie.

**METALLIQUE :** 5 inlay ■ 7 lit-cage, mecano, portant ■ 8 batayole, tricouni, trimétal ■ 9 rapointis ■ 10 métallerie.

**METALLISER :** 11 métalliseur.

**METALLOÏDE :** 4 bore ■ 5 brôme ■ 6 soufre ■ 7 oxygène ■ 8 sélénium, silicium ■ 9 grenaille.

**METALLURGIE :** 7 métallo ■ 13 métallurgique, métallurgiste ■ 15 déphosphoration.
**METALOGIQUE :** 12 décidabilité.
**METAMERE :** 6 somite ■ 9 métamérie ■ 10 métamérisé ■ 11 métamérique.
**METAMORPHIQUE :** 6 gneiss ■ 8 éclogite, ectinite, phyllade, stéatite ■ 9 cornéenne, migmatite ■ 10 serpentine ■ 11 amphibolite, micaschiste ■ 13 métamorphiser, métamorphisme.
**METAMORPHISME :** 9 cornéenne.
**METAMORPHOSE :** 5 imago ■ 6 avatar, stryge ■ 8 métabole ■ 10 changement*, virescence ■ 11 histogenèse ■ 12 holométabole, lycanthropie ■ 13 métamorphoser, transmutation ■ 14 hétérométabole, transformation* ■ 15 métamorphosable.
**METAPHORE :** 4 voix ■ 5 image, trope ■ 9 allégorie ■ 12 métaphorique.
**METAPHYSIQUE :** 7 système ■ 8 doctrine* ■ 9 déduction, intuition, réduction ■ 10 formalisme ■ 11 abstraction, philosophie*, scepticisme ■ 12 agnosticisme, immanentisme, raisonnement ■ 13 individuation, métaphysicien, parapsychique ■ 14 généralisation.
**METAPSYCHIQUE :** 12 immanentisme ■ 15 parapsychologie.
**METASTABLE :** 12 sous-refroidi.
**METASTASE :** 10 métastaser ■ 12 métastatique.
**METATARSE :** 8 péronier ■ 11 métatarsien.
**METAYER :** 5 colon ■ 7 bordier, closier, fermier* ■ 8 métairie, métayage.
**METEMPSYCHOSE :** 13 réincarnation.
**METEORE :** 3 feu ■ 4 halo ■ 5 court, gelée, grêle, neige, orage, pluie, rosée ■ 6 aurore, bolide, bruine, comète, éclair, foudre, frimas, mirage, siphon ■ 7 cyclone, furolle, ouragan ■ 8 couronne, giboulée, parhélie, taurides, tonnerre ■ 9 aérolithe, arc-en-ciel, météorite, perséides ■ 10 brouillard, crépuscule, météorique, météorisme, tourbillon ■ 12 météorologie ■ 13 météoromancie.
**METEORITE :** 10 astroblème, sidérolite ■ 11 sidérolithe ■ 12 météoritique ■ 14 micrométéorite.
**METEOROLOGIE :** 5 météo ■ 11 ballon-sonde, météogramme ■ 12 météorologue, radiosondage ■ 14 météorologique, météorologiste.
**METEOROLOGIQUE :** 9 lucimètre.
**METEQUE :** 8 étranger.
**METHACRYLIQUE :** 12 méthacrylate.
**METHANE :** 7 formène, méthyle ■ 10 méthaniser, méthylique.
**METHODE :** 4 coué, mode ■ 5 ordre, rable, règle ■ 6 karaté ■ 7 asepsie, invasif, logique, manière*, midrash, procédé*, shiatsu, système*, testage, théorie* ■ 8 jiu-jitsu, logicien, planning, synthèse ■ 9 créatique, empirisme, freudisme, galénique, stripping, technique*, zététique ■ 10 antisepsie, barymétrie, éclectisme, étiopathie, hébertisme, méthodique, méthodiste, percussion, prospecter, secourisme, skiascopie, stalinisme, synectique ■ 11 audiovisuel, chiropraxie, coopération, hémoculture, isothérapie, opothérapie, scolastique, semi-globale, sophrologie, strioscopie ■ 12 béhaviorisme, chiropractie, comparatisme, comparatiste, contraceptif, hypodermique, jarovisation, méthodologie, puvathérapie, remnographie ■ 13 béhaviourisme, électrométrie, quick-freezing, sédimentation, stéréochromie, stratigraphie, syntonisation, variolisation ■ 14 anthropométrie, électrophorèse, méthodiquement, non-directivité, phénoménologie, pouliethérapie, psychocritique, pyrétothérapie ■ 15 champagnisation, chromatographie, cinématographie,

distributionnel, homogénéisation, interférométrie, percuti-réaction, psychotechnique.
**METHODIQUE :** 5 réglé ■ 7 ordonné ■ 8 rotation, zootaxie ■ 9 cartésien, ratissage ■ 10 assolement ■ 12 dialecticien.
**METHODOLOGIE :** 14 méthodologique.
**METHYLE :** 9 méthylène ■ 10 méthylique ■ 11 wintergreen.
**METHYLENE :** 8 thionine.
**METHYLORANGE :** 11 hélianthine.
**METICULEUX :** 6 fidèle, rigide, précis, sévère, strict ■ 8 attentif ■ 9 minutieux*, regardant, rigoureux ■ 10 scrupuleux* ■ 12 méticulosité ■ 13 consciencieux ■ 15 méticuleusement.
**METIER :** 3 art ■ 4 lice ■ 5 canut, chine, lisse, temps, tenir ■ 6 lisage, semple ■ 7 show-biz ■ 8 batelier, boulange, chanteur, corderie, draperie, ensouple, jacquart, ramoneur ■ 9 coltinage, embaumeur, industrie, mule-jenny, pédicure, plomberie, portefaix, proxénète, renvideur, technique ■ 10 corporatif, figuration, filandière, gagne-petit, oisellerie, profession*, repasseuse, tapisserie, travailler, truanderie ■ 11 charronnage, cordonnerie, dégraisseur, plumasserie, tabletterie ■ 12 confiturerie, équarrisseur, ferblanterie, maréchalerie, show-business, taillanderie ■ 13 apprentissage, maquignonnage, professionnel ■ 14 microglossaire ■ 15 maréchal-ferrant.
**METIS :** 6 bâtard, créole, mulard ■ 7 hybride, mulâtre, octavon ■ 8 sang-mêlé ■ 9 amérasien, métissage, quarteron, tierceron.
**METRAGE :** 4 clip ■ 8 emmétrer.
**METRE :** 5 mille, pièze, stère, ténia, toise ■ 6 métrer ■ 8 emmétrer, métrique ■ 9 décimètre ■ 10 centimètre, dactylique, hectomètre, millimètre, tétramètre, ultra-court.
**METRIQUE :** 3 kilo, myri ■ 5 arsin, hecto, micro, myrin, myrio, rejet ■ 7 quintal ■ 8 prosodie ■ 9 métricien ■ 11 antistrophe.
**METRO :** 13 métropolitain.
**METROLOGIE :** 3 meg ■ 4 méga ■ 12 métrologique, métrologiste.
**METROMANE :** 5 poète.
**METROPOLE :** 5 métro ■ 8 capitale ■ 12 colonisation ■ 13 métropolitain.
**METROPOLITAIN :** 8 zoreille ■ 11 autocéphale.
**METS :** 3 ris ■ 4 menu, plat, rata, rôti ■ 5 blini, bribe, carte, chère, civet, darne, daube, épice, farce, gelée, havir, kiche, pilaf, purée, régal, reste, rösti, sauce, sauté, soupe, table ■ 6 bisque, brouet, entrée, étuvée, fondue, fricot, fritot, gratin, hachis, paella, potage, ragoût, roesti, rosbif, salade, salmis, souper, tripée ■ 7 aliment*, bouilli, cuisine, frichti, friture, garbure, haricot, miroton, navarin, pouding, rogaton, tranche ■ 8 arlequin, brandade, coquille, couscous, crédence, déjeuner, escalope, godiveau, grenadin, grillade, julienne, matelote, omelette, pot-au-feu, quenelle, ramequin ■ 9 animelles, boutargue, brochette, croquette, croustade, étouffade, fricassée, galantine, gibelotte, macédoine, oignonade, paupiette, poutarque, zucchetti ■ 10 ballottine, capilotade, carbonnade, chartreuse, chaud-froid, choucroute, crapaudine, financière, fricandeau, galimafrée, jardinière, succulence ■ 11 assortiment, gourmandise, hors-d'œuvre, olla-podrida, ratatouille ■ 13 bouillabaisse.
**METTRE :** 4 mise ■ 5 caler, caser, caver, dater, faire, filer, fixer, garer, gêner, hâter, jouer, loger, lotir, mater, mêler, plier, polir, poser, semer, tarir, vêtir, viser ■ 6 bouter, camper, capéer, claver, couler, ficher, foutre, lister, mécher, nicher, passer, placer*, ponter, poster, ranger, serrer, verser ■ 7 abouter, ajuster, aposter, apposer, asseoir,

briefer, cabaner, capeyer, déposer, enfiler, enrêner, estiver, établir, exposer, fourrer, glisser, infuser, insérer, lourder, pieuter, planter, publier ■ 8 aboucher, accorder, alléguer, aplomber, apporter, apprêter, arranger, attabler, attacher, attarder, chahuter, chausser, confiner, cravater, culotter, déchirer, décliner, délabrer, dépister, dépriser, disposer, ébranler, éloigner, emballer, empocher, encadrer, encaquer, endauber, enfermer, engainer, engerber, engrener, enherber, ensacher, entasser, enterrer, entraver, étalager, exécuter, galonner, garantir, granuler, grumeler, herbager, hérisser, investir, machurer, mainmise, mettable, musiquer, ordonner, orienter, pagnoter, paqueter, parapher, planquer, poussoir, préparer, proposer, recopier, refréner, reléguer, remettre, réserver, résilier, révoquer, saborder, saccager, saumurer, souffler, taponner, tartiner, vacciner ■ 9 accoucher, accoupler, accumuler, actionner, affleurer, affronter, amonceler, antidater, appliquer, approcher, assembler, béatifier, bousculer, boycotter, brouiller, canoniser, chevreter, colloquer, commencer, concerter, concilier, conformer, consigner, contester, contrôler, couronner, cylindrer, débarquer, dessécher, dialoguer, dilacérer, disperser, diviniser, échauffer, effectuer, émanciper, embarquer, emboucher, embourber, embrocher, emmancher, empoigner, encaisser, enflammer, enfourner, engranger, enjaveler, enliasser, entraîner, exploiter, finaliser, fourvoyer, fracasser, gendarmer, harmonier, harnacher, humaniser, implanter, incinérer, installer, justifier, mandriner, numéroter, pratiquer, présenter, préserver, rabaisser, rationner, recercler, recharger, remplacer, renverser, retraiter, rubriquer, saumurage, versifier ■ 10 accommoder, affourcher, apostiller, bâillonner, capilotade, chambouler, chevretter, confronter, contraster, courroucer, décheveler, déclencher, désespérer, détériorer, disjoncter, distinguer, dragéifier, empaqueter, émulsifier, enfourcher, engrumeler, ensaisiner, entreposer, équilibrer, essouffler, grenailler, harmoniser, horripiler, houblonner, incarcérer, incriminer, interpoler, juxtaposer, liaisonner, magasinage, pelotonner, promouvoir, rapprocher, rassembler, sanctifier, scotomiser, séquestrer, sous-titrer, stabiliser, substituer, superposer, transcrire, transposer, vampiriser, vedettiser, vulgariser ■ 11 agenouiller, appareiller, bouleverser, communiquer, contreposer, déchiqueter, désaffilier, diapasonner, embarrasser, embastiller, embrouiller, emmagasiner, emprisonner, enchevêtrer, enfutailler, enharnacher, interloquer, prédisposer, transporter ■ 12 communaliser, compromettre, controverser, déflagrateur, démocratiser, disqualifier, embouteiller ■ 13 collectiviser, containériser, conteneuriser, contresceller, précautionner, proportionner, révolutionner ■ 14 court-circuiter, interconnecter, réquisitionner.

**METTRE BAS:** 3 bas* ■ 5 vêler ■ 7 agneler ■ 8 biqueter, pouliner ■ 9 accoucher, chatonner, chevreter, chevroter, cochonner, levretter ■ 10 chevretter, délivrance ■ 11 parturition.

**MEUBLE:** 3 foi, lit ■ 4 banc, case, cosy, pied, rack, semer ■ 5 bahut, boule, divan, écran, fusée, garni, hôtel, laque, plein, sabot, siège, table, tapis ■ 6 boulle, buffet, bureau, casier, chaise, coffre, frette, lavabo ■ 7 abatant, armoire, bergère, cabinet, commode, console, étagère, fichier, losange, pupitre, vitrine ■ 8 ameublir, classeur, crédence, dressoir, ébéniste, écornure, fauteuil, friperie, guéridon, jumelles, mobilier, paravent, prie-dieu, servante, tabouret, toilette ■ 9 argentier, banquette, coiffeuse, déménager, démeubler, menuisier, panetière, passement, piétement, remeubler ■ 10 coquerelle, cosy-corner, encoignure, époussette, jardinière, médaillier, secrétaire, tapissière, vaisselier, vide-poches ■ 11 ameublement, chiffonnier, chippendale, discothèque, ébénisterie, encaustique, garde-meuble, moulu-ration, vidéothèque ■ 12 bibliothèque, chiffonnière, couronnement, raccommodage, serre-papiers ■ 13 essuie-meubles, porte-chapeaux, quartefeuille, tiercefeuille ■ 15 porte-parapluies, porte-serviettes, saisie-exécution.

**MEUBLER:** 8 meublant.

**MEUGLEMENT:** 7 meugler ■ 10 beuglement.

**MEULE:** 4 ripe ■ 5 barge ■ 6 meulon, ribler ■ 7 gerbier, meulier ■ 8 émouleur, meulette, œillard ■ 9 ébarbeuse, lapidaire.

**MEULER:** 7 meulage ■ 9 rectifier.

**MEULON:** 9 veillotte.

**MEUNERIE:** 13 convertisseur.

**MEUNIER:** 4 able ■ 8 chevaine, chevenne, chevesne, farinage, farinier, meunerie.

**MEURTRI:** 4 noir, talé ■ 6 confus ■ 7 compote ■ 9 marmelade ■ 10 contondant.

**MEURTRIER:** 4 amok ■ 5 bravo, tueur ■ 6 bandit* ■ 7 déicide, escarpe, inculpé, sicaire ■ 8 assassin, coupable, criminel*, homicide, scélérat ■ 9 barbacane, spadassin.

**MEURTRIERE:** 12 arbalétrière.

**MEURTRIR:** 5 cotir ■ 6 fouler ■ 7 avarier, blesser*, écraser, pourrir ■ 8 froisser, mâchurer ■ 10 détériorer.

**MEURTRISSURE:** 4 bleu, noir ■ 5 plaie, taler ■ 6 talure ■ 8 blessure*, meurtrir ■ 9 contusion.

**MEUTE:** 5 curée, quête ■ 6 troupe*.

**MEXICAIN:** 5 cobéa, cobée, sisal ■ 7 chicano ■ 8 cactacée ■ 9 tubéreuse ■ 10 amblystome, xiphophore ■ 13 salsepareille.

**MEXIQUE:** 5 cobéa, cobée ■ 6 cobaea ■ 7 cascara ■ 8 mariachi.

**MEZZANINE:** 8 entresol.

**MEZZO-SOPRANO:** 4 voix ■ 9 bas-dessus.

**MIASME:** 7 effluve, malaria ■ 8 puanteur ■ 11 miasmatique ■ 13 sulfumigation.

**MIAULER:** 4 chat ■ 8 miauleur ■ 10 miaulement.

**MICA:** 6 micacé ■ 7 biotite, tuffeau ■ 8 clivable ■ 9 granulite ■ 10 lépidolite ■ 11 lépidolithe.

**MICELLE:** 10 micellaire.

**MICHELINE:** 11 automotrice.

**MICROBE:** 4 gram ■ 5 coque, virus* ■ 6 arsine ■ 7 aérobie, asepsie, bacille*, ferment, pigment, stomose, typhose, vibrion, virgule, zooglée ■ 8 bactérie*, brucella, division, glossine, septique, spirille ■ 9 anaérobie, anatoxine, anticorps, antivirus, ascocoque, exotoxine, gonocoque, infection, leucocyte, méningite, microbien, sulfamide, tularémie ■ 10 champignon, cladothrix, leptothrix, microcoque, psittacose, septicémie, spirochète ■ 11 amylobacter, auréomycine, biotropisme, désinfecter, endocardite, entéroscoque, hémoculture, leuconostoc, microbicide, nitrobacter, pneumocoque, protoplasma, protoplasme, typhotoxine ■ 12 antibiotique, micrographie, streptocoque ■ 13 microbiologie, microrganisme, staphylocoque, stérilisation ■ 14 micro-organisme, pasteurisation, sérodiagnostic.

**MICROBICIDE:** 9 sulfitage.

**MICROBIENNE:** 14 céphalosporine.

**MICROBIOLOGIE:** 5 étuve ■ 8 gélatine ■ 9 virologie ■ 13 bactériologie ■ 15 microbiologiste.

**MICROCOSME:** 10 landerneau ■ 13 microcosmique.

**MICROCRISTAL :** 14 vitrocéramique.
**MICROECONOMIE :** 15 microéconomique.
**MICROEDITION :** 3 p.a.o.
**MICROFILM :** 11 filmothèque, microfilmer.
**MICRO-INFORMATIQUE :** 5 micro.
**MICROMETIQUE :** 11 cristallité.
**MICRONESIE :** 11 micronésien.
**MICRO-ORDINATEUR :** 5 micro ■ 7 cliquer ■ 10 multiposte, nanoréseau.
**MICRO-ORGANISME :** 7 biocide ■ 9 anaérobie ■ 10 rickettsie ■ 12 aérobiologie ■ 13 bioconversion.
**MICROPHONE :** 5 micro ■ 6 girafe ■ 8 électret ■ 12 micro-cravate ■ 13 microphonique.
**MICROPHYSIQUE :** 5 fermi ■ 8 angström ■ 9 angstrœm.
**MICROPYLE :** 8 anatrope.
**MICROSCOPE :** 6 statif ■ 7 frottis ■ 8 oculaire ■ 9 microtome ■ 10 porte-objet ■ 11 couvre-objet, microscopie ■ 12 micrographie ■ 13 microchirurgie, microscopique ■ 15 microdissection.
**MICROSCOPIQUE :** 5 amibe, petit ■ 6 nostoc, oïdium ■ 7 ostiole, perlite, stomate ■ 8 liposome, navicule, plancton, plankton, puccinie, rotifère, sarcopte ■ 9 rhizotone ■ 10 rhizoctone ■ 11 rhizoctonie ■ 12 kamptozoaire, microcristal ■ 13 microrganisme ■ 14 cytodiagnostic, micro-organisme.
**MICROSPORE :** 13 microsporange.
**MICTION :** 11 pollakiurie.
**MIDI :** 3 mas, sud, têt ■ 4 cade, grau, seps ■ 5 adret, butor, feria, garou, gouge, mante, matin, mélia, mollé, notus, pilaf, pilav, pilaw, plage, sexte ■ 8 becfigue, déjeuner, estagnon, garrigue, glaréole, jujubier, méridien, pétanque, picpoule, tommette, vaccaire ■ 9 après-midi, arbousier, clairette, orcanette ■ 10 cantharide, crapaudine, dentelaire, fraxinelle, larme-de-job, méridienne, méridional, picpouille, tarantelle, vaillantie ■ 11 culmination, micocoulier, scolopendre ■ 12 staphisaigre ■ 15 mésembryanthème.
**MIDINETTE :** 7 trottin ■ 8 cousette ■ 10 couturière, petite-main.
**MIE :** 3 pas ■ 6 panure.
**MIEL :** 3 rob ■ 4 cire, ours ■ 5 favus, ruche ■ 6 gaufre, miette, oxymel ■ 7 abeille*, baklava, mélisse, mellite ■ 8 acétomel, emmiellé, fructose, hydromel, melliflu, mielleux ■ 9 démieller, emmieller, mellifère, melliflue ■ 10 apiculture, électuaire, extracteur, mellifique ■ 13 mellification.
**MIELLEUX :** 5 sucré ■ 9 doucereux ■ 13 mielleusement.
**MIELLURE :** 9 rouillure.
**MIETTE :** 2 mi ■ 5 émier ■ 7 morceau* ■ 8 émietter ■ 14 ramasse-miettes.
**MIEUX :** 4 plus* ■ 5 élite, perle ■ 6 dessus, plutôt ■ 7 suprême ■ 8 meilleur, pis-aller, préférer ■ 9 davantage, optimisme, supérieur ■ 10 perfection, préférable, rénovation ■ 12 amélioration, aristocratie, quintessence.
**MIEVRE :** 6 gentil ■ 7 fragile ■ 9 mièvrerie.
**MIEVRERIE :** 10 mièvrement ■ 11 affectation, singularité.
**MIGNON :** 4 mimi ■ 5 bijou, péché ■ 6 bellot, gentil, joliet ■ 7 mignard, trognon ■ 9 mignonnet ■ 12 croquignolet.
**MIGNOTER :** 7 flatter, soigner ■ 8 caresser.
**MIGRAINE :** 10 hémicrânie, migraineux ■ 14 antimigraineux.
**MIGRATEUR :** 5 cygne ■ 6 caille ■ 7 cigogne, migrant, pèlerin.

**MIGRATION** : 5 exode ■ 8 estivage, mignoter ■ 9 diapédèse, migrateur, montaison ■ 10 anaphorèse, émigration, magmatisme, migratoire ■ 11 illuviation ■ 12 transhumance ■ 13 réarrangement.
**MI-JAMBE** : 9 demi-botte ■ 10 chaussette.
**MIJAUREE** : 8 pimbêche.
**MIJOTER** : 5 cuire ■ 8 préparer.
**MIL** : 5 mille, panic ■ 8 couscous, tchapalo.
**MILDIOU** : 7 rouille ■ 9 mildiouse ■ 10 plasmopara ■ 11 phytophtora.
**MILICE** : 6 troupe ■ 8 milicien, palikare ■ 9 garde-côte ■ 13 cinquantenier.
**MILIEU** : 2 ph ■ 3 âme, axe, vif ■ 4 alto, fond, fort, kief, lieu, midi, sein ■ 5 banco, biome, chape, chine, cœur, dîner, fasce, foyer, galbe, macle, mitan, mixte, monde, noyau, oasis, océan, pègre, préau ■ 6 bohème, centre*, climat, dedans, in situ, jet-set, médial, médian, sphère, yakusa ■ 7 écocide, élément, mi-corps, moyenne, univers, urcéolé ■ 8 ambiance, ardillon, cambrure, ceinture, chaussée, dépayser, écologie, gélatine, mi-chemin, mi-course ■ 9 entourage, entredeux, épenthèse, exotoxine, intérieur, médiateur, réveillon ■ 10 atmosphère, landerneau ■ 11 bras-le-corps, espace-temps, indésirable, thermoscope ■ 13 environnement, intermédiaire, pœcilotherme, préadaptation ■ 14 action research, phraséologique.
**MILITAIRE** : 4 camp, épée, goum, képi, paie, paye, saie, sape, saye ■ 5 appel, cadet, cagna, congé, dépôt, école, galon, garde, grade, guide, major, pacha, point, repos, sabre, shako, siège, singe, thème ■ 6 dolman, engagé, mineur, schako, soldat* ■ 7 caporal, caserne, chapska, colonne, goumier, grenade, rengagé, rosette, servant, voïvode ■ 8 assimilé, campagne, caudillo, cavalier, centurie, dégrader, effectif, exarchat, gendarme, godillot, guerrier*, havresac, imperium, insoumis, landwehr, milicien, officier, partisan, plastron, régiment, schapska, schlague, templier, troupier, uniforme, voïévode ■ 9 artilleur, bataillon, bigorneau, brigadier, canonnier, casernier, cassation, ceinturon, coalition, déserteur, fantassin, manœuvre, méhariste, missilier, objecteur, pyrrhique, supplétif ■ 10 couverture, disponible, garde-à-vous, logistique, riz-pain-sel, subsistant ■ 11 chenillette, gendarmerie, instructeur, kommandatur, légionnaire, militariser, militarisme, portefanion, rengagement, subdivision, territorial ■ 12 caporal-chef commandement, conscription, feld-maréchal, opérationnel, parachutiste, sous-officier ■ 13 démilitariser, disciplinaire, fortification, militairement, non-combattant, redéploiement, remilitariser, sous-intendant ■ 14 militarisation ■ 15 antimilitarisme, antimilitariste, permissionnaire.
**MILITANT** : 7 basiste, militer ■ 8 guerrier, partisan ■ 12 syndicaliste.
**MILLE** : 3 mil ■ 4 kilo ■ 5 milli ■ 7 millage, millier, million ■ 8 milliard, millième ■ 9 kilotonne, milliaire ■ 10 millénaire.
**MILLEFEUILLE** : 8 achillée.
**MILLENARISME** : 12 millénariste.
**MILLENARISTE** : 9 millenium.
**MILLE-PATTES** : 4 iule ■ 8 géophile, gloméris, lithobie ■ 9 anténatte ■ 11 scolopendre.
**MILLERANDAGE** : 10 millérandé.
**MILLESIME** : 7 vintage ■ 10 millésimer.
**MILLET** : 3 mil ■ 4 moha, maïs ■ 5 doura, panic ■ 6 sorgho ■ 8 milliaire.
**MILLIARD** : 8 trillion ■ 12 milliardaire, milliardième.
**MILLIEME** : 10 millilitre, millimètre ■ 11 milligramme ■ 12 millithermie.

**MILLIGRAMME :** 11 microchimie.
**MILLIMETRE :** 6 micron ■ 13 millimétrique.
**MILLION :** 4 méga, micr, pico, téra ■ 5 micro ■ 6 mégohm ■ 8 milliard ■ 9 mégahertz ■ 10 sextillion ■ 11 millionième, quatrillion, quintillion ■ 12 millionnaire.
**MILLIONIEME :** 12 microbalance, microseconde, microthermie.
**MILOUIN :** 8 fuligule.
**MIME :** 5 mimer ■ 6 acteur ■ 10 mimographe.
**MIMER :** 6 imiter.
**MIMETISME :** 9 mimétique.
**MIMIQUE :** 5 geste*.
**MIMOSACEE :** 4 néré ■ 6 acacia, mimosa ■ 7 mimosée ■ 9 amourette, sensitive ■ 11 légumineuse.
**MINABLE :** 5 loser, minus ■ 6 pauvre ■ 9 misérable* ■ 11 minablement.
**MINARET :** 5 islam.
**MINAUDER :** 4 mine ■ 8 grimacer, simagrée ■ 9 grimacier, minaudier ■ 10 minauderie.
**MINCE :** 3 fin* ■ 4 aigu, lame, menu*, ténu ■ 5 barde, bâton, bible, boyau, carte, court, délié, épais, évidé, étain, feuil, fluet, folié, frêle, grêle, latte, lèche, lusin, petit, tulle ■ 6 effilé, élancé, émincé, estrac, étiolé, étique, étroit*, faible, fretin, fuselé, maigre*, mincir, svelte ■ 7 aiguisé, amincir, délicat*, étamine, gracile, indusie, longuet, minceur ■ 8 atrophié, bricelet, épendyme, filament, flandrin, flexible, javeline, levrette, malingre, médiocre, membrane, panatela, pistolet, resserré*, scarieux ■ 9 efflanqué, filiforme, leptosome, pellicule, rhomboïde ■ 10 longiligne, séparateur ■ 11 schistosité.
**MINE :** 2 or ■ 3 air ■ 4 bure, buse, cage, orin ■ 5 benne, coron, mèche, minée, miner, minot, plomb, puits, terri, veine ■ 6 minier, terril, visage ■ 7 bowette, cordeau, exhaure, fleuret, minière, recette, sautage ■ 8 alunière, beaucoup, carrière, cuvelage, dragueur, fougasse, fourneau, simagrée, tréfonds, vermoulu ■ 9 apparence, camouflet, carottage, entonnoir, étoupille, falunière, houillère, mouilleur, porte-mine, royalties, serrement ■ 10 bourriquet, concession, lance-mines, palplanche, platinoïde, plombagine, tréfoncier ■ 11 chalcidique, chevalement, descenderie, minauderies, salpêtrière, travers-banc.
**MINER :** 5 caver, saper ■ 6 ronger* ■ 7 creuser*, déduire*.
**MINERAI :** 4 gîte, mine, stot ■ 5 fluor, fonte, forge, spath, tutie, veine ■ 6 albite, bocard, gangue, lavoir, pellet, sinter, speiss, tuthie ■ 7 alunite, bauxite, caliche, ferrite, laverie, minette, schlamm, schlich ■ 8 autunite, dépilage, grillage, limonite, mâchefer, roselier ■ 9 amphibole, feldspath, scheidage ■ 10 hornblende, lépidolite, minéralier, pechblende, tourmaline ■ 11 cassitérite, lépidolithe, minéralogie ■ 13 minéralogiste ■ 14 minéralisateur, sidérolithique.
**MINERAL :** 4 azur, mica, talc ■ 5 ambre, borax, fibre, géode, gypse, nitre, règne, sable ■ 6 argile, blende, galène, gneiss, illite, natron, pyrite, quartz, rognon, sandix, sandyx, silice, soufre ■ 7 amiante, arsenic, asbeste, bézoard, calcite, cinabre, cristal, cuprite, diamant, dolomie, granite, houille, péridot, pétrole, stibine, syénite, thermal, wolfram ■ 8 acerdèse, actimote, argyrite, barytine, chromite, corindon, épigénie, fluorine, orpiment, permagol, pyroxène, silicate, stannine vanadine, vaseline, zéolithe ■ 9 aérolithe, amphibole, antimoine, cobaltine, cymophane, feldspath, millérite, ozocérite, ozokérite, pegmatite, plastique, sylvanite, tantaline ■ 10 bismuthine, minéralisé, smaragdite ■ 11 molybdénite, white-spirit ■ 12 strontianite ■ 13 déminéraliser ■ 14 minéralisation.

**MINERALISATION**: 11 décomposeur.
**MINERAUX**: 12 haut-fourneau.
**MINERVOIS**: 9 minervois.
**MINETTE**: 8 lupuline.
**MINEUR**: 4 sape ■ 5 coron, gamme, lampe, ordre ■ 6 taupin ■ 7 galibot, pupille ■ 8 acolytat, curateur, raucheur ■ 9 poétereau, protuteur, rivelaine ■ 10 garde-noble, photophore ■ 13 prédélinquant.
**MINIATURE**: 8 portrait ■ 9 miniaturé, vigneture ■ 10 enluminure, miniaturer ■ 12 miniaturiser, miniaturiste ■ 15 miniaturisation.
**MINIATURISE**: 12 micro-cravate ■ 15 microprocesseur.
**MINIERE**: 5 claim.
**MINIMAL**: 8 technème ■ 11 minimaliser, minimaliste.
**MINIMALE**: 8 prospect, rhéobase.
**MINIMALISER**: 14 minimalisation.
**MINIME**: 5 petit*, trace ■ 7 modique ■ 8 ridicule ■ 9 dérisoire, misérable.
**MINIMISER**: 7 réduire ■ 12 minimisation.
**MINIMUM**: 3 r.m.i. ■ 4 s.m.i.c. ■ 5 phase, seuil ■ 6 limite, minima ■ 8 extremum ■ 9 chronaxie, franc-bord, miniature, minimiser.
**MINI-ORDINATEUR**: 4 mini.
**MINISTERE**: 5 messe ■ 6 emploi, maxima, pléban ■ 7 plébain ■ 9 clergyman, pentagone, sacerdoce ■ 10 accusation, porrection ■ 12 chancellerie.
**MINISTERIEL**: 4 taxe ■ 5 agréé, avoué ■ 7 notaire ■ 8 greffier, huissier, maroquin ■ 12 portefeuille.
**MINISTRE**: 5 vizir ■ 6 lévite, prêtre ■ 7 pasteur ■ 9 argentier, clergyman, ministère, prédicant, sacerdoce ■ 11 ministériel, ministrable ■ 13 sous-ministre ■ 15 parlementarisme.
**MINITEL**: 9 télévente ■ 11 minitéliste.
**MINOIS**: 6 figure*, visage* ■ 9 frimousse.
**MINORE**: 9 minoratif.
**MINORER**: 10 minoration.
**MINORITAIRE**: 9 menchevik.
**MINOTERIE**: 8 minotier.
**MINUIT**: 5 matin ■ 10 médianoche.
**MINUSCULE**: 5 petit* ■ 10 bas-de-casse, rocamadour ■ 12 pédicellaire.
**MINUTE**: 5 copie ■ 7 minuter, seconde ■ 8 minutage, minutier ■ 9 minutaire, minuterie.
**MINUTIE**: 4 rien, soin* ■ 6 poussé ■ 7 analyse, chicane, purisme, vétille ■ 8 fignoler, ouvrager, scrupule ■ 9 cérémonie, épluchage, lésinerie, minutieux, pinailler, protocole, subtilité ■ 10 exactitude, formalisme, parcimonie ■ 11 délicatesse, mesquinerie, raffinement, tatillonner ■ 12 méticulosité ■ 14 susceptibilité.
**MINUTIEUX**: 6 subtil ■ 7 délicat*, mesquin, puriste, raffiné ■ 8 exigeant, soigneux, tatillon ■ 9 regardant, vétilleux ■ 10 méticuleux*, scrupuleux*, tracassier ■ 11 cérémonieux, pointilleux, susceptible ■ 12 parcimonieux ■ 13 consciencieux ■ 14 minutieusement.
**MIOCENE**: 8 mollasse, pliocène ■ 9 hipparion, oligocène ■ 10 aquitanien, mastodonte, rhinocéros ■ 11 dinothérium.
**MIRABELLE**: 5 prune ■ 11 mirabellier.
**MIRABILIS**: 11 belle-de-nuit.
**MIRACLE**: 5 manne, signe ■ 8 miraculé ■ 9 merveille ■ 10 assomption, miraculeux ■ 11 thaumaturge ■ 15 miraculeusement.
**MIRAGE**: 8 illusion ■ 9 merveille.
**MIRBANE**: 12 nitrobenzène.

**MIRE :** 5 butte, cible ■ 9 œilleton.
**MIRER :** 5 viser ■ 6 mireur ■ 8 regarder* ■ 9 mire-œufs.
**MIRIFIQUE :** 9 admirable* ■ 13 mirifiquement.
**MIRLITON :** 5 flûte ■ 7 flûteau ■ 9 bigophone.
**MIRO :** 6 miraud.
**MIROBOLANT :** 8 étonnant.
**MIROIR :** 4 clar ■ 5 focal, foyer, glace*, image, piège ■ 6 psyché ■ 7 trumeau ■ 8 applique, spéculum ■ 9 miroitier ■ 10 autoscopie, miroiterie, réflecteur, spéculaire ■ 11 rétroviseur.
**MIROITER :** 5 mirer ■ 7 briller*, éblouir ■ 8 chatoyer, renvoyer ■ 9 miroitant, réfléchir.
**MISAINE :** 5 minot ■ 7 fortune ■ 8 trinquet ■ 10 trinquette.
**MISANDRE :** 9 misandrie.
**MISANTHROPE :** 8 farouche.
**MISCELLANEES :** 8 mélanges.
**MISCIBLE :** 11 miscibilité.
**MISE :** 4 kick ■ 5 miser, titre ■ 6 paroli, vatout ■ 7 cadrage ■ 8 brushing, citation, défilage, knock-out, massacre ■ 9 alitement, cassation, démarreur, entonnage, sommation ■ 10 assemblage, martingale, préformage, relaxation, stretching ■ 11 application, entonnaison, entonnement, investiture ■ 12 fluidisation, court-circuit ■ 13 déclenchement, élargissement, socialisation, thermoformage ■ 14 initialisation, interconnexion ■ 15 synchronisation.
**MISERABILISME :** 13 misérabiliste.
**MISERABLE :** 3 vil* ■ 4 hère ■ 5 déchu, dénué, gueux*, panné, paria, ruiné* ■ 6 cahute, chétif, fauché, masure, miteux, pauvre*, piètre, taudis, truand ■ 7 assisté, bélître, infirme, minable, purotin, tanière ■ 8 bohémien, clochard, croquant, indigent, mendiant*, miséreux, parasite, vagabond* ■ 9 besogneux, déshérité, estropiat, lazzarone, marmiteux, pouilleux, va-nu-pieds ■ 10 claquedent, cul-de-jatte, malheureux*, vermisseau ■ 11 crève-la-faim, meurt-de-faim, meurt-la-faim, nécessiteux ■ 13 misérablement, pique-assiette.
**MISERE :** 4 rien ■ 5 dèche, épave, panne, peine*, purée, ruine* ■ 6 besoin*, débine, famine, mouise, panade ■ 7 disette, malheur*, mouisse, pénurie ■ 8 détresse, miséreux, opulence, pauvreté*, richesse, soulager ■ 9 dénuement, extrémité, gueuserie, indigence, mendicité, mistoufle ■ 10 pouillerie ■ 12 désembourber, pleure-misère, traîne-misère ■ 13 traîne-malheur.
**MISERERE :** 5 iléus.
**MISEREUX :** 9 misérable* ■ 11 crève-la-faim.
**MISERICORDE :** 5 merci, pitié* ■ 6 pardon* ■ 7 charité* ■ 8 clémence ■ 14 miséricordieux.
**MISONEISME :** 10 misonéiste.
**MISSILE :** 4 icbm, irbm, mirv, mrbm, m.s.b.s., slbm, s.s.b.s. ■ 7 booster ■ 9 antiengin, filoguidé, missilier ■ 11 euromissile ■ 15 trajectographie.
**MISSION :** 3 pie ■ 5 légat ■ 6 charge, sortie ■ 7 a latere, travail ■ 8 briefing, fonction, guetteur, légation, messager ■ 9 ambassade, apostolat, émissaire, lazariste ■ 10 commission, délégation, députation, patrouille, volontaire ■ 11 apostolique, détachement, négociation, passioniste, patrouiller ■ 12 commandement, missionnaire ■ 13 rédemptoriste.
**MISSIVE :** 3 mot, pli ■ 4 bref ■ 5 bulle ■ 6 billet, épître, lettre*, placet, poulet ■ 7 dépêche, message, réponse, rescrit ■ 8 pétition ■ 9 apostille, duplicata, mandement ■ 10 babillarde, circulaire, encyclique.

**MISTRAL**: 4 cers, vent.
**MITAINE**: 4 gant ■ 5 miton.
**MITAN**: 6 centre.
**MITE**: 5 miter ■ 6 teigne.
**MITEUX**: 9 misérable*.
**MITHRIAQUE**: 9 taurobole ■ 12 mithriacisme.
**MITIGER**: 7 adoucir*, modérer ■ 8 diminuer.
**MITOCHONDRIE**: 12 chondriosome.
**MITONNER**: 5 cuire ■ 7 soigner ■ 8 préparer.
**MITOSE**: 8 anaphase, prophase ■ 9 métaphase, mitotique, télophase ■ 10 centromère, centrosome ■ 11 caryocinèse ■ 13 antimitotique.
**MITOYEN**: 6 commun ■ 7 héberge ■ 11 mitoyenneté.
**MITRAILLER**: 5 tirer ■ 11 mitraillage.
**MITRAILLETTE**: 5 fusil ■ 10 sulfateuse.
**MITRAILLEUSE**: 5 affût ■ 10 mitrailler ■ 11 mitrailleur.
**MITRE**: 5 tiare ■ 6 évêque, fanons, mitral.
**MITROBENZENE**: 7 mirbane.
**MIXTE**: 6 géminé ■ 9 bichlamar ■ 10 bêche-de-mer.
**MIXTION**: 7 mélange*, mixture ■ 10 mixtionner.
**MNEMOTECHNIQUE**: 10 baralipton.
**MOBILE**: 3 clé ■ 4 clef, grue ■ 5 cause*, doigt, index, motif*, nille, rotor, tanka, volet ■ 6 moblot, moteur, tangon ■ 8 bastaque, flagelle, mantelet, paravent, symphyse, vasistas ■ 9 attelloir, autoguidé, bobinette, décapoter, emboîtage, flagellum, girouette, languette, mobilité, riboulant, tentacule, vacillant, zoogamète ■ 10 aryténoïde, attelloire, chambrière, élongation, énarthrose, enveloppée, gouvernail, tourniquet, satelliser ■ 11 biblorhapte, inconstance, téléguidage ■ 13 turbomachine ■ 15 thermopropulsif.
**MOBILE HOME**: 12 auto-caravane.
**MOBILIER**: 4 gage ■ 5 bazar, boule ■ 6 ménage, meuble* ■ 9 nominatif, pompadour.
**MOBILISATION**: 9 mobiliser ■ 12 mobilisateur ■ 14 kinésithérapie, mécanothérapie.
**MOBILISER**: 5 dépôt ■ 10 embrigader ■ 11 mobilisable ■ 12 mobilisation ■ 14 démobilisation ■ 15 gestalt-thérapie.
**MOBILITE**: 7 tribart ■ 13 arthroplastie.
**MOCHE**: 7 mochard.
**MODALITE**: 7 manière*, qualité ■ 9 aléthique, condition ■ 10 solidarité ■ 11 engineering ■ 12 tachitoscope.
**MODE**: 2 in ■ 3 cri ■ 4 goût, must, raga, snob, voie ■ 5 câblé, dandy, genre, modal, régie, remue, vogue* ■ 6 couplé, croisé, irréel, méiose ■ 7 barbara, branché, fermage, méthode, new-look, optatif, qualité, revival, système ■ 8 étouffée, gérondif, hérédité, modalité, néolocal, salariat, vanisage ■ 9 déroulage, emboîture, étouffade, impératif, indicatif, infinitif, japonisme, participe, potentiel, prédation, résonance, synarchie, virilocal ■ 10 baralipton, cooptation, dichotomie, érémitisme, inquilisme, matrilocal, patrilocal, rumination, sauterelle, subjonctif, succussion, transports, viviparité ■ 11 absentéisme, anémophilie, axonométrie, brachiation, gemmiparité, moissonnage, schizogamie ■ 12 compensation, conditionnel, siphonogamie ■ 13 anachorétisme, cryptographie, inflorescence, ovoviviparité, saprophytisme.
**MODELAGE**: 9 sculpture ■ 10 repoussage.
**MODELE**: 4 chic, type ■ 5 canon, épure, essai, forme, moule*, règle ■ 6 atypie, carton, dessin, étalon, patron, poncif ■ 7 calibre, corrigé, ébauche, exemple*, formule, gabarit, matrice, panneau, pattern, ser-

vile, topique ■ 8 académie, esquisse, maquette, modeleur, original, parangon, sovkhoze, spécimen, standard ■ 9 archétype, brouillon, classique, empreinte, gabariage, imitation, modélisme, paradigme, plastique, protocole, prototype ■ 10 exemplaire, formulaire ■ 11 accord-cadre, comparaison, échantillon ■ 12 modélisation ■ 13 aéromodélisme, griffonnement.

**MODELER:** 6 former ■ 8 emboîter, modelage, modeleur, sculpter ■ 9 plastique ■ 13 céroplastique.

**MODELISATION:** 9 modéliser.

**MODERATION:** 5 diète ■ 6 mesure, raison ■ 7 épargne, réserve, retenue*, sagesse* ■ 8 chasteté, économie, modestie, patience, sédation, sobriété ■ 9 bellement, doucement, équilibre, frugalité, honnêteté, politesse, tolérance ■ 10 abnégation, abstention, abstinence, continence, convenance, discrétion, ménagement, simplicité, tempérance ■ 11 pondération, renoncement, résignation, savoir-vivre ■ 12 impartialité, incontinence ■ 14 circonspection.

**MODERATRICE:** 14 psycholeptique.

**MODERE:** 3 h.l.m. ■ 4 posé, sage* ■ 5 calme, sobre ■ 6 chaste, simple, timide, timoré ■ 7 andante, discret, économe, modeste, patient, pondéré, réservé ■ 8 craintif, moderato, réticent, tolérant ■ 9 équilibré, impartial, tempérant ■ 11 accommodant, circonspect, raisonnable ■ 12 modérantisme.

**MODERER:** 5 céder ■ 6 borner, calmer*, priver ■ 7 adoucir, amortir, dompter, enrayer, freiner, mitiger, pallier, retenir, tremper ■ 8 atténuer, contenir, observer, posséder, refréner, renoncer, résigner, tempérer ■ 9 transiger ■ 10 modérateur ■ 11 contraindre.

**MODERNE:** 4 judo ■ 5 démon ■ 6 récent ■ 7 nouveau, présent ■ 8 building, romaïque ■ 9 atonalité, futurisme, modernité ■ 10 devanâgari, moderniser, modernisme, moderniste ■ 11 néo-gothique ■ 12 néo-vitalisme, obsolescence, physicalisme, romanticisme ■ 14 néolibéralisme, néo-catholicisme.

**MODERNISE:** 13 modernisateur.

**MODERNISER:** 9 mécaniser ■ 13 modernisation.

**MODESTE:** 3 pur ■ 5 caché, moyen ■ 6 décent, effacé, humble*, mesuré, modéré, obscur, simple* ■ 7 bonasse, modique, pudique, réservé ■ 8 arrogant, bonhomme, innocent, médiocre, vertueux ■ 9 immodeste ■ 11 modestement ■ 12 présomptueux.

**MODESTIE:** 5 vertu ■ 6 pudeur*, pureté ■ 7 décence*, décorum, douceur, respect, retenue ■ 8 modicité, timidité, violette ■ 9 confusion, innocence ■ 10 bienséance, convenance, immodestie, médiocrité, modération, simplicité* ■ 11 modestement.

**MODIFICATION:** 4 vide ■ 5 crise, thèse, truca, vivre ■ 6 espèce, figure, nuance ■ 7 brisure, cabrage, doppler, œstrus, refonte, variété ■ 8 allergie, bretesse, mutation, réaction ■ 9 codicille, diversion, dysphonie, inflexion, réduction ■ 10 altération, amendement, changement*, correction, corruption, innovation, kératocône, modulation ■ 11 after-effect, déguisement, embryoardie, remaniement, termaillage ■ 12 adultération, intervention, rétractation ■ 13 accommodation, falsification, métamorphisme, rectification ■ 14 bouleversement, minéralisation, palatalisation, sous-amendement ■ 15 infléchissement.

**MODIFIE:** 11 modificatif, tensioactif.

**MODIFIER:** 6 dévier, varier ■ 7 altérer, amender, changer*, décaler, défaire, fausser, nuancer, réduire, toucher, tourner, traiter ■ 8 caméléon, cémenter, corriger*, déguiser, dessoler, ébranler, pondérer, regarnir, remanier, rhéostat ■ 9 adultérer, corrompre, falsifier, incer-

tain, infléchir, rétracter, toiletter ■ 10 actionneur, irrégulier, modifiable ■ 11 bouleverser, dessolement, diversifier, intervenir, minéraliser, mouvementer ■ 12 contrepasser, désectoriser, inconsistant, modificateur ■ 14 thoracoplastie ■ 15 photo-élasticité.
**MODIQUE :** 3 bas ■ 6 minime.
**MODISTE :** 7 chapeau ■ 10 apprêteuse.
**MODULATEUR :** 10 lymphokine.
**MODULATION :** 2 fm ■ 10 modulateur.
**MODULER :** 5 canon, chant ■ 8 modulant ■ 9 modulable.
**MOELLE :** 5 sagou ■ 7 myélite, myélome, palmite ■ 8 épendyme, épiphyse, myéloïde ■ 9 amourette, médulleux, myélocyte ■ 10 amourettes ■ 11 myéloplasme, ostéoclaste ■ 12 laminectomie, myélographie, ostéomyélite, promyélocyte, quintessence ■ 13 cérébro-spinal, mégacaryocyte, métamyélocyte, syringomyélie.
**MOELLE EPINIERE :** 15 encéphalopathie.
**MOELLEUX :** 4 doux* ■ 5 satin ■ 8 douillet ■ 10 chamoisage ■ 13 moelleusement.
**MOELLON :** 5 maçon ■ 6 pierre ■ 8 hérisson, smillage ■ 9 blocaille ■ 11 limousinage.
**MŒURS :** 5 bible, catin, fonds, mêlée, moral, voyou ■ 7 lorette ■ 8 débauche, donzelle, habitude, moralité, poissard ■ 9 abjection, civiliser, demi-monde, éthologie, moraliste, romaniser ■ 10 banditisme, hétaïrisme ■ 11 démoraliser, éthographie ■ 12 anachronisme, demi-mondaine, empoisonneur.
**MOHAIR :** 9 teddy-bear.
**MOI :** 3 égo ■ 4 bibi, mien ■ 5 mézig ■ 7 mézique ■ 8 empathie.
**MOINDRE :** 6 mineur ■ 8 diminuer ■ 9 amoindrir, inférieur ■ 10 contracter.
**MOINE :** 4 froc, gens ■ 7 cuculle, frocard, monacal, starets ■ 8 cénobite, défroqué, moinerie, stariets ■ 9 moinillon, monastère, religieux* ■ 10 monachisme, monastique, thérapeute ■ 14 monastiquement.
**MOINEAU :** 4 piaf ■ 6 piaffe ■ 7 friquet, gros-bec, pierrot ■ 9 gailletin, passereau.
**MOINS :** 8 manquant ■ 9 amenuiser, seulement ■ 11 moindrement, morte-saison.
**MOIRAGE :** 5 moire ■ 6 moirer ■ 7 moirure.
**MOIRER :** 7 moireur.
**MOIS :** 3 mai ■ 4 août, ides, juin, mars, neuf, réby ■ 5 avril, douze, safar, saint, terme ■ 6 nivôse, redjeb ■ 7 février, floréal, janvier, juillet, mensuel, ramadan, octobre, schewal, ventôse ■ 8 bimestre, brumaire, calendes, décembre, djoumadi, frimaire, gamélion, germinal, messidor, pluviôse, posidéon, prairial, schaaban, semestre ■ 9 bimensuel, embolisme, fructidor, munychion, mouharram, septembre, thermidor, trimestre ■ 10 bimestriel, boédromion, mensualité, pyanepsion, thargélion ■ 11 dsoulhedjab, dsoulkaadah, hécatombéon, mémactérion, vendémiaire ■ 12 anthestérion, élaphébolion, embolismique, métageitnion, scirophorion ■ 13 mensuellement.
**MOÏSE :** 7 berceau.
**MOISIR :** 5 gâter* ■ 7 chancir, pourrir*, remugle.
**MOISISSURE :** 5 barbe, moisi, mucor ■ 6 empuse ■ 7 mildiou, monilie ■ 10 aspergille, zygomycète ■ 11 aspergillus, chancissure, pénicillium, siphomycète, sporotriche ■ 12 plectomycète, pyrénomycète, terrafungine, trichophyton ■ 13 streptomycine.
**MOISSON :** 4 août ■ 5 verse ■ 6 chaume, éteule ■ 7 récolte* ■ 8 chaumage ■ 10 moissonner, saisonnier.

**MOISSONNER :** 4 sape ■ 5 scier ■ 6 aoûter, couper, gerber, glaner ■ 7 faucher, javeler ■ 8 arracher, cueillir, ramasser, récolter ■ 10 recueillir ■ 11 moissonnage, moissonneur ■ 12 moissonneuse.
**MOISSONNEUSE :** 9 porte-lame, rabatteur.
**MOITE :** 6 moiter ■ 9 halitueux.
**MOITIE :** 2 mi ■ 4 demi, hémi, midi ■ 5 à demi, demie, grisé, longe, métis, minot, mixte, padou ■ 6 épouse, mi-clos, milieu, padoue ■ 7 demi-vie, mitoyen, moyenne, partage, tabloïd ■ 8 demi-tour ■ 9 demi-deuil, demi-heure, demi-litre, demi-pièce, demi-place, demi-quart, dicotome, hémialgie, parallaxe, patouille, surbaisse, surhausse ■ 10 bissection, demi-cercle, demi-mesure, demi-relief, fifty-fifty, hémiplégie, hémisphère ■ 11 demi-colonne, demi-journée, entrefermer, hémianopsie, mi-partition ■ 12 demi-douzaine, demi-longueur ■ 15 hémicylindrique.
**MOKA :** 4 café ■ 5 farde.
**MOLAIRE :** 4 dent ■ 8 molalité, molarité ■ 9 mâchelier ■ 10 mâchelière, prémolaire ■ 11 carnassière ■ 13 valence-gramme.
**MOLE :** 4 lune, port ■ 5 digue, horst, jetée ■ 6 musoir ■ 7 môlaire ■ 8 avogadro ■ 11 débarcadère, embarcadère, équimolaire, poisson-lune ■ 14 molécule-gramme.
**MOLECULAIRE :** 14 macroglobuline.
**MOLECULE :** 4 pore ■ 5 codon, poids ■ 6 active, dimère ■ 7 capside, flavine, molaire, peptide, uracile ■ 8 cyclique, isotonie, oxyacide, protéide ■ 9 atomicité, bisulfure, chiralité, diazoïque, particule ■ 10 allostérie, amphiphile, diatomique, isotonique, répresseur ■ 11 alcoylation, moléculaire, nucléophile, solvatation, triatomique ■ 12 cyclopentane, hexachlorure, mono-atomique, prosthétique ■ 13 désexcitation, macromolécule, semi-perméable ■ 14 délocalisation, oxyhémoglobine, polymérisation ■ 15 ultrafiltration.
**MOLENE :** 13 bouillon-blanc.
**MOLESTER :** 7 rudoyer ■ 8 malmener* ■ 10 tourmenter* ■ 11 molestation.
**MOLETER :** 8 moletage.
**MOLETTE :** 8 porphyre.
**MOLLASSE :** 3 mou* ■ 7 flasque ■ 9 mollasson, terrefort ■ 11 mollasserie.
**MOLLEMENT :** 11 pendouiller.
**MOLLESSE :** 7 apathie, paresse* ■ 8 vélocité ■ 9 déhancher, faiblesse, indolence ■ 10 somnolence ■ 11 lymphatisme, nonchalance.
**MOLLET :** 3 mou* ■ 5 sural ■ 11 molletière.
**MOLLETON :** 8 blanchet ■ 9 sous-nappe ■ 10 molletonné ■ 11 molletonner ■ 12 molletonneux.
**MOLLUSQUE :** 4 clam, test ■ 5 arion, cirre, flion, harpe, hélix, lambi, mitre, ovule, pédum, perne ■ 6 cirrhe, hélice, rocher ■ 7 calamar, dentale, gravier, rudiste, trialle ■ 8 acéphale, spondyle ■ 9 néopilina ■ 10 amphineure*, coquillage, gastropode, scaphopode* ■ 11 céphalopode*, gastéropode*, hémocyanine, malacologie, nudibranche, trochophore, vénéricarde ■ 12 prosobranche, tectibranche, trochosphère ■ 14 lamellibranche*, opisthobranche, polyplacophore.
**MOLOCHE :** 7 agamidé.
**MOLOSSE :** 5 mâtin.
**MOLYBDENE :** 8 stellite ■ 11 molybdénite.
**MOME :** 6 chiard.
**MOMENT :** 3 ici ■ 4 à pic, dans, déjà, pile, spin, tour ■ 5 brune, crise, étale, halte, heure, levée, lever, passé, point, reste, somme, tempo,

temps* ■ 6 éclair, époque, passée ■ 7 instant ■ 8 aspergès, aussitôt, datation, débotter, débouché, débouler, débucher, équinoxe, magnéton, reporter, suspense, tournant ■ 9 actualité, désormais, élévation, fermeture, foliation, momentané ■ 10 actualités, entrefaits, in extremis, maintenant ■ 11 antineutron, feuillaison ■ 12 intermission, laisse-courre ■ 13 laisser-courre, momentanément.

**MOMENTANE :** 5 congé, pause ■ 7 aulofée ■ 8 accalmie, passager*, retraité ■ 9 armistice, palliatif, remplacer ■ 10 rémittence, temporaire ■ 11 défaillance, occultation ■ 15 engourdissement.

**MOMIE :** 6 natron ■ 8 momifier ■ 12 momification.

**MONACAL :** 4 froc ■ 5 moine* ■ 8 couronne ■ 10 monastique.

**MONADE :** 9 monadisme, monadiste ■ 11 monadologie.

**MONARCHIE :** 5 blanc, liste ■ 7 royauté ■ 9 royalisme ■ 10 monarchien ■ 11 monarchique, monarchisme, monarchiste ■ 14 ultraroyaliste ■ 15 antimonarchique, antimonarchiste.

**MONARQUE :** 3 roi* ■ 5 césar ■ 6 prince ■ 7 dynaste ■ 8 empereur, potentat ■ 9 autocrate, souverain*.

**MONASTERE :** 4 tour ■ 5 lavra ■ 6 abbaye, monial, vihara ■ 7 cloître, couvent*, moutier ■ 8 bronzerie, séculier ■ 9 cellérier, higoumène ■ 10 cartulaire ■ 11 trappistine, visitatrice ■ 13 archimandrite.

**MONASTIQUE :** 4 froc ■ 5 kondo ■ 6 monial ■ 7 monacal ■ 8 moinerie ■ 9 défroquer ■ 10 monachisme.

**MONCEAU :** 3 tas ■ 4 amas* ■ 7 fichoir ■ 8 taupinée ■ 10 taupinière.

**MONDAIN :** 5 raoût ■ 6 galant ■ 8 soiriste ■ 9 mondanité.

**MONDE :** 5 raoût, terre, vivre ■ 6 dassin, être là, gentry, ici-bas, milieu, nature ■ 7 mondain, mondial, planète, société*, univers*, visible ■ 8 création, occident, séculier, urbanité ■ 9 accoucher, demi-monde, immensité, mondanité, naissance, universel ■ 10 cosmogonie, extraverti, extroverti, intermonde, macrocosme, microcosme, panthéisme, urbi et orbi ■ 11 cosmopolite, mondialisme, pancosmisme, savoir-vivre ■ 12 extraversion, globe-trotter, introversion, mondialement ■ 14 weltanschauung ■ 15 planétarisation.

**MONDIAL :** 11 mondialiser ■ 14 mondialisation.

**MONDIALISER :** 14 mondialisation.

**MONERGOL :** 8 catergol.

**MONETAIRE :** 11 bullionisme, monétarisme ■ 12 monétisation ■ 14 monétarisation.

**MONETARISME :** 11 monétariste.

**MONGOL :** 7 khalkha ■ 10 mongoloïde.

**MONGOLIEN :** 10 trisomique.

**MONGOLIQUE :** 8 lamaïsme.

**MONGOLISME :** 9 mongolien ■ 10 mongoloïde.

**MONILIA :** 9 moniliose.

**MONITEUR :** 4 mono ■ 9 monitorat ■ 10 monitoring ■ 11 instructeur.

**MONNAIE :** 2 as, or ■ 3 écu, fen, fil, lei, lek, leu, lev, loi öre, ort, pul, sen, sol, sou, yen ■ 4 agio, ange, anna, bani, baht, cent, coin, dong, frai, jiao, lire, marc, mark, mine, para, peso, pile, pite, réal, reis, tael ■ 5 agnel, aspre, avers, belga, blanc, colon, croix, décri, dinar, douro, ducat, franc, grosz, haler, krone, kurus, jeton, lepta, liard, livre, louis, marka, noble, obole, patar, pence, penny, pièce, radis, réale, saucé, sicle, singe, sucre, thune, tical, titre, toman, zloty ■ 6 aignel, argent, aureus, balboa, besant, billon, carlin, cauris, décime, denier, dirham, dollar, échars, escudo, filler, florin, forint, gourde, groszy, guinée, gulden, hrivna, kopeck, maille, monaco, mouton, pagode, patard, peseta, pennik, rouble, roupie, rupiah, satang, sequien,

talent, teston, thaler ■ 7 afghani, agoroth, angelot, appoint, bolivar, carolus, centavo, centime, centimo, cordoba, darique, doublon, douzain, drachme, ducaton, guarani, jacobus, kreuzer, lempira, meneron, milreis, moneron, ostmark, parisis, pfennig, piastre, piéfort, pistole, quetzal, quintar, risdale, rixdale, sapèque, serrate, statère ■ 8 ajustoir, assignat, couronne, cruzeiro, ducation, esterlin, frappage, génovine, grènetis, groschen, kreutzer, monnayer, napoléon, piécette, pied-fort, quinaire, serratus, sesterce, shilling, sterling, stotinka, stotinki, tchervon, tournois ■ 9 archétype, balancier, boliviano, centesimo, crénelage, demi-louis, maravédis, monétaire, monétiser, monnayage, monnayeur, numéraire, numismate, picaillon, quadruple, schilling, souverain ■ 10 médailleur, reichsmark ■ 11 démonétiser, dévaluation, tchervonetz ■ 12 bimétallisme, numismatique, réalignement ■ 13 faux-monnayeur, papier-monnaie ■ 14 dévalorisation, monométallisme.
**MONNAYE :** 10 monnayable.
**MONNAYER :** 8 négocier.
**MONOBASE :** 11 monobasique.
**MONOCABLE :** 9 télébenne ■ 10 télécabine.
**MONOCHROME :** 9 grisaille ■ 11 clair-obscur, monochromie.
**MONOCLIQUE :** 14 clinorhombique.
**MONOCORDE :** 8 uniforme.
**MONOCOTYLEDONE :** 5 tacca ■ 6 aracée*, butome, tépale ■ 7 maranta, musacée*, palmier*, potamot, zostère ■ 8 graminée, iridacée*, joncacée*, lemnacée*, liliacée*, pandanus, typhacée* ■ 9 alismacée*, cypéracée* ■ 10 graminacée*, liliiforme, orchidacée* ■ 11 acitaminale, broméliacée* ■ 12 dioscoréacée*, spadiciflore, zingibéracée* ■ 13 amaryllidacée*.
**MONOCYTE :** 10 histiocyte.
**MONODIQUE :** 8 madrigal.
**MONOGRAMME :** 6 ichtus ■ 7 chrisme, ichthys.
**MONOÏ :** 5 tiaré.
**MONOÏQUE :** 8 monœcie.
**MONOLINGUE :** 9 unilingue.
**MONOLITHE :** 5 stèle.
**MONOLOGUE :** 6 aparté ■ 9 soliloque ■ 11 monologuer.
**MONOME :** 5 terme ■ 11 coefficient.
**MONOMERE :** 10 polyvinyle.
**MONONUCLEAIRE :** 8 monocyte.
**MONOPHONIE :** 4 mono ■ 12 monophonique.
**MONOPHONIQUE :** 8 monaural.
**MONOPHOSPHATE :** 3 amp.
**MONOPHYSISME :** 11 monophysite.
**MONOPHYSITE :** 7 melkite ■ 8 jacobite, melchite.
**MONOPLACE :** 3 u.l.m.
**MONOPOLE :** 5 tabac ■ 7 asiento ■ 9 privilège ■ 11 exclusivité, monopoliser.
**MONOPOLISER :** 7 truster ■ 9 accaparer ■ 14 monopolisation, monopolisateur.
**MONOPOLISTE :** 10 monopoleur.
**MONOSKI :** 4 mono.
**MONOTONE :** 3 uni ■ 5 scier, terne ■ 7 mélopée ■ 8 ennuyeux, traînant, trantran, uniforme ■ 9 monocorde, monotonie, psalmodie ■ 10 train-train.
**MONOTREME :** 7 échidné ■ 12 protothérien ■ 13 ornithorynque.
**MONOTROPE :** 7 sucepin.

**MONOTYPE :** 4 finn ■ 7 vaurien.
**MONOVALENT :** 5 scyle ■ 6 vinyle ■ 7 azotyle.
**MONSIEUR :** 5 sahib, señor ■ 9 caballero ■ 10 tartempion.
**MONSTRE :** 4 nain ■ 5 géant, hydre, lamie ■ 6 dragon, guivre, harpie, kraken, pygmée, sirène, sphinx ■ 7 albinos, avorton, basilic, chimère, cyclope, échidna ■ 8 acéphale, bijumeau ■ 9 andriague, androgyne, endriague, léviathan, phénomène ■ 10 tératogène ■ 11 polycéphale, tératologie ■ 13 hermaphrodite.
**MONSTRUEUX :** 4 beau ■ 6 énorme ■ 7 affreux, anormal, bizarre ■ 8 difforme, excessif, tarasque ■ 10 effroyable, phénoménal ■ 12 monstruosité ■ 14 extraordinaire.
**MONSTRUOSITE :** 8 anomalie ■ 9 mélomélie, phénomène, polymélie ■ 10 difformité ■ 12 anencéphalie, polydactylie.
**MONT :** 3 pic, puy ■ 4 clou ■ 5 butte, tante ■ 6 ballon, sommet ■ 7 colline*, monceau ■ 8 montagne* ■ 9 monticule ■ 12 ultramontain.
**MONTAGE :** 7 moviola ■ 8 apiéceur, push-pull ■ 9 encadreur ■ 10 assemblage, frigoriste ■ 11 audiovisuel.
**MONTAGNARD :** 4 kilt ■ 5 gavot, kéfir, remue ■ 6 képhir ■ 7 clephte, filibeg, gavache, klephte ■ 8 girondin, philibeg ■ 10 génovéfain, highlander.
**MONTAGNE :** 3 pic, puy, yak ■ 4 cime, dent, mont, pied, trek, yack ■ 5 alpin, piton ■ 6 arnica, chaîne, estive, oréade, piolet ■ 7 chaînon, estiver, hauteur, moraine ■ 8 alpestre, altiport, glissage, schlitte, trekking ■ 9 alpinisme, avant-mont, monticole, orogenèse, tectogène ■ 10 alpenstock, crapaudine, montagnard, montagneux, orographie, transhumer ■ 11 cynocéphale ■ 12 ascensionner, rhododendron, sabot-de-vénus ■ 15 intramontagnard.
**MONTANT :** 3 pot ■ 4 écot, taux ■ 5 quête, somme, tarif ■ 6 import, meneau, nombre ■ 7 chiffre, colonne, encours, portant, quantum ■ 8 batayole, échelier, piédroit, pilastre ■ 9 ascendant, battement, feuillure, petit-bois, pied-droit, principal ■ 11 mouvementer ■ 12 pied-de-chèvre.
**MONTAUBAN :** 12 montalbanais.
**MONT-DE-MARSAN :** 7 montois.
**MONTEE :** 4 côte, flux ■ 5 rampe ■ 6 diapir ■ 7 téléski ■ 8 escalier ■ 9 grimpette, raidillon ■ 10 convection, marchiepied, monte-pente ■ 12 remonte-pente.
**MONTER :** 5 monte, selle ■ 6 gravir, hisser, marcher ■ 7 cabaler, dresser, grimper, hausser ■ 8 arranger, houseaux, montueux, remonter ■ 9 accoupler, augmenter, embarquer, escalader, joaillier, monte-sacs ■ 10 ascendance, avancement, équitation, monte-plats ■ 11 fourbisseur, monte-charge, tire-veilles ■ 12 ascensionnel, préfabriquer.
**MONTEUR :** 11 carlinguier.
**MONTGOLFIERE :** 6 ballon ■ 12 aéronautique*.
**MONTPELLIER :** 14 montpelliérain.
**MONTICULE :** 4 dune ■ 5 butte, cairn, œsar ■ 6 tertre.
**MONTRE :** 3 coq ■ 5 fusée ■ 6 coucou, oignon, parade ■ 7 étalage, tocante ■ 8 apparent, barillet, horloger, léontine, toquante ■ 9 cadrature, giletière, gourmette, remontoir, trotteuse ■ 10 bassinoire, savonnette ■ 11 affectation, chronomètre, ostentation, porte-montre ■ 12 chronographe ■ 14 bracelet-montre, contre-la-montre, montre-bracelet.
**MONTREAL :** 11 montréalais.
**MONTRER :** 4 voir ■ 6 étaler, guider, offrir, trahir ■ 7 abattre, arborer, déceler, décrire, dénuder, détenir, émerger, éventer, exhiber, exhumer, exposer, parader, prouver, publier, révéler* ■ 8 affecter, af-

ficher, apporter, défendre, dénoncer, déployer, dérouler, désigner, dévoiler, indiquer*, montreur, paraître, produire, signaler ■ 9 apprendre, découvrir, démasquer, démontrer, divulguer, empresser, enseigner, instruire, montrable, présenter, prodiguer, remonter, témoigner ■ 10 apparaître, développer, manifester*, vulgariser ■ 11 déshabiller, représenter ■ 15 exhibitionniste.

**MONTREUR:** 14 marionnettiste.

**MONTURE:** 4 rêne ■ 5 bride, cadre, chape ■ 6 chasse, crosse ■ 8 démonter, haquenée ■ 9 andriague, dessertir, endriague, porte-lame ■ 10 dromadaire.

**MONTURER:** 9 enchâsser.

**MONUMENT:** 5 pilon, stèle, stupa ■ 6 dolmen, koubba, marbre, stoupa ■ 7 colonne, tombeau ■ 8 bâtiment, cromlech, mausolée, mémorial, panthéon, pyramide ■ 9 cyclopéen, statufier ■ 10 monumental, phylactère ■ 11 archéologie, frontispice ■ 12 instaurateur.

**MONUMENTAL:** 8 colossal*, propylée ■ 13 monumentalité.

**MOQUER:** 4 rire* ■ 5 vexer ■ 6 berner, braver, chiner, dauber, ficher, larder ■ 7 badiner, bafouer, gausser, narguer, railler*, ricaner ■ 8 attraper, balancer, charrier, ironiser, moquerie, parodier ■ 9 ballotter, brocarder, gouailler, mystifier, persifler ■ 10 chansonner, plaisanter, tourmenter, turlupiner ■ 11 caricaturer, contrefaire, goguenarder, ridiculiser ■ 12 contreficher, contrefoutre.

**MOQUERIE:** 5 berne, jouet, lazzi, nique, risée ■ 6 ironie*, satire* ■ 7 brocard, parodie ■ 8 badinage, dérision, narquois, ridicule, sarcasme ■ 9 épigramme, goguenard, raillerie* ■ 10 causticité, pasquinade, persiflage, ricanement ■ 11 gouaillerie, turlupinade ■ 12 bouffonnerie, moqueusement, plaisanterie ■ 13 mystification.

**MOQUETTE:** 5 tapis* ■ 9 moquetter ■ 10 carpettier ■ 12 shampouineur ■ 13 aspiro-batteur, shampouineuse.

**MORACEE:** 4 upas ■ 6 mûrier ■ 7 figuier, jaquier ■ 8 jacquier.

**MORAINE:** 5 œsar ■ 10 morainique.

**MORAINIQUE:** 7 boulder.

**MORAL:** 3 bon, mal ■ 4 bien, dose, sain, tare ■ 5 crime, enfer, ennui, fable, faute, homme, hymen, ithos, juste, nette, nœud, noble, opium, rance, règne, saine, sutra, trait, vertu*, virus ■ 6 mœurs, morale ■ 7 éthique, immoral, homélie, mésaise, probité, univers ■ 8 ambiance, conduite, dégénéré, ennoblir, expurger, guérison, langueur, moralité, personne, sainteté ■ 9 activisme, affranchi, antimoral, ascétisme, constance, hédonisme, honnêteté, magistère, moraliser, moralisme, perdition, rigorisme ■ 10 abattement, capucinade, catéchisme, catholique, clandestin, conscience, cosmodicée, épicurisme, immoralité, inconduite, jésuitisme, malsonnant, moralement, obligation ■ 11 dérèglement, obligatoire, puritanisme ■ 12 négativisme, traumatisant, utilitarisme ■ 13 confucianisme, découragement, latitudinaire, prédélinquant ■ 14 dégénérescence.

**MORALE:** 3 pur ■ 8 décideur ■ 9 dolorisme, malékisme, malikisme ■ 10 superforme.

**MORALEMENT:** 8 entâcher ■ 9 pervertir, régénérer.

**MORALISER:** 10 moralisant, moraliseur ■ 12 moralisateur, moralisation.

**MORBIDE:** 4 pica, sain ■ 5 agité ■ 7 malsain ■ 8 accéléré, enfiévré, fiévreux ■ 9 morbidité, zoophobie ■ 10 cocaïnisme, congestion, gonococcie, hydropisie, mélancolie, morbidesse ■ 11 fébricitant, mussitation, narcissisme, toxicomanie ■ 12 complication ■ 13 cancérophobie, hallucination ■ 14 claustrophobie, hyperémotivité.

**MORBIHAN:** 12 morbihannais.

**MORCEAU :** 3 âme, duo, têt ■ 4 bout, cale, coda, coin, lame, menu, œuf, part*, soli, solo, trio ■ 5 bâton, bribe, brife, bûche, calot, canon, darne, éclat, étude, fiche, final, haché, jouer, lange, largo, latte, lento, lopin, loque, motet, motif, pagne, pâton, pesée, pièce*, plomb, plume, poids, point, quasi, rabat, sabot, talon, tapon, tempe, tempo, tende, thème, tison, tuile, valse, verge, voile, volti ■ 6 adagio, aideau, chicot, coupon, débris, entame, finale, flipot, garrot, lingot, miette, partie*, rognon, sillet, taille, tesson ■ 7 abaisse, allégro, bavolet, bouchée, chiffon, feuille, grignon, lambeau, moignon, planche, portion*, prélude, quignon, rogaton, scherzo, segment, tasseau, tranche, trognon, tronçon ■ 8 analecta, billette, blanchet, boulette, bûchette, chanteau, cheville, découper, discours, estropié, fragment*, gantelet, gommette, greubons, lichette, loquette, mordache, neuf-huit, nocturne, palanche, palançon, panoufle, parcelle, pastille, piécette, rapsodie, rational, retaille, sourdine, tablette, tesselle ■ 9 allume-feu, analectes, andantino, cartisane, détailler, douze-huit, entrecôte, gailletin, gaillette, languette, larghetto, papillotte, quintette, rhapsodie, trois-huit ■ 10 allégretto, amourettes, anthologie, fortissimo, haut-relief, mouillette, offertoire, paragraphe, quatre-huit, scherzando, sicilienne, talonnière ■ 11 aiguillette, contre-filet, échantillon, gailleterie, sot-l'y-laisse, trois-quatre ■ 12 passe-carreau, trousse-queue ■ 13 chrestomathie.

**MORCELER :** 6 casser*, couper*, hacher ■ 7 entamer, séparer ■ 8 partager*, trancher ■ 9 démembrer ■ 10 balkaniser, morcelable, tronçonner ■ 12 morcellement.

**MORCELLEMENT :** 4 pack ■ 12 remembrement.

**MORDANÇAGE :** 9 aluminage, mordancer ■ 10 diachromie.

**MORDANT :** 3 vif* ■ 4 âcre, amer ■ 5 acéré, pièce, rosse ■ 6 acerbe ■ 7 cuisant, incisif, mauvais, méchant, piquant* ■ 9 caustique, satirique ■ 10 amordancer, mordançage ■ 11 acrimonieux, sarcastique ■ 12 emporte-pièce.

**MORDILLER :** 10 mordillage.

**MORDORE :** 8 mordorer ■ 9 mordorure.

**MORDRE :** 6 broyer, gruger, mâcher, piquer*, ronger* ■ 7 croquer, lacérer ■ 8 déchirer, découdre, pénétrer, remordre ■ 9 grignoter, mordiller, muselière ■ 11 déchiqueter.

**MORELLE NOIRE :** 8 tue-chien.

**MORFIL :** 9 émorfiler.

**MORFONDU :** 6 transi.

**MORGUE :** 7 orgueil*.

**MORIBOND :** 7 mourant ■ 9 agonisant.

**MORICAUD :** 5 nègre*.

**MORIGENER :** 8 corriger ■ 11 réprimander*.

**MORILLON :** 8 fuligule.

**MORMON :** 10 mormonisme.

**MORNE :** 6 sombre*, triste*.

**MORNIFLE :** 5 gifle.

**MOROSE :** 7 chagrin* ■ 8 maussade*, morosité.

**MORPHENE :** 6 monème ■ 10 lexicalisé.

**MORPHINE :** 8 héroïne ■ 9 méthadone ■ 11 apomorphine, encéphaline, enképhaline, morphinique, morphinisme ■ 13 morphinomanie ■ 14 dextromoramide.

**MORPHINIQUE :** 9 méthadone.

**MORPHISME :** 12 endomorphisme ■ 13 gomomorphisme.

**MORPHOLOGIE :** 5 tjäle ■ 9 typologie ■ 10 andrologie ■ 11 gynécologie ■ 13 morphologique.

**MORPHOLOGIQUE :** 13 microcéphalie.
**MORS :** 4 rêne ■ 5 bride, frein, guide ■ 6 bridon ■ 7 montant, têtière ■ 8 bossette, emporter ■ 9 gourmette, porte-mors ■ 10 embouchure.
**MORSE :** 6 rohart ■ 10 télégraphe.
**MORSURE :** 5 venin ■ 6 sodoku.
**MORT :** 3 fin, mat ■ 4 coma, glas, rage, sauf, tuer, urne ■ 5 corps, croup, décès, deuil, fosse, hache, larve, létal, litre, momie, nécro, ombre, palme, pâque, périr, perte, peste, pièce, point, pompe, repos, saint, sauvé, shéol, signe, somme, tombe, toril, zombi ■ 6 décédé, défunt, dégelé, éteint, libera, mortel, mort-né, restes, trépas ■ 7 cadavre, disparu, funèbre, funeste, lémures, linceuil, martyre, néfaste, service, suicide, vampire ■ 8 autopsie, bourreau, cercueil, charnier, charogne, demi-mort, détruire, échafaud, exécuter, féralies, immortel, malemort, massacre, revenant, thanatos, trépassé ■ 9 asphyxier, cénotaphe, choéphore, cimetière, dépouille, docimasie, dormition, exécution, macchabée, mortifère, mortuaire, nécrologe, obituaire ■ 10 ab intestat, corbillard, euthanasie, foudroyant, guillotine, nécrologie, outre-tombe, parentales, prosopopée ■ 11 crématorium, de profundis, embryotomie, lithopédion, morte-saison, nécromancie, parentalies, psychopompe ■ 12 eschatologie, mortellement, résurrection, thanatologie ■ 13 électrocution ■ 14 empoisonnement.
**MORTAISE :** 5 tenon ■ 8 enlaçure ■ 9 enlassure, mortaiser ■ 11 mortaiseuse.
**MORTALITE :** 8 létalité ■ 12 néomortalité, surmortalité.
**MORTEL :** 4 exil ■ 5 fatal, létal, péché ■ 8 personne, scorpion ■ 9 flacherie ■ 10 muscardine ■ 11 vulgum pecus ■ 12 incapacitant.
**MORTICOLE :** 7 médecin.
**MORTIER :** 4 boue ■ 5 bauge, chaux, crépi, pilon, rabot ■ 6 coulis, gâchis ■ 7 bouloir, torchis ■ 8 gunitage, truellée ■ 9 égrugeoir, jointoyer, rusticage ■ 10 boussillage, crépissure ■ 11 couvre-joint, crapouillot.
**MORTIFICATION :** 5 haire, jeûne ■ 6 cilice ■ 7 nécrose ■ 8 gangrène ■ 9 pénitence ■ 10 contrition, macération.
**MORTIFIER :** 7 macérer ■ 8 humilier ■ 10 bourbillon ■ 13 mortification.
**MORT-NE :** 5 velot ■ 13 mortinalité.
**MORUE :** 4 acra, gade ■ 5 doris ■ 7 églefin, haddock ■ 8 aiglefin, brandade, merluche, morutier ■ 9 cabillaud, islandais ■ 10 stockfisch.
**MORULA :** 8 blastula, blastule.
**MORVE :** 5 moque ■ 6 farcin ■ 7 morveux ■ 9 chandelle.
**MOSAÏQUE :** 7 abacule ■ 8 mosaïqué, mosaïste, tesselle ■ 9 mosaïquer ■ 10 millefiori ■ 11 marqueterie.
**MOSQUEE :** 4 iwan ■ 5 caaba, islam, kaaba ■ 6 minbar, temple ■ 7 minaret ■ 8 marabout.
**MOT :** 3 ana, dit, nom ■ 4 apax, bref, écho, vers ■ 5 glose, ligne, rébus, riche, rimer, terme, tilde, tmèse, trait, trope, usage ■ 6 diction, lapsus, lettre, lexème, médial, monème, mot-clé, parole*, pointe, sémène, sésame ■ 7 attesté, bluette, doublet, graphie, incipit, radical, relatif, saillie, vocable ■ 8 adjectif, allusion, antonyme, démotivé, épithète, explétif, faux-sens, locution, morphème, paronyme, prédicat, prothèse, réplique, scrabble ■ 9 acception, anagramme, antonymie, archaïsme, argotisme, calembour, diminutif, épenthèse, épigramme, équivoque, extension, glossaire, graphisme, hyperbate, joyeuseté, métaphore, métathèse, mot-valise, paroxyton, particule, polysémie, prosthèse, raillerie, trigramme, trillière ■ 10 anastrophe, barbirisme, belgi-

cisme, complément, enclitique, étymologie, expression, homophonie, lexicalisé, logomachie, néologisme, onomatopée, paronomase, sémantique, troncation ■ 11 abréviation, anacyclique, anaphorique, appellation, augmentatif, compendieux, conjonction, coordonnant, dénominatif, lexicologie, monosyllabe, mots croisés, paillardise, préfixation, préposition, psittacisme, suffixation, terminaison ■ 12 dénomination, dictionnaire, interjection, latinisation, phraséologie, plaisanterie ■ 13 agglutination, cruciverbiste, déglutination, laconiquement, mots-croisiste, quadrisyllabe, verbigération ■ 14 grandiloquence, holophrasique, monosyllabisme, naturalisation, parisyllabique ■ 15 hypercorrection, parasynthétique, polysynthétique.

**MOTACILLIDÉ :** 6 pitpit.

**MOTEL :** 5 hôtel.

**MOTET :** 6 psaume ■ 8 cantique.

**MOTEUR :** 3 âme, i.m.c. ■ 4 nerf, raté, watt ■ 5 broum, caler, canot, capot, cause, libre, rotor, turbo ■ 6 diesel, in-bord, mobile, poussé, stator, tuyère, zodiac ■ 7 culasse ■ 8 bimoteur, embrayer, nourrice, runabout ■ 9 anaérobie, cognement, cylindrée, démarreur, deux-temps, motocycle, motopompe, motoriser, motorship, promoteur, trimoteur ■ 10 aéromoteur, bloc-moteur, collecteur, eupraxique, monomoteur, pathétique, silencieux ■ 11 instignateur, motoculture, ovalisation, turbomoteur, vilebrequin ■ 12 monocylindre, protagoniste, quadrimoteur ■ 13 carburéacteur, décompresseur, précombustion, pulsoréacteur, sensori-moteur, turboréacteur ■ 14 quadriréacteur, turbocompressé ■ 15 turbopropulseur.

**MOTIF :** 2 si ■ 3 sur ■ 5 cause*, figue, objet, sujet ■ 6 mobile, propos, pylône, raison* ■ 7 rouleau, torsade ■ 8 antéfixe, décision, immotivé, monotype, ostinato, pampille, parce que, prétexte*, triskèle ■ 9 clabauder, cloisonné, évolution, fondement, guirlande, intention, leitmotiv ■ 10 obligation, quadrilobe, tête-de-clou ■ 11 considérant, enroulement, explication ■ 13 considération, détermination.

**MOTILITÉ :** 12 psychomoteur.

**MOTION :** 10 résolution ■ 11 proposition*.

**MOTIVATION :** 9 démotiver, satiation.

**MOTIVER :** 5 mener ■ 6 causer* ■ 7 décider ■ 8 conduire, motivant, proposer ■ 9 entraîner*, expliquer, prétexter ■ 10 déterminer, motivation ■ 11 accusatoire ■ 12 rédhibitoire.

**MOTO :** 7 chopper.

**MOTOCYCLETTE :** 4 kick, moto ■ 5 meule ■ 6 motard ■ 7 scooter, side-car ■ 9 motocross ■ 10 repose-pied, vélomoteur ■ 11 repose-pieds ■ 12 motocycliste.

**MOTOCYCLISME :** 6 enduro.

**MOTOCYCLISTE :** 5 trial.

**MOTONAUTISME :** 6 in-bord.

**MOTONEIGE :** 7 motoski ■ 12 motoneigisme, motoneigiste.

**MOTOR-HOME :** 12 auto-caravane.

**MOTORISER :** 12 motorisation.

**MOTRICE :** 7 turbine ■ 9 dyscrasie, dyspraxie, mouvement ■ 10 dyskinésie ■ 12 quatre-quatre.

**MOTRICITÉ :** 4 gaba ■ 11 oculomoteur ■ 14 extrapyramidal.

**MOTS CROISÉS :** 13 verbicruciste.

**MOTTE :** 5 glèbe ■ 7 emmotté, roulage, tontine ■ 9 émotteuse ■ 11 brise-mottes.

**MOTUS :** 4 paix.

**MOU :** 4 blet, cire, flou, pâte ■ 5 chair, herbę, lâche, loque, pulpe,

raton, savon, veule ■ 6 baveux, blèche, chiffle, faible, inerte, mollet, panade, pâteux, souple, tendre ■ 7 amorphe, bonasse, ductile, endormi, flasque, fondant, nouille, ramolli, ramollo ■ 8 engourdi, flandrin, flemmard, flexible, gnangnan, indolent, moelleux, mollasse, mollesse, ramollir, relâcher, soliveau, sybarite ■ 9 aboulique, apathique, cotonneux, élastique, énergique, malléable, mollasson, mollement, savonneux, spongieux.
**MOUCHARD**: 6 espion* ■ 8 cafarder ■ 9 cafardeur ■ 10 moucharder ■ 11 mouchardage.
**MOUCHARDER**: 6 cafter ■ 8 raccuser.
**MOUCHARDEUR**: 7 cafteur.
**MOUCHE**: 5 patte ■ 6 chiure, stomox, tsé-tsé ■ 7 asticot, diptère*, muscidé, psilopa, stomoxe ■ 9 anthomyie, émouchoir, hématobie, moucheron, stratiome, tenthrède ■ 10 cantharide, émouchette, scatophage ■ 11 démoucheter, hyménoptère* ■ 14 attrape-mouches.
**MOUCHER**: 8 mouchage, mouchoir ■ 10 mouchettes.
**MOUCHERON**: 9 chironome.
**MOUCHETER**: 5 tigré ■ 7 taveler ■ 9 marqueter.
**MOUCHETTE**: 5 rabot.
**MOUCHOIR**: 7 foulard, kleenex ■ 8 pochette ■ 10 anguillade ■ 11 cache-tampon.
**MOUDRE**: 5 piler ■ 6 broyer* ■ 8 remoudre.
**MOUE**: 5 lippe ■ 7 grimace*.
**MOUETTE**: 5 mauve ■ 6 rieuse ■ 7 goéland ■ 9 phalarope ■ 11 stercoraire.
**MOUFFETTE**: 5 scons, skons, skuns ■ 6 sconse, skunks ■ 7 mofette ■ 8 moufette.
**MOUFLE**: 4 gant.
**MOUFLET**: 9 moujingue.
**MOUILLABLE**: 13 mouillabilité.
**MOUILLAGE**: 9 corps-mort.
**MOUILLANT**: 10 mouillance.
**MOUILLE**: 3 sec ■ 5 poule, soupe, tilde ■ 10 ruisselant.
**MOUILLER**: 4 rade ■ 5 touer ■ 7 arroser*, baigner, délaver, imbiber, inonder, tremper ■ 8 humecter ■ 9 mouillage, mouillant, mouilleur, mouillure, ruisseler ■ 10 affourcher, humidifier*, mouillable, remouiller ■ 11 mouillement ■ 12 pattemouille.
**MOUILLEUR**: 9 mouilloir.
**MOULAGE**: 5 fonte ■ 6 masque ■ 8 sablerie ■ 9 démoulage, polyester, remoulage ■ 10 carton-pâte, préformage, surmoulage.
**MOULE**: 4 mère, supé ■ 5 bosse, chape, coulé, creux, évent, forme, potée, sabot, savon, staff, sucre, verre ■ 6 gueuse, modèle*, virole ■ 7 abaisse, calibre, dariole, mandrin, matrice, mulette, timbale ■ 8 démouler, fondeuse, gaufrier, mouclade, moulière, naissain, surmoule ■ 9 enterrage, stéréotype, troussage, vol-au-vent ■ 10 boucholeur, bouchoteur, embauchoir, lingotière, pinnothère, remmoulage ■ 11 contremoule ■ 13 mytiliculture ■ 15 conchyliculture.
**MOULER**: 5 tirer ■ 6 couler, fondre ■ 7 moulant, mouleur ■ 8 frittage, remouler ■ 9 figuriste, surmouler ■ 10 boudineuse, reproduire.
**MOULIN**: 3 bée ■ 4 abée, aile, ante, bief, buse, came, noix ■ 5 cérat, copra, huche ■ 7 claquet, meunier ■ 8 coursier, engrener, moulinet, reillère ■ 9 égrugeoir ■ 10 foulonnier, moulinette.
**MOULINAGE**: 8 mouliner.
**MOULINET**: 6 touret ■ 8 crécelle ■ 9 rabatteur.
**MOULURE**: 3 ove ■ 4 tore ■ 5 bague, bande, cavet, chant, congé, filet,

gorge, marli, perle, quart, talon, ténie, toron ■ 6 boudin, cordon, échine, feston, listel, liston, module, réglet, sacome, scotie, souage, volute ■ 7 armille, cimaise, cymaise, doucine, larmier, listeau, nervure, plinthe, ressaut, tringle ■ 8 baguette, chapelet, corniche, modillon, moulurer ■ 9 astragale, cannelure, entrelacs, mouchette, piédouche ■ 10 archivolte, bandelette, cordelière, modénature, moulurière, plate-bande, stéréobate, tarabiscot ■ 11 entablement, mouluration, quart-de-rond.

**MOULURER:** 9 moulurage.

**MOURIR:** 5 clore, finir, payer, périr*, rouer ■ 6 crever, passer ■ 7 clamser, claquer, décéder, dégeler, exhaler, expirer, manquer ■ 8 ad patres, claboter, clamecer, crampser, éteindre, moribond ■ 9 calancher, déménager, succomber, trépasser ■ 11 disparaître.

**MOURON:** 6 samole ■ 9 morgeline, stellaire.

**MOUSQUET:** 4 arme ■ 5 fusil* ■ 11 mousquetade ■ 12 mousquetaire, mousqueterie.

**MOUSQUETON:** 5 fusil* ■ 15 porte-mousqueton.

**MOUSSAILLON:** 6 mousse.

**MOUSSE:** 4 urne ■ 5 écume, hypne ■ 6 moussu ■ 7 crémant, matelot* ■ 8 géophile, moussant, mousseux, muscinée, polytric, saponine, sphaigne, sporange ■ 9 archégone, bryologie, bryophyte, péristome, propagule, protonéma, sphagnale, sporogone ■ 10 tardigrade ■ 11 moussaillon, sélaginelle ■ 12 polyuréthane ■ 13 polyuréthanne.

**MOUSSELINE:** 5 blanc, jabot ■ 7 canezou, giselle, jaconas, organdi ■ 8 fontange ■ 9 manchette ■ 10 singalette ■ 12 moustiquaire.

**MOUSSER:** 6 rocher ■ 8 moussoir, pétiller.

**MOUSSERON:** 10 tricholome.

**MOUSSEUX:** 2 aï, ay ■ 4 asti ■ 9 champagne, clairette, pétillant ■ 10 blanquette, cappuccino.

**MOUSSON:** 4 vent.

**MOUSTACHE:** 5 poilu ■ 7 bacante ■ 9 moustachu.

**MOUSTIQUE:** 5 culex ■ 6 cousin, tipule ■ 8 anophèle ■ 9 arbovirus, stégomyie ■ 10 maringouin ■ 12 démoustiquer, moustiquaire.

**MOUT:** 4 cuve ■ 5 viner ■ 8 mistelle ■ 9 reverdoir ■ 10 désulfiter, glucomètre ■ 11 chaptaliser.

**MOUTARD:** 9 moujingue.

**MOUTARDE:** 5 sanve ■ 6 sénevé ■ 7 tartare ■ 8 érucique, myrosine, sinapisé ■ 9 ravenelle, sinapisme ■ 10 moutardier.

**MOUTIER:** 7 cloître.

**MOUTON:** 4 ovin, parc ■ 5 baron, bêler, bizet, cosse, gigot, laine, mégir, mégis, ovine, selle, varon, yassa ■ 6 bélier, haggis, piétin ■ 7 karakul, méchoui, mérinos, mouflon, navarin, parcage, pré-salé, scoured, tournis, tripous, tripoux ■ 8 bêlement, bergerie, chachlik, cordouan, éclanche, lainerie, panoufle, sonnette, touloupe ■ 9 amourette, baudruche, chabraque, côtelette, flock-book, mélophage, parchemin, vassiveau ■ 10 moutonnier, tremblante ■ 11 chiche-kebab, moutonnerie.

**MOUTONNER:** 10 moutonneux ■ 12 moutonnement.

**MOUTURE:** 5 gruau ■ 7 blutage ■ 8 fleurage ■ 9 minoterie, remoulage.

**MOUVANT:** 4 lise.

**MOUVEMENT:** 2 va ■ 3 cri, jet, pas, tic, vie, vif, vol ■ 4 acte, bras, came, clin, coup, ébat, élan, flux, joie, nerf, onde, plié, punk, rire, saut, tour, vent, voix, yang ■ 5 accès, à coup, arbre, balan, bougé, cours, danse, désir, effet, frein, galop, gêner, geste*, guide, houle, lacet, largo, lento, leste, liant, marée, masse, passe, poids, point, porté, rasta, recul, repli, repos, rétro, revif, roque, tabès, tâter, tempo, temps, train, trend, vague, venir, volte ■ 6 abatée, action*, adagio, afflux, colère, course, épaulé, frison, marche, mesure, mobile, motion, pesade, pogrom, porter, presto, reflux, remous, roulis, rythme, tapage, tirage, vivace ■ 7 abattée, acculée, allegro, andante, aulofée, bouffée, brassée, cadence, courant, devenir, dévissé, entrain, envolée, grimace, karaïte, kinésie, meeting, partita, passion, progrès, qaraïte, remuant, ressort, revival, rexisme, saccade, soulevé, sursaut, tangage, tempête, toccata, torsion, tumulte ■ 8 acinésie, agoniste, akinésie, ankylose, approche, athétose, auloffée, automate, bahaïsme, béhaïsme, broutage, brownien, chercher, commande, démarrer, désordre, dodinage, dysbasie, ébranler, embrayer, émersion, espalier, exercice, giration, gnangnan, gyrostat, hystérie, instinct, machinal, moderato, nutation, penduler, poussoir, reculade, rotation, sinn-fein, souffler, soufisme, tactisme, trudgeon ■ 9 abduction, achalasie, actionner, adduction, agitation, allemande, andantino, animation, apoplexie, ascendant, balancier, battement, chartisme, cillement, cinétique, commotion, convexion, courbette, dégourdir, développé, diduction, direction, dynamique, embrayage, enclenche, entraîner, évolution, fréquence, futurisme, giratoire, impétueux, impulsion, johannite, larghetto, libration, mâchement, manivelle, manœuvre, mécanique, métronome, minuterie, moudjahid, nystagmus, orienteur, paralysie, pendillon, pronation, pulsation, puseyisme, rastafari, remuement, révérence, roulement, tentation, va-et-vient, variateur, variation, véhémence, vibration ■ 10 allegretto, armillaire, aspiration, astronomie, automoteur, balistique, broutement, bruxomanie, contorsion, convection, crispation, déclencher, diarthrose, ébullition, écoulement, émergement, épaulé-jeté, flottement, glissement, hanchement, haussement, idéo-moteur, locomotion, néonazisme, ondoiement, ondulation, piaffement, pivotement, précession, promouvoir, propulseur, révolution, ritardando, romantisme, sicilienne, soubresaut, subsidence, supination, symbolisme, syncinésie, synergiste, tourbillon, turbulence, wahhabisme ■ 11 accelerando, autoguidage, balancement, boulangisme, cinématique, cinesthésie, circulation, dandinement, déplacement, duodécimain, ébranlement, échappement, embrasement, fluctuation, haut-le-corps, indignation, kinesthésie, mouvementer, néokantisme, occitanisme, oscillation, palpitation, papillonner, planétarium, prestissimo, rabattement, renaissance, sophistique, spartakisme, surréalisme, télékinésie, tremblement, trépidation, vacillation, voltigement ■ 12 arc-boutement, ballottement, bradykinésie, cardiographe, clignotement, décélération, encliquetage, facture-congé, fermentation, frémissement, frétillement, grouillement, indiscipline, insoumission, kimbanguisme, marmottement, pentecôtisme, pentecôtiste, tranquillité, travaillisme, trépignement ■ 13 aérodynamique, autocinétique, circumduction, déclenchement, effervescence, entrebâilleur, fourmillement, manifestation, phototropisme, pneumographie, proprioceptif, rassemblement, rétrogression, somnambulisme, vrombissement ■ 14 euroterrorisme, mécontentement, ralentissement, rétablissement, situationnisme ■ 15 antipsychiatrie, attendrissement, cinématographie, insubordination, néo-pythagorisme, phénakistiscope, rejaillissement, trans-avant-garde, trémoussement.

**MOUVEMENTE :** 5 agité* ■ 7 houleux ■ 9 accidenté.

**MOUVOIR :** 4 grue, rame ■ 5 agile, aller, errer, jouer, palan, tirer, voler ■ 6 agiter, animer, bondir, bouger, courir, danser, frémir, locher, monter, porter, remuer*, rouler, sauter, vibrer ■ 7 avancer, démener, évoluer, gigoter, marcher*, ondoyer, pédaler, piaffer, reculer, tituber, tourner, voyager ■ 8 balancer, circuler, débattre, démarrer, déplacer, émouvoir, gambader, immobile, impotent, mobilité, motilité, osciller, palpiter, panneton, trembler, vivacité ■ 9 actionner, ballotter, chanceler, fermenter, frétiller, gestuelle, grouiller, mouvement, sursauter, tournoyer, trépigner ■ 10 automobile, brandiller, fourmiller, frissonner, gesticuler, immobilité, locomobile, manœuvrer, progresser, trembloter, trémousser ■ 11 bouillonner, marionnette ■ 14 hydromécanique.

**MOYEN:** 2 de ■ 3 fil, par ■ 4 avec, dire, rêne, soin, sous, truc, voie ■ 5 alibi, beauf, biais, canal, cuire, engin, fuite, issue, magie, mèche, mener, momie, outil, pompe, store, temps, trame, vivre, voler ■ 6 chemin, détour, mesure, milieu, obscur, organe, rouage, secret ■ 7 combine, creuset, manière*, méthode*, moyenne, procédé*, renfort, système*, trucage ■ 8 artifice, batterie, exutoire, facilité, médiocre, passable, pratique, richesse, samizdat, tactique, truquage, véhicule, viatique ■ 9 éclairage, entremise, exception, expédient, mécanisme, moyennant, opération, opposable, ordinaire, palliatif, permettre, publicité, rail-route, ressource, stratégie ■ 10 adminicule, demi-mesure, faux-fuyant, instrument, marche-pied, occupation, résolution, subreption, subterfuge ■ 11 allèchement, chemin de fer, maintenance, mensuration, paralangage, schématique, téléférique, vagabondage ■ 12 échappatoire, instrumental, prescription, téléphérique ■ 13 antisatellite, climatisation, communication, thanatopraxie ■ 14 correspondance, divertissement, irrecevabilité.

**MOYEN AGE:** 3 fou, lai ■ 4 dông, olim, serf ■ 5 bahut, baile, bouge, colon, comte, geste, hanap, hanse, heuse, hourd, jaque, jurat, magie, manse, neume, piété, redan, tabar, targe, vouge ■ 6 isopet, tabard ■ 7 cathare, jaseran, mansion ■ 8 capeline, cervoise, chaperon, chausses, crédence, doublier, estampie, esterlin, fatrasie, gonfalon, gonfanon, infidèle, jongleur, médiéval, moralité, palefroi, panoplie, podestat, portulan, sapience, sarrasin, trouvère ■ 9 bachelier, bestiaire, cantilène, chevalier, féodalité, fier-à-bras, hellequin, ménestrel, trébuchet ■ 10 adoublement, aquamanile, connétable, coquillard, énervation, escarcelle, maladrerie, mangonneau, médiéviste, moyenâgeux, quadrivium, troubadour ■ 11 gonfalonier, gonfanonier, machicoulis, manumission, pastourelle, scolastique ■ 12 protonotaire ■ 14 franc-bourgeois.

**MOYEN-COURRIER:** 6 airbus.

**MOYENNANT:** 4 pour ■ 5 vendu, vente.

**MOYENNE:** 5 mayen ■ 8 pycnique ■ 11 semi-durable.

**MOYEN-ORIENT:** 5 lilas ■ 6 orient ■ 13 moyen-oriental.

**MOYEU:** 4 roue ■ 5 fusée ■ 8 quillier.

**MOZAMBIQUE:** 7 metical ■ 11 mozambicain.

**MTS:** 9 kilojoule.

**MUCILAGE:** 5 gomme, looch ■ 6 algine, gélose ■ 8 agar-agar ■ 9 adragante ■ 12 mucilagineux.

**MUCORACEE:** 5 mucor.

**MUCOSITE:** 5 mucus ■ 6 humeur ■ 7 muqueux, pituite ■ 8 mouchure.

**MUCUS:** 6 mucine.

**MUE:** 6 exuvie ■ 8 ecdysone.

**MUER:** 7 changer* ■ 11 transformer*.

**MUET:** 5 amuir ■ 7 mutisme ■ 8 comparse, figurant ■ 9 taciturne ■ 10 silencieux ■ 12 dactylologie.

**MUETTE:** 9 marcheuse.

**MUEZZIN :** 7 minaret.
**MUFLE :** 6 museau ■ 8 grossier.
**MUFLIER :** 12 gueule-de-loup.
**MUGUET :** 8 terpinol ■ 9 amourette, terpinéol.
**MUID :** 7 tonneau.
**MULATRE :** 5 métis* ■ 10 mulâtresse.
**MULE :** 8 chausson ■ 9 baisement.
**MULET :** 4 muge, mule ■ 6 bardot, braire ■ 7 bardeau, cacolet, chauvir ■ 8 basterne, muletier ■ 9 mulassier.
**MULETA :** 5 faena.
**MULETTE :** 5 perle.
**MULHOUSE :** 10 mulhousien.
**MULOT :** 5 hibou.
**MULTILINGUE :** 11 plurilingue.
**MULTIPARE :** 11 multiparité.
**MULTIPLE :** 3 q.c.m. ■ 5 autre ■ 8 kilovolt ■ 9 apériteur ■ 10 comminutif ■ 14 homme-orchestre.
**MULTIPLET :** 5 octet.
**MULTIPLEX :** 9 multivoie.
**MULTIPLEXAGE :** 12 multiplexeur.
**MULTIPLICATEUR :** 4 atto ■ 9 cofacteur.
**MULTIPLICATION :** 3 meg ■ 4 déca, fois, hect, kilo, méga, myri, téra ■ 5 clone, hecto, myria, myrio, oïdie, règle, table ■ 6 mitage ■ 9 bouturage, essaimage, propagule ■ 10 marcottage, multiplier, prolifique ■ 11 décuplement, gemmiparité, propagation, pullulation, pullulement ■ 12 antibiotique, scissiparité ■ 13 antimitotique, œilletonnage, prolifération, surproduction.
**MULTIPLICITE :** 9 multitude ■ 10 pluralisme ■ 13 multipartisme.
**MULTIPLIER :** 5 cuber ■ 6 carrer ■ 7 doubler, peupler, répéter ■ 8 décupler, entasser, nonupler, octupler, propager, pulluler ■ 9 augmenter, centupler, hectokilo, provigner, septupler, sextupler ■ 10 courailler, proliférer, quadrupler ■ 11 aquiculture ■ 12 multipliable, pisciculture, reproduction ■ 13 multiplicande, multiplicatif ■ 14 multiplicateur.
**MULTIPROGRAMMATION :** 10 multitâche.
**MULTITACHE :** 14 multiprogrammé.
**MULTITUBULAIRE :** 13 aquatubulaire.
**MULTITUDE :** 3 tas ■ 4 amas*, flot, nuée ■ 5 armée, cohue, foule*, masse, monde, série*, tapée, volée ■ 6 essaim, flopée, foison, légion, peuple, presse, public, troupe ■ 7 cohorte ■ 8 beaucoup*, concours, grégaire, kyrielle, populace, quantité*, régiment, tripotée, troupeau ■ 9 affluence, assemblée, démagogie, foultitude, populaire ■ 11 fourmilière, pullulement, vulgum pecus ■ 12 attroupement, encombrement, multiplicité ■ 13 rassemblement.
**MUNI :** 4 bômé ■ 9 bastionné.
**MUNICIPAL :** 5 curie, édile, jurat, maire ■ 7 adjoint ■ 8 alderman, capitoul, décurion, dizenier ■ 9 dizainier ■ 12 municipalité.
**MUNIFICENCE :** 3 don* ■ 8 bienfait* ■ 10 libéralité*.
**MUNIR :** 5 armer, gréer, lotir ■ 6 denter, garnir, monter, nantir, nipper ■ 7 busquer, équiper, fournir*, meubler, saboter, shunter, viroler ■ 8 breveter, chausser, habiller, outiller, pourvoir*, prémunir, procurer*, tuteurer ■ 9 carrosser, coulisser, éperonner, grillager, harnacher, palanquer, sonoriser ■ 10 étoupiller, signaliser ■ 11 diaphragmer, ravitailler ■ 12 radiobaliser ■ 13 précautionner ■ 14 approvisionner.

**MUNITION:** 5 soute, train ■ 8 casemate, hexogène ■ 9 poudrerie, poudrière, provision ■ 10 artificier ■ 11 encartouché ■ 12 amunitionner.
**MUON:** 2 mu.
**MUQUEUSE:** 4 toux ■ 5 aphte, chyle, mucus, rhume, ulite ■ 6 coryza, glaire, muguet ■ 7 caduque, gencive, œstrus, rhinite ■ 8 catarrhe, nidation, saburral ■ 9 cancroïde, énanthème, endomètre, hémogénie, papillome, stomatite, styptique, syphilide ■ 10 collutoire, crête-de-coq, perlingual ■ 11 conjonctive, endométrite, leucoplastie ■ 12 blennorragie ■ 14 gastro-entérite.
**MUR:** 3 ope, pan ■ 4 ados, blet, clos, dame, étai, orbe, pied, sape, tour, vert ■ 5 ancre, bahut, borne, coude, coyau, crépi, crête, cuire, épure, gable, harpe, jambe, jouée, mural, murer, muret, mûrir, niche, paroi, perré, redan, talus, vagon, verre, vieux, wagon ■ 6 allège, pignon, podium, refend, taluté ■ 7 archère, bajoyer, cloison*, clôture, étançon, fronton, héberge, muretin, murette, parapet, précoce, rempart, treille, trumeau ■ 8 antebois, antibois, boutisse, chaperon, courtine, décrépir, échiffre, enceinte, espalier, maturité, muraille, palançon, palanque, palisser, parement, poto-poto, tablette ■ 9 arasement, barbacane, échaudage, embrasure, mouchetis, pied-droit, placarder, renformir, rusticage, souillard ■ 10 bousillage, contrefort, crépissure, dégravoyer, épaulement, immaturité, pariétaire, protogynie, pyrrhocore, revêtement, séparation, tamponnoir ■ 11 contrebuter, contrecœur, contre-fiche, demi-colonne, hyposcénium, soutènement ■ 12 chante-pleure, contre-bouter, contrescarpe, entre-fenêtre, rempiètement, soubassement ■ 13 dégravoiement.
**MURAILLE:** 3 mur* ■ 4 dyke, quai ■ 5 fruit, hourd, paroi, vibor ■ 6 vibord ■ 7 rempart ■ 8 archière, bouchain ■ 9 contre-mur, trébuchet ■ 10 canonnière, démanteler, meurtrière ■ 11 mâchicoulis.
**MURAL:** 7 dazibao.
**MURALISME:** 9 muraliste.
**MURE:** 5 mûron, ronce ■ 10 protandrie.
**MURER:** 6 fermer* ■ 7 boucher* ■ 9 condamner.
**MURETTE:** 5 muret ■ 9 banquette.
**MUREX:** 6 rocher.
**MURIR:** 4 vert ■ 5 aoûté, jeune ■ 7 affiner, avorter, digérer ■ 8 préparer.
**MURMURE:** 6 soupir ■ 7 plainte ■ 9 grognerie, murmurant ■ 10 gazouillis, grognement, marmottage, roucoulade ■ 11 bruissement, gémissement, mussitation, susurrement, vésiculaire ■ 12 chuchotement, roucoulement ■ 13 bourdonnement.
**MURMURER:** 5 gémir ■ 6 bruire, rogner ■ 7 geindre, grogner, gronder, groumer, ragoter ■ 8 broncher, maronner, maugréer, plaindre, renauder, soupirer, susurrer ■ 9 bambonner, bougonner, chuchoter, fredonner, grommeler, mâchonner, marmonner, marmotter, protester, raisonner, rechigner, rognonner ■ 10 bourdonner, chantonner, gazouiller, grognasser, ronchonner ■ 11 pleurnicher.
**MUSACEE:** 5 abaca ■ 8 bananier, ravenala ■ 10 strelitzia.
**MUSARAIGNE:** 7 musette.
**MUSARDER:** 6 flâner* ■ 9 musardise.
**MUSC:** 6 castor ■ 7 civette ■ 8 ambrette ■ 10 chevrotain.
**MUSCADE:** 5 épice, garus, macis ■ 9 muscadier ■ 12 quatre-épices.
**MUSCADIN:** 9 cadenette.
**MUSCARDINE:** 8 botrytis.
**MUSCAT:** 4 asti ■ 8 picardan ■ 11 frontignan ■ 14 lacryma christi.

**MUSCLE :** 3 bot, tic ■ 4 hill, long, nerf, rond ■ 5 cœur, droit, fibre, gaine, myome, nodal, psoas, tonus ■ 6 anconé, biceps, clonie, clonus, radial, souris, tarzan, tendon, thénar ■ 7 cubital, dentelé, fessier, frontal, jambier, musculo, myalgie, oblique, palatin, pectine, pédieux, pelvien, poplité, scalène, tenseur, tétanos, trapèze, triceps ■ 8 agoniste, brachial, claquage, clonique, deltoïde, dystonie, glossien, lombaire, masséter, myocarpe, myologie, palmaire, paupière, peaucier, pectoral, péronier, releveur, risorius, rotateur, soléaire, splénius, temporal, tonicité ■ 9 abaisseur, abducteur, adducteur, anglaiser, couturier, élévateur, extenseur, glycogène, hypotonie, mâchelier, musculeux, myographe, myopathie, pectoraux, rhomboïde, sphincter, staphylin, surcostal, tétanisme, vaginisme ■ 10 abdominaux, aponévrose, défatigant, diaphragme, ergographe, expirateur, hypertonie, hypoglosse, hypothénar, mastoïdien, mésoblaste, musculaire, myasthénie, myographie, obturateur, pathétique, pharyngien, polysarcie, quadriceps, retirement, rhumatisme, sourcilier, supinateur, sus-épineux, syncinésie, synergiste, tremblante, trochanter, trompeteur, thyroïdien ■ 11 amyotrophie, buccinateur, contractile, contraction, contracture, dénervation, digastrique, éternuement, fléchisseur, intercostal, musculature, orbiculaire, sarcoplasma, sarcoplasme, sous-clavier, sous-épineux, trémulation, zygomatique ■ 12 constricteur, craquètement, fibrillation, ptérogoïdien, triangulaire, vermiculaire ■ 13 décontraction, hétéromorphie, horripilateur, sacro-lombaire ■ 14 coraco-brachial, dermatomyosite, proprioception, sous-scapulaire ■ 15 intermusculaire, intramusculaire, occipito-frontal.

**MUSCULAIRE :** 7 kinésie, myosite ■ 8 myatonie ■ 9 argologie ■ 10 ergométrie ■ 12 dynamographe ■ 13 arthrogrypose, myorelaxation.

**MUSCULATION :** 9 gonflette.

**MUSE :** 5 musée ■ 8 musagète.

**MUSEAU :** 3 nez ■ 5 groin, mufle, tapir ■ 6 trompe ■ 7 boutoir ■ 12 proboscidien.

**MUSÉE :** 4 aula ■ 5 salon ■ 6 muséum ■ 7 cabinet, galerie ■ 10 collection, muséologie ■ 11 iconothèque ■ 12 glyptothèque, muséographie, pinacothèque ■ 13 conservatoire, protomothèque.

**MUSELER :** 7 caveçon ■ 9 démuseler, muselière ■ 10 bâillonner ■ 11 musellement.

**MUSER :** 6 flâner* ■ 8 musarder.

**MUSETTE :** 3 bal ■ 5 loure ■ 9 chevrette, cornemuse, gibecière.

**MUSICAL :** 3 hit, raï ■ 4 punk, raga ■ 6 jingle, jingxi ■ 7 ragtime ■ 8 rapsodie ■ 9 ricercare ■ 10 intermezzo, wagnérisme ■ 11 contre-sujet ■ 14 musicothérapie.

**MUSIC-HALL :** 4 gens, girl ■ 8 acrobate ■ 9 marcheuse ■ 11 café-concert, fantaisiste.

**MUSICIEN :** 5 griot ■ 7 groupie, maestro, tsigane, tzigane ■ 8 corniste, flûtiste, mariachi, trombone, virtuose ■ 9 exécutant, mélodite, ménestrel, ménétrier, pifferaro, quintette ■ 10 croque-note, guitariste, jam-session, musicastre ■ 11 compositeur ■ 12 polyphoniste, saxophoniste ■ 13 clarinettiste, orchestrateur ■ 14 contre-bassiste, homme-orchestre, instrumentiste.

**MUSICOGRAPHE :** 13 musicographie.

**MUSICOGRAPHIE :** 15 musicographique.

**MUSIQUE :** 3 cor, duo, ode, rap, ska ■ 4 clef, coda, jazz, luth, lyre, note, opus, page, rêve, rote, soli, solo, trio, tuba ■ 5 album, banjo, bémol, canon, comma, corde, couac, coulé, danse, dièse, disco, dolce, étude, fifre, final, flûte, forme, forte, fugue, fusée, gamma, gigue, grave, harpe, jouer, kyrie, largo, lento, messe, modal, motet, motif, neume, noire, noter, nouba, odéon, opéra, orgue, pause, piano, point, poser, rebec, récit, ronde, sabot, sixte, swing, tacet, tempo, temps, ténor, tenue, thème, tonal, trait, tutti, valse, viole, volta, volte ■ 6 amusie, arioso, arpège, basson, gagaku, reggae, tenuto, tiento, tierce, trille, zydeco ■ 7 agitato, amoroso, calypso, cantate, clairon, country, musette, musical, prélude, requiem, scherzo, solfège, toccata, vérisme ■ 8 audition, festival, flamenco, flonflon, mélomane, musicien, musiquer, neuf-huit, nocturne, oratorio, ostinato, pastiche, pop music ■ 9 a cappella, atonalité, barcarolle, bossa-nova, cassation, charivari, gruppetto, indicatif, interlude, larghetto, leitmotiv, mélomanie, métronome, orchestre ouverture, pizzicato, quadrille, quintette, sarabande, serinette, symphonie, tablature ■ 10 dilettante, fortepiano, musiquette, offertoire, polyphonie, ritardanto, scherzando, sérialisme, strip-tease ■ 11 compositeur, contrepoint, déchiffrage, fauxbourdon, musicologie, pianistique, ritournelle, violoncelle ■ 12 kyrie eleison, musicalement, musicographe, porte-musique ■ 13 conservatoire ■ 14 rhythm and blues.

**MUSQUE :** 4 musc ■ 10 muscadelle.

**MUSTELIDE :** 5 furet, marte, pékan ■ 6 fouine, loutre, martre, putois ■ 7 belette, glouton, zorille ■ 8 blaireau, zibeline.

**MUSULMAN :** 3 aga, bey ■ 4 agha, alem, aman, arch, cadi, émir, hadj, iman, kadi, raïa, raya ■ 5 allah, arabe*, djinn, douar, fakir, fatma, hadhi, harem, houri, islam, mahdi, mufti, mulud, pacha, rayia, salat, souna, sunna, uléma, vizir ■ 6 caftan, chérif, dervis, dioula, giaour, hadjdj, litham, mollah, muphti, santon, scheik, sounna, zaouia ■ 7 achoura, hadjdji, médersa, mosquée, mudéjar, muezzin, ramadan, sunnite ■ 8 arabiser, derviche, infidèle, marabout, morisque, sarrasin ■ 9 aïd-el-adha, aïd-el-fitr, coranique, croissant, moudjahid, salamalec, tcharchaf ■ 10 aïd-el-kébir ■ 11 aïd-el-séghir, kharidjisme, mutazilisme ■ 12 hispano-arabe, panislamisme ■ 15 hispanomoresque.

**MUTANT :** 11 tétrapoïde.

**MUTATION :** 5 muter ■ 6 nasard ■ 8 mutagène ■ 9 mélanisme, sommation, transfert ■ 10 changement*, mutabilité, mutagenèse ■ 11 transmettre ■ 13 mutationnisme, mutationniste, néo-darwinisme.

**MUTAZILISME :** 11 mutaziliste.

**MUTER :** 6 mutage ■ 7 mutable.

**MUTILATION :** 9 autotomie ■ 10 amputation, castration ■ 14 automutilation.

**MUTILE :** 6 amputé, blessé*, édenté ■ 7 castrat, infirme*, manchot ■ 8 estropié, manicrot ■ 9 ectromèle, essorillé ■ 10 cul-de-jatte.

**MUTILER :** 6 briser, couper, écouer ■ 7 amputer, châtrer, vandale ■ 8 diminuer, écharper, écourter, tronquer ■ 9 estropier, massacrer ■ 10 essoriler, mutilateur, raccourcir, tronçonner.

**MUTIN :** 8 espiègle*.

**MUTINER :** 5 mutin ■ 6 émeute ■ 8 sédition* ■ 9 mutinerie.

**MUTINERIE :** 6 mutiné.

**MUTISME :** 7 aphonie, mutique, silence*.

**MUTITE :** 9 démutiser.

**MUTUALITE :** 10 mutualisme.

**MUTUEL :** 3 p.m.u. ■ 6 couplé ■ 7 partage ■ 9 solidaire ■ 10 réciproque* ■ 15 interdépendance.

**MUTUELLE :** 8 syndicat ■ 9 assujetti, mutualité ■ 10 mutualiser, mutualiste ■ 11 mutuellisme.

**MUTUELLEMENT :** 5 toper ■ 8 échanger ■ 9 entraider ■ 10 contraster ■ 11 entr'admirer.
**MUTUELLISME :** 11 mutuelliste.
**MYCELIUM :** 10 caryogamie.
**MYCODERME :** 5 piqué.
**MYCOSE :** 7 candida ■ 9 candidose, mycosique, nystatine ■ 13 griséofulvine, sporotrichose.
**MYELINE :** 9 myélinisé.
**MYOCARDE :** 9 myocardie.
**MYOFIBRILLE :** 7 myosine.
**MYOGRAPHIE :** 9 myogramme ■ 11 isométrique.
**MYOME :** 11 myomectomie.
**MYOPATHIE :** 8 myopathe.
**MYOPE :** 4 miro ■ 6 myopie.
**MYOSOTIS :** 13 ne m'oubliez pas ■ 15 oreille-de-souris.
**MYRIAPODE :** 10 arthropode ■ 11 mille-pattes*.
**MYRRHE :** 11 gomme-résine.
**MYRTACEE :** 5 myrte ■ 7 cajeput, myrtaie, niaouli ■ 8 goyavier ■ 9 giroflier, grenadier, jambosier ■ 10 cajeputier, eucalyptus, myrtiforme.
**MYSTERE :** 5 abîme ■ 6 arcane, secret* ■ 7 trinité ■ 10 discrétion, initiation, mystagogie, mystagogue, mystérieux ■ 11 cachotterie, hiérophante.
**MYSTERIEUX :** 5 caché ■ 6 obscur*, secret* ■ 7 occulte ■ 9 ténébreux ■ 10 magnétique ■ 12 cabalistique ■ 15 mystérieusement.
**MYSTICISME :** 9 mysticité.
**MYSTIFICATION :** 7 attraper* ■ 8 galéjade ■ 10 fumisterie.
**MYSTIFIER :** 5 avoir ■ 6 moquer*, rouler ■ 7 tromper* ■ 10 mystifiant ■ 11 mystifiable ■ 13 mystificateur, mystification.
**MYSTIQUE :** 5 rasta ■ 7 croyant ■ 8 anagogie, religion, soufisme ■ 9 mysticité, quiétisme, rastafari ■ 10 hassidisme, martinisme ■ 11 illuminisme ■ 12 mystiquement ■ 13 transverbérer.
**MYTHE :** 5 conte ■ 7 légende ■ 8 mythique ■ 9 mythifier ■ 10 hiérogamie, mythologie ■ 11 mythographe.
**MYTHOLOGIE :** 4 elfe ■ 5 fable, titan ■ 6 oréade, sylphe ■ 7 renommée ■ 8 valkyrie, walkyrie ■ 10 mythologue ■ 11 évhémérisme ■ 12 mythologique.
**MYTHOLOGIQUE :** 9 trickster.
**MYTICULTURE :** 13 myticulteur.
**MYXŒDEME :** 13 hypothyroïde, myxœdémateux.
**MYXOMYCETE :** 6 fuligo ■ 8 myxamibe.

# N

**N :** 5 azote, tilde.
**NABAB :** 5 riche*.
**NABATEEN :** 8 nabatéen.
**NABOT :** 4 nain ■ 5 petit*, trapu.
**NACELLE :** 4 lest ■ 8 suspente ■ 9 porte-bébé ■ 11 embarcation*, naviculaire.
**NACRE :** 5 burgo, perle ■ 6 burgau ■ 10 burgaudine.
**NAEVUS :** 5 grain, signe ■ 6 fraise ■ 7 angiome ■ 8 mélanose.
**NAGE :** 5 crawl ■ 6 brasse, crawlé ■ 8 nageoire, trudgeon ■ 9 marinière ■ 12 papillonneur.
**NAGEOIRE :** 5 palme, ptéro ■ 7 aileron, sépiole, uropode ■ 9 macropode ■ 10 homocerque ■ 12 hétérocerque.
**NAGER :** 4 nage ■ 6 voguer ■ 7 crawler, émerger, flotter ■ 8 natation, naviguer ■ 9 natatoire, renflouer.
**NAGEUR :** 5 salpe ■ 8 brasseur, crawleur, dossiste ■ 10 grenouille.
**NAGUERE :** 9 récemment ■ 12 anciennement.
**NAÏADE :** 6 nymphe.
**NAÏF :** 3 bon*, pur, sot* ■ 4 bête ■ 5 cucul, franc, gille, idiot, niais*, poire ■ 6 gauche, gobeur, ingénu, jobard, nigaud, novice, simple*, vierge ■ 7 bonasse, candide, crédule, naturel, simplet, sincère, stupide ■ 8 godichon, ignorant, innocent*, jocrisse, naïvement, primitif, spontané ■ 9 bécassine ■ 10 gribouille ■ 11 inconscient ■ 13 inexpérimenté, irresponsable.
**NAIN :** 3 bog ■ 5 gnome, lutin, nabot, petit ■ 6 bonsaï, pygmée ■ 7 nanisme ■ 8 korrigan, myrmidon, tom-pouce ■ 11 lilliputien.
**NAISSAIN :** 6 huître.
**NAISSANCE :** 4 aube, inné, pays, race, tige ■ 5 axène, début, germe, grand, jésus, monde, natif, tronc ■ 6 aurore, naître, parage, vortex ■ 7 berceau, embryon, origine ■ 8 axénique, bourgeon, endogène, natalité, nativité, prénatal, retombée, sex-ratio ■ 9 faire-part, postnatal ■ 10 congénital, dénatalité, extraction, privilégié ■ 12 commencement*, généthliaque, puériculture ■ 14 aristocratisme.
**NAITRE :** 4 voir ■ 5 créer, jeter, lever, monde, natif, venir ■ 6 éclore, percer ■ 7 croître, émerger, exister, poindre, pousser, sourdre ■ 8 inspirer, procréer, produire, renaître, soulever, susciter ■ 9 commencer* ■ 10 apparaître, incidenter.
**NAÏVE :** 7 oiselle.

**NAÏVETE:** 6 pureté ■ 7 candeur ■ 9 crédulité, franchise, gaucherie, ignorance, ingénuité, innocence*, naïvement, niaiserie, sincérité, virginité ■ 10 simplicité* ■ 12 inconscience.
**NAJA:** 5 cobra ■ 6 uræus.
**NAMIBIE:** 4 rand.
**NANCY:** 8 nancéien.
**NANISME:** 6 turner ■ 13 hypothyroïde.
**NANTES:** 7 nantais.
**NANTISSEMENT:** 4 gage ■ 8 dénantir, procurer.
**NAPHTALENE:** 7 naphtol ■ 8 naphtyle ■ 9 tétraline ■ 10 naphtaline ■ 12 benzonaphtol.
**NAPOLITAIN:** 7 camorra.
**NAPPE:** 5 longe ■ 7 nappage ■ 8 doublier, étaleuse, napperon ■ 9 renversoir, sous-nappe ■ 10 phréatique, résurgence.
**NAPPER:** 7 nappage.
**NARCISSE:** 6 coucou ■ 9 jonquille.
**NARCOSE:** 14 assoupissement.
**NARCOTIQUE:** 5 opium ■ 7 narcose ■ 8 dormitif, soporeux ■ 9 somnifère, soporatif ■ 10 hypnotique, soporifère ■ 11 soporifique.
**NARGHILE:** 5 houka.
**NARGUER:** 6 braver, moquer* ■ 8 mépriser.
**NARGUILE:** 5 houka.
**NARINE:** 3 nez ■ 5 évent, morve ■ 6 naseau ■ 8 vibrisse.
**NARQUOIS:** 5 malin ■ 7 moqueur ■ 13 narquoisement.
**NARRATION:** 3 lai ■ 5 conte*, récit* ■ 8 narratif, relation ■ 9 flash-back, rédaction ■ 10 historique ■ 12 événementiel ■ 13 simultanéisme.
**NARRER:** 6 conter* ■ 8 narrateur, raconter*.
**NARTHEX:** 8 portique.
**NARVAL:** 6 béluga ■ 7 bélouge, licorne.
**NASAL:** 5 morve, voile, vomer, voûte ■ 6 trompe ■ 7 rhinite ■ 8 nasalité ■ 9 nasaliser ■ 10 morfondure, nasalement, rhinologie ■ 11 dénasaliser, rhinoscopie ■ 12 nasalisation.
**NASALE:** 6 choane ■ 12 naphtazoline.
**NASARD:** 7 larigot.
**NASARDE:** 11 chiquenaude.
**NASE:** 4 hotu.
**NASILLER:** 9 nasillard ■ 11 nasillement, nasonnement.
**NASSE:** 5 filet*, piège, ruche ■ 6 casier, panier.
**NATAL:** 7 clocher.
**NATALITE:** 8 baby-boom ■ 11 surnatalité ■ 13 antinataliste.
**NATATION:** 7 piscine ■ 9 natatoire.
**NATATOIRE:** 8 parapode.
**NATIF:** 8 levantin ■ 9 aborigène ■ 10 originaire*.
**NATION:** 4 cité, état, gens, gent, pays*, pile ■ 5 diète, tiers ■ 6 patrie*, peuple* ■ 7 intrant ■ 8 étranger, national, panthéon ■ 9 gentilité ■ 10 allégeance, gallomanie ■ 11 nationalité ■ 13 international, transnational.
**NATIONAL:** 4 nazi ■ 5 danse, hymne ■ 8 génocide, panthéon ■ 9 polonaise ■ 10 fustanelle ■ 12 antinational, nationaliser, nationalisme ■ 14 dénationaliser.
**NATIONALISTE:** 8 patriote, sinn-fein ■ 10 sandinisme ■ 11 belgeoisant, phalangiste ■ 12 impérialiste.
**NATIONALITE:** 5 mixte ■ 8 apatride ■ 9 heimatlos ■ 10 binational ■ 11 heimatlosat ■ 13 ressortissant ■ 14 dénationaliser, naturalisation.
**NATIVITE:** 4 noël ■ 9 naissance*.

**NATTE :** 5 caget, cajet, claie, ganse, tapis ■ 6 clisse, estère, natter, tresse ■ 7 couffin, paillet, torchon ■ 8 abat-vent, dénatter ■ 9 sparterie ■ 10 dreadlocks, paillasson.

**NATURALISATION :** 10 naturalise ■ 13 acclimatation, dénaturaliser.

**NATURALISTE :** 8 zoologue ■ 10 zoologiste ■ 11 naturalisme ■ 12 taxidermiste ■ 13 erpétologiste.

**NATURE :** 4 ases, brut, égal, goût, gras, naïf, pâte, type, vert, vrai ■ 5 amour, bosse, botte, chair, étain, filon, jaspe, macle, mixte, moyen, ordre, plomb, règne, sonde, sorte, sujet, tâter, terre ■ 6 acabit, aspect, chimie, espèce, étoffe, trempe ■ 7 calibre, charnel, essence, manière, naturel, ostracé, qualité, science, sodomie, univers* ■ 8 butyreux, colloïde, cuprique, dartreux, dénaturé, divinité, farinage, farineux, futilité, glaireux, glaiseux, humanité, identité, imitatif, kystique, matériel, mobilier, mollesse, pierreux, purulent, quiddité, saponacé, scoriacé, siliceux, sirupeux, suiffeux, talqueux, tartreux, ulcéreux ■ 9 angélique, ardoiseux, ardoisier, cancéreux, caractère, catégorie, condition, dynamisme, essentiel, fistuleux, glutineux, graisseux, inhibitif, métissage, naturisme, novatoire, passivité, quartzeux, saccharin, schisteux, semblable, spathique, spongieux, squirreux, structure, sulfureux, tendineux, tétanique, zététique ■ 10 allocation, chamanisme, complexion, cristallin, croisement, friabilité, gangréneux, gélatineux, granitique, herpétique, hétérogène, identifier, légendaire, membraneux, monstrueux, nativement, œdémateux, oléagineux, oolithique, paralysant, philosophe, prédicatif, shintoïsme, subjonctif, surnaturel, thermalité, voltairien ■ 11 agglutinant, andésitique, asthmatique, cataclysmal, charbonneux, composition, contrariant, criminalité, démonologie, équivalence, gnosticisme, goudronneux, homogénéité, hybridation, incarnation, ligamenteux, monobasique, naturalisme, naturaliste, phlegmoneux, prurigineux, scorbutique, sophistiqué, tempérament*, tuberculeux, uniformiser, vertigineux ■ 12 constitution, contagiosité, décourageant, diagnostique, excrémenteux, excrémentiel, molletonneux, monophysisme, oscillatoire, parchemineux, physiquement, qualificatif, sédimentaire, sensationnel, thanatologie ■ 13 biréfringence, carcinomateux, cartilagineux, compromettant, démonographie, diagnostiquer, ecclésiologie, exanthémateux, gélatiniforme, philistinisme, problématique ■ 14 corruptibilité, dégénérescence, exanthématique, excrémentitiel, immatérialisme, putrescibilité ■ 15 reconventionnel.

**NATUREL :** 3 pur ■ 4 aisé, aven, doué, écru, igue, inné, mont, naïf, rade, trou, tube, upas ■ 5 cloup, décès, décor, dégel, envie, force, fossé, franc, gamme, génie, gypse, havre, infus, luxer, magie, momie, mythe, natif, obvié, pardi, prise, selle, signe, suite, tache, tortu ■ 6 empesé, halite, in situ, nature, simple ■ 7 affecté, apprêté, coulant, écocide, éolithe ■ 8 cérusite, écologie, emprunté, généreux, graphite, indigène, machinal, maternel, oligiste, orpiment, sédiment,, sidérite, sidérose, smaltine, spontané, tubulure, vivarium, zéolithe ■ 9 aborigène, caractère, contraint, kaolinite, phénomène, privilège, recherche, sélection ■ 10 agglomérat, artificiel, bismuthine, dépression, diatonique, giobertite, maniérisme, simplicité, thorianite, vanadinite, yttrialite ■ 11 affection, molybdénite, naturaliser, naturalisme, phosphorite, smithsonite, sophistique, tempérament, valentinite ■ 12 arborisation ■ 13 naturellement ■ 14 prédisposition.

**NAUFRAGE :** 5 épave, périr ■ 6 avarie ■ 7 malheur* ■ 8 désastre, échouage, sinistre ■ 9 naufrager, perdition ■ 10 naufrageur.

**NAURU :** 7 nauruan.

**NAUSEABOND :** 6 vireux ■ 9 écœurant.

**NAUSEE :** 8 nauséeux ■ 9 écœurant ■ 10 mal de cœur, répugnance ■ 11 haut-le-cœur, vomissement.
**NAUTIQUE :** 8 barefoot, nautisme ■ 9 yacht-club ■ 12 esquimautage.
**NAUTONIER :** 6 pilote.
**NAVAJA :** 8 poignard.
**NAVAL :** 5 aviso ■ 7 rostral ■ 9 naumachie.
**NAVALE :** 6 fistot.
**NAVET :** 4 rave ■ 5 nanar, radis ■ 6 panais, turnep ■ 7 raifort, turneps ■ 8 rutabaga.
**NAVETTE :** 4 yoyo ■ 5 duite, trame ■ 6 bobine ■ 7 canette ■ 8 cannette, navetier ■ 9 frivolité.
**NAVIGABLE :** 5 passe ■ 9 canaliser ■ 11 innavigable ■ 12 canalisation, navigabilité.
**NAVIGATION :** 5 avion, cabot, marin, naute, phare ■ 6 consol, couffa, kouffa, marine* ■ 7 bornage, périple ■ 8 astronef, aviation, cabotage, caboteur, haut-fond, maritime, nautique, navicert, poussage, vire-vire, yachting ■ 9 aéronaute, virevaude ■ 10 aiguilleur, navigateur ■ 11 plaisancier ■ 12 aéronautique, motonautisme ■ 13 aérotechnique, astronautique ■ 15 radionavigation.
**NAVIGUER :** 5 voile ■ 6 voguer ■ 7 caboter, voyager ■ 8 conserve, louvoyer, navigant ■ 9 boulinier ■ 10 navigation*.
**NAVIRE :** 3 bac, bau, ber, lof, l.s.t., mât, nef, nez, s.o.s., tin ■ 4 amer, bord, cale, erre, étai, gare, gîte, joue, lège, lest, loch, ploc, pont, port, rade, roof, vrac ■ 5 agrès, ancre, avant, aviso, bande, bordé, bouge, brick, cadre, cargo, coque, cotre, dalot, fesse, flûte, gatte, goret, héler, lagan, liner, lisse, marin, mâter, panne, panse, point, poupe, radar, sloop, soute, talon, trouer, tramp, vibor, voûte, wharf, yacht ■ 6 abatée, babord, bateau*, birème, boutre, brûlot, carène, chébec, cutter, drague, dromon, étrave, galère, galion, largue, lougre, mouche, pirate, quirat, rafiot, rostre, surbau, tanker, trière, vaigre, vapeur, vibord ■ 7 aulofée, batelée, câblier, caraque, clipper, couette, dunette, escadre, frégate, galéace, galiote, houache, hourque, noliser, steamer, tanguer, tartane, trirème, vedette, voilier ■ 8 afflouer, affréter, amariner, anguille, apparaux, armateur, bâtiment*, butanier, calaison, caliorne, chadburn, chaloupe, chantier, chargeur, chasseur, corsaire, corvette, coursive, croiseur, cuirassé, déjauger, doublage, échouage, embosser, équipage, faux-bord, galéasse, goélette, membrure, morutier, muraille, paquebot, pavoiser, plat-bord, poulaine, saborder, sacoléva, sacolève, sapiteur, schooner, spardeck, vaisseau*, varangue ■ 9 affréteur, amarinage, axiomètre, baleinier, banquière, béquiller, brigantin, caravelle, cargaison, carlingue, céréalier, chalutier, débardage, débardeur, débarquer, désemparé, éclaireur, écoutille, embossage, entrepont, escorteur, ferry-boat, garde-côte, garde-rats, interlope, méthanier, nautonier, passavant, perdition, pétrolier, pinardier, portelone, propanier, sous-marin, steam-boat, timonerie, transport, trois-mâts, ventrière ■ 10 archipompe, asphaltier, avitailler, canonnière, chaufferie, escadrille, gouvernail, nolisement, passerelle, polytherme, porte-barge, quadrirème, quatre-mâts, remorqueur, sister-ship, torpilleur, train-ferry, trois-ponts ■ 11 affrètement, appontement, arraisonner, avitailleur, bourlinguer, brise-glaces, charbonnier, patouillard, porte-avions, submersible, super-tanker, terre-neuvas, torpillerie ■ 12 accastillage, appareillage, charte-partie, francisation, navire-jumeau, patrouilleur, pentécontore, ravitailleur, terre-neuvien, water-ballast ■ 13 brick-goélette, connaissement, navire-citerne, orthodromique, radionavigant ■ 14 arraisonnement, transconteneur ■ 15 radiogoniomètre.

**NAVRER :** 7 désoler* ■ 9 attrister*, navrement.
**NAZI :** 10 dénazifier.
**NAZISME :** 8 antinazi.
**NE :** 4 issu ■ 5 natal, natif, puiné ■ 8 indigène, posthume, sociable ■ 9 adultérin, dernier-né, nouveau-né, prématuré, tardillon.
**NEANMOINS :** 8 pourtant, toujours ■ 9 cependant, toutefois ■ 10 nonobstant.
**NEANT :** 3 nul ■ 4 rien*, vide, zéro ■ 5 abîme ■ 6 lacune, manque, misère ■ 7 absence, inanité, vacance, vacuité ■ 9 cassation, néantiser ■ 10 abstention, inexistant, révocation.
**NEANTISER :** 12 néantisation.
**NEBULEUX :** 4 octa ■ 6 obscur* ■ 8 vaporeux ■ 10 nébulosité ■ 13 nébuleusement.
**NEBULISEUR :** 9 nébuliser.
**NEBULISER :** 10 nébuliseur ■ 12 nébulisation.
**NECESSAIRE :** 3 loi ■ 5 fatal, forcé, munir, train, utile, vital ■ 6 absolu, obligé, requis, urgent ■ 7 falloir, onglier, trousse ■ 8 exigible, explétif, inhérent, matériel, munition, postulat, pourvoir, pressant, qualifié, superflu ■ 9 bagatelle, dénuement, disetteux, entretien, essentiel, important*, nécessité, outillage, papeterie, provision, rigoureux, simplisme, suffisant ■ 10 entretenir, hylozoïsme, inévitable, matérielle, nécessiter ■ 11 apodictique, meurt-de-faim, nécessiteux, obligatoire*, surabondant ■ 12 baise-en-ville, oligo-élément ■ 13 indispensable ■ 15 mutatis mutandis.
**NECESSAIREMENT :** 9 forcément ■ 10 absolument ■ 15 infailliblement.
**NECESSITE :** 4 gêne ■ 6 besoin*, déréel, misère* ■ 7 urgence, utilité ■ 8 exigence, instance, pauvreté ■ 9 activisme ■ 10 contrainte, obligation* ■ 11 nécessitant, nécessiteux.
**NECESSITER :** 6 exiger* ■ 7 falloir, obliger, presser ■ 11 présupposer.
**NECROLOGIE :** 9 nécrologe ■ 10 nécrologue ■ 12 nécrologique.
**NECROMANCIE :** 5 devin ■ 8 magicien ■ 9 nécromant ■ 12 nécromancien.
**NECROPHILIE :** 10 nécrophile.
**NECROPHORE :** 11 enfouisseur.
**NECROPOLE :** 8 ossuaire ■ 9 cimetière*.
**NECROSE :** 7 eschare, infarci ■ 8 nécroser ■ 10 nécrotique.
**NECTAIRE :** 6 nectar ■ 11 nectarifère.
**NECTAR :** 7 boisson ■ 8 nectaire ■ 9 mellifère ■ 11 nectarifère.
**NEERLANDAIS :** 10 hollandais.
**NEF :** 4 jubé ■ 6 chevet ■ 7 bas-côté, narthex ■ 11 embarcation* ■ 13 déambulatoire.
**NEFLIER :** 5 nèfle.
**NEGATIF :** 2 ne, ni ■ 3 mie, nec, non, pas ■ 5 anion, guère, moins ■ 7 macache ■ 8 antihalo, négation ■ 9 nihilisme ■ 10 ballottage, négativité ■ 11 négastoscope, retardation, séronégatif ■ 12 décélération, internégatif, négativement ■ 13 châssis-presse, machiavélisme.
**NEGATIVE :** 10 déportance.
**NEGATION :** 5 atome.
**NEGLIGE :** 10 dépenaillé ■ 12 négligemment ■ 13 six-quatre-deux.
**NEGLIGENCE :** 5 oubli* ■ 7 abandon, incurie, lâcheté ■ 8 malfaçon, omission ■ 9 bousiller, mâchonner, négligent ■ 10 accessoire, chapechute, nonchaloir ■ 11 inattention* ■ 12 laisser-aller, négligemment.
**NEGLIGER :** 7 omettre, oublier* ■ 8 abstenir* ■ 9 dédaigner ■ 10 abandonner* ■ 11 négligeable.

**NEGOCE :** 8 commerce ■ 9 négociant.
**NEGOCIANT :** 5 bilan, place, tenue ■ 8 chargeur, marchand* ■ 13 consignataire.
**NEGOCIATION :** 9 diplomate, ouverture, préalable ■ 10 tractation ■ 11 commerçable, liquidation, négociateur, paritarisme ■ 13 renégociation.
**NEGOCIER :** 6 régler ■ 7 traiter ■ 8 aboucher, accorder, arranger, convenir, débattre, discuter, proposer ■ 9 diplomate, mobiliser, transiger ■ 10 intervenir, négociable, rapprocher, renégocier ■ 11 négociateur.
**NEGRE :** 4 case, noir* ■ 5 banjo, crépu, laine ■ 6 créole ■ 7 négrier ■ 8 bamboula, moricaud, nègrerie ■ 9 négrillon ■ 10 négrophile.
**NEGRO SPIRITUAL :** 6 gospel ■ 9 spiritual.
**NEIGE :** 3 ski ■ 4 came, névé ■ 5 blanc, chenu, dégel, hutte, igloo, nival, obier, renne, tapir, tolée ■ 6 neiger, tiaffe ■ 7 congère, dameuse, enneigé, glacier, neigeux, poudrin ■ 8 blizzard, enneiger, raquette, snow-boot ■ 9 autoneige, avalanche ■ 11 chasse-neige, enneigement, nivo-pluvial ■ 13 nivo-glaciaire.
**NEIGER :** 8 reneiger.
**NEMATHELMINTHE :** 8 nématode*.
**NEMATODE :** 7 ascaris, filaire ■ 8 ascaride, strongle, trichine ■ 9 strongyle, tylenchus ■ 10 anguillule ■ 11 ankylostome ■ 13 trichocéphale ■ 14 némathelminthe.
**NEMERTIEN :** 7 némerte.
**NEMROD :** 8 chasseur.
**NENUPHAR :** 5 lotos, lotus ■ 6 jaunet ■ 7 nénufar, nymphéa ■ 8 nymphæa.
**NEOCAPITALISME :** 14 néocapitaliste.
**NEOCLASSICISME :** 12 néoclassique.
**NEOCOLONIALISME :** 15 néocolonialiste.
**NEOCONFUCIANISME :** 5 taiji, t'ai-ki.
**NEODYME :** 6 didyme.
**NEOFORMATION :** 8 néoformé.
**NEOLITHIQUE :** 8 chasséen ■ 14 chalcolithique.
**NEOLOGIE :** 10 néologique.
**NEOLOGISME :** 5 robot, swing, tango ■ 8 néologie ■ 11 glossolalie.
**NEON :** 2 ne ■ 5 lampe.
**NEONAZISME :** 7 néonazi.
**NEOPHYTE :** 6 novice*.
**NEOPLASME :** 11 néoplasique.
**NEOPLATONICIEN :** 3 éon.
**NEOREALISME :** 11 néoréaliste.
**NEOTENIE :** 7 néotène.
**NEPHRITE :** 11 albuminurie, néphrétique.
**NEPHRON :** 6 tubule.
**NEPOTISME :** 11 favoritisme.
**NERF :** 4 zona ■ 5 lâche, parer, sacré ■ 6 crural, cutané, facial, médian, nervin, radial, spinal, tendon, tibial ■ 7 auditif, cubital, nerveux, neurone, névrite, optique ■ 8 brachial, ganglion, innerver, lombaire, olfactif, péronier ■ 9 axillaire, connectif, entre-nerf, neurinome, névralgie, névrilème, récurrent, sciatique, trifacial, trijumeau, vagotomie ■ 10 élongation, énervation, hypoglosse, irritation, névrologie, névropathe, pathétique, radiculite, retirement, thoracique, vasomoteur ■ 11 dénervation, dévitaliser, innervation, intercostal, névropathie, polynévrite, trépidation ■ 12 adrénergique, fémoro-cutané ■ 13 acétylcholine ■ 14 neurovégétatif, vasculo-nerveux ■ 15 parasympathique, pneumogastrique.

**NERFNEVRALGIE :** 10 neurotomie.
**NEROLI :** 10 bigaradier.
**NERON :** 8 néronien.
**NERPRUN :** 8 alaterne ■ 9 bourdaine ■ 11 stil-de-grain.
**NERVEUSE :** 9 break-down ■ 11 neuroblaste ■ 12 télencéphale ■ 13 myélencéphale ■ 14 extrapyramidal, rhombencéphale.
**NERVEUX :** 5 filet ■ 6 chorée, émotif ■ 7 cerveau, fébrile, frayage, neurone ■ 8 cervelet, engramme, pellagre ■ 9 convulsif, glomérule, nervosité ■ 10 nervosisme, névrotomie ■ 11 hypocondrie, hyponeurien, pithiatisme ■ 12 hypernerveux, nerveusement, protubérance ■ 13 rhinencéphale, trophonévrose ■ 14 neuromédiateur.
**NERVI :** 7 porteur, vaurien.
**NERVOSITE :** 9 agitation, fébrilité ■ 10 impatience, nervosisme ■ 11 pondération.
**NERVURE :** 4 nerf ■ 5 arête, carde, ogive ■ 6 lierne ■ 7 saillie, voûtain ■ 8 nervurer, réticule, trinervé ■ 9 nervation, tierceron ■ 11 palmatifide.
**NESTORIEN :** 13 nestorianisme.
**NET :** 3 pur ■ 5 blanc, clair, clean, picot, tarer ■ 6 exprès, précis, propre* ■ 7 netteté, propret, tranché ■ 8 décanter, distinct*, nettoyer, prononcé, stipuler ■ 9 brouillon, équivoque, nettement ■ 11 catégorique ■ 13 superbénéfice.
**NETTEMENT :** 5 myope ■ 8 articulé, staccato ■ 9 hautement ■ 10 clairement ■ 11 caractérisé ■ 12 expressément, sous-entendre ■ 13 distinctement.
**NETTETE :** 4 flou ■ 6 clarté, marqué ■ 8 bavocher, propreté ■ 9 précision.
**NETTOYAGE :** 6 à-fonds, brosse, rasage ■ 8 curetage, détritus, friction ■ 9 balayette, épuration, nettoyant ■ 10 aspirateur, débourrage, vadrouille ■ 11 nettoiement, serpillière ■ 13 appropriation.
**NETTOYER :** 4 ôter ■ 5 balai, curer, faire, goret, laver*, polir, savon ■ 6 carder, écumer, écurer, monder, purger, racler, rincer, sabler, vanner ■ 7 balayer, briquer, brosser, caréner, cureter, cribler, décaper, draguer, éponger, essuyer, filtrer, fourbir, frotter*, gratter, housser, poutser, ramoner, récurer, sarcler, tamiser, torcher ■ 8 arçonner, astiquer, blanchir, décanter, déféquer, dérocher, déterger, éplucher, essarter, expurger, lessiver, panosser, purifier*, ratisser, regayoir, saietter, savonner, strigile, tararage, vidanger ■ 9 clarifier, coton-tige, débourber, décrasser, décrotter, détergent, goupillon, nettoyage, nettoyeur, regratter, tamponner ■ 10 approprier, bouchonner, cure-ongles, dégraisser, démazouter, dentifrice, dérouiller, épousseter, torchonner ■ 11 cure-oreille, débarrasser, essuie-glace, nettoiement, désencrasser, shampouineur ■ 13 débarbouiller, écouvillonner, shampouineuse.
**NEUF :** 6 récent ■ 7 ennéade, neuvain, nouveau* ■ 8 flambant, monupler, neuvième*, original, quatorze, régénéré ■ 9 ennéagone, réfection ■ 10 ennéagonal, ravalement, requinquer ■ 13 quatre-vingt-dix.
**NEURASTHENE :** 10 mélancolie* ■ 14 neurasthénique.
**NEUROCHIMIE :** 13 neurochimique.
**NEUROCHIMIQUE :** 13 bromocriptine.
**NEUROCHIRURGIE :** 9 lobotomie ■ 11 stéréotaxie ■ 13 pallidectomie.
**NEUROFIBROMATOSE :** 14 recklinghausen.
**NEUROLEPTIQUE :** 11 halopéridol ■ 13 butyophénone ■ 15 chloropromazine.
**NEUROLOGIE :** 8 dyslexie ■ 10 neurologue, névrologie ■ 12 neurologique, neurologiste.

**NEUROLOGIQUE :** 9 korsakoff.
**NEUROMEDIATEUR :** 4 gaba.
**NEURONE :** 4 glie ■ 5 gaine ■ 8 neuronal, purkinje ■ 9 névroglie ■ 10 inhibition, unipolaire.
**NEUROSPYCHIATRIE :** 15 neuropsychiatre.
**NEUROPHYSIOLOGIE :** 9 faradique.
**NEUROTRANSMETTEUR :** 11 encéphaline, enképhaline ■ 13 catécholamine.
**NEUTRALISER :** 7 enrayer ■ 8 absorber ■ 9 paralyser ■ 10 phagocyter ■ 12 neutralisant ■ 14 neutralisation.
**NEUTRALITE :** 5 ligue ■ 9 passivité ■ 12 impartialité ■ 15 non-belligérance.
**NEUTRE :** 5 noyau ■ 8 aseptisé ■ 9 impartial ■ 10 neutralité ■ 11 indifférent, neutraliser ■ 13 isoélectrique.
**NEUTRINO :** 12 antineutrino.
**NEUTRON :** 5 atome, noyau ■ 8 deutéron ■ 11 antineutron, neutronique ■ 13 neutrographie ■ 15 neutronographie.
**NEUTROPHILE :** 11 neutropénie.
**NEUVIEME :** 4 iota, neuf, none ■ 6 nonidi ■ 7 ramadan ■ 8 prairial ■ 10 sagittaire ■ 12 climatérique, neuvièmement.
**NEVEU :** 9 népotisme, postérité ■ 12 arrière-neveu.
**NEVRALGIE :** 4 nerf* ■ 9 sciatique ■ 11 névralgique ■ 15 antinévralgique.
**NEVRITE :** 10 névritique ■ 12 multinévrite.
**NEVROGLIE :** 9 microglie ■ 15 oligodendroglie.
**NEVROPTERE :** 6 sialis ■ 7 panorpe ■ 8 hémérobe, mantispe, phrygane, raphidie ■ 9 porte-faix ■ 10 fourmilion ■ 12 traîne-bûches.
**NEVROSE :** 6 primal ■ 8 hystérie ■ 9 freudisme ■ 10 névrosique ■ 12 neurasthénie, psychogenèse.
**NEVROSISME :** 9 nervosité.
**NEVROTIQUE :** 11 arithomanie.
**NEW YORK :** 10 new-yorkais.
**NEZ :** 3 pif ■ 4 aile, nase, naze ■ 5 blair, blase, blaze, camus, nasal, ozène, piton, saïga, tarin, tortu ■ 6 camard, jetage, odorat, truffe ■ 7 caveçon, nasarde ■ 8 nasiller, renifler ■ 9 épistaxis, nasillard, nasilleur, pifomètre, reniflant, renifloir ■ 10 bourbonien, rhinologie, saignement ■ 11 croquignole ■ 12 clairvoyance, rhinoplastie ■ 14 enchifrènement ■ 15 rhino-pharyngite.
**NIAIS :** 3 job, oie, sot* ■ 4 bêta, cave, daim, fada, gogo, naïf, nice, zozo ■ 5 benêt, colas, dinde, gille, poire, serin ■ 6 bébête, bégaud, calino, dadais, dandin, gourde, jobard, nigaud, pigeon ■ 7 absurde*, balourd, couenné, godiche, gourdée, jacques, nicaise, nouille, nunuche, oiselle, simplet, stupide* ■ 8 boniface, coquebin, godichon, innocent, jean-jean, jocrisse, lustucru, niaiseux, nicodème, schnoque ■ 9 andouille, cantaloup, cornichon déniaiser, niaiserie, simpliste ■ 10 gourdiflot, niaisement ■ 11 gobe-mouches ■ 12 niguedouille.
**NIAISERIE :** 4 rien ■ 5 cucul ■ 6 bêtise* ■ 7 attrape, fadaise, niaiser ■ 10 simplicité.
**NIAOULI :** 8 goménolé.
**NIAULE :** 5 gnôle.
**NI BIEN NI MAL :** 10 couci-couça, couci-couci.
**NICARAGUA :** 6 contra ■ 7 cordoba ■ 12 nicaraguayen.
**NICE :** 6 niçois.
**NICHE :** 5 enfeu ■ 7 attrape ■ 8 pleurant ■ 11 columbarium.
**NICHER :** 6 placer ■ 10 héronnière.

**NICKEL:** 2 ni ■ 5 invar, monel ■ 6 speiss ■ 7 inconel, pacfung ■ 8 argentan, nichrome, nickeler, packung ■ 9 manganine, nickelage, nickelure, permalloy, platinite ■ 10 constantan, garniérite ■ 11 cupronickel, ferronickel, maillechort, nickélifère ■ 15 ferromagnétisme.
**NIÇOISE:** 12 pissaladière.
**NICOLAÏSME:** 10 nicolaïste.
**NICOTINE:** 5 tabac* ■ 9 nicotisme, tabagisme ■ 13 dénicotiniser.
**NID:** 4 aire ■ 5 airer, niais, nitée ■ 6 nichée ■ 5 couvoir, nichoir ■ 8 dénicher, nidifier ■ 12 nidification.
**NIDATION:** 11 progestatif.
**NIDOREUX:** 5 puant ■ 10 malodorant.
**NIECE:** 11 petite-nièce ■ 12 arrière-nièce.
**NIELLE:** 5 pluie ■ 7 gerzeau, lychnis ■ 8 niellure ■ 10 brouillard.
**NIELLER:** 8 niellage, niellure.
**NIER:** 5 athée, sujet ■ 6 dénier ■ 7 défendre, démentir, négateur, négation ■ 9 contester ■ 10 dénégation ■ 11 disconvenir ■ 14 immatérialisme.
**NIETZSCHEEN:** 8 surhomme.
**NIFE:** 4 sima ■ 10 barysphère.
**NIGAUD:** 5 benêt, niais* ■ 6 dadais ■ 8 nigauder ■ 10 nigauderie.
**NIGELLE:** 9 poivrette ■ 10 tout-épice.
**NIGERIA:** 5 naira.
**NIGERO-CONGOLAISE:** 4 peul ■ 5 peulh, wolof ■ 6 ouolof ■ 9 mandingue.
**NIL:** 5 cange ■ 7 clarias.
**NIMBE:** 6 gloire ■ 7 auréole, diadème.
**NIMBUS:** 5 nuage*.
**NÎMES:** 6 nîmois.
**N'IMPORTE:** 9 quiconque ■ 10 quelconque.
**NINA:** 8 señorita.
**NIOBIUM:** 9 colombium.
**NIPPER:** 5 vêtir* ■ 6 nippes.
**NIRVANA:** 8 hinayana ■ 9 djaïnisme.
**NITRATE:** 4 iode ■ 5 azote, nitre ■ 7 ammonal, azotate, azotite, azoture, caliche, nitreux, nitrite, nitrure ■ 8 azotique, fuchisme, nitrater, roburite, salpêtre ■ 9 nitrifier, secrétage ■ 11 azotobacter, nitratation, nitrate-fuel, nitrobacter, nitrosation ■ 12 nitrobenzène, nitrosomonas ■ 13 chloropicrine, hydroxylamine, nitrification, nitronisation ■ 15 trinitrotoluène.
**NITRATION:** 6 nitrer.
**NITRIQUE:** 8 eau-forte, pentrite ■ 9 nitration, xyloïdine ■ 14 nitrocellulose, nitroglycérine.
**NITROCELLULOSE:** 9 celluloïd, collodion ■ 11 coton-poudre.
**NITROGLYCERINE:** 7 tripoli ■ 8 dynamite ■ 9 diatomite ■ 10 trinitrine.
**NITRYLE:** 7 azotyle.
**NITRURATION:** 8 nitrurer.
**NIVEAU:** 4 égal, mire, taux ■ 5 degré*, étage, marée, nappe, pompe ■ 6 dévers, étiage, seiche ■ 7 nivelle, ressaut, vumètre ■ 8 diapason, platière, standard ■ 9 affleurer, avant-cale, contrebas, déniveler, descendre, développé, éclimètre, nivelette, plain-pied, top-niveau ■ 10 clinomètre, flottaison, sous-espèce, verticille, wateringue ■ 11 abaissement, fluviomètre, sous-famille, travers-banc ■ 12 fluviographe, regonflement, superfamille ■ 13 dénivellation, dénivellement, rez-de-chaussée, sous-développé, transgression.

**NIVELER:** 6 araser ■ 8 nivelage, niveleur ■ 9 bulldozer, nivelette ■ 11 nivellement.
**NIVELEUSE:** 6 grader ■ 11 motorgrader.
**NOBLE:** 3 bel, dom ■ 4 beau, dame, fief, fier, page ■ 5 digne, élevé, grand, grave, sacré ■ 6 écuyer, émigré, junker, relevé, varlet ■ 7 auguste, hidalgo, pompeux, soutenu, sublime* ■ 8 généreux, héroïque, jongkeer, jonkheer, noblesse, olympien, roturier, solennel ■ 9 chevalier, estimable, franc-fief, kchatriya, magnamine, noblement, patricien, sarabande, splendide ■ 10 demoiselle, dérogeance, majestueux, nobilaire ■ 11 aristocrate, gentilhomme, respectable ■ 13 chevaleresque.
**NOBLESSE:** 3 duc, nom ■ 4 dîme, kami ■ 5 baron, comte, grand, noble, petit, pompe, style, tiers ■ 6 estime, fierté, mérite, morgue, prince ■ 7 dignité, gravité, hauteur, honneur, majesté, marquis, mesquin, nobliau, orgueil, raideur, vicomte ■ 8 baronnet, couronne, ennoblir, grandeur, héroïsme, prestige, vavassal ■ 9 caballero, élévation, parchemin, prestance, prosaïque, solennité, splendeur, vavasseur ■ 10 générosité, nobiliaire, noblaillon ■ 11 amour-propre, distinction, magnanimité ■ 12 aristocratie ■ 13 anoblissement, pacta conventa.
**NOCE:** 5 bombe, nouba ■ 6 noceur, viveur ■ 7 mariage*, nuptial ■ 8 débauche* ■ 12 ribouldingue.
**NOCEUR:** 10 bambocheur.
**NOCHER:** 6 pilote ■ 9 nautonier.
**NOCIF:** 7 mofette, nocuité ■ 8 nuisible* ■ 10 nocivement ■ 13 contamination ■ 15 décontamination.
**NOCTUELLE:** 8 leucanie.
**NOCTUIDE:** 7 agrotis, xanthie ■ 8 agrotide.
**NOCTURNE:** 3 duc ■ 4 lion ■ 5 blaps, fusée, hibou, hyène, potto, ronde, scops, strix, tigre ■ 6 cossus, sabbat, sphinx, strige, stryge ■ 7 agrotis, fest-noz, hulotte, phalère, rapace, xanthie, zeuzère ■ 8 acidalie, agrotide, chouette, géomètre, nycturie, papillon, porc-épic, strigidé ■ 9 noctuelle, ululation, ululement ■ 10 encoprésie ■ 11 chéiroptère.
**NODOSITE:** 9 rhizobium.
**NODULAIRE:** 7 léprome.
**NOËL:** 5 avant ■ 8 cantique, nativité ■ 9 christmas.
**NOEME:** 8 noétique.
**NŒUD:** 3 cal, hic ■ 4 agui, ajut, lacs, lien, nope, œil, rose ■ 5 ajust, coque, lacet, lasso, nodal, nodus, nouer, passe, ruban* ■ 6 anneau, boucle, chaise, collet, enture, floche, laguis, maille, nodule, nouure, plexus, régate, tophus ■ 7 attache, catogan, cocarde, condyle, épincer, maillon, nombril, prussik, rosette ■ 8 broussin, demi-clef, épissure, ganglion, jointure, ligature, malandre, nodosité, noduleux, papillon ■ 9 bouclette, bouffette, cul-de-porc, embossure, entrelacs, épinceler, épinceter, nodulaire, tortillon ■ 10 entre-nœud, lavallière ■ 12 articulation.
**NOIR:** 3 bai ■ 4 brun, café, embu, frac, fumé, ivre, jais, more, ours, suie ■ 5 agami, aigle, black, blaps, cache, craie, crêpe, deuil, ébène, éboue, encre, gamay, grisé, habit, jayet, laque, lérot, liard, liste, mante, messe, momie, nègre*, négro, pique, ponce, radis, sable, sauce, sépia, taupe, urubu ■ 6 gospel, laptot, moreau, morose, noirci, obscur*, pagnon, portor, sombre*, triste* ■ 7 corbeau, fuscine, lugubre, négrier, noiraud, noircir, rubican, tchador ■ 8 asphalte, bamboula, deux-huit, fumagine, grenache, mâchurer, moricaud, morillon, nocturne, noirâtre, noirceur, souchong, township ■ 9 amphibole, né-

gritude, pyrénéite, tcharchaf, ténébreux ■ 10 hornblende, mélancolie, nigrescent, nigritique, scorsonère ■ 11 arbalétrier, atrabilaire, mélanoderme, noircissure ■ 12 renforcement ■ 13 contre-hermine ■ 14 négro-spiritual, rhythm and blues.

**NOIRATRE:** 4 bore, khol ■ 5 alios, humus, kohol, ombre, sépia ■ 6 basané, koheul ■ 7 escarre, eschare ■ 8 cambouis ■ 12 mélanodermie ■ 13 blettissement.

**NOIRCEUR:** 8 infernal.

**NOIRCIR:** 5 biser, fumer ■ 7 enfumer ■ 8 culotter ■ 9 caviarder, obscurcir ■ 10 charbonner ■ 11 discréditer ■ 13 noircissement.

**NOISE:** 7 dispute* ■ 8 querelle*.

**NOISETIER:** 6 coudre ■ 8 coudraie, coudrier, noisette ■ 9 avelinier, noiseraie.

**NOISETTE:** 4 coco ■ 10 coquerelle ■ 14 casse-noisettes.

**NOIX:** 4 brou, coco, coir, kola ■ 5 coque, écale, huile, macis, macle, macre, noyer, quasi, tende, zeste ■ 6 pacane ■ 7 aveline, brucine, cerneau ■ 8 anacarde, cocotier, noisette ■ 9 casse-noix, congolais, vomiquier ■ 10 strychnine.

**NOLISER:** 6 fréter ■ 11 affrètement, nolisement.

**NOM:** 5 blase, blaze, connu, gueux, liste, odéon, oflag, rabbi, roumi, titre*, tommy ■ 6 nommer, prénom ■ 7 nominal, vocable ■ 8 attribut, baptiser, dénommer, grébiche, innominé, marraine, pointage, prête-nom, toponyme ■ 9 binominal, collectif, éthnonyme, générique, incognito, nominatif, nommément, obituaire, patronyme, soussigné, toponymie ■ 10 antécédent, débaptiser, parpaillot, pseudonyme, réputation, substantif, uninominal ■ 11 appellation, dénominatif, nominalisme, onomastique, porte-parole ■ 12 anthroponyme, dénomination, magnanarelle, nomenclature, patronymique, quelque chose ■ 13 anthroponymie ■ 14 nominativement.

**NOMADE:** 5 horde ■ 6 errant, forain, targui ■ 7 bédouin, touareg ■ 8 ambulant, roulotte, vagabond* ■ 9 itinérant, nomadisme ■ 10 romanichel, semi-nomade ■ 13 semi-nomadisme ■ 15 sédentarisation.

**NOMARCHIE:** 4 nome.

**NOMBRE:** 3 dix, mil, six, tas ■ 4 cent, cinq, cote, date, deux, duel, huit, neuf, nuée, onze, sept, tant, taux, vers ■ 5 aleph, armée, carré, douze, force, forêt, foule, hanse, maint, masse, meute, mille, monde, moult, point, reste, score, seize, semée, somme, tétra, total, trois, unité, ville, vingt ■ 6 essaim, flotte, légion, numéro, rating, troupe ■ 7 chiffre*, combien, estarie, millier, myriade, numéral, poignée, quotité, relatif, rondeur, valence ■ 8 avogadro, centaine, diviseur, dyadique, effectif, excédent, fraction, infinité, majorité, minorité, multiple, nombreux, pulluler, quantité*, quotient, sextuple, soixante, tantième ■ 9 acalculie, aliquante, atomicité, bataillon, constante, dividende, fréquence, justifier, multitude, numérique, pluralité, plusieurs, podomètre, quantième, régresser, surnombre, triadique, vox populi ■ 10 bouche-trou, contingent, coordonnée, différence, foultitude, nonantaine, nuptialité, prévalence ■ 11 archimédien, coefficient, coordinence, progression, quatrillion, quintillion ■ 12 arithmétique, arithmologie, cinquantaine, cologarithme, considérable, équimultiple, imparidigité, multiplicité, surnuméraire ■ 13 arithmonancie, fractionnaire, hypercomplexe, isosyllabique, multiplicande, numériquement, prolifération ■ 14 antilogarithme, multiplicateur, multiplication, numerus clausus.

**NOMBRER:** 7 compter*.

**NOMBREUX:** 4 mult, poly ■ 5 dense, multi, paléo, smala, volée ■

8 beaucoup*, fréquent ■ 9 polystyle ■ 10 multicaule ■ 11 grossissant, innombrable.
**NOMBRIL:** 7 ombilic.
**NOMENCLATURE:** 5 deuto, liste* ■ 12 nomenclateur.
**NOMINAL:** 4 agio, pair ■ 5 supin ■ 9 participe ■ 12 nominalement.
**NOMINALISER:** 14 nominalisation.
**NOMINALISME:** 10 terminisme.
**NOMINATION:** 9 promotion ■ 11 intégration.
**NOMME:** 4 à pic ■ 10 susdénommé.
**NOMMER:** 5 caser, citer, créer, élire, faire, voter ■ 6 grader, placer, susdit ■ 7 appeler*, avancer, choisir ■ 8 décliner, dénommer, désigner, diplômer, renommer, susnommé ■ 9 bombarder, instituer, présenter ■ 10 innommable, introniser, préconiser, promouvoir ■ 11 titulariser ■ 13 commissionner.
**NON:** 5 gadjo, nenni.
**NONANTE:** 10 nonantième ■ 11 nonagénaire.
**NONCE:** 5 légat ■ 10 nonciature.
**NONCHALANCE:** 7 apathie*, paresse* ■ 9 indolence, léthargie ■ 10 mangeotter, nonchalant ■ 11 mollasserie ■ 13 nonchalamment ■ 14 assoupissement.
**NONCHALANT:** 5 balan, momie ■ 8 dandiner ■ 9 apathique ■ 11 léthargique.
**NONCHALOIR:** 7 apathie*.
**NONE:** 6 vêpres.
**NON-FIGURATIF:** 13 non-figuration.
**NON-LIEU:** 12 condamnation.
**NONNAIN:** 5 nonne.
**NONNETTE:** 11 chanoinesse.
**NONOBSTANT:** 6 malgré ■ 9 cependant.
**NON-PAIEMENT:** 15 assurance-crédit.
**NOPAL:** 8 raquette.
**NORADRENALINE:** 8 dopamine.
**NORD:** 4 alfa, bise, pôle, sidi ■ 5 eider ■ 6 boréal ■ 7 suédois ■ 8 boussole, nordique ■ 9 bécasseau, islandais ■ 10 tramontance ■ 11 hyperboréen, septentrion ■ 13 septentrional.
**NORDIQUE:** 7 féroïen ■ 8 valkyrie ■ 9 féringien, nordicité.
**NORD-OUEST:** 7 galerne.
**NORIA:** 5 godet ■ 6 sakieh.
**NORMAL:** 5 santé, tempo ■ 7 eutocie ■ 8 rabougri, régulier* ■ 9 emmétrope, ensellure, normalien, sévrienne ■ 11 hypotension, normalement, orthophonie ■ 12 hypertension ■ 13 hyposécrétion, reconstituant.
**NORMALE:** 9 archicube ■ 12 arrière-fleur, sous-effectif.
**NORMALISATION:** 7 tempéré ■ 10 normaliser ■ 11 prêt-à-porter, tempérament ■ 15 standardisation.
**NORMALISER:** 11 décimaliser ■ 12 anticalcique ■ 13 normalisateur.
**NORMAND:** 12 anglo-normand.
**NORMANDE:** 5 halbi.
**NORME:** 5 canon, régle* ■ 8 normatif, principe ■ 9 canonique ■ 11 normativité.
**NORVEGIEN:** 3 öre.
**NOSTALGIE:** 3 mal ■ 6 spleen ■ 10 mélancolie ■ 11 nostalgique.
**NOTABLE:** 6 djamaa, djemaa ■ 9 important* ■ 10 notabilité ■ 11 remarquable* ■ 12 personnalité.
**NOTAIRE:** 5 étude ■ 6 maître ■ 7 dataire, notarié ■ 8 attorney, notarial, notariat ■ 9 comparant, solicitor, tabellion.

**NOTAMMENT :** 14 singulièrement.
**NOTATION :** 5 neume ■ 8 notateur ■ 12 labanotation.
**NOTE :** 2 do, fa, la, mi, ré, si, ut ■ 3 air, sol ■ 4 cote, nota ■ 5 bémol, comma, coulé, degré, dièse, écrit, fusée, gamme, glose, noire, noter, point, ronde, sigle, sixte, trait ■ 6 croche, indice, marque, notice, renvoi, scolie ■ 7 bécarre, blanche, cluster, exégèse, facture, mémoire, mention, pensées, syncope, triolet ■ 8 anacruse, broderie, nota bene, notation, remarque*, sextolet ■ 9 anacrouse, apostille, bémoliser, expliquer, manchette, quintolet, tessiture ■ 10 altération, annotation, mémorandum ■ 11 appogiature, commentaire, douloureuse, explication, observation, remplissage ■ 12 double-croche, sus-dominante ■ 13 sous-dominante.
**NOTER :** 4 obel ■ 5 album, coter, obèle ■ 6 écrire ■ 7 annoter, calepin, marquer* ■ 8 corriger, indiquer, manifold ■ 9 bloc-notes, commenter, consigner, signifier, souligner ■ 10 apostiller ■ 11 enregistrer ■ 12 chorégraphie.
**NOTICE :** 6 abrégé ■ 7 préface ■ 10 éphéméride.
**NOTIFICATION :** 12 commandement, dénonciation ■ 13 signification.
**NOTIFIER :** 4 dire ■ 7 intimer ■ 9 signifier* ■ 11 notificatif ■ 12 notification.
**NOTION :** 4 idée* ■ 8 doctrine, rudiment ■ 9 apriorité, notionnel ■ 10 conscience, téléologie ■ 11 abstraction, instruction ■ 12 connaissance, prolégomènes.
**NOTOIRE :** 6 public ■ 9 manifeste*, notoriété.
**NOTORIETE :** 5 gotha, poser ■ 7 has been ■ 9 tout-paris ■ 10 avocaillon, réputation*.
**NOUAGE :** 8 nouement.
**NOUER :** 4 lier* ■ 5 lacer, nouet ■ 6 tordre ■ 7 arrêter, boucler, établir, joindre*, renouer ■ 8 attacher*, nouement ■ 10 entrelacer.
**NOUET :** 6 nodule.
**NOUEUX :** 8 matraque, nodosité ■ 10 tortillard.
**NOUILLE :** 10 cannelloni.
**NOUMENE :** 8 nouménal.
**NOURRAIN :** 6 fretin.
**NOURRICE :** 6 nounou ■ 9 gardienne, téterelle ■ 10 exhausteur, imperdable.
**NOURRIR :** 4 hile, sève ■ 5 gaver, sucer, vivre ■ 6 élever ■ 7 étoffer ■ 8 allaiter, caresser, omnivore, zoophage ■ 9 alimenter, carnivore, coronaire, empiffrer, frugivore, granivore, herbivore, nutricier, piscivore, restaurer, sustenter, vermivore ■ 10 autotrophe, coprophage, nécrophage, nourricier, phytophage, rhizophage, saprophage ■ 11 entomophage, ichtyophage, insectivore, nourrissage, nourrissant, nourrisseur ■ 12 alimentateur, hétérotrophe.
**NOURRISSANT :** 8 nutritif ■ 9 substance ■ 11 substantiel.
**NOURRISSON :** 4 bébé* ■ 9 arrow-root, lactation, pouponner.
**NOURRIT :** 8 limivore ■ 10 rhizophage ■ 11 détritivore, suralimenté ■ 12 planctophage ■ 13 planctonivore.
**NOURRITURE :** 4 foin, pain ■ 5 bœuf, manne, repas*, tripe, vivre ■ 6 pâture ■ 7 aliment*, alpiste, céréale, ventrée ■ 8 bectance, fourrage, laiteron, plancton, plantain ■ 9 ambroisie ■ 10 comestible, mangeaille, saprophyte, touraillon ■ 11 becquetance, bouffetance, ragougnasse ■ 12 trophallaxie ■ 15 suralimentation.
**NOUVEAU :** 3 néo ■ 4 neuf, vert ■ 5 bible, frais, inouï, jeune, passé, riche ■ 6 actuel, entier, inédit, intact, nouvel, novice*, récent, recrue ■ 7 dernier, inconnu, naguère, new-look, primeur ■ 8 derechef,

néologie, néophyte, novateur, original, racheter, rajuster, rallumer, rameuter, raplatir, réaliser, rebattre, reborder, recarder, recauser, reclouer, recoller, recopier, recouper, requêter, retirage, sursemer ■ 9 différent, néoplasie, nouveauté, prosélyte, rassortir, rattacher, rattraper, réabonner, réadapter, réajuster, réamorcer, reboucher, rechanger, remballer ■ 10 ensaisiner, misonéisme, néologisme, néologiste, rapprendre, réaménager, recalculer, réexaminer, renouveler, subintrant ■ 11 réapprendre ■ 12 néoformation.

**NOUVEAU-MONDE:** 12 platyrhinien ■ 13 platyrrhinien.

**NOUVEAU-NE:** 4 part ■ 5 lange, tétée ■ 8 méconium, néo-natal ■ 9 dysmature ■ 11 vagissement ■ 12 néomortalité, néonatalogie ■ 13 barcelonnette, bercelonnette.

**NOUVEAUTE:** 7 calicot, primeur ■ 8 déflorer ■ 9 néophobie ■ 11 innovation, misonéisme.

**NOUVELLE:** 3 ana ■ 4 écho ■ 5 bruit*, conte, on-dit, potin, récit* ■ 6 bobard, canard, cancan, propos, rumeur ■ 7 dépêche, gazette, message, ouï-dire ■ 8 anecdote, reporter, synopsis ■ 9 alarmiste, chronique, événement ■ 10 communiqué ■ 11 information*, nouvelliste ■ 13 radio-trottoir.

**NOUVELLE-CALEDONIE:** 5 kanak ■ 7 canaque ■ 8 caldoche.

**NOUVELLEMENT:** 8 néophyte ■ 9 jeunement, récemment.

**NOUVELLISTE:** 11 journaliste.

**NOVATION:** 5 nover ■ 9 novatoire.

**NOVICE:** 4 bleu, neuf ■ 5 voile ■ 6 recrue ■ 7 béjaune, nouveau* ■ 8 apprenti, aspirant, blanc-bec, conscrit, débutant, néophyte, noviciat ■ 9 maladroit, stagiaire ■ 10 provincial ■ 11 catéchumène ■ 12 surnuméraire.

**NOVICIAT:** 7 alumnat ■ 9 probation.

**NOYAU:** 3 âme ■ 4 nèfe, nifé, œuf ■ 5 atome, cadre, drupe, olive, pavie, pêché, pépin ■ 6 amande, deuton, ferret, graine, hélion, nucléé, nucule, pignon, proton, pyrène, triton ■ 7 isobare, neutron, nucléon, nuclide, pycnose ■ 8 deutéron, diploïde, haploïde, nucléide, nucléole, organite, plasmode, synctium ■ 9 fascicule, mésocarpe, nucléaire, spermatie ■ 10 amphimixie, antipyrine, barysphère, centrosome, chromosome, cytoplasme, dénoyauter, polyploïde, pyrosphère, spallation ■ 11 cicatricule, énucléation, granulocyte, nucléonique, polyploïdie ■ 13 désexcitation, polynucléaire ■ 14 intranucléaire, nucléoprotéine.

**NOYAUTER:** 9 noyautage.

**NOYER:** 4 noix ■ 6 couler, noyade ■ 7 inonder ■ 8 pacanier ■ 9 noiseraie.

**NU:** 4 mort ■ 7 topless ■ 8 académie, adamisme ■ 10 dénudation.

**NUAGE:** 3 nue ■ 4 nuée, vent ■ 5 grain, panne ■ 6 cirrus, nimbus ■ 7 cumulus, nuageux, stratus ■ 8 ennuager, pommeler ■ 9 obnubiler ■ 10 brouillard ■ 11 altocumulus, altostratus ■ 12 cirro-cumulus, cirrostratus, cumulo-nimbus, nimbo-stratus ■ 13 cumulo-stratus, stratocumulus.

**NUAGEUX:** 5 vague* ■ 6 obscur*.

**NUANCE:** 3 ton ■ 5 degré, virer ■ 6 teinte, valeur ■ 7 couleur* ■ 8 uniforme ■ 9 grivelure ■ 10 différence.

**NUANCER:** 4 nuer.

**NUBIE:** 6 nubien.

**NUBILITE:** 6 nubile ■ 7 puberté ■ 8 jeunesse ■ 10 aphrodisie.

**NUCELLE:** 10 nucellaire.

**NUCLEAIRE:** 3 r.m.n. ■ 4 mirv ■ 7 breeder ■ 8 stripage ■ 9 bouilleur, eucaryote ■ 10 fissionner ■ 11 euromissile, nucléariser ■ 12 électron-

volt, kilotonnique, mégatonnique, retraitement ■ 13 antinucléaire, dénucléariser, surgénérateur, surgénération ■ 14 préstratégique ■ 15 subkilotonnique, surrégénérateur, surrégénération.
**NUCLEARISER:** 14 nucléarisation.
**NUCLEIQUE:** 7 purique, thymine ■ 8 cytosine, xanthine ■ 11 pyrimidique.
**NUCLEOLE:** 13 ribonucléique.
**NUCLEON:** 6 parton ■ 8 stripage ■ 11 nucléonique.
**NUCLEOSIDE:** 9 adénosine ■ 10 nucléotide.
**NUCLEOTIDE:** 6 ribose.
**NUDISME:** 7 nudiste ■ 9 naturisme.
**NUE:** 5 nuage.
**NUEE:** 5 nuage ■ 9 multitude*.
**NUER:** 7 nuancer.
**NUIRE:** 5 aider, gêner*, léser, salir, vexer ■ 6 abîmer, avilir, médire, ruiner, ternir ■ 7 arrêter, blesser, décrier, déparer, évincer, frapper, maudire, nocuité, noircir, ravager ■ 8 attenter, dévaster, diffamer, éreinter, harceler, maléfice, malmener, offenser ■ 9 animosité, atteindre, calomnier, desservir, guet-apens, inquiéter, intriguer, offusquer, paralyser, préjudice*, sacrifier ■ 10 contrarier, décréditer, déshonorer, détériorer, endommager, entre-nuire, incommoder, maltraiter, persécuter, poursuivre, quasi-délit, tourmenter ■ 11 embarrasser, préjudice ■ 12 compromettre, contrecarrer déconsidérer, malveillance ■ 14 non-concurrence.
**NUISIBLE:** 4 pire ■ 5 nocif, taupe ■ 6 quelea ■ 7 anomala, anomale, funeste, malsain, mauvais, rongeur, vermine ■ 8 délétère, nocivité, réformer, tordeuse ■ 9 anthonome, charençon, chiendent, contraire, dangereux, innocuité, insalubre ■ 10 cochenille, hypertélie, inoffensif, malfaisant, méphitique, pernicieux ■ 11 courtilière, hyponomeute ■ 12 nuisiblement, surentraîner ■ 15 processionnaire.
**NUIT:** 4 guet, loup ■ 5 étape, fanal, fouée, goule, loger, moins, pâque, phare, voile ■ 6 minuit, nuitée ■ 7 xanthie ■ 8 camisole, goguenot, nocturne, nuisette, sérénade ■ 9 bourdalou, obscurité, réveillon, tirelaine, veilleuse ■ 10 crépuscule, médianoche, noctambule, noctiflore, nuitamment ■ 11 entraîneuse ■ 13 noctambulisme.
**NUL:** 3 pat ■ 4 fétu, zéro ■ 5 aucun, caduc, néant, point ■ 7 annuler ■ 8 infirmer, personne, révoquer, virevolte ■ 9 aclinique, invalider, nonvaleur ■ 10 inexistant ■ 12 invalidement.
**NULLITE:** 8 néantise, soliveau.
**NUMERAIRE:** 5 stock ■ 6 argent.
**NUMERAL:** 3 dix, mil, six ■ 4 cent, cinq, deux, huit, neuf, onze, sept ■ 5 douze, seize, vingt ■ 9 numérique ■ 11 soixante-dix.
**NUMERATION:** 5 octal ■ 11 hexadécimal, sexagésimal.
**NUMERIQUE:** 4 r.n.i.s. ■ 7 numéral ■ 8 sex-ratio ■ 9 intensité, numériser, quantième ■ 11 coefficient, corrélateur, statistique ■ 12 additionneur, soustracteur ■ 13 numériquement.
**NUMERISATION:** 12 numérisateur.
**NUMERISER:** 11 digitaliser ■ 12 numérisation.
**NUMERO:** 4 isbn, issn, loto, urne ■ 5 folio, quine, terne ■ 6 lascar, nombre* ■ 7 chiffre*, grébige, loustic ■ 8 grébiche, gribiche, quaterne ■ 9 matricule, millésime, numéroter ■ 10 matriculer, pagination ■ 12 numérotation.
**NUMEROLOGIE:** 11 numérologue.
**NUMEROTER:** 3 tex ■ 5 coter ■ 7 paginer ■ 8 chiffrer, folioter ■ 10 numérotage, numéroteur.

**NUMMULITE :** 6 éogène ■ 9 paléogène ■ 12 nummulitique.
**NU-PIEDS :** 5 carme.
**NUPTIAL :** 5 poêle ■ 11 matrimonial.
**NUQUE :** 5 nucal ■ 7 énuquer ■ 11 cervicalgie.
**NURAGHE :** 9 nuragique.
**NURSE :** 10 infirmière ■ 11 gouvernante.
**NUTRITIF :** 4 lait ■ 10 suspenseur ■ 11 nourrissant.
**NUTRITION :** 7 alibile ■ 8 atrophie, nutritif ■ 9 excrétion, prédation, trophique ■ 10 dystrophie, endosperme, nourricier, parenchyme ■ 11 hypotrophie ■ 13 sous-nutrition.
**NUTRITIVE :** 8 tréphone ■ 12 hydroponique.
**NYCTAGINACEE :** 9 mirabilis ■ 11 belle-de-nuit ■ 13 bougainvillée.
**NYCTALOPIE :** 9 nyctalope.
**NYCTHEMERE :** 11 nycthéméral.
**NYLON :** 8 adipique.
**NYMPHAL :** 12 holométabole.
**NYMPHE :** 4 muse, nixe, pupe ■ 5 faune, grâce, napée ■ 6 dryade, naïade, oréade, satyre, triton ■ 7 néréide, nymphal, nymphée ■ 8 nymphose, océanide ■ 10 hamadryade.
**NYMPHEACEE :** 5 lotus ■ 7 nénufar, nélombo, nélumbo ■ 8 nénuphar, victoria.

# O

**OASIS :** 4 oued ■ 6 désert, oasien.
**OBEDIENCE :** 10 dépendance, obéissance* ■ 11 obédientiel.
**OBEIR :** 5 céder*, plier ■ 6 mollir ■ 7 écouter, faiblir, fléchir ■ 8 craindre, désobéir, entendre, incliner, observer, rebeller, regimber ■ 9 conformer, gouverner, obéissant, soumettre* ■ 10 obéissance, obtempérer.
**OBEISSANCE :** 4 vœu ■ 8 docilité ■ 9 obédience, servilité ■ 10 allégeance, soumission* ■ 13 inobservation.
**OBEISSANT :** 4 sage, têtu ■ 6 docile, soumis*, souple ■ 11 réfractaire ■ 12 récalcitrant.
**OBELISQUE :** 8 aiguille ■ 10 pyramidion.
**OBERER :** 8 endetter.
**OBESE :** 4 gras, gros* ■ 5 pansu ■ 6 ventru ■ 11 entripaillé ■ 12 ventripotent ■ 14 adiposo-génital.
**OBESITE :** 5 obèse, panse ■ 7 bedaine ■ 10 ventrosité.
**OBIER :** 6 viorne ■ 12 boule-de-neige.
**OBJECTER :** 4 dire ■ 7 exciper, opposer*, récuser, réfuter*, rejeter ■ 8 chicaner, discuter, infirmer, proposer, répondre ■ 9 contester, prétexter, protester, repousser ■ 10 argumenter, contredire ■ 11 représenter ■ 12 contrecarrer.
**OBJECTIF :** 3 but* ■ 5 cible ■ 7 aplanat, fish-eye, optique, sténopé, triplet ■ 8 achromat, pilonner ■ 9 dénivelée, finaliser, impartial ■ 10 diaphragme, encagement, objectiver, obturateur ■ 11 diaphragmer, objectivité ■ 12 bombardement, objectivisme, objectiviste, téléobjectif ■ 13 autodirecteur, objectivement, rectilinéaire.
**OBJECTION :** 4 mais ■ 8 estoppel, prolepse ■ 9 objecteur ■ 10 difficulté ■ 11 observation ■ 12 contestation, raisonnement ■ 13 objectivation.
**OBJET :** 3 but*, mur ■ 4 amer, chef, éjet, étui, gage, même, onde, ploc, prix, sens, tare, tige, tout, troc, truc, type ■ 5 achat, amour, arrêt, avant, bâton, bazar, bijou, capot, carré, casse, champ, chant, chape, chose*, chute, cible, coupe, crête, croix, écrin, éject, en-cas, enjeu, étage, fleur, forme, gaine, gamme, globe, haler, hotte, hymne, hypne, image, jouet, joyau, kitch, lagan, laque, livre, loupe, merle, mètre, moule, musée, myope, nanar, natte, nippe, noème, olive, ouate, patte, pièce, plouf, point, poire, poste, prime, queue, quine, raban, radar, ramas, risée, river, roder, selle, siège, souci, sujet, table, tapis, torre, usure, vague, verre, voilà, voile ■ 6 étoile, ex-voto, gnosie,

joujou, trésor ■ 7 article, bibelot, concept, élément, évidure, fétiche, fractal, ontique, opéable, pendant, percept, quanton, tapette, trophée, violoné ■ 8 affutiau, amulette, apparaux, bitoniau, chapelet, churinga, corrélat, couchage, critique, document, doublure, matériel, miraculé, nébuleux, objectif, référent, stérilet, talisman ■ 9 brocanter, broutille, céramique, challenge, exproprié, ferrement, japonerie, nébuleuse, ready-made, théologal, ustensile, vade-mecum ■ 10 antiquaire, brimborion, brocanteur, capharnaüm, colifichet, collerette, descriptif, didactique, enchâssure, exemplaire, millefiori, pique-fleur, prestation, suspension, trouvaille, usurpation ■ 11 marchandise, monogramme, pique-fleurs, résolutoire, sacramentel, stroboscope, testabilité ■ 12 chaudronnier, japonaiserie, maroquinerie ■ 13 litispendance, presse-papier ■ 14 microtechnique, philotechnique ■ 14 chryséléphantain, collectionnisme.

**OBJURGATION:** 5 blâme* ■ 8 reproche* ■ 10 réprimande*.

**OBLATIF:** 10 oblativité.

**OBLIGATION:** 3 loi ■ 4 bien, dîme, exil, lien ■ 5 garde, nover, objet, ordre, perte, souna, stage, sujet, sunna ■ 6 boulet, charge, devoir, valeur ■ 7 angarie, dilemne, nullité ■ 8 consigne, décharge, dispense, exigence, fidélité, fonction, garantie, novation, paiement ■ 9 déontique, endogamie, monitoire, redevable, rescision, servitude ■ 10 allégeance, non-respect, prestation, récognitif, solidarité ■ 11 compression, exonération, libératoire, obligatoire, rescription, résiliation, subrogation ■ 12 compensation, scripophilie ■ 13 prévarication ■ 14 responsabilité ■ 15 synallagmatique.

**OBLIGATOIRE:** 5 fatal*, forcé, vital ■ 7 falloir ■ 9 formalité, impératif, impérieux, rigoureux ■ 10 inévitable ■ 11 inéluctable, irrévocable ■ 15 obligatoirement.

**OBLIGE:** 4 lige, tenu.

**OBLIGEANT:** 5 brave ■ 9 prévenant ■ 10 obligeance, secourable* ■ 11 complaisant*.

**OBLIGER:** 4 lier, oust ■ 5 ouste ■ 6 forcer, servir ■ 7 enfumer, engager, réduire ■ 8 dénicher, secourir*, squeezer ■ 9 accrocher, expatrier, obligeant, russifier, violenter ■ 10 astreindre, nécessiter ■ 11 contraindre*, entrobliger ■ 12 obligeamment.

**OBLIQUE:** 4 lien ■ 5 biais, corne, serge, torve ■ 7 incliné, scalène ■ 8 indirect, obliquer ■ 9 chanfrein, demi-volte, obliquité ■ 10 transverse ■ 11 délardement, embrèvement, obliquement ■ 13 contreboutant.

**OBLITERATION:** 7 embolie.

**OBLITERER:** 7 effacer ■ 12 oblitérateur, oblitération.

**OBLONG:** 4 long ■ 5 bidet, moule ■ 9 aubergine.

**OBNUBILATION:** 8 obnubilé.

**OBNUBILER:** 9 obscurcir ■ 12 obnubilation.

**OBOLE:** 6 aumône*.

**OBREPTICE:** 10 subreptice.

**OBSCENE:** 4 sale* ■ 5 impur ■ 6 cochon, ordure, poivré, satyre ■ 7 pimenté, vicieux* ■ 8 érotique, impudent, indécent, ordurier, polisson ■ 9 graveleux, impudique, luxurieux* ■ 10 licencieux* ■ 11 inconvenant* ■ 14 pornographique.

**OBSCENITE:** 10 cochonceté.

**OBSCUR:** 3 mue ■ 4 brun, noir* ■ 5 bandé, blaps, caché, clair, foncé, glose, ombre, tache, terne, vague*, voilé ■ 6 confus, dédale, fumeux, humble*, ignoré, œdipe, opaque, phébus, sombre*, touffu, triste, vaseux ■ 7 abscons, abstrus, brumeux, douteux, inconnu, indécis*, nuageux, profond ■ 8 abstrait, nébuleux, sibyllin, vaporeux ■ 9 compliqué, équivoque, obscurcir, ténébreux ■ 10 basse-fosse, déchiffrer, embrouillé, entortillé, filandreux, fuligneux, hermétique, indiscret, infrarouge, mystérieux ■ 11 énigmatique, interpréter, obscuration, obscurément ■ 12 inextricable ■ 13 amphigourique, apocalyptique, obscurantisme, obscurantiste, subconscience ■ 15 obscurcissement.

**OBSCURE:** 5 manip ■ 6 manipe.

**OBSCURCIR:** 5 nuage ■ 6 cacher*, voiler ■ 7 effacer ■ 8 éclipser, élucider, nébuleux ■ 9 obnubiler, offusquer ■ 15 rétroprojecteur.

**OBSCURITE:** 4 nuit ■ 5 brume, chaos, nuage, ombre* ■ 6 dédale ■ 7 opacité, trouble ■ 8 black-out, désordre, embarras, pénombre, ténèbres ■ 9 confusion, imbroglio, phosphore ■ 10 brouillard, crépuscule, labyrinthe ■ 11 cavernicole ■ 12 cabalistique, complication ■ 13 autocinétique ■ 15 assombrissement, photopériodisme, rétroprojecteur.

**OBSEDE:** 6 pollard ■ 8 obnubilé.

**OBSEDER:** 6 hanter ■ 9 obsession ■ 10 poursuivre*, préoccuper, tourmenter*.

**OBSEQUES:** 5 litre ■ 11 enterrement, funérailles.

**OBSEQUIEUX:** 4 poli ■ 7 servile* ■ 9 courbette ■ 10 caudataire ■ 12 obséquiosité ■ 15 obséquieusement.

**OBSERVANCE:** 11 observation.

**OBSERVATEUR:** 10 point de vue.

**OBSERVATION:** 3 top ■ 4 note ■ 5 vigie ■ 7 mirador, pensées ■ 8 artefact, civilité, nid-de-pie, piper-cub, remarque*, reproche, saucisse ■ 9 almageste, attention, clinicien, empirique, piper-club, spicilège, télescope ■ 10 expérience, meurtrière, observance ■ 11 remontrance* ■ 12 appréciation, observatoire, stroboscopie, vérification ■ 13 météoromancie.

**OBSERVATOIRE:** 4 dôme.

**OBSERVER:** 4 voir ■ 5 épier, faire, mirer, tenir ■ 6 garder, suivre ■ 7 étudier*, veiller ■ 8 épiscope, examiner*, regarder* ■ 9 accomplir, inobserver, pratiquer, remarquer* ■ 10 considérer, enfreindre, garde-pêche, observable, porte-objet, surveiller* ■ 11 observation, psychologue, reconnaître, représenter, stroboscope ■ 12 inobservable, inobservance, laryngoscope ■ 13 oscillographe.

**OBSESSION:** 5 manie, souci* ■ 6 tracas ■ 7 hantise ■ 8 psychose ■ 12 obsessionnel.

**OBSOLESCENCE:** 11 obsolescent.

**OBSOLETE:** 6 désuet.

**OBSTACLE:** 2 go ■ 3 mur, spa ■ 4 gêne, haie, oxer ■ 5 barre, bouée, buter, cahot, digue, épine, nuire, peine ■ 6 accroc, butoir, écueil, masque ■ 7 abattis, barrage, chicane, entrave, rivière ■ 8 barrière, dirimant, embarras*, hérisson, obstruer, palanque, parcours, traverse ■ 9 anicroche, barricade, bull-finch, consentir, palliatif, périscope ■ 10 difficulté, opposition ■ 11 achoppement, contrariété, contretemps, dérangement, empêchement, engorgement, obstruction ■ 12 écholocation, encombrement, steeple-chase ■ 13 retranchement ■ 15 électrolocation.

**OBSTETRIQUE:** 4 lacs ■ 12 obstétricien.

**OBSTINATION:** 8 ténacité ■ 10 entêtement*, insistance, résistance ■ 11 acharnement, obstinément, opiniâtreté, persistance.

**OBSTINE:** 4 buté, mule, têtu ■ 6 entêté*, tenace ■ 7 endurci ■ 8 encroûté ■ 9 cabochard, intrépide, opiniâtre.

**OBSTINER:** 7 entêter* ■ 8 acharner, insister, résister, soutenir ■ 9 persister ■ 10 opiniâtrer.

**OBSTRUCTION:** 5 iléus ■ 7 atrésie, embolie ■ 8 embarras, obstacle* ■ 9 occlusion ■ 10 congestion, engouement, obstructif ■ 11 engorgement, remplissage ■ 12 encombrement, oblitération ■ 13 imperforation.
**OBSTRUER:** 6 barrer ■ 7 boucher*, remplir ■ 8 engorger ■ 9 encombrer, oblitérer ■ 11 embarrasser ■ 12 embouteiller ■ 13 congestionner.
**OBTEMPERER:** 5 céder*, obéir*.
**OBTENIE:** 10 sonagraphe.
**OBTENIR:** 5 avoir, payer, place, rater, tarer, thèse, total ■ 6 capter, gagner*, glaner, sortir, tenter ■ 7 acheter, arriver, briguer, dérober, emparer, enlever, hériter, licence, mériter, prendre, retirer, réussir ■ 8 acquérir, amadouer, arracher, attraper, captiver, cueillir, demander, démarche, disputer, graisser, impétrer, parvenir, posséder, procurer, postuler, racheter, ramasser, recevoir*, recourir, soutirer, triompher ■ 9 accrocher, confesser, conquérir*, décrocher, efficient, emprunter, extorquer, intriguer, mécanisme, obtention, remporter ■ 10 marchander, naturalisé, poursuivre, rechercher, recueillir, renseigner, surprendre, sursauter ■ 11 déprécation, impétration ■ 13 berginisation, photographier.
**OBTENTION:** 7 clonage.
**OBTURATEUR:** 5 fusil ■ 7 soupape ■ 11 déclencheur.
**OBTURER:** 4 tape ■ 5 clamp, inlay ■ 6 fermer* ■ 7 boucher* ■ 8 aurifier, obstruer, propolis ■ 10 obturateur, obturation ■ 11 bouche-pores.
**OBTUS:** 3 sot ■ 5 angle ■ 7 balourd, émoussé ■ 10 obtuangle.
**OBUS:** 5 balle, bombe, culot, ogive ■ 7 marmite, souille ■ 8 ceinture, shrapnel ■ 9 entonnoir ■ 10 pare-éclats, projectile.
**OBVIER:** 5 parer ■ 6 éviter.
**OC:** 7 occitan.
**OCCASION:** 3 cas ■ 4 lieu ■ 5 cause, temps ■ 6 hasard, moment, occase ■ 7 fringue ■ 8 braderie, facilité, racheter, scandale, toujours ■ 9 bric-à-brac, brocanter, cérémonie, événement ■ 10 bretailler, épithalame ■ 11 achoppement, bouquiniste, conjoncture, occasionnel, occasionner, quelquefois ■ 12 circonstance.
**OCCASIONNEL:** 8 incident ■ 11 dispendieux ■ 15 occasionnalisme.
**OCCASIONNER:** 5 créer, faire ■ 6 amener, causer*, coûter, porter ■ 7 attirer, exciter, influer ■ 8 apporter, disposer, procurer, produire*, suggérer, susciter ■ 9 commander, déchaîner, engendrer, entraîner*, impliquer, provoquer* ■ 10 contribuer, déterminer, influencer ■ 11 prédisposer.
**OCCIDENT:** 5 ouest ■ 6 ponant ■ 8 couchant ■ 10 occidental ■ 13 pro-occidental ■ 14 occidentaliser.
**OCCIPUT:** 5 inion, nuque ■ 7 wormien ■ 9 occipital.
**OCCIPITAL:** 9 lambdoïde.
**OCCIRE:** 4 tuer* ■ 10 assassiner.
**OCCITANE:** 11 occitanisme.
**OCCLUSION:** 5 click, iléus ■ 8 occlusif, volvulus ■ 9 affriquée.
**OCCLUSIVE:** 12 assimilation.
**OCCULTE:** 4 mana ■ 5 caché, magie ■ 6 cabale, secret* ■ 7 hétérie ■ 10 ectoplasme, occultisme, occuliste.
**OCCULTER:** 6 cacher.
**OCCUPATION:** 3 p.o.s. ■ 4 état ■ 5 giron, heure, libre, logis, oisif, place, plein, tâche ■ 6 action, emploi*, métier, tracas, vacant ■ 7 besogne, collabo, ouvrage, travail* ■ 8 fonction*, inoccupé, invasion, occupant, quartier, tourment ■ 9 absorbant, quantième, surcharge ■

10 entreprise, immobilier, libération, obligation, possession, profession, spécialité ■ 12 réoccupation ■ 13 désœuvrement, envahissement, expansibilité, sous-locataire.
**OCCUPE:** 9 désoccupé.
**OCCUPER:** 4 agir ■ 5 faire, mener, place, tenir ■ 6 emplir, habıté, vaquer ■ 7 bêtiser, dominer, écraser, ingérer, obséder, piqueur, presser, proxène, remplir, retenir, traiter ■ 8 absorber, accabler, besogner, captiver, empêcher, employer, escrimer, évertuer, immiscer, négocier, présider, squatter ■ 9 accaparer, appliquer, dépeupler, désœuvré, pouponner, remplacer, réoccuper, tracasser ■ 10 assujettir, intervenir, préoccuper, surcharger, tourmenter, travailler ■ 11 tatillonner ■ 12 cannibaliser, entreprendre, intrigailler, squattériser.
**OCCURRENCE:** 3 cas ■ 12 circonstance*.
**OCEAN:** 3 mer* ■ 5 biome ■ 6 abysse, océane ■ 7 bathyal ■ 8 océanide ■ 9 benthique, océanique ■ 10 euphotique ■ 13 océanographie ■ 14 bathypélagique, épicontinental, interocéanique, transocéanique ■ 15 océanographique.
**OCEANIE:** 8 mégapode.
**OCEANIEN:** 3 tek ■ 4 lori, teck ■ 8 calambac, calambar, hattéria ■ 9 artocarpe, calambour, camphrier, patchouli, perroquet ■ 10 artocarpus.
**OCEANIQUE:** 5 hadel ■ 12 épipélagique.
**OCEANOLOGIE:** 11 océanologue ■ 13 océanologique.
**OCELLE:** 4 œil.
**OCRE:** 5 jaune, ocrer ■ 6 ocreux ■ 8 limonite, sanguine.
**OCTAEDRE:** 11 octaédrique.
**OCTANE:** 8 additivé, contre-ut ■ 12 antidétonant ■ 14 supercarburant.
**OCTAVE:** 8 fête-dieu, octavier.
**OCTOCORALLIAIRE:** 6 poulpe ■ 7 pieuvre ■ 9 vérétille ■ 10 alcyonaire*, gorgonaire*.
**OCTOGONE:** 9 octogonal.
**OCTOPODE:** 6 poulpe ■ 7 pieuvre.
**OCTROI:** 3 don* ■ 5 ronde ■ 6 entrée ■ 11 passe-debout ■ 12 congédiement.
**OCTROYER:** 6 donner* ■ 7 bailler ■ 8 accorder*, concéder.
**OCTAVON:** 5 métis.
**OCULAIRE:** 6 cornée ■ 8 glaucome ■ 10 ocularistе, spectateur ■ 11 sclérotique ■ 12 naphtazoline, panophtalmie ■ 13 ophtalmologue.
**OCULISTE:** 13 ophtalmologue ■ 15 ophtalmologiste.
**OCULTATION:** 7 éclipse.
**ODE:** 5 chant*, divan, épode, hymne ■ 8 cantique, odelette ■ 13 anacréontique.
**ODEUR:** 3 ail ■ 4 goût, musc, puer, vent ■ 5 arôme, brome, brûlé, évent, fumet, lérot, lilas, momie, myrte, naffe, ozène, puant, rance, ranci ■ 6 enviné, esprit, fétide, miasme, parfum*, relent, roussi ■ 7 aromate, bouquet, effluve, enfermé, haleine, inodore, mofette, odorant, remugle, senteur ■ 8 cacosmie, échauffé, empester, fragance, fraîchin, graillon, nidoreux, puanteur, renfermé, sauvagin, terpinol ■ 9 effluence, émanation, empuanter, empyreune, mercaptan, infection, olfaction, terpinéol ■ 10 exhalaison, malodorant, méphitique, pestilence ■ 11 désodoriser, odoriférant ■ 12 assainisseur.
**ODIEUX:** 4 noir ■ 7 indigne ■ 10 détestable* ■ 11 odieusement.
**ODOMETRE:** 9 podomètre.
**ODONTOLOGIE:** 12 parondologie.
**ODONSTOMATOLOGIE:** 13 implantologie.

**ODORANT :** 4 iris, musc, spic ■ 5 irone, mélia ■ 7 fragant ■ 8 ambréine, seringat ■ 9 camomille, coumarine, terpinéol, vanilliné ■ 11 odoriférant.
**ODORAT :** 3 nez ■ 4 sens ■ 5 flair, odeur, ozène ■ 7 anosmie, antenne ■ 8 allécher, olfactif ■ 9 odoration, olfaction.
**ODORIFERANT :** 4 thym ■ 5 baume ■ 7 odorant.
**ŒCUMENISME :** 11 œcuméniste ■ 12 œcuménicité.
**ŒDEME :** 6 tumeur* ■ 7 quincke ■ 8 engelure, sérosité ■ 9 anasarque, asystolie, myxœdème ■ 10 œdémateux.
**ŒDIPE :** 8 œdipien ■ 11 préœdipien.
**ŒIL :** 3 vue* ■ 4 iris, taie ■ 5 argot, atone, calot, enter, hydre, larme, tempe ■ 6 albugo. cornée, greffe, ocelle, oculus, orbite, regard, rétine ■ 7 collyre, coquard, larmier, optique*, pupille, sourcil, visible ■ 8 bourgeon, choroïde, hyaloïde, oculaire, œillade, œillère, paupière, prunelle ■ 9 emmétrope, entropion, ommatidie, ophtalmie, phosphène ■ 10 coquillard, cristallin, emmétropie, épicanthus, pathétique, skiascopie, staphylome ■ 11 conjonctive, épisclérite, exophtalmie, monoculaire, œil-de-bœuf, sclérotique, xanthélasma ■ 12 onchocercose ■ 13 achromatopsie, intraoculaire, ophtalmologie, ophtalmoscope ■ 14 ophtalmoscopie ■ 15 ophtalmologiste.
**ŒILLADE :** 6 regard.
**ŒILLET :** 5 lacet ■ 6 anneau, tagète ■ 8 grenadin ■ 10 mignardise ■ 11 mignonnette ■ 14 bouton-pression.
**ŒILLETON :** 12 œilletonner ■ 13 œilletonnage.
**ŒILLETTE :** 5 huile, pavot.
**ŒNOLOGIE :** 9 œnologue ■ 11 œnologique.
**ŒNOTHERACEE :** 12 onagrariacée*.
**ŒSOPHAGE :** 5 jabot ■ 6 gosier ■ 11 œsophagien, œsophagite ■ 12 œsophagique ■ 13 régurgitation ■ 14 œsophagoscope.
**ŒSTRUS :** 9 estrogène ■ 10 œstrogène.
**ŒUF :** 3 ove, ové ■ 4 brik, coco, flan, frai, lait, ovée ■ 5 coque, couvi, crème, œuvé, galle, guais, laité, larve, lente, moyeu, œuvé, ovale, ovule, ponte, rogue, sphex ■ 6 caviar, glaire, graine, nichet, ovoïde ■ 7 couvain, glairer, lutéine, ovipare, tempera ■ 8 albumine, grainage, meringue, meurette, moussaka, nidation, œufrier, omelette, oviducte, oviforme, pocheuse ■ 9 boutargue, coquetier, couvaison, mire-œufs, oviparité, oviscapte, poutargue ■ 10 blastomètre, coquassier, coquetière, monozygote, mouillette, sporophyte ■ 11 cicatricule, oviposteur, ovovivipare, progestatif, télolécithe ■ 12 croque-madame, segmentation ■ 13 polyembryonie.
**ŒUVRE :** 3 art ■ 4 film, opus, page ■ 5 abyme, fable, grave, héros, lyric, mètre, motif, navet, rendu, roman, suite, torse, unité ■ 6 tiroir ■ 7 charité, morceau, ouvrage*, pochade, travail* ■ 8 collecte, condensé, diptyque, monument, moralité, pastiche ■ 9 antiroman, fantaisie, japoniste, mouvement, œuvrette, sculpture, turquerie ■ 10 anthologie, assomption, baroquisme, berquinade, estampille, exposition, lipogramme, moliériste, pastichage, vandalisme ■ 11 audiovisuel, chef-d'œuvre, chevalement, classicisme, compilation, opéra-ballet, patronnesse, paysannerie, théâtralité ■ 12 iconographie, muséographie ■ 13 rétrospective, sociocritique, tripatouiller.
**ŒUVRER :** 10 travailler*.
**OFFENSANT :** 8 blessant, choquant, sanglant ■ 9 injurieux, insultant ■ 11 impertinent.
**OFFENSE :** 4 coup ■ 5 pique ■ 6 avanie, injure*, talion ■ 7 affront, insulte, outrage* ■ 8 blessure, offenser, vendetta ■ 9 camouflet, incar-

tade, offensant, offenseur, pénitence ■ 10 réparation ■ 11 componction, humiliation, longanimité, susceptible ■ 12 impertinence, satisfaction.

**OFFENSER**: 5 vexer* ■ 6 outrer, piquer ■ 7 blesser*, choquer, ulcérer ■ 8 déplaire, froisser*, injurier*, insulter, outrager* ■ 10 formaliser ■ 11 scandaliser.

**OFFENSIVE**: 5 lance ■ 6 assaut* ■ 7 attaque ■ 13 contre-attaque, offensivement ■ 15 contre-offensive.

**OFFERT**: 5 donné.

**OFFICE**: 4 bref, none, obit, ordo ■ 5 culte, leçon, messe, prime, salut, sexte, titre ■ 6 amitié, charge, cursus, laudes, libera, tierce, vêpres ■ 7 absoute, kaddish, matines, procure, serdeau, service ■ 8 complies, fonction, nocturne, officier, offrande, panetier ■ 9 bréviaire, canonicat, entremise, officiant, paneterie, tavaïolle ■ 10 lucernaire ■ 11 gardiennage, hebdomadier, operculaire, stationnale ■ 12 antiphonaire.

**OFFICIALISER**: 11 officialité ■ 15 officialisation.

**OFFICIANT**: 6 diacre, prêtre ■ 9 célébrant ■ 10 épistolier, sous-diacre.

**OFFICIEL**: 4 gala, juge, prié ■ 5 blâme, codex ■ 6 public ■ 7 proxène ■ 8 basileus ■ 9 autocrate, coupe-file, officieux ■ 10 certificat, promulger ■ 11 authentique, commissaire ■ 12 officialiser, ordonnancier, rectificatif, semi-officiel ■ 13 radiotrottoir ■ 14 officiellement.

**OFFICIER**: 3 bey, élu ■ 4 émir, goum, mess, rang, reis, taxe ■ 5 agréé, avoué, cadet, carré, étude, grade, levée, major, mitre, oflag, palme, santé, seing ■ 6 amiral, bailli, exempt, fistot, guidon, mandat, prévôt, second, shérif ■ 7 colonel, coroner, dataire, général, icoglan, licteur, messier, notaire, palatin, sergent, verdier ■ 8 aspirant, camérier, échanson, enseigne, greffier, huissier, maréchal, panetier, paulette, sénéchal ■ 9 apponteur, capitaine, chambrier, commodore, constable, demi-solde, épaulette, état-major, haussecol, louvetier, magistrat, officière, scripteur, tabellion ■ 10 commandant, corrégidor, lieutenant, ordonnance, porte-aigle, quartenier, vice-amiral ■ 11 destitution, garde-marine, gonfalonier, gonfanonier, non-activité ■ 12 apocrisiaire, contre-amiral, portemanteau, surintendant ■ 13 porte-étendard ■ 14 instrumentaire, sous-lieutenant.

**OFFICIEUX**: 8 officiel ■ 11 complaisant ■ 14 officieusement.

**OFFICINAL**: 3 rue.

**OFFICINE**: 8 boutique ■ 9 pharmacie* ■ 11 laboratoire.

**OFFRANDE**: 3 don* ■ 4 vœu ■ 5 envoi, offre, votif ■ 6 cadeau ■ 7 adresse, hommage ■ 8 dédicace, keepsake, oblation ■ 9 bienvenue, canéphore, sacrement ■ 10 holocauste.

**OFFRE**: 3 o.p.a., o.p.e. ■ 5 place, objet, rebus ■ 7 enchère, offreur ■ 8 fluidité, offrande, suroffre ■ 10 exhibition, soumission, surenchère ■ 11 intéressant, moins-disant, proposition* ■ 12 présentation.

**OFFRIR**: 6 dédier, donner*, porter ■ 7 acheter, immoler, régaler ■ 8 embauche, enchérir, produire, proposer*, recevoir ■ 9 consacrer, dédicacer, présenter, sacrifier, soumettre ■ 13 soumissionner.

**OFFSET**: 5 typon ■ 9 chromiste ■ 10 offsetiste.

**OFFUSQUER**: 7 choquer*, ulcérer ■ 8 déplaire* ■ 9 obscurcir.

**OGHLAN**: 5 uhlan.

**OGIVE**: 5 gable, voûte ■ 6 arcade, arceau, cintre, ogival ■ 8 arcature, lancette, ogivette, voussure ■ 9 tierceron ■ 10 arc-boutant, tiers-point ■ 11 arc-doubleau.

**OGRE**: 13 anthropophage.

**OHM**: 4 volt ■ 6 mégohm ■ 7 ohmique.

**OHMMETRE**: 10 multimètre.

**OIE :** 4 jars ■ 5 anser, civet, merde, oison, palme ■ 7 rillons ■ 8 barnache, bernache, bernacle, cacarder ■ 9 criailler ■ 11 ansériforme.
**OIGNON :** 3 ail ■ 4 cive ■ 5 bulbe, civet, glane ■ 7 ciboule ■ 8 échalote, gratinée, mirepoix ■ 9 oignonade ■ 10 ciboulette, oignonière.
**OIL :** 6 gallec, gallot ■ 7 lorrain.
**OINDRE :** 4 oing, oint ■ 5 huiler ■ 6 sacrer ■ 7 enduire ■ 8 graisser ■ 9 consacrer ■ 11 frictionner.
**OISEAU :** 3 glu, nid, vol ■ 4 cire, dodo, lacs, œuf, rets, rock ■ 5 argas, babil, cagou, duvet, essor, filet, gluau, guano, huppe, jabot, jaser, jouée, nasse, patte, penne, pépie, pipée, plume, poche, ponte, queue, tuyau, volée, voler ■ 6 alcyon, cui-cui, dronte, phénix, pitpit, rapace*, torcou ■ 7 aviaire, béjaune, chionis, coureur*, oiseler, oiselet, quetzal, voilier ■ 8 aigrette, appelant, carinate, colombin*, épyornis, fournier, grimpeur*, jaboteur, mange-mil, mégapode, oiseleur, oiselier, oisillon, pantenne, pantière, percheur, plantain, plocéidé, sturnidé, tectrice, tégument, tenderie, tisserin, traîneau, volaille, volatile ■ 9 accenteur, æpyornis, dénicheur, échassier*, envergure, francolin, gallinacé*, lariforme, ornithose, palmipède*, passereau, phalarope, sauvagine, syrrhapte, tétrapode, trogonidé, uropygial ■ 10 ardéiforme, aviculteur, aviculture, galliforme, ichtyornis, mésangette, oisellerie, paradisier, pique-bœuf, ralliforme ■ 11 chanterelle, épouvantail, succenturié ■ 12 archéoptéryx, colymbiforme, ornithologie, ornithologue, tournepierre ■ 13 gazouillement, ornithomancie, pélécaniforme ■ 14 charadriiforme, micropodiforme.
**OISELEUR :** 5 rafle ■ 7 tramail, trémail.
**OISELIER :** 10 oisellerie.
**OISEUX :** 4 vain* ■ 7 inutile* ■ 9 paresseux ■ 11 oiseusement.
**OISIF :** 5 crevé ■ 6 badaud, bohême, buller, inerte, musard, oiseux, passif ■ 7 curieux, flâneur, inactif ■ 8 clochard, fainéant*, immobile, indolent*, inoccupé, oisiveté, vagabond ■ 9 désœuvré, dolce vita, paresseux* ■ 10 acagnarder, oisivement.
**OISIVETE :** 5 congé, oisif, répit, repos ■ 6 loisir ■ 7 détente, inertie, paresse, relâche ■ 8 flânerie, inaction, sinécure ■ 9 curiosité, farniente, indolence, musardise, passivité ■ 10 badauderie, inactivité, musarderie ■ 11 fainéantise, vagabondage ■ 13 désœuvrement.
**OLEACEE :** 5 frêne, lilas, orne ■ 6 jasmin, troène ■ 7 olivier ■ 9 forsythia.
**OLEAGINEUX :** 3 lin ■ 5 colza, noyer, ricin ■ 6 sésame ■ 7 navette, olivier ■ 8 amandier, arachide, cameline, cocotier ■ 9 cotonnier, noisetier, œillette.
**OLEIQUE :** 6 oléate.
**OLEICULTURE :** 8 oléicole.
**OLFACTIVE :** 8 dysosmie.
**OLIBRIUS :** 8 bravache, original.
**OLIGARCHIE :** 9 oligarque ■ 12 oligarchique.
**OLIGISTE :** 8 sanguine.
**OLIGOCENE :** 4 anas ■ 8 ptérodon ■ 10 grenouille ■ 12 nummulitique.
**OLIGOCHETE :** 7 lombric, tubifex.
**OLIGOPHRENIE :** 11 oligophrène.
**OLIVE :** 4 maye ■ 5 donax, huile, pizza ■ 6 donace ■ 7 olivacée, olivaie ■ 8 actinote, olivâtre, olivette, scouffin ■ 9 maillotin, olivaison, oliveraie, olivettes, picholine, tue-diable.
**OLIVIER :** 7 caducée, olivaie ■ 8 oléastre ■ 9 oliveraie ■ 11 oléiculteur, oléiculture.
**OLIVINE :** 7 péridot ■ 10 péridotite.

**OLYMPE :** 4 ciel ■ 7 olympien.
**OLYMPIQUE :** 9 olympisme ■ 12 préolympique.
**OMAN :** 4 rial ■ 7 omanais.
**OMBELLE :** 9 involucre, ombellule ■ 11 ombellifère ■ 12 ombelliforme.
**OMBELLIFERACEE :** 4 ache, anis, rave, sium ■ 5 aneth, berce, carvi, ciguë, cumin, sison ■ 6 céleri, éthuse, férule, panais, persil ■ 7 æthusa, carotte, chervis, crithme, fenouil, livêche, maceron, sanicle, thapsia ■ 8 cerfeuil, cirthmun, galbanum, œnanthe, opopanax, opoponax, panicaut, peucédan, sanicule ■ 9 angélique, coriandre ■ 11 assa-fœtida, hydrocotyle, ombellifère, perce-pierre ■ 12 criste-marine.
**OMBELLIFERE :** 6 éthuse ■ 7 æthuse, maceron ■ 8 peucédan ■ 11 hydrocotyle.
**OMBILIC :** 7 nombril ■ 9 épigastre, ombilical, ombilique ■ 11 funiculaire.
**OMBRAGEUX :** 7 méfiant, ombrage ■ 11 pointilleux, susceptible*.
**OMBRE :** 4 noir*, ocre, ubac ■ 5 adret, nuage, style, trait ■ 7 fantôme, ombrage, ombrant, ombreux, opacité ■ 8 estomper, obombrer, ombrager, pénombre ■ 9 immersion, luminisme, obrombrer, obscurité*, ombrageux ■ 10 crépuscule, plataniste, silhouette, skiascopie ■ 11 caravagisme, emprisonner, scialytique.
**OMBRELLE :** 5 en-cas ■ 7 parasol ■ 9 parapluie.
**OMBRER :** 5 ombre.
**OMETTRE :** 5 taire ■ 6 cacher, passer, sauter ■ 7 oublier* ■ 8 négliger, omission ■ 9 escamoter.
**OMISSION :** 5 faute, oubli* ■ 6 lacune, manque ■ 7 bourdon, ellipse ■ 9 réticence ■ 11 inexécution, prétérition, restriction.
**OMNIPOTENT :** 6 absolu* ■ 11 omnipotence.
**OMNIPRESENCE :** 8 ubiquité.
**OMNISCIENCE :** 6 savant ■ 7 science.
**OMNIVORE :** 7 rongeur ■ 8 blaireau, suricate, surikate ■ 9 gallinacé ■ 10 galliforme.
**OMOPLATE :** 7 paleron ■ 8 acromion ■ 9 caracoïde, clavicule ■ 14 scapulo-huméral, sous-scapulaire.
**ONAGRARIACEE :** 6 onagre ■ 7 épilobe, fuchsia ■ 9 œnothère, onagracée, onograire ■ 12 œnothéracée.
**ONCE :** 2 oz ■ 4 gros, marc.
**ONCHOCERCOSE :** 8 craw-craw, crow-crow.
**ONCLE :** 5 tante ■ 6 tonton ■ 9 avunculat ■ 11 avunculaire.
**ONCOGENE :** 11 cancérigène, cancérogène.
**ONCTION :** 4 oint ■ 5 pépin ■ 6 oindre ■ 7 douceur ■ 8 onctueux ■ 13 onctueusement.
**ONCTUEUX :** 5 crème, huile, larme, suint ■ 8 liniment, saponite ■ 9 graisseux, savonneux ■ 10 onctuosité.
**ONDE :** 3 eau*, mer ■ 4 écho, flot ■ 5 hertz, maser, nœud, ondée, radar, train ■ 7 antenne ■ 9 micro-onde, ondomètre, radiation ■ 10 hydrophone, ondulation, ultra-court ■ 11 haut-parleur, ondulatoire, sismométrie ■ 12 décamétrique ■ 14 hyperfréquence, radiofréquence ■ 15 radio-astronomie, radio-électrique, radiogoniomètre, superhétérodyne, unidirectionnel.
**ONDINISME :** 9 urolagnie.
**ONDOYANT :** 5 houle, moire ■ 6 ondulé ■ 8 flottant ■ 9 changeant ■ 10 flamboyant.
**ONDOYER :** 7 flotter ■ 8 baptiser, ondoyant ■ 10 ondoiement.
**ONDULATION :** 3 pli ■ 4 cran, onde ■ 5 ondée, repli ■ 6 boucle, fronce ■ 8 onduleux ■ 10 ondoiement, permanente ■ 11 ondulatoire ■ 12 indéfrisable.

**ONDULER:** 6 friser ■ 11 calamistrer.
**ONEREUX:** 7 coûteux, ruineux ■ 12 onéreusement.
**ONE-STEP:** 9 paso doble.
**ONGLE:** 5 corne, envie, ergot, garde, harpe, morné, onglé, rubis, sabot, serre ■ 6 éperon, griffe, lunule, onglée, onyxis, unguis ■ 7 onglier, panaris, rénette, unguéal ■ 9 onguicule, tourniole, unguifère ■ 10 cure-ongles ■ 11 coupe-ongles, phalangette ■ 12 onychomycose, onychophagie ■ 13 hippocratisme.
**ONGLEE:** 8 débattue.
**ONGLET:** 11 caryophyllé.
**ONGUENT:** 5 baume*, cérat, miton ■ 8 emplâtre, épithème, liniment, populéum.
**ONGULE:** 5 daman ■ 10 pachyderme ■ 12 artiodactyle*, paléothérium, paridigitidé, proboscidien* ■ 14 périssodactyle*.
**ONIROMANCIE:** 12 oniromancier.
**ONOMATOPEE:** 2 ah, fi, hi ■ 3 aïe, bah, bip, dia, euh, fla, han, paf, pan, pif, tac, tic, toc, zon ■ 4 ahan, bébé, boum, chut, clac, clic, cric, dada, ding, flac, floc, flop, gong, huer, ploc, zest ■ 5 be-bop, cahot, couic, dring, maman, matou, miaou, plouf, vroom, vroum ■ 6 bip-bip, chichi, drelin, hi hi hi, pépier, ronron, taïaut, tayaut, youyou, zigzag ■ 7 piaffer, tra la la ■ 8 bataclan, bombance, brouhaha, cocorico, couincouin, dare-dare, flic-flac, flon-flon, glou-glou, patatras, rataplan, teuf-teuf ■ 9 bla bla bla, bric-à-brac, cahin-caha, chuchoter ■ 10 clappement, hurluberlu ■ 12 patati-patata ■ 13 onomatopéique.
**ONTOGENESE:** 11 phylogenèse ■ 13 ontogénétique.
**ONTOLOGIE:** 11 ontologique, ontologisme ■ 12 métaphysique ■ 15 ontologiquement.
**ONZE:** 8 saphique ■ 11 hendécagone ■ 14 hendécasyllabe.
**ONZIEME:** 4 onze ■ 8 novembre ■ 9 thermidor ■ 11 onzièmement.
**OOLITHE:** 8 limonite ■ 10 oolithique.
**OOMYCETE:** 5 mucus ■ 7 mildiou.
**OOSPHERE:** 6 oogone ■ 8 apogamie ■ 9 archégone, synergide 14 parthénogenèse.
**O.P.A.:** 7 opéable.
**OPACIFIER:** 13 opacification.
**OPACITE:** 5 ombre ■ 9 cataracte, néphélion ■ 11 opacimètrie.
**OPALE:** 5 silex ■ 6 opalin ■ 7 girasol, hyalite, opaline, opalisé ■ 8 opaliser ■ 10 opalescent ■ 11 opalescence, opalisation.
**OPAQUE:** 4 grès ■ 5 clair, émail, épais*, jaspe, ombre ■ 7 opacité ■ 8 couvrant ■ 9 jardineux, opacifier ■ 12 kaléidoscope.
**O.P.E.:** 7 opéable.
**OPENFIELD:** 9 enclôture.
**OPERA:** 3 rat ■ 5 danse, final, poème ■ 8 opérette, parolier, prologue ■ 9 marcheuse, ouverture ■ 10 prima donna, tétralogie.
**OPERATEUR:** 7 auriste, carabin, interne, masseur ■ 8 dentiste, foncteur, oculiste, pédicure ■ 9 caméraman, praticien, rebouteux ■ 10 accoucheur, chirurgien, prosecteur, radiologue, rhabilleur, ventouseur ■ 11 sans-filiste ■ 12 arbitragiste, chiropodiste, stomatologue ■ 13 radionavigant ■ 14 quantificateur.
**OPERATION:** 4 agio, moto, test ■ 5 érine, ferme, lever, livre, mazer, opéré, règle, siège, terme, train, visée ■ 6 arcane, calcul*, érigne, honing, nouage, preuve, sortie, suture, trépan, virage ■ 7 azurage, diérèse, drayage, exérèse, forçage, inquart, laquage, maclage, plaçure, pontage, ramener, roulage, sabrage, sevrage, shaving, soudage ■ 8 aciérage, addition, cadmiage, calculer, centrage, chlorage, clearing,

courtage, curetage, cuvaison, dérayage, division, drainage, éjection, engobage, enlevage, ensimage, escompte, filature, filetage, fixation, glissage, incision, ligature, nouement, opérande, peignage, perchage, pointage, ponction, procéder, rechange, sabotage, sécréter, virement, zérotage ■ **9** acalculie, arbitrage, capsulage, catissage, chirurgie*, clavetage, délignage, diversion, duplexage, enverjure, expertise, finissage, finissure, formalité, hémostase, inférence, lobotomie, martelage, matricage, moulinage, occlusion, opérateur, ouvraison, rouissage, savonnage, secrétage, soumettre, sulfurage, transfert, tripotage ■ **10** aciération, algorithme, anaplastie, associatif, brunissage, césarienne, commission, compactage, complétion, défeutrage, dégrillage, détroquage, envergeure, extraction, jaunissage, macération, mortaisage, obturation, opératoire, ourdissage, percussion, projection, relèvement, remoulage, travelling ■ **11** abstraction, aplatissage, autoplastie, blanchiment, candisation, carbonisage, carburation, chiffrement, chirurgical*, composition, dévaluation, duplication, envoûtement, gastronomie, liquidation, lithotritie, mercerisage, nettoiement, paracentèse, parachutage, réassurance, recensement, répartement, sorcellerie, spéculation, syndication, texturation, titrisation, touraillage, transaction, transfusion, trépanation, vivisection ■ **12** amalgamation, arithmomètre, arrondissage, bouillissage, boursicotage, circoncision, compensation, coupellation, dépigeonnage, désurchauffe, discernement, distillation, échardonnage, fenestration, infibulation, inquartation, intervention, laryngotomie, opérationnel, présélection, remembrement, rhinoplastie, soustraction, sursoufflage, trachéotomie ■ **13** aluminisation, arithmographe, arthroplastie, calciothermie, calorifugeage, capital-risque, caprification, comptabiliser, déclenchement, plasmaphérèse, préopératoire ■ **14** contrepartiste, dépolarisation, multiplication, pasteurisation, post-opératoire, reconnaissance, thoracoplastie ■ **15** assurance-crédit, contre-offensive, déphosphoration, différentiation.

**OPERCULE :** **11** operculaire ■ **12** désoperculer.

**OPERE :** **7** opérant.

**OPERER :** **4** agir* ■ **5** cuire, faire*, muter ■ **6** macler, saisir ■ **7** dérater, incuber, réifier ■ **8** déféquer, délisser, dialyser, opérable, oxygéner, procéder, recouper, réopérer, résorber, sécréter, texturer, trépaner, vinifier ■ **9** déréguler, distiller, recouvrer, somatiser ■ **10** inopérable, mixtionner, séparateur, transfuser, verduniser ■ **11** dévitrifier, fonctionner, pasteuriser ■ **12** déstaliniser ■ **13** surdéterminer ■ **14** revasculariser.

**OPHIDIEN :** **7** serpent ■ **10** ophiologie.

**OPHIOGLOSSE :** **15** langue-de-serpent.

**OPHIOLITE :** **12** ophiolitique.

**OPHTALMOLOGIE :** **8** oculiste ■ **9** orthoptie ■ **10** optométrie ■ **11** orthoptique ■ **13** contactologie ■ **15** ophtalmologique.

**OPIACE :** **5** opium ■ **9** thériaque ■ **11** diascordium.

**OPIACEE :** **5** opiat.

**OPILER :** **7** boucher.

**OPINER :** **5** juger ■ **6** croire ■ **7** adopter, choisir, émettre, estimer, raviser ■ **8** déclarer ■ **9** consentir, embrasser, remarquer ■ **10** conseiller, considérer ■ **11** endoctriner.

**OPINIATRE :** **4** têtu* ■ **5** mêlée, raide ■ **6** entêté*, tenace ■ **7** obstiné* ■ **10** accrocheur ■ **12** récalcitrant ■ **13** opiniâtrement.

**OPINION :** **3** cri, mal ■ **4** avis, cote, goût, idée, rang, sens, voie ■ **5** blâme, credo, dogme, dolet, école, génie, libre, momie, parti, selon, sondé, thèse, ultra ■ 6 errata, estime, gallup, maxime, pensée*, rumeur, utopie ■ 7 bétonné, conseil, hérésie, manière, préjugé, schisme, soupçon, système, théorie, torysme ■ 8 autorité, croyance*, démordre, doctrine, hasarder, jugement*, paradoxe, pétition, présumer, remarque, scotisme, sentence ■ 9 figurisme, girouette, mésestime, molinisme, opiniâtre, palinodie, pirouette, sectateur, sentiment, volte-face, vox populi ■ 10 adversaire, anarchisme, conception, conjecture, conversion, discussion, dissidence, dogmatisme, éclectisme, gauchisant, impanation, importance, moralement, orléanisme, pessimisme, point de vue, prévention, propagande, réputation, suggestion, talmudiste, voltairien ■ 11 controverse, doctrinaire, endoctriner, imagination, inconstance, jacobinisme, molinosite, monarchisme, opiniâtreté, présomption, radicalisme, supposition, tendancieux, versatilité ■ 12 appréciation, capitulation, cléricalisme, contre-partie, dissentiment, modérantisme, persévérance, polichinelle, présomptueux, prosélytisme, retournement ■ 13 considération, tiers-mondisme, universalisme ■ 15 traditionalisme.

**OPISTOBRANCHE :** 5 doris.

**OPISTHODOME :** 4 naos.

**OPIUM :** 5 opiat, pavot ■ 6 opiacé ■ 7 codéine, diacode, opiacer ■ 8 laudanum, méconine, morphine, narcéine, opiomane, thébaïne ■ 9 narcotine, opiomanie, thébaïque, thébaïsme ■ 10 narcotique, papavérine ■ 11 parégorique.

**OPONCE :** 5 nopal.

**OPOSSUM :** 7 sarigue.

**OPOTHERAPIE :** 14 organothérapie.

**OPPORTUN :** 5 utile* ■ 9 expédient ■ 10 attentisme, convenable, inopportun ■ 11 intempestif, opportunité ■ 12 opportunisme ■ 13 inopportunité, opportunément.

**OPPORTUNITE :** 10 indication.

**OPPOSABLE :** 8 pédimane.

**OPPOSE :** 4 pôle, rare, veto ■ 5 adret, autre, droit, nadir, objet, panne, parti, pousse, queue ■ 6 devers, envers, obvers, revers ■ 7 adverse, anormal, extrême, inverse* ■ 8 antichar, antipode, autonyme, derrière, obstacle, opposite, saducéen ■ 9 antiengin, antigrève antiradar, antithèse, antivirus, contraire*, différent, divergent, objection, opposiste, résistant, tête-bêche, transfuge, virilisme, volte-face ■ 10 adversaire, ambivalent, antiaérien, antiroulis, contre-jour, hypoténuse, incohérent, malthusien, rétrograde, tournevent ■ 11 antagonique, antagoniste, antimissile, antineutron, contre-biais, contre-pente, travestime ■ 12 antiatomique, anticalcaire, antichrétien, anticlérical, antiétatique, antifasciste, antinational, antiparasite, antipathique, contre-projet, dépolarisant ■ 13 antimitotique, anti-sous-marin, contre-courant, controlatéral, transvestisme ■ 14 antimaçonnique, contradictoire ■ 15 anticonformiste, antimilitariste, antiministériel, antimonarchique, antipatriotique, antirépublicain.

**OPPOSER :** 4 nier ■ 6 dédire, étayer, obvier, réagir, violer ■ 7 adosser, annuler, choquer, contrer, déroger, exclure, récrier, réfuter ■ 8 alterner, anéantir, démentir, empêcher, objecter*, prohiber, réclamer, refouler, remédier, répugnier, résister*, riposter ■ 9 affronter, contester, désavouer, échiquier, opposable, prétexter, protester, renverser, repousser, rétracter, rivaliser ■ 10 contrarier, contraster, contredire, enfreindre, rebrousser, récriminer ■ 11 contrevenir, inopposable, neutraliser ■ 12 contrecarrer, contremander ■ 14 contrebalancer.

**OPPOSITE :** 6 opposé ■ 7 vis-à-vis.

**OPPOSITION :** 2 et, ob, oc, of, op, os, si ■ 3 non ■ 4 avec, choc, mais, veto ■ 5 arsis, heurt, levée, lutte, verso ■ 6 litige, versus ■ 7 chiasme, chicane, conflit, démenti, désaveu, dilemme, dispute, divorce, hérésie, quoique, schisme, syzygie ■ 8 division, négation, pourtant, push-pull, réaction, rivalité, symétrie ■ 9 antilogie, antinomie, antithèse, antonymie, cependant, concessif, contraste, désaccord, diversité, émulation, hostilité, inversion, main-levée, néanmoins, objection, palinodie, toutefois ■ 10 adversatif, alternance, antipathie, antiphrase, contresens, dissension, dissidence, réfutation, répugnance, résistance, revirement ■ 11 antagonisme, contrariété, controverse, immobilisme, obstruction, réclamation, restriction ■ 12 consentement, contestation, renversement, rétractation ■ 13 contradiction*, contrairement, oppositionnel, récrimination ■ 15 anticonformisme.
**OPPRESSE :** 10 oppressant.
**OPPRESSER :** 5 gêner ■ 8 opprimer* ■ 9 étreindre, oppressif ■ 10 oppression.
**OPPRESSION :** 3 ouf ■ 5 poids ■ 8 angoisse ■ 9 cauchemar, esclavage ■ 10 anhélation.
**OPPRIME :** 9 opprimant.
**OPPRIMER :** 6 fouler ■ 7 courber ■ 8 accabler*, asservir ■ 9 oppresser, soumettre*, subjuguer ■ 10 assujettir, oppresseur, tyranniser.
**OPPROBRE :** 5 honte* ■ 9 ignominie.
**OPTER :** 7 choisir*.
**OPTIMALISER :** 12 optimisation ■ 14 optimalisation.
**OPTION :** 5 choix ■ 8 élection, stellage.
**OPTIQUE :** 3 vue* ■ 4 œil*, yeux* ■ 5 biaxe, crown, flint, verre ■ 6 afocal, mirage, viseur ■ 7 dioptre, lunette ■ 8 diascope, dioptrie, épiscope, oculaire, opticien, vergence ■ 9 périscope, phantasme ■ 10 condenseur, crown-glass, flint-glass, microscope, optométrie, rectoscope ■ 11 anastigmate, aplanétique, aplanétisme, binoculaire, collimateur, héliographe, stéréoscope, stigmatisme, visionneuse ■ 12 périscopique ■ 14 cinéthéodolite, magnéto-optique, monochromateur.
**OPTOELECTRONIQUE :** 7 senseur ■ 10 optronique.
**OPTOMETRIE :** 12 optométriste.
**OPTRONIQUE :** 10 optronique.
**OPULENT :** 5 cossu, nabab, riche* ■ 7 luxueux ■ 8 opulence ■ 11 opulemment.
**OPUNTIA :** 5 nopal ■ 8 raquette.
**OPUSCULE :** 5 livre ■ 8 brochure.
**OR :** 2 au ■ 4 doré, filé, marc ■ 5 agnel, carat, claim, dinar, dorer, ducat, galon, ganse, masse, métal, natte, noble, samit, saucé, titre, toman, trône ■ 6 aureus, dorure, orfroi, sequin ■ 7 aurique, jacobus, vreneli ■ 8 aurifère, aurifier, électrum, liserage ■ 9 gold-point, millemium, paillette, souverain ■ 10 cannetille, chrysocale ■ 11 chrysobéryl ■ 12 chrysocalque ■ 15 chryséléphantin.
**ORAGE :** 4 gros ■ 5 océan, temps ■ 7 orageux, tempête* ■ 12 cumulonimbus, orageusement.
**ORAISON :** 5 pater ■ 6 orémus, prière* ■ 7 secrète ■ 8 discours ■ 10 méditation ■ 13 postcommunion.
**ORAL :** 9 oralement ■ 10 plaidoirie.
**ORAN :** 7 oranais.
**ORANGE :** 5 jaune, napel, tango, zeste ■ 6 agrume, bichof, bishop ■ 7 bischof, kumquat, oranger, valence ■ 8 bigarade, maltaise, orangeat, roquille, sanguine, sardoine, valencia ■ 9 cantaloup, mandarine, orangeade, orangette.

**ORANGER:** 5 naffe ■ 6 néroli ■ 9 limettier, orangerie ■ 10 bigaradier, orangeraie ■ 11 bergamotier, mandarinier ■ 12 clémentinier ■ 14 pamplemoussier.
**ORANG-OUTANG:** 5 jocko.
**ORATEUR:** 5 verve ■ 6 avocat, diseur, tribun ■ 7 causeur, débater, rhéteur ■ 8 péroreur, prêcheur ■ 9 débatteur, défenseur, prédicant ■ 10 apologiste, harangueur, logographe ■ 11 bonimenteur, déclamateur, panégyriste, prédicateur, sermonnaire ■ 12 conférencier.
**ORATOIRE:** 5 genre ■ 6 église, tirade ■ 7 envolée, parlote ■ 8 clausule, discours* ■ 9 narration, oratorien.
**ORATORIO:** 8 récitant ■ 9 ouverture.
**ORBE:** 4 rond ■ 11 orbiculaire.
**ORBITE:** 4 rond ■ 6 abside, unguis ■ 7 aphélie, orbital, périgée ■ 8 apoastre, exorbite ■ 9 apolsélène, orbitaire, périastre, périphélie ■ 10 écliptique, périsélène, révolution, sublunaire ■ 11 énophtalmie, exophtalmie, inclinaison, sous-orbital ■ 13 sous-orbitaire ■ 14 héliosynchrone ■ 15 désatellisation.
**ORCHESTRATION:** 13 orchestrateur ■ 15 instrumentation, réorchestration.
**ORCHESTRE:** 5 break, drums, opéra, tutti ■ 7 big band, drummer, gramelan, musique* ■ 8 harmonie, jazz-band ■ 9 corbeille ■ 10 bastringue, orchestral, orchestrer ■ 11 hyposcénium ■ 13 orchestration.
**ORCHESTRER:** 12 instrumenter, réorchestrer.
**ORCHIDACEE:** 5 vanda ■ 7 liparis ■ 8 cattleya, orchidée, pollinie ■ 9 vanillier ■ 10 zygopétale ■ 12 sabot-de-vénus.
**ORCHIDEE:** 5 salep ■ 6 ophrys, orchis ■ 7 néottie ■ aéricole, monandre ■ 9 rhizotone ■ 10 rhizoctone ■ 11 rhizoctonie ■ 12 sabot-de-Vénus.
**ORDINAIRE:** 4 rare ■ 5 banal, connu, excès, force, géant, moyen, usuel ■ 6 commun*, normal, obscur, poncif ■ 7 courant, général, trivial ■ 8 abondant, acronyme, habituel, médiocre, passable, régulier, vulgaire ■ 9 accoutumé, coutumier, populaire, routinier, universel ■ 10 proverbial ■ 12 exceptionnel, satisfaisant, traditionnel ■ 13 ordinairement ■ 14 extraordinaire.
**ORDINATEUR:** 2 pc ■ 3 bus ■ 5 dédié ■ 7 assisté, lecteur, serveur ■ 8 computer, mémorial ■ 9 computeur, émulsateur ■ 10 multitâche, photostyle, séquenceur ■ 11 compilateur, didacticiel ■ 12 préprogrammé ■ 14 initialisation, mini-ordinateur ■ 15 micro-ordinateur.
**ORDINATION:** 8 ordinand, ordinant ■ 12 réordination.
**ORDO:** 10 calendrier.
**ORDONNANCE:** 4 édit ■ 5 ordre*, recès, recez, règle ■ 6 soldat, tampon ■ 7 rescrit, systyle ■ 8 jugement ■ 9 exéquatur, pharmacie, règlement* ■ 11 arrangement*, disposition*, entablement, pragmatique ■ 12 capitulaires, prescription* ■ 14 ordonnancement, soit-communiqué.
**ORDONNER:** 4 dire ■ 6 ranger* ■ 7 classer, intimer, inviter ■ 8 arranger*, décerner, décréter ■ 9 commander*, enjoindre, prescrire ■ 10 dimissoire, distribuer, réordonner ■ 11 ordonnateur ■ 14 interlocutoire.
**ORDRE**[1]**:** 2 en, va ■ 3 dao ■ 4 chut, file, hola, paré, rang, rite, rôle, tenu, vœu ■ 5 arrêt, avant, aviso, caser, corps, croix, coule, de par,

1. Les divers ordres des règnes végétaux et animaux s'utilisent le plus souvent au pluriel. C'est la raison qui nous fait opter ici pour le pluriel dans le classement par nombre de lettres.

flanc, gamme, grand, halte, ligne, merci, oblat, place, règle, ronde, sacre, sixte, suite, titre ■ 6 classe*, firman, mandat, police, ranale, rangée, veniat ■ 7 centile, crachat, discale, discote, échelon, fagales, famille*, filière, fucales, grébige, ionique, jussion, ordonné, ordinal, servite, théatin, tournus ■ 8 acariens, acolytat, alternat, aménager, arranger, bataille, chapitre, citation, colossal, combiner, cycadale, décision, dessoler, diaconat, diptères, disposer, économie, enfilade, eucaride, filicale, ganoïdes, grébiche, gribiche, isoptère, j'ordonne, jumentés, liturgie, mendiant, mysidacé, odonates, ordonner, persique, phalange, position, prêtrise, primates, priorité, protoure, rongeurs, sauriens, secousse, séraphin, servites, sous-aide, symétrie, templier, tubérale, urodèles, urticale ■ 9 aranéides, camaldule, cladocère, colloquer, colombins, composite, congédier, créodonte, décapodes, eurythmie, exécutant, exequatur, exorciste, filicales, fusilleur, grimpeurs, hydraires, hyperbate, impressif, lariforme, mécoptère, olivétain, ombellale, ophidiens, ordinaire, personale, prémontré, rangement, règlement, renverser, roulement, sélaciens, siréniens, sous-ordre, sphagnaie, spiritain, subvertir, trickster, volvocale, xénarthre ■ 10 alignement, alternance, amphipodes, anastrophe, ardéiforme, assemblage, bénédictin, billebaude, carnivores, cataloguer, charophyte, chéloniens, chevalerie, cistercien, commandeur, communauté, consécutif, contrordre, corinthien, décoration, désordonné, dipneustes, discipline, discordant, dominicain, échassiers, fourrageur, galliforme, gallinacés, graduation, guillemite, hémiptères, hiérarchie, infraction, injonction, jarretière, lacertiens, lagomorphe, lilliiforme, madrépores, magnoliale, mallophage, marsupiaux, méthodique, monotrèmes, numérotage, ordination, ordonnance*, orthoptère, palmipèdes, passereaux, physostome, pinnipèdes, planipenne, plécoptère, ptéropodes, ralliforme, rassembler, réarranger, rhynchotes, séquençage, subdélégué, succession, urédinales ■ 11 archiptères, assignation, chiroptères, chronologie, coléoptères, combinaison, commanderie, corporation, cyclostomes, débrouilleur, dictoptère, euphausiacé, franciscain, hiéronymite, instruction, intervenir, légionnaire, mégaloptère, névroptères, ordonnancer, orthoptères, permutation, photo-finish, porte-glaive, rescription, scitaminale, subordonner, téléostéens, thysanoures, trichoptère, tubulidenté ■ 12 alcyonnaires, alphabétique, ansériformes, chancellerie, chéiroptères, chondrostéen, colymbiforme, combientième, commandement*, contremander, crocodiliens, décimétrique, hyménoptères, interjection, interversion, lacertiliens, lépidoptères, lycopodiales, organisation, pacification, prescription*, rhizocarpées, saurophidien, siphonaptère, sous-diaconat, spadiciflore, strepsiptère, tectibranche, thysanoptère, tranquillité, transgresser ■ 13 chéleutoptère, hémiptéroïdes, pélécaniforme, protococcales, ptérosauriens, rédemptoriste, siphonophores, subordination, superposition, ustilaginales ■ 14 charadriiforme, micropodiforme, ordonnancement, péronosporales, successibilité.

**ORDURE :** 3 lie ■ 4 boue, suie ■ 5 curer, fange, fèces, glame, morve, ramas, sanie, urine, urubu ■ 6 débris, fumier, gâchis, gadoue, gourme, gravat, humeur, lavure, pissat, râpture, résidu, roupie, saleté*, scorie ■ 7 cérumen, chassie, crachat, raclure, rinçure, saburre ■ 8 balayure, bourrier, criblure, décombre, détritus, ordurier, poubelle, ramassis ■ 9 excrément, malpropre, poussière, purulence, salissure, souillure ■ 10 défécation, fondrilles, immondices ■ 11 effondrilles, margouillis, sac-poubelle, vide-ordures ■ 13 expectoration.

**ORDURIER :** 7 obscène ■ 9 saloperie ■ 10 coprolalie.

**OREADE :** 6 nymphe.
**OREE :** 4 bord ■ 7 bordure.
**OREILLE :** 4 lobe, ouïe ■ 5 hélix, otite, tempe ■ 6 asaret, caisse, conque, étrier, lymphe, otique, ourlet, rocher, tragus, tympan ■ 7 audible, biaural, cérumen, chauvir, cochlée, enclume, limaçon, marteau, orillon, otalgie, sacoule, têtière, versoir ■ 8 anthélix, auricule, barillet, binaural, dormeuse. entendre, esgourde, haliotis, monaural, myosotis, oreiller, otolithe, otologie, otorrhée, parotide, pavillon, utricule ■ 9 cornement, coton-tige, haliotide, oreillard, oreillons, otosconie, vestibule ■ 10 antitragus, audibilité, cochléaire, courtauder, essoriller, labyrinthe, otorrhagie ■ 11 audiogramme, auriculaire, cure-oreille ■ 12 fenestration, labyrinthite, otospongiose, vestibulaire ■ 13 biauriculaire, passe-montagne ■ 14 binauriculaire.
**OREILLER :** 4 taie ■ 9 traversin.
**OREILLETTE :** 5 cœur ■ 8 auricule.
**OREILLONS :** 7 ourlien.
**ORFEVRE :** 7 orfévré ■ 8 recingle, resingle.
**ORFEVRERIE :** 4 coin ■ 5 bijou ■ 6 souage ■ 7 ciselet, échoppe, orfèvre, sautoir, surtout ■ 8 languier, résingle ■ 9 bijoutier, filigrane, ostensoir, vigneture ■ 10 monstrance ■ 11 guillochure.
**ORFRAIE :** 8 pygarque.
**ORGANE :** 3 arc, bec, nez, toc, vue ■ 4 aile, dent, foie, hile, lobe, mâle, nerf, œil, peau, pied, poil, roue, sexe, tête, yeux ■ 5 barre, boîte, bulbe, butée, bysse, caduc, cœur, corne, corti, fleur, frein, fruit, gaine, guide, mèche, ovule, pénis, plume, point, ptôse, revue, sénat, venin ■ 6 cupule, fundus, glande, gliome, graine, induit, langue, müller, muscle, oogone, racine, secret, siphon, smegma, stylet, stroma, suçoir, syrinx, tâteur, tiroir, utérus ■ 7 antenne, ascidie, chariot, crampon, étamine, feuille, induvie, journal, lacinie, octopie, oreille, ressort, sessile, stipité, système, tarière, tractus, urcéole, viscère ■ 8 adventif, amygdale, apothèse, appareil, bassinet, bisexuel, bissexué, carapace, clitoris, commande, coulisse, endogène, filament, flagelle, flexible, flotteur, gouverne, hérisson, incisure, innerver, irriguer, lancéole, ligament, membrane, ombrelle, parapode, pessaire, placenta, prothèse, scarieux, sédation, synergie, ventouse, vocodeur, volvulus ■ 9 afficheur, amplectif, apothécie, appendice, archégone, atrophier, balancier, bipartite, bissexuel, branchies, cancérisé, collapsus, collégial, commotion, déhiscent, dérouleur, effecteur, émasculer, enveloppe, flagellum, follicule, formation, hémogénie, manivelle, marsupial, mécanisme, médulleux, multilobé, organique, organisme, oviscapte, pédoncule, pousse-toc, prolapsus, protonéma, récepteur, remontoir, réplétion, sensation, tentacule, vicariant, vulnérant ■ 10 angiologie, couvrement, cryptogame, déhiscence, détonateur, émonctoire, fasciation, hypoplasie, incubateur, imprimante, involution, irritation, marcescent, obturateur, prisonnier, processeur, procidence, rhizocarpe, séquenceur, suspenseur, suspensoir, tabulateur, transplant, vicariance ■ 11 antéversion, biloculaire, corrélateur, déclencheur, diverticule, énucléation, équilibreur, évagination, géotropisme, implantable, multiplieur, nématocyste, ovipositeur, sous-section, succenturie ■ 12 accélérateur, additionneur, articulateur, détumescence, invagination, mobilisateur, organogenèse, soustracteur, transmission ■ 13 contrarotatif, décortication, pneumatophore, spermatophore ■ 14 fructification, hépatopancréas, hermaphrodisme ■ 15 différentiateur, thermorécepteur, vascularisation.
**ORGANEAU :** 10 étalinguer.

**ORGANICISME :** 11 organiciste.
**ORGANIQUE :** 4 lyse, œuf ■ 5 acyle, amide, amine, chair, corps* ■ 6 enzyme, lipide, stérol, stress, urique ■ 7 chitine, flavine, glucide, hormone, infarci, lignine, malique, mannite, minéral, oléique, osséine, ovarite, pectine ■ 8 isologue, mannitol, miliaire, oxalique, pectique, pyralène ■ 9 butyrique, cellulose, diazoïque, homologue, nutrition, structure, sulfamide ■ 10 aminoacide, déficience, dystrophie, élastomère, hippurique, métabolite, organicien, palmitique, phosphines, saprophase ■ 11 aliphatique, élaboration, granulation, hétérocycle, physiologie ■ 12 ammonisation, biomorphique, homocyclique, inflammation, organochloré ■ 13 bioconversion, méthacrylique, mercurochrome, organiquement ■ 14 hétérocyclique ■ 15 encéphalopathie, organomagnésien.
**ORGANISATION :** 3 o.n.g. ■ 5 orsec, règle ■ 7 méthode, montage, repenti, système ■ 8 clanisme, cohésion, fixation, komsomol, luddisme, organisé ■ 9 autonomie, avunculat, ergonomie, inférieur, olympisme, prud'homie, règlement, scoutisme, structure, viabilité ■ 10 agencement, antisocial, discipline, gérontisme, muséologie, ordonnance, proportion, régulation, résistance, taylorisme, tribalisme ■ 11 arrangement*, brahmanisme, combinaison, composition, disposition, élaboration, policologie, préparation, prépsychose, télétravail, thermalisme ■ 12 construction, coordination, désorganiser, distribution, muséographie, organigramme, scénographie ■ 13 architectonie, matrilinéaire, taylorisation ■ 14 militarisation, réorganisation.
**ORGANISE :** 5 posté ■ 13 pseudoscience.
**ORGANISER :** 5 fixer, nouer ■ 6 monter, régler* ■ 7 agencer, manager ■ 8 arranger*, combiner, composer, disposer, élaborer, ordonner, préparer* ■ 9 conformer, planifier, syndiquer ■ 10 constituer, construire, coordonner, distribuer, tayloriser ■ 11 cartelliser, discipliner, organisable, réglementer, réorganiser ■ 12 conditionner, organisateur, rationaliser ■ 13 inorganisable ■ 14 inorganisation ■ 15 expert-comptable, fonctionnariser.
**ORGANISME :** 4 hôte, pool, soma, urée ■ 5 immun, jeton, ténia ■ 6 caisse ■ 7 asepsie, central, embryon, explant, in vitro, pélagos, service ■ 8 antigène, biogénie, diastase, excréter, ischémie, somation, symbiose ■ 9 aérobiose, allergène, anticorps, dépuratif, dicastère, émonction, euryhalin, excrétion, infection, paritaire, phagocyte, récrément, stimugène, tolérance, vagotonie ■ 10 antitoxine, excitation, gonococcie, hygrophobe, ludothèque, phylogénie, production, réassureur, semi-public, sénescence ■ 11 anaréobiose, antitoxique, autotrophie, décomposeur, dénutrition, dispatching, embryogénie, embryologie, gamétophyte, homéostasie, infestation, inoculation, médiathèque, polyploïdie, tryptophane ■ 12 acido-basique, embryogenèse, homéothermie, investisseur, oligo-élément ■ 13 biocompatible cosmobiologie, microrganisme, reconstituant, scintigraphie, sous-traitance, supranational ■ 14 médecin-conseil, micro-organisme ■ 15 pharmacodynamie.
**ORGANITE :** 3 suc ■ 6 plaste ■ 7 nitrosé ■ 8 lysosome ■ 9 vibratile ■ 12 chondriosome ■ 13 ergastoplasme.
**ORGASME :** 10 anorgasmie, orgasmique, orgastique.
**ORGE :** 4 kvas, kwas, malt ■ 5 arête, bière, sucre ■ 6 drêche ■ 7 égermer, germoir, maltage ■ 8 cervoise, champart, hordéacé, hordéine, paumelle ■ 9 écourgeon ■ 10 escourgeon.
**ORGEAT :** 9 mauresque.
**ORGELET :** 6 tumeur ■ 8 furoncle, hordéole ■ 13 compère-loriot.

**ORGIE :** 6 luxure* ■ 8 débauche*, orgiaque ■ 10 bacchanale ■ 12 soulographie.

**ORGUE :** 4 laie ■ 5 point, récit ■ 6 basson, buffet, cornet, nasard ■ 7 célesta, clairon, larigot, octavin, sommier, tirasse ■ 8 bombarde, cromorne, hautbois, hydraule, organier, prestant, tubipore ■ 9 cornemuse, harmonium, langueyer, organiste, porte-vent, serinette ■ 10 clarinette, expression, salicional, soufflerie ■ 12 harmoniflûte, registration.

**ORGUEIL :** 5 faste, péché ■ 6 dédain, fierté, mépris, morgue, vanité ■ 7 dignité, égoïsme, fatuité, fermeté, hauteur, raideur, superbe ■ 8 ambition, froideur, gloriole, humilité, modestie, noblesse, paranoïa ■ 9 arrogance, prestance ■ 10 prétention, protecteur, suffisance ■ 11 amour-propre, orgueilleux, ostentation, présomption, sourcilleux ■ 12 complaisance, magnificence ■ 13 outrecuidance ■ 14 méconnaissance.

**ORGUEILLEUX :** 3 fat ■ 4 fier*, paon, vain ■ 5 enflé, raide ■ 6 altier, empesé, fierot, gourmé, guindé ■ 7 bêcheur, hautain, superbe ■ 8 arrogant*, fastueux, flambard, flambart, glorieux, vaniteux* ■ 9 ambitieux, méprisant, pharisien ■ 10 dédaigneux ■ 11 prétentieux* ■ 12 enorgueillir, outrecuidant, présomptueux.

**ORIENT :** 3 aga, est, pal ■ 4 agha, haïk, khôl, kief, luth, péri, shah ■ 5 bazar, halva, kilim, kohol, lèpre, pilaf, pilau, pilaw ■ 6 koheul, levant ■ 7 kandjar, kanglar, mandéen ■ 8 ablution, kandjlar, narguilé, oriental, sarrasin ■ 9 astragale, cimeterre, johannite, narghileh, palanquin ■ 10 ethnarchie ■ 12 orientalisme, orientaliste ■ 14 porphyrogénète.

**ORIENTAL :** 5 houka ■ 7 baklava ■ 10 catholicos.

**ORIENTATION :** 8 cardinal, épitaxie, glasnost ■ 9 direction*, dirigisme, ménotaxie, orienteur ■ 10 exposition, gyrocompas, phototaxie ■ 11 désorienter ■ 12 déclinatoire ■ 14 intentionalité, postmodernisme ■ 15 électrotropisme, psychotechnique.

**ORIENTER :** 4 axer ■ 7 braquer, centrer, décliner, diriger* ■ 9 aiguiller, banquette, canaliser, finaliser ■ 10 déflecteur, orientable, réorienter ■ 11 collimation, orientement, reconnaître.

**ORIFICE :** 3 cou ■ 4 anus, méat, pore, trou* ■ 6 cardia, choane, glotte, naseau, pylore, tragus ■ 7 astrésie, cloaque, cratère, évasure, filière, gicleur, larmier, lumière, ombilic, ostiole, pupille ■ 8 cathéter, étampure, éversion, fraisure, œillard, pointeau, pommelle, spiracle, stigmate ■ 9 évasement, micropyle, ouverture*, sphincter ■ 10 blastopore, dilatateur ■ 11 échappement.

**ORIGINAIRE :** 4 moco ■ 5 guppy, latin, natif, venir ■ 7 acadien ■ 8 indigène, poitevin, sarrasin ■ 9 aborigène ■ 10 autochtone, caucasique.

**ORIGINAL :** 4 rare, type ■ 5 banal, drôle, texte ■ 6 inédit, récent, source ■ 7 bizarre, nouveau ■ 8 olibrius, réplique ■ 9 phénomène, prototype, singulier ■ 11 excentrique, impersonnel, originalité, physionomie ■ 13 originalement.

**ORIGINALITE :** 4 type ■ 6 cachet, déjà-vu ■ 7 copiste ■ 8 aseptisé, banalité ■ 9 caractère, fantaisie, hardiesse ■ 10 académisme ■ 11 pittoresque ■ 12 excentricité, personnalité ■ 13 individualité.

**ORIGINE :** 2 de ■ 4 base, dont, mère, œuf, type ■ 5 cause*, foyer, germe, label, motif*, tirer ■ 6 made in, modèle, racine, souche, source* ■ 7 ablatif, berceau, enfance, famille, ressort ■ 8 déraciné, originel, principe, procéder, remonter ■ 9 descendre, filiation, fondement, incunable, naissance, neptunien ■ 10 étiopathie, étymologie, extraction, généalogie, originaire, primordial, provenance, psychogène ■

11 appellation, dégustation, descendance, nationalité, originalité ■ 12 commencement*, initialement ■ 13 primitivement, protohistoire ■ 14 originairement, originellement ■ 15 cryptogénétique.

**ORIGNAL :** 4 élan.

**ORIPEAU :** 8 guenille*.

**ORLE :** 8 trécheur ■ 9 trescheur.

**ORLEANAIS :** 6 olivet.

**ORLEANISTE :** 9 royaliste.

**ORME :** 5 loupe ■ 6 ormaie, ormeau, ormoie, samare, ulmacé, ypréau ■ 7 ormille ■ 9 graphiose ■ 10 tortillard.

**ORMEAU :** 8 haliotis ■ 9 haliotide.

**ORNE :** 6 ornais ■ 7 cannelé ■ 11 tarabiscoté

**ORNEMENT :** 2 nu ■ 3 arc, épi, ove, rai, uni ■ 4 dard, jeté, lobe, néon, orle, paon, rive, rose, tour, urne ■ 5 bande, bosse, canon, corne, culot, danio, étole, filet, fleur, frise, galon, gemme, gland, image, jabot, lilas, nille, nœud, ogive, olive, perle, pomme, ruban, ruche, spire, staff, strie, tiare, veuve ■ 6 anglet, arceau, besant, boucle, cartel, cimier, coléus, cordon, damier, échine, effilé, étoile, feston, flamme, flèche, frange, godron, gousse, goutte, listel, liston, mutule, pampre, parure, patère, postes, prunus, revers, rosace, trèfle, tresse, trille, tympan, volant, volute ■ 7 acanthe, atlante, bandeau, bordure, bossage, bucrâne, caisson, camélia, campane, chevron, collier, colonne, crépine, écaille, emblème, faîteau, falbala, fleuron, fresque, fronton, grecque, grenade, insigne, laurier, macaron, moulure, nervure, ovicule, pallium, plinthe, redenté, retable, rinceau, surtout, télamon, tenture, torsade, trophée, tunique ■ 8 aigrette, antéfixe, aréquier, armoire, baguette, billette, bossette, bracelet, broderie, cache-pot, chapelet, chenille, coiffure, coquille, corniche, couronne, draperie, formeret, grisotte, lettrine, manipule, mascaron, modillon, mosaïque, palmette, pilastre, pommette, postiche, rocaille, trou-trou, vignette ■ 9 arabesque, asplénium, astragale, banderole, bouffette, cannelure, caparaçon, cariatide, cartouche, chapiteau, clocheton, colonnade, découpure, dentelure, denticule, entrelacs, feuillure, fioriture, gruppetto, guirlande, médaillon, miniature, passement, passepoil, rudenture, sacristie, sculpture, tunicelle, vermicule, vigneture ■ 10 archivolte, chamarrure, colonnette, combattant, cul-de-lampe, décoration, enjolivure, enluminure, entretoile, guillochis, jardinière, lambrequin, moucheture, ornemental, ornementer, phalangère, raidecœur, retroussis, sécheresse, strelitzia, tapisserie, tête-de-clou ■ 11 appogiature, encadrement, enroulement, fleurdelisé, frontispice, imbrication, marqueterie, modern style, ornementiste, porte-glaive, vermiculure ■ 12 carton-pierre, compartiment, enjolivement, illustration, nid-d'abeilles, prétintaille, recouvrement ■ 13 amortissement, ornementation, quintefeuille ■ 14 quatre-feuilles.

**ORNEMENTAL :** 4 déco, iris, orme, tupa ■ 5 agave, aloès, calla, frêne, gesse, lupin, mollé, ormin, pavot, sauge, souci, yucca ■ 6 acacia, alysse, cyprès, dahlia, ginkgo, kerrie, mimosa, muguet, tulipe, ypréau ■ 7 acanthe, alysson, anémone, aubépine, bégonia, camélia, catalpa, fushsia, glaïeul, lunaire, négondo, négundo, œillet, palmier, pétunia, pivoine, platane, sophora, tamaris, tilleul ■ 8 amarante, badamier, caladium, capucine, crassula, crassule, cyclamen, gardénia, géranium, giroflée, gynérium, jacinthe, julienne, latanier, magnolia, narcisse, pandanus, sainfoin, solidage, solidago, sycomore, téraspic, verveine, victoria ■ 9 asphodèle, balsamine, cinéraire, coréopsis, gaillarde, hortensia, matthiole, maurandie, œnothère, onagraire, paulownia, rudbeckie, saxifrage, tubéreuse, volubilis ■ 10 cynoglosse, delphinium, eucalyptus, gaillardie, héliotrope, marronnier quadrilobe, térébinthe, tillandsie ■ 11 calcéolaire, cotonéaster, dauphinelle, laurier-rose, pélargonium ■ 12 chrysanthème, passe-velours, rhododendron ■ 13 bougainvillée, chèvrefeuille, queue-de-renard.

**ORNEMENTALE :** 7 freesia, jussiée ■ 8 calathéa, jussieua ■ 9 anthurium ■ 10 aphélandra ■ 11 saintpaulia.

**ORNEMENTATION :** 6 rococo ■ 8 mercerie, racinage ■ 9 amazonite ■ 10 décoration, plumassier ■ 11 enroulement, plateresque ■ 12 architecture.

**ORNER :** 5 dorer, parer*, semer ■ 6 border, broder, chiner, égayer, garnir*, imager, nimber, ourler, sommer, vernir ■ 7 adorner, attifer, brocher, ciseler, coiffer, couvrir, décorer, diaprer, fleurir, froncer, lustrer, nieller, peindre, revêtir ■ 8 aprêter, arranger, atourner, canneler, damasser, denteler, émailler, embellir, façonner, galonner, habiller, moulurer, nervurer, ouvrager, panacher, parurier, pavoiser, pourvoir, rudenter, sculpter, tapisser ■ 9 chamarrer, couronner, enjoliver, enluminer, festonner, garniture*, godronner, historier, illuminer, illustrer, incruster, maquiller, marqueter, mosaïquer, pomponner, rehausser ■ 10 agrémenter, embordurer, empanacher, enrubanner, guillocher, lunéviller, requinquer, saupoudrer ■ 11 chantourner, damasquiner ■ 12 enguirlander, tarabiscoter.

**ORNIERE :** 5 trace ■ 6 frayée ■ 7 routine ■ 8 cartayer.

**ORNITHOGALE :** 15 dame-d'onze-heures.

**ORNITHOLOGIE :** 12 ornithologue ■ 14 ornithologique, ornithologiste.

**ORONGE :** 9 muscarine, tue-mouche.

**ORPAILLEUR :** 10 orpaillage, pailleteur.

**ORPHELIN :** 7 pupille ■ 10 orphelinat.

**ORPHEON :** 11 orphéoniste.

**ORPHIQUE :** 8 orphisme.

**ORPIN :** 5 sédum ■ 12 trique-madame.

**ORQUE :** 8 épaulard.

**ORSEILLE :** 7 rocelle ■ 8 roccella.

**ORTEIL :** 5 pouce ■ 7 panaris ■ 8 phalange ■ 11 syndactylie.

**ORTHODONTIE :** 13 orthodontiste.

**ORTHODOXE :** 4 sain ■ 5 lavra ■ 6 uniate ■ 7 melkite ■ 8 melchite ■ 9 higoumène 10 hésychasme, hétérodoxe, orthodoxie ■ 11 autocéphale, métropolite.

**ORTHOGENIE :** 12 orthogénisme.

**ORTHOGONAL :** 13 axisymétrique, orthogonalité.

**ORTHOGONALE :** 13 axonométrique.

**ORTHOGRAPHE :** 6 écrire ■ 8 paronyme ■ 10 homographe ■ 11 cacographie ■ 13 orthographier ■ 14 orthographique.

**ORTHOPEDIE :** 7 minerve ■ 12 orthopédique, orthopédiste.

**ORTHOPEDIQUE :** 9 lombostat.

**ORTHOPHONIE :** 13 orthophonique.

**ORTHOPTERE :** 3 pou ■ 5 mante ■ 6 blatte, empuse, phasme, podure, psoque ■ 7 bacille, campode, phyllie ■ 9 acridien*, cancrelat ■ 11 courtilière ■ 12 taupe-grillon.

**ORTHOPTIE :** 11 orthoptique, orthoptiste.

**ORTIE :** 6 lamier ■ 8 formique ■ 9 belle-dame, urticacée.

**ORTOLAN :** 3 cep ■ 4 zizi.

**OS :** 4 côte, dent, ossu ■ 5 arête, atlas, calus, canon, carie, carpe, crâne, crête, fémur, genou, glène, ilion, joint, luxer, moule, ozone, pubis, sépia, sinus, tarse, tibia, vomer ■ 6 coccyx, hyoïde, manche, osseux, péroné, radius, rocher, rotule, sacrum, unguis, zygoma ■ 7 attelle, cubitus, cuboïde, frontal, humérus, iliaque, ischion, lunette, malaire, osselet, ostéité, ostéome, régloir, sternum, wormien ■ 8 acromion, apophyse, croupion, désosser, diaphyse, énostose, épiphyse, esquille, ethmoïde, exostose, fracture, glénoïde, hyoïdien, ligament, luxation, mâchoire, macreuse, malléole mastoïde, omoplate, ossature, ossement, ossifier, ossuaire, pariétal, périoste, phalange, temporel, tympanal, vertèbre ■ 9 astragale, calcanéum, cartilage, clavicule, glénoïdal, impaction, incasique, métacarpe, métaphyse, métatarse, occipital, ossements, ostéogène, pisiforme, réduction, remboîter, scaphoïde, sésamoïde, synostose ■ 10 cunéiforme, épiphysite, fontanelle, fourchette, maxillaire, ostéolithe, ostéologie, trapézoïde, trochanter, tubérosité ■ 11 déboîtement, dislocation, interosseux, métatarsien, ostéoblaste, ostéopathie, ostéoporose, pneumatique, zygomatique ■ 12 ossification, ostéographie, ostéomalacie, ostéomyélite, ostéoplastie, ostéosarcome ■ 13 chondromatose, histoplasmose, sus-maxillaire ■ 14 proprioception.

**OSCABRION :** 6 chiton.

**OSCILLATION :** 4 onde ■ 5 balan, lacet, marée ■ 6 larsen, shimmy ■ 7 ballant, pendule ■ 8 klystron, mutation ■ 9 balancier, démoduler, nystagmus, résonance, vibration ■ 10 branlement, microphone, transistor ■ 11 balancement* ■ 12 dodelinement, oscillatoire ■ 15 superhétérodyne.

**OSCILLER :** 6 baller ■ 7 branler, hésiter ■ 8 balancer* ■ 11 débattement, oscillateur ■ 12 oscillatoire.

**OSCILLOGRAPHE :** 13 oscillogramme.

**OSE :** 5 hardi*, léger, oseur ■ 6 aldose, cétose, olé olé, risqué ■ 7 pentose ■ 8 holoside ■ 10 diholoside ■ 12 polyholoside.

**OSEILLE :** 5 rumex ■ 7 surelle ■ 8 oxalique.

**OSER :** 5 venir.

**OSIDE :** 10 hétéroside.

**OSIER :** 3 van ■ 4 hart, vime ■ 5 banne, ciste, claie, hotte, nasse, pelte, plion, ruche ■ 6 clisse, pleyon ■ 7 éclisse, lacette, oseraie ■ 8 bannette, lasserie ■ 9 cagerotte, quillette ■ 11 vendangerot ■ 13 osiériculture.

**OSMIUM :** 2 os ■ 7 osmique, osmiure.

**OSMOTIQUE :** 8 isotonie ■ 9 oncotique, onkotique, osmomètre ■ 11 hypotonique ■ 12 hypertonique.

**OSQUE :** 5 osque.

**OSSATURE :** 8 carcasse, longeron.

**OSSELET :** 6 étrier ■ 7 enclume, marteau.

**OSSEMENT :** 2 os ■ 7 relique ■ 8 ossuaire.

**OSSEUSE :** 8 styloïde.

**OSSEUX :** 4 côte, lump ■ 5 boîte, crâne, épine, voûte ■ 6 cément ■ 7 myélite, ostéite ■ 8 carcasse, murénidé, sciénidé ■ 9 cornillon, ostéalgie, ostéolyse ■ 10 ostéophyte ■ 12 ostéomyélite.

**OSSIAN :** 10 ossianique.

**OSSIFICATION :** 10 rachitisme ■ 11 ostéogenèse.

**OSSUAIRE :** 9 cimetière.

**OSTENSIBLE :** 7 visible* ■ 11 perceptible ■ 14 ostensiblement.

**OSTENSOIR :** 7 custode ■ 10 monstrance.

**OSTENTATION :** 5 faste ■ 6 flafla, parade ■ 7 orgueil ■ 11 ostentateur ■ 12 ostentatoire.

**OSTEOMYELITE :** 13 staphylocoque.

**OSTEOPHYTE :** 14 bec-de-perroquet.

**OSTEOSYNTHESE :** 8 coapteur.
**OSTIAK :** 7 ougrien ■ 8 ostiaque.
**OSTRACISER :** 6 bannir ■ 9 pétalisme, repousser ■ 10 ostracisme.
**OSTRACISME :** 9 pétalisme.
**OSTRACODE :** 6 cypris.
**OSTREICULTURE :** 6 huître ■ 10 ostréicole ■ 13 ostréiculteur.
**ŒSTROGENE :** 10 oestradiol.
**OTAGE :** 6 garant ■ 9 kidnapper.
**OTER :** 4 tuer ■ 5 lever, limer, parer, peler, raser, ravir, rayer, tirer*, vider, voler ■ 6 abolir, casser, couper, écaler, élider, épiler, épucer, épurer, étêter, exiler, glaner, guérir, isoler, plumer, priver*, radier, rogner, sevrer, ternir ■ 7 abroger, annuler, aplanir, châtier, châtrer, débater, déduire, dégager*, délacer, démâter, démunir, dénuder, dépaver, dépolir, dépoter, dérater, dévêtir, ébarber, écorcer, écorner, écrémer, édenter, effacer, effaner, égrener, élaguer, émonder, enlever*, entamer, épuiser, essuyer, évincer, exclure, exhumer, libérer, mutiler, prendre*, quitter, raboter, retenir, retirer*, sarcler, séparer, spolier ■ 8 arracher*, aveugler, cueillir, débâcler, déballer, débander, déblayer, déboiser, déboîter, débonder, déborder, débotter, débrider, déclouer, déferrer, défibrer, défoncer, dégainer, déganter, dégarnir, dégommer, dégoûter, dégrafer, délaiter, délasser, délester, démouler, dénantir, dénicher, déparier, déplacer, déplumer, dépocher, déranger, dérougir, désaérer, désarmer, désosser, dessoler, détacher, déterrer, détrôner, détruire, dévernir, dévisser, dévoiler, éborgner, ébrécher, écourter, écroûter, éliminer, emporter, épierrer, éplucher, épointer, excepter, exempter, exprimer, expurger, extirper, extrader, extraire*, frustrer, nettoyer, prélever, rabattre, ramasser, remettre, résilier, révoquer, tronquer ■ 9 chaponner, débarquer, déboucher, débourber, débourrer, décaisser, décapiter, déchaîner, décharger, décharner, décintrer, décompter, découvrir, décrasser, décrotter, dédoubler, défalquer, dégrossir, délustrer, démancher, démarquer, démasquer, démeubler, démotiver, démuseler, dépailler, déplanter, dépeupler, déraciner, dériveter, desceller, dessabler, dessaisir, desseller, destituer, dévaliser, distraire, ébrancher, échrancrer, émasculer, épouillir, escompter, exhéréder, expatrier, extorquer, interdire, reprendre, supprimer*, vide-pomme ■ 10 confisquer, décacheter, décalotter, décarreler, déchausser, déclaveter, décourager, déculasser, déculotter, dégazonner, dégraisser, démanteler, dépoétiser, déposséder, dépouiller*, dépourvoir, désamorcer, déshériter, détrousser, développer, écheniller, effeuiller, épousseter, essoriller, exproprier, moissonner, raccourcir, retrancher*, soustraire* ■ 11 débarrasser, décortiquer, découronner, déharnacher, démailloter, démonétiser, démoraliser, démoucheter, dépareiller, dépénaliser, désentraver, déshabiller, excommunier ■ 12 désincruster, ébourgeonner ■ 14 dénationaliser.
**OTITE :** 10 mastoïdite.
**OTTOMAN :** 4 raïa, raya, turc ■ 5 rayia ■ 6 eyalet ■ 7 icoglan, padicha ■ 8 padichah ■ 9 padischah.
**OU :** 4 soit.
**OUATE :** 6 ouater, tampon ■ 7 ouatine, kleenex ■ 9 cotonneux ■ 10 douillette ■ 12 courte-pointe.
**OUBLI :** 5 faute, lotos, lotus, pavot ■ 6 lacune, manque, pardon ■ 7 abandon, amnésie, bourdon ■ 8 légèreté, omission* ■ 9 désuétude ■ 10 abnégation, étourderie, manquement, négligence* ■ 11 disparition, distraction, inattention*, ingratitude, prétérition, renoncement ■ 12 inadvertance, inobservance ■ 13 inobservation ■ 14 méconnaissance.

**OUBLIER :** 5 oubli ■ 6 perdre, sortir ■ 7 laisser, omettre* ■ 8 absoudre, consoler, échapper, éteindre, étourdir, mépriser, oublieux, renoncer, souvenir ■ 9 amnistier, dédaigner, distraire, oubliable, pardonner ■ 11 disparaître, inoubliable ■ 12 désapprendre.
**OUBLIETTE :** 5 fosse ■ 7 cellule.
**OUBLIEUX :** 7 étourdi* ■ 8 distrait* ■ 9 négligent ■ 11 indifférent.
**OUEST :** 5 blanc, jaune, poire, pomme ■ 8 couchant, occident ■ 9 bécasseau, jetstream.
**OUGANDA :** 9 ougandais.
**OUGRIENNE :** 6 ostiak.
**OUI :** 2 oc, da, si ■ 3 oïl ■ 5 voire ■ 6 ouiche ■ 12 parfaitement.
**OUÏE :** 4 sens ■ 5 oyant, sourd ■ 7 auditif, oreille*, surdité ■ 8 audition, entendre ■ 9 inaudible, sourd-muet.
**OUÏES :** 9 branchies.
**OUÏR :** 4 ouïe ■ 7 ouï-dire ■ 8 entendre*.
**OUILLER :** 8 ouillage.
**OUISTITI :** 8 hapalidé.
**OUKASE :** 5 ukase.
**OURAGAN :** 7 tempête* ■ 10 bourrasque.
**OURALIENNE :** 7 ougrien.
**OURDIR :** 6 tramer ■ 7 brasser ■ 8 combiner, machiner* ■ 10 manigancer, ourdisseur.
**OURDISSOIR :** 6 cantre.
**OURLET :** 4 bord* ■ 5 suage ■ 6 ourler ■ 9 extra-fort, rouleauté, roulotter ■ 10 passelacet.
**OURS :** 5 amble, panda ■ 6 kodiak, ourson ■ 7 grizzly ■ 11 septentrion.
**OURSIN :** 5 melon ■ 8 hérisson ■ 9 châtaigne, spatangue ■ 12 pédicellaire.
**OUTARDE :** 9 outardeau ■ 11 canepetière.
**OUTIL :** 3 clé, fer, hie, pic ■ 4 clef, croc, dame, faux, houe, lime, main, râpe, ripe, saie, saye, scie, truc ■ 5 alène, bêche, burin, criss, drège, écang, écope, foret, fusil, gâche, gouet, gouge, hache, hoyau, kriss, masse, mèche, meule, palot, pelle, perce, picot, pince, plane, queux, râble, rabot, racle, sabot, serpe, surin, valet ■ 6 archet, asseau, bédane, biseau, biveau, boësse, bouvet, buisse, ciseau, cognée, doleau, égoïne, embout, entoir, étampe, forces, fraise, galope, godron, gorget, gratte, louche, matoir, merlin, navaja, paroir, peigne, pioche, piolet, plioir, rasoir, rateau, rivoir, rodoir, smille, taraud, toupie, trépan, virolle, vrille ■ 7 alésoir, assette, bec d'âne, bêchoir, bigorne, binette, bouloir, boutoir, chopper, ciselet, dudgeon, égohine, épiloir, équerre, estampe, évidoir, faucard, fauchet, fauchon, fendoir, fossoir, fouloir, fourche, frisoir, gibelet, guipoir, guscine, hachoir, hansart, jabloir, lissoir, louchet, machine*, maillet, mandrin, marteau, onglier, outillé, perçoir, piquoir, planoir, poinçon, pucheux, puisoir, racloir, rasette, régloir, rénette, riflard, rifloir, rognoir, rouanne, rouloir, sciotte, spalter, tarière, traçoir, truelle, varlope, videlle ■ 8 affiloir, affinoir, aissette, allumoir, amorçoir, besaiguë, bisaiguë, bourroir, boutique, céraunie, chassoir, cisaille, cisoires, couperet, coutelas, cuillère, démêloir, drayoire, ébarboir, écumoire, émondoir, épissoir, faucille, ferrière, frottoir, grattoir, greffoir, hachette, havre-sac, houlette, jabloire, machette, martinet, massette, niveleur, onglette, ouistiti, outiller, palisson, pincette, plantoir, pointeau, raclette, rainette, recingle, resingle, rustique, serpette, strigile, taillant, tenaille, tire-clou, tirefond, traceret, tranchet, triballe, veinette ■ 9 accordoir, aiguisoir, arrachoir, atomiseur, avant-clou, boucharde, brucelles, carbonado, ca-

rottier, contrefer, coupe-pâte, découpoir, demi-ronde, ébauchoir, écharnoir, égrappoir, erminette, fauchette, faucillon, ferratier, ferretier, guignette, guilloche, hachereau, minahouet, morailles, outillage, oviscapte, polissoir, rabattoir, retendoir, rhizotome, rivelaine, rognepied, tire-bonde, tire-botte, tournevis, tranchoir, ustensile*, videpomme ■ **10** bouterolle, brunissoir, carotteuse, chasse-clou, cure-ongles, débouchoir, dégorgeoir, demoiselle, ébranchoir, embauchoir, embouchoir, épinglette, feuilleret, francisque, herminette, instrument*, passe-lacet, pastilleur, percerette, porte-outil, queue-de-rat, repoussoir, rouannette, scramasaxe, serfouette, tamponnoir, tarabiscot, tire-bouton ■ **11** aplatissoir, bec-de-corbin, chausse-pied, coupe-ongles, coupe-papier, cure-oreille, décapsuleur, démonte-pneu, dénoyauteur, échenilloir, écussonnoir, enfouisseur, hache-paille, ouvre-boîtes, pelle-pioche, pied-de-biche, saint-crépin, taillandier, technologie, tranche-lard, vilebrequin ■ **12** bec-de-corbeau, brise-copeaux, coupe-cigares, coupe-légumes, coupe-racines, emporte-pièce, fourchefière, frappe-devant, hache-légumes, marteau-pilon, passe-partout, queue-de-morue ■ **13** queue-de-cochon, taille-racines, tourne-à-gauche ■ **14** chasse-goupille.

**OUTILLAGE :** **13** microlithique ■ **15** électroportatif.

**OUTLAW :** **8** réprouvé ■ **9** hors-la-loi.

**OUTRAGE :** **5** délit, fouet ■ **6** avanie, blessé, injure* ■ **7** affront, insulte, inviolé, offense* ■ **8** calomnie, soufflet ■ **9** blasphème, camouflet, invective ■ **10** outrageant ■ **11** diffamation, imprécation, indignation, malédiction.

**OUTRAGEANT :** **9** injurieux, insultant, offensant, outrageux.

**OUTRAGER :** **4** huer ■ **7** bafouer, maudire ■ **8** conspuer, écharper, injurier*, insulter, offenser* ■ **9** accoutrer ■ **10** accommoder, blasphémer, invectiver, vilipender.

**OUTRANCE :** **5** excès* ■ **8** démesure* ■ **10** outrancier.

**OUTRE :** **4** fort, item, plus ■ **7** indigné, révolté ■ **8** excessif, utricule ■ **9** anglomane, bigoterie, bigotisme, burlesque, cagoterie, cornemuse, fanatisme, par-dessus ■ **10** scandalisé ■ **11** sensualisme ■ **14** indépendamment.

**OUTRECUIDANCE :** **7** orgueil ■ **11** présomption ■ **12** outrecuidant.

**OUTRE-MER :** **8** indigène ■ **9** coloniale.

**OUTREPASSER :** **6** passer ■ **7** excéder.

**OUTRER :** **6** forcer ■ **8** exagérer*.

**OUVERT :** **3** bée ■ **5** argus, bayer, béant, éclos, évasé, franc, gifle, palme, tempe ■ **6** kipper ■ **7** de cujus, épanoui ■ **9** imperforé, impluvium ■ **10** accessible, accréditif, entrouvert ■ **12** stomatoscope.

**OUVERTEMENT :** **9** hautement ■ **10** ex professo ■ **11** franchement.

**OUVERTURE :** **3** bée, vue ■ **4** abée, anus, baie, cran, jour, œil, orbe, pore, raie, tape, trou*, vide, voie ■ **5** abîme, angle, arche, bocal, bonde, crevé, creux, écart, évent, fente*, fossé, issue, jouée, judas, musse, nable, perce, porte, seuil, valve, verre ■ **6** arcade, arceau, béance, bouche, boulin, brèche, carnau, cavité, chasse, coupée, entrée, exorde, gueule, hablot, hiatus, hublot, maille, narine, percée, rayère, regard, sabord, trappe, trouée, tuyère ■ **7** archère, carneau, cassure, couloir, coupure, cratère, créneau, croisée, écubier, encoche, évasure, fenêtre, galerie, guichet, introït, lucarne, lumière, lunette, œillet, orifice*, ouvreau, panneau, préface, rainure, saignée, venteau ■ **8** aperture, archière, chatière, coulisse, crevasse, dilatant, dosseret, ébrasure, égueuler, entaille, étampure, gueulard, jaumière, mortaise, portière, prologue, tubulure, varaigne, vasistas, venteaux, ventouse ■ 9 barbacane, bienvenue, cicatrice, crénelure, déboucher, découpure, dentelure, écoutille, embrasure, équerrage, évasement, passe-plat, perforage, péristome, préambule, soupirail, térébrant, trapillon, vomitoire ■ 10 bâillement, canonnière, claire-voie, compluvium, disruption, échancrure, embouchure, emmanchure, émonctoire, exposition, meurtrière, trappillon, vernissage ■ 11 boutonnière, cardiotomie, diaphragmer, égueulement, embrasement, endentelure, éventration, laparotomie, machicoulis, perforation, pleurotomie ■ 12 chantepleure, déchiqueture, fenestration, inauguration, installation, porte-fenêtre, thoracotomie ■ 13 avant-première, intronisation ■ 14 écarquillement ■ 15 entrebâillement.

**OUVRAGE :** 2 op, or ■ 3 épi, mur ■ 4 dais, fort, four, i.s.b.n., loge, môle, opus, plan, tête, tome ■ 5 atlas, bible, bijou, boyau, braie, bribe, cadre, claie, copie, coule, devis, digue, écrit, émail, essai, étude, faune, gland, joint, livre*, masse, mètre, musée, opéra, oriel, palée, pièce, poème, point, redan, salon, tâche, thèse, tissu, usuel, voûte ■ 6 abrégé, estame, labeur, œuvre*, précis, redent, traité ■ 7 addenta, annales, bastion, besogne, bluette, chemise, croisée, ébauche, gravure, incipit, logique, mémento, méthode, opaline, orfévré, ravelin, redoute, reprint, service, synopse, tambour, tissage, travail* ■ 8 annuaire, armature, bastille, bonnette, brochure, camelote, casemate, cavalier, ciselure, couronne, dédicace, demi-lune, dialogue, épilogue, gainerie, malfaçon, mémorial, monument, mosaïque, opuscule, ornement, parution, peinture, physique, plâtrage, princeps, retouper, rocaille, samizdat, scolaire, terrasse, treillis ■ 9 anaglyphe, appendice, archétype, baldaquin, barbacane, bas-relief, charpente, classique, coédition, émaillure, embrasure, étayement, fascicule, fascinage, filigrane, finissage, incunable, intituler, livraison, manuscrit, matériaux, mécanique, monolithe, plâtinerie, plomberie, scoliaste, sparterie, tricotage, variorium ■ 10 bousillage, brise-glace, cailloutis, caponnière, cartonnage, clayonnage, couvrement, faïencerie, géographie, maçonnerie, menuiserie, monogramme, orfèvrerie, parquetage, pastillage, plate-forme, porcelaine, porte-à-faux, production, revêtement, rondebosse, serrurerie, soumission, space opera, traduction, verroterie ■ 11 aide-mémoire, capitonnage, charronnage, chef-d'œuvre, compilation, compte rendu, contre-digue, contrefaçon, ferronnerie, lambrissage, marqueterie, publication, rempaillage, tabletterie ■ 12 badigeonnage, bibliomancie, élucubration, encyclopédie, entrepreneur, incrustation, miscellanées, prolégomènes, renfoncement, travailleuse ■ 13 cloisonnement, fortification, rechampissage ■ 14 substantifique.

**OUVRAGER :** 5 orner* ■ 10 travailler*.

**OUVREAU :** 5 verre ■ 8 tuilette.

**OUVRER :** 10 travailler*.

**OUVRIER :** 2 o.p., o.s. ■ 5 borin, canut, coron, homme, jaune, maçon, singe ■ 6 calfat, docker, fileur, foreur, foulon, gindre, haveur, licier, mineur, pareur, paveur, riveur, sagard, scieur, tireur, tôlier ■ 7 artisan, boiseur, carreur, caviste, charron, cordier, dalleur, étameur, fendeur, ferreur, fondeur, gainier, geindre, glaceur, laineur, lingère, luddite, margeur, marneur, métallo, metteur, meulier, moireur, monteur, moulier, nattier, piqueur, pompier, régleur, robeuse, rogneur, sableur, salarié, sasseur, saunier, sellier, soudier, tanneur, trameur, trottin, tubiste, tuilier, vannier, verrier, vitrier, voilier ■ 8 affûteur, ajusteur, apiéceur, apprenti, bobineur, bronzeur, burineur, chaînier, clicheur, cloutier, coffreur, couvreur, ébéniste, écorceur, effileur, égoutier, émouleur, étampeur, fagotier, forgeron, fraiseur, gaufreur, grisette, imposeur, lamineur, lapicide, layetier, limousin, marbrier, modeleur, nielleur, paludier, peignier, plâtrier, plombier, pressier, puddleur, raboteur, raucheur, ravaleur, sabotier, sellette, staffeur, tâcheron, tamiseur, tourbier, tourneur, trempeur, virolier ■ 9 amareyeur, apprêteur, argenteur, boyaudier, carreleur, chaîniste, chauffeur, cigarière, cimentier, compagnon, débardeur, défibreur, démouleur, ébaucheur, émailleur, encadreur, engreneur, estampeur, façonnier, garanceur, graisseur, gravatier, imprimeur, lapidaire, manœuvre, marteleur, mégissier, menuisier, midinette, monnayeur, moulineur, moulinier, peaussier, pelleteur, pendulier, praticien, récolteur, rémouleur, repasseur, retordeur, sardinier, souffleur, stucateur, tailleuse, tisserand, tonnelier, trancheur, tréfileur, veloutier ■ 10 apprêteuse, asphalteur, boisselier, bombagiste, bourrelier, bousilleur, briqueteur, cantonnier, chamoiseur, conducteur, cylindreur, déménageur, foulonnier, gobeletier, hongroyeur, journalier, machiniste, marqueteur, pailleteur, pastilleur, plafonneur, plasticien, repriseuse, saisonnier, saurisseur, schlitteur, terrassier, toupilleur, trade-union, typographe ■ 11 charpentier, décolleteur, démolisseur, familistère, ferrailleur, goudronneur, guillocheur, lithographe, maroquineur, métalliseur, travailleur* ■ 12 appareilleur, chaufournier, contremaître, démasquineur, emboutisseur, héliograveur, palissonneur, photograveur ■ 13 compagnonnage, prêtre-ouvrier ■ 14 internationale.

**OUVRIERE:** 8 toileuse ■ 12 mécanicienne.

**OUVRIR:** 4 béer, clef ■ 5 aérer, clore ■ 6 crever, éclore, fendre, forcer, percer, piquer, trouer ■ 7 ajourer, bâiller, confier, creuser, déclore, dégager, délacer, démurer, dénouer, déplier, dilater, ébraser, écarter, éclater, élargir, initier, libérer, pousser, rouvrir, séparer ■ 8 créneler, déballer, débarrer, débonder, déchirer, découdre, défoncer, dégrafer, détacher, ébrécher, écailler, enfoncer, épanouir, éventrer, hara-kiri, lancette, ouvrable, ouvreuse, perforer ■ 9 commencer, crevasser, crocheter, déboucher, découvrir, déhiscent, désopiler, desserrer, disséquer, échancrer, entailler, ouverture ■ 10 accréditer, décacheter, décloîtrer, dépaqueter, disjoindre, entrouvrir, introduire, noctiflore ■ 11 déboutonner, désemballer, désobstruer, écarquiller, ouvre-boîtes ■ 12 décadenasser, entrebâiller, espagnolette, laryngotomie, passe-partout ■ 13 déverrouiller.

**OUVROIR:** 7 atelier.

**OVAIRE:** 5 fleur, ovule, style ■ 6 infère, lutéal, supère ■ 7 épigyne, lutéine, ovarite ■ 8 adhérent, hypogyne, nouaison, oviducte, placenta ■ 9 ovulation ■ 10 lutéinique, œstradiol ■ 11 folliculine, inféro-varié, superovarié ■ 12 ovariectomie, progestérone ■ 14 multiloculaire.

**OVALE:** 3 ové ■ 6 ovoïde ■ 7 ellipse ■ 8 ovalaire, ovaliser, oviforme ■ 11 œil-de-bœuf.

**OVARIECTOMIE:** 6 totale ■ 10 castration.

**OVATION:** 8 acclamer, triomphe ■ 10 ovationner.

**OVE:** 4 orle.

**OVIPARE:** 6 oiseau ■ 9 couleuvre.

**OVISCAPTE:** 7 tarière.

**OVNI:** 8 ufologie.

**OVOÏDE:** 5 olive, ovule.

**OVULATION:** 6 ovuler ■ 9 clomifène ■ 10 ovulatoire ■ 12 anovulatoire.

**OVULE:** 4 œuf* ■ 7 chalaze, nucelle ■ 8 anatrope, funicule, oosphère, ovulaire, vitellus ■ 9 micropyle, ovulation ■ 10 orthotrope ■ 11 folliculine ■ 12 placentation ■ 14 parthénogenèse.

**OXACIDE :** 9 sulfacide.
**OXALIDACEE :** 6 oxalis ■ 7 oxalide ■ 8 alléluia ■ 10 acétoselle.
**OXHYDRYLE :** 9 hydroxyle.
**OXYCHLORURE :** 8 algaroth.
**OXYDANT :** 9 perborate.
**OXYDATION :** 5 créma, étain, ozone ■ 6 patine ■ 8 aldéhyde, gazogène ■ 9 acrylique, malonique, suroxyder, térébique ■ 10 inoxydable, péroxydase, tyrosinase ■ 11 anodisation, biliverdine.
**OXYDE :** 5 chaux, émail, étain, éther, métal, safre, smalt, tutie, urane, verre ■ 6 aétite, aimant, baryte, erbine, éthyle, minium, patine, rutile, silice, tuthie, verdet, yttria ■ 7 alcalin, alumine, cuprite, ferrite, glucine, lithine, rouille, thorine, wolfram, zircone ■ 8 anoxémie, colcotar, dendrite, ferrique, hématite, ilmenite, limonite, litharge, magnésie, massicot, monoxyde, oligiste, orpiment, peroxyde, ténorite, thermite ■ 9 amphotère, hémioxyde, hydroxyde, magnétite, manganeux, mercureux, protoxyde, rouillure, ytterbine ■ 10 battitures, oxycarbone, saccharate, strontiane, thorianite, tungstique, vert-de-gris ■ 11 cassitérite, respiration, sesquioxyde, valentinite ■ 13 parkérisation.
**OXYDOREDUCTION :** 9 réducatse.
**OXYGENATION :** 7 aérobic ■ 9 vincamine.
**OXYGENE :** 4 sang ■ 5 métal, oxyde, ozone ■ 6 anoxie ■ 7 azoteux, borique, ozoneur ■ 8 anoxémie, bromique, monoxyde, nitrique, oxyacide, oxygéner, ozoniser, peroxyde ■ 9 arsénique, carbogène, chlorique, chromique, désoxyder, hémioxyde, hypoxémie, oxydation, ozonateur, perhydrol, protoxyde, sélénieux, sélénique, stannique, tellureux, tellurien, thionique ■ 10 carbonique, combustion, oxhydrique, oxysulfure, sulfurique, suroxygène, tellurique ■ 11 antimoniate, hémoglobine, oxychlorure, oxygénation, phosphoryle ■ 12 hypochloreux, perchlorique ■ 13 hyposulfureux ■ 14 post-combustion ■ 15 hypophosphoreux, oxyacétylénique, oxygénothérapie.
**OXYTETRACYCLINE :** 12 terrafungine.
**OXYURE** 8 oxyurose.
**OYAT :** 7 gourbet.
**OZONE :** 5 ozoné ■ 7 ozonide ■ 8 ozoniser ■ 9 ozonateur, ozoniseur ■ 11 ozonisation ■ 12 assainisseur.

# P

**PACAGE :** **3** pré ■ **6** défens ■ **7** défends ■ **8** pâturage.
**PACANIER :** **6** pacane.
**PACHYDERME :** **6** ongulé*.
**PACIFIER :** **6** agiter, calmer* ■ **7** apaiser* ■ **12** pacification.
**PACIFIQUE :** **5** calme* ■ **8** paisible* ■ **9** pacifiste ■ **12** austronésien ■ **13** pacifiquement.
**PACOTILLE :** **8** camelote ■ **11** marchandise.
**PACQUER :** **8** pacquage.
**PACTE :** **6** accord* ■ **7** contrat* ■ **8** alliance, covenant, pactiser ■ **10** convention* ■ **13** antikomintern.
**PACTOLE :** **7** jackpot.
**PAGAIE :** **4** rame ■ **5** canoé ■ **8** pagayeur ■ **10** périssoire.
**PAGAILLE :** **8** désordre*.
**PAGANISME :** **4** dieu ■ **7** impiété.
**PAGE :** **4** nota, rôle ■ **5** débit, folio, forme, garde, marge, recto, volti ■ **6** carton, onglet ■ **7** feuille*, paginer ■ **8** feuillet ■ **9** numéroter ■ **10** imposition, pagination, stéréotype ■ **12** passe-partout.
**PAGNE :** **4** java ■ **5** paréo ■ **10** tissu-pagne.
**PAGODE :** **6** temple* ■ **7** pagodon.
**PAHLAVI :** **5** perse.
**PAIEMENT :** **6** avance, protêt, rappel ■ **7** acompte, annuité, à-valoir ■ **8** coobligé, quérable ■ **9** acquitter, arrérager, buraliste, débourser, versement ■ **10** ordonnance, scriptural ■ **11** banqueroute, non-paiement, rétribution*, termaillage ■ **12** capsule-congé, nantissement, scriptuaire, timbre-amende ■ **13** remboursement.
**PAÏEN :** **6** eubage, gentil ■ **8** idolâtre, infidèle, mécréant, néophyte ■ **9** paganiser, prosélyte ■ **11** irréligieux.
**PAILLARD :** **8** débauché* ■ **9** luxurieux* ■ **11** paillardise.
**PAILLASSE :** **5** clown, pitre ■ **7** paillon, paillot ■ **10** queue-rouge.
**PAILLASSON :** **5** natte, tapis ■ **8** abri-vent ■ **10** décrottoir ■ **11** essuie-pieds, gratte-pieds, paillassonner ■ **14** paillassonnage.
**PAILLASSONNER :** **14** paillassonnage.
**PAILLE :** **4** fétu, glui ■ **5** balle, bauge, cabas, glane, glume, humus, luton, natte, niche, picot, ruche, soyer ■ **6** chaume, éteule ■ **7** bouchon, fouarre, lacerie, litière ■ **8** bûchette, canotier, fourchée, fourrage, lasserie, pailleux, paillote, râtelier ■ **9** chalumeau, dépailler, empailler, paillasse ■ **10** enchausser, paillasson, rempailler ■ **11** hache-paille ■ **12** carton-paille, empaillement.

**PAILLER :** 8 paillage.
**PAILLETTE :** 7 paillon ■ 8 pailleté ■ 9 pailleter ■ 10 orpailleur, pailletage, pailleteur.
**PAILLON :** 7 tontine.
**PAILLOTTE :** 6 cabane*.
**PAIN :** 3 bis, bun, mie ■ 4 brie, four, havi, maïs, œil, pané, pita ■ 5 azime, flûte, gruau, huche, jocko, miche, paner, pâtée, pesée, polka, rôtie, savon, soupe, sucre, talon, toast ■ 6 bâtard, boulot, casson, chapon, hostie, hot-dog, panade ■ 7 baisure, bourrée, fournée, gressin, grignon, longuet, moussot, panaire, quignon ■ 8 baguette, banneton, bisaille, biscotte, boulette, chanteau, cramique, mangeure, mousseau, nonnette, panifier, pastille, pistolet, salignon, sandwich, tartiner, tavaïole, tourteau ■ 9 boulanger, chapelure, croissant, marquette, pan-bagnat, paneterie, panetière, tavaïolle, trempette ■ 10 grille-pain, impanation, mouillette, panifiable, rissolette ■ 11 boulangerie, eucharistie, manutention ■ 12 panification.
**PAIR :** 4 égal, lord ■ 5 bandé, fascé, sénat ■ 6 pairie ■ 8 diphoïde ■ 9 pairement ■ 10 seigneurie ■ 11 duché-pairie ■ 12 paridigitide.
**PAIRE :** 4 deux, full ■ 6 couple ■ 8 apparier, déparier ■ 9 appairage, rapparier ■ 10 quadripôle, tétraptère.
**PAIRLE :** 7 gousset.
**PAISIBLE :** 3 coi ■ 4 béat ■ 5 calme*, quiet ■ 7 placide ■ 9 pacifique, pacifiste ■ 10 intermonde, tranquille* ■ 11 pantouflard ■ 12 paisiblement.
**PAITRE :** 5 pâtis, pâtre ■ 6 alpage ■ 7 brouter, pacager, parquer, pâturer, viander ■ 8 herbager, repaître ■ 9 cantonner, paissance ■ 10 transhumer ■ 11 dépaissance.
**PAIX :** 4 chut, holà ■ 5 affre, agape, calme*, motus, pacte, trève ■ 6 accord, amitié, traité ■ 7 silence ■ 8 concorde, pacifier ■ 9 pacifique, pacifiste, protocole ■ 10 apaisement*, convention ■ 11 arrangement ■ 12 capitulation, pacificateur, pacification, tranquillité* ■ 13 accommodement ■ 14 réconciliation.
**PAKISTANAIS :** 6 ourdou.
**PAL :** 4 pieu* ■ 5 croix, flanc, palée ■ 8 équipolé, vergette ■ 9 équipollé ■ 10 empalement.
**PALABRE :** 8 palabrer ■ 9 discourir* ■ 10 discussion.
**PALACE :** 5 hôtel*.
**PALADIN :** 9 chevalier*.
**PALAFITTE :** 9 terramare.
**PALAIS :** 4 cour ■ 5 hôtel, musée, salle, voile, voûte ■ 6 casbah, évêché, manoir, mikado, sérail ■ 7 château*, édifice, icoglan, vélaire ■ 8 monument, palatial ■ 10 procuratie ■ 12 uranoplastie ■ 13 échansonnerie ■ 14 palatalisation.
**PALAN :** 5 bigue ■ 8 caliorne, pantoire ■ 9 palanquée, palanquer.
**PALANQUE :** 9 palanquer.
**PALATALISATION :** 9 mouillure ■ 11 palataliser.
**PALATINE :** 5 voûte ■ 9 palatinat.
**PALE :** 4 bleu, fané, gris, hâve, plat, vert ■ 5 blanc, blême, mauve, pâlir, pâlot, terne* ■ 6 cendre, défait, délavé, éteint, étiolé, flétri, livide ■ 7 blafard, céladon, déteint, pisseux, platine, terreux, tripale ■ 8 anémique, décoloré, incolore, jaunâtre, pâlichon, vrillage ■ 10 blanchâtre, quadripale ■ 11 chlorotique, languissant.
**PALEANTHROPIEN :** 10 anthrophien.
**PALEFROI :** 6 cheval.
**PALEOGENE :** 6 danien ■ 8 lutécien, lutétien ■ 9 paléocène.

**PALEOGRAPHIE** 5 sigle ■ **11** paléographe ■ **15** paléographique.
**PALEOLITHIQUE : 7** atérien, capsien ■ **9** acheuléen, lavallois, solutréen ■ **10** clactonien, gravettien, moustérien ■ **11** abbevillien, aurignacien, badegoulien, magdalénien, moustiérien, pélistocène, périgordien ■ **12** mésolithique, tardenoisien ■ **13** leptolithique ■ **15** châtelperronien.
**PALEONTOLOGIE : 13** paléontologue ■ **15** paléontologique, paléontologiste.
**PALERON : 8** surlonge.
**PALET : 6** disque ■ **9** discobole.
**PALETOT : 7** manteau*.
**PALETTE : 3** bat ■ **4** pale ■ **6** férule ■ **7** battoir ■ **8** couchoir ■ **10** palettiser ■ **12** palettisable ■ **13** palettisation.
**PALETTISER : 11** palettiseur.
**PALETUVIER : 12** pneumatophore.
**PALEUR : 6** anémie ■ **8** chlorose, langueur.
**PALIER : 5** carré, étage, phase, rampe, volée ■ **7** recette ■ **10** colonnette ■ **12** antifriction.
**PALIERE : 7** saleron.
**PALINDROME : 11** anacyclique.
**PALINGENESIE : 11** renaissance ■ **13** réincarnation ■ **14** palingénésique.
**PALINODIE : 10** rétraction.
**PALIR : 6** blêmir, ternir ■ **7** changer, flétrir ■ **8** éteindre.
**PALIS : 4** pieu* ■ **7** clôture.
**PALISSADE : 4** lice ■ **5** palis, secco ■ **7** clôture* ■ **8** abrivent ■ **10** palissader ■ **13** fortification.
**PALISSER : 9** palissage ■ **10** dépalisser.
**PALISSON : 11** palissonner ■ **12** palissonneur.
**PALLADIANISME : 9** palladien.
**PALLADIUM : 2** pd ■ **8** garantie.
**PALLIATIF : 7** calmant.
**PALLIDUM : 13** pallidectomie.
**PALLIER : 6** sauver ■ **7** modérer ■ **8** déguiser.
**PALMATIQUE : 9** palmitine.
**PALME : 7** palmier ■ **9** palmaturé, palmifide, palmilobe ■ **10** palmiparti, palmisèque ■ **11** palmatilobe ■ **12** palmatiparti, palmatisèque.
**PALMEE : 9** palmifide ■ **10** palmiséqué ■ **11** palmatifide.
**PALMIER : 4** arec, doum ■ **5** cycas, éléis, palme, serre ■ **6** arenga, élæis, kentia, phénix, raphia, rotang ■ **7** borasse, caryote, dattier, euterpe, palmite, phœnix, rondier, spadice ■ **8** aréquier, borassus, céroxyle, cocotier, latanier, oréodoxe, palmacée, palmette, palmiste, pandanus, piassava, sagouier, tallipot ■ **9** chamérops, œnocarpe, palmarium, palmeraie, sagoutier ■ **10** chamærops ■ **11** phytéléphas ■ **12** chou-palmiste, washingtonie.
**PALMIPEDE : 3** fou, oie ■ **5** cygne, grèbe, harle ■ **6** canard, pétrel, puffin, rieuse, sterne ■ **7** anatide*, flamant, frégate, goéland, manchot, mergule, mouette, pélican, phaéton ■ **8** albatros, calculot, cormoran, macareux, pingouin, plongeon ■ **9** guillermot, lariforme ■ **11** ansériforme*, stercoraire.
**PALMISTE : 5** xérus.
**PALOMBRE : 6** pigeon*, ramier ■ **8** ramereau.
**PALOURDE : 8** clovisse ■ **10** pinnothère.
**PALPER : 7** toucher* ■ **8** palpable, sensible ■ **9** palpation.
**PALPITER : 6** vibrer* ■ **9** palpitant ■ **11** palpitation.
**PALTOQUET : 8** grossier*.

**PALUDISME** : 4 palu ■ 7 malaria ■ 8 anophèle, palustre ■ 11 chloroquine ■ 12 impaludation, intermittent.
**PALYNOLOGIE** : 13 palynologique.
**PAME** : 8 pâmoison ■ 14 évanouissement.
**PAMPHLET** : 4 écho ■ 5 tract ■ 6 blason, factum, satire ■ feuille, libellé, placard ■ 8 brochure, diatribe ■ 10 mazarinade, pasquinade ■ 11 journaliste ■ 12 pamphlétaire.
**PAMPLEMOUSSE** : 6 agrume, pomelo ■ 10 grapefruit.
**PAMPRE** : 8 épamprer, vignette.
**PAN** : 5 filet, veste ■ 8 enrayure ■ 9 colombage.
**PANACEE** : 5 panax ■ 6 remède* ■ 10 catholicon, médicament*.
**PANACHE** : 5 varié* ■ 6 plumet ■ 7 mélangé* ■ 8 aigrette, culbuter, gynérium, panacher ■ 9 cocardier ■ 10 empanacher.
**PANACHER** : 8 barioler, mélanger* ■ 9 panachage.
**PANAFRICANISME** : 11 panafricain.
**PANAMA** : 6 balboa ■ 8 panaméen, panamien.
**PANARIS** : 5 abcès* ■ 9 paronyque, tourniole.
**PANATHENEES** : 5 frise ■ 11 panathénien.
**PANCARTE** : 8 écriteau.
**PANAX** : 7 ginseng.
**PANCRACE** : 5 lutte* ■ 12 pancratiaste.
**PANCREAS** : 6 fagoue ■ 7 wirsung ■ 8 glucagon, insuline, trypsine ■ 9 sécrétine ■ 11 pancréatite ■ 12 pancréatique, trypsinogène.
**PANDEMIQUE** : 10 épidémique.
**PANEGYRIQUE** : 5 éloge* ■ 7 louange* ■ 11 panégyriste.
**PANETERIE** : 8 panetier.
**PANETIERE** : 9 gibecière.
**PANIC** : 3 mil ■ 4 moha.
**PANICAUT** : 8 pleurote.
**PANICULE** : 5 phlox.
**PANIER** : 3 van ■ 4 anse ■ 5 banne, baste, benne, cabas, ciste, flein, glène, hotte, manne, nasse, osier, rasse, ruche ■ 6 cageot, couffe, gabion ■ 7 cloyère, couffin, couvoir, éclisse, nacelle, nichoir, panerce, panerée, paneton, panière, verrier ■ 8 banneton, chistera, maniveau, mannette, pantenne, tonnelet ■ 9 bourriche, corbeille, corbillon, cueilloir, éventaire, faisselle, hottereau, mannequin ■ 11 panier-repas, vendangeoir, vendangerot.
**PANIQUE** : 9 épouvante*, paniquant, paniquard ■ 10 pessimisme.
**PANKA** : 5 panca, punka.
**PANNE** : 5 arrêt ■ 6 avarie ■ 11 chantignole ■ 12 échantignole.
**PANNEAU** : 4 tape ■ 5 cadre, carte, écran, ferme, filet, secco, table, vitre, volet ■ 6 isorel, métope, tympan ■ 7 affiche, custode, placard, trumeau ■ 8 crayonné, écriteau, enseigne, feuillet, pancarte ■ 9 feuillure, triptyque ■ 10 panneauter ■ 11 panneautage, panneauteur ■ 12 entrefenêtre ■ 13 contreplacage, homme-sandwich.
**PANNONIE** : 9 pannonien.
**PANORAMA** : 3 vue ■ 11 panoramique.
**PANOSE** : 8 panosser.
**PANSE** : 5 rumen ■ 6 ventre* ■ 7 crépine ■ 8 recingle, resingle ■ 11 palefrenier.
**PANSEMENT** : 4 gaze ■ 5 bande, crêpe, ouate, patch ■ 7 bandage* ■ 8 appareil, taffetas ■ 9 compresse, sparadrap, tarlatane ■ 10 plumasseau ■ 11 application, embrocation, fomentation.
**PANSER** : 5 poser ■ 6 bander, calmer ■ 7 brosser, pansage, soigner ■ 8 débrider, déterger, étriller, fomenter, nettoyer ■ 9 appliquer.

**PANSLAVISME :** 8 slavisme ■ 11 panslaviste.
**PANSU :** 4 gros* ■ 6 ventru.
**PANTALON :** 4 froc ■ 6 braies, fuseau, pyjama ■ 7 culotte*, fendard, fendart, knicker, saroual, sarouel ■ 8 blue-jean, corsaire, jodhpurs, knickers, moresque ■ 9 braguette, culottier, mauresque ■ 10 déculotter, entrejambe, reculotter, talonnette ■ 12 pantalonnade.
**PANTELANT :** 3 ému.
**PANTELER :** 8 respirer.
**PANTHERE :** 7 léopard.
**PANTIERE :** 8 pantenne.
**PANTIN :** 7 bouffon*, guignol, pupazzo ■ 8 bamboche, fantoche ■ 9 burattino, girouette ■ 11 marionnette ■ 12 polichinelle.
**PANTOIS :** 10 déconcerté.
**PANTOMIME** 4 mime ■ 5 geste, lazzi ■ 6 acteur ■ 7 pierrot ■ 9 mimodrame ■ 10 pantomimer.
**PANTOUFLARD :** 8 casanier, paisible.
**PANTOUFLE :** 4 mule ■ 6 savate ■ 7 kroumir ■ 8 chausson, mocassin ■ 11 charentaise, pantouflier.
**PANURE :** 4 pane.
**PAON :** 8 paonneau, saturnie ■ 9 criailler, gallinacé.
**PAPA :** 4 père*.
**PAPAVERACEE :** 5 pavot ■ 7 éclaire, ponceau ■ 9 œillette ■ 10 chélidoine, coquelicot ■ 11 sanguinaire.
**PAPE :** 4 mule ■ 5 croix, légat, nonce, papal, tiare ■ 7 ablégat, papable, papauté, papisme, pasteur, pontife, vicaire ■ 8 agnus dei, antipape, camérier, commende, conclave, sainteté, trirègne ■ 9 baisement, concordat, décrétale, népotisme, saint-père, souverain ■ 10 caudataire, encyclique, inter-nonce, monsignore, pontifical, pontificat ■ 13 béatification, épiscopalisme ■ 15 sedia gestatoria.
**PAPELARDISE :** 8 fausseté ■ 9 doucereux* ■ 11 pharisaïsme.
**PAPERASSE :** 6 papier* ■ 11 paperassier.
**PAPIER :** 3 pot ■ 4 page, pâte, pile, plan, rame ■ 5 aigle, bande, bible, blanc, bulle, cache, carré, chute, encre, épair, ferro, fibre, gâche, gerce, godet, lever, passe, pilot, plomb, thèse, vélin, verge ■ 6 billet, carton, format*, peille ■ 7 article, bristol, estompe, feuille, imprimé, origami, régloir, réglure, rognoir, stencil, taquage, tenture, torchon ■ 8 archives, boulette, cavalier, confetti, défilage, déglacer, fonceuse, gommette, lisseuse, marbreur, massicot, papelard, papetier, serpente, sesbanie, sous-main, trombone, vergeure ■ 9 coucheuse, défileuse, enveloppe, paperasse, papeterie, papillote, parchemin, raffineur, serpentin, sulfurisé, tortillon, tue-mouche ■ 10 affleurage, blanc-seing, cartonnier, tapisserie ■ 11 coupe-papier, dominoterie, papier émeri, pourrissage ■ 12 chiffonnière, contre-timbre, paperasserie, papier calque, papier filtre, serre-papiers ■ 13 presse-papiers.
**PAPILIONACEE :** 3 ers ■ 4 fève, pois, soja, soya, ulex ■ 5 ajonc, butea, dolic, fayot, genêt, gesse, lupin, orobe, tonka, vesce ■ 6 cytise lotier, trèfle ■ 7 bugrane, dolique, farouch, glycine, haricot, jarosse, landier, luzerne, mélilot, minette, sophora ■ 8 arachide, bauhinia, bauhinie, esparcet, farouche, fenugrec, féverole, jarousse, lentille, lupuline, réglisse, robinier, sainfoin, sesbania, sesbanie ■ 9 anthyllis, coronille, érythrine, téphrosie ■ 10 crête de coq, esparcette, indigotier, trigonnelle, vulnéraire ■ 11 arrête-bœuf, légumineuse, physostigma, pied-d'oiseau ■ 12 baguenaudier.
**PAPILLE :** 9 papilleux, papillome ■ 10 papillaire ■ 11 papillifère ■ 12 papilliforme.

**PAPILLON :** 4 mars ■ 5 cache, cocon, morio ■ 6 adonis, chylis, cossus, lycène, satyre, uranie, zygène ■ 7 aglossa, agrotis, alucite, argynne, danaïde, eudémis, machaon, phalère, sépiole, tinéidé, vanesse, vulcain, xanthie, zeuzère ■ 8 acidalie, agrotide, chenille, gâte-bois, géomètre, gonnelle, leucanie, lycénidé, noctuidé, saturnie, squamule ■ belle-dame, conchylis, noctuelle, sphingidé ■ 10 arpenteuse, carpocapse, chrysalide, géométridé, hétérocère*, nymphalidé, porte-queue, tortricidé, ypomoneute ■ 11 hypomoneute, lépidoptère, papilionacé, rhopalocère* ■ 12 papillonneur.
**PAPILLONNER :** 8 folâtrer* ■ 12 papillonnage, papillonnant ■ 14 papillonnement.
**PAPILLOTE :** 7 paillès.
**PAPILLOTER :** 8 vaciller ■ 11 papillotant.
**PAPOTER :** 8 bavarder*.
**PAPOU :** 5 papou.
**PAPULE :** 8 papuleux.
**PAPYRUS :** 11 papyrologie, papyrologue.
**PAQUE** 5 azyme ■ 6 pessah.
**PAQUEBOT :** 5 liner ■ 6 bateau*, navire* ■ 13 pont-promenade ■ 15 transatlantique.
**PAQUES :** 8 alléluia ■ 9 quasimodo.
**PAQUET :** 5 balle, boule, colis, maque, moche, paxon ■ 6 bagage*, ballot, liasse, pacson, paqson, pelote, sixain, sizain, tampon, torque ■ 7 bouchon ■ 8 ballotin, baluchon, écheveau, manipule, paqueter ■ 9 balluchon, bloc-notes, emballage*, pacotille, paquetage, paqueteur ■ 10 dépaqueter, empaqueter, quenouille.
**PARABELLUM :** 8 pistolet.
**PARABOLE :** 5 fable*, ladre ■ 6 courbe ■ 11 parabolique, paraboloïde ■ 15 paraboliquement.
**PARABOLIQUE :** 9 bowstring.
**PARACHEVER :** 5 finir* ■ 8 parfaire* ■ 13 parachèvement.
**PARACHRONISME :** 12 anachronisme.
**PARACHUTAGE :** 7 dropage ■ 8 largueur ■ 9 container.
**PARACHUTE :** 9 parapente ■ 10 parachuter ■ 12 parachutisme, parachutiste.
**PARACHUTER :** 6 droper ■ 7 dropper.
**PARACHUTISTE :** 4 para ■ 5 stick.
**PARADE :** 3 tac ■ 5 revue, tenue ■ 6 montre, octave ■ 7 étalage, riposte, seconde, septime ■ 8 crédence, palefroi, parement ■ 9 carrousel ■ 10 bucentaure ■ 11 ostentation.
**PARADER :** 6 trôner ■ 7 montrer ■ 8 paradeur ■ 9 cabotiner.
**PARADIGME :** 6 modèle* ■ 14 paradigmatique.
**PARADIS :** 4 ciel*, éden* ■ 5 houri ■ 7 royaume ■ 12 paradisiaque.
**PARADISIER :** 7 sifilet ■ 9 séleucide.
**PARADISIAQUE :** 7 édénien.
**PARADOXE :** 9 paradoxal ■ 10 contresens ■ 14 paradoxalement ■ 15 invraisemblable.
**PARAFE :** 7 parafer, paraphe ■ 8 parapher ■ 9 signature*.
**PARAFFINE :** 7 stencil ■ 9 ozocérite, ozokérite ■ 10 paraffiner ■ 11 paraffinage ■ 13 déparaffinage.
**PARAFISCALITE :** 10 parafiscal.
**PARAGE :** 4 pays ■ 9 approches, naissance.
**PARAGRAPHE :** 6 verset ■ 10 intertitre.
**PARAGUAY :** 10 paraguayen.
**PARAITRE :** 5 durer, faire ■ 6 aspect, éclore, mincir, naître*, surgir ■

7 briller, montrer, poindre, publier, sembler ■ 8 minauder, répandre, vieillir ■ 9 maquiller, présenter, témoigner ■ 10 apparaître*, dissimuler, reparaître ■ 11 disparaître ■ 13 transparaître.
**PARALITTERATURE :** 14 paralittéraire.
**PARALLAXE :** 13 parallactique.
**PARALLELE :** 4 onde, zone ■ 5 strie, terre, tronc, virée ■ 8 tropique, trusquin ■ 9 isoclinal ■ 10 contre-voie, horizontal, trusquiner ■ 11 comparaison*, contre-allée, troussequin ■ 12 almicantarat, parallélisme ■ 13 parallèlement, rapprochement.
**PARALLELIPIPEDE :** 10 rhomboèdre.
**PARALLELISME :** 9 strabisme ■ 12 paralléliste.
**PARALLELOGRAMME :** 5 carré ■ 9 rectangle ■ 15 parallélipipède.
**PARALOGISME :** 8 sophisme ■ 11 paralogique.
**PARALYSE :** 6 sidéré ■ 7 infirme*, perclus* ■ 8 engourdi, immobile, impotent ■ 9 paralyser, parétique ■ 10 insensible ■ 11 paralytique, vagolytique ■ 12 hémiplégique, paraplégique.
**PARALYSER :** 5 aider ■ 7 arrêter ■ 9 annihiler ■ 10 curarisant, paralysant ■ 11 immobiliser*.
**PARALYSIE :** 4 rage ■ 6 atonie ■ 7 parésie ■ 8 asthénie, atrophie, béribéri, paralysé ■ 10 anesthésie, catalepsie, dysarthrie, hémiplégie, monoplégie, paraplégie, sidération, strychnine ■ 11 contraction, paralytique, prostration, tétraplégie ■ 12 poliomyélite ■ 13 controlatéral, insensibilité ■ 15 engourdissement.
**PARALYTIQUE :** 7 perclus* ■ 8 impotent, paralysé*.
**PARAMETRE :** 10 paramétrer ■ 12 paramétrique.
**PARANGON :** 7 exemple*.
**PARANGONNER :** 12 parangonnage.
**PARAPET :** 5 berme ■ 6 merlon ■ 7 clôture* ■ 8 barbette ■ 10 balustrade, écrêtement, garde-corps.
**PARAPHE :** 4 visa ■ 6 parafe ■ 9 signature.
**PARAPHRASE :** 6 targum ■ 10 traduction ■ 11 paraphraser ■ 14 paraphrasique.
**PARAPHRENIE :** 10 paraphrène ■ 13 paraphrénique.
**PARAPLEGIE :** 9 paralysie* ■ 12 paraplégique.
**PARAPLUIE :** 5 en-cas, pépin ■ 6 pébroc ■ 7 parasol, riflard ■ 8 marquise, ombrelle, pébroque, tom-pouce.
**PARAPSYCHOLOGIE :** 15 parapsychologue.
**PARASITAIRE :** 5 axène ■ 7 zoonose ■ 8 axénique, kala-azar ■ 9 verminose ■ 10 dysenterie ■ 11 ascaridiase ■ 12 piroplasmose.
**PARASITE :** 3 gui, pou ■ 4 hôte, puce ■ 5 amibe, argas, douve, ixode, ténia, tique, urédo, varon ■ 6 acarus, bopyre, calige, chique, clepte, cynips, empuse, larsen, ligule, mousse, myxine, œstre, oïdium, oxyure, tænia, varroa, varron ■ 7 ascaris, bonamia, cestode, cœnure, convive, cuscute, distome, friture, gnathon, mildiou, punaise ■ 8 ascardie, botrytis, coccidie, dystonie, épiphyte, louvette, mendiant, nuisible, phytopte, pleurage, puccinie, sarcopte, strongle, trichine ■ 9 bilharzie, cirripède, diaphonie, doryphore, euphraise, helminthe, lèche-plat, mélampyre, mélophage, monotrope, orobanche, pesticide, profiteur, rafflésia, rafflésie, rhinanthe, sacculine, strongyle, trématode, urédinale ■ 10 armillaire, champignon, dragonneau, entozoaire, leishmania, leishmanie, linguatule, mallophage, moisissure, parasitose, phylloxéra, plasmapara, plasmodium, rhizoctone, toxoplasme ■ 11 ankylostome, écornifleur, hippobosque, infestation, parasitaire, parasitique, parasitisme, phytophtora, sporotriche, sporozoaire, trichomonas, trypanosome ■ 12 démangeaison, ectoparasite, endoparasite, hématozoaire,

parasiticide, trichogramme, ustilaginale ■ 13 cryptogamique, parasitologie, péronosporale, pique-assiette, trichocéphale, trichophyton ■ 14 bothriocéphale, péronosporacée.
**PARASITOSE :** 6 myiase ■ 8 oxyurose ■ 9 lambliase ■ 12 onchocercose.
**PARASOL :** 5 en-cas ■ 8 ombrelle.
**PARASYMPATHIQUE :** 13 acétylcholine.
**PARATYPHOÏDE :** 3 t.a.b. ■ 12 paratyphique ■ 13 parathyphique ■ 15 chloramphénicol.
**PARATHYROÏDE :** 13 parathyroïdal.
**PARAVENT :** 5 écran.
**PARC :** 4 acul ■ 5 pièce ■ 6 jardin* ■ 7 clayère, marenne ■ 8 parqueur, pâturage, tortille ■ 9 amareyeur, déparquer, gloriette, huîtrière.
**PARCELLE :** 3 mie ■ 5 grain ■ 6 copeau, miette, partie* ■ 7 morceau*, parchet ■ 8 fragment*, limaille ■ 9 étincelle, flammèche, paillette, postillon ■ 10 battitures ■ 11 parcellaire ■ 13 parcellariser.
**PARCE QUE :** 7 because.
**PARCHEMIN :** 5 cosse, garde, queue, vélin ■ 6 écroue ■ 7 canepin, diplôme, francin ■ 9 baudruche, manuscrit ■ 10 parcheminé, phylactère ■ 11 palimpseste, parcheminer ■ 12 parchemineux, parcheminier.
**PARCIMONIE :** 7 avarice* ■ 8 économie, ladrerie* ■ 10 marchander ■ 12 parcimonieux.
**PARCIMONIEUX :** 5 avare*, ladre ■ 6 chiche, ric-rac ■ 7 économe, ric-à-rac.
**PARCOURIR :** 4 lire, tour, voir ■ 6 battre, courir, monter ■ 7 balayer, couvrir, visiter ■ 8 arpenter, franchir, odomètre ■ 9 descendre, sillonner ■ 11 carrossable.
**PARCOURS :** 4 tour, walé ■ 5 awalé, étape, nagée, ronde, route, tracé, volée ■ 6 apogée, bunker, chemin, course, engane, marche, traite, trajet, trotte ■ 7 aphélie, fairway, sillage ■ 8 cinglage, slalomer, spéciale ■ 9 périhélie, sans-faute ■ 10 itinéraire*, révolution.
**PAR-DERRIERE :** 4 pouf ■ 5 queue.
**PAR-DESSOUS :** 5 patin ■ 8 soutenir ■ 10 sous-œuvre.
**PARDESSUS :** 5 outre ■ 6 ulster ■ 7 manteau*, surtout ■ 8 autocoat, jaquette, journade ■ 9 embarquer ■ 10 vertugadin ■ 11 cantonnière, soubreveste ■ 12 cache-couture ■ 14 cache-poussière.
**PARDIEU :** 5 pardi.
**PARDON :** 4 fête ■ 5 grâce, oubli ■ 6 excuse, faveur, rachat ■ 8 amnistie, clémence, impunité ■ 9 abolition, expiation, pardonner, rémission*, tolérance ■ 10 absolution, confession, indulgence, pèlerinage, rédemption, réparation ■ 11 déprécation, miséricorde ■ 12 acquittement ■ 13 impardonable ■ 14 réconciliation, réhabilitation.
**PARDONNER :** 6 délier, expier, passer ■ 7 excuser*, grâcier, oublier, réparer, tolérer ■ 8 absoudre, épargner, remettre ■ 9 acquitter, amnistier, décharger, favoriser ■ 10 affranchir, innocenter* ■ 11 pardonnable, réconcilier, réhabiliter.
**PARE :** 6 pareur.
**PARE-BRISE :** 9 lave-glace ■ 11 essuie-glace.
**PARE-CHOCS :** 7 spoiler.
**PAREIL :** 3 tac, tel ■ 4 égal*, même* ■ 5 autre, rendu ■ 6 kif kif ■ 8 conforme, revaloir, revanche ■ 9 nonpareil, semblable*, similaire ■ 10 réciproque ■ 11 dépareiller ■ 12 rappareiller.
**PAREILLE :** 9 revancher ■ 11 réciproquer.
**PAREILLEMENT :** 5 aussi ■ 7 avenant ■ 8 mêmement.
**PAREMENT :** 5 layer ■ 6 orfroi, parure, rebras, revers ■ 7 douelle ■ 8 ébrasure, parpaing ■ 9 bow-window ■ 10 parementer ■ 11 embrasement ■ 14 contre-parement.

**PARENCHYME :** 8 lacuneux ■ 9 pneumonie ■ 11 carnisation ■ 12 palissadique ■ 13 carnification ■ 14 parenchymateux.
**PARENT :** 4 mère, père ■ 5 affin, aïeul, neveu, nièce, oncle, piété, siens, sœur, tante ■ 6 cognat, cousin, proche ■ 7 famille, filleul, parenté ■ 8 lignager ■ 9 parentèle, postérité ■ 10 apparenter, collatéral, consanguin ■ 12 monoparental.
**PARENTE :** 4 côté, unir, lien ■ 5 agnat, allié, cadet, degré ■ 7 liaison ■ 8 agnation ■ 9 analogie, cousinage, parentèle ■ 10 fraternité ■ 11 cladistique, descendance* ■ 13 consanguinité, patrilinéaire ■ 15 classification.
**PARENTHESE :** 5 entre, tiret ■ 7 crochet ■ 10 digression.
**PARER :** 5 orner* ■ 6 éviter, paroir ■ 7 attifer, diaprer ■ 8 adoniser, arranger, auréoler, poupiner, préparer ■ 9 afistoler, bichonner, enjoliver, enluminer, imparable, pomponner ■ 11 endimancher.
**PARESIE :** 9 paralysie*.
**PARESSE :** 5 péché ■ 6 flemme ■ 7 apathie, inertie, lâcheté, tiédeur, torpeur ■ 8 inaction, langueur, lourdeur, mollesse, oisiveté, paresser ■ 9 indolence, pesanteur ■ 10 cagnardise, immobilisé, négligence, nonchaloir ■ 11 fainéantise, inexécution, nonchanlance* ■ 12 inexactitude ■ 13 désœuvrement ■ 15 engourdissement.
**PARESSER :** 5 muser ■ 6 flâner ■ 7 niaiser ■ 8 lambiner, musarder, relâcher ■ 9 cagnarder, lanterner ■ 10 fainéanter, flemmarder, vagabonder ■ 11 baguenauder.
**PARESSEUX :** 2 aï ■ 3 mou ■ 4 unau ■ 5 câlin, lourd, oisif* ■ 6 cancre, inerte, lambin, lézard, oiseux, pesant ■ 7 bradype, cagnard, clampin, cossard, endormi, flémard, inactif, inexact, mazette, rossard ■ 8 casanier, engourdi, fainéant*, flemmard, glandeur, gouapeur, immobile, indolent* ■ 9 dépendeur, désœuvre, négligent, tire-au-cul ■ 10 feignasson, nonchalant, tardigrade ■ 11 languissant, tire-au-flanc ■ 14 paresseusement.
**PARFAIRE :** 5 finir*, limer, polir ■ 6 lécher, perler, revoir ■ 7 châtier, ciseler ■ 8 fignoler ■ 9 compléter* ■ 10 parachever.
**PARFAIT :** 3 fin, mûr ■ 4 bien, fini, rare ■ 5 divin, idéal, passé, perle, richi, saint ■ 6 absolu, achevé, choisi, exquis, infini, modèle, réussi, révolu, unique ■ 7 complet, délicat, éminent, suprême, terminé ■ 8 accompli, adorable, consommé, parfaire, précieux ■ 9 admirable, délicieux, excellent, parachevé, sans-faute, souverain, supérieur ■ 10 hermétique, impeccable, ontogenèse, perfection, prodigieux ■ 11 chef-d'œuvre, merveilleux, remarquable ■ 12 imperfection, parfaitement, quintessence.
**PARFAITEMENT :** 10 absolument ■ 13 admirablement ■ 14 supérieurement.
**PARFILER :** 9 parfilage.
**PARFOIS :** 11 quelquefois.
**PARFUM :** 4 anis, iris, musc, nard, rose, thym ■ 5 ambre, arôme, fumet, huile, odeur*, sauge, tabac ■ 6 amande, cachou, encens, jasmin, menthe, myrrhe, néroli, origan ■ 7 aromate, benjoin, bouquet, camphre, civette, extrait, ladanum, lavande, lécythe, mélisse, œillet, onguent, romarin, senteur, vanille, vétiver ■ 8 fragance, labdanum, opopanax, violette ■ 9 bergamote, cardamone, castoréum, cinnamome, framboise, parfumeur, patchouli ■ 10 aromatique, enfleurage, frangipane, héliotrope, ilang-ilang, marjolaine, naphtalène, parfumerie ■ 11 ambrosiaque, brûle-parfum ■ 12 vaporisateur.
**PARFUME :** 7 fragant ■ 11 tutti frutti.
**PARFUMER :** 6 ambrer, odorer ■ 8 embaumer ■ 10 aromatiser, framboiser.

**PARFUMERIE :** 8 ambréine.
**PARI :** 3 p.m.u. ■ 4 défi, gage, mise ■ 5 enjeu ■ 6 couplé ■ 7 betting, fortifs, gageure ■ 10 discrétion.
**PARIA :** 9 misérable* ■ 11 intouchable.
**PARIDE :** 7 mésange ■ 8 nonnette.
**PARIER :** 5 gager, jouer, miser ■ 7 risquer* ■ 8 hasarder.
**PARIETAIRE :** 12 casse-pierres ■ 13 perce-muraille.
**PARIETAL :** 9 lambdoïde ■ 13 passifloracée.
**PARIEUR :** 9 sportsman.
**PARISIEN :** 5 avare ■ 7 gavroche ■ 12 parisianisme.
**PARITAIRE :** 11 paritarisme.
**PARITE :** 4 même ■ 7 égalité* ■ 10 communauté ■ 11 comparaison.
**PARKING :** 7 parcage ■ 8 autoport ■ 10 parcotrain.
**PARKINSON :** 5 l-dopa ■ 12 parkinsonien.
**PARLANDO :** 3 air.
**PARLE :** 7 taiseux ■ 11 créolophone ■ 12 dialectisant, hispanophone ■ 13 dialectophone.
**PARLEMENT :** 4 olim ■ 5 union ■ 6 envoyé ■ 7 sautier ■ 8 pétition ■ 9 présidial ■ 12 grand-chambre, nosseigneurs ■ 13 parlementaire ■ 15 parlementarisme.
**PARLEMENTAIRE :** 10 orléanisme.
**PARLEMENTER :** 8 débattre, négocier*.
**PARLER :** 4 dire*, geai, muet ■ 5 crier, gêner, inouï, jaser, peser, sabir, sujet, tarir, thème ■ 6 causer*, dauber, hurler, jacter, langue*, opiner, patois, tonner, trahir ■ 7 ânonner, babiller, cockney, deviser, faconde, gueuler, langage*, moufter, parleur, phraser, rigoler ■ 8 adresser, babiller, bavarder*, conférer, déclamer, dégoiser, démanger, déparler, dialecte, divaguer, écorcher, égotisme, éloquent, épancher, exprimer, grailler, jacasser, locuteur, moufeter, nasiller, patoiser, phraseur, reparler, susurrer, volubile ■ 9 auditoire, chevroter, consulter, converser*, dialoguer, discourir*, élocution, époumoner, gasconner, jargonner, laconisme, loquacité, marmotter, perroquet, taciturne, tchatcher, vociférer ■ 10 bafouiller, bien-disant, confabuler, déblatérer, dogmatiser, entretenir, gazouiller, monologuer, soliloquer ■ 11 apostropher, baragouiner, bredouiller, extravaguer, interpeller, monologuer, périphraser, ventriloque ■ 12 baragouinage, conférencier, impertinence, inconséquent, marmottement, primesautier ■ 13 charlatanerie ■ 14 circonlocution ■ 15 fransquillonner.
**PARLOIR :** 6 exèdre.
**PARLOTE :** 12 conversation*.
**PARMESAN :** 5 grana.
**PARMI :** 3 sur ■ 5 entre, trier.
**PARNASSE :** 10 parnassien.
**PARODIE :** 8 parodier ■ 9 imitation*, parodique, parodiste.
**PARODIER :** 6 imiter*.
**PARODONTE :** 10 parodontal ■ 12 parondologie.
**PAROI :** 3 mur* ■ 4 aile, à-pic ■ 5 cadre, dalot, dosse, plomb, ptôse, tuyau, voûte ■ 6 éponte ■ 7 valvule ■ 8 carpelle ■ 10 mycoplasme, transsuder ■ 12 contre-marche ■ 13 ergastoplasme.
**PAROISSE :** 4 cure ■ 5 prône ■ 6 église* ■ 7 clocher ■ 8 vicariat ■ 10 desservant, paroissial, paroissien.
**PAROISSIAL :** 6 pléban ■ 7 plébain.
**PAROLE :** 3 mot* ■ 4 dire, muet, sage, sort ■ 5 babil, bagou, bluff, chant, kyrie, motet, poème, verbe ■ 6 aparté, bêtise, eurêka, injure, menace, ordure, prière, propos* ■ 7 ambages, aphasie, aphémie,

impiété, langage, verbeux ■ 8 agacerie, boniment, dialogue, drôlerie, insanité, parlando, promesse, rosserie, verbiage ■ 9 acting-out, blasphème, brutalité, civilités, élocution, exorcisme, gaminerie, impudence, invective, jobardise, logorrhée, oralement, palilalie, patenôtre, sourd-muet, téléphone ■ 10 apophtegme, apostrophe, bégaiement, brusquerie, compliment, dysarthrie, expression, impudicité, malentendu, prosopopée, volubilité, vulgarisme ■ 11 bredouillis, conjuration, diffamation, grivoiserie, grossièreté, incantation, loufoquerie, phonothèque, porte-parole ■ 12 démutisation, électrophone, enfantillage, fanfaronnade, impertinence, intarissable, opéra-comique, sténographie ■ 13 polissonnerie, vociférations ■ 15 vidéoconférence, visioconférence.

**PAROLIER:** 6 auteur ■ 11 librettiste.

**PARONYME:** 11 paronymique.

**PARONYMIE:** 11 paronymique.

**PAROTIDE:** 9 oreillons : 10 parotidien, parotidite.

**PAROXYSME:** 5 swing ■ 7 extrême* ■ 8 survolté ■ 12 exacerbation, paroxysmique.

**PAROXYSTIQUE:** 6 raptus.

**PARPAILLOT:** 5 impie ■ 10 protestant ■ 11 irréligieux.

**PARQUER:** 8 enfermer*.

**PARQUET:** 5 foyer, sapin, tapis ■ 7 chevron ■ 8 moquette, mosaïque, plancher*, tribunal ■ 9 carrelage, frotteuse, languette, parqueter ■ 10 parquetage, parqueteur ■ 11 encaustique, parqueterie.

**PARRAIN:** 5 colée ■ 7 compère ■ 9 parrainer ■ 10 parrainage.

**PARSEME:** 9 cratérisé.

**PARSEMER:** 5 semer* ■ 7 étoiler, plumeté, tisonné, vergeté ■ 8 émailler ■ 9 pailleter, recouvrir ■ 10 consteller, saupoudrer.

**PART:** 3 lot ■ 4 code ■ 5 lopin, quota, secte ■ 6 apport, partie*, quirat ■ 7 morceau*, partage*, portion* ■ 8 champart, complice, division, fouaille, fragment, partager, réserver ■ 9 dividende, émolument, hors-texte, isolement, quote-part, ristourne ■ 10 abstention, contingent, contribuer, distinguer, intervenir, participer, séparément ■ 11 belligérant, interpréter, manifestant, particulier, ségrégation ■ 12 communicatif, contribution ■ 13 accroissement, distributaire, noncombattant, septembriseur ■ 14 intérieurement.

**PARTAGE:** 3 lot ■ 4 part* ■ 5 butin, divis, virée ■ 7 embrasé, indivis, trifide, vergeté ■ 8 diamètre, loculeux ■ 9 bipartite, copartage, également, insécable, loculaire, partageux, partiaire, partition ■ 10 dichotomie, graduation ■ 11 coprésident, exclusivité, liquidation, mi-partition, partageable, répartition*, time-sharing, ventilation ■ 12 copartageant, démembrement, distribution, morcellement ■ 13 coresponsable, fragmentation, impartageable, triangulation ■ 14 fractionnement* ■ 15 donation-partage.

**PARTAGER:** 5 lotir ■ 7 débiter, dépecer, diviser*, graduer, liciter, séparer* ■ 8 découper*, départer, impartir, liquider, morceler, ramifier, répartir*, ventiler ■ 9 dédoubler, démembrer, détailler, dispenser, écarteler, partageur, partiteur, segmenter, souteneur ■ 10 copartage, départager, distribuer, fragmenter, repartager ■ 11 communiquer, fractionner*.

**PARTANT:** 5 ainsi.

**PARTENAIRE:** 5 allié, passe, robre ■ 7 cavalier ■ 9 compagnon, triolisme.

**PARTENARIAT:** 11 partenarial.

**PART EN PART:** 11 transpercer.

**PARTERRE :** 9 corbeille ■ 10 boulingrin, plate-bande.
**PARTHENOGENESE :** 10 spanandrie.
**PARTHENOGENETIQUE :** 5 agame.
**PARTI :** 2 p.c. ■ 4 camp, clan, côté, gens, whig ■ 5 cause, derby, ligue, rouge, secte*, tente, virer ■ 6 profit ■ 7 coterie, faction, opinion, préjugé, torysme ■ 8 adhérent, agrarien, bannière, carlisme, converti, coryphée, déclarer, girondin, militant, néophyte, partisan, péquiste, perplexe, phalange, recruter, utiliser ■ 9 activiste, apostasie, bipartite, défection, déserteur, désertion, dissoudre, échiquier, exploiter ■ 10 adversaire, apostasier, barguigner, communiste, déterminer, monocolore, opposition, perplexité, résolution, tripartite ■ 11 affiliation, apparatchick, association*, bolchevique, bolchevisme, bolcheviste, jacobinisme ■ 12 antiunitaire, monopartisme ■ 13 multipartisme ■ 14 bipolarisation.
**PARTIAL :** 5 zoïle ■ 7 injuste* ■ 8 objectif ■ 9 équitable ■ 10 partialité ■ 12 partialement ■ 14 impartialement.
**PARTIALITE :** 7 préjugé* ■ 11 favoristisme.
**PARTICIPANT :** 8 relayeur.
**PARTICIPATION :** 4 aide* ■ 8 concours ■ 9 collusion ■ 10 assistance, complicité ■ 11 affiliation, association, coopération ■ 12 conspiration, contribution, participatif ■ 13 collaboration, intéressement ■ 15 coparticipation.
**PARTICIPE :** 5 supin ■ 6 mutiné ■ 11 concouriste, participial.
**PARTICIPER :** 5 aider, mêler, tenir ■ 6 courir ■ 7 ingérer, joindre, tremper ■ 8 assister, associer, compatir, coopérer, immiscer, partager ■ 9 compagnon, concourir, conspirer, favoriser, piqueteur ■ 10 collaborer, contribuer, intéresser, intervenir ■ 11 congratuler, constituant, pique-niquer, sympathiser ■ 12 coéchangiste, compromettre ■ 13 participation, stakhanoviste ■ 15 bulletin-réponse.
**PARTICULARISER :** 8 préciser ■ 12 singulariser.
**PARTICULARISME :** 14 particulariste.
**PARTICULARITE :** 6 rareté ■ 8 arabisme, modalité ■ 9 autonomie, propriété ■ 10 bizarrerie, idiopathie, phonétisme ■ 11 singularité ■ 12 circonstance ■ 13 idiosyncrasie, individualité ■ 14 particulariser ■ 15 caractérisation.
**PARTICULE :** 2 da, de, oc ■ 3 non, oui ■ 4 vice ■ 5 atome, deuto, fumée, gluon, méson ■ 6 affixe, baryon, partie, photon, virion ■ 7 hypéron, matière, micelle, neutron, nucléon, préfixe, tachyon ■ 8 bévatron, brownien, molécule, neutrino ■ 9 multiplet, radiation, saltation ■ 10 anaphorèse, antiproton, corpuscule, microbille, synchroton ■ 11 antineutron, augmentatif, phagocytose, subatomique ■ 13 antiparticule, cryoturbation, géliturbation, homocinétique, micronisation, monocinétique, scintillateur.
**PARTICULIER :** 4 foxé, rare ■ 5 argot, civil, juron, leçon, local, modal, ordre, privé ■ 6 prénom, propre*, unique* ■ 7 bizarre*, spécial, virtuel ■ 8 attribut, consacré, innominé, insolite, personne, précieux ■ 9 aoûtement, attirance, différent, personnel, singulier*, tête-à-tête ■ 10 attributif, individuel, point de vue, spécifique, téléalarme ■ 11 hétéroclite, inaccoutumé, prérogative, spécialiste ■ 13 particularité, transitionnel ■ 14 extraordinaire, particularisme, provincialisme ■ 15 caractéristique.
**PARTICULIEREMENT :** 9 notamment ■ 14 principalement.
**PARTIE :** 2 os ■ 3 arc, bec, col, cou, cul, dos, fût, jeu, lie, lot, mât, mie, nef, nez, pan, par, pat, pic, ria, ris, sas, son, sud, vue ■ 4 aine, anse, aube, aval, base, bout, bran, bras, bren, brin, cale, ciel, clan, côte,

fond, froc, gant, joue, jupe, lard, lieu, lobe, main, mâle, moie, moye, noix, none, once, pale, part*, pavé, pied, plan, rôle, sein, sève, sial, soie, sole, tige, toit, trio, tube, voix, zone ■ **5** abats, adent, adnée, adret, aître, armes, avant, bande, barne, basse, bêche, belle, bouge, bribe, bride, brion, bulbe, buste, canon, carat, carpe, carré, châle, chant, clair, cœur, côlon, corne, corps, coude, coupe, crase, creux, cruor, culot, curée, délié, dépôt, doigt, éclat, école, écume, enfer, enjeu, érine, étain, êtres, faîte, ferme, fesse, filet, flanc, fleur, forme, foyer, frein, frise, front, garde, genou, gigot, giron, golfe, gorge, grade, grain, hampe, hayon, herbe, herse, heure, iléon, iléum, jable, jambe, jante, jouer, kreml, leçon, lever, lèvre, ligne, limbe, lippe, logis, lyric, masse, matin, mèche, mêler, moyeu, neume, nœud, noyau, nuque, océan, ogive, ongle, oraux, ordre, ouest, panne, panse, paroi, parti, passe, patte, pelle, phase, pièce*, pilon, pomme, pouce, préau, proue, pubis, pulpe, quart, queue, râble, rampe, rejet, reste, rotor, sabot, scène, scion, selle, serre, siège, socle, somme, sonde, soute, stade, suage, tacet, tâche, talon, tarse, tempe, terme, terre, tiers, tison, torse, total, train, trait, trick, tripe, tronc, tutti, unité, valve, vente, verbe, veste, vibor, volée, vomer, voûte, vulve ■ **6** aubier, bas-mât, battée, cantre, décade, décile, dogger, incuit, lanice, lexème, manche, rondel, single, soirée, statif, tarmac, tierce, vibord ■ **7** abatant, anthère, bouvril, branche, cabaler, centile, cochlée, élément, fairway, falsafa, flasque, kremlin, lambeau, matines, morceau*, nucleus, paumure, portion*, pronaos, secteur, tronçon ■ **8** accroche, acropole, bajocien, barillet, beuverie, boisseau, brassard, capuchon, ceinture, cendrier, centiare, centième, chapelle, coenzyme, complies, corselet, coulisse, couronne, courtine, cuissard, cuisseau, démarque, derrière, diaphyse, division, dossière, ébarbure, écologie, écoumène, encolure, épistyle, équipier, estuaire, fantasme, faubourg, feuillet, flanchet, fourneau, fraction, fragment*, frontail, gaillard, gantelet, gorgerin, héligare, jeunesse, manipule, mantisse, millième, morphème, muraille, nocturne, occident, œillère, ornement, panneton, parabase, parcelle*, parterre, partitif, piédroit, pilastre, plaideur, pleurant, poitrail, poitrine, pommette, poulaine, prologue, proximal, quartier, radicule, retourne, revanche, romsteck, sablerie, saillant, simplexe, sinciput, solleret, soufflet, soulerie, statique, sternite, stigmate, surlonge, surplomb, tailloir, terrasse, thalamus, tonnerre, tribunal, vicariat, zoolithe ■ **9** affouager, antiquité, appendice, après-midi, avant-bras, avant-main, avant-toit, baignoire, basse-cour, bas-ventre, biochimie, biométrie, braguette, caldarium, carlingue, chanfrein, corbeille, cou-de-pied, croupière, cucurbite, cuilleron, cytologie, décigrade, décolleté, devanture, dominante, dynamique, ébréchure, écaillure, empaumure, endocarpe, engrêlure, entre-deux, enveloppe, épaulière, épigastre, étiologie, évidement, exécutant, fascicule, générique, gériatrie, habitacle, hypoderme, intérieur, livraison, mandibule, manubrium, métacarpe, métaphyse, métatarse, mingrélie, minuterie, mouillère, moustache, mouvement, muserolle, mycologie, nickelure, œkoumène, œsophage, orchestre, organique, paléogène, paritaire, particule, partition, passavant, pentamère, pied-droit, pomologie, porte-lame, porte-mors, promenoir, réactance, sous-barbe, sous-gorge, stipulant, synclinal, terrasson, théodicée, thermique, tisanerie, tortillon, trompette, ventaille, virologie ■ **10** accrescent, acoustique, angiologie, anticlinal, appartenir, appui-nuque, après-dîner, architrave, avant-corps, avant-scène, avant-train, barométrie, canardière, centigrade, centilitre, centimètre, chènevotte, chevillier, cochléaire, coéquiper, colitigant, concertant, consensuel, cytoplasme, décigramme, dégagement, dépendance, diagnostic, digression, dioptrique, eaux-vannes, échancrure, embouchure, endodontie, engagement, entournure, entrailles, entre-jambe, exposition, grappillon, hémistiche, hypocondre, hypogastre, hypothénar, induration, jambonneau, logistique, magnétisme, mammalogie, mariologie, millimètre, offertoire, optométrie, oropharynx, ostéologie, parmenture, pédodontie, péroraison, phoniatrie, pique-nique, plate-forme, porte-à-faux, prédictive, profession, proscénium, recourbure, récréation, repoussoir, retroussis, sanctuaire, scellement, sémiologie, septimanie, sertissure, sociétaire, sous-emploi, substratum, synecdoque, tectonique, thermolyse, tripartite, tubérosité, unilatéral ■ **11** arrière-main, arrière-pays, astrométrie, avant-bassin, bipartition, buffleterie, capillarité, cardiologie, catoptrique, centigramme, chevauchant, chrisologie, cinématique, coefficient, diencéphale, embryologie, enfoncement, entablement, entomologie, erpétologie, frigidarium, genouillère, gnoséologie, halotechnie, hématologie, hydrosphère, ichtyologie, immunologie, jejuno-iléon, laboratoire, lithosphère, milligramme, millionième, opisthodome, pancosmisme, photométrie, planimétrie, pneumologie, prophylaxie, rez-de-jardin, séméiologie, sous-normale, succenturie, tératologie, terminaison, toxicologie, tribométrie, troussequin ■ **12** accastillage, aérobiologie, alcalimétrie, allergologie, antiphonaire, apologétique, arborescence, archidiaconé, arrière-corps, arrière-gorge, arrière-train, battellement, bourdonnière, brise-copeaux, calorimétrie, cancérologie, carcinologie, chronométrie, cinquantième, commencement, contrepointe, couronnement, cryophysique, décrochement, dermatologie, diacoustique, géotechnique, mésoéconomie, métencéphale, méthodologie, milliardième, organisateur, ornithologie, parondologie, patrouilleur, phtisiologie, plurilatéral, portionnaire, présentation, presse-étoffe, prosthétique, rhino-pharynx, rhumatologie, soubassement, sous-tangente, stéréométrie, stratosphère, substruction, substructure, thermochimie, thermogenèse, water-ballast ■ **13** bactérologie, cocontractant, congréganiste, ecclésiologie, embranchement, hydrogéologie, implantologie, partiellement, périnatalogie, quadripartite, sous-continent, stratigraphie, thérapeutique, traumatologie ■ **14** arrière-cerveau, chrématistique, endocrinologie, paléobotanique, spolanchnologie, stoéchiométrie ■ **15** caractéristique, démaigrissement, électrostatique, thermodynamique.

**PARTIEL :** 5 diète, manie ■ **7** acompte, à-valoir ■ **9** démixtion.

**PARTIELLE :** 10 leucotomie.

**PARTIELLEMENT :** 10 semi-ouvert.

**PARTI PRIS :** 7 préjugé* ■ **8** exclusif ■ **11** objectivité, tendancieux ■ **12** objectivisme.

**PARTIR :** 3 dès ■ **4** fuir* ■ **5** aller, barrer, congé, filer, large, lever, nager, porte, rater, tirer, venir, voile ■ **6** calter, carrer, exiler, ficher, lâcher, sortir* ■ **7** cavaler, débiner, déloger, détaler, écouler, émigrer, envoler, évacuer, quitter*, retirer*, séparer, trisser, trotter ■ **8** absenter, débouler, décamper, décarrer, décoller, démarrer, déplacer, déserter, éloigner, esquiver, partance ■ **9** carapater, déguerpir, délaisser, déménager, désormais, disperser, embarquer, expatrier, retourner ■ **10** abandonner, décaniller, dorénavant ■ **11** a posteriori, appareiller, disparaître*.

**PARTISAN :** 3 ami ■ **4** féal, lige ■ **5** allié, arien, séide, tenir ■ **6** adepte, chiite, fidèle*, guelfe, membre, recrue, suppôt, tenant ■ **7** acolyte, affilié, associé, calotin, fellaga, fixiste, gibelin, groupie, hussite, libéral, moniste, raciste, sexiste, sicaire, soutien, sudiste, théiste, vériste ■ 8 adhérent, agrarien, animiste, arminien, atomiste, baptiste, carliste, césarien, clérical, disciple, dualiste, égotiste, étatiste, fasciste, fellagha, fidéiste, gallican, hégélien, huguenot, innéiste, mahdiste, marxiste, militant, miquelet, néophyte, nordiste, péquiste, scotiste, sectaire, séquelle, sioniste, tsariste, unitaire, vichyste, zélateur ■ 9 cartésien, castriste, classique, clientèle, communard, défenseur, dirigiste, donatiste, dynamiste, eugéniste, féministe, figuriste, généticiste, gnostique, gomariste, hitlérien, idéaliste, légaliste, moliniste, monadiste, naturiste, nihiliste, optimiste, orangiste, pacifiste, paulinien, péroniste, prosélyte, royaliste, sceptique, sectateur, supporter, unioniste, vitaliste, wagnérien, zwinglien ■ 10 anarchiste, anglophile, antisémite, belliciste, calviniste, communiste, criticiste, darwiniste, dogmatique, dogmatiste, dreyfusard, égalitaire, flamingant, franquiste, gestaliste, hébertiste, homéopathe, irrégulier, libertaire, moderniste, montaniste, non-violent, panthéiste, protestant, réformiste, ritualiste, scientiste, sinn-feiner, socialiste, spinoziste, trotskyste, turcophile, vichyssois, wahhabiste, wallingant, wicléfiste ■ 11 absolutiste, aristocrate, autonomiste, bolchevique, bolcheviste, boulangiste, centraliste, condottière, déféraliste, fouriériste, immoraliste, indigéniste, légitimiste, militariste, molinosiste, monarchiste, monétariste, monophysite, monothéiste, moscoutaire, mutuelliste, neutraliste, œcuméniste, organiciste, panslaviste, platonicien, relativiste, républicain, sensualiste, syncrétiste, technocrate, zoroastrien ■ 12 abondanciste, bimétalliste, consumériste, culturaliste, déterministe, épiscopalien, esclavagiste, espérantiste, historiciste, impérialiste, irrédentiste, modérantiste, nationaliste, phénoméniste, probabiliste, progressiste, rationaliste, spontanéiste, sympathisant, syndicaliste, vers-libriste ■ 13 collectiviste, essentialiste, mercantiliste, pangermaniste, phalanstérien, propagandiste, psychologiste, pythagoricien, spiritualiste, transformiste, universaliste ■ 14 aristotélicien, eurocommuniste, évolutionniste, individualiste, isolationniste, monométalliste, néo-platonicien, néo-positiviste, occidentaliste, réductionniste, ultra-royaliste ■ 15 coreligionnaire, existentialiste, fonctionnaliste, libre-échangiste, protectionniste, ségrégationiste, traditionaliste.

**PARTITION :** 7 chaussé, émanché, partage, tableur ■ 13 transcription.

**PARTOUT :** 8 ubiquité ■ 10 urbi et orbi ■ 13 universaliser.

**PARTURITION :** 5 terme ■ 7 mise bas ■ 9 gestation, grossesse ■ 10 délivrance ■ 11 enfantement, parturiente ■ 12 accouchement*.

**PARURE :** 5 atour, bijou, joyau, nippe ■ 7 diadème ■ 8 affutiau, ornement*, parement, peignier, toilette ■ 10 ajustement ■ 11 coquetterie.

**PARVENIR :** 5 faire, moyen, venir ■ 6 sauter, tomber ■ 7 arriver*, combine, réussir* ■ 8 moyenner, succéder, viatique ■ 9 atteindre* ■ 10 déchiffrer, marche-pied ■ 11 transmettre.

**PARVENU :** 5 riche ■ 6 policé.

**PAS :** 3 col, mie ■ 4 jeté, trot, volé ■ 5 coulé, coupé, début, jalon, mille, point, porté, seuil, tombé ■ 6 allure*, chaîné, porter, stawug ■ 7 balance, détroit ■ 8 assemblé, enjamber ■ 9 battement, contre-pas, podomètre, tussilage ■ 12 chassé-croisé.

**PASQUILLE :** 9 raillerie*.

**PASQUIN :** 6 sature ■ 7 bouffon* ■ 9 raillerie* ■ 10 pasquinade.

**PASSABLE :** 5 assez ■ 7 buvable, potable ■ 8 médiocre ■ 12 passablement.

**PASSACAILLE :** 8 chaconne.

**PASSADE :** 7 caprice*.

**PASSAGE :** 3 col, gué, pas, ras, rue, raz ■ 4 bond, lieu, obel, pont, saut ■ 5 allée, berme, boyau, canal, cluse, coulé, forte, gorge, issue, obèle, pâque, passe, péage, porte, seuil, texte, trace, trait, tutti, vulve ■ 6 aigage, alinéa, brèche, chemin, chenal, défilé, entrée, filtre, goulet, insert, passée, percée, ruelle, sortie, tirage, trappe, trouée, tunnel ■ 7 chicane, couloir, détroit, enclave, endroit, extrait, frayage, galerie, guichet, pertuis, poterne, reprise, ressaut, sentier, soupape ■ 8 barrière, cheminée, citation, consonne, corridor, coursive, débouché, estacade, exutoire, jaumière, passoire, pénombre, traboule, traverse, tubulure ■ 9 barbotage, chattière, chronaxie, déballage, embrasure, harponner, migration, ouverture, passavant, pont-canal, portillon, servitude, vomitoire ■ 10 absorption, coupe-gorge, dégagement, embouchure, filtration, fortissimo, interstice, intervalle, involution, modulation, passerelle, phylactère, pianissimo, régulateur, séparation, souterrain, transition ■ 11 caillebotis, culmination, électrolyse, fausse-route, transfusion ■ 12 assimilation, bleuissement, infiltration, liquéfaction, saut-de-mouton ■ 13 actualisation, communication, contre-attaque, électro-aimant, extrapolation, fossilisation, garde-barrière ■ 14 franchissement, solidification ■ 15 sédentarisation.

**PASSAGER:** 5 accès, court*, frêle, lueur, obèle, ondée, oubli ■ 6 fugace ■ 7 bouffée, fugitif, passade, passant, stand-by, ulmiste ■ 8 éphémère, hystérie, paquebot, précaire ■ 9 amourette, fantaisie, momentané ■ 10 accidentel, amouracher, cosmonaute, pied-à-terre, provisoire, temporaire ■ 11 bactériémie, intérimaire, narcolepsie, transitoire ■ 13 passagèrement.

**PASSANT:** 8 passager ■ 9 promeneur ■ 12 autostoppeur.

**PASSANTE:** 9 marcheuse.

**PASSAVANT:** 13 laissez-passer.

**PASSE:** 4 échu, fané* ■ 5 canal, issue, jadis, ordre, supin, temps ■ 6 écoulé, sésame, veille ■ 7 antique, attardé, has been, passage ■ 8 accompli, anamnèse, ecmnésie, histoire, prétérit ■ 9 antérieur, dévolutif, flash-back, imparfait, passéisme, téléphoné ■ 10 ancienneté, magnétisme, rétrocatif, surcomposé ■ 11 archéologie, télégénique ■ 12 débouquement, embouquement, rétrospectif, traditionnel, transpolaire ■ 13 rétrospection.

**PASSE-CRASSANE:** 8 crassane.

**PASSE-DROIT:** 9 privilège*.

**PASSEMENT:** 4 chou ■ 5 crêpe, filet, galon*, ganse, gland, lacet, motif, natte, nœud, picot, ruban* ■ 6 cordon, effilé, feston, frange, houppe, laisse, orfroi, tresse ■ 7 bordure, capiton, crépine, giselle, guipoir, guipure, lézarde, macaron, macramé, nervure, résille, rosette, torsade ■ 8 applique, bouillon, chenille, dentelle, dragonne, embrasse, freluche, giroline, pampille, soutache ■ 9 bouffette, chaînette, chamarrer, clinquant, cordonnet, frangette, garniture, houppette, paillette, passepoil ■ 10 cannetille, chamarrure, cordelière, lambrequin ■ 11 aiguillette, brandebourg, passementer ■ 12 passementier ■ 13 passementerie.

**PASSEMENTERIE:** 6 floche ■ 7 guipoir ■ 9 cartisane.

**PASSE-PASSE:** 9 jonglerie.

**PASSEPOIL:** 10 passepoilé.

**PASSEPORT:** 12 laissez-aller ■ 13 laissez-passer.

**PASSER:** 5 bruir, faner, fixer, furet, guéer, loger, passe, péage, raser, revue, tamis, temps, trame, virus ■ 6 couler, couper, enfuir, filtre, gravir, migrer, monter, mourir, percer, primer, sasser, sauter, sortir ■ 7 assurer, bougier, brocher, brosser, changer, coucher, cribler, croiser, doubler, écouler, enfiler, envoler, épuiser, estiver, évoluer, examen, excéder, fileter, filtrer, flétrir, frotter, glisser, gominer, gratter, moduler, passant, ratiner, tamiser, testeur, tourner ■ 8 blanchir, bocarder, circuler, culminer, dégriser, dépasser, déserter, diaphase, égrainer, enjamber, franchir, grillage, hiberner, hiverner, passager, pénétrer, précéder, priorité, projeter, promener, repasser, sublimer, traduire, turbiner, vieillir ■ 9 calandrer, corrompre, coupeller, cylindrer, escalader, événement, gazéifier, infiltrer, œil-de-pie, passation, passavant, peaufiner, permettre, plausible, postposer, surpasser, transfuge, transiter, traverser*, trépasser, triballer ■ 10 contourner, cylindrage, dérailleur, embauchage, extrapoler, filtration, fluidifier, médiatiser, mutualiser, passe-droit, passe-lacet, passe-passe, pourlécher, solidifier, transférer, transfuser, transsuder, vagabonder, vitriolage ■ 11 commutateur, diathermane, disparaître, outrepasser, transborder, transmettre, transmigrer, transpercer, transporter ■ 12 achromatique, impraticable, laissez-aller, passe-partout ■ 13 indispensable, laissez-passer, semi-perméable ■ 14 court-circuiter.

**PASSERAGE :** 7 cresson.

**PASSEREAU :** 3 pie ■ 4 lyre, pipi ■ 5 agace, calao, huppe, linot, pipit, rémiz, serin, shama, tarin, tyran, veuve ■ 6 aronde, bec-fin, canari, cincle, draine, drenne, jaseur, loriot, malure, margot, mauvis, ménure, paridé*, pinson, pitpit, quelea ■ 7 bengali, corvidé*, cotinga, friquet, gros-bec, guêpier, jacasse, moineau, motteux, rollier, sifilet, tangara, traquet, turdidé*, verdier ■ 8 alouette, becfigue, cul-blanc, farlouse, fauvette, fournier, grenadin, martinet, plocéidé, pouillot, quiscale, roitelet, rupicole, sittelle, sturnidé, sylviidé, tisserin ■ 9 accenteur, bec-croisé, étourneau, hirondeau, mauviette, monticole, passerine, phragmite, salangane, sansonnet, souïmanga, trogonidé, troupiale ■ 10 coq-de-roche, effarvate, grimpereau, hirondelle, hochequeue, lavandière, lévirostre, paradisier, pie-grièche, trochilidé*, troglodyte ■ 11 dentirostre, engoulevent, fourmillier, fringillidé*, gobemouches, rousserolle, ténuirostre ■ 12 chardonneret, passériforme, passerinette ■ 13 bergeronnette, martin-pêcheur ■ 14 martin-chasseur.

**PASSERELLE :** 4 pont* ■ 7 kiosque ■ 8 rambarde ■ 9 baignoire.

**PASSERIFORME :** 9 passereau*.

**PASSE-TEMPS :** 3 jeu ■ 5 hobby ■ 10 récréation.

**PASSEUR :** 8 bateleur, batelier.

**PASSIBLE :** 8 pendable.

**PASSIF :** 4 doit ■ 5 actif, bilan, verbe ■ 6 inerte ■ 8 déponent, passiver ■ 9 passivité ■ 11 passivement.

**PASSIFLORE :** 10 grenadille.

**PASSION :** 4 élan*, joie, rage, rêve, vice ■ 5 accès, amour*, désir*, envie, excès, folie*, froid, glace, haine, manie* ■ 6 âpreté, ardeur*, béguin, colère, délire, fièvre, flamme, fureur*, luxure, nature ■ 7 appétit, avarice, bandeau, chaleur, crainte, égoïsme, émotion, ivresse, maladie, naturel, tension, volupté ■ 8 ambition, beylisme, cupidité, débauche, frénésie, instinct, jalousie, penchant, violence*, vivacité ■ 9 affection, agitation, brutalité, caractère, catharsis, enflammer, éréthisme, espérance, explosion, fanatisme, idolâtrie, lascivité, monomanie, paroxysme, transport, tristesse, véhémence ■ 10 admiration, amouracher, convoitise, ébullition, ensorceler, exaltation, irritation, partialité, passionnel, sensualité, tempérance ■ 11 affectivité, aveuglement, bibliomanie, dépravation, détachement, embrasement, emportement, inclination, palpitation, tempérament ■ 12 appassionato, déchaînement, enthousiasme*, entraînement, fermentation, intempérance, passionnaire ■ 13 concupiscence, effervescence, passionnément, surexcitation ■ 14 bouillonnement ■ 15 cristallisation.

**PASSIONNANT :** 9 attachant ■ 11 intéressant*.
**PASSIONNE :** 3 fou, vif ■ 4 âpre, fana, féru, ivre ■ 5 accro, amant, chaud, épris, mordu, sacré ■ 6 ardent*, brutal, exalté ■ 7 aveugle, égoïste, forcené, furieux, partial, sensuel, violent* ■ 8 amoureux, excessif, exclusif, mélomane, raffoler, véhément ■ 9 fanatique ■ 10 audiophile, chaleureux, dilettante, frénétique, langoureux, romantique ■ 11 inflammable, intempérant ■ 12 enthousiaste*.
**PASSIONNER :** 6 animer, remuer ■ 7 engouer, exciter ■ 8 captiver, embraser, émouvoir, éveiller ■ 9 enfiévrer, enflammer, fanatiser ■ 10 électriser ■ 13 enthousiasmer, impressionner.
**PASSIVATION :** 8 passiver.
**PASSIVITE :** 3 yin.
**PASSOIRE :** 5 tamis ■ 6 filtre ■ 7 chinois ■ 8 passe-thé.
**PASTEL :** 5 guède ■ 6 isatis ■ 7 cocagne ■ 8 coraigne ■ 9 pastelier, pasteller, pompadour ■ 11 pastelliste.
**PASTEQUE :** 5 melon ■ 6 courge ■ 10 coloquinte.
**PASTEUR :** 6 berger*, prêtre ■ 8 capselle, ministre, pastoral, pastorat, révérend ■ 11 consistoire ■ 12 missionnaire.
**PASTEURELLA :** 13 pasteurellose.
**PASTEURELLOSE :** 11 pasteurella.
**PASTEURISER :** 10 pastoriser ■ 14 pasteurisation.
**PASTICHER :** 6 imiter* ■ 10 pasticheur.
**PASTILLE :** 7 implant ■ 8 comprimé ■ 10 pastilleur.
**PASTIS :** 9 mauresque.
**PASTORAL :** 4 ranz ■ 6 idylle ■ 7 églogue ■ 8 bergerie ■ 9 bucolique, champêtre ■ 10 villanelle ■ 13 pastoralement.
**PASTORALE :** 4 bref.
**PASTOUREAU :** 6 berger*.
**PAS TRES BIEN :** 10 couci-couça, couci-couci.
**PATACHE :** 7 voiture* ■ 8 patachon.
**PATAPOUF :** 4 gros*.
**PATAQUES :** 10 galimatias.
**PATAUD :** 5 lourd ■ 9 maladroit*.
**PATAUGER :** 8 barboter ■ 9 pataugeur ■ 10 pataugeage, patouiller ■ 11 pataugement, patrouiller.
**PATE :** 4 nafé, pile ■ 5 bugne, minot, pâtée, pâton, pétri, purée ■ 6 beigne, croûte, engobe, foufou, jujube, rollot, surimi, tarama ■ 7 abaisse, beignet, brasque, lasagne, loukoum, nouille, onguent, pirojki, raviole, videlle, vitelot ■ 8 chocolat, clafouti, eugénate, macaroni, moussoir, traboule ■ 9 barbotine, béatilles, clafoutis, coupe-pâte, croquette, croustade, koulibiac, marmelade, patouille, plastisol, sassenage, spaghetti, trabouler, vol-au-vent ■ 10 cannelloni, cataplasme, feuilleter, pastellage, pâtisserie*, pétrisseur, vermicelle ■ 11 cailloutage, feuilletage, tagliatelle, trituration ■ 12 soumaintrain ■ 13 saint-nectaire ■ 14 saint-florentin, saint-marcellin.
**PATEE :** 5 pâton.
**PATELIN :** 4 faux, pays, trou ■ 9 doucereux*, pateliner ■ 9 pateliner ■ 10 patelinage, patelineur ■ 11 compatriote, patelinerie.
**PATELLE :** 8 bernique 12 patelliforme.
**PATENE :** 4 paix.
**PATENOTRE :** 6 prière*.
**PATENT :** 7 évident*.
**PATENTE :** 6 brevet ■ 8 patenter ■ 10 patentable.
**PATEONTOLOGIE :** 14 paléobotanique.
**PATERE :** 13 porte-chapeaux.

**PATERNE :** doucereux*.
**PATERNEL :** 3 bon ■ 10 consanguin ■ 13 patrilinéaire.
**PATERNITE :** 11 copaternité.
**PATEUX :** 4 brai ■ 5 épais, magma, pâtée, verre ■ 8 paraison.
**PATHETIQUE :** 8 émouvant* ■ 10 pathétisme ■ 14 pathétiquement.
**PATHOGENE :** 7 viroïde ■ 9 gonocoque ■ 10 mycoplasme ■ 11 colibacille, pasteurella ■ 12 inactivation ■ 13 toxi-infection.
**PATHOLOGIE :** 4 sang ■ 10 andrologie, mastologie ■ 11 gynécologie, hépatologie ■ 12 pathologique, pathologiste ■ 13 ophtalmologie.
**PATHOLOGIQUE :** 3 pus ■ 5 ictus ■ 6 urémie ■ 7 acidose, tétanie ■ 8 akinésie, caféisme, sclérose ■ 9 acalculie, asymbolie, dysphonie, néoplasie, néoplasme, occlusion, ostéolyse, tétanisme ■ 10 borderline, crétinisme, insolation, ostéopathe, pathomimie, sinistrose ■ 11 bradycardie, hallucinose, hypercapnie, hypersomnie, infestation, leucoplasie, prépsychose ■ 12 acrocéphalie, mégaloblaste, pseudotumeur, thrombopénie ■ 13 approbativité, destructivité, hyperazotémie, hypercalcémie, hyperkaliémie, théâtralisme ■ 14 décompensation, pyrétothérapie ■ 15 barotraumatisme, collectionnisme, exhibitionnisme, paranéoplasique, perfectionnisme.
**PATHOS :** 7 emphase* ■ 10 galimatias.
**PATIBULAIRE :** 5 gibet ■ 10 inquiétant.
**PATIENCE :** 5 calme, délai, rumex ■ 6 flegme, puzzle ■ 7 patient ■ 8 quiétude ■ 9 constance, endurance*, passivité, patienter, stoïcisme, supporter, tolérance ■ 10 impatience, indulgence, mansuétude, modération, patiemment ■ 11 impatienter, longanimité, résignation ■ 12 persévérance ■ 13 impassibilité.
**PATIENT :** 3 bon ■ 4 doux, roué ■ 5 mulet ■ 6 docile, passif ■ 7 stoïque ■ 8 constant, endurant, tolérant ■ 9 impatient, indulgent ■ 10 débonnaire, impassible ■ 11 flegmatique, malendurant, persévérant.
**PATIENTER :** 7 tolérer ■ 8 attendre*, contenir, différer, résigner, souffrir ■ 9 permettre, supporter ■ 10 temporiser.
**PATIN :** 3 ski ■ 4 fort ■ 7 patiner, skating ■ 8 patinage, patineur, traîneau ■ 9 patinoire.
**PATINAGE :** 4 axel ■ 7 imposée, skating.
**PATINE :** 7 patiner.
**PATINER :** 8 patinage.
**PATINETTE :** 11 trottinette.
**PATIR :** 5 subir ■ 8 souffrir*.
**PATIS :** 4 parc ■ 7 prairie ■ 8 pâturage*.
**PATISSERIE :** 4 baba, chou, paté* ■ 5 crème, dorer, lunch, raton, tarte ■ 6 couque, éclair, friand, gâteau, gaufre, oublie, touron, tourte ■ 7 abaisse, biscuit, bretzel, brioche, croquet, échaudé, kouglof, macaron, plaisir, savarin, terrine, timbale ■ 8 biscotte, chausson, godiveau, meringue, nonnette, pâtisser, quenelle, talmouse ■ 9 adragante, barquette, charlotte, feuilleté, gimblette, kugelkopf, pâtissier, petit-four, vol-au-vent ■ 10 colifichet, paris-brest, pâtissoire ■ 11 chanoinesse, croquignole feuilletage, profiterole, saint-honoré ■ 12 feuillantine ■ 13 croquembouche ■ 15 étouffe-chrétien.
**PATISSIER :** 5 gâche ■ 6 mitron ■ 7 videlle ■ 9 coupe-pâte, patronnet ■ 10 pâtisserie*.
**PATISSON :** 14 bonnet-de-prêtre.
**PATOIS :** 8 dialecte*, patoiser ■ 9 patoisant.
**PATOUILLER :** 6 manier ■ 8 patauger.
**PATRAQUE :** 6 malade.

**PATRE :** 4 péon ■ 6 berger* ■ 8 armailli.
**PATRIARCAL :** 15 patriarcalement.
**PATRIARCHE :** 4 chef* ■ 5 tribu ■ 9 vieillard ■ 10 patriarcal, patriarcat ■ 11 métropolite.
**PATRICE :** 9 patricial, patriciat.
**PATRICIEN :** 5 noble*, plèbe, sacré ■ 9 patriciat ■ 11 aristocrate.
**PATRIE :** 4 pays* ■ 5 banni ■ 6 nation* ■ 7 civisme ■ 8 apatride, expatrié, patriote ■ 9 dépatrier, expatrier, heimatlos, rapatrier ■ 11 patriotisme ■ 12 rapatriement.
**PATRILINEAIRE :** 9 patriclan.
**PATRIMOINE :** 4 bien*, part ■ 8 écomusée, mobilier ■ 9 propriété* ■ 10 succession ■ 11 patrimonial.
**PATRIOTE :** 7 chauvin, civisme ■ 9 cocardier ■ 10 patriotard ■ 11 patriotique, patriotisme ■ 12 antipatriote, nationaliste ■ 15 antipatriotique, patriotiquement.
**PATRON :** 4 boss, chef* ■ 5 saint, singe ■ 6 maître*, modèle, tôlier ■ 7 taulier ■ 8 patronal, patronat ■ 9 patronner, gabarrier, tenancier ■ 12 paternalisme.
**PATRONALE :** 7 frairie.
**PATRONNAGE :** 5 glèbe ■ 7 vocable ■ 8 auspices.
**PATROUILLE :** 11 patrouiller ■ 12 patrouillage, patrouilleur.
**PATTE :** 4 pied* ■ 5 apode, canon, ergot, jambe*, pattu, pince, quasi, sabot, tarse ■ 6 éperon, jambon, jarret, lycope, souris ■ 7 alérion, cuissot, isopode, oreille, paturon, trumeau ■ 8 aggravée, cuisseau, éclanche, hexapode, oreillon, vervelle ■ 9 épaulette, oreillons, ravisseur, tétrapode ■ 11 quadrupédie.
**PATURAGE :** 3 pré ■ 4 alpe, auge, noue, parc ■ 5 erbue, mayen, pâtis, remue, terre ■ 6 alpage, estive, herbue, pacage, pâture* ■ 7 estiver, herbage, prairie ■ 8 embouche, estivage, pasquier ■ 11 surpâturage.
**PATURE :** 5 appât, pâtis ■ 7 engrais, pâturer ■ 8 affenage, pâturage* ■ 9 pâturable.
**PATURER :** 6 paître* ■ 7 pacager, viander ■ 8 pâturage.
**PATURON :** 4 abot ■ 6 jointé ■ 9 bas-jointé ■ 10 long-jointé ■ 11 court-jointé ■ 12 enchevêtrure.
**PAUME :** 5 éteuf ■ 6 hockey, thénar ■ 7 cricket, paumier, triquet ■ 8 base-ball, gantelet, palmaire, raquette ■ 9 empaumure ■ 10 hypothénar, lawn-tennis, supinateur.
**PAUMEE :** 5 colée.
**PAUMELLE :** 8 paumoyer.
**PAUMURE :** 7 paumier.
**PAUPERISATION :** 10 paupériser.
**PAUPERISME :** 6 manque* ■ 8 pauvreté*.
**PAUPIERE :** 3 cil ■ 4 clin, khôl ■ 5 kohol, tarse ■ 6 koheul, ptôsis ■ 7 chalaze, cocotte, orgelet ■ 8 eye-liner ■ 9 chalazion, clin d'œil, dessiller, ectropion, entropion, nictilant, palpébral ■ 10 blépharite, papilotter ■ 11 conjonctive, éraillement, papillotage ■ 12 clignotement.
**PAUSE :** 5 arrêt*, coupe, halte, point, repos* ■ 6 pauser, soupir ■ 7 attente, silence, station ■ 10 pause-café, stagnation ■ 12 interruption*, point-virgule.
**PAUVRE :** 4 hère ■ 5 gueux*, ladre, panné, ruiné ■ 6 chétif, piteux ■ 7 pauvret, stérile ■ 8 croquant, dépourvu, hyposodé, indigent, mendiant*, miséreux, pauvreté ■ 9 appauvrir, besogneux, famélique, loqueteux, marmiteux, misérable*, pitoyable, pouilleux, va-nu-pieds ■ 10 bidonville, calamiteux, déguenillé, dépenaillé, désargenté, malheu-

reux*, pauvrement, prolétaire ■ 11 meurt-de-faim, nécessiteux, ventre-creux ■ 13 hypocalorique.

**PAUVRETE :** 4 gêne, vœu ■ 5 dèche, faste, panne, purée, ruine, tasse ■ 6 besoin*, débine, famine, misère*, mouise, panade, pétrin ■ 7 disette, pénurie ■ 8 détresse, embarras, richesse ■ 9 dénuement, gueuserie, indigence, mendicité, mistoufle, nécessité, stérilité ■ 10 épuisement, médiocrité, mouscaille, paupérisme, pouillerie ■ 11 délabrement ■ 12 insuffisance ■ 13 impécuniosité ■ 15 appauvrissement.

**PAVANE :** 9 gaillarde.

**PAVANER :** 5 poser ■ 7 parader.

**PAVE :** 3 hie ■ 4 dame ■ 5 dalle, paver ■ 6 pierre ■ 7 carreau, macadam ■ 8 carrelet, épinçage, mosaïque, pavement ■ 9 déversoir, repiquage.

**PAVEMENT :** 8 tesselle ■ 11 pavimenteux.

**PAVER :** 6 daller, pavage, paveur ■ 7 repaver ■ 8 carreler, pavement, repavage ■ 9 briqueter ■ 10 décarreler, demoiselle, repavement, rudération.

**PAVILLON :** 5 berne, chapé, corne, digon, folie, hélix, tente, villa ■ 6 ajoupa, conque, donjon, flamme, gopura, guidon, maison*, marque, muette, pavois ■ 7 drapeau, guérite, kiosque, oreille, rotonde ■ 8 bannière, chapelle, cornette, guindant, pavoiser, sourdine, tonnelle, tourelle ■ 9 belvédère, gloriette ■ 10 lambrequin ■ 11 échauguette, maisonnette ■ 13 pavillonnerie.

**PAVOIS :** 6 daleau ■ 7 fargues.

**PAVOISER :** 6 pavois ■ 11 pavoisement.

**PAVOT :** 5 huile, opium ■ ■ 7 calmant, capsule, papaver, ponceau ■ 8 laudanum, morphine ■ 9 œillette, somnifère ■ 10 coquelicot.

**PAYE :** 5 loyer, péage, solde, terme ■ 6 impayé ■ 8 paiement ■ 9 cachetier ■ 10 monnayable ■ 11 rétribution ■ 13 rémunératoire.

**PAYER :** 4 écot, paie, paye ■ 5 dédit, jeton, saler, solde, vente ■ 6 fendre, gagner, payeur, raquer, régler, solder, verser ■ 7 acheter, amortir, avancer, bégaler, casquer, compter, cotiser, cracher, honorer, régaler, repayer ■ 8 défrayer, dégorger, dépenser*, dépocher, desserre, douiller, échauder, écorcher, estamper, étriller, financer, griveler, paiement, payement, prépayer, répondre, solvable, soudoyer, suborner, subvenir, surpayer, surtaxer ■ 9 acquitter, appointer, consigner, contenter, débourser, décaisser, escompter, gratifier, rançonner, rémunérer, rétribuer, souscrire ■ 10 affranchir, contribuer, entretenir, insolvable, mercenaire, rembourser, stipendier, tributaire ■ 11 acceptation, ordonnancer, récompenser ■ 12 contribuable ■ 13 désintéresser ■ 14 ordonnancement.

**PAYS :** 3 ici ■ 4 chez, ciel, lieu, mère, paix, zone ■ 5 cœur, diète, natif, parmi, piste, terre ■ 6 climat, nation, parage, patrie, région ■ 7 contrée, grenier, paradis, patelin, take-off, terroir ■ 8 déraciné, dépayser, étranger, exotique, folklore, immigrer, indigène, invasion, littoral, panorama, romanité ■ 9 électorat, intérieur, migration, nostalgie ■ 10 atmosphère, autochtone, chrétienté, concitoyen, insularité, population, quart monde, tiers monde ■ 11 arrière-pays, compatriote, fédéraliser, indésirable, panarabisme, vice-royauté ■ 12 bannissement, chorographie, colonisation, vernaculaire ■ 13 cobelligérant, nonalignement, pérégrination ■ 14 sous-médicalisé, surendettement ■ 15 désatellisation, non-belligérance, rechristianiser.

**PAYSAGE :** 3 vue ■ 4 site ■ 5 décor, genre, morte ■ 7 brousse ■ 8 paysager ■ 10 paysagiste, perspectif ■ 11 anthropique, enfoncement.

**PAYSAN :** 4 serf ■ 5 cotte, plouk, rural ■ 6 manant, moujik, pecnot,

pécore, rustre, vilain ■ 7 bouseux, fermier*, rustaud, terrien, zeugite ■ 8 croquant, péquenot, roturier, rustique, touloupe ■ 9 jacquerie, paysannat ■ 10 campagnard, cul-terreux, kichenotte, palsambleu, pastoureau, pedzouille, villageois ■ 11 agriculteur, cambrousard, cambrousien, paysannerie, pétrousquin, quichenotte ■ 12 cambroussard.
**PAYS CHAUDS :** 8 paillote, scorpion ■ 9 stégomyie ■ 10 dragonnier, maringouin ■ 11 sidéroxylon ■ 14 pamplemoussier.
**PAYS TEMPERES :** 5 aneth.
**PAYS TROPICAUX :** 11 broméliacée.
**PEAN :** 5 chant, hymne, pæan.
**PEAU :** 3 mue ■ 4 acné, cuir, daim, dine, gale, hâle, lard, muer, pelé, poil, pore, raie, rasé, robe, suer, taie, veau, zona ■ 5 blanc, chair, cosse, croco, derme*, envie, fanon, gilet, grain, haire, kajac, kayac, ladre, lèpre, loupe, malle, mégie, mégir, mégis, ortie, outre, panne, parer, peler, psora, psore, raphé, satin, scalp, séton, signe, spore, suède, sueur, tache, tanné, taupe, suçon, tigre, vache, vélin, velot, zeste ■ 6 basané, carate, croûte, cutané, écorce, eczéma, exuvie, fongus, fraise, livedo, macule, nævus, oursin, papule, pelage, pelure, vibice ■ 7 agnelin, anthrax, canepin, chamois, couenne, croupon, ecthyma, escarre, eschare, estompe, mycosis, papille, peeling, pustule, sabrage, surpeau, tunique ■ 8 achromie, actinite, armeline, chéloïde, chevreau, chloasma, crevasse, ébourrer, écharner, écorcher, épicarpe, épiderme*, équarrir, érythème, fourreur, fourrure, galuchat, ichtyose, impétigo, jaunisse, kératose, léopardé, maroquin, médisser, mélanine, mélanome, membrane, miliaire, moricaud, panoufle, peaucier, pétéchie, risorius, sabreuse, strigile, tégument, triballe ■ 9 baudruche, cancroïde, carbatine, chabraque, chagriner, chevrotin, dépiauter, dépouille, dermatite, dermatose, ecchymose, écharnoir, écorchure, ectoderme, enveloppe, érésipèle, érysipèle, érythrose, frayement, hypoderme, mégissier, mélanocyte, molluscum, papillome, parchemin, peaufiner, peau-rouge, peaussier, pellicule, pemphigus, percutané, phtiriase, sauvagine, scabieuse, triballer ■ 10 anguillade, barbillons, chamoisage, dépouiller, dyschromie, écharneuse, ectoblaste, épithélium, intertrigo, mégisserie, peausserie, pelleterie, phtiriasis, scarlatine, sous-cutané, urtication, vergetures, xérodermie ■ 11 chamoiserie, maroquinier, pachydermie, palissonner, rubéfaction ■ 12 blastomycose, brunissement, démangeaison, dermatologie, dermographie, échauboulure, mélanodermie, palissonneur ■ 13 dermatoglyphe, éléphantiasis, histoplasmose ■ 14 dermatomyosite, dermographisme.
**PEAUSSERIE :** 5 lainé.
**PECAÏRE :** 7 pechère.
**PECCADILLE :** 5 faute*, péché* ■ 8 scélérat.
**PECHBLENDE :** 8 actinium.
**PECHE :** 3 ire ■ 4 vice* ■ 5 aiche, bette, chute, déchu, drège, duvet, envie, esche, faute*, gaule, kajac, kayac, ligne, louve, palot, puche, rogue, scion, tache ■ 6 cassis, chalut, chasse, colère, coulpe, dreige, fouine, lancer, luxure, pointu, vermée, wading ■ 7 alberge, ansière, avarice, havenet, lamparo, offense, orgueil, paresse, tartane, trimmer ■ 8 araignée, cuillère, haveneau, madrague, morutier, pêcherie, persicot, scandale, schooner, surpêche, thonaire, turlutte ■ 9 arénicole, arondelle, baleinier, caudrette, chalutage, chalutier, expiation, islandais, nectarine, pharillon, sardinier, trinquart, tue-diable ■ 10 baleinière, corailleur, crevettier, forfaiture, garde-pêche, harponneur, impénitent, manquement, mirlicoton, peccadille, sanguinole, sardinière ■ 11 fornication, gourmandise, halieutique, harengaison, impéni-

tence, langoustier, maqueraison ■ 12 terre-neuvien ■ 13 madelonnettes.
**PECHER:** 7 clocher, draguer, trouver ■ 8 offenser, peccable ■ 9 chiffonne, forniquer ■ 10 brugnonier, dandinette, impeccable.
**PECORE:** 3 sot ■ 6 animal, pecque ■ 8 pimbêche* ■ 10 péronnelle.
**PECTORAL:** 4 nafé ■ 9 tussilage.
**PECULAT:** 10 concussion.
**PECULE:** 8 économie.
**PECUNE:** 6 argent ■ 9 pécunieux ■ 13 impécuniosité.
**PECUNIAIRE:** 14 pécuniairement.
**PEDAGOGIE:** 6 maître, pédant ■ 9 pédagogue ■ 11 instruction*, pédagogique ■ 15 pédagogiquement, psychopédagogie.
**PEDALAGE:** 13 rétropédalage.
**PEDALE:** 4 lice ■ 5 lisse, rouet ■ 7 tirasse ■ 8 calepied, pédalier ■ 10 champignon.
**PEDALER:** 8 pédalage.
**PEDANT:** 2 us ■ 5 bonze, docte ■ 6 savant ■ 7 bas-bleu, cuistre, docteur, grimaud, pontife ■ 8 magister, vaniteux ■ 9 pédagogue ■ 10 pédanterie, pédantisme, savantasse ■ 11 pédantesque.
**PEDERASTIE:** 9 pédéraste ■ 12 pédérastique.
**PEDESTRE:** 4 trek ■ 5 à pied ■ 8 marathon, trekking.
**PEDIATRIE:** 12 pédiatrique.
**PEDICULE:** 4 tige.
**PEDICURE:** 9 pédicurie.
**PEDIMENT:** 10 pédiplaine.
**PEDOLOGIE:** 9 pédologue ■ 10 paidologie.
**PEDONCULE:** 4 cyme ■ 5 queue ■ 7 bractée ■ 8 capitule ■ 9 macropode, ombilical, pédicelle ■ 10 réceptacle ■ 12 pédonculaire.
**PEDOPHILIE:** 9 pédophile.
**PEDOPSYCHIATRIE:** 14 pédopsychiatre.
**PEGMATITE:** 8 émeraude.
**PEGRE:** 6 milieu ■ 8 populace*.
**PEIGNE:** 3 ros ■ 5 carde, drège, grège, séran, stoff ■ 6 pecten, râteau ■ 8 affinoir, démêloir, flanelle, peignage, peignier, regayoir, retirons, sourdine ■ 9 ébauchoir, peignures ■ 10 décrassoir, semi-peigné ■ 11 cache-peigne.
**PEIGNER:** 6 carder ■ 7 coiffer*, démêler, houpper ■ 9 peigneuse, peignures, testonner ■ 11 babichonner.
**PEIGNOIR:** 9 saut-de-lit ■ 12 sortie-de-bain.
**PEINDRE:** 5 faire, poser ■ 6 conter, draper, étaler, glacer ■ 7 brosser, caréner, croquer, décrire*, empâter, modeler ■ 8 armorier, barioler, dessiner*, gouacher, graniter, peinture, raconter, reverdir ■ 9 blasonner, dépeindre, enjoliver, enluminer, historier, maroufler, pignocher, portraire, repeindre, ripoliner ■ 10 grisailler, miniaturer, pourtraire, strapasser ■ 11 badigeonner, barbouiller, gribouiller, représenter* ■ 12 peinturlurer, portraiturer ■ 13 portraicture.
**PEINE:** 3 dam, mal* ■ 4 mort, rude ■ 5 croix, délit, ennui, gémir, grâce, orage, pénal, peser, plaie, poids, punir, subir ■ 6 amende, chaîne, charge, corvée, maxima, misère*, regret, tracas ■ 7 chagrin*, douleur*, fardeau, fatigue, malheur*, pénible, remords ■ 8 amertume, chercher, clopiner, déplaire, échafaud, embarras, facilité, infliger, non-cumul, pénalité, punition*, sanction*, soulager, supplice, suspense, tintouin, tourment* ■ 9 cassation, châtiment, détention, difficile, effleurer, indignité, indolence, laborieux, pantelant, pénitence, réclusion, regretter, surcharge, tristesse* ■ 10 affliction, correction,

crève-cœur, désobliger, désolation, difficulté, exposition, facilement, guillotine, inquiétude, jour-amende, mercenaire, répugnance, souffrance* ■ 11 baraguigneur, commutation, consolation, dégradation, déportation, embarrasser, incommodité, péniblement, tribulation ■ 12 bannissement, condamnation ■ 13 adoucissement, clopin-clopant, difficilement ■ 14 emprisonnement, laborieusement, transportation.

**PEINER :** 4 suer ■ 5 sévir ■ 6 ahaner, fâcher, lutter, remuer ■ 8 affliger, débattre, déplaire, escrimer, évertuer, fatiguer*, infliger, souffrir* ■ 9 actionner, attrister*, chagriner*, inquiéter, tracasser* ■ 10 tourmenter, travailler* ■ 11 décarcasser, embarrasser.

**PEINT :** 8 monotype.

**PEINTRE :** 5 école, rapin ■ 7 imagier ■ 8 chevalet, fauvisme, grugeoir, primitif, ruiniste, tachiste, veinette ■ 9 animalier, apprêteur, appuimain, coloriste, figuratif, luministe, mannequin, muraliste, pistoleur ■ 10 appuie-main, fresquiste, rentoileur ■ 11 macchiaioli ■ 12 aquarelliste, badigeonneur, barbouilleur, miniaturiste, queue-de-morue ■ 13 divisionnisme ■ 14 impressionniste.

**PEINTURE :** 3 vue ■ 4 ocre ■ 5 buste, cadre, camée, genre, icône, image*, laque, morte, pietà, tache, tanka, toile, vague ■ 6 croûte ■ 7 bombage, camaïeu, cimaise, cymaise, fresque, gouache, paysage, plafond, pochade, ripolin, tableau* ■ 8 cameline, makimono, orpiment, pictural, pistolet, portrait*, sous-bois, tachisme ■ 9 allégorie, aquarelle, faïençage, filmogène, grisaille, lithopone, miniature, muralisme, œillette, réchampis, sgraffite ■ 10 barbouille, caricature, gomme-gutte, guillochis, matiérisme, morbidesse, sous-couche, subjectile, tableautin ■ 11 barbouillis, clair-obscur, description, encaustique, gribouillis, passivation, pittoresque, trompe-l'œil, white-spirit ■ 12 barbouillage, gribouillage, pinacothèque, polyuréthane ■ 13 polyuréthanne ■ 14 précisionnisme.

**PEINTURLURER :** 7 peindre.

**PEJORATIF :** 2 me ■ 3 mes ■ 5 panse, sbire ■ 10 mélioratif ■ 11 défavorable, dépréciatif ■ 14 péjorativement.

**PELAGE :** 4 peau*, poil*, robe ■ 5 hyène, peler, sable ■ 6 livrée.

**PELAGIQUE :** 7 pélagos.

**PELARGONIUM :** 8 géranium.

**PELASGIEN :** 9 cyclopéen ■ 10 pélasgique.

**PELE :** 6 chauve* ■ 8 pêle-mêle.

**PELECANIFORME :** 11 stéganopode.

**PELECYPODE :** 7 bivalve ■ 14 lamellibranche*.

**PELE-MELE :** 4 vrac ■ 7 mélange* ■ 8 désordre*.

**PELER :** 4 muer ■ 5 rober ■ 6 pelade, racler ■ 7 dérober, écorcer ■ 8 dégarnir, écailler, écorcher, éplucher, excorier, exfolier ■ 9 desquamer ■ 10 dépouiller ■ 11 décortiquer.

**PELERIN :** 4 hadj ■ 6 lanier, requin ■ 7 bourdon.

**PELERINAGE :** 4 hadj ■ 6 défilé, hadjdj, liesse, pardon, voyage ■ 7 hadjdji ■ 10 hosannière ■ 15 assomptionniste.

**PELERINE :** 6 berthe, camail, collet ■ 7 mozette.

**PELETON :** 10 fourrageur.

**PELICAN :** 3 fou.

**PELISSE :** 7 manteau* ■ 8 fourrure*, touloupe.

**PELLE :** 5 bêche, bogue, écope, palon, râble, sasse ■ 6 drague, raille ■ 7 palette, spatule ■ 8 baqueter, houlette, pelletée, pelleter ■ 9 épuisette, pelleteur ■ 10 pelle-bêche, ramassette, ramassoire ■ 12 pelleversoir.

**PELLETER :** 6 peller, pellet ■ 9 pelletage.

**PELLETERIE:** 8 armeline.
**PELLETISATION:** 9 bouletage.
**PELLICULAGE:** 10 pelliculer.
**PELLICULE:** 4 film, peau* ■ 5 bande, feuil, lurex, pépie, piste ■ 7 écalure ■ 8 cuticule, épicarpe, épiderme ■ 9 baudruche, microfilm ■ 10 cellophane, diapositif ■ 11 diapositive, pelliculeux ■ 12 pelliculaire.
**PELLUCIDE:** 4 œuf.
**PELOTE:** 5 balle, boule, rebot ■ 7 peloton ■ 8 chistera, pelotari, peloteur, trinquet ■ 10 pelotonner.
**PELOTER:** 7 dévider, flatter ■ 8 caresser*, pelotage ■ 9 effleurer.
**PELOTONNER:** 7 blottir, dévider ■ 8 ramasser ■ 13 pelotonnement ■ 14 recroqueviller.
**PELOUSE:** 5 herbe* ■ 8 ray-grass ■ 10 lawn-tennis, vertugadin.
**PELTE:** 8 peltaste.
**PELUCHE:** 5 pilou ■ 7 plucher ■ 8 plucheux ■ 9 pelucheux, teddy-bear.
**PENAILLE:** 8 guenille*.
**PENAILLON:** 8 guenille* ■ 9 religieux.
**PENAL:** 5 titre ■ 9 pénaliste ■ 10 pénalement ■ 11 dépénaliser, destitution.
**PENALISATION:** 8 pénalité.
**PENALISER:** 10 pénalisant.
**PENALITE:** 5 pénal ■ 7 buteur, surtaxe ■ 8 punition, sanction ■ 9 astreinte ■ 10 relégation ■ 12 pénalisation.
**PENATES:** 5 lares ■ 6 maison.
**PENAUD:** 7 contrit, honteux*, pantois ■ 10 déconcerté, embarrassé.
**PENCE:** 5 penny ■ 8 shilling.
**PENCHANT:** 4 goût* ■ 5 aimer, amour*, bonté, désir*, génie, pente, talus ■ 6 couché, faible, malice ■ 7 attrait, caprice*, passion ■ 8 aptitude, incliner, tendance*, vocation ■ 9 attirance, déclivité, faiblesse, lasciveté, lubricité, sentiment, sympathie ■ 10 causticité, idiopathie, méchanceté, obligeance, propension ■ 11 balancement, combativité, disposition*, inclinaison, inclination, sociabilité, tempérament ■ 12 prédilection ■ 13 concupiscence, mercantilisme ■ 14 prédisposition.
**PENCHER:** 7 coucher ■ 8 décliner, incliner* ■ 9 trébucher ■ 10 trébuchant ■ 11 déversement.
**PENDAISON:** 4 hart ■ 5 gibet, pendu ■ 7 potence ■ 8 pendable.
**PENDANT:** 2 de ■ 4 pour ■ 5 balan, gland, habit, lâche ■ 6 durant, fanons ■ 7 ballant ■ 9 oreillard ■ 10 symétrique ■ 12 intercurrent.
**PENDARD:** 6 coquin*.
**PENDERIE:** 8 dressing ■ 12 dressing-room.
**PENDRE:** 4 hart, tuer ■ 5 balan, fanon ■ 6 baller ■ 7 ballant, retenir ■ 8 apprendre, balancer, dépendre, reprendre, repentir, retomber, soutenir ■ 9 accrocher*, bouffette, étrangler, pendentif, pendiller, suspendre* ■ 10 pendeloque, supplicier ■ 11 pendouiller.
**PENDULAIRE:** 8 penduler.
**PENDULE:** 6 coucou, réveil ■ 7 horloge ■ 8 barillet, sourcier ■ 9 balancier, pendillon, trotteuse ■ 10 pendulaire, pendulette, régulateur ■ 12 compensateur ■ 13 réveille-matin.
**PENE:** 5 gâche ■ 7 encoche ■ 8 gâchette, mortaise ■ 9 bec-de-cane, moraillon ■ 10 cramponnet.
**PENETRANT:** 3 vif ■ 5 délié, obtus ■ 6 subtil ■ 7 incisif, mordant, perçant ■ 9 perméable ■ 10 divinateur ■ 11 clairvoyant.
**PENETRATION:** 5 macle ■ 6 osmose, percée ■ 7 finesse, mélange, mixtion ■ 8 infusion, sagacité ■ 9 infection, infiltrat, pesanteur ■ 10 absorption, adsorption, imbibation, macération, profondeur, satu-

ration, suggestion ■ 11 humectation, insinuation, inspiration, perforation ■ 12 assimilation, clairvoyance*, embouquement, envenimation, imprégnation, infiltration, pénétromètre, perspicacité.
**PENETRE :** 4 imbu ■ 5 plein, sujet ■ 9 pénétrant.
**PENETRER :** 4 lire ■ 5 loger, mêler ■ 6 entrer*, larder, percer, piquer, sonder, tâcher ■ 7 accéder, confire, devenir, filtrer, glisser, imbiber, infuser, jaillir, macérer, plonger, saturer, transir ■ 8 absorber, combiner, enfoncer, enjuiver, faufiler, humecter, insinuer, inspirer, perforer, suggérer ■ 9 assimiler, découvrir, embarquer, embrocher, implanter, imprégner, incruster, infiltrer, mordiller, morfondre, perméable, traverser ■ 10 assimiler, comprendre, engouffrer, identifier, incorporer, introduire, pénétrable ■ 11 pénétration, transcutané, transpercer ■ 12 impénétrable ■ 13 interpénétrer, pénétrabilité, transparaître.
**PENIBLE** 3 dur* ■ 4 amer, ardu, exil, fort, gêné, rude, vide ■ 5 honte, lourd, suave, sueur, tuant, verte ■ 6 effort, triste ■ 7 fâcheux, fatigué ■ 8 aggraver, galérien, poignant ■ 9 cauchemar, difficile*, emmerdeur, laborieux ■ 10 déplaisant ■ 11 désagréable, photophobie.
**PENICHE :** 5 barge ■ 7 chaland ■ 8 molusson ■ 10 automoteur, batellerie.
**PENICILLINE :** 11 ampicilline, pénicillium ■ 13 pénicillinase.
**PENIS :** 6 pénien.
**PENITENCE :** 4 gage ■ 6 carême, ermite, pardon ■ 7 kippour ■ 8 pénitent, punition*, repentir ■ 9 châtiment*, expiation, rémission ■ 10 absolution, confession, contrition, conversion, discipline, yom kippour ■ 11 pénitentiel ■ 12 flagellation, pénitentiaux, regénération.
**PENITENCIER :** 5 bagne, salut ■ 6 prison ■ 12 pénitencerie ■ 13 pénitentiaire.
**PENITENTIAIRE :** 9 auburnien ■ 11 semi-liberté.
**PENNE :** 7 pennage ■ 8 halbrené ■ 9 paripenné, pennifère.
**PENNY :** 5 pence.
**PENOMBRE :** 5 ombre*.
**PENSANT :** 3 moi ■ 5 objet ■ 13 subjectivisme.
**PENSEE :** 3 âme, ana, dao, dit, tao ■ 4 idée*, maya, même, peur, sein ■ 5 adage, autre, chute, dogme, grâce, noème, noèse, notes, style, thèse, trait, union ■ 6 axiome, devise, dicton, entité, esprit*, litote, maxime*, morose, notion, oracle, penser, raison* ■ 7 concept, formule, légende, logique, mémoire, noumène, opinion*, parémie ■ 8 cérébral, dadaïsme, discours, écriture, exprimer, gnomique, illusion, impropre, instinct, jugement, madrigal, moralité, paradoxe, précepte, principe, proverbe, remarque, sentence, suggérer ■ 9 antithèse, aphorisme, caractère, cauchemar, concevoir, épigraphe, expliquer, expressif, gradation, hyperbole, mentalité, réflexion, repousser, réticence, sensation, sentiment, subtilité, tolérance, zélotisme ■ 10 apophtegme, apostrophe, cogitation, conception, concession, conscience, conversion, correction, écologisme, épiphonème, expression, généralité, hypotypose, invocation, méditation, périphrase, prosopopée, rencontrer, solipsisme, subjection, suggestion, survivance, suspension, télépathie, vulgarisme ■ 11 délectation, énumération, exclamation, imagination, imprécation, inscription, insinuation, monétarisme, obsécration, philosophie, prétérition, sophistique, trivialités ■ 12 intelligence, interruption, périssologie, observations, significatif ■ 13 arrière-pensée, communication, interrogation, onirothérapie, préopératoire ■ 14 circonlocution, considérations ■ 15 phallocentrisme, psychogénétique.
**PENSER :** 4 dire ■ 5 juger, rêver ■ 6 aviser, croire*, opiner, songer* ■ 7 cogiter, figurer, méditer, ruminer, soucier ■ 8 absorber, imaginer,

rappeler, rêvasser, souvenir, spéculer, subsumer ■ 9 abstraire, concevoir, connaître, délibérer, percevoir, raisonner*, réfléchir*, remarquer ■ 10 comprendre, considérer, impensable, préméditer, recueillir, subtiliser ■ 11 conjecturer, extravaguer, représenter.

**PENSEUR**: 5 libre ■ 6 rêveur ■ 8 libertin.

**PENSIF**: 6 rêveur ■ 7 songeur ■ 8 soucieux ■ 11 pensivement.

**PENSION**: 5 hôtel, rente ■ 6 couvent, revenu ■ 8 internat, retraite ■ 9 pensionné, trousseau ■ 10 pensionnat, pensionner ■ 11 demi-pension, institution ■ 12 pensionnaire.

**PENSIONNAIRE**: 7 interne ■ 12 quinze-vingts.

**PENSUM**: 8 punition*.

**PENTAMETRE**: 8 distique.

**PENTANOÏQUE**: 9 valérique.

**PENTATEUQUE**: 5 bible.

**PENTATHLON**: 10 quinquerce.

**PENTE**: 4 côte, noue ■ 5 égout, penta, pentu, rampe, redan, talus ■ 6 abrupt, calade, glacis ■ 7 chalade, déclive, escarpe, raideur, rampant, roideur, versant, verseau ■ 8 corniche, descente, dressant, glissoir, penchant, plateure ■ 9 déclivité, nivelette, raidillon, schlitter ■ 10 descendeur ■ 11 déclination, déclinement, descenderie, escarpement.

**PENTECOTE**: 8 fête-dieu, shabouot, tarasque.

**PENTECOTISME**: 12 pentecôtiste.

**PENTECOTISTE**: 12 pentecôtisme.

**PENTHIOBARBITAL**: 10 thiopental.

**PENTOSE**: 10 nucléoside.

**PENTURE**: 4 gond ■ 8 paumelle.

**PENULTIEME**: 12 avant-dernier ■ 14 antépénultième.

**PENURIE**: 5 crise, faute ■ 6 défaut, manque*, rareté ■ 7 disette ■ 8 embarras, pauvreté* ■ 9 suremploi.

**PEPIER**: 9 pépiement.

**PEPIN**: 8 érucique.

**PEPINIERE**: 12 pépiniériste, sylviculteur ■ 13 arboriculteur.

**PEPSINE**: 7 achylie, peptone ■ 8 albumose, peptique.

**PEPTIDE**: 12 angiotensine.

**PEPTONE**: 8 érepsine.

**PERÇANT**: 3 vif* ■ 4 aigu*, lynx ■ 6 criard ■ 8 éclatant, strident ■ 9 pénétrant, térébrant.

**PERCE**: 4 trou* ■ 5 écrou, flûte, macle, moque, nable, patte, troué ■ 8 fenestré, foraminé ■ 9 avant-clou, imperforé, térébrant ■ 10 baquetures ■ 12 chante-pleure.

**PERCEMENT**: 5 jumbo ■ 8 enfilage ■ 9 avant-trou.

**PERCE-MURAILLE**: 10 pariétaire.

**PERCE-NEIGE**: 7 nivéole.

**PERCE-OREILLE**: 9 forficule.

**PERCE-PIERRE**: 7 crithme ■ 11 passe-pierre ■ 12 criste-marine.

**PERCEPTIBLE**: 7 audible, visible ■ 8 sensible* ■ 9 inaudible ■ 13 insaisissable ■ 14 perceptibilité ■ 15 perceptiblement.

**PERCEPTION**: 4 fisc, œil ■ 5 ferme, levée, régie ■ 6 vision ■ 7 agnosie, percept ■ 8 antalgie, cacosmie, dysosmie, synopsie ■ 9 fiscalité, génétisme, gustation, olfaction, perceptif, recouvrer, sensation*, sentiment ■ 10 acoustique, audibilité, paramnésie, percentage ■ 11 cinesthésie, syncrétisme ■ 12 chromatopsie, connaissance, recouvrement, stéréognosie, tachitoscope ■ 13 hallucination ■ 14 cénesthopathie, dyschromatopie ■ 15 perceptionnisme.

**PERCER**: 5 alène, clore, forer, mèche, perce ■ 6 aléser, crever, daguer, darder, larder, ouvrir, piquer, sonder, trouer ■ 7 creuser, cribler, driller, empaler, enfiler, entamer, étamper, fileter, mandrin, plonger, réussir, saigner, vriller ■ 8 chignole, défoncer, ébiseler, encorner, enferrer, équarrir, éventrer, explorer, fouiller, pénétrer, perceuse, perforer, repercer, saborder, tarauder, térébrer, trépaner ■ 9 découvrir, embrocher, percement, tamponner, traverser* ■ 10 enfourcher, transpirer, transsuder ■ 11 chanfrenier, ponctionner, transpercer, vilebrequin ■ 12 chanfreindre ■ 14 antibrouillard.

**PERCEVOIR:** 4 ouïr, voir* ■ 6 saisir ■ 7 fructus, toucher ■ 8 entendre*, recevoir ■ 9 discerner, perceptif, remarquer ■ 10 distinguer*, moins-perçu, percevable ■ 11 allocataire, sensibilité ■ 12 distinguable, nue-propriété, radiesthésie.

**PERCHE:** 3 âge, bar, mât* ■ 4 croc, pieu, rame ■ 5 barre, bâton*, espar, gaffe, gaule, grand ■ 6 anabas, arpent, boulin, tuteur, vergée, vergue ■ 7 antenne, bouille, échasse, juchoir, ridelle, rouable, tendoir ■ 8 baliveau, étendoir, faîtière, grémille, mâtereau, papegeai, perchoir ■ 9 balancier, écoperche ■ 10 étamperche ■ 11 percomorphe.

**PERCHER:** 5 poser ■ 6 jucher ■ 7 coucher, reposer ■ 8 brancher, perchage, percheur.

**PERCHISTE:** 8 perchman.

**PERCHLORIQUE:** 11 perchlorate.

**PERCIDE:** 3 bar ■ 4 loup ■ 6 perche, sandre ■ 8 grémille ■ 9 anarhique.

**PERCLUS:** 4 noué ■ 5 cassé ■ 6 faible ■ 7 podagre ■ 8 engourdi, goutteux, paralysé* ■ 9 cacochyme ■ 10 grabataire, rachitique ■ 11 languissant, paralytique, rhumatisant.

**PERCOMORPHE:** 10 perciforme.

**PERÇU:** 8 démotivé ■ 14 extrasensoriel.

**PERCUSSION:** 4 choc* ■ 5 bongo, fusil, heurt, tabla ■ 6 maraca ■ 7 célesta, gamelan, marteau ■ 8 batterie, gâchette ■ 9 phonolite ■ 10 brise-béton, phonolithe.

**PERCUTER:** 7 heurter* ■ 9 percuteur.

**PERD:** 6 musard ■ 8 dédaléen ■ 11 caducifolié.

**PERDANT:** 5 loser.

**PERDITION:** 5 abîme, perte* ■ 8 débauche*, naufrage.

**PERDRE:** 4 muer ■ 5 gâter, pâtir, peler, ravir, reste ■ 6 adirer, égarer, flâner, fondre, paumer, ruiner, tomber, vaguer, vaincu ■ 7 affoler, aliéner, changer, déchoir, démâter, démunir, éventer, faiblir, laisser, niaiser, oublier, perdant, reculer, séduire, tombeur ■ 8 alanguir, basculer, déboiser, déflorer, dégrader, démonter, déplumer, déraidir, dérougir, dérouter, dévaluer, dissiper, étouffer, étourdir, évanouir, lambiner, musarder, perdable, ramollir, regagner, relâcher, renoncer, reperdre, rouiller, troubler, vieillir ■ 9 conserver, décalvant, décolorer, défaillir, défleurir, dégénérer, dégourdir, démériter, déprécier, dépuceler, dessaisir, déteindre, étrangler, lanterner, obscurcir, scléroser, succomber, suffoquer, terrasser, trébucher ■ 10 abandonner, décourager, dérogeance, désespérer, imperdable, ressaigner, supplanter ■ 11 baguenauder, décalcifier, décomplexer, démoraliser, déraisonner, désespérant, déshabituer, désintégrer, désorienter, dévaloriser, déviriliser, disparaître, impatienter, inamissible rétrograder ■ 12 déconcentrer, déconsidérer, désenchanter, déstabiliser, dévirginiser, disqualifier ■ 13 décontenancer, déminéraliser, déséquilibrer, embarbouiller ■ 14 décrédibiliser, dénationaliser, désensibiliser, désillusionner, désynchroniser ■ 15 dépersonnaliser.

**PERDRIX:** 5 lacet, tapir ■ 6 caille ■ 7 cacaber, tinamou ■ 8 gélinote,

glaréole, perdreau ■ 9 francolin, pouillard ■ 10 bartavelle ■ 11 chanterelle ■ 12 appareillade, appareillage.
**PERDU:** 5 adiré, égaré, fichu, gâché ■ 7 dévoisé ■ 8 condamné ■ 9 désadapté ■ 10 dévitaminé.
**PERE:** 3 dab ■ 4 dabe, papa, vioc ■ 5 daron, frère, oncle, sœur, tante ■ 6 auteur, parent ■ 7 parâtre ■ 8 beau-père, bisaïeul, géniteur, paternel ■ 9 grand-mère, grand-père, parricide, paternité, trisaïeul ■ 10 patrimoine, patrologie ■ 12 beaux-parents ■ 13 consanguinité, pater familias ■ 14 paternellement.
**PEREGRINATION:** 6 voyage*.
**PEREMPTION:** 11 péremptoire ■ 12 prescription.
**PEREMPTOIRE:** 7 décisif ■ 8 estoppel ■ 10 dogmatique, dogmatiser ■ 15 péremptoirement.
**PERENNE:** 7 durable, éternel*.
**PEREQUATION:** 11 répartition.
**PERFECTIF:** 8 accompli.
**PERFECTION:** 4 fini ■ 5 idéal ■ 6 beauté ■ 8 maturité ■ 9 couronner, idéaliser ■ 10 achèvement, divinement, entéléchie, excellence ■ 11 bodhisattva, perfectible ■ 13 perfectionner ■ 14 perfectibilité ■ 15 perfectionnisme.
**PERFECTIONNEMENT:** 5 sport.
**PERFECTIONNER:** 8 corriger, élaborer ■ 9 améliorer*, retoucher ■ 10 parachever ■ 11 perfectible ■ 13 imperfectible ■ 14 perfectibilité.
**PERFIDIE:** 5 félin, rosse ■ 7 déloyal, serpent, traître, vipérin ■ 8 scélérat ■ 9 ténébreux ■ 13 machiavélique.
**PERFIDE:** 4 ruse* ■ 8 noirceur, rosserie ■ 9 déloyauté, traîtrise ■ 11 perfidement ■ 12 scélératesse.
**PERFORATION:** 12 mécanographe.
**PERFORE:** 10 hygiaphone.
**PERFORER:** 6 percer* ■ 9 perforage, perforant ■ 10 perforeuse, poinçonner ■ 11 perforateur, perforation ■ 12 perforatrice.
**PERFORMANCE:** 6 record ■ 7 exploit ■ 8 stud-book.
**PERFUSION:** 8 perfuser ■ 13 goutte-à-goutte.
**PERGELISOL:** 10 permafrost.
**PERIANTHE:** 7 induvie ■ 12 périanthaire, préfloraison ■ 13 préfleuraison.
**PERIANTHERE:** 6 tépale.
**PERIBOLE:** 7 temenos.
**PERICARDE:** 11 péricardite ■ 14 hydropéricarde.
**PERICARPE:** 3 son ■ 4 coco ■ 5 akène, fruit, valve.
**PERICLITER:** 8 décliner, enfoncer.
**PERIDOT:** 7 olivine ■ 11 chrysolithe.
**PERIL:** 4 sauf ■ 5 crise, piège, récif ■ 6 alarme, danger*, écueil, risque* ■ 7 embûche ■ 8 atteinte ■ 9 intrépide, périlleux, sauvetage, traîtrise ■ 10 coupe-gorge, péricliter ■ 11 intrépidité ■ 12 compromettre ■ 14 périlleusement.
**PERILLEUX:** 5 salto ■ 7 délicat ■ 9 acrobatie, dangereux, difficile*.
**PERIME:** 5 caduc ■ 6 démodé* ■ 7 suranné ■ 12 anachronique.
**PERIMETRE:** 4 tour ■ 8 quadrant ■ 10 périphérie ■ 12 isopérimètre.
**PERINATALOGIE:** 13 périnatalogie.
**PERINEE:** 8 périnéal.
**PERIODE:** 3 ère* ■ 4 coda ■ 5 année, chute, congé, cycle, étape, phase*, point, quart, revif, saros, shift, stade, temps*, trias ■ 6 décade, éocène, époque, saison ■ 7 miocène, néogène, nuaison, œstrus, permien, puberté, session, système ■ 8 chelléen, décennie, dévonien,

diapause, discours, exercice, histoire, holocène, isophase, pliocène, silurien ■ 9 acheuléen, fréquence, hivernage, lactation, oligocène, synchrone ■ 10 alternance, dépression, durabilité, interphase, jurassique, kondratiev, moustérien, ordovicien, post-partum, sauvagerie ■ 11 aurignacien, avant-guerre, carbonifère, intersaison, législature, magdalénien, moustiérien, néolithique, pléistocène, raspoutitsa ■ 12 mésolithique, monocyclique, préglaciaire, prémenstruel ■ 13 carboniférien, postclassique, préromantisme, présénescence ■ 14 chalcolithique, interglaciaire.

**PERIODICITE :** 10 annualiser ■ 11 monocristal.

**PERIODIQUE :** 5 revue ■ 7 journal* ■ 8 évection, magazine, soutrage ■ 9 menstrues, vibration ■ 11 fréquentiel, périodicité ■ 12 menstruation, transhumance ■ 14 périodiquement.

**PERIOSTE :** 9 péricrâne ■ 10 périostite.

**PERIPATE :** 11 onychophore.

**PERIPATETISME :** 13 péripatétique ■ 14 péripatéticien.

**PERIPETIE :** 7 épisode ■ 8 aventure* ■ 9 événement* ■ 15 course-poursuite.

**PERIPHERIE :** 4 tour ■ 5 jante, train ■ 8 banlieue ■ 12 périphérique.

**PERIPHERIQUE :** 5 périf ■ 6 périph ■ 12 trophoblaste ■ 15 thermorécepteur.

**PERIPHRASE :** 6 détour ■ 10 antonomase, euphémisme ■ 11 périphraser ■ 14 circonlocution, périphrastique.

**PERIPLE :** 4 tour ■ 6 voyage* ■ 7 circuit.

**PERIR :** 4 tuer ■ 5 geler, noyer ■ 6 couler, mourir*, tomber ■ 7 altérer, décimer, dépérir, faucher, immoler ■ 8 anéantir, consumer, détruire, écrouler, étouffer ■ 9 annihiler, crucifier, foudroyer, massacrer, sacrifier ■ 10 exterminer, péricliter ■ 12 impérissable.

**PERISSABLE :** 5 frêle ■ 6 chétif, débile, épuisé, faible, risqué ■ 7 délicat*, fragile.

**PERISSODACTYLE :** 5 tapir ■ 6 équidé* ■ 10 rhinocéros.

**PERISTALTIQUE :** 13 péristaltisme.

**PERISTYLE :** 8 portique.

**PERITOINE :** 6 ascite ■ 7 ratelle ■ 8 épiploon ■ 10 péritonéal, péritonite ■ 12 cœlioscopie, pérityphlite ■ 15 pneumopéritoine.

**PERLE :** 7 perlier, semence ■ 8 dormeuse, emperler, olivette, parangon, perlière, perlouse, perlouze ■ 9 pintadine ■ 10 lunéviller, méléagrine.

**PERLER :** 8 parfaire*.

**PERLINGUALE :** 9 linguette.

**PERMAFROST :** 10 pergélisol.

**PERMANENCE :** 5 poste ■ 8 éternité ■ 9 constance, monotonie, psalmodie, veilleuse ■ 10 continuité, instabilité, permafrost, uniformité ■ 11 immuabilité ■ 12 continuation, permanencier.

**PERMANENT :** 4 fixe ■ 6 stable ■ 7 continu*, durable, éternel ■ 8 constant*, immuable, monotone, œrstite, uniforme ■ 9 cicatrice, endémique, perpétuel, substance ■ 10 permanence, satyriasis, temporaire ■ 11 inaltérable ■ 12 indéfrisable.

**PERMANENTE :** 9 ornièrage ■ 13 rétrocontrôle.

**PERMANGANIQUE :** 12 permanganate.

**PERMEABILITE :** 12 permsélectif.

**PERMEABLE :** 9 barbotine ■ 10 pénétrable ■ 12 roche-magasin.

**PERMET :** 12 localisateur.

**PERMETTANT :** 10 fractionné.

**PERMETTRE :** 4 oser ■ 6 passer ■ 7 endurer, laisser, tolérer ■ 8 admettre*, concéder, enhardir, prohiber, rappeler, souffrir ■ 9 approuver,

autoriser, comporter, consentir*, dispenser, habiliter, souscrire, supporter ■ 10 acquiescer ■ 12 condescendre.
**PERMIEN**: 9 actinodon ■ 13 branchiosaure.
**PERMIS**: 5 exéat, juste, légal, libre, passe ■ 6 licite ■ 8 autorisé, légitime, loisible, navicert ■ 9 passavant ■ 10 admissible, importable, permission* ■ 11 passe-debout ■ 13 laissez-passer.
**PERMISSION**: 5 congé, exéat, licet ■ 6 brevet, permis ■ 7 diplôme, licence, patente, pouvoir* ■ 9 admission, exequatur, passavant, privilège ■ 10 blanc-seing, concession, imprimatur ■ 11 approbation, sauf-conduit ■ 12 autorisation, consentement ■ 13 acquiescement ■ 15 permissionnaire.
**PERMUTATION**: 6 change.
**PERMUTER**: 7 changer* ■ 9 permutant, permuteur ■ 10 permutable, transposée ■ 13 permutabilité.
**PERNELLE**: 10 pétronille.
**PERNICIEUX**: 5 malin*, nocif, peste ■ 6 méfait, poison ■ 8 nuisible* ■ 9 malignité ■ 10 diabolique, malfaisant ■ 11 bienfaisant ■ 12 perniciosité ■ 15 pernicieusement.
**PERONE**: 5 jambe, tibia ■ 8 cheville, malléole, péronier ■ 9 astragale ■ 14 périnéographie.
**PERONISME**: 9 péroniste.
**PERONNELLE**: 6 pécore.
**PERONOSPORACEE**: 10 plasmopara ■ 11 phytophtora, plasmospora ■ 13 péronosporale.
**PERONOSPORALEE**: 14 péronosporacée.
**PERORAISON**: 10 conclusion.
**PERORER**: 6 parler ■ 8 péroreur ■ 9 discourir.
**PEROU**: 4 inti.
**PEROXYDE**: 9 peroxyder, suroxyder ■ 11 panclastite.
**PERPENDICULAIRE**: 3 jas ■ 4 pied ■ 5 droit, lisse, sinus ■ 6 aplomb ■ 7 normale, podaire ■ 8 apothème, capitale, vertical* ■ 10 équilatère, horizontal, médiatrice, pantomètre ■ 11 travers-banc ■ 12 orthographie.
**PERPENDICULAIREMENT**: 4 à-pic ■ 8 pivotant ■ 13 verticalement ■ 15 orthogonalement.
**PERPETRER**: 9 commettre* ■ 12 perpétration.
**PERPETUEL**: 7 éternel*, toccata ■ 9 continuel* ■ 10 perenniser, perpétuité, relégation ■ 11 immortalité.
**PERPETUER**: 5 durer ■ 8 perdurer ■ 10 reproduire ■ 12 perpétuation.
**PERPETUITE**: 8 perpette.
**PERPIGNAN**: 12 perpignanais.
**PERPLEXE**: 5 agité ■ 7 indécis*, suspens ■ 9 incertain* ■ 10 embarrassé* ■ 11 soupçonneux.
**PERPLEXITE**: 7 soupçon ■ 8 embarras*, scrupule ■ 9 agitation ■ 10 indécision* ■ 11 incertitude.
**PERQUISITION**: 9 recherche ■ 11 inquisition ■ 15 perquisitionner.
**PERROQUET**: 3 ara, foc ■ 4 cire, jaco, lori ■ 5 jacot, jaser ■ 6 conure, jaquot ■ 7 euphème, jacquot, papegai ■ 8 cacatoès, cacatois, kakatoès, papegeai, papegaut, perruche, rosalbin ■ 9 paléornis ■ 10 mélopsitte, ostéophyte, psittacose, psittacule.
**PERRUQUE**: 7 cheveux ■ 8 coiffeur, postiche ■ 10 perruquier.
**PERSAN**: 3 kan ■ 4 chah, dari, khan, mage, péri, shah ■ 5 bazar, divan, farsi, islam, lilas, mitre, parse, parsi, schah, spahi, tiare ■ 6 tadjik ■ 7 satrape ■ 8 persique ■ 10 cunéiforme ■ 11 psammétique.
**PERSECUTER**: 6 brûler ■ 7 obséder ■ 8 torturer ■ 9 crucifier ■ 10 martyriser, poursuivre, tourmenter* ■ 11 persécuteur.

**PERSECUTION:** 6 délire ■ 7 torture ■ 8 supplice ■ 9 traditeur ■ 10 lapidation ■ 11 décollation, dragonnades.
**PERSEE:** 9 perséides.
**PERSEL:** 10 persulfate.
**PERSEVERANCE:** 4 têtu ■ 5 sport, suite ■ 8 patience* ■ 9 constance ■ 11 opiniâtreté.
**PERSEVERANT:** 8 constant.
**PERSEVERER:** 8 insister* ■ 9 continuer* ■ 11 persévérant ■ 12 persévérance.
**PERSIENNE:** 5 volet ■ 8 jalousie ■ 9 battement, loqueteau.
**PERSIFLER:** 6 moquer* ■ 7 railler* ■ 10 persiflage.
**PERSIL:** 5 apiol ■ 6 éthuse ■ 8 persicot ■ 10 persillade, persillère.
**PERSISTANCE:** 8 néoténie, vitalité ■ 9 rémanence ■ 12 infantilisme, stroboscopie ■ 13 réverbération.
**PERSISTANT:** 4 fixe ■ 5 gravé ■ 6 entêté ■ 7 continu*, imprimé ■ 8 immuable, incrusté, inculqué, invétéré, maintenu ■ 9 permanent*, résistant ■ 10 impénitent, indélébile, invariable ■ 11 ineffaçable, irrévocable ■ 12 inébranlable, irrémissible, sempervirent.
**PERSISTER:** 5 durer* ■ 8 demeurer, flancher ■ 9 continuer*, subsister ■ 10 persévérer.
**PERSONEE:** 14 scrofulariacée*.
**PERSONNAGE:** 3 fat, nom ■ 4 gogo, rôle, type, zani ■ 5 arroi, clown, folie, grand, héros, huile, jouer, ponte, scène, sotie, zanni ■ 6 dandin, légume, mignon, numéro ■ 7 bouffon, capitan, escobar, guignol, notable, proxène, sommité ■ 8 chérubin, comparse, demi-dieu, figurant, jocrisse, lustucru, matamore, passe-bas, personne, pimbêche, pleurant, quelqu'un ■ 9 anti-héros, balzacien, célébrité, confident, sacripant, tout-paris, trickster ■ 10 biographie, coqueluche, dignitaire, notabilité ■ 11 panchen-lama, sérénissime ■ 12 don quichotte, personnalité ■ 14 autobiographie.
**PERSONNALITE:** 3 égo, moi, v.i.p. ■ 4 self ■ 5 gotha, grand, huile ■ 6 jet-set, légume ■ 7 has been, notable, sommité ■ 8 égotisme, quelqu'un ■ 10 borderline, notabilité, personnage* ■ 11 prépsychose ■ 12 grosse légume, honoris causa, victimologie ■ 13 maître-penseur, personnaliste ■ 15 dépersonnaliser, intuitu, personae.
**PERSONNE:** 2 as, on ■ 3 ami, mec, moi, nul, qui ■ 4 coco, être, gens, géré, hère, hôte, même, oint, type ■ 5 black, droit, extra, foule, huile, liste, minus, monde, parti, pièce, secte, seing, sondé, sujet, ultra, zèbre, zigue ■ 6 autrui, bipède, bougre, mortel, oiseau, pareur, péteur, pileur, quidam, raider, saleur, soigné, tageur, zigoto ■ 7 canneur, cannier, couseur, fouleur, garanti, inconnu, malteur, migrant, mocheté, moineau, nullard, pierrot, plumeur, ponceur, prôneur, remueur, routard, surfeur, thésard ■ 8 agioteur, alter ego, bégayeur, boniface, buandier, buvetier, chançard, chiadeur, citateur, come-back, consorts, contumax, cotuteur, créature, décideur, décodeur, délégant, diviseur, doucheur, écoutant, essuyeur, fournier, happy few, indexeur, individu*, j'ordonne, loucheur, manouche, mêle-tout, péroreur, prochain, riquiqui, saigneur, tresseur, troqueur ■ 9 analyseur, annoncier, benjoïste, broussard, buffetier, cachetier, cassandre, coéditeur, commensal, contumace, coqueleux, demandeur, desperado, emmerdeur, éveilleur, insulteur, laudateur, malvoyant, mortuaire, navetteur, permutant, personnel protuteur, quiconque, ramendeur, remettant, sportsman, taraudeur, truquiste, tuyauteur, vérifieur, voyagiste ■ 10 anecdotier, assistants, béni-oui-oui, cacographe, comourants, embrasseur, évaluateur, hermétiste, ostéopathe, paroissien, personnage ■

11 allocutaire, bidouilleur, billettiste, cocréancier, cofondateur, concouriste, dédicataire, dégoûtation, demi-portion, disc-jockey, impersonnel, particulier, récidiviste, self-made-man, superviseur ■ 12 abandonnique, anthroponyme, attributaire, croisiériste, permanencier, personnifier, prescripteur, psychiatrisé, unipersonnel, vinificateur ■ 13 deus ex machina, personnaliser, personnalisme ■ 14 intersubjectif, monopolisateur, sous-prolétaire, tripatouilleur ■ 15 phytothérapeute.

**PERSONNEL:** 2 en, il, je, la, le, me, se, te, tu ■ 3 eux, ils, les, lui, moi, toi, soi ■ 4 elle, leur, nous, taxe, vous ■ 5 liste, ordre ■ 6 propre* ■ 7 égoïste, service ■ 8 draisine, droppage, égotiste, navigant, original ■ 10 plein-temps ■ 11 arraisonner, compression, particulier* ■ 12 égocentrique, idiosyncrasie, personnalité ■ 14 administration, particularisme ■ 15 caractéristique, personnellement.

**PERSONNIFICATION:** 4 mort ■ 6 destin ■ 12 personnifier.

**PERSPECTIVE:** 3 vue* ■ 5 fuite ■ 7 horizon, optique ■ 8 débouché ■ 9 raccourci ■ 10 perspectif ■ 11 arrière-plan ■ 13 bloc-diagramme.

**PERSPICACE:** 3 fin ■ 6 sagace, subtil ■ 11 clairvoyant, intelligent.

**PERSPICACITE:** 3 vue ■ 5 flair ■ 8 sagacité ■ 10 perspicace ■ 12 clairvoyance*.

**PERSUADER:** 5 rétif ■ 6 capter, gagner, graver, parler, saisir, tenter ■ 7 assurer, attirer, charmer, décider, éblouir, engager, enjôler, enrôler, exciter, flatter, fléchir, frapper, imposer, pousser, prouver, séduire, toucher, tromper ■ 8 affirmer, aveugler, captiver, désarmer, discours, émouvoir, empaumer, fasciner, imprimer, inspirer, pénétrer, suggérer ■ 9 démontrer, éloquence, embaucher, enchanter, entraîner, inculquer, persuasif, retourner ■ 10 accréditer, catéchiser, convaincre, déterminer, électriser, ensorceler, influencer, persuasion, surprendre ■ 11 circonvenir, endoctriner, persuasible ■ 12 entreprendre ■ 13 impressionner.

**PERSUASION:** 6 charme ■ 9 ascendant, captation, éloquence, influence, séduction ■ 10 conviction ■ 11 pithiatisme ■ 14 persuasivement.

**PERTE:** 3 dam, mal, mue ■ 4 coma, tare ■ 5 abîme, décès, décri, deuil, échec, fiche, froid, ozène, ruine, sèche ■ 6 amimie, avarie, manque*, misère ■ 7 amnésie, analgie, anosmie, aphasie, aphémie, coulage, débâcle, défaite, dommage, scotome, surdité, syncope ■ 8 adipisie, amission, anorexie, défaveur, délétion, disgrâce, emporter, éviction, faillite, insuccès, mévendre, naufrage, omission, pauvreté, sinistre ■ 9 achalasie, analgésie, apoplexie, déchéance, détriment, discrédit, faiblesse, préjudice, privation*, servitude ■ 10 aliénation, cataplexie, dépucelage, déshonneur, diminution, forclusion, indemniser, lipothymie, négligence, survivance, thermolyse ■ 11 aquaplanage, aquaplaning, banqueroute, déconfiture, défaillance, déperdition, désillusion, héméralopie, hémianopsie, hydrocution ■ 12 décoloration, désaffection ■ 13 avachissement, découragement, déculturation, déréalisation, désadaptation, détérioration, syringomyélite ■ 14 dépigmentation, dépressuration, endurcissement, étourdissement, évanouissement ■ 15 antidéperditeur, déconsidération, dévitrification, obscurcissement.

**PERTINENT:** 9 approprié ■ 10 pertinence.

**PERTUIS:** 7 détroit.

**PERTURBATION:** 4 émoi ■ 5 orage ■ 6 lésion, stress ■ 7 apraxie, trouble* ■ 8 parasite ■ 11 dérangement*, traumatisme ■ 12 antiparasite.

**PERTURBER:** 8 déranger*, paisible, troubler* ■ 9 parasiter ■ 10 émotionner.

**PERUVIEN:** 4 coca, lama ■ 9 quinquina.

**PERVENCHE :** 9 vincamine ■ 11 vinblastine, vincristine.
**PERVERS :** 4 noir ■ 7 méchant*, sadique, vicieux* ■ 8 lovelace ■ 10 perversité ■ 12 perversement.
**PERVERSION :** 7 avarice ■ 10 corruption*, masochisme ■ 11 travestisme.
**PERVERTIR :** 5 gâter* ■ 8 dépraver*, dévoyer ■ 9 corrompre* ■ 13 pervertisseur ■ 15 pervertissement.
**PERVIBRATEUR :** 10 pervibrage ■ 12 pervibration.
**PERVIBRATION :** 9 pervibrer.
**PESAGE :** 6 tarage ■ 11 pont-bascule.
**PESANT :** 4 lest ■ 5 ébène, épais, étain, grave, léger, lourd*, poids ■ 6 massif, tarant ■ 7 stupide ■ 9 pesanteur, pondéreux ■ 10 appesantir, légèrement, lourdement.
**PESANTEUR :** 4 lest ■ 5 poids* ■ 7 densité, fardeau, gravité, haltère, saccule ■ 8 lourdeur*, utricule ■ 9 équilibre, exosphère ■ 10 apesanteur, gravifique, gravimètre, métrologie ■ 11 géotropisme, gravimétrie, gravitation.
**PESE-ALCOOL :** 10 pèse-esprit.
**PESER :** 5 pesée, peson, tarer ■ 6 coûter ■ 7 appuyer, charger, presser ■ 8 balancer, délibérer, incomber, soupeser ■ 9 réfléchir, trébucher ■ 10 considérer, équilibrer, pondérable, surcharger ■ 11 contrepeser ■ 14 contrebalancer.
**PESETA :** 4 réal ■ 5 réale ■ 8 piécette.
**PESSIMISME :** 10 sinistrose.
**PESSIMISTE :** 8 maussade ■ 9 alarmiste, optimiste, paniquard ■ 10 défaitiste ■ 12 mélancolique.
**PESTE :** 7 pesteux ■ 8 empester ■ 9 pestiféré, pestilent ■ 12 pestilentiel ■ 13 streptomycine.
**PESTER :** 5 rager, râler ■ 6 rogner ■ 7 enrager ■ 10 invectiver.
**PESTILENCE :** 9 infection.
**PET :** 5 péter ■ 8 pétarade.
**PETALE :** 4 aile ■ 5 fleur, limbe ■ 7 apétale, corolle, feuille, labelle ■ 8 dipétale, étendard ■ 9 pétaloïde ■ 10 effeuiller, gamopétale ■ 11 dialypétale, pentapétale.
**PETARADE :** 9 pétarader ■ 10 détonation, pétaradant.
**PETARD :** 5 potin ■ 6 marron, tapage ■ 8 scandale.
**PETECHIE :** 9 pétéchial.
**PETER :** 6 casser, péteur, rompre ■ 7 éclater* ■ 8 pétiller.
**PETILLANT :** 7 spitant.
**PETILLER :** 5 péter ■ 8 chatoyer, crépiter ■ 9 étinceler, pétillant ■ 11 pétillement.
**PETIOLE :** 5 gaine, penne, queue ■ 8 conjugué ■ 9 décurrent.
**PETIT :** 3 bun, fin*, nid, peu* ■ 4 bref, faon, fils, gruo, lime, menu*, nain, once, ténu ■ 5 atome, baril, batte, bazar, bécot, benne, bidet, bijou, bille, bouge, bribe, brick, brise, butte, calle, canif, canot, court, dalot, délié, empan, envie, ergot, évent, évier, exigu, fable, fagne, fente, fiche, fifre, filet, fiole, flein, fluet, flûte, folie, fouée, foyer, frêle, furet, fusée, galet, gamin, liard, gnome, godet, goret, grêle, grené, groom, gruau, gruon, halte, hoche, hutte, image, judas, lagon, lampe, larme, lérot, lever, ligot, lopin, marte, miche, mince*, moïse, motte, mulot, muret, nabot, nasse, niche, ninas, obole, oison, orgue, ourse, ovule, panca, panka, patar, patte, pelte, perle, peton, picot, pièce, pince, pinot, plomb, poche, point, pouce, prise, punka, quart, radis, raton, rôlet, ronce, ruban, salse, salut, selle, serin, socle, sprat, strie, suage, tanne, targe, tarin, tasse, texte, tiret, tract, trait,

verge, verre, virus, xérus ■ 6 abrégé, bambin, bellot, chétif, concis, enfant, étroit*, fretin, humble, infime, mignon, mineur, minime, patard, petiot, réduit, roquet ■ 7 babiole, étriqué, girafon, limette, minicar, minimal, moindre, morceau, moutard, pygméen, rétréci, trognon ■ 8 archerot, blanchon, bonichon, bûchette, chamelon, chevreau, cochelet, condensé, épicycle, fragment, girafeau, hobereau, lionceau, médiocre, menu-vair, minorité, mirmidon, myrmidon, présérie, rabougri, ratatiné, resserré, riquiqui, spacieux, succinct, tantinet, vivipare ■ 9 amenuiser, amoindrir, autruchon, baleineau, ballonnet, barachois, barquette, bécasseau, biellette, boqueteau, bottillon, bouclette, bourricot, boursicot, brocheton, broquette, caissette, carpillon, chaînette, chatonner, chevrette, cigogneau, clocheton, clochette, cochonnet, columelle, corbillat, corbillon, cordonnet, croisette, couchette, coussinet, denticule, diablotin, échelette, échevette, faucillon, fléchette, fleurette, fougerole, gaufrette, gringalet, héronneau, homoncule, homuncule, hottereau, houpette, languette, landaulet, lanternon, marmouset, mauviette, menuaille, mignonnet, miniature, minuscule, moinillon, monticule, moucheron, négrillon, onguicule, particule, pédicelle, petit-four, piédouche, pierrette, portillon, poutrelle, quartette, raccourci, rapetissé, renardeau, ruisselet, saumoneau, sœurette, souriceau, statuette, torchette, tyranneau ■ 10 affichette, animalcule, arbrisseau, avionnette, brimborion, cailleteau, corpuscule, crapoussin, granulaire, impalpable, méticuleux, microcosme, rapetisser ■ 11 chevrillard, couleuvreau, gentillâtre, lilliputien, pince-maille, progéniture ■ 12 croquignolet, différentiel, microcéphale, micrographie ■ 13 imperceptible, infinitésimal, insaisissable, microscopique ■ 15 microdissection, micro-intervalle.

**PETITE :** 6 céteau, chouia ■ 8 fermette, lichette, loupiote, meulette ■ 9 œuvrette, tacheture ■ 10 cantatille.

**PETITESSE :** 5 micro ■ 8 exiguïté ■ 10 étroitesse, petitement ■ 11 mesquinerie.

**PETITION :** 7 requête* ■ 11 pétitionner ■ 13 pétitionnaire ■ 14 pétitionnement.

**PETIT-LAIT :** 5 kéfir, puron ■ 6 képhir ■ 8 délaiter ■ 10 délaiteuse, lactosérum.

**PETREL :** 8 cul-blanc.

**PETRIFIE :** 5 ébahi ■ 7 zoolite ■ 8 zoolithe ■ 10 ostéolithe ■ 13 pétrification.

**PETRIFIER :** 6 ébahir* ■ 10 lapidifier, pétrifiant.

**PETRIER :** 4 pâte ■ 7 malaxer ■ 11 pétrissable.

**PETRIN :** 3 mée ■ 4 maie, mait.

**PETRIR :** 5 huche ■ 6 masser ■ 7 malaxer, marcher, presser* ■ 9 manipuler ■ 10 pétrissage, pétrisseur ■ 12 pétrissement.

**PETROCHIMIE :** 13 pétrochimiste.

**PETROGRAPHIE :** 11 pétrographe.

**PETROLE :** 3 g.p.l., tep ■ 4 brai, fuel ■ 5 bidon, fioul, lampe ■ 6 barrel, naphte ■ 7 heptane, psilopa ■ 8 gazoline, kérosène, kérosine, pipeline, vaseline ■ 9 ozocérite, ozokérite, pétroleur, pétrolier ■ 11 pétrochimie ■ 12 dégazolinage, fracturation, roche-magasin ■ 13 berginisation, déparaffinage, parapétrolier.

**PETROLIER :** 4 dope, tank ■ 5 riser ■ 6 coking ■ 8 pompiste ■ 13 hydrocraquage ■ 15 hydrotraitement.

**PETULANT :** 3 fol, fou, vif* ■ 9 turbulent.

**PEU :** 4 rien ■ 5 guère, petit*, zeste ■ 6 chouia, rioter ■ 7 taiseux ■ 8 médiocre*, mirmidon, myrmidon, passager, succinct, tantinet ■

9 aphorisme, bagatelle, broutille ■ 10 brièvement, brimborion, entrouvrir, gagne-petit, maigrement, pauciflore ■ 11 antiquaille, compendieux, moyennement ■ 12 travailloter, vulgairement ■ 13 passagèrement.

**PEU A PEU:** 5 miner ■ 8 découler ■ 9 poco a poco ■ 14 insensiblement ■ 15 progressivement.

**PEUPLADE:** 5 horde, tribu ■ 6 peuple*.

**PEUPLE:** 3 rom ■ 4 mari, mère, race ■ 5 allié, caste, exode, horde, idole, magie, masse, païen, petit, plèbe, tribu ■ 6 nation*, populo, public, targui ■ 7 touareg ■ 8 anarchie, épidémie, peuplade, plébéien, poissard, populace*, populeux ■ 9 démagogue, démocrate, habitants, populaire, surpeuplé ■ 10 chrétienté, démocratie, ethnologie, ostracisme, plébiscite, popularité, population, sous-peuplé ■ 11 barbaresque, caporaliser, catholicité, démographie, impopulaire ■ 12 ethnographie, orientalisme, panislamisme ■ 14 transmigration.

**PEUPLEMENT:** 4 frai ■ 8 rôneraie ■ 12 encépagement ■ 13 surpeuplement ■ 14 sous-peuplement.

**PEUPLER:** 7 habiter* ■ 8 aleviner ■ 9 coloniser, repeupler ■ 10 peuplement ■ 12 empoissonner.

**PEUPLIER:** 5 liard ■ 7 grisard, tremble ■ 8 populéum ■ 9 balsamier, salicacée ■ 10 peupleraie, salicoside.

**PEUR:** 4 émoi, suée, toux, trac ■ 5 caner, fuite, poule ■ 6 alarme, effroi, phobie ■ 7 anxiété, crainte*, émotion, épeurer, frayeur, frousse, horreur, lâcheté*, panique, pétoche, terreur, trouble, venette ■ 8 angoisse*, impavide, redouter, scrupule, trembler, trouille ■ 9 chocottes, confusion, couardise, dégonfler, épouvante, ombrageux, tremblote ■ 10 affolement, terrorisme ■ 12 appréhension, fanfaronnade, poltronnerie.

**PEUREUX:** 5 capon, lâche* ■ 6 affolé, apeuré, couard, effaré, fuyard, timide, timoré, transi ■ 7 inquiet, pleutre, poltron ■ 8 craintif, dégonflé, fanfaron, vaillant ■ 9 alarmiste, ombrageux, trembleur ■ 10 pessimiste, trouillard ■ 11 pusillanime ■ 12 peureusement ■ 13 superstitieux.

**PEUT-ETRE:** 8 possible ■ 10 impossible ■ 12 possiblement.

**PHAETON:** 10 américaine ■ 13 paille-en-queue.

**PHAGOCYTE:** 11 phagocytose ■ 12 phagocytaire.

**PHAGOCYTOSE:** 8 opsonine ■ 9 microglie ■ 10 microphage, phagocyter.

**PHALANGE:** 5 forme ■ 6 troupe ■ 9 coalition ■ 10 phalangien, phalangine ■ 11 phalangette, phalangiste.

**PHALENE:** 8 géomètre ■ 10 arpenteuse.

**PHALLIQUE:** 5 linga ■ 6 lingam.

**PHALLOCENTRISME:** 15 phallocentrique.

**PHALLOCRATE:** 5 macho.

**PHALLOCRATIE:** 14 phallocratique.

**PHALLOÏDE:** 8 phalline.

**PHALLUS:** 9 phallique ■ 13 ithyphallique ■ 15 phallocentrisme.

**PHANERE:** 9 mélanisme.

**PHANEROGAME:** 6 plante* ■ 11 angiosperme*, gymnosperme*, spermaphyte ■ 13 spermatophyte.

**PHANTASME:** 6 vision ■ 7 fantôme*.

**PHARAMINEUX:** 8 étonnant.

**PHARAON:** 8 pectorat ■ 10 pharaonien ■ 11 pharaonique.

**PHARE:** 3 feu ■ 5 lampe ■ 7 lamparo ■ 8 baliseur, lanterne ■ 9 gyrophare ■ 11 bateau-phare.

**PHARISAÏSME :** 8 fausseté.
**PHARISIEN :** 8 saducéen ■ 9 hypocrite, sadducéen ■ 11 pharisaïque, pharisaïsme.
**PHARMACEUTIQUE :** 5 opiat ■ 9 thériaque.
**PHARMACIE :** 4 talc ■ 5 baume, codex ■ 6 potard, spatule ■ 7 cajeput, uva-ursi ■ 8 comprimé, officine, opopanax, opoponax, vaseline ■ 9 admixtion, adragante, castoréum, collodion, drugstore, galénique, myrobalan, myrobolan, officinal ■ 10 cajeputier, herboriste, médicament*, pharmacien ■ 11 apothicaire, pharmacopée ■ 13 parapharmacie ■ 14 pharmaceutique, pharmacochimie.
**PHARMACIEN :** 12 ordonnancier.
**PHARMACOPEE :** 9 yohimbehe.
**PHARYNX :** 6 angine, gosier ■ 8 pharyngé ■ 9 œsophage ■ 10 oropharynx, pharyngien, pharyngite ■ 12 arrière-gorge, rhino-pharynx ■ 15 rhino-pharyngite.
**PHASE :** 5 crise, degré*, étape, stade ■ 6 palier ■ 7 diphasé, échelon, période*, take-off ■ 8 anaphase, finition, prophase, quartier ■ 9 déphasage, métaphase, monophasé, polyphasé, télophase ■ 10 dégagement, dichotomie, phasemètre ■ 12 exploitation ■ 13 incorporation, précombustion.
**PHASIANIDE :** 3 coq ■ 4 paon ■ 5 argus, dinde, poule, tétra ■ 6 caille, dindon, faisan, poulet ■ 7 leghorn, perdrix, pintade, poussin ■ 8 paonneau, perdreau, poularde ■ 9 pintadeau, pouillard ■ 10 bartavelle, dindonneau, faisandeau, galliforme.
**PHEBUS :** 6 soleil ■ 10 galimatias.
**PHENIX :** 5 aigle.
**PHENATE :** 9 phénolate.
**PHENOL :** 6 crésol, thymol ■ 7 dioxine, naphtol, phénate ■ 8 bakélite, diphénol, phénique, picrique ■ 9 résorcine ■ 10 phénolique, pyrogallol, résorcinol ■ 11 phénoplaste ■ 13 phénothiazine ■ 14 paramidophénol.
**PHENOMENAL :** 8 étonnant.
**PHENOMENE :** 3 top ■ 4 rage ■ 5 cycle, étant, phase ■ 6 aurore, influx, mirage, osmose, séisme ■ 7 capture, météore, monstre, pattern, prodige, rochage ■ 8 artefact, épigénie, épitaxie, relation, symptôme* ■ 9 apparence, arc-en-ciel, battement, biorythme, diagenèse, diagramme, étincelle, fakirisme, graphique, phonation, plutonien, surfusion, synchrome, xérocopie ■ 10 combustion, désorption, diachronie, dispersion, expérience, fascination, hypnotisme, interactif, limnologie, maturation, paranormal, paupérisme, phénoménal, plutonique, raz de marée, synchronie ■ 11 affectivité, anorganique, antécédence, apériodique, biophysique, caléfaction, diffraction, espace-temps, fibrinolyse, fréquentiel, gravitation, neurochimie, prédictible, sociométrie ■ 12 chronographe, complication, cryophysique, électronique, épiphénomène, gérontologie, interférence, météorologie, phénoménisme, physiorption, polychroïsme, psychométrie ■ 13 agglutination, astrobiologie, cicatrisation, diamagnétisme, illusionnisme, lignification, massification, métapsychique, orthostatique, parasexualité, pétrification, précipitation, surcreusement ■ 14 homéomorphisme, neurobiochimie, phénoménologie, prédictibilité, réductionnisme ■ 15 cristallisation, hypercorrection, planétarisation, restructuration, supraconduction, thermodynamique.
**PHENOMENOLOGIE :** 8 thétique.
**PHENOTHIAZINE :** 12 prométhazine ■ 15 chloropromazine.
**PHENOTYPE :** 12 phénotypique.

**PHENYLE :** 5 salol ■ 6 spinal ■ 10 phénylique.
**PHEOPHYCEE :** 6 fucale.
**PHILANTHROPIE :** 5 bonté* ■ 7 charité*, mécénat ■ 15 philanthropique.
**PHILHELLENE :** 14 philhellénique, philhellénisme.
**PHILIPPINES :** 6 baguio ■ 7 cebuano.
**PHILIPPIQUE :** 6 satire.
**PHILOLOGIE :** 9 romancier ■ 10 philologue ■ 11 littérature, papyrologie ■ 12 linguistique*, philologique.
**PHILOSOPHE :** 4 pope, sage ■ 6 éléate ■ 8 sophiste ■ 9 éléatique, empiriste, éristique, humaniste ■ 10 spinosiste, spinoziste ■ 11 scolastique ■ 13 gymnosophiste, maître-penseur, présocratique, problématique ■ 14 phénoménologue.
**PHILOSOPHER :** 9 raisonner*.
**PHILOSOPHIE :** 4 idée, lois, sens, yoga ■ 5 dogme, école, gnose, modal, mythe, objet, philo, sujet ■ 7 cynisme, falsafa, laxisme, monisme, noumène ■ 8 atomisme, beylisme, doctrine, dualisme, innéisme, kantisme, marxisme, réalisme, scotisme, sectaire, thomisme, surhomme ■ 9 antimonie, dynamisme, empirisme, fatalisme, finalisme, humanisme, idéalisme, logicisme, monadisme, newtonien, nihilisme, quiétisme, stoïcisme, thesaurus ■ 10 amoralisme, bergsonien, causalisme, criticisme, cyrénaïque, dogmatisme, entéléchie, ésotérisme, formalisme, maïeutique, mysticisme, platonisme, pluralisme, solipsisme, spinozisme ■ 11 anabaptisme, bergsonisme, fouriérisme, gnoséologie, gnosticisme, néo-kantisme, néo-thomisme, neutralisme, nominalisme, philosopher, platonicien, positivisme, pyrrhonisme, relativisme, scolasticat, scolastique, sensualisme, syncrétisme ■ 12 matérialisme, métaphysique*, phénoménisme, probabilisme, rationalisme ■ 13 aristotélisme, cartésianisme, confucianisme, essentialisme, néoplatonisme, péripatétisme, personnalisme, philosophique, psychologisme, spiritualisme, subjectivisme ■ 14 anthroposophie, immatérialisme, indéterminisme, intuitionnisme, irrationalisme, isolationnisme, néo-positivisme, voltairianisme ■ 15 épiphénoménisme, existentialisme, prédéterminisme, substantialisme, traditionalisme.
**PHILOSOPHIQUE :** 13 aristotélisme.
**PHIMOSIS :** 12 paraphimosis.
**PHLEBITE :** 13 anticoagulant.
**PHLEBOLOGIE :** 11 phlébologue.
**PHLEGMON :** 3 pus ■ 5 abcès* ■ 6 tumeur* ■ 7 flegmon, panaris ■ 11 phlegmoneux.
**PHLYCTENE :** 6 cloque ■ 8 sérosité.
**PHOBIE :** 4 peur* ■ 7 crainte* ■ 8 phobique.
**PHOCOMELIE :** 9 phocomèle.
**PHONATION :** 10 dysarthrie.
**PHONEME :** 5 click, voisé ■ 7 mérisme ■ 8 aperture, phonique, syncoper ■ 9 voisement ■ 10 phonologie ■ 11 orthophonie ■ 12 assimilation, phonématique ■ 13 consonnantique ■ 14 coarticulation.
**PHONETIQUE :** 10 haplologie, phonétisme ■ 11 phonéticien ■ 14 phonétiquement.
**PHONOGENIQUE :** 10 phonogénie.
**PHONOGRAPHE :** 5 phono, prise ■ 10 discophile ■ 11 discothèque ■ 12 phonogénique ■ 14 phonographique.
**PHONOLITE :** 12 phonolitique ■ 13 phonolithique.
**PHONOLOGIE :** 10 phonologue ■ 12 phonématique.
**PHOQUE :** 5 huile, kajac, kayac, moine ■ 6 otarie ■ 8 blanchon.

**PHOSPHATE:** 5 guano ■ 7 apatite, uranite ■ 8 autunite, lazulite, monazite ■ 9 turquoise ■ 10 phosphater ■ 11 phosphatage, phosphorite ■ 12 déphosphater, phosphaturie ■ 14 superphosphate ■ 15 phosphocalcique, phosphorisation.
**PHOSPHORE:** 9 lécithine, nucléique, phosphite, phosphure ■ 10 rachitisme ■ 11 parathyrine, phosphoreux, phosphoryle ■ 12 parathormone, déphosphorer, phosphorique, phosphorisme ■ 14 phosphorescent ■ 15 déphosphoration, hypophosphoreux, phosphorescence.
**PHOSPHORIQUE:** 11 phosphatase.
**PHOTO:** 7 détouré ■ 10 ektachrome.
**PHOTOCOMPOSITION:** 8 cadratin, titreuse ■ 13 photocomposer ■ 14 photocomposeur.
**PHOTOCONDUCTEUR:** 14 photorésistant.
**PHOTOCONDUCTIVITE:** 7 vidicon.
**PHOTOCOPIE:** 10 diapositif ■ 11 diapositive.
**PHOTOCOPIEUR:** 7 copieur.
**PHOTOELECTRIQUE:** 13 photoémetteur.
**PHOTOGRAPHIE:** 3 net, vue ■ 4 cyan, film*, halo, pose ■ 5 album, cache, écran, flood, photo, virer, voile ■ 7 achrome, aplanat, sténopé, triplet ■ 8 lumitype, pêle-mêle, portrait ■ 9 anaglyphe, collodion, cover-girl, iconogène, microfilm, photostat, phototype, portfolio, posemètre, trichrome ■ 10 autochrome, diaphragme, ferrotypie, microfiche, photocopie, photomaton, roman-photo, trichromie ■ 11 dégradateur, kinétoscope, photographe, photothèque, strioscopie ■ 12 agrandisseur, héliogravure, hydroquinone, illustration, photogravure, photomontage, platinotypie, pyrogallique, radiographie, renforçateur, téléobjectif ■ 13 châssis-presse, daguerréotype, diamidophénol, photographier, photostoppeur, pictorialisme, rectilinéaire, spectrogramme ■ 14 cinéthéodolite, daguerréotypie, paramidophénol, photographique, photomécanique ■ 15 cinématographie, gélatinobromure, photogrammétrie.
**PHOTOGRAPHIER:** 11 fluographie, représenter, safari-photo ■ 13 radiographier.
**PHOTOGRAPHIQUE:** 5 kodak ■ 7 négatif ■ 8 lumitype ■ 10 autochrome ■ 14 photoreportage.
**PHOTOGRAVURE:** 5 trame ■ 9 chromiste ■ 12 photograveur ■ 13 similigravure.
**PHOTOMONTAGE:** 13 portrait-robot.
**PHOTON:** 10 photonique.
**PHOTOPERIODISME:** 15 photopériodique.
**PHOTOPILE:** 14 photovoltaïque.
**PHOTOSENSIBILISATION:** 9 psoralène.
**PHOTOSENSIBLE:** 13 scintigraphie.
**PHOTOSPHERE:** 12 chromosphère.
**PHOTOSYNTHESE:** 12 chloroplaste.
**PHOTOTROPISME:** 13 phototactisme.
**PHOTOTYPIE:** 5 voile ■ 10 collotypie ■ 12 réticulation.
**PHRAGISTIQUE:** 14 sigillographie.
**PHRASE:** 5 bribe, canon, coupe, motif, neume, point, rébus, style, usage ■ 6 incise, mantra ■ 7 exemple, phraser ■ 8 allusion, asyndète, parataxe, syntagme ■ 9 antéposer, archaïsme, babillard, équivoque, janotisme, juxtaposé, latinisme, leitmotiv ■ 10 aposiopèse, expression, intonation, palindrome, parenthèse, phrastique ■ 11 anacyclique, anaphorique, asémantique, contre-chant, contre-sujet, nominaliser, ritournelle ■ 12 aggramatisme, amphibologie, phraséologie ■ 13 ac-

ceptabilité, interrogative, verbigération ■ 14 grammaticalité, grandiloquence, holophrastique ■ 15 polysynthétique.
**PHRASEOLOGIE :** 14 phraséologique.
**PHRYGANE :** 12 traîne-bûches.
**PHTALIQUE :** 13 téréphtalique.
**PHTIOTIDE :** 5 lamia.
**PHTIRIUS :** 7 morpion.
**PHTISIE :** 8 thionine ■ 9 phtisique ■ 11 pneumologue, tuberculose* ■ 12 phtisiologie.
**PHTISIQUE :** 11 poitrinaire, tuberculeux.
**PHYCOMYCETE :** 11 siphomycète*.
**PHYLACTERE :** 8 tefillin ■ 9 tephillin.
**PHYLLOGENESE :** 13 phyllogénique ■ 14 phyllogénétique.
**PHYLLOXERA :** 5 vigne ■ 10 phylloxère ■ 12 phylloxérien ■ 13 phylloxérique.
**PHYLUM :** 10 phylétique.
**PHYSALIS :** 8 coqueret ■ 9 alkékenge ■ 11 amour-en-cage.
**PHYSICO-CHIMIQUE :** 12 détoxication.
**PHYSIOLOGIE :** 10 hypnologie, mastologie ■ 11 gynécologie, hépatologie, néphrologie ■ 12 biomécanique ■ 13 physiologique, physiologiste ■ 15 phytopathologie.
**PHYSIOLOGIQUE :** 3 rut ■ 6 in vivo ■ 9 biorythme, chronaxie ■ 10 alcoolisme ■ 11 impuissance, tempérament ■ 13 préadaptation, présénescence ■ 15 glycorégulation.
**PHYSIONOMIE :** 3 air ■ 6 faciès, figure*, visage* ■ 8 physique ■ 10 expression ■ 11 sociogramme ■ 12 ressemblance ■ 13 physionomique, physionomiste ■ 14 physiognomonie.
**PHYSIQUE :** 4 coma, judo, sexe, tare ■ 5 appas, baise, écran, force, foyer, joule, ladre, larme, point, sport, trace, usant ■ 6 osmose ■ 7 capteur, chaleur, douleur, formule, mésaise, optique, quanton, vigueur ■ 8 ambiance, décideur, dispersé, guérison, isotrope, jiu-jitsu, soigneur, supplice, tourment ■ 9 aériforme, constante, éducation, extérieur, leptosome, nymphette, pédologie, pesanteur, physicien, phytotron, sonomètre, thermique ■ 10 abattement, acoustique, activation, aérométrie, anisotrope, barométrie, cryoscopie, dioptrique, élasticité, hébertisme, limnologie, magnétisme, perce-carte, superforme, tonométrie ■ 11 biophysique, capillarité, électricité, home-trainer, photométrie, température, texturation ■ 12 calorimétrie, chronométrie, conformation, contre-emploi, cryophysique, diacoustique, électron-volt, météorologie, physicalisme, physiquement ■ 13 astrophysique, microphysique, néphélémétrie, physico-chimie, psychasthénie ■ 14 dégénérescence ■ 15 électrostatique, physico-chimique, thermodynamique.
**PHYTOTHERAPIE :** 15 phytothérapeute.
**PIAFFER :** 8 piaffant, piaffeur, piétiner ■ 9 trépigner ■ 10 piaffement.
**PIAILLER :** 5 jaser ■ 7 jaboter ■ 9 piaillard, piailleur ■ 11 jacassement, piaillement.
**PIANISTE :** 8 piano-bar.
**PIANO :** 5 forte, taper ■ 7 célesta, crapaud, pianino, toccata ■ 8 clavecin, épinette, pianista, pianiste, pianoter, virginal ■ 9 demi-queue, étouffoir, lentement, pianotage ■ 10 clavicorde, piane-piane, pianissimo ■ 11 pianistique, rinforzando ■ 12 harmonicorde.
**PIAULER :** 5 crier ■ 10 piaulement.
**PIBALE :** 7 civelle.
**PIC :** 3 têt ■ 4 mont* ■ 5 saper ■ 7 engrois, escarpé ■ 8 aiguille ■ 9 rivelaine ■ 10 épeichette.

**PICARDIE :** 6 rollot.
**PICCOLO :** 7 octavin.
**PICIDE :** 6 torcou.
**PICHENETTE :** 11 chiquenaude.
**PICKPOCKET :** 6 voleur*.
**PICOTEMENT :** 9 mordicant ■ 10 chatouille ■ 12 démangeaison ■ 13 fourmillement ■ 14 chatouillement.
**PICOTER :** 6 piquer* ■ 8 picotage, taquiner.
**PICPOUILLE :** 10 piquepoult.
**PICRIQUE :** 8 mélinite.
**PICTOGRAMME :** 12 pictographie.
**PICTURAL :** 11 caravagisme, synthétisme.
**PIDGIN :** 5 sabir ■ 12 créolisation.
**PIE :** 4 piat ■ 5 agace, jaser ■ 6 agasse, margot ■ 7 jacasse ■ 8 jacasser ■ 9 babillard.
**PIECE :** 2 té, vé ■ 3 axe, clé, écu, pal, pan, sep ■ 4 clef, drap, enté, épar, lice, lien, loge, ondé, palé, pêne, péri, pile, plat, semé, sole, tôle, visa ■ 5 about, alèse, ancre, armon, balai, bande, barde, baron, bâtir, bigue, boîte, bride, canon, capot, châle, chant, chien, coupe, coyau, écoté, écrou, entée, épart, étage, fichu, fusée, fusil, gâche, habit, limon, lisse, liure, panne, patte, pivot, sabot, salle, salon, saucé, serre, seuil, siège, tacon, tapis, taule, téton, thune, titre, trame, unité, vivre, voile, volée ■ 6 berthe, bureau, cagibi, carrée, crèche, faucon, partie*, piaule, rebras, studio, tapure, tépale ■ 7 allonge, bordure, cabinet, chacone, chambre*, clenche, étambot, hâtelle, mandrin, maxille, monnaie, morceau*, raccord, tergite, vreneli ■ 8 abattant, appareil, assiette, avaloire, baladeur, bombarde, cambrure, caronade, cavalier, célebret, chambrée, chanlate, chanteau, chaumard, colletin, cornière, cylindre, déchirer, dressing, éjecteur, engobage, étambrai, frotteur, gâchette, guêpière, himation, hypogyne, languier, longeron, longrine, mâchoire, marsouin, médaille, monobloc, nourrice, opercule, parcelle*, piécette, pierrier, plastron, rational, rondelle, semelage, senestré, singpiel, soufflet, tassette, traverse, varangue, voilette ■ 9 balancier, boute-hors, brochette, cache-sexe, cadrature, cambriole, canfouine, cardinale, cartisane, chabraque, chanfrein, chanlatte, charnière, coussinet, crénelage, cubitière, découpage, demi-pièce, diffuseur, dilacérer, émerillon, épontille, espingole, fracasser, glissière, hâtelette, languette, mandibule, matriçage, mouvement, ostensoir, percuteur, plaquette, porte-épée, rayonneur, resarcelé, serpentin, sous-faîte, sous-garde, spicilège, vestibule, veuglaire ■ 10 barcarolle, capilotage, chambrière, collecteur, contrefort, dent-de-loup, emplanture, extracteur, fauconneau, fourchette, fourragère, intermezzo, labyrinthe, living-room, masselotte, monosépale, monstrance, porte-outil, reculement, scapulaire, scellement, serpenteau, serpentine, sertissure, tépidarium, tétralogie ■ 11 antichambre, braconnière, cache-entrée, contrefiche, couleuvrine, couvre-nuque, crémaillère, empiècement, hors-d'œuvre, mentonnière, pied-de-biche ■ 12 divertimento, dressing-room, harnachement, opéra-comique, procès-verbal, protège-tibia, soutien-gorge ■ 13 croquembouche, porte-aiguille, porte-brancard, superfinition, synchroniseur ■ 14 acquit-à-caution, arrière-cuisine ■ 15 arrière-boutique, porte-baïonnette.
**PIECE (DE BOIS) :** 3 gui, hie, mât, tin ■ 4 épar, étai, joug, pieu*, rame, tape ■ 5 about, adent, bâcle, barre, bitte, enter, épart, ergot, espar, ferme, hayon, herpe, limon, moise, patin, pilot, pomme, seuil, tenon, timon ■ 6 accore, billot, boulin, coitte, flèche, lierne, marche, modèle,

mouton, savate, taquet, tirant, tronce, vergue ■ 7 attelle, blindée, blochet, chevron, corbeau, couette, écharpe, étançon, limande, linteau, montant, tréteau, tronche ■ 8 anguille, bât-flanc, béquille, billette, chanteau, chevêtre, coulisse, équerrer, jambette, membrure, palanque ■ 9 bobinette, carlingue, chandelle, charpente, écoperche, lambourde, palonnier, toletière, traversin, ventrière ■ 10 balançoire, contrevent, entretoise, étrésillon, traversine ■ 11 chantignole, débillarder, embrèvement ■ 12 pied-de-chèvre ■ 13 contre-boutant ■ 14 contre-parement, dégauchisseuse ■ 15 démaigrissement.

**PIECE (DE FER):** 5 bâcle, barre, ergot, noyau ■ 6 anille ■ 7 équerre ■ 8 dosseret, envoiler ■ 10 cramponnet.

**PIECE (DE JEU):** 3 fou, roi ■ 4 dame, tour ■ 5 jeton, reine.

**PIECE DE THEATRE:** 4 film, rôle ■ 5 drame, farce, jouer, lever, revue, trame, valet ■ 6 ambigu ■ 7 à-propos, comédie, saynette, théâtre ■ 8 dialogue, scénario, synopsis ■ 9 découpage, imbroglio, pastorale ■ 11 dramaturgie.

**PIECE DE VERS:** 5 envoi, poème* ■ 6 centon, élégie ■ 7 à-propos, huitain, triolet ■ 8 madrigal ■ 9 épigramme, macaronée, palinodie.

**PIECE D'OR:** 5 louis ■ 6 jaunet ■ 8 napoléon ■ 9 demi-louis.

**PIECE FLORALE:** 6 sépale ■ 10 verticille ■ 13 préfleuraison.

**PIECE HONORABLE:** 3 pal ■ 4 chef, orle ■ 5 bande, barre, chape, cousu, croix, fasce, giron, grain, rivet, tenon ■ 6 blason*, canton, pairle ■ 7 bordure, chausse, chevron, escarre, gousset, sautoir ■ 8 billette, bretesse, brochant, écartelé, embrasse, équipolé, esquarre, trécheur, vêtement ■ 9 champagne, équipollé, resarcelé, trescheur ■ 11 escarboucle ■ 13 franc-quartier.

**PIECE METALLIQUE:** 4 coin, gond, pieu, plot ■ 5 bague, bitte, bonde, gâche, limon, palet ■ 6 butoir, cadène, essieu, étrier, guidon ■ 7 bossoir, crampon, écharpe, filière, système ■ 8 cavalier ■ 9 battement, chandelle, contrefer, glissière, mentonnet, moraillon ■ 10 crapaudine ■ 13 entrebâilleur ■ 15 contre-coussinet.

**PIED:** 3 bas, bot, cep, pas ■ 4 kick, ruer, sole ■ 5 adnée, apode, atémi, bague, botte, buter, corne, crawl, doigt, ergot, fanon, forme, iambe, jambe*, palme, patte*, peton, pince, pouce, rouge, sabot, stade, suage, table, talle, talon, valet, varus, vigne, volve ■ 6 arpion, orteil, panard, piétin, souage ■ 7 abattis, dactyle, fumeron, jogging, paturon, pédibus, pédieux, podagre, podaire, ripaton, routard, sénaire, soleret, spondée ■ 8 achopper, anapeste, cale-pied, durillon, flancher, fourchet, pédestre, pédicure, pédiluve, retourné, solleret, tripodie ■ 9 ambulacre, avant-pays, baisement, chaussure, choriambe, cou-de-pied, décurrent, enclouure, équinisme, macropode, métatarse, palonnier, piétaille, piètement, plantaire, podologie, rempiéter, talonnade, tribraque ■ 10 chèvre-pied, cloche-pied, demi-pointe, embasement, emplanture, hausse-pied, heptamètre, hypermètre, infanterie, paillasson, pentamètre, quadrupède, repose-pied, septénaire, spondaïque, trochaïque ■ 11 chausse-pied, chèvre-pieds, essuie-pieds, pied-de-biche, plantigrade, repose-pieds, trousse-pied ■ 12 catalectique, chauffe-pieds, chaufferette, demi-position, mobilisation, pédestrement.

**PIED-A-TERRE:** 7 cabanon ■ 11 appartement.

**PIED-D'ALOUETTE:** 10 delphinium ■ 11 dauphinelle.

**PIED-DE-BICHE:** 12 presse-étoffe.

**PIED-DE-LION:** 9 édelweiss.

**PIED-DE-LOUP:** 8 lycopode.

**PIED-DE-MOUTON:** 5 hydne.

**PIED-DE-VEAU:** 4 arum.

**PIED-DROIT :** 4 rein ■ 7 imposte ■ 8 piédroit, retombée ■ 9 feuillure ■ 10 étrésillon.
**PIEDESTAL :** 2 de ■ 4 tore ■ 5 socle ■ 8 acrotère, corniche ■ 9 piédouche, scabellon, stylobate.
**PIEDOUCHE :** 5 buste ■ 9 piédestal.
**PIED-PLAT :** 5 lâche ■ 7 servile.
**PIEGE :** 3 glu ■ 4 cage, lacs, mine, rets, ruse ■ 5 appât, engin, filet*, fosse, godan, lacet, nasse, pipée, senne ■ 6 collet, feinte, panier, pipeau, réseau, trappe ■ 7 attrape, bascule, embûche, guêpier, piégeur, ratière, tirasse, tramail, trémail ■ 8 appelant, attraper, madrague, moquette, piégeage, taupière, tendelle, tenderie ■ 9 assommoir, embuscade, guet-apens, insidieux, trébuchet ■ 10 fourmillon, guillotine, hausse-pied, sarracénie, souricière, traquenard ■ 11 chanterelle, machination, reginglette ■ 12 chausse-trape ■ 14 attrape-mouches, emberlificoter ■ 15 quatre-de-chiffre.
**PIEGER :** 5 piper ■ 6 tendre ■ 7 enlacer, oiseler, trapper ■ 8 attraper, colleter, tonneler ■ 9 braconner ■ 10 panneauter.
**PIE-MERE :** 10 arachnoïde.
**PIERRAILLE :** 3 reg.
**PIERRE :** 3 bec, roc ■ 4 auge, grès, jade, laie, laye, lest, maye, mica, moie, moye, pavé, pile, rose, scie, têtu ■ 5 bille, borne, butée, cairn, camée, chaux, coupe, dalle, évier, foret, forge, fusil, galet, gélif, gemme, glace, gypse, harpe, jetée, joint, lause, lauze, limon, maçon, masse, palet, perle, perre, pétré, ponce, queue, redan, roche*, seuil, silex, spalt, staff, stèle, tombe, tuile, veine, verre, voûte ■ 6 aétite, bétyle, brique, calcul, dolmen, marbre, menhir, rocher*, scorie ■ 7 brioche, caillou*, camaïeu, carrier, doubleau, givrure, gravier*, isodome, moellon, montoir, smiller, sommier ■ 8 adulaire, boutisse, cabochon, délarder, écornure, épierrer, gélivure, intaille, lapicide, margelle, massette, montjoie, parement, piédroit, pierreux, pierrier, remplage, ricochet, rocaille, saxatile, tablette, tesselle, vousseau, voussoir ■ 9 aérolithe, aggloméré, blocaille, cliquette, demi-deuil, empierrer, gravillon, lambourde, levallois, malachite, mégalithe, monolithe, morganite, obélisque, périgueux, pétrifier, pied-droit, pierrette, podolithe, renformir, rustiquer ■ 10 aventurine, boucharder, cailloutis, épierreuse, koudourrou, lapidation, lapidifier, lithologie, lithophage, orthostate, panneresse, pierraille, pierreries, saxiphrage ■ 11 appareiller, ferrocérium, lapis-lazuli ■ 12 appareilleur, empierrement, passe-partout ■ 13 chasse-pierres, paléolithique ■ 15 démaigrissement.
**PIERRE CALCAIRE :** 3 tuf ■ 5 gypse, liais ■ 6 brèche, marbre ■ 7 albâtre, castine, colithe, péperin, vergelé ■ 8 cliquart ■ 9 banc-franc, lambourde, travertin ■ 10 fluatation.
**PIERRE FINE :** 5 serte ■ 7 citrine ■ 8 adulaire, corindon ■ 9 amazonite, dessertir, glyptique, héliodore, jardineux ■ 10 chrysobéryl, feuilletis ■ 11 chrysocolle.
**PIERRE PRECIEUSE :** 4 jade, jais, onyx ■ 5 agate, béryl, émeri, gemme, jaspe, jayet, lapis, opale, perle, prime, rubis, stras ■ 6 grenat, jargon, saphir, topaze ■ 7 diamant, péridot ■ 8 corindon, émeraude, hépatite, lazulite, sanguine, sardoine ■ 9 adamantin, améthyste, cornaline, hyacinthe, joaillier, lapidaire, malachite, smaragdin, turquoise ■ 10 marcassite, obsidienne, œil-de-chat, pendeloque, tourmaline ■ 11 aigue-marine, chrysolithe, escarboucle, lapis-lazuli ■ 13 œil-de-serpent.
**PIERRERIE :** 8 rational.
**PIERRE SILICEUSE :** 4 grès, lave, mica, talc ■ 5 silex ■ 6 granit,

quartz ■ 7 basalte, schiste ■ 8 meulière, porphyre ■ 9 caillasse, feldspath.
**PIERREUX:** 5 pétré, spath ■ 6 hamada ■ 12 incrustation ■ 13 pétrification.
**PIERROT:** 5 gille ■ 7 moineau* ■ 9 pierrette.
**PIETE:** 5 croix, pieux ■ 8 chapelet, dévotion*, religion*, sainteté ■ 11 édification, sacramental ■ 12 indulgencier.
**PIETINEMENT:** 9 podolithe.
**PIETINER:** 7 piaffer ■ 9 piétinant, trépigner ■ 11 piétinement.
**PIETON:** 8 trottoir.
**PIETONNIER:** 6 piazza.
**PIETRE:** 8 médiocre* ■ 9 misérable* ■ 10 piètrement.
**PIEU:** 3 épi, pal* ■ 4 duit, rame ■ 5 bâton*, épieu, palée, palis, pilot, vouge ■ 6 balise, fraise, perche*, pilori, piquet*, poteau, tuteur ■ 7 bouchot, échalas, lançage, pilotin ■ 8 avant-duc, carasson, duc-d'albe, estacade, paisseau ■ 10 clayonnage, palplanche.
**PIEUSE:** 14 archiconfrérie.
**PIEUX:** 3 pie ■ 5 dévôt ■ 6 ascète ■ 7 croyant ■ 8 dévotion* ■ 9 religieux* ■ 10 complainte, pieusement ■ 14 archiconfrérie.
**PIEUVRE:** 6 poulpe.
**PIEZE:** 2 pz ■ 10 hectopièze.
**PIGE:** 5 piger ■ 7 pigiste.
**PIGEON:** 4 cire, paon ■ 5 biset, bizet, carme, frisé, ganga, goura, pattu ■ 6 maille, maurin, ramier, romain, tourte ■ 7 boulant, capucin, colombe, mondain, nonnain, palombe ■ 8 colombin, voyageur ■ 9 culbuteur, roucouler ■ 10 pigeonneau, pigeonnier, roucoulade, tourtereau ■ 11 tourterelle ■ 12 colombophile, dépigeonnage, roucoulement ■ 13 colombophilie.
**PIGEONNIER:** 4 fuie ■ 9 colombier.
**PIGMENT:** 4 uvée ■ 7 fuscine, lutéine ■ 8 carotène, hématine, mélanine, mélanome, mélanose, vitiligo ■ 9 pigmenter, urobiline ■ 10 bilirubine, coloration, cytochrome, dyschromie, lipochrome, microbille ■ 11 hémocyanine, hémoglobine, pigmentaire ■ 12 chlorophylle, pigmentation, xanthophylle ■ 14 dépigmentation, phycoérythrine.
**PIGMENTATION:** 9 mélanisme.
**PIGMENTE:** 7 achrome.
**PIGNOCHER:** 6 manger ■ 7 peindre.
**PIGNON:** 5 donax ■ 6 donace, tympan ■ 7 braquet ■ 8 lanterne ■ 9 satellite ■ 10 dérailleur ■ 11 œil-de-bœuf ■ 13 amortissement, synchroniseur.
**PIGNOUF:** 5 avare ■ 8 grossier*.
**PILASTRE:** 5 strie ■ 7 colonne*, rudenté, saillie ■ 8 dosseret ■ 9 cannelure.
**PILE:** 3 tas ■ 4 amas*, pôle ■ 6 chaîne ■ 7 taquage ■ 8 avant-bec, batterie, réacteur ■ 9 photopile, voltaïque ■ 10 arrière-bec, brise-glace, galvaniser ■ 12 voltaïsation ■ 13 impolarisable ■ 14 photovoltaïque.
**PILER:** 5 pilon ■ 6 broyer*, moudre, pileur ■ 8 atténuer ■ 10 pulvériser.
**PILEUX:** 4 poil* ■ 8 pilosité.
**PILIER:** 4 ante, pile ■ 5 jambe ■ 7 colonne*, soutien*, support* ■ 8 aiguille, balustre, dépilage, piédroit, pilastre ■ 9 fasciculé, pied-droit ■ 10 contrefort ■ 11 contre-buter ■ 12 contre-bouter.
**PILLAGE:** 3 sac ■ 6 rapine*, ravage, razzia ■ 7 saccage ■ 8 invasion ■ 9 maraudage, rapinerie ■ 10 brigandage ■ 11 déprédation, destruction, dévastation, saccagement.

**PILLARD :** 6 bandit* ■ 7 pandour, routier.
**PILLER :** 5 voler* ■ 6 abîmer, imiter, ruiner ■ 7 envahir, picorer, ravager, razzier, plagier ■ 8 détruire, dévaster, marauder, saccager ■ 9 fourrager ■ 10 dépouiller, endommager ■ 11 bouleverser.
**PILOCARPE :** 9 jaborandi.
**PILON :** 4 pile ■ 5 piler ■ 6 bocard ■ 8 pilonner.
**PILONNAGE :** 10 compactage.
**PILONNER :** 9 pilonnage ■ 10 compactage.
**PILOT :** 7 pilotis ■ 12 enracinement.
**PILOTAGE :** 10 gyropilote.
**PILOTE :** 6 locman, nocher ■ 7 cockpit, ulmiste ■ 8 aéroclub, chasseur, copilote, lamaneur, patachon, timonier, verrière ■ 10 conducteur*, cosmonaute, nautonnier.
**PILOTER :** 6 guider ■ 7 diriger* ■ 8 conduire*, pilotage ■ 10 téléguider.
**PILOTIS :** 5 pilot, taret ■ 10 traversine ■ 11 appontement.
**PILULE :** 3 bol ■ 7 globule, granule ■ 8 pilulier ■ 9 pilulaire ■ 11 micro-pilule.
**PIMBECHE :** 6 chipie ■ 8 mijaurée ■ 11 chichiteuse.
**PIMENT :** 4 cari, cary ■ 5 carry, curry ■ 7 harissa, paprika, poivron ■ 8 pili-pili, pimenter.
**PIMPRENELLE :** 11 sanguisorbe.
**PIN :** 4 arol, cône, dune, pive, poix ■ 5 arole, gomme, pigne, sapin* ■ 6 arolle, épicéa, mélèze, pignon, pinère ■ 7 galipot, gemmage, pignade, pinière ■ 8 pinastre, pineraie, pitchpin ■ 9 monotrope.
**PINACEE :** 9 abiétinée ■ 11 cupressacée.
**PINACLE :** 6 sommet*, vanter.
**PINACOTHEQUE :** 5 musée*.
**PINAILLE :** 10 pinailleur.
**PINCE :** 4 clip ■ 5 clamp, harpe ■ 6 davier ■ 7 affecté, bigoudi, épiloir, frisoir ■ 8 barrette, grugeoir, pince-nez, pincette, tenaille, trétoire ■ 9 brucelles, casse-noix, porte-jupe, tricoises ■ 11 coupe-ongles ■ 12 bec-de-corbeau, pédicellaire ■ 13 porte-aiguille ■ 14 casse-noisettes.
**PINCEAU :** 4 ente ■ 5 blush, hampe ■ 6 brosse, putois ■ 7 repique ■ 8 blaireau ■ 9 appui-main, pénicille ■ 12 queue-de-morue.
**PINCEE :** 5 prise ■ 8 pimbêche.
**PINCEMENT :** 7 pinçage.
**PINCER :** 4 rote ■ 6 mordre, pinçon, piquer, saisir*, serrer* ■ 7 pinçure, prendre, presser ■ 8 arracher, attraper, pinceter ■ 9 pincement, tenailler.
**PINDARIQUE :** 7 ampoulé.
**PINEAU :** 5 pinot, vigne.
**PINGOUIN :** 7 mergule ■ 9 guillemot.
**PING-PONG :** 8 raquette.
**PINGRE :** 3 rat ■ 5 avare* ■ 6 chiche*.
**PINNIPEDE :** 5 moine, morse ■ 6 otarie, phoque.
**PINSON :** 8 grenadin.
**PINTADE :** 9 criailler, pintadeau.
**PINTE :** 3 pot ■ 6 pinter, quarte ■ 8 quartaut.
**PIOCHE :** 4 houe ■ 5 bigot.
**PIOCHER :** 5 saper ■ 7 étudier ■ 8 piochage, piocheur ■ 10 pioche-ment ■ 11 cultivateur.
**PION :** 4 dame, loto, walé ■ 5 awalé, damer, pièce.
**PIONNIER :** 8 squatter ■ 10 défricheur.
**PIPE :** 5 culot, houka, piper, talon, terre ■ 6 chilom, shilom ■ 7 calumet,

chibouk, kalioun, pipette ■ 8 fourneau, narguilé ■ 9 bouffarde, chibouque, chiffarde, culottage, débourrer, narghileh ■ 11 brûle-gueule.
**PIPEAU :** 5 flûte*.
**PIPEE :** 6 frouer.
**PIPE-LINE :** 7 oléoduc ■ 8 conduite ■ 9 royalties.
**PIPERACEE :** 4 kava, kawa ■ 5 bétel ■ 8 poivrier.
**PIPERONAL :** 12 héliotropine.
**PIPETTE :** 13 compte-gouttes.
**PIPIT :** 4 pipi ■ 8 farlouse.
**PIQUANT :** 3 vif* ■ 4 âcre, aigu*, amer, fade, houx, joli, plat, salé ■ 5 acide, aigre, bogue, pique, radis ■ 6 pointu*, relevé ■ 7 acidulé, mordant*, nasarde ■ 8 anecdote, frisquet, pimenter, plaisant, poignant ■ 9 épigramme, mordacité, saupiquet ■ 11 assaisonner ■ 12 croustilleux.
**PIQUE :** 3 fou* ■ 4 joug ■ 5 haste, ponce, trait ■ 6 abatée, pointe* ■ 8 spadille, toileuse ■ 9 aiguillon*, demi-pique, esponton ■ 11 ribaudequin ■ 13 pique-assiette ■ 15 mésintelligence.
**PIQUE-NIQUE :** 11 pique-niquer.
**PIQUEPOUL :** 5 vigne.
**PIQUER :** 6 coudre, larder, mordre*, percer, pincer ■ 7 élancer, insecte, picoter, piqueur, poindre, tatouer ■ 8 affecter, aiguille, démanger, enclouer, froisser, offenser, repiquer, titiller ■ 9 brocarder, crocheter, éperonner ■ 10 encourager, fourgonner, fourmiller, pointiller ■ 11 chatouiller, ponctionner ■ 12 aiguillonner ■ 13 contre-pointer.
**PIQUET :** 3 pal*, pic ■ 4 pieu*, rame, tune ■ 5 jalon, palot, pique, repic ■ 6 perche*, tuteur ■ 7 brandon, échalas ■ 8 carasson, paisseau, piqueter, quatorze ■ 9 piquetage.
**PIQUETAGE :** 9 piqueteur.
**PIQUETTE :** 3 vin ■ 5 boîte, cidre ■ 7 buvande, buvante.
**PIQUEUR :** 7 piqueux.
**PIQUEUSE :** 9 hématobie.
**PIQURE :** 4 vive ■ 5 galle, point, venin ■ 7 capiton ■ 8 dépiquer, scorpion, urticant ■ 9 arbovirus, surpiqûre, urticaire ■ 10 picotement.
**PIRATE :** 6 bandit*, escroc, forban, traite, voleur* ■ 7 brigand*, écumeur, négrier, pirater ■ 8 corsaire ■ 9 boucanier, intrigant, piraterie ■ 10 flibustier ■ 13 contrebandier.
**PIRATER :** 6 imiter ■ 8 piratage.
**PIRE :** 3 pis ■ 7 moindre, plus mal ■ 8 pis-aller ■ 9 inférieur.
**PIROGUE :** 5 canoé ■ 9 catamaran, piroguier.
**PIROLACEE :** monotrope.
**PIROUETTE :** 8 cabriole* ■ 10 pirouetter ■ 13 pirouettement.
**PIS :** 4 pire, sein* ■ 6 tétine, trayon ■ 7 mamelle* ■ 8 pis-aller.
**PISCICULTURE :** 9 piscicole ■ 12 pisciculteur.
**PISCIFORME :** 9 ichtyoïde.
**PISCINE :** 4 bain* ■ 9 caldarium, naumachie ■ 10 probatique.
**PISCIVORE :** 5 harle ■ 7 goéland ■ 8 pingouin ■ 9 balbuzard.
**PISE :** 5 banco.
**PISSE-FROID :** 13 pisse-vinaigre.
**PISSENLIT :** 10 dent-de-lion.
**PISSER :** 6 uriner* ■ 7 pisseur, urinoir ■ 8 pissoter ■ 9 pissement ■ 10 pissotière.
**PISTACHIER :** 8 pistache ■ 9 lentisque ■ 10 staphylier, térébinthe.
**PISTE :** 4 trac ■ 5 arène, corde, trace* ■ 6 chemin*, pister, suivre ■ 7 cendrée, pisteur ■ 8 dépister, obstacle, toboggan ■ 9 appontage, autodrome, bobsleigh, cynodrome, hors-piste ■ 10 hors-pistes.

**PISTIL :** 4 dard ■ 5 fleur, fruit ■ 6 ovaire ■ 7 gynécée ■ 8 carpelle, stigmate, unisexué ■ 9 unisexuel ■ 10 protogynie ■ 12 protérogynie.
**PISTOLET :** 3 feu ■ 4 colt, noir ■ 5 fonte, fusil*, luger ■ 6 pétard, rigolo ■ 7 pommeau ■ 8 browning, révolver ■ 9 pistoleur ■ 10 aérographe, parabellum ■ 12 mitraillette.
**PISTON :** 5 bugle, pompe ■ 8 cylindre ■ 9 pistonner ■ 11 vilebrequin ■ 14 maître-cylindre, recommandation.
**PITANCE :** 4 rata ■ 5 repas* ■ 7 aliment*.
**PITEUX :** 9 pitoyable*.
**PITHECANTHROPE :** 11 atlanthrope, sinanthrope.
**PITIE :** 5 bonté, merci, sourd ■ 7 charité*, pécaïre, plainte ■ 8 apitoyer, clémence, émouvoir ■ 9 jérémiade, pitoyable, sans-cœur ■ 10 compassion, insensible, mansuétude ■ 11 impitoyable, lamentation, miséricorde, piteusement, sensibilité ■ 13 commisération ■ 15 impitoyablement.
**PITON :** 4 clou, neck ■ 6 sommet ■ 8 pionnier ■ 13 marteau-piolet.
**PITONNER :** 9 pitonnage.
**PITOYABLE :** 5 moche ■ 6 piteux ■ 7 minable ■ 9 misérable* ■ 10 déplorable, lamentable, malheureux* ■ 11 regrettable ■ 13 pitoyablement.
**PITRE :** 5 clown* ■ 7 bouffon*, charlot ■ 8 pitrerie.
**PITTORESQUE :** 4 site ■ 7 couleur ■ 11 touristique ■ 15 pittoresquement.
**PITUITE :** 6 flegme ■ 10 pituitique.
**PIVERT :** 7 pic-vert.
**PIVOT :** 3 axe* ■ 4 base ■ 5 grain, rubis, selle, toton ■ 6 loquet ■ 8 boussole ■ 9 aiguillot, idée-force, quintaine, tourbillon ■ 10 crapaudine, tourniquet ■ 14 industrialisme.
**PIVOTEMENT :** 10 tête-à-queue.
**PIVOTER :** 7 tourner* ■ 9 turbulent ■ 11 panoramique.
**PLACAGE :** 8 plaqueur ■ 10 revêtement.
**PLACARD :** 7 affiche*, armoire* ■ 13 porte-affiches.
**PLACE :** 3 sur ■ 4 gîte, lice, lieu*, parc, pisé, rang, vide ■ 5 agora, caler, forum, fosse, gorge, grève, halle, herse, inter, luxer, otage, panne, passe, pièce*, point, poste, rampe, ronde, selle, siège, stèle ■ 6 chasse, emploi*, médial, parvis, square ■ 7 endroit* ■ 8 branchage, déplacer, déranger, fauteuil, permuter, pessaire, postiche, première, présider, puissant, rajuster, rechange, replacer, substrat, triplace ■ 9 carrefour, carrousel, demi-place, esplanade, monoplace, placement, postulant, promenade, réajuster, rembarrer, remboîter, remplacer, rond-point, situation*, subjacent, surcostal, triplette ■ 10 désemparer, locomobile, occupation, point de vue, réductible, sous-jacent, substituer, substratum, supplanter ■ 11 agoraphobie, disposition, emplacement, protectorat, représenter, réservation, solliciteur ■ 12 installation, interdigital, pole position, postposition ■ 13 accessoiriste, interoculaire, superposition ■ 14 intervertébral, sous-scapulaire ■ 15 interchangeable.
**PLACE-FORTE :** 8 burgrave ■ 9 barbacane ■ 10 caponnière.
**PLACEMENT :** 5 rente ■ 7 holding ■ 8 ajustage, fixation ■ 10 commission ■ 11 orientation ■ 12 constitution, installation ■ 13 établissement ■ 14 investissement.
**PLACENTA :** 4 faix ■ 5 axile ■ 6 prolan ■ 7 chalaze, délivre ■ 8 funicule, pariétal ■ 9 cotylédon, ombilical ■ 11 arrière-faix, placentaire ■ 12 aplacentaire, placentation, trophoblaste.
**PLACENTAIRE :** 9 euthérien.

**PLACER :** 5 armer, caser, fixer, loger, poser ■ 6 camper, coller, jucher, mettre*, nicher, poster, ranger, serrer, servir, situer ■ 7 ajuster, aposter, asseoir, classer, établir, exposer, fourrer, planter, pointer, remiser ■ 8 arranger, confiner, disposer*, embarrer, entourer, investir, jalonner, orienter, préposer, reléguer ■ 9 antéposer, appliquer, colloquer, enchâsser, implanter, installer, localiser, placement, postposer, rehausser ■ 10 ballastage, bécheveter, embroncher, encabanage, interposer ■ 11 positionner ■ 12 représentant ■ 14 approvisionner.
**PLACIDE :** 5 calme* ■ 7 pondéré ■ 9 pacifique, placidité ■ 11 placidement.
**PLACIER :** 12 représentant.
**PLAFOND :** 5 crépi, panca, panka, punka ■ 6 lattis, rosace ■ 7 caisson, hourdis, lambris, palatin, soffite ■ 8 billette, corniche, gobetage, plancher*, tire-fond ■ 9 échaudage, entresolé, entrevous, hypostyle, plafonner ■ 10 cul-de-lampe, plafonnage, plafonneur, plafonnier, revêtement, suspension.
**PLAGE :** 4 bord, tong, vive ■ 5 grève, lagon ■ 6 estran, laisse, rivage*.
**PLAGIAIRE :** 10 démarqueur.
**PLAGIAT :** 5 copie* ■ 6 larcin ■ 7 emprunt.
**PLAGIER :** 5 voler ■ 6 copier*, imiter, piller, puiser ■ 7 butiner, prendre ■ 8 marauder ■ 9 pasticher, plagiaire ■ 10 approprier.
**PLAGIOCLASE :** 10 oligoclase.
**PLAIDER :** 4 rôle ■ 5 avoué ■ 8 défendre, plaideur, postuler ■ 9 opposable, plaidable, suspicion ■ 10 colitigant, hors-de-cause, plaidoirie ■ 12 déclinatoire ■ 14 irrecevabilité.
**PLAIDEUR :** 7 débouté.
**PLAIDOIRIE :** 8 apologie.
**PLAIDOYER :** 5 plaid ■ 7 pro domo ■ 8 apologie ■ 10 logographe.
**PLAIE :** 4 bleu, bobo ■ 5 drain, sanie, séton, sonde ■ 6 fongus, lésion*, tumeur, ulcère ■ 7 balafre, brûlure, coupure, escarre, gerçure, morsure ■ 8 blessure*, crevasse, écarteur, entaille, estocade, gangrène, stigmate, taillade ■ 9 avivement, cicatrice, contusion, déchirure, déméchage, ecchymose, écorchure, pansement ■ 10 cicatriser, dénudation, estafilade, hémorragie ■ 11 boutonnière, égratignure, éventration, traumatisme ■ 12 meurtrissure ■ 13 cicatrisation, traumatologie.
**PLAIGNANT :** 10 accusateur.
**PLAIN :** 4 égal ■ 5 étage.
**PLAIN-CHANT :** 5 neume ■ 7 déchant ■ 9 grégorien ■ 10 intonation ■ 12 antiphonaire.
**PLAINDRE :** 5 bêler, crier, gémir ■ 6 pester ■ 7 accuser, exhaler, geindre, grogner, gronder, piauler, pleurer ■ 8 apitoyer, dénoncer, déplorer, insurger, lamenter, maugréer, murmurer, réclamer*, remonter, renauder ■ 9 clabauder, criailler, grommeler, rechigner, regretter, reprocher, rouspéter ■ 10 déblatérer, grognonner ■ 11 pleurnicher, réprimander.
**PLAINE :** 4 puna, râle ■ 5 delta, pampa ■ 6 llanos, steppe ■ 7 prairie ■ 8 piedmont.
**PLAIN-PIED :** 11 rez-de-jardin.
**PLAINTE :** 3 aïe, cri ■ 4 ahan ■ 5 girie, grief, hélas, pleur ■ 7 murmure ■ 8 bêlement, miserere, pétition, plaindre, plaintif, reproche ■ 9 doléances, éjulation, grognerie, hurlement, jérémiade ■ 10 accusation, complainte, geignement, quérimonie, réprimande ■ 11 ciraillerie, gémissement, lamentation, réclamation, remontrance ■ 12 dénonciation, protestation ■ 13 récrimination.

**PLAINTIF :** 6 dolent ■ 8 pleurant ■ 9 grincheux, plaignant ■ 12 pleure-misère ■ 13 plaintivement.
**PLAIRE :** 5 ravir, taper ■ 6 agacer, agréer, amuser, botter, goûter, piquer ■ 7 attirer, charmer*, coiffer, engager, enivrer, flatter, influer, régaler, revenir, séduire*, sourire ■ 8 allécher, arranger, attacher, captiver*, chausser, convenir, délecter, déplaire, fasciner, ragoûter ■ 9 affrioler, complaire, conquérir, contenter, courtiser, enchanter, entraîner, flagorner ■ 10 affriander, ensorceler, intéresser, prévenance, satisfaire ■ 11 complaisant, coquetterie ■ 12 complaisance ■ 13 enthousiasmer.
**PLAISANCE :** 5 yacht ■ 11 plaisancier ■ 13 vide-bouteille.
**PLAISANT :** 3 bon ■ 4 beau ■ 5 conte, drôle, tapis ■ 6 rigolo ■ 7 aimable, amusant*, bouffon, comique, fagotin, fumiste ■ 8 agréable*, bêtisier, charmant*, turlupin ■ 9 attrayant* ■ 10 gouailleur, jarnicoton, plaisantin ■ 11 historiette, plaisamment.
**PLAISANTE :** 9 trickster.
**PLAISANTER :** 4 rire ■ 7 badiner, railler*, zwanzer ■ 9 gouailler ■ 12 sérieusement.
**PLAISANTERIE :** 3 gag ■ 4 flan, witz ■ 5 farce*, lazzi, pleur ■ 6 astuce, blague, esprit, satire*, zwanze ■ 7 attrape, boutade, canular, facétie ■ 8 badinage, galéjade, quolibet ■ 9 badinerie, gaudriole, joyeuseté, raillerie* ■ 10 scatologie ■ 11 gauloiserie, turlupinade ■ 12 bouffonnerie, couillonnade ■ 13 calembredaine, couillonnerie.
**PLAISANTIN :** 5 rieur ■ 7 bouffon*, farceur ■ 13 mystificateur.
**PLAISIR :** 4 beau, chic, dive, fête*, joie ■ 5 pompe, régal, riole, train ■ 6 amitié, charme, déduit, délice, extase, gaieté*, luxure*, riolle ■ 7 bonheur, douceur, entrain, frigide, licence*, mondain, sadisme, service, suavité, volupté ■ 8 agrément, allécher, beuverie, bienvenu, chasteté, débauche, jouissif, onanisme, savourer, surprise ■ 9 amusement*, bienvenir, complaire, épicurien, frigidité, hédonisme, lascivité, mondanité, obligeant, triompher ■ 10 admiration, bambochard, bambocheur, dilettante, guindaille, jouissance, masochisme, obligeance, passe-temps, pique-nique, récréation, sensualité, volontiers ■ 11 coprophilie, délassement, délectation, distraction, gentillesse, libertinage, sensualisme ■ 12 anaphrodisie, dévergondage, égrillardise, satisfaction ■ 13 concupiscence ■ 14 divertissement.
**PLAN :** 3 p.o.s., tir, uni* ■ 4 aile, égal, foil, levé, plat*, slip, topo, tore ■ 5 arête, cadre, épure, flash, frise, lever, lisse, ovale, rampe, table, trame, tronc ■ 6 abrégé, biseau, dessin, insert, méplat, minute, projet*, schéma, tréflé, utopie ■ 7 aileron, bénioff, canevas*, complot, croquis, dessein, ébauche, égalité, système, théorie, triède, triplan ■ 8 come-back, demi-lune, demi-plan, équinoxe, esquisse, méridien, planéité, polyèdre, polygone, quadrant ■ 9 avant-plan, géométral, longitude, manigance, mouillage, périmètre, planifier, plan-masse, sinusoïde ■ 10 bissecteur, charpenter, clinomètre, coplanaire, écliptique, enveloppée, goniomètre, gouvernail, intertitre, osculation, pédiplaine, planchette, planimètre, prospectus, story-board, terre-plein, transition ■ 11 aplanétique, arrangement, combinaison, engineering, graphomètre, machination, perspective, plan-concave, plan-convexe, polarimètre, recoupement, spéculation, tachéomètre, tomographie, topographie, trépigneuse ■ 12 déclinatoire, développable, polarimétrie, tachéométrie ■ 13 axonométrique, gauchissement, préméditation, tranformante.
**PLANCHE :** 3 ais, dur, fun ■ 5 alèse, alèze, atlas, cible, dosse, douve, galée, goret, selle, skate, tuile ■ 6 alaise, cliché, couche, dessin*,

esseau, sapine, vaigre, volige ■ 7 aisseau, barbeau, douveau, éclisse, essente, limande, madrier, merrain, montant, plinthe, retable, tableau, théâtre, voilure ■ 8 aissante, cartelle, dérayure, eau-forte, feuillet, funboard, monotype, tablette*, tavillon ■ 9 aquaplane, doublette, échandole, gobillard, hors-texte, jeannette ■ 10 palplanche, passe-balle, planchéier, planchette, planchiste, skateboard, tabellaire ■ 11 planchéiage.

**PLANCHER**: 4 étai, gîte, gril, pont ■ 5 étage, judas ■ 6 radeau, solive, travée ■ 7 couchis, estrade, hourdis, linçoir, linsoir, parquet, périnée, plafond*, travure ■ 8 antébois, antibois, chevêtre, costière, faux-pont ■ 9 charpente, entrevous, lambourde, palafitte, platelage, trapillon ■ 10 claire-voie, planchéier, plate-forme, trappillon ■ 11 caillebottis ■ 12 enchevêtrure, porte-fenêtre ■ 13 enseuillement.

**PLANCHETTE**: 6 plioir ■ 7 aisseau, bardeau, panneau, taloche ■ 8 patience, pistolet ■ 9 claquette ■ 12 escarpolette.

**PLANCHISTE**: 14 véliplanchiste.

**PLANCTON**: 12 aérobiologie ■ 12 planctonique, plantophage ■ 13 planctonivore.

**PLANE**: 7 lambert ■ 8 platière ■ 9 écharnoir ■ 10 quadrangle.

**PLANEITE**: 10 surfaceuse.

**PLANER**: 5 voler ■ 7 planant ■ 8 alumelle, patagium.

**PLANETE**: 4 lune, orbe ■ 5 biome, monde, phase, terre ■ 7 aphélie ■ 9 aérolithe, ascendant, astéroïde, synodique ■ 10 digression, planétaire, planétoïde ■ 11 aréographie, terminateur ■ 12 planétologie, protoplanète ■ 13 interplanétaire ■ 14 extraterrestre, planétairement.

**PLANEUR**: 10 deltaplane.

**PLANIFICATION**: 8 planisme ■ 13 planificateur.

**PLANIFIER**: 11 planifiable.

**PLANIMETRIE**: 13 planimétrique.

**PLANISME**: 8 planiste.

**PLANISPHERE**: 10 mappemonde.

**PLANQUE**: 7 planqué.

**PLANT**: 5 semis ■ 6 cépage ■ 7 ormille ■ 8 arrachis, dépiquer ■ 9 charmille, pépinière, sauvageon ■ 13 éclaircissage.

**PLANTAGINACEE**: 8 plantain.

**PLANTAIN**: 6 alisma, alisme ■ 7 flûteau.

**PLANTATION**: 6 aunaie, ormoie ■ 7 myrtaie ■ 8 complant, houssaie, planteur ■ 9 boisement, cacaoyère, fougeraie, planteuse, poivrière ■ 10 arboretum, bananeraie, cacaotière, complanter, orangeraie, safranière.

**PLANTE**: 3 suc ■ 4 moha, moly, nafé, nipa, peau, pied, pive, poil, puya, rame, sart, tige, tupa, ulex, vime ■ 5 acore, agame, alcée, arbre*, bâche, berce, berle, caduc, calla, cerne, cirre, ciste, cobéa, cobée, drave, élève, fleur*, flore, fruit*, gazon, germe, gombo, herbe, ixtle, lande, naias, ormin, orobe, ouche, panic, phlox, plant, ramer, roure, sison, talle, tiaré, tuyau, typha, veuve ■ 6 blenet, brande, coleus, cubèbe, élodée, élymus, éthuse, gramen, grémil, kamala, labiée, légume*, naïade, nivéal, oponce, picris, presle, ranale, reboul, riccie, sagine, salade, salvia, samole, stolon, ulluco, vrillé, zamier ■ 7 acanthe, æthuse, amensal, arabète, arbuste*, avorton, baselle, cannaie, cascara, céréale*, chloris, colombo, dolique, dracena, emmotté, gerbera, gommose, hélodée, jussiée, lémanée, maceron, mélique, morrène, nivéole, potager*, psilote, ptéride, rocelle, surelle, textile* thapsia, trochet, ulluque, végétal*, velvote, ximenia ■ 8 abri-vent, aéricile, ansérine, aquatile, caladium, calament, calathéa, cameline, cannacée*, carthame, chlorose, crételle, cycadale, diagnose, dracena, épiphule, figerie, fourrage*, gantelée, gentiane, jussieua, lauréole, malherbe, malpighie, maurelle, méliacée, melonnée, ményanthe, monandre, monœcie, monoïque, monstera, peucédan, plantule, polygame, pourpier, psyllium, rallonge, rempoter, rossolis, sagartie, urticale, vaccaire, variétal, zérumbet, zuchette ■ 9 améthyste, anthurium, anthyllis, astragale, balsamine, bissexuel, botanique, buissière, calcicole, calcifuge, capronier, corylacée*, cotylédon, dentelaire, farigoule, filicinée, fléchière, forestier*, fougerole, frugifère*, fusariose, gazonnant, génétiste, halophile, halophyte, hédéracée, hépatique, herniaire, hydrastis, illicinée, impatiens, jaborandi, médicinal*, mellifère, monotrope, mycorhize, népenthès, nicotiane, officinal, ombellale, paronyque, passiflore, personale, phytotron, picridium, pilocarpe, pissenlit, plantaire, polyandre, posidonie, pyrophyte, rafflesia, rafflésie, remontant, ruban d'eau, salicaire, seringuer, siliqueux, tephrosia, téphrosie, triandrie, tubercule, xérophile, xérophyte, zucchette ■ 10 améliorant, anémophile, anthyllide, aphélandra, arbrisseau*, aromatique*, asclépiade, bombacacée*, canneberge, charophyte, cormophyle, cotylédoné, crapaudine, dent-de-lion, grenadille, gymnocarpe, herboriser, hygrophile, liliiforme, magnoliale, marchantia, nitrophile, noctiflore, nummulaire, oléagineux*, ornemental*, pauciflore, phalangère, protocoque, rhizocarpé, sarracenia, scléranthe, silicicole, sparganier, spéculaire, strelitzia, styracacée*, tinctorial*, vaillantie, xéranthème ■ 11 alcoolature, amensalisme, anémophilie, angiosperme*, aquiculture, célastracée, cryptophyte, galactogène, gymnosperme*, hélianthème, hydrocotyle, marcescence, myriophylle, naturaliste, patte-de-loup, phanérograme, pied-d'oiseau, sanguisorbe, scitaminale, serpentaire, spermaphyle, spermaphyte, stolonifère, supérovarié, tormentille, utriculaire, verbascacée* ■ 12 aquifoliacée*, gibbérellie, helianthémun, polémoniacée, pomme de terre, protéagineux, sabot-de-vénus, semper virens, spadiciflore, trachéophyle, tradescantia ■ 13 attrape-mouche, grenouillette, hermaphrodite, métachlamydée, œilletonnage, passifloracée, phytothérapie ■ 14 sous-arbrisseau ■ 15 mésembryanthème, photopériodisme, phytogéographie.

**PLANTER:** 6 élever, ficher ■ 7 arborer ■ 8 jalonner, pitonner, plantage, plantoir ■ 9 déplanter, piquetage, replanter ■ 10 abandonner, complanter, plantation ■ 12 transplanter.

**PLANTIGRADE:** 4 ours ■ 8 blaireau.

**PLANTOIR:** 9 taravelle.

**PLANTULE:** 7 albumen, tigelle ■ 8 radicule ■ 9 cotylédon.

**PLANTUREUX:** 4 gras* ■ 7 fertile ■ 8 abondant*, beaucoup ■ 15 plantureusement.

**PLAQUE:** 4 halo, lame, pose, sole ■ 5 dalle, écran, glome, sabot, somme, stèle, table, taque, typon ■ 6 couche, croûte, disque, ex-voto, voyant ■ 7 crachat, éclisse, écusson, feuille, flasque, implant, mycosis, palâtre, palette, panneau, pinnule, plaquis, platine ■ 8 applique, armature, crêpière, écriteau, fourrure, garde-feu, médaille, palastre, pancarte, plaqueur, pommelle, tuilette ■ 9 girouette, hausse-col, parebrise, parfondre, solfatare, syphilide, xylophone ■ 10 autochrome, crapaudine, scarlatine, subduction ■ 11 contrecœur ■ 12 incrustation ■ 13 minéralogique, transformante.

**PLAQUEMINIER:** 4 kaki ■ 10 plaquemine.

**PLAQUER:** 5 dorer ■ 6 coller ■ 7 couvrir, enrober, laisser*, plaquer, revêtir ■ 8 argenter ■ 9 appliquer, incruster, marqueter, rapporter ■ 10 abandonner*.

**PLAQUETTE :** 3 h.l.a. ■ 8 globulin ■ 11 cytaphérèse, thrombocyte ■ 12 thrombopénie ■ 13 mégacaryocyte, thrombokinase ■ 15 thromboplastine.
**PLASMA :** 5 sérum ■ 7 alexine, tokamak ■ 8 albumine, créatine, hydrémie ■ 9 clearance, lipidémie, plasmique ■ 10 plasmifier, transsudat ■ 11 fibrinogène, plasmatique ■ 13 plasmaphérèse ■ 15 afibrinogénémie.
**PLASMATIQUE :** 14 gammaglobuline.
**PLASMOCYTE :** 6 kahler ■ 13 plasmocytaire.
**PLASTE :** 7 leucite.
**PLASTIC :** 8 plastique ■ 10 plastiquer ■ 11 plastiqueur.
**PLASTICITE :** 8 crevasse.
**PLASTIFIER :** 14 plastification.
**PLASTIQUE :** 3 p.v.c. ■ 4 lego, tong ■ 5 forme, nylon, staff ■ 6 beauté*, radome, téflon ■ 7 blister, frisbee, rhodoïd ■ 9 celluloïd, galalithe, sculpture ■ 10 cubitainer, plasticien, plasturgie ■ 11 gutta-percha, plastifiant, plastiquage, polypropène, sac-poubelle ■ 12 polyéthylène, polyuréthane ■ 13 hyperréalisme, photopolymère, plasticulture, polypropylène, polyuréthanne ■ 15 thermoplastique, viscoplasticité.
**PLASTIQUER :** 10 plasticage ■ 11 plastiquage.
**PLASTRON :** 10 chemisette ■ 11 plastronner.
**PLASTRONNER :** 5 poser ■ 6 mariol ■ 8 vaniteux ■ 12 plastronneur.
**PLAT :** 3 bas, fat, ras, uni* ■ 4 égal, fade, lame, mets, plan*, plie, poli, rasé, sole, tian ■ 5 accon, à-plat, aspic, bande, barge, bêche, béret, brème, cabas, camus, carré, doris, enfeu, épaté, frise, gueux, jeton, kacha, lâche, lorry, marli, palet, papet, patte, pelle, picot, plage, plain, poêle, potée, suage, talpa, tarte, ténia ■ 6 aminci, aplani, bonace, camard, crotte, écrasé, flette, haggis, humble, nivelé, pauvre, pointu, raboté, ragoût, ravier, relevé, scampi, souple, tagine, taline ■ 7 buisson, déprimé, gnocchi, némerte, niçoise, plateau, rampant, servile*, tripous, tripoux ■ 8 chop suey, croquant, légumier, mirepoix, mouclade, moussaka, nageoire, omoplate, ramequin, soufflet, sous-plat ■ 9 compotier, demi-ronde, desservir, entremets, esplanade, étouffade, platement, platitude, porte-plat, pouilleux, prosaïque, vaisselle, va-nu-pieds, veinette ■ 10 couvre-plats, crépinette, estouffade, monte-plats, plate-forme ■ 11 assortiment, chiche-kebab, réchauffoir ■ 12 chauffe-plats, escargotière, patelliforme.
**PLATANE :** 8 sycomore ■ 9 platanaie ■ 10 plataniste.
**PLATE :** 5 lause, lauze.
**PLATEAU :** 3 air, set ■ 4 mésa ■ 5 cadre fjeld, skeet, table ■ 6 bassin, tampon, vireur ■ 7 braquet, platine, théâtre ■ 8 icefield, icefjeld, tailloir ■ 9 banc-titre, éventaire, sous-nappe, tournette, tranchoir ■ 10 garde-nappe ■ 12 tourne-disque ■ 14 ramasse-miettes.
**PLATE-BANDE :** 4 loge ■ 8 parterre ■ 10 contreclef.
**PLATE-FORME :** 3 ras ■ 4 hune, quai, truc ■ 6 balcon, palier, podium ■ 7 guideau, tablier ■ 8 barbette, échafaud, terrasse ■ 9 dispersal, plongeoir, terrasson, terrigène ■ 10 praticable ■ 11 appontement, porte-hauban ■ 14 épicontinental, infrastructure ■ 15 semi-submersible.
**PLATHELMINTHE :** 7 cestode*, platode ■ 9 trématode* ■ 10 platinoïde ■ 11 turbellarié*.
**PLATINE :** 2 pt ■ 5 fusil, métal, mètre ■ 8 platiner ■ 9 platinage, ruthénium ■ 10 kilogramme, platinoïde ■ 11 platinifère ■ 13 thermocautère.
**PLATITUDE :** 4 plat ■ 8 bassesse*, humilité ■ 9 servilité, souplesse.
**PLATODE :** 13 plathelminthe*.
**PLATONICIEN :** 4 lois ■ 5 école ■ 10 platonique ■ 11 académicien ■ 12 réminiscence ■ 14 néo-platonicien.

**PLATONIQUE :** 14 platoniquement.
**PLATRAS :** 6 ruines.
**PLATRE :** 4 mère ■ 5 chape, chaux, crépi, cuire, gypse, solin, staff ■ 6 incuit ■ 7 gravats, gravois, lambris, minerve, taloche ■ 8 coquille, hourdage, plâtreux, plâtrier ■ 9 déplâtrer, plâtrerie, plâtrière, replâtrer ■ 10 lambrisser, replâtrage ■ 11 entrevoûter.
**PLATRER :** 8 déguiser, plâtrage ■ 9 maquiller.
**PLATRIER :** 10 plafonneur.
**PLATYRRHINIEN :** 5 atèle ■ 8 ouistiti.
**PLAUSIBLE :** 4 vrai ■ 8 probable ■ 9 apparence ■ 12 plausibilité ■ 13 plausiblement, vraisemblable.
**PLEBE :** 6 peuple ■ 8 plébéien, populace*.
**PLEBISCITE :** 4 vote* ■ 11 plébisciter ■ 13 plébiscitaire.
**PLEIN :** 4 fort, gras*, haut, imbu, seul ■ 5 animé, bondé, délié, dense, douve, forme, noria, saoul ■ 6 bourré, comble, étoffé, massif, nourri, rempli* ■ 7 compact, complet*, épanoui ■ 8 mazouter, rassasié ■ 9 caverneux, plénitude, rembouger.
**PLEIN AIR :** 6 torrée ■ 7 drive-in ■ 8 ciné-parc, gymkhana, héliaste, kermesse, sérénade ■ 9 cassation ■ 10 pique-nique.
**PLEISTOCENE :** 4 ours ■ 8 dinornis ■ 9 glyptodon, mégacéros ■ 11 mégathérium ■ 14 archanthropien, villafranchien.
**PLENIER :** 6 entier ■ 10 indulgence.
**PLENITUDE :** 9 abondance*.
**PLEONASME :** 7 datisme ■ 10 battologie, tautologie ■ 12 périssologie, pléonastique.
**PLETHORE :** 5 excès* ■ 9 abondance*.
**PLEUR :** 2 hi ■ 5 larme.
**PLEURAL :** 12 pneumothorax.
**PLEURANT :** 9 deuillant.
**PLEURER :** 7 chialer, chigner, miauler ■ 8 déplorer, larmoyer, pleurard, pleureur ■ 9 pleuresse, sangloter ■ 11 lacrymogène, pleurnicher ■ 12 pleurnicheur ■ 13 pleurnicherie.
**PLEURESIE :** 8 pleurite ■ 11 pleurétique, pleurodynie.
**PLEURNICHER :** 7 piorner ■ 8 larmoyer ■ 12 pleurnichard, pleurnicheur ■ 13 pleurnicherie ■ 14 pleurnichement.
**PLEURONECTIDE :** 4 flet, plat, plie, sole ■ 6 barbue, flétan, turbot ■ 7 limande ■ 8 carrelet, turbotin ■ 11 pleuronecte.
**PLEUTRE :** 5 lâche* ■ 7 poltron*.
**PLEUVOIR :** 7 arroser, bruiner, flotter, inonder, roiller, tremper ■ 8 pluviner ■ 9 pleuviner, pleuvoter ■ 10 pleuvasser, repleuvoir ■ 12 brouillasser.
**PLEVRE :** 6 poumon ■ 7 pleural ■ 9 pleurésie ■ 11 hydrothorax, pleurotomie ■ 15 pleuropneumonie.
**PLI :** 4 aine, raie, ride, tric ■ 5 corne, creux, drapé, étiré, fanon, goder, godet, pince, râpes, repli, ruché, trick, tuyau ■ 6 déjeté, fraise, friser, fronce, godage, godron, lettre, relevé, rempli, revers, sillon ■ 7 ancrure, crochon, falbala, froncis, gerçure, grimace, nervure, plisser, saignée ■ 8 bouillon, jointure, parement, plissure, troussis ■ 9 défroncer, déplisser, synclinal ■ 10 anticlinal, déplissage, intertrigo, monoclinal, plissement, tectonique ■ 11 bouillonner, timbre-poste ■ 12 articulation.
**PLIANT :** 7 berthon, lit-cage, transat ■ 8 diptyque, soufflet ■ 15 transatlantique.
**PLIANTE :** 9 pied-de-roi.
**PLIE :** 5 alèse ■ 8 carrelet, équitant.

**PLIER :** 5 céder*, raide, roide ■ 6 corner, couder, pliage, ployer ■ 7 courber*, fléchir*, replier, souple ■ 8 flexible, pliement ■ 9 inflexion, malléable, succomber ■ 10 inflexible ■ 11 discipliner, trousse-pied.
**PLINTHE :** 9 stylobate.
**PLIOCENE :** 8 éléphant, épyornis ■ 11 hippopotame, machaerodus ■ 14 villafranchien.
**PLIQUE :** 8 trichoma, trichome.
**PLISSAGE :** 5 pince, ruche, toque ■ 6 fraise, fronce, godage, godron ■ 7 falbala.
**PLISSE :** 12 nid-d'abeilles.
**PLISSEMENT :** 5 cluse ■ 6 sillon* ■ 8 huronien ■ 9 hercynien, jurassien, tertiaire ■ 10 calédonien ■ 11 contraction ■ 12 réticulation.
**PLISSER :** 5 goder, rider ■ 6 crêper, ferler, friper, friser, gercer, ployer, rucher ■ 7 boucler, carguer, doubler, fléchir, froncer, gaufrer, onduler, relever ■ 8 froisser, grimacer, plissage, plisseur, remplier, trousser, tuyauter ■ 9 frisotter, godronner, infléchir, moutonner, plisseuse, rebrasser, replisser, sillonner ■ 10 bouchonner, chiffonner, plissement, renfrogner, retrousser ■ 11 calamistrer.
**PLIURE :** 7 plaçure.
**PLOMB :** 2 pb ■ 3 uve ■ 4 noue ■ 5 bulle, étain, flint, forge, métal, potin, sceau, tutie, tuyau, verre, veste ■ 6 céruse, dragée, galène, minium ■ 7 cendrée, menuise, plombée ■ 8 cérusite, enfaîter, épervier, litharge, massicot, mordache, plombate, plombier, saturnin ■ 9 alquifoux, anglésite, déplomber, plomberie ■ 10 chevrotine, cuproplomb, flint-glass, plombifère, saturnisme, vanadinite ■ 11 menuisaille, sulfatation ■ 12 pattinsonage.
**PLOMBAGINACEE :** 7 lavande, statice ■ 10 dentelaire, immortelle ■ 11 hélichrysum.
**PLOMBAGINE :** 5 plomb ■ 8 graphite.
**PLOMBEE :** 11 palangrotte.
**PLOMBER :** 8 plombage, plomboir.
**PLONGE :** 5 perdu ■ 6 ludion ■ 8 plongeur.
**PLONGEE :** 9 aquanaute ■ 10 cabanement, schnorchel.
**PLONGEON :** 5 huard, huart.
**PLONGER :** 6 abîmer, couler, ludion ■ 7 baigner, frapper, infuser, plongée, sombrer ■ 8 absorber, immerger, plongeon, plongeur ■ 9 immersion, recouvrir, replonger, submerger ■ 10 contrister, endeuiller, enténébrer, plongement ■ 12 water-ballast.
**PLONGEUR :** 5 perle ■ 8 cormoran, fuligule, pingouin ■ 9 océanaute ■ 12 scaphandrier ■ 15 homme-grenouille.
**PLOT :** 10 crapaudine.
**PLOUTOCRATE :** 5 riche* ■ 12 argyrocratie, ploutocratie ■ 14 ploutocratique.
**PLOYER :** 5 plier, plomb ■ 7 courber*, fléchir* ■ 8 ployable ■ 9 ploiement, recourber.
**PLUIE :** 3 eau ■ 5 bâche, capot, grain, grêle, mitre, ondée, orage, purin ■ 6 averse, bruine, déluge, drache, flotte, nielle, saucée, trombe ■ 7 crachin, lavasse, pluvial, poudrin ■ 8 abat-vent, giboulée, marquise, pleuvoir, pluvieux ■ 9 abondance*, hivernage, parapluie ■ 10 brouillard, inondation, sécheresse ■ 11 nivopluvial, pluviomètre ■ 12 brouillasser, pluviométrie.
**PLUMAGE :** 3 mue ■ 4 muer, paon ■ 5 agami, grèbe, grive, linot, plume, serin, veuve ■ 6 livrée ■ 7 collier, pennage.
**PLUMASSIER :** 11 plumasserie.

**PLUME :** 5 balai, duvet, huppe, pattu, penne, penon, queue, style, trait, tuyau ■ 6 auteur, camail, plumée, plumet, rémige ■ 7 barbule, bouquet, couette, couteau, panache, plumage, plumeau, plumeux, plumier, plumule ■ 8 aigrette, déplumer, dermeste, écriture, emplumer, houssoir, marabout, tectrice, vibrisse ■ 9 empennage, petit-gris, polémique, toupillon ■ 10 penniforme, plumassier ■ 11 essuie-plume, uropygienne ■ 12 vaccinostyle.
**PLUMEAU :** 5 balai ■ 10 tête-de-loup.
**PLUMER :** 7 plumeur ■ 9 plumaison ■ 10 déposséder.
**PLUMET :** 6 casoar ■ 7 panache ■ 8 aigrette.
**PLUMETE :** 7 plumeté.
**PLUMITIF :** 6 auteur ■ 11 bureaucrate.
**PLUPART :** 5 monde ■ 8 beaucoup.
**PLURALIE :** 10 polyarchie.
**PLURALISME :** 10 pluraliste.
**PLURALITE :** 5 foule, masse, unité ■ 6 nombre ■ 7 pluriel ■ 8 kyrielle, majorité ■ 9 multitude ■ 10 polythéisme ■ 12 multiplicité.
**PLURICELLULAIRE :** 10 métazoaire.
**PLURIEL :** 4 soli ■ 9 pluralité.
**PLUS :** 3 pis, piu ■ 4 mais, trop ■ 5 excès, maint, mieux*, trick ■ 7 surplus ■ 8 exaction, rallonge ■ 9 davantage, plus-value, renchérir, surpasser ■ 10 hypermètre, supplément, surestarie ■ 14 surabondamment.
**PLUSIEURS :** 5 force, maint, mêlée, moult, opter, parti, plier, reste, tmèse, total, trier, union volée ■ 6 divers, pas mal ■ 7 d'aucuns ■ 8 beaucoup*, certains, cumulard, itératif, libouret, polybase, polygame, polylobé, quelques ■ 9 consensus, copartage, fréquence, hécatombe, macédoine, multiplex, multitude, pérennant, polyacide, polyakène, polyandre, polygynie, polygonal, polyphasé, tautomère, ubiquiste ■ 10 multiforme, plurivoque, polyandrie, polyglotte, polyphonie, polyptique, polyvalent ■ 11 multibroche, pluricausal, plutonigène, polysyllabe, versicolore ■ 12 plurilatéral ■ 13 polycentrique, polycentrisme, polynucléaire ■ 14 polysyllabique ■ 15 multicellulaire, pluricellulaire.
**PLUTON :** 9 plutonien.
**PLUTONIUM :** 2 py ■ 9 plutogène ■ 11 plutonigène.
**PLUTOT :** 10 préférence.
**PLUVIER :** 8 guignard ■ 9 œdicnème ■ 11 charadriidé.
**PLUVIEUX :** 5 caban ■ 8 isohyète ■ 10 pluviosité.
**PNEU :** 8 tubeless.
**PNEUMATIQUE :** 4 pneu ■ 5 chape, pompe, train ■ 7 confort, défense, dépêche, tringle ■ 8 chausser, déjanter, rechaper ■ 9 adhériser, enveloppe, pare-chocs ■ 11 démonte-pneu ■ 12 antidérapant.
**PNEUMOCONIOSE :** 9 asbestose.
**PNEUMOCOQUE :** 13 streptomycine.
**PNEUMOLOGIE :** 11 pneumologue.
**PNEUMONIE :** 11 pneumocoque, pneumonique.
**PNEUMOPATHIE :** 13 pneumocystose.
**PNEUMOTHORAX :** 9 collapsus.
**PO :** 5 padan ■ 9 fontanili.
**POCHADE :** 7 tableau ■ 8 peinture.
**POCHARD :** 7 ivrogne*.
**POCHE :** 3 sac* ■ 4 musc ■ 5 bâche, canif, fonte, jabot, panse ■ 6 bonnet, bourse, gésier, pochon, truble, vessie ■ 7 abajoue, estomac, gousset, trouble ■ 8 dépocher, empocher, feuillet, laguiole, pochetée,

pocheter, pochette, psautier, utricule ■ 9 anévrysme, caillette, rempocher, troubleau ■ 10 calculette ■ 11 pochothèque.
**POCHER:** 8 pocheuse.
**POCHETEE:** 5 niais ■ 6 pochée.
**POCHETTE:** 9 press-book.
**POCHOIR:** 7 chablon ■ 11 pochoiriste.
**PODOLOGIE:** 9 podologue.
**PODZOL:** 10 podzolique ■ 13 podzolisation.
**POELE:** 4 dais, four ■ 5 crêpe, frire, niche ■ 6 poêlée ■ 7 poêlier ■ 8 crêpière, fourneau, omelette ■ 10 cuisinière, hypocauste, salamandre ■ 11 réchauffoir.
**POELON:** 5 casse ■ 8 caquelon.
**POEME:** 3 lai, ode ■ 4 nome, vers* ■ 5 chant, divan, envoi, épode, fable, faune, geste, haïku, hymne, iambe, nœud, opéra ■ 6 blason, centon, élégie, épître, épopée, haïkaï, idylle, poésie*, qasida, rondel, satire, sonnet, tenson ■ 7 à-propos, ballade, cantate, canzone, chanson, églogue, neuvain, odyssée, pantoum, priapée, romance, rondeau, sextine, triolet, virelai ■ 8 bergerie, cantique, épilogue, kyrielle, madrigal, odelette, quatrain, rapsodie, tragédie ■ 9 bucolique, cantilène, épigramme, impromptu, liminaire, pastorale, romancero, satyrique, sirventès, terza rima ■ 10 acrostiche, anthologie, complainte, dithyrambe, épithalame, pentamètre, vaudeville, villanelle ■ 11 pastourelle, tautogramme.
**POESIE:** 4 muse ■ 5 iambe, poème* ■ 7 lyrique, mélique ■ 8 parnasse, poétique, poétiser ■ 9 bucolique, florilège, lettrisme, minnesang, prosaïsme, rotruenge ■ 10 ossianique, ossianisme, rotrouenge ■ 11 antistrophe, lamartinien, macaronique ■ 12 antipoétique, prétrarquisme ■ 13 anacréontisme, belles-lettres.
**POETE:** 4 aède, muse ■ 5 amant, barde ■ 6 cigale, favori, rimeur ■ 7 chantre, pléiade, rapsode, zutiste ■ 8 poétique, trouvère ■ 9 ménestrel, métromane, poétereau ■ 10 rimailleur, troubadour* ■ 13 versificateur.
**POETIQUE:** 3 raï ■ 4 luth, lyre ■ 5 acier, borée, deuil, fleur, hymen, mètre, perle, plage, poète, tombe, trame, vague, veine ■ 6 haïkaï ■ 7 lyrique ■ 8 poétiser ■ 10 dépoétiser, serventois ■ 11 calligramme ■ 12 poétiquement.
**POETISER:** 11 poétisation.
**POGROM:** 6 émeute*.
**POIDS:** 2 as ■ 4 frai, marc, once, tare ■ 5 arobe, carat, grain, livre, mètre, miche, obole, pesée, peser, peson, sicle, tarer, titre, tonne ■ 6 arrobe, bordée, étalon, talent ■ 7 drachme, fardeau*, mi-lourd, mi-moyen, statère ■ 8 atrophie, pondéral, scrupule, soupeser ■ 9 archétype, basculeur, confirmer, dysmature, impondéré, pesanteur*, quarteron, surcharge, tolérance ■ 10 allégement, barymétrie, décagramme, pèse-lettre ■ 11 contrepoids, déplacement, hectogramme ■ 13 haltérophilie, stalagmomètre ■ 14 pouliethérapie, stalagmométrie.
**POIGNANT:** 7 piquant.
**POIGNARD:** 4 dirk, épée* ■ 5 criss, dague, gaine, kriss, surin ■ 6 navaja, stylet ■ 7 couteau*, kandjar, kanglar, sicaire, yatagan ■ 8 coutille, dégainer, kandjlar ■ 10 baïonnette, poignarder, puntillero ■ 11 miséricorde.
**POIGNE:** 7 énergie*.
**POIGNEE:** 4 anse, main, soie ■ 5 garde, glane, happe, nille, plane ■ 6 crosse, manche, pigeon ■ 7 ansette, bouchon, manette, oreille, pommeau, portant ■ 8 béquille ■ 9 assurance, bec-de-cane, filigrane, mancheron, shake-hand ■ 11 pied-de-biche.

**POIGNET:** 5 carpe ■ 6 poigne ■ 8 chistera, dragonne ■ 9 avant-bras, manchette ■ 14 montre-bracelet.
**POIL:** 3 cil, épi, mue, ras ■ 4 crin, foin, muer, pelé, pelu, robe, soie, velu, zain ■ 5 barbe, bulbe, duvet, fouet, frisé, haire, jarre, ladre, laine, nævi, ortie, panne, peler, poilu, raser, rouan, tache, tondu, tonte ■ 6 bourre, brosse, cheveu, peigne, pelage, toison ■ 7 hispide, pigment, pilaire, piquant, sourcil, tisonné, villeux ■ 8 alopécie, dépilage, fourrure, pelucher, pilifère, pilivore, rhizoïde, sensile, sétifère, surtonte, vibrisse ■ 9 bringeure, cachemire, grisonner, mantelure, moustache, paraphyse, pilosisme, pubescent, secrétage, toupillon ■ 10 égagropile, hirsutisme, pilosébacé ■ 11 ægagropile, dépilatoire ■ 12 trichophyton ■ 13 horripilateur, horripilation.
**POILKILOTHERME:** 12 hétérotherme.
**POILU:** 4 velu ■ 5 barbu, cilié ■ 7 chevelu, villeux ■ 8 pilifère ■ 9 moustachu, pubescent.
**POINÇON:** 4 coin ■ 5 alène, style, titre ■ 6 marque ■ 7 faîteau, trocart ■ 8 épissoir, pointeau ■ 9 épissoire, insculper, sous-faîte ■ 10 chasse-clou ■ 11 contre-fiche, trois-quarts.
**POINÇONNER:** 11 poinçonnage, poinçonneur ■ 12 poinçonneuse ■ 13 poinçonnement.
**POINDRE:** 5 point ■ 6 piquer, surgir* ■ 8 froisser, paraître* ■ 9 commencer ■ 10 apparaître*.
**POING:** 5 boxer ■ 8 gourmade.
**POINT:** 3 ars, but, clé, ère, est, pas, sud, vue ■ 4 amer, apex, à pic, chef, clef, coma, dame, dôme, flou, hile, midi, nord, onde, pied, pôle, pour, tant, vair, zéro ■ 5 aller, appui, arrêt, bride, butte, cible, cluse, comme, diane, dogme, flanc, foyer, grené, ippon, islam, jaspé, joint, lisse, morse, nadir, néant, nœud, orgue, ouest, perlé, piqué, repic, rôder, ronde, route, score, talon, terre, texte, trace, tréma ■ 6 azonal, donnée, mouche, orient, quinze, sommet, stigma, trente ■ 7 aphélie, bipoint, brasure, matière, ombilic, radiant ■ 8 aisselle, apoastre, avantage, démarque, drop-goal, estocade, greneler, isosiste, lisérage, marqueur, objectif, occident, orbicole, ordonnée, ponctuel, quarante, question, solstice, surfiler, tangence, terminus ■ 9 aposélène, blockhaus, charnière, conjugués, engrelure, entablure, épicentre, finaliser, horoptère, important, isoséiste, isotherme, jardineux, moucheter, nord-ouest, patte d'oie, périastre, périhélie, perpétuel, pointillé, quarrable, tellement ■ 10 accommoder, aucunement, cocyclique, colinéaire, commissure, concourant, dénouement, éminement, incorporel, métacentre, osculateur, périsélène, pointiller, tiers-point ■ 11 biflecnodal, coordonnées, enfourchure, orthocentre, pleurodynie, potronminet, rabattement, radiosource, stignomètre ■ 12 affleurement, arrière-point, intersection, nid-d'abeilles, potron-jaquet ■ 13 autocinétique, circumduction, desmodromique ■ 14 atterrissement.
**POINTAGE:** 6 hausse ■ 8 pointeur ■ 9 dépointer ■ 12 télépointage.
**POINTE:** 3 bac, cap, fer, gai, raz ■ 4 cime, clos, dard, dent, four, pieu* ■ 5 bande, barbe, barre, binet, carde, corne, chape, entée, épine, faîte, fiche, fichu, gaffe, germe, herse, ortie, picot, pilot, pince, pique*, piton, river, rivet, ronce, trait ■ 6 courbe, mucron, rostre, sommet* ■ 7 acuminé, bigorne, curseur, cuspide, échoppe, piquant, sommité ■ 8 ardillon, aspérité, bastillé, calquoir, empeigne, épointer, hérisser, pointeau ■ 9 aiguillon, avant-trou, batavique, biacuminé, bicuspide, obélisque, rapointir, rapointis, repointir ■ 10 acidulaire, rappointer, rappointis, rétroflexe, tricuspide ■ 11 acrocéphale, bec-de-corbin, démoucheter ■ 12 chausse-trape ■ 13 poltron-jaquet.

**POINTER:** 5 viser ■ 7 diriger ■ 8 pointeur.
**POINTILLER:** 11 pointillage.
**POINTILLEUX:** 8 chicaner, exigeant.
**POINTU:** 4 aigu*, pieu, sape ■ 5 acéré, épine, ergot, lance, mitre, palis, patte, picot ■ 7 acuminé, piquant* ■ 8 poignard ■ 9 appointer ■ 10 appointage, lévirostre ■ 11 ténuirostre.
**POINTUE:** 7 défense.
**POIRE:** 5 cidre, coing, énéma, glane, guyot, halbi, liard ■ 6 beurre ■ 7 bonasse, doyenné, épargne, poirier ■ 8 catillac, crassane, duchesse, hâtiveau, marquise, mignonne ■ 9 bergamote, catillard, madeleine, piriforme, rousselet ■ 10 blanquette, carpocapse, muscadelle, pendeloque, toute-bonne ■ 11 bon-chrétien, louise-bonne ■ 12 cuisse-madame, saint-germain ■ 13 passe-crassane.
**POIREAU:** 7 porracé, porreau ■ 8 poıroter.
**POIREE:** 5 bette ■ 6 blette.
**POIRIER:** 4 dard ■ 5 poire, tigre ■ 6 aigrin ■ 9 brindille.
**POIS:** 4 soja, soya ■ 5 purée ■ 6 chiche ■ 8 hâtiveau, légumine, pisolite ■ 9 mange-tout, petit-pois, pisolithe.
**POISON:** 4 upas ■ 5 ciguë, opium, pavot, venin, virus ■ 6 curare, toxine ■ 7 arsenic, cocaïne, codéine, mercure, toxique, vitriol ■ 8 laudanum, litharge, morphine, vénéneux* ■ 9 téphrosie, thériaque ■ 10 curarisant, digitaline, narcotisme, strychnine, stupéfiant, vert-de-gris ■ 11 empoisonner, toxicologie ■ 12 acqua-toffana, antivénéneux, contre-poison, intoxication* ■ 13 mithridatiser ■ 14 alexipharmaque.
**POISSE:** 7 déveine ■ 9 scoumoune.
**POISSEUX:** 6 gluant* ■ 7 poisser ■ 8 visqueux.
**POISSON:** 3 nid, sar, vif, zée ■ 4 épée, frai, gade, gril, lump, mafé, nase, œuf, parc, pâté, rets, tian, vase ■ 5 arête, aspic, blaff, cotte, danio, darne, devon, digon, elbot, fanon, farce, filet, foëne, globe, gobie, guano, guppy, héron, laite, larve, liter, marée, mulle, nasse, palot, pêche, picot, poche, queue, rogue, sushi, truie, umbre, venet, vomer, xipho, yassa ■ 6 alevin, anabas, bettas, chabot, cheval, exocet, fouëne, lingue, marlin, minque, myxine, pégase, perlon, piraya, rémora, serran, surimi, tarpon, truble, vairon, vivier, volant, zancle ■ 7 angelet, aurélie, baliste, blennie, clarias, colombo, espadon, fileter, girelle, gonelle, gourami, gymnote, marteau, ombrine, picarel, piranha, rasbora, rochier, sparidé, trouble, truelle ■ 8 anableps, bachotte, banneton, barbecue, bondelle, chétodon, étripage, gambusie, gonnelle, laitance, matelote, meurette, murénidé, pantodon, papillon, pochouse, quenelle, rousseau, scalaire, sciénidé, scorpène, sélacien*, siluridé, sphyrène, waterzoi ■ 9 barracuda, boucanage, bourriche, boutargue, dipneuste*, écailleur, escabèche, harengère, holostéen*, ichtyoïde, koulibiac, macropode, pauchouse, perroquet, pharillon piscivore, poutargue, serranidé, télescope, tranchoir, troubleau, vol-au-vent ■ 10 combattant, cyclostome*, physostome, pisciforme, placoderme, téléostéen*, xiphophore ■ 11 blanchaille, chænichtys, coelacanthe, hémigrammus, holocéphale*, ichtyocolle, ichtyologie, ichtyophage, menuisaille, poisson-chat, poissonneux, poissonnier, poisson-scie, porte-glaive, saint-pierre, syngnathidé ■ 12 chondrostéen*, empoissonner, ichtyophagie, pisciculture, poissonnerie, poissonnière ■ 13 anacanthinien, chondrichtyen, poissonnaille, rempoissonner.
**POISSONNAILLE:** 6 fretin.
**POITRAIL:** 5 barde ■ 7 bricole ■ 8 encolure.
**POITRINE:** 4 côte, sein* ■ 5 angor, appas, bosse, buste, cœur*, giron, gorge, hampe, jabot, point, torse ■ 6 coffre, thorax ■ 7 sternum ■

8 barbette, cuirasse, flanchet, inspirer, plastron, poitrail, rational, xiphoïde ■ 9 appendice, avant-main, clavicule ■ 10 débrailler, diaphragme, thoracique ■ 11 poitrinaire ■ 12 soutien-gorge, thoracentèse.
**POIVRE :** 4 noix ■ 5 banka, bétel, épice, pilaf, pilau, pilaw ■ 8 pipérine, poivrade, poivrier ■ 9 condiment, gattilier, poivrière ■ 11 mignonnette ■ 12 quatre-épices.
**POIVRIER :** 6 cubèbe ■ 7 pipérin.
**POIVRON :** 8 basquais.
**POIX :** 5 sapin ■ 6 calfat, couret, spalme ■ 7 galgale, galipot, goudron ■ 9 empoisser ■ 10 saragousti.
**POKER :** 4 full ■ 5 carré, flush ■ 7 décaver ■ 10 strip-poker.
**POLAIRE :** 4 nord*, zone ■ 5 ourse ■ 6 eskimo ■ 8 arctique, banquise, esquimau ■ 9 périscien ■ 11 antarctique.
**POLARISATION :** 8 lévogyre, polarisé, polaroïd ■ 9 polariser ■ 11 dépolariser ■ 12 dépolarisant, polarimétrie ■ 14 dépolarisation.
**POLARISER :** 10 polariseur ■ 13 impolarisable.
**POLDER :** 13 poldérisation.
**POLE :** 5 terre ■ 7 polaire ■ 8 entrefer, polarisé, polarité ■ 9 bipolaire, électrode ■ 10 unipolaire ■ 11 blastoderme ■ 12 multipolaire, transpolaire ■ 13 circumpolaire, quadripolaire.
**POLEMIQUE :** 6 factum ■ 7 attaque ■ 8 irénique, pamphlet ■ 9 polémiste ■ 10 discussion, polémique, serventois ■ 11 manœuvrier.
**POLEMOLOGIE :** 11 polémologue.
**POLEMONIACEE :** 5 cobéa, cobée ■ 6 cobaea.
**POLI :** 3 mat, net, uni* ■ 4 brut ■ 5 bruni, civil, galet, glace, lisse*, noyer ■ 6 galant* ■ 7 affable*, agatisé, aimable*, honnête, policer ■ 8 civilisé, courtois, gracieux, poliment ■ 9 civiliser, craqueler ■ 10 anodisation, brunissure, obséquieux, polissable ■ 11 complaisant.
**POLICE :** 3 ban ■ 4 clou, flic, guet, téal ■ 5 agent, calot, cogne, dépôt, ordre, poste, salle, sbire ■ 6 exempt, milice, rousse, schupo, sûreté ■ 7 coroner, gestapo, îlotier ■ 8 alguazil, antigang, argousin, civilisé, policier ■ 9 constable, policeman, vingt-deux ■ 10 indicateur, souricière ■ 11 policologie ■ 12 garde-rivière.
**POLICHINELLE :** 6 pantin* ■ 7 bouffon*.
**POLICIER :** 4 flic ■ 5 agent, cogne, condé, ripou, sbire ■ 6 bourre, limier, poulet ■ 7 roussin ■ 8 gendarme, thriller ■ 9 bourrique, détective ■ 10 roman-photo.
**POLIR :** 4 ripe, unir*, user ■ 5 cirer, émeri, limer, potée, roder ■ 6 aléser, brunir, doucir, frayer, glacer, gréser, lisser, meuler, planer, poncer, ribler, vernir ■ 7 adoucir, aplanir, buffler, dresser, égriser, fourbir, frotter, lustrer, moleter, raboter, ragréer, repolir, satiner ■ 8 aiguiser, astiquer, colcoter, corroyer, débrutir, égaliser, parfaire, rabattre, surfacer, varloper, velouter ■ 9 calendrer, civiliser, dégrossir, lapidaire, périgueux, polisseur, polissoir, polissure ■ 10 brunissage, dérouiller, polisseuse ■ 11 adoucissage, fourbisseur.
**POLISSAGE :** 5 usure ■ 6 buffle. rodage ■ 7 sassage ■ 8 égrisage, frottage ■ 9 aiguisage ■ 11 fourbissage.
**POLISSON :** 7 galopin, obscène ■ 8 espiègle* ■ 11 polissonner ■ 13 polissonnerie.
**POLITESSE :** 4 poli, tact ■ 5 prier, valet ■ 6 agréer, pardon, revoir ■ 7 aménité, décence, respect*, souhait ■ 8 civilité, ostrogot, sans-gêne, urbanité, vousoyer, vouvoyer ■ 9 amabilité*, baise-main, brutalité, cérémonie, civilités, honnêteté, ostrogoth, salamalec, voussoyer ■ 10 affabilité, bienséance, civilement, compliment, courtoisie*, galante-

rie ■ 11 distinction, gentillesse, génuflexion, gracieuseté, impolitesse, savoir-vivre ■ 12 complaisance*, empressement.

**POLITICO-RELIGIEUX:** 10 wahhabisme.

**POLITIQUE:** 5 diète, front, libre, pitié, plaid, rasta, rouge, tract, ultra ■ 7 hétérie, laxisme, nazisme, new-look, torysme ■ 8 anarchie, campagne, carlisme, centurie, doctrine, dualisme, dyarchie, épistate, étatisme, fascisme, girondin, glasnost, hétairie, pamphlet, phalange, slavisme, tsarisme ■ 9 centriste, césarisme, coalition, démagogie, dirigisme, gauchisme, gaullisme, imperium, kémalisme, léninisme, machiavel, mandature, népotisme, péronisme, politiser, rastafari, recentrer, souverain, unionisme ■ 10 apolitique, apolitisme, attentisme, attentiste, autocratie, blanquisme, communisme, despotisme, eurodroite, gauchisant, hitlérisme, joséphisme, ku-klux-klan, monocratie, pluralisme, politicard, politicien, polyarchie, réformisme, réformiste, serventois, socialisme, unitarisme ■ 11 absolutisme, anabaptiste, bicamérisme, bolchevisme, boulangisme, bullionisme, capitalisme, caporalisme, dépolitiser, fédéralisme, impolitique, indigénisme, jacobinisme, libéralisme, mondialisme, neutralisme, panarabisme, panslavisme, péréquation, perestroïka, radicalisme, revanchisme, totalitaire ■ 12 annexionisme, bonapartisme, carbonarisme, colonialisme, géopolitique, gouvernement, impérialisme, irrédentisme, modérantisme, monopartisme, multilatéral, panislamisme, syndicalisme, technocratie, travaillisme ■ 13 bicaméralisme, kremlinologie, machiavélisme, monocamérisme, multipartisme, pangermanisme, panhellénisme, pluripartisme, politicologie, politiquement ■ 14 expansionnisme, isolationnisme, panafricanisme, particularisme ■ 15 antiministériel, indifférentisme, monocaméralisme, panaméricanisme, politicaillerie, ségrégationisme.

**POLITISER:** 12 politisation.

**POLITOLOGIE:** 13 politicologue.

**POLKA:** 7 two-step ■ 8 schottish ■ 10 schottisch ■ 11 varsovienne.

**POLLEN:** 5 fleur ■ 6 thèque ■ 7 anthère, tétrade ■ 8 pollinie ■ 9 allogamie, pollinose ■ 10 pollinique ■ 12 entomophilie ■ 13 pollinisation.

**POLLINISATION:** 9 allogamie ■ 10 anémophile ■ 11 anémophilie.

**POLLUER:** 5 salir* ■ 8 souiller* ■ 9 pollution.

**POLLUTION:** 13 antipollution.

**POLO:** 10 sweat-shirt.

**POLONAIS:** 7 polaque, voïvode ■ 8 schapska, voïévode, voïvodie ■ 9 polonaise, voïévodie ■ 11 cracovienne.

**POLTRON:** 5 brave, capon, gille, lâche* ■ 6 couard, péteux ■ 7 foireux, peureux*, taffeur ■ 8 craintif*, vaillant ■ 9 froussard ■ 10 trouillard ■ 13 poule mouillée.

**POLTRONNERIE:** 7 lâcheté* ■ 9 couardise, lâchement ■ 13 pusillanimité.

**POLYACIDE:** 9 polyester.

**POLYACRILIQUE:** 6 dralon.

**POLYALCOOL:** 6 polyol ■ 8 sorbitol.

**POLYAMIDE:** 6 rilsan ■ 12 caprolactame.

**POLYCHETE:** 6 néréis ■ 7 néréide, serpule ■ 8 spirorbe ■ 9 arénicole, térébelle ■ 11 spirographe.

**POLYCHLORURE:** 3 p.v.c. ■ 6 rhovyl.

**POLYCHROME:** 7 tanagra ■ 12 internégatif.

**POLYCONDENSATION:** 9 polyamide ■ 12 caprolactame ■ 13 polycondensat.

**POLYCOPIE:** 4 poly ■ 10 polycopier.

**POLYCYCLIQUE :** 6 pyrène.
**POLYDACTILE :** 11 polydactyle.
**POLYEDRE :** 4 face ■ 9 icosaèdre ■ 10 dodécaèdre ■ 11 polyédrique.
**POLYESTER :** 5 lurex ■ 6 dacron.
**POLYGALACEE :** 8 polygala.
**POLYGAME :** 8 coépouse ■ 9 polygamie.
**POLYGENISME :** 11 polygénique.
**POLYGONACEE :** 5 rumex ■ 7 oseille, renouée ■ 8 bistorte, patience, rhubarbe, sarrasin ■ 10 persicaire.
**POLYGONALE :** 8 orbitèle.
**POLYGONE :** 5 tulle ■ 8 apothème, décagone, hexagone, octogone ■ 9 ennéagone, heptagone, pentagone, polygonal ■ 10 dodécagone ■ 11 hendécagone ■ 12 quadrilatère, transversale ■ 13 pentadécagone, pentédécagone ■ 14 polygonisation.
**POLYHOLOSIDE :** 9 polyoside.
**POLYLOBE :** 11 granulocyte.
**POLYMERE :** 8 fibrillé, isoprène ■ 9 acrylique, réticuler ■ 10 polyvinyle ■ 12 polyaddition, polychlorure ■ 13 polybutadiène.
**POLYMERISATION :** 4 buna ■ 5 aldol ■ 8 polymère ■ 9 polyamide ■ 10 élastomère ■ 11 métaldéhyde, polymériser ■ 12 polyéthylène ■ 13 macromolécule, polyvynilique ■ 15 glycogénogenèse.
**POLYMERISE :** 13 polymérisable.
**POLYNESIEN :** 4 kava, kawa.
**POLYNESIENNE :** 7 tamouré ■ 8 tahitien.
**POLYNEVRITE :** 9 korsakoff.
**POLYNOME :** 10 polynomial.
**POLYNUCLEAIRE :** 11 éosinophile, neutropénie.
**POLYPE :** 3 sac ■ 4 bras ■ 5 corne ■ 6 bourse ■ 7 alvéole ■ 8 cnidaire*, polypeux, polypier, tubipore ■ 9 acétabule, gonophore, gonozoïde, tentacule, ■ 10 cœlentéré.
**POLYPEPTIDE :** 8 albumose ■ 9 protamine ■ 14 polypeptidique ■ 15 releasing factor.
**POLYPHAGIE :** 4 faim.
**POLYPHONIE :** 8 madrigal ■ 12 polyphonique, polyphoniste.
**POLYPLOÏDE :** 11 polyploïdie.
**POLYPODIACEE :** 7 adiante ■ 8 adiantum ■ 9 asplénium ■ 10 capillaire ■ 13 cheveu-de-Vénus.
**POLYPORE :** 9 fistuline ■ 10 amadouvier ■ 11 foie-de-bœuf ■ 13 langue-de-bœuf.
**POLYSEMIE :** 11 polysémique.
**POLYTECHNICIEN :** 4 pipo.
**POLYTECHNIQUE :** 4 pipo ■ 5 carva ■ 14 polytechnicien.
**POLYTHEISME :** 5 païen ■ 9 paganisme, théogonie ■ 11 polythéiste.
**POLYTONALITE :** 9 polytonal.
**POLYVALENT :** 9 néomycine ■ 11 polyvalence.
**POMMADE :** 3 uve ■ 4 gale ■ 6 gomina ■ 8 lanoline, pommader, populéum ■ 9 cold-cream.
**POMMADER :** 7 gominer.
**POMME :** 3 api ■ 4 dard, pive ■ 5 anona, anone, cidre, halbi, pigne, sucre, surin ■ 6 aigrin, canada, doucin, tomate ■ 7 boskoop, capendu, malique, paradis, pommier, rambour ■ 8 calville, clochard, mélonide, pommette, rambures, reinette, starking, thyroïde ■ 9 anthonome, brindille, pommeraie, pomologie, vide-pomme ■ 10 carpocapse, court-pendu, fenouillet, mancenille ■ 11 granny-smith ■ 12 fenouillette.
**POMMEAU :** 5 arçon ■ 7 kandjar, kanglar ■ 8 kandjlar.

**POMME DE TERRE :** 4 porc, rata ■ 5 chips, frite, pomme ■ 6 aligot, bintje ■ 7 pluches, roseval ■ 8 amylique, dartrose, friselée, frisolée ■ 9 vitelotte ■ 11 topinambour.
**POMMELER :** 9 marqueter.
**POMMETTE :** 6 zygoma.
**POMMIER :** 7 douçain.
**POMOLOGIE :** 9 pomologue ■ 11 pomologique, pomologiste.
**POMPAGE :** 7 pompeur.
**POMPE :** 4 luxe* ■ 5 boyau, canon, faste, lance, vérin ■ 7 apparat*, pompeux ■ 8 calandre, cylindre, pompiste, seringue, vide-cave ■ 9 autopompe, cérémonie*, moto-pompe ■ 10 archipompe, centrifuge, solenniser, turbopompe ■ 12 pompeusement ■ 14 triomphalement.
**POMPER :** 5 boire ■ 6 puiser ■ 8 absorber.
**POMPEUX :** 7 ampoulé* ■ 8 solennel* ■ 9 cavalcade, somptueux ■ 10 emphatique* ■ 12 déclamatoire ■ 13 grandiloquent.
**POMPIER :** 6 pin pon ■ 13 sapeur-pompier.
**POMPON :** 9 pomponner.
**POMPONNER :** 5 parer*.
**PONANT :** 9 ponantais.
**PONÇAGE :** 7 ponceur.
**PONCE :** 7 ponceux.
**PONCEAU :** 4 pont ■ 5 pavot, rouge*.
**PONCER :** 5 polir* ■ 6 gréser ■ 7 frotter* ■ 10 bourriquet.
**PONCIF :** 6 cliché, poncis ■ 9 ordinaire ■ 10 lieu commun.
**PONCTION :** 7 trocart ■ 11 adénogramme, liposuccion, paracentèse, ponctionner ■ 12 thoracentèse.
**PONCTUALITE :** 9 assiduité ■ 10 exactitude*, régularité ■ 12 inexactitude ■ 14 ponctuellement.
**PONCTUATION :** 5 comma, point, texte ■ 7 virgule ■ 8 ponctuer ■ 10 deux points ■ 11 exclamation ■ 12 point-virgule ■ 13 interrogation.
**PONCTUEL :** 5 exact*, recta ■ 6 assidu ■ 8 régulier ■ 11 ponctualité.
**PONCTUER :** 11 ponctuation.
**PONDERATION :** 7 retenue* ■ 8 pondérer ■ 9 équilibre ■ 10 exaltation, modération*.
**PONDERER :** 10 équilibrer ■ 11 pondérateur.
**PONDEREUX :** 6 pesant*.
**PONDEUSE :** 7 leghorn.
**PONDRE :** 5 ponte ■ 8 crételer ■ 9 pondaison.
**PONEY :** 6 mérens ■ 7 ponette, pottock.
**PONT :** 3 arc ■ 4 roof, rouf ■ 5 arche, bouge, butée, canot, culée, jetée, livet, péage, plage, séton, voûte, wharf ■ 6 fauber, ponter, ponton, tillac, viaduc ■ 7 aqueduc, ponceau, trigone ■ 8 batayole, étambrai, faux-pont, gaillard, garde-fou, pont-rail, portière, sambuque, spardeck ■ 9 barbacane, écoutille, entrepont, épontille, passavant, pont-canal, pont-levis, pont-route, sarrasine, trompette ■ 10 arrière-bec, brise-glace, passerelle, pontonnier ■ 12 enracinement ■ 13 pont-promenade ■ 14 superstructure.
**PONTAGE :** 6 ponter.
**PONTE :** 4 frai ■ 7 pondoir ■ 9 pondaison.
**PONTIFE :** 4 pape* ■ 5 légat ■ 6 pédant, prélat, prêtre ■ 10 pontifical, pontificat.
**PONTIFICAL :** 5 index, mitre ■ 9 monsignor, tunicelle ■ 10 monsignore, saint-siège.
**PONTIFIER :** 8 doctoral ■ 9 discourir.
**PONTON :** 7 chameau ■ 10 ponton-grue ■ 12 bateau-lavoir.

**POP MUSIC :** 4 beat.
**POPOTE :** 7 cuisine ■ 8 popotier ■ 9 cuisinier ■ 10 réfectoire.
**POPULACE :** 5 masse, pègre, plèbe ■ 6 commun, peuple*, populo, roture, tourbe ■ 7 vermine ■ 8 canaille, racaille, vulgaire ■ 9 populaire ■ 10 basse pègre ■ 11 prolétariat.
**POPULAIRE :** 4 jass, jota, lied, mime, yass ■ 5 besef, bezef, biler, blair, bouif, carte, coule, dèche, disco, fichu, flapi, foire, frigo, frime, fripe, fumer, garce, gaupe, gigue, girie, gober, gomme, grole, haute, janot, lapin, laver, lèche, malin, matin, mèche, mégot, melon, mince, moche, moule, mufle, nager, ouste, panné, patar, piger, poire, pomme, poser, radin, radis, ragot, raide, râler, rogne, ronde, roter, rupin, sacré, saoul, sapin, scier, semer, sénat, serin, singe, solea, soupe, suçon, tabac, tante, tapée, veine, voile, youdi, zèbre, zigue ■ 6 jataka, jojuri, peuplé, pogrom, reggae, zydeco ■ 7 cockney, country, milonga, pogrome, rondeau ■ 8 flamenco, folklore, guilleri, kermesse, mamselle, mamzelle, pop music, populace, populeux, proverbe, sédition, singpiel, tyrannie, vulgaire ■ 9 cassation, goualante, guimbarde, harmonica, mélodrame, populiste ■ 10 aragonaise, complainte, popularité, villanelle ■ 11 cracovienne, populariser ■ 13 manifestation, populairement ■ 14 rhythm and blues.
**POPULARISER :** 8 propager ■ 10 légendaire ■ 14 popularisation.
**POPULARITE :** 5 renom* ■ 10 réputation*.
**POPULATION :** 5 écume ■ 6 peuple*, ruchée ■ 7 colonie ■ 8 faubourg, habitant* ■ 10 bidonville, paupérisme, quart-monde ■ 11 démographie, recensement ■ 13 ethnobiologie, paupérisation, surpopulation ■ 15 populationniste, rechristianiser, ville-champignon.
**PORC :** 4 lard, saie, salé, saye, soie, soue ■ 5 coche, coppa, goret, groin, ladre, suidé, ténia, truie ■ 6 cochon*, porcin, rouget, verrat ■ 7 grogner, porcher, ratelle, rillons ■ 8 boutefas, glandage, hâtereau, ladrerie, laiteron, languier, piétrain, porcelet, porc-épic, pourceau, saigneur, saindoux, sanglier ■ 9 andouille, côtelette, porcherie, rillettes ■ 10 babiroussa, brucellose, mortadelle, porchaison ■ 11 potamochère.
**PORCELAINE :** 4 saxe ■ 5 cuite, fêler, magot, tasse ■ 6 kaolin, parian ■ 7 biscuit, caraque, faïence*, harasse, hyalite, potiche ■ 9 barbotine, biscuiter ■ 10 craquelage ■ 11 cailloutage ■ 12 décalcomanie, porcelainier.
**PORCHE :** 4 porte* ■ 8 portique.
**PORCHERIE :** 6 boiton, étable ■ 7 porcher.
**PORCIN :** 4 porc ■ 6 culard ■ 12 artiodactyle.
**PORE :** 4 suer ■ 5 sueur, tanne ■ 6 oscule ■ 10 lenticelle.
**POREUX :** 3 tuf ■ 8 porosité ■ 9 spongieux ■ 11 gargoulette ■ 12 papier-filtre.
**PORNOGRAPHIE :** 7 obscène* ■ 11 pornographe ■ 14 pornographique.
**PORNOGRAPHIQUE :** 5 porno.
**PORPHYRINE :** 9 porphyrie.
**PORT :** 3 col ■ 4 abri, môle, rade ■ 5 darse, franc, havre, hogue, jetée, moule ■ 6 allure, bassin, laptot ■ 7 attache, posture* ■ 8 carénage, démarrer, maintien* ■ 9 atterrage, avant-port, garde-port, portuaire ■ 10 brise-lames ■ 11 arrière-port, avant-bassin, gardiennage.
**PORTAGE :** 9 transport.
**PORTAIL :** 3 nef ■ 4 rose ■ 5 galbe, porte* ■ 6 pylône ■ 9 bouteroue ■ 10 tête-de-clou.
**PORTANCE :** 2 cz ■ 7 polaire ■ 10 déportance ■ 14 semi-balistique.
**PORTATIF :** 5 canoé, falot, fusil, hutte, kodak ■ 7 walkman ■ 8 chi-

gnole, escabeau, fourneau, seringue ■ 9 arquebuse, escopette, parapluie ■ 11 mange-disque, pelle-pioche.

**PORTE:** 4 baie, épar, gond, huis, orbe, pêne, vêtu ■ 5 bâcle, borne, caddy, épart, fléau, gâche, issue, jouée, judas, œuvé, seuil, vanne, veine, volet ■ 6 battée, clédar, enclin, lourde, trappe, vacive ■ 7 cochère, guichet, lourder, portail, poterne, vantail ■ 8 chatière, grillage, marquise, paniculé, piédroit, portière, portique, propylée ■ 9 baccifère, barbacane, bec-de-cane, bobinette, bourrelet, congédier, embrasure, huisserie, pied-droit, portelone, portillon, sarrasine ■ 10 chambranle, paillasson ■ 11 contre-porte, corallifère ■ 13 entrebâilleur ■ 15 arrière-voussure.

**PORTE A FAUX:** 10 cantilever ■ 14 encorbellement.

**PORTE-AVIONS:** 8 apponter, embarque ■ 9 appontage.

**PORTE-BAGAGES:** 11 porte-paquet.

**PORTE-BONHEUR:** 7 fétiche ■ 8 mascotte.

**PORTE-CROISEE:** 12 porte-fenêtre.

**PORTE-DRAPEAU:** 8 enseigne ■ 10 porte-aigle ■ 13 porte-enseigne.

**PORTEE:** 5 champ, degré, rayon ■ 6 archée, niveau, sphère ■ 7 agnelée, clavier, élément, hauteur ■ 8 atteinte, barrière, capacité, diapason, distance ■ 9 cochonnée, humaniser, porte-voix, proximité ■ 10 compétence, spécialité, vulgariser, réformette ■ 12 démocratiser, inconscience.

**PORTEFAIX:** 7 bricole, crochet, porteur* ■ 8 phrygane ■ 10 crocheteur.

**PORTEFEUILLE:** 5 patte ■ 6 bourse, buvard, carton ■ 7 trousse ■ 8 classeur, maroquin ■ 9 serviette ■ 11 porte-cartes ■ 12 porte-billets, porte-musique.

**PORTE-GLAIVE:** 5 xipho ■ 10 xiphophore.

**PORTE-GREFFE:** 7 douçain.

**PORTE-MINE:** 9 stylo-mine.

**PORTE-PLUME:** 5 plume ■ 11 stylographe.

**PORTER:** 4 étui ■ 5 aller, aviso, essai, ferme, lourd, motif, poste, somme, stèle, valet ■ 6 barder, élever, rendre, tendre ■ 7 arborer, asséner, blesser, décider, enlever, envoyer, imputer, mouvoir, portant, porteur, pousser, toucher ■ 8 allonger, apporter, aquifère, charrier, coltiner, contenir, courrier, diffamer, emporter, estoquer, expédier, exporter, jalouser, lanifère, lanigère, messager, palanche, pilifère, pocheter, portable, portatif, projeter, rayonner, regarder, reporter, révolter, secourir, sétifère, soulever, soutenir*, suborner, traduire, voiturer ■ 9 affruiter, brouetter, camionner, charroyer, choéphore, chylifère, colporter, coltiner, crucifère, descendre, élévation, émissaire, florifère, gemnifère, lactifère, maintenir, maximiser, persuader, portefaix, portement, porte-voix, proligère, supporter*, transport, trimbaler, unguifère, véhiculer ■ 10 amentifère, calorifère, cautionner, déshonorer, encourager, fructifier, gestatoire, immettable, porte-croix, porte-plume, transférer, trimballer, triporteur, vexillaire ■ 11 corallifère, enregistrer, maximaliser, nectarifère, ombellifère, papillifère, porte-crosse, redescendre, scandaliser, staminifère, transborder, transporter* ■ 12 apocrisiaire, lampadéphore, porte-bonheur, porte-carnier, porte-drapeau, portemanteau, porte-monnaie ■ 13 porte-bannière, porte-étendard.

**PORTEUR:** 4 foil, fort ■ 5 nervi ■ 6 coolie, docker, sherpa ■ 7 facteur ■ 8 jumbo-jet ■ 9 coltineur, débardeur, filanzane, portefaix ■ 10 crocheteur, déchargeur, stigmatisé ■ 11 gonfalonier, gonfanonier ■ 15 commissionnaire.

**PORTE-VOIX :** 8 gueulard ■ 9 mégaphone.
**PORTIER :** 4 loge ■ 6 suisse ■ 7 cerbère, gardien, geôlier, pipelet ■ 8 huissier, porterie, tourière ■ 9 casernier, concierge ■ 10 guichetier, porte-clefs.
**PORTION :** 3 arc, fût, lot, mer, ■ 4 môle, part*, zone ■ 5 antre, champ, corps, grêle, iléon, iléum, musée, nappe, pièce, rampe, sinus, virée ■ 6 craton, estran, partie*, ration, trompe, volume ■ 7 apanage, grumeau, morceau*, partage, pitance, planche, réserve, secteur, segment, voûtain ■ 8 aiguille, auricule, batterie, demi-plan, duodénum, fragment*, molécule, polygone, quadrant, quartier ■ 9 dividende, menchevik, pendentif, presqu'île ■ 10 cantonnier.
**PORTIQUE :** 5 porte, torii ■ 6 porche, torana ■ 7 narthex, pœcile ■ 9 péristyle ■ 13 transstockeur.
**PORTO :** 7 vintage.
**PORTO RICO :** 11 portoricain.
**PORTRAIT :** 4 tête ■ 5 album, buste, camée, genre, image*, momie ■ 6 crayon, figure, statue ■ 7 effigie, gravure, tableau* ■ 8 figurine, peinture* ■ 9 médaillon, miniature ■ 10 caricature, demi-figure, silhouette ■ 11 description, signalement ■ 12 autoportrait, photographie, portraicture, portraitiste, portraiturer ■ 13 trombinoscope ■ 14 représentation.
**PORTRAITURER :** 7 peindre*.
**PORTUGAIS :** 3 dom ■ 4 reis ■ 7 séfardi ■ 8 ibérique ■ 9 séfaraddi.
**PORTUGAISE :** 9 lusophone.
**PORTUGAL :** 8 ibérique.
**PORTUNIDE :** 7 portune.
**POSE :** 4 sage* ■ 5 calme*, froid, grave ■ 6 rassis ■ 7 câblier ■ 8 attitude, coiffage, réfléchi*, vaniteux ■ 9 cover-girl, posemètre ■ 10 antenniste, exposition, instantané, métallerie, surexposer ■ 11 affectation, application.
**POSER :** 5 enter, miner, socle, table ■ 6 baiser, camper, claver, crâner, enlier, ficher, mettre, porter, poseur, situer ■ 7 amerrir, apposer, asseoir, coffrer, couvrir, déliter, déposer, exposer, imposer, pavaner, planter, pouffer, reposer, vitrier ■ 8 afficher, apponter, postuler, remettre, supposer, surfiler, surjeter, surpayer ■ 9 agrafeuse, appliquer, couronner, implanter, miroitier, recouvrir, rengorger, supposer, surélever, surmouler, survendre, tapissier ■ 10 gabionnage, interroger, juxtaposer, surajouter, surcharger, surhausser, superposer ■ 11 plastronner, questionner, surenchérir ■ 12 impatroniser, tranchefiler.
**POSITIF :** 3 oui ■ 4 réel*, vrai* ■ 5 degré, exact*, franc, hardi, noyau, typon ■ 6 absolu, décidé, exprès, formel, ozalid, précis, strict ■ 7 certain*, concret, évident ■ 8 efficace, mantisse ■ 9 explicite, plus-value ■ 10 affirmatif, contretype, dogmatique, positivité ■ 11 catégorique, péremptoire ■ 12 interpositif, irrémissible ■ 14 inconditionnel, matériellement.
**POSITION :** 2 ob, oc, of, op, os ■ 3 cas, clé, sub ■ 4 clef, état, grip, mise ■ 5 degré, garde, loran, point, prime, terre ■ 6 abattu ■ 7 ectropie, guêpier, posture*, septime ■ 8 amarrage, assiette, attitude*, inverser, orienter, renverse, tangente ■ 9 axiomètre, commander, condition, embossage, mobilisme, palanquer, parallaxe, perdition, situation* ■ 10 astronomie, coordonnée, demi-pointe, garde-à-vous, radiophare, relèvement, supination ■ 11 apériodique, astrométrie, cinesthésie, coordonnées, détachement, disposition*, emboîtement, emplacement, espace-temps, information, malposition, marginalité, orientation ■ 12 demi-position, dextrocardie, matérialisme, pole posi-

tion, positionneur, quadrilatère, rétroversion ■ 13 retranchement ■ 15 accroupissement, radiogoniomètre.
**POSITIONNEMENT :** 9 avant-trou.
**POSITIONNER :** 13 repositionner.
**POSITIVISME :** 11 positiviste ■ 14 néo-positiviste.
**POSSEDE :** 7 furieux ■ 9 bibasique ■ 10 démoniaque, énergumène, quirataire ■ 11 démonomanie, sans-papiers ■ 14 superplastique.
**POSSEDER :** 5 avoir, infus, jouir, riche, tenir* ■ 6 garder, savoir ■ 7 compter, détenir, hériter, obtenir, occuper, retenir ■ 8 acquérir, disposer, investir, partager, regorger ■ 9 connaître, installer, possédant ■ 10 appartenir, bénéficier, coposséder, ensaisiner, possession, reposséder ■ 11 possessoire.
**POSSESSEUR :** 5 baron ■ 8 seigneur ■ 9 titulaire ■ 10 feudataire, nouvelleté ■ 11 actionnaire, capitaliste ■ 12 propriétaire ■ 14 copropriétaire.
**POSSESSIF :** 2 ma, ta, sa ■ 3 mes, mon, nos, ses, tes, ton, vos ■ 4 leur, mien, sien, tien ■ 5 nôtre, vôtre ■ 12 possessivité.
**POSSESSION :** 2 de ■ 4 fief, joie ■ 5 actif, chose, désir, écrou, garde, prise ■ 7 génitif, saisine ■ 8 ex-libris, monopole, renoncer ■ 9 détention, par-devers, possessif, propriété, recouvrer, récupérer, sagrairie ■ 10 antichrèse, convoitise, déposséder, jouissance*, occupation, possesseur ■ 11 exclusivité, investiture, possessoire ■ 12 appartenance, collectivité, copossession, installation, réintégrande ■ 13 dénucléariser, ensaisinement, possessionnel.
**POSSESSOIRE :** 10 complainte.
**POSSIBILITE :** 5 modal ■ 6 sursis ■ 7 créatif ■ 8 croyance, débouché, embauche, facilité, peut-être ■ 9 liquidité, potentiel ■ 10 visibilité ■ 11 contingence, éventualité, exobiologie ■ 12 faillibilité, imputabilité ■ 13 accessibilité, compréhension ■ 14 falsifiabilité.
**POSSIBLE :** 5 libre ■ 6 facile ■ 7 douteux ■ 8 éventuel, faisable, loisible, moyenner, probable* ■ 9 espérance, hasardeux, incertain, potentiel ■ 10 admissible, compétitif, contingent, exécutable, facultatif, importable, praticable, réalisable, totalisant ■ 11 optimaliser, possibilité ■ 12 intelligible ■ 14 compréhensible.
**POSTAL :** 3 c.c.p. ■ 13 compte chèques.
**POSTALE :** 8 carte-vue.
**POSTCOMMUNISME :** 14 postcommuniste.
**POSTE :** 2 p.c. ■ 5 garde, group ■ 6 chaîne, emploi*, postal ■ 7 central, facteur, mirador, postage, postier, préside, sans-fil, station, walkman ■ 8 embusqué, émetteur, mutation, nid-de-pie, paquebot, pompiste, sélectif ■ 9 permutant, postillon ■ 10 aéropostal, essencerie, marchepied, multiposte, pacaudière, repourvoir, wagon-poste ■ 12 nomenklatura, voiture-poste ■ 13 syntonisation ■ 14 radiorécepteur, station-service.
**POSTER :** 5 affût ■ 6 camper ■ 7 aposter.
**POSTERIEUR :** 3 cul ■ 5 après, large, nuque, talon, train ■ 6 avenir, choane ■ 7 grasset, suivant ■ 8 caducité, derrière*, postdate, tribunal ■ 9 antérieur, codicille, occipital, postdater, ultérieur ■ 11 a posteriori, arrière-main, conjonctive, opisthodome, troussequin ■ 12 arrière-train, postériorité ■ 13 demi-pirouette, post-classique, post-hypophyse ■ 14 arrière-cerveau ■ 15 postérieurement.
**POSTERITE :** 4 fils, race ■ 5 tribu ■ 6 avenir ■ 7 enfants ■ 8 monument ■ 10 descendant, génération ■ 11 descendance*, progéniture ■ 13 consanguinité.
**POSTHUME :** 9 testament.
**POSTICHE :** 4 faux* ■ 7 factice ■ 8 moumoute, perruque ■ 12 réchauffante.

**POSTILLON :** 12 postillonner.
**POST-MARCHE :** 10 back-office.
**POSTMODERNISME :** 11 post-moderne.
**POSTULANT :** 8 candidat, outsider ■ 9 impétrant ■ 10 prétendant ■ 11 poursuivant.
**POSTULAT :** 8 postuler ■ 11 supposition ■ 12 non-euclidien.
**POSTULER :** 10 solliciter* ■ 11 postulation.
**POSTURE :** 4 pose ■ 5 asana ■ 7 station ■ 8 attitude*, position ■ 9 situation* ■ 10 contenance.
**POT :** 5 moque, poche, potée, tabac ■ 6 couvet, potier ■ 7 germoir, ollaire, poterie*, potiche ■ 8 bakchich, cache-pot, coquemar, potiquet, rempoter ■ 9 pot-pourri, récipient.
**POTABLE :** 7 buvable ■ 8 passable ■ 13 verdunisation.
**POTAGE :** 5 oille, pilaf, soupe ■ 6 bisque, brouet, coulis, louche, panade, pistou ■ 7 bortsch, garbure, polenta, tapioca ■ 8 borchtch, bouillie*, bouillon*, chaudeau, chaudrée, consommé, couscous, gaspacho, julienne, pot-au-feu, soupière ■ 10 jardinière, vermicelle ■ 13 bouillabaisse.
**POTAGER :** 3 ail ■ 4 chou, fève, pois ■ 5 mache, navet, radis ■ 6 cardon, céleri, courge, endive, laitue, oignon, panais, persil, poirée, tomate ■ 7 asperge, carotte, épinard, haricot, oseille, poireau, porreau, potiron ■ 8 échalote, estragon, salsifis ■ 9 artichaut, aubergine, betterave, chou-fleur, concombre, pissenlit.
**POTAGERE :** 5 gombo.
**POTASSE :** 4 mica ■ 5 salin, savon, soude, verre ■ 7 védasse ■ 8 perlasse ■ 9 potassium.
**POTASSIUM :** 5 dakin, émail, javel, nitre ■ 6 cæsum, illite, kalium ■ 7 cæsium, leucite, potasse ■ 8 cheddite, rubidium, salpêtre ■ 9 kalicytie, microline, sylvinite ■ 10 bichromate, potassique ■ 11 aldostérone ■ 12 hypokaliémie ■ 13 hyperkaliémie.
**POT-DE-VIN :** 9 matabiche.
**POTEAU :** 5 pièce, sabot ■ 6 pilori ■ 7 ruinure ■ 9 entrevous, jalonmire, panonceau, tournisse ■ 10 palplanche.
**POTEE :** 5 oille.
**POTELE :** 4 dodu, gras*, gros* ■ 12 grassouillet.
**POTENCE :** 5 corde, croix, gibet ■ 6 girafe ■ 7 bossoir ■ 9 estrapade ■ 11 patibulaire ■ 12 portemanteau.
**POTENTAT :** 4 chef*, tsar ■ 8 monarque.
**POTENTIEL :** 4 volt ■ 7 tension, voltage ■ 8 kilovolt, prospect ■ 9 millivolt, voltmètre ■ 10 ampère-tour, isodynamie, technopole ■ 11 évolutivité ■ 12 court-circuit, électromètre, polarisation ■ 13 équipotentiel, potentiomètre ■ 14 millivoltmètre ■ 15 potentiellement.
**POTENTILLE :** 8 ansérine ■ 11 tormentille ■ 13 quintefeuille.
**POTERIE :** 4 grès, mère ■ 5 étain ■ 7 faïence ■ 8 couverte, darbouka, derbouka, figuline, ostracon ■ 9 alquifoux, barbotine, céramique, vernisser ■ 10 porcelaine.
**POTERNE :** 5 porte*.
**POTINER :** 6 médire*.
**POTION :** 5 julep, looch ■ 7 cordial ■ 10 médicament*.
**POU :** 4 toto ■ 5 lente, ricin, tique ■ 6 calige, typhus ■ 7 morpion, vermine ■ 8 phtirius ■ 9 épouiller, phtiriase, pouilleux ■ 10 borréliose, phtiriasis ■ 11 pédiculaire.
**POUACRE :** 5 avare ■ 9 malpropre.
**POUCE :** 4 pied ■ 5 empan, index, ligne, toton ■ 7 poucier ■ 8 pédimane ■ 9 poucettes ■ 11 chiquenaude ■ 12 saucissonner.

**POUDRE :** 3 kif ■ 4 came, iris, kiff, malt, mine, râpé, talc ■ 5 bombe, cacao, émeri, fleur, fuser, fusil, indol, nitre, ponce, potée, sable, salep, verre ■ 6 cendre, farine, sciure ■ 7 égrisée égruger, friable, lapping, lupulin, purette ■ 8 bassinet, frittage, limaille, lycopode, poudreux, poudrier, poussier, pulvérin, pyrèthre, racahout ■ 9 balistite, chapelure, égrugeoir, gargousse, poudrerie, poudrette, poudreuse, poudrière, poudroyer, poussière, saucisson ■ 10 électuaire, parquerine, pulvériser, sandaraque, triturable ■ 11 fulmicoton, pulvérulent, sainte-barbe, trituration ■ 12 perlimpinpin, poudroiement, pulvérisable.
**POUDRER :** 5 râper ■ 6 broyer, moudre, sabler ■ 7 léviger ■ 8 poudrage, triturer ■ 9 dépoudrer, enfariner ■ 10 épousseter, pulvériser, saupoudrer.
**POUDRIERE :** 5 poire.
**POUFFER :** 4 rire*.
**POUILLE :** 6 injure*.
**POUILLEUX :** 4 sale ■ 9 misérable*, vermineux.
**POULAIN :** 5 crack ■ 6 cheval*, suitée ■ 8 antenais ■ 10 poulinière.
**POULBOT :** 4 môme.
**POULE :** 3 mue ■ 4 œuf ■ 5 agami, dinde ■ 6 caquet, houdan, marans, poulet ■ 7 cocotte, leghorn ■ 8 caqueter, crételer, glousser, poularde, poulette ■ 9 claqueter, gallinacé, gélinotte ■ 10 poulailler ■ 11 gloussement ■ 12 archéoptéryx.
**POULET :** 5 yassa ■ 7 poussin ■ 8 épinette, waterzoi.
**POULETTE :** 8 poussine.
**POULICHE :** 6 cheval*, jument.
**POULIE :** 3 réa ■ 4 brin ■ 5 agrès, bigue, chape, corde*, gorge, gréer, palan, rouet ■ 6 moufle ■ 7 galoche, gerseau ■ 8 gréement ■ 9 écoperche.
**POULPE :** 6 kraken ■ 7 pieuvre.
**POULS :** 6 rythme ■ 7 cadence, dicrote, systole ■ 8 acinésie, diastole ■ 9 alternant, battement, eurythmie, formicant, pulsation ■ 13 sphygmographe.
**POUMON :** 3 mou ■ 4 sang, toux, voix ■ 5 abats ■ 7 bronche, pulmoné ■ 8 fressure, poitrine, silicose ■ 9 collapsus, infiltrat, médiastin ■ 10 dipneumone, parenchyme, pulmonaire, spiromètre ■ 11 bronchioles, inspiration, pneumologie ■ 12 pneumectomie, pneumopathie ■ 13 trachée-artère ■ 14 pneumonectomie ■ 15 pleuropneumonie.
**POUPE :** 7 arrière, tableau.
**POUPEE :** 5 pépée ■ 8 baigneur ■ 10 matriochka.
**POUPON :** 4 bébé ■ 7 enfance*, poupard.
**POUR :** 2 ac, ad, af, an, ap, ar, as, at ■ 3 g.s.p. ■ 6 afin de, quant à.
**POURBOIRE :** 5 pièce ■ 8 bakchich ■ 10 dringuelle, récompense ■ 13 gratification.
**POURCEAU :** 4 porc* ■ 6 verrat ■ 7 porcher ■ 10 grognement.
**POURCENTAGE :** 4 taux* ■ 5 degré, quota ■ 6 guelte, teneur ■ 9 surremise ■ 11 probabilité ■ 13 granulométrie.
**POURCHASSER :** 7 chasser* ■ 8 talonner ■ 10 poursuivre* ■ 12 pourchasseur.
**POURFENDRE :** 11 pourfendeur.
**POURPARLERS :** 11 négociation ■ 12 conversation ■ 13 interlocuteur.
**POURPOINT :** 11 justaucorps.
**POURPRE :** 3 tyr ■ 5 murex, pavée, rouge* ■ 7 rougeur, violine ■ 8 arseille, pourprin, purpurin ■ 9 laticlave, phtaléine ■ 10 empourprer, rhodopsine ■ 12 angusticlave.

**POURQUOI :** 5 ainsi, aussi, cause* ■ 7 comment.
**POURRI :** 7 putride ■ 8 corrompu, malandre, nidoreux.
**POURRIR :** 5 gâter* ■ 6 moisir, pourri, vicier* ■ 7 altérer, avarier*, croupir ■ 9 corrompre*, faisander, putréfier* ■ 10 décomposer ■ 11 pourrissant ■ 12 pourrissable.
**POURRISSAGE :** 11 pourrissoir.
**POURRITURE :** 5 carie, loque ■ 7 monilia ■ 8 gangrène.
**POURSUITE :** 5 après ■ 6 charge ■ 8 désister, vendetta, vindicte ■ 9 découpler, idéalisme, obsession ■ 10 contrainte ■ 11 harcèlement, persécution, poursuiteur, poursuivant ■ 12 continuation, proscription ■ 14 cinéthéodolite ■ 15 course-poursuite.
**POURSUIVRE :** 4 agir, huer ■ 5 voler ■ 6 courir, courre, fondre, forcer, hanter, larder, serrer, suivre ■ 7 acculer, accuser, bourrer, charger, chasser*, courser, ennuyer, lapider, obséder, presser, traquer ■ 8 acharner, affecter, assiéger, attaquer, chercher*, étraquer, fatiguer, harasser, harceler*, intenter, mugueter, postuler, relancer, talonner ■ 9 assaillir, bousculer, continuer*, démotiver, levrauder, proscrire, rattraper, rejoindre ■ 10 importuner, persécuter, précipiter, préoccuper, rechercher*, tourmenter* ■ 11 pourchasser, poursuiveur ■ 12 entreprendre.
**POURTANT :** 9 cependant, néanmoins.
**POURTOUR :** 4 bord*, tour* ■ 7 circuit ■ 8 éversion, péribole, platbord ■ 9 périmètre, triforium ■ 13 circonférence.
**POURVOI :** 5 appel.
**POURVOIR :** 5 armer, doter, douer, munir*, orner ■ 6 garnir, monter, nantir ■ 7 assurer, équiper, établir, fournir*, recours, veiller ■ 8 apanager, encadrer, habiller, investir, procurer*, subvenir, suffixer ■ 9 affruiter, motoriser, subsister ■ 10 entretenir, pourvoyeur ■ 12 amunitionner, préjudiciaux.
**POURVU :** 2 si ■ 4 arme ■ 5 garni, monté, onglé, riche ■ 6 unciné ■ 7 alifère, assisté ■ 9 hameçonné, ombiliqué ■ 10 caulescent, cotylédoné ■ 11 vascularisé ■ 13 commendataire.
**POUSSANT :** 7 déramer.
**POUSSE :** 4 brin ■ 5 brout, recrû, rejet, scion, talle ■ 6 canier ■ 7 bouture, brocoli ■ 8 roselier ■ 9 ultravide ■ 10 arénophile, outrancier.
**POUSSEE :** 3 jet ■ 4 choc ■ 5 butée, culée, pesée, tollé, vague ■ 7 épaulée ■ 8 bourrade, pression ■ 9 baroscope, battement, charriage, endosmose, enfonçage, pulsation ■ 10 bousculade, percussion, propulsion, ramponneau ■ 14 post-combustion.
**POUSSE-POUSSE :** 11 cyclo-pousse.
**POUSSER :** 4 huer ■ 5 jeter, lever, mener, mugir, peser, rugir, vagir, vente ■ 6 battre, bouter, clapir, cogner, forcer, hurler, lancer, naître, outrer, sortir ■ 7 acculer, appuyer, baréter, chasser, choquer, croître*, crosser, décider, exciter*, exhaler, fourrer, hercher, inciter, induire, mouvoir, piauler, poindre, poussif, presser*, reculer, rejeter, secouer, toucher, végéter ■ 8 bouturer, conduire, coudoyer, cultiver, déborder, disposer, enfoncer, exclamer, expulser, fomenter, herscher, imprimer, impulser, injecter*, malmener, paumelle, piailler, refouler, sabouler, soulever, soupirer, stimuler* ■ 9 actionner, bousculer, conseiller, craqueter, instiguer, luxuriant, malvenant, poussette, propulser, rencogner, repousser, sangloter, seringuer, suroxyder ■ 10 apparaître, drageonner, encourager*, houspiller ■ 11 bourgeonner ■ 13 accroissement.
**POUSSETTE :** 11 pousse-canne.

**POUSSIERE :** 4 boue, stuc ■ 5 sable ■ 6 cendre, miette, plâtre, pollen, poudre, pousse, sciure, vannée ■ 7 charbon, grabeau, raclure, vannure ■ 8 effriter, poudreux, poussier, trichoma, trichome ■ 9 aéroscope, aggloméré, brésiller, byssinose, géomancie, poudroyer, ratissure ■ 10 anthracose, épousseter, vermoulure ■ 11 effondrille, effritement, nosoconiose, poussiéreux, pulvérulent ■ 12 dépoussiérer, empoussiérer ■ 13 dépoussiérage, efflorescence.
**POUSSIF :** 12 poussivement.
**POUSSIN :** 3 mue ■ 5 coque, gelée ■ 11 poussinière.
**POUSSOIR :** 6 bouton.
**POUTRE :** 3 bau, ope ■ 6 barrot, tangon ■ 7 soffite ■ 8 poitrail, portique, poutrage ■ 9 bowstring, poutrelle ■ 10 poutraison ■ 11 arbalétrier, chevalement.
**POUVOIR :** 4 bras ■ 5 choix, force*, libre, moyen, ordre, règne, sénat, trône, tyran, vexer ■ 6 action, acuité, crédit, empire, étaler, faveur, griffe, mandat, savoir*, sphère ■ 7 ad nutum, émissif, faculté*, hétérie, mission, papauté, régence, royauté ■ 8 abdiquer, amnistie, autorité*, beylicat, capacité, consulat, déléguer, diaconat, enchanté, exarchat, exécutif, factieux, imperium, investir, isotonie, latitude, maîtrise, mandater, monopole, révoquer, sujétion, talisman, temporel, tyrannie ■ 9 autoriser, coercitif, dictateur, dictature, dynamisme, évocateur, gouvernés, hégémonie, homoncule, homuncule, inflation, influence, ministère, monarchie, opération, parlement, passation, permettre, persuasif, privilège, propriété*, puissance*, puissants, souverain, spirituel ■ 10 autocratie, calciférol, coercition, compétence, délégation, démocratie, dénotation, despotisme, domination, exécutoire, hiérarchie, impuissant, monocratie, permission*, polyarchie, préfecture, seigneurie, suprématie, tyranniser ■ 11 absolutisme, disposition, dissolution, impuissance, juridiction, législateur, médiocratie, omnipotence, patriarchat, possibilité, prééminence, procuration, protectorat, revaloriser, supériorité ■ 12 aristocratie, bureaucratie, commandement, idéalisation, inactivation, insurrection, ploutocratie, souveraineté, thaumaturgie, tout-puissant ■ 13 épiscopalisme, prépondérance, profitabilité, supranational ■ 14 administration, pronunciamento, toute-puissance ■ 15 déconcentration, technostructure.
**POUX :** 10 pédiculose.
**PRAGMATISME :** 11 pragmatiste.
**PRAIRIE :** 3 pré* ■ 4 noue ■ 5 biome, carvi, lande, napée, pampa, pipit, ranch, somme ■ 6 alpage, engane, pacage, savane ■ 7 herbage, pelouse, schorre ■ 8 embouche, maigrage, padouant, pâturage, prairial, prégazon, sargasse, sécheron ■ 11 ophioglosse.
**PRALINE :** 8 praliner ■ 9 pralinage.
**PRASEODYME :** 6 didyme.
**PRATICABLE :** 5 jetée ■ 6 facile ■ 7 commode ■ 8 possible ■ 13 praticabilité.
**PRATICIEN :** 7 médecin* ■ 8 stratège ■ 11 généraliste, sophrologue ■ 15 contactologiste.
**PRATIQUANT :** 5 kippa.
**PRATIQUE :** 4 aisé*, rôle, sort, yoga ■ 5 magie, menée, sauna, sport, sunna, usage* ■ 6 facile*, métier, sounna, tantra ■ 7 exogame, golfeur, joggeur, routine, surfeur, zapping ■ 8 acheteur, exercice, habitude*, karatéka, sodomite ■ 9 désuétude, éducation, endogamie, maniement, péronisme, pratiquer, technique, triolisme ■ 10 bioénergie, échangisme, expérience, illetrisme, malcommode, observance, planchiste, pratiquant, végétalien ■ 11 agissements, bisexualité, dentis-

terie, ostéopathie, végétaliste, vishnouisme ■ 12 inséminateur, motoneigisme, pratiquement, suprématie ■ 13 pictorialisme ■ 14 fonctionnalité ■ 15 conchyliculteur, fonctionnaliser.

**PRATIQUER:** 5 faire, miner, piper, rouir, skier, tâter ■ 6 cloner, drayer, jouter, livrer, surfer, vaquer, zapper ■ 7 adonner, ajourer, castrer, catcher, dérayer, essayer, exercer, occuper ■ 8 acquérir, endormir, envoûter, éprouver, exécuter, fenêtrer, habituer, judaïser, observer, perforer, perfuser, pitonner, procéder, talonner, tenonner ■ 9 boycotter, césariser, charcuter, connaître, déboucher, enfleurer, entraîner, flibuster, marcotter, mortaiser, professer, randonner, retraiter, sodomiser ■ 10 apparenter, circoncire, discounter, extrapoler, fréquenter, praticable ■ 11 surproduire ■ 12 autocensurer, autofinancer, expérimenter, œilletonner, reprogrammer, suralimenter, tuberculiner, vasectomiser ■ 14 tuberculiniser.

**PRE:** 4 nard ■ 5 brome, faner ■ 6 tondre ■ 7 prairie* ■ 8 agrostis, pâturage ■ 9 agrostide, cardamine, colchique, euphraise, mouillère, mousseron, primevère, renoncule, véronique ■ 10 aigremoine, lycoperdon, pâquerette, perce-neige, tricholome ■ 11 pédiculaire, pimprenelle, tormentille.

**PREALABLE:** 5 avant ■ 8 précaire ■ 9 prétraité ■ 12 éliminatoire, présélection, quasi-contrat ■ 13 préalablement ■ 14 préfabrication, présupposition.

**PREALABLEMENT:** 10 présupposé.

**PREAMBULE:** 7 préface* ■ 9 liminaire ■ 12 commencement, préliminaire*.

**PREAVIS:** 9 préaviser ■ 10 délai-congé.

**PREBENDE:** 6 revenu ■ 10 prébendier ■ 11 chanoinesse.

**PRECAIRE:** 7 fragile* ■ 8 passager* ■ 9 précarité ■ 10 précariser ■ 12 précairement.

**PRECAMBRIEN:** 8 primaire ■ 9 algonkien ■ 10 algonquien ■ 12 antécambrien ■ 13 protérozoïque.

**PRECARISER:** 13 précarisation.

**PRECAUTION:** 4 soin* ■ 6 mesure, sûreté ■ 7 défense ■ 8 défiance, garantie, méfiance, prudence* ■ 9 attention ■ 10 imprudence, ménagement, prévention, prévoyance ■ 11 prophylaxie ■ 12 préservation ■ 13 précautionner ■ 14 précautionneux.

**PRECAUTIONNER:** 8 prémunir, protéger.

**PRECEDE:** 8 préroman ■ 10 prégénital ■ 11 préœdipien ■ 12 préélectoral ■ 13 préopératoire.

**PRECEDEMMENT:** 5 avant ■ 10 sous-dénommé ■ 14 antérieurement.

**PRECEDENT:** 5 antan, avant ■ 8 antenais, réversal ■ 9 antérieur ■ 10 annulement, antécédent.

**PRECEDER:** 2 ci ■ 8 devancer*, préluder, prénatal, primitif, prodrome, prologue ■ 9 alcyonien, anticiper, ouverture, préambule ■ 10 antécédent, avant-garde, demi-finale, prénuptial ■ 11 appogiature, avant-guerre ■ 12 antédiluvien, avant-coureur, prédécesseur, préliminaire, prémonitoire ■ 13 préhistorique, quinquagésime ■ 14 antépénultième.

**PRECELLENCE:** 13 préexcellence.

**PRECEPTE:** 5 norme, souna, sunna ■ 6 maxime*, sounna ■ 8 normatif, sentence ■ 11 application ■ 12 commandement*, enseignement.

**PRECEPTEUR:** 6 maître* ■ 11 préceptoral, préceptorat.

**PRECHAUFFAGE:** 11 préchauffer.

**PRECHE:** 5 avent ■ 6 sermon* ■ 8 discours ■ 11 prédication ■ 14 évangélisateur.

**PRECHER:** 6 minbar, vanter* ■ 8 annoncer, diaconat, exhorter ■

9 convertir, sermonner ■ 11 évangéliser, prédicateur, recommander ■ 12 missionnaire.
**PRECHI-PRECHA:** 8 radotage ■ 9 rabâchage.
**PRECIEUX:** 3 fin, sal ■ 4 cher, porc, snob ■ 5 écrin, gemme, glace, joyau, métal, opale, prime, riche, rubis, stras, utile ■ 6 saphir, trésor ■ 7 affecté, délicat*, mondain, raffiné ■ 9 important ■ 10 pierreries, pimpesouée ■ 11 inestimable, marivaudage.
**PRECIOSITE:** 10 gongorisme ■ 11 affectation*, singularité.
**PRECIPICE:** 5 abîme* ■ 7 gouffre*.
**PRECIPITATION:** 4 hâte* ■ 7 vitesse* ■ 8 rapidité* ■ 9 précipité ■ 10 hâtivement ■ 11 palpitation ■ 14 précipitamment.
**PRECIPITER:** 3 lie ■ 5 tempo ■ 6 courir*, foncer, tomber ■ 7 avancer, élancer, galoper, presser ■ 8 brusquer, floculer ■ 9 accélérer* ■ 10 engouffrer.
**PRECIS:** 3 net ■ 4 pile ■ 5 exact*, point, temps ■ 6 abrégé, concis, exprès, formel, pétant ■ 8 combiner, datation, imprécis ■ 9 déterminé, équivoque, rigoureux* ■ 10 injonction ■ 11 catégorique, indéterminé ■ 12 approximatif, déterminatif, mathématique.
**PRECISEMENT:** 9 justement ■ 10 exactement, proprement ■ 12 expressément, positivement.
**PRECISER:** 5 fixer ■ 8 dessiner ■ 9 particule, spécifier ■ 10 déterminer ■ 14 particulariser.
**PRECISION:** 7 pesette, shaving ■ 8 ajustoir, justesse ■ 9 pointeuse, trébuchet ■ 10 assignable, déterminer, exactitude*, garde-temps, micromètre ■ 11 chronomètre, comparateur, imprécision ■ 12 chronographe, inexactitude ■ 15 interférométrie.
**PRECOCE:** 5 hâtif ■ 9 précocité, sénilisme ■ 11 précocement ■ 13 vernalisation ■ 14 sérodiagnostic.
**PRECOLOMBIEN:** 5 nazca ■ 13 préhispanique.
**PRECONÇU:** 5 parti.
**PRECONISER:** 6 vanter* ■ 7 prêcher ■ 11 préconisation, recommander.
**PRECONSCIENT:** 12 préconscient.
**PRECORDIALE:** 13 précordialgie.
**PRECURSEUR:** 8 hydraule ■ 11 nicotinique.
**PREDECESSEUR:** 5 aïeux ■ 7 ancêtre ■ 9 devancier ■ 10 précurseur.
**PREDESTINER:** 3 élu ■ 5 vouer ■ 14 prédestination.
**PREDICANT:** 6 prêtre ■ 7 orateur ■ 11 prédicateur.
**PREDICAT:** 8 adjectif ■ 10 prédicatif.
**PREDICATION:** 6 chaire, oracle, sermon* ■ 7 mission ■ 9 prédicant, prophétie ■ 11 prédicateur.
**PREDICATIVE:** 14 antéprédicatif.
**PREDICTIBLE:** 14 prédictibilité.
**PREDICTION:** 9 horoscope, prophétie ■ 12 vaticination.
**PREDILECTION:** 4 goût ■ 6 faveur ■ 10 préférence*.
**PREDIQUAT:** 9 prédiquer.
**PREDIRE:** 4 dire ■ 5 devin ■ 7 augurer, deviner ■ 8 annoncer*, prophète ■ 9 vaticiner ■ 10 aéromancie, astrologie, prédiction, pythonisse ■ 11 cartomancie, prophétiser ■ 12 pronostiquer.
**PREDISPOSE:** 6 enclin* ■ 8 penchant* ■ 13 prédisposition.
**PREDISPOSITION:** 13 préadaptation.
**PREDIT:** 9 cassandre.
**PREDOMINANCE:** 14 industrialisme.
**PREDOMINANT:** 9 manualité ■ 12 prédominance.
**PREDOMINER:** 9 prévaloir.

**PREEMINENCE :** 8 détrôner ■ 11 supériorité*.
**PREEXCELLENCE :** 11 supériorité*.
**PREEXISTER :** 11 hétérogénie.
**PREFACE :** 4 avis ■ 5 canon ■ 6 notice, proème ■ 8 discours, postface, prodrome, prologue ■ 9 préambule, préfacier ■ 11 avant-propos ■ 12 introduction, préliminaire*, prolégomènes ■ 13 avertissement.
**PREFECTURE :** 4 cité ■ 14 sous-préfecture.
**PREFERE :** 3 élu ■ 5 copain ■ 6 favori ■ 8 benjamin, chouchou, meilleur ■ 10 préférable.
**PREFERENCE :** 4 goût ■ 6 option, plutôt ■ 8 avantage, élection, penchant*, suffrage ■ 9 acception ■ 10 dextralité, partialité, prévention ■ 11 favoritisme, inclination ■ 12 indifférence, prédilection, préférentiel ■ 13 prépondérance ■ 14 intuitionnisme, préférablement.
**PREFERER :** 5 aimer, élire*, gâter, opter ■ 6 choyer ■ 7 adopter, choisir*, pencher ■ 8 affilier, protéger ■ 9 avantager, couronner, embrasser, favoriser*, prévaloir ■ 10 distinguer, préférable, préférence.
**PREFET :** 4 réal ■ 6 maître ■ 10 préfecture ■ 11 préfectoral, surveillant.
**PREFIGURER :** 13 préfiguration.
**PREFIXE :** 2 ab, ac, ad, af, an, ap, ar, as, at, bi, co, de, di, ec, ef, es, ex, il, im, in, ir, me, ob, oc, of, op, os, re ■ 3 abs, ant, axa, bis, cis, col, com, con, des, dis, dys, géo, iso, meg, mes, néo, oct, pan, par, pré, pro, ras, sub, sus, tri ■ 4 ante, anti, atto, déca, déci, giga, hect, hydr, hypo, kilo, macr, méga, méso, méta, micr, mono, moto, mult, myri, nano, octa, octi, octo, pant, para, pent, péri, peta, pico, poly, semi, sous, sulf, téra ■ 5 archi, centi, extra, femto, ferro, hecto, hydro, hyper, inter, intra, intro, macro, micro, milli, multi, myria, myrio, nécro, ortho, paléo, panto, penta, pente, ptéro, quadr, rétro, sulfo, super, tétra, trans ■ 6 hérédo, sesqui, simili ■ 8 préfixal, préverbe, privatif ■ 9 décimilli, hectokilo ■ 11 préfixation ■ 15 parasynthétique.
**PREFOLIATION :** 9 vernation.
**PREHENSILE :** 5 singe.
**PREHENSION :** 7 prendre ■ 9 tentacule ■ 10 préhenseur, pseudopode ■ 12 tentaculaire.
**PREHISTOIRE :** 7 azilien ■ 9 palafitte ■ 10 campignien, troglodyte ■ 11 abbevillien, aurignacien ■ 12 hallstattien, mégalithique, préhistorien ■ 13 paléolithique, préhistorique.
**PREHISTORIQUE :** 8 céraunie ■ 13 abri-sous-roche, microlithique.
**PREHOMINIDE :** 11 sinanthrope.
**PREJUDICE :** 3 dam ■ 4 tort ■ 5 gêner, nuire*, péril, perte ■ 6 lésion, risque ■ 7 dommage* ■ 8 atteinte ■ 9 baraterie, détriment, indemnité ■ 10 sinistrose ■ 11 désavantage, préjudiciel ■ 12 attentatoire ■ 13 préjudiciable.
**PREJUGE :** 7 opinion, routine ■ 8 habitude, perruque ■ 9 parti pris, tradition ■ 10 entêtement, partialité, prévention ■ 11 infatuation, présomption ■ 12 encroûtement ■ 13 préoccupation.
**PREJUGER :** 5 venir ■ 7 entêter.
**PRELART :** 5 bâche.
**PRELASSER :** 8 goberger.
**PRELAT :** 5 mitre ■ 6 primat ■ 7 exarque, pontife ■ 8 cardinal ■ 9 monsignor, prélature, tunicelle, vice-légat ■ 10 caudataire, coadjuteur, monsignore ■ 12 congrégation.
**PRELEVEMENT :** 7 biopsie ■ 8 ponction ■ 9 cueillage ■ 11 distraction ■ 13 amortissement.
**PRELEVER :** 4 ôter* ■ 5 lever ■ 6 zester ■ 7 prendre*, retenir ■

8 carotter ■ 9 carottier, imputable ■ 10 carotteuse, décimateur ■ 11 prélèvement.

**PRELIMINAIRE :** 5 lemme ■ 6 exorde, proème ■ 7 préface*, prélude ■ 8 prodrome, prologue ■ 9 préambule, prélavage ■ 12 commencement, préchauffage, présélection, prolégomènes ■ 14 initialisation.

**PRELUDE :** 4 coma ■ 9 préambule ■ 12 commencement, préliminaire.

**PREMATURE :** 5 hâtif ■ 8 alopécie, anticipé ■ 11 prématurité.

**PREMEDITATION :** 9 guet-apens ■ 10 assassinat.

**PREMEDITER :** 8 préparer, projeter ■ 13 préméditation.

**PREMICE :** 12 commencement*.

**PREMIER :** 2 as, un ■ 3 têt ■ 4 aîné, éden, neuf, tête, vert ■ 5 alpha, bizut, clair, credo, début, duvet, essai, frais, germe, grand, guide, jalon, larve, maire, matte, nouer, panse, pépin, prime, primo, recto, sénat, trias ■ 6 danien, entame, entier, intact, prince ■ 7 cacique, étrenne, initial, nouveau, primidi ■ 8 agneline, brahmane, calendes, cambrien, créateur, dimanche, duodénum, enrayure, étrenner, hiverner, nauplius, original, pilastre, podestat, postulat, prémices, présider, primaire, primauté, primitif, princeps, prologue, prophase, rudiment, séraphin, surchoix ■ 9 acheuléen, agresseur, allemande, antérieur, avant-cour, avant-goût, avant-plan, brassière, colostrum, landamman, linéament, œsophage, paléogène, premier-né, primipare, printemps, promoteur, prothorax, quasimodo, vénérable, vestibule ■ 10 antécédent, archevêque, commerçant, démasclage, engagement, prima donna, primordial, rhétorique, sonnailler, sous-couche ■ 11 bourgmestre, pentateuque, pléistocène, précambrien, sénatorerie, vendémiaire ■ 12 archéoptéryx, baccalauréat, commencement, contre-amiral, pole position, premièrement, quadragésime, sous-diaconat ■ 13 accommodation, daguerréotype, paléochrétien, paléolithique, petit déjeuner ■ 14 primo-infection.

**PREMISSE :** 7 mineure ■ 9 enthymème.

**PREMONITION :** 13 pressentiment.

**PREMONITOIRE :** 9 cholérine.

**PREMUNIR :** 5 armer ■ 8 protéger* ■ 13 précautionner.

**PREND :** 6 lippée ■ 10 photomaton.

**PRENDRE :** 4 lacs, lire, ôter* ■ 5 boire, dîner, écope, filer, gluau, gober, jalon, jurer, lasso, lever, loger, louer, nasse, notes, périr, picot, piège, piger, piper, prise, ravir, ridée, rosir, tenir, venir, verre, viser, voler* ■ 6 avaler, capter, chiper, choper, frimer, gagner, glacer, glaner, gruger, happer, manier, paumer, pêcher, piller, pincer, plumer, puiser, rafler, saisir*, serrer ■ 7 acenser, adopter, agrafer, arrêter, arroger, assumer, charger, choisir, dérober, emmener, emparer, engager, enlever*, envahir, envoyer, épouser, évincer, obtenir, occuper, picorer, plagier, plucher, poisser, retenir, trouver, usurper* ■ 8 absorber, affermer, affouage, affréter, agripper, arracher*, arrenter, attaquer, atterrir, attraper, aveindre, bedonner, capturer, chauffer, chavirer, compiler, congeler, cueillir, déborder, déclarer, déjeûner, délecter, démarrer, dessiner, emporter*, endosser, enferrer, éprendre, goberger, habituer, incarner, ironiser, louvoyer, marauder, pantière, prélever, prenable, protéger, rabioter, ramasser, recevoir, recruter, résoudre, respirer, souffler, soutirer, succéder, surlouer ■ 9 accaparer, accrocher, appliquer, assimiler, atteindre, attribuer, banqueter, bifurquer, cantonner, compulser, conquérir, consommer, conspirer, consulter, détourner, distraire, embrasser, emmailler, empoigner, emprunter, enraciner, escamoter, escroquer, étreindre, extorquer, grapiller, harponner, madériser, patienter, pontifier, prélasser, prétexter, promettre, reprendre, rougeoyer, souscrire, triompher ■ 10 accoutumer, approprier*, barguigner, confisquer, contracter, dépouiller, déterminer, engraisser, ensoutaner, exproprier, grappiller, imprenable, intervenir, manœuvrer, mésangette, panneauter, précaution, préhension, raccrocher, ratiboiser, recueillir, retrancher, soustraire, surprendre ■ 11 administrer, appréhender, embarrasser, graillonner, interpréter, plastronner, ponctionner, sous-traiter, stéréotyper, susceptible, tergiverser ■ 12 collationner, entreprendre, inexpugnable, saucissonner ■ 13 conscientiser, embourgeoiser, petit déjeuner, précautionner ■ 14 responsabilité.

**PRENEUR :** 8 bailleur ■ 10 emphytéote.

**PRENOM :** 3 nom ■ 9 prénommer ■ 10 antécédent.

**PREOCCUPATION :** 4 soin* ■ 5 ennui*, souci* ■ 6 tracas* ■ 7 préjugé ■ 10 inquiétude*.

**PREOCCUPE :** 5 libre ■ 6 polard ■ 7 songeur ■ 11 préoccupant.

**PREOCCUPER :** 9 inquiéter* ■ 10 tourmenter* ■ 11 embarrasser*.

**PREPARATIF :** 7 apprêt ■ 8 appareil, armement ■ 9 branle-bas.

**PREPARATION :** 3 jus, vin ■ 4 pain, tian ■ 5 lissé, mégie, opiat, stage ■ 6 calcul, hachis, projet, saponé ■ 7 calabre, fixatif, grisons, saumure, timbale ■ 8 alginate, antihalo, artifice, brandade, émulsion, marinage, mirepoix, pastille, pemmican, planning, salpicon, tablette, waterzoi ■ 9 benzidine, boyaudier, coriandre, encollage, escabèche, ex abrupto, galénique, médaillon, pharmacie, thériaque ■ 10 chamoisage, corroierie, cosmétique, galimafrée, hypokhâgne, sandaraque ■ 11 chiffonnade, combinaison, dépilatoire, élaboration, mort-aux-rats, passivation, programmeur, pyrotechnie ■ 12 entraînement, maroquinerie, organisation ■ 13 impréparation ■ 14 phytopharmacie ■ 15 champagnisation, magnésiothermie.

**PREPARATOIRE :** 5 cagne, étude, prépa, taupe ■ 8 corniche ■ 10 ourdissage ■ 11 avant-projet, ramassement ■ 13 propédeutique.

**PREPARE :** 6 saleur ■ 7 cuisiné, thésard ■ 8 préroman ■ 13 préromantique.

**PREPARER :** 3 cru ■ 5 avent, cuire, doser, mégir, mûrir, parer, semer ■ 6 couver, forger, former*, monter, ourdir, ouvrir, tanner ■ 7 amorcer, brasser, dresser, éduquer, engager, entamer, étudier, méditer, ménager, mijoter, ruminer ■ 8 aménager, apprêter*, arranger*, bachoter, calculer, chauffer, chercher, combiner, cuisiner, déblayer, disposer, ébaucher, élaborer, émulseur, fomenter, formater, habiller, imaginer, inventer, machiner, mégisser, mitonner, négocier, pionnier, praliner, projeter, spéculer, verjuter ■ 9 acheminer, chagriner, chamoiser, commencer, comploter, concerter, cuirasser, défricher, entraîner, goupiller, manipuler, organiser*, peaussier, pelletier ■ 10 charcutier, clayonnage, déclencher, échafauder, feuilleter, oculariste, plumassier, précurseur, préméditer, préparatif, prosecteur, sardinerie, sorbetière, tamponnoir, travailler ■ 11 apothicaire, appareiller, chamoiserie, débrouiller, prédestiner, préparateur, préparation ■ 12 champagniser, parcheminier, préconcevoir, préliminaire, préparatoire, présélecteur ■ 13 anthraquinone ■ 14 manutentionner.

**PREPONDERANCE :** 11 supériorité*.

**PREPONDERANT :** 9 vagotonie.

**PREPOSE :** 5 agent, voyer ■ 7 employé, tourier ■ 8 panetier, pompiste ■ 9 buraliste ■ 10 garde-frein ■ 11 entreposeur ■ 13 garde-barrière ■ 14 bibliothécaire.

**PREPOSER :** 9 commettre.

**PREPOSITION :** 1 à ■ 2 ab, ac, ad, af, an, ap, ar, as, at, de, en, ès, vu ■ 3 abs, des, les, lez, par, rez, sur, sus, via ■ 4 avec, chez, dans, deçà, delà, fors, hors, hypo, pour, près, sans, sauf, sous, vers ■ 5 après, avant, entre, inter, intra, moins, outre, parmi, passe, plein, selon, trans, voici, voilà ■ 6 contre, depuis, devant, devers, durant, envers, hormis, jouxte, jusque, malgré, versus ■ 7 because, excepté, par-delà, pendant, rection, revoici, revoilà, suivant ■ 8 autour de, derrière ■ 9 par-devers, particule ■ 10 concernant, encontre de, nonobstant, prépositif ■ 14 prépositionnel ■ 15 prépositivement.
**PREPOTENCE :** 8 autorité* ■ 11 supériorité*.
**PREPUCE :** 8 posthide, posthite ■ 12 circoncision, infibulation, paraphimosis.
**PREREGLER :** 10 préréglage.
**PRERETRAITE :** 11 préretraité.
**PREROGATIVE :** 8 éméritat ■ 9 privilège* ■ 12 nomenklatura ■ 13 inamovibilité.
**PRES :** 3 les, lez ■ 5 lofer, palet, porte, voici ■ 6 jouxte, proche*, voisin ■ 7 contigu, mitoyen, rasibus, tangent ■ 8 adjacent, moribond, talonner ■ 9 approcher, citérieur, proximité, suburbain ■ 12 touche-touche.
**PRESAGE :** 4 heur ■ 5 signe* ■ 6 augure, menace ■ 7 annonce, auspice ■ 8 auspices, prodrome, sinistre, symptôme ■ 9 horoscope ■ 12 porte-malheur, superstition ■ 14 brûle-pourpoint.
**PRESAGER :** 7 augurer* ■ 8 annoncer, préluder.
**PRESBYTERIEN :** 8 covenant, puritain.
**PRESBYTIE :** 8 presbyte.
**PRESCIENCE :** 9 prescient, prévision.
**PRESCRIPTION :** 4 rite ■ 6 kasher ■ 8 observer ■ 9 règlement*, usucapion ■ 10 expiration, forclusion, ordonnance*, péremption ■ 12 commandement, inobservance, prescripteur.
**PRESCRIRE :** 8 ordonner* ■ 13 prescriptible ■ 15 imprescriptible.
**PRESEANCE :** 3 pas.
**PRESELECTION :** 9 prérégler ■ 15 présélectionner.
**PRESENCE :** 3 vue ■ 4 sulf ■ 5 alibi, ferro, fumet, sulfo ■ 6 dasein, méreau ■ 8 cholurie, glycémie ■ 9 assiduité, cétonémie, par-devers, plombémie, supporter ■ 10 acétonémie, acétonurie, anthracose, bacillurie, confronter, glycosurie, oligopsone ■ 11 aérogastrie, albuminerie, infestation, protéinurie ■ 12 éosinophilie, immanentisme, omniprésence, phosphaturie ■ 14 hémoglobinurie.
**PRESENILE :** 9 alzheimer.
**PRESENT :** 3 don, ici ■ 4 ores, vide ■ 5 envoi, oyant, temps, voici ■ 6 actuel, badaud, cadeau*, denier, invité, public ■ 7 curieux, étrenne, gâterie, visible ■ 8 assister, bakchich, bienfait, offrande, sportule, ubiquité ■ 9 actualité, assistant, comparant, corbeille, défection, pourboire ■ 10 aujourd'hui, dorénavant, générosité, maintenant ■ 11 observateur, omniprésent ■ 13 gratification.
**PRESENTATION :** 5 offre ■ 8 débouché, maquette ■ 9 cartouche ■ 10 chandeleur, exhibition ■ 11 exclusivité ■ 12 muséographie ■ 14 représentation ■ 15 conditionnement.
**PRESENTE :** 4 typé ■ 6 cloqué, taluté ■ 7 distyle, losangé, mutique, pulsant ■ 8 arborisé, détaillé, homonisé ■ 9 jardineux, réclamant, résilient ■ 11 glischroïde, hémiédrique, polydactyle, transsexuel ■ 12 confusionnel ■ 13 ithyphallique.
**PRESENTEMENT :** 4 ores ■ 12 actuellement.
**PRESENTER :** 5 venir ■ 6 buller, carter, donner, offrir*, passer, porter,

tendre, varier ■ 7 exhiber, exposer, flairer, montrer*, revenir, sourire ■ 8 accourir, préciser, profiler, rappeler, réaliser ■ 9 comparoir, traverser ■ 10 apparaître, argumenter, diaboliser, globaliser, reproduire ■ 11 assignation, comparaître, présentable, représenter ■ 12 présentateur, présentation ■ 13 pétitionnaire.

**PRESERVATION :** 4 abri* ■ 5 garde ■ 10 prévention, protection*.

**PRESERVATIF :** 6 condom ■ 11 dompte-venin.

**PRESERVER :** 5 étain, gâter, globe ■ 6 obvier, sauver ■ 7 abriter, couvrir, écarter, enrayer ■ 8 défendre, épargner, garantir, prévenir, protéger* ■ 9 détourner ■ 10 enchausser, naphtalène, naphtaline, parafoudre ■ 11 antirouille, couvre-nuque, neutraliser, préservatif ■ 12 moustiquaire, paratonnerre, préservateur, préservation.

**PRESIDENCE :** 9 président, septennat ■ 10 praesidium ■ 11 coprésident ■ 12 coprésidence, présidentiel.

**PRESIDENT :** 4 raïa ■ 7 speaker ■ 9 vénérable ■ 10 présidence, république ■ 12 présidentiel ■ 13 vice-président ■ 14 présidentiable.

**PRESIDER :** 5 clore ■ 7 diriger* ■ 10 officiante ■ 11 hebdomadier.

**PRESIDIAL :** 12 présidialité.

**PRESOMPTIF :** 5 royal ■ 8 héritier, probable*.

**PRESOMPTION :** 6 charge ■ 7 orgueil*, superbe ■ 8 témérité ■ 9 hypothèse, prévision ■ 10 conjecture, suffisance ■ 12 présomptueux.

**PRESOMPTUEUX :** 3 fat ■ 5 hardi* ■ 8 vaniteux* ■ 9 suffisant, téméraire ■ 10 avantageux, conquérant ■ 11 orgueilleux*.

**PRESQUE :** 5 comme, quasi, rival ■ 8 à peu près ■ 9 quasiment ■ 11 clopinettes.

**PRESSAGE :** 8 vinylite ■ 11 pick-up baler.

**PRESSANT :** 6 pressé, urgent ■ 7 instant ■ 9 impérieux ■ 11 accelerando.

**PRESSE :** 4 desk ■ 5 caque, foule*, happe ■ 6 guinde, tympan, urgent ■ 7 platine, rouleau ■ 8 calandre, cylindre, laminoir, pressant, pressier, rotative ■ 9 extrusion, free-lance, mass media ■ 10 retiration ■ 12 marteau-pilon.

**PRESSENTIMENT :** 9 intuition* ■ 11 prémonition.

**PRESSENTIR :** 6 douter ■ 7 deviner*, flairer ■ 9 subodorer ■ 10 soupçonner.

**PRESSE-PAPIERS :** 10 millefiori.

**PRESSER :** 5 hâter*, peser, piler, tâter, venir ■ 6 bande, broyer, fouler, masser, pétrir, pincer, saisir, serrer*, tasser, tordre ■ 7 activer, aplatir, appuyer, écacher, écraser, étrécir, exciter, influer, malaxer, moucher, pousser*, prendre, sangler ■ 8 chauffer, emballer, encaquer, entasser, étouffer, froisser, imprimer, opprimer, piétiner, pilonner, plan-plan, posément, pressage, pression, rétrécir, talonner ■ 9 accélérer*, bousculer, calandrer, comprimer*, condenser, épeindre, étrangler, étreindre, garrotter, oppresser, pressurer, resserrer ■ 10 agglomérer, compresser, concentrer, contracter, empaqueter ■ 11 contraindre.

**PRESSION :** 2 pz ■ 3 bar ■ 4 torr ■ 5 barye, battu, pièze, pompe, serre ■ 6 pulser, safran ■ 7 doldrum, galeter, isobare, tension* ■ 8 caldeira, détendre, glaucome, gradient, injecter, manostat, millibar, presseur, rénitent, variable, ventouse ■ 9 autocopie, collapsus, détendeur, enthalpie, injection, manomètre, oncotique, onkotique, osmomètre ■ 10 aéropathie, atmosphère, baromètrie, contrainte, dysbarisme, hectopièze, isallobare, manométrie, pressostat, pulsomètre, tonométrie ■ 11 anticyclone, autocuiseur, baresthésie, crève-vessie, hectopascal, surpression, tonographie ■ 12 crève-tonneau, énantiotrope, filtre-presse, hypertonique, oscillomètre, sous-pression ■ 13 décompresseur,

décompression, hydrocraquage, hydrostatique, manodétenteur, ultrapression ■ 14 bouton-pression, incompressible ■ 15 barotraumatisme, lettre-transfert.
**PRESSOIR:** 3 mée ■ 4 maie, mait, maye, ripe ■ 5 meule ■ 6 bellon ■ 8 cannelle, cannette, taranche ■ 9 maillotin ■ 12 quintessence.
**PRESSURATION:** 13 dépressuriser ■ 14 dépressuration.
**PRESSURE:** 10 labferment.
**PRESSURER:** 7 presser* ■ 10 pressurage.
**PRESSURISER:** 14 pressurisation.
**PRESTANCE:** 4 mine ■ 6 allure* ■ 8 maintien* ■ 9 décoratif, influence.
**PRESTATION:** 9 sans-faute ■ 10 allocution ■ 11 prestataire ■ 14 assermentation.
**PRESTESSE:** 6 preste ■ 7 agilité, vitesse* ■ 8 vélocité, vivacité* ■ 11 promptitude.
**PRESTIDIGITATEUR:** 9 physicien ■ 10 escamoteur ■ 13 illusionniste.
**PRESTIGE:** 6 charme, empire ■ 7 auréole, pouvoir ■ 8 illusion ■ 9 influence ■ 10 star-system, valorisant ■ 11 déboulonner, prestigieux.
**PRESTOLET:** 6 prêtre.
**PRESUMER:** 6 croire* ■ 7 augurer ■ 8 accroire, supposer* ■ 10 présumable, soupçonner ■ 11 conjecturer.
**PRESUPPOSE:** 8 réquisit.
**PRESUPPOSER:** 8 présumer*, supposer* ■ 14 présupposition.
**PRESURE:** 8 présurer ■ 10 emprésurer.
**PRET:** 4 paré ■ 5 dette, rendu, usure ■ 6 avance, taillé ■ 7 créance, emprunt, partant, subside, warrant ■ 8 commodat, location ■ 9 découvert, placement ■ 10 anatocisme, engagement, obligation, subvention ■ 11 bretailleur, prêt-à-coudre ■ 12 anticipation, nantissement, participatif ■ 13 discothécaire ■ 14 intermédiation.
**PRET-A-PORTER:** 12 mécanicienne.
**PRETENDANT:** 9 postulant.
**PRETENDRE:** 6 tendre ■ 7 aspirer, flatter, lorgner, vouloir* ■ 8 affirmer* ■ 9 prétexter ■ 11 ambitionner ■ 12 portionnaire.
**PRETENDU:** 4 faux* ■ 5 magie ■ 6 fiancé ■ 9 soi-disant ■ 12 prétendument.
**PRETENTIEUX:** 6 faraud, pecque, poseur ■ 7 affecté, crâneur, cuistre, falbala, gommeux, morveux ■ 8 rombière, vaniteux* ■ 9 paltoquet, trissotin ■ 11 orgueilleux*, petit-maître.
**PRETENTION:** 7 orgueil* ■ 8 ambition, crânerie, humilité ■ 9 déchanter, présomption, prétentieux.
**PRETER:** 4 ouïr, prêt ■ 5 aider, louer ■ 7 avancer, confier, dégager, écouter, imputer ■ 8 composer, créditer, entendre, prête-nom, soutenir ■ 9 attribuer, ausculter, consentir, emprunter ■ 10 auxiliaire, prestation ■ 11 assermenter, mont-de-piété.
**PRETERITION:** 6 manque* ■ 8 omission*.
**PRETEUR:** 4 juif ■ 7 usurier*, vampire, vautour ■ 8 prétoire ■ 9 créancier, prétorial, prétorien ■ 10 propréteur ■ 12 fesse-mathieu ■ 13 commanditaire.
**PRETEXTE:** 4 ruse ■ 5 cause*, motif*, voile ■ 6 excuse, masque ■ 7 défaite, matière ■ 8 argument, mensonge* ■ 10 allégation, couverture, faux-fuyant, subterfuge ■ 12 échappatoire, faux-semblant ■ 13 justification*.
**PRETEXTER:** 6 arguer ■ 7 couvrir, exciper, excuser, opposer ■ 8 alléguer, objecter ■ 9 justifier*, prétendre.
**PRETRE:** 4 abbé, curé, iman, lama, mage, paix, père, pope ■ 5 amict, bonze, civil, clerc, éphod, exeat, fanon, hazan, magie, messe, mufti,

sacre ■ 6 augure, berger, chaman, clergé, curète, diacre, druide épulon, eubage, évêque, fécial, fétial, infule, jureur, mollah, muphti, prélat, rabbin, salien ■ 7 capelan, corbeau, cureton, flamine, hidalgo, messire, muezzin, pasteur, pontife, vestale, vicaire ■ 8 aumônier, brahmane, chanoine, chasuble, derviche, desserte, luperque, manipule, ministre, prêtrise, pullaire, ratichon, révérend, talapoin ■ 9 bacchante, célébrant, chapelain, corybante, curaillon, manuterge, officiant, prédicant, prestolet, rational, religieux*, sacerdoce, semainier, septemvir, sulpicien ■ 10 archevêque, confesseur, desservant, hiératique, insermenté, mystagogue, sacerdotal, sous-diacre, victimaire ■ 11 archidiacre, archiprêtre, hiérophante, pénitencier, presbytéral ■ 12 missionnaire ■ 13 hiérogrammate, prêtre-ouvrier, sacrificateur ■ 14 écclésiastique*.

**PREUVE:** 3 foi ■ 4 aveu, gage, reçu ■ 5 alibi, copie, payer ■ 6 charge, indice, marque, raison, témoin ■ 8 argument, document, enseigne, suiviste ■ 9 quittance ■ 10 adminicule, certificat, corollaire, corroborer, imputation, misonéiste, pertinence, réfutation, témoignage ■ 11 affirmation, attestation, aventuriste, déclaration, immobiliste, information, présomption, supplétoire, testimonial ■ 12 confirmation, constatation, contestation, gratuitement, parcimonieux, raisonnement, sociologiste ■ 13 argumentation, démonstration, justification, triomphaliste ■ 14 interlocutoire, particulariste.

**PREUX:** 5 brave* ■ 9 chevalier.

**PREVALOIR:** 6 régner ■ 7 flatter ■ 8 emporter ■ 10 prédominer.

**PREVARICATION:** 8 trahison ■ 13 prévaricateur.

**PREVENANCE:** 9 amabilité*, attention, prévenant ■ 11 délicatesse.

**PREVENIR:** 6 éviter ■ 7 alerter, avertir* ■ 8 devancer, prolepse, remédier ■ 9 préventif ■ 12 complaisance*, empressement.

**PREVENTIF:** 5 éveil ■ 10 contre-mine ■ 12 sérothérapie ■ 14 préventivement.

**PREVENTION:** 7 passion, préjugé* ■ 10 alcoologie, antipoison ■ 13 préventologie.

**PREVENTIVE:** 10 prédictive.

**PREVENTORIUM:** 10 sanatorium.

**PREVENU:** 7 inculpé.

**PREVERBE:** 7 augment.

**PREVIENT:** 12 antilithique ■ 14 antirachitique.

**PREVISIBLE:** 9 téléphoné ■ 13 prévisibilité.

**PREVISION:** 6 budget, ex ante ■ 7 attente ■ 8 planning ■ 9 pronostic ■ 10 prescience ■ 11 imprévision, prospective ■ 12 météorologie ■ 13 imprédictible, pressentiment ■ 14 prévisionniste.

**PREVOIR:** 6 savoir, sentir ■ 7 deviner*, flairer ■ 8 calculer, préjuger, présager, prudence ■ 9 anticiper, entrevoir, intuition, prévision ■ 10 divinateur, divination, palettiser, précurseur, pressentir*, prévisible, prévoyance ■ 11 calculateur, prophétique ■ 12 impondérable, imprévisible, pronostiquer ■ 14 compromissoire.

**PREVOT:** 5 baile.

**PREVOTE:** 6 prévôt ■ 8 prévotal.

**PREVOYANCE:** 8 prudence* ■ 9 prévoyant ■ 10 précaution* ■ 11 imprévoyant ■ 12 imprévoyance.

**PRIER:** 6 adorer ■ 7 adjurer, appeler, engager, exaucer, inviter, obséder ■ 8 conjurer, demander*, harceler, humilier, implorer, insister, invoquer, prie-dieu, réclamer, recourir, supplier ■ 9 convoquer ■ 10 importuner, intercéder, intervenir, solliciter.

**PRIERE:** 3 ave ■ 5 agnus, appel, canon, credo, pater, salat, salve, taled ■ 6 laudes, lavabo, libera, orémus ■ 7 absoute, angélus, demande*, ferveur, hosanna, introït, kaddish, mémento, oraison, recours, requête, requiem, rosaire, sanctus, service, tridium ■ 8 agnus dei, ave maria, chapelet, dévotion, litanies, liturgies, oratoire, pétition ■ 9 adoration, confiteor, élévation, obsession, patenôtre, rogations, supplique ■ 10 adjuration, bénédicité, insistance, invitation, invocation, offertoire, paroissien, salutation ■ 11 conjuration, convocation, dépréciation, de profundis, humiliation, jaculatoire, objurgation, obsécration, quatre-temps ■ 12 intercession, supplication ■ 13 processionnal, sacramentaire, sollicitation.

**PRIEURE :** 5 oblat, prieur ■ 6 église ■ 7 cloître, priorat.

**PRIMAIRE :** 7 premier ■ 8 cambrien, dévonien, huronien, primaire, silurien, spirifer ■ 9 hercynien, primarité, ptérygote ■ 10 calédonien, ordovicien, ptérygotus ■ 11 carbonifère ■ 13 lépidodendron.

**PRIMAT :** 8 primatie ■ 9 primatial.

**PRIMATE :** 6 cébidé, simien* ■ 7 tarsien* ■ 8 hominidé, hominien, lémurien* ■ 11 préhominidé, préhominien ■ 12 oréopithèque, primatologie.

**PRIMAUTE :** 11 supériorité*.

**PRIME :** 6 report ■ 8 ducroire, escompte, surprime ■ 9 assurance ■ 10 récompense ■ 13 gratification*.

**PRIMER :** 9 surpasser*.

**PRIMEROSE :** 8 trémière.

**PRIMESAUTIER :** 3 vif* ■ 8 spontané.

**PRIMEUR :** 11 primeuriste.

**PRIMEVERE :** 6 coucou ■ 12 oreille-d'ours.

**PRIMITIF :** 5 chaos, tribu ■ 6 a tempo, monère, perlon, simple ■ 7 premier ■ 8 animisme, mélodium, original, originel ■ 9 boomerang, boumerang, principal ■ 10 hacquebut, stomocordé ■ 11 monogénisme, polygénisme ■ 12 primitivisme.

**PRIMITIVEMENT :** 14 originairement.

**PRIMORDIAL :** 7 premier ■ 9 essentiel*, principal* ■ 11 subsidiaire.

**PRIMULACEE :** 6 coucou, mouron, samoie, samole ■ 8 cyclamen ■ 9 lysimaque, primevère ■ 10 soldanelle.

**PRINCE :** 3 kan ■ 4 khan, page ■ 5 otage, rajah, règne, royal, tyran, vizir ■ 6 daïmio, radjah ■ 8 archiduc, audience, aumônier, grand-duc, hospodar, monarque, palefroi, princier ■ 9 électorat, landgrave, maharajah, principat, rhingrave ■ 10 maharadjah, prétendant, stathouter ■ 11 monseigneur, principauté ■ 13 échansonnerie, princièrement ■ 14 porphyrogénète.

**PRINCIPAL :** 3 âme ■ 4 clef, clou, gros, nerf ■ 5 biais, corps, foyer, héros, kondo, ordre, pivot, règle, siège, talle ■ 6 numéro ■ 7 capital, central, décisif, premier ■ 8 cardinal, chef-lieu, dominant, grand-rue, orbiteur, stratège ■ 9 apériteur, appendice, citadelle, décapiter, essentiel*, fondement, hôtel-dieu, idée-force, important*, métropole ■ 10 accessoire, actualités, architrave, primordial ■ 11 fondamental, maître-autel, préjudiciel, principalat, subsidiaire ■ 12 grand-chambre, préliminaire, quintessence.

**PRINCIPALEMENT :** 7 surtout ■ 10 spécialité ■ 14 singulièrement.

**PRINCIPE :** 3 âme, clé, dao, loi, tao ■ 4 base, clef, idée, même, roue, watt ■ 5 adage, apiol, arôme, cause, credo, germe, irone, lemme, norme, pacte, règle*, tanin, unité, virus ■ 6 archée, axiome, esprit, oléine, pneuma, racine, raison, source, vérité ■ 7 critère, égalité, élément, embryon, matière, origine, semence, système*, théorie ■ 8 dualisme, en-dehors, loi-cadre, molécule, moralité, phalline, postulat, puritain, rudiment ■ 9 antinomie, calorique, causalité, déduction, étiologie, filiation, fondement, impératif, induction, santaline, séniorité, substance, vanilline, vitalisme ■ 10 absinthine, digitaline, frontalité, indigotine, institutes, postulatum, quercitrin, stretching ■ 11 légitimisme, mutuellisme, présomption, quercitrine ■ 12 déterminisme, métaphysique, raisonnement ■ 13 contradiction, gibbérellique, individuation ■ 14 nitrocellulose, thermopropulsé.

**PRINTANISATION :** 12 jarovisation ■ 13 vernalisation.

**PRINTEMPS :** 5 brout, flore, fœhn, lilas, pâque, rhume ■ 6 vernal ■ 9 primevère, renouveau ■ 10 demi-saison, pâquerette, printanier ■ 11 raspoutitsa.

**PRIORITE :** 3 pré ■ 5 avant ■ 6 primat ■ 7 aînesse ■ 9 coupe-file, préséance ■ 11 antériorité, prioritaire ■ 15 prioritairement.

**PRIS :** 7 louable.

**PRISCILLIEN :** 14 priscillanisme.

**PRISE :** 3 gel ■ 4 grip, plot ■ 5 catch, levée, scène, shunt, unité ■ 6 ciseau, vêture ■ 7 capture, dispute, enclise, gypsage, plongée, ralenti, rondade, ruinure, saisine ■ 8 alginate ■ 9 appontage, vignetage ■ 11 conjoncteur, mondialisme, ramassement ■ 12 telluromètre.

**PRISE DE VUE :** 5 vidéo ■ 8 sunlight ■ 11 contre-champ ■ 13 contre-plongée.

**PRISER :** 5 tabac ■ 7 estimer*, pétuner, priseur.

**PRISME :** 4 coin ■ 5 nicol, orgue, tuyau ■ 7 couteau ■ 8 parpaing, véhicule ■ 10 cale-étalon ■ 11 prismatique ■ 15 orthorhombique.

**PRISON :** 4 bloc, tôle ■ 5 bagne, boîte, dépôt, écrou, geôle, préau, taule ■ 6 ballon, cachot*, in-pace, violon ■ 7 cellule, geôlier, latomie, pistole ■ 8 enfermer, latonies ■ 9 embarquer, ergastule ■ 10 incarcérer, porte-clefs, prévention, prisonnier, vade-in-pace ■ 11 conciergier, embastiller, emprisonner*, pénitencier ■ 12 conciergerie ■ 14 embastillement, emprisonnement*, septembrisades.

**PRISONNIER :** 4 lien ■ 5 écrou, oflag, otage ■ 6 captif, chétif, détenu ■ 7 déporté, esclave, interné, relégué ■ 8 condamné, épingler, galérien, menottes ■ 9 captivité.

**PRIVATION :** 2 ab, de, im, in, ir, me ■ 3 abs, mes ■ 4 faim, sans, vide ■ 5 jeûne, perte* ■ 6 anoxie, besoin*, défaut*, famine, manque, rareté, veille ■ 7 disette, pénurie, sevrage ■ 8 consigne, détresse, insomnie, pauvreté*, privatif ■ 9 captivité, dénuement, détriment, inanition, indigence, indignité, paralysie, réclusion, sacrifice, stupidité ■ 10 anesthésie, privatiser ■ 11 frustration ■ 12 interdiction, privatisable ■ 13 non-jouissance.

**PRIVAUTE :** 11 familiarité.

**PRIVE :** 5 seing ■ 6 intime, tintin ■ 8 aseptisé ■ 9 intérieur, sous-seing ■ 10 décortiqué, privatiste, semi-public ■ 11 particulier*, résidentiel ■ 13 surprise-party ■ 14 médecin-conseil, surprise-partie ■ 15 décollectiviser.

**PRIVER :** 4 ôter*, tuer ■ 5 pâtir, ravir, tarir, voler ■ 6 couper, dénuer, exiler, jeûner, serrer, sevrer ■ 7 affamer, châtier, châtrer, démunir, édenter, énerver, enlever*, épuiser, évincer, exclure, frauder, limoger, mutiler, refuser, spolier ■ 8 abstenir, assécher, aveugler, dégarnir, dénantir, détrôner, éborgner, forclore, frustrer, interner, tronquer ■ 9 chaponner, décapiter, dépatrier, dépeupler, dessaisir, destituer, dévaliser, émasculer, estropier, exhéréder, expatrier, interdire, supprimer ■ 10 abstinence, courtauder, déposséder*, dépouiller, dépourvoir, désemparer, déshériter, détrousser, essoriller, exproprier ■ 11 apprivoiser, découronner, déshydrater, excommunier, immobiliser ■ 12 déssassimiler ■ 13 dénaturaliser.

**PRIVILEGE :** 5 caste, lagan ■ 6 faveur*, indult ■ 7 clergie, gruerie, licence ■ 8 avantage*, dispense, exclusif, immunité, monoplan, monopole, préciput ■ 9 exemption ■ 10 concession, passe-droit, permission, privilégié, survivance ■ 11 attribution, esthétisant, favoritisme, prérogative ■ 12 autorisation ■ 14 chirographaire.
**PRIVILEGIE :** 9 patriarcat ■ 12 aristocratie, nomenklature.
**PRIVILEGIEE :** 8 hapy few ■ 9 verticité.
**PRIVILEGIER :** 8 exempter ■ 9 dispenser, esthétiser, favoriser* ■ 10 matiérisme ■ 14 aristocratisme.
**PRIX :** 2 or ■ 3 caf ■ 4 cher, coût*, frêt, lods, mois, port, taux, taxe, tenu ■ 5 achat, bazar, coter coupe, cours, crise, devis, faire, gâter, loyer, moins, nolis, offre, prime, somme, tarif, taxer, terme, train, trust, value, vénal, vente ■ 6 cherté, rançon, touage, valeur* ■ 7 bradeur, combien, enchère, lauréat ■ 8 fourguer, location, médaille, pot-de-vin, précieux, promesse, sacrifié, soudoyer, surfaire ■ 9 apprécier, bagatelle, chèrement, couronner, déflation, demi-place, églantine, étiquette, misérable, mouvement, survendre, taximètre ■ 10 mercuriale, récompense*, soumission, surenchère, surhausser ■ 11 compétiteur, liquidation, main-d'œuvre ■ 12 rémunération ■ 14 enchérissement ■ 15 renchérissement.
**PROBABILITE :** 8 croyance, présumer ■ 9 apparence, biométrie, certitude, fiabilité, hypothèse, pronostic ■ 10 conjecture, prédiction ■ 11 éventualité, expectative, présomption, statistique, supposition ■ 12 probabilisme, stochastique ■ 13 vraisemblance.
**PROBABLE :** 7 putatif ■ 8 captieux, éventuel, possible*, présumer, spécieux ■ 9 plausible, rationnel ■ 10 acceptable, admissible, improbable, présumable, soutenable ■ 11 raisonnable ■ 13 vraisemblable.
**PROBANT :** 6 preuve* ■ 7 décisif ■ 8 éloquent ■ 9 concluant ■ 10 probatoire ■ 11 convaincant.
**PROBATION :** 14 probationnaire.
**PROBITE :** 5 probe ■ 7 loyauté ■ 8 droiture ■ 9 honnêteté, improbité, intégrité ■ 10 conscience ■ 12 malhonnêteté.
**PROBLEMATIQUE :** 7 douteux*.
**PROBLEME :** 5 algol, colle, thème ■ 6 énigme ■ 10 bioéthique, quaternion ■ 13 problématique.
**PROBOSCIDIEN :** 8 éléphant, mammouth ■ 10 mastodonte ■ 11 dinothérium.
**PROCEDE :** 3 oxo ■ 4 moxa, taxe ■ 5 batik, dolby, effet, fondu, loran, moyen*, patte, pompe, ruolz ■ 6 consol, filage, offset ■ 7 chiasme, ciné-tir, greneur, méthode*, ramasse, recette, stretch, trucage ■ 8 cinérama, conduite, écobuage, effusion, enchaîne, graineur, gratteur, gunitage, inductif, pratique, prolepse, truquage ■ 9 antithèse, autocopie, banc-titre, dichromie, errements, estampage, glissando, hypallage, hyperbole, industrie, métaphore, métonymie, parabiose, soufflage, sulfateur, technique, télétexte, trichrome, variation, xérocopie ■ 10 aluminiage, analytique, antonomase, cylindrage, dérivation, diachromie, diazocopie, flottation, fluatation, marcottage, phototypie, plasturgie, préformage, prosopopée, ranimation, sidérurgie, synecdoque, télémesure, trichromie ■ 11 agissements, alcoométrie, autochromie, autoguidage, chiromancie, cinémascope, comparaison, engineering, faux-bourdon, fluographie, fraudatoire, isométrique, lithophanie, panoramique, passivation, photocopier, pondération, préfixation, recoupement, sérigraphie, stéréotaxie, stylistique, suffixation, technicolor, tomographie, transfixion, turboforage, typographie, upérisation ■ 12 alcalimétrie, chromisation, colorisation, comportement, décalco-

manie, électrocopie, fluotournage, héliogravure, insémination, magnétoscope, mésothérapie, microédition, photogravure, pointillisme, scanographie, stéréoscopie, tachéométrie, vidéographie, vinification, zincographie ■ 13 appertisation, berginisation, javellisation, minérallurgie, néphélémétrie, phosphatation, radiobalisage, sélectionneur, similigravure, simultanéisme, thermogravure ■ 14 daguerréotypie, électrodialyse, électroformage, galvanoplastie, photomécanique, photosculpture, saccharimétrie, sweating-system, tyndallisation, viscoréduction ■ 15 cinématogtaphie, cristallomancie, échantillonneur, magnésiothermie, recalcification.

**PROCEDER**: 4 agir* ■ 5 coder ■ 6 émaner ■ 7 relever ■ 8 anodiser, appairer, balancer, découler, équerrer, tâtonner ■ 9 accomplir*, affabuler, mobiliser, modéliser, réaligner ■ 10 exécutoire, filialiser, incorporer, pelliculer, privatiser, redéployer, sectoriser ■ 11 aiguilleter, auditionner, dégazoliner, démobiliser, investiguer, préchauffer, radioguider, reconvertir, réimplanter ■ 12 régionaliser ■ 13 désinfectiser ■ 14 dématérialiser.

**PROCEDURE**: 4 dire ■ 5 avoué, lynch ■ 6 référé ■ 7 chicane, urgence ■ 8 faillite, ostensif ■ 9 médiation, pétalisme, poursuite, vénérable ■ 10 péremption, procédural ■ 11 impeachment, introductif, procédurier ■ 12 inquisitoire ■ 13 refinancement ■ 15 juge-commissaire.

**PROCELLARIIFORME**: 8 albatros.

**PROCES**: 4 fond ■ 5 cause, débat, frais ■ 6 dépens ■ 7 affaire*, chicane, ergatif ■ 8 plaideur ■ 9 dilatoire, processif ■ 10 rapporteur ■ 11 intervenant ■ 12 articulation.

**PROCESSEUR**: 15 microprocesseur.

**PROCESSION**: 4 dais ■ 5 ciste, frise, queue ■ 6 défile* ■ 8 reposoir ■ 9 deuillant, rogations ■ 10 avancement ■ 13 processionnal, processionnel ■ 15 processionnaire.

**PROCESSUS**: 6 timing ■ 8 néologie ■ 9 auto-immun, créoliser, involutif ■ 10 anabolisme, avancement, haplologie, idéomoteur ■ 11 illuviation, pétrogenèse ■ 12 créolisation, débilisation, homonisation, libanisation, préconscient, stochastique ■ 13 alculturation, balkanisation, cancérogenèse, malabsorption ■ 14 déconstruction, idéologisation, intermédiation, psychoaffectif ■ 15 infléchissement, métapsychologie.

**PROCES-VERBAL**: ■ 4 dire ■ 5 recès, recez ■ 7 constat ■ 8 actuaire, relation ■ 9 protocole ■ 10 verbaliser ■ 12 instrumenter ■ 13 contravention, verbalisateur ■ 14 interrogatoire.

**PROCHAIN**: 4 près ■ 6 autrui, proche* ■ 8 imminent ■ 12 avant-coureur.

**PROCHE**: 3 sur ■ 4 près* ■ 5 voici ■ 6 auprès, jouxte, parent, proche, voisin ■ 7 contigu ■ 8 adjacent, attenant, imminent, joignant, paronyme, prochain, proximal ■ 9 avoisiner ■ 10 avoisinant, limitrophe ■ 11 subsaharien, terre-à-terre ■ 12 circonvoisin ■ 13 subéquatorial.

**PROCHE-ORIENT**: 14 proche-oriental.

**PROCHRONISME**: 12 anachronisme.

**PROCLAME**: 10 ex cathedra.

**PROCLAMER**: 3 ban ■ 5 crier ■ 8 annoncer, propager ■ 9 confesser, divulguer, prononcer ■ 12 proclamateur, proclamation.

**PROCONSUL**: 5 légat ■ 11 proconsulat ■ 13 proconsulaire.

**PROCORDE**: 8 tunicier* ■ 9 prochordé ■ 10 protocordé ■ 11 microcosme.

**PROCREATION**: 3 i.a.d. ■ 12 procréatique ■ 14 malthusianisme.

**PROCREER**: 9 engendrer ■ 11 procréateur, procréation.

**PROCTOLOGIE**: 11 proctologue.

**PROCURATEUR :** 10 procuratie.
**PROCURATION :** 7 ad litem, pouvoir ■ 9 procureur ■ 10 mandataire.
**PROCURE :** 8 jouissif.
**PROCURER :** 5 avoir, caser, faire, munir* ■ 6 donner, nantir, placer, sauver, valoir ■ 7 assurer, établir, fournir*, racoler ■ 8 acquérir, chercher, fricoter, pourvoir*, suggérer ■ 9 gratifier, jouisseur ■ 10 achalander, écornifler, profitable, resquiller ■ 11 impartition ■ 14 approvisionner.
**PROCUREUR :** 5 rôlet ■ 7 procure ■ 9 substitut ■ 12 procuratrice.
**PRODIGALITE :** 10 libéralité* ■ 11 munificence.
**PRODIGE :** 4 coup ■ 7 miracle ■ 8 prestige ■ 9 merveille, phénomène* ■ 10 perfection, prodigieux.
**PRODIGIEUX :** 3 fou ■ 7 foutral, furieux, magique, monstre, parfait, sublime*, superbe ■ 8 colossal, étonnant*, fabuleux, féerique ■ 9 admirable, fascinant, grandiose, mirifique, pyramidal, surhumain ■ 10 effroyable, miraculeux, mirobolant, monstrueux, phénoménal, surnaturel ■ 11 hallucinant, merveilleux, pharamineux, prestigieux ■ 13 spectaculaire■ 14 extraordinaire*.
**PRODIGUE :** 5 avare ■ 8 généreux* ■ 9 bénisseur ■ 11 prodigalité.
**PRODIGUER :** 7 montrer ■ 8 dépenser ■ 10 économiser.
**PRODROME :** 7 préface ■ 8 symptôme ■ 11 prodromique ■ 12 préliminaire.
**PRODUCTEUR :** 4 pool ■ 5 lampe, trust ■ 8 hyménium, producer, salinier ■ 9 céréalier ■ 11 betteravier.
**PRODUCTIF :** 5 foyer ■ 9 fructueux, prolifère ■ 10 exploitant, prolifique ■ 11 improductif.
**PRODUCTION :** 3 cru ■ 5 force, fruit, oasis, soyer ■ 6 œuvre, output, valeur ■ 7 gommose, intrant, ouvrage, produit*, tallage, travail ■ 8 capitaux, centrale, économie, émission*, encodage, grainage, kolkhoze, sudation, technème, vinicole ■ 9 accoucher, chauffage, cryogénie, égalisateur, induction, lancement, maraîcher, mulassier, ovulation, phonation, pot-pourri, rendement, sexonomie, thermique ■ 10 chauffe-eau, complétion, contingent, fourragère, ionisation, mutagenèse, parachimie, photogénie, répresseur, sidérurgie, suréquiper ■ 11 agriculture, chauffe-bain, composition, développeur, distillerie, enfantement, exhibition, fissuration, impartition, ionoplastie, littérature, phalanstère, photogenèse, reproductif, suppuration, surcapacité, tubériforme ■ 12 antiparasite, auto-immunité, coproduction, fracturation ■ 13 alcoolisation, collectiviser, cryotechnique, ostréiculture, réfrigération, sériciculture, socialisation, stakhanovisme, surgénération, trufficulture ■ 14 aluminothermie, autoconduction, calorification, chrématistique, malthusianisme, paralittérature, sous-production ■ 15 hydroélectrique, investissements, surrégénération.
**PRODUCTIVISME :** 13 productiviste.
**PRODUCTIVITE :** 13 productivisme.
**PRODUIRE :** 4 agir ■ 5 citer, créer*, faire, jeter, racer, rider ■ 6 amener, causer*, donner, écrire, fonder, former, grener, lancer, naître, opérer, ouvrer, pondre, porter, rendre ■ 7 abonder, beugler, bruiter, débiter, dégager, émettre, exhiber, exsuder, fleurir, générer, pousser, ulcérer, vrombir ■ 8 clapoter, composer, déphaser, écorcher, enfanter, enjamber, exécuter, façonner, lézarder, nécroser, procréer, retentir, révulser, rouiller, rubéfier, susciter, vigneter ■ 9 affruiter, dodeliner, échauffer, effectuer, élucubrer, engendrer, entraîner*, fabriquer, fendiller, inactiver, pétarader, provoquer*, rapporter, repousser ■ 10 coproduire, dégravoyer, désagréger, diffracter, efficience, électriser, fis-

sionner, fructifier, gazouiller, interférer, intervenir, métastaser, multiplier, production, reproduire, travailler ■ **11** administrer, carburateur, faire-valoir, illusionner, occasionner*, polymériser, productible, zymotechnie ■ **12** biréfringent, désassimiler, équiprobable, productivité, reproduction, tuberculiner ■ **13** congestionner, hypertrophier, illusionnisme, impressionner, suggestionner, tintinnabuler, transpositeur ■ **14** électroformage.

**PRODUIT :** **3** vol ■ **4** fumé, urée ■ **5** carré, crème, cuvée, effet, essai, fleur, fonte, fruit, fusel, génol, lysat, métis, offre, ovule, pièze, savon, tanin, usure, verre, vigne ■ **6** annonce, broyat, cément, dopant, larget, légume, made in ■ **7** additif, alliage, apifuge, biocide, clinker, éluvion, exsudat, mascara, miellat, opérant, primeur, pulsant, rapport, recette, récolte, service, suitine, travail ■ **8** alluvial, antimite, bronzant, cérifère, cryogène, décapant, défanant, démêlant, effilure, évacuant, fibrillé, fumigène, illuvium, ionisant, moussant, oléfiant, prémices, pyroxyle, raffinat, raticide, résultat*, semi-coke, show-room, térylène, vinaigre, virulent ■ **9** acaricide, antirides, cartouche, décoction, distillat, événement, fécondité, flatulent, floculant, gummifère, nettoyant, packaging, pesticide, phytocide, productif, récrément, richesses, stéréoduc, stérilité, succédané, texturant, xyloïdine ■ **10** artificiel, boudineuse, conception, cosmétique, créatinine, défatigant, dégrippant, dentifrice, dépolluant, désherbant, détarteur, dispersant, dissipatif, énergisant, géotextile, immunogène, modulateur, multigrade, nucléotide, oléorésine, production*, semi-ouvert, surmontoir, vanity-case, véhiculeur ■ **11** alcoolature, analgésique, après-soleil, biliverdine, brillanteur, caléfaction, coagulation, combustible, constrictif, contrefaçon, disulfirame, effilochure, émulsifiant, encaustique, fermentatif, interracial, lyophilisat, marchandise, multiplieur, polyculture, sous-produit ■ **12** antidétonant, antistatique, assainisseur, autobronzant, conservateur, contraceptif, démaquillant, émulsionnant, esthésiogène, import-export, incapacitant, organochloré, surproductif, viennoiserie ■ **13** dépoussiérant, factorisation, granulométrie, parapharmacie ■ **14** vitrocéramique ■ **15** cauchemardesque, contre-productif.

**PROEMINENCE :** **5** creux ■ **6** arcade, bouton, casque ■ **9** mamelonné ■ **10** proéminent ■ **12** pied-de-mouton.

**PROFANATION :** **9** pollution, sacrilège, violation* ■ **12** manécanterie.

**PROFANE :** **9** non-initié.

**PROFANER :** **5** gâter, salir ■ **6** ternir, vicier, violer* ■ **7** polluer ■ **8** déflorer, souiller* ■ **9** pervertir ■ **10** contaminer, déshonorer, détériorer ■ **11** profanateur, profanation.

**PROFERE :** **11** imprécateur.

**PROFERER :** **4** dire ■ **5** jeter, rugir, vomir ■ **7** éructer, exhaler ■ **9** prononcer*, vociférer ■ **10** blasphémer, débagouler.

**PROFESSER :** **9** apprendre, pratiquer.

**PROFESSEUR :** **4** p.e.g.c., robe, toge ■ **5** palme ■ **6** écuyer, maître*, régent ■ **7** lecteur ■ **8** éméritat, gymnaste ■ **9** pet-de-loup ■ **10** enseignant, sorbonnard ■ **11** préparateur, professoral, professorat ■ **13** universitaire.

**PROFESSION :** **3** art, vie ■ **4** état, froc, race, robe ■ **5** argot, garde, paria, parti ■ **6** emploi*, métier*, office, partie ■ **7** barreau, couture, dactylo, finance, qualité ■ **8** annuaire, carrière, coiffure, confrère, fonction, ganterie, lutherie, médecine ■ **9** armurerie, ballerine, emballeur, industrie, librairie, pharmacie, sage-femme, situation* ■ **10** colportage, décoration, dentisterie, fumisterie, hôtellerie, occupation, pâtisserie ■ **11** corporation, dessinateur, habillement, journalisme, littérature, sorcellerie, spécialiste, tonnellerie ■ 12 enseignement, transporteur ■ 13 blanchisserie, esthéticienne, professionnel ■ 15 expert-comptable, interprofession.

**PROFESSIONNEL:** 2 l.p., o.p. ■ 3 l.e.p. ■ 4 loft, open ■ 7 mastère, routeur ■ 8 doubleur, épaviste, silicose ■ 9 afficheur, assujetti, free-lance, graphiste ■ 10 benzénisme, benzolisme, offsetiste ■ 11 spécialiste.

**PROFIL:** 4 côté ■ 5 cavet, galbe ■ 6 dessin, sacome ■ 7 section ■ 8 paléosol, profiler ■ 9 contourné, diamanter, extrusion ■ 10 silhouette ■ 11 chantourner, quart-de-rond ■ 12 orthographie ■ 13 aérodynamique, supercritique.

**PROFILER:** 6 galber.

**PROFIT:** 4 boni, gain*, pour, vide ■ 5 butin, fruit, lucre, parti, rente, usure, vache ■ 6 casuel, compte, gratte ■ 7 aubaine, capture, intérêt, produit, utilité ■ 8 avantage*, bénéfice*, conquête, exploité, profiter ■ 9 arbitrage, dilapider, entendeur, exploiter, grignoter, profitant, profiteur, souteneur ■ 10 bénéficier, colicitant, exploiteur, monnayable ■ 11 grappillage, monopoliser, narcodollar, superprofit ■ 12 bonification, résignataire ■ 13 collectivisme, profitabilité ■ 15 autofinancement.

**PROFITABLE:** 5 utile* ■ 6 fécond ■ 7 fertile ■ 8 précieux ■ 9 fructueux, salutaire ■ 10 avantageux ■ 13 profitabilité ■ 14 profitablement.

**PROFITER:** 5 guise ■ 9 exploiter, rabougrir ■ 10 bénéficier.

**PROFOND:** 3 bas ■ 4 coma ■ 5 abîme, canon, creux, derme, épais, étang, fiord, fjord, flanc, fosse, plomb, puits ■ 6 obscur ■ 7 abstrus, abyssal, enfoncé, mal-être ■ 8 abstrait, biloquer, incisure, instruit, ténèbres, thébaïde ■ 9 brisement, défonçage, hypoderme, précipice, révérence ■ 10 basse-fosse, contrition, entrailles, saut-de-loup, vénération ■ 11 approfondir, défoncement, prostration ■ 12 arrière-fond, intérioriser, stupéfaction ■ 13 anfractuosité.

**PROFONDEMENT:** 8 vivement ■ 10 intimement ■ 12 foncièrement.

**PROFONDEUR:** 4 aven, nova ■ 5 abîme, basse, creux, hadal, ligne, puits, sonde, tâter ■ 6 abysse, recoin ■ 7 gouffre, sondeur ■ 8 isobathe ■ 10 bathymètre, excavation, hypocentre, souterrain ■ 11 bathymétrie, bathysphère, échosondage, enfoncement ■ 12 profondément, renfoncement ■ 14 bathypélagique.

**PROFUSION:** 4 luxe*, rare ■ 8 pulluler ■ 9 abondance*, prodiguer ■ 10 libéralité ■ 11 débordement, modern-style, prodigalité, profusément.

**PROGENITURE:** 4 fils ■ 9 postérité.

**PROGESTATIF:** 11 micropilule.

**PROGESTERONE:** 6 lutéal ■ 7 lutéine ■ 10 lutéinique.

**PROGNATHE:** 12 prognathisme.

**PROGRAMMATION:** 4 lisp ■ 5 algol, basic ■ 6 pascal, prolog ■ 7 fortran ■ 10 assembleur ■ 11 identifieur ■ 14 identificateur.

**PROGRAMME:** 4 plan ■ 5 orsec ■ 7 dessein ■ 8 émission, planning ■ 9 progiciel ■ 10 assembleur, calendrier, paramétrer, programmer, prospectus, traducteur ■ 11 attrape-tout, compilateur, maccartisme, programmeur, superviseur, vidéogramme ■ 12 déprogrammer, maccarthysme, ordinogramme, préprogrammé, vidéographie ■ 13 planification, programmateur, programmation ■ 14 programmatique, téléchargement ■ 15 multitraitement.

**PROGRAMMER:** 12 programmable.

**PROGRES:** 3 pas ■ 5 essor, mieux ■ 6 marche ■ 7 courant, réforme ■ 8 piétiner, réprimer, réussite ■ 9 ascension, éducation, recyclage ■

10 avancement, progresser, rétrograde, stagnation ■ 11 immobilisme, propagation ■ 12 amélioration, civilisation, progressiste, résurrection ■ 13 développement*, obscurantisme.
**PROGRESSER:** 6 élever, gagner, monter ■ 7 amender, avancer, éduquer, réussir, stagner ■ 8 cheminer, dépasser, parvenir, réformer ■ 9 améliorer, atteindre, civiliser, rattraper, surpasser ■ 10 développer ■ 13 perfectionner.
**PROGRESSIF:** 4 lent, sape ■ 5 fondu ■ 9 crescendo ■ 10 croissance ■ 11 consomption ■ 13 progressivité ■ 15 progressivement.
**PROGRESSION:** 4 bond ■ 8 stakning, tropisme ■ 9 gradation ■ 10 avancement, logarithme, progressif ■ 11 cheminement ■ 12 infiltration ■ 13 sédimentation.
**PROGRESSIVE:** 14 latéralisation.
**PROGRESSIVEMENT:** 4 user ■ 7 peu à peu ■ 9 attremper, décroître, lentement, poco a poco ■ 11 petit à petit ■ 13 graduellement.
**PROHIBER:** 7 arrêter, exclure, inhiber ■ 8 défendre, empêcher, prévenir ■ 9 boycotter, condamner, interdire*, proscrire*, supprimer, suspendre ■ 11 excommunier ■ 12 expurgatoire.
**PROHIBITION:** 12 interdiction*, libre-échange.
**PROIE:** 5 aigle, airer, butin, hibou, huard, patte, serre ■ 6 autour ■ 7 orfraie, turbide, victime ■ 8 mystique ■ 9 affaitage, balbuzard, obsession, tiercelet ■ 11 affaitement, fauconnerie, maxillipède ■ 13 déchaperonner ■ 15 électrolocation.
**PROJECTEUR:** 4 spot ■ 7 gamelle ■ 8 sunlight ■ 9 autofocus ■ 10 passerelle.
**PROJECTILE:** 3 tir ■ 4 obus ■ 5 balle, bombe, engin, fusée, ogive, plomb ■ 6 boulet, dragée, flèche, lingot, pierre, rocket ■ 7 grenade, pruneau ■ 8 décharge, munition, parabole, ricochet, roquette, torpille ■ 9 atteindre, cartouche, catapulte, empennage, refouloir, sarbacane ■ 10 balistique, dérivation, fourchette, meurtrière, sifflement ■ 11 trajectoire ■ 12 antiatomique, bombardement ■ 14 semi-balistique.
**PROJECTION:** 3 u.t.m. ■ 5 épure ■ 8 gunitage, projeter ■ 9 anaglyphe, composant, diaporama, vignetage ■ 10 crachement ■ 11 cinémascope, épidiascope, kinétoscope, planimétrie ■ 13 axonométrique, pyroclastique, stéréographie.
**PROJET:** 3 but*, fin, vue ■ 4 idée, plan*, rêve, topo ■ 5 désir, devis, menée, trame, visée ■ 6 pensée, propos, utopie ■ 7 chimère, complot, croquis, dessein*, ébauche*, théorie, volonté ■ 8 décision*, esquisse, illusion, pratique, projeter, tendance ■ 9 collectif, intention*, programme, télénomie ■ 10 amendement, aspiration, commission, conception, prétention, téléonomie ■ 11 avant-projet, combinaison, machination, spéculation ■ 12 contre-projet.
**PROJETER:** 5 bâtir, jeter*, mûrir, rêver, viser ■ 6 biller, penser, songer, tramer ■ 7 arrêter, aspirer, cracher, décider*, désirer, méditer ■ 8 arranger, combiner, exécuter, infatuer, machiner, pissette, profiler, proposer, résoudre ■ 9 bombarder, compléter, concerter, concevoir, éidétique, envisager, nébuliser ■ 10 aérographe, déterminer, manigancer, préméditer, projecteur, projection, pulvériser ■ 11 scialytique ■ 12 entreprendre ■ 14 cinématographe ■ 15 rétroprojecteur.
**PROLACTINE:** 13 bromocriptine.
**PROLAPSUS:** 9 colpocèle ■ 14 périnéorraphie.
**PROLEGOMENES:** 7 préface*.
**PROLETAIRE:** 8 populace ■ 10 communisme ■ 11 prolétariat, prolétarien, travailleur ■ 12 prolétariser.

**PROLETARIAT :** 14 sous-prolétaire.
**PROLIFERATION :** 6 kahler ■ 8 adénoïde ■ 9 prolifère ■ 10 ostéophyte ■ 13 lymphosarcome ■ 15 paranéoplastique.
**PROLIFERER :** 11 multiplier*.
**PROLIFIQUE :** 5 lapin ■ 9 prolifère.
**PROLIXE :** 6 diffus ■ 8 éloquent, succinct ■ 9 prolixité ■ 11 prolixement.
**PROLOGUE :** 7 préface* ■ 12 préliminaire.
**PROLONGATION :** 5 dédain ■ 12 continuation*.
**PROLONGE :** 9 tousserie ■ 10 outrepassé.
**PROLONGEMENT :** 4 cône ■ 5 axone, queue, style, voûte, wharf ■ 6 procès, racine, retard, survie ■ 8 bâtonnet, dendrite, pourtour ■ 9 appendice, avant-cale, connectif, cornillon ■ 10 unipolaire ■ 12 continuation*.
**PROLONGER :** 5 durer, tenir ■ 7 pousser ■ 8 allonger, proroger ■ 9 continuer*, dilatoire, processif ■ 10 surexposer ■ 12 prolongation.
**PROMENADE :** 4 mail, parc, tour ■ 5 corso, cours, virée ■ 6 avenue, balade, course, voyage ■ 7 tournée ■ 9 cavalcade, excursion, promenoir, randonnée ■ 10 chevauchée, vadrouille ■ 13 pont-promenade, préambulation.
**PROMENER :** 7 balader, marcher, traîner ■ 8 baladeur, lanlaire ■ 9 déambuler, promenade, promeneur, promenoir ■ 11 buissonnier.
**PROMENEUR :** 7 glâneur, passant ■ 8 baladeur ■ 10 noctambule ■ 13 homme-sandwich.
**PROMESSE :** 3 ban ■ 4 vœu* ■ 5 offre, otage, singe ■ 6 parole ■ 7 gageure, honneur, serment* ■ 8 fidélité, réservat ■ 9 assurance ■ 10 engagement*, prometteur, promission, surenchère ■ 11 acceptation, expectative, fiançailles ■ 12 protestation ■ 12 ratification, surérogation.
**PROMETHEE :** 10 prométhéen.
**PROMETTRE :** 5 jurer*, vouer ■ 7 assurer, engager, espérer, fiancer, obliger ■ 8 affirmer ■ 9 acquitter, certifier, protester ■ 10 prometteur ■ 11 surenchérir.
**PROMIS :** 6 fiancé.
**PROMISCUITE :** 7 mélange ■ 9 promiscue.
**PROMONTOIRE :** 3 cap.
**PROMOTEUR :** 5 cause ■ 6 moteur ■ 10 promouvoir ■ 11 instigateur.
**PROMOTION :** 5 promo ■ 8 triomphe.
**PROMOUVOIR :** 7 haptène.
**PROMPT :** 3 vif* ■ 4 houp, lent ■ 5 actif, débit, leste ■ 6 habile, preste, souple, urgent ■ 7 brusque, soudain* ■ 8 diligent, fougueux, immédiat*, pétulant, répartie ■ 9 expéditif, impétueux, irascible ■ 11 promptement.
**PROMPTEMENT :** 3 tôt ■ 5 sitôt ■ 8 dare-dare, expédier ■ 9 fracasser, rondement.
**PROMPTEUR :** 13 téléprompteur, télésouffleur.
**PROMPTITUDE :** 4 hâte* ■ 6 fougue ■ 7 entrain, lenteur, urgence, vitesse* ■ 8 activité, célérité, rapidité, vélocité*, vivacité ■ 9 diligence, prestesse ■ 10 brusquerie ■ 12 accélération, empressement ■ 13 précipitation.
**PROMULGATION :** 8 shabouot.
**PRONATION :** 9 pronateur ■ 10 supination.
**PRONE :** 7 prôneur.
**PRONER :** 6 vanter* ■ 7 prêcher, prôneur.

**PRONOM**[1] : 1 y ■ 2 ça, ce, ci, en, il, je, la, le, me, on, qu', se, te, tu, un ■ 3 ces, cet, eux, ils, les, lez, lui, moi, nul, par, que, qui, soi, tel, toi, une ■ 4 ceci, cela, ceux, dont, elle, leur, mien, nous, quoi, rien, sien, tels, tien, tout, vous ■ 5 aucun, autre, celle, celui, elles, iceux, leurs, miens, nôtre, nulle, siens, telle, tiens, vôtre ■ 6 auquel, autrui, celles, ceux-ci, chacun, duquel, icelle, icelui, lequel, mienne, nôtres, sienne, telles, vôtres ■ 7 celle-ci, celui-ci, icelles, miennes, relatif, siennes, tiennes ■ 8 auxquels, celles-ci, certains, desquels, indéfini, laquelle, lesquels, personne, quelqu'un ■ 9 personnel, plusieurs, possessif, quelqu'une, quiconque ■ 10 auxquelles, desquelles, lesquelles, pronominal ■ 11 n'importe qui, quelques-uns ■ 12 démonstratif, interrogatif, n'importe quoi, quelques-unes.

**PRONOMINAL** : 5 verbe ■ 15 pronominalement.

**PRONOM INDEFINI** : 12 quelque chose.

**PRONONCER** : 4 dire*, lier ■ 5 juger, jurer ■ 6 bléser, dicter, écrier, nommer, parler, rendre ■ 7 ânonner, aspirer, bégayer, débiter, décider, énoncer, réciter, scander, zézayer ■ 8 censurer, conclure, déclamer, murmurer, nasiller, proférer* ■ 9 accentuer, articuler, balbutier, chevroter, chuchoter, condamner, escamoter, grasseyer, mâchonner, nasaliser, vergobret ■ 10 bafouiller, baraguiner, labialiser, psalmodier ■ 11 bredouiller, graillonner, prononçable ■ 12 redhibitoire ■ 13 imprononçable, prononciation.

**PRONONCIATION** : 6 accent ■ 7 blésité ■ 8 dystomie, fricatif ■ 9 lallation, logopédie, synalèphe ■ 10 bégaiement, rhotacisme ■ 11 lambdacisme, orthophonie ■ 12 accentuation, grasseyement.

**PRONOSTIQUER** : 7 prédire* ■ 8 présager ■ 9 pronostic ■ 12 conjoncturer.

**PROPAGANDE** : 5 tract ■ 8 agit-prop, bourrage, campagne ■ 9 publicité* ■ 13 propagandisme, propagandiste.

**PROPAGATION** : 8 coupe-feu ■ 9 diffusion*, expansion ■ 10 avancement ■ 11 rayonnement ■ 12 infiltration ■ 14 conductibilité ■ 15 planétarisation.

**PROPAGER** : 5 haras, semer, voler ■ 6 courir ■ 8 circuler, diffuser, irradier, répandre* ■ 9 apostolat, colporter, divulguer, épicentre, pénétrant ■ 10 professeur, vulgariser ■ 11 accréditer, ondulatoire, populariser, propagateur, tambouriner ■ 14 retentissement.

**PROPANE** : 9 propanier.

**PROPENSION** : 8 penchant*, tendance*, vocation ■ 10 dipsomanie ■ 12 fatigabilité.

**PROPERGOL** : 5 ergol ■ 7 diergol ■ 8 monergol.

**PROPHETE** : 4 émir ■ 5 bible, devin*, mulud, souna, sunna ■ 6 eubage, hadith ■ 7 starets ■ 8 stariets ■ 10 pythonisse ■ 11 prophétique, prophétisme ■ 15 prophétiquement.

**PROPHETIE** : 9 prévision ■ 10 prédiction ■ 11 prémonition, prophétique.

**PROPHETISER** : 7 prédire* ■ 8 annoncer, présager ■ 9 vaticiner.

**PROPHYLAXIE** : 8 protéger ■ 14 gammaglobuline, prophylactique.

**PROPICE** : 3 ami ■ 5 bénin ■ 9 commodité, favorable* ■ 13 propitiatoire.

**PROPITIATOIRE** : 12 propitiation.

**PROPORTION** : 3 sur ■ 4 aloi, dose, taux ■ 5 deuto, moyen, pièce, vaste ■ 6 dosage ■ 7 modulor, rapport ■ 8 métayage, répondre ■

1. Exceptionnellement, pour les pronoms, les féminins et les pluriels ont été indiqués systématiquement.

9 dimension, docimasie, eurythmie ■ 10 alcoomètre, difformité, modénature, régularité ■ 11 composition, pourcentage* ■ 12 correspondre, proportionné ■ 13 disproportion, proportionnel, proportionner ■ 14 stœchiométrie ■ 15 disproportionné, équimoléculaire.

**PROPORTIONNE :** 5 moulé, roulé ■ 8 régulier ■ 10 convenable, harmonieux ■ 15 proportionnable.

**PROPORTIONNEL :** 10 coéquation, nuptialité, régalement.

**PROPORTIONNER :** 5 doser ■ 7 mesurer.

**PROPOS :** 3 but*, duo ■ 4 bave ■ 5 devis ■ 6 satire ■ 7 baratin, boutoir, canular, matière ■ 8 bienvenu, boniment, convenir, coq-à-l'âne, discours, faribole, immiscer, mensonge, occasion, opportun, radotage ■ 9 baliverne, commérage, expédient, fleurette, gaudriole, gravelure, rabâchage, roucouler ■ 10 balourdise, concernant, initiative, persiflage, résolution, utilitaire, vantardise ■ 11 altercation, bafouillage, cochonnerie, gaillardise, qu'en-dira-t-on, rabâchement, ritournelle ■ 13 calembredaine, malencontreux, polissonnerie.

**PROPOSER :** 4 dire ■ 6 offrir ■ 7 exposer ■ 8 formuler, libeller, négocier, produire ■ 9 présenter*, soumettre, voyagiste ■ 10 proposable ■ 14 soumissionner.

**PROPOSITION :** 5 devis, lemme, offre, sujet, terme, thèse, toast, toper ■ 6 axiome, maxime, motion, projet ■ 7 apodose, étalage ■ 8 négative, prédicat, prémisse, principe ■ 9 aléthique, ambiguïté, assertion, implicite, juxtaposé, nominatif, objection, ouverture, ultimatum ■ 10 complément, exhibition, initiative, réciproque, syllogisme ■ 11 affirmative, implication, négociation, parlementer, soumission ■ 12 construction, présentation, raisonnement, universalité ■ 13 pollicitation ■ 14 antéprédicatif, propositionnel.

**PROPOSITIONNEL :** 8 foncteur.

**PROPOSITIONNELLE :** 11 satisfiable.

**PROPRE :** 3 bon, net* ■ 4 fief, rire, sain, tare ■ 5 génie, style, terre ■ 6 idoine, sinité, taille ■ 7 luisant, propret ■ 8 attribut, blanchir, bractéal, distinct*, galfâtre, nettoyer, pastoral, recopier ■ 9 caractère, défricher, dépuratif, essentiel, fourrager, malpropre, oculogyre, palladien, personnel, propriété, putassier, stimugène ■ 10 appartenir, approprier, définition, générateur, idiopathie, individuel, proprement, québécisme, spécifique ■ 11 intrinsèque, narcissisme, particulier, sacrificiel ■ 12 autocritique, désinfecteur, gonochorique, parasismique, xérophytique ■ 13 appropriation, idiosyncrasie ■ 15 caractéristique.

**PROPRETE :** 8 toilette ■ 9 tripotage ■ 10 proprement ■ 11 malpropreté.

**PROPRIETAIRE :** 4 serf, usus ■ 5 épave, ferme ■ 6 abusus, féodal, maître, squire, yéoman ■ 7 proprio, royalty, vautour ■ 8 planteur, seigneur, squatter, vervelle ■ 9 alleutier, châtelain, congéable, fabricant, partiaire, probloque ■ 10 possesseur, réversible ■ 11 obligatoire ■ 12 actionnariat, syndicataire ■ 13 manufacturier ■ 14 nu-propriétaire ■ 15 gentleman-farmer, prolétarisation.

**PROPRIETE :** 4 bien* ■ 5 alleu, chose, effet endos, loyer, terre, titre, vente, vertu ■ 6 jacent, quirat ■ 7 domaine, faculté, fazenda, naturel, pouvoir*, qualité*, rection ■ 8 basicité, cohésion, demeurer, fixateur, fonction, isotrope, lyophile, maintien, physique, tonicité ■ 9 actinisme, aériforme, aérologie, analycité, attractif, chiralité, direction, ductilité, évocateur, irisation, isolateur, magistère, occlusion, projectif, réducteur, rémanence, résonance, stabilité, tolérance, viscosité ■ 10 activation, adhésivité, aérométrie, allotropie, anisotrope, appartenir, audibilité, balsamique, carminatif, conformité, déflagrant, dénotation, détergence, dichroïsme, dissolutif, dissolvant, élasticité, exproprier, globalisme, incrustant, jouissance, magnétique, mouillance, multigrade, occupation, optométrie, possession*, salifiable, tautomérie ■ 11 alcalescent, analyticité, autoréglage, biotropisme, colinéarité, combustible, convergence, copropriété, décarburant, dégradation, déprédation, dessiccatif, dimorphisme, directivité, endossement, homéomorphe, homochromie, latifundium, lotissement, métathéorie, outrabilité, plastifiant, pneumatique, récursivité, réfringence, soporifique, soudabilité, texturation, variabilité ■ 12 absorptivité, achromatisme, anélasticité, appartenance, arithmétique, catégoricité, déliquescent, dermographie, dilatabilité, extensionnel, flottabilité, fluorescence, géotechnique, irritabilité, nue-propriété, perméabilité, polarisation, raccordement, reviviscence ■ 13 associativité, déliquescence, extensibilité, imprimabilité, magnétochimie, médicamenteux, mouillabilité, polymorphisme, radio-activité, réflexibilité ■ 14 autopropulsion, combustibilité, conductibilité, convertibilité, démontrabilité, magnéto-optique, quantificateur, réfrangibilité, superplastique ■ 15 compressibilité, électroaffinité, ferromagnétisme, impénétrabilité, infroissabilité, phosphorescence, photoconduction, photo-élasticité, radiogoniométrie, superplasticité, transmutabilité.

**PROPRIOCEPTION :** 14 proprioceptеur.

**PROPULSER :** 8 chenille ■ 13 hydroglisseur ■ 14 thermopropulsé.

**PROPULSEUR :** 8 hypergol, réacteur ■ 11 moteur-fusée ■ 13 statoréacteur.

**PROPULSION :** 5 fusée ■ 6 hélice ■ 7 godille, poussée ■ 9 gargousse, propulsif ■ 10 propulseur ■ 14 autopropulsion, semi-balistique.

**PROPYLENE :** 7 propène ■ 11 polypropène ■ 13 acrylonitrile, polypropylène.

**PRORATA :** 9 quote-part.

**PROROGATION :** 5 délai* ■ 14 renouvellement.

**PROROGER :** 8 allonger ■ 9 proconsul ■ 10 prorogatif ■ 11 prorogation.

**PROSAÏQUE :** 8 vulgaire ■ 13 prosaïquement.

**PROSCRIPTION :** 8 proscrit ■ 9 proscrire ■ 12 proscripteur.

**PROSCRIRE :** 6 abolir, bannir*, blâmer*, exiler ■ 7 chasser*, rejeter, traquer ■ 8 défendre*, détruire, expulser, prohiber*, proscrit ■ 9 condamner*, repousser, réprouver ■ 11 excommunier.

**PROSE :** 5 pièce, poème, roman ■ 6 auteur, poésie, stabat ■ 8 cantique, séquence ■ 9 prosaïque, prosateur ■ 10 logographe, paragraphe ■ 11 stabat mater.

**PROSECTEUR :** 11 prosectorat.

**PROSELYTE :** 8 partisan* ■ 12 prosélytisme.

**PROSOBRANCHE :** 5 murex ■ 6 vignot ■ 7 patelle, vigneau ■ 9 bigorneau, littorine.

**PROSODIE :** 5 mètre ■ 6 gradus ■ 10 prosodique.

**PROSOPOPEE :** 8 discours.

**PROSPECTE :** 9 futurible.

**PROSPECTER :** 8 sismique ■ 11 prospecteur, prospection.

**PROSPECTIVE :** 14 prospectiviste.

**PROSPECTUS :** 5 tract ■ 8 brochure, dépliant ■ 9 programme.

**PROSPERE :** 9 calcicole, calcifuge, favorable ■ 10 silicicole.

**PROSPERER :** 5 aller ■ 7 fleurir, marcher, réussir*.

**PROSPERITE :** 4 jour ■ 5 ruine ■ 6 succès* ■ 7 bonheur* ■ 8 richesse* ■ 13 intéressement.

**PROSTATE :** 9 vasotomie ■ 10 prostatite, vasectomie ■ 11 prostatique ■ 14 prostatectomie.

**PROSTERNATION :** 10 prostration ■ 13 prosternement.

**PROSTERNER:** 6 saluer* ■ 11 agenouiller ■ 13 prosternation, prosternement.
**PROSTITUEE:** 4 grue, pute ■ 5 catin, fille, garce, morue, poule ■ 6 maquer, putain ■ 7 cocotte, hétaïre, pétasse, radeuse, ribaude, roulure, traînée ■ 8 call-girl, micheton ■ 9 racoleuse, putassier, tapineuse ■ 10 courtisane, pouffiasse ■ 11 belle-de-nuit, gourgandine, trimardeuse ■ 12 raccrocheuse.
**PROSTITUER:** 12 prostitution.
**PROSTITUTION:** 6 clandé ■ 8 débauche* ■ 9 maquereau, souteneur, tolérance ■ 10 impudicité, maquerelle ■ 11 vagabondage ■ 12 dévergondage, pornographie.
**PROSTRATION:** 8 effondré, typhoïde ■ 10 abattement*, dépression ■ 13 prosternation.
**PROTAGONISTE:** 6 acteur, meneur, moteur ■ 9 animateur ■ 11 instigateur ■ 12 boute-en-train.
**PROTECTEUR:** 2 dé ■ 5 garde ■ 6 duègne, mécène, patron, tuteur ■ 7 gardien, parasol, phanère, sauveur ■ 8 bouclier, chaperon, paternel ■ 9 défenseur*, tutélaire ■ 10 providence.
**PROTECTION:** 3 rue ■ 4 abri*, ados, aile, mari ■ 5 appui, asile, bénir, capot, digue, écran, égide, galon, garde, grâce, levée, pépin, voile ■ 6 armure, blindé, faveur, masque, piston, refuge ■ 7 armeuse, asepsie, auspice, défense*, fargues, mécénat, parapet, paréage, pariage, remblai, tutelle ■ 8 amulette, antimite, auspices, carapace, convoyer, coquille, coudière, cuirasse, doigtier, endigage, estacade, garantie, garde-fou, jaquette, paravent, risberme, saucisse, talisman, tranchée ■ 9 brise-vent, garde-boue, hausse-col, mélanocyte, pardessus, patronage, salopette ■ 10 aluminiage, brise-lames, couverture, écologisme, garde-corps, invocation, providence, sauvegarde ■ 11 couvre-livre, endiguement, prophylaxie, recommander ■ 12 protège-dents, protège-tibia ■ 13 bondérisation, parkérisation, phosphatation, plasticulture ■ 14 accompagnement ■ 15 démagnétisation.
**PROTEGE:** 9 sous-garde ■ 13 anticorrosion, antiradiation.
**PROTEGER:** 4 stot ■ 5 accot, aider, armer ■ 6 barder, épiner, garder, sauver ■ 7 abriter, appuyer, couvrir, excuser, pallier ■ 8 assister, breveter, créature, défendre*, entourer, escorter, flanquer, garantir, inabrité, prémunir, secourir, soutenir ■ 9 cuirasser, favoriser, gabionner, immuniser, patronner, pistonner, préserver* ■ 10 intercéder, intéresser, protecteur, protection ■ 11 calorifuger, recommander, sauvegarder, surprotéger ■ 13 précautionner, protège-cahier ■ 15 protectionnisme, radioprotection.
**PROTEINE:** 5 amine, zéine ■ 6 scatol, sérine ■ 7 alanine, alexine, caséine, globine, histone, leucine, myosine, scatole ■ 8 aleurone, gélatine, hordéine, protéide ■ 9 globuline, oncotique, onkotique, protéique, spiruline ■ 10 glycocolle, interféron, isoleucine, lymphokine ■ 11 albuminoïde, ferrédoxine, protéinique, protéinurie ■ 12 holoprotéine, lipoprotéine, protéagineux ■ 13 glycoprotéine, phénylalanine, protéolytique, ribonucléique ■ 14 hétéroprotéine, scléroprotéine ■ 15 métalloprotéine.
**PROTEIQUE:** 10 allostérie.
**PROTESTANT:** 5 bible ■ 6 morave, quaker ■ 7 réformé, revival ■ 8 anglican, darbysme, huguenot, piétiste, puritain ■ 9 clergyman, hérétique, luthérien, prédicant ■ 10 calviniste, diaconesse, méthodiste, parpaillot, ritualiste ■ 11 conformiste, évangélique ■ 12 pentecôtiste, presbytérien ■ 13 congréganiste, religionnaire ■ 14 non-conformiste, protestantisme ■ 15 fondamentalisme.

**PROTESTATION :** 3 cri ■ 8 chambard, promesse, schproum ■ 9 gueulante, objection ■ 13 démonstration, protestataire.
**PROTESTER :** 4 ruer ■ 5 crier, râler ■ 7 moufter, récrier ■ 8 affirmer, grogneur, moufeter, murmurer, objecter*, réclamer*, résister ■ 9 gendarmer, ressauter, rouspéter ■ 10 récriminer*, rouspéteur ■ 11 protestable, rouscailler.
**PROTET :** 9 protester.
**PROTEUR :** 13 télégraphiste.
**PROTHALLE :** 8 rhizoïde ■ 10 macrospore, microspore.
**PROTHESE :** 7 implant ■ 10 ocularist ■ 11 biomatériau, prothétique.
**PROTHETIQUE :** 8 hématine.
**PROTIDE :** 6 gluten ■ 7 caséine, fibrine, peptone ■ 8 légumine, protéase, protéine, tyrosine, trypsine ■ 9 collagène ■ 10 protidique ■ 11 fibrinogène, hémocyanine, polypeptide ■ 14 nucléoprotéine.
**PROTIDIQUE :** 7 peptone.
**PROTISTE :** 6 stigma ■ 9 grégarine ■ 10 péridinien ■ 11 zooflagellé ■ 13 phytoflagellé ■ 15 coccolithophore.
**PROTOCOLE :** 9 étiquette* ■ 10 cérémonial, convention ■ 12 protocolaire.
**PROTOCORDE :** 8 tunicier*.
**PROTOHISTOIRE :** 14 protohistorien ■ 15 protohistorique.
**PROTON :** 5 atome, méson, noyau ■ 6 baryon ■ 7 hypéron ■ 8 deutéron ■ 10 protonique.
**PROTOPLANETE :** 10 planétoïde.
**PROTOPLASME :** 10 pseudopode ■ 14 protoplasmique.
**PROTOTYPE :** 5 mètre ■ 6 modèle* ■ 10 kilogramme.
**PROTOXYDE :** 8 litharge, massicot.
**PROTOZOAIRE :** 5 cilié ■ 7 amibien ■ 8 flagellé*, kala-azar ■ 9 infusoire*, nummulite, rhizopode* ■ 10 leishmania, leishmanie, leptospire, noctiluque ■ 11 sporozoaire* ■ 12 hématozoaire*.
**PROTUBERANCE :** 4 côte ■ 5 bosse ■ 7 saillie* ■ 9 maniement ■ 10 tubérosité ■ 11 protubérant ■ 12 mésencéphale ■ 14 protubérentiel.
**PROU :** 8 beaucoup*.
**PROUE :** 3 nez ■ 5 poupe.
**PROUESSE :** 7 exploit*.
**PROUVER :** 4 voir ■ 6 arguer, avérer ■ 7 appuyer, déduire, établir, inférer, montrer, probant, réfuter, révéler ■ 8 attester, garantir ■ 9 certifier, concluant, confirmer, constater, démontrer*, justifier, persuader, prouvable, raisonner, témoigner* ■ 10 argumenter, convaincre, manifester, probatoire ■ 11 improuvable ■ 12 justificatif.
**PROVENANCE :** 5 cause, germe ■ 6 racine, source* ■ 7 origine*, produit ■ 9 influence ■ 10 dérivation, étymologie ■ 11 descendance ■ 12 bric et de broc, ramification.
**PROVENÇAL :** 4 fada, moco ■ 5 arène ■ 6 pistou ■ 7 occitan ■ 8 brandale, tapenade ■ 9 farandole ■ 10 roumanille, serventois, troubadour ■ 12 magnanarelle, passerinette ■ 13 bouillabaisse.
**PROVENCE :** 5 borie ■ 8 taillote.
**PROVENDE :** 9 provision.
**PROVENIR :** 4 issu ■ 5 tenir, tirer, venir ■ 6 émaner, naître, partir, sortir ■ 7 dériver ■ 8 découler, procéder ■ 9 descendre.
**PROVERBE :** 5 adage ■ 6 dicton, maxime*, pensée ■ 10 proverbial ■ 12 parémiologie ■ 15 proverbialement.
**PROVIDENCE :** 4 ciel, dieu* ■ 8 vocation ■ 10 prévoyance, protecteur* ■ 12 bienfaisance, providentiel.
**PROVIENT :** 7 vinique.

**PROVIN :** 9 provigner.
**PROVINCE :** 4 land ■ 5 comté, duché, légat ■ 6 canton ■ 10 préfecture, propréteur, provincial ■ 11 département, principauté, statthalter ■ 12 provincialat, régionaliste, suburbicaire ■ 13 proconsulaire ■ 14 arrondissement, provincialisme ■ 15 circonscription.
**PROVISEUR :** 5 lycée ■ 10 provisorat.
**PROVISION :** 4 amas ■ 5 soute ■ 7 acompte, aiguade, aliment, réserve ■ 8 provende, viatique ■ 9 abondance ■ 10 fourniture, victuaille ■ 12 provisionnel ■ 14 approvisionner.
**PROVISOIRE :** 5 blanc, loger, titre ■ 8 éphémère, faufiler, passager*, précaire ■ 9 ambulance, batardeau, campement, faufilure, palliatif, séquestre ■ 10 auxiliaire, demi-mesure ■ 11 échafaudage ■ 14 préinscription.
**PROVISOIREMENT :** 5 bâtir ■ 9 attendant, épinglage.
**PROVOCATION :** 4 défi, punk ■ 6 cartel ■ 7 attaque ■ 8 agacerie, embauche ■ 9 agression, tentation ■ 10 embauchage, excitation, suggestion ■ 11 infériorité, inspiration, instigation.
**PROVOQUE :** 7 cariant, givrant, lytique ■ 8 anémiant, pyrogène, salivant ■ 9 cariogène, mordicant ■ 10 ataraxique, castrateur ■ 11 jubilatoire, réflexogène ■ 12 convulsivant, hypertenseur, thrombotique, traumatisant.
**PROVOQUER :** 6 agacer, braver*, causer*, défier, naître, tenter ■ 7 affoler, allumer, amorcer, convier, exciter, frotter, inviter, ioniser ■ 8 apporter, attaquer, émouvoir, évaporer, éveiller, fomenter, indigner, inspirer, mutagène, produire*, stresser, suggérer, susciter ■ 9 allergène, asticoter, catalyser, défiolier, défléchir, érotogène, exulcérer, insuffler, tétaniser, vulnérant ■ 10 casus belli, déterminer, halluciner, solliciter ■ 11 cancérigène, cancérogène, incendiaire, occasionner*, provocateur ■ 12 évaporatoire ■ 13 scissionniste.
**PROXENETE :** 3 mac ■ 5 jules ■ 9 souteneur ■ 13 entremetteuse.
**PROXIMITE :** 4 pour, près* ■ 5 degré ■ 8 approche ■ 9 avoisiner, boomerang, boumerang, voisinage.
**PRUDE :** 6 chaste ■ 7 pudique ■ 8 bégueule, pruderie, pudibond, puritain.
**PRUDENCE :** 5 serré ■ 7 cautèle, minutie, prudent, réserve, sagesse * ■ 8 défiance ■ 9 attention, imprudent, prévision, réflexion, vigilance ■ 10 imprudence, précaution*, prévoyance, prudemment ■ 13 avertissement ■ 14 circonspection*.
**PRUDENT :** 4 ours, posé, sage* ■ 5 avisé, calme ■ 6 mesuré, timide, timoré ■ 7 défiant, discret, réservé ■ 8 attentif, hésitant, réfléchi*, vigilant ■ 9 cauteleux, minutieux, prévoyant ■ 10 méticuleux ■ 11 circonspect, raisonnable ■ 12 précautionné ■ 14 précautionneux.
**PRUD'HOMALE :** 9 prud'homie.
**PRUD'HOMME :** 9 prud'homal, prud'homie ■ 12 prudhommerie.
**PRUNE :** 4 ente ■ 5 damas, moyeu ■ 7 précoce, pruneau ■ 8 décaisne, prunelée, prunelle, quetsche ■ 9 cerisette, madeleine, mirabelle, perdrigon ■ 11 reine-claude.
**PRUNELLE :** 7 pupille.
**PRUNELLIDE :** 9 accenteur.
**PRUNELLIER :** 6 prunus ■ 8 prunelle ■ 9 rhynchite.
**PRUNIER :** 5 prune ■ 6 prunus ■ 7 ximénia, ximénie ■ 9 prunelaie ■ 10 dominotier, marmottier, prunellier ■ 13 laurier-cerise.
**PRURIT :** 15 antiprurigineux.
**PRUSSIQUE :** 9 prussiate ■ 12 cyanhydrique.
**PRYTANE :** 7 brution ■ 8 prytanée.

**PSALLIOTE :** 11 rosé-des-prés.
**PSALMODIER :** 7 chanter*, réciter.
**PSAUME :** 5 motet ■ 6 verset ■ 8 antienne, cantique, médiante, miserere, psautier ■ 9 doxologie, psalmiste, psalmodie, versicule ■ 10 psalmodier.
**PSEUDONYME :** 6 surnom ■ 10 cryptonyme, hétéronyme.
**PSEUDOPODE :** 5 amibe ■ 9 rhizopode.
**PSILOCYTE :** 11 psilocybine.
**PSITTACIDE :** 3 ara ■ 4 lori ■ 5 jacot ■ 7 papegai ■ 8 cacatoès, cacatois, kakatoès, papegeai, perruche ■ 9 perroquet.
**PSYCHANALYSE :** 13 psychanalyser, psychanalyste ■ 14 freudo-marxisme ■ 15 psychanalytique.
**PSYCHANALYSTE :** 6 balint.
**PSYCHANALYTIQUE :** 7 analysé.
**PSYCHE :** 5 glace* ■ 6 miroir*.
**PSYCHIATRE :** 14 pédopsychiatre.
**PSYCHIATRIE :** 13 psychiatriser ■ 14 autocastration ■ 15 antipsychiatrie, pédopsychiatrie.
**PSYCHIATRIQUE :** 3 c.h.s. ■ 12 psychiatrisé ■ 13 psychiatriser ■ 14 petites-maisons.
**PSYCHIQUE :** 6 stress, trauma ■ 7 analité, topique ■ 8 hypnoïde, nicotine ■ 9 conscient, psychisme ■ 10 crétinisme, psychogène, quérulence ■ 11 psychotrope, sociogenèse ■ 12 apragmatisme, dédoublement, panpsychisme, préconscient, psychogenèse, psychométrie, somatisation ■ 13 mentalisation, psychasthénie, psychotonique, schizophrénie.
**PSYCHISME :** 11 bisexualité ■ 14 psychobiologie.
**PSYCHOLINGUISTIQUE :** 15 psycholinguiste.
**PSYCHOLOGIE :** 5 amour ■ 8 feed-back ■ 9 génétisme, nativisme, pédologie, prégnance ■ 10 mentalisme, paidologie ■ 11 agressivité, gynécologie, psychologue ■ 12 béhaviorisme, criminologie, égocentrisme, hospitalisme, psychanalyse, psychosocial ■ 13 allocentrisme, béhaviourisme, métaphysique, psychologique, psychologisme ■ 14 opérationnisme ■ 15 cristallisation, épiphénoménisme, psychopédagogie.
**PSYCHOLOGIQUE :** 7 confort ■ 8 analyser ■ 10 binet-simon ■ 11 attitudinal.
**PSYCHOMETRE :** 12 psychométrie.
**PSYCHOMETRIE :** 14 psychométrique ■ 15 psychométricien.
**PSYCHOMOTEUR :** 8 baby-test ■ 12 immaturation.
**PSYCHOPATHOLOGIE :** 9 anxiogène.
**PSYCHOPHYSIOLOGIE :** 14 psychophysique.
**PSYCHORIGIDITE :** 12 psychorigide.
**PSYCHOSE :** 8 paranoïa ■ 9 obsession* ■ 11 paraphrénie, psychotique ■ 12 psychogenèse ■ 14 prépsychotique, psychothérapie.
**PSYCHOSOCIOLOGIE :** 14 action research ■ 15 recherche-action.
**PSYCHOTHERAPIE :** 8 thérapie ■ 13 onirothérapie.
**PSYCHOTHERAPIQUE :** 9 sociatrie.
**PSYPATHOLOGIQUE :** 12 débilisation.
**PTERIDOPHYTE :** 10 cryptogame*, vasculaire.
**PTEROPODE :** 5 clios, hyale ■ 8 cléodore ■ 9 carolinie.
**PTEROSAURIEN :** 10 ptéranodon.
**PTOSE :** 11 néphropexie.
**P.T.T. :** 7 télétex.
**PUANT :** 8 puanteur ■ 9 infection ■ 10 malodorant ■ 11 empoisonner.

**PUBERE :** 6 réglée.
**PUBERTE :** 4 muer ■ 6 éphèbe, pubère ■ 8 impubère, nubilité ■ 9 formation ■ 11 adolescence, hébéphrénie.
**PUBESCENT :** 5 poilu ■ 10 pubescence.
**PUBIS :** 5 pénil, pénis ■ 7 morpion ■ 8 ovulaire, phtirius ■ 10 sous-pubien.
**PUBLIC :** 3 kan ■ 4 café, live, pavé, waqf ■ 5 agora, barre, bazar, cours, criée, édile, fléau, foire, forum, halle, hôtel, impôt, leçon, ligue, place, poste, privé, régie, route, salle, sbire, seing, siège, sourd, vogue ■ 6 avanie, banvin, héraut, maxima ■ 7 notoire ■ 8 braderie, calamité, diptyque, domanial, ébruiter, éclatant, héligare, huis clos, liturgie, palestre, pandèmes, registre ■ 9 apostasie, auditoire, compérage, divulguer, manifeste, orchestre, publicité, rogations, solennité ■ 10 accusation, concussion, exotérique, guichetier, parapublic, pissotière, restaurant, semi-public, strip-tease ■ 11 législateur, mont-de-piété, obsécration, particulier, publication, représenter, vespasienne ■ 12 fidélisation, privatisable, publiquement, référendaire ■ 14 médecin-conseil.
**PUBLICATION :** 3 ban ■ 4 issn ■ 5 livre*, revue ■ 6 digest, tirage ■ 7 édition, gazette, journal, ouvrage, recueil, tabloïd ■ 8 bulletin, censurer, grébiche, opuscule, parution ■ 9 lancement ■ 10 apparition ■ 12 proclamation, rédactionnel.
**PUBLICISTE :** 11 journaliste.
**PUBLICITAIRE :** 7 aguiche, gimmick ■ 11 sponsoriser.
**PUBLICITE :** 3 pub ■ 4 boom ■ 5 tract ■ 6 retape, tam-tam, teaser, visuel ■ 7 affiche, battage, réclame ■ 8 pénombre ■ 9 annoncier ■ 10 propagande, surmonter ■ 12 publicitaire ■ 13 démonstrateur, médiaplanning ■ 15 contre-publicité.
**PUBLIE :** 4 isbn.
**PUBLIER :** 4 voir ■ 5 crier, faire, gémir, tirer ■ 6 aviser, donner, éditer, lancer ■ 7 avertir, édicter, exposer, montrer, révéler* ■ 8 annoncer, célébrer, déclarer, décréter, dénoncer, dévoiler, ébruiter, paraître, propager, répandre ■ 9 colporter, découvrir, divulguer, proclamer, publiable ■ 10 imprimer, préconiser, promulguer, transpirer, vulgariser ■ 11 impubliable, publication, tambouriner.
**PUBLIPHONE :** 9 télécarte.
**PUBLIOPOSTAGE :** 7 mailing.
**PUBLIQUE :** 3 o.p.a., o.p.e. ■ 7 radeuse ■ 8 imperium ■ 10 publiphone ■ 13 radiotrottoir.
**PUCE :** 6 chique ■ 7 daphnie, talitre.
**PUCEAU :** 6 vierge*.
**PUCELAGE :** 9 dépuceler ■ 10 dépucelage.
**PUCERON :** 6 kermès ■ 7 chermès ■ 8 aleurode ■ 9 rhynchote ■ 10 coccinelle, cochenille, phylloxéra.
**PUDDING :** 9 diplomate ■ 11 plum-pudding.
**PUDDLAGE :** 8 puddleur.
**PUDEUR :** 5 honte, vertu ■ 6 pureté* ■ 7 décence*, honneur, réserve, retenue* ■ 8 chasteté*, impudeur, modestie*, pruderie, pudicité, timidité, vergogne ■ 9 confusion, indécence, innocence, obscénité, virginité ■ 10 grossièreté, immodestie, licencieux ■ 12 pudibonderie.
**PUDIBOND :** 5 prude ■ 8 bégueule ■ 12 pudibonderie.
**PUDIQUE :** 4 sage ■ 5 prude ■ 6 chaste*, décent ■ 8 pudicité ■ 9 impudique ■ 10 déshonnête ■ 11 pudiquement.
**PUER :** 6 cogner ■ 7 cocoter ■ 8 cocotter, empester, fouetter, infecter ■ 9 chlinguer, empuanter, suffoquer ■ 10 gazouiller ■ 11 empoisonner, trouilloter.

**PUERICULTURE :** 13 puéricultrice.
**PUERIL :** 4 vain* ■ 8 enfantin ■ 9 puérilité ■ 11 puérilement ■ 12 enfantillage.
**PUERPERAL :** 9 vitulaire.
**PUGILAT :** 5 ceste, lutte* ■ 6 combat* ■ 8 pancrace ■ 9 pugiliste ■ 12 pugilistique.
**PUGNACE :** 8 combatif.
**PUINE :** 5 cadet ■ 6 junior.
**PUIS :** 5 après ■ 7 ensuite ■ 13 subséquemment.
**PUISER :** 4 seau, urne ■ 5 tirer ■ 6 pêcher, pomper ■ 7 pucheux, puisage ■ 8 baqueter, cuillère, puisette ■ 9 puisement.
**PUISOIR :** 7 pucheux.
**PUISQUE :** 8 parce que ■ 13 étant donné que.
**PUISSANCE :** 3 éon, loi, var ■ 4 mana, test, watt ■ 5 aleph, effet, force*, magie, pâlir, phone, trône ■ 6 crédit, empire, étoile, faveur, quasar ■ 7 faculté*, pouvoir* ■ 8 activité, autorité, complexe, dioptrie, exposant, grandeur, imperium, kilowatt, maîtrise, monopole, poncelet, sanction, violence ■ 9 concision, émanciper, hectowatt, influence, intensité, kilotonne, mégatonne, potentiel, privilège, soumettre, véhémence, virulence, wattmètre ■ 10 contrainte, efficacité, hiérarchie, horse-power, lévitation, superbombe, voltampère ■ 11 condominium, fécondateur, héliographe, impuissance, radiobalise ■ 12 cheval-vapeur, potentialité ■ 13 actualisation, amplificateur, concentration, prépondérance, télédynamique ■ 14 thalassocratie, toute-puissance.
**PUISSANT :** 4 fort*, lion ■ 5 frêle, tigre, titan ■ 6 maître ■ 7 intense, manitou, violent* ■ 8 efficace, héroïque, potentat, véhément, virulent ■ 9 tunnelier ■ 10 magnétique ■ 11 ploutocrate, puissamment.
**PUITS :** 4 bure, igue, mine ■ 5 picot, raval, rouet, sonde ■ 7 chadouf, derrick, puisard, recette ■ 8 artésien, coffrage, cuvelage, margelle, sondeuse ■ 9 puisatier, royalties ■ 10 complétion, étalingure, palplanche ■ 11 chevalement.
**PULL-OVER :** 8 chandail, sous-pull ■ 10 sweat-shirt.
**PULLULER :** 7 abonder* ■ 9 foisonner ■ 10 fourmiller ■ 11 pullulation, pullulement.
**PULMONAIRE :** 5 rhume ■ 9 alvéolite, pneumonie ■ 10 anthracose ■ 12 aérothérapie, inspiratoire ■ 14 pneumallergène.
**PULMONE :** 5 loche ■ 6 limace, limnée ■ 7 limaçon ■ 8 escargot ■ 9 colimaçon ■ 10 testarelle.
**PULPAIRE :** 10 endodontie.
**PULPE :** 5 casse, chair, luffa, tamar ■ 7 pulpeux, pulpite, tamarin ■ 8 dépulper, pulpaire, tire-nerf ■ 11 dévitaliser.
**PULQUE :** 5 agave.
**PULSATION :** 5 tâter ■ 6 pulser ■ 7 pulsant ■ 9 battement* ■ 10 inductance.
**PULSION :** 8 thanatos ■ 10 pulsionnel ■ 11 nécrophilie.
**PULVERISATION :** 7 venturi ■ 8 pistolet ■ 9 atomiseur ■ 10 préchambre ■ 12 vaporisation ■ 13 pulvérisateur.
**PULVERISER :** 5 fixer, râper ■ 6 broyer*, moudre ■ 8 détruire* ■ 9 vaporiser ■ 10 écroûteuse ■ 12 vaporisateur ■ 13 pulvérisation.
**PULVERULENT :** 6 cément, ciment, fécule ■ 8 poussier ■ 10 soufleuse ■ 12 pulvérulence ■ 13 granulométrie.
**PUMA :** 4 eyra ■ 7 couguar ■ 8 cougouar.
**PUNAISE :** 4 nèpe ■ 5 actée, vélie ■ 8 gendarme, punaiser ■ 9 cimicaire, pentatome, rhynchote ■ 10 pyrocorise.

**PUNCH :** 8 daïquiri.
**PUNIR :** 5 mater, payer, saler, sévir, vivre ■ 6 battre*, coller, expier, fesser, gifler, venger ■ 7 châtier, dompter, énerver, flétrir, frapper, mutiler, punitif, réduire ■ 8 bâtonner, censurer, corriger*, coupable, dégrader, fouetter, punition, réprimer, torturer ■ 9 cravacher, enchaîner, flageller, morigéner, pardonner, punisseur ■ 10 admonester, essoriller, punissable, souffleter ■ 11 récompenser, stigmatiser.
**PUNITION :** 5 blâme, colle, fouet, peine* ■ 6 amende, arrêté, fessée, pensum, piquet, talion ■ 7 censure, morfler, retenue ■ 8 impunité, pénalité, sanction*, schlague, soufflet, supplice ■ 9 bâtonnade, châtiment, pénitence*, vengeance ■ 10 admonition, coercition, correction, discipline, impunément, punissable, répression, suspension ■ 11 dégradation ■ 12 autopunition, flagellation, pénalisation.
**PUNITIVE :** 9 ratonnade.
**PUNKA :** 5 panca, panka.
**PUPAZZO :** 6 pantin*.
**PUPE :** 8 pupipare.
**PUPILLE :** 4 œil* ■ 6 myosis ■ 8 atropine, mydriase, orphelin, prunelle ■ 10 pupillaire.
**PUPITRE :** 5 aigle ■ 6 bureau, lutrin ■ 7 scriban ■ 9 scribanne.
**PUR :** 3 fin, lis, net ■ 4 mère, naïf ■ 5 blanc, clair, degré, droit, épuré, franc, mi-pur, muret, niais, saint, voile ■ 6 chaste*, ingénu, intact, pureté, serein, simple, vierge* ■ 7 austère, candide, limpide, pudique, purisme, puriste, raffiné, sincère ■ 8 immaculé, innocent*, purifier, raffiner, spéculer, vertueux, virginal ■ 9 dilection, essentiel ■ 10 cristallin, uniquement ■ 11 transparent.
**PUREE :** 6 aligot, misère* ■ 8 bouillie, pauvreté* ■ 9 anchoïade, anchoyade ■ 11 presse-purée.
**PURETE :** 5 idéal, vertu ■ 6 pudeur* ■ 7 candeur, naïveté, purisme ■ 8 chasteté*, droiture, justesse, modestie, sainteté, sérénité ■ 9 angélisme, austérité, blancheur, diamantin, franchise, ingénuité, innocence*, intégrité, niaiserie, sincérité, virginité ■ 10 élaïomètre, simplicité ■ 11 intégralité, saint-office ■ 15 néo-pytagorisme.
**PURGATIF :** 4 séné ■ 5 aloès, casse, gutte, jalap, purge, ricin ■ 7 calomel, cascara, laxatif*, turbith ■ 8 alaterne, algaroth, foirolle, gratiole ■ 9 drastique, purgation ■ 10 bancoulier, coloquinte, gomme-gutte, médicinier.
**PURGATIVE :** 7 turbith.
**PURGE :** 7 laxatif* ■ 8 lavement, limonade, médecine, purgatif* ■ 9 purgation ■ 12 suppositoire.
**PURGER :** 5 curer, purge ■ 7 dégager, évacuer, purgeur ■ 8 débonder, déterger, expulser, purifier*, relâcher ■ 9 décharger, désopiler, purgation, reniflard ■ 11 débarrasser, désobstruer.
**PURIFICATION :** 7 baptême ■ 8 ablution, aération, affinage, lavement ■ 9 catharsis, épuration, purgation ■ 10 lustration ■ 13 rectification ■ 14 assainissement.
**PURIFIER :** 5 laver* ■ 6 épurer, purger* ■ 7 dépurer ■ 8 assainir, baptiser, déféquer, déterger ■ 9 clarifier, épuration, purifiant, raffinage, rectifier ■ 11 dégorgement ■ 12 purificateur, purification ■ 13 purificatoire.
**PURIN :** 5 purot ■ 6 fumier.
**PURINE :** 7 adénine, purique.
**PURIQUE :** 8 xanthine.
**PURITAIN :** 5 prude* ■ 10 wahhabisme ■ 11 puritanisme.
**PURPURA :** 9 hémogénie.

**PURPURIN :** 5 rouge* ■ **8** pourprin ■ **9** purpurine.
**PUR-SANG :** 8 stud-book, yearling ■ **10** anglo-arabe.
**PURULENT :** 3 pus ■ **5** ichor, sanie ■ **9** purulence ■ **10** pyodermite.
**PUS :** 5 abcès, drain, sanie ■ **6** humeur*, pyurie ■ **7** empyème, vomique ■ **8** purulent, pyorrhée, suppurer ■ **9** purulence ■ **10** bourbillon, écoulement ■ **11** perfrigens, pyocyanique, suppuration.
**PUSILLANIME :** 5 brave, lâche* ■ **7** poltron* ■ **8** craintif* ■ **9** énergique, frilosité ■ **15** pusillanimement.
**PUSTULE :** 4 bube ■ **5** abcès*, lèpre, psora, psore ■ **6** bouton ■ **8** impétigo ■ **9** pustuleux.
**PUTAIN :** 4 pute.
**PUTOIS :** 5 furet, vison ■ **8** kolinski.
**PUTREFACTION :** 6 miasme, scatol ■ **7** nécrose, pourrir, scatole ■ **8** échauffé, fétidité, puanteur ■ **9** infection, putridité ■ **10** antisepsie, corruption, exhalaison, méphitisme, moisissure, pestilence, pourriture ■ **11** antiputrique, putrescence ■ **12** antiseptique ■ **14** putrescibilité.
**PUTREFIER :** 4 puer ■ **5** gâter ■ **6** moisir ■ **7** pourrir*, putride ■ **8** empester, infecter ■ **10** décomposer ■ **11** putréfiable ■ **12** putréfaction ■ **13** imputrescible.
**PUTRIDE :** 9 putridité ■ **10** pestilence.
**PUTT :** 6 putter.
**PYGMEE :** 4 nain ■ **5** petit ■ **7** pygméen.
**PYRALE :** 10 carpocapse.
**PYRAMIDAL :** 5 thuya ■ **6** gopura, vimana ■ **8** étonnant ■ **9** clocheton.
**PYRAMIDE :** 5 cairn, tronc ■ **7** camelle, mastaba ■ **8** aiguille, apothème, cheminée, valençay ■ **9** pyramidal.
**PYRAMIDIQUE :** 7 uracile ■ **10** pyrimidine.
**PYRENOMYCETE :** 7 monilie.
**PYRITE :** 8 thallium ■ **12** chalcopyrite.
**PYROGALLOL :** 12 pyrogallique ■ **13** diamidophénol, diaminophénol.
**PYROGRAVURE :** 10 pyrographe ■ **11** pyrograveur.
**PYROPHOSPHORIQUE :** 13 pyrophosphate.
**PYROTECHNIE :** 5 boîte ■ **13** pyrotechnique ■ **14** pyrotechnicien.
**PYROXENE :** 8 aegyrine, éclogite.
**PYRROLE :** 10 pophyrine, pyrrolique.
**PYTHAGORICIEN :** 12 pythagorique.
**PYTHAGORIQUE :** 5 table ■ **12** pythagorisme ■ **13** pythagoricien ■ **15** néo-pythagorisme.
**PYTHIE :** 5 devin* ■ **7** pythien.
**PYTHON :** 3 boa ■ **6** molure ■ **9** pythonidé.
**PYTHONISSE :** 5 devin*.

# Q

**QATAR :** 5 riyal ■ 6 qatari.
**QUADRANGULAIRE :** 5 carré* ■ 8 trinquet ■ 9 obélisque ■ 10 brigantine, pyramidion.
**QUADRANT :** 5 grade.
**QUADRILATERE :** 5 carré* ■ 7 losange, trapèze ■ 15 parallélogramme.
**QUADRILLAGE :** 5 trame ■ 6 grille ■ 9 carroyage.
**QUADRILLE :** 5 baste, poule ■ 7 lancier ■ 8 moulinet ■ 11 contredanse.
**QUADRUMANE :** 5 indri.
**QUADRUPEDE :** 3 âne, rat ■ 4 axis, bouc, cerf, chat, daim, lama, lion, loir, lynx, once, ours, porc, puma, trot, veau, yack, zébu ■ 5 amble, bison, bœuf, chien, furet, hyène, lapin, mulet, mulot, patte, queue, râble, renne, singe, tapir, tatou, tigre, vache, zèbre ■ 6 alpaga, bélier, buffle, castor, chacal, cheval, cobaye, fennec, fouine, girafe, jaguar, jument, lémure, lièvre, martre, mouton, pécari, putois, renard, souris ■ 7 aurochs, belette, caribou, chameau, chamois, civette, gazelle, glouton, guépard, hémione, hermine, léopard, mouflon, orignal, taureau ■ 8 antilope, blaireau, crocotte, écureuil, éléphant, hérisson, lampasse, marmotte, panthère, porc-épic, sanglier ■ 9 chevreuil, chimpanzé, petit-gris ■ 10 chinchilla, dromadaire, fourmillier, musaraigne, rhinocéros ■ 11 hippopotame, orang-outang.
**QUAI :** 5 wharf ■ 6 musoir, tosser ■ 8 débarder, garde-fou ■ 9 débardage ■ 11 débarcadère.
**QUALIFICATIF :** 5 notre, votre ■ 8 adjectif* ■ 11 appellation.
**QUALIFICATION :** 3 dan, nom ■ 4 pour ■ 5 sieur, titre ■ 8 mistress ■ 9 c'est-à-dire ■ 10 ésotérique, qualifiant ■ 11 déqualifier, sérénissime.
**QUALIFIE :** 9 compétent, finaliste ■ 11 qualifiable ■ 13 inqualifiable.
**QUALIFIER :** 6 nommer ■ 7 appeler*, traiter ■ 8 adjectif, désigner*, épithète.
**QUALITATIF :** 11 information.
**QUALITE :** 3 âme, don, nom ■ 4 aloi, égal, goût, igné, mode, plus, tant, tare ■ 5 bonté, comme, durée, éclat, force, génie, juger, moins, poids, sonde, sport, tabac, titre, unité, vertu* ■ 6 acabit, bibine, espèce, esprit, mérite, pureté, talent, valeur*, vérité ■ 7 brévité, calibre, douceur, égalité, eutocie, faculté, feeling, finesse, mémoire, netteté, torsion, unicité, velouté, vitesse ■ 8 abstrait, agrément, aquosité, attribut, avantage, barbaque, blondeur, camelote, capacité, décision, droiture, drôlerie, extra-fin, facilité, fidélité, fluidité, habileté, héroïsme, infinité, jugement, justesse, légèreté, légitime, lucidité, lui-

sance, méjanage, modalité, modifier, noblesse, pèse-lait, polarité, prêtrise, propreté, qualifié, rousseur, sainteté, sapidité, solidité, sonorité, surchoix, tendreté, tonalité, validité, vinosité ■ **9** actualité, annualité, baronnage, blancheur, caractère, cohérence, commodité, compacité, concision, condition, doyenneté, exquisité, faiblesse, fertilité, fraîcheur, frugalité, hardiesse, héroïcité, homologie, homonymie, hybridité, imminence, indigénat, innocuité, intégrité, limpidité, maternité, mordacité, nouveauté, pacotille, paternité, précocité, propriété, qualifier, rectitude, rusticité, salubrité, sincérité, souplesse, spumosité, sublimité, sveltesse, vaillance ■ **10** acoustique, antonomase, appartenir, canonicité, chevalerie, correction, damoiselle, définition, dérogeance, durabilité, efficacité, électivité, érectilité, étanchéité, extraénité, fusibilité, généralité, hermétisme, hybridisme, infinitude, initiative, légitimité, lisibilité, luminosité, médiocrité, mutabilité, onctuosité, orthodoxie, parrainage, perfection, pertinence, phonogénie, plasticité, résistance, simplicité, solubilité, substratum, succulence, thermalité, venimosité, vicinalité, virtualité, visibilité, volatilité ■ **11** amateurisme, astringence, bourgeoisie, candidature, cessibilité, citoyenneté, délicatesse, diaphanéité, disposition, effectivité, équivalence, évanescence, exigibilité, extériorité, flexibilité, herméticité, homogénéité, immortalité, impropriété, ingéniosité, inventivité, lactescence, maniabilité, masculinité, matérialité, objectivité, opportunité, persistance, ponctualité, possibilité, promptitude, réceptivité, récognition, sélectivité, sociétariat, spécificité, spongiosité, stigmatisme, suzeraineté, tempérament ■ **12** aliénabilité, amissibilité, belligérance, coercibilité, constitution, divisibilité, équidistance, excusabilité, extraversion, galactomètre, habitabilité, honorabilité, immutabilité, incorporéité, intelligence, isochronisme, magnificence, malléabilité, opposabilité, organisation, persévérance, plausibilité, qualificatif, raphaélesque, recevabilité, rétractilité, saturabilité, septennalité, serviabilité, spiritualité, transparence, universalité ■ **13** admissibilité, applicabilité, commercialité, compagnonnage, compatibilité, dissolubilité, haute-fidélité, immatérialité, incessibilité, inoculabilité, instantanéité, invincibilité, inviolabilité, négociabilité, pénétrabilité, phonocontrôle, qualification, rééligibilité, rétroactivité, réversibilité, transcendance, translucidité, vraisemblance ■ **14** appréciabilité, dissociabilité, fonctionnariat, gentilhommerie, imperméabilité, inaltérabilité, indivisibilité, inéluctabilité, perceptibilité, perfectibilité, républicanisme, respectabilité ■ **15** impondérabilité, incommutabilité, indéfectibilité, indissolubilité, inextensibilité, infroissibilité, intellectualité, intelligibilité, invulnérabilité, irréductibilité, manœuvrabilité.

**QUAND :** **5** comme ■ **7** lorsque.

**QUANT A :** **4** pour ■ **6** photon ■ **9** quantique ■ **10** quantifier.

**QUANTIFICATEUR :** **8** quanteur.

**QUANTIFIE :** **12** inchiffrable.

**QUANTIQUE :** **7** quanton ■ **15** chromodynamique.

**QUANTITE :** **2** q.s., si, th ■ **3** dru, mer, peu, q.s.p., tas, vol ■ **4** amas, dose, égal, flot, flux, fois, once, plus, rumb, tant, tare ■ **5** airée, armée, assez, bribe, chiée, débit, doser, duite, excès, filet, force, forêt, foule, fusée, gâche, grêle, joule, larme, masse, mille, moins, offre, pièce, pluie, poche, ponte, potée, pouce, prise, reste, rhumb, somme, stock, tapée, terme, tétée, trace, trait, unité, volée ■ **6** bordée, bribes, charge, chouia, déluge, flopée, foison, gorgée, goutte, mesure*, nombre*, pagaye, plumée, pointe, ration, volume* ■ **7** bouchée, brochée, calorie, combien, coulomb, craquée, éclusée, étendue, faraday, fournée, jonchée, moisson, poignée, portion, quantum, quelque, quotité, soupçon, thermie, titrage, traînée, trinôme ■ 8 abondant, azotémie, azoturie, calcémie, capacité, constant, équation, excédent, fourchée, hydrémie, lichette, millasse, modicité, oligurie, pelletée, présérie, richesse, rincette, septuple, tantinet, tripotée, truellée ■ 9 abondance*, aéroscope, assiettée, coupe-faim, cuillerée, davantage, décrément, dimension, incrément, intensité, menuaille, milliasse, multitude*, oxymétrie, page-écran, paramètre, potomètre, suffisant, trente-six, variation ■ 10 acétomètre, contenance, contingent, différence, glucomètre, ingurgiter, isoïonique, pluviosité, prédominer, quantifier, quenouille, suffisance ■ 11 ampère-heure, atome-gramme, débordement, démographie, éclairement, équipollent, exponentiel, grisoumètre, kilocalorie, pluviomètre, pourcentage, quantitatif ■ 12 calorimétrie, paperasserie, pluviométrie, sesquialtère, sous-multiple, termochimie ■ 13 extrapolation, proportionnel, surbaissement ■ 14 arithmographie, productibilité, quantification, quantitativement, saccharimétrie ■ 15 décalcification, suralimentation.

**QUARANTAINE :** 7 lazaret ■ 9 boycotter.

**QUARANTE :** 11 quarantaine, quarantième ■ 12 quadragésime ■ 13 quadragénaire, quarantenaire.

**QUARANTENIER :** 5 ganse.

**QUARK :** 5 gluon.

**QUART :** 4 bock ■ 5 cavet, garde, liard, pinte, verge ■ 7 gobelet ■ 8 quadrant ■ 9 demi-quart, quarteron ■ 10 tribordais ■ 11 quart-de-rond ■ 13 franc-quartier.

**QUARTAGE :** 7 quarter.

**QUART-DE-ROND :** 8 coquille ■ 12 quarderonner.

**QUARTAUT :** 7 tonneau.

**QUARTE :** 5 dièse, ligne ■ 10 flanconade.

**QUARTERON :** 5 métis*.

**QUARTIER :** 2 q.g. ■ 3 q.h.s., q.s.r. ■ 4 camp ■ 5 lycée ■ 6 casbah, ghetto, mellah ■ 7 épaulée ■ 8 juiverie ■ 9 cantonner ■ 10 quartenier ■ 12 centre-ville ■ 13 halte-garderie ■ 14 quartier-maître.

**QUARTILE :** 13 interquartile.

**QUARTION :** 7 voûtain.

**QUARTZ :** 4 grès ■ 5 agate, silex ■ 6 morion ■ 7 citrine ■ 8 fluorite ■ 9 améthyste, cornéenne, quartzeux, rubicelle, sursaturé ■ 10 œil-de-chat ■ 11 œil-de-tigre, quartzifère.

**QUASI :** 5 tende ■ 7 presque ■ 9 quasiment ■ 12 pratiquement.

**QUASSIA :** 8 quassine.

**QUATERNAIRE :** 4 riss, würm ■ 5 varve ■ 7 würmien ■ 8 diluvium, holocène, mammouth ■ 9 glyptodon, mégacéros ■ 10 cénozoïque, mastodonte ■ 11 glyptodonte, mégathérium, néolithique, pléistocène, préhominidé, préhominien ■ 13 néotectonique, postglaciaire ■ 14 anthropozoïque, interglaciaire.

**QUATORZE :** 11 quatorzième ■ 15 quatorzièmement.

**QUATRE :** 4 nord ■ 5 quadr, quart ■ 7 tétrade, tétrode ■ 8 quaterne, quatrain, vêtement ■ 9 douze-huit, olympiade, quadrette, quadruple, quatrième, tétraèdre, tétramère, tétrapode ■ 10 quadrifide, quadripale, quadrirème, quadrumane, quadrupède, quadrupler, quadruplés, quartanier, quatre-huit, tétracorde, tétralogie, tétramètre, tétrastyle ■ 11 quadriennal, quadrifolié, quadrupédie, quaternaire, tétraplégie ■ 12 quadrijumeau, quadrilatère, quadrimoteur, quatre-quatre, tétradactyle, tétrasyllabe, tétratomique ■ 13 quadrilatéral, quadripartite, quadripolaire, quadrisyllabe ■ 14 quadrangulaire, quadriréacteur ■

15 tétrasyllabique.
**QUATRE FEUILLES :** 10 quadrilobe.
**QUATRE-VINGTS :** 7 octante ■ 8 huitante ■ 11 octogénaire ■ 15 quatre-vingtième.
**QUATRIEME :** 4 none ■ 5 quart ■ 6 quarto, quater ■ 8 mercredi, quartidi, quartier, retercer, trochure ■ 9 annulaire, caillette, quartager ■ 11 retroussage ■ 12 métencéphale ■ 13 biquadratique, itérativement, quatrièmement, sous-dominante.
**QUATUOR :** 9 quartette.
**QUEBECOIS :** 8 péquiste.
**QUEL :** 5 mince ■ 12 combientième.
**QUELCONQUE :** 3 gus ■ 5 gemme, gusse, mêlée, moche, monde, natte, objet, opiat, otage, règne, table, tissu, train, trève, venue ■ 7 typesse ■ 8 localité, médiocre ■ 9 périmètre ■ 10 personnage.
**QUELQUE :** 2 si, un ■ 4 tout ■ 7 certain.
**QUELQUE CHOSE :** 4 rien ■ 5 bribe, germe, image, lopin, sorte.
**QUELQUEFOIS :** 7 parfois.
**QUELQU'UN :** 2 un ■ 3 tel ■ 5 éloge, envoi, guide, haine, meute, ouste, prise, punir, salve, santé ■ 8 coopérer, personne* ■ 9 acoquiner ■ 11 philippique ■ 12 avant-coureur.
**QUEMANDER :** 8 demander* ■ 10 quémandeur, solliciter*.
**QUENELLE :** 8 godiveau.
**QUENOTTE :** 4 dent.
**QUENOUILLE :** 5 rouet, typha ■ 6 fuseau ■ 11 quenouillée.
**QUERCITRON :** 11 quercitrine.
**QUERCY :** 10 quercinois, quercynois, rocamadour.
**QUERELLE :** 4 défi, rixe ■ 5 noise, prise, privé, scène ■ 6 démêlé, hargne, injure ■ 7 attaque, bagarre, bravade, chicane*, dispute*, grabuge ■ 8 algarade, bataille, bisbille, boutefeu, brouille, calomnie, critique, fâcherie, pamphlet ■ 9 chamaille, charivari, désordres, esclandre, incartade, polémique ■ 10 accrochage, taquinerie ■ 11 altercation, provocation ■ 12 chamaillerie.
**QUERELLER :** 6 agacer, braver, dauber ■ 7 crosser, narguer ■ 8 attaquer, bagarrer, bringuer, brusquer, chicaner*, disputer*, humilier, injurier, insulter, molester, tempêter ■ 9 asticoter, calomnier, critiquer, provoquer ■ 10 chamailler, déblatérer, querelleur, récriminer, tourmenter ■ 11 apostropher, réprimander ■ 12 disputailler.
**QUERELLEUR :** 5 hutin ■ 8 hargneux, pétulant ■ 9 harengère ■ 10 batailleur.
**QUERIR :** 8 chercher*.
**QUERULENT :** 10 quérulence.
**QUESTEUR :** 5 sénat ■ 8 questure.
**QUESTION :** 4 item ■ 5 colle, point, thèse, turbe ■ 6 énigme ■ 7 charade, demande*, travaux ■ 8 autotest, consulte, discuter, pourquoi, problème, solution, supplice ■ 9 check-list, curiosité, délibérer, devinette, symposion, symposium ■ 10 incollable ■ 11 controverse, folkloriste, questionner, subsidiaire ■ 12 dissertation, questionneur, reconsidérer ■ 13 interrogation*, questionnaire ■ 14 interpellation, interrogatoire.
**QUESTIONNAIRE :** 3 q.c.m.
**QUESTIONNER :** 5 poser ■ 7 adjurer ■ 8 demander*, enquérir, enquêter, soulever ■ 9 soumettre ■ 10 importuner, interroger* ■ 11 interpeller.
**QUETE :** 5 butin, furet ■ 6 chasse ■ 8 collecte ■ 9 recherche*.
**QUETER :** 8 chercher*, requêter ■ 10 solliciter*.

**QUEUE :** 4 crin, file*, maki, yack ■ 5 balai, caudé, fouet, magot, massé, morné, penne, piano, piton, poêle, râble, sajou ■ 6 anoure, caudal, coccyx, traîne ■ 7 arrière, cordier, diffamé, écaille, procédé, tronçon ■ 8 amarante, couaille, croupion, cuisseau, équeuter, macroure, pédicule, rectrice ■ 9 aiguillon, anglaiser, émouchoir, pédoncule ■ 10 courtauder ■ 12 queue-d'aronde, trousse-queue.
**QUIDAM :** 8 individu*, personne*.
**QUIESCENCE :** 9 quiescent.
**QUIETISME :** 9 quiétiste ■ 11 molinosisme.
**QUIETUDE :** 5 calme*, repos* ■ 7 douceur ■ 8 ataraxie ■ 12 tranquillité.
**QUIGNON :** 7 morceau*.
**QUILLE :** 3 tin ■ 4 sole ■ 5 brion, nable, quête, talon ■ 6 étrave ■ 7 râblure ■ 8 bulb-keel, chantier, quilleur, quillier, varangue ■ 9 épontille.
**QUINAUD :** 9 embarrassé.
**QUINCAILLERIE :** 9 charnière ■ 11 boulonnerie ■ 12 quincaillier.
**QUININE :** 9 quinquina.
**QUINOLEINE :** 11 chloroquine.
**QUINQUET :** 5 godet.
**QUINQUINA :** 7 quinine ■ 10 cinchonine.
**QUINTE :** 5 dièse ■ 8 quinteux ■ 9 fantaisie.
**QUINTESSENCE :** 3 suc* ■ 6 moelle ■ 7 pressis ■ 9 substance* ■ 13 quintessencié.
**QUINTETTE :** 7 quintet.
**QUINTILLION :** 10 sextillion.
**QUINAZ :** 9 quinziste.
**QUINTEUX :** 8 pantalon ■ 9 acariâtre.
**QUINZE :** 4 ides ■ 9 quinzaine, quinzième ■ 13 pentadécagone, pentédécagone, quinzièmement.
**QUIPROQUO :** 6 erreur* ■ 7 méprise.
**QUIRAT :** 10 quirataire.
**QUITTANCE :** 4 reçu* ■ 6 acquit ■ 7 patente ■ 9 récépissé ■ 10 quittancer.
**QUITTE :** 6 exempt ■ 8 acquitté, décharge, expatrié ■ 9 apurement, quittance.
**QUITTER :** 4 laps, ôter ■ 5 adieu, exéat, semer, vider ■ 6 camper, évacué, exiler, lâcher, partir*, perdre, sortir* ■ 7 changer, défaire, émigrer, évacuer, fausser, immigré, laisser*, planter, réfugier, retirer, séparer ■ 8 décoller, défroqué, démarrer, dénicher, déraciner, déserter, essaimer, rabattre, renoncer ■ 9 débarquer, déguerpir, délaisser, déménager, expatrier, requitter ■ 10 abandonner*, dépouiller, désemparer ■ 11 débarrasser, semi-liberté ■ 15 désatellisation.
**QUOIQUE :** 5 quand ■ 7 bien que ■ 9 encore que.
**QUOLIBET :** 12 plaisanterie*.
**QUOTE-PART :** 4 écot ■ 7 prorata, quotité ■ 8 tantième ■ 10 cotisation ■ 12 contribution.
**QUOTIDIEN :** 8 lectorat ■ 10 fait divers, journalier ■ 13 quotidienneté.
**QUOTIENT :** 2 q.i. ■ 5 masse ■ 7 densité ■ 8 capacité, pression, radiance, toxicité ■ 9 luminance ■ 10 élasticité ■ 11 goal-average ■ 12 anharmonique ■ 13 homographique ■ 14 auto-inductance.
**QUOTITE :** 4 cens ■ 9 quote-part.

# R

**RABACHAGE :** 8 radotage ■ 10 répétition ■ 12 prêchi-prêcha.
**RABACHER :** 7 radoter, répéter, seriner ■ 9 rabâchage ■ 11 rabâchement.
**RABAIS :** 5 solde ■ 6 remise ■ 10 diminution ■ 12 bonification.
**RABAISSEMENT :** 6 baisse.
**RABAISSER :** 7 baisser, écraser, ravaler ■ 8 abaisser, diminuer, humilier, rabattre ■ 9 déprécier ■ 10 animaliser, détracteur ■ 12 rabaissement.
**RABAT :** 3 pli ■ 5 volet ■ 8 plissure ■ 9 rabat-joie, rabatteur.
**RABATTAGE :** 5 rabat.
**RABATTEMENT :** 10 relèvement.
**RABATTRE :** 5 rabat, river ■ 7 abatant, capoter, déduire, smasher ■ 8 abaisser, relâcher ■ 9 déchanter, rabaisser, rabattage, rabattoir ■ 10 rabattable ■ 11 rabattement.
**RABBIN :** 5 rabbi ■ 6 prêtre* ■ 8 rabbinat ■ 10 rabbinique, rabbinisme, rabbiniste ■ 11 consistoire.
**RABBINIQUE :** 7 midrash.
**RABELAISIEN :** 8 gaillard.
**RABIOT :** 3 rab ■ 4 rabe ■ 10 supplément.
**RABLE :** 3 dos ■ 4 rein ■ 5 râblé, trapu.
**RABOT :** 5 sabot ■ 6 bouvet, gorget ■ 7 doucine, riflard, varlope ■ 9 guillaume, guimbarde, mouchette ■ 10 étau-limeur, feuilleret.
**RABOTER :** 5 polir ■ 6 revoir ■ 8 corroyer, rabotage, raboteur ■ 10 rabotement.
**RABOTEUX :** 4 rude* ■ 5 cahot ■ 6 inégal ■ 7 rugueux* ■ 8 aspérité ■ 14 dégauchisseuse.
**RABOUGRI :** 4 menu ■ 6 faible ■ 8 difforme, ratatiné ■ 10 rachitique ■ 15 rabougrissement.
**RABROUER :** 9 rabroueur, repousser*.
**RACAILLE :** 8 populace*.
**RACCOMMODAGE :** 5 pièce ■ 9 ravaudage ■ 10 réparation* ■ 11 rafistolage.
**RACCOMMODEMENT :** 14 réconciliation.
**RACCOMMODER :** 5 tacon ■ 7 réparer*, stopper ■ 8 arranger*, rapiécer, ravauder, repriser, resarcir ■ 9 rentraire ■ 10 rabibocher, rafistoler, rapetasser, rapièceter, recarreler ■ 11 réconcilier* ■ 12 raccommodeur ■ 13 raccommodable ■ 15 irraccommodable.
**RACCOMMODEUR :** 8 savetier ■ 12 remplisseuse.

**RACCORD :** 5 durit ■ 8 bretelle ■ 11 déconnecter ■ 12 raccordement.
**RACCORDEMENT :** 10 emplanture.
**RACCORDER :** 6 écimer, ruiler ■ 7 joindre* ■ 8 racheter.
**RACCOURCI :** 6 abrégé*.
**RACCOURCIR :** 6 couper* ■ 8 diminuer*, étriquer, troussis ■ 9 prolonger, ratatiner ■ 13 contractilité.
**RACCOURCISSEMENT :** 8 embuvage ■ 10 retirement, rétraction ■ 11 contraction.
**RACCROC :** 11 raccrocheur.
**RACCROCHER :** 11 raccrochage, raccrocheur.
**RACCROCHEUSE :** 10 prostituée.
**RACE :** 4 brut, gens, gent, noir, sang, type ■ 5 black, copte, estoc, haras, issue, jaune, métis, nègre, racer, totem ■ 6 bâtard, lignée, maison, marans, souche ■ 7 famille, lignage ■ 8 abâtardi, allogène, engeance, herdbook, hereford, négroïde, pédigrée ■ 9 abondance, congénère, naissance ■ 10 charentais ■ 11 groenendael, hybridation, interracial, mélanoderme, multiracial, polygénisme, xanthoderme ■ 12 montbéliarde, patronymique ■ 13 aberdeen-angus, consanguinité, pangermanisme.
**RACHAT :** 5 merci, salut ■ 6 rançon, réméré ■ 7 effacer ■ 9 réemption ■ 10 pignoratif, rédemption, socialiser ■ 11 redhibition, réhabiliter.
**RACHETER :** 5 serfs ■ 7 rédimer ■ 10 affranchir, rachetable, rédempteur ■ 12 irrachetable.
**RACHIDIEN :** 5 olive ■ 6 rachis ■ 8 bulbaire ■ 11 spina-bifida.
**RACHIS :** 7 colonne ■ 9 rachidien ■ 10 rachialgie.
**RACHITIQUE :** 4 noué ■ 8 rabougri ■ 10 rachitisme ■ 13 héliothérapie ■ 14 antirachitique.
**RACHITISME :** 14 antirachitique.
**RACIAL :** 8 génocide ■ 11 stéatopygie.
**RACINE :** 4 base*, iris, kava, kawa ■ 5 accru, arbre, émule, estoc, ipéca, irone, jalap, navet, panax, pivot, salep, spica, taupe, tronc ■ 6 patate, souche ■ 7 alizari, boscoyo, carotte, colombo, éliacin, ginseng, origine, raciner, radical, rhizome ■ 8 cossette, pivotant, racinage, radicant, radicule ■ 9 enraciner, mycorhize, petit-jean, quillette, radicelle, reprendre, rhizotome, valérique ■ 10 chicanneau, ipeca-cuana, radication, radiculite, ressourcer, rhizoctone, rhizophage ■ 11 cristophine, radicotomie, radiculaire, rhizoctonie ■ 12 coupe-racines, radiculalgie ■ 13 pneumatophore.
**RACISTE :** 4 skin ■ 8 skinhead.
**RACKET :** 9 rachetter.
**RACLAGE :** 8 grattage ■ 10 crissement.
**RACLEE :** 5 volée ■ 7 ramonée ■ 8 tabassée.
**RACLER :** 5 limer, parer, racle, rader, râper, riper ■ 7 crisser, érafler, gratter, raclure, ramoner, ruginer ■ 8 corroyer, écharner, écorcher, érailler, étriller, raclette.
**RACLOIR :** 8 strigile.
**RACOLAGE :** 6 retape.
**RACOLER :** 6 retape ■ 7 aborder, engager, radeuse ■ 8 racolage, racoleur ■ 10 prostituée.
**RACONTAR :** 5 conte ■ 7 ouï-dire.
**RACONTE :** 10 anecdotier.
**RACONTER :** 4 dire ■ 5 leçon ■ 6 conter, narrer ■ 7 débiter, décrire*, énoncer, exposer, peindre, réciter, relater, version ■ 8 éveiller, rappeler, retracer ■ 9 baratiner, dépeindre, détailler, enchaîner, expliquer, présenter, raconteur, rapporter ■ 10 anecdotier, barattiner, raconta-

ble ■ 11 inénarrable, transmettre ■ 12 inracontable.
**RACOON**: 5 raton.
**RACORNIR**: 6 sécher ■ 7 griller ■ 14 racornissement.
**RADAR**: 6 radome ■ 9 antiradar, téléradar ■ 12 transhorizon ■ 14 radioaltimètre ■ 15 radarastronomie.
**RADE**: 4 aune, lido, port* ■ 5 aulne, rader ■ 7 lazaret.
**RADEAU**: 3 ras ■ 4 raft ■ 5 train ■ 7 jangada, rafting.
**RADIAL**: 9 cadranure.
**RADIANT**: 7 radieux.
**RADIATEUR**: 7 ailette ■ 8 calandre ■ 14 cache-radiateur.
**RADIATION**: 5 rayon* ■ 6 lucide ■ 7 atomisé, radiant ■ 8 radiatif ■ 9 actinisme, athermane, dosimètre ■ 10 infrarouge, radiologie ■ 11 actinomètre, rayonnement, ultraviolet ■ 12 actinométrie, calorescence, radiesthésie ■ 13 antiradiation ■ 14 phycoérythrine ■ 15 monochromatique.
**RADICAL**: 5 acyle, amide, amine, amyle, aryle, suite, thème ■ 6 alkyle, allyle, butyle, éthyle, radsoc, vinyle ■ 7 acétyle, alcoyle, azotyle, benzyle, méthyle, phényle, uranyle ■ 8 ammonium, benzoyle, déverbal, stéaryle ■ 9 aminogène, apophénie, carbonylé, désinence, hydroxyle, méthylène, monocamine, nitrosyle ■ 10 absolument, déverbatif ■ 11 alcocylation, irrationnel, phosphoryle, radicalaire, radicalisme, sulfhydryle, transférase ■ 12 barbiturique, prosthétique, radicalement ■ 13 butyrophénone ■ 14 benzodiazépine, électronégatif, électropositif ■ 15 phosphorylation, révolutionnaire.
**RADICANT**: 5 vigne.
**RADICELLE**: 6 racine* ■ 8 nodosité.
**RADICULAIRE**: 10 endodontie.
**RADIER**: 7 effacer ■ 10 traversine.
**RADIESTHESIE**: 14 radiesthésiste.
**RADIEUX**: 6 joyeux* ■ 7 radiant ■ 9 rayonnant.
**RADIN**: 5 avare* ■ 6 chiche.
**RADIO**: 5 lampe, prise ■ 7 sans-fil ■ 8 émission ■ 9 mass media, trigrille ■ 11 disc-jockey, radioréveil ■ 12 radiojournal, radiotechnie ■ 13 radiocassette, radiodiffuser, radiotélévisé ■ 14 radiodétection, radioreportage.
**RADIO-ACTIF**: 5 radon ■ 6 curium ■ 7 tritium ■ 8 actinium, francium, polonium ■ 9 neptunium ■ 11 radiocobalt, radiolésion ■ 12 protactinium, radio-élément, radio-isotope, scintigramme ■ 13 curiethérapie, radio-activité, scintigraphie.
**RADIOACTIVITE**: 13 antiradiation.
**RADIO-ASTRONOMIE**: 11 radiosource ■ 14 radioastronome, radiotélescope.
**RADIOBALISAGE**: 12 radiobaliser.
**RADIO-CASSETTE**: 8 walkman.
**RADIO-COMMUNICATION**: 15 radiomessagerie.
**RADIODIAGNOSTIC**: 7 scanner ■ 12 scanographie.
**RADIODIFFUSION**: 5 radio.
**RADIO-ELECTRIQUE**: 8 hertzien ■ 10 ultra-court ■ 12 transhorizon ■ 14 radiotechnique ■ 15 transmodulation.
**RADIO-ELEMENT**: 15 radioactivation.
**RADIOGONIOMETRE**: 11 radiocompas.
**RADIOGRAMME**: 15 radiotélégramme.
**RADIOGRAPHIE**: 5 radio ■ 10 urographie ■ 11 négatoscope, radiographe, tomographie ■ 12 angiographie, cystographie, discographie, myélographie, pelvigraphie ■ 13 arthrographie, lymphographie, neu-

trographie, phlébographie ■ 14 artériographie, hystérographie, méniscographie ■ 15 coronarographie, neutronographie.
**RADIOGUIDAGE**: 11 radioguider.
**RADIOLOGIE**: 10 radiologue ■ 12 radiologique, radiologiste ■ 15 neuroradiologie.
**RADIONAVIGATION**: 5 decca, loran.
**RADIOPHARE**: 15 radio-alignement.
**RADIOPHONIE**: 10 auditorium, brouilleur, radiophare ■ 13 radiophonique.
**RADIOREPORTAGE**: 13 radioreporter.
**RADIOSCOPIE**: 6 scopie.
**RADIOSOURCE**: 6 quasar.
**RADIOTELEGRAPHIE**: 5 radio.
**RADIOTELEPHONIE**: 5 radio.
**RADIS**: 3 sou ■ 9 ravenelle.
**RADIUM**: 2 ra ■ 5 niton, radon ■ 8 polonium, radifère ■ 9 émanation ■ 10 pechblende ■ 13 curiethérapie ■ 14 radiumthérapie.
**RADIUS**: 5 genou ■ 6 radial.
**RADON**: 2 rn ■ 5 niton ■ 6 thoron.
**RADOTAGE**: 9 rabâchage ■ 10 répétition ■ 12 prêchi-prêcha.
**RADOTER**: 7 répéter ■ 8 radoteur ■ 11 déraisonner.
**RADOUB**: 3 tin ■ 6 ponton.
**RADOUCIR**: 14 radoucissement.
**RAFALE**: 5 risée ■ 6 fougue ■ 10 bourrasque*, mitrailler.
**RAFFERMIR**: 7 ranimer ■ 8 affermir ■ 15 raffermissement.
**RAFFINAGE**: 4 pile ■ 8 craqueur ■ 9 épuration, raffineur, vergeoise ■ 11 métallurgie ■ 14 viscoréduction.
**RAFFINE**: 3 fin* ■ 4 brut, snob ■ 5 sucre ■ 7 affecté, délicat*, maniéré, mondain ■ 8 courtois, raffinat ■ 10 raffinerie ■ 11 abstracteur, esthétisant, marivaudage ■ 13 quintessencié.
**RAFFINEMENT**: 4 mode ■ 7 finesse* ■ 8 mondanité, snobisme ■ 9 mysticité, recherche* ■ 10 courtoisie, préciocité ■ 11 affectation, délicatesse*, marivaudage.
**RAFFINER**: 12 blanchissage ■ 14 quintessencier.
**RAFFINERIE**: 9 raffineur.
**RAFFOLER**: 5 aimer ■ 6 goûter*.
**RAFFUT**: 6 tapage*.
**RAFIAU**: 11 embarcation*.
**RAFISTOLER**: 7 réparer*.
**RAFLE**: 4 râpe.
**RAFLER**: 5 rafle ■ 7 enlever* ■ 9 accaparer ■ 10 approprier, ratiboiser.
**RAFRAICHIR**: 5 aérer ■ 7 frapper, ranimer, raviver ■ 9 alcarazas, refroidir ■ 11 gargoulette ■ 14 rafraîchisseur, rafraîchissoir.
**RAFRAÎCHISSANT**: 5 ronce ■ 7 oxycrat ■ 8 corossol, réglisse.
**RAGAILLARDIR**: 8 remonter*.
**RAGE**: 6 colère*, fureur* ■ 7 rabique ■ 9 agripaume, déchaîner, passerage ■ 11 antirabique, hydrophobie, rageusement.
**RAGER**: 5 fumer ■ 6 écumer, rogner ■ 7 bisquer, endêver, enrager, rageant ■ 8 maronner.
**RAGEUR**: 8 coléreux*.
**RAGONDIN**: 9 myocastor, myopotame.
**RAGOT**: 5 conte, trapu ■ 7 ragoter ■ 9 médisance*.
**RAGOUT**: 4 mafé, mets, rata ■ 5 civet, yassa ■ 6 salmis ■ 7 colombo, navarin ■ 8 fricoter, goulache, goulasch, hochepot, salpicon ■ 9 cassoulet, pot-pourri ■ 10 blanquette, capilotade, carbonnade ■ 11 ragou-

gnasse, ratatouille, salmigondis.
**RAGOÛTANT :** 8 ragoûter ■ 11 appétissant*.
**RAHAT-LOKOUM :** 6 lokoum.
**RAID :** 9 incursion*.
**RAIDE :** 3 dur* ■ 4 fixe, fort, soie ■ 5 ferme, roide, tendu ■ 6 empesé, guindé, rigide ■ 7 austère, engoncé, escarpé, hérissé ■ 8 engourdi, immobile, sétifère ■ 9 impliable, résistant ■ 10 consistant, inflexible ■ 11 escarpement, mannequiner, orgueilleux.
**RAIDEUR :** 5 force, rogue ■ 6 fixité ■ 7 fermeté, orgasme, roideur, tension ■ 8 déraidir, érection, rigidité ■ 9 éréthisme ■ 10 crispation, hiératique, résistance* ■ 11 consistance, contraction, engoncement ■ 12 décontracter ■ 13 arthrogrypose, horripilation ■ 15 engourdissement*.
**RAIDILLON :** 6 montée*.
**RAIDIR :** 5 rider, tirer ■ 6 amurer, bander, border, roidir, tendre ■ 7 crisper, empeser, souquer ■ 8 abraquer, étarquer, hérisser ■ 9 ankyloser, embraquer ■ 10 contracter* ■ 12 raidissement.
**RAIE :** 4 onde, onyx, rayé ■ 5 bande, canal, ligne*, rayer, rayon, tiret, trace, trait, veine, zèbre ■ 6 liseré, liteau, rature, rayure, sillon ■ 7 hachure, madrure, nervure, zébrure ■ 8 galuchat, sélacien, torpille, vergeure ■ 9 pontuseau ■ 10 mille-raies, pastenague, vergetures.
**RAIL :** 4 pose, voie ■ 5 patin ■ 8 aiguille, monorail, tire-fond ■ 9 coussinet, crocodile, dérailler ■ 10 aiguillage, contre-rail, ferroutage ■ 11 à contrecœur, crémaillère.
**RAILLER :** 4 huer, rire ■ 5 saler, vexer ■ 6 chiner, dauber, draper, ficher, foutre, gaudir, larder, moquer*, mordre, piquer ■ 7 acheter, bafouer, blaguer, cherrer, fronder, gausser, ricaner ■ 8 aiguiser, charrier, éreinter, ironiser, malmener ■ 9 accoutrer, blasonner, brocarder, critiquer, gouailler, mécaniser, persifler, rabaisser, raillerie, satiriser ■ 10 accommoder, chansonner, houspiller, plaisanter, tourmenter, tympaniser ■ 11 caricaturer, discréditer, goguenarder, ridiculiser ■ 13 railleusement.
**RAILLERIE :** 5 risée ■ 6 esprit, humour, ironie*, lardon, pointe, satire ■ 7 brocard, nasarde ■ 8 critique, dérision, galéjade, gouaille, moquerie*, railleur, riposter, sarcasme ■ 9 brocarder, épigramme, gausserie, malignité ■ 10 caricature, pasquinade, persiflage, ricanement ■ 11 éreintement, gouaillerie, insinuation ■ 12 goguenardise, plaisanterie* ■ 13 goguenarderie.
**RAILLEUR :** 7 chineur ■ 8 gavroche, grinçant ■ 9 goguenard ■ 10 gouailleur, sardonique ■ 11 sarcastique ■ 13 pince-sans-rire.
**RAINETTE :** 5 raine.
**RAINURE :** 4 cran, noix ■ 5 creux*, gorge, jable ■ 6 rayure ■ 7 encoche, râblure ■ 8 coulisse, dosseret, entaille*, rainurer ■ 9 cannelure, dentelure, feuillure, glissière, languette ■ 10 bouveteuse ■ 11 microsillon.
**RAIRE :** 4 réer.
**RAIS :** 5 moyeu ■ 8 enrayage.
**RAISIN :** 4 cuve, râpe, uval ■ 5 pinot, rafle, vigne* ■ 6 malaga, muscat, pineau, verjus ■ 7 raisiné ■ 8 cramique, grenache, mistelle, morillon, olivette, vendange, véraison ■ 9 busserole, chasselas, égrappoir, farlouche, ferlouche, madeleine, parisette, pressurer, vendanger ■ 11 vendangerot.
**RAISON :** 3 car, fol, fou ■ 4 indu, pour, sens, tête, tort ■ 5 banco, brute, cause*, firme, juste, motif*, perdu, sujet, titre ■ 6 esprit*, mobile, moyens, pensée* ■ 7 cerveau, démence, grisant, logique*, naturel, sagesse* ■ 8 affolant, aveugler, cuvaison, déraison, fidéisme, fortiori,

jugement, maturité, parce que, pourquoi, prétexte*, radotage, répondre ■ 9 causalité, démentiel, démotiver, raisonner, rationnel, rectitude, zététique ■ 10 aliénation, conscience, doublement, réfutation, réparation ■ 11 aveuglement, déraisonner, dialectique, entendement, explication, extravaguer, intraitable, irrationnel, philosophie, pleurnicher, raisonnable ■ 12 discernement, intelligence, raisonnement, rationalisme, satisfaction ■ 13 antirationnel, compréhension, considération, contradiction, déraisonnable, irraisonnable, obscurantisme ■ 14 transcendantal ■ 15 raisonnablement.

**RAISONNABLE :** 4 bien, sage* ■ 5 sensé, fondé ■ 6 modéré* ■ 7 prudent ■ 8 probable.

**RAISONNEMENT :** 4 donc, sens ■ 5 a pari, avent ■ 6 cercle, raison ■ 7 absurde, logique ■ 8 apapogie, argument*, conclure, obtusion, patauger, pétition, raisonné, sophisme ■ 9 apriorité, discursif, idée-force, impressif, induction, mentalité, rationnel, sélection, simplisme, subtilité, topologie ■ 10 a contrario, algorithme, analogisme, apagogique, apriorisme, convaincre, randomiser, transition ■ 11 dialectique, échafaudage, effectivité, ontologisme, paralogisme ■ 12 bradypsychie, mathématique ■ 13 démonstration, ratiocination ■ 14 déraisonnement, intuitionnisme.

**RAISONNER :** 6 penser* ■ 7 inférer, prouver, réfuter ■ 8 conclure, discuter, logicien, objecter, répondre, spéculer ■ 9 démontrer, épiloguer, rétorquer ■ 10 argumenter, conséquent, irraisonné, politiquer, raisonneur, ratiociner ■ 11 dialectique, philosopher, psittacisme ■ 12 raisonnement.

**RAJAH :** 4 rani ■ 6 radjah.

**RAJEUNIR :** 7 ranimer* ■ 8 jouvence, reverdir ■ 10 moderniser ■ 11 appalachien ■ 14 rajeunissement.

**RAJUSTER :** 7 réparer ■ 8 corriger* ■ 11 péréquation, rajustement ■ 12 réajustement.

**RALE :** 9 marouette ■ 10 stertoreux.

**RALENTIR :** 5 frein ■ 7 alentir, freiner, modérer* ■ 8 retarder* ■ 9 décélérer, inhibitif, parachute ■ 10 étrangloir, inhibiteur ■ 12 casse-vitesse, ralentisseur.

**RALENTISSEMENT :** 5 stase ■ 6 retard* ■ 10 dépression ■ 11 acrocyanose, arthritisme, relâchement, retardation ■ 12 bradykinésie ■ 13 alentissement ■ 14 malthusianisme.

**RALER :** 4 faon, râle ■ 5 tigre ■ 6 pester* ■ 8 protester, râlement.

**RALINGUE :** 9 ralinguer ■ 10 empointure.

**RALLER :** 5 raire.

**RALLIDE :** 4 râle ■ 5 agami ■ 9 poule d'eau, trompette ■ 10 ralliforme.

**RALLIER :** 7 adhérer, adopter ■ 8 réformer ■ 9 approuver, assembler, rejoindre ■ 10 ralliement.

**RALLIFORME :** 5 agami, cagou.

**RALLONGE :** 12 augmentation, prolongateur.

**RALLONGER :** 8 rallonge ■ 9 augmenter* ■ 12 rallongement.

**RALLYE :** 8 spéciale.

**RAMADAN :** 5 jeûne ■ 9 aïd-el-fitr ■ 11 aïd-el-séghir.

**RAMAS :** 4 amas* ■ 10 groupement.

**RAMASSAGE :** 8 glandage ■ 10 cueillette ■ 11 pick-up baler.

**RAMASSE :** 12 voiture-balai.

**RAMASSER :** 5 levée, tapir ■ 6 glaner ■ 7 amasser, charger, rallier, râteler, relever ■ 8 récolter* ■ 9 assembler, ramassage, ramasseur, râtelures, sarmenter ■ 10 pelotonner, ramassette.

**RAMASSIS :** 3 tas* ■ 4 amas*.

**RAMBARDE :** 5 lisse ■ 8 batayole ■ 10 balustrade*, garde-corps.
**RAME :** 4 pale ■ 5 fuste, nagée, ramée, ramer, seuil, tolet ■ 6 aviron, pagaie ■ 7 branche, godille, ramette ■ 10 quadrirème.
**RAMEAU :** 4 dard, écot, mère ■ 5 arçon, écoté, monte, osier ■ 6 pampre, provin ■ 7 branche*, chimère, greffon, rinceau, trochée ■ 8 accolage, fanaison, fastigié, ramilles ■ 9 brindille, lambourde, vigneture ■ 10 ramescence ■ 11 brittonique.
**RAMEE :** 7 branche*.
**RAMENDER :** 9 ramendeur.
**RAMENER :** 6 amener ■ 7 défiger, ranimer, réduire, retirer, unifier ■ 8 arrondir, rappeler, rétablir* ■ 9 convertir, rapatrier, ressaisir ■ 10 décongeler ■ 11 ressusciter ■ 12 conditionner, psychanalyse ■ 13 désurchauffer, psychologisme ■ 14 rédintégration ■ 15 rechristianiser.
**RAMEQUIN :** 8 coquille.
**RAMER :** 5 nager, scier ■ 7 canoter, déramer, gabarer ■ 8 godiller.
**RAMEUR :** 5 skiff ■ 8 canotier, chiourme, espalier ■ 9 godilleur.
**RAMI :** 7 gin-rami ■ 8 gin-rummy.
**RAMIER :** 6 pigeon* ■ 7 ramerot ■ 8 colombin, ramereau.
**RAMIFICATION :** 3 cor ■ 5 filet, stipe ■ 7 branche, étendre ■ 10 andouiller ■ 11 bronchioles, subdivision ■ 13 embranchement.
**RAMILLE :** 7 branche*.
**RAMOLLIR :** 7 amollir* ■ 9 diffluent ■ 12 mâche-bouchon, préchauffage ■ 13 mâche-bouchons ■ 14 ramollissement.
**RAMOLLISSEMENT :** 5 carie ■ 12 ostéomalacie.
**RAMONER :** 8 hérisson, ramonage, ramoneur.
**RAMPANT :** 3 bas, boa, ver ■ 4 lion ■ 6 stolon ■ 7 servile.
**RAMPE :** 6 montée ■ 7 rampant ■ 8 pilastre ■ 10 arc-rampant.
**RAMPER :** 9 rampement, reptation.
**RAMPONNEAU :** 4 coup.
**RAMS :** 9 romestecq.
**RAMURE* :** 7 branche, merrain.
**RANALE :** 12 polycarpique.
**RANCE :** 4 gâté ■ 5 ranci ■ 12 rancissement.
**RANCH :** 6 rancho.
**RANCHO :** 5 ranch.
**RANCIR :** 5 gâter* ■ 10 rancissure ■ 11 rancescible ■ 12 rancissement.
**RANCŒUR :** 7 rancune*.
**RANÇON :** 5 lagan ■ 9 kidnapper.
**RANÇONNER :** 7 saigner ■ 10 rançonneur ■ 12 rançonnement.
**RANCUNE :** 4 dent ■ 5 haine ■ 8 rancœur ■ 9 rancunier, vengeance ■ 12 ressentiment*.
**RANDOMISER :** 13 randomisation.
**RANDONNEE :** 2 g.r. ■ 4 trek ■ 6 course ■ 7 circuit ■ 8 pataugas, trekking ■ 9 promenade*, randonner.
**RANDONNEUR :** 9 topo-guide.
**RANG :** 4 égal, file, lady, lieu, tête, tour ■ 5 avant, caste, degré*, grade*, guide, herse, huppé, ligne*, ordre, palée, place, queue ■ 6 assise, classe, enième, rangée* ■ 7 échelon, ordinal ■ 8 chapelet, chérubin, enfilade, primauté ■ 9 catégorie, condition, diviniser, élévation, périptère, présenter, sacrifier, tertiaire ■ 10 chevalerie, hiérarchie, notabilité, quadrirème, succession ■ 11 infériorité, prééminence ■ 12 battellement, combientième.
**RANGEE :** 4 file, haie, orne, rang*, tire ■ 5 égout, glane, ligne*, palée, quine, rampe, virée ■ 6 andain, assise, saulée, travée ■ 7 clavier ■

8 batterie, espalier, ouillère, oullière ■ 9 colonnade, ouillière ■ 10 balustrade, claire-voie ■ 14 contre-espalier.
**RANGEMENT :** 3 tri ■ 4 rack ■ 8 position ■ 9 placement ■ 10 alignement ■ 13 superposition.
**RANGER :** 5 garer, poser, trier ■ 6 mettre, placer, régler, sérier, serrer ■ 7 aligner, classer, remiser ■ 8 alterner, arranger*, enfermer, ordonner, succéder ■ 9 soumettre ■ 10 assujettir, bêcheveter, classifier, superposer.
**RANIDE :** 10 grenouille.
**RANIMATION :** 11 réanimation.
**RANIMER :** 4 sels ■ 6 guérir ■ 7 attiser, exciter, ramener, raviver, recréer, refaire, relever ■ 8 consoler, rajeunir, rallumer, rassurer, réanimer, rebondir, renaître, rétablir* ■ 9 dégourdir, fortifier, raffermir, ranimable, ravigoter, régénérer, rehausser, restaurer, retremper, réveiller ■ 10 électriser, encourager, réchauffer, renouveler, revivifier ■ 11 ressusciter ■ 12 ragaillardir.
**RAPACE :** 5 avare*, proie, strix ■ 6 autour, diurne ■ 7 effraie, gypaète, harfang, hulotte ■ 8 chevêche, circaète, corsaire, émouchet, épervier, nocturne, strigidé* ■ 9 chat-huant, falconidé*, ululation, ululement ■ 10 secrétaire ■ 11 jean-le-blanc, serpentaire ■ 12 falconiforme.
**RAPACITE :** 7 avarice* ■ 8 cupidité ■ 10 convoitise.
**RAPATRIEMENT :** 9 exfiltrer.
**RAPATRIER :** 11 rapatriable ■ 12 rapatriement.
**RAPE :** 3 usé* ■ 4 lime ■ 5 rafle, râper ■ 9 chapelure.
**RAPETASSER :** 11 raccommoder*, rapetassage.
**RAPETISSER :** 8 diminuer* ■ 9 ratatiner ■ 10 raccourcir ■ 13 rapetissement.
**RAPHAELIQUE :** 12 raphaélesque.
**RAPHIA :** 6 rabane.
**RAPIAT :** 6 chiche.
**RAPIDE :** 3 vif* ■ 4 clin, coup, vite ■ 5 aviso, essai, galop, gazer, hâter, raide, subit*, train, trait ■ 6 burger, cursif, preste, prompt, stawug, véloce, vivace ■ 7 bâclage, brusque, escarpé, imprévu, soudain*, trémolo ■ 8 accéléré, frégater, galopant, gyrostat, microbus, rapidité, trudgeon ■ 9 collapsus, contre-pas, destroyer, fulgurant, impétueux, jet-stream, jeune-turc, paso doble, raidillon, tire-d'aile, trempette, tricotets, vibration ■ 10 crayonnage, détonation, hurluberlu, messagerie, torpilleur ■ 11 dénutrition, pullulation, pullulement, trémulation ■ 12 tachipsychie ■ 15 course-poursuite.
**RAPIDEMENT :** 3 tôt ■ 4 fuir ■ 5 filer, voler ■ 6 calter, chaîné ■ 7 bientôt, caleter ■ 8 arpenter, bachoter, dévidoir, snack-bar, surgeler ■ 9 déguerpir ■ 10 couramment, descendeur, hâtivement, prestement, restoroute, torchonner, trémousser, virevolter ■ 12 sténographie.
**RAPIDITE :** 7 boutade, saccade, saillie, vitesse* ■ 8 célérité, vélocité*, vivacité*, volubile ■ 9 croisière, glissando, incartade ■ 10 brusquerie, rapidement, volubilité ■ 11 promptitude*, tachyphémie ■ 13 précipitation.
**RAPIECER :** 11 raccommoder*, rapiècement.
**RAPIECETER :** 11 raccommoder*.
**RAPIERE :** 4 épée*.
**RAPIN :** 7 peintre.
**RAPINE :** 3 vol* ■ 5 butin ■ 7 capture, pillage*, rapiner ■ 9 rapinerie ■ 10 brigandage*, flibustier ■ 11 déprédation.
**RAPPARIER :** 12 rappariement.

**RAPPEL :** 6 retour ■ 7 mémoire ■ 9 évocation ■ 12 remémoration.
**RAPPELER :** 6 pendre ■ 7 évoquer, exhumer, recoler ■ 8 anamnèse, hourvari, raconter, retracer, souvenir* ■ 9 rafraîchir, remembrer, remémorer, reprocher ■ 10 commémorer, rafraîchir, rappelable, renouveler, souvenance ■ 11 ramentevoir ■ 12 anniversaire.
**RAPPELLE :** 8 rubénien ■ 10 mongoloïde ■ 13 anacréontique.
**RAPPORT :** 2 pi ■ 4 cote, dans, mach, pour ■ 5 droit, équin, fécal, fruit, juger, modal, natal, objet, puiné, ratio, rénal, royal, sinus, sœur, soyer, sujet, terme, terre, titre, tonal, trait, union, vocal, votif ■ 6 aspect, indice, insula, revenu ■ 7 braquet, calibre, connexe, contact, densité, échelle, inersif, intérêt, liaison*, mention, moisson, parenté, produit, rasance, relatif* ■ 8 aboucher, affinité, analogie, atavique, atomique, bulletin, césarien, chevalin, cosmique, cyclonal, cystique, dentaire, écologie, équestre, érotique, foliaire, gustatif, hippique, hordéacé, hormonal, huîtrier, inversif, latitude, linéaire, marbrier, marchand, maritime, médiéval, méridien, métrique, moralité, natalité, objectal, objectif, orgiaque, périnéal, relation*, saphique, saturnin, scénique, sex-ratio, sioniste, standard, statique, temporal, trachéal, unitaire, uvulaire, vaccinal, vénérien, vespéral, vicarial, vinicole, viticole, zénithal ■ 9 abdominal, aéronaval, altruiste, ascitique, axillaire, bactérien, botanique, bucolique, calculeux, capitolin, carentiel, cartésien, causalité, cavitaire, cédulaire, choréique, cimbrique, clearance, commettre, communion, concerner, concorder, connexion, connexité, contacter, culinaire, cycloïdal, décoratif, deltaïque, disparate, dividende, druidique, entérique, expertise, gallinacé, gastrique, glottique, graphique, hépatique, herniaire, hexagonal, insulaire, jardinier, jubilaire, lagunaire, laryngien, lésionnel, lobulaire, matriciel, matutinal, menstruel, microbien, mimétique, moïsiaque, monétaire, mulassier, municipal, nestorien, newtonien, nodulaire, nucléaire, ombilical, orbitaire, organique, osmotique, pastorien patricial, pélagique, pélasgien, pétrolier, prétorial, productif, protéique, rachidien, rapporter, rendement, reptilien, rhodanien, rubéoleux, salivaire, saturnien, savonner, sciatique, sensoriel, sépulcral, séismique, somnolent, statuaire, stellaire, subjectif, sylvicole, terrestre, thermique, triasique, triomphal, tumulaire, variqueux, vectoriel, vertébral, vocalique, zostérien, zymotique ■ 10 alchimique, antécédent, aplastique, artistique, avocassier, brightique, cellulaire, chaldaïque, communauté, consonance, convenance, crématoire, cyclonique, dépendance, descendant, diabétique, didactique, diplomatie, dissonance, eczémateux, électrique, endoréique, enharmonie, épithélial, fluviatile, galvanique, gémellaire, génésiaque, germinatif, guichetier, helvétique, heptagonal, héraldique, hygiénique, indivision, intervalle, japhétique, législatif, liturgique, magmatique, mastoïdien, maxillaire, migratoire, mithriaque, mnémonique, monastique, morbilleux, mutualiste, nébulosité, névritique, névrosique, œdémateux, opératoire, ostréicole, parafiscal, parotidien, pasteurien, pécuniaire, pélasgique, pellagreux, pendulaire, pentagonal, pertinence, phalangien, pharaonien, phylétique, pignoratif, pituitique, platonique, pollinique, précordial, prévalence, proportion, relativité, rubéolique, sculptural, septembral, séricicole, similitude, socialiste, sociologue, socratique, solénoïdal, solsticial, somptuaire, soviétique, sphénoïdal, stipulaire, syllabique, talmudique, tangentiel, thématique, théurgique, thoracique, thyroïdien, tissulaire, traitement, tympanique, valvulaire, variolique, volcanique, xiphoïdien ■ 11 absolutiste, accointance, agronomique, allongement, arthritique, articulaire, atrabilaire, auriculaire, avunculaire, brahmanique, bregmatique, cadavérique, ca-

talytique, charbonnier, chlorotique, coexistence, coïncidence, comparaison*, compte rendu, conciliaire, continental, corrélation, description, dictatorial, dolomitique, dyspareunie, dyspepsique, dyspeptique, endothélial, entéro-rénal, enzymatique, fonctionnel, hexaédrique, houblonnier, hydraulique, idéologique, isostatique, instinctuel, lunisolaire, lymphatique, malléolaire, matrimonial, messianique, moléculaire, monogamique, napoléonien, névralgique, nucléonique, obédientiel, œnologique, œsophagien, onomastique, ontologique, ostéalgique, panathénien, paronymique, pédagogique, péremptoire, pharaonique, pigmentaire, pithiatique, pittoresque, plasmatique, platonicien, pneumatique, préfectoral, préposition, probabilité, prolétarien, ptolémaïque, quantitatif, radiculaire, scolastique, sensualiste, soustractif, spasmodique, subrogation, substantiel, successoral, symbiotique, théogonique, typhoïdique, zoroastrien ■ **12** acido-basique, aéronautique, aérostatique, anharmonique, autocratique, bimétalliste, cabalistique, circulatoire, coïncidation, concomitance, convivialité, correspondre, élisabéthain, épicycloïdal, espérantiste, étymologique, géocentrique, glycogénique, gyroscopique, hallstattien, hippiatrique, hydrothermal, hypophysaire, kilométrique, loxodromique, mandibulaire, mésentérique, métrologique, odontalgique, œsophagique, oniromancien, orthopédique, pathogénique, péninsulaire, phagocytaire, photogénique, pointilliste, polyphonique, porcelainier, préciputaire, prémenstruel, productivité, pyrométrique, qualificatif, rationaliste, ressemblance, rétrospectif, sarracénique, sémaphorique, septicémique, simultanéité, sociologique, splanchnique, talismanique, synchronisme, tautologique, tégumentaire, téléphonique, théocratique, thermidorien, vestibulaire, volumétrique ■ **13** accommodateur, apocalyptique, archéologique, atmosphérique, autographique, bathymétrique, chronologique, circonstancié, communication, confessionnel, confraternité, correctionnel, délibératoire, départemental, disciplinaire, embryologique, entomologique, erpétologique, ethnobiologie, eucharistique, exophtalmique, fréquentation, gastronomique, grandissement, grossissement, hématologique, hippophagique, homéopathique, hygrométique, logarithmique, manufacturier, méditerranéen, métallurgique, métamorphique, mortinatalité, obscurantiste, phalanstérien, phrénologique, physiologique, physionomique, plébiscitaire, préhistorique, processionnel, professionnel, psychologique, saint-simonien, séméiologique, sous-traitance, spiritualiste, stéréotomique, tauromachique, télégraphique, tératologique, toxicologique, transformiste, ventriculaire, vestimentaire, xylographique ■ **14** amphictyonique, blennorragique, cartographique, chlorophyllien, correspondance, cosmographique, dynamométrique, ethnographique, génito-urinaire, héliocentrique, identification, lithographique, mélodramatique, mnémotechnique, parenchymateux, péripatéticien, pharmaceutique, photographique, phraséologique, prophylactique, sacrificatoire, spatio-temporel, sténographique, stéréométrique, supraterrestre, thermométrique ■ **15** bactériologique, bibliographique, contemporanéité, cryptographique, diaphragmatique, électrochimique, fluvio-glaciaire, hydrothérapique, interindividuel, jurisprudentiel, lexicographique, ophtalmologique, oxyacétilénique, paléontologique, pharmacologique, sélénographique, sous-préfectoral, spectroscopique, stéréographique, stratigraphique, trigonométrique.

**RAPPORTE :** **5** idéal ■ **7** jetisse, toilier ■ **8** extrusif, gaullien, iconique, inertiel, jectisse, thétique ■ **9** chartiste, ingresque, involutif ■ **10** cationique, deltoïdien, giottesque, lombo-sacré ■ **11** expiratoire, plasmatique ■ **12** chaplinesque, conjonctival, préconscient, pugilistique ■

13 bucco-dentaire, définitionnel, moyen-oriental ■ 14 phraséologique, proche-oriental, psychométrique.
**RAPPORTER:** 5 citer ■ 6 donner, porter, rendre ■ 7 annuler, référer, répéter ■ 8 apporter, comparer, convenir, produire, profiter, raconter* ■ 9 consigner, enchaîner, exploiter, non-valeur, soumettre ■ 10 fréquenter, gagne-petit, moissonner, moucharder, rapporteur ■ 11 rapportable ■ 13 profitabilité.
**RAPPORTEUR:** 6 cafard, espion* ■ 7 cafteur ■ 8 cafetière, casserole, mouchard ■ 11 subrogateur.
**RAPPROCHE:** 6 voisin ■ 9 congestif, rabattant ■ 11 close-combat.
**RAPPROCHEMENT:** 7 rapport, réunion*, serrage ■ 8 alliance ■ 9 adduction ■ 11 association, comparaison* ■ 12 rapatronnage.
**RAPPROCHER:** 5 lofer, plier, tâter ■ 6 fermer, pincer, réunir*, serrer ■ 7 attiser, joindre*, rallier ■ 8 associer, comparer ■ 9 connivent ■ 10 centripète, paronomase, romanisant, ténorisant ■ 11 diamantaire, socialisant ■ 13 perfectionner, rapprochement.
**RHAPSODE:** 5 poète ■ 9 rhapsodie.
**RAPT:** 10 enlèvement*.
**RAPURE:** 4 pané.
**RAQUETTE:** 5 batte, paume ■ 7 battoir, palette, timbale, triquet ■ 14 presse-raquette.
**RARE:** 4 néon ■ 5 astre, épars, inouï, mythe, xénon ■ 6 anomal, didyme, épique, rareté, unique ■ 7 anormal, bizarre, curieux, inusité, krypton, signalé ■ 8 dispersé, europium, fréquent, insolite, lanthane, original, précieux, raréfier, rarement, rubidium, samarium ■ 9 clairsemé, phénomène, rarissime, recherche ■ 10 gadolinium, inhabituel, lanthanide ■ 11 inaccoutumé, introuvable, remarquable ■ 12 exceptionnel* ■ 14 extraordinaire*.
**RAREFACTION:** 11 ostéoporose.
**RAREFIE:** 9 rarescent.
**RAREFIER:** 7 réduire ■ 9 rarescent ■ 10 raréfiable ■ 11 raréfaction.
**RAREMENT:** 9 trente-six.
**RARETE:** 15 spanioménorrhée.
**RAS:** 4 égal ■ 5 gazon, rader, raser ■ 7 rasibus.
**RASAGE:** 10 after-shave.
**RASANT:** 5 drive ■ 9 bassinant ■ 11 diffraction.
**RASCASSE:** 7 sébaste ■ 8 scorpène ■ 10 uranoscope.
**RASE:** 5 barbu.
**RASER:** 6 couper*, friser, frôler, tondre ■ 7 ennuyer* ■ 8 tonsurer ■ 9 barbifier ■ 10 démanteler.
**RASEUR:** 4 lame.
**RASSASIER:** 5 gaver ■ 6 gorger ■ 7 nourrir, remplir, saouler, satiété, saturer ■ 8 abreuver, assouvir, repaître ■ 9 contenter ■ 10 désaltérer, insatiable, satisfaire*, sursaturer ■ 12 ressasiement ■ 13 insatiabilité.
**RASSEMBLEMENT:** 4 base ■ 5 musée, poche ■ 7 meeting, réunion*, rookery ■ 8 rookerie, roquerie ■ 10 groupement, ralliement ■ 12 attroupement ■ 13 concentration, manifestation.
**RASSEMBLER:** 6 réunir* ■ 7 drainer, grouper*, joindre*, rallier ■ 8 codifier, rabattre, ramasser, recruter ■ 9 assembler*, attrouper, condenser ■ 10 agglomérer, concentrer, éparpiller, recueillir ■ 13 rassemblement.
**RASSERENER:** 6 calmer* ■ 7 apaiser*.
**RASSIR:** 12 rassissement.
**RASSIS:** 3 dur* ■ 4 posé.
**RASSORTIR:** 10 réassortir ■ 12 rassortiment ■ 13 réassortiment.

**RASSURER :** 7 apaiser* ■ 8 consoler ■ 9 rassurant ■ 13 tranquilliser.
**RASTA :** 10 dreadlocks.
**RASTAQUOUERE :** 5 rasta ■ 9 intrigant.
**RAT :** 5 hibou, mulot, raton, xérus ■ 6 chiche, ratier ■ 7 ondatra, potorou, ratière ■ 8 gerboise, ragondin, raticide, surmulot ■ 9 campagnol, dératiser, mangouste ■ 10 musaraigne ■ 11 bull-terrier, mort-aux-rats ■ 12 dératisation.
**RATAFIA :** 8 rossolis.
**RATAGE :** 5 loupé.
**RATATINE :** 8 rabougri.
**RATATOUILLE :** 4 rata.
**RATE :** 5 loser ■ 6 manque ■ 8 fressure, splénite ■ 9 splénique ■ 12 splénectomie ■ 13 splénomégalie.
**RATEAU :** 7 fauchet, fauchon, râtelée, rouable ■ 8 râtisser ■ 9 râtelures.
**RATELER :** 8 râtelage, râteleur.
**RATELIER :** 4 dent ■ 7 vautoir ■ 8 doublier.
**RATELLE :** 8 râteleur.
**RATER :** 6 louper ■ 7 échouer*, manquer*.
**RATIBOISER :** 4 tuer ■ 10 approprier.
**RATIER :** 5 piège.
**RATIFICATION :** 8 sanction ■ 9 agréation ■ 11 approbation* ■ 12 consécration.
**RATIFIER :** 9 approuver*, confirmer, consacrer, entériner ■ 10 référendum ■ 11 plébisciter, sanctionner.
**RATINER :** 9 ratineuse.
**RATIOCINER :** 9 raisonner* ■ 10 argumenter*.
**RATION :** 4 part* ■ 7 portion* ■ 8 boujaron ■ 9 rationner ■ 11 rationnaire.
**RATIONALISER :** 8 codifier ■ 12 rationalisme, rationaliste ■ 15 rationalisation.
**RATIONNEL :** 8 dyadique ■ 9 cartésien, ergonomie, urbanisme ■ 10 thérapeute ■ 11 philosophie, rationalité ■ 13 taylorisation ■ 15 rationnellement.
**RATIONNER :** 12 rationnement.
**RATISSER :** 5 riper ■ 6 racler ■ 7 gratter ■ 9 râtissage.
**RATITE :** 4 émeu, kiwi ■ 6 casoar, nandou ■ 7 aptéryx ■ 8 autruche.
**RATON :** 6 racoon.
**RATTACHE :** 8 davidien ■ 9 ingresque.
**RATTACHER :** 7 indexer, joindre* ■ 8 brancher, inféoder ■ 9 rapporter, rejoindre.
**RATTRAPER :** 7 courser ■ 9 recouvrer, rejoindre* ■ 10 raccrocher ■ 11 rattrapable.
**RATURER :** 5 rayer ■ 6 barrer, biffer, rature ■ 7 effacer ■ 8 corriger*, raturage.
**RAUCHAGE :** 7 raucher.
**RAUCITE :** 10 enrouement.
**RAUQUE :** 6 enroué ■ 7 éraillé ■ 8 guttural, mêlé-cass ■ 11 graillement.
**RAUQUER :** 5 tigre.
**RAUWOLFIA :** 9 raubasine.
**RAVAGE :** 5 ruine* ■ 8 ravageur ■ 10 vampirisme.
**RAVAGER :** 5 sévir ■ 6 piller*, ruiner ■ 7 désoler ■ 8 détruire, dévaster, infester, saccager ■ 9 fourrager.
**RAVALER :** 6 abolir, avilir ■ 8 abaisser, ravaleur ■ 9 rabaisser ■ 10 ravalement.
**RAVAUDER :** 7 réparer* ■ 8 repriser ■ 10 ravaudeuse ■ 11 raccommoder*.

**RAVE :** 5 radis ■ 7 ravière.
**RAVI :** 7 content* ■ 8 enchanté ■ 9 triompher.
**RAVIGOTER :** 7 ranimer* ■ 8 remonter ■ 10 ravigotant.
**RAVIN :** 6 cavité, chemin, ravine, vallée* ■ 8 barranco ■ 9 précipice ■ 10 ravinement.
**RAVINE :** 5 ravin ■ 6 cavité ■ 9 cours d'eau.
**RAVIR :** 4 ôter* ■ 5 proie ■ 6 plaire* ■ 7 charmer*, enlever*, prendre*, séduire* ■ 8 arracher*, emballer ■ 9 enchanter, ravisseur ■ 10 approprier.
**RAVISER :** 7 changer.
**RAVISSANT :** 4 beau* ■ 8 charmant*.
**RAVISSEMENT :** 4 joie* ■ 6 extase ■ 7 bonheur* ■ 9 transport ■ 10 enlèvement.
**RAVITAILLEMENT :** 5 stand ■ 6 escale ■ 8 baliseur ■ 10 logistique ■ 12 ravitailleur ■ 13 avitaillement.
**RAVITAILLER :** 7 nourrir ■ 14 approvisionner*, ravitaillement, station-service.
**RAVIVER :** 7 ranimer* ■ 8 ravivage ■ 10 rafraîchir.
**RAY :** 6 brûlis.
**RAYABLE :** 5 plomb.
**RAYE :** 5 fusil, règle, tigre, zèbre ■ 6 burelé ■ 8 écossais.
**RAYER :** 6 barrer, biffer, radier, régler, tracer ■ 7 annuler*, bretter, effacer, raturer ■ 8 rayement ■ 9 bretteler ■ 10 quadriller.
**RAYON :** 1 x ■ 2 uv ■ 3 jet, rai ■ 4 cire, rais, tain ■ 5 alpha, cadre, écran, favus, foyer, lueur, méson, radié, ruche, sinus, terre ■ 6 gaufre, radial ■ 7 actinie, lumière ■ 8 actinite, radiaire, rayonner ■ 9 actinique, hélicoïde, radiation* ■ 10 étincelant, insolation, radiologie ■ 11 anticathode, irradiation, luminescent, pochothèque, radiolésion, radioscopie ■ 12 bétathérapie, polarisation, radiodermite, radiographie, radionécrose, scintigramme ■ 13 radiothérapie ■ 14 actinothérapie ■ 15 radiodiagnostic, röntgenthérapie.
**RAYONNEMENT :** 7 chaleur*, lumière*, radieux, sievert ■ 8 radiance, roentgen ■ 9 lucimètre, pénétrant, radiolyse ■ 10 photologie ■ 11 photosphère ■ 12 antiatomique, fluorescence, solarigraphe ■ 13 curiethérapie, photobiologie, radio-activité ■ 15 radioprotection.
**RAYONNER :** 5 jeter ■ 6 darder, lancer ■ 7 briller* ■ 8 irradier ■ 9 rayonnant ■ 11 rayonnement.
**RAYURE :** 4 raie* ■ 5 bande, rayer ■ 7 zébrure.
**RAZ DE MAREE :** 7 tempête, tsunami.
**RAZZIA :** 7 attaque, pillage* ■ 9 incursion.
**REABONNER :** 12 réabonnement.
**REACTEUR :** 7 breeder ■ 9 bouilleur ■ 10 biréacteur, divergence ■ 13 surgénérateur ■ 15 surrégénérateur.
**REACTIF :** 3 var ■ 8 varheure.
**REACTION :** 3 jet, oxo ■ 4 pile ■ 5 effet*, fluor, fusée ■ 6 enzyme, in vivo ■ 7 anergie, réflexe ■ 8 addition, alcalose, allergie, catergol, chimisme, diastase, kérosène, kérosine, réacteur, stripage ■ 9 biochimie, catalyser, dyscrasie, effecteur, fataliste, ménotaxie, phénotype, propergol, réductase, urticaire, vaccinide ■ 10 divergence, inhibiteur, métabolite, péroxydase, phototaxie, plasmolyse, réactogène ■ 11 catabolisme, conséquence, inémotivité, métabolisme, moteur-fusée, réactionnel, sulfonation, tempérament ■ 12 anallergique, auto-amorçage, béhaviorisme, ciclosporine, comportement, dermographie, inflammation, irréversible, polyaddition, pyrogénation, substitution, urtification ■ 13 aérotechnique, béhaviourisme, cosmobiologie, dermatopti-

que, idiosyncrasie, immunodéprimé, phototactisme, pulsoréacteur, réactionnaire, statoréacteur, turboréacteur ■ 14 dermographisme, éthérification ■ 15 contre-transfert, décarboxylation, désassimilation, électrotropisme, phosphorylation, photopériodisme, psychotechnique, thermonucléaire.

**REACTIONNAIRE :** 8 réaction.

**REACTIVER :** 12 réactivation.

**REACTIVITE :** 13 biomagnétisme.

**REACTUALISER :** 15 réactualisation.

**READAPTER :** 12 réadaptation ■ 13 occupationnel.

**REAGIR :** 8 résister ■ 9 gendarmer, irritable ■ 10 interactif, réactivité, résistance ■ 11 sensibilité ■ 12 irritabilité.

**REAGIT :** 14 immunotolérant.

**REAL :** 7 mil-reis.

**REALIGNEMENT :** 9 réaligner.

**REALISABLE :** 8 faisable ■ 11 faisabilité.

**REALISATEUR :** 8 vidéaste.

**REALISATION :** 5 effet, voisé ■ 8 création* ■ 9 attendant ■ 10 gémination, graduation, production ■ 11 engineering, syndication ■ 12 avant-contrat ■ 13 astronautique ■ 14 coarticulation ■ 15 accomplissement.

**REALISE :** 12 irréalisable.

**REALISER :** 5 créer, faire* ■ 6 vendre ■ 7 crypter, remplir, virtuel ■ 8 duplexer, extruder, hybrider, liquider ■ 9 accomplir*, féminiser ■ 10 comprendre, hydrolyser, improbable, réalisable, sintériser ■ 11 éventualité, réalisateur, réalisation ■ 12 désatelliser, irréalisable, matérialiser, personnifier, sensitomètre, vinificateur ■ 13 collisionneur.

**REALITE :** 4 faux, vrai* ■ 6 vérité* ■ 7 monisme, non-être, vérisme ■ 8 attester, réalisme ■ 9 apparence, démasquer, existence* ■ 10 entéléchie, fabulation, irréaliste, symbolique ■ 11 consistance, désincarner, matérialité, trompe-l'œil ■ 12 matérialisme, objectivisme, panpsychisme, phénoménisme ■ 13 actualisation, subjectivisme ■ 15 substantialisme.

**REAMENAGER :** 13 réaménagement.

**REANIMATION :** 10 réanimable ■ 11 réanimateur.

**REAPPARAIT :** 9 résurgent.

**REAPPARAITRE :** 7 revenir* ■ 8 alterner, renaître ■ 9 réactiver, récidiver, repousser ■ 11 ressusciter.

**REAPPARITION :** 6 retour ■ 7 rechute ■ 8 atavisme, émersion, récidive ■ 10 abréaction, émergement, répétition, résurgence ■ 11 vicissitude ■ 12 résurrection, reviviscence.

**REARMER :** 10 réarmement.

**REARRANGEMENT :** 9 isomérase.

**REASSURANCE :** 9 réassurer.

**REASSURER :** 10 réassureur.

**REBARBATIF :** 7 brusque*, revêche* ■ 9 acariâtre.

**REBATIR :** 7 réparer* ■ 9 réédifier ■ 12 reconstruire.

**REBATTEMENT :** 4 palé ■ 5 barre, fasce ■ 6 coticé ■ 7 burelle, jumelle, losange ■ 8 vergette ■ 9 chevronné, échiqueté ■ 11 contre-fasce.

**REBATTU :** 3 usé* ■ 6 commun ■ 7 trivial ■ 10 vieillerie.

**REBELLE :** 5 mutin ■ 8 embauche, indocile* ■ 9 rébellion ■ 15 révolutionnaire.

**REBELLER :** 7 mutiner ■ 8 insurger, révolter, soulever ■ 11 bouleverser.

**REBELLION:** 5 grève ■ 6 émeute, fronde, guerre ■ 7 révolte* ■ 8 sédition* ■ 9 jacquerie, mutinerie ■ 10 révolution ■ 11 chouannerie, soulèvement ■ 12 insurrection ■ 14 bouleversement.
**REBEQUER:** 8 résister*.
**REBIFFER:** 8 résister* ■ 11 recommencer.
**REBOISEMENT:** 13 reforestation.
**REBOISER:** 11 reboisement.
**REBOND:** 4 lift ■ 6 amorti ■ 9 demi-volée.
**REBONDI:** 4 dodu, gras*, rond ■ 5 bedon, creux.
**REBONDIR:** 9 rejaillir ■ 14 rebondissement.
**REBONDISSEMENT:** 11 conséquence ■ 15 rejaillissement.
**REBORD:** 4 bord*, orle ■ 5 bande, garde, jatte ■ 6 ourlet ■ 7 bordure*, ganache ■ 8 margelle.
**REBOUCHER:** 10 rebouchage.
**REBOURS:** 8 renversé ■ 9 contre-fil ■ 10 contre-pied, contre-poil, contresens ■ 13 rebrousse-poil.
**REBOUTEUR:** 8 rebouteux ■ 10 guérisseur.
**REBROUSSER:** 13 rebroussement.
**REBUFFADE:** 5 refus*.
**REBUT:** 3 lie ■ 4 vrac ■ 5 écume, refus ■ 6 déchet*, résidu* ■ 7 rancart, strasse ■ 8 dépotoir, racaille ■ 9 effiloche, grenaille ■ 10 maculature.
**REBUTANT:** 8 nauséeux ■ 10 nauséabond.
**REBUTER:** 5 rebut ■ 6 solder ■ 7 ennuyer, rejeter ■ 8 dégoûter*, déplaire*, effrayer ■ 9 dédaigner, repousser ■ 10 décourager ■ 11 débarrasser.
**RECALCITRANT:** 8 indocile*.
**RECALE:** 6 refusé.
**RECALER:** 5 buser ■ 7 moffler ■ 8 recalage.
**RECAPITULER:** 7 résumer* ■ 9 bordereau ■ 13 récapitulatif.
**RECARRELER:** 11 recarrelage.
**RECELER:** 5 recel ■ 6 cacher* ■ 8 contenir, receleur ■ 10 recèlement.
**RECELEUR:** 7 fourgat, fourgue.
**RECEMMENT:** 4 hier ■ 7 naguère ■ 9 depuis peu ■ 11 fraîchement ■ 12 nouvellement.
**RECENSER:** 7 compter ■ 9 dénombrer, recenseur ■ 11 recensement.
**RECENT:** 4 hier, neuf ■ 5 chaud, frais ■ 6 actuel, novice* ■ 7 dernier*, moderne, nouveau*, présent, récence ■ 8 holocène, néophyte, original, saignant ■ 9 actualité ■ 12 contemporain.
**RECENTRER:** 10 recentrage.
**RECEPER:** 8 recepage.
**RECEPISSE:** 4 reçu ■ 13 connaissement.
**RECEPTACLE:** 4 urne ■ 8 churinga ■ 9 réservoir.
**RECEPTEUR:** 2 c.b. ■ 5 corti, radio ■ 7 saccule ■ 8 écouteur, sélectif, tonalité ■ 9 audimètre ■ 10 auto-alarme, multinorme, téléviseur ■ 11 réceptivité ■ 12 bétabloquant, transpondeur ■ 13 multistandard ■ 14 organolesptique, propriocepteur, radiorécepteur, radiotélescope ■ 15 extérorécepteur, mécanorécepteur, superhétérodyne.
**RECEPTION:** 3 thé ■ 5 diffa, doyen, style ■ 6 soirée ■ 7 accueil ■ 8 accolade, audition, cohéreur ■ 9 communion, garde-port ■ 10 hétérodyne ■ 11 garden-party ■ 12 antiparasite, congédiement, omnidirectif, radioamateur, réceptionner ■ 14 préfinancement, réceptionnaire.
**RECEPTIONNER:** 8 recevoir*.
**RECEPTRICE:** 14 photorécepteur.
**RECESSIVE:** 9 mélanisme.

**RECETTE :** 6 revenu ■ 7 produit ■ 8 receveur ■ 9 box-office, buraliste, rendement ■ 11 pharmacopée.
**RECEVOIR :** 4 ouïr, voir ■ 5 salon, subir, sucer ■ 6 agréer, capter, écoper, gagner, palper, quêter, sentir ■ 7 adopter, coopter, essuyer, hériter, initier, obtenir*, prendre, refuser, toucher, traiter ■ 8 accepter, admettre, attraper, empaumer, empocher, éprouver, festoyer, héberger, réceptif, receveur, repêcher, souffrir ■ 9 communier, consulter, éconduire, embarquer, embourser, emprunter, encaisser, percevoir, récepteur, réception, recevable, recouvrer, reprendre, supporter, triompher ■ 10 accueillir, collecteur, condenseur, recueillir* ■ 11 hospitalité, réceptivité ■ 12 consultation, inadmissible, réceptionner, recevabilité ■ 13 récipiendaire ■ 14 suggestibilité, irrecevabilité.
**RECHAMPIR :** 13 rechampissage.
**RECHANGE :** 5 drome.
**RECHAPER :** 9 rechapage.
**RECHAPPER :** 8 échapper.
**RECHARGER :** 8 chargeur ■ 12 rechargeable, rechargement.
**RECHAUD :** 5 lampe ■ 9 pharillon ■ 10 camping-gaz, cassolette ■ 12 chauffe-plats.
**RECHAUFFER :** 6 revenu ■ 7 ranimer, recuire ■ 8 rebrûler ■ 11 réchauffage ■ 13 réchauffement.
**RECHAUSSER :** 13 rechaussement.
**RECHE :** 4 rude* ■ 7 rugueux.
**RECHERCHE :** 3 u.e.r., u.f.r. ■ 4 tiré ■ 5 couru, essai, piste, primé, revue ■ 6 apprêt, examen, fla-fla ■ 7 affecté, enquête*, manière, négligé, station ■ 8 adoniser, cavaleur, cultisme, onanisme, phraseur, sobriété, stylisme, truffier ■ 9 afféterie, chemineau, chercheur, dépistage, docimasie, épicurien, excursion, idéalisme, japoniste, tourmenté, truculent ■ 10 démarchage, hygrophile, laborantin, pathogénie, phylogénie, technopole ■ 11 affectation, donjuanisme, cavernicole, compétition, hémoculture, inquisition, laborantine, laboratoire, musicologie, observation, phylogenèse, prétentieux, prospection, rabdomancie, raffinement*, singularité, sophistiqué, spéculation, tâtonnement ■ 12 autoérotisme, comparatisme, disquisition, élucubration, étymologiste, perquisition, rhabdomancie, scipophilie, statisticien ■ 13 hydrogéologie, investigation, technoscience ■ 14 action research, astronauticien, documentaliste ■ 15 perfectionnisme, recherche-action.
**RECHERCHER :** 6 courir, quêter ■ 7 briguer, draguer, mendier ■ 8 chercher*, enquérir, enquêter, éplucher, fouiller, maniérer ■ 9 compulser, courtiser, recherche ■ 10 documenter, poursuivre*, prospecter ■ 11 ambitionner, investiguer ■ 15 perquisitionner.
**RECHIGNER :** 6 bouder, bourru ■ 8 murmurer, renâcler, renifler ■ 12 rechignement.
**RECHUTE :** 8 récidive, retomber.
**RECIDIVE :** 11 récidivisme, récidiviste.
**RECIDIVER :** 7 rechute, refaire, répéter ■ 8 récidive, réitérer ■ 10 récidivant, récidivité ■ 11 récidiviste.
**RECIF :** 6 écueil ■ 7 récifal ■ 15 désappointement.
**RECIPIENT :** 3 pot, têt ■ 4 auge, bain, bock, cuve, roui, seau, urne, test, vase* ■ 5 baste, bidon, boîte, canne, chope, godet, jauge, lampe, marli, moque, panse, verre ■ 6 ballon, bassin, berthe, gourde, moufle, ravier, saloir, seille, tagine, taline, touque ■ 7 baraque, braséro, burette, creuset, cuvette, encrier, gobelet, lampion, marmite, piscine, terrine, théière, thermos, tinette, tonneau ■ 8 bénitier, beurrier, cen-

drier, conserve, crachoir, estagnon, fait-tout, fontaine, fromager, jerrican, jerrycan, lave-tête, œufrier, potiquet, poubelle, puisette, ramequin, saladier, saunière, soupière, vaisseau, verseuse ■ **9** autoclave, bain-marie, calebasse, caserette, chaudière, culbuteur, échaudoir, étouffoir, faisselle, mouilloir, pincelier, réservoir, tisanière, vaisselle ■ **10** bouilloire, bouillotte, condenseur, cubitainer, lessiveuse, macérateur, paludarium, porte-savon, sorbetière, turbotière ■ **11** antiadhésif, confiturier ■ **12** chocolatière, vaporisateur ■ **13** cristallisoir ■ **14** rafraîchisseur, rafraîchissoir.

**RECIPROCITE:** 2 ré ■ **7** échange ■ **8** entraide ■ **9** réciproque ■ **10** alternance ■ **11** balancement, corrélation, interaction ■ **12** intersection, reconvention ■ **14** correspondance ■ **15** interdépendance.

**RECIPROQUE:** 5 entre ■ **6** mutuel, osmose ■ **7** alterné ■ **8** échanger ■ **9** bilatéral, démixtion, respectif, solidaire, vice versa ■ **10** corrélatif ■ **11** intercourse, réciprocité ■ **12** mutuellement ■ **14** réciproquement ■ **15** synallagmatique.

**RECIPROQUER:** 6 réagir ■ **8** échanger, renvoyer, revaloir, succéder ■ **9** rétorquer, retourner ■ **10** rétrocéder.

**RECIT:** 4 saga ■ **5** conte*, fable, mythe, roman ■ **6** détail, épopée, jataka ■ **7** légende, rapport, version ■ **8** anecdote, apologue, broderie, histoire*, racontar, raconter, relation ■ **9** chronique, narration, rapporter ■ **10** exposition ■ **11** chantefable, étiologique, historiette, paillardise.

**RECITAL:** 7 concert.

**RECITATIF:** 3 air ■ **5** opéra, récit ■ **7** mélopée.

**RECITER:** 4 dire ■ **7** ânonner, débiter ■ **8** déclamer, récitant ■ **9** prononcer, récitatif ■ **10** psalmodier, récitation ■ **11** monologuer

**RECLAMATION:** 5 appel, grève, tollé ■ **7** demande, plainte*, requête ■ **9** réclamant ■ **10** instance ■ **12** contestation, intercession, protestation ■ **13** récrimination*, revendication.

**RECLAME:** 9 partageux, publicité*.

**RECLAMER:** 5 crier ■ **6** exiger* ■ **7** appeler, récrier, répéter, vouloir ■ **8** demander*, implorer, insister, plaindre*, requérir ■ **9** contester, protester* ■ **10** intercéder, récriminer*, redemander, solliciter ■ **11** réclamation, revendiquer.

**RECLASSEMENT:** 9 patronage.

**RECLASSER:** 12 reclassement.

**RECLURE:** 8 enfermer.

**RECLUSION:** 14 emprisonnement*, réclusionnaire.

**RECOIN:** 4 coin ■ **5** repli.

**REÇOIT:** 8 enseigné ■ **11** codonataire.

**RECOLER:** 8 vérifier ■ **10** récolement.

**RECOLLER:** 9 recollage ■ **10** agglutiner ■ **11** recollement.

**RECOLTE:** 4 dîme ■ **5** palus, vinée ■ **6** annonce, saison ■ **7** glandée, moisson, rentrée, verdage ■ **8** alfatier, fenaison, métayage, récolter, vendange ■ **9** olivaison, olivettes, partiaire, rendement ■ **10** corn-picker, cueillette ■ **11** vendangerot ■ **13** saisie-brandon.

**RECOLTER:** 8 cueillir, ramasser ■ **9** récolteur, vendanger ■ **10** moissonner, recueillir* ■ **11** corn-sheller.

**RECOMMANDABLE:** 8 salopard ■ **9** estimable.

**RECOMMANDATION:** 5 appui ■ **6** piston ■ **7** conseil* ■ **8** auspices ■ **9** apostille ■ **10** recommandé, références ■ **11** exhortation ■ **13** avertissement.

**RECOMMANDER:** 5 aider, prier ■ **7** appuyer, avertir, engager, exciter, prêcher ■ **8** exhorter, prémunir, prévenir, protéger, soutenir ■

9 commander, favoriser, patronner, pistonner ■ 10 apostiller, conseiller*, intéresser, préconiser ■ 13 précautionner ■ 14 recommandation.
**RECOMMENCER:** 5 biner ■ 6 bisser, copier, imiter ■ 7 doubler, refaire*, répéter*, revenir, tripler, trisser ■ 8 réitérer, remarier, remettre, rentamer, retomber, revenez-y ■ 9 récidiver, redevenir, redoubler, reprendre ■ 10 multiplier, renouveler, reproduire ■ 14 recommencement.
**RECOMPENSE:** 3 don ■ 4 prix* ■ 5 césar, coupe, oscar, prime, saint ■ 6 mérite, tribut ■ 7 diplôme, honneur, mention, rostral, salaire ■ 8 accessit, couronne, délation, médaille, palmarès, sanction ■ 9 indemnité, méritoire ■ 10 décoration ■ 11 récompenser, rétribution ■ 12 compensation, rémunération ■ 13 gratification.
**RECOMPENSER:** 5 payer ■ 7 lauréat, mériter, rosière ■ 8 décerner ■ 9 compenser, couronner, gratifier, rémunérer, rétribuer ■ 10 dédommager, distribuer, indemniser ■ 11 reconnaître.
**RECOMPLETER:** 11 maintenance.
**RECOMPOSER:** 12 recomposable, reconstituer ■ 13 recomposition.
**RECONCILIATION:** 6 pardon ■ 9 méditation ■ 13 rapprochement ■ 14 raccommodement.
**RECONCILIER:** 6 réunir ■ 7 apaiser ■ 8 accorder, défâcher, remettre ■ 9 désaigrir, pardonner, rapatrier, replâtrer ■ 10 accommoder, rabibocher, rappointer, rapprocher ■ 11 fraterniser, raccommoder ■ 12 désenvenimer, rapapilloter ■ 13 réconciliable ■ 14 réconciliateur ■ 15 irréconciliable.
**RECONDUIRE:** 6 bouler ■ 10 reconduite, réintégrer ■ 12 raccompagner.
**RECONDUIT:** 13 reconductible.
**RECONFORTANT:** 7 cordial ■ 10 fortifiant.
**RECONFORTER:** 8 consoler*, remonter ■ 9 réconfort ■ 12 réconfortant.
**RECONNAISSANCE:** 3 tag ■ 4 aveu, reçu ■ 5 merci, payer* ■ 6 gnosie, obligé ■ 8 croiseur, scout-car ■ 9 confondre, gratitude ■ 10 contrition, obligation, récompense ■ 11 ingratitude, récognition ■ 12 consentement, remerciement, résipiscence ■ 13 reconnaissant.
**RECONNAITRE:** 5 passe, payer, punir, tâter ■ 6 amusie, avouer, dénier, parler, sonder, trahir ■ 7 accuser, déviner, refuser ■ 8 accepter, accorder, admettre, concéder, convenir, déclarer, déguster, dénoncer, orienter, ratifier, remettre, répondre, revaloir ■ 9 biseauter, confesser, consentir, contester, décharger, démasquer, désavouer, discerner, disculper, légitimer, professer, remercier, remémorer, retrouver ■ 10 accréditer, acquiescer, convaincre, distinguer, ensaisiner, homologuer, identifier ■ 11 déboutonner, méconnaître, récompenser, signalement ■ 14 idéologisation, méconnaissable, reconnaissable, reconnaissance.
**RECONNU:** 5 avéré ■ 10 récognitif ■ 13 représentatif.
**RECONQUERIR:** 10 reconquête.
**RECONSIDERER:** 6 revoir ■ 9 réétudier.
**RECONSOLIDER:** 15 reconsolidation.
**RECONSTITUANT:** 5 morue ■ 10 fortifiant.
**RECONSTITUER:** 7 amortir ■ 8 rechaper ■ 9 remailler ■ 10 remmailler ■ 14 reconstitution.
**RECONSTITUTION:** 8 bruitage ■ 9 néoblaste ■ 10 ravalement ■ 12 régénération, remnographie ■ 14 périnéographie.
**RECONSTRUCTION:** 10 anastylose.
**RECONSTRUIRE:** 9 réfection ■ 14 reconstruction ■ 15 hypercorrection.

**RECONVENTION :** 15 reconventionnel.
**RECONVERSION :** 11 reconvertir.
**RECOPIER :** 12 papier-calque ■ 15 expéditionnaire.
**RECOQUILLER :** 14 recoquillement.
**RECORD :** 9 recordman ■ 11 performance.
**RECORDER :** 7 répéter ■ 9 recordage.
**RECOUPE :** 5 griot.
**RECOUPEMENT :** 8 recouper.
**RECOUPER :** 9 recoupage.
**RECOURBE :** 4 houe ■ 5 râble, serpe ■ 6 courbe, crochu ■ 9 cimeterre ■ 10 crampillon, recourbure ■ 11 bec-de-corbin.
**RECOURBER :** 12 recourbement.
**RECOURIR :** 11 paritarisme.
**RECOURS :** 4 user, voie ■ 5 appel ■ 7 pourvoi ■ 8 forclore, recourir ■ 9 ressource ■ 10 opposition, récursoire.
**RECOUVERT :** 7 bimétal ■ 9 téflonisé.
**RECOUVREMENT :** 6 klippe, rachat, zétète ■ 7 recette, rentrée ■ 10 percepteur, perception ■ 11 affacturage ■ 12 enchevaucher ■ 13 enchevauchure.
**RECOUVRER :** 6 ravoir ■ 7 dégager, toucher ■ 8 regagner, repêcher, rétablir ■ 9 percevoir, rattraper, récupérer, rempocher, réoccuper, reprendre, ressaisir, retrouver* ■ 11 reconquérir, recouvrable, réhabiliter ■ 12 recouvrement ■ 13 irrécouvrable.
**RECOUVRIR :** 5 dorer ■ 6 étamer, tuiler ■ 7 cadmier, chromer, couvrir*, enfouir, engober, enrober, guniter, joncher, plaquer, rétamer, revêtir*, zinguer ■ 8 capsuler, déguiser, enterrer, moquette, nickeler, parsemer, platiner ■ 9 couvre-lit, encroûter endossure, ensoufrer, imbriquer, moquetter, replâtrer, surglacer ■ 10 chevaucher, envelopper*, galvaniser, goudronner, recouvrage, terreauter ■ 11 cache-entrée.
**RECREATION :** 3 jeu ■ 4 fête ■ 5 préau ■ 6 déduit, partie ■ 7 plaisir ■ 8 partouse ■ 9 amusement* ■ 10 passe-temps ■ 11 distraction ■ 12 réjouissance ■ 14 divertissement*.
**RECREER :** 5 jouer ■ 6 amuser* ■ 8 divertir ■ 9 récréatif ■ 12 divertissant.
**RECREPIR :** 12 récrépissage.
**RECRIER :** 9 protester*.
**RECRIMINATION :** 4 haro, huée ■ 5 tollé ■ 8 reproche ■ 9 doléances, grognerie ■ 11 criaillerie, réclamation* ■ 14 récriminatoire.
**RECRIMINER :** 4 huer ■ 5 crier ■ 7 accuser, rejeter ■ 8 injurier, réclamer*, répondre, riposter ■ 9 clabauder, criailler, protester*, redarguer, rétorquer ■ 10 déblatérer, reconvenir ■ 13 récriminateur, récrimination.
**RECRIRE :** 6 copier.
**RECROQUEVILLER :** 9 rabougrir, resserrer ■ 10 contracter.
**RECRU :** 3 las*.
**RECRUDESCENCE :** 6 regain ■ 9 augmenter ■ 12 exacerbation.
**RECRUE :** 5 école ■ 6 membre, soldat ■ 8 conscrit, partisan, recruter ■ 10 bleusaille.
**RECRUTEMENT :** 4 sort ■ 8 landwehr, racollage ■ 9 landsturm, recruteur ■ 10 agrégation, cooptation ■ 12 conscription.
**RECRUTER :** 7 engager*, racoler ■ 9 rabatteur, recruteur ■ 11 recrutement.
**RECTANGLE :** 5 barge, chape, fiche, hamac, jeton ■ 8 billette, cylindre, parpaing ■ 9 écoutille ■ 10 archipompe, fourchette ■ 11 histogramme ■ 13 rectangulaire.

**RECTANGULAIRE :** 6 blindé ■ 7 mégaron ■ 8 étampure.
**RECTEUR :** 7 intrant ■ 8 rectoral, rectorat ■ 11 vice-recteur.
**RECTIFICATION :** 5 enfin ■ 9 c'est-à-dire ■ 10 correction*.
**RECTIFIER :** 6 revoir ■ 8 corriger* ■ 9 diamanter, redresser* ■ 11 rectifiable, rectifieuse ■ 12 contrepasser, rectificatif.
**RECTITE :** 8 proctile.
**RECTITUDE :** 4 faux ■ 8 droiture* ■ 9 redresser.
**RECTO :** 4 page, rôle ■ 5 verso ■ 13 opisthographe.
**RECTUM :** 4 anus* ■ 6 rectal ■ 7 rectile ■ 10 rectoscope ■ 11 proctologie, recto-colite ■ 12 suppositoire.
**REÇU :** 5 primé ■ 6 acquit ■ 7 baptisé, recette, tonsuré ■ 8 décharge ■ 9 bienvenir, quittance, récépissé, recevable ■ 10 facturette ■ 14 reconnaissance.
**RECUEIL :** 3 ana ■ 4 code, veda ■ 5 album, atlas, bible, codex, divan, livre*, musée, pénal, revue, souna, sunna, titre, varia ■ 6 centon, corpus, isopet, manuel, silves, sounna, talmud, ysopet ■ 7 digeste, fablier, mélange, solfège ■ 8 analecte, armorial, bêtisier, colliger, magazine, psautier ■ 9 almageste, catalogue, chartrier, chronique, coutumier, florilège, pandectes, rhapsodie, romancero, sottisier, spicilège ■ 10 anthologie, cartulaire, collection, formulaire, institutes, légendaire, répertoire ■ 11 chansonnier, pharmacopée, sermonnaire ■ 12 capitulaires, dictionnaire, encyclopédie ■ 13 chrestomathie, questionnaire.
**RECUEILLE :** 10 anecdotier.
**RECUEILLEMENT :** 9 recueilli ■ 11 componction.
**RECUEILLIR :** 5 lever, subir, tirer ■ 6 glaner, pêcher, penser, quêter ■ 7 amasser, hériter, picorer, prendre, replier, retirer, trouver ■ 8 cueillir, éprouver, marauder, ramasser, recevoir*, récolter, retraite, succéder ■ 9 aéroscope, assembler, percevoir, récupérer, supporter ■ 10 grappiller, herboriser, moissonner ■ 11 anecdotiser ■ 12 récollection ■ 13 recueillement ■ 14 représentation.
**RECUIT :** 9 casilleux.
**RECUL :** 5 drift, repli, rétro ■ 7 reculée ■ 8 reculade, retraite ■ 9 récession ■ 10 distancier, régression ■ 11 perspective ■ 13 distanciation ■ 14 rétrogradation.
**RECULE :** 4 haut ■ 5 temps ■ 7 éloigné* ■ 11 enfoncement.
**RECULER :** 5 caler, caner, céder*, culer, plier, recul, rétif ■ 6 battre, lâcher, perdre, rompre ■ 7 piaffer ■ 8 flancher, reculade, reculons, refouler, renoncer*, retarder ■ 9 repousser ■ 10 abandonner*.
**RECUPERATION :** 8 épaviste ■ 12 dégazolinage.
**RECUPERER :** 9 rapercher, recouvrer*, reprendre, retrouver* ■ 11 récupérable ■ 12 cannibaliser, récupérateur, récupération, retraitement ■ 13 irrécupérable.
**RECURER :** 8 nettoyer*, récurage, récureur.
**RECURRENT :** 10 récurrence.
**RECURSIF :** 11 récursivité.
**RECUSER :** 9 récusable, repousser ■ 10 récusation ■ 11 irrécusable ■ 12 irréfragable.
**RECYCLAGE :** 8 recycler.
**RECYCLER :** 10 recyclable.
**REDACTEUR :** 8 actuaire, échotier ■ 9 rédaction ■ 11 journaliste.
**REDACTION :** 4 desk ■ 5 blanc, écrit, selon, texte ■ 6 rédigé, résumé ■ 7 article ■ 8 décemvir, original, scénario ■ 9 narration ■ 10 conception, expression ■ 11 avant-projet, composition, élaboration ■ 12 dissertation*, rédactionnel ■ 13 amplification.

**REDAN :** 6 redent ■ 7 redenté ■ 8 demi-lune.
**REDDITION :** 12 capitulation.
**REDEMANDER :** 8 réclamer.
**REDEMARRER :** 11 redémarrage.
**REDEMPTION :** 5 merci ■ 6 rachat* ■ 13 universalisme ■ 14 réhabilitation.
**REDENT :** 5 redan.
**REDEPLOIEMENT :** 10 redéployer.
**REDEVABLE :** 5 reste, tenir ■ 6 obligé.
**REDEVANCE :** 4 cens, dîme, fief, lods ■ 5 alleu, serfs ■ 6 annate, auteur, charge, fouage ■ 7 fermage, fortage, royalty ■ 8 afféager, foretage, tènement ■ 9 arrérager, royalties ■ 10 tréfoncier.
**REDEVENIR :** 8 rajeunir, reverdir ■ 9 refleurir, rembrunir, reprendre, ressaisir ■ 11 rengraisser.
**REDIFFUSER :** 11 rediffusion.
**REDIGER :** 6 écrire* ■ 7 dresser, répéter ■ 8 composer, élaborer, formuler, libeller, réécrire ■ 9 concevoir, grossoyer, rédacteur, rédaction ■ 10 construire, secrétaire ■ 12 instrumenter.
**REDIMER :** 10 affranchir.
**REDINGOTE :** 6 lévite ■ 7 carrick ■ 10 soutanelle.
**REDIRE :** 5 rimer ■ 6 redite ■ 7 bégayer, radoter, répéter, seriner ■ 8 rabâcher, rappeler, réitérer ■ 9 critiquer, épiloguer, rapporter ■ 10 récriminer ■ 11 récapituler.
**REDISTRIBUER :** 10 transferts ■ 14 redistribution.
**REDITE :** 10 répétition.
**REDONDANCE :** 4 abus ■ 13 superfétation.
**REDONNER :** 5 payer ■ 6 donner, rendre* ■ 7 ranimer, recéder, réparer ■ 8 raffûter, remettre, revaloir ■ 9 compenser, restaurer, restituer, retremper, revigorer ■ 10 réintégrer, rembourser, rétrocéder ■ 11 réconforter, réhabiliter ■ 12 ragaillardir ■ 13 remilitariser.
**REDOUBLANT :** 8 doublant.
**REDOUBLE :** 8 doubleur.
**REDOUBLEMENT :** 10 exaltation ■ 12 exacerbation, reduplicatif.
**REDOUBLER :** 9 augmenter*.
**REDOUTABLE :** 4 ours, rude ■ 8 terrible* ■ 14 redoutablement.
**REDOUTE :** 3 bal.
**REDOUTER :** 8 craindre* ■ 11 appréhender.
**REDRESSER :** 5 lever, valve ■ 7 cambrer, quiller, relever* ■ 8 aplomber, corriger*, dévoiler, kénotron, réformer, resingle ■ 9 corrigeur, défausser, dégauchir, rectifier, ressource, thyratron ■ 12 redressement.
**REDRESSEUR :** 6 tungar ■ 8 ignitron ■ 9 phanatron, thyrister ■ 13 horripilateur ■ 15 donquichottisme.
**REDUCTION :** 3 net ■ 5 dolby ■ 6 remise ■ 7 pairage ■ 8 quartage ■ 9 déflation, déplétion, raccourci, réfaction, ristourne ■ 10 compactage, conversion, dégagement, diminution*, imputation, modération, quadrature, regrattier, résolution ■ 11 commutation, compression, contraction, désarmement, granulation, habituation ■ 12 désoxydation ■ 13 calciothermie, hydroxylamine, micronisation, réductibilité ■ 14 axiomatisation, caramélisation, oxydoréduction ■ 15 magnésiothermie, miniaturisation.
**REDUCTIONNISME :** 14 réductionniste.
**REDUIRE :** 5 émier, filer, râper ■ 6 broyer, coller, grener, gruger, moudre, tasser ■ 7 abréger*, changer, débiter, défiler, égruger, féculer, gracier, léviger, museler, obliger, quarter, ramener, tribart ■

8 abaisser, asservir, atomiser, désarmer, diminuer*, effriter, émietter, rabattre, raréfier, résoudre, triturer ■ 9 amoindrir, annihiler, comprimer, condamner, condenser, confondre, convertir, désoxyder, dissoudre, effriter, incinérer, lubrifier, minimiser, rattraper, réduction, renfermer, résoudre, scorifier, soumettre, subjuguer, surmonter ■ 10 bâillonner, cataplasme, charbonner, concentrer, contracter, fragmenter, grenailler, pulvériser, réductible, vassaliser ■ 11 axiomatiser, contraindre, désétatiser, hypostasier, minimaliser, monopoliser, restreindre*, transformer ■ 12 antifriction, antiulcéreux, caillebotter, démultiplier, homogénéiser, irréductible, systématiser ■ 13 antinataliste, décompresseur, sacrification ■ 14 incompressible, réductionnisme ■ 15 prolétarisation.
**REDUIT:** 5 abois, à quia, ilote, niche, soute ■ 6 bunker, cagibi, corral, serdah ■ 7 galetas, redoute ■ 8 dégriffé, maquette, soupente ■ 9 coercible, défileuse, demi-solde, demi-tarif, malléable, modélisme, végétatif ■ 10 concertino ■ 11 pulvérulent, schématique ■ 13 microcassette, profilographe ■ 15 compressibilité.
**REECRITURE:** 12 novélisation.
**REEDIFIER:** 13 réédification.
**REEDUQUER:** 11 rééducation.
**REEL:** 4 fait, vain, vrai* ■ 5 chose, cours, temps ■ 6 déréel, fictif, solide ■ 7 certain*, concret, évident, positif*, réalité, sérieux, surréel ■ 8 dadaïsme, effectif, fabuleux, réaliser, référent, tangible ■ 9 irréalité, véritable ■ 10 hypothèque, irréalisme, irréaliste, panlogisme, télépathie ■ 11 reconnaître, surréalisme.
**REELIGIBLE:** 13 rééligibilité.
**REELLEMENT:** 4 réel ■ 13 effectivement, véritablement ■ 14 matériellement.
**REEMPTION:** 6 rachat.
**REENSEMENCER:** 15 réensemencement.
**REEQUILIBRER:** 13 rééquilibrage.
**REER:** 5 raire.
**REESCOMPTE:** 8 bancable ■ 9 banquable.
**REESSAYER:** 9 ressayage ■ 10 réessayage.
**REEXAMINER:** 6 revoir ■ 11 disjonction.
**REEXPEDIER:** 9 retourner.
**REEXPORTER:** 13 réexportation.
**REFAIRE:** 7 répéter*, stopper ■ 8 rebattre, rebiffer, refondre, réitérer, remettre, repiquer, repriser, rétablir, retondre ■ 9 rapointir, rapparier, récidiver, réfection, rempiéter, restaurer ■ 10 rappointer, renouveler ■ 11 recommencer*, rejointoyer ■ 12 rhinoplastie.
**REFAIT:** 6 marron.
**REFECTION:** 13 digitoplastie.
**REFECTOIRE:** 4 cène, mess ■ 6 popote ■ 7 cambuse, cantine ■ 8 cantoche ■ 9 lave-mains.
**REFENDU:** 8 chanlate ■ 9 chanlatte ■ 10 bourdillon.
**REFERENCE:** 6 atypie, renvoi* ■ 11 coordonnées.
**REFERENDUM:** 4 vote* ■ 10 plébiscite.
**REFERMER:** 5 volet.
**REFERER:** 7 imputer.
**REFLECHI:** 3 mûr ■ 4 posé, sage* ■ 6 mesuré, rassis ■ 7 pondéré, prudent* ■ 8 délibéré ■ 9 prémédité ■ 10 antireflet, irréfléchi, réflexible ■ 11 raffinement ■ 12 intentionnel ■ 13 réflexibilité.
**REFLECHIR:** 4 tain ■ 5 luire, peser, rêver ■ 6 aviser, penser*, réagir ■ 7 cogiter, méditer, rentrer, replier, revenir, ruminer ■ 8 calculer,

chatoyer, combiner, examiner, machiner, miroiter, observer, pénétrer, rebondir, refléter, renvoyer, repenser, ricocher, spéculer, supputer ■ 9 abstraire, commenter, délibérer, envisager, gamberger, héliostat, raisonner, rejaillir, remarquer, ressasser, retourner ■ 10 concentrer, considérer, papilloter, phosphorer, préméditer, recueillir, réflecteur, répercuter, réverbérer ■ 11 approfondir, inconsidérer ■ 13 réfléchissant.

**REFLECHISSANT :** 11 délinéateur.

**REFLECTEUR :** 8 abat-jour ■ 9 cataphote, réverbère.

**REFLET :** 5 moire, opale ■ 6 satiné ■ 7 briller, moirage ■ 9 chatoyant, étinceler, flamboyer, irisation ■ 10 œil-de-chat ■ 11 chatoiement, opalescence ■ 12 rougeoiement ■ 13 gorge-de-pigeon.

**REFLEXE :** 9 aréflexie, autotomie, réflectif ■ 11 agrippement, habituation, réflexogène ■ 12 psychomoteur, réflexologie ■ 14 grasping-reflex.

**REFLEXION :** 4 trac ■ 5 foyer, radar ■ 6 aparté, reflet ■ 7 étourdi ■ 8 dissiper, gamberge, instinct, mûrement, réaction, réfléchi, ricochet ■ 9 attention, commenter, élucubrer, moraliser, sciemment ■ 10 cogitation, indélibéré, méditation* ■ 11 aveuglement, catoptrique, inconsidéré, irréflexion, lapalissade ■ 12 délibération ■ 13 inconséquence, réverbération ■ 14 rebondissement ■ 15 rejaillissement.

**REFLUER :** 7 retirer, revenir ■ 8 regorger.

**REFLUX :** 3 èbe ■ 4 duit, ebbe, flot ■ 5 marée ■ 6 baisse, jusant ■ 7 retrait.

**REFONTE :** 9 vergeoise

**REFORMATION :** 12 regénération.

**REFORME :** 8 croisade, ministre ■ 10 changement*, protestant, réformable, réformette, réformiste ■ 11 réformateur, réformation ■ 13 sacramentaire.

**REFORMEE :** 13 réligionnaire.

**REFORMER :** 7 changer* ■ 8 corriger* ■ 9 redresser ■ 12 irréformable.

**REFORMISTE :** 9 chartisme.

**REFOUILLER :** 13 refouillement.

**REFOULEMENT :** 7 censure ■ 10 abréaction ■ 11 frustration.

**REFOULER :** 5 pompe ■ 6 bannir ■ 7 chasser*, pousser, rentrer ■ 8 chassoir ■ 9 refouloir, repousser* ■ 10 concentrer, dudgeonner, pulsomètre ■ 11 refoulement.

**REFRACTAIRE :** 3 têt ■ 4 test ■ 7 casette, cazette ■ 8 indocile*, réceptif ■ 9 immuniser ■ 10 insermenté ■ 12 superalliage ■ 13 obscurantisme.

**REFRACTER :** 10 réfracteur, réfringent ■ 11 réfringence.

**REFRACTION :** 5 foyer ■ 7 parélie ■ 8 parhélie ■ 10 dioptrique, optométrie ■ 11 réfrangible ■ 12 biréfringent, diacoustique ■ 13 réfractomètre.

**REFRACTOMETRE :** 9 optomètre.

**REFRAIN :** 8 flonflon, lanlaire ■ 10 répétition, turlurette ■ 11 ritournelle.

**REFRANGIBLE :** 10 infrarouge ■ 13 irréfrangible ■ 14 réfrangibilité.

**REFRENE :** 7 contenu.

**REFRENER :** 7 enrayer ■ 8 réprimer* ■ 11 refrènement.

**REFRIGERANT :** 5 froid ■ 8 ammoniac, cryogène ■ 12 organochloré.

**REFRIGERATEUR :** 7 freezer ■ 8 glaciaire ■ 10 frigidaire.

**REFRIGERATION :** 5 froid ■ 9 réfrigéré ■ 10 réfrigérer.

**REFRIGERER :** 11 frigorifier ■ 13 réfrigérateur.

**REFRINGENT :** 5 flint ■ 10 flint-glass.

**REFROIDIR :** 5 froid ■ 6 tiédir ■ 8 attiédir ■ 10 rafraîchir, réfrigérer ■ 15 refroidissement.
**REFROIDISSEMENT :** 6 tapure ■ 8 pyralène ■ 9 étenderie ■ 12 autotrempant.
**REFUGE :** 4 abri* ■ 5 asile, fuite ■ 7 recours ■ 8 retraite* ■ 9 ressource ■ 10 accueillir ■ 11 baraquement.
**REFUGIE :** 10 boat people.
**REFUGIER :** 7 enfouir.
**REFUS :** 3 non ■ 4 défi, déni, veto ■ 5 grève, nenni, rebut ■ 6 défaut ■ 7 négatif ■ 8 contumax, lanturlu, négation, négative ■ 9 contumace, rebuffade ■ 10 résistance ■ 11 négativisme, neutralisme ■ 12 consentement ■ 13 inacceptation, non-alignement.
**REFUSE :** 10 areligieux.
**REFUSER :** 5 refus, ruser ■ 6 coller, dénier, priver, renier ■ 7 étendre, recaler, récuser, retaper ■ 8 accepter, décliner, rebeller, rebiffer, regimber, renâcler, résister ■ 9 contester, désavouer, éconduire, objecteur, refusable, remercier, repousser ■ 11 blackbouler.
**REFUTATION :** 7 réponse ■ 11 confutation.
**REFUTE :** 14 falsifiabilité.
**REFUTER :** 4 nier ■ 7 vaincre ■ 8 attaquer, irréfuté, renvoyer, répondre ■ 9 confondre, réfutable, répliquer, repousser, rétorquer ■ 10 contredire*, invincible, pulvériser, réfutation ■ 11 irréfutable.
**REGAGNER :** 9 rattraper, recouvrer*, reprendre.
**REGAIN :** 13 recrudescence.
**REGAL :** 6 festin* ■ 7 plaisir ■ 9 bienvenue.
**REGALER :** 6 amuser ■ 7 traiter ■ 8 délecter*, malmener, régalade, régalage, régalant ■ 10 régalement.
**REGARD :** 3 vue ■ 4 œil ■ 5 atone, phase, torve ■ 6 flamme ■ 7 vis-à-vis ■ 8 agacerie, ci-contre, inaperçu, œillade ■ 9 coup d'œil, spectacle ■ 10 exposition ■ 11 comparaison.
**REGARDER :** 4 voir* ■ 5 avoir, épier, fixer, mater, mirer, piger, tenir, viser ■ 6 avaler, chiche, toiser ■ 7 admirer, briller, guetter, guigner, lorgner, loucher, shoping, toucher, zieuter, zyeuter ■ 8 bornoyer, examiner*, fasciner, observer*, pénétrer, reluquer, repaître, ribouler, shopping ■ 9 concerner, dédaigner, dévisager, envisager, espionner, étinceler, flamboyer, inspecter, regardant, regardeur, remarquer, retourner, visionner ■ 10 considérer, contempler, surveiller ■ 13 rétrospection, entreregarder.
**REGARNIR :** 9 remeubler ■ 11 recouponner.
**REGATE :** 7 caneton ■ 8 régatier ■ 12 lofing-match.
**REGENCE :** 6 bailie.
**REGENERATION :** 11 renaissance.
**REGENERER :** 7 ranimer* ■ 8 corriger ■ 12 régénérateur.
**REGENT :** 4 bail, roué ■ 5 baile, bayle ■ 8 régendat ■ 10 protecteur.
**REGENTER :** 7 diriger* ■ 9 commander*.
**REGIE :** 5 tabac ■ 9 monarchie.
**REGIMBER :** 4 ruer ■ 8 indocile*, rebiffer, résister ■ 9 regimbeur ■ 11 regimbement.
**REGIME :** 5 datte, diète, dotal, régir, reich, siège ■ 7 urgence ■ 8 autarcie, dyarchie, fascisme, tsarisme ■ 9 cyclamate, loyalisme, politique, turbulent ■ 10 communauté, orléanisme, soviétiser, terrorisme ■ 11 apériodique, autoréglage, capitalisme, caporaliser, caporalisme, domanialité, emballement, nivo-pluvial, semi-liberté, totalitaire, transhumant ■ 12 gouvernement*, présidentiel ■ 13 hypocalorique, nivoglaciaire, synchronisateur, totalitarisme ■ 15 parlementarisme.

**REGIMENT:** 5 armée*, corps, dépôt, ligne, major, nouba ■ 6 troupe* ■ 7 bandera, meistre ■ 8 escadron ■ 9 multitude ■ 10 cantinière, horse-guard ■ 11 demi-brigade, sous-secteur ■ 12 enrégimenter, régimentaire.
**REGINA:** 5 salve.
**REGION:** 4 lieu*, pays* ■ 5 faune, flore, karst, pampa, payse, plage, terre ■ 6 désert, lombes, polder ■ 7 contrée ■ 8 beylicat, régional, scaldien ■ 9 avant-pays, exoréisme, semi-aride ■ 10 basilicate, chalandise, commissure, endoréisme, ethnarchie, forteresse, frontalier, hypocentre, provincial ■ 11 compatriote, thermalisme ■ 12 hypothalamus, infundibulum, mésencéphale, quadrilatère, régionalisme ■ 13 bloc-diagramme, cartographier, céphalothorax, interrégional, poldérisation, sous-glaciaire, subdésertique ■ 14 arrière-cerveau, sous-équipement, sous-médicalisé ■ 15 désertification, régionalisation.
**REGIONALISATION:** 12 régionaliser.
**REGIR:** 5 gérer ■ 7 diriger* ■ 9 gouverner*, intendant, régisseur ■ 11 administrer.
**REGISTRATION:** 9 registrer.
**REGISTRE:** 4 olim, rôle ■ 5 album, livre*, talon ■ 6 livret, médium ■ 7 censier, étendue, journal, matrice, sommier ■ 8 diptyque, folioter, minutier, papillon, plumitif, stud-book ■ 9 matricule, obituaire, tessiture ■ 10 échéancier, grand-livre, répertoire ■ 11 enregistrer ■ 12 contrepartie, immatriculer, ordonnancier.
**REGLAGE:** 7 cadrage ■ 9 check-list ■ 10 fourchette, frigoriste ■ 11 dispatching ■ 13 syntonisation.
**REGLE:** 2 té ■ 3 loi* ■ 4 code, fixe, indu, mire, rite, sage, taux ■ 5 canon, cerce, droit, écart, faute, forme, hardi, jauge, leçon, légal, ligne, norme, ordre, point, rader, rangé, repas, saros, trois, unité, usage*, verge ■ 6 maxime, mesure, omerta, perche, précis, réglée, régime ■ 7 alidade, coutume*, équerre, exemple, ordonné, statuts, système*, théorie ■ 8 bâtonnet, canonial, carrelet, dérégler, dispense, exogamie, gouverne, guide-âne, insolite, non-droit, normatif, précepte, principe*, réglable, réglette, régulier, séculier ■ 9 canonique, formalité, menstrues, pied-de-roi, protocole, règlement, typométrie ■ 10 catholique, cérémonial, composteur, désordonné, guilboquet, harmoniste, lignomètre, méthodique, observance, régularité, régulateur, spanandrie ■ 11 concordance, emménagogue, hétéroclite, législateur, odontomètre ■ 12 congrégation, dysménorrhée, systématique, utilitarisme ■ 13 conventualité, normalisation ■ 14 acquit-à-caution, contrapuntique, réglementation ■ 15 architectonique.
**REGLEMENT:** 3 ban, loi ■ 4 code ■ 5 canon, règle* ■ 6 arrêté, charte, statut ■ 9 arbitrage ■ 10 discipline, garde-pêche, ordonnance* ■ 11 liquidation, réglementer ■ 12 constitution, contrevenant, prescription ■ 13 réglementaire ■ 14 réglementation.
**REGLEMENTAIRE:** 10 garde-à-vous.
**REGLEMENTATION:** 13 déréglementer ■ 15 réglementarisme.
**REGLER:** 5 caler, mener, payer*, taxer, vider ■ 6 ranger, solder ■ 7 arrêter, mesurer, modeler, réglage, régloir, statuer, wehnelt ■ 8 aménager, cadencer, combiner, décréter, expédier, formuler, liquider, ordonner, résoudre ■ 9 compasser, compenser, contrôler, manœuvre, organiser*, prescrire ■ 10 accommoder, coordonner, régulation, ritualiser ■ 11 discipliner ■ 13 goutte-à-goutte.
**REGLETTE:** 8 racloire.
**REGLISSE:** 4 coco.
**REGNE:** 6 animal*, végétal*.

**REGNER :** 10 introniser, présomptif.
**REGONFLER :** 12 regonflement.
**REGORGER :** 5 vomir ■ 7 abonder* ■ 11 regorgement.
**REGRATTER :** 10 regrattage.
**REGRESSIF :** 14 régressivement.
**REGRESSION :** 5 recul* ■ 10 involution ■ 13 transgression.
**REGRET :** 2 hé ■ 5 mener ■ 7 chagrin, remords ■ 8 repentir* ■ 9 attrition, déplaisir, expiation, nostalgie, pénitence ■ 10 contrition, marchander, réparation, repentance, replâtrage ■ 11 componction ■ 12 condoléances ■ 14 raccommodement.
**REGRETTABLE :** 9 pitoyable ■ 10 déplorable* ■ 11 désagréable.
**REGRETTER :** 7 excuser, geindre, pleurer ■ 8 déplorer, plaindre, repentir ■ 9 replâtrer, reprocher ■ 11 raccommoder.
**REGROUPE :** 13 concentrateur.
**REGROUPEMENT :** 11 syndication.
**REGROUPER :** 6 fondre ■ 12 regroupement.
**REGULAGE :** 7 réguler.
**REGULARISER :** 6 aléser ■ 9 rectifier ■ 11 échappement ■ 12 anticalcique ■ 14 régularisation.
**REGULARITE :** 5 train ■ 6 enduro ■ 8 arbitrer, compassé ■ 10 exactitude* ■ 11 commissaire, ponctualité ■ 12 irrégularité ■ 14 autorégulation.
**REGULATION :** 9 dysthymie ■ 10 régulateur, varistance ■ 11 monétarisme ■ 14 autorégulateur, servomécanisme.
**REGULE :** 8 régulage.
**REGULER :** 7 assisté.
**REGULIER :** 3 jeu ■ 4 bien, égal* ■ 5 exact, giron, légal, ondée, ordre, réglé, réglo, santé, tapis ■ 6 normal, rituel ■ 7 cadencé, continu, ordonné, parfait ■ 8 compassé, constant*, homogène ■ 9 barnabite, clepsydre ■ 10 alternatif, méthodique, périodique, symétrique ■ 11 eurythmique, normativité, régulariser ■ 12 proportionné ■ 13 homocinétique, régulièrement.
**REGURGITATION :** 9 mérycisme.
**REHABILITER :** 5 laver ■ 7 couvrir ■ 8 blanchir, racheter, rétablir ■ 9 décharger, disculper, justifier, redresser ■ 10 réintégrer ■ 13 réhabilitable ■ 14 réhabilitation.
**REHAUSSE :** 9 aquarellé.
**REHAUSSER :** 6 rehaut, vanter ■ 7 hausser ■ 8 gouacher ■ 10 rehaussage ■ 12 rehaussement.
**REIFICATION :** 7 réifier.
**REIMPLANTATION :** 11 réimplanter.
**REIMPORTER :** 13 réimportation.
**REIMPRESSION :** 7 reprint.
**REIN :** 3 dos ■ 5 râble, rénal, sable, urine ■ 6 calice, lombes, rénine, rognon ■ 7 néphron, pyélite, uretère ■ 8 éreinter, goussaut, gravelle, néphrite, néphrose, surrénal ■ 9 réniforme ■ 10 mésoblaste, parenchyme ■ 11 aldostérone, cardio-rénal, contrefilet, entérorénal, néphritique, néphrologie, néphropexie ■ 12 néphrectomie, néphropathie ■ 13 aminophylline, pyélonéphrite ■ 14 hématonéphrite, salidiurétique ■ 15 pneumogastrique.
**REINE :** 7 candace.
**REINE-DES-PRES :** 6 spirée ■ 7 ulmaire.
**REINE-MARGUERITE :** 5 aster.
**REINETTE :** 5 pomme ■ 6 canada ■ 8 clochard, rainette.
**REINSCRIRE :** 8 reporter.

**REINSTALLER:** 14 réinstallation.
**REINTEGRER:** 8 rétablir ■ 12 réintégrable, resocialiser ■ 13 réintégration.
**REINTRODUIRE:** 9 recyclage.
**REITERATION:** 2 ré ■ 4 fois ■ 10 répétition*.
**REITERER:** 7 refaire*, répéter* ■ 10 réitérable, réitératif ■ 11 réitération.
**REJAILLISSEMENT:** 4 bond ■ 12 éclaboussure.
**REJAILLIR:** 7 jaillir ■ 8 retomber ■ 15 rejaillissement.
**REJET:** 5 cépée ■ 7 débouté, mal-aimé, rejeter, rejeton ■ 8 éjection ■ 10 évacuation ■ 11 enjambement, enterrement ■ 12 cyclosporine.
**REJETER:** 5 épave, fumer, jeter, pâlir, rejet, vomir ■ 6 épurer, rendre ■ 7 chasser*, cracher, débouté, écarter*, éjecter, éructer, pousser, rebuter, récuser ■ 8 débouter, décliner, éloigner, répudier ■ 9 proscrire, recracher, rejetable, repousser*, réprouver ■ 10 expectorer ■ 11 excommunier.
**REJETON:** 3 jet ■ 4 fils ■ 5 accru, bille, cépée, rejet, scion, talle ■ 6 cosson, peuple, pousse, provin, stolon ■ 7 bouture, coulant, drageon, produit, revenue, surgeon, trochée ■ 9 mailleton, œilleton.
**REJOINDRE:** 6 réunir* ■ 7 joindre*, rallier ■ 8 recoller, regagner ■ 9 atteindre, contacter, rattraper, reprendre.
**REJOUI:** 3 gai ■ 6 joyeux*.
**REJOUIR:** 5 jouir ■ 6 amuser* ■ 7 ébaudir ■ 10 réjouissant.
**REJOUISSANCE:** 4 fête*, noce ■ 5 nouba, régal, salve ■ 6 liesse ■ 8 artifice ■ 9 festivité ■ 10 récréation.
**REJOUISSANT:** 9 jouissant.
**RELACHE:** 5 répit, repos*, trêve ■ 6 escale, mitigé ■ 7 commode ■ 9 hivernage ■ 10 négligence* ■ 11 relâchement ■ 12 dévergondage.
**RELACHEMENT:** 5 écart, ptôse ■ 7 relâche ■ 10 relaxation, vasomoteur ■ 11 éraillement ■ 13 décontraction.
**RELACHER:** 6 lâcher ■ 7 élargir, laisser, libérer*, mitiger, relaxer ■ 8 détendre, érailler, ramollir, respirer ■ 9 desserrer, distendre, émollient.
**RELAIS:** 5 poste ■ 8 attitrer, relayeur, ronfleur, thalamus ■ 10 gyropilote ■ 11 conjoncteur, mondovision.
**RELANCER:** 7 relance ■ 8 renvoyer.
**RELAPS:** 4 laps ■ 7 apostat.
**RELARGIR:** 14 rélargissement.
**RELATIF:** 3 que, qui ■ 4 beat, dont, duel, mari, quoi ■ 5 asine, bahaï, basal, béhaï, degré, glial, iléal, inuit, nucal, osque, padan, poids, saïte, sioux, vagal ■ 6 fenian, hiatal, lutéal, neural, otique, sacral, scythe, septal, sériel, tombal, vernal, zonier ■ 7 acadien, affixal, basiste, booléen, boolien, cambial, çivaïste, conatif, galleux, génique, glaciel, groupal, hétérie, hittite, holiste, humique, kalmouk, kassite, lupique, maïoral, mayoral, môlaire, musculo, négrier, néonazi, panaire, rapport*, récifal, rurbain, sablier, scrotal, sexiste, sinusal, sudoral, tophacé, tumotal, urineux, vinaire, wurmien ■ 8 acnéique, adamique, anodique, armorial, bancaire, beylical, biblique, biliaire, binomial, brachial, calcique, canonial, cantonal, capétien, chromeux, çivaïste, clanique, comicial, comitial, corporel, cortical, culturel, cyclique, cycliste, déliaque, dermique, dyadique, entriste, essénien, étatique, étatiste, ethnique, explosif, faurique, filmique, freudien, grandeur, hordéacé, hunnique, ibérique, inguinal, jazzique, logiciel, lunetier, mémorial, méniscal, mnésique, morisque, morutier, nabatéen, néo-natal, neuroral, nigérien, noétique, nouménal, œdipien, onirique, pal-

maire, papuleux, paysager, peptique, planiste, prandial, préalpin, préfixal, relative, rizicole, sahélien, salicole, salicylé, scabinal, scotiste, shogunal, sialique, sinusien, sivaïste, sommital, suffixal, sumérien, syncopal, tachiste, thymique, toroïdal, tourbier, tropical, turkmène, urémique, variétal, vénérien, vichyste, zodiacal, zoophile ■ **9** anionique, apraxique, aréolaire, argotique, artisanal, aseptique, baleinier, balnéaire, balzacien, bicaméral, bicipital, boyaudier, cadastral, calorique, caritatif, castriste, cathédral, cavitaire, cégésimal, censorial, céréalier, cinétique, condylien, contracte, convivial, cornélien, cotonnier, décadaire, doloriste, dynamique, échevinal, échiquéen, estuarien, eugénique, eutocique, faunesque, fibrineux, fluidique, formental, galénique, garonnais, génératif, génésique, gymnasial, hématique, hitlérien, horticole, ictérique, incasique, infantile, intonatif, islamiste, karstique, keynésien, léniniste, lessiviel, libériste, libidinal, lipidique, liquidien, maghrébin, mammalien, mandingue, maraîcher, mécanique, méiosique, mélanique, mendélien, micotique, mulassier, mycosique, naturiste, nilotique, notionnel, novatoire, nuragique, olympique, palpébral, paulinien, péroniste, pétéchial, pétéchiel, phallique, phonateur, phrénique, plutonien, portuaire, polytonal, protéique, prud'homal, quantique, quiconque, sassanide, savonnier, spirituel, stéroïque, stuporeux, tabagique, tantrique, tarifaire, tensoriel, trophique, victorien, volumique, zwinglien ■ **10** acoustique, aéropostal, allergique, amidonnier, anarchiste, ancillaire, anévrysmal, apollinien, azotémique, balistique, biologique, bouddhique, boulimique, brassicole, bronchique, calendaire, cannabique, capillaire, carpatique, cérémoniel, cholérique, climatique, cœlomique, communiste, confédéral, consortial, contextuel, conventuel, corporatif, coxalgique, criticiste, cycladique, cyphotique, dramatique, dysgénique, dyslexique, dyspnéique, dystonique, écologique, économique, édilitaire, équatorial, équinoxial, érémitique, euphorique, eustatique, exogamique, faubourien, franquiste, frœbélien, gangétique, géodésique, géologique, glucidique, gnomonique, gravidique, handisport, hassidique, holistique, hypnotique, hypotensif, hystérique, iléo-cæcal, ischémique, isométrique, johannique, judiciaire, jupitérien, lipoïdique, locomoteur, lutéinique, mamillaire, mandarinal, massaliote, matriarcal, mentonnier, migraineux, monumental, morainique, nécrotique, néologique, nigritique, nucellaire, orgasmique, orgastique, orogénique, ovulatoire, panthéiste, photonique, phrastique, piaculaire, pilo-sébacé, podzolique, polynomial, pontifical, prépositif, prométhéen, pulsionnel, rabbinique, relativité, riemannien, scapulaire, scientiste, sécrétoire, séquentiel, shintoïste, sigillaire, spinoziste, stéroïdien, structural, subsonique, symboliste, synaptique, synergique, systémique, systolique, thalamique, tinctorial, tréfoncier, vacuolaire, vampirique, végétalien, wahhabiste ■ **11** acrobatique, aérologique, aérospatial, appalachien, athétosique, autocéphale, betteravier, biochimique, bolchevique, bolcheviste, britannique, brittonique, cachectique, capitaliste, caractériel, cardinalice, carolingien, catabolique, cénobitique, chromatique, cirrhotique, copernicien, cylindrique, décisionnel, dégénératif, délégatoire, démagogique, désinentiel, dévotionnel, diarrhéique, diastasique, dionysiaque, diphtérique, directorial, divinatoire, éclamptique, endocrinien, énergétique, ensembliste, épistolaire, ergonomique, estimatoire, estudiantin, éthologique, évangélique, existentiel, fédéraliste, fibrillaire, flagellaire, folklorique, frictionnel, frumentaire, fumigatoire, funiculaire, furonculeux, géochimique, gestaltiste, hanséatique, hégémonique, hémogénique, homonymique, hospitalier, identitaire, idiomatique, idolâtrique, infrasonore, intertribal, jazzistique, lépromateux, lithiasique, médico-légal, membranaire, mérovingien, militariste, moliérisque, monétariste, monoculaire, monophysite, monothéiste, mycologique, néphrotique, neutraliste, neutronique, obstétrical, oculomoteur, organiciste, orthoptique, panoramique, panslaviste, paranoïaque, paronymique, partenarial, pleurétique, polygénique, polysémique, pomologique, possessoire, prostatique, protéinique, prothétique, proudhonien, psychotique, quadratique, radicalaire, réactionnel, relativiser, révisionnel, rhéologique, rosicrucien, schizothyme, scoliotique, scriptuaire, sécuritaire, segmentaire, sérologique, silicotique, sophronique, surcomprimé, symphonique, taxinomique, tennistique, topologique, toponymique, touristique, transitaire, typologique, ultrasonore, vagotonique, végétaliste, vétérinaire, vitaminique, zingibéracé, zoopathique ■ **12** agricultural, allopathique, allotropique, antiacridien, anticyclonal, aphoristique, apoplectique, astrologique, asymptotique, barométrique, cannibalique, cataleptique, cellulitique, combinatoire, consumériste, coquelucheux, cortisonique, cosmogonique, cosmologique, culturaliste, déterministe, diachronique, dicaryotique, dimensionnel, diplomatique, domiciliaire, dysentérique, dysgénésique, éducationnel, éjaculatoire, encéphalique, encoprétique, endoscopique, érotologique, eurasiatique, fidéjussoire, folliculaire, généthliaque, gestionnaire, hédonistique, helminthique, hémiplégique, hémoptysique, hémorragique, heptaédrique, histaminique, histologique, historiciste, histrionique, hydrologique, icolologique, incantatoire, inspiratoire, intersidéral, intertextuel, isodynamique, ligamentaire, linguistique, lithologique, macrocytaire, méningitique, ménopausique, métastatique, météoritique, modérantiste, motonautique, nécrologique, neurologique, numismatique, opérationnel, ophiolitique, orographique, ostéologique, panaméricain, pancréatique, panislamique, paramétrique, parascolaire, paratyphique, pédonculaire, philatélique, planctonique, publicitaire, radiologique, rédactionnel, régionaliste, relativement, restitutoire, sacro-iliaque, sanskritique, scatologique, sidérurgique, sphinctérien, spontanéiste, squelettique, supersonique, syphilitique, tentaculaire, testiculaire, tétraédrique, théostatique, ultrasonique, urbanistique, vitivinicole, wisigothique, zootechnique ■ **13** aérothermique, afro-asiatique, aponévrotique, avant-gardiste, biauriculaire, bioclimatique, caoutchoutier, carbochimique, cataclysmique, cataplectique, catéchistique, cholinergique, collectiviste, concordataire, consonantique, constantinien, corpusculaire, démographique, densimétrique, déontologique, divisionniste, ectoblastique, embryogénique, endoblastique, eudiométrique, fœto-maternel, funambulesque, géomagnétique, glaciologique, graphologique, gynécologique, hébéphrénique, hectométrique, histiocytaire, homéostatique, homographique, hypsométrique, immunologique, interethnique, introductoire, kabbalistique, labyrinthique, lexicologique, lymphocytaire, mégalocytaire, mercantiliste, microcosmique, microphonique, millimétrique, morphologique, myxœdémateux, neurochimique, océanologique, ontogénétique, orthophonique, pangermaniste, parlementaire, personnaliste, pétrochimique, phyllogénique, poliorcétique, productiviste, pythagoricien, radiophonique, sensorimoteur, socioculturel, sociométrique, sophrologique, strioscopique, subdésertique, syntagmatique, thérapeutique, tiers-mondiste, troglodytique, typographique ■ **14** anaphylactique, anticyclonique, appendiculaire, binauriculaire, bioénergétique, bureaucratique, calorimétrique, cancérologique, catastrophiste, chronométrique, comportemental, déflationniste, diencéphalique, diffusionniste, dodécaphonique, dopaminergique, érythrocytaire, eurocommuniste, hagiographique, hypothalamique, institutionnel, interactionnel, interférentiel, interstellaire, juridictionnel, leucopoïétique, lithosphérique, macrographique, mégalomaniaque, méthodologique, micrographique, monométalliste, néo-positiviste, néo-platonicien, ornithologique, pétrographique, phallocratique, philhellénique, phonographique, phylogénétique, physosanitaire, pluviométrique, postcommuniste, prépositionnel, prospectiviste, protubérentiel, radiotechnique, réductionniste, rhumatologique, scénographique, schizothymique, spasmophilique, stéréoscopique, stroboscopique, technocratique, terminologique, thermochimique, toxicamiaque, toxiinfectieux, transférentiel, transfusionnel, trifonctionnel, tuberculinique, vasculo-nerveux, volcanologique, vulcanologique ■ **15** électrostatique, épidémiologique, existentialiste, extrême-oriental, fonctionnaliste, franc-maçonnique, hématopoïétique, immunodépressif, interplanétaire, interspécifique, louis-philippard, louis-quatorzien, macroéconomique, mécanographique, microéconomique, musicographique, océanographique, oligopolistique, phallocentrique, photo-électrique, poliomyélitique, protectionniste, radio-électrique, révolutionnaire, schizophrénique, socio-dramatique, spectrométrique, splénomégalique, sprectococcique, stratosphérique, traumatologique, triboélectrique, trophoblastique.

**RELATION:** **3** ami ■ **4** avec, dual, pour ■ **5** cadet, entre, fléau, liste, récit*, titre, vivre ■ **6** exposé, factum, modulo ■ **7** contact, égalité, rapport* ■ **8** commerce, tolérant ■ **9** condition, connaître, copinerie, fusionnel, invariant, motricité ■ **10** boycottage, corrélatif, fréquenter, historique, mutualisme, témoignage ■ **11** communiquer, comparaison, compte rendu, corrélation, implication, sociogramme ■ **12** appartenance, connaissance, correspondre, court-circuit, discriminant, équipollence, lingua franca, procès-verbal, psychomoteur, quelque chose ■ **13** connaissance, correspondant, fréquentation, géotectonique, homographique, interbancaire, relationniste, subordination, transculturel ■ **14** fréquentations, interconnecter, interconnexion, interpersonnel ■ **15** intertextualité.

**RELATIVISER:** **14** relativisation.

**RELATIVITE:** **11** espace-temps.

**RELAXANT:** **7** jacuzzi.

**RELAXATION:** **11** sophrologie ■ **13** myorelaxation.

**RELAXE:** **8** relaxant.

**RELAXER:** **7** reposer ■ **8** relâcher* ■ **10** relaxation.

**RELAYER:** **9** remplacer*.

**RELEGATION:** **7** relégué.

**RELEGUER:** **6** bannir ■ **8** confiner, déporter ■ **10** relégation.

**RELENT:** **5** odeur*.

**RELEVE:** **3** r.i.b. ■ **4** haut ■ **5** élevé ■ **6** compte ■ **7** rexiste ■ **9** estrafort, retroussé ■ **10** ségrégatif ■ **11** gériatrique ■ **13** misérabiliste ■ **14** programmatique, sadomasochiste, situationniste.

**RELEVEMENT:** **6** devers ■ **9** arpenteur ■ **10** amendement.

**RELEVER:** **5** lever ■ **6** relève ■ **7** draguer ■ **8** apprêter, corriger, dépendre, ramasser, relevage, releveur, rétablir, soulever, trousser ■ **9** redresser*, rehausser, relevable, remplacer, souligner ■ **10** agrémenter, relèvement, retrousser ■ **11** médicaliser, revaloriser ■ **12** chronométrer, convalescent ■ **13** qualificateur.

**RELIE:** **9** filoguidé, radio-taxi.

**RELIEF:** **4** mont, œil ■ **5** bosse*, camée, cluse, creux, flore, karst, liure, reste ■ **6** modèle, souage, volcan ■ **7** braille, foulage, saillie* ■

8 bosseler, brillant, enlevure, estamper, grénetis, modelage, onglette ■ 9 avant-mont, bosselage, cartisane, empreinte, entre-nerf, estampage, grisaille, jurassien, laccolite, passepoil ■ 10 demi-relief, interfluve, laccolithe, pénéplaine, ronde-bosse ■ 11 appalachien, hypsométrie, pittoresque, polygénique, proéminence, stéréophonie, stéréoscope, topographie, typographie ■ 12 anaglyptique, stéréoscopie, stéréovision ■ 13 thermogravure ■ 14 géomorphologie.

**RELIER:** 5 plier ■ 6 coudre, jasper ■ 7 chaîner, couvrir, joindre*, marbrer, relieur ■ 8 encoller, endosser ■ 9 enchaîner, ombilical, raccorder, réticuler, sous-faîte ■ 10 coordonner, disjonctif, entretoise, traversine ■ 11 interfolier ■ 12 collationner.

**RELIEUR:** 6 galope ■ 8 galuchat, gantelet, roulette.

**RELIGIEUSE:** 5 escot, mulud, tanka ■ 6 raskol ■ 7 achoura ■ 8 madhisme, saktisme ■ 9 mandéisme ■ 10 non-croyant ■ 11 lectisterne, vishnouisme ■ 12 calvairienne, libre-penseur.

**RELIGIEUX:** 3 dom ■ 4 ange, auto, imam, iman, laïc, lama, père, thug, vœu ■ 5 carme, clerc, coule, frère, hymne, image, merci, moine, nonne, oblat, paria, pieux, règle, sacré, sixte, sœur, soufi, velet ■ 6 dervis, ermite, gospel, isolat, laïque, minime, monial, prêtre*, profès, quaker, santon, zaouïra, zawiya ■ 7 adamien, adamite, béguine, capucin, cellule, convers, croyant, frocard, jacobin, jésuite, karaïte, madrass, mariste, medersa, miracle, qaraïte, réformé, servant, servite ■ 8 bahaïsme, béhaïsme, cantique, cénobite, chanoine, çivaïsme, confrère, défroqué, derviche, fronteau, génocide, marabout, moinerie, nonnette, oratorio, récollet, révérend, salésien, sectaire, sivaïsme, ursuline ■ 9 ascétisme, barnabite, carmélite, chapitral, chartreux, compagnie, confrérie, cordelier, feuillant, johannite, officiant, penaillon, procureur, sacrement, spiritain, tavaïolle, trappiste ■ 10 anachorète, catholicos, chartreuse, coadjuteur, communauté, couventine, définiteur, dominicain, exotérique, ismaélisme, jésuitisme, lucernaire, procession, réformiste, sacristain, scapulaire, talonnière, trinitaire, visitation ■ 11 capitulaire, discrétoire, duodécimain, franciscain, hebdomadier, hiéronymite, obédiencier, religiosité, sacrificiel, scolasticat, scolastique, syncrétisme, visitandine, visitatrice ■ 12 pentecôtiste ■ 13 autoritarisme, congréganiste, madelonnettes, rédemptoriste ■ 14 negro spiritual ■ 15 assomptionniste.

**RELIGION:** 3 foi, loi ■ 4 juif, laps, rite ■ 5 bible, canon, culte, dogme, férié, impie, islam, karma, libre, ligue, magie, mixte, motet, piété, sacré, saint, secte, tabou, voile ■ 6 déisme, shinto ■ 7 apostat, chiisme, impiété, laxisme, magisme, papisme, profane, schisme, taoïsme, théisme, védisme ■ 8 acolytat, adamisme, anglican, animisme, athéisme, baptisme, chrétien, converti, dévotion*, doctrine*, dualisme, fidéisme, huguenot, illuminé, jaïnisme, judaïsme, lamaïsme, mosaïsme, musulman, pamphlet, panthéon, parsisme, piétisme, sabéisme, sikhisme, solennel, thomisme ■ 9 adoration, apostasie, arianisme, ascétisme, blasphème, caodaïsme, convertir, djaïnisme, donatisme, druidisme, idolâtrie, indouisme, islamisme, israélite, mazdéisme, paganisme, pratiquer, quiétisme, religieux, spirituel, zoolâtrie ■ 10 adventiste, antoinisme, apostasier, areligieux, bouddhisme, calvinisme, catéchiser, catéchisme, cathédrale, chamanisme, confession, fétichisme, hindouisme, intégrisme, irréligion, jansénisme, jésuitisme, méthodisme, montanisme, mormonisme, mystagogue, mysticisme, mythologie, obligation, ordination, panthéisme, paulinisme, pratiquant, propagande, quakérisme, rabbinisme, réformisme, révélation, shintoïsme, unitarisme ■ 11 anabaptisme, brahmanisme, conformisme, évangélique, gnosticisme, illuminisme, irréligieux, kharidjisme, mahométisme, molinosisme, monothéisme, naturalisme, néothomisme, polythéisme, préadamisme, syncrétisme ■ 12 anglicanisme, antichrétien, apologétique, augustinisme, catholicisme, gallicanisme, luthéranisme, millénarisme, monophysisme, panislamisme, pélagianisme, socinianisme, zoroastrisme ■ 13 antireligieux, christianisme, luthérianisme, nestorianisme, réligionnaire, universalisme ■ 14 controversiste, prédestination, protestantisme, religieusement ■ 15 coréligionnaire, indifférentisme, néo-catholicisme.

**RELIQUAIRE :** 6 châsse, fierté ■ 7 relique.

**RELIQUAT :** 5 reste*, solde ■ 7 ouraque ■ 8 redevoir ■ 11 dysembryome.

**RELIQUE :** 5 reste*, stupa ■ 7 cendres ■ 9 ossements, véronique ■ 10 reliquaire.

**RELIURE :** 5 alude, alute, garde, livre ■ 6 bradel ■ 7 grébige ■ 8 grébiche, maroquin ■ 9 emboîtage, endossure, press-book ■ 10 cathédrale, janséniste ■ 11 biblorhapte, demi-reliure.

**RELOGER :** 10 relogement.

**RELUIRE :** 7 briller* ■ 8 astiquer ■ 9 reluisant.

**RELUIRE :** 8 blinquer.

**RELUIT :** 7 luisant.

**RELUQUER :** 5 mater ■ 8 regarder*.

**REMACHER :** 7 ruminer.

**REMAILLER :** 10 remaillage ■ 11 remmaillage.

**REMANIEMENT :** 9 après-coup, colluvion ■ 11 histogenèse.

**REMANIER :** 6 revoir ■ 7 changer* ■ 8 arranger*, corriger* ■ 10 remaniable ■ 11 remaniement ■ 13 tripatouiller.

**REMARQUABLE :** 5 extra ■ 6 fameux ■ 7 émérite, éminent, insigne, notable, premier, signalé ■ 8 marquant ■ 9 distingué, singulier* ■ 10 formidable ■ 14 extraordinaire* ■ 15 remarquablement.

**REMARQUE :** 2 nb ■ 4 dire, nota, note* ■ 6 notice, pensée, scolie ■ 7 exégèse, scholie ■ 8 échapper, sensible ■ 9 apostille, manchette ■ 10 annotation ■ 11 commentaire, observation*, remarquable.

**REMARQUER :** 4 voir ■ 5 noter ■ 6 épater ■ 7 annoter, briller, trouver ■ 8 afficher, marquant, observer*, paraître, remarque ■ 9 commenter, connaître, percevoir ■ 10 apercevoir, apostiller, distinguer* ■ 12 singulariser.

**REMASTIQUER :** 11 remasticage.

**REMBALLER :** 10 remballage.

**REMBARQUER :** 13 rembarquement.

**REMBARRER :** 7 remiser ■ 9 repousser*.

**REMBLAI :** 5 talus ■ 7 scraper ■ 8 chaussée ■ 9 remblayer.

**REMBLAYER :** 10 angledozer, remblayage ■ 11 remblayeuse.

**REMBOITER :** 8 remettre ■ 10 remboîtage ■ 12 remboîtement.

**REMBOURRER :** 6 garnir ■ 9 banquette ■ 10 capitonner, matelasser ■ 11 matelassure, rembourrage, rembourrure.

**REMBOURSEMENT :** 15 rééchelonnement.

**REMBOURSER :** 4 pair ■ 5 payer ■ 7 amortir ■ 12 remboursable ■ 13 remboursement.

**REMEDE :** 5 miton, purge ■ 6 drogue, nervin, potion ■ 7 cautère, panacée ■ 8 antidote, béchique, remédier ■ 9 jaborandi, médicinal, népenthès, opiniâtre, vermicide, vermifuge ■ 10 carminatif, électuaire, médicament*, remédiable, suppuratif ■ 11 antirabique, apothicaire, cicatrisant, préservatif ■ 12 contrepoison ■ 14 alexipharmaque ■ 15 antispasmodique.

**REMEDIER:** 5 parer ■ 6 guérir ■ 7 pallier, réparer ■ 8 suppléer ■ 12 achromatiser, irrémédiable.
**REMEMBRANCE:** 7 mémoire*.
**REMEMBRER:** 12 remembrement.
**REMEMORER:** 8 rappeler*, souvenir*.
**REMENER:** 6 amener.
**REMERCIEMENT:** 5 grâce, merci ■ 6 action ■ 14 reconnaissance*.
**REMERCIER:** 5 bénir, merci ■ 9 congédier ■ 12 remerciement.
**REMERE:** 6 rachat.
**REMET:** 9 remettant.
**REMETTRE:** 5 payer ■ 6 délier, expier, guérir, livrer*, rendre* ■ 7 adouber, confier, gracier, oublier, ramener, refaire, rejeter, relever, réparer, reposer, rétamer ■ 8 absoudre, afflouer, arranger, délivrer, dépanner, détordre, différer*, épargner, extrader, rajuster, ramender, recorder, redonner, remonter, rengager, renvoyer, repasser, replacer, reporter, rétablir, retarder ■ 9 acquitter, amnistier, atermoyer, décharger, pardonner, postposer, raffermir, ravigoter, réajuster, recentrer, recharger, redoubler, remballer, rembarrer, remboîter, remémorer, rempocher, rendosser, renflouer, rengainer, resserrer, restaurer, restituer ■ 10 affranchir, déséchouer, désenrayer, rafraîchir, réarranger, rechausser, reculotter, rembarquer, rémissible, rencaisser, renchaîner, renouveler, ressemeler, temporiser ■ 11 débrouiller, dépositaire, raccommoder, réconcilier, reconnaître, réhabiliter ■ 12 réactualiser, redistribuer, réfectionner.
**REMINISCENCE:** 7 mémoire ■ 8 souvenir*.
**REMISE:** 4 abri, tare ■ 5 délai, dépôt, grâce, pause, recul, répit, temps, trêve ■ 6 corner, garage, hangar, renvoi, trullo ■ 7 reprise ■ 8 rauchage, recharge ■ 9 tradition, transfert ■ 10 commission, diminution, ravalement ■ 11 ajournement, restitution ■ 12 prolongement ■ 15 commissionnaire.
**REMISER:** 6 serrer ■ 7 reculer ■ 8 ajourner, allonger, différer, éloigner, remettre, remisage, renvoyer, reporter, réserver, retarder ■ 9 atermoyer, prolonger, repousser ■ 10 transférer.
**REMISSION:** 5 oubli ■ 6 pardon* ■ 8 amnistie ■ 9 expiation ■ 10 absolution, indulgence, rédemption, réparation ■ 11 miséricorde ■ 12 acquittement, interruption, propitiation ■ 14 réhabilitation.
**REMMENER:** 6 amener.
**REMNOGRAPHIE:** 11 remnographe.
**REMONTANT:** 10 fortifiant.
**REMONTEE:** 9 upwelling.
**REMONTER:** 5 dater ■ 7 ranimer, remonte ■ 8 affermir, consoler*, rassurer, remontée ■ 9 conforter, rapporter, ravigoter, remonteur, remontoir, retremper, revigorer ■ 10 encourager, immémorial, monte-pente, rafraîchir, rasséréner, requinquer ■ 11 réconcilier, réconforter ■ 12 ragaillardir ■ 13 contre-courant.
**REMONTRANCE:** 5 blâme* ■ 6 sermon ■ 8 prêcheur, reproche* ■ 9 sermonner ■ 10 admonester, réprimande*, sermonneur ■ 11 objurgation ■ 12 supplication ■ 13 avertissement ■ 14 représentation.
**REMORA:** 12 complication.
**REMORDS:** 6 regret*, ulcéré ■ 8 bourrelé, repentir*.
**REMORQUE:** 5 touée ■ 8 caravane, roulotte.
**REMORQUER:** 5 tirer*, touer ■ 7 traîner* ■ 8 tracteur ■ 10 remorquage, remorqueur.
**REMORQUEUR:** 6 toueur.
**REMOUDRE:** 9 remoulage.

**REMOUILLER :** 11 remouillage.
**REMOULAGE :** 9 remmouler.
**REMPAILLER :** 11 rempaillage, rempailleur.
**REMPAILLEUR :** 7 canneur, cannier.
**REMPART :** 8 avant-mur, biscaïen, bouclier, enceinte, muraille ■ 9 boulevard, haquebute ■ 10 écrêtement, hacquebute ■ 11 escarpement ■ 12 amphithéâtre ■ 13 fortification*.
**REMPLAÇANT :** 4 aide ■ 6 second ■ 7 adjoint, vicaire ■ 8 comparse, doublure ■ 9 substitut, suppléant, vice-légat ■ 10 auxiliaire, lieutenant ■ 11 intérimaire, succenturie ■ 13 inconvertible ■ 14 sous-secrétaire.
**REMPLACEMENT :** 6 ersatz, relève ■ 7 intérim ■ 8 épigénie, mutation ■ 9 repiquage, roulement ■ 10 troncature ■ 11 commutation, repiquement, subrogation ■ 12 substitution* ■ 14 exsanguination.
**REMPLACER :** 7 bloquer, changer, déloger, doubler, hériter, regréer, relayer, relever, retuber ■ 8 alterner, dégommer, déplacer, détrôner, laïciser, permuter, recruter, remonter, seconder, subroger, succéder, suppléer, supposer ■ 9 compenser, renformir, repousser ■ 10 paramétrer, substituer, supplanter ■ 11 nucléariser, remplaçable, rentraiture, représenter ■ 12 remplacement ■ 13 irremplaçable.
**REMPLI :** 4 gros, imbu, mine ■ 5 bondé, dense, enflé, farci, gorgé, pétri, plein* ■ 6 bourré, comblé, gonflé, massif, replet ■ 7 compact, complet*, positif ■ 8 coulisse, remplier ■ 9 réplétion, satisfait ■ 10 renflement.
**REMPLIR :** 5 caser, plein, tenir ■ 6 bonder, emplir, farcir, garnir, gorger, serrer, solder, tasser, verser ■ 7 boucher, bourrer*, charger, combler, empâter, fourrer, occuper, ouiller, plomber, truffer ■ 8 calfater, effrayer, embaumer, entasser, parfaire, parfumer, réplétif, suppléer ■ 9 accomplir, cheviller, compléter, empailler, enflammer, jointoyer, mastiquer, rengrener ■ 10 liaisonner ■ 11 coulabilité, empoisonner, ensoleiller, fonctionner, remplissage ■ 12 remplisseuse ■ 13 enthousiasmer.
**REMPLISSAGE :** 6 bourré* ■ 7 hourdis, ruinure ■ 8 délayage, hourdage, soliveau ■ 10 ballastage, parenchyme.
**REMPLOI :** 8 réemploi ■ 12 remplacement.
**REMPORTER :** 6 gagner* ■ 7 obtenir*, vaincre ■ 9 triompher ■ 10 moissonner.
**REMPOTER :** 9 rempotage.
**REMUER :** 6 agiter*, bouger* ■ 7 branler, éventer, gigoter, jétisse, mouvoir*, piocher, remuant ■ 8 broncher, émouvoir, jectisse, pelleter, piétiner, remuable, serfouir, touiller ■ 9 ballotter, clignoter, confusion, effondrer, frétiller, grouiller, remuement, ringarder ■ 10 fourgonner, gesticuler, sourciller.
**REMUGLE :** 5 odeur*.
**REMUNERATION :** 3 job ■ 4 agio, frêt, gain ■ 7 salaire* ■ 8 courtage, lucratif, salariat ■ 9 indemnité ■ 10 récompense, traitement ■ 11 rétribution* ■ 13 gratification.
**REMUNERE :** 10 monnayable.
**REMUNERER :** 5 payer* ■ 10 non-salarié.
**RENACLER :** 7 aspirer ■ 9 rechigner.
**RENAISSANCE :** 8 gothique ■ 9 majolique ■ 11 plateresque ■ 12 palingénésie, regénération, résurrection.
**RENAITRE :** 7 ramener, revivre ■ 8 redonner, rétablir ■ 11 renaissance.
**RENAL :** 7 anurèse.
**RENARD :** 3 fox ■ 6 fennec, goupil, isatis ■ 8 amarante, renarder ■ 9 renardeau ■ 10 renardière ■ 12 chausse-trape, glapissement.

**RENARDER :** 5 ruser.
**RENAUDER :** 8 murmurer.
**RENCAISSER :** 11 rencaissage ■ 13 rencaissement.
**RENCHERI :** 4 fier.
**RENCHERIR :** 7 renvier.
**RENCONTRE :** 4 choc, duel, sort ■ 5 heurt ■ 6 combat, hiatus, sommet, visite ■ 7 congrès, contact, palabre, réunion* ■ 8 au-devant, audience, colloque, dialogue, entrevue*, jonction, palmarès, relation ■ 9 admission, assemblée, confluent, entretien, incidence, interview, réception, tête-à-tête ■ 10 accrochage, conférence, discussion, occurrence, rendez-vous ■ 11 abouchement, coïncidence, conjonction, convocation, explication, négociation, orthocentre, télescopage ■ 12 conciliabule, échauffourée ■ 13 communication, confrontation.
**RENCONTRER :** 4 voir ■ 6 hanter, réunir, tomber ■ 7 aborder, croiser, trouver, visiter ■ 8 accoster, admettre, chambrer, conférer, orbicole, palabrer, recevoir ■ 9 affronter, convoquer, tamponner, traverser ■ 10 fréquenter, raccrocher, surprendre ■ 11 parlementer.
**RENDEMENT :** 7 rapport, récolte ■ 8 intensif ■ 9 abondance, fécondité, fertilité ■ 10 efficience, production, taylorisme ■ 13 normalisation.
**RENDEZ-VOUS :** 5 lapin ■ 6 muette, visite ■ 7 rancard, rencard ■ 11 assignation, décommander.
**RENDRE :** 4 suer ■ 5 amuïr, cuire, fixer, jeter, juter, matir, mûrir, payer, polir, rendu, salir, vider, vomir ■ 6 acérer, donner, moiter, mourir, prêter ■ 7 délurer, émécher, inalper, mitiger, niveler, ranimer, ravilir, recéder, réparer, valider ■ 8 aciduler, affermir, agrandir, aiguiser, amaigrir, arrondir, assainir, attiédir, blanchir, bonifier, cocufier, corriger, décrêper, dégorger, délivrer, ébruiter, éclairer, égaliser, élaborer, émousser, empaumer, endurcir, enhardir, enlaidir, enrichir, épaissir, équarrir, érailler, étancher, étriquer, exempter, fasciser, féconder, humecter, humilier, marxiser, mouiller, nettoyer, ovaliser, passiver, pimenter, produire, purifier, rabonnir, racornir, radoucir, raffiner, rajeunir, ralentir, ramollir, raréfier, rassurer, réaliser, redonner*, relâcher, rélargir, remettre*, renvoyer, retentir, rétrécir, revaloir, saccader, suppurer ■ 9 accourcir, accroître, acquitter, adhériser, affaiblir, améliorer, amenuiser, amoindrir, appauvrir, appointer, aseptiser, assimiler, assombrir, assouplir, assourdir, attendrir, attrister, augmenter, banaliser, canaliser, capituler, civiliser, clarifier, compenser, compléter, concréter, condenser, confirmer, consacrer, contenter, défigurer, défricher, dégourdir, dégrossir, démaigrir, déniaiser, dessécher, divulguer, éclaircir, efféminer, émanciper, encrasser, endiabler, endolorir, enfieller, engourdir, enjoliver, entériner, exacerber, exaspérer, faciliter, fanatiser, fidéliser, glorifier, habiliter, ignifuger, illustrer, immuniser, inquiéter, intriquer, justicier, légaliser, liquéfier, lubrifier, mécaniser, moraliser, mortifier, moutonner, obscurcir, opacifier, raffermir, rallonger, rectifier, reddition, redresser, refroidir, rembrunir, remercier, renchérir, rendurcir, renforcer, reprendre, resserrer, restituer, revancher, sonoriser ■ 10 actualiser, affranchir, alambiquer, animaliser, apercevoir, appesantir, approprier, compliquer, consolider, décerveler, enclencher, enrouiller, euphoriser, expliciter, fertiliser, fiabiliser, fragiliser, fructifier, germaniser, humidifier, hydrofuger, identifier, indisposer, intervenir, multiplier, nécessiter, objectiver, perenniser, précariser, promulguer, raccourcir, rafraîchir, rapetisser, rasséréner, réintégrer, rembourser, renouveler, rétrocéder, rigidifier, sanctifier, simplifier, stériliser, visualiser, volcaniser ■ 11 alcaliniser, apprivoiser, approfondir, automatiser, bolcheviser, boursoufler,

complaisant, concrétiser, conglutiner, décompléter, désenlaidir, désépaissir, embrouiller, généraliser, immobiliser, insonoriser, intensifier, libéraliser, mécontenter, neutraliser, optimaliser, parcheminer, populariser, réciproquer, régulariser, réhabiliter, relativiser, restituable, restitution, séculariser, sédentarité, solubiliser, titulariser, uniformiser, volatiliser ■ 12 achromatiser, authentifier, authentiquer, circulariser, complexifier, crédibiliser, débâillonner, démantibuler, désenvenimer, enorgueillir, familiariser, flexibiliser, homogénéiser, immortaliser, matérialiser, nationaliser, officialiser, rationaliser, sensibiliser, sociabiliser, synchroniser ■ 13 déshumidifier, insolubiliser, universaliser ■ 14 commercialiser, contre-indiquer, dématérialiser, insensibiliser, respectabilité, tranquilliser, vulnérabiliser ■ 15 fonctionnaliser, imperméabiliser.

**RENDEZ-VOUS:** 9 rancarder, rencarder.

**RENDU:** 3 las*.

**RENDURCIR:** 15 rendurcissement.

**RENE:** 5 bride, licol, licou ■ 7 enrêner, harnais ■ 8 chevêtre.

**RENEGAT:** 4 laps ■ 7 apostat*, déloyal, traître.

**RENETTE:** 8 renetter.

**RENFAITER:** 10 renfaîtage.

**RENFERME:** 5 ozoné ■ 8 salifère, zincique ■ 13 martensitique.

**RENFERMER:** 6 serrer ■ 7 inclure ■ 8 aurifère, contenir*, enfermer*, entourer, inclusif, vénéneux ■ 9 embrasser, impliquer, médulleux, zincifère ■ 10 comprendre ■ 11 argentifère, fossilifère, métallifère, miasmatique, tricalcique ■ 12 circonscrire, renfermement.

**RENFLE:** 5 bouge, bulbe, galbé, pansu ■ 7 urcéole ■ 10 renflement.

**RENFLEMENT:** 4 bulb ■ 5 bulge, galbe, glome, jabot, pomme ■ 6 épaule ■ 8 bossette, ganglion, nodosité ■ 10 renflouage ■ 12 renflouement.

**RENFLOUER:** 8 afflouer.

**RENFORCEE:** 3 q.s.r.

**RENFORCEMENT:** 4 mais ■ 6 virole ■ 7 nervure ■ 10 brunissure ■ 12 certainement, renforçateur ■ 15 contreventement, intensification.

**RENFORCER:** 2 là ■ 5 forte, jambe ■ 6 garnir ■ 8 adjuvant, affermir, bretèche, bretesse, empatter ■ 9 accentuer, augmenter*, fortifier, haubanage, particule, sforzando ■ 10 adoubement, contrefort, fortissimo, renforçage ■ 11 augmentatif, rinforzando ■ 12 contreventer ■ 13 potentialiser, tonicardiaque ■ 14 accompagnement.

**RENFORT:** 5 ogive, volée ■ 6 griffe, porque ■ 7 secours* ■ 8 étambrai.

**RENFROGNE:** 6 morose ■ 8 maussade* ■ 10 renfrogner ■ 13 renfrognement.

**RENGAGER:** 8 rempiler ■ 11 rengagement.

**RENGAINE:** 4 scie ■ 10 répétition.

**RENGORGER:** 5 poser ■ 12 rengorgement.

**RENGRENER:** 12 rengrènement.

**RENIER:** 7 abjurer, changer, renégat ■ 8 déserter, renoncer, répudier ■ 9 désavouer, reniement, rétracter ■ 10 abandonner*, apostasier.

**RENIFLEMENT:** 4 snif ■ 5 sniff.

**RENIFLER:** 5 boire ■ 7 aspirer ■ 8 renâcler ■ 9 rechigner ■ 11 reniflement.

**RENITENT:** 9 rénitence.

**RENNE:** 7 caribou.

**RENNES:** 7 rennais.

**RENOM:** 6 réputé ■ 7 renommé ■ 8 illustre, renommée* ■ 9 célébrité ■ 10 réputation*.

**RENOMMEE :** 3 nom ■ 4 voix ■ 5 bruit, vogue ■ 6 cancan, crédit, estime, faveur, gloire* ■ 7 opinion ■ 10 popularité, réputation*.
**RENOMMER :** 7 réélire.
**RENONCEMENT :** 5 pouce ■ 7 abandon*, cession ■ 9 démission, sacrement, sacrifice ■ 10 abnégation, abstention, concession, négligence ■ 11 résignation ■ 12 délaissement, renonciation ■ 13 accroissement.
**RENONCER :** 5 céder* ■ 6 renier ■ 7 abjurer, déposer, quitter, rebuter, reculer*, revenir ■ 8 abdiquer, abstenir, démettre, départer, départir, désister, divorcer, négliger, réformer, renâcler, répudier, résigner ■ 9 délaisser, pardonner ■ 10 abandonner*, apostasier ■ 11 déballonner, débarrasser, renoncement ■ 12 démissionner, renonciation.
**RENONCIATION :** 7 abandon* ■ 10 abdication ■ 11 enterrement, renoncement ■ 12 renonciateur ■ 13 renonciataire.
**RENONCULACEE :** 5 actée, napel ■ 6 aconit, adonis ■ 7 ancolie, anémone, ficaire, nigelle, pivoine ■ 8 ellébore, populage ■ 9 bouton-d'or, cimicaire, clématite, hellébore, hépatique, hydrastis, plantaire, renoncule ■ 10 delphinium ■ 11 dauphinelle ■ 12 staphisaigre ■ 13 cheveu-de-Vénus, grenouillette.
**RENONCULE :** 5 douve ■ 8 bassinet ■ 9 bouton-d'or ■ 13 bouton-d'argent, grenouillette.
**RENOUEE :** 7 vrillée ■ 10 persicaire.
**RENOUER :** 10 renouement.
**RENOUVEAU :** 5 éveil, revif ■ 9 printemps.
**RENOUVELE :** 13 reconductible.
**RENOUVELER :** 5 nover ■ 7 refaire, rénover, répéter*, revivre, rouvrir ■ 8 réitérer, ventiler ■ 9 redoubler, regénérer ■ 10 reconduire ■ 11 ressusciter ■ 12 renouvelable ■ 14 renouvellement.
**RENOUVELLE :** 12 sempervirent.
**RENOUVELLEMENT :** 6 regain ■ 8 néoménie ■ 9 renouveau ■ 10 rénovation ■ 11 feuillaison, renaissance ■ 12 reconduction, regénération.
**RENOVATION :** 7 rénover ■ 14 renouvellement.
**RENSEIGNE :** 9 documenté.
**RENSEIGNEMENT :** 4 fait ■ 5 fiche, guide, tuyau ■ 6 indice ■ 7 dépêche, enquête, message, rencard ■ 8 document, écriteau, guetteur, nouvelle*, reporter ■ 9 consulter, événement, référence ■ 10 communiqué, indicateur, indication*, renseigner, témoignage ■ 11 attestation, cartogramme, informateur, information* ■ 12 connaissance ■ 13 communication, documentation ■ 14 reconnaissance.
**RENSEIGNER :** 6 aviser ■ 7 avertir, briefer, édifier, initier ■ 8 éclairer, enquérir, indiquer*, informer*, tuyauter ■ 9 apprendre, certifier, consulter, instruire, rancarder, rencarder ■ 10 documenter, interroger, patrouille ■ 11 questionner ■ 12 arrière-garde.
**RENTABILISER :** 14 rentabilisable.
**RENTABILITE :** 11 engineering.
**RENTABLE :** 11 rentabilité.
**RENTE :** 5 ferme, loyer, mense ■ 6 renter, revenu* ■ 7 accense, annuité, fermage, pension, rentier, tontine ■ 8 arrenter, bénéfice, commende, dotation, errenter, semestre, temporel ■ 9 consolidé, redevance ■ 11 débirentier ■ 12 crédirentier.
**RENTOILER :** 10 rentoilage.
**RENTRAYEUR :** 8 stoppeur.
**RENTREE :** 5 gatte, patte ■ 6 retour ■ 9 frégatage ■ 12 rembuchement.
**RENTRER :** 6 entrer* ■ 7 retirer, revenir ■ 8 rappeler, rentrage ■ 9 couvre-feu, recouvrer, récupérer ■ 10 réintégrer, rétractile ■ 12 contre-marque.

**RENVERSANT :** 8 étonnant.
**RENVERSANTE :** 5 verte.
**RENVERSEMENT :** 5 chute ■ 7 culbute ■ 8 éversion ■ 9 apoplexie, ectropion, entropion ■ 10 anastrophe ■ 11 éraillement ■ 12 contre-vapeur, interversion.
**RENVERSER :** 5 jeter*, ligue, vider ■ 6 épater, verser ■ 7 abattre*, capoter, échouer, faucher, pousser ■ 8 alterner, anatrope, basculer, chavirer, colleter, culbuter, inverser, invertir, répandre, saccager ■ 9 hyperbate, pervertir, remplacer, retourner, subvertir, terrasser ■ 10 chambarder, chambouler, subversion, supplanter, surprendre* ■ 11 bouleverser, intervertir, renversable ■ 12 renversement, rétroversion.
**RENVIDER :** 9 renvidage, renvideur.
**RENVOI :** 3 ite, rot ■ 4 note ■ 5 congé, drive, paume, rejet ■ 6 marque, remise, retour ■ 7 rapport ■ 8 lettrine ■ 9 exclusion, référence ■ 10 astérisque, éructation, libération ■ 11 ajournement, résonnement ■ 12 acquittement, rapatriement ■ 14 démobilisation.
**RENVOIE :** 11 anaphorique.
**RENVOYER :** 4 écho ■ 6 couper, rendre*, saquer ■ 7 chasser*, exclure, libérer, lourder, rejeter, répéter, sacquer, sine die ■ 8 ajourner, expulser, refléter, répudier, résonner, retarder, retentir ■ 9 congédier, débaucher, rapatrier, réfléchir, remercier, repousser*, retourner, retraiter ■ 10 répercuter, réverbérer, temporiser.
**REORGANISATION :** 13 redéploiement.
**REORIENTER :** 13 réorientation.
**REPAIRE :** 3 nid ■ 4 fort, gîte ■ 5 antre, litée ■ 7 tanière ■ 8 repairer, retraite*.
**REPAITRE :** 5 repue ■ 6 amuser, paître ■ 10 carnassier.
**REPANDRE :** 5 fluer, paver, semer* ■ 6 émaner, emplir, sentir, sortir, surgir, verser* ■ 7 arroser, couvrir, émerger, envahir, étendre, exhaler, exsuder, fleurer, inonder, jaillir, joncher, pleurer, poindre, publier, saillir, soufrer, sourdre ■ 8 agrainer, asperger, déborder, déverser, diffuser*, éclairer, épancher, exploser, libation, parsemer, pénétrer, pleuvoir, propager*, pulluler, regorger ■ 9 chauleuse, dispenser, disperser, distiller, goupillon, instiller, prodiguer, renverser, trompeter ■ 10 disséminer, distribuer, éparpiller, épidémique, extravaser, phosphater, propagande, saupoudrer, transfuser, vulgariser ■ 11 odoriférant, sanguinaire, tambouriner ■ 13 universaliser.
**REPANDU :** 5 connu, épars, infus ■ 6 commun, diffus.
**REPARAITRE :** 7 revenir ■ 10 reparution.
**REPARATION :** 5 pièce ■ 6 radoub, raison ■ 7 câblier, reprise ■ 8 stoppage ■ 9 expiation, quérulent ■ 10 anaplastie, après-vente, replâtrage ■ 11 rentraiture ■ 12 raccommodage, redressement, restauration, satisfaction ■ 13 dédommagement ■ 14 microtechnique, pretium doloris, tympanoplastie.
**REPARER :** 6 expier, revoir ■ 7 amender, caréner, charron, effacer, excuser, rebâtir, refaire, rétamer, retaper, réviser, rustine, stopper ■ 8 appiécer, armurier, arranger*, atténuer, corriger, peignier, radouber, rajeunir, rajuster, rapiécer, ravauder, recoudre, recrépir, refondre, reformer, remanier, remédier, remonter, repriser, rétablir ■ 9 améliorer, bricoleur, brouettier, compenser, motociste, raccorder, recoiffer, rectifier, redresser, renfaîter, rentoileur, rentraire, rentrayer, réparable, repeindre, replâtrer, restaurer, restituer, rhabiller, tonnelier, vélociste ■ 10 cordonnier, entretenir, moderniser, rabibocher, raccoutrer, rafistoler, rafraîchir, rapetasser, remaçonner, rem-

mailler, renouveler, réparateur, réparation, ressemeler ■ 11 irréparable, matelassier, raccommoder, réorganiser ■ 12 rappareiller ■ 13 autoréparable, enchevalement, perfectionner, satisfactoire.
**REPARTIE :** 3 gag ■ 7 réponse, riposte ■ 8 réplique.
**REPARTIR :** 5 céder ■ 6 étaler, nantir, passer, router, servir ■ 7 adjuger, allotir, allouer, assisté, fournir ■ 8 assigner, concéder, conférer, déléguer, départir, destiner, disposer, égaliser, impartir, investir, partager*, pourvoir, relancer, répondre, résigner, ventiler ■ 9 ballaster, cantonner, dégrouper, dispenser, disperser, distribué, gratifier, palonnier, retourner ■ 10 distribuer, échelonner, rétrocéder ■ 11 transmettre.
**REPARTITION :** 4 taxe ■ 7 central, cession, horaire, partage* ■ 8 dessoler ■ 9 collation, dividende, quote-part, sexonomie ■ 10 chorologie, coéquation, concession, délégation, régalement ■ 11 aménagement, assignation, attribution, péréquation, répartement, répartiteur ■ 12 compensation, distribution, polygonation, rétrocession ■ 13 appartement, biogéographie, équipartition, zoogéographie ■ 15 contingentement.
**REPAS :** 3 thé ■ 4 cène, écot, gala, menu, mess, mets ■ 5 agape, banco, bribe, carré, diffa, dîner, en-cas, extra, lunch, nappe, orgie, régal, repue, reste, salle, soupe, table ■ 6 agapes, ambigu, brunch, festin*, fricot, goûter, lippée, mâchon, popote, ribote, souper ■ 7 banquet, dînette, frairie ■ 8 bombance, déjeuner, digestif, gogaille, pandèmes, prandial, ripaille, zakouski ■ 9 anagnoste, collation, gaudeamus, gueuleton, ordinaire, réfection, réveillon ■ 10 bénédicité, écornifler, médianoche, pique-nique, réfectoire ■ 11 bouffetance, casse-croûte, hors-d'œuvre, panier-repas ■ 12 postprandial, saucissonner ■ 13 petit déjeuner, pique-assiette ■ 15 wagon-restaurant.
**REPASSAGE :** 8 pressing ■ 12 pattemouille.
**REPASSER :** 6 glacer ■ 7 affiler, empeser, plisser, revenir ■ 9 calendrer, godronner, jeannette, mouilloir, repassage ■ 10 repasseuse, rétrocéder ■ 12 contre-passer.
**REPECHER :** 6 sauver ■ 9 repêchage.
**REPENTANCE :** 8 repentir*.
**REPENTANT :** 5 fâché, marri ■ 10 impénitent.
**REPENTIR :** 5 pouce ■ 6 regret* ■ 7 remords ■ 8 mea culpa ■ 9 attrition, pénitence, regretter, repentant ■ 10 contrition, repentance ■ 11 componction ■ 12 résipiscence.
**REPERCUSSION :** 9 incidence ■ 10 contre-coup ■ 14 retentissement.
**REPERCUTER :** 8 renvoyer, retentir ■ 12 répercussion.
**REPERAGE :** 11 référentiel, stéréotaxie ■ 12 écholocation ■ 15 radionavigation.
**REPERE :** 4 amer ■ 5 décan ■ 6 grillé, marque* ■ 8 cardinal, négocier ■ 9 repérable ■ 11 jalonnement.
**REPERER :** 4 voir ■ 5 radar ■ 8 repérage.
**REPERTOIRE :** 5 table ■ 6 barème, bottin ■ 9 catalogue*, thesaurus ■ 11 répertorier.
**REPETER :** 4 écho ■ 5 biner, on-dit, scier ■ 6 bisser, copier, corner, imiter, redire ■ 7 obséder, radoter, refaire*, revenir, seriner, trisser ■ 8 insister, itératif, rabâcher, rappeler, rebattre, recorder, récursif, réitérer, rélargir, rengaine, renvoyer, repasser, répondre ■ 9 écholalie, itération, rapporter, rechanter, redoubler, ressasser ■ 10 alternatif, persévérer, renouveler, répétiteur, reproduire ■ 11 récapituler, recommencer*.
**REPETITEUR :** 11 surveillant ■ 12 répétitorat.

**REPETITIF:** 12 répétitivité.
**REPETITION:** 2 bi ■ 3 bis, sur ■ 4 écho, file, fois, idem, scie ■ 5 lebel, série, suite, tissu ■ 6 chaîne, redite, retour, tirade ■ 7 doublon, refrain, reprise, traînée, trémolo, vibrato ■ 8 anaphore, antienne, chapelet, enfilade, kyrielle, ostinato, radotage, rengaine, séquelle, trantran ■ 9 assonance, imitation, itération, leitmotiv, pléonasme ■ 10 battologie, procession, ribambelle, stéréotype, train-train ■ 11 énumération, rebattement, ritournelle ■ 12 allitération, enchaînement, périssologie, persévération, redoublement ■ 13 reduplication ■ 14 récapitulation.
**REPEUPLEMENT:** 7 réserve.
**REPEUPLER:** 8 nourrain ■ 12 repeuplement, repopulation ■ 13 rempoissonner.
**REPIQUER:** 5 plant ■ 9 repiquage ■ 11 repiquement.
**REPIT:** 5 cesse, délai*, repos* ■ 12 interruption*.
**REPLACER:** 8 rasseoir, remettre*, rétablir* ■ 11 replacement.
**REPLANTER:** 8 dépiquer ■ 10 replantage ■ 12 replantation.
**REPLAT:** 8 terrasse ■ 10 épaulement.
**REPLET:** 4 gras* ■ 5 plein*.
**REPLI:** 4 faux, ride ■ 5 hélix, nœud, recul ■ 6 ourlet, recoin, rentré, revers, smegma ■ 7 autisme, bavette, déroute, gerçure, prépuce ■ 8 épiploon ■ 10 barbillons, épicanthus, froncement ■ 14 racornissement.
**REPLIABLE:** 11 pousse-canne.
**REPLIEMENT:** 5 repli ■ 11 reploiement.
**REPLIER:** 5 rider ■ 6 border, friser, gercer ■ 7 carguer, froncer, plisser ■ 8 racornir, ramasser, remplier, reployer, trousser ■ 9 décapoter, ratatiner, repliable ■ 10 recueillir, repliement ■ 14 recroqueviller.
**REPLIQUE:** 8 répartie ■ 9 répliquer.
**REPLIQUER:** 8 répartir, répondre* ■ 9 raisonner ■ 10 raisonneur, victorieux ■ 11 péremptoire.
**REPLOIEMENT:** 12 invagination.
**REPOLIR:** 11 repolissage.
**REPONDANT:** 6 garant ■ 8 garantie* ■ 11 argumentant.
**REPONDRE:** 4 dire ■ 5 à quia, river ■ 7 récrire, réfuter, remplir ■ 8 affirmer, décevoir, garantir, interdit, objecter, répartir, riposter* ■ 9 concorder, dupliquer, homéostat, raisonner, redarguer, rembarrer, répliquer, répondant, répondeur, rétorquer ■ 10 contredire, faux-fuyant, incollable, récriminer, satisfaire ■ 11 interpeller, justiciable ■ 12 correspondre*.
**REPONS:** 6 libera ■ 7 réclame ■ 8 cantique.
**REPONSE:** 3 oui ■ 6 oracle ■ 7 rescrit, riposte*, verdict ■ 8 lanturlu, réplique, répondre, solution, vocodeur ■ 11 contraction ■ 12 apocrisiaire.
**REPORT:** 4 dans ■ 8 reporter ■ 9 reporteur.
**REPORTAGE:** 9 stock-shot ■ 13 téléreportage ■ 14 photoreportage, radioreportage.
**REPORTER:** 6 porter ■ 8 imprimer, proroger, reverser ■ 9 décalquer, reportage ■ 12 décalcomanie, extérioriser, téléreporter.
**REPOS:** 3 kan ■ 4 kief, obit, paix, port ■ 5 arrêt*, cesse, congé, coupe, dépôt, étape, éveil, férié, halte, oasis, pause*, point, répit, sabat, trêve ■ 6 campos, césure, relais, sabbat, sieste, soupir ■ 7 détente, relâche, sommeil* ■ 8 accalmie, dimanche, quiétude, vacances ■ 9 équilibre, gloriette, surmenage ■ 10 consonance, dissonance, inactivité, méridienne, passe-temps, récréation, sommeiller ■ 11 délassement, respiration ■ 12 tranquillité*.

**REPOSANT :** 5 relax ■ 6 relaxe ■ 8 relaxant.
**REPOSER :** 5 enter, gésir, siège, socle ■ 6 amuser, cesser*, dormir* ■ 7 arrêter, asseoir, récréer ■ 8 délasser, détendre, incomber, paresser, reposoir, respirer, souffler ■ 9 consister, déhancher, reprendre, restaurer ■ 10 acquiescer.
**REPOUSSAGE :** 8 estamper ■ 9 estampage.
**REPOUSSANT :** 4 laid* ■ 6 hideux ■ 9 exécrable ■ 10 effroyable, rébarbatif.
**REPOUSSER :** 5 paria, ruser ■ 6 bannir, évaser, ouvrir ■ 7 chasser*, dilater, ébraser, écarter*, élargir, évincer, exclure, moucher, pousser, rebuter, récuser, refuser, rejeter*, remiser, revenir ■ 8 décliner, éliminer, rabrouer, rebuffer, recingle, refouler, renaître, répudier, resingle ■ 9 dédaigner, proscrire, rechasser, rembarrer, remoucher ■ 10 disjoindre, ostraciser, répercuter, supplanter ■ 11 blackbouler, écarquiller ■ 12 repoussemernt.
**REPREHENSIBLE :** 8 blâmable, coupable ■ 9 commettre ■ 11 provocation.
**REPRENDRE :** 5 tempo, trait ■ 7 refaire, renouer, rentrer, retirer, revenir ■ 8 fustiger, rabrouer, regagner, remonter, renaître, rentamer, repenser, retouper, souffler ■ 9 déstocker, enchaîner, pardonner, rattraper, récupérer, rembarrer, remporter, repreneur, ressaisir, retrouver ■ 10 réhabituer ■ 11 raccoutumer, réouverture, réprimander ■ 12 reconsidérer ■ 15 irrépréhensible.
**REPRESAILLE :** 9 vengeance.
**REPRESENTANT :** 5 agent, légat ■ 6 envoyé ■ 7 épigone, placier ■ 8 voyageur ■ 11 ambassadeur*, subrécargue ■ 13 intermédiaire ■ 14 représentation.
**REPRESENTATION :** 4 idée, logo, plan, tête, rêve ■ 5 buste, carte, coupe, icône, idole, image*, lever, scène*, trace ■ 6 dessin, ectype, figure*, graphe, modèle, schème, statue, uræus ■ 7 comédie, effigie, emblème, fétiche, géorama, lambert, symbole, tableau*, topique ■ 8 calvaire, draperie, écriture, festival, figurine, logotype, maintien, portrait, première, reproche ■ 9 allégorie, beaux-arts, bestiaire, élévation, empreinte, figuratif, graphique, miniature, phantasme, simulacre, spectacle*, statuette ■ 10 projection ■ 11 axonométrie, idéographie, imagination*, perspective, sociogramme, topographie ■ 12 chronogramme, ordinogramme, orthographie, stéréochimie ■ 13 blocdiagramme, représentatif, stéréographie, symbolisation ■ 14 idéologisation ■ 15 auto-sacramental, monocaméralisme.
**REPRESENTE :** 6 adossé ■ 7 dessiné ■ 10 multicarte ■ 11 minimaliste.
**REPRESENTER :** 5 faire, jouer, mimer ■ 6 croire ■ 7 décrire*, figurer, inférer, peindre*, réputer ■ 8 désigner, dessiner*, imaginer*, inventer, postuler, présumer, profiler, rappeler, regarder ■ 9 attribuer, concevoir, dépeindre, juratoire, remonter ■ 10 mentaliser, préfigurer, reproduire, symboliser ■ 11 schématiser ■ 12 représentant ■ 13 photographier, représentatif.
**REPRESSIF :** 6 goulag.
**REPRESSION :** 5 crime ■ 8 sanction ■ 10 coercition.
**REPRIMANDE :** 4 suif ■ 5 blâme*, danse, leçon, savon ■ 6 cigare, douche, menace, morale, rappel, sermon ■ 7 censure, chicane, désaveu, semonce ■ 8 monition, reproche* ■ 9 attrapade, attrapage, gronderie ■ 10 objuration ■ 11 observation, remontrance, réprimander, réprobation ■ 12 condamnation, répréhension ■ 13 admonestation, avertissement, réprimandable ■ 14 désapprobation, représentation.
**REPRIMANDER :** 6 blâmer, sabrer, saucer, tancer ■ 7 avertir, bourrer,

gourmer, gronder, menacer, moucher, prêcher, ramoner, secouer ■ 8 arranger, attraper, censurer, chicaner, corriger, disputer, emballer, fulminer, fustiger, infliger, malmener, rabrouer, rappeler, régenter, relancer, remettre, sabouler, savonner, semoncer, tempêter ■ 9 accoutrer, chapitrer, condamner, critiquer, désavouer, engueuler, improuver, moraliser, morigéner, mortifier, pardonner, quereller, raisonner, rembarrer, remontrer, reprendre, reprocher*, réprouver, sermonner, vitupérer ■ 10 accommoder, admonester, brutaliser, chamailler, gourmander, houspiller, maltraiter ■ 11 apostropher, répréhender, représenter ■ 12 désapprouver, enguirlander ■ 13 mercurialiser.

**REPRIMER:** 6 brider ■ 7 enrayer, retenir* ■ 8 contenir, étouffer, indompté, refréner ■ 9 combattre, commander, interdire, maîtriser*, répressif ■ 10 répression ■ 11 raccommoder ■ 13 irréprochable.

**REPRISE:** 4 gong, œuf ■ 5 round, volée ■ 7 videlle ■ 8 repriser ■ 9 entre-deux, leitmotiv ■ 10 rattrapage, reconquête, repriseuse ■ 12 rempiétement ■ 14 rebondissement.

**REPRISER:** 8 ravauder ■ 9 reprisage ■ 11 raccommoder.

**REPROBATION:** 3 hou ■ 5 blâme* ■ 8 anathème, damnable ■ 10 ostracisme ■ 11 réprobateur ■ 13 animadversion.

**REPROCHE:** 5 blâme*, grief, savon ■ 7 plainte, remords, semonce ■ 8 critique, sévérité ■ 9 gronderie ■ 10 accusation*, houspiller, imputation, mercuriale, réprimande* ■ 11 objurgation, observation, remontrance ■ 12 réquisitoire ■ 13 admonestation, irréprochable, récrimination ■ 14 représentation.

**REPROCHER:** 5 taxer ■ 6 blâmer*, tancer ■ 7 accuser, gronder, prêcher ■ 8 chicaner, régenter, relancer, semoncer ■ 9 chapitrer, morigéner, raisonner, remontrer, reprendre, sermonner ■ 10 admonester, gourmander, récriminer ■ 11 réprimander*.

**REPRODUCTEUR:** 4 mâle ■ 5 fleur, spore ■ 6 raceur ■ 7 génital, stencil ■ 8 apothèce, laitance ■ 9 apothécie, archégone, gonophore, gonozoïde ■ 10 rhizocarpe ■ 14 fructification, génito-urinaire, hermaphrodisme, spermatogenèse.

**REPRODUCTION:** 4 écho ■ 5 copie*, image, motif, sosie ■ 6 agamie, calque, double, étalon, reflet, tirage ■ 7 conidie, épreuve, plagiat, semence, stencil ■ 8 apomixie, bourgeon, panmixie ■ 9 autocopie, constance, copyright, duplicata, écloserie, fac-similé, fécondité, généstiste, imitation, mimétisme, oviparité, photostat, polycopie, simulacre ■ 10 ampliation, androgénie, caricature, conformité, croisement, cryptogame, démarquage, diazocopie, exemplaire, génération, périodique, photocopie, poulinière, répétition, viviparité ■ 11 autographie, contrefaçon, ovovivipare, phonographe, propagation, schizogamie, sporulation, vidéogramme ■ 12 appareillade, électrocopie, électrophone, lithographie, phonogénique, photographie, reproducteur, stéréophonie ■ 13 ovoviviparité, reproductible, similigravure, vraisemblance ■ 14 audiofréquence, parthénogenèse, photomécanique, représentation ■ 15 cinématographie.

**REPRODUCTRICE:** 7 agamète.

**REPRODUIRE:** 5 ronéo, tirer, truca ■ 6 copier*, imiter*, rendre, singer ■ 7 calquer, doubler, feindre, lecteur, plagier, répéter, revenir, siffler, simuler ■ 8 attraper, autogame, bouturer, refléter, ronéoter, traduire ■ 9 carroyage, démarquer, diagraphe, emprunter, pasticher, téléphone ■ 10 multiplier, polycopier, ronéotyper, transcrire ■ 11 caricaturer, contrefaire, duplicateur, microfilmer, pantographe, photocopier ■ 12 autographier, reproducteur ■ 13 reprographier.

**REPRODUISANT:** 10 mercuriale.

**REPROGRAPHIE :** 9 xérocopie ■ 13 reprographier.
**REPROUVER :** 5 vénal ■ 6 blâmer*, damner, outlaw ■ 7 déchoir, maudire ■ 9 condamner*, hors-la-loi, pardonner ■ 11 réprobation ■ 12 désapprouver* ■ 14 prédisposition.
**REPTILE :** 7 fossile*, saurien*, tarente ■ 8 diapside, hatteria, ophidien*, scincidé ■ 9 chélonien*, lacertien, reptilien, scincoïde, sphénodon, synapside, terrarium ■ 10 amphysbène, stégosaure ■ 11 brontosaure, crocodilien*, dinosaurien*, erpétologie, ichtyosaure, lacertilien*, plésiosaure, théromorphe, tricératops ■ 12 atlantosaure, herpétologie, hydrosaurien, ptérodactyle, ptérosaurien*, saurophidien, tyrannosaure ■ 13 erpétologiste ■ 14 herpétologiste.
**REPU :** 4 soûl ■ 5 saoul ■ 9 rassasier*.
**REPUBLICAIN :** 4 bleu ■ 5 duodi, sénat, tridi ■ 6 nivôse, nonidi, octidi ■ 7 floréal, primidi, septidi, sextidi, ventôse ■ 8 brumaire, frimaire, germinal, messidor, pluviôse, prairial, quartidi, quintidi ■ 9 fructidor, niveleurs, thermidor ■ 11 vendémiaire ■ 12 progressiste ■ 13 sans-culottide ■ 14 républicaniser, républicanisme.
**REPUBLIQUE :** 5 sénat ■ 11 républicain ■ 15 antirépublicain.
**REPUDIER :** 6 renier ■ 8 divorcer ■ 9 repousser* ■ 11 répudiation.
**REPUGNANCE :** 5 haine ■ 6 dégoût*, nausée ■ 7 horreur* ■ 8 aversion* ■ 9 répugnant, répulsion ■ 10 antipathie ■ 11 contrecœur, incrédulité.
**REPUGNANT :** 8 nauséeux, rebutant ■ 9 dégoûtant, écœurant, exécrable, malpropre, paresseux ■ 10 méphitique, nauséabond.
**REPUGNER :** 4 haïr ■ 7 hésiter, rebuter, rejeter ■ 8 dégoûter*, déplaire*, écœurer, maugréer, renâcler, renifler ■ 9 rechigner, regretter, repousser.
**REPULSION :** 5 haine ■ 7 horreur* ■ 10 répugnance* ■ 11 électricité ■ 13 horripilation.
**REPUTATION :** 3 nom ■ 5 décri, renom*, tache, vogue ■ 6 crédit, gloire*, marque ■ 7 honneur, mémoire ■ 8 calomnie, dénigrer, diffamer, renommée* ■ 9 calomnier, célébrité, esquinter, notoriété, publicité ■ 10 engouement, importance, popularité ■ 11 flétrissure ■ 12 compromettre, honorabilité ■ 13 considération.
**REPUTE :** 4 famé ■ 5 connu*, vanté ■ 6 fameux ■ 7 célèbre*, éminent, insigne, malfamé, renommé, signalé ■ 8 esculape, marquant ■ 9 accrédité, considéré, honorable, important, populaire ■ 12 considérable.
**REQUERIR :** 8 réclamer* ■ 9 requérant ■ 10 inscrivant ■ 11 réquisition.
**REQUETE :** 6 placet, prière* ■ 8 impétrer, pétition ■ 9 supplique ■ 12 supplication.
**REQUIN :** 5 chien, lamie, taupe ■ 6 griset, perlon, pilote, squale* ■ 7 brochet, marteau, pèlerin ■ 8 émissole, sélacien, squatine ■ 9 aiguillat, laimargue, roussette ■ 13 requin-marteau.
**REQUINQUER :** 8 remonter*.
**REQUISITION :** 7 angarie, demande ■ 10 conclusion, socialiser ■ 14 réquisitionner.
**REQUISITOIRE :** 8 reproche ■ 10 accusation* ■ 13 réquisitorial.
**RESCAPE :** 4 sauf.
**RESCINDER :** 7 annuler ■ 11 rescindable.
**RESCISION :** 10 amputation, rescindant, rescisoire.
**RESCOUSSE :** 5 appui ■ 7 secours*.
**RESCRIT :** 4 bref ■ 5 iradé.
**RESEAU :** 4 r.n.i.s. ■ 5 filet, lacis, trame, tulle ■ 7 serveur ■ 8 régional, remplage, réticule ■ 9 encercler, faïençage, réticuler, réticulum ■ 10 électrifié, entretoile, nanoréseau, quadripole ■ 11 réticulaire, sous-

station ■ 12 canalisation ■ 13 ergastoplasme, triangulation.
**RESECTION**: 8 reséquer ■ 9 vasotomie ■ 10 amputation*, vasectomie ■ 12 laminectomie.
**RESEDACEE**: 5 gaude ■ 6 réséda.
**RESERVATION**: 7 stand-by.
**RESERVE**: 4 lais, maie, sauf ■ 5 en-cas, froid, grave, oflag, piste, privé, stand, stock ■ 6 décent, simple, trésor, volant ■ 7 abajoue, discret, distant, ensiler, modeste, pudique ■ 8 aleurone, baliveau, bégueule, cyclable, économie, landwehr, prudence, réservat, vitellus ■ 9 bacchante, cartouche, exception, glycogène, immodeste, indiscret, promœrium, provision*, quant-à-moi, quant-à-soi, réservoir ■ 10 discrétion*, ésotérique, modération, parenchyme, périsperme, prédestiné, réserviste ■ 11 circonspect, résidentiel, restriction ■ 12 empaillement, présomptueux ■ 13 arrière-pensée ■ 14 circonspection.
**RESERVER**: 6 garder ■ 7 laisser, ménager, retenir ■ 8 destiner, préparer ■ 9 conserver, rétention ■ 11 monopoliser, prédestiner.
**RESERVOIR**: 3 bac ■ 4 cuve, dôme, dock, pale, silo, tank ■ 5 bâche, puits ■ 6 bassin ■ 7 ballast, cellier, château, citerne, encrier, girotte, grenier, magasin, puisard, réserve, vasière ■ 8 aquarium, canadair, éjecteur, entrepôt, nourrice, sablière ■ 9 adducteur, gazomètre, lavemains, reverdoir, trop-plein ■ 10 exhausteur, réceptacle ■ 11 château d'eau, pneu-citerne, stylographe ■ 12 water-ballast.
**RESIDENCE**: 4 aire, cour, cure ■ 5 siège ■ 6 maison*, mitage, palais, séjour ■ 7 demeure*, prévôté ■ 8 ambulant, consulat, déplacer, domicile, néolocal ■ 9 virilocal ■ 10 archevêché, habitation*, matrilocal, nonciature, patrilocal ■ 11 non-résident ■ 14 multipropriété.
**RESIDER**: 6 siéger ■ 7 habiter* ■ 8 résident ■ 9 consister.
**RESIDU**: 3 lie ■ 4 boue, brai, marc, porc, vase ■ 5 arcot, culot, dépôt, écume, magma, rache, rebut*, reste* ■ 6 boulée, cendre, crasse, déchet*, drêche, fécule, friton, gratin, nougat, ordure, rabiot, saleté, schlot, scorie, tartre ■ 7 charrée, cretons, mélasse, rillons, rognure, rouille, vinasse ■ 8 arcanson, calamine, détritus, fleurage, limaille, mâchefer, poussier, sédiment, tourteau, trouille ■ 9 colophane, excrément ■ 10 masselotte ■ 11 effondrille, escarbille, résiduaire ■ 11 sous-produit ■ 13 crude ammoniac.
**RESIGNATION**: 5 islam ■ 7 victime ■ 8 patience ■ 9 passivité, soumission* ■ 14 souffre-douleur.
**RESIGNER**: 5 céder, subir ■ 6 avaler ■ 7 endurer, immoler ■ 8 abdiquer, accepter*, consoler, plaindre, renoncer ■ 9 contenter, sacrifier, soumettre*, supporter ■ 10 abandonner, accommoder ■ 12 résignataire.
**RESILIABLE**: 9 congéable.
**RESILIATION**: 5 congé, renon ■ 10 annulation*.
**RESILIER**: 7 annuler* ■ 10 résiliaire.
**RESILLE**: 5 filet ■ 8 réticule.
**RESINE**: 3 ase, pin ■ 4 poix ■ 5 aloès, ambre, baume, copal, élémi, gaïac, gemme, gomme, gutte, jalap, laque, ligot, molle, sapin, thuya ■ 6 chibou, dammar, encens, jacket, mastic, myrrhe, oribus, résiné, storax, styrax, succin ■ 7 ambrine, benjoin, copayer, gaïacol, galipot, gemmage, retsina ■ 8 arcanson, asphalte, bakélite, captieux, conifère, hachisch, haschich, myroxyle, pitchpin, propolis, résineux, résinier ■ 9 abiétinée, acchroïde, chandelle, colophane, haschisch, plastisol, plexiglas, vinylique ■ 10 courbarine, résinifère, sandaraque, sang-dragon ■ 11 aminoplaste, assa-fœtida, phénoplaste ■ 12 sang-de-dragon, térébenthine ■ 13 polyvinylique.

**RESINEUSE :** 10 gomme-laque.
**RESINEUX :** 7 copaïer, copayer, pinacée ■ 11 cupressacée.
**RESIPISCENCE :** 7 remords ■ 8 repentir.
**RESISTANCE :** 2 ré ■ 3 ohm ■ 4 fond, volt ■ 5 ancre, appui, durée, force*, kyste, pouce, tapis ■ 6 dureté, mégohm ■ 7 aramide, défense, fermeté*, microhm, rigueur ■ 8 doubleau, friction, hérisson, immunité, ohmmètre, rénitent, rhéostat, rigidité, solidité, ténacité, traction ■ 9 arc-bouter, bolomètre, constance, endurance, hémogénie, impédance, manganine, profilage, rébellion, résilient, résistant, stabilité ■ 10 anodisation, difficulté, entêtement, opposition*, perditance, réluctance, résilience, varistance ■ 11 abrasimètre, conducteur, empêchement, mégohmmètre, obstination, résistivité, superciment ■ 12 complication, pénétromètre, telluromètre, thermistance ■ 13 aérodynamique, électrodermal, impassibilité, potentiomètre, vulcanisation ■ 14 affermissement, endurcissement ■ 15 supraconduction.
**RESISTANT :** 3 dur ■ 4 fort* ■ 5 bâton, canne, ferme, frêle, frêne, pyrex, renne, tison, vigne ■ 6 solide*, stable, tenace ■ 7 durable, éprouvé, stoïque ■ 8 altuglas, constant, endurant, endurcir, florence, immuable, inusable ■ 9 cartilage, duralumin, extrafort, opiniâtre, supérieur ■ 10 créosotage, inflexible, inoxydable, invincible ■ 11 brossolette, consistance, inaltérable, réfractaire ■ 12 impérissable, inébranlable, inexpugnable, récalcitrant, trompe-la-mort ■ 14 indestructible, scléroprotéine.
**RESISTE :** 9 antiacide, pyrophyte ■ 15 thermorésistant.
**RESISTER :** 5 durer, fixer, prier, tenir ■ 6 bouder, braver, cabrer, étaler, lutter, raidir, réagir ■ 7 hésiter, heurter, opposer*, récuser, refuser, sceller ■ 8 affermir, chicaner, cimenter, défendre, désobéir, maugréer, objecter, rabrouer, rebéquer, rebiffer, réclamer, regimber, renâcler, répondre, répugner, riposter, soutenir ■ 9 batailler, combattre, contester, dédaigner, éconduire, protester, rechigner, rembarrer, repousser, succomber, supporter ■ 10 climatiser, consolider, enfreindre, résistible ■ 11 récalcitrer, soutènement ■ 12 antisismique, irrésistible, parasismique.
**RESISTIVITE :** 8 ohmmètre ■ 12 conductivité.
**RESOCIALISER :** 15 resocialisation.
**RESOLU :** 4 prêt ■ 5 brave*, hardi*, lapin ■ 6 décidé, gonflé, résous ■ 7 peureux ■ 8 constant ■ 9 déterminé ■ 10 analytique, embarrassé.
**RESOLUTIF :** 9 diachylon.
**RESOLUTION :** 4 vœu ■ 5 levée, parti, poule ■ 6 projet*, propos ■ 7 complot, dessein, énergie, fermeté, volonté ■ 8 décision*, flancher ■ 9 dissuader, promettre ■ 10 délai-congé, déterminer, résolument ■ 11 inconstance ■ 12 délibération, entreprendre ■ 13 détermination ■ 15 indétermination.
**RESOLVABLE :** 7 soluble.
**RESONANCE :** 3 i.r.m., r.m.n., son ■ 4 koto ■ 8 syntonie ■ 10 résonateur ■ 11 dénasaliser.
**RESONATEUR :** 4 vina.
**RESONNER :** 6 sonore, sonner*, tinter ■ 8 marteler, retentir ■ 12 castagnettes.
**RÉSORBER :** 7 éponger ■ 10 résorption.
**RESORCINE :** 11 fluorescéine.
**RESORPTION :** 11 thrombolyse.
**RESOUDRE :** 5 finir, juger ■ 6 régler ■ 7 annuler, décider, deviner, réduire ■ 8 exécuter, liquider, problème, trancher ■ 9 condenser,

dissoudre, expédient, insoluble, résoluble ■ 10 quaternion, résolution ■ 11 liquidation, résolutoire, solutionner.
**RESPECT :** 4 cant cour ■ 5 égard, petit, piété, prier ■ 6 estime* ■ 7 auguste, crainte, dignité, hommage, honneur, impiété, majesté ■ 8 imposant, incliner, insolent, noblesse, prestige ■ 9 déférence, insolence, irrespect, politesse*, respecter, révérence ■ 10 admiration, pieusement, vénération ■ 11 inclination, irrévérence, respectable, respectueux ■ 12 honorabilité, obséquiosité, porte-respect ■ 13 considération, irrespectueux ■ 14 irrévérencieux.
**RESPECTABILITE :** 6 bohême.
**RESPECTABLE :** 5 sacré ■ 7 matrone ■ 10 patriarche ■ 14 respectabilité.
**RESPECTER :** 5 tenir ■ 6 saluer ■ 7 estimer*, honorer, imposer, révérer, vénérer ■ 8 craindre ■ 9 légalisme ■ 10 considérer, enfreindre, non-respect.
**RESPECTIF :** 14 respectivement.
**RESPECTUEUX :** 8 arrogant, déférent.
**RESPIRABLE :** 12 irrespirable.
**RESPIRATION :** 4 râle ■ 5 apnée, point ■ 6 soupir ■ 7 aérobic, bouffée, haleine, souffle ■ 8 adénoïde, asphyxie, courbatu, stigmate ■ 9 branchies, carbogène ■ 10 anhélation, aspiration, intubation, lenticelle, sidération, spiromètre, striduleux ■ 11 étouffement, respirateur ■ 12 respiratoire ■ 13 aminophylline, essoufflement, pneumatophore, pneumographe ■ 15 oxygénothérapie.
**RESPIRATOIRE :** 8 polypnée ■ 9 chlamydia, endoderme ■ 10 cytochrome.
**RESPIRER :** 4 sels ■ 5 râler ■ 7 anhéler, aspirer, bâiller, ébrouer, exhaler, expirer, haleter, ronfler, siffler ■ 8 étouffer, palpiter, panteler, renifler, souffler, soupirer ■ 9 étrangler, oppresser, orthopnée, sangloter, suffoquer ■ 10 respirable ■ 12 respiratoire.
**RESPLENDIR :** 7 briller*, fleurir ■ 8 chatoyer, signaler ■ 9 flamboyer, ressortir, triompher ■ 10 solenniser ■ 14 resplendissant.
**RESPLENDISSANT :** 7 pompeux ■ 8 glorieux, solennel ■ 9 grandiose, somptueux, splendide, triomphal ■ 10 florissant, magnifique ■ 11 prestigieux.
**RESPLENDISSEMENT :** 4 luxe ■ 5 éclat*, pompe, renom ■ 6 beauté, gloire, succès ■ 8 prestige, richesse, triomphe ■ 9 solennité, splendeur ■ 11 supériorité ■ 12 magnificence ■ 15 transfiguration.
**RESPONSABILITE :** 7 endosse ■ 8 endosser, garantie ■ 10 bioéthique ■ 13 coresponsable.
**RESPONSABLE :** 6 auteur ■ 8 majorité, minorité, répondre ■ 9 comptable ■ 11 maître-chien ■ 13 irresponsable ■ 15 parlementarisme.
**RESQUILLER :** 7 glisser ■ 11 resquilleur.
**RESSAILLEMENT :** 10 soubresaut.
**RESSAISIR :** 9 rattraper, retrouver ■ 10 raccrocher ■ 15 ressaisissement.
**RESSASSER :** 7 répéter* ■ 10 ressasseur.
**RESSAUT :** 5 redan ■ 6 redent ■ 7 larmier, saillie ■ 9 ressauter.
**RESSEMBLANCE :** 3 air ■ 5 autre, genre, image, sorte, sosie, suite ■ 7 parenté ■ 8 analogie*, atavisme, comparer, hérédité, portrait, rappeler ■ 9 mimétisme, paronymie ■ 10 conformité, photo-robot, ressembler, similarité, similitude ■ 12 dissemblance, héritabilité ■ 13 dissimilitude ■ 14 correspondance.
**RESSEMBLANT :** 6 craché ■ 7 parlant ■ 9 semblable*.
**RESSEMBLE :** 7 plumeux ■ 8 fongoïde ■ 9 ulcéroïde ■ 11 percomorphe.
**RESSEMBLER :** 5 tenir ■ 8 rappeler ■ 9 avoisiner ■ 12 correspondre.

**RESSEMELER :** 11 ressemelage.
**RESSENTIMENT :** 5 dépit, haine* ■ 7 rancune ■ 8 inimitié, rancœur ■ 9 animosité, hostilité ■ 12 malveillance ■ 13 animadversion.
**RESSENTIR :** 5 avoir ■ 6 sentir ■ 7 feeling ■ 8 affecter, éprouver*, souffrir ■ 9 connaître, inéprouvé ■ 11 scandaliser.
**RESSERRE :** 3 fin ■ 4 aigu, cave, menu, silo ■ 5 canal, fenil, juste, mince*, serré, seuil, soute, stock ■ 6 aminci, caveau, effilé, étréci, étroit*, grange ■ 7 cambuse, cellier, collant, entravé, estomac, étriqué, grenier, mesquin, réserve, rétréci ■ 8 amenuisé, crédence, débouché, encaissé, étranglé, linéaire, spacieux ■ 9 réservoir, restreint ■ 10 astringent, capillaire, réceptacle ■ 12 constricteur, embouquement, resserrement.
**RESSERREMENT :** 6 trisme ■ 7 raideur ■ 8 étreinte, rigidité ■ 9 sphincter ■ 10 rétraction ■ 11 coarctation, contraction* ■ 12 constriction, étranglement ■ 14 rétrécissement.
**RESSERRER :** 6 brider, raidir, serrer*, tasser ■ 7 amincir, étrécir, froncer, retirer ■ 8 diminuer, enfermer, étouffer, ramasser, rebattre, rétrécir ■ 9 constiper, étrangler, étreindre, ratatiner ■ 10 contracter, raccourcir ■ 11 restreindre, restringent ■ 12 constringent ■ 14 recroqueviller.
**RESSORT :** 4 clip, noix ■ 5 armer, crime, force, fusil, gibus, pompe, store ■ 6 secret, sixtus, spiral ■ 7 torsion ■ 8 ball-trap, barillet ■ 9 brucelles, cassation, remontage, va-et-vient ■ 11 juridiction ■ 15 oléopneumatique.
**RESSORTIR :** 5 matin ■ 6 valoir ■ 7 saillir* ■ 8 dépendre, dessiner, détacher, encadrer, éprouver, résulter, trancher ■ 9 accentuer, critiquer, rechampir ■ 13 ressortissant.
**RESSOURCE :** 5 appui, moyen*, panne, reste, voies ■ 6 moyens, pécune, refuge ■ 7 capital, recours ■ 8 facultés, indigent, maigreur, miséreux, puissant ■ 9 abondance, expédient, misérable ■ 10 autocentre ■ 11 thermalisme ■ 13 autosuffisant ■ 15 gestalt-thérapie.
**RESSOURCER :** 13 ressourcement.
**RESSOUVENANCE :** 7 mémoire.
**RESSOUVENIR :** 8 remettre.
**RESSUAGE :** 7 ressuer.
**RESSUSCITER :** 7 revivre.
**RESTANT :** 5 reste*, poste.
**RESTAURANT :** 5 carte ■ 6 buffet, mâchon, popote ■ 7 auberge, buvette, cabaret, caviste, gargote, serveur, taverne ■ 8 bouillon, crémerie, griveler, snack-bar, trattoria ■ 9 brasserie, grill-room, sommelier ■ 10 guinguette, hôtellerie, réfectoire, restoroute, sommelière ■ 12 consommateur, libre-service, restaurateur.
**RESTAURATEUR :** 8 traiteur.
**RESTAURATION :** 5 repas* ■ 6 burger ■ 8 fast-food ■ 10 anaplastie ■ 12 ostéoplastie, uranoplastie ■ 14 stomatoplastie.
**RESTAURER :** 4 mort ■ 6 manger* ■ 7 nourrir*, réparer ■ 8 rétablir*.
**RESTE :** 3 lie ■ 4 boni, fond, marc ■ 5 bribe, débet, marge, panne, rebut, solde, tache, trace ■ 6 chicot, coupon, débris, résidu*, ruines, soulte, toutim ■ 7 fossile, moignon, recoupe, reliefs, relique, restant, rogaton, surplus, toutime, vestige ■ 8 arlequin, et cetera, excédent, fragment, reliquat, résiduel, rogatons, substrat, traînard ■ 9 baissière, cicatrice, demeurant, et caetera ■ 10 différence, grapiller ■ 11 dépassement.
**RESTER :** 5 durer*, tenir ■ 6 buller, capéer ■ 7 capeyer, habiter ■ 8 attendre, casanier, demeurer*, endormir, immortel, rémanent ■ 9 éterniser, maintenir, subsister* ■ 10 sédentaire, traînasser.

**RESTITUER :** 5 gorge ■ 6 rendre* ■ 8 redonner*, remettre*, rétablir* ■ 9 adipolyse ■ 10 dégurgiter ■ 11 restitution ■ 12 restitutoire ■ 14 dénationaliser.
**RESTITUTION :** 5 dotal ■ 12 magnétophone, restitutoire.
**RESTREINDRE :** 6 borner ■ 7 adoucir, changer, limiter*, réduire* ■ 8 abstenir, corriger, diminuer*, excepter, modifier, réserver ■ 9 renfermer ■ 10 prohibitif, restrictif, somptuaire ■ 11 restriction.
**RESTRICTION :** 4 mais ■ 7 escobar, réserve ■ 9 concessif ■ 10 absolument, limitation ■ 12 escobarderie ■ 14 malthusianisme.
**RESTRUCTURATION :** 11 perestroïka ■ 12 restructurer.
**RESTRUCTURER :** 14 redimensionner.
**RESULTAT :** 3 fin, vie ■ 4 shot, vain ■ 5 bilan, chyle, créma, effet*, ester, force, fruit, issue, point, reste, semer, suite ■ 6 chance, cut-put, méfait, record, sommer ■ 7 filière, formule, mélange, produit, traceur ■ 8 alcoolat, apiquage, création, cuivrage, décision, dédorage, éjection, ensemble, infusion, moyenner, primitif, quotient, réussite, solution, tremplin, virevole ■ 9 bosselure, éducation, efficient, enfonceur, mécanisme, opération, répulsion, tentative ■ 10 ballottage, commutatif, conclusion, contribuer, convergent, dénouement, instrument, piochement, résultante ■ 11 conséquence*, infructueux, myélogramme, performance, terminaison ■ 13 aboutissement, polycondensat, problématique.
**RESULTE :** 8 concerné, néoformé ■ 10 synergique.
**RESULTER :** 4 issu ■ 5 tenir, venir ■ 6 naître, suivre ■ 8 apparoir, découler, dépendre, ensuivre, provenir ■ 9 ressortir ■ 10 consécutif, résultante.
**RESUME :** 6 abrégé*, aperçu, digest, exposé, manuel, notice, précis, relevé ■ 7 analyse, épitome, symbole ■ 8 abstract, condensé, plumitif, sommaire ■ 9 épigraphe, sous-titre ■ 10 compendium, microcosme ■ 11 aide-mémoire.
**RESUMER :** 7 abréger*, exposer, réduire* ■ 8 analyser, ramasser ■ 9 condenser, resserrer ■ 10 rassembler ■ 11 récapituler.
**RESURCHAUFFER :** 12 resurchauffe ■ 14 resurchauffeur.
**RESURGENCE :** 3 mer ■ 7 revival ■ 10 vauclusien.
**RESURRECTION :** 11 renaissance.
**RETABLIR :** 6 guérir* ■ 7 décoder, grossir, pontage, ramener*, ranimer*, refaire, relever, réparer ■ 8 accorder, colmater, pacifier, remettre, renaître, replacer ■ 9 fortifier, raffermir, reclasser, régénérer, reprendre, restaurer, restituer ■ 10 déchiffrer, rechausser, réintégrer, requinquer ■ 11 réhabiliter ■ 12 rééquilibrer, réfectionner, regaillardir ■ 14 rétablissement.
**RETABLISSEMENT :** 5 salut ■ 8 guérison*, médecine ■ 10 relèvement, rénovation ■ 12 pacification, recouvrement restauration ■ 13 convalescence ■ 15 raffermissement.
**RETAILLER :** 10 retaillure.
**RETAMER :** 8 rétamage.
**RETAPER :** 7 réparer*.
**RETARD :** 3 gap ■ 5 arrêt, délai*, péril ■ 6 remise ■ 7 arrière, retardé ■ 8 attarder ■ 9 arrérager, dypsphasie, moratoire ■ 10 hémophilie, hystérésis, puérilisme ■ 11 ajournement, retardement* ■ 12 décélération, retardataire ■ 13 temporisation.
**RETARDEMENT :** 5 délai*, recul ■ 6 renvoi, retard*, sursis ■ 7 attente, lenteur ■ 8 longueur ■ 10 suspension ■ 11 prorogation, quarantaine ■ 12 atermoiement ■ 13 temporisation.
**RETARDER :** 6 amuser, tarder ■ 7 arrêter, arriéré, reculer, remiser, retenir, traîner ■ 8 ajourner, arriérer, attendre, demeurer, différer,

proroger, remettre, renvoyer, surseoir ■ 9 atermoyer, dilatoire, lanterner, patienter, rabougrir, suspendre ■ 10 temporiser.
**RETEINDRE :** 5 biser.
**RETENDRE :** 9 retendoir.
**RETENIR :** 3 glu ■ 5 bride, digue, fanon, filet, fixer, frein, louer, prime, tenir, venet ■ 6 garder* ■ 7 aguiche, arrêter, assurer, détenir, engager, freiner, modérer, opposer ■ 8 captiver, contenir, embrasse, empêcher, refréner, réprimer*, réserver ■ 9 accrocher, enchaîner, maintenir*, rengainer, rétenteur, rétention, souscrire ■ 10 décompter, hypnotiser, raccrocher, ritardando ■ 11 contraindre, crémaillère ■ 14 rétentionnaire.
**RETENTION :** 9 rétenteur ■ 11 aldostérone.
**RETENTIR :** 5 mugir ■ 7 frapper, remplir ■ 8 résonner ■ 12 retentissant.
**RETENTISSANT :** 6 sonore* ■ 7 stentor.
**RETENTISSEMENT :** 3 son ■ 5 bruit ■ 11 résonnement.
**RETENUE :** 5 évadé ■ 6 mesure, pudeur* ■ 7 décence, dignité, réserve, sagesse ■ 8 émancipé, impudeur, modestie*, punition, sobriété, vergogne ■ 9 débraillé, précompte, sans-façon, trembleur ■ 10 contrainte, discrétion, immodestie, modération*, tempérance ■ 11 pondération ■ 12 présomptueux ■ 14 circonspection.
**RETERCER :** 9 reterçage.
**RETIAIRE :** 9 mirmillon ■ 10 gladiateur.
**RETICENCE :** 3 hum ■ 7 escobar ■ 8 réticent ■ 13 arrière-pensée ■ 14 circonspection.
**RETICULE :** 3 sac ■ 7 résille.
**RETICULO-ENDOTHELIALE :** 9 microglie.
**RETIF :** 4 têtu ■ 5 rêche ■ 7 vicieux ■ 8 indocile*, rétiveté, rétivité ■ 12 récalcitrant.
**RETINE :** 4 œil* ■ 5 fovéa ■ 6 macula ■ 7 fuscine ■ 8 choroïde, rétinien, rétinite ■ 9 horoptère ■ 11 disparation ■ 13 hypermétropie.
**RETINIEN :** 10 rhodopsine.
**RETIRE :** 4 coin ■ 5 isolé* ■ 7 tanière ■ 8 solitude ■ 9 solitaire ■ 10 anachorète ■ 11 buissonnier.
**RETIRER :** 4 ôter* ■ 5 curer, lever, palot, reste, sonde, tirer, vider ■ 6 fouger, partir* ■ 7 dégager, déluter, déminer, désiler, enlever*, étriper, quitter, retrait, sarcler, toucher ■ 8 arracher*, confiner, débâcher, décamper, démouler, déterrer, dévisser, enterrer, esquiver, extirper, extraire*, réfugier, renoncer, repêcher, résilier, retraite ■ 9 accaparer, congédier, débrocher, décharger, défourner, défricher, déméchage, déplanter, déraciner, déverguer, ensevelir, retirable, supprimer*, suspendre ■ 10 abandonner, décapsuler, dégorgeoir, désenvaser, disgracier, recueillir, rétractile, retrancher*, soustraire*, tire-braise ■ 11 arrache-clou, charlemagne, démonte-pneu, dépolitiser, ponctionner, tire-bouchon ■ 12 désacraliser, déscolariser, désenverguer ■ 13 décapuchonner.
**RETISSER :** 9 retissage.
**RETOMBER :** 8 rechuter, retombée ■ 9 réception, rejaillir, replonger, retombant.
**RETORDRE :** 5 câble ■ 9 retordage, retordoir, retorsoir ■ 11 retordement.
**RETORQUER :** 8 répondre* ■ 9 rétorsion ■ 11 rétorquable.
**RETORS :** 3 fin ■ 4 file, rusé* ■ 5 malin, tortu ■ 7 ficelle, routier ■ 8 roublard.
**RETOUCHE :** 7 pompier.

**RETOUCHER :** 5 limer ■ 6 revoir ■ 8 corriger*, retouche ■ 10 retoucheur.
**RETOUCHEUR :** 9 chromiste.
**RETOUR :** 2 ré ■ 4 rime ■ 6 ressac ■ 7 rechute, recours, rentrée ■ 8 come-back, tortueux ■ 9 renouveau, réversion, virevolte ■ 10 contre-choc, régression, répétition ■ 11 renaissance ■ 12 palingénésie, réapparition, résurrection ■ 13 désexcitation, régurgitation ■ 14 renouvellement, rétablissement.
**RETOURNEMENT :** 12 renversement.
**RETOURNER :** 5 atout, faner ■ 6 bêcher ■ 7 refluer, replier, revenir, revoler, ruminer, tourner* ■ 8 émouvoir, invertir, labourer, regagner, renvoyer, répartir, révulser ■ 9 renverser*, retrouver, volte-face ■ 10 défonceuse, rebrousser, réexpédier, reparaître, retournage, réversible ■ 11 rétrograder ■ 12 réapparaître, retournement.
**RETRACER :** 6 conter ■ 7 décrire* ■ 8 rappeler.
**RETRACTATION :** 5 dédit ■ 7 désaveu ■ 8 négation ■ 9 palinodie ■ 10 réparation.
**RETRACTER :** 4 nier ■ 6 dédire ■ 7 retirer, revenir ■ 9 reprendre ■ 10 rétractile ■ 11 rétractable ■ 12 rétractation ■ 14 recroqueviller.
**RETRACTILE :** 4 iris ■ 12 rétractilité.
**RETRACTION :** 7 désaveu ■ 9 palinodie, rétractif.
**RETRAIT :** 4 port ■ 6 alinéa ■ 7 retrayé ■ 9 retrayant, ziggourat ■ 11 disjonction, enfoncement ■ 12 arrière-corps, décrochement.
**RETRAITE :** 3 juc, nid ■ 4 abri*, fort, gîte ■ 5 antre, asile, bauge, levée, logis, niche, recul, repli, sacre ■ 6 liteau, maison, réduit, refuge, remise, revenu, séjour ■ 7 clapier, demeure, mouroir, réforme, repaire, tanière, terrier ■ 8 cachette, ermitage, logement, louvière, solitude, thébaïde ■ 9 retraiter ■ 10 libération, réceptacle, renardière, retraitant, taupinière ■ 11 rabouillère, recoupement ■ 12 licenciement, taissonnière ■ 13 inamovibilité.
**RETRAITEMENT :** 9 retraite.
**RETRAITER :** 8 réformer ■ 9 licencier.
**RETRANCHEMENT :** 4 abri* ■ 5 front ligne, talus ■ 6 zig-zag ■ 7 apocope, coupure, parapet plongée; réforme ■ 8 retirade, tranchée ■ 9 banquette, déduction, résection ■ 10 amputation, défilement, épaulement, mutilation, retrancher, revêtement, terre-plein ■ 11 abréviation, cheminement, distraction ■ 13 fortification ■ 15 circonvallation, contrevallation.
**RETRANCHER :** 4 ôter* ■ 5 reste ■ 6 couper, épucer, épurer, étêter, rogner ■ 7 amputer, déduire, ébarber, écorner, écrémer, égrener, élaguer, émonder, entamer, exclure, mutiler, retenir, retirer*, séparer, tailler ■ 8 ablation, déboiser, désosser, diminuer, distraire, ébrécher, écourter, épierrer, épointer, excepter, expurger, prélever, rabattre, remparer, réséquer, retaillé, retraire, syncoper, tronquer ■ 9 camoufler, décompter, défalquer, ébrancher, échancrer, épouiller, escompter, supprimer*, terrasser ■ 10 écheniller, effeuiller, raccourcir, soustraire* ■ 11 excommunier ■ 12 ébourgeonner.
**RETRANSCRIPTION :** 10 autodictée.
**RETRANSMETTRE :** 10 réémetteur.
**RETRECI :** 5 borné ■ 6 étroit* ■ 7 urcéolé ■ 8 étranglé.
**RETRECIR :** 7 étrécir, laminer ■ 9 resserrer*, rétracter ■ 10 encasteler ■ 14 rétrécissement ■ 15 irrétrécissable.
**RETRECISSEMENT :** 3 col ■ 6 myosis ■ 7 sténose ■ 11 coarctation, contracture ■ 12 étranglement.
**RETREINDRE :** 8 rétreint.

**RETRIBUER:** 5 payer ■ 9 employeur, rémunérer.
**RETRIBUTION:** 4 gain, paie, paye, pige ■ 5 gages, jeton, solde ■ 6 cachet, revenu ■ 7 salaire* ■ 9 vacations ■ 10 commission, émoluments, honoraires, récompense, traitement ■ 12 rémunération* ■ 13 appointements, gratification.
**RETROACTIF:** 8 feed-back ■ 11 rétroaction ■ 13 rétroactivité ■ 15 rétroactivement.
**RETROCEDER:** 6 donner ■ 7 refiler ■ 8 redonner, repasser ■ 12 rétrocession.
**RETROGRADER:** 7 reculer* ■ 14 rétrogradation.
**RETROUSSER:** 7 relever ■ 8 rebiquer ■ 10 retroussis ■ 11 recoquiller ■ 13 retroussement.
**RETROUVER:** 6 revoir ■ 8 regagner ■ 9 recouvrer*, récupérer, rejoindre, reprendre, ressaisir ■ 10 ressourcer ■ 11 reconnaître.
**RETS:** 5 filet*, piège*.
**REUNI:** 10 coalescent.
**REUNION:** 3 col, com, con, tas, thé, vol ■ 4 full, loge, rame, ring, stud, trio ■ 5 agora, amour, armée, bande, carré, curie, écrin, litée, masse, mêlée, meute, noyau, paire, prise, ramas, raout, secte, toron, vente ■ 6 brelan, cercle, claque, comice, comité, fredon, fusion, groupe*, marché, nombre, paquet, rastel, salade, séance, soirée, troupe ■ 7 agrégat, brasure, cénacle, collège, colonie, comices, concert, concile, congrès, conseil, ennéade, enquête, escadre, hallier, meeting, mélange*, paillet, pléiade, recueil, schelem, société, système, syzygie, veillée, zooglée ■ 8 amalgame, aréopage, armature, briefing, carillon, cocktail, entrevue*, épissure, équipolé, faisceau, jamborée, ligature, ramassis, syndicat, troupeau ■ 9 affluence, assemblée*, bariolure, cavalcade, compagnie, emboîtage, équipollé, flottille, multitude, patte-d'oie, polyakène, séminaire, symposion, symposium, synalèphe ■ 10 accolement, agrégation, anastomose, assemblage*, cholédoque, collection, communauté, concrétion, conférence, dissonance, groupement*, jam-session, ralliement, rendez-vous, synœcisme ■ 11 chevalement, conjonction, consistoire, convocation, demi-brigade, réunionnais, réunionniste ■ 12 conciliabule, congrégation, convivialité ■ 13 avant-première, embranchement, ostéosynthèse, panhellénisme, rassemblement, surprise-party ■ 14 centralisation, sous-commission, surprise-partie.
**REUNIR:** 5 lacer, mêler ■ 6 brider, câbler, coudre, masse, moiser, ponter ■ 7 accoler, agréger, amasser, grouper*, joindre*, prendre, rallier ■ 8 associer, assortir, coaliser, colliger, conférer, englober, mélanger*, ramasser, recoudre, trombone ■ 9 agrégatif, assembler*, avivement, collecter, convoquer, fusionner, rapparier, rejoindre, remembrer, serre-fils, totaliser ■ 10 agglomérer, agglutiner, concentrer, confédérer, embrancher, embrigader, éparpiller, étalinguer, globaliser, rassembler*, réunissage ■ 11 centraliser, conglomérer, déboulonner, synthétiser ■ 12 consumérisme ■ 13 collectionner, endivisionner.
**REUSSI:** 4 fadé.
**REUSSIR:** 5 fruit, menée, rater, venir ■ 6 merder, percer ■ 7 aboutir, arriver*, avorter, briller, fleurir, marquer ■ 8 batterie, ingénier, parvenir, tactique ■ 9 arrivisme, expédient, prospérer, réchapper ■ 10 manœuvrer, trémousser ■ 11 machination, savoir-faire, transformer ■ 12 maquignonner.
**REUSSITE:** 5 échec, thème ■ 6 succès* ■ 8 combiner, crapette, patience ■ 11 non-réussite, self-made-man ■ 13 triomphalisme.
**REVACCINER:** 13 revaccination.

**REVALOIR:** 6 rendre ■ **10** prédominer.
**REVALORISER:** 7 majorer ■ **14** revalorisation.
**REVANCHE:** 7 rampeau ■ **9** toutefois ■ **10** revanchard ■ **11** revanchisme.
**REVASCULARISATION:** 14 revasculariser.
**REVASSER:** 6 penser ■ **10** rêvasserie.
**REVASSERIE:** 4 rêve ■ **5** songe ■ **9** rêvasseur.
**REVE:** 5 rêver, songe ■ **6** utopie ■ **7** rêverie ■ **8** fantasme, illusion*, onirique, onirisme, rêvasser ■ **9** cauchemar, hypnobate, hyponoïde ■ **10** onirodynie, onirologie, rêvasserie, solipsisme ■ **11** autoanalyse, imagination*, onirocritie, prémonition ■ **13** somnambulisme.
**REVECHE:** 4 âcre, rude* ■ **5** aigre ■ **8** hargneux*, hérisson ■ **9** acariâtre.
**REVEIL:** 7 revival ■ **11** radioréveil ■ **13** hypnopompique.
**REVEILLER:** 6 réveil ■ **7** ranimer*, tonique ■ **8** éveiller ■ **10** dérouiller, revivifier ■ **13** réveille-matin.
**REVEILLON:** 12 réveillonner.
**REVELATEUR:** 5 génol ■ **9** iconogène ■ **10** développer, pyrogallol ■ **12** hydroquinone, pyrogallique ■ **13** diamidophénol, diaminophénol ■ **14** paramidophénol.
**REVELATION:** 4 aveu ■ **9** médisance ■ **11** divulgation ■ **12** indiscrétion.
**REVELE:** 8 angoissé.
**REVELER:** 4 dire ■ **5** celer, lever ■ **6** avérer, médire, redire, trahir ■ **7** accuser, déceler, deviner, écarter, marquer, montrer*, prouver, publier* ■ **8** annoncer, dénoncer, dévoiler, irrévélé, propager, signaler ■ **9** découvrir, divulguer*, instruire, monitoire, proclamer, témoigner ■ **10** apparaître, pressentir, renseigner, révélation ■ **13** symptomatique ■ **15** non-dénonciation.
**REVENANT:** 7 fantôme*.
**REVENDEUR:** 6 dealer.
**REVENDICATION:** 11 compétiteur, réclamation* ■ **12** revendicatif ■ **15** indépententisme.
**REVENDIQUE:** 6 jacent.
**REVENDIQUER:** 8 réclamer* ■ **9** attribuer ■ **13** revendication.
**REVENDRE:** 9 revendeur ■ **10** brocanteur ■ **14** carambouillage, carambouilleur.
**REVENIR:** 6 plaire, revoir ■ **7** ramener, refluer, rentrer, revivre ■ **8** incomber, rappeler, redonner, renaître, repasser, repiquer, reporter, revenez-y ■ **9** boomerang, boumerang, désavouer, récession, récidiver, retourner, rétracter ■ **10** désinviter, rappliquer, régurgiter, ressourcer, réversible ■ **11** réconcilier, ressusciter, rétrograder.
**REVENU:** 3 net, r.m.i. ■ **4** gain* ■ **5** doter, livre, mense, rente* ■ **7** pension, rapport ■ **8** dotation, prébende, retraite, sinécure, temporel, usufruit ■ **9** arrérages, income-tax, trésorier ■ **10** transferts ■ **11** faire-valoir, rétribution.
**REVER:** 6 brûler, penser, rêveur, songer.
**REVERBERATION:** 9 réflexion ■ **10** réverbérer ■ **11** ambiophonie.
**REVERBERER:** 11 réverbérant.
**REVERDIR:** 14 reverdissement.
**REVERENCE:** 5 salut ■ **7** respect ■ **9** courbette, salamalec ■ **12** révérencieux ■ **13** prosternation.
**REVERER:** 7 honorer*, vénérer ■ **10** sanctifier.
**REVERIE:** 4 rêve* ■ **6** pensée ■ **8** illusion, songerie, utopisme ■ **10** rêvasserie.
**REVERS:** 3 dos ■ **5** atout, échec*, orage, verso ■ **6** envers, rebras ■

7 défaite* ■ 8 aventure, mornifle, parement, réussite ■ 9 infortune ■ 10 parmenture ■ 11 arrière-main, passing-shot.

**REVERSEMENT**: 15 surcompensation.

**REVERSIBLE**: 12 dissociation, irréversible ■ 13 réversibilité ■ 14 estérification, éthérification.

**REVET**: 9 zoomorphe ■ 12 zoomorphique.

**REVETEMENT**: 4 grip ■ 5 béton, chape, dalle, perré, quick, table, talus, verre ■ 6 bitume, ciment, enduit*, enrobé, jacket, pavage, pierre ■ 7 bordage, brasque, caillou, cutback, dallage, goudron, lambris, macadam, placage, stucage ■ 8 asphalte, azulejos, blindage, boiserie, cadmiage, coiffage, cuirasse, cuvelage, doublage, gunitage, linoléum, ornement, pavement, peinture, pilosité, plâtrage, rhodiage ■ 9 chemisage, entoilage, enveloppe, garniture, gazonnage, gravillon soufflage ■ 10 couverture, décolleuse, rocaillage, tapisserie ■ 11 antiadhésif, brillanteur, gazonnement, lambrissage ■ 12 antidérapant, cuirassement, encaissement ■ 14 cache-radiateur.

**REVETIR**: 5 orner, tuber, vêtir* ■ 6 garnir ■ 7 coiffer, couvrir*, décorer, guêtrer, housser, patiner, plaquer ■ 8 avaliser, déguiser, emboutir, endosser, entoiler, gazonner, juponner, tapisser ■ 9 cuirasser, diviniser, enjoliver, maroufler, recouvrir*, rentoiler, reprendre ■ 10 envelopper*, lambrisser, parementer, planchéier ■ 11 endimancher.

**REVEUR**: 5 poète ■ 6 pensif ■ 7 penseur, songeur ■ 9 idéologue, méditatif ■ 10 romanesque.

**REVIGORER**: 8 remonter* ■ 10 ravigotant.

**REVIREMENT**: 10 changement*.

**REVISER**: 6 revoir* ■ 7 réparer ■ 8 corriger, repasser, réviseur, révision ■ 9 révisable ■ 10 superviser.

**REVISION**: 8 réviseur ■ 9 nomothète ■ 10 dreyfusard ■ 11 révisionnel ■ 13 révisionniste.

**REVITALISER**: 14 revitalisation.

**REVIVIFIER**: 7 ranimer ■ 14 revivification.

**REVIVISCENCE**: 11 reviviscent.

**REVIVRE**: 6 primal ■ 8 renaître ■ 10 réincarner ■ 11 ressusciter.

**REVOCABLE**: 8 précaire ■ 12 révocabilité.

**REVOCATION**: 7 retrait ■ 8 disgrâce ■ 9 déchéance ■ 10 suspension ■ 11 dégradation, destitution.

**REVOIR**: 5 adieu, salut ■ 6 relire ■ 7 raboter, reviser ■ 8 corriger, parfaire, potasser, remanier, revoyure ■ 9 eidétisme, rectifier, retoucher ■ 12 reconsidérer.

**REVOLTANT**: 6 criant ■ 9 dégoûtant*.

**REVOLTE**: 5 mutin, outré ■ 6 émeute, guerre ■ 7 indigné ■ 8 révolter, sédition* ■ 9 coup d'Etat, jacquerie, mutinerie, rébellion*, révoltant ■ 10 dissidence, révolution ■ 11 indignation, soulèvement ■ 12 insurrection ■ 15 révolutionnaire.

**REVOLTER**: 5 crier ■ 6 cabrer ■ 7 choquer*, mutiner ■ 8 indigner, insurger, rebeller, soulever.

**REVOLU**: 5 passé, sonné ■ 8 accompli.

**REVOLUTION**: 4 dîme ■ 5 année, force, phase ■ 7 révolte* ■ 8 clubiste, méridien ■ 9 glorieuse ■ 10 carmagnole, changement ■ 11 tricoteuse ■ 12 hyperboloïde ■ 13 préindustriel, révolutionner ■ 15 révolutionnaire.

**REVOLUTIONNAIRE**: 7 insurgé, rebelle, révolté ■ 8 factieux, trublion ■ 9 agitateur, cordelier, gauchiste ■ 10 extrémiste, terroriste.

**REVOLUTIONNER**: 8 émouvoir.

**REVOLVER**: 3 rif ■ 4 colt ■ 5 riffe ■ 6 riffle, rigolo ■ 8 barillet, pistolet*.

**REVOQUE :** 15 indéboulonnable.
**REVOQUER :** 6 abolir*, casser ■ 7 chasser, relever, retirer ■ 8 dégommer, dégrader, démettre, déplacer, détrôner, renvoyer ■ 9 destituer*, interdire, remercier, remplacer, révocable, suspendre ■ 10 déposséder, disgracier, révocation ■ 11 irrévocable, révocatoire.
**REVUE :** 5 place ■ 6 défilé, organe, parade ■ 7 magasin ■ 8 abstract, lectorat, magazine, revuiste, rubrique ■ 10 inspection, périodique ■ 11 passe-volant.
**REVULSION :** 8 révulser, ventouse ■ 9 sinapisme.
**REXISME :** 7 rexiste.
**REZ-DE-CHAUSSEE :** 8 entresol, parterre.
**REZ DE TERRE :** 9 blanc-étoc ■ 10 blanc-estoc.
**RHABDOMANCIE :** 13 rhabdomancien.
**RHABILLAGE :** 10 rhabilleur.
**RHABILLER :** 7 réparer ■ 10 rhabillage, rhabilleur ■ 12 rhabillement.
**RHAMNACEE :** 7 cascara, nerprun, paliure, zizyphe ■ 8 alaterne, jujubier ■ 9 bourdaine.
**RHAPSODE :** 8 rapsodie ■ 11 rhapsodiste.
**RHEOLOGIE :** 9 rhéologue ■ 11 rhéologique.
**RHEOSTAT :** 12 rhéostatique.
**RHETEUR :** 7 orateur*.
**RHETIQUE :** 5 ladin ■ 7 rétique.
**RHETORIQUE :** 5 crase, trope ■ 6 ironie, litote, rondel, zeugma ■ 7 apocope, diérèse, ellipse, emphase*, syncope ■ 8 allusion, aphérèse, paragoge, prothèse, sarcasme, syllepse, syncrèse ■ 9 allégorie, antithèse, éloquence*, épenthème, gradation, hendiadis, hendiadys, hypallage, hyperbate, hyperbole, imitation, inversion, métaphore, métathèse, métonymie, pléonasme, prosthèse, réticence ■ 10 antiphrase, antonomase, apostrophe, attraction, catachrèse, concession, conversion, correction, épiphonène, euphémisme, hendiadyin, hypotypose, invocation, métalepsie, opposition, paronomase, périphrase, prosopopée, répétition, subjection, suspension, synecdoque ■ 11 conjonction, disjonction, énumération, exclamation, exténuation, imprécation, obsécration, prétérition, rhétoricien ■ 12 allitération, interruption ■ 13 communication, interrogation.
**RHINGRAVE :** 11 rhingraviat.
**RHINITE :** 5 ozène.
**RHINOCEROS :** 12 barrissement.
**RHIZOCARPEE :** 13 hydrofilicale.
**RHIZOMATEUX :** 4 iris.
**RHIZOME :** 4 iris ■ 5 prêle ■ 6 racine ■ 8 colocase ■ 9 arrow-root.
**RHIZOPHORE :** 8 manglier.
**RHIZOPODE :** 5 amibe ■ 10 radiolaire ■ 12 foraminifère.
**RHODES :** 7 rhodien.
**RHODIUM :** 6 thodié ■ 8 rhodiage.
**RHODODENDRON :** 6 rosage.
**RHOMBE :** 9 rhomboïde.
**RHOMBENCEPHALE :** 14 arrière-cerveau.
**RHOMBOEDRE :** 11 trapézoèdre ■ 13 rhomboédrique.
**RHONE :** 9 rhônalpin ■ 12 côtes-du-rhône.
**RHOPALOCERE :** 5 argus, thaïs ■ 6 aurore, miroir, thècle ■ 7 apollon, piéride ■ 8 échancré, néméobie ■ 9 échiquier.
**RHUBARBE :** 10 catholicon.
**RHUM :** 4 baba ■ 5 tafia ■ 6 rhumer ■ 8 daiquiri, rhumerie.
**RHUMATISME :** 5 bétol ■ 6 goutte ■ 10 coxarthrie, rhumatoïde, salicy-

late ■ 11 coxarthrose, rhumatisant, rhumatismal ■ 12 polyarthrite, rhumatologie, rhumatologue ■ 15 spondylarthrite.
**RHUMATOLOGIE :** 14 rhumatologique.
**RHUMATOLOGIQUE :** 5 paget.
**RHUME :** 5 mauve ■ 6 coryza, grippe ■ 8 catarrhe, enrhumer ■ 9 bronchite, influenza, laryngite, trachéite ■ 10 cacochymie, coqueluche, pharyngite ■ 14 enchifrènement ■ 15 refroidissement.
**RHYNCHOCEPHALE :** 8 hattéria.
**RHYNCHOCEPHALIEN :** 8 hattérie.
**RHYNCHOTE :** 4 nèpe ■ 6 cigale ■ 7 chermès, naucore, puceron ■ 8 aphidien, hémiptère, rynchote ■ 9 notonecte ■ 10 cochenille, hydromètre, phylloxéra ■ 12 hémiptéroïde.
**RHYOLITE** 7 perlite.
**RIANT :** 7 aimable.
**RIBAMBELLE :** 5 série*, tapée.
**RIBAUDE :** 10 prostituée.
**RIBESIACEE :** 6 cassis ■ 10 groseillier ■ 14 grossulariacée.
**RIBLER :** 7 riblage.
**RIBONUCLEIQUE :** 7 viroïde.
**RIBOSE :** 12 désoxyribose.
**RIBOSOME :** 8 ribozyme ■ 13 ergastoplasme.
**RICANER :** 4 rire* ■ 8 ricanant, ricaneur ■ 10 ricanement.
**RICHE :** 4 aisé ■ 5 cossu, huppé, ladre, nabab, nanti, rente, rupin ■ 6 crésus, étoffé, fécond, friqué, milord ■ 7 argenté, fertile, fortuné, heureux, opulent, parvenu, richard ■ 8 abondant*, enrichir, saducéen, solvable ■ 9 argenteux, galetteux, pécunieux, possédant, richement, somptueux ■ 10 richissime, triérarque ■ 11 capitaliste, ploutocrate ■ 12 milliardaire, millionnaire.
**RICHESSE :** 2 or ■ 3 écu ■ 4 luxe* ■ 5 biens, butin ■ 6 argent, moyens ■ 7 aisance, avarice, fortune, pactole ■ 8 opulence ■ 9 abondance*, puissants ■ 10 œnométrie, prospérité, ressources ■ 11 alcoométrie, butyromètre ■ 12 physiocratie ■ 14 chrématistique.
**RICIN :** 12 palma christi.
**RICKETTSIE :** 6 typhus ■ 12 rickettsiose, terrafungine.
**RICOCHET :** 4 saut ■ 7 bricole ■ 8 ricocher.
**RICTUS :** 3 ris ■ 7 grimace*.
**RIDE :** 3 pli* ■ 5 creux, grime, ridée, rider ■ 6 buriné, ridule, sillon* ■ 8 déridage, ratatiné ■ 9 antirides, patte-d'oie ■ 10 crispation, ripplemark.
**RIDEAU :** 5 banne, galon, pente, store, vélum ■ 7 custode, tablier, tenture*, vitrage ■ 8 courtine, ébrasure, embrasse, portière ■ 9 baldaquin, brise-bise ■ 10 bonne-grâce, lambrequin ■ 11 cantonnière ■ 12 moustiquaire.
**RIDELLE :** 9 haussière, trésaille.
**RIDER :** 7 froncer, plisser* ■ 8 ridement ■ 9 ratatiner ■ 10 froncement.
**RIDICULE :** 3 sot*, tic ■ 5 avare, crevé, fichu, grime, manie, zoïle ■ 6 cloche, gandin ■ 7 absurde*, capitan, cocasse, cocodès, comique*, cuistre, géronte, guignol, risible, sapajou ■ 8 affubler, galantin, mijaurée, rombière, saugrenu, simagrée ■ 9 accoutré, burlesque, cagoterie, grotesque*, impayable, janotisme, persifler, pet-de-loup, roquentin ■ 10 billevesée, caricature, cuistrerie ■ 11 arlequinade, enharnacher, infatuation, ridiculiser ■ 12 accoutrement, pantalonnade, ridiculement.
**RIDICULISER :** 6 berner, moquer* ■ 7 bafouer.

**RIEN**: 3 nib ■ 4 iota, jeun, vide, zéro ■ 5 avide, bibus, néant, oisif, prune, repue, temps ■ 6 misère, musard, que dal ■ 7 absurde, babiole, minutie, niaiser, vétille ■ 8 croquant, ex nihilo, fainéant, fichaise, fifrelin, foutaise, galfâtre, gnognote, nigauder, que dalle, tripette ■ 9 annihiler, bagatelle*, broutille, désœuvré, niaiserie, non-valeur, sans-souci, seulement ■ 10 bredouille, fainéanter, galvaudeux, gougnafier ■ 11 clopinettes, impitoyable, indifférent, nonchalance ■ 12 discutailler, insignifiant, nec plus ultra.
**RIFLE**: 5 fusil*.
**RIGIDE**: 5 bandé, raide*, roide, tuyau ■ 7 austère*, bétonné ■ 10 rigidement, rigidifier, semi-rigide, vanity-case ■ 12 flexibiliser, monolithisme.
**RIGIDITE**: 8 sévérité ■ 11 autoportant, autoporteur, contracture, puritanisme.
**RIGOLE**: 4 noue ■ 5 fossé ■ 6 cassis, séguia, sillon ■ 7 saignée ■ 8 caniveau, goulette, goulotte, rigolade, ruisseau.
**RIGOUREUX**: 3 dur* ■ 4 âpre, rude* ■ 5 cruel, exact*, fatal, libre, serré ■ 6 étroit, précis, ric-rac, rigide, sévère*, strict ■ 7 austère, mitiger, pénible, relâché, ric-à-rac, taureau ■ 9 déchirant, draconien, inclément, rigoriste ■ 10 implacable, inexorable, inflexible, intolérant ■ 11 autoritaire ■ 12 approximatif ■ 14 nécessairement, rigoureusement.
**RIGUEUR**: 3 pur ■ 4 dure ■ 6 âpreté ■ 7 cruauté, fermeté ■ 8 sévérité* ■ 9 rigorisme ■ 10 élasticité, inclémence ■ 12 scientifique ■ 13 pseudoscience.
**RIMAILLEUR**: 5 poète* ■ 6 rimeur ■ 9 métromane.
**RIME**: 5 poème*, prose ■ 8 monorime ■ 9 assonance, corbillon, dominante ■ 10 bouts-rimés, consonance.
**RIMER**: 9 rimailler, versifier ■ 10 rimailleur.
**RINÇAGE**: 7 rinceur.
**RINCEAU**: 5 culot.
**RINCER**: 5 laver ■ 7 tremper ■ 8 rinceuse ■ 10 gargariser ■ 11 rince-bouche, rince-doigts ■ 15 rince-bouteilles.
**RING**: 6 corner.
**RINGARD**: 5 poker ■ 9 ringarder ■ 11 ringardage, tire-braise.
**RIO DE JANEIRO**: 7 carioca.
**RIPAILLE**: 5 bâfre, bombe, curée ■ 6 festin* ■ 8 bamboche, bombance ■ 9 ripailler ■ 10 ripailleur.
**RIPE**: 5 riper.
**RIPOLIN**: 9 ripoliner.
**RIPOPEE**: 7 mélange.
**RIPOSTE**: 7 défense, réponse, seconde ■ 8 répartie, réplique ■ 9 objection ■ 10 réfutation ■ 13 contradiction.
**RIPOSTER**: 7 réfuter ■ 8 défendre, objecter, répartir, répondre* ■ 9 dupliquer, redarguer, rembarrer, répliquer, rétorquer ■ 10 contredire ■ 12 contrebattre.
**RIRE**: 2 ha, hi ■ 3 ris ■ 5 badin, gaîté, pâmer, rieur, risée ■ 6 amuser, brimer, égayer, gaieté, marrer, moquer*, poiler, rictus, rioter, tordre ■ 7 badiner, dilater, éclater, narguer, pouffer, railler*, ricaner, rigoler, riocher, risette, risible, sourire ■ 8 bidonner, boyauter, défrayer, divertir, glousser, gondoler, hilarant, hilarité, plaisant, rigolade, rigolard, risorius ■ 9 batifoler, désopiler, esclaffer, gouailler, grotesque, joyeuseté, persifler ■ 10 drôlatique, pisse-froid, plaisanter, ricanement ■ 11 caricaturer, goguenarder, ridiculiser, rigolbocher ■ 12 bouffonnerie ■ 13 pince-sans-rire ■ 14 tire-bouchonner.

**RIS** : 4 rire ■ 5 risée ■ 6 rictus ■ 7 risette, sourire.
**RISEE** : 3 ris ■ 5 fable ■ 8 ridicule ■ 9 raillerie ■ 10 bourrasque.
**RISIBLE** : 7 comique* ■ 8 ridicule* ■ 11 risiblement.
**RISQUE** : 4 aléa, salé ■ 5 essai, léger, péril* ■ 6 danger*, hasard, risqué ■ 7 épreuve, hasardé ■ 8 surprime, témérité ■ 9 audacieux, hasardeux, imprudent, téméraire, tentative ■ 10 aventureux, coassurance, entreprise, expédition, expérience, imprudent, risque-tout ■ 13 préventologie.
**RISQUER** : 5 tâter ■ 6 goûter, tenter* ■ 8 chercher, efforcer, encourir, hasarder ■ 9 aventurer.
**RISTOURNE** : 6 remise ■ 10 diminution*, ristourner.
**RITE** : 7 cawcher ■ 8 asiarque, habitude*, liturgie, maronite ■ 9 ambrosien, sacrement ■ 10 latinisant, ritualiser.
**RITOURNELLE** : 10 répétition.
**RITUALISME** : 9 puseyisme ■ 10 ritualiste.
**RITUEL** : 5 mudra. taled ■ 6 taleth, talith ■ 7 talleth, tallith ■ 8 churinga, liturgie ■ 10 pontifical ■ 11 pénitentiel ■ 12 circoncision, rituellement ■ 13 sacramentaire.
**RIVAGE** : 4 anse, baie, bord*, cale, côte, dune, flux, quai, rive ■ 5 berge, canal, grève, marée, palot, plage ■ 6 crique, lagune ■ 7 falaise, flustre ■ 8 littoral ■ 11 appontement.
**RIVAL** : 5 émule ■ 6 brigue, ennemi ■ 7 jouteur, lutteur ■ 8 candidat, zélotype ■ 10 adversaire, concurrent*, contendant, prétendant ■ 11 antagoniste, compétiteur.
**RIVALISER** : 6 défier, égaler, jouter, lutter ■ 8 disputer ■ 9 concourir ■ 12 concurrencer.
**RIVALITE** : 5 débat, envie, haine, joute, lutte, match ■ 6 combat ■ 7 conflit, dispute, tournoi ■ 8 concours, inimitié, jalousie ■ 9 collision, émulation, rencontre ■ 10 surenchère ■ 11 antagonisme, compétition, concurrence.
**RIVE** : 4 bord*, pont ■ 6 rivage* ■ 8 riverain.
**RIVER** : 5 mater, rivet.
**RIVET** : 4 clou ■ 7 riveter ■ 8 ferrement, rivetage, riveteuse, vervelle ■ 9 dériveter ■ 10 bouterolle ■ 12 cisaillement.
**RIVIERE** : 3 eau, gué ■ 4 biez, onde, port, saut ■ 5 canal, cours, ondée, vanne ■ 6 alevin, wading ■ 8 affluent, débâcler ■ 9 batillage, cours d'eau, franc-bord ■ 10 vauclusien ■ 11 antécédence, potamologie, riveraineté ■ 12 empoissonner, encaissement, garde-rivière, navigabilité.
**RIXE** : 5 mêlée ■ 6 combat* ■ 7 bagarre, pugilat ■ 8 querelle* , riflette ■ 9 margaille.
**RIZ** : 3 nem ■ 4 arac, arak, rack, raki, saké, saki ■ 5 arack, paddy, pilaf, pilau, pilaw, rizon, rizot, sushi ■ 7 rizerie, rizière ■ 8 couscous ■ 11 riziculteur, riziculture.
**RIZICULTURE** : 8 rizicole.
**RIZIERE** : 6 quelea.
**ROBE** : 3 bai ■ 4 mini, poil, sari, toge, zain ■ 5 escot, gigot, rabat, rober, robin, rouan, zèbre ■ 6 bringé, caftan, traîne ■ 7 cafetan, robeuse, soutane ■ 8 fourreau, peignoir, troussis, vêtement* ■ 9 laticlave ■ 10 vertugadin ■ 11 décolletage ■ 12 prétintaille.
**ROBINET** : 5 prise ■ 6 by-pass, canule ■ 8 boisseau, brise-jet, cannelle, cannette ■ 10 col-de-cygne, robinetier ■ 12 chantepleure, robinetterie.
**ROBINETTERIE** : 8 mitigeur.
**ROBORATIF** : 10 fortifiant.
**ROBOT** : 8 automate ■ 9 robotique.

**ROBOTISER :** 12 robotisation.
**ROBUSTE :** 3 fer ■ 4 fort* ■ 5 frêle, mulet, râblé ■ 7 athlète, hercule ■ 8 chaloupe, shirting ■ 9 charpenté ■ 11 robustement.
**ROC :** 4 mine ■ 5 roche* ■ 6 rocher* ■ 9 déroctage ■ 10 rocaillage, rocailleur.
**ROCADE :** 4 ring.
**ROCAILLE :** 10 dentelaire, rocailleux, staphylier.
**ROCAMBOLESQUE :** 15 invraisemblable.
**ROCHE :** 3 roc, tuf ■ 4 grès, igné, pâte ■ 5 agate, gaize, gypse, jaspe, marne, sable, silex, strie ■ 6 aplite, argile, diapir, faciès, gabbro, gneiss, granit, klippe, pierre*, rocher*, tourbe ■ 7 albâtre, ardoise, basalte, bauxite, boghead, carotte, diorite, dolomie, effusif, granite, houille, lignite, minerai, nucleus, perlite, rocheux, schiste, syénite, tectite, tripoli, zéolite ■ 8 anatexie, andésite, calcaire, dendrite, dérocher, diaclase, éclogite, ectinite, enlevure, filonien, labrador, meulière, mylonite, phyllade, porphyre, régolite, rétinite, rhyolite, sapropel, stéatite, téphrite, trachyte, zéolithe ■ 9 amphibole, carbonaté, clastique, cornéenne, diagenèse, diatomite, feldspath, microlite, migmatite, ophiolite, phonolite, plutonien, rhyolithe, sapropèle, sursauté ■ 10 coquillier, détritique, kimberliten, lumachelle, microgrenu, obsidienne, péridotite, pétrologie, phonolithe, plutonique, polisseuse, ruiniforme, serpentine, sous-saturé ■ 11 amphibolite, amygdaloïde, conglomérat, cryoclastie, dérochement, enrochement, lamprophyre, lithogenèse, micaschiste, pétrogenèse, radiolarite, schistosite ■ 12 affleurement, gélifraction, géotechnique, microlitique, pétrographie, pisolithique, roche-magasin, ultrabasique ■ 13 métamorphisme, microlithique, pyroclastique, thermoclastie ■ 14 géochronologie, holocristallin, hypocristallin, stratification.
**ROCHE-MAGASIN :** 14 roche-réservoir.
**ROCHER :** 3 pic, roc ■ 4 dent, écho, étoc ■ 5 barre, grave, hypne, pedum, récif, roche* ■ 6 écueil, éperon ■ 7 brisant, cétérac, falaise, pétreux, rocheux, varappe ■ 8 aspérité, dérocher, gendarme, polypode, rocaille, rupestre, saxatile, saxicole ■ 9 térébelle, théridion ■ 10 dompte-venin, rochassier ■ 12 criste-marine.
**ROCHET :** 8 roquetin.
**ROCHEUSE :** 8 madicole.
**ROCHEUX :** 5 basse, fjeld, pétré ■ 8 pédiment.
**ROCK :** 4 beat, funk ■ 5 drums ■ 6 rocker ■ 7 drummer, rockeur ■ 10 charleston
**ROCOCO :** 6 désuet*.
**ROCOU :** 7 rocouer ■ 8 rocouyer.
**RODAGE :** 7 lapping ■ 13 apprentissage.
**RODAILLER :** 5 errer*.
**RODER :** 5 errer ■ 7 tourner ■ 10 vagabonder ■ 11 tournailler.
**RODEZ :** 9 ruthénois.
**RODEUR :** 9 tire-laine ■ 10 malfaiteur.
**RODOMONTADE :** 8 bravache ■ 12 fanfaronnade.
**ROGNE :** 3 ire.
**ROGNER :** 7 rognoir, rognure ■ 8 chapeler, diminuer, éjointer, grugeoir, murmurer ■ 9 rogne-pied ■ 10 massicoter, rafraîchir, retrancher.
**ROGNON :** 4 rein ■ 5 abats ■ 8 cuisseau ■ 10 rognonnade.
**ROGNURE :** 6 parure ■ 8 cisaille ■ 10 bactrioles.
**ROGOMME :** 8 mêlé-cass ■ 10 mêlé-cassis.
**ROGUE :** 5 appât ■ 8 hargneux*, insolent ■ 9 acariâtre.

**ROI :** 4 pair, sire ■ 5 royal, sacre ■ 6 prince ■ 7 antiroi, pharaon, royaume, royauté ■ 8 épiphane, favorite, monarque*, régicide ■ 9 maharajah, orangiste, royaliste ■ 10 maharadjah ■ 12 portemanteau.
**ROIDE :** 5 raide* ■ 7 escarpé.
**ROLE :** 3 clé ■ 4 état, vamp ■ 5 frime, hocco, liste, panne, rôler, rôlet, valet ■ 6 rôlage ■ 7 couvade, crispin, dugazon ■ 8 basicité, comparse, fonction*, incarner, travesti, vocation ■ 9 amphotère, complétif ■ 10 personnage, prépositif ■ 11 interpréter ■ 12 contre-emploi, protagoniste ■ 14 idéologisation.
**ROM :** 6 romani.
**ROMAIN :** 3 duc ■ 4 bige, ides, joug, mime, once, toge ■ 5 congé, curie, faune, férié, latin, légat, levée, myrte, pedum, pilum, plèbe, sénat ■ 6 atrium, épulon, fécial, fétial, ichtus, nénies, scutum ■ 7 duumvir, préteur ■ 8 aruspice, calendes, césarien, décemvir, décurion, électeur, féralies, hastaire, indigète, questeur, questure ■ 9 bestiaire, centenier, naumachie, patricien, romaniser, septemvir, vomitoire ■ 10 dalmatique, ethnarchie, sénatorien, tétrarchie ■ 11 gallo-romain, grécoromain ■ 12 nomenclateur ■ 13 proconsulaire.
**ROMAINE :** 7 sucrine ■ 8 hélépole, romanité ■ 9 romanisme, vestalies.
**ROMAN :** 4 brut, rêve ■ 5 conte*, ladin ■ 6 action ■ 7 catalan, dalmate, italien, roumain ■ 8 anecdote, espagnol, francien, histoire, intrigue, nouvelle, préroman, prologue, romancer, romanche, scénario, thriller ■ 9 balzacien, ciné-roman, portugais, provençal, romancero, romancier, romaniste ■ 10 feuilleton, picaresque, rhéto-roman, romanesque ■ 11 description, gallo-roman, paysannerie, roman-fleuve ■ 12 affabulation, novélisation ■ 13 livre-cassette ■ 14 feuilletoniste ■ 15 feuilletonesque, roman-feuilleton.
**ROMANCE :** 4 lied ■ 5 chant* ■ 7 mélodie ■ 9 romancero.
**ROMANCIER :** 9 populisme, populiste.
**ROMANE :** 5 sarde.
**ROMANESQUE :** 6 tendre ■ 9 antiroman, bovarysme ■ 10 romanphoto ■ 11 sentimental ■ 14 science-fiction.
**ROMANICHEL :** 6 romani ■ 8 bohémien*.
**ROMAN-PHOTO :** 10 photo-roman.
**ROMANTIQUE :** 14 postromantique.
**ROMANTISME :** 4 lied ■ 10 romantique ■ 13 préromantique.
**ROME :** 6 aureus ■ 8 pomerium.
**ROMPRE :** 5 céder*, fêler, péter, volis ■ 6 casser*, couper, crever, fendre, forcer ■ 7 annuler*, claquer, craquer, désaxer, échiner, éclater, écorner, édenter, épauler, rupture ■ 8 débander, dénoncer, divorcer, éreinter, halbrené ■ 9 brésiller, décrocher, dissoudre, effondrer ■ 10 fragmenter, sectionner ■ 11 interrompre* ■ 14 sécessionnaire.
**ROMPU :** 3 las* ■ 4 roué ■ 5 moulu.
**RONCE :** 4 mûre ■ 5 mûron ■ 7 roncier ■ 8 roncière ■ 9 ronceraie ■ 11 framboisier ■ 12 broussailles.
**RONCHONNER :** 7 ronchon ■ 8 murmurer* ■ 9 bougonner, rognonner ■ 11 ronchonneur ■ 13 ronchonnement.
**ROND :** 4 cône, four, gond, lune, orbe, tour ■ 5 balle, banjo, bâton, batte, béret, bombe, bonde, cerne, congé, coupe, enflé, franc, jalet, jeton, melon, miche, motte, palet, perle, plein, point, ronde, roulé, tulle, volte ■ 6 cercle*, godron, gonflé, orbite, renflé, sphère*, trullo ■ 7 bâtarde, concave, conique, convexe, éclisse, macabre, rebondi, rondeur, rondier ■ 8 arrondir, cylindre, maquette, rondache, rondelet, tourteau ■ 9 annulaire, bedonnant, bourrelet, hémicycle, riboulant, rotondité, sphérique ■ 10 carmagnole, circulaire, rond-de-

cuir ■ **11** cylindrique, orbiculaire, œil-de-bœuf ■ **12** gargouillade, rondouillard ■ **13** circonférence* ■ **14** saint-marcellin.
**RONDE : 6** atriau.
**RONDEAU : 6** rondel.
**RONDELET : 4** gras*, gros* ■ **6** enrobé.
**RONDELLE : 5** bonde, fiche, pomme, rouet ■ **6** mouche ■ **7** procédé, rouelle, rustine, tranche ■ **8** confetti.
**RONDEUR : 9** convexité, rotondité.
**RONDIER : 7** borasse.
**RONDIN : 11** caillebotis.
**RONDOUILLARD : 4** gras*.
**ROND-POINT : 6** étoile, musoir ■ **9** carrefour*.
**RONEO : 8** ronéoter ■ **10** ronéotyper.
**RONFLANT : 6** sonore ■ **7** ampoulé* ■ **10** emphatique*, ronflement.
**RONFLEMENT : 5** broum ■ **8** ronfleur ■ **10** ébrouement, stertoreux.
**RONFLER : 8** ronfleur ■ **10** bourdonner*.
**RONGER : 6** carier, éroder, manger, mordre, piquer ■ **7** dévorer, rongeur ■ **8** attaquer, consumer, corroder, mouliner ■ **9** grignoter, rongement, vermouler ■ **10** lithophage ■ **12** onychophagie, phagédénique.
**RONGEUR : 3** rat ■ **4** loir, paca ■ **5** lérot, milan, mulot, xérus ■ **6** agouti, cabiai, castor, cobaye, muridé, souris, spalax ■ **7** hamster, lemming, ondatra ■ **8** gerbille, gerboise, léporidé*, marmotte, porc-épic, ragondin, sciuridé*, surmulot, viscache ■ **9** anomalure, campagnol ■ **10** chinchilla, lagomorphe, polatouche ■ **13** chloropicrine.
**RONIER : 8** borassus, rôneraie.
**RONRON : 9** ronronner ■ **12** ronronnement.
**RONRONNER : 12** ronronnement.
**ROQUET : 5** chien.
**ROQUETTE : 6** rocket ■ **8** sisymbre ■ **13** lance-roquettes.
**RORQUAL : 11** balénoptère.
**ROSACE : 4** lobe, rose.
**ROSACEE : 5** ronce ■ **6** kerria, kerrie, pêcher, putier, putiet, rosier, spirée ■ **7** alisier, alizier, althæa, benoîte, cormier, mahaleb, néflier, poirier, pommier, prunier, sorbier, ulmaire ■ **8** amandier, aubépine, cerisier, ellébore, fraisier, guignier, guimauve, icaquier, merisier, trémière ■ **9** azérolier, cratægus, églantier, griottier, passerose, primerose ■ **10** abricotier, aigremoine, alchemille, brugnonier, cognassier, marmottier, potentille, prunellier ■ **11** cotonéaster, filipendule, framboisier, mirabellier, pimprenelle, sanguisorbe, tormentille ■ **13** buisson-ardent, laurier-cerise, quintefeuille.
**ROSAGE : 12** rhododendron.
**ROSAIRE : 8** chapelet.
**ROSBIF : 9** roast-beef.
**ROSE : 5** béril, béryl, lilas, nævi, radis, rosat, roser, rosir ■ **6** nizeré, pompon, rosacé, roseur ■ **7** althæa, diamant, rosâtre, roséole, rosette, saumoné ■ **8** rhodinol, roseraie, trémière ■ **9** morganite ■ **12** protubérance.
**ROSEAU : 4** glui ■ **5** acore, canne, typha ■ **6** bambou, calame, canier, férule, rotang ■ **7** canisse, cannaie, papyrus ■ **8** cannisse, gynérium, mirliton, roselier ■ **9** chalumeau, phragmite, roselière.
**ROSE-CROIX : 11** rosicrucien.
**ROSE DE NOËL : 8** ellébore ■ **9** hellébore.
**ROSEE : 5** gelée*, perle, pleur, roser ■ **7** aiguail, rosoyer ■ **8** herberie, rorifère ■ **9** givration ■ **10** irroration ■ **11** gouttelette.
**ROSE TREMIERE : 8** guimauve ■ **9** passerose, primerose.

**ROSIER :** 4 rose ■ 6 vierge* ■ 8 roseraie ■ 9 aiguillon ■ 10 rosiériste.
**ROSIR :** 5 roser.
**ROSOLIS :** 7 drosera, drosère.
**ROSSE :** 3 bât ■ 6 cheval ■ 7 méchant ■ 10 rossinante.
**ROSSEE :** 5 volée ■ 6 raclée.
**ROSSER :** 6 battre* ■ 7 vaincre*.
**ROSSERIE :** 6 malice ■ 10 méchanceté*.
**ROSSIGNOL :** 9 philomèle ■ 10 rouge-queue ■ 11 rossignoler.
**ROSTRE :** 9 bélemnite.
**ROT :** 4 rôti ■ 5 roter ■ 6 renvoi.
**ROTANG :** 5 rotin ■ 10 sang-dragon ■ 12 sang-de-dragon.
**ROTATIF :** 9 asperseur, gyrophare.
**ROTATION :** 4 gond, jour, spin, tour ■ 5 crawl, effet, marée, toton ■ 6 bielle, toupie ■ 7 rotatif, tricôme ■ 8 cylindre, éolipile, éolipyle, giration, gyrostat, nutation, patinage, rotateur ■ 9 antilacet, charnière, entablure, fenestron, manivelle, oculogyre, réducteur, rotatoire, tourillon, variateur ■ 10 crapaudine, précession, révolution, tachymètre ■ 11 polarimètre, rabattement, vilebrequin ■ 12 encliquetage, polarimétrie ■ 13 circumduction, vrombissement.
**ROTATIVE :** 10 centrifuge.
**ROTI :** 3 rôt ■ 4 havi ■ 5 rôtir ■ 6 rosbif, salmis.
**ROTIR :** 5 barde, cuire*, rôtie, toast ■ 6 brûler ■ 7 brochée, griller*, hâtelet, méchoui, roustir ■ 8 ramequin, rissoler ■ 9 brasiller, brochette, hâtelette, rôtissage, rôtisseur, torréfier ■ 10 rissolette, rôtisserie, rôtissoire.
**ROTONDITE :** 7 rondeur.
**ROTOR :** 7 ailette ■ 8 girodyne ■ 9 fenestron ■ 11 hélicoptère.
**ROTULE :** 4 noix ■ 8 rotulien.
**ROTURE :** 8 populace ■ 9 tenancier.
**ROTURIER :** 6 manant, paysan ■ 9 franc-fief.
**ROUANNE :** 10 rouannette.
**ROUBAIX :** 10 roubaisien.
**ROUBLARD :** 4 rusé* ■ 5 malin* ■ 6 mariol ■ 7 mariole ■ 11 roublardise.
**ROUCOULER :** 7 chanter.
**ROUE :** 3 rai, réa ■ 4 aube, bief, buse, came, dent, esse, noix, pale, paon, rais, rusé* ■ 5 calas, drôle, fusée, galet, godet, ixion, jante, malin*, moyeu, noria, rouer, sabot, wiski ■ 6 essieu, habile*, pignon, poulie, rotacé, tympan ■ 7 bandage, flasque, molette, rouerie, turbine, voilure ■ 8 alluchon, barbotin, ceinture, chenille, coursier, dérapage, embatage, enrayage, enrayure, moulinet, reillère, roublard, roulette ■ 9 bouteroue, engrenage, engrenure, garde-boue, mentonnet ■ 10 bicyclette, carrossage ■ 11 endentement, mentonnière ■ 12 arrière-train, quatre-quatre.
**ROUELLE :** 7 tranche*.
**ROUENNERIE :** 9 rouennier.
**ROUER :** 6 battre*, dauber.
**ROUERGAT :** 7 tripous, tripoux.
**ROUERIE :** 4 ruse*.
**ROUF :** 6 surbau.
**ROUGE :** 3 api, feu, sil ■ 4 néon, ocre, rose, roux, sang ■ 5 acide, alise, aorte, brôme, chica, crête, fauve, jaspe, laque, mâcon, pavot, pilaf, pilau, pilaw, rocou, rosat, rubis, sauge, syrah, tache, vélie ■ 6 carmin, cerise, corail, éosine, grenat, kermès, malbec, minium, rouget, sandix, sandyx, santal, vineux ■ 7 cinabre, garance, honteux, magenta, mar-

gaux, martini, mordoré, nacarat, ponceau, pourpre, réalgar, rougeur, rouquin, vermeil ■ 8 bordeaux, campêche, carotène, colcotar, colombin, corallin, cramoisi, dérougir, écarlate, fuchsine, hématite, hémolyse, incarnat, mignonne, némalion, orseille, phrygien, raisinet, rougeaud, rubicond, rubiette, rutilant, sanguine, spinelle, starking, vultueux, zinzolin ■ 9 alizarine, bigarreau, brésillet, bringeure, carambole, cornaline, couperose, énanthème, miniature, orcanette, phénicine, phtaléine, rhodamine, rougeâtre, rubellité, rubescent, rubicelle, safranine, salvagnin, vermillon, vitelotte ■ 10 alabandine, andrinople, cochenille, empourprer, érubescent, incarnadin, pink-coloui, rosaniline, rougissant, sarancolin, sérancolin ■ 11 érythrosine, escarboucle ■ 12 cuisse-madame, rougeoiement, rougissement, sang-de-dragon, valpolicella ■ 13 mégacaryocyte.

**ROUGEATRE :** 4 foie ■ 5 alios, lilas, melon, rouan, urubu ■ 6 aréole, brique ■ 8 latérite, pétéchie ■ 9 caroncule, rougeoyer ■ 10 pouzzolane.

**ROUGEOIE :** 10 rougeoyant.

**ROUGEOLE :** 7 rubéole ■ 10 morbilleux, rougeoleux.

**ROUGET-BARBET :** 8 surmulet.

**ROUGEUR :** 6 livedo ■ 7 pourpre ■ 8 dérougir, érythème ■ 9 érythrose ■ 11 épisclérite, érubescence, rubéfaction, trombidiose ■ 12 dermographie ■ 13 érythrodermie.

**ROUGIR :** 6 piquer ■ 7 changer ■ 12 éreutophobie ■ 13 érythrophobie.

**ROUILLE :** 6 écidie ■ 8 limonite, puccinie, rouiller ■ 9 ankyloser, érugineux, rouillure, urédinale ■ 10 dérouiller, enrouiller, rubigineux, urédospore ■ 11 antirouille ■ 12 bondérisation, téleutospore.

**ROUISSAGE :** 5 rouir ■ 9 rouissoir.

**ROULADE :** 6 fredon.

**ROULANT :** 9 rouleauté ■ 13 transstockeur.

**ROULEAU :** 5 balle ■ 6 cigare ■ 7 abaisse, manchon, rondeau, roulage ■ 8 calandre, colombin, croskill, cylindre, émotteur, plombeur, touaille ■ 9 boucharde, crosskill, cylindrer, roulotter, saucisson ■ 10 tourniquer ■ 11 brise-mottes, compresseur, tranche-file.

**ROULEMENT :** 2 ra ■ 3 ban ■ 5 galet ■ 7 tournus ■ 8 rataplan ■ 10 rantanplan.

**ROULER :** 4 putt ■ 5 avoir, cahot, lover, tapis ■ 6 bouler, tomber ■ 7 fraiser, glisser, hercher, peloter, putting, rouloir, spirale, tourner, tromper*, vaincre, vautrer ■ 8 arranger, balancer, débouler, démarrer, dérouler, enrouler, herscher, involuté, repentir, révoluté, ribouler, rollmops ■ 9 cigarette, convoluté, plafonner ■ 10 roulé-boulé ■ 11 bourlinguer, dégringoler, pneu-citerne ■ 14 tire-bouchonner.

**ROULETTE :** 5 galet, patin, ponte, skate ■ 7 molette, skating ■ 9 balancine ■ 10 skateboard.

**ROULIS :** 5 houle ■ 10 antiroulis.

**ROULOTTE :** 10 mobile home.

**ROUSPETER :** 9 protester*.

**ROUSSATRE :** 13 ventre-de-biche.

**ROUSSEROLLE :** 9 effarvate ■ 10 effarvatte.

**ROUSSETTE :** 6 squale ■ 8 sélacien*.

**ROUSSEUR :** 3 son ■ 7 lentigo ■ 8 éphélide ■ 12 antéphélique.

**ROUSSILLON :** 7 banyuls ■ 14 roussillonnais.

**ROUSSIN :** 6 cheval.

**ROUSSIR :** 4 roux ■ 6 brûler* ■ 11 roussissure ■ 13 roussissement.

**ROUTAGE :** 7 routeur.

**ROUTE :** 4 bord, côte, orme, voie ■ 5 borne, bouée, lacet, lever, menée, nœud, phare, point, rampe, voyer ■ 6 chemin*, devers ■ 7 estrade,

routier, trimard ■ 8 chaussée*, dérouter, hérisson ■ 9 autoroute, militaire, patte-d'oie, viabilité ■ 10 cantonnier, caponnière, ferroutage, itinéraire, locomobile, nid-de-poule, restoroute ■ 11 délinéateur, macadamiser, orthodromie, tout-terrain ■ 12 casse-vitesse, empierrement, encaissement ■ 13 orthodromique, radiobalisage, signalisation.
**ROUTER**: 7 routage.
**ROUTIER**: 5 motel ■ 6 bandit ■ 7 autobus ■ 9 cataphote, pont-route ■ 10 porte-autos.
**ROUTINE**: 7 ornière ■ 8 habitude*, trantran ■ 9 routinier ■ 10 train-train ■ 12 bureaucratie.
**ROUVRE**: 8 rouvraie.
**ROUVRIR**: 11 réouverture ■ 12 entrebâiller.
**ROUX**: 5 fauve, rouge, tabac, urubu ■ 7 baillet, rouquin, roussir ■ 8 rousseau, rousseur ■ 9 cassonade, roussâtre ■ 13 poil-de-carotte.
**ROYAL**: 4 réal ■ 8 courtine, sénéchal ■ 10 gouvernance, pragmatique.
**ROYALISTE**: 5 ultra ■ 10 orléaniste ■ 11 chouannerie, légitimiste, monarchiste.
**ROYAUME**: 10 heptarchie.
**ROYAUTE**: 7 sceptre ■ 9 royaliste ■ 10 légitimité ■ 11 supériorité*.
**RU**: 8 ruisseau* ■ 9 cours d'eau.
**RUANDA**: 8 ruandais.
**RUBAN**: 4 lacs, rail, scie, soie ■ 5 bande, coque, galon*, ganse, lacet, nœud*, padou, palme, pélin ■ 6 bolduc, comète, cordon*, faveur, laisse, liseré, padoue, sangle, scotch, signet, tirant, tresse, velcro ■ 7 adhésif, bavolet, bordure, chevron, fleuret, rosette, rubaner, vitelot ■ 8 brassard, dragonne, embrasse, rubanier, trou-trou ■ 9 bouffette, bourdalou, cordonnet, épaulette, extra-fort, passement*, pompadour, rubanerie, serre-tête ■ 10 bandelette, enrubanner, jarretelle, jarretière, sparganier ■ 11 chevillière, nonpareille ■ 12 cache-couture.
**RUBEFACTION**: 5 rouge* ■ 8 rubéfier ■ 9 rubéfiant.
**RUBENS**: 8 rubénien.
**RUBEOLE**: 9 rubéoleux ■ 10 rubéolique.
**RUBIANCÉE**: 5 ipéca ■ 7 caféier, gaillet, garance ■ 8 gardénia, grateron ■ 9 gratteron, quinquina ■ 10 caille-lait, ipécacuana, vaillantie.
**RUBICOND**: 5 rouge*.
**RUBIETTE**: 10 rouge-gorge.
**RUBIS**: 6 balais ■ 8 spinelle ■ 9 rubicelle.
**RUBRIQUE**: 8 localier ■ 9 rubriquer ■ 13 fait-diversier.
**RUCHE**: 4 miel ■ 5 cadre, rayon, reine, usine ■ 6 cloche, hausse, ruchée, rucher ■ 7 alvéole, cellule, chapeau ■ 8 gallerie, propolis ■ 9 frivolité.
**RUCHER**: 8 essaimer.
**RUDE**: 3 cru, dur, sec ■ 4 amer, âpre, ardu, brut, crin, fort*, turc, vert ■ 5 aigre, hyène, lourd, rêche, suave ■ 6 abrupt, bourru, brutal, fruste, râpeux, rauque ■ 7 austère, brusque*, revêche, rudesse, rugueux, sauvage ■ 8 cavalier, cinglant, farouche, grossier*, raboteux, rudement, rustique, tignasse ■ 9 difficile*, laborieux, rigoureux* ■ 10 rébarbatif ■ 11 malgracieux.
**RUDENTURE**: 7 rudenté ■ 8 rudenter.
**RUDESSE**: 6 âpreté, dureté* ■ 7 crudité, raucité ■ 8 aspérité, bourrade ■ 9 brutalité ■ 10 brusquerie* ■ 11 grossièreté*, soldatesque.
**RUDIMENT**: 8 principe* ■ 9 linéament.
**RUDIMENTAIRE**: 4 brut ■ 5 adobe, piste ■ 6 simple ■ 7 embryon, moignon, premier ■ 8 sommaire ■ 11 élémentaire ■ 12 embryonnaire.

**RUDOYER:** 7 bourrer ■ 8 brusquer, malmener, rabrouer ■ 9 rembarrer ■ 10 brutaliser, rudoiement.
**RUE:** 4 gone, pavé, voie* ■ 5 gamin, paver, ville, voyou ■ 6 avenue, chemin*, ruelle ■ 7 galerie, impasse, passage, poulbot, venelle ■ 8 chaussée*, cul-de-sac, grand-rue, tournant, traboule ■ 9 agitation, boulevard.
**RUÉE:** 5 curée.
**RUER:** 4 ruée ■ 5 ruade, rueur ■ 6 courir ■ 7 élancer ■ 8 regimber ■ 11 récalcitrer.
**RUGBY:** 4 maul, pack ■ 5 en-but, essai, mêlée ■ 6 droper ■ 7 botteur, dropper, en-avant, placage, plaquer ■ 8 drop-goal, raffûter, rugbyman, talonner ■ 9 quinziste, talonnage, talonneur, test-match, treiziste ■ 11 transformer, trois-quarts ■ 14 transformation.
**RUGINE:** 6 xystre ■ 7 ruginer.
**RUGIR:** 4 lion ■ 5 crier ■ 9 rugissant.
**RUGOSITÉ:** 7 rugueux ■ 9 villosité.
**RUGUEUX:** 4 âpre, rude* ■ 5 rêche ■ 6 inégal ■ 8 raboteux.
**RUINE:** 4 mort ■ 5 abîme, chute, fatal, fichu, perdu, périr, perte, reste, saper ■ 6 débris, fauché, misère*, ravage, restes ■ 7 culbute, débâcle, éboulis, gravats, gravois, néfaste, pillage, plâtras, ruineux ■ 8 croûlant, désastre, éversion, faillite*, incendie, naufrage, pauvreté, ruiniste, sinistre, vestiges ■ 9 décadence, déchéance, décombres, misérable*, perdition, précipice ■ 10 cataclysme, désolation, éboulement, naufrageur, péricliter, pernicieux, ruiniforme ■ 11 banqueroute, catastrophe, déconfiture, délabrement, destruction*, dévastation, écroulement ■ 12 affaissement, dégringolade, effondrement, renversement ■ 14 anéantissement.
**RUINER:** 4 tuer ■ 5 nuire, raser ■ 6 couler, perdre, piller ■ 7 abattre, coûteux, démolir, désoler, épuiser, ravager, ruineux ■ 8 anéantir*, culbuter, dégrader, délabrer, détruire*, dévaster, écrouler, effriter, enfoncer, nettoyer, saborder ■ 9 affaisser, disloquer, effondrer, renverser ■ 10 démanteler ■ 12 ruineusement.
**RUISSEAU:** 2 ru ■ 6 cassis, rigole ■ 7 rivelet ■ 8 caniveau, ravageur ■ 9 cours d'eau, rivulaire, ruisseler, ruisselet ■ 10 accotement ■ 11 myriophylle ■ 13 gazouillement.
**RUISSELER:** 6 couler* ■ 10 ruisselant.
**RUMBA:** 9 cha-cha-cha.
**RUMEUR:** 5 bruit*, éclat, on-dit, ragot ■ 6 tapage ■ 8 nouvelle* ■ 13 bourdonnement, radiotrottoir.
**RUMINANT:** 4 suif ■ 5 corne, mufle, okapi, ovidé, panse, rumen ■ 6 bovidé*, caprin, girafe ■ 7 bézoard, capriné, cervidé* ■ 9 caillette, cavicorne, hypoderme ■ 10 chevrotain, rumination ■ 11 ægagropile ■ 13 anoplothérium.
**RUMINATION:** 9 mérycisme.
**RUMINER:** 6 ronger ■ 8 remâcher, ruminant ■ 9 réfléchir.
**RUNES:** 4 ogam ■ 5 ogham ■ 7 runique.
**RUPIN:** 6 aristo.
**RUPTURE:** 3 paf ■ 5 clash, crise ■ 6 fracas, trouée ■ 7 abattée, cassure*, débâcle, divorce, fissure, rupteur ■ 8 escapade, fracture ■ 9 déchirure, impaction ■ 10 séparation* ■ 12 dénonciation, phléborragie ■ 15 mésintelligence.
**RURAL:** 3 mir ■ 5 ferme, manse, mazot, terre, villa ■ 6 paysan* ■ 8 métairie, métayage ■ 9 champêtre* ■ 10 campagnard.
**RURBANISATION:** 7 rurbain.
**RUSE:** 3 art, dol, fin ■ 4 futé, ours, rets, roué, tour ■ 5 biais, filou,

lapin, madré, malin*, merle, piège ■ 6 astuce, calcul, change, détour, fouine, habile*, malice, manège, matois, renard, retors ■ 7 adresse, embûche, ficelle, finesse, gabegie, normand, piperie, raccroc, rouerie ■ 8 aigrefin, artifice, chafouin, fouinard, habileté*, narquois, perfidie, renarder, roublard, sournois, soutirer, tactique ■ 9 accrocher, carottier, cauteleux, collusion, expédient, finasseur, finassier, fourberie, invention, stratégie, subtilité ■ 10 diplomate, finasserie, matoiserie, stratagème, subterfuge, truffaldin ■ 11 artificieux, machination, roublardise ■ 12 chausse-trape, échappatoire, faux-semblant, grippeminaud ■ 13 attrape-nigaud, dissimulation, machiavélisme.

**RUSER:** 6 capter ■ 7 feindre, frauder, tricher, tromper ■ 8 carotter, filouter, machiner ■ 9 escamoter, escroquer ■ 10 dissimuler, subtiliser, surprendre.

**RUSSE:** 4 czar, tsar, tzar ■ 5 blini, douma, gopak, icône, knout ■ 6 boyard, byline, datcha, raskol ■ 7 bortsch, pirojki ■ 8 acméisme, borchtch, grand-duc, touloupe, tsarisme ■ 9 autocrate, balalaïka, koulibiac, menchevik, moscovite, petit-gris, russifier ■ 10 russophone ■ 11 bolchevique, bolcheviste, panslavisme, saint-synode ■ 12 vieux-croyant ■ 14 occidentaliste.

**RUSSIE:** 6 téléga ■ 7 télègue ■ 10 slavophile.

**RUSSIFIER:** 13 russification.

**RUSTAUD:** 5 lourd ■ 8 grossier* ■ 11 rustauderie.

**RUSTIQUE:** 5 banjo, bizet ■ 6 paysan*, simple ■ 7 agreste ■ 9 champêtre*, chaumière, rusticité, tarantass.

**RUSTRE:** 6 paysan* ■ 8 grossier*, maroufle, péquenot.

**RUT:** 7 œstrus.

**RUTACÉE:** 3 rue ■ 6 citrus ■ 7 oranger ■ 9 angusture, cédratier, limettier ■ 10 bigaradier, citronnier, fraxinelle ■ 11 aurantiacée, bergamotier, mandarinier ■ 14 pamplemoussier.

**RUTILER:** 7 briller* ■ 8 chatoyer ■ 9 flamboyer, rutilance ■ 10 rutilement.

**RYNCHOPHORE:** 5 apion.

**RYNCHOTE:** 12 hémiptéroïde.

**RYTHME:** 4 vers ■ 5 blues, danse*, mètre ■ 6 décidu, mesure ■ 7 cadence, mélopée, rythmer ■ 8 anacruse, harmonie, polypnée, taconéos ■ 9 anacrouse, circadien, eurythmie, mouvement*, rythmique ■ 10 adrénaline, arythmique, dactylique, trochaïque ■ 11 bradycardie, eurythmique ■ 12 embryocardie, sempervirent ■ 14 chronobiologie.

**RYTHMER:** 7 ho hisse.

**RYTHMIQUE:** 8 ostinato ■ 10 rythmicité.

# S

**SABAT :** 9 parascève.
**SABBAT :** 6 chahut ■ 7 shabbat ■ 9 parascève ■ 10 sabbatique.
**SABEEN :** 8 sabéisme.
**SABEISME :** 6 sabéen.
**SABIR :** 6 jargon* ■ 7 langage ■ 12 lingua franca.
**SABLE :** 3 jar ■ 4 doum, dune, jard, lest, lise, merl, oyat, silt, vive ■ 5 arène, barre, batée, béton, émail, falun, grève, maërl, œsar, palot, plage, puche, verre ■ 6 javeau, sablon, tangue, tufeau ■ 7 arénacé, aréneux, couchis, garenne, gravier, sableux, sablier, sassage, schlich, tuffeau ■ 8 ensabler, sablerie, sablière ■ 9 amphioxus, arénicole, arénuleux, corrasion, dessabler, hippophaé, sablonner, spatangue, turquette, vérétille ■ 10 lamprillon, orpailleur, ripplemark, sablonneux, turritelle, uranoscope ■ 11 arénisation, cailloutage, ensablement, sablonnière, spirographe ■ 14 atterrissement.
**SABLER :** 5 boire ■ 8 sableuse.
**SABLEUX :** 10 arénophile.
**SABLIERE :** 9 tournisse.
**SABLON :** 9 sablonner.
**SABLONNEUX :** 6 vasard.
**SABORD :** 8 mantelet.
**SABORDER :** 6 couler ■ 9 sabordage ■ 11 sabordement.
**SABOT :** 4 sole ■ 5 glome, seime ■ 6 onglon, socque, toupie ■ 7 cliques, galoche, kroumir, rénette, saboter ■ 8 couronne, flic-flac, fourbure, kératine, muraille, panoufle, rainette, renetter, sabotage, sabotier, solipède ■ 9 chaussure, saboterie, sabotière ■ 11 onguligrade.
**SABOTER :** 6 gâcher* ■ 10 détériorer.
**SABOULER :** 7 secouer ■ 11 réprimander.
**SABRAGE :** 8 sabreuse.
**SABRE :** 4 épée* ■ 5 batte, latte, tsuba ■ 6 bancal, glaive, mensur ■ 7 bélière, briquet, escrime, espadon, pommeau, sabreur, yatagan ■ 8 baudrier, claymore, dragonne, machette ■ 9 cimeterre ■ 10 braquemart, coupe-choux, coupe-coupe, estramaçon, ferrailler ■ 12 contrepointe, sabre-briquet ■ 15 sabre-baïonnette.
**SABRER :** 7 effacer.
**SAC :** 4 loto, taie, tare ■ 5 cabas, duvet, fleur, group, outre, poche* ■ 6 bagage, besace, bissac, blague, bourse*, sachée, sachet, semoir ■ 7 carnier, chausse, couffin, coussin, musette, pillage, saccule, sacoche, scrotum, urcéole ■ 8 cartable, ensacher, ferrière, havresac, réticule,

ridicule, saccager, sacherie, sporange, vésicule ■ 9 follicule, gargousse, gibecière, monte-sacs, paillasse, panetière, porte-bébé ■ 10 fourre-tout, nécessaire ■ 11 carnassière, chancelière, sac-poubelle ■ 12 cartouchière ■ 13 lacryocystite.
**SACCADE**: 4 jerk ■ 6 abrupt ■ 7 brusque* ■ 8 broutage, trépider ■ 9 capricant, convulsif, trépidant ■ 10 broutement, entrecoupé ■ 12 brimbalement, intermittent.
**SACCAGER**: 6 piller* ■ 7 ravager*, saccage ■ 8 détruire* ■ 9 renverser, saccageur ■ 11 saccagement.
**SACCHARASE**: 7 sucrase.
**SACCHARINE**: 10 sacchariné.
**SACCHAROSE**: 5 sucre* ■ 7 inverti ■ 9 inversion, invertase, invertine ■ 12 disaccharide.
**SACCHARATE**: 7 sucrate.
**SACERDOCE**: 5 brame, étole, ordre ■ 8 brahmane, piétisme, prêtrise, vocation ■ 9 apostolat ■ 10 sacerdotal.
**SACERDOTAL**: 6 orfroi.
**SACHET**: 3 sac* ■ 5 ponce ■ 6 relais ■ 9 infusette.
**SACOCHE**: 3 sac* ■ 9 gibecière ■ 10 sabretache.
**SACRALISER**: 13 sacralisation.
**SACRE**: 4 ibis, pâli, véda ■ 5 divin, islam, saint, tabou ■ 6 sacral, sacret ■ 8 cardinal, sanscrit, sanskrit ■ 10 intangible, inviolable, sacraliser ■ 11 hagiographe ■ 12 désacraliser.
**SACREE**: 6 mantra ■ 7 temenos ■ 8 pomerium.
**SACREMENT**: 5 ordre ■ 7 baptême, mariage ■ 8 fête-dieu, viatique ■ 9 communion, pénitence ■ 11 eucharistie, sacramentel ■ 12 confirmation ■ 14 extrême-onction.
**SACRER**: 5 bénir, jurer ■ 6 oindre ■ 9 consacrer ■ 10 consacrant.
**SACRIFICATEUR**: 8 aruspice ■ 9 haruspice.
**SACRIFICE**: 4 agni, sâti, thug ■ 5 autel, mânes, messe, ovate, payer ■ 6 hostie, lustre, suttée, suttie ■ 7 abandon, saignée, victime ■ 8 criobole, hécatombe, hippobole, offrande, sacrifier, taurobole ■ 10 abnégation, dévouement, holocauste, immolation, lustration, probatique, victimaire ■ 11 renoncement, sacrificiel ■ 13 sacrificateur ■ 14 sacrificatoire.
**SACRIFIER**: 6 donner, vendre ■ 7 dévouer, immoler, laisser ■ 8 renoncer* ■ 9 sacrifice.
**SACRILEGE**: 11 profanation.
**SACRIPANT**: 6 bandit* ■ 7 vaurien*.
**SACRISTIE**: 9 lave-mains ■ 10 sacristain.
**SACRO-FESSIER**: 11 stéatopygie.
**SACRUM**: 5 sacré ■ 6 coccyx ■ 10 lombo-sacré ■ 12 sacro-iliaque.
**SADIQUE**: 6 brutal ■ 7 sadisme, vicieux ■ 9 luxurieux ■ 11 sadiquement.
**SADISME**: 10 algolagnie.
**SADOMASOCHISME**: 14 sadomasochiste.
**SAFRAN**: 5 garus ■ 6 crocus ■ 8 parmesan, safraner ■ 9 colchique, safranier ■ 10 safranière.
**SAGACITE**: 4 tact ■ 7 sagesse* ■ 9 subtilité ■ 10 divination ■ 12 clairvoyance*, perspicacité.
**SAGAIE**: 5 lance* ■ 6 flèche, zagaie.
**SAGE**: 5 calme*, mûrir, règle, sensé ■ 6 assagi, chaste*, docile, modéré*, retenu, sagace ■ 7 austère, prudent* ■ 8 ataraxie, réfléchi*, sagement, vertueux* ■ 9 prévoyant ■ 10 philosophe, tranquille ■ 11 raisonnable ■ 14 sainte-nitouche.

**SAGE-FEMME :** 7 matrone ■ 9 ventrière ■ 10 accoucheur ■ 11 accoucheuse.
**SAGESSE :** 4 sens ■ 5 vertu* ■ 6 raison* ■ 7 retenue ■ 8 docilité, prudence*, sagacité, sapience ■ 9 austérité, réflexion ■ 10 continence, modération*, prévoyance, providence, tempérance ■ 11 philosophie ■ 12 discernement, intelligence* ■ 13 assagissement.
**SAGETTE :** 6 flèche.
**SAGITTAIRE :** 7 sagette ■ 8 scorpion.
**SAGOU :** 5 zamia, zamie ■ 6 zamier ■ 8 sagouier ■ 9 sagoutier.
**SAGOUIN :** 9 malpropre.
**SAHARA :** 5 acheb ■ 6 targui ■ 7 foggara, touareg ■ 11 subsaharien.
**SAHARIEN :** 5 datte ■ 9 algazelle ■ 13 transsaharien.
**SAHEL :** 5 fonio ■ 8 sahélien.
**SAÏ :** 7 capucin.
**SAIE :** 4 saye ■ 5 sagum ■ 8 journade, saietter.
**SAIGNE :** 8 saigneux.
**SAIGNEE :** 5 prise ■ 8 résinier ■ 11 phlébotomie.
**SAIGNEMENT :** 9 épistaxis ■ 10 otorrhagie ■ 12 anovulatoire.
**SAIGNER :** 5 tirer ■ 8 saigneur, saignoir ■ 10 ressaigner ■ 11 ensanglanté.
**SAILLANT :** 3 nez ■ 4 ante, côte, dent, lobe ■ 5 adent, arête, calus, carne, creux, ogive, redan, talon, trait ■ 7 convexe, ombilic ■ 8 anguleux, pommette, rentrant ■ 9 cou-de-pied, denticule, mentonnet ■ 10 proémiment ■ 11 mentonnière.
**SAILLANTE :** 5 raphé.
**SAILLIE :** 4 busc, came, côte, dent, hune, môle, neck ■ 5 angle, bosse*, crête, égout, ergot, filet, grenu, ilion, lazzi, nævi, nœud, picot, pomme, prise, raphé, talon, tenon, téton ■ 6 boudin, cordon, liston, méplat, mollet, rebord, relief, sacome, thénar, tragus ■ 7 arêtier, balèvre, bossage, condyle, imposte, moulure, nervure, oreille, orillon, ressaut, rondeur, sourcil ■ 8 apophyse, arrêtoir, bossette, cheminée, cheville, déborder, dosseret, doubleau, éminence, forjeter, grosseur, olécrâne, saillant, surplomb, thyroïde ■ 9 avant-toit, bas-relief, bourrelet, bow-window, calcanéum, enclenche, odontoïde, villosité ■ 10 avant-corps, bout-dehors, contrefort, demi-relief, embasement, hypothénar, mot d'esprit, oreillette, projecture ■ 11 arc-doubleau, empattement, encadrement, exophtalmie, hors-d'œuvre ■ 12 protubérance.
**SAILLIR :** 6 percer ■ 7 avancer, jaillir, poindre ■ 8 déborder, dépasser, forjeter ■ 9 accoupler, proéminer, ressauter, ressortir*.
**SAIN :** 4 sauf ■ 5 santé ■ 6 valide ■ 7 rescapé, salubre ■ 8 assainir ■ 9 sainement, salutaire.
**SAINBOIS :** 5 garou ■ 6 daphné.
**SAINDOUX :** 4 porc ■ 5 frire ■ 6 axonge ■ 7 graisse.
**SAINFOIN :** 8 esparcet ■ 10 esparcette.
**SAINT :** 5 dulie, icône, image, nimbe, sacré ■ 6 caitya, martyr, patron ■ 7 starets ■ 8 sainteté, stariets ■ 9 canoniser, patronage ■ 10 iconologie, sacro-saint, saintement, sanctifier ■ 11 bienheureux, iconoclaste, martyrologe ■ 12 hagiographie ■ 13 commémoraison.
**SAINT-CLOUD :** 8 cloutard.
**SAINTE :** 6 djihad.
**SAINT EMPIRE :** 7 antiroi.
**SAINT-ESPRIT :** 8 épiclèse ■ 9 pentecôte, spiration, spiritain.
**SAINT-ETIENNE :** 10 stéphanois.
**SAINTE-VIERGE :** 5 reine, salve ■ 9 notre-dame ■ 10 assomption, hyperdulie, salutation, visitation.
**SAINTONGE :** 11 quichenotte ■ 12 saintongeais.

**SAINT-OUEN :** 8 audonien.
**SAINT-PIERRE :** 5 dorée.
**SAINT-SACREMENT :** 4 dais ■ 5 salut.
**SAINT-SIEGE :** 11 apostolique, camerlingue ■ 12 pénitencerie.
**SAINT-SULPICE :** 9 sulpicien.
**SAIS :** 5 saïte.
**SAISI :** 6 apeuré, transi ■ 7 surpris* ■ 9 tremblant ■ 11 saisissable.
**SAISIE :** 5 prise ■ 7 gagerie ■ 8 mainmise ■ 9 exécution, main-levée ■ 10 discussion, saisissant ■ 11 saisie-arrêt ■ 12 commandement, confiscation ■ 13 expropriation, saisie-brandon ■ 15 saisie-exécution.
**SAISIR :** 5 piger, ravir, tenir* ■ 6 ébahir, épater, happer, manier, pincer*, sauter, serrer ■ 7 acheter, admirer, arrêter, crocher, éblouir, emparer, étonner*, imposer, prendre*, trouver ■ 8 agripper, attraper, colleter, discuter, exécuter, fasciner, pénétrer, réaliser, sibyllin ■ 9 accrocher, apprendre, brucelles, embrasser, empoigner, étreindre, harponner, intriguer, percevoir, ressaisir ■ 10 bizarroïde, comprendre*, confisquer, contempler, manœuvrer, préhensible, préhension, raccrocher, synoptique ■ 11 agrippement, appréhender, émerveiller, perceptible, ramassement ■ 12 moucheronner ■ 13 insaisissable.
**SAISISSANT :** 7 magique, prenant ■ 8 fabuleux ■ 9 mirifique ■ 10 incroyable, mirobolant, mystérieux, prodigieux*, surprenant* ■ 11 merveilleux* ■ 12 inconcevable, inimaginable ■ 14 extraordinaire*.
**SAISISSEMENT :** 6 extase ■ 7 émotion*, frayeur*, frisson, miracle, mystère, prodige ■ 9 épatement, merveille ■ 10 admiration ■ 11 fascination, ravissement ■ 12 ébahissement ■ 13 contemplation, éblouissement ■ 14 émerveillement.
**SAISON :** 3 âge, été ■ 5 hiver, temps ■ 6 époque* ■ 7 automne, pariade ■ 8 équinoxe, solstice ■ 9 montaison, olivaison, printemps, renouveau, trimestre ■ 10 porchaison, saisonnier ■ 11 cueillaison, intersaison, maqueraison, morte-saison, quatre-temps.
**SAISONNIER :** 6 décidu.
**SALACE :** 8 salacité ■ 9 luxurieux.
**SALADE :** 5 mâche ■ 6 céleri, chicon, endive, laitue ■ 7 cresson, mesclun, romaine, scarole, trévise ■ 8 chicorée, pourpier, raiponce, roquette, saladier ■ 9 betterave, bourcette, concombre, macédoine, pissenlit ■ 14 barbe-de-capucin.
**SALAIRE :** 4 fixe, gage, gain*, mois, paie, paye, s.m.i.c. ■ 5 gages, parti, solde ■ 7 guerdon, journée ■ 8 courtage, salarial, salarier ■ 9 indemnité, pourboire ■ 10 commission, émoluments, honoraires, nonsalarié, prolétaire, récompense, sursalaire, traitement ■ 11 rétribution* ■ 12 augmentation, rémunération* ■ 13 appointements, gratification.
**SALAISON :** 6 saleur ■ 13 salaisonnerie.
**SALAMALEC :** 5 salut*.
**SALAMANDRE :** 10 amblystome.
**SALANT :** 3 vie ■ 5 barge, étier, mulon, salin ■ 8 varaigne.
**SALARIE :** 7 employé* ■ 8 salariat ■ 9 embaucher ■ 10 hors statut ■ 11 travailleur*.
**SALAUD :** 5 salop ■ 8 salopiau, salopiot ■ 9 malpropre, salopiaud.
**SALE :** 3 ord, pec, sor ■ 4 gras, noir, porc, saur ■ 5 bauge, blanc, caque, égout, gaupe, hyène, liter, morue, océan, plomb, salir, salse, soret, suant, taché, voyou ■ 6 baveux, boueux, cireux, cochon, crotté, infâme, kipper, salaud, salope, sauret ■ 7 craspec, fangeux, guenipe, immonde, merdeux, morveux, négligé, obscène*, pisseux, pouacre, sagouin, sordide, terreux ■ 8 crasseux, dessaler, pourceau, purulent,

roupieux, saladero, salement, saligaud, souillon ■ 9 beigeasse, beigeâtre, chassieux, dégoûtant, graisseux, halophile, halophyte, malpropre*, maritorne, pouilleux, répugnant ■ 10 méprisable ■ 11 crapaudière.
**SALEP:** 8 racabout.
**SALER:** 7 resaler ■ 8 salaison.
**SALETE:** 4 bave, boue, suie, vase ■ 5 fange, fèces, tache* ■ 6 bourbe, crasse, crotte, fumier, gâchis, lavure, ordure*, résidu ■ 7 graisse, négligé, rinçure, rouille, vilenie ■ 8 cambouis, impureté*, propreté ■ 9 poussière, salissure, saloperie, sordidité, souillure■ 10 immondices, maculature ■ 11 cochonnerie, malpropreté, margouillis, noircissure ■ 12 barbouillage, patrouillage ■ 13 antisalissure.
**SALICACEE:** 5 osier, saule ■ 6 ypréau ■ 7 grisard, tremble ■ 8 marsault, pleureur.
**SALICINE:** 10 salicoside ■ 11 salicylique.
**SALICORNE:** 6 engane ■ 7 salicor.
**SALICOSIDE:** 8 salicine.
**SALICULTURE:** 8 salicole.
**SALICYLATE:** 5 bétol, salol ■ 6 spinal ■ 10 cholagogue ■ 11 wintergreen.
**SALICYLIQUE:** 8 aspirine, salicylé ■ 10 salicylate.
**SALIEN:** 7 salique.
**SALIERE:** 7 saleron.
**SALIGAUD:** 9 malpropre*.
**SALINE:** 5 barne ■ 6 tartre ■ 7 rouable.
**SALINITE:** 9 dessalure, euryhalin ■ 10 sténohalin.
**SALIR:** 5 gâter ■ 6 abîmer, gâcher, tacher* ■ 7 crotter, croupir, maculer, noircir, poisser, polluer, resalir ■ 8 culotter, graisser, infecter, profaner, souiller* ■ 9 bousiller, cochonner, encrasser, salissant ■ 10 charbonner, contaminer ■ 11 barbouiller, éclabousser, margouiller, souillonner ■ 12 insalissable.
**SALIVAIRE:** 8 parotide ■ 13 grenouillette.
**SALIVATION:** 8 salivant.
**SALIVE:** 4 bave ■ 5 écume ■ 6 flegme, mousse ■ 7 amylase, asialie, saburre ■ 8 ptyaline ■ 9 postillon, récrément, salivaire ■ 10 salivation, sialagogue, sialorrhée ■ 12 insalivation, masticatoire.
**SALLE:** 4 aula, dojo, hall, iwan, loge, mess ■ 5 carré, divan, étage, étude, pièce ■ 6 cinéma, classe, exèdre, indoor, squash ■ 7 apadâna, cénacle, chambre*, dortoir, mégaron, parloir ■ 8 prétoire, trinquet ■ 9 auditoire, chartrier, chauffoir, échaudoir, étouffoir, grill-room, hypostyle, promenoir, vestiaire ■ 10 acoustique, auditorium, hypocauste, strapontin ■ 11 multisalles, pouponnière ■ 12 amphithéâtre, arrière-salle ■ 13 phonocontrôle.
**SALLE A MANGER:** 8 archelle, crédence, servante ■ 10 triclinium.
**SALMIGONDIS:** 7 mélange*.
**SALMONELLE:** 13 parathyphique.
**SALMONELLOSE:** 10 salmonelle.
**SALMONIDE:** 5 ombre, tacon, tocan ■ 6 bécard, saumon, truite ■ 7 éperlan ■ 8 corégone* ■ 9 saumoneau.
**SALON:** 5 foyer, pièce ■ 6 studio ■ 7 boudoir, tea-room ■ 8 scottish ■ 9 salonnard, salonnier ■ 10 wagon-salon ■ 12 champouineur, voiture-salon.
**SALOP:** 6 salope ■ 8 salopiat ■ 9 malpropre* ■ 11 salopiaud.
**SALPETRE:** 5 nitre ■ 6 natron, salite ■ 7 nitrate ■ 8 eau-forte ■ 9 salpêtrer ■ 10 salpêtrage, salpêtreux ■ 11 salpêtrière ■ 14 salpêtrisation.

**SALSEPAREILLE :** 6 smilax.
**SALSIFIS :** 10 scorsonère.
**SALSOLACEE :** 13 chénopodiacée*.
**SALTIMBANQUE :** 6 forain, nomade ■ 7 baladin, farceur ■ 8 bateleur* ■ 9 banquiste, charlatan, opérateur, paradiste.
**SALUBRE :** 4 sain* ■ 9 salubrité ■ 10 hygiénique ■ 14 salubrement.
**SALUER :** 5 hello, salut ■ 6 adorer ■ 8 acclamer, échanger, resaluer ■ 9 présenter ■ 10 ovationner, prosterner, salutation.
**SALUT :** 3 ave ■ 5 grâce, issue ■ 6 espoir, refuge, remède ■ 7 recours, secours* ■ 9 courbette, expédient, officière, ressource, révérence, salamalec, salutiste ■ 10 salutation, sanctifier ■ 11 prédestiner ■ 12 échappatoire.
**SALUTAIRE :** 4 sain ■ 5 utile* ■ 10 profitable ■ 11 bienfaisant ■ 13 salutairement.
**SALUTATION :** 3 ave ■ 5 salut, santé ■ 7 bonjour, bonsoir ■ 8 ave maria.
**SALVADOR :** 5 colon ■ 11 salvadorien.
**SAMBA :** 9 bossa-nova.
**SAMOA :** 6 samoan.
**SAMOURAI :** 5 rônin ■ 7 bushido.
**SAMOYEDE :** 14 ouralo-altaïque.
**SANATORIUM :** 4 cure, sana ■ 7 hôpital ■ 8 solarium ■ 12 préventorium.
**SANCTIFIE :** 5 bénit.
**SANCTIFIER :** 5 fêter ■ 6 sacrer ■ 9 béatifier, canoniser, consacrer ■ 11 sanctifiant ■ 14 sanctificateur, sanctification.
**SANCTION :** 5 arrêt, blâme, peine* ■ 6 amende, dépens, pensum, piquet ■ 7 censure, pénalty, retenue ■ 8 anathème, consigne, pénalité, punition* ■ 10 suspension ■ 11 approbation, dégradation, sanctionner ■ 12 comminatoire, confirmation, confiscation, entérinement, interdiction, pénalisation, ratification ■ 14 distancement, reconnaissance ■ 15 excommunication.
**SANCTIONNER :** 6 signer ■ 7 adopter ■ 8 censurer, dégrader, ratifier ■ 9 approuver*, confirmer, consacrer, entériner, morigéner, pénaliser, suspendre ■ 10 admonester, homologuer ■ 11 reconnaître, stigmatiser.
**SANCTUAIRE :** 5 kondo ■ 6 temple*, vimana ■ 7 nymphée, sikhara, temenos ■ 12 sanctuariser.
**SANDALE :** 6 samara ■ 9 chaussure*, déchaussé, spartiate.
**SANDARQUE :** 5 thuya.
**SANDINISME :** 10 sandiniste.
**SANDWICH :** 5 lunch ■ 6 burger ■ 12 croque-madame ■ 14 croque-monsieur.
**SANG :** 3 pou ■ 4 race, taon ■ 5 aorte, cœur, cruel, cruol, curée, goule, ichor, ixode, messe, pâque, porte, rouge, sérum, stase, tâter, veine ■ 6 urémie ■ 7 acidose, globine, mélæna, saignée, sanguin, toxémie ■ 8 alcalose, azotémie, calcémie, dégorger, dynastie, exsangue, globulin, glycémie, hématine, hématose, hydrémie, ischémie, saignant, saigneux, sanglant, sang-mêlé, thrombus, uricémie, vaisseau ■ 9 cétonémie, clearance, dépuratif, ecchymose, endocrine, glomérule, hématique, hématurie, hypoxémie, leucocyte, naissance, plombémie, thrombine ■ 10 acétonémie, congestion, hématémèse, hémopathie, hémophilie, hémoptysie, hémorragie, mésoblaste, ressaigner, saignement, septicémie ■ 11 acidocétose, bactériémie, érythrocyte, hémarthrose, hématologie, hémoculture, hémocyanine, hémodialyse, hypercapnie, lymphopénie, sanguinaire, sarrancolin, thrombocyte, transfu-

sion, trypanosome ■ 12 circulatoire, ensanglanter, hypocalcémie, hypoglycémie, hypokaliémie, lymphocytose, phléborragie, prothrombine ■ 13 hémodynamique, hypercalcémie, hyperkaliémie, mononucléaire ■ 14 exsanguination, trypanosomiase, vaso-dilatation ■ 15 autotransfusion, érythroblastose.
**SANG-FROID :** 4 tête ■ 8 patience ■ 9 assurance ■ 10 exaltation.
**SANGLANT :** 8 tragique ■ 11 ensanglanté.
**SANGLE :** 5 bande ■ 7 culière, sanglon ■ 8 courroie* ■ 9 ventrière ■ 10 dessangler ■ 12 porte-étriers.
**SANGLIER :** 4 huée, hure, laie, mire, soie ■ 5 bauge, dague, épieu, groin, harde, ragot ■ 6 dentée ■ 7 boutoir, souille ■ 8 fouaille, laissées, nasiller, vautrait ■ 9 décousure, marcassin, solitaire, vermiller ■ 10 phacochère, porchaison, quartanier.
**SANGLOT :** 6 soupir ■ 7 pleurer ■ 9 sangloter.
**SANGLOTER :** 12 sanglotement.
**SANG-MELE :** 5 métis* ■ 6 bâtard.
**SANGSUE :** 8 ventouse.
**SANGUIN :** 6 cétose, règles ■ 8 natrémie ■ 10 histiocyte ■ 12 acido-basique ■ 14 fibrinolytique, hémocompatible ■ 15 cholestérolémie.
**SANGUINAIRE :** 4 ogre ■ 5 cruel*, tigre ■ 6 atroce, féroce ■ 7 barbare, boucher, monstre, vampire ■ 8 bourreau ■ 9 cannibale, meurtrier ■ 13 anthropophage, exterminateur.
**SANGUINOLENT :** 11 ensanglanté.
**SANGUISORBE :** 11 pimprenelle.
**SANHEDRIN :** 5 sénat.
**SANIE :** 3 pus ■ 5 ichor ■ 7 sanieux.
**SANITAIRE :** 6 aérium ■ 11 arraisonner.
**SANS :** 8 huis clos, merdique ■ 10 acalorique.
**SANS CESSE :** 8 toujours ■ 9 ressasser ■ 11 ritournelle ■ 12 incessamment.
**SANSCRIT :** 4 pâli ■ 7 prakrit ■ 10 dévanâgari ■ 11 hindoustani.
**SANS-GENE :** 6 audace ■ 9 immixtion, ingérence, intrusion ■ 11 dérangement, effronterie* ■ 12 désinvolture.
**SANSKRIT :** 5 hindi ■ 11 hindoustani ■ 12 sanskritique, sanskritisme, sanskritiste.
**SANSONNET :** 9 étourneau.
**SANS QUOI :** 5 sinon ■ 9 autrement.
**SANTAL :** 9 santaline.
**SANTALACEE :** 6 sandal, santal ■ 9 santaline.
**SANTE :** 4 choc, sain, soin, tuer ■ 5 toast, usant ■ 7 caducée, nocuité, salubre ■ 8 assimilé, délétère, gaillard, médecine, pécloter, rétablir, secousse ■ 9 conserver, insalubre, mieux-être, salutaire, sanitaire ■ 10 florissant, mal en point ■ 11 disposition ■ 13 valétudinaire ■ 14 hypocondriaque, rétablissement.
**SANVE :** 9 essanvage.
**SAOULER :** 9 pocharder.
**SAPE :** 5 saper ■ 6 blinde ■ 8 tranchée.
**SAPER :** 5 miner ■ 8 détruire*, sapement ■ 9 subversif.
**SAPEUR :** 7 pompier.
**SAPEQUE :** 4 tael.
**SAPHIR :** 5 safre.
**SAPIDE :** 4 goût ■ 6 saveur ■ 8 sapidité.
**SAPIENCE :** 4 sens ■ 7 sagesse*.
**SAPIENTIAUX :** 4 sage.
**SAPIN :** 3 pin* ■ 4 cône, isba, poix ■ 5 épart, espar ■ 6 épicéa, pruche ■ 7 chermès ■ 9 sapinière ■ 12 térébenthine.

**SAPINDACEE :** 6 letchi, litchi, lychee ■ 9 savonnier.
**SAPONAIRE :** 8 saponine ■ 9 savonnier.
**SAPONIFIER :** 5 savon ■ 8 glycérol ■ 12 saponifiable ■ 14 saponification.
**SAPOTACEE :** 6 balata ■ 8 arganier, sapotier ■ 11 gutta-percha, sapotillier, sidéroxylon.
**SAPOTIER :** 6 sapote ■ 9 sapotille ■ 11 sapotillier.
**SAPROPHYTE :** 9 mucoracée ■ 13 saprophytisme.
**SARCASME :** 6 ironie* ■ 8 moquerie* ■ 9 raillerie* ■ 10 sardonique ■ 11 sarcastique.
**SARCLAGE :** 8 sarcleur.
**SARCLER :** 7 enlever, étréper ■ 8 extirper, nettoyer, sarclage, sarcloir ■ 11 échardonner.
**SARCLOIR :** 9 sarclette.
**SARCOME :** 6 tumeur* ■ 11 sarcomateux ■ 13 lymphosarcome.
**SARCOPHAGE :** 5 tombe ■ 8 cercueil.
**SARCOPTE :** 4 gale ■ 5 acare ■ 6 acarus ■ 8 sarcoïde.
**SARDAIGNE :** 5 sarde.
**SARDINE :** 5 alose, boîte, rogue ■ 7 allache ■ 8 pilchard ■ 9 sardinier ■ 10 sardinelle, sardinerie, sardinière.
**SARDOINE :** 9 cornaline.
**SARDONIQUE :** 9 raillerie, sardonien ■ 11 sarcastique ■ 14 sardoniquement.
**SARIGUE :** 7 opossum.
**SARMENT :** 5 liane ■ 7 branche* ■ 8 accolage, moissine, poivrier, sautelle ■ 9 sarmenter ■ 10 sarmenteux ■ 11 assarmenter ■ 12 démaillonner.
**SARRASIN :** 5 blini, kacka, kache ■ 12 sarracénique
**SARRETTE :** 9 serratule.
**SARTHE :** 8 sarthois.
**SAS :** 5 tamis ■ 6 écluse, sasser ■ 8 vannelle, vantelle.
**SASSAFRAS :** 9 pipéronal ■ 12 héliotropine.
**SASSER :** 7 tamiser* ■ 9 sassement.
**SATANIQUE :** 10 diabolique, luciférien.
**SATELLISER :** 12 satellisable.
**SATELLITE :** 5 terre ■ 8 spoutnik ■ 10 cosmodrome ■ 11 conurbation ■ 12 géosynchrome ■ 13 antisatellite, satellisation, télédétection ■ 14 héliosynchrome ■ 15 géostationnaire.
**SATIETE :** 8 rengaine.
**SATIN :** 4 loup ■ 7 satiner ■ 8 satinage, satineur ■ 9 satinette ■ 11 mignonnette.
**SATIRE :** 5 épode, iambe, sotie ■ 6 esprit, factum, qasida ■ 7 libelle ■ 8 diatribe, moquerie*, pamphlet ■ 9 épigramme, raillerie, satirique, satiriser, satiriste ■ ■ 10 pasquinade, vaudeville ■ 11 catilinaire, philippique ■ 12 plaisanterie*.
**SATIRIQUE :** 5 malin ■ 7 mordant, pasquin, piquant ■ 9 charivari, humoriste, vaudevire ■ 10 serventois ■ 11 chansonnier, décochement ■ 12 emporte-pièce ■ 13 satiriquement ■ 15 aristophanesque.
**SATIRISER :** 7 railler*.
**SATISFACTION :** 4 chic, joie* ■ 5 régal ■ 6 raison ■ 7 bonheur, égoïsme, satiété ■ 8 bien-être, chouette, euphorie ■ 9 satiation ■ 10 réparation, satisfecit, saturation, suffisance ■ 11 donjuanisme, frustration, infatuation, nécrophilie, résignation ■ 12 auto-érotisme, complaisance, contentement ■ 14 insatisfaction, mécontentement.
**SATISFAIRE :** 6 botter, goûter, passer, plaire, servir ■ 7 apaiser, coiffer, combler, exaucer, régaler, réjouir, suffire ■ 8 arrangeı, assouvir,

chausser, convenir, extasier, prévenir, ragoûter, répondre, résigner, savourer, soulager ■ 9 acquitter, complaire, contenter, rassasier* ■ 10 désaltérer ■ 12 satisfaisant.
**SATISFAISANT :** 4 bien ■ 7 honnête, mal-logé ■ 8 moyenner.
**SATISFAIT :** 3 fat ■ 4 repu ■ 5 jouir ■ 7 content*, heureux ■ 8 agréable ■ 9 mécontent, prélasser ■ 11 insatisfait ■ 12 extensionnel, intensionnel ■ 14 insatisfaisant.
**SATISFIABLE :** 14 satisfiabilité.
**SATRAPE :** 8 satrapie ■ 10 satrapique.
**SATURATION :** 11 carburateur.
**SATURE :** 7 heptane ■ 12 désurchauffe ■ 13 désurchauffer.
**SATURER :** 6 alcane, emplir ■ 8 insaturé ■ 9 rassasier*, saturable ■ 10 saturation ■ 11 insaturable ■ 12 saturabilité.
**SATURNISME :** 5 plomb.
**SATYRE :** 7 obscène ■ 9 satyrique ■ 11 chèvre-pieds.
**SAUCE :** 3 jus ■ 4 roux ■ 6 coulis, dodine ■ 7 aillade, ailloli, harissa, lavasse, saucier ■ 8 béchamel, cuisiner, gribiche, marinade, meurette, mirepoix, poivrade, poulette, ravigote, saucière ■ 9 demi-glace, fricassée, oignonade, pimentade, rémoulade, saupiquet ■ 10 mayonnaise ■ 11 vinaigrette ■ 13 court-bouillon.
**SAUCER :** 7 tremper.
**SAUCISSE :** 6 hot-dog ■ 7 chorizo ■ 8 cervelas, wienerli ■ 9 boutargue, chipolata, poutargue, saucisson ■ 10 boudinière, crépinette.
**SAUCISSON :** 6 salami ■ 8 boutefas ■ 10 mortadelle.
**SAUCISSONNER :** 13 saucissonnage.
**SAUF :** 4 sain ■ 6 hormis, intact ■ 7 excepté, indemne, rescapé ■ 8 échapper ■ 11 sauf-conduit ■ 13 laissez-passer.
**SAUGE :** 6 orvale, salvia ■ 10 toute-bonne.
**SAUGET :** 5 saugé.
**SAUGRENU :** 7 absurde*, bizarre*.
**SAULE :** 5 osier ■ 6 saulée ■ 7 saulaie ■ 8 marsault, pleureur, salicine, saussaie ■ 9 feuillard, salicacée, salicaire ■ 10 salicoside.
**SAUMATRE :** 4 grau ■ 11 désagréable*.
**SAUMON :** 4 féra, hure ■ 5 omble, ombre, smolt, tacon ■ 6 bécard, truite ■ 7 beccard, éperlan ■ 9 montaison, saumoneau ■ 10 saumonelle ■ 14 salmoniculture.
**SAUMURE :** 5 muire ■ 6 sauris ■ 8 marinade, salinage, saumurer ■ 9 saumurage.
**SAUPOUDRER :** 6 givrer ■ 7 fariner ■ 11 saupoudrage, saupoudroir ■ 12 saupoudreuse.
**SAUR :** 5 soret ■ 6 sauret, saurin ■ 10 saurissage ■ 11 saurisserie.
**SAURIEN :** 5 gecko, orvet, varan ■ 6 dragon, iguane, lézard, moloch, zonure ■ 8 caméléon, scincidé* ■ 9 héloderme, lacertien ■ 10 amphisbène ■ 11 lacertilien ■ 12 amblyrhynque ■ 13 chlamydosaure.
**SAURISSAGE :** 7 saurage ■ 10 saurisseur.
**SAUROPHIDIEN :** 8 squamate.
**SAUT :** 4 axel, bond, houp ■ 5 cahot, carpé, chute, danse, salto ■ 6 sautée ■ 7 culbute, gambade, rouleau, sursaut ■ 8 cabriole, croupade, plongeon, ricochet, sissone, tressaut ■ 9 entrechat, réception, sautiller ■ 10 soubresaut, trampoline ■ 11 fosbury flop ■ 12 aile-de-pigeon, frétillement, gargouillade, sautillement ■ 13 trémoussement.
**SAUTE :** 4 volé.
**SAUTER :** 3 hop ■ 4 mine ■ 5 berne, cuire* ■ 6 bondir, danser ■ 7 cahoter, exulter, jaillir, plonger ■ 8 culbuter, enjamber, exploser, franchir, gambader, rebondir, ricocher ■ 9 assaillir, dynamiter, frétil-

ler, ressauter, sursauter ■ 10 décerveler, saltatoire, trémousser, tressauter ■ 11 tressaillir ■ 12 parachutisme ■ 13 saute-ruisseau.
**SAUTERIE :** 3 bal.
**SAUTEUR :** 7 talitre ■ 9 perchiste ■ 10 grenouille.
**SAUTILLANT :** 9 capricant.
**SAUTILLEMENT :** 4 saut*.
**SAUTILLER :** 8 fringuer ■ 9 caracoler ■ 10 sautillant ■ 12 sautillement.
**SAUTOIR :** 8 baudrier ■ 9 pendentif.
**SAUVAGE :** 4 gaur ■ 5 bison, brute, cruel*, dingo, fauve, gayal, lande, lapin, mûron, pilet, ronce, totem ■ 6 brutal*, féroce, margay, onagre, tarpan ■ 7 aurochs, barbare*, bestial, cacaoui, colvert, douçain, halbran, inculte*, méfiant, mustang, sadique ■ 8 barnache, bernache, bernacle, farouche*, inhabité, morillon, oléastre, physalis, primitif, prunelle, sanglier, sarcelle, spontané ■ 9 bouquetin, chantoung, lambruche, sauvageon, sauvagine, solitaire, turquerie ■ 10 babiroussa, effarouché, lambrusque, prunelier, sauvagerie, sauvagesse ■ 11 apprivoiser, cardonnette, potamochère, sauvagement ■ 12 chardonnette ■ 14 barbe de capucin.
**SAUVAGERIE :** 13 cannibalesque.
**SAUVEGARDE :** 7 défense* ■ 8 auspices, garantie ■ 9 palladium ■ 10 protection*.
**SAUVER :** 4 fuir*, sauf ■ 5 salut, tirer ■ 6 éluder, enfuir*, évader, éviter, guérir ■ 7 dérober, excuser, frauder, libérer*, rédimer, relever, sauveur, trotter ■ 8 échapper*, esquiver, exempter, protéger, quartier, racheter, sauvette ■ 9 conserver, dispenser, préserver, salvateur ■ 10 affranchir, soustraire ■ 11 sauvegarder ■ 12 sauve-qui-peut.
**SAUVETAGE :** 9 sauveteur ■ 10 secourisme.
**SAVANE :** 4 veld ■ 6 brûlis, campos, jungle.
**SAVANT :** 4 alem, calé, mage, sage ■ 5 bible, clerc, docte, musée, palme, puits ■ 6 érudit, lettré, pédant ■ 7 docteur, effendi ■ 8 académie, aréopage, atomiste, institut, instruit ■ 9 compagnie, compétent, linguiste, physicien, savamment ■ 10 généticien, helléniste, indianiste, médiéviste, mythologue, omniscient, savantasse, sociologue ■ 11 académicien, phonéticien, uranographe ■ 13 récipiendaire.
**SAVATE :** 8 chausson.
**SAVETER :** 6 gâcher.
**SAVETIER :** 5 bouif ■ 9 carreleur ■ 10 cordonnier.
**SAVEUR :** 4 amer, doux, fade, goût*, plat ■ 5 acide, rance, saucé, sucré ■ 6 pointe, sapide ■ 7 acidité, piquant ■ 8 acétique, amertume, insipide, sapidité ■ 9 empyreume, gustation, platitude, savoureux.
**SAVOIE :** 8 beaufort.
**SAVOIR :** 4 lire, voir ■ 5 fonds, nager, sabir ■ 6 acquis, lettre, mander ■ 7 culture, ignorer, lumière, pouvoir*, science* ■ 8 annoncer, demander, doctrine, épistémé, informer, notifier ■ 9 apprendre, cognition, connaître*, érudition, faiblesse, ignorance, sentiment ■ 10 conception, polyglotte, profondeur, savantasse ■ 11 carillonner, imagination, insciemment, instruction*, omniscience ■ 12 connaissance* ■ 13 embarbouiller, pseudoscience.
**SAVOIR-FAIRE :** 4 chic, truc ■ 6 doigté ■ 7 adresse*, know-how.
**SAVOIR-VIVRE :** 4 tact ■ 7 honnête ■ 8 incongru ■ 9 éducation, politesse*, protocole ■ 10 bienséance, convenance, correction.
**SAVOISIEN :** 8 savoyard.
**SAVON :** 4 coco ■ 6 saponé ■ 8 arachide, cameline, saponacé, saponine, savonner ■ 9 acchroïde, savonnage, savonneux, savonnier ■ 10 opodeldoch, porte-savon, saponifier, savonnerie, savonnette, sham-

pooing ■ **14** saponification.
**SAVONNER:** **5** batte ■ **8** blaireau, essanger ■ **11** réprimander.
**SAVONNEUSE:** **8** savonnée.
**SAVOURER:** **5** tâter ■ **6** goûter* ■ **8** dégoûter, déguster*, délecter*.
**SAVOUREUX:** **8** agréable ■ **9** délicieux, succulent ■ **14** savoureusement.
**SAVOYARD:** **2** oc ■ **9** savoisien.
**SAXHORN:** **4** tuba.
**SAXICOLE:** **8** saxatile.
**SAXIFRAGACEE:** **7** seringa ■ **8** seringat ■ **9** hortensia, saxifrage ■ **10** saxifragée ■ **11** perce-pierre.
**SAXOPHONE:** **4** saxo ■ **12** saxophoniste.
**SAYNETTE:** **5** pièce ■ **6** sketch ■ **7** bluette, comédie ■ **9** intermède.
**SCABIEUSE:** **5** veuve.
**SCABREUX:** **5** corsé ■ **9** difficile ■ **10** licencieux* ■ **11** caleçonnade.
**SCALAIRE:** **13** magnétomoteur.
**SCALPE:** **5** scalp.
**SCANDALE:** **5** éclat, honte, outré, vitre ■ **6** pétard, tapage, vilain ■ **9** esclandre ■ **10** scandaleux ■ **15** scandaleusement.
**SCANDALISER:** **6** outrer ■ **7** choquer* ■ **8** offenser*.
**SCANDER:** **8** scansion.
**SCANDINAVE:** **3** öre ■ **4** élan ■ **5** eider, renne ■ **7** akvavit, aquavit, suédois ■ **8** valkyrie, walkyrie.
**SCANNER:** **8** scanneur ■ **11** scanographe.
**SCAPHANDRE:** **8** plongeur ■ **12** scaphandrier ■ **15** homme-grenouille.
**SCAPHOPODE:** **7** dentale.
**SCAPULAIRE:** **9** clavicule.
**SCARABEIDE:** **7** anomale, cétoine ■ **8** hanneton, scarabée ■ **10** coléoptère ■ **12** lamellicorne.
**SCARIFICATION:** **8** entaille.
**SCARLATINE:** **15** scarlatiniforme.
**SCAROLE:** **8** escarole.
**SCATOLOGIE:** **12** scatologique.
**SCEAU:** **4** scel, visa ■ **5** bulle, plomb, queue ■ **6** cachet, cancel, marque, timbre ■ **7** poinçon, sigille ■ **9** empreinte, signature ■ **10** contre-sel, estampille, sigillaire ■ **11** contre-sceau ■ **12** chancellerie ■ **14** sigillographie.
**SCELERAT:** **6** bandit ■ **7** déloyal* ■ **9** meurtrier.
**SCELLEMENT:** **7** tasseau.
**SCELLER:** **5** fixer* ■ **8** cacheter, cimenter*, scellage ■ **9** consigner, desceller.
**SCENARIO:** **5** pièce, trame ■ **8** synopsis ■ **9** découpage ■ **10** scénariste ■ **12** novélisation.
**SCENE:** **4** exit, fond, live, plan ■ **5** fondu, herse, rampe ■ **6** parade, sketch ■ **7** becquet, disputé*, mansion, plateau, théâtre ■ **8** calvaire, costière, coulisse, récitant, scénique, séquence ■ **9** monologue, orchestre, spectacle, tournette, trapillon ■ **10** avant-scène, extérieurs, proscenium, scénologie, sociodrame, trappillon ■ **11** hyposcénium, psychodrame ■ **12** scéniquement, scénographie ■ **14** pictographique.
**SCENOGRAPHIE:** **11** scénographe ■ **14** scénographique.
**SCEPTICISME:** **5** doute* ■ **9** sceptique ■ **10** aporétique, pyrrhonien ■ **11** incrédulité ■ **13** sceptiquement.
**SCEPTIQUE:** **9** zététique.
**SCEPTRE:** **5** bâton* ■ **7** marotte, trident.
**SCHAH:** **4** chah, shah.
**SCHAKO:** **5** shako.

**SCHEIDAGE :** 8 scheider.
**SCHEMA :** 6 dessin*, schème ■ 7 canevas*, formule ■ 9 diagramme, graphique ■ 10 descriptif ■ 11 schématique, schématiser ■ 12 organigramme ■ 13 asomatognosie ■ 15 schématiquement.
**SCHEMATIQUE :** 11 cartogramme.
**SCHILLING :** 8 groschen ■ 9 schelling.
**SCHISME :** 7 apostat ■ 10 dissidence*.
**SCHISTE :** 4 talc ■ 8 ilménite ■ 9 paraffine, schisteux ■ 10 schistoïde ■ 11 calcschiste.
**SCHIZOPHRENE :** 7 athymie ■ 11 athymhormie.
**SCHIZOPHRENIE :** 7 athymie ■ 8 schizose ■ 9 paranoïde, schizoïde ■ 11 hébéphrénie ■ 12 schizophrène ■ 14 héboïdophrénie ■ 15 schizophrénique.
**SCHIZOTHYMIE :** 11 schizothyme ■ 14 schizothymique.
**SCHLITTE :** 10 schlittage, schlitteur.
**SCIAGE :** 4 plot ■ 5 dosse.
**SCIE :** 5 scier, trait, vivre ■ 6 égoïne ■ 7 égohine, grecque, scieuse, sciotte, serrate ■ 8 dosseret ■ 9 godendart ■ 10 déligneuse, répétition ■ 12 passe-partout.
**SCIENCE :** 3 abc ■ 5 droit, étude, force, lycée, magie, musée, puits, règle, somme ■ 6 cabale, chimie, morale, savoir* ■ 7 algèbre, branche, clergie, culture, logique, théorie ■ 8 biologie, capacité, doctrine, géodésie, géologie, gymnique, harmonie, médecine, métrique, mystique, opuscule, physique, principe, rudiment ■ 9 aérologie, agrologie, agronomie, avionique, axiologie, botanique, détonique, docimasie, érudition, éthologie, étiologie, eugénisme, génétique, géométrie, grammaire, idéologie, logopédie, mécanique, œnologie, orthoépie, pédologie, ontologie, pharmacie, recherche, robotique, sexologie, sexonomie, sinologie, taxinomie, taxonomie, technique, théologie, topologie ■ 10 aéraulique, aérométrie, astronomie, audiologie, balistique, compétence, conférence, cosmogonie, cosmologie, diététique, diplomatie, épigraphie, esthétique, ethnologie, étymologie, généalogie, gemmologie, géographie, hippologie, hydrologie, hypnotisme, iconologie, indianisme, limitrophe, lithologie, métrologie, muséologie, mythologie, neurologie, onirologie, pathologie, philologie, phonologie, professeur, scientisme, sismologie, sociologie, tribologie ■ 11 archéologie, biosciences, chronologie, démographie, démonologie, dentisterie, déontologie, éthographie, exobiologie, gynécologie, halieutique, hématologie, heuristique, hydrométrie, hygrométrie, hygroscopie, hypsométrie, instruction, laboratoire, législateur, lexicologie, minéralogie, musicologie, nomographie, nucléonique, omniscience, pétrochimie, physiologie, pneumatique, polémologie, potamologie, prospective, psychologie, séismologie, spéculation, spéléologie, stéréotomie, stylistique, syntactique, technologie, topographie, tribométrie ■ 12 aéronautique, américanisme, arithmétique, arithmologie, assyriologie, climatologie, colorisation, comptabilité, connaissance*, cosmétologie, criminologie, cybernétique, diplomatique, éclairagiste, électronique, encyclopédie, ethnographie, graphométrie, hagiographie, hippotechnie, hydrographie, linguistique, mathématique, mésoéconomie, micrographie, miscellanées, muséographie, nomenclature, numismatique, paléographie, pataphysique, pétrographie, phonématique, planétologie, réflexologie, sanskritisme, scientifique, vulcanologie ■ 13 aérodynamique, archivistique, astronautique, bibliographie, colombophilie, démonographie, épistémologie, gastrotechnie, jurisconsulte, lexicographie, macroéconomie, microbiologie, microéconomie, océanographie,

ophtalmologie, paléontologie, physicochimie, planification, pneumatologie, polytechnique, syllogistique ■ **14** caractérologie, conchyliologie, évolutionnisme, géomorphologie, néo-positivisme ■ **15** anesthésiologie, paléogéographie, paléomagnétisme, phytogéographie, tectonophysique.
**SCIENCE-FICTION : 10** space opera.
**SCIENTIFIQUE : 9** cryologie ■ **10** érotologie ■ **11** enzymologie, faunistique, océanologie ■ **12** culturologie, indianologie, ophiographie, orthogénisme, primatologie, scientificité ■ **13** delphinologie ■ **14** biospéléologie, chronobiologie ■ **15** fondamentaliste.
**SCIER : 6** araser, couper*, scieur ■ **7** scierie ■ **8** grecquer, refendre ■ **10** zigouiller.
**SCINDIDE : 4** seps ■ **7** scinque.
**SCINDER : 6** couper* ■ **7** séparer* ■ **10** scindement, sectionner*.
**SCINTILLATION : 13** scintillateur.
**SCINTILLER : 7** briller* ■ **8** miroiter ■ **9** brasiller, clignoter, éclaircir, étinceler*, paillette ■ **10** papilloter ■ **11** scintillant ■ **13** scintillement.
**SCISSION : 8** nucléase ■ **9** desmolase ■ **10** dissidence ■ **12** interruption.
**SCISSIPARITE : 10** scissipare.
**SCISSURE : 7** rolando.
**SCITAMINACEE : 5** canna ■ **7** curcuma ■ **8** balisier, bananier ■ **9** cardamone.
**SCIURE : 4** bran ■ **5** futée.
**SCIURIDE : 8** écureuil.
**SCLEREUX : 11** sclérogène.
**SCLEROPROTEINE : 8** kératine.
**SCLEROSE : 10** sclérosant.
**SCLEROTIQUE : 7** scléral ■ **8** choroïde ■ **11** épisclérite.
**SCOLAIRE : 5** thème ■ **9** narration, qat'zarts, scolarité ■ **10** autodictée, conférence ■ **12** périscolaire ■ **13** extrascolaire.
**SCOLARISER : 12** scolarisable.
**SCORARITE : 7** écolage ■ **8** minerval ■ **10** décrocheur.
**SCOLASTIQUE : 5** école ■ **9** universel.
**SCOLIE : 4** note ■ **10** scholiaste.
**SCOLIOSE : 11** scoliotique.
**SCOMBRIDE : 4** thon ■ **6** bonite, germon ■ **7** thonine ■ **8** pélamide, pélamyde ■ **9** maquereau.
**SCOOTER : 5** vespa ■ **8** rickshaw ■ **11** scootériste.
**SCORBUT : 11** scorbutique ■ **15** antiscorbutique.
**SCORIE : 4** suin ■ **5** écume, suint ■ **6** crasse, déchet*, résidu* ■ **7** laitier ■ **8** crassier, mâchefer, scoriacé ■ **9** scorifier ■ **13** scorification.
**SCORPENE : 5** truie.
**SCORSONERE : 8** salsifis.
**SCOTCH : 8** scotcher.
**SCOTOMISER : 13** scotimisation.
**SCOTISME : 8** scotiste.
**SCOUTISME : 5** guide, scout ■ **7** routier ■ **8** jamboree ■ **9** cheftaine, louveteau.
**SCRABBLE : 9** scrabbler ■ **10** scrabbleur.
**SCRIBE : 8** actuaire, écrivain ■ **11** bureaucrate ■ **13** hiérogrammate.
**SCRIBOUILLARD : 11** bureaucrate.
**SCRIPTE : 10** script-girl.
**SCROFULARIACEE : 7** linaire, muflier ■ **8** digitale, gratiole, personée ■ **9** euphraise, limoselle, maurandie, mélampyre, paulownia, rhinanthe, véronique ■ **10** crête-de-coq, cymbalaire ■ **11** calcéolaire, pédiculaire,

scrofulaire ■ **12** gueule-de-loup, herbe-aux-poux ■ **13** bouillon-blanc.
**SCROFULE :** **6** strume ■ **10** scrofuleux ■ **11** scrofulaire.
**SCROTUM :** **7** scrotal ■ **9** hydrocèle ■ **10** varicocèle.
**SCRUPULE :** **10** exactitude, indécision, inquiétude, scrupuleux ■ **11** délicatesse*.
**SCRUPULEUX :** **5** exact, large, probe ■ **7** combiné, délicat*, inquiet ■ **9** affranchi, margoulin, minutieux*, vétilleux ■ **10** affairiste, formaliste, méticuleux* ■ **11** pointilleux ■ **13** consciencieux ■ **14** religieusement ■ **15** scrupuleusement.
**SCRUTATEUR :** **7** curieux ■ **11** inquisiteur.
**SCRUTER :** **7** visiter ■ **8** chercher, examiner*, explorer, regarder ■ **10** scrutateur.
**SCRUTIN :** **4** vote* ■ **8** suffrage ■ **10** ballotage, scrutateur.
**SCULPTER :** **7** ciseler ■ **9** plastique, sculpture.
**SCULPTEUR :** **5** selle ■ **6** boësse, imager ■ **7** bustier, gradine, imagier, riflard ■ **8** hoguette, imagiste, modeleur, primitif, rondelle ■ **9** animalier, ébauchoir, mannequin, sculpture, statuaire ■ **10** raidecœur.
**SCULPTURE :** **3** rai ■ **4** dard ■ **5** ajour, bosse, buste, camée, chape, image ■ **6** relief, statue* ■ **7** bossage, feuille ■ **8** enlevure, maquette, mascaron, monument ■ **9** allégorie, bas-relief, grisaille, plastique ■ **10** cordelière, frontalité, guillochis, haut-relief, morbidesse, raidecœur, ronde-bosse, sculptural ■ **12** glyptothèque, rondouillard ■ **14** photosculpture.
**SCYPHOZOAIRE :** **6** méduse ■ **7** aurélie ■ **8** acalèphe ■ **9** auréliacé ■ **10** rhizostome.
**SCYTHES :** **6** scythe.
**SEANCE :** **5** colle, lynch ■ **7** concert, réunion, session ■ **8** audience, audition, exercice ■ **9** spectacle.
**SEANT :** **5** assis, seoir ■ **6** décent ■ **8** derrière.
**SEAU :** **6** camion, seille ■ **8** palanche.
**SEBACE :** **13** vernix, caseosa.
**SEBUM :** **9** séborrhée.
**SEC :** **3** dry, dur*, sel, tac ■ **4** clic, föhn, vert ■ **5** akène, aride*, autan, brûlé, fœhn, gercé, momie, navet, pincé, raide, rôtir, sable, vigne ■ **6** maigre ■ **7** achaine, brusque, chergui, racorni, siccité, stérile* ■ **8** aigrelet, assécher, caryopse, croquant, extra-dry, muscadet, racornir ■ **9** bâtardeau, craquelin, dessécher, xérophyte ■ **10** clappement, craquement, métallique, sécheresse ■ **11** crépitation, crépitement.
**SECANTE :** **8** tangente.
**SECESSION :** **7** sudiste ■ **8** nordiste ■ **10** dissidence ■ **14** sécessionnaire.
**SECHAGE :** **4** crib ■ **7** sécheur ■ **8** essorage, sécherie, sécheuse.
**SECHE :** **10** xérodermie.
**SECHEE :** **7** grisons.
**SECHER :** **3** sor ■ **4** saur, tapé ■ **5** étuve, fumer, havir, morue, soret, tarir ■ **6** étuver, sauret ■ **7** drainer, essorer, étendre, tendoir ■ **8** assécher, calandre, mouiller, racornir, ressuyer ■ **9** cerisette, chapelure, dessécher ■ **10** sèche-linge, stock-fisch, touraillon ■ **11** déshydrater, touraillage.
**SECHERESSE :** **4** bush ■ **7** aridité ■ **8** miellure ■ **9** xérophyte ■ **12** sclérophylle.
**SECHOIR :** **6** hâloir.
**SECOND :** **3** bis ■ **4** aide ■ **5** allié, autre, cadet, guide, lundi ■ **8** beau-père, chérubin, deuxième, parousie, recouper, revanche, sous-chef ■ **9** contremur, quadrique, rapprêter, résolvant ■ **10** conséquent, contre-ail, interjeter, lieutenant, secondaire, surarbitre ■ **11** après-demain,

contre-essai, diencéphale, panchen-lama, secondement ■ 12 arrière-fleur, contremarque ■ 13 contre-épreuve, itérativement, sous-directeur ■ 14 sous-gouverneur ■ 15 refleurissement.

**SECONDAIRE :** 5 à-côté, bayou, cycle, lycée, prise, trias ■ 7 rudiste ■ 8 ammonite, marginal, minerval, terminal, senestré ■ 9 allergie, belemnite, belle-mère, bractéole, dinosaure, évitement, radicelle, sous-fifre ■ 10 accessoire, contrefort, intertitre, jurassique, mésozoïque, pentacrine, ptéranodon, subalterne, tortillard ■ 11 branchement, concomitant, dinosaurien, excitatrice, plésiosaure, polyvalente, sous-produit, sous-station, subsidaire, térébratule ■ 12 ptérodactyle, ptérosaurien, rhynchonelle ■ 13 marginalement ■ 14 secondairement.

**SECONDE :** 5 joule ■ 9 trotteuse ■ 11 appogiature ■ 12 microseconde ■ 13 sous-ministre.

**SECONDER :** 5 aider* ■ 6 servir ■ 8 assister, secourir ■ 9 favoriser ■ 10 collaborer, contribuer.

**SECOUER :** 6 agiter*, berner, gauler, hocher, locher, rouler, vanner, vibrer ■ 7 branler, cahoter, choquer, ébrouer, onduler, tanguer ■ 8 balancer, balloter, ébranler, hoqueter, sabouler, saccader ■ 9 ballotter, tirailler ■ 10 succussion ■ 11 réprimander, tressaillir.

**SECOURIR :** 5 aider* ■ 6 sauver, servir ■ 7 obliger ■ 8 assister, associer, consoler, coopérer, délivrer, protéger, seconder, soulager, soutenir, subvenir ■ 9 concourir, faciliter, favoriser, renflouer, secoureur ■ 10 collaborer, contribuer, participer, secourable.

**SECOURISTE :** 10 samaritain.

**SECOURS :** 4 aide* ■ 5 appui, grâce, moyen, orsec, poste ■ 6 aumône, faveur, refuge ■ 7 charité, recours, service, soutien, subside ■ 8 bienfait, entraide, indigent ■ 9 délaisser, médiation, réconfort, secoureur ■ 10 assistance, délivrance, obligeance, protection, secourisme, secouriste, subvention ■ 11 association, auxiliateur, consolation, coopération, soulagement ■ 12 bienfaisance, contribution, délaissement ■ 13 collaboration.

**SECOUSSE :** 4 choc*, coup ■ 5 cahot ■ 6 branle, roulis, séisme ■ 7 frisson, saccade, tangage ■ 8 éruption, tressaut ■ 9 agitation, bernement, collision, commotion, épicentre, hochement, rescousse, vibration ■ 10 ondulation ■ 11 ballotement, ébranlement, sismographe, tremblement, trépidation ■ 12 séismographe ■ 14 tressaillement.

**SECRET :** 5 argot, caché, mafia, mèche, monté, sceau ■ 6 arcane, énigme, intime, omerta ■ 7 anonyme, charade, dérobée, discret, finesse, in-petto, mystère, occulte, réservé ■ 8 cachette, coulisse, détourné, dévoiler, écouteur, huis-clos, intimité, machiner, retentum, sournois, surprise, tréfonds ■ 9 collusion, concentré, confesser, confident, cryptique, dissimulé, exfiltrer, indiscret, manigance, taciturne, ténébreux, top-secret ■ 10 cachottier, camouflage, confidence, discrétion, ésotérique, mystérieux, sanctuaire, silencieux ■ 11 arrière-fond, cachotterie, fidéicommis, machination, secrètement, sous-entendu, tendancieux ■ 12 chuchotement, conciliabule, conspiration, contre-lettre, indiscrétion ■ 13 arrière-pensée, cryptographie.

**SECRETAGE :** 8 secréter.

**SECRETAIRE :** 5 plume ■ 7 armoire, notaire, sautier, scriban ■ 9 scribanne ■ 10 script-girl ■ 11 secrétariat ■ 13 secrétairerie ■ 14 sous-secrétaire.

**SECRETARIAT :** 4 desk.

**SECRETE :** 7 camorra ■ 11 nectarifère.

**SECRETEMENT :** 5 épier ■ 8 en secret ■ 9 comploter ■ 10 en catimini, en sous-main, en tapinois, manigancer, sourdement ■ 11 à la sourdine,

furtivement.
**SECRETER:** 5 filer ■ 7 saliver ■ 9 sécréteur.
**SECRETION:** 3 eau ■ 4 foie, rein ■ 5 lacté, larme, mucus, sébum, sérum, sueur, urine, venin ■ 6 copahu, glaire, jetage ■ 7 acholie, anurèse, civette, diurèse ■ 8 exocrine, oligurie, sécréter ■ 9 castoréum, dysidrose, endocrine, histamine, lactation, recrément ■ 10 biligenèse, émonctoire, salivation, sécrétoire ■ 11 galactogène ■ 12 angiotensine, cholérétique, galactagogue, masticatoire ■ 13 hyposécrétion ■ 14 antidiurétique, hypersécrétion.
**SECTAIRE:** 7 caraïte ■ 9 fanatique*, trembleur ■ 10 luciférien, sectarisme.
**SECTATEUR:** 8 arminien, lamaïste, partisan ■ 9 luthérien, nestorien ■ 15 coréligionnaire.
**SECTE:** 5 école, parse, parsi, parti* ■ 6 morave, quaker ■ 7 mandéen ■ 8 bogomile, çaktisme, civaïsme, coryphée, darbysme, mandaïte, mendaïte, puritain, saducéen, sectaire, zélateur ■ 9 johannite, mennonite, paulicien, pharisien, sadducéen, sectateur, ubiquiste ■ 10 adventiste, flagellant, méthodiste, sabbathien, thérapeute, trinitaire ■ 11 anabaptiste, hérésiarque, iconoclaste.
**SECTEUR:** 3 b.t.p. ■ 4 zone* ■ 10 parachimie, parapublic ■ 11 nonmarchand, sous-secteur.
**SECTION:** 4 part* ■ 5 appui, tronc ■ 6 bureau ■ 8 division*, escouade, rauchage, vaisseau ■ 9 parallèle, ténotomie, vagotomie ■ 10 énervation, méridienne, neurotomie, névrotomie, paragraphe, sectionner ■ 11 embryotomie*, radiocotomie ■ 12 artériotomie.
**SECTIONNER:** 6 couper* ■ 7 diviser*, scinder, séparer ■ 8 trancher ■ 9 segmenter ■ 10 fragmenter ■ 11 fractionner ■ 12 circoncision ■ 13 sectionnement.
**SECTORISATION:** 10 sectoriser ■ 12 désectoriser.
**SECULAIRE:** 6 ancien*.
**SECULIER:** 4 abbé ■ 5 monde ■ 7 profane ■ 10 sécularité ■ 11 séculariser ■ 14 sécularisation.
**SECURISER:** 12 sécurisation.
**SECURITE:** 3 c.r.s., q.h.s., q.s.r. ■ 6 sûreté* ■ 7 antivol, securit, triplex ■ 9 confiance, plexiglas ■ 10 avant-garde, cache-prise, insécurité ■ 11 gendarmerie, sectionneur, sécuritaire ■ 12 tranquillité ■ 13 conventionner.
**SEDATIF:** 7 calmant* ■ 11 amidopyrine, diascordium ■ 12 barbiturique ■ 13 butyrophénone, neuroleptique, phénobarbital.
**SEDENTAIRE:** 4 fixe ■ 8 casanier ■ 11 sédentarité ■ 14 sédentairement ■ 15 sédentarisation.
**SEDIMENT:** 3 lie ■ 6 tartre ■ 9 féculence ■ 12 sédimentaire ■ 13 sédimentation ■ 14 sédimentologie.
**SEDIMENTAIRE:** 4 grès ■ 5 gaize, gypse, sable ■ 7 dolomie ■ 8 calcaire, diaclase, meulière ■ 10 concordant, détritique ■ 11 lithogenèse, radiolarite.
**SEDIMENTATION:** 10 sédimenter.
**SEDITIEUX:** 8 factieux ■ 14 séditieusement.
**SEDITION:** 5 grève ■ 6 émeute ■ 7 complot, révolte* ■ 8 boutefeu, désordre ■ 9 agitation, jacquerie, mutinerie, séditieux ■ 10 résistance, révolution ■ 11 chouannerie, conjuration, embrasement, indignation, soulèvement ■ 12 fermentation, indiscipline, insoumission, insurrection ■ 13 effervescence, manifestation, rassemblement ■ 14 bouleversement, mécontentement ■ 15 insubordination.
**SEDUCTEUR:** 6 galant, larron ■ 7 don juan, tombeur ■ 8 charmeur,

flatteur, lovelace ■ 9 attrayant, engageant, séduisant, suborneur, tentateur* ■ 10 casse-cœur, enchanteur, flagorneur ■ 11 ensorceleur.
**SEDUCTION :** 4 rapt ■ 5 flirt, magie ■ 6 charme* ■ 8 blandice, prestige ■ 9 blandices, flatterie, tentation ■ 10 enivrement, galanterie ■ 11 coquetterie, envoûtement, fascination, flagornerie ■ 12 enchantement, enthousiasme*, entraînement ■ 14 ensorcellement.
**SEDUIRE :** 6 abuser, agacer, capter, gagner, perdre, plaire*, tenter, vamper ■ 7 acheter, appâter, attirer, charmer*, éblouir*, engager, engluer, enivrer, enjôler, flatter, flirter, gringue, influer ■ 8 allécher, amadouer, attraper, boniment, captiver, fasciner, miroiter, suborner, suggérer ■ 9 affrioler, conquérir, corrompre*, débaucher, embaucher, embobiner, enchanter, flagorner, persuader, pervertir ■ 10 affriander, ensorceler ■ 11 circonvenir, démoraliser, endoctriner, entortiller ■ 12 théâtralisme ■ 13 enthousiasmer.
**SEDUISANT :** 4 beau* ■ 8 attirant, charmant* ■ 9 alléchant, attrayant, séducteur ■ 10 affriolant.
**SEDUM :** 5 orpin.
**SEGMENT :** 5 corde ■ 7 médiane, vecteur ■ 8 diagonal, diamètre, fragment*, polygone ■ 9 bipartite, diagonale, segmental, segmenter ■ 10 médiatrice, mixtiligne ■ 11 segmentaire ■ 12 segmentation.
**SEGMENTER :** 7 scinder ■ 10 sectionner*.
**SEGREGATION :** 6 agisme ■ 7 ségrégé ■ 8 ségrégué ■ 9 apartheid ■ 10 ségrégatif ■ 13 déségrégation ■ 15 ségrégationisme.
**SEICHE** 5 sépia ■ 7 calamar, sépiole.
**SEÏDE :** 9 fanatique*.
**SEIGLE :** 3 rye ■ 4 glui ■ 5 arête, ergot ■ 6 méteil, ségala ■ 8 champart, ergotine ■ 9 ergotisme, histamine, triticale ■ 10 lysergique ■ 11 ergotamine.
**SEIGNEUR :** 4 chef, dîme, fief, oint, page, serf, sidi, sire ■ 5 colon, félon, lagan, séñor, sieur, vigne ■ 6 barine, bureau, captal, messer ■ 7 censier, marquis, paladin, shagoun, taikoun, thermes, vicomte ■ 8 banneret, burgrave, cuissage, staroste, suzerain ■ 9 baise-main, dominical, panonceau ■ 10 forfaiture, seigneurie ■ 11 aristocrate, seigneurial ■ 12 seigneuriage ■ 13 arrière-vassal ■ 14 franc-bourgeois.
**SEIGNEURIE :** 5 duché ■ 8 baronnie ■ 11 châtellenie.
**SEIN :** 3 pis ■ 4 lolo, néné ■ 5 appas, flanc, giron, gorge, ilien, nénet, tétin, téton ■ 6 nichon, robert ■ 7 bercail, mamelle*, mamelon, tétasse, topless ■ 8 bossoirs, gisement, poitrine*, rotoplot, tire-lait ■ 9 avantages, intérieur*, sénologie, téterelle ■ 10 avant-cœur ■ 11 embryotomie ■ 11 klinefelter, mammectomie, mastectomie.
**SEING :** 4 reçu ■ 9 signature, sous-seing.
**SEISME :** 5 foyer, sisme ■ 7 richter ■ 8 isosiste ■ 9 isoséiste ■ 10 cataclysme ■ 11 microséisme, tremblement ■ 12 antisismique, parasismique.
**SEIZE :** 4 once ■ 8 seizième ■ 12 seizièmement.
**SEJOUR :** 4 ciel, exil, lieu ■ 5 foyer, monde, ombre, shéol, stage, ville ■ 6 élysée ■ 7 demeure*, paradis, parcage, station ■ 9 alitement, résidence* ■ 10 habitation*, héliomarin, living-room, magasinage, nosocomial ■ 11 stabulation ■ 12 bannissement, hospitalisme, villégiature ■ 15 hospitalisation.
**SEJOURNER :** 5 cuver ■ 7 habiter*, résider, stagner ■ 8 chambrer ■ 11 sauf-conduit.
**SEL :** 4 doux ■ 5 acide, fuser, gemme, mulon, plomb, rader, saler, salin, sauce, soude, urate ■ 6 borate, désodé, iodate, iodure, oléate, persel, salage, salant, saline, salure ■ 7 acétate, azoture, bromate, camelle,

citrate, cyanure, ferrate, gabelle, javelle, kaïnite, lactate, muriate, nitrate, oxalate, picrate, rouable, salègre, salière, saumure, saunage, sulfate, sulfure, uranate, zincate ■ 8 alginate, arsénite, azotique, benzoate, butyrate, chlorate, chlorite, chromate, epsomite, fluorure, formiate, grugeoir, hyposodé, marinade, poivrade, salicole, salifère, salifier, salignon, salinage, salinier, salinite, saunière, sélénate, sélénite, silicate, stanneux, tartrate, thionate ■ 9 aluminate, arséniate, bisulfure, carbamate, carbonate, condiment, fulminate, glutamate, halologie, iconogène, manganate, manganite, perborate, phosphate, phosphite, prussiate, saunaison, séléniate, stannique, tellurate, tellurure, tungstate ■ 10 bichromate, cacodylate, ferrotypie, fulminique, salicylate, salifiable, saupoudrer ■ 11 antimoniate, bicarbonate, croque-au-sel, halographie, halotechnie, hyposulfite, perchlorate, saliculture, valérianate ■ 12 chlorhydrate, hypochlorite, insalifiable, permanganate, salification ■ 13 calcification, hypophosphite, pyrophosphate ■ 15 gélatino-bromure.

**SELACIEN :** 4 ange, raie*, scie ■ 6 requin*, squale ■ 8 émissole, torpille ■ 9 roussette ■ 11 poisson-scie.

**SELECTION :** 5 choix* ■ 7 casting, testage ■ 8 élection, panmixie, sélecter, sélectif ■ 9 sélecteur ■ 11 sélectivité ■ 12 sélectionner ■ 13 néo-darwinisme, sélectionneur, sélectivement ■ 14 documentaliste.

**SELECTIONNER :** 5 écran, trier* ■ 7 choisir*, nominer.

**SELENIEUX :** 8 sélénite.

**SELENIQUE :** 8 sélénate ■ 9 séléniate.

**SELENIUM :** 2 se ■ 8 sélénite ■ 9 séléniate, sélénieux, sélénique, séléniure.

**SELENOGRAPHIE :** 15 sélénographique.

**SELF :** 12 pupinisation.

**SELF-INDUCTION :** 4 self ■ 8 inductif ■ 14 self-inductance.

**SELF SERVICE :** 4 self.

**SELLE :** 3 bât ■ 5 arçon, baron, bidet, bride, fonte, tenue ■ 6 bridon, sangle ■ 7 pommeau, sanglon, sellier, surfaix ■ 8 diarrhée, épreinte, quartier, sellerie, sellette ■ 9 desseller, ensellure, excrément* ■ 10 coprologie, martingale ■ 11 troussequin ■ 12 constipation ■ 13 porte-étendard ■ 14 porte-étrivière.

**SELLETTE :** 6 jockey.

**SELLER :** 5 bâter ■ 7 sangler ■ 9 desseller.

**SELLIER :** 5 alêne ■ 8 paumelle, sellerie.

**SELON :** 6 d'après, jouxte ■ 7 suivant ■ 12 conformément.

**SEMAILLES :** 13 ensemencement.

**SEMAINE :** 5 férié, jeudi, lundi, mardi, saint ■ 6 samedi ■ 7 week-end ■ 8 dimanche, huitaine, mercredi, mi-carême, vendredi ■ 9 quinzaine, semainier ■ 10 officiante ■ 11 hebdomadier ■ 12 hebdomadaire ■ 14 bi-hebdomadaire.

**SEMANTIQUE :** 5 lexie ■ 10 sémantisme ■ 11 sémanticien ■ 12 sémasiologie ■ 13 autoréférence, onomasiologie ■ 14 sémantiquement.

**SEMAPHORE :** 12 sémaphorique.

**SEMBLABLE :** 3 tel ■ 4 égal*, même*, pair, tige, type ■ 5 afin, autre, racer ■ 6 kif-kif, pareil, propre ■ 7 adéquat ■ 8 analogue, conforme, homogène, monotone, uniforme ■ 9 assimiler, différent, homologue, identique, parallèle, similaire ■ 10 approchant, équivalent, isoédrique, similitude, uniformité ■ 11 anamorphose, ressemblant ■ 12 assimilation, dissemblable, parallélisme ■ 13 semblablement.

**SEMBLANT :** 6 aspect, simili ■ 7 feindre ■ 9 simulacre.

**SEMBLER :** 3 air ■ 8 paraître* ■ 10 apparaître.

**SEME:** 7 sémène ■ 7 sémique.
**SEMEIOLOGIE:** 5 sémie ■ 13 séméiologique ■ 15 symptomatique.
**SEMELLE:** 4 fart ■ 5 patin, talon ■ 6 samara ■ 7 crampon ■ 8 cambrure, première, raquette ■ 9 compensée ■ 10 molleterie, ressemeler ■ 12 pied-de-chèvre.
**SEMENCE:** 4 loge ■ 5 fruit, germe, grain*, pépin, semis ■ 6 collet, graine*, sperme ■ 7 embryon, plumule, séminal, tigelle ■ 8 plantule, radicule ■ 9 broquette ■ 10 ensemencer ■ 12 décuscuteuse.
**SEMEN-CONTRA:** 9 santonine.
**SEMER:** 5 semis ■ 7 diaprer, diviser, épandre, planter ■ 8 emblaver, parsemer*, propager, répandre*, ressemer, semaille, sursemer ■ 10 disséminer, engazonner, ensemencer.
**SEMESTRE:** 10 semestriel.
**SEMI-CONDUCTEUR:** 9 thyristor.
**SEMILLANT:** 5 agile.
**SEMINAIRE:** 11 séminariste.
**SEMIOLOGIE:** 10 sémiologue ■ 12 sémiologique.
**SEMIOTIQUE:** 11 sémioticien ■ 12 sémiologique, signalétique.
**SEMI-PUBLIC:** 10 parastatal.
**SEMIS:** 7 semence ■ 8 démarier, pré-gazon ■ 13 éclaircissage, ensemencement.
**SEMITE:** 5 arabe ■ 7 araméen ■ 8 akkadien ■ 9 amharique, israélite, phénicien, sémitique, sémitisme.
**SEMITIQUE:** 10 sémitisant.
**SEMNOPITHEQUE:** 6 colobe.
**SEMOIR:** 8 hérisson ■ 9 rayonneur.
**SEMONCE:** 8 abattage, reproche* ■ 10 réprimande*.
**SEMONCER:** 11 réprimander*.
**SEMOULE:** 4 gari ■ 5 kacha, kache ■ 9 semoulier ■ 10 semoulerie.
**SENAT:** 4 veto ■ 5 boulê, curie, légat ■ 8 sénateur ■ 9 laticlave ■ 10 sénatorial, sénatorien ■ 11 sénatorerie ■ 12 référendaire ■ 15 sénatus-consulte.
**SENECHAL:** 4 mage, maje.
**SENESTRE:** 5 bande, barre, flanc ■ 6 gauche ■ 9 contourné.
**SENILE:** 14 presbyophrénie.
**SENILITE:** 3 âge ■ 6 sénile ■ 10 gérontisme, vieillesse*.
**SENNE:** 7 senneur.
**SENOLOGIE:** 9 sénologue.
**SENS:** 3 vue ■ 4 doux, goût, ouïe, tact, tête, voie ■ 5 biais, chant, juste, large, objet, obvié, repos, sensé, sourd, trope, vanne ■ 6 cousin, esprit, gnosie, odorat, palais, raison, semène ■ 7 charnel, jugeote, sagesse, sensuel, volupté ■ 8 coulisse, hyponyme, illusion, impulser, jugement, littéral, modifier, radotage, sapience, sensible, syllepse, synonyme, univoque ■ 9 acception, ballotter, bousculer, contre-fil, délicieux, dextrorse, équivoque, inflexion, inverseur, lato sensu, particule, phénomène, pléonasme, polysémie, propriété, ravissant, sensation*, sensoriel, tête-bêche ■ 10 alternatif, conception, contre-jour, contrepoil, contresens, dextrorsum, équivalent, hyperonyme, impression, jouissance, palindrome, redresseur, sensualité, vibrionner ■ 11 allégoriser, asémantique, connotation, contre-fugue, déraisonner, extravaguer, monosémique, philosophie, sensualisme ■ 12 discernement, embourgeoisé, encliquetage, longitudinal, raisonnement ■ 13 contre-courant, équilibration, extra-sensible, imperceptible, rebroussement, signification, suprasensible ■ 14 extrasensoriel.
**SENSATION:** 4 aura, tact ■ 5 froid, odeur, pâmer, sonie ■ 6 phanie ■

7 agnosie, aigreur, chaleur, fatigue, flaveur, gimmick ■ 8 esthésie, euphorie, excitant, sensitif ■ 9 acouphène, agacement, futurisme, phosphène ■ 10 chatouille, impression, insensible, oppression, perception*, picotement, télépathie ■ 11 cénesthésie, kinesthésie, paresthésie, photophobie, prémonition, sensualisme, sophrologie, spatialiser, synesthésie, température ■ 12 cœnesthésie, sensationnel, tiraillement ■ 13 fourmillement, hallucination, proprioceptif, réverbération, spectaculaire ■ 14 chatouillement ■ 15 sensorimétrique.

**SENSATIONNEL:** 5 sensa ■ 6 sensas ■ 7 sensass ■ 8 étonnant* ■ 10 formidable.

**SENSE:** 4 sage*, sain ■ 5 idiot ■ 9 sensément ■ 11 intelligent.

**SENSIBILISATEUR:** 13 sensibilisant.

**SENSIBILISER:** 15 sensibilisateur.

**SENSIBILITE:** 3 iso ■ 4 coma, émoi, nerf, zona ■ 5 aride, bonté, chair, fibre, froid ■ 6 transe ■ 7 analgie, feeling, syncope ■ 8 esthésie, hystérie, informel ■ 9 analgésie, émotivité, éthériser, sentiment ■ 10 anesthésie, catalepsie, entrailles, narcotique ■ 11 anaphylaxie, anesthésier, audiogramme, baresthésie, sensiblerie ■ 12 anesthésique, esthésiogène, extéroceptif, flegmatisant, hyperacousie, hypoesthésie, intéroceptif, stéréognosie ■ 13 antibiogramme, biomagnétisme, dermatoptique, hyperesthésie, hypersensitif, insensibilité, sensibilisant, syringomyélite ■ 14 désensibiliser, endurcissement, proprioception, thermotactisme ■ 15 extérorécepteur, extéroceptivité, intéroceptivité, radiorésistance, sentimentalité.

**SENSIBLE:** 3 vif ■ 4 halo ■ 5 image ■ 6 émotif, humain, stigma, tendre ■ 7 cabrage, visible ■ 8 douillet, palpable, tangible ■ 9 sans-cœur ■ 10 compassion, impalpable ■ 11 sentimental, susceptible ■ 12 chatouilleux, chémocepteur, impondérable, matérialiser, sensibiliser, sensiblement ■ 13 hypersensible, photosensible, suprasensible, ultrasensible ■ 14 chémorécepteur, panchromatique ■ 15 impressionnable.

**SENSIBLERIE:** 11 sensibilité.

**SENSITIF:** 4 nerf ■ 8 thalamus ■ 12 fémoro-cutané.

**SENSITIVE:** 6 mimosa.

**SENSORIEL:** 8 limbique ■ 9 récepteur, sensation ■ 11 télesthésie ■ 13 sensorimoteur ■ 14 extrasensoriel ■ 15 mécanorécepteur.

**SENSUALITE:** 6 luxure ■ 7 passion, plaisir, volupté* ■ 8 débauche ■ 9 animalité ■ 10 bestialité.

**SENSUEL:** 9 luxurieux, sex-appeal ■ 10 voluptueux.

**SENTE:** 6 chemin*

**SENTENCE:** 3 mot ■ 6 diction, maxime*, parole, pensée, slogan ■ 8 gnomique, interdit, jugement ■ 9 arbitrage ■ 11 sapientiaux, sentencieux.

**SENTENCIEUX:** 10 emphatique* ■ 13 prudhommesque.

**SENTEUR:** 5 odeur*.

**SENTIER:** 2 g.r. ■ 4 laie ■ 5 layer, layon, sente ■ 6 chemin*, coulée ■ 9 glissoire, grimpette.

**SENTIMENT:** 3 foi ■ 4 avis, émoi, fiel, goût, mine, muet, œil, peur, rire, self, sens, tact, vide, voix ■ 5 affre, amour*, blâme, bonté, cœur, envie, froid, haine, honte, larme, piété, pitié, sacré ■ 6 amitié, ardeur, colère, dédain, mépris, sûreté ■ 7 aménité, charité, égoïsme, émotion*, hommage, honneur, loyauté, mal-être, opinion*, probité, respect, trouble ■ 8 affectif, chasteté, civilité, complexe, concorde, cupidité, démesuré, détresse, dévotion, égotisme, excitant, fidélité, homogène, humanité, inimitié, jalousie, jugement, largesse, religion, scrupule, véracité ■ 9 affection, altruisme, animosité, communier, confiance, constance, déplaisir, dissimulé, émulation, éveilleur, expansion, expressif, exubérant, honnêteté, hostilité, mouvement, palinodie, pantomime, paroxysme, politesse, retourner, tendresse, transport ■ 10 abnégation, abréaction, admiration, affabilité, compassion, conscience, dévouement, dissension, espressivo, esthétique, exactitude, exécration, expression, générosité, hypocrisie, moralement, obligeance, perception, prosopopée, satisfaire, sécheresse, solidarité, tartuferie ■ 11 affectivité, amour-propre, attachement, dégoûtation, délicatesse, détachement, édification, haut-le-cœur, indignation, magnanimité, militarisme, miséricorde, religiosité, sensibilité, sentimental ■ 12 autopunition, bienfaisance, complaisance, dissentiment, enthousiasme, incomplétude, superstition ■ 13 bienveillance, commisération, démonstration, déréalisation, inaffectivité, philanthropie, pressentiment ■ 14 mélodramatique, philhellénisme, républicanisme ■ 15 contre-transfert, sentimentalisme.

**SENTIMENTAL :** 5 scène ■ 6 tendre ■ 9 cantilène ■ 14 sentimentalité.

**SENTINE :** 7 cloaque.

**SENTINELLE :** 5 vigie ■ 7 guérite, vedette ■ 8 consigne ■ 12 factionnaire.

**SENTIR :** 4 puer ■ 5 humer, pifer, sévir ■ 6 musser, piffer ■ 7 blairer, flairer, fleurer, trouver ■ 8 éprouver*, lanciner, rayonner, répondre, sensitif ■ 9 chlinguer, intactile, ressentir, subodorer ■ 10 schlinguer ■ 11 chatouiller, coprophilie ■ 12 pestilentiel.

**SEOIR :** ■ 5 aller ■ 6 coller, ganter ■ 8 arranger, convenir ■ 9 avantager ■ 10 accommoder.

**SEPALE :** ■ 5 fleur, limbe ■ 6 casque ■ 9 sépaloïde ■ 10 gamosépale ■ 11 dialysépale.

**SEPARANT :** ■ 13 interquartile.

**SEPARATION :** ■ 2 ab, de, di ■ 3 abs, dis ■ 4 raie, stop ■ 5 borne, coupe, fente, fossé, joint, ligne, tmèse ■ 6 césure, triage ■ 7 abandon*, cassure*, clôture, crémage, dicrèse, élution, isotron, rupture*, schisme, sécante, section, ventage ■ 8 division, effusion, fracture, incision, jointure, plancher, scission, secoueur, synérèse ■ 9 déchirure, décousure, inégalité, languette, liquation, mésopause, sécession, séparatif, sérialité ■ 10 découplage, dégagement, déhiscence, délaminage, différence, dissidence, écartement, fractionné, interfluvé, interstice, intervalle, relégation, spéciation, tropopause ■ 11 abstraction, démarcation, disjonction, dislocation, dissolution, distinction, exfoliation, pelliculage, ségrégation, stéréotomie, terminateur ■ 12 coupellation, écartèlement, interruption ■ 13 déclenchement, décomposition, déglutination, désagrégation, sectionnement, séquestration ■ 14 centrifugation, débrouillement, démultiplexage, discrimination, électrodialyse, électrophorèse, fractionnement ■ 15 chromatographie.

**SEPARE :** ■ 3 pur ■ 4 seul ■ 5 barré, isolé ■ 6 absolu, dégagé, unique ■ 7 indivis ■ 8 abstrait, disjoint ■ 9 cloisonné, dissident ■ 10 désincarné, discontinu, interphase ■ 11 dialypétale, dialysépale, indépendant, inséparable, particulier ■ 12 intersession, pattinsonage, schismatique.

**SEPARER :** ■ 5 drège, fêler, garer, scier, trier ■ 6 casser, cliver, couper, épurer, exiler, fendre, isoler*, lâcher, monder, ouvrir, partir, sevrer, zester ■ 7 classer, craquer, cribler, débiter, démêler, déramer, désunir, diviser*, écarter, écrémer, émonder, essorer, espacer, inciser, laisser, quitter, sarcler, scinder, tamiser ■ 8 analyser, bât-flanc, cloîtrer, colature, débander, débraser, déchirer, décoller, découdre, détacher*, dévisser, diverger, divorcer, écailler, éloigner, éplucher, épulpeur, exfolier, fourcher, morceler, partager*, refendre, reléguer, répudier, trancher ■ 9 abstraire, bifurquer, découpler, décroiser, dédoubler, démembrer, démoduler, dessiller, dessouder, détailler, discerner, disloquer, disperser, dissocier*, dissoudre, distraire, écarteler, échanvrer, fracturer, expatrier, ouvraison, séparable ■ 10 classifier, cloisonner, débrancher, déclencher, décomposer, disjoindre, distinguer, distribuer, extracteur, fragmenter, sectionner, ségrégatif, séparateur, séparation, séquestrer, subdiviser ■ 11 débrouiller, déconnecter, dégasoliner, désassocier, désapparier, désassortir, discriminer, fractionner, interrompre, séparatisme ■ 12 désaccoupler, désassembler ■ 13 décentraliser, désincorporer, hydroclasseur, intervallaire, plasmaphérèse, ségrégabilité.

**SEPIA** : 9 aquatinte.

**SEPT** : 5 gamme, sages ■ 6 lindor ■ 7 septain, septule, septuor ■ 8 septième, septuler ■ 9 heptaèdre, heptagone, septennal, septupler ■ 10 heptacorde, heptamètre, heptarchie, heptathlon, septénaire ■ 12 heptasyllabe.

**SEPTANTE** : 11 septantaine.

**SEPTEMBRE** : 10 septembral ■ 13 septembriseur ■ 14 septembrisades.

**SEPTENNAL** : 12 septennalité.

**SEPTENTRION** : 4 nord* ■ 7 anordir.

**SEPTICEMIE** : 14 septicopyoémie.

**SEPTICISME** : 12 septicémique.

**SEPTIEME** : 4 none, sept ■ 5 nones ■ 7 septidi, septimo ■ 8 germinal ■ 10 sabbatique ■ 12 climatérique, septièmement.

**SEPTIQUE** : 9 aseptique, septicité.

**SEPTULE** : 8 septuler.

**SEPTUM** : 6 septal.

**SEPULCRE** : 5 tombe* ■ 9 sépulcral.

**SEPULTURE** : 5 fosse, tombe* ■ 6 caveau, crypte, voirie ■ 7 syringe, tombeau, tumulus ■ 8 charnier, mausolée, monument, sépulcre ■ 9 cénotaphe, cimetière, nécropole ■ 10 concession ■ 11 enterrement.

**SEQUENCE** : 5 truca ■ 6 insert, monème ■ 9 flash-back, ophiolite ■ 10 séquentiel ■ 13 sous-programme.

**SEQUESTRE** : 5 dépôt ■ 10 séquestrer.

**SEQUESTRER** : 8 enfermer* ■ 13 séquestration.

**SEQUOIA** : 12 wellingtonia.

**SERAIL** : 5 harem ■ 7 eunuque.

**SERANCER** : 5 séran ■ 9 sérançage.

**SERAPHIN** : 4 ange ■ 10 séraphique.

**SERAPIS** : 8 sérapéon, sérapeum, sérapion ■ 9 sérapéion.

**SEREIN** : 5 calme*, clair ■ 8 sérénité ■ 10 rasséréner ■ 11 sereinement.

**SERENADE** : 5 chant* ■ 6 tapage ■ 7 concert*.

**SERENITE** : 5 calme*, nuage ■ 7 épanoui ■ 10 aquanimité ■ 11 pondération ■ 12 tranquillité*.

**SEREUSE** : 7 hygroma ■ 9 péricarde, péritoine.

**SEREUX** : 8 babeure ■ 11 hydarthrose.

**SERF** : 5 franc, glèbe, ilote ■ 6 paysan ■ 7 esclave*, servage ■ 9 chassement, servitude ■ 10 formariage ■ 11 manumission.

**SERFOUETTE** : 8 serfouir ■ 12 serfouissage.

**SERFOUIR** : 9 serfouage.

**SERICICULTURE** : 4 soie ■ 7 strasse.

**SERIE** : 3 jeu ■ 4 suée ■ 5 cycle, gamme, lacet, quine, suite*, train ■

6 phylum, quarte, quinte, sériel, tiercé ■ 8 beaucoup*, billette, chapelet, huitaine, instance, kyrielle, séquelle, séquence, trentain ■ 9 check-list, évolution, hexacorde, multitude*, ontogénie, opération ■ 10 confection, matriochka, ontogenèse, ribambelle, sister-ship, succession* ■ 11 carambolage, convergence, échafaudage, embryogénie, orthogenèse ■ 12 embryogenèse, fibrillation, interclasser ■ 15 échantillonnage.

**SERIELLE :** 10 sérialisme.

**SERIER :** 6 ranger ■ 9 sériation.

**SERIEUX :** 4 posé, vrai* ■ 5 frime, froid, grave* ■ 6 solide ■ 7 gravité ■ 8 fantoche, faribole ■ 9 baliverne, important*.

**SERIN :** 6 canari ■ 9 serinette.

**SERINER :** 7 ennuyer, répéter*.

**SERINGUE :** 5 canon ■ 6 piston ■ 7 clysoir ■ 9 injecteur, seringuer ■ 10 irrigateur.

**SERMENT :** 4 juré, vœu* ■ 5 jurer, leude, lever ■ 7 parjure ■ 8 jurement, promesse* ■ 9 affidavit, juratoire ■ 10 assermenté ■ 11 assermenter, supplétoire ■ 14 assermentation.

**SERMON :** 5 avent, point, texte ■ 6 prêche ■ 7 homélie, station ■ 8 discours* ■ 11 exhortation, prédication, sermonnaire.

**SERMONNER :** 11 réprimander*.

**SERODIAGNOSTIC :** 11 séronégatif.

**SEROLOGIE :** 11 sérologique, sérologiste.

**SEROPOSITIF :** 12 séroposivité.

**SEROSITE :** 6 séreux ■ 8 vésicule ■ 9 phlyctène ■ 10 hydropisie ■ 14 hydropéricarde.

**SERPE :** 5 gouet ■ 8 élagueur, fauchard, faucille*, serpette ■ 9 fauchette ■ 10 ébranchoir.

**SERPENT :** 3 boa ■ 4 dard, érix, naja ■ 5 cobra, devin, échis, élaps, hydre, lamie, nœud, orvet, queue ■ 6 chaîne, corail, dragon, exuvie, guivre, molure, python, uræus ■ 7 cécilie, élaphis, eunecte, nasique, pélamis, plature, vouivre ■ 8 anaconda, corallin, lunettes, ophidien, pélamide, pélamyde, platonie, serpente, sonnette, vipéridé* ■ 9 colubridé, coronelle, couleuvre, serpenter ■ 10 acrochordo, amphiptère, amphisbène, anguiforme, fer-de-lance, ophiologie, serpenteau ■ 12 hypétodryas, ophiographie, serpentement ■ 11 acrochordus, ophiolâtrie ■ 14 trigonocéphale.

**SERPENTAIRE :** 10 secrétaire.

**SERPENTINE :** 7 olivine, ollaire.

**SERPILLIERE :** 7 panosse.

**SERPOLET :** 4 thym ■ 9 farigoule.

**SERRAGE :** 3 jeu ■ 6 claver ■ 10 garde-frein.

**SERRATULE :** 8 sarrette, serrette.

**SERRE :** 3 dru ■ 4 gêne ■ 5 clair, cycas, épais, lâche, liure, nœud, ongle, panné, vanda ■ 6 ajusté, chiche, étroit*, serrer ■ 7 adiante, boudiné, compact ■ 8 forcerie, whipcord ■ 9 clairsemé, desserrer, éclaircir, épaisseur, orangerie, palmarium, ristrette, ristretto.■ 10 tillandsia ■ 12 tradescantia.

**SERRE-LIVRES :** 11 appui-livres ■ 12 appuie-livres.

**SERRER :** 4 coin, lier ■ 5 bahut, écrin, écrou, fenil, huche, lacer, lacet, pince, prise ■ 6 bander, brider, cacher, ferler, garder, mordre, pincer*, ranger, ronger, saisir, tordre, visser ■ 7 amasser, bloquer, boucler, carguer, coffrer, coincer, enlacer, prendre, presser*, remiser, rentrer, sangler, souquer, traquer ■ 8 boudiner, corseter, emballer, enfermer, enserrer, entasser, froisser, mordache, ramasser, réserver ■

9 constiper, embrasser, empoigner, encaisser, encoffrer, engranger, épreindre, esquicher, étrangler, étreindre, garrotter, ligaturer, rencogner, renfermer, resserrer *, serrement, serre-tête ■ 10 astreindre, cartonnier, compresser, empaqueter, serre-joint ■ 11 emmagasiner, serre-freins ■ 12 serre-papiers.

**SERRURE :** 4 clef, pêne ■ 5 gâche, pompe, rouet ■ 6 bénard, loquet, verrou ■ 7 bénarde, cadenas, crochet, écusson, encoche, fermoir, palâtre, platine ■ 8 barillet, gâchette, palastre, panneton, targette ■ 9 bec-de-cane, crocheter, fermeture, houssette, loqueteau ■ 10 bouterolle, cramponnet, crocheteur, effraction, verterelle ■ 11 cache-entrée.

**SERRURERIE :** 9 serrurier ■ 10 scellement ■ 11 ferronnerie.

**SERRURIER :** 4 râpe ■ 5 forge ■ 6 étampe ■ 8 ferrière ■ 9 rossignol ■ 10 serrurerie.

**SERT :** 9 dérivatif, imprimant, ostéogène ■ 10 saltatoire ■ 11 illustratif ■ 13 communicateur.

**SERTIR :** 8 emboîter ■ 9 chatonner, enchâsser ■ 10 sertissage, sertisseur, sertissure.

**SERUM :** 4 roux, sang ■ 5 cruol, cruor ■ 7 sérique ■ 8 sérosité ■ 9 sérologie ■ 11 agglutinine, inoculation ■ 12 sérothérapie ■ 15 sérovaccination.

**SERVAGE :** 9 servitude*.

**SERVANT :** 3 lai ■ 8 tankiste.

**SERVANTE :** 4 maid ■ 5 bonne, fille, gouge, nurse ■ 6 duègne ■ 7 boniche, lingère ■ 8 serveuse, souillon ■ 9 camérière, camériste, soubrette ■ 10 ancillaire, cendrillon, chambrière, cuisinière, domestique*.

**SERVEUR :** 6 barman, garçon ■ 7 barmaid ■ 9 maritorne.

**SERVEUSE :** 7 barmaid ■ 10 sommelière.

**SERVIABLE :** 11 complaisant* ■ 12 serviabilité ■ 13 serviablement.

**SERVICE :** 3 ace ■ 4 obit, r.n.i.s., s.a.m.u. ■ 5 cadet, cadre, carte, congé, extra, garde, grâce, hôtel, impôt, ligne, major, marin, monté, oblat, poste, quart, salle, solde, spahi, stylé, télex, train, usage, utile, valet ■ 6 amitié, faveur, office, relève ■ 7 cabaret, chiffre, dessert, mouroir, offreur, plaisir, préposé, prester, télétex, travail, utilité, voucher ■ 8 activité, attacher, batelage, bienfait*, chaloupe, desserte, liturgie, marmiton, milicien, traction ■ 9 bénévolat, bon office, chiffreur, desservir, hiérodule, luminaire, mobiliser, mortuaire, objecteur, odalisque, personnel, reportage, serviable, serviteur, sommelier, tête-à-tête ■ 10 antrustion, après-vente, audiencier, baleinière, chambellan, demoiselle, dévouement, domestique, intendance, malle-poste, mercenaire, messagerie, obligeance, permanence, prestation, téléalarme ■ 11 gardiennage, télématique, vaguemestre, volontariat ■ 12 complaisance, comptabilité, distribution, inauguration, libre-service, organigramme, prémilitaire, rémunération, standardiste, téléphoniste, voiture-poste ■ 13 collectiviser, surintendance, transmission ■ 14 administration, concélébration, initialisation, péritéléphonie ■ 15 fonctionnariser, radio-messagerie, wagon-restaurant.

**SERVIETTE :** 5 linge ■ 6 essuie ■ 7 torchon ■ 8 napperon ■ 14 porte-documents ■ 15 porte-serviettes.

**SERVILE :** 3 lai ■ 4 plat ■ 5 copie, valet ■ 6 abject, soumis, souple ■ 7 laquais, rampant ■ 8 lèche-cul, pied-plat ■ 10 académisme, obséquieux ■ 11 complaisant, servilement.

**SERVILITE :** 9 vassalité, vasselage ■ 10 obéissance.

**SERVIR :** 4 user* ■ 5 aider*, mener, moyen, parer, punir, ruser, usage, usuel ■ 6 manier, renter ■ 7 essayer, motiver, piloter ■ 8 apprêter,

assister, attester, disposer, éclairer, inspirer, paumoyer, pourvoir, profiter, recourir, seconder, utiliser* ■ 9 cornaquer, exploiter, favoriser, klaxonner, parrainer, raisonner, resservir, témoigner ■ 10 corroborer, dévouement, intercéder, intervenir, téléphoner ■ 11 entremettre.
**SERVITE :** 14 blancs-manteaux.
**SERVITEUR :** 3 boy, lad ■ 4 page ■ 5 cavas, groom, valet* ■ 6 bedeau, cocher, diacre, écuyer, larbin, suisse ■ 7 acolyte, esclave, laquais, licteur, piqueur, portier ■ 8 brosseur, camérier, chasseur, frotteur, huissier, marmiton ■ 9 chauffeur, concierge, cuisinier, majordome, officieux, sommelier ■ 10 chambellan, domestique* ■ 11 palefrenier.
**SERVITUDE :** 4 joug ■ 5 alleu ■ 7 liberté, servage ■ 9 esclavage, servilité, vassalité, vasselage ■ 10 dépendance*, franc-alleu ■ 13 subordination ■ 14 asservissement.
**SESQUINOXYDE :** 8 hématite.
**SESSION :** 4 jury ■ 6 séance* ■ 12 intersession.
**SET :** 3 jeu.
**SETIER :** 4 mine.
**SETON :** 8 exutoire.
**SEUIL :** 3 pas ■ 5 porte ■ 7 liminal ■ 9 liminaire ■ 19 subliminal ■ 13 esthésiomètre.
**SEUL :** 2 un ■ 4 mono, solo ■ 5 isolé*, masse, prime, skiff ■ 6 aparté, ermite, seulet, simple, unique* ■ 7 esseulé, sauvage, unanime ■ 8 bungalow, délaissé, échelier, farouche, individu, monobloc, monogame, monorail, solitude ■ 9 contracté, monarchie, monoacide, monogamie, monolithe, monologue, monomètre, monopsone, monoptère, seulement, singleton, solitaire, unicolore ■ 10 monochrome, monologuer, monomoteur, monoplégie, monosépale, unifilaire, unilatéral ■ 11 monoculaire, monographie, monoïdéisme, monosémique, particulier ■ 12 hypostatique, monolithique, unipersonnel ■ 14 holophrasique, monocotylédone, monosyllabique.
**SEVE :** 3 suc* ■ 4 vert ■ 7 miellat ■ 8 faisceau, vaisseau ■ 9 dessévage.
**SEVERE :** 3 dur* ■ 4 rude ■ 5 grave*, vache ■ 6 acerbe, strict ■ 7 austère*, cerbère, relâché , vachard ■ 8 aigrelet, cinglant, relâcher ■ 9 châtiment, rigoriste, rigoureux* ■ 10 aristarque, castrateur, inexorable ■ 11 démolissage, sourcilleux.
**SEVERITE :** 4 dure ■ 7 rigueur* rudesse ■ 8 acerbité, rigidité ■ 9 austérité ■ 10 sévèrement ■ 11 relâchement.
**SEVICE :** 8 violence*.
**SEVILLE :** 8 sévillan.
**SEVIR :** 5 punir* ■ 6 régner ■ 9 endémique.
**SEVRER :** 6 priver* ■ 7 sevrage.
**SEXE :** 4 mâle, zizi ■ 5 amant, genre, homme, mixte, sexué ■ 6 gonade, libido, sexage, sexuel ■ 7 asexuel, dicline, étamine, femelle ■ 8 saphisme, sex-ratio, vénérien, virilité ■ 9 androgène, androgyne, fellation, frigidité, sexologie, sexonomie, sexualité, virilisme ■ 10 croisement, érotomanie, homosexuel, masochisme ■ 11 dimorphisme, nymphomanie, travestisme ■ 12 anaphrodisie, monocyclique ■ 14 intersexualité ■ 15 hétérogamétique.
**SEXISME :** 7 sexiste.
**SEXTE :** 4 none.
**SEXTUPLE :** 9 sextupler.
**SEXUALITE :** 9 sexologie ■ 10 sexualiser ■ 13 parasexualité ■ 15 hétérosexualité.
**SEXUEE :** 8 apomixie.

**SEXUEL :** 8 autosome ■ 12 désexualiser ■ 15 anaphrodisiaque.
**SEXUELLE :** 9 triolisme, zoophilie ■ 10 pédophilie, satyriasis ■ 11 nécrophilie ■ 12 autoérotisme ■ 13 spermatogonie.
**SEXUELLEMENT :** 3 m.s.t. ■ 12 nicolas-favre.
**SEYANT :** 8 habiller ■ 10 avantageux.
**SEYCHELLES :** 11 seychellois.
**SHAH :** 4 chah ■ 5 schah.
**SHAKO :** 6 casoar ■ 8 mirliton ■ 9 bourdalou, jugulaire ■ 15 sous-mentonnière.
**SHAMPOOING :** 11 shampouiner ■ 12 shampouineur.
**SHENODON :** 8 hattéria.
**SHERKO :** 6 plumet.
**SHILLING :** 5 pence, penny.
**SHINTO :** 4 sumo ■ 10 shintoïste.
**SHINTOÏSTE :** 5 torii.
**SHOGOUN :** 6 bakufu ■ 8 shogunal.
**SHOGOUNAL :** 8 samouraï.
**SHOOTER :** 4 shot.
**SHOPPING :** 10 magasinage.
**SHORT :** 8 flottant ■ 10 boxer-short, cuissettes.
**SHUNT :** 7 shunter ■ 8 shuntage.
**SIAL :** 4 sima ■ 8 sialique.
**SIAM :** 7 siamois
**SIBERIEN :** 4 élan ■ 5 renne ■ 6 ostyak ■ 8 mammouth, ostiaque, sibérien, zibeline ■ 9 petit-gris ■ 10 chamanisme ■ 13 transsibérien.
**SIBILATION :** 10 sifflement.
**SIBYLLE :** 5 devin* ■ 8 sibyllin.
**SIBYLLIN :** 5 caché ■ 6 obscur*.
**SICAIRE :** 9 meurtrier*.
**SICCATIF :** 12 cyclopentane.
**SICILE :** 7 marsala.
**SIDA :** 3 v.i.h. ■ 6 kaposi ■ 9 sidatique, sidologue ■ 10 rétrovirus ■ 13 pneumocystose.
**SIDATIQUE :** 6 sidéen.
**SIDERER :** 5 ébahir* ■ 9 foudroyer ■ 10 dépression, sidération.
**SIDERURGIE :** 6 cowper, larget ■ 12 sidérurgique.
**SIECLE :** 5 temps ■ 8 séculier ■ 9 séculaire ■ 10 millénaire ■ 11 séculariser ■ 12 bimillénaire ■ 13 séculairement.
**SIED :** 8 coiffant.
**SIEGE :** 4 banc*, base, bras, cour, pouf, sofa, sein ■ 5 batte, bidet, canne, cœur, divan, foyer, lever, séant, selle, trône ■ 6 canapé, centre, chaire, chaise, curule, pliant, stalle, tan-sad ■ 7 bergère, cacolet, cannage, canneur, cannier, capiton, dossier, trépied ■ 8 assiéger, balustre, bancelle, boudeuse, capitale, cathèdre, couseuse, domicile, escabeau, fauteuil*, fibrille, hélépole, marquise, ottomane, prie-dieu, primatie, sellette, tabouret ■ 9 assesseur, balancine, banquette, escabelle, filanzane, métastase, palanquin, patronage, porte-bébé, télésiège ■ 10 appui-nuque, balancelle, balançoire, bloc-sièges, bout-de-pied, capitonner, chauffeuse, obsidional, saint-siège, strapontin ■ 11 ambulatoire, miséricorde, officialité, tarabiscoté ■ 12 chloroplaste, escarpolette, rocking-chair ■ 13 apparentement ■ 15 dépressionnaire, transatlantique.
**SIEGER :** 5 tenir ■ 7 résider.
**SIEN :** 9 assimiler, plagiaire.
**SIESTE :** 7 sommeil* ■ 10 méridienne.

**SIFFLANT :** 8 sibilant ■ 9 chuintant ■ 10 sifflement, striduleux ■ 12 assibilation.
**SIFFLEMENT :** 3 pst ■ 5 psitt ■ 6 larsen ■ 9 acouphène ■ 10 sibilation.
**SIFFLER :** 4 huer* ■ 5 cygne, merle ■ 8 siffleur ■ 9 siffloter.
**SIFFLET :** 6 appeau, huchet, pipeau, sirène ■ 9 serinette.
**SIFFLOTER :** 12 sifflotement.
**SIGISBEE :** 8 cavalier.
**SIGLE :** 2 b.a., b.d., c.a., c.b., c.d., g.i., g.r., l.p., o.p., o.s., pc, p.v., q.g., q.i., q.s., si, u.v., z.i. ■ 3 abs, amp, a.t.p., b.e.p., b.t.p., b.t.s., caf, c.a.o., c.a.p., c.a.t., c.c.p., cdv, c.e.s., c.f.a., c.f.c., c.h.s., c.h.u., c.r.s., d.c.a., d.e.a., d.o.c., e.a.o., f.i.v., g.i.c., g.i.e., g.i.g., gmt, g.p.l., hiv, hla, h.l.m., i.a.d., i.m.c., i.r.m., i.s.f., i.u.t, i.v.g., lav, l.e.p., m.j.c., mos, m.s.t., n.b.c., o.n.g., o.p.a., o.p.e., p.a.o., p.m.u., p.o.s., pvc, q.c.m., q.h.s., q.s.p., q.s.r., rem, r.i.b., r.m.i., r.m.n., t.a.b., t.g.v., t.i.g., t.t.c., t.u.c., t.v.a., u.e.r., u.f.r., u.l.m., utm, v.i.h., v.i.p., v.r.p., v.s.n., z.a.c., z.a.d., z.i.f. ■ 4 adac, adav, afat, d.e.u.g., icbm, irbm, isbn, issn, lisp, logo, mirv, m.k.s.a., mrbm, m.s.b.s., p.e.g.c., r.n.i.s., s.a.m.u., sida, slbm, s.m.i.c., s.s.b.s., stol, t.v.h.d. ■ 5 awacs, c.a.p.e.s., c.a.p.e.t., cd-rom, cedex, cégep, d.e.u.s.t., m.a.t.i.f., orsec, sicav, t.a.b.d.t. ■ 6 fivete ■ 8 acronyme, logotype ■ 9 trigramme.
**SIGNAL :** 3 bip, feu, mât, sos, top ■ 4 gong, mire ■ 5 appel, fusée, signe*, vidéo ■ 6 bip-bip ■ 7 chamade, drapeau, vumètre ■ 8 balisage, cryptage, retraite, signaler ■ 9 claquette, couvre-feu, sémaphore ■ 10 annulement, auto-alarme, monophonie, préannonce ■ 11 avertisseur, chrominance, télégraphie ■ 12 multiplexage, signalétique, transmetteur ■ 13 avertissement*, signalisation* ■ 14 démultiplexage, vidéofréquence ■ 15 bioluminescence, échantillonneur, transmodulation.
**SIGNALE :** 7 insigne ■ 11 remarquable*.
**SIGNALEMENT :** 8 signaler ■ 12 signalétique.
**SIGNALER :** 5 citer, index ■ 7 accuser, avertir, marquer, montrer* ■ 8 dénoncer, désigner*, indiquer* ■ 9 signifier ■ 10 distinguer, tympaniser ■ 11 recommander ■ 12 signalétique.
**SIGNALISATION :** 5 block, borne, bouée ■ 6 signal*, sirène ■ 8 balisage ■ 9 cab-signal, cataphote, crocodile, sémaphore, signaleur, timonerie ■ 10 signaliser, télégraphe ■ 11 block-system, bloc-système, désignation ■ 12 signalétique ■ 13 radiobalisage, signification.
**SIGNATURE :** 4 faux, visa ■ 5 endos, sceau, seing ■ 6 griffe, parafe ■ 7 paraphe ■ 8 avaliser, parafeur ■ 9 parapheur ■ 10 blanc-seing, émargement, estampille, monogramme ■ 11 contreseing ■ 12 légalisation, post-scriptum, souscription.
**SIGNE :** 2 do, la, mi, pi, ré, si, ut ■ 3 clé, sol ■ 4 kana, lion, note, obel, plus, zéro ■ 5 bémol, comma, crêpe, deuil, dièse, galon, geste, heure, kanji, neume, nique, noter, obèle, pause, point, seing, tiret, toper, toton ■ 6 accent, augure, indice, marque, menace, preuve, signal*, verset ■ 7 annonce, auspice, balance, cédille, insigne, liaison, présage*, radical, silence, symbole, verseau, virgule ■ 8 accident, accolade, deleatur, exposant, iconique, notation, poissons, scorpion, symptôme ■ 9 armoiries, caractère, pronostic ■ 10 altération, apostrophe, astérisque, demi-soupir, deux-points, idéogramme, monogramme, parenthèse, sagittaire, sémiologie, syllabisme, tabulateur ■ 11 circonflexe, descripteur, diacritique, esperluette, exclamation, idéographie, phonogramme, séméiologie ■ 12 diagnostique, monétisation, point-virgule, porte-respect, prémonitoire, sémasiologie, sténographie, tha-

natologie ■ 13 avertissement*, interrogation ■ 14 arithmographie.
**SIGNER:** 7 émarger, parafer ■ 8 avaliser, cosigner, endosser, garantir, parapher ■ 9 approuver, capituler, légaliser, souscrire, témoigner ■ 10 signataire ■ 12 contresigner, cosignataire ■ 13 pétitionnaire.
**SIGNIFICATION:** 4 sens* ■ 5 terme ■ 6 esprit, lexème ■ 9 acception, extension, métaphore ■ 10 catégorème, comparatif, gestualité, intimation, sémantique, superlatif ■ 11 interpréter ■ 12 iconographie.
**SIGNIFIER:** 4 dire ■ 5 rimer ■ 6 donner, sommer ■ 7 définir, dénoter, intimer, marquer ■ 8 déclarer, désigner, entendre, exprimer, huissier, notifier, traduire ■ 9 expliquer, exploiter, témoigner ■ 10 comprendre ■ 11 débrouiller, interpréter, paraphraser, représenter ■ 12 insignifiant, significatif ■ 13 signification.
**SIKH:** 8 gurdwara.
**SILENCE:** 4 chut, paix ■ 5 calme, motus, pause, tacet ■ 6 omerta, secret ■ 7 museler, mutisme ■ 8 black-out ■ 9 confondre, demi-pause, obreption, réticence ■ 10 aposiopèse, bâillonner, demi-soupir, silencieux.
**SILENCIEUX:** 3 coi ■ 4 muet ■ 9 taciturne ■ 15 silencieusement.
**SILESIE:** 8 silésien.
**SILEX:** 5 chien, fusil ■ 7 caillou*, éolithe ■ 8 silicieux ■ 9 solutreen ■ 10 microlithe ■ 11 coup-de-poing.
**SILHOUETTE:** 5 ombre ■ 11 silhouetter.
**SILICATE:** 4 jade, talc ■ 5 béryl, écume, lapis ■ 6 albite, cérite, grenat, zircon ■ 7 épidote, leucite, péridot, thorite, zéolite ■ 8 actinote, aegyrine, calamine, disthène, émeraude, lazulite, pyroxène, saponite, siliceux, zéolithe ■ 9 amphibole, kaolonite, silicique, trémolite ■ 10 cordiériste, garniérite, serpentine, sidérolite, yttrialite ■ 11 chrysocolle, lapis-lazuli, sidérolithe ■ 12 borosilicate, ultrabasique ■ 13 feldspathoïde, hydrosilicate ■ 15 montmorillonite.
**SILICE:** 10 sous-saturé ■ 12 cristobalite.
**SILICIUM:** 2 si ■ 4 mica ■ 5 agate, alpax, émail, falun, gaize, jaspe, opale, silex, verre ■ 6 quartz, silane, silice, silique, spicule, tripoli ■ 8 siliceux, silicose, silicule ■ 9 diatomite, duralumin, silicique, siliciure, siliqueux, zirconium ■ 10 almasilium, calcédoine, silicicole ■ 11 carborundum, désiliciage ■ 13 feldspathoïde ■ 15 aluminosilicate.
**SILICOSE:** 8 silicosé ■ 11 silicotique.
**SILLAGE:** 5 trace* ■ 7 houache ■ 8 houaiche ■ 11 strioscopie.
**SILLON:** 4 raie, ride ■ 5 creux, enrue, rayon, serge, strie, trace ■ 6 buriné ■ 7 aglyphe, enrayer, sillage, striure ■ 8 dérayure, enrayure, labourer ■ 9 sillonner, sulcature, tectogène ■ 10 sulciforme.
**SILLONNER:** 9 canaliser, parcourir*.
**SILO:** 7 désiler, ensiler ■ 9 ensileuse.
**SILURE:** 11 poisson-chat.
**SILURIDE:** 7 clarias.
**SILURIEN:** 8 nautilus, scorpion ■ 9 tribolite ■ 10 calédonien, ordovicien ■ 11 cyathocrine.
**SIMAGREE:** 7 grimace* ■ 10 minauderie.
**SIMARUBACEE:** 7 ailante ■ 8 simaruba.
**SIMIEN:** 5 singe*.
**SIMILAIRE:** 4 même* ■ 7 connexe ■ 8 analogue, homogène ■ 9 semblable* ■ 10 similarité.
**SIMILIGRAVURE:** 9 similiste.
**SIMILISAGE:** 8 similisé ■ 9 similiser.
**SIMILITUDE:** 4 même ■ 7 connexe, parenté ■ 8 analogie* ■ 9 calembour, concorder ■ 10 homophonie ■ 11 comparaison ■ 13 dissimilitude.

**SIMONIE :** 10 simoniaque.
**SIMPLE :** 2 un ■ 3 fou, sot ■ 4 iode, naïf*, seul, zinc ■ 5 argon, azote, brome, façon, franc, germe, grâce, métal, niais, ortie, passé ■ 6 facile*, frugal, ingénu, pauvre, sphère ■ 7 affable, agreste, apprêté, austère, bonasse, candide, commode, grifton, modeste*, naturel, négligé, sincère, stéride ■ 8 bonhomme, boniface, causerie, familier, grossier, innocent, multiple, nicodème, primitif, rustique, sommaire, vulgaire ■ 9 simpliste ■ 10 réductible, simplement, simplicité, simplifier ■ 11 élémentaire ■ 12 présomptueux, rudimentaire.
**SIMPLEMENT :** 7 nuement, uniment ■ 8 bêtement ■ 10 uniquement ■ 13 naturellement.
**SIMPLET :** 5 niais* ■ 7 candide ■ 9 simplesse.
**SIMPLICITE :** 5 faste ■ 7 aisance, candeur*, naïveté*, naturel ■ 8 bonhomie, modestie*, nitouche ■ 9 franchise, ingénuité, innocence, niaiserie, rusticité, sincérité ■ 10 affabilité ■ 11 affectation, familiarité ■ 14 sainte-nitouche.
**SIMPLIFIEE :** 3 u.l.m
**SIMPLIFIER :** 7 réduire ■ 8 styliser ■ 9 démotique ■ 10 normaliser ■ 11 schématiser ■ 12 irréductible, simplifiable, standardiser ■ 14 simplificateur, simplification.
**SIMULACRE :** 5 messe ■ 7 fantôme*.
**SIMULATEUR :** 9 grimacier, hypocrite ■ 11 tire-au-flanc.
**SIMULATION :** 4 faux ■ 6 feinte* ■ 10 pathomimie ■ 13 dissimulation.
**SIMULER :** 5 jouer ■ 7 feindre, feinter, peindre ■ 8 affecter ■ 10 simulateur, simulation ■ 11 contrefaire.
**SIMULTANE :** 5 barré ■ 10 bande-vidéo.
**SIMULTANEE :** 7 cluster ■ 11 codominance ■ 15 multitraitement.
**SIMULTANEITE :** 4 avec ■ 5 unité ■ 7 combiné ■ 8 couplage ■ 9 simultané ■ 11 coexistence, coïncidence ■ 12 concomitance.
**SINAPISE :** 8 rigollot.
**SINAPISME :** 7 sénevol.
**SINCERE :** 4 rond, vrai ■ 5 franc*, loyal* ■ 7 sérieux ■ 9 insincère, sincérité ■ 11 sincèrement.
**SINCERITE :** 3 foi ■ 6 vérité ■ 8 épancher, fausseté, perfidie, véracité ■ 9 franchise* ■ 10 contrition ■ 11 insincérité.
**SINCIPUT :** 10 sinciputal.
**SINECURE :** 6 emploi* ■ 7 fromage ■ 8 fonction*.
**SINGAPOUR :** 12 singapourien.
**SINGE :** 3 saï ■ 5 drill, jocko, magot, patas, sajou ■ 6 colobe, guenon, papion, rhésus, simien, vervet ■ 7 alouate, capucin, entelle, fagotin, hurleur, nasique, pongidé, sagouin, saïmiri, sapajou, singeur, tamarin ■ 8 hapalidé, mandrill, singerie ■ 9 halophyte, hamadryas, simiesque ■ 10 arboricole*, lagotriche ■ 11 anthropoïde, brachiation, cynocéphale, lagothriche ■ 12 catarrhinien*, platyrhinien ■ 13 cercopithèque, platyrrhinien*, semnopithèque ■ 14 pithécanthrope.
**SINGER :** 5 mimer ■ 6 imiter*.
**SINGERIE :** 7 grimace* ■ 8 simagrée.
**SINGULARISER :** 10 distinguer* ■ 14 particulariser.
**SINGULARITE :** 6 rareté ■ 9 exception, nouveauté ■ 10 bizarrerie, trouvaille ■ 11 affectation ■ 13 particularité.
**SINGULIER :** 4 rare, seul ■ 5 drôle, inouï ■ 6 unique, numéro ■ 7 bizarre, curieux, épatant, étrange*, inconnu, inusité, nouveau ■ 8 étonnant, insolite, original ■ 9 collectif, différent, paradoxal ■ 10 phénoménal, stupéfiant, surprenant ■ 11 extravagant, particulier*, remarquable*, singularité ■ 12 étourdissant.

**SINISTRE :** 5 perte ■ 6 risque, triste* ■ 7 funèbre, malheur, mauvais ■ 8 incendie ■ 10 inquiétant ■ 12 sinistrement.
**SINN-FEIN :** 10 sinn-feiner.
**SINOLOGIE :** 9 sinologue.
**SINOLOGUE :** 8 sinisant.
**SINON :** 9 autrement.
**SINTERISER :** 13 sintérisation.
**SINUEUX :** 4 onde ■ 5 sinué, tordu ■ 8 ondulant, tortillé, tortueux ■ 10 méandrique ■ 11 serpigineux.
**SINUOSITE :** 3 pli ■ 4 onde ■ 5 ondée, repli ■ 6 détour, sinuer ■ 7 méandre ■ 10 ondulation.
**SINUS :** 7 cosinus, sinusal ■ 8 sinusien, sinusite ■ 9 cosécante, sinusoïde.
**SINUSOÏDAL :** 7 biphasé.
**SINUSOÏDE :** 10 sinusoïdal.
**SIOUX :** 5 sioux.
**SIPAHI :** 5 spahi.
**SIPHOMYCETE :** 10 zygomycète* ■ 11 phycomycète ■ 13 péronosporale ■ 14 péronosporacée*.
**SIPHON :** 8 siphoïde ■ 9 siphonner ■ 13 vide-bouteille.
**SIPHONOPHORE :** 8 physalie.
**SIRE :** 3 roi* ■ 8 seigneur*.
**SIRENE :** 6 pin pon.
**SIRENIEN :** 6 dugong ■ 7 rhytine ■ 8 lamantin.
**SIROCO :** 4 vent.
**SIROCCO :** 7 chergui.
**SIROP :** 4 café ■ 5 limon ■ 6 orgeat ■ 7 diacode ■ 8 acétomel, cocktail, sirupeux ■ 9 pèse-sirop, siroperie.
**SIRUPEUX :** 4 miel ■ 7 mélasse ■ 8 glycérol ■ 9 glycérine.
**SISAL :** 5 agave ■ 7 mayotte.
**SISMIQUE :** 11 sismométrie.
**SISMOGRAPHE :** 11 sismogramme.
**SISMOLOGIE :** 10 hydrophone ■ 12 sismologique.
**SISYMBRE :** 5 vélar ■ 9 rouquette.
**SITAR :** 6 sarode ■ 9 sitariste.
**SITE :** 3 vue ■ 4 lieu* ■ 9 sitologue ■ 10 technopôle ■ 15 sitogoniomètre.
**SITUATION :** 2 en, la ■ 3 gag, sur ■ 4 dans, état, gêne, port, sort, sous ■ 5 abcès, abois, avant, crise, degré, filon, fruit, nasse, ordre, passe, plumé, point, reste, stage, sujet ■ 6 destin, emploi*, gâchis, niveau ■ 7 fortune, new-look, planque, posture, sommité, terrain ■ 8 assiette, bien-être, consoler, destinée, détresse, échouage, embarras, fluidité, internat, non-droit, position* ■ 9 ambiguïté, condition, diglossie, féminisme, liquidité, sérialité, suremploi ■ 10 alignement, cafouillis, divergence, exposition, mal en point, médiocrité, neutralité, occupation, opposition, profession* ■ 11 arrangement, compte rendu, conjoncture, déconfiture, emplacement, heimatlosat, plein emploi, protectorat ■ 12 circonstance, indépendance, quelque chose ■ 13 interposition, juxtaposition, litispendance ■ 14 bipolarisation, postcommunisme ■ 15 curriculum vitae.
**SITUATIONNISME :** 14 situationniste.
**SITUE :** 4 bégu ■ 7 préoral ■ 8 cisalpin, grignard ■ 9 péridural ■ 10 périurbain, sous-cutané ■ 11 sous-orbital ■ 14 intervocalique ■ 15 intergalactique, intermusculaire.
**SITUER :** 3 sis ■ 6 placer*.
**SIVAISME :** 7 çivaïte ■ 8 çivaïste, sivaïste.
**SIX :** 5 sixte ■ 7 sénaire, sextine, sextuor ■ 8 hexaèdre, hexagone,

hexapode, semestre, sextolet, sextuple ■ 9 hexamètre, hexastyle, sextupler, sextuplés ■ 10 sexpartite ■ 11 tétradyname ■ 12 hexachlorure, hexafluorure.
**SIXIEME :** 3 six ■ 4 juin, tric ■ 5 sexte, sexto, trick ■ 7 sextant, sextide, sextidi, ventôse ■ 8 vendredi ■ 11 sixièmement.
**SKETCH :** 7 saynète.
**SKI :** 4 fart, stem ■ 5 skier, stemm ■ 6 stawug, zicral ■ 7 fondeur, monoski, ski-bob, spatule ■ 8 barefoot, biathlon, stakning, télémark ■ 9 hors-piste, motoneige ■ 10 antiglisse, hors-pistes, monte-pente ■ 11 christiania.
**SKI BOB :** 7 véloski.
**SKIER :** 7 skiable.
**SKIEUR :** 7 fondeur.
**SKUNGS :** 9 mouffette.
**SLALOM :** 8 slalomer ■ 9 slalomeur.
**SLAVE :** 4 kvas, kwas ■ 5 russe ■ 6 boiard, boyard ■ 7 bulgare, tchèque ■ 8 panslave, slaviser, slovaque ■ 9 askhénaze, slavisant, ukrainien ■ 10 biélorusse, cyrillique, slavophile ■ 11 panslavisme, serbo-croate, slavistique ■ 12 glagolitique.
**SLAVON :** 8 esclavon.
**SLEEPING-CAR :** 8 wagon-lit.
**SLIP :** 6 calcif ■ 7 calecif ■ 9 cache-sexe ■ 10 boxer-short.
**SLOGAN :** 10 expression.
**SLOOP :** 7 saurien.
**SMALT :** 8 mosaïque.
**SMASH :** 7 smasher.
**SMECTIQUE :** 9 bentonique.
**SMILLE :** 7 smiller ■ 8 smillage.
**SNOB :** 8 vaniteux ■ 9 snobinard.
**SOBRE :** 5 mulet, renne ■ 9 abstinent, sobrement, tempérant.
**SOBRIETE :** 5 avent, sobre ■ 7 retenue ■ 9 frugalité ■ 10 modération, tempérance ■ 12 intempérance.
**SOBRIQUET :** 6 surnom ■ 7 m'as-tu-vu ■ 10 riz-pain-sel.
**SOC :** 3 âge, cep ■ 5 bisoc ■ 7 rasette.
**SOCIABILITE :** 15 microsociologie.
**SOCIABLE :** 4 ours ■ 5 liant, singe ■ 7 affable, aimable ■ 8 farouche ■ 8 humaniser ■ 10 insociable ■ 11 accommodant, apprivoiser ■ 12 sociabiliser, sociablement.
**SOCIAL :** 5 firme, paria, pègre, titre ■ 6 isolat ■ 7 asocial ■ 8 clanisme, empathie, position ■ 9 condition, eugénisme, socialité, sociatrie ■ 10 antisocial, filmologie, gérontisme, socialisme, subsistant ■ 11 capitalisme, délinquance, organicisme, ouvriérisme, partenariat, sociogenèse, sociométrie ■ 12 antisociable, corporatisme, esclavagisme, médico-social, paternalisme, psychosocial, resocialiser, syndicalisme ■ 13 alculturation, collectivisme, matrilinéaire, socio-culturel ■ 14 abolitionnisme, industrialisme ■ 15 autosubsistance.
**SOCIALISME :** 6 contra ■ 8 kolkhoze, marxisme, socinien ■ 10 blanquisme, paupérisme ■ 11 autogestion, bolchevisme, libéralisme, ouvriérisme, socialisant, spartakisme ■ 12 coopératisme, paternalisme, travaillisme ■ 13 collectivisme.
**SOCIALISTE :** 6 radsoc.
**SOCIETAIRE :** 6 membre ■ 11 sociétariat ■ 12 unipersonnel.
**SOCIETE :** 4 chez, club, gage, pool, rang ■ 5 droit, élite, firme, furet, hanse, masse, mêlée, monde*, paria, parmi, prime, sicav, trust, usage ■ 6 cartel, corner, église, gratin, social, vaisya ■ 7 couvade,

fanfare, hétérie, holding, mondain, opéable, orphéon, science, wargame ■ 8 académie, armement, autour de, civilité, confrère, hétairie, institut, marraine, mutuelle, peuplade, racaille, recruter, sociable, syndicat, vindicte ■ 9 coalition, compagnie*, consortium, éducation, hors-la-loi, patronage ■ 10 bienséance, commandite, commandité, communauté*, douairière, ethnologie, fédération, privatisée, sauvagerie, secouriste, sociétaire ■ 11 actionnaire, association*, bourgeoisie, corporation, développeur, marianistes, sociabilité, socialement ■ 12 carbonarisme, civilisation, connaissance, culturologie, misanthropie, sociablement ■ 13 coparticipant, participation, sociobiologie ■ 14 archiconfrérie ■ 15 franc-maçonnerie, sociodramatique.

**SOCIOLOGIE :** 10 sociologue ■ 12 criminologie, sociologique, sociologisme, sociologiste.

**SOCIOMETRIE :** 13 sociométrique.

**SOCIOPOLITIQUE :** 5 thète.

**SOCLE :** 4 môle ■ 5 buste ■ 6 statif ■ 7 plinthe ■ 9 piédestal.

**SOCRATIQUE :** 10 maïeutique.

**SOCQUE :** 5 sabot.

**SOCQUETTE :** 7 sous-bas.

**SODA :** 9 long-drink.

**SODIQUE :** 7 viscose.

**SODIUM :** 2 na ■ 3 sel ■ 5 borax, dakin, émail, javel, soude ■ 6 désodé, halite, natron, natrum ■ 7 caliche, sodique ■ 8 aegyrine, cheddite, cryolite, lazulite, natrémie, oxylithe, salpêtre ■ 9 cryolithe, iconogène, néphéline ■ 11 aldostérone, bicarbonate, lapis-lazuli ■ 14 salidiurétique.

**SODOMIE :** 8 sodomite ■ 9 sodomiser.

**SŒUR :** 4 laie ■ 5 neveu, nièce, tante ■ 7 fratrie, sororal, sororat ■ 9 beau-frère, demi-sœur, sœurette ■ 10 grand-tante.

**SOFA :** 5 divan, siège* ■ 6 canapé.

**SOFFITE :** 7 plafond*.

**SOFTWARE :** 8 hardware.

**SOI :** 2 se ■ 3 lui ■ 5 en-soi, sézig ■ ■ 7 infatué, sérigue ■ 8 égotisme, inclusif, jalousie, maîtrise, modestie, posséder, toupiner ■ 9 accaparer, appliquer, assimiler, ontologie, trimbaler, vade-mecum ■ 10 suffisance ■ 11 infatuation, self-control ■ 12 introversion ■ 14 individualisme, individualiste.

**SOIE :** 3 vif ■ 4 aspe, gaze, lamé, porc, saie, saye, tors ■ 5 asple, batik, bysse, canut, châle, crêpe, damas, fichu, galon, ganse, grège, lacet, ligne, moire, natte, nylon, ouate, padou, panne, pékin, point, pongé, ruban, samit, satin, soyer, surah, tulle, voile ■ 6 armure, blonde, byssus, crépon, faille, lampas, lassis, liesse, padoue, sétacé, soyeux, tussor ■ 7 alépine, brocart, droguet, étamine, foulard, fleuret, peluche, schappe, soierie, strasse, velours ■ 8 chenille, dentelle, écheveau, fibroïne, florence, freluche, lisérage, lustrine, mantille, mouliner, organsin, orseille, picrique, popeline, séricine, sétifère, shantung, taffetas ■ 9 aiguillée, bourrette, chantoung, cordonnet, effiloche, grenadine, gros-pain, moulinage, pou-de-soie, satinette, shantoung, veloutine ■ 10 brocatelle, séricigène ■ 11 sérigraphie ■ 13 assouplissage, sériculture.

**SOIF :** 5 désir*, envie*, pépie ■ 6 besoin* ■ 8 adipisie, assoiffé ■ 9 anadipsie, assoiffer ■ 10 altération, désaltérer, dipsomanie ■ 14 rafraîchissant.

**SOIGNER :** 5 gâter, tenir ■ 6 choyer, élever, guérir*, panser* ■ 7 étudier, ménager, soucier, traiter ■ 8 cultiver, dorloter, mignoter, mitonner ■ 9 conserver, inquiéter, manucurer, prodiguer ■ 10 entretenir, magnétiser, travailler ■ 11 chouchouter ■ 13 précautionner.

**SOIGNEUX:** 8 brise-fer ■ 9 négligent ■ 13 soigneusement.

**SOI-MEME:** 4 auto ■ 8 enferrer, spontané, suicider, vanterie ■ 9 régressif, toupiller ■ 10 autoscopie, holocauste, soliloquer ■ 11 autodéfense, autotélique, complaisant, intrinsèque, présomption ■ 12 autodérision, extérioriser, présomptueux, récollection ■ 13 autocinétique, outrecuidance ■ 14 autoaccusation ■ 15 autodestruction.

**SOIN:** 4 cure*, mère, zèle* ■ 5 étude, santé, souci*, tenue, valet, volet ■ 6 poussé, soigné ■ 7 bobonne, hôpital, incurie, minutie*, nursage, nursing, soigner ■ 8 déguster, dentiste, fignoler, finition, grossier, guidance, manucure, négliger, présider, soignant, soigneur, soigneux, soucieux, stylisme, toilette ■ 9 attention, cold-cream, conserver, diligence, exécuteur, pansement, pédicurie, pomponner, poursuite, toiletter, vigilance, visagiste ■ 10 contempler, exactitude, inappliqué, jardinière, négligence, prévoyance, rechercher, sacristain, secourisme, torchonner, traitement ■ 11 application, cavalcadeur, dispensaire, gouvernante, sollicitude ■ 12 aide-soignant, basse-courier, cosmétologie, empressement ■ 13 consciencieux, esthéticienne, investigateur, précieusement, prémédication, soigneusement, thérapeutique ■ 14 phytosanitaire.

**SOIR:** 5 agape, dîner, rosée, salut, soupe, vêpre ■ 6 soirée, vêprée ■ 7 bonsoir, veillée, vesprée ■ 8 sauterie, vespéral ■ 9 après-midi ■ 10 après-dîner, lucernaire ■ 11 après-souper.

**SOIREE:** 4 boum.

**SOIXANTE:** 3 pic ■ 11 sexagénaire, sexagésimal, soixante-dix, soixantième.

**SOIXANTE-DIX:** 13 septuagénaire.

**SOIXANTIEME:** 6 tierce ■ 8 soixante.

**SOL:** 3 p.o.s. ■ 4 houe, mine, noue, pieu ■ 5 arbre, épigé, fonds, glèbe, groie, herse, nappe, patin, paver, puits, sonde, tapis, terre*, tombé, xyste ■ 6 endogé, podzol ■ 7 crasher, lançage, regatiu, terrain* ■ 8 cultural, dénitrer, latérite, lave-pont, lithosol, paléosol, pavement, permagol, plancher, rendzine ■ 9 adhériser, fondrière, halophyte, pédologie, réception, sulforage, terrefort ■ 10 anguillule, excavation, fouilleuse, pédogenèse, phréatique, stalagmite, tellurisme, tréfoncier ■ 11 agriculture, anthropique, azotobacter, colibacille, dénitrifier, ensellement, monoculture, polyculture, solifuxion, subsidience ■ 12 demi-position, déphospahter, géotechnique, porte-fenêtre, solifluction ■ 13 géliturbation, podzolisation, rez-de-chaussée.

**SOLAIRE:** 4 mois, raie ■ 5 cycle, marée, style ■ 6 gnomon ■ 8 actinite, évection, solarium ■ 9 lucimètre ■ 11 actinomètre ■ 12 chromosphère, solarigraphe, solarisation.

**SOLANACEE:** 5 tabac ■ 6 datura, piment, tomate ■ 7 morelle, pétunia ■ 8 coqueret, physalis ■ 9 alkékenge, aubergine, belladone, jusquiame, nicotiane, stramoine ■ 10 douce-amère, mandragore ■ 11 amour-en-cage ■ 12 pomme de terre.

**SOLARIUM:** 10 sanatorium.

**SOLDAT:** 2 g.i. ■ 3 v.s.n. ■ 4 bleu, gens, joue, port, prêt, rang, zaïm ■ 5 alpin, barda, bidon, cadet, civil, fritz, fusil, garde, guide, homme, levée, masse, mêlée, monté, oblat, poilu, poste, salle, sammy, solde, spahi, tissu, tommy, tondu, turco ■ 6 archer, cipaye, dragon, drille, joyeux, mobile, moblot, recrue, reître, sapeur, tampon, traban, vélite, zouave ■ 7 blédard, brisque, carabin, clairon, cosaque, grifton, hoplite, housard, hussard, lancier, lignard, mameluk, pandour, papalin, piquier, planton, rostral, routier, soldate, soudard, triaire, vétéran ■ 8 appointé, aviateur, briscard, cavalier, conscrit, embusqué, eustache, fédéraux, fridolin, fusilier, gendarme, griveton, grognard, guerrier*, hastaire, houssard, invalide, mamelouk, mameluck, marsouin, miquelet, palicare, palikare, peltaste, pionnier, pioupiou, strélitz, streltsi, timariot, troubade, troufion, troupier ■ 9 artilleur, brisquard, cent-garde, éclaireur, estradiot, fantassin, flanqueur, garde-voie, grenadier, militaire*, pallicare, pallikare, piétaille, prétorien, soudrille, tringlot, trouffion, vivandier, voltigeur ■ 10 artificier, bombardier, carabinier, cent-suisse, combattant, coutillier cuirassier, fourniment, highlander, janissaire, lansquenet, mercenaire, ordonnance, pontonnier, pyrocorise, sentinelle, tirailleur, tourlourou ■ 11 arbalétrier, baraquement, chevau-léger, condottière, franc-tireur, garde-suisse, légionnaire, mitrailleur, passe-volant, soldatesque ■ 12 bachi-bouzouk, factionnaire, hallebardier, mousquetaire, patrouilleur, pertuisanier, ravitailleur ■ 14 garde-française.

**SOLDE :** 4 paie, paye, prêt ■ 6 rester* ■ 7 salaire* ■ 8 braderie, résultat, solderie ■ 9 règlement ■ 10 différence, stipendier ■ 11 déficitaire, rétribution.

**SOLDER :** 5 payer ■ 9 démarquer.

**SOLE :** 6 céteau ■ 8 dessoler.

**SOLECISME :** 10 barbarisme.

**SOLEIL :** 4 hâle, halo, jour, nuit, orbe, ubac ■ 5 année, gelée, hâler, matin, ouest, perle, point, rayon, tache ■ 6 facule ■ 7 cagnard, ensuqué, parasol, parélie, solaire ■ 8 demi-jour, équinoxe, héliaque, occident, solstice ■ 9 astéroïde, cigalière, hélianthe, tournesol ■ 10 crépuscule, écliptique, ensolleillé, héliotrope, pare-soleil, subsolaire ■ 11 bourguignon, brise-soleil, ensoleiller, héliographe, lunisolaire, photosphère ■ 12 héliographe ■ 14 héliocentrique, héliocentrisme.

**SOLENNEL :** 5 grave* ■ 7 pompeux* ■ 8 doctoral, éclatant, fastueux, imposant ■ 10 carillonné, emphatique*, grand-messe, magnifique, majestueux*, urbi et orbi ■ 11 cérémonieux ■ 14 solennellement.

**SOLENNISER :** 5 fêter*.

**SOLENNITE :** 4 fête* ■ 5 éclat, faste, pompe ■ 6 parade ■ 7 apparat*, emphase, majesté ■ 9 cérémonie* ■ 12 magnificence.

**SOLENOÏDE :** 10 solénoïdal ■ 14 autoconduction.

**SOLIDAIRE :** 4 fixe ■ 5 libre ■ 6 adossé ■ 9 clavetage, crabotage ■ 10 enclencher ■ 13 désolidariser, tiers-mondiste.

**SOLIDARITE :** 3 i.s.f. ■ 9 mutualité ■ 10 fraternité ■ 11 camaraderie ■ 13 solidairement ■ 14 individualisme, panafricanisme.

**SOLIDE :** 3 dur*, sûr* ■ 4 cône, cube, face, fixe*, fort*, jais, ossu, tore ■ 5 campé, coque, cruor, dense, dépôt, encre, épais, fèces, ferme*, frêle, jayet, kraft, masse, métal, ovule, pivot, sable, tenir, terre, toise, verre ■ 6 prisme, sphère, stable*, tenace ■ 7 durable, éprouvé, vitreux ■ 8 carapace, congeler, cylindre, décaèdre, gyrostat, hexaèdre, instable, inusable, octaèdre, polyèdre, pyramide, solidité ■ 9 concréter, dissoudre, épaisseur, extra-fort, heptaèdre, magnésium, occlusion, paraffiné, pentaèdre, polygonal, renforcer, résistant*, sphéroïde, stéréoduc, tétraèdre, vigoureux* ■ 10 consistant, consolider, périphérie, saccharure, sintériser, solidement, solidifier, suspension ■ 11 inaltérable, lithosphère, stéréotomie, sublimation, substantiel, translation, trapézoèdre, usinabilité ■ 12 inébranlable, macrographie, stéréométrie ■ 13 consolidation, mouillabilité ■ 14 indestructible, solidification ■ 15 parallélipède, trinitrotoluène, viscoélasticité, viscoplasticité.

**SOLIDEMENT :** 9 charpenté.
**SOLIDIFICATION :** 5 prise ■ 9 retassure, soufflure ■ 10 magmatisme ■ 11 congélation.
**SOLIDIFIER :** 4 lave, pâte ■ 6 durcir, glacer ■ 8 congeler ■ 10 eutectique ■ 12 cumulo-volcan.
**SOLIDITE :** 5 corps, durée, force* ■ 7 fermeté* ■ 8 ébranler, ténacité ■ 9 faiblesse, stabilité ■ 10 résistance* ■ 11 consistance, empattement, instabilité ■ 12 inconsistant.
**SOLIER :** 8 mansarde.
**SOLIPEDE :** 3 âne ■ 5 glome, zèbre ■ 6 cheval*, équidé* ■ 7 grasset.
**SOLILOQUE :** 9 monologue.
**SOLISTE :** 4 seul* ■ 10 concertino.
**SOLITAIRE :** 4 lion, ours, seul* ■ 5 ténia ■ 6 écarté, ermite, eumène ■ 8 inhabité ■ 10 anachorète, séquestrer ■ 13 solitairement.
**SOLITUDE :** 4 coin ■ 6 désert ■ 8 thébaïde ■ 9 isolement ■ 11 déréliction.
**SOLIVE :** 5 solin ■ 6 sapine ■ 7 ruinure ■ 8 chevêtre, soliveau ■ 9 entrevous, lambourde.
**SOLLICITATION :** 8 instance*.
**SOLLICITER :** 5 appel ■ 6 quêter, tenter ■ 7 mendier ■ 8 demander*, postuler, réclamer* ■ 9 quémander, tirailler ■ 10 encourager, mendigoter ■ 11 solliciteur ■ 13 sollicitation.
**SOLLICITUDE :** 4 soin* ■ 5 souci* ■ 7 intérêt ■ 9 attention.
**SOLO :** 7 soliste.
**SOL-SOL :** 4 icbm, irbm.
**SOLSTICE :** 9 alcyonien ■ 10 solsticial.
**SOLUBILISER :** 14 solubilisation.
**SOLUBILITE :** 9 démixtion ■ 14 rétrogradation.
**SOLUBLE :** 3 sel ■ 6 enzyme ■ 7 peptone ■ 9 zymotique ■ 10 solubilité ■ 11 liposoluble, solubiliser ■ 12 hydrosoluble.
**SOLUTION :** 3 sel, sol ■ 4 gram, gras ■ 5 dakin, javel, titre, vider ■ 6 empois, saponé, soluté, tampon, titrer ■ 7 lessive, liquide, oléolat ■ 8 dilution, fracture, hydrosol, irrésolu, résoudre, résultat* ■ 9 austénite, collodion, hypotonie, intégrale, normalité, simplisme ■ 10 algorithme, ammoniaque, cryométrie, cryoscopie, dénouement, hypertonie, provisoire, sursaturer, trinitrine ■ 11 dissolution, éventration, floculation, hypotonique, liquidation, solutionner, titrimétrie ■ 12 hydroponique, hypertonique pataphysique, sous-refroidi ■ 13 mercurescéine, problématique.
**SOLVABILITE :** 6 crédit ■ 7 surface ■ 8 ducroire, solvable ■ 13 certificateur.
**SOLVANT :** 7 heptane, soluble, solvate, toluène ■ 9 tétraline ■ 11 solvatation, white-spirit.
**SOMA :** 8 somation ■ 11 somatotrope.
**SOMALIE :** 6 somali ■ 8 somalien ■ 11 couchitique.
**SOMATIQUE :** 12 somatisation.
**SOMATISATION :** 9 somatiser.
**SOMATOTROPE :** 14 somatotrophine.
**SOMBRE :** 4 noir* ■ 5 clair, foncé, idiot, merle, morne ■ 6 obscur*, triste* ■ 7 chagrin, funèbre ■ 8 nébuleux ■ 9 assombrir, dantesque, demi-deuil, nébuleuse, rembrunir, ténébreux ■ 10 inquiétant.
**SOMBRER :** 6 abîmer, couler ■ 8 chavirer.
**SOMMAIRE :** 4 jugé, note ■ 5 court, juger, lynch, piste ■ 6 abrégé*, résumé, simple ■ 7 mémoire ■ 8 argument, esquisse ■ 10 mémorandum ■ 11 casse-croûte, description ■ 12 commandement ■ 14 récapitulation.

**SOMMATION :** 5 ordre* ■ 6 avenir ■ 8 citation ■ 10 intimation ■ 12 commandement* ■ 14 interpellation.
**SOMME :** 3 rue ■ 4 mise, pari, prêt, reçu ■ 5 avoir, baste, bâter, débit, enjeu, fonds, liard, licol, licou, liste, obole, passe, pièce, poche, prime, reste, solde, terme, total*, train ■ 6 abrégé, charge, pécule, report, soulte ■ 7 annuité, emprunt, forfait, jackpot, montant, pension, quotité, sommeil* ■ 8 cagnotte, consigne, paiement, payement, porte-bât, pot-de-vin, sommable ■ 9 boursicot, demeurant, indemnité, pourboire, provision, roupillon, trop-perçu ■ 10 boursicaut, mensulaité, pas-de-porte, résultante, subvention ■ 12 additionneur, souscription ■ 13 cautionnement, consignataire, gratification ■ 14 dessous-de-table.
**SOMMEIL :** 4 coma, gaba, rêve ■ 5 carus, plomb, repos*, somme, songe, sopor ■ 6 hypnos, sieste, tsé-tsé, veille ■ 7 hypnose ■ 8 endormir, éveiller, glossine, insomnie ■ 9 dormition, endormant, léthargie, réveiller, roupillon, somnifère ■ 10 catalepsie, hypnologie, hypnotique, hypnotisme, méridienne, narcotisme, somnambule, somnolence ■ 11 amphétamine, demi-sommeil, ensommeillé, hibernation, hypersomie, somniloquie ■ 13 somnambulisme ■ 14 assoupissement, endormissement ■ 15 engourdissement.
**SOMMEILLER :** 6 dormir* ■ 7 reposer ■ 9 engourdir, roupiller.
**SOMMELIER :** 11 sommellerie.
**SOMMER :** 7 inviter ■ 8 requérir ■ 11 contraindre, interpeller.
**SOMMET :** 3 pic ■ 4 apex, cime, crêt, dent, époi, tête ■ 5 crête, faîte, giron, hourd, mitre, neige, piton, pomme, table, vigie ■ 6 apical, apogée, comble, croupe, culmen, pointe*, sommer, vertex ■ 7 mamelon, paumure, pinacle, sommité ■ 8 aiguille, apothème, sinciput, sommital ■ 9 évasement, girouette, lanternon, top-niveau ■ 10 lanterneau, tournevent ■ 11 bissectrice ■ 13 pentadécagone, pentédécagone.
**SOMMITE :** 4 tête ■ 6 sommet ■ 12 personnalité.
**SOMNIFERE :** 5 opium ■ 7 diacode ■ 9 œillette ■ 10 narcotique* ■ 11 lactucarium.
**SOMNITAL :** 7 canopée.
**SOMNOLENCE :** 7 torpeur ■ 9 somnolent ■ 12 hypgnagogique ■ 14 assoupissement.
**SOMNOLER :** 6 dormir*.
**SOMPTUEUX :** 5 hôtel, pompe ■ 7 luxueux ■ 8 mausolée, princier ■ 9 splendide ■ 11 somptuosité ■ 14 somptueusement.
**SOMPTUOSITE :** 4 luxe* ■ 12 magnificence.
**SON :** 3 bel, cri, mot, off, ton ■ 4 areu, bran, bren, écho, mach, mime, note, ouïe, rime, voix ■ 5 anche, basse, bruit*, buvée, chant, couac, crase, danse, degré, éclat, fifre, flûte, forte, gamme, gémir, grave, jouer, piste, râler, riche, rimer, sonie, tenue, tuyau, volée ■ 6 accord, soupir, timbre ■ 7 lecteur, mélodie, sonique, trémolo, unisson, voyelle ■ 8 argentin, diapason, émission, euphonie, harmonie, nasalité, phonique, pleurage, râlement, résonner, retentir, sonnerie, strident, synopsie, tonalité, vocodeur ■ 9 assonance, cornement, furfuracé, guimbarde, homophone, intensité, mégaphone, nasaliser, phonateur, phonation, rémoulage, résonance, résonnant, sforzando, smorzando, sonomètre, tessiture, tintement ■ 10 acoustique, aspiration, audibilité, beuglement, cacophonie, consonance, diphtongue, dissonance, harmonieux, homophonie, onomatopée, phonétique, subsonique, téléphonie ■ 11 amortisseur, audiodisque, audiovisuel, graillement, phonogramme, phonographe, phonométrie, résonnement, réverbérant, somniloquie ■ 12 articulateur, articulation, assibilation,

diacoustique, électrophone, hyperacousie, hypersonique, magnétophone, répercussion, stéréophonie, supersonique, transsonique ■ 13 articulatoire, bioacoustique, phonocontrôle, réfléchissant, réverbération, tintinnabuler, transpositeur ■ 14 audiofréquence, retentissement.
**SONAGRAMME:** 10 sonagraphe.
**SONATE:** 5 final ■ 7 partita ■ 8 concerto, sonatine ■ 9 symphonie ■ 10 exposition.
**SONDAGE:** 5 sondé ■ 6 casing, examen, gallup, rotary, tubage ■ 7 enquêté, tricôme ■ 8 orbiteur ■ 9 carottage, carottier ■ 11 aérosondage, angiomatose.
**SONDE:** 5 lance, puits ■ 6 bougie ■ 8 sondeuse ■ 12 cathétérisme.
**SONDER:** 5 plomb, pouls, tâter, tuber ■ 7 scruter, visiter ■ 8 chercher, examiner, explorer, pénétrer ■ 10 insondable, pressentir ■ 12 hystéromètre.
**SONGE:** 4 rêve* ■ 6 vision ■ 7 rêverie ■ 8 illusion ■ 11 oniromancie.
**SONGER:** 5 rêver ■ 6 aviser, penser* ■ 9 réfléchir* ■ 10 songe-creux ■ 11 visionnaire.
**SONIE:** 4 sone.
**SONNAILLE:** 7 campane.
**SONNANT:** 6 pétant.
**SONNE:** 6 révolu, tapant ■ 7 sonnant.
**SONNER:** 5 taper ■ 6 copter, corner, tinter, vibrer ■ 7 appeler, ronfler ■ 8 déchirer, grailler, résonner, retentir ■ 9 décompter, morigéner ■ 10 bourdonner, claironner, sonnailler, trompeteur ■ 11 carillonner ■ 13 tintinnabuler.
**SONNERIE:** 3 ban ■ 4 glas ■ 5 appel, diane, quête ■ 6 cloche*, rappel, réveil ■ 7 angélus, hallali ■ 8 carillon, débucher, générale, poussoir ■ 9 tintement ■ 10 boute-selle ■ 13 rassemblement.
**SONNETTE:** 4 ding ■ 5 dring ■ 6 cloche*, drelin ■ 7 bélière ■ 9 clochette ■ 11 pied-de-biche.
**SONORE:** 3 top ■ 4 fort, toux ■ 5 forte, phone, piste, sourd, tuyau, voisé ■ 6 archet, étoffé ■ 7 ampoulé, moviola, phonème, tonnant, vibrant ■ 8 insonore, ronflant, sonorité ■ 9 assourdir, crocodile, mélodieux, phonolite, résonnant, sonoriser ■ 10 cristallin, phonolithe, tonitruant ■ 11 ambiophonie, phonothèque ■ 12 retentissant.
**SONORITE:** 7 ampleur, dévoisé ■ 8 paronyme ■ 9 lettrisme, stridence, voisement ■ 10 insonorité ■ 12 allitération, sonorisation.
**SOPHISME:** 9 subtilité ■ 11 paralogisme, sophistique.
**SOPHISTIQUER:** 9 falsifier ■ 14 sophistication.
**SOPHROLOGIE:** 11 sophrologue, sophronique ■ 13 sophrologique.
**SOPOREUX:** 10 narcotique*.
**SOPORIFERE:** 10 narcotique*.
**SOPORIFIQUE:** 8 dormitif, morphine, narcéine ■ 10 narcotique*.
**SOPRANO:** 4 voix ■ 10 sopraniste ■ 12 mezzo-soprano.
**SOR:** 4 saur ■ 5 soret.
**SORBET:** 10 napolitain, sorbetière.
**SORBIER:** 5 sorbe ■ 7 alizier, cormier ■ 8 sorbitol.
**SORBONIQUE:** 10 sorbonnard.
**SORCELLERIE:** 9 jettatura.
**SORCIER:** 5 griot, magie ■ 6 mégère ■ 8 grimoire, magicien* ■ 9 féticheur, homoncule, jettatore, loup-garou, sortilège ■ 10 mandragore ■ 11 sorcellerie, quimboiseur.
**SORCIERE:** 4 péri.
**SORDIDE:** 3 bas ■ 4 sale* ■ 5 avare, ladre ■ 6 abject, chiche, grigou ■

7 ignoble ■ 8 ladrerie ■ 9 grippe-sou, malpropre, pingrerie, sordidité, turquerie ■ 11 sordidement.
**SORGHO :** 8 kaoliang, tchapalo.
**SORNETTE :** 6 bêtise* ■ 7 chanson, fadaise, fortune ■ 8 faribole ■ 9 baliverne ■ 10 balançoire, billevesée ■ 11 coquecigrue, malédiction ■ 13 calembredaine.
**SORT :** 3 lot ■ 4 état, urne ■ 5 fatal, magie ■ 6 chance, charme, destin*, hasard* ■ 7 loterie ■ 8 condamné, critique, débouler, destinée ■ 9 jettatore, jettatura ■ 10 marabouter, sweepstake ■ 11 quimboiseur ■ 12 eschatologie.
**SORTABLE :** 6 décent.
**SORTE :** 5 genre ■ 6 classe, espèce* ■ 7 manière ■ 9 catégorie.
**SORTI :** 6 désaxé.
**SORTIE :** 2 ec, ef, es, ex ■ 4 exit ■ 5 écart, éveil, exeat, exode, fruit, fuite, issue*, pâque, porte, virée ■ 6 départ, hernie, touche, voyage ■ 7 effluve, évasion ■ 8 algarade, débouché, éruption ■ 9 dentition, excursion, expulsion, incartade, passeport, promenade ■ 10 émergement, émigration, évacuation, hémorragie, imprimante ■ 11 débordement, publication ■ 12 éviscération ■ 13 jaillissement, transpiration.
**SORTILÈGE :** 6 charme ■ 8 maléfice ■ 9 évocation ■ 10 ensorceler ■ 11 envoûtement.
**SORTIR :** 3 zou ■ 4 fuir ■ 5 lever, luxer, noyer, tirer*, venir, vider ■ 6 dévier, éclore, émaner, enfuir, évader, germer, naître, partir*, surgir ■ 7 avancer, déloger, écouler, émerger, émigrer, évacuer, exhaler, exsuder, jaillir, poindre, pousser, quitter*, saillir, sourdre, suinter ■ 8 arracher, déboîter, déborder, débucher, déjanter, déjucher, dénicher, dépiquer, dépocher, dérégler, détonner, échapper, éliminer, exorbité, exploser, expulser, extraire, regorger ■ 9 affleurer, civiliser, consigner, débarquer, déboucher, débouquer, débusquer, déclasser, dédouaner, déguerpir, déménager, déparquer, dérailler, expatrier, forlancer, ressortir, réveiller ■ 10 désenfumer, extravaser, repoussoir ■ 11 déboutonner ■ 12 défiscaliser, désarticuler, désembourber ■ 13 démédicaliser ■ 14 chasse-goupille.
**SOT :** 3 âne, con, fat, oie ■ 4 bâté, bêta, bête, buse, fada, gogo, grue, naïf* ■ 5 benêt, bobet, borné, brute, butor, dinde, idiot, moule, navet, niais* ■ 6 abruti, badaud, ballot, baudet, bedde, bouché, croûte, cruche, dadais, gourde, hébété, inepte, jobard, pécore, pecque, savate, simple, tourte ■ 7 absurde*, balourd, baluche, bécasse, béjaune, bélître, bonasse, crédule, cruchon, étourdi, gourdée, insensé, risible, stupide* ■ 8 autruche, baluchon, bêtifier, couillon, fourneau, grossier, ignorant*, imbécile*, niaiseux, pochetée, ridicule*, saugrenu, schnoque ■ 9 andouille, bécassine, bourrique, cornichon, paltoquet, panouille, pantoufle, sottement, trou-du-cul ■ 10 citrouille, gourdiflot, gribouille, péronnelle ■ 12 niquedouille ■ 13 inintelligent.
**SOTTISE :** 6 bêtise*, injure ■ 7 brioche, ineptie ■ 8 bêtisier ■ 9 ignorance*, niaiserie, sottisier ■ 10 crétinerie, crétinisme ■ 11 imbécillité ■ 12 couillonnade
**SOU :** 5 liard, radis.
**SOUAHELI :** 7 swahéli.
**SOUBASSEMENT :** 4 base* ■ 5 socle ■ 6 podium ■ 7 tambour ■ 8 étambrai ■ 9 deuillant, fondement ■ 10 stéréobate ■ 12 substruction, substructure.
**SOUBRESAUT :** 4 saut* ■ 12 soubresauter ■ 14 tressaillement.
**SOUBRETTE :** 7 dugazon, lisette ■ 8 servante.
**SOUCHE :** 4 gens, race*, tige ■ 5 agnat, estoc, rejet, talon, tribu,

tronc ■ 6 racine* ■ 7 branche*, famille, stupide ■ 12 souchetage.
**SOUCHETTE:** 8 collybie.
**SOUCI:** 4 aria, cure, émoi, soin* ■ 5 ennui*, luron ■ 6 tracas ■ 7 crainte* ■ 8 embarras, supplice, tintouin, tourment* ■ 9 légalisme, obsession ■ 10 embêtement, inquiétude*, insoucieux ■ 11 contrariété, désagrément, emmerdement, maniaquerie, nonchalance, sollicitude, tracasserie ■ 13 préoccupation ■ 14 empoisonnement.
**SOUCIER:** 9 inquiéter ■ 11 embarrasser.
**SOUCIEUX:** 7 anxieux, inquiet* ■ 9 assombrir ■ 10 insouciant ■ 11 indifférent ■ 13 soucieusement.
**SOUCOUPE:** 8 déjeûner ■ 9 sous-tasse.
**SOUDAGE:** 6 trépan ■ 8 thermite ■ 9 corroyage.
**SOUDAIN:** 4 crac ■ 5 éclat, subit* ■ 6 prompt ■ 7 brusque*, imprévu* ■ 8 giboulée ■ 9 agression, apoplexie, explosion, irruption ■ 10 amouracher, foudroyant, instantané, soudaineté, subitement ■ 11 catastrophe ■ 13 contre-attaque.
**SOUDAINEMENT:** 9 tout à trac.
**SOUDANAIS:** 9 soudanien.
**SOUDARD:** 6 drille, reître, soldat*.
**SOUDE:** 4 kali, sodé ■ 5 akène, lapis, savon, verre ■ 6 tincal, varech ■ 7 charrée, soudier ■ 9 salicorne ■ 10 coalescent, gymnocarpe.
**SOUDER:** 5 lampe ■ 6 acérer, braser, rocher ■ 7 amorcer, joindre*, réparer ■ 8 adhérent, corroyer, soudable ■ 9 ressouder ■ 10 gamopétale, gamosépale, monadelphe, syndactyle ■ 14 aluminothermie ■ 15 polysynthétique.
**SOUDOYER:** 8 corrompu ■ 9 corrompre*.
**SOUDURE:** 6 suture ■ 7 brasure, soudage ■ 8 autogène, ignitron ■ 9 adhérence, dessouder, synostose ■ 10 fourchette ■ 11 coalescence.
**SOUE:** 6 étable.
**SOUFFLE:** 4 vent ■ 5 atman ■ 7 bouffée, haleine ■ 8 consonne ■ 9 insuffler ■ 10 exhalaison, essouffler, pet-de-nonne, tourbillon ■ 11 inspiration, respiration*.
**SOUFFLER:** 4 fêle ■ 5 verre ■ 6 pulser ■ 7 ébrouer, exhaler, expirer, glisser, gonfler, siffler ■ 8 inspirer*, respirer, soufflet ■ 9 insuffler, soufflage, souffleur ■ 10 approprier, fumigateur ■ 11 boursoufler, soufflement.
**SOUFFLERIE:** 7 venteau ■ 8 venteaux ■ 10 soufflante.
**SOUFFLET:** 5 gifle* ■ 8 giroflée, talmouse, torgnole ■ 9 torgniole ■ 10 soufflerie, souffleter.
**SOUFFRANCE:** 3 mal* ■ 4 rude ■ 5 crise, cruel, enfer, ennui, peine*, pitié ■ 6 fièvre, misère, primal, regret, spasme, tracas ■ 7 chagrin*, douleur*, malaise, martyre, morsure, passion, remords, torture ■ 8 calcaire, embarras, migraine, secousse, supplice, tintouin, tourment* ■ 9 endurance, expiation, névralgie, pincement ■ 10 algolagnie, crispation, difficulté, euthanasie, inquiétude, répugnance ■ 11 déchirement, étouffement, incommodité ■ 12 compatissant, radiculalgie ■ 13 craniosténose.
**SOUFFRANT:** 6 malade* ■ 11 souffreteux.
**SOUFFRE:** 6 désaxé ■ 7 dénutri, frustré, mal-aimé ■ 8 obnubilé ■ 10 insomnieux ■ 11 insomniaque ■ 12 sous-alimenté.
**SOUFFRETEUX:** 7 maladif.
**SOUFFRIR:** 5 crier, gémir, pâtir, subir* ■ 6 ahaner, mourir, peiner*, porter ■ 7 digérer, endurer, ennuyer, essuyer, languir, tolérer ■ 8 accepter, admettre, éprouver, recevoir ■ 9 chagriner, comporter, crucifier, inquiéter, permettre*, ressentir, supporter*, tenailler, tracasser ■

10 martyriser, supplicier, tourmenter ■ **11** intolérable ■ **14** souffre-douleur.

**SOUFRE:** 4 gale, sulf ■ **5** canon, mèche, sulfo ■ **7** histone, soufrer ■ **8** kératine, sélénium, soufrage, soufroir, sulfurer ■ **9** bisulfure, calcarone, ensoufrer, mercaptan, solfatare, soufrière, sulfacide, sulfureux, thionique ■ **10** désulfurer, oxysulfure, sulfurique ■ **11** ferrédoxine ■ **12** sulfhydrique ■ **13** hyposulfureux, phénothiazine, sulfinisation, vulcanisation.

**SOUFRER:** 8 soufreur, soufroir ■ **9** soufreuse.

**SOUHAIT:** 2 qu ■ **3** que ■ **4** gogo, vœu* ■ **5** à gogo, désir ■ **7** optatif ■ **9** pourvu que ■ **11** imprécation, réciproquer.

**SOUHAITER:** 6 donner ■ **7** désirer*, vouloir ■ **8** demander ■ **9** convoiter*.

**SOUILLER:** 5 baver, salir*, tarer ■ **6** tacher, ternir ■ **7** croupir, poisser, polluer ■ **8** entacher, graisser, profaner* ■ **9** souillure ■ **10** contaminer ■ **12** ensanglanter.

**SOUILLON:** 8 servante ■ **9** malpropre*.

**SOUILLURE:** 5 tache* ■ **6** saleté* ■ **8** immaculé, impureté* ■ **9** pollution, salissure.

**SOUK:** 6 marché.

**SOUL:** 4 ivre* ■ **5** saoul ■ **8** rassasié.

**SOULAGEMENT:** 3 ouf ■ **10** délivrance ■ **11** consolation ■ **13** adoucissement.

**SOULAGER:** 6 calmer* ■ **7** adoucir*, alléger, apaiser* ■ **8** consoler, délivrer ■ **9** décharger ■ **11** débarrasser.

**SOULANE:** 5 adret.

**SOULARD:** 6 soûlot.

**SOULEVEMENT:** 5 bulle ■ **6** émeute, levage, putsch ■ **7** révolte* ■ **9** agitation ■ **10** révolution ■ **11** épirogenèse ■ **12** épirogénique, insurrection ■ **13** épeirogénique.

**SOULEVER:** 4 came, grue ■ **5** lever, porté, vérin ■ **6** agiter, bouger, louver, porter ■ **7** ameuter, enlever, saisine ■ **8** abattant, écœurer, embarrer, insurger, révolter ■ **9** déchaîner, déterrage, élévateur, ventrière ■ **10** lévitation, surrection, travailler, treuillage ■ **11** scandaliser ■ **12** transpalette.

**SOULIER:** 5 forme, lacet, talon ■ **6** savate, tatane, tirant ■ **7** godasse, ribouis ■ **8** chausson, empeigne, escarpin, godillot, quartier, savetier, tricouni ■ **9** chaussure*, croquenot, richelieu ■ **10** ressemeler, tire-bouton.

**SOULIGNER:** 5 noter ■ **7** relever*, scander ■ **9** accentuer, antithèse ■ **10** soulignage ■ **12** soulignement.

**SOUMETTRE:** 4 défi ■ **5** céder, dîmer, fixer, gazer, obéir*, plier, rouir, subir, sujet, virer ■ **6** grever, lâcher, livrer, mollir, nitrer, offrir, opérer, régler, suivre, tester, usiner, varier ■ **7** auditer, courber, décatir, dompter*, écouter, endurer, engager, exposer, faiblir, filtrer, fléchir, fritter, fumiger, macérer, méditer, puddler, réduire ■ **8** abaisser, apprêter, calciner, départir, formoler, formuler, humilier, incliner, libeller, marmiter, négocier, opprimer, patenter, proposer, résigner*, secréter, torturer, upériser ■ **9** compacter, compromis, conformer, conquérir*, consentir, déchanter, enchaîner, fluidiser, lotionner, mordancer, pervibrer, racketter, résistant, similiser, subjuguer, succomber, supporter, surtondre, turbinage, vaporiser, vitrioler ■ **10** acquiescer, assujettir*, astreindre, débouillir, éthérifier, fiscaliser, handicaper, normaliser, obtempérer, réfrigérer, soviétiser, stériliser, tyranniser ■ **11** carburation, centrifuger, discipliner, frigorifier, hypothéquer, inter-

loquer, interviewer, lyophiliser, proposition, réglementer, rétrograder, subordonner, suggestible ■ 12 chloroformer, conditionner, hiérarchiser, surcomprimer ■ 13 psychanalyser, psychiatriser.
**SOUMIS**: 4 fumé, têtu ■ 6 docile, humble, souple ■ 7 rampant, résigné, ségrégé, servile ■ 8 astreint, déférent, frottant, insoumis, maniable, ségrégué ■ 9 gouvernés, malléable, obéissant ■ 12 psychiatrisé.
**SOUMISSION**: 5 devis, offre, ordre ■ 8 docilité, humilité, sujétion ■ 9 esclavage, servilité, soumettre, souplesse ■ 10 conformité, discipline, obéissance, résistance ■ 11 abaissement, négociation, proposition, résignation ■ 12 consentement, insoumission, supplication ■ 13 acquiescement, soumissionner ■ 15 soumissionnaire.
**SOUNNA**: 5 souna, sunna.
**SOUPAPE**: 4 laie ■ 5 valve ■ 6 clapet ■ 7 venteau ■ 8 papillon, venteaux ■ 13 décompresseur.
**SOUPÇON**: 5 doute* ■ 8 défiance*, méfiance, monition ■ 9 suspicion.
**SOUPÇONNER**: 6 douter ■ 9 suspecter ■ 10 pressentir* ■ 11 insoupçonné, soupçonneux ■ 12 soupçonnable ■ 14 insoupçonnable.
**SOUPÇONNEUX**: 7 défiant*, méfiant ■ 9 ombrageux.
**SOUPE**: 5 gombo ■ 6 panade, potage* ■ 7 garbure, lavasse, soupier ■ 8 bouillon, gratinée, soupière ■ 10 minestrone.
**SOUPER**: 5 repas ■ 7 soupeur ■ 11 après-souper.
**SOUPIR**: 7 sanglot ■ 8 soupirer.
**SOUPIRANT**: 5 amant.
**SOUPIRER**: 8 respirer ■ 9 convoiter*.
**SOUPLE**: 5 agile, félin, laine, liant, raide, riant, roide ■ 6 docile, soumis ■ 7 ductile, lacerie, morbide, patelin, servile ■ 8 flexible, lasserie, maniable*, membrane ■ 9 assouplir, élastique, malléable, obéissant, pou-de-soie, souplesse ■ 10 chamoisage, conciliant, mousseline, pout-de-soie, souplement ■ 11 complaisant, poult-de-soie ■ 12 récalcitrant.
**SOUPLESSE**: 5 clown, liant ■ 7 agilité, raideur, roideur ■ 8 sclérose ■ 9 sveltesse ■ 10 élasticité ■ 14 kinésithérapie, psychorigidité.
**SOUQUENILLE**: 8 vêtement.
**SOUQUER**: 4 ruer.
**SOURCE**: 4 mère ■ 5 coupe, débit, filet, filon, germe, laser, poule, puits, tronc, veine, virus ■ 6 geyser, souche ■ 7 origine*, pactole ■ 8 doctrine, effluent, fontaine, principe, remonter, ruisseau, sourcier ■ 9 adducteur, empirisme, fontanili ■ 10 photomètre, phréasique, projecteur, provenance, ressourcer, résurgence ■ 11 polariscope, rabdomancie ■ 12 colonialisme, iconographie, physiocratie, rhabdomancie.
**SOURCIER**: 12 baguettisant.
**SOURCIL**: 4 khôl ■ 5 front, kohol ■ 6 koheul ■ 8 glabelle ■ 10 froncement, sourcilier, sourciller.
**SOURD**: 3 han ■ 4 pouf ■ 5 caché, menée, roche ■ 8 murmurer ■ 9 assourdir, caverneux, sépulcral ■ 10 grondement, sourdement, sourdinage, sourdingue ■ 11 mugissement ■ 12 dactylologie ■ 13 bourdonnement.
**SOURDEMENT**: 8 maronner, sourdine ■ 11 secrètement.
**SOURD-MUET**: 11 surdimutité ■ 12 dactylologie.
**SOURDRE**: 6 couler*, sortir* ■ 7 filtrer*, jaillir*, suinter ■ 10 sourciller ■ 11 bouillonner.
**SOURIRE**: 3 ris ■ 4 rire* ■ 6 plaire* ■ 7 risette ■ 8 souriant.
**SOURIS**: 5 hibou ■ 7 cliquer ■ 8 chicoter ■ 9 souriceau, souricier ■ 10 souricière, souriquois, trotte-menu.
**SOURNOIS**: 4 faux, rusé ■ 5 malin ■ 6 fourbe* ■ 7 méfiant ■ 8 chafouin, tapinois ■ 9 dissimulé, doucereux ■ 10 sycophante ■ 12 archipatelin ■ 13 sournoisement.

**SOUS :** 7 immergé ■ 9 sous-marin ■ 10 sous-cutané, sous-pubien, sublingual, subsolaire ■ 11 sous-clavier ■ 12 subaquatique ■ 13 sous-orbitaire ■ 14 sous-maxillaire, sous-scapulaire ■ 15 sous-épidermique.
**SOUS-BAS :** 10 protège-bas.
**SOUS-CLASSE**[1] **:** 5 salpe ■ 9 carinates, copépodes, holostéen, ostracode, ptérygote, volvocale ■ 10 cirripèdes, placoderme ■ 11 aptérygotes, gamopétales, théromorphe, zoanthaires ■ 12 dialypétales, madréporaire, stégocéphale, xanthopycée ■ 13 branchiopodes, malacostracées, métachlamydée, prosobranches ■ 14 archichlamydée ■ 15 opisthobranches.
**SOUSCRIPTEUR :** 5 appel.
**SOUSCRIRE :** 6 signer ■ 7 abonner, cotiser ■ 9 approuver, consentir ■ 12 souscripteur.
**SOUS-CUTANE :** 4 lard ■ 8 furoncle, xanthome ■ 9 cellulite, emphysème ■ 12 hypodermique.
**SOUS-DEVELOPPE :** 9 take-off.
**SOUS-DIACONAT :** 5 ordre, sacre ■ 10 sous-diacre.
**SOUS-EMBRANCHEMENT**[1] **:** 9 cnidaires, cténaires ■ 11 chélicérate, cténophores ■ 12 angiospermes, gymnospermes.
**SOUS-ENSEMBLE :** 10 sous-espace.
**SOUS-ENTENDRE :** 6 tacite ■ 11 sous-entendu, sous-entente.
**SOUS-ENTENDU :** 9 enthymème.
**SOUS-ESTIMER :** 14 sous-estimation.
**SOUS-EVALUER :** 14 sous-évaluation.
**SOUS-FAMILLE**[1] **:** 5 ovins ■ 6 caprin ■ 7 capriné ■ 12 liguliflores, tubuliflores.
**SOUS-FIFRE :** 9 inférieur.
**SOUS-HOMME :** 12 sous-humanité.
**SOUS-LOCATION :** 10 bloc-sièges.
**SOUS-MAIN :** 6 buvard ■ 11 fomentation, secrètement.
**SOUS-MARIN :** 4 raid ■ 5 asdic, câble, capot, guyot, seuil, sonar ■ 7 abyssal, ballast, kiosque ■ 8 chaussée, torpille ■ 9 baignoire, gyroscope, océanaute ■ 10 schnorchel ■ 11 câblogramme, submersible ■ 12 sous-marinier, water-ballast ■ 13 anti-sous-marin.
**SOUS-ŒUVRE :** 9 fondement ■ 12 rempiètement.
**SOUS-OFFICIER :** 4 prêt, rang ■ 7 sous-off ■ 8 adjudant, fourrier, marinier ■ 9 mestrance ■ 10 maistrance, sous-maître ■ 11 sergent-chef, vaguemestre ■ 12 adjudant-chef, tambour-major.
**SOUS-ORDRE**[2] **:** 4 vice ■ 6 apodes ■ 7 tarsien ■ 9 aculéates, décapodes, hominiens, inférieur, lémuriens, mysticète, octopodes, paresseux ■ 10 brachycère, brachyoure, cavicornes, nématocère ■ 11 brachyoures ■ 12 dentirostres, ténuirostres, superfamille ■ 13 artiodactyles, proboscidiens ■ 15 périssodactyles.
**SOUS-PREFET :** 14 sous-préfecture ■ 15 sous-préfectoral.
**SOUS-PRODUIT :** 7 dioxine.
**SOUS-PROGRAMME :** 7 routine.
**SOUS-SOL :** 4 cave ■ 5 cueva ■ 8 cliquart, géophone ■ 9 fouillage ■ 10 pergélisol, permafrost.

---

1. Les sous-classes, sous-embranchements, sous-familles des règnes végétaux et animaux s'utilisent le plus souvent au pluriel. C'est la raison qui nous fait opter ici pour le pluriel dans le classement par nombre de lettres.

2. Les sous-ordres du règne animal s'utilisent le plus souvent au pluriel. C'est la raison qui nous fait opter ici pour le pluriel dans le classement par nombre de lettres.

**SOUS-SOLAGE :** 11 sous-soleuse.
**SOUS-TACHE :** 9 soutacher.
**SOUS-TITRER :** 11 sous-titrage.
**SOUSTRACTION :** 5 moins, règle, reste ■ 9 déduction ■ 11 soustractif ■ 12 détournement ■ 14 exsanguination.
**SOUSTRAIRE :** 4 ôter* ■ 5 voler ■ 6 cacher, capter, chiper, éluder, gruger, plumer, voiler ■ 7 couvrir, déduire*, défiler, dégager, dérober*, enlever*, masquer, retirer*, tromper ■ 8 arracher, déguiser, échapper, soutirer ■ 9 décompter, détourner, distraire, escamoter, escroquer, immuniser, obscurcir, réchapper ■ 10 dépouiller, retrancher*, surprendre ■ 11 cytaphérèse ■ 12 soustraction ■ 14 décriminaliser.
**SOUS-TRAITANT :** 8 packager ■ 9 packageur.
**SOUS-VERRE :** 8 pêle-mêle.
**SOUS-VETEMENT :** 4 body ■ 5 gilet ■ 6 corset, parure ■ 7 caleçon, culotte ■ 8 pantalon ■ 9 interlock ■ 11 cache-corset, combinaison.
**SOUTACHE :** 9 soutacher.
**SOUTANE :** 7 simarre ■ 10 ensoutaner, soutanelle.
**SOUTENANCE :** 11 argumentant.
**SOUTENEMENT :** 4 dame ■ 7 boisage ■ 10 épaulement.
**SOUTENEUR :** 3 mec ■ 5 jules, marle ■ 6 marlou ■ 7 barbeau, dos-vert, poisson ■ 8 alphonse, estafier ■ 9 barbillon, maquereau, marloupin ■ 10 chandelier, marloupiat ■ 11 marloupatte.
**SOUTENIR :** 5 aider*, nager, ramer, subir, thèse ■ 6 acorer, écrire, élever, étayer, porter* ■ 7 accorer, adosser, appuyer, asseoir, assurer, épauler ■ 8 affirmer*, contenir, défendre, défrayer, empatter, flanquer, protéger, résister, soulever ■ 9 arc-bouter, lombostat, maintenir, prétendre, renforcer, rentoiler, supporter*, sustenter, terrasser ■ 10 assujettir, consolider, échalasser, étançonner, soutenable, soutenance ■ 11 accompagner ■ 12 controverser, insoutenable.
**SOUTENU :** 9 sostenuto.
**SOUTERRAIN :** 4 cave*, igue, mine, silo ■ 5 bulbe, câble, caïeu, cayeu, cloup, drain, égout, gaine, jumbo, nappe, spéos, taupe ■ 6 caveau, crypte, grotte, in-pace, tunnel ■ 7 caverne, foggara, galerie, hypogée, syringe ■ 8 fougasse, sclérote, sépulcre ■ 9 nécropole, oubliette, résurgent ■ 10 catacombes, contre-mine, hypocauste ■ 13 troglodytique ■ 15 champignonnière, cul-de-basse-fosse, souterrainement.
**SOUTIEN :** 3 tin ■ 4 base*, étai, glie, pied, pile, rame ■ 5 appui*, bâton, butée, culée, palée, pivot, selle ■ 6 pilier*, poteau, poutre, refuge, solive, taquet, tuteur, vergue ■ 7 colonne, console, échalas, éclisse, étançon, pilotis, potence, support*, tasseau, tréteau ■ 8 armature*, baudrier, béquille, carcasse, chevalet, jambette, modillon, ossature, suspente ■ 9 appui-main, appui-tête, balancier, cariatide, charpente*, chevrette, défenseur, étaiement, étayement, galhauban, piédestal, porte-mors, souteneur, trésaille ■ 10 accotement, arc-boutant, arc-rampant, clayonnage, contrefort, épaulement, étrésillon, porte-outil, porte-trait, suspensoir ■ 11 bandoulière, buffleterie, chevalement, hyposcénium, soutènement ■ 12 pied-de-chèvre, sclérenchyme, soutien-gorge ■ 13 consolidation, étançonnement, porte-brancard ■ 14 accompagnement, encorbellement ■ 15 porte-mousqueton.
**SOUTIEN-GORGE :** 9 balconnet ■ 10 pigeonnant.
**SOUTIENT :** 14 antipsychiatre.
**SOUTIRER :** 5 élier, tirer ■ 7 obtenir ■ 8 carotter, estamper ■ 9 soutirage.
**SOUVENIR :** 4 idée ■ 6 cadeau, koubba ■ 7 mémento, mémoire*, trophée ■ 8 complexe, immortel, rappeler*, retracer ■ 9 évocation,

rafraîchir ■ 10 commémorer, paramnésie, rafraîchir, souvenance ■ 11 remembrance ■ 12 anniversaire, commémoratif, remémoration, réminiscence, ressentiment ■ 13 commémoration, souvenir-écran ■ 14 reconnaissance.

**SOUVENT:** 8 fréquent, pleurard ■ 9 crachoter, craqueter, fouailler, tessiture, toussoter ■ 11 biberonner, fréquenter, sonnailler ■ 11 fréquemment ■ 12 souventefois ■ 13 ordinairement.

**SOUVERAIN:** 3 bey, duc, roi ■ 4 chah, chef*, cour, dieu, émir, imam, iman, pile, shah, sire ■ 5 garde, légat, liste, négus, règne, saint, schah, sujet, tiare, trône, tyran ■ 6 absolu, mandat, négous, prince ■ 7 dauphin, despote, padicha, suprême* ■ 8 dynastie, empereur, grand-duc, monarque, padichah, padishah, palefroi, pavillon, potentat, puissant ■ 9 landgrave ■ 10 allégeance, arrière-ban, omniprésent ■ 11 conjuration, lèse-majesté, prorogation ■ 12 couronnement, tout-puissant ■ 14 souverainement.

**SOUVERAINETE:** 7 sceptre ■ 8 couronne, régalien, tyrannie ■ 9 dictature, hégémonie, puissance, souverain ■ 10 autocratie, démocratie, domination, oppression, prépotence, suprématie ■ 11 absolutisme, condominium, omnipotence, prééminence, supériorité* ■ 14 toute-puissance.

**SOVIET:** 10 soviétique, soviétiser ■ 13 soviétisation.

**SOVIETIQUE:** 8 komsomol, refuznik ■ 11 kalachnikov ■ 12 soviétologue ■ 13 kremlinologie.

**SOYEUX:** 4 foin ■ 5 bysse, cocon, coton ■ 8 agneline.

**SPACIEUX:** 5 ample*, grand*.

**SPADASSIN:** 5 bravi, bravo ■ 8 bretteur, estafier ■ 9 meurtrier*.

**SPAHI:** 7 chéchia.

**SPARGOUTTE:** 8 spergule.

**SPALAX:** 8 rat-taupe.

**SPARIDE:** 3 sar ■ 5 pagel, pagre ■ 6 dorade ■ 7 daurade ■ 8 rousseau.

**SPART:** 4 alfa ■ 6 sparte ■ 9 spartéine, sparterie.

**SPARTERIE:** 4 coir.

**SPARTIATE:** 8 scouffin ■ 11 lacédémonien.

**SPASME:** 7 mélisse, tétanie ■ 8 atropine ■ 9 tétanisme, vaginisme ■ 10 convulsion* ■ 11 spasmodique ■ 13 acétylcholine ■ 15 antispasmodique.

**SPASMOPHILIE:** 11 spasmophile ■ 14 spasmophilique.

**SPATH:** 5 fluor, nicol ■ 9 spathique.

**SPATIAL:** 10 cosmonaute, spatialité ■ 15 rétropropulsion.

**SPATIALE:** 8 orbitale, orbiteur ■ 15 télémaintenance.

**SPATIALISER:** 14 spatialisation.

**SPATULE:** 5 gâche ■ 7 spatulé, truelle ■ 8 acromion.

**SPECIAL:** 5 cours, étude, label, légat, train ■ 8 exclusif, taillage ■ 9 notamment, patentage ■ 10 spécialité ■ 11 particulier*, spécialiser ■ 12 spécialement ■ 13 spécification.

**SPECIALISATION:** 13 taylorisation ■ 14 latéralisation.

**SPECIALISE:** 2 o.s. ■ 8 solderie.

**SPECIALISER:** 8 confiner ■ 14 spécialisation.

**SPECIALISTE:** 5 miler ■ 6 expert, gréeur ■ 7 jaugeur, monteur, pompeur ■ 8 bibliste, chromeur, coffreur, ergonome, géomètre, largueur, layetier, mesureur, notateur, pédiatre, pédicure, stratège, tourneur ■ 9 aciériste, aliéniste, argotiste, astronome, canoniste, canonnier, chaîniste, civiliste, compagnon, culottier, éthologue, étiopathe, financier, franciste, géographe, métricien, missilier, œnologue, paqueteur, pédologue, pénaliste, podologue, puisatier, radariste, rhéologue, sénologue, sexologue, sidologue, similiste, sitologue, slalomeur, tacticien, varappeur, vélociste, virologue, visagiste ■ 10 alcoologue, andrologue, antenniste, biologiste, bourrelier, chaînetier, crevettier, économiste, érotologue, ethnologue, ferronnier, fontainier, helléniste, héraldiste, kabbaliste, navigateur, neurologue, organicien, phonologue, privatiste, psychiatre, repriseuse, sémiologue, sémitisant, sismologue, technicien, thermicien, torpilleur ■ 11 acuponcteur, acupuncteur, balisticien, cardiologue, cartographe, cytologiste, diététicien, ergonomiste, ethnographe, généraliste, géochimiste, glaciologue, gynécologue, hellénisant, hématologue, mercaticien, numérologue, océanologue, ornémaniste, orthoptiste, papyrologue, pétrographe, phébologue, polémologue, poursuiteur, proctologue, programmeur, réanimateur, scénographe, sémanticien, sémioticien, sérologiste, spéléologue, stenciliste, taxinomique, technologue, télémétreur, travailleur, virologiste ■ 12 automaticien, chauffagiste, climatologue, comparatiste, cosmétologue, cosmologiste, diabétologue, éclairagiste, feuillagiste, gemmologiste, géophysicien, hydraulicien, hydrologiste, ingénièriste, installateur, neurologiste, obstétricien, océanographe, optométriste, papillonneur, phtisiologue, préhistorien, rhumatologue. sanskritiste, soviétologue, stylisticien, syntacticien, terminologue, triathlonien, volcanologue ■ 13 anthropologue, astrométriste, cybernéticien, électronicien, épistémologue, gynécologiste, hématologiste, immunologiste, infographiste, minéralogiste, ophtalmologue, orthodontiste, pétrochimiste, politicologue, professionnel, psychanalyste, puéricultrice, relationniste, spéléologiste, systématicien, technologiste ■ 14 allergologiste, astrophysicien, conjoncturiste, dermatologiste, endocrinologue, nonspécialiste, prévisionniste, protohistorien, pyrotechnicien, radioastronome, télémécanicien ■ 15 anthropologiste, contorsionniste, épidémiologiste, épistémologiste, microbiologiste, neuropsychiatre, ophtalmologiste, parapsychologue, psycholinguiste, psychométricien, traumatologiste.

**SPECIALITE :** 2 as ■ 5 bugne ■ 6 partie ■ 7 pirojki ■ 8 goulasch ■ 9 sénologie ■ 10 cyclo-cross ■ 11 phlébologie, spécialiste ■ 12 néonatalogie.

**SPECIEUX :** 8 apparent, captieux ■ 10 spéciosité ■ 13 spécieusement.

**SPECIFICATION :** 10 multigrade.

**SPECIFIER :** 8 préciser ■ 10 désignatif, normaliser.

**SPECIFIQUE :** 5 lèpre, petit, poids ■ 7 pattern ■ 9 ad valorem, tularémie ■ 11 littéralité, résistivité, spécificité ■ 14 spécifiquement ■ 15 caractéristique.

**SPECIMEN :** 6 modèle* ■ 11 échantillon.

**SPECTACLE :** 3 vue ■ 4 loge, show ■ 5 danse, joute, match, revue, scène* ■ 6 défilé, numéro, séance ■ 7 bunraku, cabaret, cortège, matinée, show-biz ■ 8 entracte ■ 9 box-office, cavalcade, curiosité, music-hall, naumachie, promenoir ■ 10 exhibition, one-man-show, star-system ■ 11 caleçonnade ■ 12 show-business ■ 13 spectaculaire ■ 14 représentation*, téléspectateur.

**SPECTATEUR :** 5 hourd, stand ■ 6 témoin ■ 8 ouvreuse, parterre ■ 11 arrière-plan.

**SPECTRE :** 4 raie ■ 5 larve ■ 7 fantôme* ■ 8 spectral ■ 10 apparition ■ 11 millimicron ■ 12 spectroscope ■ 13 spectrogramme, spectrographe, spectroscopie ■ 14 spectrographie ■ 15 spectroscopique.

**SPECTROMETRIE :** 15 spectrométrique.

**SPECTROSCOPIE :** 15 spectrochimique.

**SPECULATEUR :** 5 trust ■ 8 baissier, haussier ■ 9 financier ■ 10 affairiste.
**SPECULATIF :** 8 mahayana.
**SPECULATION :** 7 théorie ■ 8 agiotage ■ 9 coalition, théorique ■ 10 spéculatif, téléologie ■ 11 spéculateur ■ 12 boursicotage ■ 15 spéculativement.
**SPECULER :** 7 méditer ■ 9 trafiquer.
**SPECULUM :** 11 rhinoscopie.
**SPEECH :** 5 toast ■ 8 discours*.
**SPELEOLOGIE :** 7 caverne ■ 10 photophore ■ 11 spéléologue ■ 12 autobloqueur ■ 13 spéléologiste.
**SPERGULE :** 9 spargoute ■ 10 espargoute.
**SPERMAPHYTE :** 11 phanérogame*.
**SPERMATIQUE :** 10 varicocèle ■ 11 funiculaire.
**SPERMATOZOÏDE :** 9 épididyme, flagellum ■ 10 spermatide ■ 11 azoospermie ■ 13 spermatophore.
**SPERME :** 7 semence ■ 10 séminifère ■ 11 azoospermie, spermatique ■ 12 spermogramme.
**SPHAIGNE :** 9 tourbière.
**SPHENOÏDE :** 8 turcique ■ 10 ptérygoïde, sphénoïdal.
**SPHERE :** 4 apex, dôme, orbe, pôle, tête, zone ■ 5 balle, bille, boule*, globe*, grain, perle, poids, terre ■ 6 ballon, milieu, voyant, zénith ■ 7 globule, lambert, marteau, oolithe ■ 8 blastula, blastule, équateur, méridien, nucléole, sphérule, zodiaque ■ 9 sphérique, sphéroïde ■ 10 atmosphère, loxodromie, navisphère, sphéricité, sphéroïdal ■ 11 bathysphère, lithosphère, planisphère, sphéromètre ■ 12 sphéroïdique, stratosphère.
**SPHERULE :** 5 noyau.
**SPHINCTER :** 4 anus ■ 12 sphinctérien.
**SPHINX :** 7 échidna, sphinge.
**SPHYGMOGRAPHIE :** 13 sphygmogramme.
**SPICILEGE :** 10 anthologie.
**SPIDER :** 8 roadster.
**SPIN :** 6 baryon.
**SPINELLE :** 9 rubicelle.
**SPINOZISME :** 10 spinosisme, spinoziste.
**SPIRALE :** 4 lové, tors ■ 5 filet, lover, spire ■ 6 boucle, boudin, courbe*, frison, spiral, volute ■ 8 tarauder, volubile ■ 9 bouclette, colimaçon, columelle, spiroïdal ■ 10 cannetille, leptospire, ondulation ■ 11 tirebouchon ■ 15 taille-racines.
**SPIREE :** 7 ulmaire ■ 11 filipendule ■ 12 reine-des-prés.
**SPIRILLE :** 10 spirillose.
**SPIRITISME :** 7 spirite ■ 10 typtologie ■ 11 télékinésie ■ 15 matérialisation.
**SPIRITUALITE :** 10 hésychasme.
**SPIRITUEL :** 3 âme, bon, fin ■ 4 ange, salé ■ 5 ligne, moral ■ 6 pneuma, satori ■ 7 amusant, délicat, piquant ■ 8 charisme, gavroche, joliment ■ 9 ascétisme, ingénieux ■ 13 spiritualiser, spiritualisme.
**SPIRITUEUX :** 4 arac, arak, rack, raki ■ 5 arack ■ 6 alcool* ■ 8 vespétro ■ 10 tempérance.
**SPIROCHETE :** 4 pian ■ 6 sodoku ■ 9 tréponème ■ 12 spirochétose ■ 15 fuso-spirillaire.
**SPLEEN :** 7 chagrin* ■ 9 nostalgie, tristesse* ■ 10 abattement.
**SPLENDEUR :** 4 luxe* ■ 5 éclat ■ 7 lumière ■ 8 brillant ■ 12 magnificence.
**SPLENDIDE :** 4 beau* ■ 7 superbe ■ 9 admirable*, somptueux ■ 13 splendidement.
**SPLENOMEGALIE :** 15 splénomégalique.

**SPOLIER :** 3 ôter ■ 5 voler* ■ 10 déposséder*, spoliateur, spoliation.
**SPONDEE :** 10 asclépiade, spondaïque.
**SPONGIAIRE :** 6 éponge*.
**SPONGIEUSE :** 8 moussage.
**SPONGIEUX :** 7 flasque ■ 9 porophore ■ 10 parenchyme ■ 11 spongiosité, tissu-éponge.
**SPONSOR :** 9 sponsorat ■ 10 sponsoring.
**SPONTANE :** 4 inné ■ 5 libre, magie, mûrir ■ 7 naturel, violent ■ 8 impulsif ■ 11 spontanéité, synesthésie ■ 12 auto-allumage, auto-amorçage, primesautier, spontanément.
**SPONTANEE :** 14 autocorrection.
**SPONTANEISME :** 12 spontanéiste.
**SPORADIQUE :** 11 sporadicité ■ 14 sporadiquement.
**SPORANGE :** 4 sore, urne ■ 7 indusie ■ 9 sporogène ■ 11 zoosporange ■ 13 macrosporange, microsporange.
**SPORE :** 5 asque ■ 6 thèque ■ 7 conidie ■ 8 hyménium, prothalle, sporange, sporuler, zoospore ■ 9 apothécie, ascospore, paraphyse, protonéma, spermatie ■ 10 macrospore, microspore, sporophyte, urédospore ■ 11 sporulation ■ 12 téleutospore.
**SPOROTRICHE :** 13 sporotrichose.
**SPOROZOAIRE :** 8 coccidie ■ 9 grégarine, paludisme ■ 10 plasmodium.
**SPORT :** 3 fun, ski ■ 4 boxe, golf, luge, turf ■ 5 catch, coupe, passe, poids, rugby, score, short, skeet, skiff, stade, trial, voile, volée ■ 6 basket, glisse, minime, rowing, savate, squash, tennis ■ 7 bicross, camping, cricket, escrime, marteau, monoski, sportif ■ 8 barefoot, base-ball, boulisme, cellular, coudière, cyclisme, flottant, football, funboard, handball, handicap, hippisme, moniteur, natation, nautisme, patinage, yachting ■ 9 alpinisme, aquaplane, canoéisme, challenge, critérium, entraîner, naturisme, parapente, sauvetage, sportsman, taekwondo, water-polo ■ 10 athlétisme, basket-ball, cuissettes, cyclo-cross, demi-finale, équitation, handisport, sportivité, sportswear, trampoline, volley-ball ■ 11 championnat, compétition, sélectionné, sportswoman ■ 12 entraînement, motonautisme ■ 13 automobilisme, confédération, altérophilie, international, médico-sportif.
**SPORTIF :** 7 has been, sponsor ■ 8 dragster ■ 9 kayakiste ■ 11 antisportif.
**SPORTIVE :** 4 raft ■ 7 rafting ■ 9 classique.
**SPRAT :** 9 haranguet, harenguet.
**SPRINKLER :** 9 asperseur.
**SPUMEUX :** 9 spumosité.
**SPUTATION :** 7 cracher*.
**SQUALE :** 5 lamie ■ 6 requin*, touille ■ 8 galuchat ■ 9 roussette.
**SQUAME :** 5 psora, psore ■ 7 écaille* ■ 9 desquamer, psoriasis.
**SQUARE :** 6 jardin*.
**SQUATTER :** 5 squat.
**SQUEEZER :** 7 squeeze.
**SQUELETTE :** 4 côte, mort ■ 5 carpe, tarse ■ 7 canevas, spicule ■ 8 carcasse*, ceinture, polypier ■ 9 cartilage, charpente*, cornillon, métacarpe, métatarse, zoothèque ■ 10 kieselguhr, mésoblaste ■ 11 microtubule ■ 12 spina-ventosa, squelettique.
**SQUELETTIQUE :** 12 exosquelette.
**SQUIRRE :** 9 squirreur.
**STABILISATEUR :** 5 balai ■ 9 balancier ■ 11 équilibreur.
**STABILISATION :** 8 gyrostat ■ 15 semi-submersible.
**STABILISER :** 5 fixer* ■ 9 maintenir ■ 10 équilibrer ■ 11 homéostasie ■ 13 stabilisateur, stabilisation.

**STABILITE :** 6 aplomb, fixité ■ 7 fermeté* ■ 8 assiette, solidité ■ 9 empennage, gyroscope ■ 11 autoportant, autoporteur, instabilité, stabilisant ■ 12 acido-basique, déstabiliser ■ 14 affermissement.
**STABLE :** 4 fixe* ■ 5 assis, ferme*, leste ■ 6 solide* ■ 7 affermi, durable ■ 8 assiette, habituel, immobile, instable, précaire ■ 9 consolidé, stabilité ■ 10 consistant, inamovible ■ 11 apériodique ■ 12 énantiotrope.
**STADE :** 5 degré*, germe, imago, larve, mûrir, phase ■ 7 société ■ 10 transition ■ 11 cysticerque, sadique-anal.
**STAFF :** 4 stuc ■ 7 staffer ■ 8 staffeur.
**STAGE :** 6 séjour ■ 7 juvénat ■ 9 stagiaire.
**STAGNANT :** 5 mort ■ 6 croupi ■ 10 stagnation.
**STAGNATION :** 5 stase ■ 7 marasme.
**STAGNER :** 9 séjourner.
**STALACTITE :** 5 baume.
**STALINE :** 15 déstalinisation.
**STALINIEN :** 10 stalinisme.
**STALLE :** 3 box.
**STANCE :** 5 épode, poème* ■ 6 laisse, sixain, sizain, tercet ■ 7 couplet, huitain, strophe.
**STANDARD :** 5 inter ■ 12 standardiste ■ 13 normalisation ■ 15 standardisation.
**STAPHYLOCOQUE :** 7 sycosis ■ 8 furoncle, impétigo ■ 14 staphylococcie.
**STAR :** 6 acteur ■ 8 stariser ■ 9 starifier.
**STARIE :** 7 estarie.
**STARISER :** 11 starisation.
**STAROSTIE :** 8 staroste.
**STARTER :** 5 choke.
**STATHOUDER :** 12 stathoudérat.
**STASE :** 5 arrêt ■ 10 stagnation.
**STATION :** 5 arrêt*, aviso, halte, panne, pause, train ■ 6 ponton ■ 8 dystasie, estivant, lave-auto ■ 9 prochaine ■ 10 isallobare, radiophare, stationner ■ 11 sous-station ■ 13 orthostatique.
**STATIONNEMENT :** 5 place ■ 6 tarmac ■ 7 bivouac ■ 9 campement, mouillage, parcmètre ■ 10 parcomètre ■ 11 caillebotis ■ 13 dénucléariser.
**STATIONNER :** 7 arrêter* ■ 12 stationnaire ■ 13 stationnement.
**STATIQUE :** 8 mutateur, onduleur, statisme ■ 12 antistatique, statiquement.
**STATISTIQUE :** 6 survie ■ 8 quartile, variance ■ 10 covariante ■ 11 cartogramme, ventilation ■ 12 chronogramme, criminologie, dénombrement ■ 14 catégorisation, géostatistique ■ 15 désaisonnaliser, statistiquement.
**STATOCYTE :** 8 otocyste.
**STATUE :** 4 coré, dais ■ 5 galbe, idole, niche, orant, oscar, terme ■ 6 couros, kouros, marbre, priant ■ 7 atlante, colosse ■ 8 figurine, modeleur ■ 9 cariatide, caryatide, palladium, sculpteur, sculpture*, statuaire, statuette, statufier ■ 11 alabastrite ■ 12 androcéphale ■ 13 statue-colonne ■ 14 photosculpture.
**STATUER :** 5 juger* ■ 9 prononcer.
**STATURE :** 5 géant ■ 6 taille* ■ 7 colosse ■ 8 pycnique.
**STATUT :** 5 règle* ■ 9 admission, règlement* ■ 10 hors statut, statutaire ■ 14 idéologisation, neutralisation, statutairement ■ 15 extrastatutaire.

**STEAK :** 9 cannibale.
**STEAMBOAT :** 6 bateau*.
**STEAMER :** 6 bateau*, navire*.
**STEARINE :** 10 stéarinier ■ 11 stéarinerie.
**STEATOPYGIE :** 10 stéatopyge.
**STEEPLE-CHASE :** 5 brook, douve ■ 7 rivière ■ 9 bull-finch.
**STELLERIDE :** 8 astéride*.
**STELLIONAT :** 14 stellionataire.
**STENCIL :** 11 stenciliste.
**STENOGRAPHIE :** 5 sigle ■ 9 sténotype ■ 10 sténotypie ■ 11 sténogramme, sténographe ■ 12 sténotypiste ■ 13 sténographier ■ 14 sténographique.
**STENOSE :** 11 angiomatose.
**STEPPE :** 4 veld ■ 5 pampa ■ 7 brousse ■ 8 autruche ■ 9 steppique, syrrhapte.
**STERCORAIRE :** 4 skua.
**STERCULIACEE :** 4 cola, kola ■ 8 cacaoyer, kolatier ■ 9 cacaotier.
**STERE :** 2 st ■ 5 corde.
**STEREOCHIMIE :** 14 stéréochimique.
**STEREOGRAPHIE :** 15 stéréographique.
**STEREOMETRIE :** 14 stéréométrique.
**STEREOPHONIE :** 14 stéréophonique.
**STEREOPHOTOGRAPHIE :** 15 photogrammétrie.
**STEREOSCOPE :** 9 anaglyphe ■ 14 stéréoscopique.
**STEREOSCOPIE :** 14 stéréoscopique.
**STEREOTAXIE :** 13 stéréotaxique.
**STEREOTOMIE :** 13 stéréotomique.
**STEREOTYPE :** 4 figé ■ 11 stéréotyper, stéréotypie.
**STERILE :** 4 vain* ■ 5 aride, axène ■ 6 gâtine, ingrat, pauvre, tiglon ■ 7 inculte* ■ 8 axénique, infécond ■ 9 bréhaigne, infertile, paraphyse, pouilleux ■ 10 stériliser ■ 11 infructueux, stérilement ■ 12 découverture.
**STERILISATION :** 5 étuve ■ 9 autoclave ■ 10 stériliser ■ 11 ozonisation, upérisation ■ 13 appertisation, javellisation ■ 14 assainissement, tyndallisation.
**STERILISE :** 8 aseptisé.
**STERILISER :** 9 aseptiser ■ 10 javelliser ■ 11 stérilisant ■ 13 stérilisateur, stérilisation.
**STERILITE :** 7 aridité ■ 9 clomifène ■ 11 azoospermie, impuissance*, infécondité, infertilité.
**STERIQUE :** 13 stéréo-isomère ■ 14 stéréo-isomérie.
**STERLING :** 5 livre.
**STERNE :** 10 hirondelle.
**STERNUM :** 3 ris ■ 5 bossu ■ 7 bréchet, sternal ■ 8 xiphoïde ■ 9 carinates, clavicule, épigastre, manubrium ■ 13 chondrocostal.
**STERNUTATOIRE :** 7 bétoine.
**STEROÏDE :** 9 stéroïque ■ 10 stéroïdien.
**STEROL :** 10 ergostérol, sitostérol ■ 11 cholestérol ■ 12 cholestérine. cyclopentane.
**STETHOSCOPE :** 12 auscultation.
**STHENE :** 5 pièze.
**STICK :** 8 baguette.
**STIGMATE :** 5 fleur, style, trace* ■ 6 marque* ■ 9 cicatrice ■ 10 stigmatisé ■ 11 stigmatiser ■ 13 pollinisation.
**STIGMATISER :** 9 condamner, pardonner ■ 14 stigmatisation.

**STIGMATISME:** 11 stigmatique.
**STIMULANT:** 4 coca, maté ■ 5 fouet ■ 7 camphre, livèche, pouliot, romarin, vomique ■ 8 apéritif, calamant, décapant, excitant* ■ 9 carbogène, effecteur, histamine, stimuline ■ 10 dynamogène, énergisant ■ 11 amphétamine, analeptique, stimulation ■ 12 excitabilité ■ 13 cardiotonique, dynamogénique, psychotonique.
**STIMULATION:** 9 émulation, réconfort ■ 10 synectique ■ 12 chémocepteur, fracturation ■ 14 chémorécepteur ■ 15 mécanorécepteur, sympatholygique.
**STIMULE:** 6 dopant ■ 11 thyréotrope.
**STIMULER:** 3 hop, olé ■ 5 chulo, doper, faire ■ 6 animer, piquer, remuer ■ 7 exciter*, pousser*, ranimer, relever, toucher ■ 8 aiguiser, émouvoir, enhardir, exhorter, fouetter, harceler, rassurer, remonter, talonner ■ 9 échauffer, éperonner, fortifier, raffermir, retremper, réveiller, stimugène ■ 10 encourager* ■ 11 émoustiller, réconforter, stimulation ■ 12 aiguillonner, ragaillardir ■ 13 aminophylline.
**STIMULUS:** 6 cinèse ■ 9 évocateur, ménotaxie ■ 10 centration ■ 13 esthésiomètre ■ 14 infraliminaire.
**STIPE:** 4 tige* ■ 7 stipité.
**STIPENDIER:** 9 corrompre.
**STIPULER:** 7 énoncer* ■ 10 stipulaire ■ 11 contractuel.
**STOCK:** 4 parc ■ 7 réserve, stocker ■ 8 stockage ■ 9 provision*, stockiste ■ 10 magasinier ■ 11 bullionisme.
**STOCKAGE:** 4 crib.
**STOÏCIEN:** 7 austère, stoïque ■ 9 stoïcisme.
**STOÏQUE:** 3 dur* ■ 5 ferme*, homme ■ 7 austère ■ 8 stoïcien ■ 11 stoïquement.
**STOLON:** 11 stolonifère.
**STOMACAL:** 3 rot.
**STOMACHIQUE:** 5 aloès ■ 8 vespétro ■ 10 strychnine.
**STOMATOLOGIE:** 14 stomatologiste.
**STOMOCORDE:** 12 balanoglosse ■ 13 entéropneuste.
**STOPPER:** 7 arrêter*, réparer* ■ 8 stoppage, stoppeur ■ 11 raccommoder.
**STORE:** 6 rideau* ■ 8 storiste.
**STRABISME:** 9 strabique.
**STRAMOINE:** 6 datura.
**STRANGULER:** 9 étrangler*, garrotter ■ 13 strangulation.
**STRASBOURG:** 14 strasbourgeois.
**STRATAGEME:** 4 ruse*.
**STRATE:** 10 stratifier ■ 14 stratification.
**STRATEGIE:** 3 clé ■ 4 clef ■ 7 wargame ■ 8 stratège, tactique ■ 11 stratégique, stratégiste ■ 12 géostratégie, opérationnel, quadrilatère ■ 13 eurostratégie, marchandisage ■ 15 stratégiquement.
**STRATEGIQUE:** 4 icbm, m.s.b.s., slbm, s.s.b.s.
**STRATIFERE:** 3 lit.
**STRATIFIE:** 7 formica, lamifié ■ 8 cinérite.
**STRATIFICATION:** 5 lœss.
**STRATO-CUMULUS:** 13 cumulo-stratus.
**STRATOSPHERE:** 10 mésosphère, tropopause ■ 11 stratopause ■ 15 stratosphérique.
**STRATIGRAPHIE:** 15 stratigraphique.
**STRATUS:** 5 nuage.
**STREPSIPTERE:** 7 stylops.
**STREPTOCOQUE:** 8 impétigo ■ 9 érésipèle, érysipèle ■ 13 streptococcie ■ 15 streptococcique.

**STRESS :** 8 stresser.
**STRICT :** 5 exact* ■ 6 étroit*, sévère* ■ 7 mitiger ■ 8 littéral ■ 11 étroitement, strictement ■ 12 approximatif, stricto sensu.
**STRIDENT :** 4 aigu* ■ 6 criard ■ 9 stridence ■ 10 striduleux.
**STRIDULATION :** 9 striduler.
**STRIE :** 4 ride ■ 7 striure ■ 8 fibrille ■ 9 cannelure.
**STRIER :** 5 rayer ■ 7 bretter ■ 9 bretteler, retailler, striation ■ 10 craqueler.
**STRIGIDE :** 3 duc ■ 5 hibou, strix ■ 8 chouette ■ 9 ululation, ululement.
**STRIOSCOPIE :** 13 strioscopique.
**STRIPPING :** 8 stripper.
**STRIP-TEASE :** 13 strip-teaseuse.
**STRIP-TEASEUSE :** 12 effeuilleuse.
**STRIURE :** 5 strie*.
**STROBILE :** 3 pin.
**STROBOSCOPE :** 12 stroboscopie.
**STROBOSCOPIE :** 14 stroboscopique.
**STROMBE :** 5 lambi.
**STRONTIUM :** 2 sr ■ 10 strontiane.
**STROPHANTE :** 8 ouabaïne ■ 11 strophantus ■ 12 strophantine.
**STROPHE :** 3 ode ■ 5 chant, épode, hymne, poème* ■ 6 dizain, onzain, stance ■ 7 couplet, neuvain, septain, sextine ■ 8 alcaïque, clausule, quatrain ■ 11 antistrophe.
**STRUCTURE :** 5 forme* ■ 6 surbau ■ 7 pattern ■ 8 anatomie, artefact, guidance, limbique, rudiment, technème ■ 9 charpente*, charpenté, coacervat, genouillé, mécanisme, nihilisme, structuré ■ 10 borderline, contexture, glanduleux, monoclinal, structural, structurer ■ 11 composition, géophysique, glandulaire, hématologie, microtubule, militariser, morphologie, stéréotaxie ■ 12 architecture, macrographie, télencéphale ■ 13 métamorphisme, myélencéphale, paramilitaire, planification, structuration ■ 14 extrapyramidal, métallographie, microstructure, psychocritique, rhombencéphale, thoracoplastie ■ 15 restructuration, révolutionnaire, tectonophysique.
**STRUCTURER :** 12 structurable.
**STRYAX :** 10 aliboufier.
**STRYCHNOS :** 4 upas ■ 6 curare ■ 7 vomique ■ 10 strychnine.
**STUC :** 5 staff ■ 6 plâtre ■ 7 stucage, stuquer ■ 9 stucateur.
**STUDIEUX :** 6 polard ■ 8 appliqué.
**STUDIO :** 4 flat, loft ■ 5 décor, vidéo ■ 10 extérieurs ■ 11 appartement.
**STUPA :** 6 torana, vedika.
**STUPEFACTION :** 7 stupeur ■ 9 épatement ■ 10 étonnement* ■ 12 ahurissement, saisissement ■ 13 consternation ■ 14 étourdissement.
**STUPEFAIT :** 4 baba ■ 5 ahuri, ébahi ■ 6 effaré, sidéré ■ 7 éberlué, pantois, surpris ■ 10 stupéfiant.
**STUPEFIANT :** 6 drogue ■ 7 héroïne, surdose ■ 8 effarant, étonnant* ■ 9 intoxiqué, marihuana, marijuana ■ 10 ahurissant, formidable, surprenant* ■ 11 narcodollar ■ 12 narco-analyse ■ 14 abasourdissant.
**STUPEFIER :** 6 ahurir, ébahir* ■ 7 effarer, étonner*, méduser, sidérer ■ 8 atterrer ■ 9 confondre, pétrifier, soufflant ■ 10 abasourdir, consterner, surprendre*.
**STUPEUR :** 7 sidérer, typhose ■ 9 stuporeux ■ 10 stupéfaire.
**STUPIDE :** 3 con, sot ■ 4 bête, nase, naze ■ 5 borné, brute, idiot, niais* ■ 6 abruti, animal, baudet, bouché, cloche, crétin, cruche, dindon, hébété, huître, inepte, pécore, souche ■ 7 absurde*, balourd, conasse, corniot, ganache, hébéter ■ 8 abstrait, connasse, imbécile ■

9 bestiasse, bourrique, chabraque ■ 10 décerveler, schabraque ■ 11 stupidement.
**STUPIDITE:** 6 bêtise* ■ 7 idiotie ■ 10 crétinerie.
**STUPRE:** 8 débauche*.
**STYLE:** 3 rap, ton ■ 4 cool, funk, grec, look, rôle, scat ■ 5 arabe, disco, dixie, fleur, forme, funky, genre, grave, plume, poème, roman, swing, trait ■ 6 empire, époque, rococo, romain ■ 7 baroque, chiasme, country, manière, ragtime, régence, regency, revival, rouleau, scherzo ■ 8 assyrien, badinage, byzantin, cultisme, écriture, égyptien, étrusque, gothique, high-tech, pompéien, prolepse, rocaille, stylisme ■ 9 dixieland, dravidien, élocution, intimisme, marinisme, mélodique, narcotique, pasticher, pompadour ■ 10 directoire, flamboyant, marivauder, middle jazz, rhétorique, romantique, synecdoque ■ 11 chippendale, conceptisme, néo-gothique, obsécration, plateresque, renaissance, stylistique, terre-à-terre ■ 12 boogie-woogie, restauration, stylisticien ■ 13 palladianisme.
**STYLET:** 8 poignard*, styloïde.
**STYLISER:** 11 stylisation.
**STYLO:** 3 bic.
**STYLOBATE:** 10 stéréobate.
**STYLOGRAPHE:** 5 stylo ■ 8 capuchon ■ 14 stylographique.
**STYRACACEE:** 6 styrax ■ 7 benjoin ■ 10 aliboufier ■ 11 liquidambar.
**STYRENE:** 11 polystyrène.
**SUAIRE:** 7 linceul.
**SUAVE:** 4 doux* ■ 7 suavité ■ 8 agréable, fragance ■ 9 suavement.
**SUAVITE:** 8 melliflu ■ 9 melliflue.
**SUBALTERNE:** 3 bas ■ 7 utilité ■ 8 lampiste ■ 9 inférieur*, sans-grade, sous-ordre.
**SUBATOMIQUE:** 7 hypéron.
**SUBCONSCIENCE:** 12 subconscient.
**SUBDELEGUER:** 13 subdélégation.
**SUBDIVISION:** 4 race ■ 5 daïra, étage, génie, genre, scène, titre, tribu ■ 6 canton, lobule, rameau ■ 7 comitat, échelon, sandjak, section, tableau, variété, vernier ■ 8 chapitre, division*, landwehr, odonates, phratrie ■ 9 dicastère, landsturm, sous-genre, sous-ordre* ■ 10 définition, sous-classe, sous-comité, sous-groupe, sous-préfet ■ 11 aérostation ■ 12 dichotomique, ramification ■ 13 embranchement*, protérozoïque ■ 14 sous-préfecture.
**SUBI:** 6 greffé ■ 7 humilié ■ 8 fermenté, impaludé ■ 9 réfrigéré.
**SUBIR:** 5 mazer, pâtir, punir, tirer, virer ■ 6 opérer, passer, réagir ■ 7 appuyer, bizuter, essuyer, imposer ■ 8 atomiser, échauder, éprouver*, examiner, molester, mouliner, passible, passiver, recevoir, retomber, souffrir*, trinquer ■ 9 soumettre, supporter* ■ 10 accidenter, bondériser, cancériser, désexciter, vulcaniser ■ 11 palataliser ■ 12 désavantager, représailles, tropicaliser.
**SUBIT:** 4 suée ■ 5 à-coup, grief, hâtif, ictus, ondée, risée ■ 6 subito ■ 7 brusque*, flasher, imprévu, inopiné, soudain*, sursaut ■ 8 colonisé, fringale, immédiat* ■ 9 précipité, simultané, tout à coup, volte-face ■ 10 improviste, instantané, saisissant, soubresaut, subitement, surprenant ■ 12 saisissement, soudainement.
**SUBITEMENT:** 13 créationnisme.
**SUBJECTIF:** 12 subjectivité ■ 13 subjectivisme ■ 14 subjectivement.
**SUBJECTIVITE:** 9 impressif.
**SUBJONCTIF:** 10 subjonctif.
**SUBJUGUE:** 11 fascinateur.

**SUBJUGUER :** 7 réduire, séduire* ■ 8 envoûter, opprimer ■ 9 conquérir ■ 10 tyranniser.
**SUBLIMATION :** 12 vaporisation.
**SUBLIME :** 4 beau, haut ■ 5 divin, élevé, grand*, noble* ■ 6 épique, relevé ■ 7 céleste, pompeux, superbe ■ 8 biblique, sublimer ■ 9 admirable*, cornélien, dantesque, homérique, sublimité, surhumain ■ 10 magnifique, pindarique ■ 11 sublimation, sublimement ■ 12 transcendant.
**SUBLIMITE :** 5 pompe ■ 6 beauté ■ 7 hauteur ■ 8 grandeur*, noblesse ■ 9 élévation ■ 12 enthousiasme, magnificence.
**SUBMERGER :** 7 inonder ■ 9 engloutir* ■ 10 submersion ■ 11 submersible ■ 13 transgression.
**SUBMERSIBLE :** 9 aquanaute.
**SUBODORER :** 6 sentir ■ 10 pressentir*.
**SUBORBITALE :** 10 fusée-sonde.
**SUBORDINATION :** 4 joug ■ 5 modal, ordre ■ 8 sujétion* ■ 9 autonomie, complétif, esclavage, inférieur, servitude, vassalité, vasselage ■ 10 dépendance*, hiérarchie, subalterne ■ 13 juxtaposition.
**SUBORDONNE :** 9 sans-grade.
**SUBORDONNEE :** 8 relative.
**SUBORDONNER :** 8 attacher ■ 9 soumettre ■ 10 enclencher, joséphisme.
**SUBORNER :** 6 capter, gagner ■ 7 acheter, séduire* ■ 8 graisser ■ 9 corrompre*, embaucher, suborneur ■ 11 circonvenir.
**SUBORNEUR :** 9 séducteur*.
**SUBREPTICE :** 9 obreptice ■ 10 subreption ■ 14 subrepticement.
**SUBROGER :** 7 subrogé ■ 9 remplacer* ■ 10 subrogatif ■ 11 subrogateur ■ 12 subrogatoire.
**SUBSEQUENT :** 4 puis ■ 7 suivant ■ 13 subséquemment.
**SUBSIDE :** 5 impôt ■ 7 secours* ■ 10 allocation, subvention.
**SUBSIDIAIRE :** 15 subsidiairement.
**SUBSISTANCE :** 3 vie ■ 5 vivre ■ 7 aliment, denrées, pitance ■ 9 consommer, entretien, gagne-pain, prédation ■ 10 nourricier.
**SUBSISTER :** 4 être ■ 5 durer* ■ 6 rester* ■ 7 exister ■ 8 demeurer*, épargner, récessif, rémanent, surnager, survivre ■ 9 persister.
**SUBSTANCE :** 3 b.a.l., gel, qat, sel, suc ■ 4 ases, azur, base, bois, cire, coca, jais, khat, khôl, lard, miel, musc, pâte, poix, râpé, soie, urée ■ 5 ambre, amine, chair, corne, corps, élémi, émail, épice, étain, étuve, fibre, fleur, gomme, huile, humus, jayet, kohol, liant, modal, nacre, nouet, salep, sirop, sucre, tanin ■ 6 alcali, algine, amadou, amidon, cachou, cément, charge, corozo, cutine, enzyme, éponge, fécule, getter, gluten, hémine, humeur, ionone, ivoire, kinase, koheul, levain, lipide, monade, plâtre, poison, poudre, pralin, prolan, pyrrol, remède, résine, solide, stérol, tampon, tannin ■ 7 adhésif, agrégat, alexine, aniline, aromate, asbeste, caséine, camphre, cérumen, chitine, contage, contenu, cristal, élément, extrait, fibrine, gaïacol, glucide, goudron, graisse, haptène, hormone, indican, lignine, luétine, mannite, matière*, osséine, pectine, peptone, pigment, placébo, pyrrole, quinine, réactif, sénevol, solvant, trigone, turbith ■ 8 albumine, aleurone, antigène, attribut, cervelle, chocolat, coagulum, colloïde, colorant, conserve, contenir, créatine, déblayage, diastase, dynamite, excitant, fibroïne, héparine, irritant, kératine, laitance, lanoline, légumine, lévogyre, lyophile, mannitol, mucilage, pectique, propolis, protides, roselier, roténone, silicone, subérine, tréphone, vinosité, virocide, virucide, vitamine, vitellus ■ 9 absorbant, adragante, alcaloïde,

allergène, ambroisie, anabolite, androgène, anticorps, antiviral, antivirus, butyrique, cellulose, chélateur, coumarine, dominante, estrogène, excipient, féculence, fongicide, gélifiant, histamine, hydrofuge, larvicide, lipotrope, margarine, méthadone, paraffine, phéromone, psoralène, radiolyse, santonine, sécrétion, smectique, tautomère, urochrome ■ 10 acidifiant, activateur, amendement, aminoacide, antienzyme, antitoxine, caoutchouc, chromatine, clarifiant, cosmétique, détonateur, dichroïsme, édulcorant, gomme-laque, hémolysine, inhibiteur, lubrifiant, luciférine, médicament, métabolite, œstrogène, phérormone, quinoléine, réactogène, saccharine, sérotonine, spermicide, tautomérie, tocophérol, virilisant, virulicide ■ 11 agglutinine, albuminoïde, amphétamine, antirouille, aromatisant, bactéricide, biomatériau, biosynthèse, brillantine, cytolytique, dégraissant, encéphaline, enképhaline, érythrosine, fibrinogène, galactogène, gomme-résine, gutta-percha, pénicilline, plastifiant, polypeptide, provitamine, psychotrope, résistivité, stabilisant, substantiel, tensioactif, transcutané ■ 12 alcalescence, anesthésique, bétabloquant, cytostatique, désinfectant, diélectrique, énantiotrope, fermentation, flegmatisant, galactagogue, gibbérelline, hétérotrophe, mytilotoxine, oligo-élément, prothrombine, quintessence, trypsinogène ■ 13 acétylcholine, agglutinogène, antimitotique, aphrodisiaque, catécholamine, désincrustant, diamagnétique, hallucinogène, mithridatisme, neuroleptique, psychotonique, sensibilisant, syringomyélite, tonicardiaque ■ 14 consubstantiel, fibrinolytique, hypoallergique, indole-acétique, lyophilisation, molécule-gramme, nucléoprotéine, organoleptique, paramagnétique, psycholeptique, substantialité ■ 15 antiscorbutique, ferromagnétique, neurodépresseur, photoconducteur, photoconduction, photo-élasticité, substantialisme, sympatholytique, thermarésistant.

**SUBSTANTIEL:** 3 suc ■ 9 important* ■ 10 accidentel ■ 11 nourrissant.

**SUBSTANTIF:** 3 nom ■ 15 substantivement.

**SUBSTANTIVER:** 15 substantivation.

**SUBSTITUE:** 7 command ■ 12 substituable.

**SUBSTITUER:** 6 blesser ■ 8 commuter ■ 9 remplacer*, succédané ■ 12 substitution.

**SUBSTITUT:** 8 synderme.

**SUBSTITUTION:** 4 pour ■ 8 carburol, novation ■ 9 transfert ■ 10 chloration, fabulation, jour-amende, paraphasie ■ 11 commutation, subrogation, sulfonation ■ 12 expromission, remplacement* ■ 13 jargonaphasie.

**SUBTERFUGE:** 4 ruse*, truc ■ 5 fuite ■ 8 finasser ■ 9 finasseur, finassier, tortiller ■ 12 pantalonnade.

**SUBTIL:** 3 fin ■ 5 délié, éther ■ 7 délicat, pilpoul, raffiné ■ 9 alambiqué, minutieux, pénétrant ■ 10 escamotage ■ 11 pointilleux ■ 13 ratiocination ■ 14 alexandrinisme.

**SUBTILISER:** 5 voler* ■ 7 dérober* ■ 9 escamoter ■ 10 soustraire* ■ 13 subtilisation ■ 14 quintessencier.

**SUBTILITE:** 4 tour ■ 7 argutie, chicane*. finesse*, minutie ■ 8 artifice ■ 9 équivoque ■ 10 stratagème ■ 11 casuistique, délicatesse, pénétration, raffinement.

**SUBURBAINE:** 11 cité-dortoir.

**SUBVENIR:** 7 fournir ■ 15 autosubsistance.

**SUBVENTION:** 5 impôt ■ 7 subside ■ 13 subventionnel, subventionner.

**SUBVENTIONNER:** 9 subsidier.

**SUBVERSIF:** 14 subversivement.

**SUBVERTIR:** 9 renverser.

**SUC**: 3 eau, jus, rob ■ 4 assa, hile, marc, moût, opol, sève ■ 5 aloès, chyle, chyme, gelée, hévéa, larme, latex, manne, opium, pavot, pleur, vésou ■ 6 coulis, humeur, jujube, mastic, verjus ■ 7 amylase, maltase, miellat, opostol, pepsine, saburre ■ 8 chicotin, créatine, exprimer, limonade, thridace, trypsine ■ 9 caillette, défructum, excrétion, gastrique, succulent ■ 10 caille-lait, lactescent ■ 11 opothérapie ■ 12 entérokinase, quintessence ■ 15 intussusception.
**SUCRASE**: 9 invertine.
**SUCCEDANE**: 6 ersatz ■ 7 produit ■ 8 aspartam, bakélite ■ 9 aspartame, méthadone.
**SUCCEDANT**: 7 embrasé.
**SUCCEDE**: 14 postindustriel, postromantique.
**SUCCEDER**: 5 venir ■ 6 suivre* ■ 8 alterner ■ 9 remplacer*, successif ■ 10 coadjuteur, comourants ■ 11 successible ■ 14 successibilité.
**SUCCES**: 3 hit ■ 4 diva, gain ■ 5 terne, toast, venir ■ 6 profit, record, triplé ■ 8 auspices, avantage, bénéfice, disputer, insuccès, réussite, triomphe, victoire ■ 9 box-office, féliciter, prospérer ■ 10 admissible, best-seller, défaitiste, moissonner, prospérité ■ 11 combinaison ■ 12 résurrection.
**SUCCESSIF**: 4 tour ■ 5 phase, volée ■ 8 rotation ■ 14 successivement.
**SUCCESSIVE**: 11 polygénique.
**SUCCESSION**: 5 cours, masse, série*, suite*, train, trait, vague ■ 6 hoirie, rafale ■ 7 aubaine, de cujus, dizaine, échelle, tournus ■ 8 curateur, euphonie, hérédité, héritage*, héritier, rotation ■ 9 alternance, émolument, immixtion, sommation ■ 10 assolement, coadjuteur, consonance, déshériter, dévolution, patrimoine ■ 11 alternative, déroulement, héréditaire, successoral ■ 12 représentant ■ 13 pirouettement ■ 14 représentation, successibilité.
**SUCCESSIVEMENT**: 3 fur ■ 15 alternativement.
**SUCCESSORAL**: 7 retrayé ■ 9 retrayant.
**SUCCIN**: 10 succinique.
**SUCCINCT**: 4 bref ■ 5 court* ■ 6 concis, notice ■ 8 anecdote, sommaire.
**SUCCOMBER**: 5 céder*, choir, périr, plier ■ 6 mourir*, tomber ■ 7 fléchir ■ 8 accabler, résister.
**SUCCULENT**: 8 agréable ■ 9 délicieux, savoureux ■ 10 succulence.
**SUCCURSALE**: 6 agence, annexe ■ 7 filiale ■ 10 dépendance ■ 12 sous-comptoir.
**SUCCURSALISME**: 13 succursaliste.
**SUCER**: 4 taon ■ 5 goule, ixode, suçon, téter, tirer ■ 6 lécher ■ 7 aspirer*, succion, suçoter ■ 8 extraire, sucement.
**SUCEUR**: 12 thynasoptère.
**SUCRASE**: 9 invertine ■ 10 saccharase.
**SUCRE**: 3 api, rue ■ 4 doux*, grog, miel ■ 5 agave, candi, cassé, crème, glace, gelée, lissé, manne, melon, neige, punch, sirop ■ 6 allégé, canard, casson, hexose, miellé, nectar, pralin, sucrer ■ 7 caramel, dulcite, grenage, lactose, maltose, mélasse, miellat, sucrant, sucrier ■ 8 aspartam, chocolat, fructose, grainage, meringue, persicot, pèse-moût, sucrerie, sucrette ■ 9 aspartame, berlingot, cassonade, édulcorer, entremets, essoreuse, galactose, moscouade, roulaison, saccharin, tréhalose, vergeoise ■ 10 glucomètre, pastellage, saccharate, saccharine, saccharole, saccharure ■ 11 candisation, chaptaliser, marshmallow, saccharoïde ■ 12 saccharifère, saccharifier ■ 13 saccharimètre ■ 14 caramélisation, monosaccharide, saccharimétrie.
**SUCRER**: 7 adoucir.

**SUCRERIE :** 5 sirop ■ 8 épulpeur ■ 9 confiseur, friandise ■ 10 confiserie, strontiane ■ 11 gourmandise ■ 12 bouillissage.
**SUD :** 4 midi*, pôle ■ 7 austral ■ 9 terrefort ■ 10 méridional.
**SUDATION :** 5 sueur ■ 11 sudorifique.
**SUD-EST :** 4 suet.
**SUDORIFIQUE :** 7 tilleul ■ 9 bourrache, jaborandi.
**SUDORIPARE :** 13 hidrosadénite.
**SUD-OUEST :** 8 libeccio.
**SUEDOIS :** 3 öre.
**SUEE :** 4 peur*.
**SUER :** 5 sueur ■ 6 moitir ■ 7 exsuder, ressuer, suinter ■ 8 fatiguer* ■ 9 sudatoire ■ 10 transpirer, transsuder.
**SUEUR :** 3 eau ■ 4 pore, suée ■ 5 écume ■ 6 suette ■ 7 moiteur, sudoral ■ 8 sudation ■ 9 dysidrose, halitueux, sudatoire ■ 10 bouchonner, hydrorrhée, intertrigo, sudorifère, sudoripare, suintement ■ 13 transpiration ■ 14 sudorification.
**SUFFIRE :** 6 borner ■ 7 combler, saturer ■ 8 autarcie, subvenir ■ 9 compléter, contenter, rassasier* ■ 10 satisfaire*.
**SUFFISANCE :** 7 fatuité, orgueil* ■ 8 hâblerie, modestie ■ 11 présomption ■ 12 insuffisance.
**SUFFISANT :** 3 fait ■ 5 assez ■ 6 congru ■ 7 honnête ■ 8 abondant, médiocre, passable, rentable, vaniteux* ■ 9 honorable, non-viable ■ 10 convenable ■ 11 insuffisant, raisonnable, supportable ■ 12 suffisamment.
**SUFFISANTE :** 2 q.s. ■ 3 q.s.p.
**SUFFIT :** 5 basta, baste.
**SUFFIXE :** 3 ise ■ 5 algie ■ 8 hydrique, suffixal, suffixer ■ 11 suffixation ■ 15 parasynthétique.
**SUFFOCANT :** 5 brome ■ 7 ypérite ■ 9 acroléine, étouffant.
**SUFFOCATION :** 10 oppression.
**SUFFOQUER :** 8 étouffer.
**SUFFRAGE :** 4 voix, vote* ■ 5 choix*, élire ■ 8 élection ■ 11 approbation, délibératif.
**SUGGERER :** 6 dicter ■ 8 inspirer*, souffler ■ 9 persuader*, suggestif ■ 10 conseiller*, suggestion.
**SUGGESTIF :** 10 strip-tease ■ 11 inspirateur ■ 12 suggestivité.
**SUGGESTION :** 11 inspiration, instigation, pithiatisme, suggestible ■ 13 suggestionner ■ 14 suggestibilité.
**SUICIDE :** 7 seppuku.
**SUICIDER :** 4 tuer ■ 8 hara-kiri.
**SUIDE :** 4 porc ■ 5 goret, ragot, truie ■ 6 cochon, pécari, porcin, verrat ■ 8 porcelet, sanglier ■ 10 babiroussa, phacochère.
**SUIE :** 6 bistre, cadmie ■ 7 bidanet ■ 10 fuligineux.
**SUIF :** 5 savon ■ 6 sébacé ■ 7 fondoir, suiffer ■ 8 flambeau, suiffeux ■ 9 chandelle.
**SUINT :** 8 lanoline ■ 10 dessuinter.
**SUINTER :** 4 suer ■ 5 suint ■ 6 couler* ■ 7 exsuder, pleurer ■ 8 suintant ■ 10 transpirer, transsuder.
**SUINTEMENT :** 7 exsudat ■ 8 miellure ■ 10 exsudation.
**SUISSE :** 5 rösti, sbrinz ■ 6 roesti ■ 7 helvète ■ 8 appointé, huitante ■ 9 appenzell ■ 10 alémanique, helvétisme ■ 13 landsgemeinde.
**SUIT :** 9 postnatal ■ 10 post-partum ■ 12 postprandial.
**SUITE :** 3 air, fil ■ 4 file, haie, père ■ 5 après, avent, bride, chant, danse, effet*, filon, ligne, liste, ordre, queue, série*, tissu, train ■ 6 ballet, chaîne, épopée, rangée, tirade, tourne ■ 7 colonne, cortège,

couture, escorte, filière, froncis, litanie, mélodie, partita, théorie, tractus, traînée ■ 8 arcature, chapelet, coq-à-l'âne, derrière, dynastie, enfilade, équipage, escalier, harmonie, kyrielle, pétarade, reliquat, résultat*, séquelle, séquence ■ 9 allemande, cassation, enchaîner, filiation, illogique, postérité, remorquer ■ 10 algorithme, alignement, anphigouri, continuité, généalogie, incohérent, lexicalisé, pagination, procession, ribambelle, séquentiel, story-board, successeur, succession* ■ 11 bafouillage, consécution, conséquence*, progression ■ 12 chassé-croisé, continuation, divertimento, enchaînement*, inconsistant, nomenclature ■ 13 inconséquence ■ 14 post-opératoire.

**SUIVANT**: 5 selon, suite ■ 9 prochaine, ultérieur ■ 10 postérieur*, subséquent.

**SUIVANTE**: 9 soubrette.

**SUIVISME**: 8 suiviste.

**SUIVRE**: 5 ester, filer, mener, suivi ■ 6 courir, pister, serrer ■ 7 presser, suiveur ■ 8 convoyer, cortéger, ensuivre, escorter, étraquer, prochain, relancer, résulter, succéder, survivre, talonner ■ 9 compléter, continuer, descendre, emprunter, lendemain, levrauder, parcourir, processus, rembûcher, remplacer ■ 10 après-dîner, consécutif, enfreindre, itinéraire, poursuivre*, subséquent ■ 11 accompagner, après-guerre, chaperonner ■ 12 irréversible.

**SUJET**: 3 moi ■ 4 être, fond, lieu, pose, raïa, raya ■ 5 cause, drôle, étude, fable, fugue, image, motif, objet, rayia, scène, tapis, texte, thème, titre, verbe ■ 6 actant, bandit, cobaye, enclin ■ 7 analysé, matière, pilpoul, syntone ■ 8 angoissé, chapitre, craintif, locuteur, médaille, occasion, variable ■ 9 corvéable, décimable, exhaustif, fantasque, garnement, nominatif, quérulent, rancunier, subjectif, taillable ■ 10 catarrheux, concernant, digression, inconstant, médiation, patentable, polygraphe, prédicable, scrupuleux, tempétueux, vassaliser ■ 11 autoanalyse, bronchiteux, désagrément, épileptique, hagiographe, porte-greffe, suggestible ■ 12 mainmortable, photomontage, porte-greffes, surexcitable ■ 13 prescriptible ■ 14 corruptibilité, fermentescible, intersubjectif ■ 14 perspectivisme.

**SUJETION**: 4 joug ■ 6 carcan, chaîne ■ 7 attache ■ 9 condition, esclavage*, obédience, vassalité, vasselage ■ 10 dépendance*, soumission ■ 12 indépendance, libre-penseur ■ 13 subordination* ■ 15 antiautoritaire.

**SULFACIDE**: 9 thioacide.

**SULFAMIDE**: 11 tolbutamide.

**SULFATAGE**: 9 sulfateur.

**SULFATE**: 4 alun ■ 5 gypse ■ 7 vitriol ■ 8 barytine, sélénite, sulfater ■ 9 anhydrite, couperose, kiesérite, lithopone ■ 10 gypsomètre, persulfate, séléniteux ■ 11 sulfatation, vincristine.

**SULFATER**: 10 sulfateuse.

**SULFURE**: 4 zinc ■ 5 plomb ■ 6 blende, galène, pyrite ■ 7 cinabre, ichtyol, réalgar, stibine ■ 8 argyrose, orpiment ■ 9 alquifoux, argentite, bisulfite, bisulfure, sulfitage, sulforage, sulfureux, vermillon ■ 10 alabandine, bismuthine, chalcosine ■ 11 molybdénite, polysulfure ■ 13 thiocarbonate ■ 14 sulfocarbonate.

**SULFURER**: 10 pyrrhotite ■ 11 sulfuration.

**SULFURIQUE**: 5 oléum, plomb ■ 7 vitriol ■ 12 sulfovinique ■ 14 pyrosulfurique.

**SULKY**: 6 driver.

**SULTAN**: 5 iradé ■ 6 sérail, soudon ■ 7 maghzen, makhzen, padicha ■ 8 hautesse, padichah, seigneur, sultanat ■ 9 odalisque, padischah.

**SUMAC :** 9 corroyère.
**SUMER :** 8 sumérien.
**SUMMUM :** 6 apogée.
**SUNNA :** 8 sunnisme.
**SUNNISME :** 9 acharisme.
**SUNNITE :** 9 chafiisme, hanafisme, maléfisme, malikisme ■ 10 hanbalisme.
**SUPERBE :** 4 fier ■ 7 orgueil* ■ 8 vaniteux ■ 9 admirable* ■ 11 orgueilleux*.
**SUPERCHERIE :** 9 tromperie*.
**SUPERE :** 11 supérovarié.
**SUPERFETATION :** 4 abus.
**SUPERFICIE :** 3 mer ■ 4 aire ■ 5 mètre ■ 6 aréage, façade ■ 7 endroit, étendue*, hectare, surface* ■ 8 arpenter ■ 9 arpentage, dimension ■ 10 surfacique ■ 11 superficiel.
**SUPERFICIEL :** 4 sial ■ 5 aphte, léger, nappe ■ 7 frivole ■ 8 teinture ■ 9 écorchure, éraillure ■ 10 absorption, replâtrage ■ 11 motoculteur, nitruration ■ 13 scarification.
**SUPERFICIELLE :** 9 basilique, veinosité.
**SUPERFLU :** 4 trop ■ 7 inutile ■ 8 attirail, redonder ■ 9 redondant ■ 11 surabondant ■ 12 superfluités.
**SUPERFLUIDITE :** 11 superfluide.
**SUPERFLUITE :** 10 redondance.
**SUPERPOSITION :** 10 trichromie.
**SUPERIEUR :** 3 bey ■ 4 abbé, chef*, haut, plus, tête ■ 5 aigle, buste, divin, doyen, extra, front, gigot, hampe, labre, major, ordre, penne, prône, super, thane, torse, veste, vomer, voûte, vulve ■ 6 choisi, exquis, fameux, phénix, prieur ■ 7 éminent, fargues, général, lunette, parfait, rhétien ■ 8 archange, au-dessus, dépasser, étendard, extra-fin, meilleur, plancher, sinciput, surhomme, surplomb, tailloir, turonien ■ 9 algonkien, avant-bras, baignoire, coup-de-pied, couronner, délicieux, élévation, épigastre, excellent, galhauban, généralat, higoumène, hypotaupe, impériale, magistral, manubrium, obédience, passavant, perroquet, procureur, ravissant, remontrer, séminaire, surhausse ■ 10 algonquien, commandant, empointure, hypertendu, provincial, satisfecit, subordonné, surchauffe, survitesse, université ■ 11 blastoderme, déplafonner, discrétoire, entablement, supériorité ■ 12 couronnement, hypersonique, hypertension, hypertonique, rhinopharynx, supersonique, transcendant ■ 13 archimandrite, leptolithique, superfinition, sus-maxillaire ■ 14 supérieurement, superstructure ■ 15 maître-assistant.
**SUPERIORITE :** 4 juré ■ 6 talent ■ 7 pouvoir, qualité, royauté ■ 8 avantage*, maîtrise, primauté ■ 9 hégémonie, magistral, préséance ■ 10 domination, excellence, perfection, prépotence, suprématie, surcomposé ■ 11 distinction, précellence, prééminence ■ 12 hors-concours, souveraineté* ■ 13 préexcellence, prépondérance ■ 14 condescendance.
**SUPERPLASTICITE :** 14 superplastique.
**SUPERLATIF :** 4 fort, très ■ 5 degré ■ 6 satané.
**SUPERPOSER :** 5 liter ■ 6 étager ■ 12 superposable.
**SUPERPOSITION :** 11 coïncidence, imbrication ■ 12 interférence, polytonalité ■ 14 superstructure.
**SUPERSTITIEUX :** 10 fétichiste, intersigne.
**SUPERSTITION :** 5 magie ■ 7 vampire ■ 8 amulette, croyance* ■ 9 bigoterie, cagoterie, crédulité, fanatisme ■ 10 fétichisme ■ 11 illuminisme ■ 13 superstitieux.

**SUPERSTRUCTURE :** 4 roof ■ 7 château, dunette, kiosque ■ 8 gaillard ■ 10 passerelle.
**SUPERVISER :** 11 superviseur, supervision.
**SUPINATION :** 7 spetime.
**SUPPLANTER :** 9 remplacer*, repousser.
**SUPPLEANCE :** 10 vicariance.
**SUPPLEANT :** 4 vice ■ 9 substitut, vicariant ■ 10 suppléance.
**SUPPLEER :** 8 remédier ■ 9 compléter, remplacer*, renforcer, suppléant ■ 10 suppléance ■ 11 subsidiaire, supplétoire.
**SUPPLEMENT :** 6 rabiot ■ 7 renfort ■ 8 surcroît* ■ 9 appendice, surfilage ■ 10 complément, sursalaire ■ 14 supplémentaire.
**SUPPLEMENTAIRE :** 5 extra ■ 7 surcoût ■ 8 nourrice, surprime ■ 9 adventice, embolisme, supplétif, tierceron ■ 10 bout-dehors, survitrage ■ 11 contre-appel, passe-volant ■ 12 embolismique.
**SUPPLETIF :** 4 goum ■ 5 harki.
**SUPPLIANT :** 6 infule.
**SUPPLICATION :** 6 prière*.
**SUPPLICE :** 3 feu, gril, pal ■ 4 gêne, roue ■ 5 corde, croix, enfer, fouet, garot, gibet, knout, peine, rouer, souci ■ 6 cangue ■ 7 géhenne, martyre, potence, torture* ■ 8 atrocité, autodafé, calvaire, question, tourment* ■ 9 bâtonnade, châtiment, estrapade, pendaison ■ 10 empalement, énervation, guillotine, lapidation, supplicier ■ 12 condamnation, écartèlement.
**SUPPLICIER :** 4 tuer ■ 5 rouer ■ 6 brûler, pendre ■ 7 empaler, lapider ■ 8 bâtonner, écorcher, fouetter, torturer ■ 9 crucifier, écarteler, étrangler ■ 10 martyriser, tourmenter* ■ 11 guillotiner.
**SUPPLIER :** 5 prier* ■ 7 adjurer.
**SUPPLIQUE :** 6 prière* ■ 7 demande, requête* ■ 8 impétrer, pétition.
**SUPPORT :** 3 mât, van ■ 4 base*, bâti, bras, grue, tige ■ 5 affût, appui*, butée, cible, gaine, queue, rayon, rubis, table ■ 6 adossé, banque, baudet, billot, bipied, chaise, chenet, cintre, établi, faucre, lexème, patère, pilier*, pylône ■ 7 atlante, berceau, console, jambage, montoir, palâtre, séchoir, soutien*, stipité, tableau, tasseau, télamon, tréteau ■ 8 armature*, baliveau, chevalet, dressoir, ostracon, palastre, prie-dieu, régulage, servante, tablette ■ 9 apprêtoir, appui-bras, appui-main, boustring, cariatide, chargeoir, disquette, épontille, isolateur, lambourde, névrilème, piédestal, piédouche, stylobate ■ 10 appuie-bras, appuie-main, champignon, chandelier, embasement, garde-nappe, iconostase, interactif, lampadaire, marchepied, microforme, orthostate, passerelle, subjectile ■ 11 appui-livres, échafaudage, enrochement, miséricorde, vidéogramme, zoophorique ■ 12 accroche-plat, agenouilloir ■ 13 autoélévateur, dessous-de-plat, imprimabilité, médiaplanning, porte-étendard ■ 14 encorbellement.
**SUPPORTABLE :** 8 passable ■ 9 tolérable ■ 10 soutenable ■ 11 intolérable ■ 13 insupportable.
**SUPPORTE :** 9 suryhalin ■ 10 eurytherme.
**SUPPORTER :** 5 pifer, subir* ■ 6 avaler, piffer, porter*, prêter ■ 7 appuyer, digérer, endurer, essuyer, excuser, tolérer ■ 8 accabler, accepter*, admettre, détester, éprouver, fatiguer, résister, souffrir*, soutenir* ■ 9 encaisser, permettre, ressentir ■ 10 impatience, répercuter ■ 14 responsabilité.
**SUPPOSE :** 2 si ■ 4 faux, soit ■ 5 censé, point ■ 7 emprunt ■ 8 emprunté ■ 9 apocryphe, incognito ■ 10 présupposé, pseudonyme.
**SUPPOSER :** 5 poser ■ 6 croire*, mettre ■ 7 augurer, espérer, inférer, réputer ■ 8 admettre, imaginer*, inventer, présumer, probable, suppu-

ter ■ 9 attribuer ■ 10 supposable ■ 11 conjecturer, présupposer, représenter.
**SUPPOSITION :** 4 soit ■ 7 opinion ■ 8 croyance ■ 9 censément, hypothèse*, prévision, pronostic ■ 10 conjecture ■ 11 attribution, imagination, présomption ■ 14 présupposition.
**SUPPOT :** 8 partisan*.
**SUPPRFSSION :** 2 ec, ef, es, ex ■ 5 crase, diète ■ 6 anurie, zeugma ■ 7 anurèse, coupure, élision, ellipse ■ 8 ablation*, aphérèse, asyndète, dadaïsme, deleatur, déridage, guérison, ischémie ■ 9 abolition, anhépatie, pincement, résection, réticence ■ 10 annulation*, détaxation, extinction, lipogramme, subversion, troncation ■ 11 contraction, désarmement, dissolution, élimination*, prétérition ■ 12 achromatisme, dérégulation, proscription ■ 13 amortissement, éclaircissage, retranchement ■ 15 décontamination, démagnétisation, désintoxication, désorganisation.
**SUPPRIME :** 10 antitussif ■ 15 sympatholytique.
**SUPPRIMER :** 4 ôter*, tuer ■ 5 limer, raser, rayer, taire ■ 6 abolir, amorti, briser, casser, couper, élider, épiler, guérir, radier ■ 7 abroger, amortir, annuler*, aplanir, démolir, détaxer, effacer*, épincer, grésoir, libérer, raboter, retirer*, sarcler ■ 8 corriger, débrayer, délester, désarmer, détruire*, dissiper, éliminer*, éteindre, étouffer, exempter, exonérer, extirper, prohiber, réformer, remettre, résilier ■ 9 caviarder, décharger, dissoudre, escamoter, étrangler ■ 10 débosseler, débrancher, désactiver, désindexer, retrancher* ■ 11 déplafonner, désaimanter, désétatiser, suppression ■ 12 déconcentrer, déprogrammer, désaccoupler, désorganiser ■ 13 déréglementer ■ 14 antidéflagrant ■ 15 déstalinisation.
**SUPPURATION :** 5 séton ■ 10 suppuratif ■ 13 aboutissement.
**SUPPURER :** 7 pyogène ■ 9 suppurant.
**SUPPUTER :** 7 estimer* ■ 9 réfléchir ■ 11 computation, supputation.
**SUPRACONDUCTION :** 15 supraconducteur.
**SUPREMATIE :** 9 hégémonie ■ 11 supériorité*.
**SUPREME :** 3 tao ■ 4 dieu, juge ■ 5 idéal ■ 6 sommet*, synode ■ 7 aulique, dernier*, majesté, suffète ■ 8 amirauté, félicité ■ 9 avènement, cassation, dictateur, souverain* ■ 10 chancelier, connétable, suréminent ■ 11 saint-synode, suprêmement ■ 12 souveraineté ■ 13 généralissime.
**SUR :** 3 sus ■ 5 acide*, aigre*, couru, pardi, super, sûrir ■ 6 assuré, fidèle, solide* ■ 7 certain*, éprouvé ■ 9 appliquer, confirmer, convaincu, incertain ■ 15 immanquablement.
**SURABONDANCE :** 4 abus ■ 5 excès*, orgie ■ 8 pléthore ■ 9 abondance ■ 10 exubérance.
**SURABONDER :** 8 redonder ■ 11 surabondant.
**SURALIMENTATION :** 12 suralimenter.
**SURALIMENTE :** 5 turbo.
**SURANNE :** 5 dater ■ 6 désuet*, périmé ■ 7 vieilli ■ 9 archaïsme ■ 10 vieillerie ■ 14 vieillissement.
**SURATE :** 5 surah.
**SURBAISSER :** 7 baisser ■ 9 surbaisse ■ 13 surbaissement.
**SURCHARGE :** 5 clean ■ 9 adiposité ■ 10 surcharger ■ 11 liposuccion ■ 14 hémochromatose.
**SURCHARGER :** 6 farcir ■ 7 abrutir, bourrer*, raturer ■ 8 accabler ■ 9 encombrer.
**SURCHAUFFER :** 10 surchauffe ■ 12 surchauffeur ■ 13 resurchauffer.
**SURCOMPRESSION :** 11 surcomprimé ■ 12 surcomprimer.

**SURCONTRER :** 9 surcontre.
**SURCOUPER :** 8 surcoupe.
**SURCROIT :** 6 pensum ■ 7 renfort, surpus ■ 8 rajouter, superflu ■ 9 appendice, supplétif, surcharge, surélever ■ 10 accessoire, supplément, surajouter, surimposer ■ 13 surimposition.
**SURDENT :** 4 dent.
**SURDETERMINATION :** 13 surdéterminer ■ 14 surdéterminant.
**SURDITE :** 12 otospongiose, tympanoplastie.
**SUREAU :** 5 yèble ■ 6 hièble ■ 7 pétoire.
**SURELEVATION :** 8 mascaret.
**SURELEVER :** 8 abaisser ■ 12 surélévation.
**SUREMENT :** 10 assurément.
**SURENCHERE :** 7 enchère ■ 11 surenchérir ■ 15 surenchérisseur.
**SURENDETTE :** 14 surendettement.
**SUREQUIPER :** 13 suréquipement.
**SURESTIMATION :** 13 surélévation.
**SURESTIMER :** 10 surévaluer ■ 13 surestimation.
**SURETE :** 4 môle ■ 5 asile, pompe, siège ■ 6 verrou ■ 7 caution ■ 8 garantie, réfugier, sécurité, sûrement ■ 9 assurance*, certitude*, sauvetage ■ 10 avant-poste, coffre-fort, flanc-garde, grand-garde, protection ■ 12 arrière-garde.
**SUREVALUER :** 10 surestimer.
**SUREXCITATION :** 4 brio, rêve, zèle ■ 6 ardeur, délire, flamme, fougue ■ 7 chaleur, émotion, entrain, ivresse, passion ■ 8 frénésie, illusion ■ 9 sublimité ■ 10 admiration, énervement, engouement, enivrement, exaltation, exubérance ■ 11 cyclothymie, emballement ■ 12 échauffement, enthousiasme*.
**SUREXCITE :** 6 ardent, exalté, excité ■ 7 furieux, sublime ■ 8 enflammé, fougueux ■ 9 fanatique, passionné ■ 10 chaleureux, frénétique.
**SUREXCITER :** 5 rêver ■ 7 admirer, délirer, emballer, énerver, engouer ■ 9 enfiévrer ■ 11 surexcitable, surexcitant.
**SUREXPLOITER :** 15 surexploitation.
**SURF :** 6 surfer ■ 7 surfeur.
**SURFACE :** 2 nu ■ 3 are ■ 4 aire, barn, cône, face, havi, lieu, orbe, plan, ride, zone ■ 5 algue, bande, champ, écran, en-but, frise, front, galet, grain, grené, lacté, lamer, minot, nappe, paroi, pièze, place, râper, siège, strie, talus, terre, toise, toron ■ 6 aréage, cadran, cercle, espace, frayée, géoïde, möbius, plaine, safran ■ 7 buffler, charrue, condyle, dioptre, dos d'âne, étendue*, facette, lattage, luisant, panache, plafond, section, terrain, tranche, voilure ■ 8 apophyse, bouclier, carrière, couronne, écoinçon, épiderme, extrados, frottoir, grammage, incident, intrados, luxmètre, ménisque, méridien, parement, pénombre, planéité, platrière, rhodiage, ricochet, rugosité, scissure, surnager, tapisser ■ 9 affleurer, apothécie, bosselure, chanfrein, dégauchir, dimension, écaillure, échiquier, empennage, expansion, hélicoïde, glissance, mésopause, mycoderme, œkoumène, orniérage, parallèle, paramètre, peaufiner, pericrâne, péristome, quadrique, tubercule, villosité ■ 10 champlever, chorologie, contenance, couverture, éllipsoïde, espacement, flottaison, gouvernail, méridienne, osculation, périphérie, planimètre, superficie, surfaceuse, terre-plein, tribologie, tropopause ■ 11 emplacement, paraboloïde, photosphère, planimétrie, terreautage ■ 12 compartiment, concentrique, développable, hyperboloïde, pied-de-mouton, polygonation ■ 13 stéréographie, télédétection ■ 14 multitubulaire.

**SURFACER :** 9 surfaçage.
**SURFIL :** 6 surjet ■ 8 surfiler ■ 9 surfilage.
**SURFIN :** 8 superfin.
**SURFUSION :** 8 surfondu.
**SURGELATION :** 11 surgélateur.
**SURGENERATION :** 13 surgénérateur ■ 15 surrégénérateur.
**SURGIR :** 4 nova ■ 5 venir ■ 6 sortir* ■ 7 émerger ■ 8 paraître*, resurgir ■ 9 ressurgir ■ 10 surrection ■ 12 surgissement.
**SURHAUSSER :** 13 surhaussement.
**SURIMPOSITION :** 8 épigénie.
**SURIMPRESSION :** 5 truca.
**SURINTENDANT :** 9 argentier ■ 13 surintendance ■ 14 superintendant.
**SURJALE :** 8 surjaler.
**SURJECTIF :** 8 bijectif.
**SURJET :** 6 surfil ■ 8 surjeter.
**SURJETER :** 9 roulotter.
**SUR-LE-CHAMP :** 6 illico ■ 9 impromptu ■ 10 improviste ■ 11 extemporané ■ 13 immédiatement.
**SURLONGE :** 8 flanchet.
**SURMENER :** 8 fatiguer*.
**SURMONTER :** 5 mater ■ 6 sommer ■ 7 dompter*, réduire, vaincre* ■ 8 franchir ■ 9 maîtriser*, triompher ■ 11 surmontable ■ 13 insurmontable.
**SURMOULAGE :** 4 mère.
**SURNAGER :** 9 subsister.
**SURNATUREL :** 5 gnome ■ 7 voyance ■ 8 katchina, talisman ■ 9 fakirisme, homoncule, homuncule, maléfique ■ 10 miraculeux, mysticisme, surnaturel ■ 11 merveilleux.
**SURNOM :** 3 dit ■ 8 chtonien, épiphane ■ 9 sobriquet, surnommer ■ 10 pseudonyme ■ 14 porphyrogénète.
**SURNOMBRE :** 8 trisomie.
**SURNOMME :** 5 ledit ■ 6 ladite.
**SURNOMMER :** 7 appeler*.
**SURNUMERAIRE :** 7 surdent, wormien ■ 9 incasique ■ 12 polydactylie.
**SURPASSER :** 6 passer, primer, trimer ■ 7 abattre, brosser, chasser, crosser, dégoter, dominer, effacer, évincer ■ 8 abaisser, asservir, déborder, dépasser*, devancer, éclipser, emporter, enfoncer, éreinter, étriller ■ 9 confondre, distancer, émulation, paralyser, prévaloir, rivaliser, soumettre, subjuguer, supérieur, terrasser ■ 10 supplanter ■ 11 désarçonner ■ 12 surpassement ■ 13 décontenancer, insurpassable.
**SURPIQURE :** 9 surpiquer.
**SURPLIS :** 6 rochet.
**SURPLOMB :** 5 oriel ■ 13 abri-sous-roche.
**SURPLOMBER :** 8 dépasser* ■ 9 couronner ■ 11 surplombant ■ 13 surplombement.
**SURPLUS :** 5 excès* ■ 9 surcharge ■ 15 surcompensation.
**SURPRENANT :** 5 inouï ■ 7 bizarre, curieux, étrange, imprévu, inopiné, magique ■ 8 aventure, étonnant*, inespéré, insolite ■ 9 inattendu, mirifique, phénomètre, singulier ■ 10 saisissant*, stupéfiant* ■ 12 déconcertant, étourdissant, inconcevable.
**SURPREND :** 10 bizarroïde.
**SURPRENDRE :** 4 voir ■ 5 judas, piger ■ 6 épater ■ 7 anuiter, éblouir*, étonner*, prendre, tromper, trouver ■ 8 dépayser, écouteur ■ 9 stupéfier* ■ 10 estomaquer ■ 11 interloquer ■ 12 époustoufler.
**SURPRIS :** 5 ébahi, saisi ■ 6 étonné, frappé ■ 8 renversé, stupéfié ■

9 stupéfait* ■ 10 déconcerté*.
**SURPRISE :** 2 eh, et, ha, hé, oh ■ 3 bon, gag ■ 4 ciel, dame, donc, hein, mais ■ 5 bigre, jeter, mince, ouais, tiens, veine ■ 6 crénom, sciant, tiquer ■ 7 comment, sursaut ■ 9 embuscade ■ 10 admiration, camouflage, étonnement*, soubresaut, sourciller, surprenant, tressauter ■ 11 exclamation, haut-le-corps, miséricorde ■ 14 tressaillement.
**SURPRISE-PARTIE :** 4 boum ■ 7 surboum ■ 8 surpatte.
**SURPRODUCTION :** 11 surproduire.
**SURPROTEGER :** 13 surprotection.
**SURREALISME :** 11 surréaliste.
**SURRENAL :** 6 cortex.
**SURSAUTER :** 13 sursaturation.
**SURSAUT :** 4 saut* ■ 9 sursauter.
**SURSAUTER :** 10 tressauter ■ 11 tressaillir*.
**SURSEOIR :** 8 attendre, retarder* ■ 10 temporiser.
**SURSIS :** 5 délai* ■ 9 surséance ■ 10 sursitaire.
**SURTAXE :** 8 surtaxer.
**SURTENSION :** 10 survoltage.
**SURTONTE :** 9 surtondre.
**SURTOUT :** 5 caban ■ 14 principalement.
**SURVEILLANCE :** 4 aile, doge, guet ■ 5 awacs, carte, garde*, gardé, régie, vigie ■ 7 faction, mirador, tutelle ■ 8 baliseur, contrôle, croiseur, filature, filtrage, tangente ■ 9 croisière, garde-côte, vigilance ■ 10 inspection, monitoring ■ 11 gardiennage ■ 12 observatoire ■ 13 sous-maîtresse.
**SURVEILLANT :** 4 pion ■ 5 argus, garde* ■ 6 maître, préfet ■ 7 censeur, cuistre, geôlier, piqueur, préposé ■ 8 argousin, guetteur, mouchard ■ 9 garde-voie ■ 10 conducteur, inspecteur, répétiteur ■ 11 observateur, sophroniste, stationnaire, surintendant ■ 12 garde-magasin ■ 13 garde-chiourme.
**SURVEILLER :** 5 épier, filer, mater ■ 6 garder, suivre ■ 7 marquer, messier, pisteur, veiller* ■ 8 escorter, observer* ■ 9 contrôler, espionner, inspecter ■ 11 cavalcadour, chaperonner, mâchicoulis, surveillant ■ 12 surveillance.
**SURVENANCE :** 6 ex post ■ 7 arrivée.
**SURVENIR :** 5 venir ■ 6 surgir ■ 7 advenir, arriver*.
**SURVETEMENT :** 7 jogging.
**SURVIRER :** 9 survirage.
**SURVIVRE :** 8 enterrer ■ 9 survivant ■ 10 survivance.
**SUS :** 5 outre ■ 12 surnuméraire.
**SUSCEPTIBILITE :** 8 paranoïa.
**SUSCEPTIBLE :** 7 ablatif, cotable, mutable ■ 8 canonisé, coléreux, évolutif, peccable, quantité, réceptif, sensible, souffrir ■ 9 amendable, attirable, banquable, dilatable, graciable, irritable, limitable, malléable, ombrageux, vibratile, vulnérant ■ 10 compétitif, cultivable, diffusable, évaporable, permutable, polissable, vulnérable ■ 11 falsifiable, ministrable, pointilleux ■ 12 chatouilleux, scolarisable ■ 13 photoémetteur, reproductible, volatilisable ■ 14 présidentiable, toxicomanogène ■ 15 imprescriptible.
**SUSCITATION :** 5 éveil.
**SUSCITE :** 9 paniquant.
**SUSCITER :** 6 bondir, causer*, élever ■ 8 apporter, fomenter, produire*, soulever ■ 9 provoquer*, réveiller ■ 11 occasionner*.
**SUSCRIPTION :** 2 ev ■ 5 poste ■ 7 adresse.
**SUSDIT :** 4 dito.

**SUSPECT:** 6 louche, véreux ■ 7 caution, douteux ■ 9 apocryphe, équivoque, guilledou, interlope, suspecter, suspicion.
**SUSPECTER:** 11 incriminer, soupçonner.
**SUSPENDRE:** 6 cesser, chômer, pendre* ■ 7 arrêter, enrayer, étendre, inhiber, retenir ■ 8 apprendre, attacher, proroger, soutenir, surseoir ■ 9 accrocher*, éthériser, moratoire, pendiller, suspensif ■ 10 suspension ■ 11 anesthésier, interrompre* ■ 15 porte-serviettes.
**SUSPENDU:** 5 cadre, hamac, harpe, litre, nuage, panca, panka, poids, punka, siège ■ 7 cessant, soffite, suspens ■ 8 flottant, soupente, touaille, valleuse ■ 9 pendentif, pendiller ■ 10 balançoire, catalepsie, suspenseur.
**SUSPENS:** 5 délai, pause ■ 6 sursis ■ 7 attente* ■ 9 suspensif ■ 10 provisoire, temporaire ■ 11 quarantaine.
**SUSPENSE:** 8 thriller.
**SUSPENSION:** 4 cran, croc ■ 5 crise, grève, pause, repos, trève ■ 6 cardan ■ 7 bélière, chômage, clôture, crochet, intérim, relâche ■ 8 étendage, penderie, retraite, vacances ■ 9 aéroscope, cessation, fermeture, moratoire ■ 10 cantilever, crémaillon, inactivité, lipovaccin, stagnation ■ 11 banqueroute, crémaillère, prorogation, scepticisme ■ 12 anhydrobiose, fluidisation, interruption* ■ 15 discontinuation, oléopneumatique.
**SUSPICION:** 7 soupçon ■ 8 défiance*, méfiance ■ 10 suspicieux.
**SUSTENTER:** 7 nourrir* ■ 12 sustentation.
**SUSTENTATION:** 4 aile ■ 8 girodyne.
**SUSURRER:** 8 murmurer* ■ 9 susurrant.
**SUTURE:** 7 sutural ■ 9 avivement, lambdoïde ■ 13 oraniosténose.
**SUZERAIN:** 3 ban ■ 6 vassal ■ 8 gonfalon, gonfanon, seigneur* ■ 11 suzeraineté.
**SVELTE:** 5 délié, mince* ■ 9 sveltesse.
**SWING:** 11 rock and roll.
**SYBARITE:** 11 sybaritique.
**SYCOMORE:** 6 érable.
**SYCOPHANTE:** 6 espion* ■ 8 sournois ■ 10 accusateur.
**SYLLABE:** 4 pied, vers ■ 5 mètre ■ 6 mantra ■ 7 brévité ■ 8 aphérèse, saphique ■ 9 contracté, épenthèse, métathèse, paroxyton, synalèphe ■ 10 alexandrin, dissyllabe, syllabique, syllabisme, trisyllabe, troncation ■ 11 décasyllabe, monosyllabe, octosyllabe, polysyllabe, syllabation, triphtongue ■ 12 heptasyllabe, tétrasyllabe ■ 13 contrepèterie, dissyllabique, dodécasyllabe, isosyllabique, quadrisyllabe, réduplication ■ 14 antépénultième, décasyllabique, hendécasyllabe, monosyllabique, octosyllabique, polysyllabique ■ 15 tétrasyllabique.
**SYLLABIQUE:** 8 linéaire.
**SYLLEPSE:** 11 sylleptique.
**SYLLOGISME:** 2 or ■ 5 terme ■ 7 barbara, mineure ■ 8 prémisse ■ 9 enthymème ■ 10 baralipton ■ 11 scolastique ■ 13 syllogistique.
**SYLPHE:** 5 génie.
**SYLVE:** 4 bois* ■ 5 forêt*.
**SYLVICULTEUR:** 12 pépiniériste, sylviculture.
**SYLVICULTURE:** 9 sylvicole.
**SYMBOLE:** 2 fg, hz, lm, oz, ph, po, sr, wh ■ 3 dag, dal, dam, kgf, kgp, mev, roc, tep ■ 4 œil ■ 5 crédo, image, lares, linga, signe, taiji, t'aiki ■ 6 figure, lingam ■ 7 emblème ■ 8 attribut, fraction, svastika ■ 9 asymbolie, croissant, épaulette ■ 10 sémiotique, symbolique, symboliser, symbolisme ■ 11 identifieur ■ 13 symbolisation ■ 14 identificateur, pictographique, quantificateur, représentation, symboliquement.

**SYMBOLE CHIMIQUE :** 1 a, b, c, e, f, h, i, k, n, o, p, s, u, v, w, y ■ 2 ac, ag, al, am, ar, as, at, au, az, ba, be, bi, bk, br, ca, cb, cd, ce, cf, cl, cm, co, cr, cs, cu, dy, er, es, eu, fe, fl, fm, fr, ga, gd, ge, gl, ha, he, hf, hg, ho, in, ir, kr, la, li, lr, lu, md, mg, mn, mo, mv, na, nb, nd, ne, ni, no, np, os, pa, pb, pd, pm, po, pr, pt, pu, ra, rb, re, rh, rn, ru, sb, sc, se, si, sm, sn, sr, ta, tb, tc, te, th, ti, tl, tm, tx, xe, yb, zn, zr.
**SYMBOLIQUE :** 4 lisp.
**SYMETRIE :** 8 sagittal ■ 9 asymétrie ■ 10 frontalité, symétrique ■ 11 asymétrique, dissymétrie, triclinique ■ 12 correspondre ■ 13 dissymétrique.
**SYMETRIQUE :** 4 oval ■ 5 spica ■ 8 régulier* ■ 9 genouillé ■ 10 gémination, irrégulier, symétrique ■ 13 axisymétrique.
**SYMPATHIE :** 6 estime ■ 7 entente, intérêt ■ 8 affinité ■ 10 communion, xénophilie ■ 11 anglophilie, attachement, sympathique, sympathiser ■ 12 condoléances, sympathisant ■ 13 félicitations, germanophilie.
**SYMPATHIQUE :** 4 chic ■ 8 chouette, migraine ■ 11 intéressant ■ 12 adrénergique, bétabloquant ■ 13 catécholamine ■ 14 sympathectomie ■ 15 sympathiquement, sympatholytique.
**SYMPATHOLOGIQUE :** 8 yohimbine.
**SYMPHONIE :** 5 final ■ 8 concerto ■ 11 symphonique, symphoniste ■ 15 symphoniquement.
**SYMPTOMATIQUE :** 15 caractéristique.
**SYMPTOME :** 5 signe* ■ 8 prodrome, syndrome ■ 9 cavitaire, épigenèse, phénomène*, rémission ■ 10 diagnostic, indication*, pathologie, pathomimie, sémiologie ■ 11 présomption, séméiologie ■ 12 coïncidation, épiphénomène ■ 13 manifestation, symptomatique ■ 15 pathognomonique, symptomatologie.
**SYNAGOGUE :** 5 taled ■ 6 taleth.
**SYNALLAGMATIQUE :** 5 vente ■ 10 réciproque.
**SYNAMISME :** 3 pep.
**SYNAPSE :** 10 synaptique ■ 14 neuromédiateur.
**SYNCHRONE :** 10 asynchrone ■ 12 synchroniser, synchronisme ■ 14 synchroniseuse ■ 15 synchronisation.
**SYNCHRONISE :** 9 diaporama.
**SYNCHRONISME :** 13 asynchronisme ■ 14 désynchroniser.
**SYNCLINAL :** 3 val ■ 10 anticlinal.
**SYNCOPE :** 4 jazz ■ 7 ragtime, syncopé ■ 8 pâmoison, syncopal, syncoper ■ 9 aconitine ■ 14 évanouissement.
**SYNCRETIQUE :** 8 bahaïsme, béhaïsme.
**SYNCRETISME :** 9 caodaïsme ■ 10 syncrétiste.
**SYNDIC :** 5 baile ■ 7 trustee.
**SYNDICAT :** 4 pool ■ 5 trust, union ■ 6 corner ■ 7 société ■ 8 mutuelle, scission, syndical, syndiqué ■ 9 syndiquer ■ 10 fédération, trade-union ■ 11 apparatchik, corporation ■ 12 antisyndical, antiunitaire, syndicalisme, syndicataire ■ 13 compagnonnage, confédération, intersyndical ■ 14 désyndicaliser, intersyndicale.
**SYNDROME :** 8 athétose, symptôme* ■ 11 entérorénal, klinefelter ■ 12 épicondylite ■ 13 arthrogrypose ■ 14 adiposo-génital.
**SYNERGIE :** 10 synergique.
**SYNESTHESIE :** 8 synopsie.
**SYNODE :** 7 concile*, synodal ■ 9 synodique.
**SYNONYME :** 7 adéquat ■ 10 équivalent ■ 11 synonymique.
**SYNOPSIS :** 5 pièce, trame ■ 10 traitement.
**SYNOVIALE :** 2 si ■ 7 synovie ■ 8 synovite ■ 12 synoviotose.
**SYNTAXE :** 7 licence ■ 9 grammaire*, solécisme ■ 10 syntaxique ■

11 concordance, syntactique ■ 12 construction, syntacticien.
**SYNTHESE :** 3 oxo ■ 5 codon ■ 8 vocodeur ■ 9 coumarine, dichromie ■ 10 autochrome, furosémide 11 disulfirame, métabolisme, synthétique, synthétiser ■ 12 organochloré ■ 13 photosynthèse, ribonucléique, triamcinolone ■ 14 chimiosynthèse.
**SYNTHETIQUE :** 4 buna, skaï ■ 5 nylon, orlon, quick ■ 6 banlon, dacron, dralon, rhovyl, rilsan, tergal ■ 7 adhésif, aramide, goretex ■ 8 altuglas, bakélite, néoprène, synderme, terlenka, térylène ■ 9 acrylique, butadiène, consolidé, plexiglas, vinylique ■ 11 allopurinal, aminoplaste, chlorofibre, polyoléfine ■ 13 polybutadiène ■ 15 synthétiquement.
**SYNTHETISE :** 10 totalisant ■ 13 synthétisable.
**SYNTHETISEUR :** 6 synthé.
**SYNTHETISME :** 12 cloisonnisme.
**SYNTONE :** 8 syntonie.
**SYPHILIS :** 6 vérole ■ 7 chancre, luétine, roséole ■ 9 syphilide, tréponème ■ 12 syphilitique.
**SYPHILITIQUE :** 6 vérolé.
**SYRIE :** 6 soudon.
**SYRIEN :** 6 sémite ■ 8 maronite.
**SYSIMBRE :** 5 vélar.
**SYSTEMATIQUE :** 5 taxon, taxum ■ 9 déontique ■ 13 systématicien.
**SYSTEME :** 2 si ■ 3 abs, cgs, mts, pal, utm ■ 4 code, judo, kilo, m.k.s.a., myri, rift ■ 5 awacs, barye, decca, delco, gauss, mètre, micro, monde, morse, myria, myrio, règle*, secam, trias ■ 6 afocal, goulag, graphe, social*, utopie, velcro ■ 7 biphasé, frayage, leasing, méthode*, modulor, senseur, serveur, téléfax, télétel, théorie*, torseur ■ 8 anarchie, autonome, cambrien, clanisme, darbysme, dispersé, doctrine*, engramme, freinage, jiu-jitsu, limbique, médecine, métairie, oculaire, poétique, principe*, religion*, véhicule ■ 9 atonalité, autofocus, avunculat, biénergie, cab-signal, canonique, cégésimal, enrouleur, fiscalité, monogamie, mutualité, newtonien, politique*, sectateur, trop-plein ■ 10 autocratie, calendrier, condenseur, diatonisme, économique*, franquisme, invariance, ismaélisme, martingale, masselotte, monocratie, polyarchie, quadruplex, symbolisme, systémique, wagnérisme ■ 11 adiabatisme, anastigmate, antiblocage, aplanétique, aplanétisme, capitalisme, combinaison, hexadécimal, homéopathie, monoculture, partenariat, phalanstère, philosophie*, polyculture, polysynodie, rééducation, référentiel, sous-système, tout-à-l'égout, végétarisme ■ 12 actionnariat, bimétallisme, comparatisme, compensation, conscription, contre-vapeur, cosmographie, enseignement, inquisitoire, labanotation, méritocratie, monopartisme, systématique, systématiser, technocratie, télécommande, télé-écriture ■ 13 astrobiologie, autoritarisme, bertillonnage, bicarburation, consonantisme, matrilinéaire, multipartisme, œilletonnage, périglaciaire, personnalisme, pluripartisme, subjectivisme, taylorisation ■ 14 industrialisme, monométallisme, monoprocesseur, self-government ■ 15 déconcentration, indifférentisme, phallocentrisme, protectionnisme, radiotéléphonie, systématisation.
**SYSTEME NERVEUX :** 6 neural ■ 10 nervosisme, neurologie, neurotrope ■ 11 biofeedback, neurochimie, neuropathie, paresthésie, sympathique ■ 12 barbiturique ■ 13 architectonie, neurobiologie, neuroleptique, neurosciences ■ 14 neurobiochimie, neurochirurgie, neurovégétatif ■ 15 neurodépresseur, neuroradiologie, parasympathique.
**SYSTEME OPTIQUE :** 12 bronchoscope ■ 14 catadioptrique.
**SYSTOLE :** 8 diastole ■ 10 systolique ■ 11 périsystole.

# T

**TABAC :** 5 débit, fumer, pétun ■ 6 chique, perlot, rôlage ■ 7 caporal, capsage, carasse, médicée, pétuner, priseur, tabagie ■ 8 fourneau, maryland, nicotine, pontiane, virginie ■ 9 aiguillon, antitabac, broquelin, buraliste, cigarette, nicotiane, nicotisme, tabatière ■ 10 scaferlati ■ 11 nicotinisme ■ 13 dénicotiniser.
**TABAGIE :** 7 cabaret.
**TABAGISME :** 9 nicotisme, tabagique ■ 11 nicotinisme.
**TABATIERE :** 5 boîte ■ 7 lucarne ■ 10 queue-de-rat.
**TABELLION :** 7 notaire.
**TABERNACLE :** 4 naos, néos ■ 6 conopé, parvis ■ 7 soukhot ■ 8 pavillon.
**TABES :** 6 ataxie ■ 8 langueur* ■ 9 tabétique.
**TABLE :** 3 jan, mée ■ 4 étal, luxe, plat ■ 5 autel, chère, évier, gigot, index, nappe, tapis, tombe, verre ■ 6 abaque, barème, buffet, bureau, établi, sommet ■ 7 billard, console, hachoir, plateau, pupitre, surtout, traceur, tréteau, vitrine ■ 8 attabler, chanteau, comptoir, crédence, cuillère, desserte, dressoir, guéridon, servante, tablette ■ 9 chasselas, coiffeuse, commensal, grosserie, serviette, sous-nappe, tabulaire, vaisselle ■ 10 fourchette, pâtissoire, planchette, répertoire ■ 11 alphonsines, rince-doigts ■ 12 porte-couteau, travailleuse ■ 13 dessous-de-table, propitiatoire.
**TABLEAU :** 3 mai, vue ■ 4 cote, embu, fond, noir, plan ■ 5 amour, bilan, cadre, craie, écran, flore, genre, grisé, image*, index, liste, navet, repos, table, tarif, tissu, toile ■ 6 croûte, damier, ex-voto, marine ■ 7 affiche, diorama, gouache, horaire, matrice, panneau, paysage, pochade, repeint, tabelle ■ 8 diptyque, ébrasure, ecce homo, écriteau, enseigne, esquisse, lointain, pancarte, panorama, peinture*, portrait*, prédelle, verrière ■ 9 allégorie, cartouche, tablature, triptyque, turquerie ■ 10 bambochade, calendrier, polyptyque, repoussoir, tabellaire, tableautin ■ 11 conjugaison, crucifixion, statistique ■ 12 crucifiement, généalogique, résurrection ■ 14 représentation*.
**TABLER :** 7 espérer.
**TABLETIER :** 11 tabletterie.
**TABLETTE :** 4 méta ■ 5 dalle, rayon, selle, style, volet ■ 6 abaque ■ 7 étagère, tasseau, tessière, tirette ■ 8 diptyque.
**TABLETTERIE :** 5 nacre ■ 8 calambac, calambar, merisier ■ 9 calembour ■ 11 marqueterie.
**TABLIER :** 7 bavette ■ 9 salopette ■ 11 serpillière.

**TABOU :** 5 sacré ■ 7 tabouer ■ 9 tabouiser.
**TABOURET :** 4 pouf ■ 5 siège.
**TABULAIRE :** 4 gour.
**TACHE :** 3 net ■ 4 bleu, pâté, pige, raie, sale*, spot, taie ■ 5 cerne, dédié, envie, glace, hyène, jaspe, ladre, lèpre, lérot, signe ■ 6 albugo, bavure, lunule, macule, maille, nævus, ocelle, œuvre, office, saleté*, vibice ■ 7 aiglure, balzane, granule, jaspure, lentigo, leucome, madrure, roséole, rougeur, travail, vergeté, vibices ■ 8 chloasma, détacher, éphélide, essanger, immaculé, maculage, maillure, noirceur, pétéchie, saigneux, sanglant, tatouage, tavelure ■ 9 bigarrure, détachage, ecchymose, exécutant, graisseux, jardineux, marqueter, panachure, rechampir, souillure, syphilide, tacheture, varicelle, vergeture ■ 10 maculation maculature, moucheture ■ 11 anthracnose, noircissure, télétravail, xanthélasma ■ 12 antéphélique, éclaboussure, meurtrissure.
**TACHER :** 4 voir ■ 5 salir* ■ 6 piquer ■ 7 briguer, crotter, essayer*, maculer, saigner ■ 8 évertuer, graisser, ingénier, rouiller, souiller, tacheter ■ 10 marchander, rechercher ■ 11 barbouiller, éclabousser.
**TACHERON :** 11 travailleur.
**TACHETE :** 7 grivelé ■ 8 léopardé, moucheté.
**TACHETER :** 7 taveler ■ 8 piqueter ■ 9 marqueter.
**TACHYCARDIE :** 13 tachyarythmie.
**TACITE :** 10 tacitement ■ 11 sous-entendu.
**TACITURNE :** 5 hibou ■ 6 sombre ■ 7 taiseux ■ 9 concentré ■ 10 silencieux ■ 11 taciturnité.
**TACLE :** 6 tacler.
**TACT :** 7 contact, tactile, toucher ■ 9 tentacule ■ 10 diplomatie ■ 11 délicatesse*, savoir-vivre ■ 12 attouchement.
**TACTILE :** 8 vibrisse ■ 9 barbillon.
**TACTIQUE :** 5 thème ■ 7 wargame ■ 8 briefing ■ 9 compagnie, manœuvre, stratégie, tacticien ■ 11 obstruction ■ 14 préstratégique.
**TACTISME :** 14 chimiotactisme.
**TADJIKISTAN :** 6 tadjik.
**TAFIA :** 4 rhum.
**TAFFETAS :** 5 pongé ■ 6 mouche ■ 9 pou-de-soie ■ 10 pout-de-soie ■ 11 poult-de-soie.
**TAG :** 6 tageur.
**TAGALOG :** 8 pilipine.
**TAHITI :** 8 tahitien.
**TAHITIENNE :** 5 monoï.
**TAIE :** 4 peau ■ 6 maille.
**TAILLADE :** 7 morsure ■ 8 entaille*, éraflure, griffade ■ 9 découpure, écorchure, éraillure ■ 11 égratignure ■ 12 déchiqueture.
**TAILLADER :** 6 couper* mordre, racler ■ 7 érafler, gratter, griffer ■ 8 écorcher, érailler, étriller, labourer, ratisser ■ 9 dévisager, tenailler ■ 10 égratigner.
**TAILLANDIER :** 12 taillanderie.
**TAILLANT :** 5 gouge ■ 9 découpoir, tranchant*.
**TAILLE :** 3 élu ■ 4 menu, nain, rang ■ 5 burin, carré, coupe, géant, grand, jayet, mince, nabot, plume, tapis, toise, vinée ■ 6 ajusté, patron, poncis, sampot ■ 7 châssis, piquage, stature ■ 8 ceinture, courtaud, découplé, épinçage, grandeur, jaquette, levretté, mirmidon, monoxyle, myrmidon, négrille, sécateur, tailleur, tectrice ■ 9 ceinturer, demi-tasse, dentelure, dépendeur, freluquet, grignotis, lapidaire, marmouset, normalisé, solutréen, taillable, tailleuse, tranchant ■ 10 crapoussin, martingale, silhouette, sous-cavage ■ 11 entretaille,

lilliputien, prêt-à-porter, rapprochage, stéréotomie ■ 12 contre-taille, héliogravure ■ 15 microdissection.
**TAILLER :** 6 bûcher, couper*, écimer, égayer, étêter, évider, hacher, pincer, tondre ■ 7 abattre, châtrer, élaguer, émonder, fuseler, receper, smiller, vaincre ■ 8 aissette, créneler, découper, dégarnir, denteler, ébiseler, écharper, épamprer, équarrir, facetter, retondre, sculpter, topiaire ■ 9 biseauter, bretteler, décharger, échancrer, éclaircir, festonner, lardonner, rabattoir, retailler, rustiquer, salgotter, taillerie ■ 10 brillanter, champlever, charpenter, ébranchoir ■ 11 appareiller, chanfreiner, débillarder, étronçonner ■ 12 taille-crayon ■ 13 marteau-piolet.
**TAILLEUR :** 4 flou, laie, ripe ■ 6 buisse, jupier ■ 7 barreau, bouisse, pompier, sciotte ■ 8 essayeur, marquoir, rustique ■ 12 passe-carreau.
**TAILLIS :** 4 tiré ■ 5 cepée, recrû ■ 6 breuil ■ 7 buisson*, raclage ■ 9 belladone.
**TAIRE :** 4 chut ■ 5 celer, mimer, tacet ■ 6 cacher, garder, sauter, voiler ■ 7 arrêter, omettre, retenir ■ 8 déguiser, déparler, étouffer ■ 9 rengainer ■ 10 dissimuler ■ 11 contraindre.
**TAISEUX :** 9 taciturne.
**TAIT :** 6 non-dit.
**TAIWAN :** 9 taiwanais.
**TALC :** 7 talquer ■ 8 stéatite, talqueux.
**TALENT :** 3 art* ■ 4 diva, luth, mime, raté ■ 5 force, génie*, grand ■ 6 génial ■ 7 mauvais, sommité ■ 8 bravoure, capacité, dénigrer, sourcier, virtuose ■ 9 éloquence, incapable, insinuant, notoriété, persuasif ■ 10 cantatrice, talentueux, théâtreuse, virtuosité ■ 12 écrivailleur ■ 15 talentueusement.
**TALER :** 8 meurtrir.
**TALISMAN :** 7 bézoard ■ 8 amulette* ■ 10 phylactère ■ 12 talismanique.
**TALLE :** 7 tallage.
**TALMUD :** 7 yeshiva.
**TALMUDIQUE :** 10 talmudiste ■ 14 traditionnaire.
**TALOCHE :** 4 coup ■ 5 gifle* ■ 8 talocher ■ 9 talmousse.
**TALON :** 3 rai ■ 4 mule ■ 5 glome ■ 7 talaire ■ 8 quartier, surlonge, taconeos, talonner ■ 9 accroupir, calcanéum ■ 10 contrefort, encasteler, talonnette, talonnière.
**TALONFORME :** 9 talonnade.
**TALONNER :** 9 talonnage, talonneur ■ 10 poursuivre*, tourmenter*.
**TALUS :** 4 ados, côté ■ 5 berge, butte ■ 6 glacis, rideau ■ 7 escarpe, falaise, parapet, plongée, remblai, taluter ■ 8 penchant, platière ■ 9 banquette, bull-finch, clayonner ■ 10 boulingrin, revêtement ■ 11 escarpement ■ 12 contrescarpe.
**TAMANOIR :** 8 tamandua.
**TAMARIN :** 8 hapalidé.
**TAMARINER :** 7 tamarin.
**TAMARIS :** 7 tamarin.
**TAMBOUR :** 2 ra ■ 3 ban, fla, tom ■ 5 bongo, dembe, tapin ■ 6 caisse, tam-tam, tarole, tom-tom ■ 7 timbale ■ 8 barillet, batterie, darbouka, derbouka, générale, rataplan, tympanon ■ 9 roulement, tambourin ■ 10 rantanplan ■ 11 colin-tampon, tambouriner ■ 12 tambour-major.
**TAMBOURIN :** 7 tambour ■ 12 tambourineur ■ 13 tambourinaire.
**TAMBOURINER :** 6 battre* ■ 7 frapper* ■ 8 répandre ■ 12 tambourinage ■ 14 tambourinement.
**TAMIS :** 3 sas ■ 6 filtre ■ 7 bluteau, blutoir ■ 9 tamiserie.
**TAMISAGE :** 11 plansichter.

**TAMISER :** 5 trier ■ 6 bluter, passer, sasser, vanner ■ 7 cribler, filtrer, heurter ■ 8 tamisage.
**TAMPICO :** 5 agave.
**TAMPON :** 4 gong ■ 5 balle, lance ■ 7 tapette ■ 9 tamponner ■ 10 tamponnoir, vadrouille ■ 12 tamponnement.
**TAMPONNER :** 4 choc ■ 7 heurter* ■ 12 tamponnement.
**TAM-TAM :** 6 tapage* ■ 7 tambour*.
**TAN :** 5 jusée, tanin, tanné ■ 6 pelard, regros, tannée ■ 8 auvergne, tanniser.
**TANCER :** 8 rabrouer ■ 11 réprimander*.
**TANDEM :** 9 monotrace ■ 10 bicyclette.
**TANDIS QUE :** 9 au lieu que ■ 10 pendant que.
**TANGAGE :** 5 houle.
**TANGENT :** 9 exinscrit ■ 10 tangentiel.
**TANGENTE :** 10 cotangente.
**TANGIBLE :** 4 réel*, vrai* ■ 7 positif* ■ 11 tangibilité ■ 12 tangiblement.
**TANGO :** 7 milonga ■ 9 bandonéon.
**TANGUE :** 6 radula ■ 9 tanguière.
**TANGUER :** 8 balancer*.
**TANIERE :** 4 gîte* ■ 5 antre* ■ 8 retraite ■ 10 renardière.
**TANIN :** 8 tannique, tanniser.
**TANNAGE :** 3 tan ■ 4 cuir ■ 5 tanné ■ 8 tannerie ■ 9 affaitage ■ 10 chamoiseur, corroierie, hongroyeur ■ 11 affaitement.
**TANNE :** 5 croco.
**TANNER :** 6 battre ■ 7 chromer, ennuyer.
**TANNISER :** 8 tanisage ■ 9 tannisage.
**TANT :** 8 tantième.
**TANTE :** 4 tata ■ 7 tantine ■ 11 avunculaire.
**TANTIEME :** 6 énième.
**TANTRISME :** 6 tantra ■ 7 mandala ■ 9 tantrique.
**TANZANIE :** 9 tanzanien.
**TAO :** 3 yin ■ 4 yang.
**TAPAGE :** 5 bruit*, potin, train ■ 6 aubade, barouf, boucan, bousin, chahut, fracas, pétard, raffut, ramdam, rumeur, sabbat, tam-tam ■ 7 tapager, tumulte*, vacarme ■ 8 bahutage, baroufle, brouhaha, carillon, hourvari, scandale, sérénade, sourdine, tapageur ■ 9 chabanais, charivari, esclandre, margaille ■ 10 bastringue, cacophonie, tintamarre.
**TAPAGEUR :** 4 yé-yé ■ 5 démon ■ 7 casseur ■ 9 sacripant ■ 13 tapageusement.
**TAPE :** 3 fou ■ 4 coup*, flac ■ 5 gifle*, taper ■ 7 calotte ■ 8 bourrade ■ 9 multitude.
**TAPECUL :** 5 cotre, ketch.
**TAPEE :** 5 poire ■ 9 multitude*.
**TAPER :** 5 tiper, toper ■ 6 battre*, tipper, tosser ■ 7 frapper*, tapette ■ 8 tapement ■ 9 emprunter.
**TAPIN :** 7 tapiner.
**TAPINOIS :** 11 secrètement.
**TAPIOCA :** 6 manioc.
**TAPIR :** 7 bottir* ■ 12 paléothérium.
**TAPIS :** 4 coco ■ 5 bande, foyer, kilim, natte ■ 6 feutre ■ 7 passage, tenture ■ 8 carpette, descente, linoléum, moquette, thibaude ■ 9 tapissier ■ 10 carpettier, paillasson, savonnerie, tapisserie, tapissière ■ 11 tapis-brosse ■ 12 shampouineur ■ 13 aspiro-batteur, shampouineuse.

**TAPISSER:** 6 garnir, tendre.
**TAPISSERIE:** 4 reps, tors ■ 5 point, tapis ■ 7 canevas ■ 8 draperie, tapisser ■ 9 rentrayer ■ 11 mille-fleurs, rentraiture ■ 12 entrefenêtre.
**TAPISSIER:** 7 semence ■ 9 broquette ■ 10 tapisserie.
**TAPON:** 8 taponner ■ 9 taponnage.
**TAPOTER:** 7 frapper* ■ 10 tapotement.
**TAQUIN:** 5 lutin ■ 9 malicieux* ■ 10 taquinerie.
**TAQUINER:** 6 agacer*, braver, tanner ■ 7 canuler, lutiner, picoter ■ 8 chicaner ■ 9 asticoter, mécaniser, mystifier, persifler, provoquer ■ 10 houspiller, tarabuster, tourmenter*, turlupiner ■ 11 impatienter.
**TAQUINERIE:** 9 raillerie*.
**TARABISCOTE:** 7 affecté.
**TARABUSTER:** 8 malmener ■ 10 tourmenter*.
**TARARE:** 8 tararage.
**TARAUD:** 8 quillier.
**TARAUDAGE:** 9 taraudeur.
**TARAUDER:** 6 battre, percer ■ 9 taraudage ■ 10 taraudeuse, tourmenter.
**TARD:** 5 avant ■ 8 retarder ■ 13 parachronisme ■ 14 ultérieurement.
**TARDER:** 8 retarder ■ 9 atermoyer ■ 10 pétouiller.
**TARDIF:** 4 lent, long ■ 5 hâtif ■ 6 brunch ■ 9 tardivité ■ 11 tardivement.
**TARE:** 4 vice* ■ 6 défaut*.
**TARENTULE:** 6 lycose.
**TARER:** 5 gâter* ■ 7 avarier.
**TARGUER:** 7 flatter ■ 8 fanfaron*.
**TARIERE:** 5 sonde ■ 8 quillier ■ 9 oviscapte ■ 13 queue-de-cochon.
**TARIF:** 4 prix* ■ 6 barème ■ 7 courant ■ 9 demi-tarif, tarifaire ■ 12 différentiel, tarification.
**TARIR:** 7 épuiser* ■ 10 tarissable ■ 12 intarissable.
**TARN:** 7 tarnais.
**TARO:** 6 foutou.
**TAROT:** 6 oudler.
**TARSE:** 7 cuboïde, tarsien ■ 9 astragale, calcanéum, pentamère, scaphoïde, sésamoïde ■ 10 cunéiforme ■ 11 tarsectomie.
**TARSIEN:** 7 tarsier.
**TARTARE:** 9 cannibale.
**TARTE:** 4 flan ■ 5 gifle, pizza ■ 9 tourtière ■ 10 tartelette ■ 12 pissaladière.
**TARTELETTE:** 7 dariole ■ 8 amandine, talmouse.
**TARTINE:** 5 rôtie, toast ■ 6 tirade ■ 7 beurrée, tranche ■ 8 biscotte.
**TARTRE:** 8 tartatre, tartreux ■ 9 détartrer, entartrer, tartrique ■ 10 détartrage, détartrant, détartreur, entartrage.
**TARTUFE:** 4 faux* ■ 5 bigot ■ 9 hypocrite* ■ 10 tartuferie.
**TAS:** 4 amas* ■ 5 meule, mulon, tapon ■ 7 javelle ■ 8 entasser ■ 9 amonceler ■ 10 collection ■ 11 entassement.
**TASSE:** 3 bol ■ 5 coupe, godet, hanap, moque, quart ■ 6 cyathe, patère ■ 7 gobelet, tâte-vin ■ 8 déjeuner, soucoupe ■ 9 demi-tasse ■ 10 trembleuse ■ 13 recroquevillé.
**TASSEAU:** 6 liteau.
**TASSEMENT:** 4 faix ■ 12 affaissement*.
**TASSER:** 5 damer ■ 7 presser*, tassage ■ 8 entasser, pilonner, plombeur ■ 9 affaisser*, enterrage ■ 10 compactage ■ 14 recroqueviller.
**TATER:** 6 palper, sonder ■ 7 essayer, hésiter, retâter, toucher* ■ 8 savourer, tâtonner.

**TATILLON :** 9 minutieux* ■ 13 consciencieux.
**TATONNE :** 9 tâtonnant.
**TATONNEMENT :** 12 balbutiement.
**TATONNER :** 7 essayer*, hésiter*, toucher ■ 10 aveuglette ■ 11 tâtonnement.
**TATOU :** 9 priodonte.
**TATOUER :** 8 tatouage, tatoueur.
**TAUDIS :** 4 trou ■ 5 bouge ■ 11 appartement.
**TAULE :** 4 tôle.
**TAUPE :** 5 lamie ■ 7 taupier ■ 8 taupière, taupinée ■ 10 taupinière ■ 11 courtilière.
**TAUPIN :** 8 forgeron ■ 9 élatéridé.
**TAUPINIERE :** 5 butte ■ 8 taupinée.
**TAURE :** 5 vache*.
**TAUREAU :** 5 bœuf, toril, vache ■ 6 manade, taurin, torero ■ 7 corrida, tauridé ■ 8 toréador ■ 9 ganaderia, taurillon ■ 10 banderille, beuglement, bucentaure, puntillero ■ 11 bistournage, tauromachie.
**TAUTOLOGIE :** 9 pléonasme ■ 12 tautologique.
**TAUTOMERE :** 10 tautomérie.
**TAUTOMERIE :** 11 desmotropie.
**TAUX :** 4 pair, taxe ■ 5 cours, loyer, usure ■ 6 cétose, change ■ 7 surtaux ■ 8 cholémie, natrémie, pourcent, surtaxer, taxation ■ 9 calciurie, cétonurie, gold-point, hypoxémie, kalicytie, lipidémie ■ 10 conversion, éthylotest ■ 11 dévaluation, éthylomètre, parathyrine, pourcentage, surnatalité ■ 12 parathormone, réalignement, surmortalité, urobilinurie ■ 13 progressivité ■ 15 cholestérolémie.
**TAVELER :** 9 marqueter.
**TAVERNE :** 4 café* ■ 7 auberge, cabaret* ■ 9 tavernier ■ 10 restaurant.
**TAXACEE :** 2 if.
**TAXE :** 3 t.t.c., t.v.a. ■ 4 taux ■ 5 droit, impôt* ■ 6 excise ■ 7 maltôte, surtaxe, taxatif ■ 8 taxateur, taxation ■ 9 franc-fief ■ 10 capitation, régalement ■ 11 dégrèvement ■ 13 parafiscalité.
**TAXER :** 7 taxable ■ 8 taxation ■ 9 reprocher.
**TAXI :** 9 maraudeur, radio-taxi ■ 11 taxi-brousse.
**TAXIDERMIE :** 12 taxidermiste.
**TAXINOMIE :** 11 taxinomique, raxinomiste.
**TAYLORISATION :** 10 tayloriser.
**TCHAD :** 8 tchadien.
**TCHADIEN :** 7 haoussa.
**TCHECOSLOVAQUE :** 7 tchèque.
**TECHNETIUM :** 8 masurium.
**TECHNICIEN :** 7 metteur ■ 8 cinéaste, géomètre ■ 9 ingénieur, pétrolier, séminaire ■ 10 brain-trust, frigoriste ■ 11 réalisateur, spécialiste* ■ 12 technocratie ■ 13 sous-ingénieur ■ 15 technostructure.
**TECHNIQUE :** 3 art ■ 6 primal ■ 7 défoncé, domisme, méthode* ■ 8 archerie, armement, épistate, poussage, technème ■ 9 créatique, cryologie, détonique, domotique, enclosure, encloture, graphique, levallois, mass media, packaging, robotique, techniser, urbanisme, visagisme ■ 10 autoscopie, conférence, couponnage, défilement, ergométrie, gnomonique, imposition, irrigation, monophonie, plasturgie, technicité ■ 11 angiomatose, antipodisme, audiovisuel, bureautique, cytaphérèse, dévaluation, économétrie, électrochoc, fosbury flop, horographie, kammerspiel, œnotechnie, pétrochimie, porte-à-porte, productique, prospective, sismométrie, synthétisme, techniciser ■ 12 aéronautique, aiguilletage, bio-industrie, biotechnique, informatique, mu-

séographie, nomenclature, radiotechnie, stratovision ■ 13 brainstorming, cryotechnique, électrochimie, embryonscopie, haute-fidélité, marchandisage, minérallurgie, normalisation, œnotechnique, photogéologie, précontrainte, sociothérapie, techniquement, technoscience, télédétection ■ 14 biotechnologie, microtechnique, radiotechnique ■ 15 radarastronomie, spectrochimique, standardisation.

**TECHNOCRATIE :** 11 technocrate ■ 14 technocratiser.

**TECHNOCRATIQUE :** 8 énarchie ■ 14 technocratisme.

**TECHNOLOGIE :** 3 i.u.t. ■ 8 high-tech ■ 9 fluidique ■ 10 technopôle, tribologie ■ 11 technologue ■ 12 obsolescence ■ 13 technologique, technologiste ■ 14 technocratique.

**TECT :** 6 étable.

**TECTONIQUE :** 13 néotectonique.

**TEFLON :** 7 goretex ■ 9 téflonisé.

**TEGUMENT :** 4 peau*, test ■ 6 arille ■ 8 carapace, cuticule, pilosité, sensille ■ 9 micropyle ■ 12 articulation, tégumentaire.

**TEIGNE :** 4 mite ■ 5 favus, gerce, rogne ■ 8 gallerie, teigneux ■ 12 trichophyton.

**TEILLER :** 8 teillage, teilleur.

**TEINDRE :** 5 ocrer, roser, rosif ■ 6 chiner ■ 7 colorer, imbiber, raciner, rocouer, teinter, tremper ■ 8 garancer, violeter ■ 9 brésiller, imprégner, reteindre ■ 10 teinturier, tinctorial ■ 11 dégraisseur.

**TEINT :** 3 mat ■ 4 fard, hâle, rose ■ 5 blême, hâler, terne ■ 6 basané, bistre, bronzé, coloré, cuivré, matité ■ 7 blafard, couleur, rougeur, vermeil ■ 8 brouillé, carnation, fraîcheur, lividité.

**TEINTE :** 3 ton ■ 5 aplat, grisé, pixel, rompu, roser, virer ■ 7 couleur* ■ 8 céruléen, mordorer, opaliser, platiner ■ 9 rougeoyer ■ 10 brunissure, demi-teinte, impression, mezzo-tinto, opalescent ■ 11 opalisation ■ 13 similigravure ■ 14 isochromatique.

**TEINTER :** 7 bistrer, bleuter ■ 8 teintant.

**TEINTURE :** 4 bleu ■ 5 acide, aloès, batik, gaude, henné, jalap, sapan, teint ■ 6 brésil, kamala, sandix, sandyx, sappan ■ 8 campêche, dextrine, enlevage, orseille, picrique, rocouyer, sarrette ■ 9 aluminage, brésillet, cratægus, débouilli, garançage, orcanette ■ 10 brunissure, dischromie, quercitron, rosaniline, teinturier, tinctorial ■ 11 parégorique, teinturerie ■ 14 débouillissage.

**TEINTURERIE :** 8 maurelle.

**TEL :** 6 pareil ■ 9 identique, semblable*.

**TELEBENNE :** 10 télécabine.

**TELECOMMANDE :** 6 drone.

**TELECOMMUNICATION :** 5 laser ■ 7 minitel ■ 9 télétexte ■ 12 vidéographie ■ 14 télémécanicien.

**TELECONFERENCE :** 15 vidéoconférence, visioconférence.

**TELECOPIE :** 3 fax ■ 5 faxer ■ 7 téléfax.

**TELEDETECTION :** 7 scanner.

**TELEGRAMME :** 4 stop ■ 5 câble ■ 7 dépêche ■ 10 autogramme ■ 11 câblogramme.

**TELEGRAPHIE :** 3 tsf ■ 5 morse ■ 7 sans-fil, simplex ■ 8 cohéreur, télétype ■ 9 multiplex ■ 10 quadruplex, télégramme ■ 11 héliographe, télégraphie ■ 12 manipulateur, télégraphier ■ 13 télégraphique, télégraphiste, téléimprimeur, téléscripteur.

**TELEGUIDAGE :** 10 téléguider.

**TELEMATIQUE :** 11 télématiser.

**TELEMATISER :** 14 télématisation.

**TELEMETRE :** 11 télémétreur.

**TELEOLOGIE :** 12 téléologique.
**TELEOSTEEN :** 4 chat, muge, vive ■ 5 apode*, cabot, crète, labre, mérou, mulet, omble, scare, tourd, volant ■ 6 barbet, galidé*, marlin, perlon, orphie, rouget, sciène, silure, trigle, vairon ■ 7 barbier, brochet, grondin, mendole, percidé*, sébaste, sparidé*, vieille ■ 8 aiguille, clupéidé*, épinoche, rascasse, scorpène, surmulet, tétrodon ■ 9 bécassine, chevalier, cyprinidé*, loricaire, salmonidé*, scombridé* ■ 10 engraulidé*, physostome, uranoscope ■ 11 épinochette ■ 13 pleuronectidé*.
**TELEPATHIE :** 9 télépathe ■ 11 extralucide, télesthésie ■ 12 télépathique.
**TELEPHERIQUE :** 9 télébenne, télésiège ■ 10 télécabine ■ 11 téléférique, téléphérage.
**TELEPHONE :** 5 inter, poste ■ 8 régional, répéteur, sonnerie ■ 9 bigophone, composeur, taxiphone, télévente ■ 10 interphone, téléphoner, vidéophone, visiophone ■ 11 conjoncteur, interurbain ■ 12 téléphonique, téléphoniste ■ 13 communication.
**TELEPHONIE :** 4 jack ■ 5 câble ■ 7 friture, sans-fil ■ 11 radiophonie ■ 14 radiodiffusion ■ 15 radiotéléphonie.
**TELEPHONIQUE :** 6 bottin ■ 7 sans-fil ■ 10 publiphone ■ 14 péritéléphonie ■ 15 autocommutateur, radiotéléphonie.
**TELESCOPE :** 7 lunette ■ 9 astéroïde, chercheur ■ 10 aberration ■ 12 télépointage.
**TELESCOPER :** 7 heurter* ■ 9 tamponner.
**TELESPECTATEUR :** 7 zapping ■ 12 téléacheteur.
**TELEVENTE :** 9 téléachat.
**TELEVISE :** 9 soap opera ■ 13 téléreportage.
**TELEVISEUR :** 14 péritélévision.
**TELEVISION :** 2 t.v. ■ 3 p.a.f., p.a.l. ■ 4 télé, t.v.h.d. ■ 5 secam ■ 6 caméra, sitcom ■ 7 pairage, vidicon ■ 8 émission, talk-show, téléécran, téléfilm, ■ 9 linéature, mass media, téléradar, téléviser ■ 10 définition, multinorme, téléviseur, vidéophone, viséophone ■ 11 chrominance, mondovision, télégénique ■ 12 magnétoscope, stratovision, télédiffuser, téléreporter ■ 13 multistandard, radiotélévisé, télédiffusion ■ 14 radioreportage, téléspectateur, vidéofréquence.
**TELEX :** 7 télexer.
**TELLEMENT :** 2 si ■ 4 tant.
**TELLURE :** 9 tellureux, tellurien, tellurure ■ 10 tellurique ■ 14 tellurhydrique.
**TELLURIQUE :** 9 tellurate.
**TEMERAIRE :** 5 brave*, hardi* ■ 9 audacieux, intrépide ■ 12 entreprenant,
**TEMERITE :** 9 hardiesse, téméraire ■ 10 imprudence ■ 13 témérairement.
**TEMOIGNAGE :** 4 gage ■ 5 signe ■ 6 indice, marque, preuve*, témoin ■ 7 hommage, mention, parjurer ■ 9 décharger ■ 10 certificat, déposition, photo-robot, recueillir, satisfecit, tendresses ■ 11 affirmation, attestation ■ 12 condoléances, confirmation, constatation ■ 13 démonstration, félicitations.
**TEMOIGNE :** 10 inaffectif.
**TEMOIGNER :** 5 jurer, lever ■ 6 avérer ■ 7 appuyer, déposer, établir, montrer, révéler, siffler ■ 8 affirmer, attester, déplorer, plaindre, renâcler ■ 9 certifier, confirmer*, constater, démontrer, rechigner ■ 10 manifester, témoignage.
**TEMOIN :** 4 voir ■ 5 jurer ■ 6 de visu, recors ■ 8 citation, déposant ■

9 assistant, témoigner ■ 10 déposition, spectateur ■ 11 assignation, testimonial.
**TEMPE :** 7 larmier ■ 12 rouflaquette ■ 13 accroche-cœur.
**TEMPERAMENT :** 5 santé ■ 6 nature*, trempe ■ 8 diathèse ■ 9 caractère ■ 10 complexion ■ 11 disposition, lymphatisme ■ 12 constitution, contre-emploi, organisation, schizothymie ■ 13 idiosyncrasie ■ 14 prédisposition
**TEMPERANCE :** 7 retenue ■ 8 chasteté, sobriété* ■ 9 tempérant.
**TEMPERATURE :** 3 été ■ 4 zéro ■ 5 froid, gelée, lampe, point, rouge, serre, sueur, temps, verre ■ 6 climat, fièvre*, incuit, siroco ■ 7 chaleur, eutexie ■ 8 calciner, canicule, cryostat, latitude, maturité, mitigeur ■ 9 amplitude, aoûtement, climatisé, couvaison, cryogénie, cryologie, échauffer, inclément, isotherme, pyromètre, refroidir ■ 10 aurytherme, cryométrie, inclémence, isochimène, myrométrie, surchauffe, tépidarium, thermostat ■ 11 homéotherme, homothermie, microclimat, réfrigérant, sténotherme, surchauffer, thermocline, thermomètre, thermoscope ■ 12 cryobiologie, ébulliomètre, ébullioscope, énantiotrope, hyperthermie, inflammation, superalliage, thermistance, thermographe, thermométrie ■ 13 antithermique, ébulliométrie, ébullioscopie, incandescence, pœcilotherme, poïkilotherme, réfrigération, syringomyélie, thermoclastie ■ 14 aluminiothermie, géothermomètre, pyrétothérapie, thermostatique, thermotactisme ■ 15 cryotempérature, pyroélectricité, refroidissement, thermorécepteur.
**TEMPERE :** 4 doux ■ 6 mitigé.
**TEMPERER :** 6 calmer* ■ 7 adoucir, amortir, modérer ■ 8 corriger ■ 9 dulcifier.
**TEMPETE :** 4 rage, vent ■ 5 dégât, grain, orage ■ 6 fureur, rafale, siroco, trombe, typhon ■ 7 cyclone, driveur, mistral, ouragan, tornade ■ 8 blizzard, dériveur ■ 9 déchaîner, hurlement, tourmente ■ 10 bourrasque, raz-de-marée, tempétueux, tourbillon.
**TEMPETER :** 10 invectiver.
**TEMPLE :** 4 dôme, naos ■ 5 cella, saint, torii ■ 6 église*, pagode, tholos ■ 7 mosquée, pronaos ■ 8 capitole, chapelle, panthéon, péribole, propylée, sérapéon, sérapéum, templier ■ 9 basilique, cariatide, caryatide, hiérodule, péristyle, sérapéion, synagogue, ziggourat ■ 10 labyrinthe, sanctuaire ■ 11 dodécastyle, opisthodome ■ 12 inauguration, présentation ■ 13 hiérogrammate.
**TEMPO :** 4 slow ■ 7 allégro, andante, slow-fox ■ 10 sicilienne.
**TEMPORAIRE :** 5 légat, remue ■ 6 ladang ■ 8 passager* ■ 9 essartage, supplétif ■ 11 essartement ■ 12 cantonnement, dissociation.
**TEMPORAL :** 8 mastoïde ■ 11 zygomatique.
**TEMPOREL :** 8 séculier ■ 9 terrestre ■ 10 cartulaire.
**TEMPORISER :** 5 temps ■ 8 retarder* ■ 12 opportunisme ■ 13 temporisateur, temporisation.
**TEMPS :** 2 am, de, en, où ■ 3 âge, ans, dès, ère, gel, mue, rut, vie ■ 4 beat, chez, date, frai, hier, jour, laps, lieu, loin, mois, nuit, pose, sous, tard ■ 5 alors, année, avant, avent, caban, comme, débit, délai, deuil, durée*, fleur, futur, gamin, jeune, marge, matin, mètre, mythe, natal, passé, ponte, salve, somme, stage, tâche, tango, tente, tenue, terme, tonte, tréou, utile, voici ■ 6 climat, époque*, loisir, moment*, musard, séance ■ 7 aoriste, demi-vie, horaire, intérim, journée, matinée, niaiser, parfait, période*, présent, semaine, veillée ■ 8 accalmie, campagne, carnaval, carrière, décalage, éternité, fauchage, lunaison minorité, musarder, noviciat, prétérit, priorité, rectorat, rigaudon, temporel, vacances, vacation, vendange ■ 9 antérieur, antiquité, atem-

porel, brumasser, chronaxie, commodité, continuum, couvaison, deux-seize, dilatoire, douze-huit, éclaircie, floraison, gestation, hivernage, imparfait, intermède, lanterner, longtemps, mortalité, posemètre, probation, simultané, synodique, tondaison, trois-deux, trois-huit ■ **10** ancienneté, après-dîner, aujourd'hui, calendrier, coéligible, deux-quatre, entre-temps, expiration, exposition, fauchaison, fleuraison, génération, horométrie, incubation, instantané, intempérie, intemporel, intervalle, microgrenu, quatre-huit, relativité, temporaire ■ **11** antériorité, après-guerre, après-souper, baguenauder, chronologie, computation, fiançailles, périsystole, pupillarité, tautochrone, temporalité, température, time-sharing ■ **12** chronogramme, chronométrer, conditionnel, fur et à mesure, intersession, magistrature, météorologie, microseconde, prolongation, quatre-quatre ■ **13** chronométreur, passagèrement, saint-glinglin ■ **14** historiographe, lyophilisation, plus-que-parfait, science-fiction, spatio-temporel, temporairement.

**TENACE:** **3** glu, lut ■ **4** têtu* ■ **5** étain, hêtre, laine ■ **6** entêté*, gluant ■ **7** coriace ■ **8** rancœur, ténacité ■ **9** intrépide, résistant ■ **10** accrocheur.

**TENACITE:** **8** mordicus, obstiner ■ **10** entêtement*, tenacement ■ **11** obstination*, opiniâtreté.

**TENAILLE:** **4** anel ■ **5** happe, pince* ■ **9** morailles, tenailler, tricoises.

**TENAILLER:** **9** tracasser* ■ **10** préoccuper, tourmenter* ■ **12** tenaillement.

**TENANCIER:** **6** patron, yeoman ■ **7** fermier ■ **8** tènement ■ **9** buraliste ■ **10** ensaisiner.

**TENANCIERE:** **10** maquerelle.

**TEND:** **10** staraxique ■ **11** syncrétiste.

**TENDANCE:** **5** op art ■ **7** land art, laxisme, naturel ■ **8** affinité, fauvisme, machiste, penchant*, réalisme, tachisme, vocation ■ **9** alarmisme, direction, dolorisme, droitisme, expansion, féminisme, luminisme, naturisme, optimisme, ruralisme ■ **10** affairisme, appétition, bellicisme, brutalisme, cyclothyme, intégrisme, matiérisme, modernisme, propension, récidivité, ritualisme, romanisant, tendanciel, verbalisme ■ **11** affectivité, agressivité, appréhensif, aventurisme, captativité, conformisme, disposition, engineering, favoritisme, homéostasie, œcuménisme, paritarisme, récidivisme, séparatisme ■ **12** consumérisme, familialisme, historicisme, sociologisme, théâtralisme ■ **13** approbativité, conservatisme, destructivité, dissimilation, expansibilité, hygroscopique, persévération, productivisme, propagandisme, ségrégabilité, spiritualisme, tiers-mondisme ■ **14** aristocratisme, byzantinologie, encyclopédisme, ethnocentrisme, expansionnisme, individualisme, non-conformisme, opérationnisme, particularisme, précisionnisme, réductionnisme, sociocentrisme ■ **15** exhibitionnisme, fondamentalisme, réglementarisme.

**TENDELET** 5 tente.

**TENDON:** **4** féru, nerf ■ **6** muscle, tirant ■ **7** achille ■ **8** ligament, pubalgie ■ **9** tendineux, tendinite, ténotomie ■ **10** énervation ■ **11** digastrique ■ **14** proprioception.

**TENDRE:** **4** cher, moie, moye ■ **5** armer, buter, câlin, chéri, craie, rider, rosée, tirer, viser ■ **6** aimant, bander, border, raidir ■ **7** aboutir, amoroso, crisper, délicat, dilater, essayer, étendre*, gonfler, larguer, oiseler, tendeur ■ **8** bien-aimé, chercher, étarquer, graphite, graviter, hérisser, madrigal, nocturne, oaristys, retendre, sensible, tendreté ■ **9** attendrir, barbotine, caressant, concourir, conspirer, converger, dilection, lambourde, mortifier, présenter*, prétendre, remontage, rou-

couler ■ 10 affectueux, concerter, contracter, feuilletis, panneauter, précipiter, raidisseur, romanesque, roucoulade, tendrement ■ 11 convergence, sentimental, tourtereaux ■ 12 roucoulement.
**TENDRESSE:** 6 amitié, tendre ■ 9 affection, sentiment ■ 10 tendrement ■ 11 sensibilité ■ 15 attendrissement, refroidissement.
**TENDRON:** 5 fille.
**TENDU:** 3 sec ■ 5 lâche, plein, raide, roide ■ 7 détendu, hérissé ■ 8 desséché, explosif.
**TENDUE:** 10 trampoline.
**TENEBRES:** 5 ombre*, voile ■ 9 obscurité*, ténébreux ■ 10 enténébrer.
**TENEBREUX:** 6 obscur*, sombre* ■ 12 mélancolique* ■ 14 ténébreusement.
**TENEUR:** 5 texte ■ 8 salinite ■ 9 hydratant, oléomètre ■ 10 décarburer, gypsomètre, saturateur ■ 11 composition ■ 12 explosimètre.
**TENIA:** 6 cénure, scolex ■ 7 cœnure ■ 8 hydatide, ténifuge ■ 10 cucurbitin, proglottis ■ 11 concurbitain, cysticerque, échinocoque ■ 12 endoparasite ■ 14 bothriocéphale.
**TENIFUGE:** 6 kamala.
**TENIR:** 5 avoir, bayer, gêner, mener, parer, prise, tenue, venir ■ 6 coller, croire, garder*, porter, saisir*, serrer ■ 7 adhérer, capeyer, détenir, dominer, écarter, estimer, joindre, prendre, retenir ■ 8 attacher, chambrer, découler, dépendre, fidélité, maintien, négliger, palabrer, posséder*, résister, résulter, soutenir ■ 9 accrocher, balancier, enraciner, entretien, intenable, maintenir*, maîtriser, roucouler, suspecter ■ 10 calfeutrer, cramponner, entretenir, magasinier, participer, terroriser ■ 11 représenter ■ 12 chauffe-plats.
**TENNIS:** 3 ace, jeu, let, lob, out, set ■ 4 lift ■ 5 court, drive, slice, smash ■ 6 single, trente ■ 7 central ■ 8 avantage, ping-pong, quarante, raquette, tie-break, volleyer ■ 9 badminton ■ 10 lawn-tennis ■ 11 passing-shot, tennistique.
**TENON:** 7 ailette ■ 8 enlaçure, mortaise, tenonner ■ 9 enlassure, languette ■ 10 épaulement, tenonneuse ■ 12 queue d'aronde.
**TENOR:** 4 voix ■ 8 ténorino ■ 9 ténoriser ■ 10 ténorisant.
**TENSEUR:** 6 hauban ■ 9 tensoriel.
**TENSION:** 3 ton ■ 4 volt ■ 5 crise ■ 7 orgasme, ténesme ■ 8 dévolter, kilovolt, pression, survolté ■ 9 attention, bitension, dévolteur, éréthisme, hypotendu, survolter ■ 10 crispation, distension, hypertendu, surtension, survoltage, survolteur ■ 11 contraction, disjoncteur, hypotenseur, hypotension, psophomètre, relâchement, sous-tension, sous-voltage, tensioactif ■ 12 anticalcique, constriction, raidissement ■ 13 concentration, horripilation ■ 14 stalagmomètre.
**TENSIOACTIF:** 10 dispersant.
**TENTACULE:** 5 acéré ■ 12 tentaculaire.
**TENTATION:** 5 désir*.
**TENTATIVE:** 4 coup ■ 5 essai* ■ 6 avance ■ 7 ébauche, impasse ■ 8 attenter, démarche, esquisse ■ 10 entreprise ■ 11 tâtonnement.
**TENTE:** 4 abri*, dais, taud ■ 5 cagna, douar, hutte, taude, tissu, vélum ■ 6 camper, gourbi, iourte, wigwam, yourte ■ 7 baraque ■ 8 guitoune, marabout, pavillon, prétoire, tendelet, vélarium ■ 9 chapiteau, tente-abri ■ 10 tabernacle.
**TENTER:** 4 oser ■ 7 attirer, essayer*, exciter, risquer*, séduire* ■ 8 allécher, ébaucher, éprouver, hasarder, retenter, suggérer, tâtonner ■ 9 tentateur ■ 12 entreprendre.
**TENTURE:** 4 dais ■ 5 deuil, poêle, tapis, tente, vélum ■ 6 rideau* ■

7 drapeau, parasol ■ 8 feutrine, fleurage, ombrelle, pavillon ■ 9 baldaquin, ciel-de-lit, passement, tapissier ■ 10 lambrequin, tapisserie.
**TENU**: 4 menu ■ 5 mince*, petit* ■ 6 obligé ■ 7 délicat, ténuité ■ 8 allodial ■ 9 assujetti, entretenu ■ 10 impalpable.
**TENUE**: 7 posture, soubise ■ 8 maintien*, uniforme, vêtement ■ 11 registraire, survêtement ■ 12 laisser-aller.
**TEOBROMINE**: 8 xanthine.
**TEORBE**: 7 théorbe.
**TEPIDITE**: 14 attiédissement.
**TERATOLOGIE**: 10 fascination ■ 13 tératologique.
**TERCET**: 9 terza rima.
**TEREBENTHINE**: 4 cire ■ 5 sapin ■ 6 mélèze, pinène ■ 7 galipot, terpène, terpine ■ 8 arcanson ■ 9 colophane, térébique ■ 10 térébinthe ■ 12 térébenthène.
**TEREBINTHACEE**: 12 anacardiacée*.
**TERGIVERSER**: 7 biaiser ■ 14 tergiversation.
**TERME**: 3 fin*, mot ■ 4 bout*, coco, pôle, stop ■ 5 adieu, borne, congé, finir, loyer, minou, moyen, obvie, prime, sujet, texte, thèse ■ 6 climax, limite*, poulot, saison ■ 7 confins, noumène ■ 8 couveuse, démotivé, échéance, épilogue, hyponyme, néologie, polynôme, solution, stellage, terminus ■ 9 ambiguïté, prématuré ■ 10 antécédent, catégorème, conséquent, dénotation, dénouement, emphytéose, expiration, hyperonyme, logarithme, néologiste, numérateur, substantif ■ 11 anaphorique, technologie, termaillage ■ 12 atermoiement, dénominateur, nomenclature, quasi-monnaie, terminologie.
**TERMINAISON**: 2 us ■ 3 cas, fin ■ 7 cadence, suffixe ■ 8 résultat ■ 9 désinence.
**TERMINAL**: 5 basic, final ■ 7 minitel, néogène ■ 13 superfinition ■ 15 radiomessagerie.
**TERMINANT**: 6 guivré.
**TERMINE**: 7 acuminé.
**TERMINER**: 5 cesser*, clore, finir*, mener, rimer, vider ■ 7 aboutir, achever ■ 8 arranger, conclure, médiocre ■ 9 finissure ■ 10 parachever ■ 12 interminable ■ 15 jusqu'au-boutisme.
**TERMINOLOGIE**: 6 monème ■ 12 terminologue ■ 14 terminologique.
**TERMITE**: 8 pangolin ■ 10 termitière.
**TERNE**: 3 mat, usé ■ 4 embu, pâle* ■ 5 blême, falot, morne ■ 6 délavé, effacé, livide, sombre ■ 7 blaffard, terreux, vitreux ■ 8 incolore.
**TERNIR**: 5 faner, frais, gâter, matir, rider, salir ■ 6 tacher ■ 7 altérer, dépolir, étioler, flétrir ■ 8 éteindre ■ 9 délustrer, dessécher ■ 10 défraîchir, ternissure ■ 12 ternissement.
**TERPENE**: 8 limonène ■ 10 terpénique.
**TERPINE**: 8 terpinol ■ 9 terpinéol.
**TERPENIQUE**: 6 pinème.
**TERRAIN**: 3 sol* ■ 4 clos, coin, golf, jeep, laie, lais, lias, lice, turf, vain ■ 5 claim, court, fanum, forêt, grave, grève, lever, links, lopin, manse, navet, ouche, palus, piste, plant, redan, rough, semis, seuil, talus, terre*, trial ■ 6 calade, graves, ségala, usages ■ 7 bas-fond, boulaie, bruyère, charrié, culture, enclave, maremme, pelouse, pinière, prairie, ravière ■ 8 bajocien, batterie, cambrien, cédrière, défriche, diluvium, droppage, éminence, enclaver, enherber, épiscope, gazonnée, géomètre, marécage, parcelle, pineraie, position, practice, rocaille, roseraie, substrat ■ 9 aérodrome, charriage, cigalière, élévation, esplanade, fondrière, fraisière, franc-bord, genêtière, jalon-mire, motocross, neptunien, prunelaie, remblayer, ronceraie, truffière, vélo-

cross ■ 10 allochtone, atocatière, concession, cotonnerie, défilement, encaissant, fraiseraie, genévrière, oignonière, substratum ■ 11 lotissement, nivellement, tachéomètre, tout-terrain ■ 12 cantonnement, polygonation ■ 13 artichautière.
**TERRASSE:** 4 vire ■ 5 digue, jetée ■ 6 replat, terte ■ 8 garde-fou, trottoir ■ 9 barbacane, belvédère ■ 10 plate-forme*, terre-plein.
**TERRASSEMENT:** 4 sape ■ 5 talus ■ 6 ripper, rooter ■ 7 parados, remblai ■ 8 dragline, pionnier ■ 9 bulldozer, décapeuse, niveleuse ■ 10 angledozer, épaulement, terrassier.
**TERRASSER:** 7 abattre*, démolir ■ 9 renverser*.
**TERRASSIER:** 9 puisatier.
**TERRE:** 3 île, sil, sol*, têt, tuf, val ■ 4 boue, clos, elfe, exil, fief, jour, nifé, ocre, pisé, pôle, rame, sole, test, vase ■ 5 année, bêche, boule, champ, comté, damer, drain, duché, erbue, étang, fêler, fonds, fossé, gazon, glèbe, globe, gnome, golfe, humus, hypne, jalon, lampe, lande, larve, lever, limon, marée, mitre, monde, moque, motte, mound, mulot, ombre, ouche, palis, palud, palus, passe, perré, pivot, plage, prise, raser, régur, rejet, roche, rosée, route, semer, taupe, temps, tuile, vagon, vasée, verse, vigie, vigne, volée, wagon ■ 6 blende, didyme, gâchis, gâtine, glaise, guéret, herbue, ici-bas, jardin, kaolin, palude, sienne, terrir, tourbe, vidame ■ 7 agraire, alumine, charnel, closeau, emblave, exonder, jachère, jetisse, planète, poterie, terrain*, terreau, terrien, terroir, tomette, tuffeau, tumulus, univers, vidamie, village ■ 8 ameublir, antipode, atterrir, baronnie, caquelon, cultiver, déterrer, écoumène, enterrer, europium, figuline, géodésie, géophage, gisement, hiverner, inféoder, irriguer, jectisse, labourer, limonage, pâturage, pélogène, plancher, plombeur, prémices, seigneur, sismique, taupinée, tènement, terraque, terrasse, tropique ■ 9 agrologie, atterrage, bien-fonds, cavaillon, céramique, chassement, composter, continent, débarquer, déraciner, effondrer, emblavure, enterrage, fouisseur, géomancie, knock-down, laboureur, locataire, magnésite, marquisat, œkoumène, péninsule, plutonien, poussière, presqu'île, ressuyage, tellurien, terrasser, terrestre, terricole ■ 10 atmosphère, barysphère, bousillage, fourragère, géographie, géothermie, inhumation, lanthanide, phosphater, plate-bande, plutonique, promission, pyrosphère, rase-mottes, rechausser, serfouette, strontiane, sublunaire, taupinière, tchernozem, tellurique, termitière, terre-plein, territoire, wateringue ■ 11 agriculteur, amodiataire, duché-pairie, enterrement, géotropisme, méditerrané, périœciens, principauté, terre-à-terre, tchernoziom, troposphère ■ 12 géocentrique, géothermique, serfouissage, terrassement, vermillonner ■ 13 aéroterrestre ■ 14 atterrissement, extraterrestre ■ 15 circumterrestre, gentleman-farmer.
**TERREAU:** 10 terreauter ■ 11 terreautage ■ 15 champignonnière.
**TERRE-NEUVAS:** 10 terre-neuve ■ 12 terre-neuvien.
**TERRE-NEUVE:** 7 cacaoui.
**TERRESTRE:** 4 nord, sial, sima ■ 5 éther, ixode, mille, océan, roche, terre ■ 6 wombat ■ 7 gravité ■ 8 quadrant ■ 10 orogénique, subsidence ■ 11 épirogenèse ■ 12 épirogénique, géosynclinal ■ 13 géomagnétique ■ 15 paléomagnétisme.
**TERREUR:** 4 peur* ■ 6 effroi ■ 7 crainte*, frayeur ■ 8 terrible ■ 9 épouvante*, terrifier ■ 10 terroriser ■ 11 épouvantail.
**TERREUX:** 4 pâle ■ 8 engobage, sanguine.
**TERRIBLE:** 5 drame ■ 8 tragique ■ 10 effroyable*, formidable, redoutable ■ 12 épouvantable, terriblement.

**TERRIEN :** 6 féodal, paysan.
**TERRIER :** 3 fox ■ 4 gîte* ■ 5 antre*, lapin, sphex ■ 6 teckel ■ 8 airedale, débouler ■ 9 débusquer, déterrage ■ 10 fox-terrier ■ 11 rabouillère, skye-terrier ■ 12 irish-terrier ■ 15 airedale-terrier.
**TERRIFIER :** 7 alarmer ■ 10 épouvanter.
**TERRIBLEMENT :** 14 redoutablement.
**TERRINE :** 4 pâté ■ 5 jatte ■ 8 terrinée.
**TERRITOIRE :** 4 pays*, raid ■ 5 banat, comté, temps ■ 6 évêché ■ 7 califat, colonie, diocèse, enclave ■ 8 despotat, enclaver, khalifat, paroisse, province, voïvodat, voïvodie, yeomanry ■ 9 aménageur, chefferie, palatinat, voïévodat, voïévodie ■ 10 bantoustan, dépendance, échevinage, encomienda, gouverneur, intendance, no mans'land, patriarcat, seigneurie ■ 11 département, juridiction, territorial ■ 12 colonisation, souveraineté ■ 14 infrastructure, territorialité.
**TERROIR :** 3 cru ■ 4 pays* ■ 5 terre*.
**TERRORISER :** 7 alarmer ■ 11 terrorisant.
**TERRORISME :** 9 cagoulard ■ 10 terroriste ■ 14 antiterroriste.
**TERRORISTE :** 14 euroterrorisme.
**TERTIAIRE :** 5 falun ■ 6 éocéne, éogène ■ 7 éolithe, miocène, néogène ■ 8 dinornis ■ 9 caillasse, créodonte, glyptodon, hipparion, néozoïque, nummulite, oligocène, paléogène ■ 10 cénozoïque, mastodonte ■ 11 glyptodonte ■ 12 nummulitique, oréopithèque, paléothérium ■ 13 anoplothérium ■ 14 baluchithérium, sidérolithique, tertiarisation ■ 15 tertiairisation.
**TERTRE :** 5 butte, mound ■ 7 vigneau ■ 11 burial-mound.
**TESSELLE :** 7 abacule.
**TESSON :** 3 têt ■ 4 test ■ 6 brique ■ 7 morceau* ■ 8 fragment*, ostracon.
**TEST :** 4 cuti ■ 7 épreuve, testacé, testeur ■ 8 baby-test, testable ■ 10 binet-simon ■ 11 testabilité ■ 12 cutiréaction.
**TESTAMENT :** 4 hoir, legs ■ 5 bible, datif, sacre ■ 8 avantage, intestat ■ 9 codicille, disposant, exécuteur, figurisme, olographe, testateur ■ 10 apocalypse, holographe ■ 11 fidéicommis, sapientiaux ■ 13 testamentaire.
**TESTER :** 7 testeur ■ 10 ab intestat.
**TESTICULAIRE :** 11 klinefelter.
**TESTICULE :** 7 couille, orchite, scrotum ■ 8 séminome ■ 9 albuginée, animelles, épididyme ■ 11 bistournage ■ 12 testiculaire, testostérone.
**TETANISER :** 12 tétanisation.
**TETANOS :** 9 nicolaier, tétanique, tétaniser ■ 12 opisthotonos ■ 13 antitétanique.
**TETE :** 3 cap, cou, épi, ras ■ 4 chef*, ciel, époi, étoc, face, fêlé, froc, hure, joue, joug, laie ■ 5 ahuri, avers, boule, carré, corne, crâne*, crête dague, dogue, évent, fémur, front, hache, huppe, hydre, masse, mener, menon, momie, nimbe, ogive, penne, poêle, queue, sénat, talpa, tempe, tiare, titre, torse, tronc, voile ■ 6 chevet, citron, figure, masque, rhyton, sommet, sphinx, tronce ■ 7 abattis, cabêche, caboche, cerveau*, marotte, nénette, occiput, tronche ■ 8 acéphale, aigrette, calotter, capiteux, céphalée, chérubin, chrémeau, ciboulot, coiffure, couronne, débouché, encolure, ethmoïde, friction, mantille, massacre, migraine, nutation, oreiller, sinciput ■ 9 acéphalie, appuitête, bicéphale, cafetière, chanfrein, couronner, décapiter, gailletin, manchette, médaillon, rencontre, sphénoïde, tortillon ■ 10 appuietête, bourrichon, capitation, céphalique, coloquinte, couvre-chef, martingale, tricéphale ■ 11 avant-propos, céphalalgie, décollation,

guillotiner ■ 12 dodelinement, macrocéphale, microcéphale, premier-paris, prolégomènes.
**TETE-BECHE**: 10 bécheveter.
**TETER**: 5 sucer, tétée.
**TETIERE**: 8 frontail ■ 9 sous-gorge ■ 10 empointure.
**TETINE**: 3 pis ■ 4 sein* ■ 7 mamelle*, sucette.
**TETON**: 4 sein* ■ 5 tétin.
**TETRAEDRE**: 12 tétraédrique.
**TETRAPLEGIE**: 12 quadriplégie ■ 13 tétraplégique.
**TETRAPLOÏDE**: 12 tétraploïdie.
**TETRARQUE**: 10 tétrarchat, tétrarchie.
**TETRODON**: 12 poisson-globe.
**TETROPHTALME**: 8 anableps.
**TETU**: 3 fer ■ 6 entêté*, entier, tenace ■ 7 acharné, obstiné* ■ 9 cabochard, opiniâtre* ■ 11 persévérant ■ 12 récalcitrant.
**TEXTE**: 4 note ■ 5 coder, copie, glose, leçon, libre, ordre, ronéo, thème, tiret, trope ■ 6 alinéa, livret, statut, tantra, teneur ■ 7 massore, scholie, synopse, télétex, textuel ■ 8 accroche, bravoure, contexte, massorah, original, variante ■ 9 collation, découpage, décrypter, habillage, manuscrit, polycopie, prompteur, rédaction, référence, tapuscrit, télétexte ■ 10 amendement, autodictée, intertitre, paraphrase, récitation, sous-dénommé, surligneur, typographe ■ 11 allégoriste, calligramme, chiffrement, commentaire, compositeur, disjonction, sténogramme ■ 12 commentateur, rédactionnel ■ 13 dactylogramme, juxtalinéaire, livre-cassette, rétroprojecteur, téléimprimeur, textuellement ■ 15 intertextualité.
**TEXTILE**: 3 lin ■ 4 jute, pite ■ 5 aloès, corde, coton, lurex, nylon, orlon, ramie, sisal, tissu* ■ 6 dacron, raphia, rhodia, rilsan ■ 7 chanvre, goretex ■ 8 chlorage, étaleuse, fibranne, fibrillé, filature, hibiscus, peignage, phormium, vrillage ■ 9 acrylique ■ 10 géotextile, sansevière ■ 11 texturation.
**TEXTUELLEMENT**: 3 sic.
**TEXTURATION**: 8 texturer.
**TEXTURE**: 8 moussage ■ 9 gneisseux, tessiture, texturant ■ 10 contexture, gneissique.
**THAÏ**: 3 lao ■ 7 siamois ■ 8 annamite ■ 11 thaïlandais.
**THAÏLANDE**: 4 baht.
**THALAMUS**: 10 thalamique ■ 11 diencéphale.
**THALLE**: 5 oïdie.
**THALLIUM**: 2 tl.
**THALLOPHYTE**: 5 algue* ■ 6 lichen* ■ 8 bactérie* ■ 10 champignon*
**THAUMATURGE**: 7 starets ■ 8 magicien, stariets ■ 12 thaumaturgie.
**THE**: 4 coca, maté ■ 5 punch ■ 6 théier, théine ■ 7 caféine, tea-room, théière, théisme ■ 8 passe-thé, souchong ■ 9 véronique ■ 10 five o'clock ■ 11 théobromine ■ 12 théophylline.
**THEATRAL**: 12 scénographie.
**THEATRALE**: 11 kammerspiel.
**THEATRALISME**: 12 histrionisme.
**THEATRALITE**: 12 théâtraliser.
**THEATRE**: 4 fond, gril, lice, plan, truc, tutu ■ 5 décor, drame, farce, frise, herse, jouer, lazzi, lever, opéra, panne, rampe, scène, tissu, valet ■ 6 cintre ■ 7 comédie, guignol, paradis, plateau, utilité ■ 8 bayadère, boui-boui, bruitage, choreute, comparse, coryphée, coulisse, ouvreuse, parterre, planches, récitant, scénique, singpiel, théâtral, tréteaux, vélarium ■ 9 athakali, baignoire, cantonnade, imbro-

glio, music-hall, orchestre, souffleur, théâtreux ■ **10** didascalie, dramatique, machiniste, poulailler, proscenium, scénologie ■ **11** théâtralité ■ **12** boulevardier ■ **13** théâtralement.
**THEBAÏDE** : **8** retraite.
**THEIERE** : **4** cosy.
**THEINE** : **8** déthéiné, xanthine.
**THEISME** : **6** déisme.
**THEMATIQUE** : **11** athématique.
**THEME** : **6** jingle, visuel ■ **7** matière, partita ■ **9** leitmotiv ■ **10** thématique, traduction ■ **11** calligramme, contrechant.
**THEOBROMINE** : **4** kola ■ **5** cacao.
**THEOCRATE** : **5** islam ■ **12** théocratique.
**THEOLOGIE** : **5** gnose, tache ■ **7** laxisme ■ **8** religion* ■ **9** ubiquiste ■ **10** consulteur, mariologie, théologien ■ **11** casuistique, chrisologie, scolasticat, théologique ■ **12** apologétique ■ **13** ecclésiologie, qualificateur ■ **15** théologiquement.
**THEOLOGIEN** : **11** scolastique ■ **13** hodjatoleslam.
**THEOLOGIQUE** : **9** malékisme, malikisme, palamisme ■ **11** mutazilisme.
**THEOPHYLINE** : **13** aminophylline.
**THEOREME** : **11** proposition ■ **13** théorématique.
**THEORICIEN** : **9** tacticien.
**THEORIE** : **4** idée* ■ **5** règle* ■ **6** défilé, graphe, maxime, utopie ■ **7** fixisme, formule, méthode*, système* ■ **8** principe*, spéculer, théorème ■ **9** abondance, dolorisme, dynamisme, épigenèse, eugénisme, génétisme, isostasie, keynésien, lettrisme, mécanique, mécanisme, mobilisme, monadisme, natavisme, pavlovien, théorique ■ **10** anarchisme, barométrie, causalisme, conception*, cosmogonie, eustatisme, euthanasie, métacentre, pénéplaine, plutonisme, procession, relativité, riemannien, sémiotique, solipsisme, spéculatif, stalinisme, surtravail, théoricien, volcanisme ■ **11** atomistique, augustinien, démolisseur, gestaltisme, imagination, immoralisme, lamarckisme, monadologie, relativisme, spéculation, statistique ■ **12** aérostatique, annexionisme, catégoricité, coopératisme, égo-altruisme, esclavagisme, géocentrisme, marginalisme, métaphysique, parallélisme, phénoménisme, physicalisme, réminescence, suprématisme, volontarisme ■ **13** annexionnisme, créationnisme, électrofaible, épiscopalisme, keynésianisme, mutationnisme, néo-darwinisme, palladianisme, pharmacologie, théoorique-ment, transformisme ■ **14** démontrablité, diffusionnisme, perspectivisme, prédestination, structuralisme ■ **15** chromodynamique, épiphénoménisme, non-directivisme, occasionnalisme.
**THEORIQUE** : **7** topique ■ **14** freudo-marxisme ■ **15** métapsychologie.
**THEORISER** : **12** théorisation.
**THEOSOPHIE** : **12** théosophique.
**THEOSOPHIQUE** : **10** antoinisme.
**THERAPEUTIE** : **10** adrénaline.
**THERAPEUTIQUE** : **4** moxa ■ **5** diète ■ **6** primal ■ **7** shiatsu ■ **8** affusion, barbital, morphine, thérapie ■ **9** faradique ■ **10** anastomose, cacodylate, diathermie, élongation, médication, radiologie, thérapeute, traitement ■ **11** homéopathie, isothérapie, opothérapie, osthéopathie, thrombolyse, zoothérapie ■ **12** hypodermique, mésothérapie ■ **13** aromathérapie, gemmothérapie, ophtalmologie ■ **14** gammaglobuline, pyrétothérapie, radiumthérapie ■ **15** climatothérapie, électroponcture, électropuncture.
**THERAPIE** : **11** biofeedback ■ **15** gestalt-thérapie.
**THERME** : **4** bain* ■ **7** thermal ■ **11** frigidarium.

**THERMES:** 9 caldarium ■ 11 frigidarium.
**THERMIDOR:** 12 thermidorien.
**THERMIE:** 7 chaleur* ■ 12 microthermie, millithermie.
**THERMIQUE:** 9 convexion ■ 10 thermicien ■ 14 graphitisation.
**THERMOCHIMIE:** 14 thermochimique.
**THERMOCHIMIQUE:** 13 phosphatation.
**THERMODYNAMIQUE:** 8 entropie ■ 9 enthalpie ■ 12 isentropique ■ 13 aérothermique.
**THERMO-ELECTRIQUE:** 12 thermocouple.
**THERMOMETRE:** 5 degré ■ 8 zérotage ■ 9 baromètre ■ 10 fahrenheit ■ 11 thermoscope ■ 14 thermométrique.
**THERMOPLASTIQUE:** 11 polystyrène.
**THERMOPROPULSION:** 15 thermopropulser, thermopropulsif.
**THERMOREGULATION:** 10 thermolyse ■ 12 thermogenèse.
**THERMOSPHERE:** 10 mésosphère.
**THESAURISER:** 5 avare ■ 7 amasser, ménager ■ 12 thésauriseur ■ 14 thésaurisation.
**THESE:** 7 opinion*, système*, thésard ■ 8 argument, thétique ■ 10 soutenance ■ 11 argumentant.
**THESSALIEN:** 10 pélasgique.
**THEURGIE:** 10 théurgique.
**THIOL:** 9 mercaptan.
**THIONIQUE:** 8 thionate.
**THIOSULFATE:** 11 hyposulfite.
**THIOSULFURIQUE:** 13 hyposulfureux.
**THON:** 6 bonite, germon ■ 7 thonier, thonine ■ 8 madrague, pélamide, pélamyde, thonaire ■ 9 thonnaire.
**THORAX:** 3 écu ■ 5 chyle, cœur ■ 6 pièvre ■ 7 écusson ■ 8 aisselle, corselet, poitrine* ■ 9 pectoraux, prothorax ■ 10 mésothorax, métathorax, précordial, thoracique ■ 11 pleurodynie ■ 12 thoracotomie ■ 14 thoracoplastie.
**THORIUM:** 2 th ■ 6 thoron ■ 7 thorine, thorite ■ 8 monazite ■ 9 émanation ■ 10 thorianite, yttrialite.
**THRACE:** 6 thrace.
**THROMBOSE:** 8 thrombus ■ 12 thrombotique.
**THURIFERAIRE:** 7 flatter.
**THUYA:** 10 sandaraque.
**THYLENE:** 9 oléifiant.
**THYM:** 8 serpolet ■ 9 farigoule.
**THYMUS:** 3 ris ■ 6 fagoue ■ 8 thymique.
**THYPHON:** 6 baguio.
**THYROÏDE:** 5 pomme ■ 6 goitre ■ 9 myxœdème, thryroxine ■ 10 thyroïdien, thyroïdite ■ 11 calcitonine, thyréotrope ■ 14 hyperthyroïdie, thyroïdectomie ■ 15 thyréostimuline.
**THYROXINE:** 13 phénylalanine.
**THYSANOURE:** 7 lépisme ■ 10 aptérygote.
**TIARE:** 5 monoï ■ 8 couronne, trirègne.
**TIBETAIN:** 4 lama ■ 5 rubis ■ 6 birman ■ 8 lamaïsme ■ 9 lamasserie ■ 11 panchen-lama.
**TIBETO-BIRMAN:** 12 sino-tibétain.
**TIBIA:** 5 jambe* ■ 6 tibial ■ 8 cheville, malléole ■ 9 astragale ■ 12 protège-tibia.
**TIC:** 5 manie* ■ 7 grimace*, tiqueur ■ 10 convulsion* ■ 11 stéréotypie.
**TICHODROME:** 9 échelette.
**TICKET:** 6 billet* ■ 7 tessère ■ 10 garde-place ■ 12 contre-marque.

**TIC-TAC :** 9 tictaquer.
**TIEDE :** 7 tiédeur ■ 8 attiédir, tiédasse ■ 9 tièdement ■ 10 tépidarium ■ 14 attiédissement.
**TIEDIR :** 8 refroidir ■ 12 tiédissement.
**TIENT :** 9 kiosquier, parodique ■ 10 kiosquiste ■ 10 luciférien ■ 12 logomachique.
**TIERCE :** 5 flanc ■ 8 équipolé ■ 9 équipollé.
**TIERCELET :** 6 sacret.
**TIERCER :** 6 tercer, terser ■ 10 tiercement.
**TIERCERON :** 5 métis*.
**TIERS :** 4 chef ■ 5 tronc ■ 9 champagne, rudenture, tertiaire ■ 10 délégation, tiers-ordre, tiers-point ■ 11 accréditeur ■ 14 domiciliataire.
**TIERS-MONDISTE :** 13 tiers-mondisme.
**TIGE :** 3 axe*, cep, vis ■ 4 bois, bras, brin, clou, dent, gril, jonc, mire ■ 5 agave, arbre, barre, broie, cépée, fléau, hampe, herbe, liane, nœud, nopal, plant, queue, secco, sonde, stipe, style, talle, tille, tronc*, tuyau, verge ■ 6 acaule, acaune, bougie, boulon, broche, chaume, épiner, éteule, paille, souche, stolon ■ 7 branche*, canisse, cladode, épingle, merrain, palpeur, pétiole, poinçon, quillon, rhizome, sarment, tigelle, tigette ■ 8 aiguille, cannisse, cathéter, cuticule, écanguer, entroque, pédicule, perfolié, raquette, rondelle, unicaule, volubile ■ 9 cannelure, casse-tête, chalumeau, décurrent, engaînant, foliation, pédoncule, pendillon, péricycle, protonéma, pubescent, tisonnier, triboulet ■ 10 caulescent, cormophyte, dichotomie, frutescent, multicaule, pubescence, rhizocarpé ■ 12 espagnolette.
**TIGRE :** 5 cruel, râler, royal ■ 6 couffa, feuler, kouffa, tiglon, tigron ■ 7 miauler, rauquer ■ 10 miaulement, rauquement.
**TILBURY :** 3 cab ■ 7 tapecul, voiture*.
**TILIACEE :** 7 tilleul ■ 9 corchorus.
**TILLEUL :** 5 tille ■ 6 teille.
**TIMBALE :** 7 gobelet, tambour ■ 9 timbalier.
**TIMBRE :** 3 son* ■ 4 faux, gong ■ 5 album, libre, nasal, verbe, voile ■ 6 marque ■ 7 timbre ■ 8 timbrage ■ 9 clochette, dysphonie, orchestre ■ 10 jacquemart, philatélie, salicional ■ 11 claironnant, odontomètre ■ 12 glockenspiel, philatéliste, timbre-amende.
**TIMIDE :** 5 vague ■ 6 humble* ■ 8 craintif*, farouche, timidité ■ 9 immodeste, trembleur ■ 11 pusillanime.
**TIMIDITE :** 6 pudeur ■ 8 embarras ■ 9 dégourdir ■ 10 timidement ■ 11 décomplexer, infériorité.
**TIMON :** 3 âge ■ 5 armon, volée ■ 6 flèche ■ 9 attelloir ■ 10 attelloire, avant-train, gouvernail.
**TIMONERIE :** 4 loch ■ 5 barre, rhumb, vigie ■ 6 pilote ■ 7 cockpit, verrine ■ 8 boussole, timonier ■ 9 habitacle ■ 10 gouvernail, loxodromie ■ 11 orientation ■ 12 hydrographie, météorologie.
**TIMORE :** 7 peureux*, poltron* ■ 8 craintif.
**TINCTORIAL :** 5 gaude, henné, noyer, rocou, sumac* ■ 6 cachou, mûrier, pastel, reboul, safran ■ 7 garance, nerprun ■ 8 campêche, carthame, orseille, rocouyer ■ 9 orcanette, tournesol ■ 10 indigotier, quercitron.
**TINE :** 7 tinette, tonneau.
**TINTAMARRE :** 5 bruit* ■ 6 tapage*.
**TINTEMENT :** 4 ding, glas.
**TINTER :** 6 sonner* ■ 9 clocheter ■ 13 tintinnabuler.
**TINTOUIN :** 5 souci*.
**TIQUE :** 5 ixode ■ 9 arbovirus ■ 10 borréliose ■ 12 piroplasmose.

**TIQUER :** 11 tressaillir*.
**TIQUETE :** 9 tiqueture.
**TIR :** 3 feu ■ 4 site ■ 5 bande, cible, jeter, kyudo, shoot, stand, tendu, volée ■ 7 ciné-tir ■ 8 archerie, ball-trap, barbette, enfilade ■ 9 embrasure ■ 10 encagement, fourchette ■ 11 collimateur, flanquement ■ 12 contrebattre ■ 14 contrebatterie.
**TIRADE :** 6 laisse ■ 7 couplet, tartine ■ 8 discours* ■ 10 capucinade.
**TIRAGE :** 5 tirer, train ■ 6 galope ■ 7 décitex, édition*, loterie ■ 8 bavocher, retirage ■ 10 imprimerie, stéréotype.
**TIRAILLER :** 5 tirer ■ 8 sabouler ■ 9 écarteler ■ 10 tiraillerie ■ 12 tiraillement.
**TIRAILLEUR :** 5 nouba, turco ■ 7 chéchia.
**TIRANT :** 5 ancre ■ 8 calaison.
**TIRE-BOUCHON :** 5 frise, mèche ■ 14 tirebouchonner.
**TIRE-FOND :** 4 rail ■ 7 trémail, trénail.
**TIRE-LAINE :** 10 malfaiteur.
**TIRE-LIGNE :** 8 pistolet.
**TIRELIRE :** 5 tronc ■ 8 cagnotte ■ 9 crousille.
**TIRER :** 4 ôter* ■ 5 haler, jouer, jouir, skeet, sucer, touer, trait, vider, viser, vivre ■ 6 amener, arguer, barrer, droper, étirer, naître, pêcher, puiser, raidir, régler, sauver, sortir*, tendre, tracer*, tracté, traire, venger ■ 7 attirer, augurer, déduire, détirer, dropper, enlever, exhumer, inférer, prendre, ramener, reculer, retirer, saigner, tracter, traîner* ■ 8 canarder, caracole, conclure, décharge, dégaîner, dépanner, dépêtrer, déterrer, échapper, équarrir, éveiller, exprimer, extraire*, imprimer, procéder, profiter, recevoir, remonter, soutirer, tire-lait, tracteur, traction ■ 9 accepteur, chéquable, débourser, décaisser, décourber, désabuser, descendre, détromper, écarteler, éfaufiler, embraquer, emprunter, expédient, exploiter, extorquer, glorifier, pressurer, remorquer, rétracter, réveiller, souligner, tirailler, triompher ■ 10 argumenter, artificier, bénéficier, bretailler, contracter, désenivrer, mitrailler, revivifier, subterfuge ■ 11 débarrasser, débrouiller, numérologie ■ 12 dépatouiller, désembourber, enorgueillir ■ 13 déverrouiller.
**TIRET :** 5 moins ■ 11 trait d'union.
**TIREUR :** 5 fusil ■ 10 épinglette.
**TIROIR :** 7 châssis ■ 12 compartiment*, tiroir-caisse.
**TISANE :** 5 gruau, mauve ■ 7 macérer ■ 8 infusion* ■ 9 décoction, infusette, tisanerie, tisanière.
**TISON :** 6 braise.
**TISSAGE :** 3 ros ■ 4 came, filé, lève, lice ■ 5 duite, lisse, trame ■ 6 nouage ■ 7 lirette, navette, texture ■ 8 embuvage, nouement ■ 10 ourdissage ■ 12 échardonnage.
**TISONNIER :** 7 ringard.
**TISSER :** 7 tisseur ■ 8 retisser, tulliste ■ 9 galonnier, tisserand, veloutier ■ 11 entretisser.
**TISSEUR :** 10 carpettier.
**TISSU :** 3 lin, ras, uni, wax ■ 4 bort, drap, gaze, glie, java, lamé, lard, mite ■ 5 batik, bride, burat, cadis, crêpe, denim, derme, fibre, filet, liber, natte, nodal, panne, pilou, piqué, pulpe, ruban, samit, satin, serge, suber, toile, tulle ■ 6 albène, coutil, étoffe*, jersey, lymphe, moelle, pékiné, picoté, rabane, rentré, réseau, stroma, tergal, tresse, tricot, tussor, xylème ■ 7 albumen, amylose, biopsie, bougran, calicot, chevron, étamine, exsudat, façonné, fil-à-fil, greffon, infarci, lacerie, liberty, myosite, nansouk, nanzouk, peluche, percale, plucher, spa-

cèle, stretch, textile*, velours ■ 8 atrophie, bombasin, cashmere, cellular, courroie, dentelle, droit-fil, écossais, flanelle, foulerie, gangrène, homespun, indienne, lamineux, longotte, mélanose, membrane, phlegmon, popeline, sclérose, stéatose, thibaude, toilerie, tricoter, voilette, whipcord ■ 9 adipolyse, anaérobie, anaplasie, cachemire, cartilage, cartisane, caséation, cellulite, collagène, diffluent, dysplasie, effranger, élastique, emphysème, épinceter, gros-pain, histolyse, lambswool, lymphoïde, matelassé, méristème, néoplasie, névroglie, passement, péricarpe, rentraver, rhytidome, sparadrap, tisserand, veloutine ■ 10 adipopexie, anthracose, asparagine, bouillonné, bourbillon, contexture, couverture, effilocher, endodontie, endosperme, épithélium, étincelage, histologie, hypoplasie, induration, jarretière, laticifère, mésenchyme, métaplasie, milleraies, mousseline, ostéophyte, parenchyme, périsperme, plasmocyte, rouennerie, seersucker, sénescence, tissulaire, tissu-pagne, totipotent ■ 11 carnisation, collenchyme, contrecollé, dénutrition, dysembryome, endothélium, enkystement, épithélioma, éraillement, fibroblaste, histogenèse, hyperplasie, mercerisage, napolitaine, phelloderme, pied-de-poule, sanforissage ■ 12 hépatisation, hypertrophie, néoformation, sclérenchyme ■ 13 carnification, éléphantiasis ■ 14 prince-de-galles ■ 15 débarbouillette, infroissabilité, paléochistologie, radiorésistance.

**TISSULAIRE :** 12 radionécrose.

**TISSURE :** 4 fond ■ 8 croisure ■ 10 contexture.

**TITANE :** 2 ti ■ 6 rutile ■ 8 ilménite, œrstite ■ 9 zirconium.

**TITANESQUE :** 8 colossal* ■ 11 gigantesque*.

**TITANIQUE :** 8 colossal*.

**TITILLER :** 11 chatouiller, titillation.

**TITRAGE :** 3 tex.

**TITRE :** 3 aga, ban, bey, bon, dom, don, duc, loi, nom*, sir ■ 4 aloi, chah, czar, dame, doña, duce, émir, hadj, imam, iman, kami, lord, rang, reis, shah, sire, tsar, tzar ■ 5 baron, bégum, césar, comte, endos, gnide, grâce, grade, grand, guide, nabab, négus, nizam, noble, rabbi, royal, sahib, thane, totem ■ 6 action, brevet, calife, charge, charte, coupon, échars, efendi, hadjdj, madame, mandat, messer, mollah, pandit, valeur ■ 7 altesse, candace, créance, dignité, diplôme, effendi, esquire, hadjdji, honneur, khédive, majesté, marquis, messire, qualité, shagoun, taïkoun, touchau, titrage, vicomte ■ 8 archiduc, archives, baronnet, basileus, caudillo, diadoque, document, éminence, épistate, fonction, grand-duc, grandeur, hautesse, hospodar, intitulé, margrave, monsieur, noblesse, novation, padichah, prébende, révérend, rubrique, sainteté, seigneur, surtitre, titreuse, toucheau ■ 9 autocrate, ayatollah, bordereau, caractère, cartouche, échevette, impétrant, intituler, kronprinz, landamman, landgrave, maharajah, manchette, nominatif, padischah, parchemin, septemvir, sous-titre, titulaire ■ 10 autocrator, cartulaire, challenger, excellence, in partibus, inspecteur, intertitre, maharadjah, obligation, patriarche, répertoire, seigneurie, sous-titrer ■ 11 archiprêtre, championnat, convertible, distinction, duché-pairie, endossement, frontispice, monseigneur, recouponner, titrimétrie ■ 12 conservateur, facture-congé, mademoiselle, nosseigneurs ■ 13 archimandrite, éminentissime, hodjatoleslam, illustrissime, qualification ■ 14 révérendissime ■ 15 haut-commissaire.

**TITUBER :** 8 vaciller* ■ 9 chanceler ■ 10 titubation.

**TITULAIRE :** 5 palme, titre ■ 6 gradué ■ 8 capétien, certifié, pairesse ■ 9 créancier ■ 10 perenniser, prébendier, survivance ■ 11 intérimaire, obédiencier, titulariser ■ 14 titularisation.

**TJÄLE :** 10 permafrost.
**TNT :** 15 trinitrotoluène.
**TOAST :** 5 rôtie ■ 7 tartine ■ 8 discours, toasteur ■ 9 cannibale.
**TOBOGGAN :** 8 skeleton.
**TOCADE :** 5 manie* ■ 7 caprice* ■ 9 fantaisie.
**TOGE :** 6 trabée.
**TOHU-BOHU :** 5 bruit* ■ 9 confusion*.
**TOI :** 5 tézif ■ 7 tézigue.
**TOILE :** 3 bob, lin ■ 4 étui, jute, lacs, pale, plan, taud ■ 5 agave, bâche, bande, banne, boyau, cadre, capot, écran, frise, garde, hamac, lever, linge*, linon, malle, mèche, perse, taude, tente, voile ■ 6 coutil, guimpe, masque, peltre, rideau, zéphyr ■ 7 batiste, bougran, calicot, canevas, linceul, prélart, tableau*, toilier ■ 8 arantèle, bleu-jean, cretonne, entoiler, fronteau, herberie, hoqueton, indienne, linoléum, orbitèle, plastron, toilerie, toileuse, treillis, vélarium, vergeure ■ 9 arachnéen, arantelle, entoilage, manchette, maroufler, moleskine, paillasse, percaline, rentoiler, wassingue ■ 10 embourrure, escafignon, espadrille, rentoileur, saharienne, trampoline ■ 11 désentoiler, parementure, serpillière ■ 13 dessous-de-bras.
**TOILETTE :** 4 broc, mise ■ 5 habit, linge, salle, savon, tenue, valet, vécès ■ 6 atours, lavabo, parure, waters ■ 7 complet, costume, cuvette ■ 8 habiller, lavatory, mercerie, peignier, vêtement* ■ 9 coiffeuse, douchière, sanisette, serviette, toiletter ■ 10 ajustement, savonnette, vanity-case ■ 11 fanfreluche, habillement.
**TOISER :** 8 regarder* ■ 9 toisement.
**TOISON :** 4 lama, poil* ■ 5 laine ■ 7 cheveux*, lainage, riflard, suitine.
**TOIT :** 4 abri*, glui ■ 5 crête, égout, penty, plomb, tuile ■ 6 auvent, tortue ■ 7 aisseau, faîteau, hard-top, lucarne, lunette, toiture ■ 8 appentis, chanlate, chaperon, cornière, tavillon ■ 9 avant-toit, chanlatte, décapoter, enfaîteau, gouttière, imbriquer ■ 10 compluvium, couverture, foudroyage, plate-forme ■ 11 pantographe ■ 12 battellement.
**TOITURE :** 4 shed, toit*, zinc ■ 5 coyau, vélum ■ 6 blinde ■ 7 blochet, châssis, pergola ■ 8 antéfixe, couvreur, terrasse ■ 12 carton-feutre.
**TOKYO :** 8 tokyoïte.
**TOLE :** 4 tape ■ 5 borde, étain, mitre, taule, volet ■ 7 creusot, semelle, tôlerie ■ 8 palastre, planeuse ■ 12 chaudronnier.
**TOLERANCE :** 6 claque ■ 7 lupanar ■ 10 indulgence* ■ 11 intolérance ■ 12 complaisance, convivialité ■ 13 sous-maîtresse ■ 14 condescendance.
**TOLERANT :** 6 facile ■ 7 commode ■ 9 indulgent* ■ 10 intolérant ■ 11 accommodant, complaisant.
**TOLERER :** 5 gâter ■ 7 endurer, excuser ■ 8 accepter*, admettre*. souffrir* ■ 9 permettre*, supporter*, tolérable ■ 12 condescendre.
**TOLET :** 6 erseau ■ 9 toletière.
**TOLIER :** 7 taulier ■ 8 cisoires.
**TOLITE :** 15 trinitrotoluène.
**TOLLE :** 3 cri.
**TOLUENE :** 6 crésol, tolite, toluol ■ 9 toluidine ■ 10 benzylique, saccharine ■ 15 trinitrotoluène.
**TOMATE :** 5 pizza, sauce ■ 7 ketchup, niçoise ■ 8 basquais, moussaka.
**TOMBE :** 3 pot ■ 4 flac, floc ■ 5 cippe ■ 6 caveau, décidu, stoupa, tholos, tombal ■ 7 hypogée, mastaba, tombeau ■ 8 badaboum, cercueil, démêlure, épitaphe, fossoyer, mausolée, pleurant, sépulcre, tombelle ■ 9 cénotaphe, démêlures, deuillant, sépulture*, tumulaire ■ 10 outre-tombe, sarcophage.

**TOMBEAU :** 6 zaouïa, zawiya.
**TOMBEE :** 6 tomber ■ 10 crépuscule, lucernaire, pluviosité.
**TOMBER :** 4 choir*, tuer ■ 5 périr, semer ■ 6 abîmer, casser, chuter, donner, épiler, étaler, locher, neiger, plouf, rouler, ruiner, verser ■ 7 abattre, affaler, aplatir, chopper, crouler, déchoir, dévaler, dinguer, ébouler, étendre, glisser, sombrer, tituber ■ 8 abaisser, attaquer, basculer, broncher, cascader, culbuter, débouler, dérocher, dévisser, diminuer*, écailler, échapper, écrouler*, effriter, égrainer, flanquer, garde-fou, graviter, immerger, patatras, pleuvoir, répandre, retomber, vaciller ■ 9 affaisser, brésiller, chanceler, crachiner, défleurir, dégoutter, dépoudrer descendre, effleurir, effondrer, fébrifuge, grésiller, renverser, séducteur, terrasser, trébucher ■ 10 acquiescer, engouffrer, précipiter, sauvegarde, valdinguer ■ 11 croc-en-jambe, dégringoler, désarçonner, discréditer ■ 14 emberlificoter.
**TOMBEREAU :** 5 banne ■ 6 dumper ■ 8 béquille, brouette.
**TOME :** 5 livre*, tomer ■ 8 tomaison.
**TOMOGRAPHIE :** 13 stratigraphie ■ 15 échotomographie.
**TOM-POUCE :** 4 nain ■ 9 parapluie.
**TON :** 3 son* ■ 4 embu, mode ■ 5 corsé, gamme, genre, grave, rompu, verbe ■ 6 parole ■ 7 couleur*, tonique ■ 8 détonner, diapason, entonner ironiser, monotone, sonorité, tonalité ■ 9 acrimonie, emboucher, inflexion, intimiste, tonétique ■ 10 consonance, diatonique, dogmatiser, intonation, modulation, pédanterie, pédantisme ■ 11 dogmatiseur ■ 12 pentatonique, transposable.
**TONALITE :** 3 son* ■ 5 tonal ■ 7 bitonal, couleur* ■ 13 transposition.
**TOND :** 8 lainerie.
**TONDRE :** 5 raser, tonte ■ 6 couper* ■ 7 ébarber, tailler*, tondeur ■ 8 retondre, tonsurer ■ 9 tondaison ■ 10 déposséder, dépouiller.
**TONICITE :** 5 tonus ■ 9 hypotonie ■ 10 hypertonie ■ 12 vasopressine.
**TONIQUE :** 5 dièse, sauge, tanin ■ 6 nervin ■ 7 caféine, ginseng, quassia ■ 8 hypocras, quassier ■ 9 spartéine, stimulant, tonifiant ■ 10 fortifiant*, strychnine.
**TONITRUANT :** 6 sonore.
**TONITRUER :** 5 crier*.
**TONKA :** 9 coumarine.
**TONKIN :** 9 tonkinois.
**TONNAGE :** 5 aviso, brick.
**TONNANT :** 6 sonore.
**TONNE :** 3 tep ■ 7 tonneau ■ 9 kilotonne.
**TONNEAU :** 3 fût, tin ■ 4 muid, râpe, tine ■ 5 baril, benne, bonde, bouge, caque, douve, gonne, jable, louve, mèche, pièce, quart, tonne, velte ■ 6 baquet, bétuse, bondon, foudre, haquet, mesure, seille ■ 7 boucaut, cerceau, cercles, douelle, guillon, merrain, poulain, tinette ■ 8 bachotte, baricaut, barrique, cannelle, cannette, chantier, débonder, décuvage, demi-muid, douvelle, futaille, jabloire, malestan, quartaut, rondelle, tonnelet ■ 9 entonnage, feuillard, rembouger, tirebonde, tonnelage, tonnelier, traversin ■ 10 baquetures, feuilleté, fonçailles ■ 11 entonnaison, entonnement, tonnellerie ■ 12 chante-pleure.
**TONNELIER :** 5 plane ■ 7 hutinet, jabloir ■ 8 aissette, jabloire, tirefond ■ 9 erminette ■ 10 herminette ■ 11 tonnellerie.
**TONNELLE :** 5 vigne ■ 7 berceau, bosquet, pergola ■ 9 maurandie ■ 11 aristoloche.
**TONNER :** 5 crier* ■ 6 rouler, tomber ■ 7 détoner, éclater, gronder ■ 8 fulminer ■ 9 foudroyer, tonitruer ■ 10 invectiver.
**TONNERRE :** 5 éclat, orage ■ 6 foudre ■ 8 décharge ■ 9 roulement ■

10 grondement, tonitruant ■ 11 fulguration, fulmination ■ 12 foudroiement.
**TONOMETRIE :** 12 tonométrique.
**TONSURE :** 5 clerc ■ 7 tonsuré ■ 8 couronne, tonsurer.
**TONTE :** 4 poil ■ 7 scoured ■ 8 agneline ■ 9 tondaille, tondaison.
**TONTINE :** 8 tontiner ■ 9 mutualité.
**TONUS :** 8 myatonie, tonicité ■ 9 vagotonie ■ 10 cataplexie ■ 11 vagotonique.
**TOPER :** 9 consentir.
**TOPHUS :** 7 tophacé.
**TOPIQUE :** 8 coricide, épithème.
**TOPO :** 8 discours*.
**TOPOGRAPHIE :** 4 topo ■ 8 réglette ■ 10 goniomètre, théodolite, topographe ■ 12 hydrographie ■ 13 topographique ■ 15 photogrammétrie.
**TOPOGRAPHIQUE :** 9 topo-guide.
**TOPONYME :** 11 toponymique.
**TOQUADE :** 5 manie* ■ 7 caprice* ■ 9 fantaisie.
**TOQUE :** 3 fou* ■ 5 béret ■ 6 bonnet*, toquet ■ 8 coiffure*.
**TOQUER :** 7 frapper, heurter ■ 10 amouracher.
**TORAH :** 7 qaraïte ■ 8 shabouot.
**TORCHE :** 5 glane ■ 7 brandon ■ 8 flambeau ■ 9 luminaire ■ 10 chandelier.
**TORCHE-NEZ :** 8 serre-nez.
**TORCHER :** 6 gâcher ■ 8 nettoyer*.
**TORCHERE :** 10 chandelier*.
**TORCHIS :** 6 paille* ■ 8 palançon.
**TORCHON :** 5 linge*, luffa ■ 6 essuie ■ 7 lavette ■ 9 torchette ■ 10 torchonner ■ 11 essuie-verre ■ 12 essuie-verres ■ 13 essuie-meubles.
**TORCHONNER :** 6 gâcher* ■ 8 nettoyer*.
**TORD :** 7 tordeur.
**TORDANT :** 7 comique*.
**TORD-NEZ :** 8 serre-nez.
**TORDRE :** 6 corder, rouler ■ 7 croiser, torquer, tourner, vriller ■ 8 boudiner, boyauter, cordeler, damasser, détordre, gondoler, mouliner, retordre ■ 9 désopiler, distordre, organiser, retourner, tortiller ■ 10 contourner, organsiner, toronneuse ■ 11 entortiller.
**TORDU :** 4 hart, tors ■ 5 câble, corde, ronce, tortu ■ 6 bancal, tortis, tortué, vrillé ■ 7 cagneux, sinueux ■ 8 difforme, tortillé, tortueux ■ 10 entortillé ■ 13 recroquevillé.
**TORE :** 5 toron ■ 7 torique ■ 8 globique, toroïdal.
**TORERO :** 10 banderille, puntillero ■ 12 banderillero.
**TORNADE :** 10 bourrasque*.
**TORON :** 8 aussière, épissoir, surliure ■ 9 épissoire ■ 10 commettage, toronneuse.
**TORPEUR :** 7 torpide ■ 8 langueur* ■ 9 léthargie, réveiller ■ 10 abattement* ■ 14 assoupissement ■ 15 engourdissement*.
**TORPILLE :** 9 gyroscope, torpiller ■ 10 torpillage, torpilleur ■ 11 torpillerie ■ 14 lance-torpilles.
**TORREFIER :** 4 maté ■ 6 brûler* ■ 7 brûloir, griller ■ 8 brûlerie ■ 12 torréfacteur, torréfaction.
**TORRENT :** 4 gave ■ 6 gardon, ravine ■ 8 lavanche ■ 9 cours d'eau, théophile ■ 10 torrentiel ■ 11 torrentueux.
**TORRIDE :** 5 chaud*, froid, rouge.

**TORS:** 5 tordu ■ 6 détore ■ 9 cordonnet.
**TORSADE:** 7 rudenté ■ 8 torsader ■ 9 rudenture ■ 10 cordelière.
**TORSE:** 5 tronc.
**TORSION:** 4 tors ■ 7 tordeur ■ 8 surfiler, volvulus, vrillage ■ 9 boudinage, surfilage ■ 10 contorsion, distorsion ■ 11 bistournage ■ 12 tortillement.
**TORT:** 5 léser, nuire ■ 6 brèche ■ 8 nuisible ■ 9 détriment, préjudice* ■ 11 hypostasier ■ 15 donquichottisme.
**TORTILLER:** 6 friser, tordre* ■ 7 hésiter, tourner* ■ 9 cordonner, tortillon ■ 10 cannetille, tortillage ■ 11 détortiller ■ 12 tortillement.
**TORTILLONNER:** 7 tourner*.
**TORTIONNAIRE:** 8 bourreau* ■ 13 questionnaire.
**TORTU:** 5 tordu ■ 9 bancroche.
**TORTUE:** 4 luth ■ 5 caret, émyde ■ 6 couane ■ 7 caouane, chélone, cistude, écaille, trionyx ■ 8 cahouane, chélonée, dossière, matamata ■ 9 chélonien ■ 10 serpentine ■ 11 éléphantine, hydroméduse ■ 12 mauritanique.
**TORTUEUX:** 7 sinueux* ■ 9 serpenter ■ 10 tortuosité ■ 13 tortueusement.
**TORTUEUSE:** 8 tortille ■ 10 tortillère.
**TORTURE:** 3 cep ■ 4 gêne ■ 5 cippe, lapsi ■ 6 sévice ■ 7 géhenne, martyre, travail ■ 8 bourrelé, chevalet, osselets, question, supplice*, torturer, tourment* ■ 9 brodequin, torturant ■ 12 bourrèlement, tortionnaire.
**TORTURER:** 5 gêner ■ 6 serrer ■ 9 bourreler, tenailler ■ 10 martyriser, préoccuper, supplicier*, tourmenter*.
**TOT:** 4 vite ■ 8 dare-dare, vitement ■ 9 seulement ■ 10 rapidement ■ 11 promptement ■ 12 incessamment.
**TOTAL:** 5 masse, pièze, poule, somme*, tarer, taxer, titre ■ 6 absolu*, entier*, global ■ 7 chiffre, complet, montant*, radical ■ 8 addition, ensemble, incendie, intégral, totalité ■ 9 apoplexie, rendement, totaliser ■ 10 totalement, totaliseur ■ 12 totalisateur, totalisation.
**TOTALE:** 10 vampiriser.
**TOTALITAIRE:** 6 absolu* ■ 11 intégrateur ■ 13 totalitarisme.
**TOTALITE:** 4 tout* ■ 9 entièreté, plénitude ■ 11 plein-emploi ■ 12 extensionnel, universalité ■ 13 compréhension.
**TOTEM:** 9 totémique, totémisme.
**TOTIPOTENT:** 11 totipotence.
**TOTON:** 6 toupie.
**TOUAREG:** 6 targui.
**TOUCHANT:** 8 émouvant* ■ 13 attendrissant.
**TOUCHE:** 5 guide.
**TOUCHER:** 4 sens, tact ■ 5 peser, tâter, tenir ■ 6 doigté, friper, friser, frôler, gagner, lécher, manier, masser, oindre, palper, pétrir, saisir, sentir, sucrer ■ 7 aborder, aboutir, adhérer, amollir, appuyer, arriver*, choquer, coincer, décider, dompter, échouer, émarger, fléchir, frapper, frotter, heurter, imposer, malaxer, patiner, retirer, séduire, tactile, tangent, ulcérer ■ 8 adjacent, affecter*, apitoyer, attenant, caresser, compatir, confiner, coudoyer, désarmer, émouvoir*, empocher, froisser, pénétrer, prélever, recevoir, sensible, tangible, tâtonner, trinquer, tripoter, troubler ■ 9 affleurer, atteindre*, attendrir, concerner, contacter, effleurer*, embourser, encaisser, humaniser, inractile, manipuler, percevoir, persuader, recouvrer, retoucher, velouteux ■ 10 caramboler, chiffonner, contiguïté, convaincre, dramatiser, électriser, insensible, intéresser, porrection, rase-mottes ■ 11 apprivoi-

ser, bouleverser, chatouiller, coprophilie, intouchable, rescription, touche-à-tout ■ 12 attouchement ■ 13 impressionner.
**TOUER:** 5 touée.
**TOUFFE:** 3 épi ■ 4 cyme ■ 5 cépée, fanon, huppe, nebka ■ 6 flocon, grappe, houppe, mouche, toupet ■ 7 bouquet, buisson, corymbe, favoris, roncier, sertule, trochée, trochet ■ 8 aigrette, barbiche, capitule, panicule, roncière ■ 9 bouffette, houppette, impériale, ouvraison, toupillon ■ 10 verticille ■ 13 chasse-mouches, œilletonnage.
**TOUFFU:** 3 dru ■ 5 épais*, garni, serré* ■ 6 fourni, fourré, obscur, pressé ■ 7 dégarni, feuillé, hirsute ■ 13 broussailleux.
**TOUILLE:** 5 lamie ■ 9 roussette.
**TOUILLER:** 6 agiter ■ 9 touillage.
**TOUJOURS:** 7 éternel ■ 8 éternité ■ 9 perennité, sans cesse ■ 10 assidûment, perpétuité ■ 11 constamment, sans relâche ■ 14 invariablement ■ 15 continuellement, perpétuellement.
**TOULON:** 10 toulonnais.
**TOULOUSE:** 10 toulousain.
**TOUPET:** 6 touffe* ■ 8 témérité ■ 9 hardiesse.
**TOUPIE:** 5 sabot, toton ■ 7 turbine ■ 8 toupiner ■ 9 toupiller ■ 11 toupilleuse, trochophore ■ 12 trochosphère.
**TOUPILLER:** 10 toupilleur ■ 11 toupilleuse.
**TOUPILLON:** 6 touffe.
**TOUR:** 3 toc ■ 4 dôme, guet, rôle, truc ■ 5 guète, hourd, liure, madré, passe, patin, phare, pièce, queue, ronde, spire, türbe, usage, virée ■ 6 crasse, donjon, flèche, guette, malice, poupée, pylône, touret, turbeh, vimana, voyage ■ 7 attrape, beffroi, circuit, clocher, créneau, minaret, périple, sikhara, tourier ■ 8 demi-tour, hélépole, lanterne, pourtour, scrubber, tortueux, tourelle, tournage, tourneur, tournure ■ 9 archaïsme, belvédère, campanile, croisière, estrapade, jonglerie, latinisme, périmètre, pirouette, pousse-toc, promenade*, tournelle, tromperie, turriculé, virevolte, ziggourat ■ 10 campanille, chariotage, contourner, crapaudine, expression, passe-passe, périphérie, stratagème ■ 11 compte-tours, multibroche, sorcellerie ■ 12 équilibriste ■ 13 circonférence, demi-pirouette, polissonnerie ■ 14 entourloupette.
**TOURAILLE:** 10 touraillon.
**TOURAINE:** 8 bourgueil ■ 11 sainte-maure.
**TOUR A TOUR:** 10 alternatif ■ 15 alternativement.
**TOURBE:** 5 foule, motte, terre* ■ 6 bousin ■ 7 tourber ■ 8 sphaigne, tourbeux, tourbier ■ 9 briquette, populace, tourbière.
**TOURBIERE:** 9 sphagnale ■ 10 canneberge.
**TOURBILLON:** 5 grain ■ 6 remous, trombe, vortex ■ 10 bourrasque*, turbulence ■ 15 tourbillonnaire.
**TOURBILLONNER:** 7 tourner*.
**TOURELLE:** 7 coupole.
**TOURILLON:** 5 tolet, volée ■ 15 contre-coussinet.
**TOURISME:** 6 mérens, voyage ■ 7 périple ■ 8 touriste ■ 9 croisière, house-boat ■ 11 touristique ■ 13 automobilisme, cyclotourisme.
**TOURMALINE:** 9 rubellite.
**TOURMENT:** 4 émoi, gêne ■ 5 ennui, peine*, souci* ■ 6 affres, tracas ■ 7 chagrin*, déboire, émotion, fardeau, fatigue, malaise, martyre, remords, rêverie, torture*, trouble ■ 8 agacerie, angoisse, embarras, supplice* ■ 9 agitation, obsession, tristesse ■ 10 bousculade, inquiétude*, souffrance* ■ 11 accablement, contrariété, distraction, persécution, sollicitude ■ 12 trépignement ■ 13 préoccupation.
**TOURMENTE:** 5 agité* ■ 6 endêvé, jaloux, triste ■ 7 inquiet*, tem-

pête* ■ 8 soucieux ■ 9 famélique, impatient, ombrageux, travaillé ■ 10 bourrasque*.
**TOURMENTER:** 5 biler, gêner, rêver, vexer ■ 6 agacer, braver, damner, moquer, ronger, tanner ■ 7 alarmer, canuler, dépiter, dévorer, endêver, ennuyer*, enrager, exciter, irriter, lutiner, obséder, soucier ■ 8 accabler, assiéger, chicaner, consumer, émouvoir, fatiguer*, harasser, harceler*, infester, molester, talonner, taquiner*, tarauder, torturer, troubler ■ 9 assaillir, asticoter, bourreler, bousculer, chagriner, inquiéter*, mécaniser, mortifier, mystifier, oppresser, persifler, provoquer, tenailler, tirailler, tracasser*, trépigner ■ 10 chiffonner, contrarier, désespérer, houspiller, importuner*, martyriser, persécuter, poursuivre*, préoccuper, supplicier*, tarabuster, travailler, turlupiner ■ 11 impatienter.
**TOURMENTEUR:** 8 bourreau* ■ 12 tortionnaire.
**TOURNAGE:** 7 filmage ■ 14 tourillonneuse.
**TOURNAILLER:** 5 errer ■ 7 tourner* ■ 10 tourniquer.
**TOURNANT:** 4 tour ■ 5 noyau, pivot, rotor, toton ■ 6 virage ■ 7 abattée, rotatif ■ 8 revolver, vire-vire ■ 9 riboulant, rotatoire, tournette, virevaude ■ 10 pas-de-géant ■ 13 contrarotatif.
**TOURNE:** 4 taré ■ 5 aigre.
**TOURNEE:** 4 tour* ■ 5 virée, volée ■ 6 visite, voyage* ■ 9 promenade*.
**TOURNER:** 5 faner, girer, lover, mirer, rôder, virer, viser ■ 6 éviter, friser, nordir, rouler, tordre, valser, visser, volter ■ 7 abcéder, ajuster, altérer, anordir, braquer, changer*, dévider, dévirer, exposer, fléchir, pencher, pivoter, pointer, railler, revirer, rotatif, ruminer, vautrer, briller ■ 8 bornoyer, circuler, emballer, lévogyre, modifier, orienter, rabattre, ribouler, toupiner ■ 9 détourner, persifler, présenter, renverser, retourner*, tortiller, toupiller, tournoyer ■ 10 bistourner, contourner, dextrorsum, extraverti, feuilleter, héliotrope, introverti, pirouetter, tourniller, trochanter, virevolter, virevouter ■ 11 ridiculiser, tournailler, tournevirer, virevousser ■ 12 tortillonner, tournebouler, tournebroche ■ 13 tourbillonner, tournefeuille.
**TOURNESOL:** 5 acide ■ 8 maurelle ■ 9 hélianthe.
**TOURNEUR:** 7 mandrin.
**TOURNILLER:** 7 tourner*.
**TOURNIQUET:** 8 aspérité, moulinet ■ 10 bourriquet.
**TOURNIS:** 6 cénure ■ 7 cœnure, vertige.
**TOURNOI:** 4 lice ■ 5 joute ■ 6 chaple, combat, parade ■ 9 carrousel ■ 10 chamaillis.
**TOURNOIEMENT:** 7 gouffre, vertige ■ 10 tourbillon.
**TOURNOYER:** 5 errer ■ 7 biaiser, tourner* ■ 10 tournoyant ■ 12 tournoiement ■ 13 tourbillonner.
**TOURNURE:** 4 chic, face, pouf, tour ■ 5 forme*, mûrir, riche, style ■ 6 allure*, touche ■ 7 manière ■ 8 arabisme, dessiner, maintien* ■ 10 belgicisme, expression, rhétorique ■ 12 désinvolture.
**TOURTE:** 8 salpicon ■ 9 tourtière.
**TOURTEAU:** 4 pain ■ 5 maton ■ 7 dormeur, poupart.
**TOURTEREAU:** 5 amant.
**TOURTERELLE:** 5 gémir ■ 6 pigeon* ■ 7 tourtre ■ 9 roucouler ■ 10 roucoulade, tourtereau ■ 12 roucoulement.
**TOUSSAILLER:** 7 tousser.
**TOUSSER:** 8 tousseur ■ 9 toussoter ■ 11 graillonner, toussailler.
**TOUSSOTER:** 7 tousser ■ 12 toussotement.
**TOUT:** 3 t.t.c. ■ 4 bloc, dose, part ■ 5 blasé, chose, lever, masse,

monde, pièce, plein, raide, reste, roide, tiers, total*, union ■ **6** absolu*, chaque, entier*, infini, intact, va-tout ■ **7** complet*, unanime ■ **8** addition, antitout, englober, ensemble, exclusif, factotum, fureteur, illimité, intégral, monopole, omnivore, partitif, quantité ■ **9** aliquante, brise-tout, compléter, distraire, entourage, quiconque, universel ■ **10** agrégation, aucunement, comprendre, globaliser, omniscient, synecdoque ■ **11** millionième, touche-à-tout ■ **13** embranchement, saint-frusquin ■ **15** essentiellement.

**TOUT A COUP :** **4** saut ■ **5** subit* ■ **6** subito ■ **10** improviste, inopinément, subitement ■ **11** brusquement.

**TOUT A FAIT :** **4** tout ■ **6** craché ■ **10** absolument, pleinement, totalement ■ **11** entièrement ■ **13** excessivement, littéralement ■ **14** diamétralement.

**TOUTEFOIS :** **8** pourtant ■ **9** cependant, néanmoins, seulement.

**TOUTE-PUISSANCE :** **8** autorité ■ **11** omnipotence.

**TOUX :** **5** rhume ■ **6** quinte ■ **7** diacode, tousser ■ **8** béchique ■ **9** tousserie ■ **10** antitussif, coqueluche, pholcodine.

**TOXICITE :** **5** crack ■ **8** atoxique.

**TOXICOLOGIE :** **11** toxicologue ■ **13** toxicologique.

**TOXICOMANE :** **4** trip ■ **5** accro ■ **6** drogué.

**TOXICOMANIAQUE :** **10** alcoomanie ■ **12** alcoolomanie.

**TOXICOMANIE :** **9** opiomanie ■ **12** héroïnomanie ■ **13** pharmacomanie ■ **14** toxicomaniaque, toxicomanogène.

**TOXINE :** **6** poison*, vaccin ■ **7** toxémie ■ **9** anatoxine, botulisme, exotoxine ■ **10** antitoxine, endotoxine ■ **11** typhotoxine ■ **13** toxi-infection.

**TOXI-INFECTION :** **14** toxi-infectieux.

**TOXIQUE :** **5** gazer, opium, venin ■ **6** curare, éthuse, poison ■ **7** æthusa, æthuse, arsenic, cocaïne, codéine, mercure, vitriol, vomique ■ **8** antidote, furfural, furfurol, laudanum, litharge, morphine, ouabaïne, phalline, ptomaïne, thébaïne, toxicité ■ **9** aconitine, intoxiqué, muscarine, vératrine ■ **10** colchicine, neurotrope, strophante, strychnine, vert-de-gris ■ **11** antitoxique, dauphinelle, dompte-venin, toxicologie, toxicomanie ■ **12** cantharidine, détoxication, mytilotoxine, strophanthus ■ **13** mithridatisme.

**TOXOPLASME :** **12** toxoplasmose.

**TOXOPLASMOSE :** **10** toxoplasme.

**TRABOULE :** **9** trabouler.

**TRAC :** **4** peur* ■ **7** crainte*.

**TRAÇAGE :** **2** vé.

**TRACAS :** **4** aria ■ **5** ennui* ■ **5** souci* ■ **8** agacerie, tourment* ■ **9** obsession ■ **10** bousculade, inquiétude* ■ **11** contrariété, dérangement ■ **13** préoccupation.

**TRACASSER :** **5** gêner ■ **6** agacer ■ **7** dépiter, ennuyer, excéder, exciter, irriter, obséder ■ **8** harasser, harceler ■ **9** assaillir, bousculer, inquiéter, tirailler ■ **10** contrarier, importuner, poursuivre, préoccuper*, tarabuster, tourmenter*, tracassier, turlupiner ■ **11** tracasserie.

**TRACASSERIE :** **5** souci* ■ **7** chicane ■ **10** tracassier ■ **14** souffre-douleur.

**TRACE :** **3** pas ■ **4** plan, raie, voie ■ **5** encre, filet, ombre, piste*, plomb, rayon, reste, signe, tiret, trait ■ **6** bavure, brisée, dessin, détour, foulée, indice, marque*, passée, rayure, réseau, sillon, tageur, visuel ■ **7** hachure, houzure, ornière, passage, régalis, sillage, souille, traînée, vestige ■ **8** accolade, dépister, dérouter, effaçure, engramme, esquisse, stigmate ■ **9** carroyage, cicatrice, empreinte, froissure, graphique, jalon-mire, linéament, piquetage, sulcature, vermicule ■ 10 astroblème, pantomètre ■ 11 antécédante, déchaussure, sismogramme, vermiculure ■ 12 cardiogramme.

**TRACER:** 5 layer, mener, rayer, tirer* ■ 6 barrer, bomber, frayer, graver, piquer, racher, régler ■ 7 ajuster, calquer, cingler, décrire, dérayer, enrayer, fileter, rénette ■ 8 abaisser, arpenter, bornoyer, délinéer, dessiner*, inscrire, projeter, rainette, retracer, simbleau, traceret, tringler, trusquin ■ 9 compasser, crayonner, rapporter, sillonner, souligner, tracement ■ 10 construire, pointiller, quadriller, trusquiner ■ 11 troussequin ■ 12 appareilleur, circonscrire.

**TRACHEE:** 4 toux ■ 8 trachéal, trachéen ■ 9 trachéite ■ 10 intubation ■ 11 fausse-route ■ 12 trachéotomie.

**TRACT:** 8 pamphlet* ■ 10 prospectus.

**TRACTABLE:** 10 mobile home.

**TRACTATIONS:** 11 agissements.

**TRACTER:** 8 tracteur ■ 9 tractable.

**TRACTEUR:** 7 motrice ■ 8 chaintre ■ 12 locotracteur, mototracteur ■ 13 microtracteur.

**TRACTION:** 4 lacs, tram ■ 5 bosse, husky, tirer ■ 6 toueur ■ 7 tractif ■ 8 remorque, trudgeon ■ 10 autotracté, locomotive ■ 11 cyclorameur, locomotrice.

**TRADE-UNION:** 8 syndicat.

**TRADITION:** 5 mythe, sages ■ 7 légende ■ 8 folklore, habitude* ■ 9 classique ■ 10 légendaire, rabbinisme ■ 11 bien-pensant, classicisme, conformisme ■ 12 nationalisme, traditionnel ■ 13 aggiornamento ■ 14 traditionnaire ■ 15 traditionalisme.

**TRADITIONNEL:** 5 papet ■ 7 bunraku, netsuke, origami.

**TRADITIONNELLE:** 4 faré, tipi.

**TRADUCTEUR:** 7 drogman ■ 10 interprète, truchement ■ 11 translateur.

**TRADUCTION:** 5 bible, texte, thème ■ 7 version ■ 9 sous-titre ■ 10 contresens, paraphrase, truchement ■ 11 explication, transcodage, translation ■ 12 somatisation ■ 13 juxtalinéaire ■ 14 interprétation.

**TRADUIRE:** 6 porter, rendre ■ 7 déférer ■ 8 exprimer* ■ 9 expliquer, travestir ■ 10 comprendre, déchiffrer, retraduire, traduction, transcrire ■ 11 interpréter*, traduisible ■ 13 intraduisible.

**TRAFIC:** 4 port ■ 5 encan ■ 7 simonie ■ 8 aéroport, agiotage, commerce ■ 9 fricotage ■ 10 billonnage, trafiquant, trafiqueur.

**TRAFICANT:** 11 narcodollar.

**TRAFIQUER:** 7 agioter ■ 8 fricoter, marchand, spéculer, tripoter ■ 9 interlope ■ 10 corruption.

**TRAGEDIE:** 5 drame, épode, récit ■ 8 tragique, trilogie ■ confident ■ 12 tragi-comédie.

**TRAGIQUE:** 8 émouvant, sinistre, terrible ■ 9 tragédien ■ 10 complainte, dramatique*, effroyable ■ 12 stichomythie, tragi-comique, tragiquement.

**TRAHIR:** 5 jaser, ruser ■ 6 couper, livrer, renier*, vendre ■ 7 montrer*, tromper* ■ 8 déserter, forfaire, trahison ■ 9 divulguer, espionner, traîtrise ■ 10 abandonner.

**TRAHISON:** 4 ruse ■ 7 abandon, embûche, félonie ■ 8 perfidie ■ 9 défection, déloyauté, désertion, prodition, traîtrise ■ 10 assassiner, concussion, forfaiture ■ 13 prévarication.

**TRAILLE:** 3 bac.

**TRAIN:** 3 t.g.v. ■ 4 bige, erre, état, gare, voie ■ 5 arroi, ferry, galop, passe, poupe, tabor, timon, vigie, wagon* ■ 6 allure*, bagage, convoi, radeau, rapide ■ 7 tumulte ■ 8 couplage, standing ■ 9 chef-garde, débarquer, ferry-boat, monotrace, trainglot ■ 10 train-ferry ■ 11 dispatching, serre-freins, télescopage ■ 12 arrière-train, rastaquouère ■ 13 autocouchette ■ 14 autocouchettes ■ 15 autos-couchettes.

**TRAINARD :** 4 lent*.

**TRAINASSER :** 4 lent ■ 7 traîner* ■ 9 traînerie ■ 11 traînailler.

**TRAINE :** 5 queue, train ■ 10 caudataire.

**TRAINEAU :** 4 luge ■ 5 husky ■ 6 briska, troïka ■ 7 ramasse ■ 8 schlitte, toboggan, traînage ■ 9 bobsleigh, cométique.

**TRAINE-BUCHES :** 8 phrygane.

**TRAINE :** 4 voie ■ 5 queue, trace* ■ 8 vermille ■ 9 chevelure.

**TRAINER :** 5 errer, haler, tirer* ■ 6 flâner, ramper, tramer ■ 7 drosser, emmener, faucher, languir, marcher ■ 8 charrier, emporter, lambiner, traînage, traînant, traîneur, trousser ■ 9 entraîner, éterniser, guide-rope, lanterner, remorquer, traînerie, trimbaler ■ 10 pétouiller, traînasser, traînement.

**TRAINGLOT :** 6 soldat ■ 8 tringlot.

**TRAIT :** 3 air ■ 4 dard, mine, mors, raie*, tour, type ■ 5 bacul, barre, bâton, épure, filet, fusée, guide, hampe, ligne, mythe, patte, plein, rayon, signe, tiret, timon, train, typer ■ 6 flèche*, glyphe, marque, pointe, rature, surdos ■ 7 bricole, collier, culeron, culière, frontal, hâchure, jambage, liaison, mérisme, nasarde, parapet, saillie, têtière, virgule ■ 8 avaloire, bossette, brancard, concetti, courroie, dossière, œillère, poitrail, sellette ■ 9 attelloire, caractère, chanfrein, coussinet, croupière, dominante, épigramme, gourmette, grignotis, linéament, muserolle, palonnier, pointillé, souligner, sous-barbe, sous-gorge ■ 10 mangonneau, porte-trait, reculement, sémantique, soulignage ■ 11 décochement, délinéament, guillochure, physionomie ■ 13 aérodynamique, sous-ventrière ■ 14 physiognomonie, sychorigidité.

**TRAITE :** 4 lois, paix ■ 5 allié, cours, essai, étude*, ordre, otage, pacte, sujet, table, union ■ 6 impayé, trajet ■ 7 mémoire, négrier, trayeur ■ 8 chapitre, commerce, physique ■ 9 bestiaire, concordat, éthologie, exhausif, géométrie, spicilège, théologie ■ 10 convention*, infraction, ostéopathe, sous-traité ■ 11 dramaturgie, éthographie, toxicologie ■ 12 dissertation, encyclopédie, ornithologie, parémiologie ■ 13 antisalissure, casus fœderis ■ 14 controversiste.

**TRAITEMENT :** 4 cure, gain, soin ■ 5 erbue, fonte, modem, solde ■ 6 avanie, avarie, élixir, pascal ■ 7 collyre, salaire*, sévices, stretch, télétex ■ 8 alfatier, béchique, emplâtre, épithème, semestre, thérapie ■ 9 biguanide, chélateur, électrode, fluidique, iatrogène, nitration, prétraité, réformeur, sténosage ■ 10 allopathie, anaplastie, antalgique, antipoison, balnéation, diathermie, électuaire, indication, matiérisme, médication, mégisserie, pervibrage, privatique, salicylate, trinitrine ■ 11 acuponcture, acupuncture, antirabique, autoplastie, biothérapie, chaulmoogra, chiropraxie, désiliciage, électrochoc, halopéridol, homéopathie, liposuccion, opothérapie, psychiatrie, rétribution, sanforissage, thalidomide ■ 12 aérothérapie, augmentation, bétathérapie, chiropractie, cryothérapie, curarisation, dessablement, ergothérapie, informatique, intervention, maltraitance, manipulation, pattinsonage, pervibration, pneumothorax, psychanalyse, psychiatrisé, puvathérapie, retraitement, sérothérapie, voltaïsation ■ 13 antitétanique, appointements, assouplissage, bondérisation, cardiotonique, cobalthérapie, crénothérapie, curiethérapie, héliothérapie, hydrothérapie, photothérapie, phytothérapie, radiothérapie, synoviorthèse, thérapeutique, vernalisation ■ 14 actinothérapie, balnéothérapie, cancérologique, chimiothérapie, défibrillation, digitopuncture, graphitisation, mécanothérapie, physiothérapie, psychothérapie, pyrétothérapie, radiumthérapie, thermothérapie ■ 15 antibiothérapie, arsonvalisation, cobaltothérapie, corticothérapie, désintoxication, électroponcture, électropuncture, électrothérapie, hormonothérapie, oxygénothérapie, psychochirurgie, röntgenthérapie, vaccinothérapie.

**TRAITER :** 5 gâter, jouer, mener, vexer ■ 6 choyer, manier ■ 7 appeler, cajoler, crosser, ménager, morguer, révérer, rudoyer, soigner* ■ 8 brusquer, caresser, composer, consulte, débattre, épargner, malmener, mignoter, négocier, nitrurer, profaner, rabrouer, recevoir ■ 9 coalescer, dédaigner, dorlotter, favoriser, mignarder, pateliner, respecter, traitable ■ 10 amordancer, brutaliser, définiteur, maltraiter, tractation, tyranniser, vilipender ■ 11 philosopher.

**TRAITEUR :** 7 cuisiné ■ 12 restaurateur.

**TRAITRE :** 7 déloyal, perfide, renégat ■ 14 traîtreusement.

**TRAITRISE :** 7 félonie ■ 8 trahison*.

**TRAJECTOIRE :** 5 gerbe, point, rayon ■ 6 impact, montée, orbite ■ 9 empennage ■ 15 trajectographie.

**TRAJET :** 5 aller, fusée ■ 6 chemin*, traite, trotte ■ 8 parcours* ■ 9 traversée.

**TRAME :** 4 lice ■ 5 basin, corde, duite, lisse, piège, satin, typon ■ 7 copsage ■ 8 droit-fil, intrigue, roquetin, scénario, stoppage, synopsis ■ 10 fabulation ■ 11 rentraiture ■ 12 affabulation.

**TRAMER :** 6 ourdir ■ 7 tramage ■ 8 machiner*, officine.

**TRAMP :** 8 tramping.

**TRAMONTANE :** 4 vent.

**TRAMWAY :** 4 rail, tram ■ 7 vicinal ■ 8 traminot ■ 9 impériale ■ 10 plate-forme.

**TRANCHANT :** 3 dos, fil, net ■ 4 laye ■ 5 acéré, bêche, foret, hache, plane, vouge ■ 6 acérer, affilé, biseau, mousse, rasoir, taillé ■ 7 aiguisé, cassant, coupant, décisif, rénette ■ 8 aiguiser, ancipité, émousser, poignard, rainette, rustique, taillant ■ 10 estafilade, pertuisance ■ 11 bec-de-corbin, péremptoire ■ 12 bec-de-corbeau, contrepointe.

**TRANCHE :** 4 part ■ 5 bande, barde, darne, jaspe, lèche, rôtie, tende ■ 6 émincé ■ 7 beurrée, bifteck, morceau, rouelle, taillon, tartine, tronçon ■ 8 abricoté, biscotte, division, escalope, quartier, riblette, rondelle, sandwich ■ 9 paupiette, tranchage, trancheur, trempette ■ 10 fricandeau, napolitain, persillade, résolution ■ 11 aiguillette.

**TRANCHEE :** 4 abri, sape ■ 5 boyau, dosse, jauge, perré, sappe ■ 6 cavité, rigole ■ 7 colique, perchée ■ 8 approche, coffrage ■ 9 fondation, parallèle ■ 10 étrésillon ■ 11 cheminement, crapouillot ■ 13 fortification.

**TRANCHEFILE :** 6 comète ■ 12 tranchefiler.

**TRANCHER :** 5 juger ■ 6 couper*, sabrer ■ 7 décider, tailler* ■ 9 décapiter, tranchage, tranchoir ■ 10 contraster, sectionner* ■ 11 guillotiner.

**TRANQUILLISANT :** 11 thalidomide ■ 14 benzodiazépine.

**TRANQUILLE :** 3 coi ■ 4 port, sage ■ 5 calme*, quiet ■ 6 pépère ■ 7 peinard ■ 8 paisible* ■ 9 pacifique ■ 10 philosophe ■ 13 tranquilliser ■ 14 tranquillement.

**TRANQUILLEMENT :** 12 peinardement.

**TRANQUILLITE :** 4 paix* ■ 5 calme*, ordre, repos* ■ 8 patience, quiétude, rassurer, sécurité, sérénité ■ 9 placidité, quiétisme, sang-froid ■ 11 pondération.

**TRANSACTION :** 5 crise ■ 6 accord*, broker, marché, négoce, octroi ■ 7 affaire, cession ■ 8 reculade ■ 9 accession, arbitrage, compromis, monétique ■ **10** concession, convention, permission ■ **11** acceptation, circulation, composition, négociation, termaillage ■ **12** homologation, modus vivendi ■ **13** accommodement ■ **14** transactionnel.

**TRANSATLANTIQUE:** **5** câble ■ **6** bateau ■ **7** transat.

**TRANSBORDEMENT:** **7** aconage ■ **8** acconage.

**TRANSBORDER:** **12** transbordeur ■ **14** transbordement.

**TRANSCENDANT:** **5** élevé ■ **7** sublime* ■ **11** élémentaire ■ **13** transcendance.

**TRANSCENDER:** **5** sacré.

**TRANSCODAGE:** **10** transcoder.

**TRANSCRIPTION:** **5** copie* ■ **6** codeur, double, ichtus, minute ■ **8** original ■ **9** collation, duplicata, polycopie ■ **10** ampliation, autographe, expédition, transcrire ■ **11** compulsoire, polygraphie ■ **15** retranscription, translitération.

**TRANSCRIRE:** **6** copier* ■ **7** encoder, minuter ■ **8** expédier ■ **11** enregistrer, perforateur ■ **12** collationner, retranscrire, sténographie ■ **13** mécanographie, transcripteur.

**TRANSCUTANÉ:** **13** transdermique.

**TRANSE:** **6** chaman ■ **8** angoisse*.

**TRANSEPT:** **10** croisillon.

**TRANSFERER:** **5** céder, virer ■ **6** porter, vendre ■ **9** transfert ■ **10** translatif ■ **12** déconcentrer, nationaliser, transférable, transplanter ■ **13** transfèrement ■ **14** inaliénabilité ■ **15** décollectiviser.

**TRANSFERT:** **5** endos, vente ■ **6** fivete ■ **7** cession, simplex ■ **8** virement ■ **9** transport ■ **10** aliénation, délégation ■ **11** affacturage, reversement, transférase, translation ■ **12** confiscation, démembrement, transaminase ■ **14** téléchargement, transférentiel ■ **15** nationalisation, régionalisation.

**TRANSFORMATEUR:** **7** transfo ■ **10** secondaire.

**TRANSFORMATION:** **3** lie ■ **6** avatar, codage, coking, filage ■ **7** fibrose, refonte, réforme ■ **8** cryptage, cubature, géologie, hématose, puddlage ■ **9** caséation, diagenèse, digestion, évolution, inversion, isométrie, mégissier, nutrition, ontogénie, réduction, réfection ■ **10** allotropie, athermique, bioénergie, changement*, conversion, glaciation, homothésie, innovation, invariance, métaplasie, ontogenèse, perversion, rénovation, revirement, révolution, rhabillage, variations ■ **11** adiabatique, arénisation, candisation, cokéfaction, contrefaçon, cyanuration, cyclisation, décomposeur, déformation, demi-produit, évaporation, leucoplasie, métabolisme, nitratation, nitrosation, ozonisation, permutation, réalisation, réification, remaniement, sublimation ■ **12** amélioration, ammonisation, calorescence, colonisation, exothermique, gastrulation, gélification, humification, isentropique, métamorphose, métempsycose, reconversion, redressement, regénération, transduction, tubérisation, vaporisation, vinification ■ **13** berginisation, biconversion, carbonatation, carbonisation, chosification, convertissage, efflorescence, endothermique, factorisation, gastrotechnie, isomérisation, kaolinisation, nitrification, pétrification, podzolisation, poldérisation ■ **14** ammonification, dégénérescence, désintégration, kératinisation, réorganisation, salpêtrisation, saponification ■ **15** agro-alimentaire, alcoolification, antidéplacement, désertification, révolutionnaire, transfiguration, travestissement.

**TRANSFORMÉ:** **11** lycanthrope ■ **12** transducteur.

**TRANSFORMER:** **4** muer ■ **5** mêler, mûrir, virer ■ **6** tanner ■ **7** changer*, feutrer, innover, réduire, refaire, rénover, retaper ■ **8** aménager, calciner, cokéfier, congeler, déformer, dérouler, évaporer, gélifier, momifier, ozoniser, panifier, radouber, refondre, réformer, remanier, salifier, stariser ■ 9 acidifier, assimiler, chlorurer, coloriser, convertir, défigurer, dégénérer, dénaturer, fabriquer, graphiter, mobiliser, monétiser, nitrifier, peroxyder, pervertir, redresser, régénérer, replâtrer, restaurer, rhabiller, starifier, suroxyder, transmuer, travestir, vitrifier ■ 10 acidifiant, adjectiver, carbonater, carboniser, développer, estérifier, marmoriser, méthaniser, plasmifier, précipiter, réaménager, renouveler, saponifier, vedettiser ■ 11 capitaliser, caraméliser, contrefaire, désertifier, métaboliser, minéraliser, nominaliser, raccommoder, réorganiser ■ 12 brouillasser, commutatrice, criminaliser, masculiniser, saccharifier, transfigurer ■ 13 convertisseur, métamorphoser, transformable, transformisme ■ 14 adjectiviviser, occidentaliser, transformateur, transformation.

**TRANSFUGE :** 9 déserteur.

**TRANSFUSION :** 10 transfuser ■ 13 polytransfusé ■ 14 transfusionnel.

**TRANSGRESSER :** 5 violer* ■ 8 désobéir ■ 10 enfreindre ■ 12 transgressif ■ 10 transgresseur, transgression.

**TRANSGRESSION :** 5 péché.

**TRANSI :** 4 figé, gelé ■ 5 froid, glacé ■ 8 engourdi, morfondu ■ 10 grelottant ■ 11 frissonnant.

**TRANSIGER :** 5 céder ■ 6 prêter ■ 7 accéder, traiter ■ 8 accepter, accorder, arbitrer, composer, concéder, octroyer, pactiser, relâcher, renoncer ■ 9 permettre ■ 10 accommoder, rétrocéder ■ 12 compromettre.

**TRANSIR :** 9 morfondre.

**TRANSISTOR :** 3 mos ■ 9 germanium ■ 13 transistorisé ■ 14 transistoriser ■ 15 phototransistor.

**TRANSIT :** 9 achalasie, transiter ■ 11 passe-debout, transitaire, transporter.

**TRANSITIF :** 12 transitivité ■ 14 transitivement.

**TRANSITION :** 2 or ■ 4 mais, parc, pont ■ 7 passage ■ 13 simultanéisme, transitionnel ■ 14 chalcolithique.

**TRANSITOIRE :** 5 stage ■ 8 passager* ■ 10 suspenseur.

**TRANSLATEUR :** 10 traducteur.

**TRANSLATION :** 8 girodyne ■ 9 transfert, transport ■ 10 raz de marée, traduction ■ 13 transfèrement.

**TRANSLUCIDE :** 4 mica ■ 8 altuglas, diaphane, scarieux, vaseline ■ 9 pellucide ■ 10 cathédrale, porcelaine ■ 11 transparent* ■ 12 papier-calque ■ 13 translucidité.

**TRANSMETTRE :** 4 came ■ 5 céder, endos, gâter, louer, train ■ 6 câbler, écrire, léguer, passer* ■ 7 aliéner, émettre, étendre, laisser, publier, télexer ■ 8 débrayer, décision, déléguer, infecter, inoculer, négocier, notifier, véhicule ■ 9 téléviser, variateur, véhiculer ■ 10 ayant cause, conducteur, contagieux, contaminer, délégation, radiosonde, téléphoner, télévision, transférer ■ 11 communiquer, héréditaire, télédynamie ■ 12 contagionner, démultiplier, enseignement, manipulateur, télégraphier, transmission ■ 13 retransmettre, télautographe, transmissible ■ 14 conductibilité ■ 15 intransmissible.

**TRANSMIGRATION :** 12 métempsycose.

**TRANSMISSIBLE :** 3 m.s.t.

**TRANSMISSION :** 4 code ■ 5 audio, éther ■ 6 drosse, pédale ■ 7 cession, simplex, vibrage ■ 8 courroie, donation, émission, flexible, hérédité, paulette, télétype, vidéotex ■ 9 adénosine, contagion, duplexage, égaliseur, multiplex, palonnier, passation, résonance, tradition ■ 10 brouillage, conduction, mendélisme, monophonie, quadruplex, sous-traité, succession, télépathie, téléphonie, télévision ■ 11 duplication, mondovision, négociation, propagation, télégraphie ■ 12 bélinographe, multiplexage, pupinisation, téléécriture ■ 13 contamination, homocinétique ■ 14 audiofréquence, neuromédiateur, radiodiffusion ■ 15 radiomessagerie, radiotélévision, vidéoconférence, visioconférence.

**TRANSMUER :** 11 transformer*, transmuable ■ 12 transmutable ■ 15 transmutabilité.

**TRANSMUTATION :** 8 alchimie ■ 9 cyclotron ■ 11 nucléonique ■ 12 métamorphose.

**TRANSPARENCE :** 5 épair ■ 6 clarté ■ 8 glasnost, hyaloïde, troubler ■ 9 vitrifier ■ 10 cristallin ■ 11 épidiascope, lithophanie, négatoscope ■ 12 xérophtalmie ■ 15 dévitrification.

**TRANSPARENT :** 3 eau, net ■ 4 gaze ■ 5 candi, clair*, crown, émail, rubis, tulle, verre, vitre ■ 6 opaque, scotch ■ 7 limpide, troublé ■ 8 diaphane, diaphase, polaroïd, voilette ■ 9 pellicule, pellucide, phlyctène ■ 10 cristallin, cystoplasme, hygiaphone, mousseline, ■ 11 aiguemarine, translucide ■ 12 transparence ■ 15 photo-élasticité.

**TRANSPERCER :** 6 percer* ■ 9 embrocher, traverser* ■ 13 transverbérer.

**TRANSPIRATION :** 5 étuve ■ 8 anidrose ■ 9 anhidrose ■ 10 diaphorése ■ 11 antisudoral ■ 12 perspiration, transpirable ■ 13 diaphorétique.

**TRANSPIRER :** 4 suer* ■ 6 percer ■ 7 ressuer ■ 11 transpirant.

**TRANSPLANTATION :** 9 repiquage ■ 11 repiquement ■ 12 ciclosporine.

**TRANSPLANTER :** 8 repiquer ■ 10 transplant ■ 13 égravillonner ■ 14 transplantable ■ 15 transplantation.

**TRANSPORT :** 3 car, van ■ 4 broc, fret, rage, tram, truc, voie, vrac ■ 5 balai, banne, baste, bouge, cadre, canne, cargo, flûte, ligne, poste, route, train ■ 6 délire, extase, report, sortie ■ 7 aconage, amphore, autobus, bardage, blondin, cession, charroi, couffin, factage, ivresse, omnibus, portage, roulage, sea-line, service, tonneau, vertige ■ 8 acconage, autorail, bachotte, barrique, butanier, comporte, courrier, desserte, draisine, flottage, flotteur, messager, paquebot, pipe-line, traînage, véhicule ■ 9 ambulance, cargaison, céréalier, container, débardage, éfourceau, ferry-boat, métaphore, motoriser, pétrolier, pinardier, propanier, rail-route, transfert, voiturage ■ 10 asphaltier, automoteur, avion-cargo, batellerie, brouettage, camionnage, chargement, corbillard, cubitainer, enivrement, expédition, ferroutage, locomobile, logistique, messagerie, polytherme, provenance, tapissière, trolleybus ■ 11 affrètement, charbonnier, chemin de fer, déplacement, exportation, héliportage, hémoglobine, importation, manutention, naturaliser, ravissement, téléférique, téléphérage, translation, triqueballe, wagon-foudre ■ 12 différentiel, enthousiasme*, porte-bagages, téléphérique, transporteur, water-ballast, wagon-citerne ■ 13 autocouchette, camion-citerne, connaissement, moyen-courrier, navireciterne, pollinisation ■ 14 autocouchettes, transconteneur ■ 15 autoscouchettes.

**TRANSPORTATION :** 5 bagne.

**TRANSPORTER :** 4 seau, tine ■ 5 aller, banne, benne, hotte, mener, poêle, ravir, venir, virer ■ 6 griser, hotter, monter, passer, porter*, remuer ■ 7 charger, enlever, traîner ■ 8 charrier, débarder, dépayser, déporter, expédier, exporter, gerbière, importer, remonter, rempoter, repasser, reporter, reverser, voiturer ■ 9 brouetter, camionner, canaliser, charroyer, colporter, comporter, déménager, déplanter, élévateur, embarquer, rentoiler, réservoir, transiter, trimbaler, véhiculer ■ 10 aé-

roporter, charriable, héliporter, réexporter, train-ferry, transférer, transfuser, transposer, transvaser ■ 11 brancardier, transborder ■ 12 polarisation, terrassement, transbahuter, transplanter ■ 13 enthousiasmer, transportable ■ 14 aérotransporté ■ 15 intransportable.
**TRANSPORTEUR**: 9 convoyeur, monocâble ■ 13 transtraîneur ■ 15 commissionnaire.
**TRANSPOSER**: 8 chiffrer, déplacer, traduire ■ 13 transposition.
**TRANSPOSITION**: 6 calque ■ 9 anagramme ■ 10 traduction ■ 11 permutation ■ 15 translitération.
**TRANSSEXUALISME**: 11 transsexuel.
**TRANSSUBSTANCIER**: 11 transformer.
**TRANSSUDER**: 7 suinter ■ 13 transsudation.
**TRANSURANIEN**: 9 neptunium ■ 10 lawrencium ■ 11 mendélévium.
**TRANSVASEMENT**: 8 décuvage ■ 10 décuvaison.
**TRANSVASER**: 6 verser ■ 8 décanter, frelater, soutirer ■ 9 entonnoir, siphonner ■ 13 transvasement.
**TRANSVERSAL**: 3 bau ■ 5 bande, cluse, épart, trame, zonal ■ 7 oblique*, section ■ 8 doubleau, transept ■ 10 diaphragme.
**TRANSYLVANIE**: 11 transylvain ■ 13 transylvanien.
**TRANTRAN**: 7 routine*.
**TRAPEZE**: 7 aurique, voltige ■ 10 trapéziste, trapézoïde ■ 11 chantignole, trapézoèdre, trapézoïdal.
**TRAPEZOIDALE**: 7 aurique.
**TRAPPE**: 5 piège* ■ 9 oubliette, trappiste ■ 10 trappillon.
**TRAPU**: 4 nain, ours ■ 5 nabot, râblé, râblu, ragot ■ 7 ramassé ■ 8 courtaud ■ 10 bréviligne.
**TRAQUENARD**: 5 piège*.
**TRAQUER**: 8 talonner, traqueur ■ 10 poursuivre*.
**TRAQUET**: 7 motteux ■ 8 cul-blanc.
**TRAUMA**: 8 blessure*.
**TRAUMATIQUE**: 14 polytraumatisé.
**TRAUMATISME**: 6 trauma ■ 8 blessure*, exostose ■ 9 emphysème ■ 10 énervation ■ 11 traumatique.
**TRAUMATOLOGIE**: 15 traumatologique, traumatologiste.
**TRAVAIL**: 3 c.a.t., erg, mal, t.i.g. ■ 4 loup, mine, mita, note, pige, sape, test, watt ■ 5 butin, cotte, étude, façon, faena, férié, fonte, grève, jante, joule, nègre, offre, ouvré, outil, peine, posté, repos, robot, somme, sueur, tâche, tutie ■ 6 balint, boulot, chaîne, charge, corvée, devoir, emploi, galère, labeur, métier*, œuvre*, pensum, plissé, turbin ■ 7 affaire, atelier, besogne, bricole, collier, fatigue, journée, mission, ouvrage*, semaine, service ■ 8 ajustage, brochure, bulletin, business, débrayer, embauche, émoulage, exercice, fagotage, fonction, guide-âne, herchage, inaction, ivoirier, limonage, mareyage, niellure, opuscule, pavement, piochage, planning, repousse, teinture, treillis ■ 9 bosselage, bosselure, bricolage, casse-tête, chemineau, corrosion, corroyage, damassure, employeur, ergologie, ergonomie, finissage, forestage, free-lance, gagne-pain, herschage, kilo-joule, maçonnage, manœuvre, outillage, plâtrerie, recherche, salopette, suremploi, symposion, symposium, travaillé, tricotage, viabilité, wattheure ■ 10 chariotage, débauchage, ergographe, ergométrie, hongroyage, machinerie, menuiserie, multiposte, occupation*, orpaillage, plafonnage, prestation, profession*, recherches, recouvrage, récréation, rocaillage, spécialisé, surtravail, tayloriser, taylorisme ■ 11 agriculture, charpentage, combinaison, ébénisterie, élaboration, hongroierie, main-d'œuvre, métallurgie, morte-saison, plumasserie, putrescence, terreau-

tage ■ 12 accouchement, charpenterie, élucubration, mémorisation, rémunération ■ 13 brain-storming, inapplication, kilogrammètre, mécanographie, taylorisation ■ 14 action research, appareillement, laborieusement, transportation ■ 15 recherche-action, standardisation.
**TRAVAILLE:** 7 bosseur, orfévré ■ 9 canissier ■ 10 cannissier.
**TRAVAILLER:** 4 agir, suer ■ 5 gâter, saper ■ 6 bosser, bûcher, chiner, marner, ouvrer, peiner*, trimer ■ 7 avancer, buriner, chiader, ciseler, étudier, fraiser, galérer, gratter, occuper, œuvrer, piocher, pousser, relayer ■ 8 besogner, bosseler, bricoler, cultiver, échopper, élaborer, employer, escrimer, façonner*, ouvrable, ouvrager, pâtisser, pilonner, préparer, produire, surmener, turbiner, varloper ■ 9 boulonner, élucubrer, fermenter, hongroyer, toupiller ■ 10 boucharder, collaborer, filigraner, pyrographe, tourmenter ■ 11 palissonner ■ 12 entreprendre, retravailler, travailloter.
**TRAVAILLEUR:** 4 aide ■ 5 nègre, prolo ■ 6 coolie ■ 7 arpette, artisan, bûcheur, employé, ouvrier*, salarié ■ 8 abatteur, apprenti, piocheur, tâcheron ■ 9 ardoisier, façonnier, finisseur, laborieux, manœuvre, ménestrel, opérateur, paresseux, pelletier, raffineur, serviteur ■ 10 calendreur, chambrelan, corailleur, domestique, gâte-métier, journalier, manouvrier, mercenaire, prolétaire, scientiste ■ 11 autogestion, coopérateur, diamantaire, préparateur ■ 13 collaborateur, métallurgiste, stakhanoviste.
**TRAVAUX:** 3 t.u.c.
**TRAVEE:** 8 pilastre.
**TRAVERS:** 3 par ■ 5 mirer, percé, torve, trans ■ 6 défaut* ■ 7 oblique ■ 8 guingois, ridicule, traviole ■ 9 percutané ■ 10 contresens ■ 11 transversal ■ 13 transparaître.
**TRAVERSE:** 3 jet ■ 4 rail ■ 5 patin, river, tende ■ 6 meneau ■ 7 galiote, sommier, trénail ■ 8 longrine, perfolié, tire-fond ■ 9 coussinet, petit-bois, travelage ■ 10 barlotière, croisillon, traversine ■ 11 empêchement, transmanche ■ 13 transcanadien.
**TRAVERSEE:** 6 percée, trajet, voyage* ■ 7 passage* ■ 9 endosmose ■ 12 perméabilité ■ 13 pénétrabilité ■ 14 franchissement.
**TRAVERSER:** 6 barrer, daguer, darder, larder, ouvrir, passer*, percer*, piquer ■ 7 brocher, croiser, empaler, enfiler, filtrer, glisser, saigner, transit ■ 8 barboter, défoncer, enferrer, éventrer, faufiler, franchir, pénétrer, perforer, repasser, trépaner ■ 9 embrocher, encroiser, infiltrer, perméable, trabouler, traversée ■ 10 entrelacer, transandin, transpirer, transsuder, traversier ■ 11 entrecouper, imperméable, ponctionner, retraverser, transitaire, transparent, transpercer, traversable ■ 12 impénétrable ■ 13 transafricain, transsaharien, transsibérien.
**TRAVERSIN:** 8 polochon.
**TRAVESTI:** 7 travelo.
**TRAVESTIR:** 7 masquer ■ 8 costumer, déformer, déguiser ■ 15 travestissement.
**TRAVESTISME:** 7 éonisme.
**TRAVESTISSEMENT:** 7 parodie ■ 8 travesti.
**TREBUCHER:** 5 buter ■ 6 tomber*.
**TREBUCHET:** 7 balance ■ 9 trébucher ■ 10 mésangette.
**TREFILER:** 9 tréfilage, tréfilier ■ 10 tréfilerie.
**TREFLE:** 5 baste ■ 6 lotier, tréflé ■ 7 farouch ■ 8 farouche, incarnat ■ 9 anthyllis, ményanthe, tréflière ■ 10 anthyllide, trigonelle.
**TREILLAGE:** 5 claie ■ 7 berceau, clôture* ■ 8 espalier, palisser ■ 10 treillager ■ 11 treillageur.

**TREILLIS :** 7 clôture* ■ 8 grillage ■ 9 treillage ■ 11 caillebotis, treillisser.
**TREIZE :** 4 ides ■ 9 treizième ■ 13 treizièmement.
**TRELINGAGE :** 5 gambe.
**TREMATER :** 9 trématage.
**TREMATODE :** 5 douve, rédie ■ 9 bilharzie ■ 10 miracidium.
**TREMBLANT :** 5 cassé, ferme ■ 8 craintif* ■ 10 chevrotant.
**TREMBLEMENT :** 6 fredon, séisme ■ 7 frisson, saccade, séismal, trémolo, vibrato ■ 8 sismique, trémuler, tressaut ■ 9 épicentre, séismique, tremblote, trémulant, vibration ■ 10 ondulation, séismicité, sismologie, tremblante ■ 11 séismologie, trémulation, trépidation ■ 12 chevrotement, frémissement ■ 13 scintillation, scintillement ■ 15 delirium tremens.
**TREMBLER :** 6 frémir, vibrer* ■ 7 branler, onduler secouer, tituber, triller ■ 8 ébranler, trémuler, trépider, vaciller ■ 9 chanceler, chevroter, flageoler, grelotter ■ 10 frissonner, papilloter, scintiller, trembloter ■ 11 tremblement, tressaillir.
**TREMBLOTANT :** 9 chevroter ■ 10 chevrotant.
**TREMBLOTER :** 6 danser ■ 8 trembler*, vaciller ■ 9 chevroter ■ 13 tremblotement.
**TREMIE :** 7 claquet ■ 8 engrener ■ 9 rengrener ■ 11 wagon-trémie.
**TREMOUSSER :** 9 frétiller ■ 13 trémoussement.
**TREMPE :** 4 lime ■ 5 acier, volée ■ 6 nature ■ 8 retrempe ■ 9 patentage ■ 12 autotrempant ■ 12 trempabilité.
**TREMPER :** 5 panée, raton ■ 6 gâcher, rincer, saucer ■ 7 arroser*, baigner, doucher, emboire, imbiber, imboire, inonder*, macérer, mariner, trempée ■ 8 trempeur ■ 9 affermir*, essanger, mouiller*, trembler ■ 9 détremper, retremper, trempette ■ 10 macération, mouillette ■ 12 ébouillanter.
**TREMPLIN :** 7 batoude ■ 9 plongeoir.
**TREMULER :** 8 trembler*.
**TRENTE :** 9 trentaine, trentième, tricennal ■ 11 trentenaire.
**TREPAN :** 7 tricône ■ 8 couronne, trépaner ■ 11 trépanation, turboforage.
**TREPAS :** 4 mort* ■ 5 décès, tombe ■ 8 trépassé.
**TREPASSER :** 5 périr* ■ 6 mourir* ■ 7 décéder.
**TREPIDANT :** 9 turbulent.
**TREPIDATION :** 6 clonus ■ 11 amortisseur, tremblement.
**TREPIDER :** 8 trembler*.
**TREPIED :** 5 selle, siège* ■ 9 chevrette ■ 10 trois-pieds.
**TREPIGNER :** 4 ruer ■ 8 piétiner ■ 12 trépignement.
**TREPONEME :** 8 syphilis ■ 13 trépabématose.
**TRES :** 4 bien, fort ■ 5 assai, moult ■ 8 joliment, tantinet ■ 9 bigrement, drôlement, rarissime, vachement ■ 10 foutrement.
**TRESOR :** 4 fisc ■ 5 fonds, magot ■ 6 bourse ■ 7 épargne, réserve ■ 8 finances ■ 10 trésorerie ■ 12 bonification.
**TRESORIER :** 9 chevalier ■ 10 concussion, trésorerie.
**TRESSAILLEMENT :** 7 sursaut ■ 11 chatouiller.
**TRESSAILLIR :** 6 bondir, tiquer, vibrer ■ 8 trembler* ■ 9 sursauter ■ 10 tressauter ■ 12 soubresauter.
**TRESSAUTER :** 11 tressaillir*.
**TRESSE :** 5 galon, natte*, raban ■ 6 cordon ■ 7 baderne, guipage, soubise, tresser ■ 8 soutache, tresseur ■ 9 bourdalou, cadenette, entrelacs ■ 10 cordelière.
**TRESSER :** 5 osier ■ 6 natter ■ 8 tressage.

**TRETEAU :** 6 baudet ■ 7 théâtre.
**TREUIL :** 5 giron, winch ■ 6 vindas ■ 7 pouliot, tambour ■ 8 cabestan ■ 9 manivelle, tourillon. treuiller ■ 10 bourriquet, tourniquet, treuillage.
**TREUILLAGE :** 14 hélitreuillage.
**TREVE :** 5 pouce, repos* ■ 8 outrance ■ 9 armistice, atenanche ■ 10 suspension ■ 12 interruption.
**TREVIRE :** 8 trévirer.
**TRI :** 5 trick.
**TRIADE :** 9 triadique.
**TRIAGE :** 3 tri ■ 6 trieur ■ 8 criblage, filtrage, peignage ■ 9 scheidage ■ 10 flottaison.
**TRIALCOOL :** 8 glycérol ■ 9 glycérine.
**TRIALLE :** 5 donax ■ 6 donace.
**TRIANGLE :** 4 base, cône ■ 5 chape, galbe, giron, pédal ■ 7 aurique, endenté, fanchon, scalène, trimère ■ 8 soufflet, vêtement ■ 9 acutangle, exinscrit, triquètre ■ 10 obtuangle ■ 11 autopolaire, orthocentre ■ 12 triangulaire ■ 13 triangulation.
**TRIANGULAIRE :** 2 if ■ 3 foc, spi ■ 5 delta, gable, harpe, patte, seine, senne ■ 6 tragus ■ 7 râblure ■ 8 écoinçon, embrasse ■ 9 spinnaker ■ 10 tiers-point ■ 12 barrage-poids.
**TRIANGULATION :** 10 trianguler.
**TRIAS :** 7 rhétien ■ 8 entroque ■ 9 triasique ■ 10 jurassique ■ 15 mastodontosaure.
**TRIATHLON :** 12 triathlonien.
**TRIBAL :** 9 triballer ■ 10 tribalisme.
**TRIBALLE :** 9 triballer.
**TRIBOELECTRICITE :** 15 triboélectrique.
**TRIBORD :** 10 tribordais.
**TRIBU :** 4 clan ■ 5 genre, horde, totem ■ 6 scheik, tribal ■ 7 famille, tribute ■ 8 peuplade ■ 11 intertribal.
**TRIBULATION :** 5 peine* ■ 7 malheur*.
**TRIBUN :** 4 veto ■ 7 orateur ■ 8 tribunal.
**TRIBUNAL :** 4 cour ■ 5 agréé, appel, avoué, barre, siège ■ 7 aulique, conseil, estrade, parquet ■ 8 aréopage, attraire, héliaste, prétoire, prévotal, prononcé, traduire ■ 9 bailliage, bâtonnier, cassation, centumvir, franc-jugé, plaidoyer, président, présidial, procédure, provision, prud'homme, sanhédrin ■ 10 absolution, accusateur, assermenté, audiencier, directoire ■ 11 ajournement, comparaître, inquisition, officiliaté, ultra-petita ■ 12 condamnation, déclinatoire, pénitencerie, sénéchaussée ■ 13 jurisprudence ■ 15 correctionnelle, juge-commissaire.
**TRIBUNE :** 4 jubé ■ 5 orgue, stand ■ 6 chaire ■ 7 estrade.
**TRIBUT :** 5 impôt* ■ 10 récompense, tributaire.
**TRICALCIQUE :** 14 superphosphate.
**TRICEPS :** 7 achille.
**TRICHER :** 7 tromper* ■ 8 filouter, tricheur ■ 9 biseauter.
**TRICHERIE :** 4 pont ■ 9 poussette, tromperie*.
**TRICHEUR :** 5 filou ■ 6 pipeur ■ 9 bonneteur.
**TRICHINE :** 8 trichiné ■ 10 trichinose.
**TRICHINOSE :** 10 trichineux.
**TRICHOLOME :** 9 mousseron.
**TRICHOMA :** 6 plique.
**TRICHROMIE :** 7 magenta.
**TRICORNE :** 7 lampion.
**TRICOT :** 8 chandail, pull-over ■ 9 bonnetier, tricotage.
**TRICOTAGE :** 8 vanisage.

**TRICOTER:** 7 trotter ■ 9 interlock, tricotage, tricoteur ■ 10 tricoteuse.
**TRICTRAC:** 3 jan ■ 4 dame ■ 5 besas, beset, caser, quine ■ 6 fichet ■ 7 jacquet.
**TRICYCLE:** 10 triporteur ■ 11 cyclorameur.
**TRIDACNE:** 8 bénitier.
**TRIER:** 5 lotir, volet ■ 6 épurer ■ 7 choisir*, classer, cribler, démêler, émonder, pacquer, sarcler, séparer, tamiser, trieuse ■ 8 éliminer, éplucher ■ 9 calibreur, discerner ■ 10 débrancher, distinguer, tout-venant ■ 11 plansichter ■ 12 décuscuteuse, sélectionner.
**TRIERE:** 10 triérarque.
**TRIFOUILLER:** 8 fouiller*.
**TRIGLYCERIDE:** 10 clofibrate.
**TRIGLYPHE:** 7 tringle.
**TRIJUMEAU:** 9 trifacial.
**TRILLE:** 7 triller ■ 11 tremblement.
**TRILLION:** 11 quatrillion.
**TRILOGIE:** 14 trifonctionnel.
**TRIMARDEUR:** 5 errer* ■ 8 vagabond* ■ 9 trimarder.
**TRIMBALER:** 6 porter* ■ 7 traîner* ■ 10 trimbalage ■ 12 trimbalement.
**TRIMER:** 7 galérer, marcher ■ 10 travailler*.
**TRIMERE:** 9 choliambe.
**TRIMETRE:** 9 choliambe.
**TRINGLE:** 5 barre, lisse, verge ■ 6 aléron, fanton, fenton ■ 7 aleiron ■ 8 ratelier ■ 9 timonerie ■ 15 porte-serviettes.
**TRINGLETTE:** 8 triballe.
**TRINGLOT:** 6 soldat.
**TRINITE:** 5 verbe ■ 10 trinitaire ■ 11 trinidadien ■ 12 socinianisme.
**TRINITROLUENE:** 15 subkilotonnique.
**TRINQUER:** 5 boire ■ 9 trinqueur ■ 10 tchin-tchin.
**TRIODE:** 5 lampe.
**TRIOMPHALISME:** 13 triomphaliste.
**TRIOMPHATEUR:** 8 quadrige ■ 10 victorieux.
**TRIOMPHE:** 5 coupe, palme, porte ■ 6 gloire*, record, succès* ■ 7 honneur, hosanna, ovation, trophée ■ 8 couronne, militant ■ 9 triomphal, triompher ■ 12 triomphateur ■ 14 triomphalement.
**TRIOMPHER:** 7 vaincre* ■ 9 surmonter* ■ 10 surclasser.
**TRIPATOUILLER:** 14 tripatouillage, tripatouilleur.
**TRIPE:** 7 tripier, tripous, tripoux ■ 8 intestin*, triperie ■ 9 andouille, tripaille.
**TRIPHOSPHATE:** 3 a.t.p.
**TRIPLE:** 6 triplé ■ 7 tripler ■ 10 triplement.
**TRIPLET:** 12 pythagorique.
**TRIPLOBLASTIQUE:** 9 cœlomate.
**TRIPLOÏDE:** 10 triploïdie.
**TRIPOT:** 7 cabaret.
**TRIPOTEE:** 5 volée ■ 6 raclée ■ 9 multitude.
**TRIPOTER:** 6 manier ■ 9 trafiquer, tripoteur ■ 10 tripotages ■ 11 agissements.
**TRIQUE:** 5 bâton ■ 7 triquer.
**TRIQUEBALLE:** 12 trinqueballe.
**TRIQUER:** 6 battre*.
**TRISECTION:** 10 trisecteur.
**TRISTE:** 3 ému ■ 7 amer, noir*, rude ■ 5 morne, navré ■ 6 dolent, morose, piteux, sombre*, transi ■ 7 anxieux, funèbre, inquiet, lugu-

bre, pénible ■ 8 ennuyeux, maussade*, plaintif, sinistre ■ 9 attrister, larmoyant, rembrunir ■ 10 chagrinant, roucoulade, tristement, tristounet ■ 12 mélancolique*, roucoulement ■ 14 hypocondriaque.

**TRISTESSE**: 4 mort ■ 5 brume, deuil, ennui, peine*, souci ■ 6 dégoût, regret ■ 7 anxiété, chagrin*, émotion, trouble ■ 8 amertume, embarras, langueur ■ 9 déplaisir, népenthès, nostalgie, tablature ■ 10 abattement, contrister, endeuiller, inquiétude, mélancolie ■ 11 contretemps, tribulation ■ 12 neurasthénie ■ 13 préoccupation.

**TRITIUM**: 6 triton.

**TRITURER**: 6 broyer* ■ 10 triturable ■ 11 triturateur.

**TRIUMVIR**: 10 triumviral, triumvirat.

**TRIVIAL**: 3 bas ■ 5 banal, merde ■ 7 rebattu ■ 8 grossier*, vulgaire* ■ 10 pasquinade, trivialité ■ 12 trivialement.

**TROC**: 6 change ■ 7 échange* ■ 8 troqueur.

**TROCHANTER**: 5 fémur, psoas.

**TROCHEE**: 9 choriambe, glyconien ■ 10 glyconique, trochaïque.

**TROENE**: 8 panicule.

**TROGNE**: 6 figure*, visage*.

**TROIS**: 3 ter, tri ■ 4 trin, trio ■ 5 règle, terne, triol ■ 7 trièdre, trigone, trilobé, trimère, triolet, tripale, trisser ■ 8 drop-goal, ternaire, terzetto, triacide, tricorne, tridenté, triennal, triester, trifolié, trilogie, trimaran, trimètre, trinervé, triplace, tripodie, trivalve ■ 9 acutangle, trialcool, tribraque, tricolore, triennium, trigramme, trigrille, trilingue, trilitère, trimestre, trimoteur, triolisme, triplette, triploïde, triptyque, triquètre, trois-deux, trois-huit, troisième, trois-mâts ■ 10 coquerelle, tribasique, tricéphale, tricuspide, tridactyle, trilatéral, trilittère, tripartite, triplement, trisannuel, trisection, trisyllabe ■ 11 hyperespace, triatomique, tricalcique, trimestriel, tripartisme, triphtongue, trismégiste ■ 12 triloculaire, tripartition, trirectangle ■ 13 tricontinental, trigémellaire ■ 15 tridimensionnel, triploblastique.

**TROISIEME**: 3 ter ■ 4 riss ■ 5 mardi, oculi, sexte, tarse, tiers, tridi, trois ■ 6 tertio, vaisya ■ 7 tiercer ■ 8 anaphase, dévonien, feuillet, frimaire, médiante, mi-carême, psautier, quarante ■ 9 exorciste, nictitant, stellaire, tertiaire ■ 10 métathorax, recoupette, triplicata ■ 11 saint-esprit ■ 12 septuagésime ■ 13 tricentenaire, troisièmement.

**TROMBE**: 10 bourrasque*.

**TROMBIDION**: 5 lepte ■ 6 aoûtat ■ 11 trombidiose.

**TROMBONE**: 11 tromboniste.

**TROMBLON**: 5 fusil* ■ 9 espingole.

**TROMPE**: 5 tapir ■ 6 cornet ■ 7 tubaire ■ 8 débucher ■ 9 trompette ■ 10 salpingite, trompillon.

**TROMPER**: 4 cocu ■ 5 duper*, errer, jouer, léser, piper, route, ruser ■ 6 abuser, amuser, bercer, berner, capter, corner, égarer, flouer, gourer, mentir, rouler, trahir ■ 7 aberrer, biaiser, blouser, bourrer, cajoler, cornard, enjôler, faillir, feindre, feinter, frauder, induire, leurrer, manquer, méjuger, prendre, refaire, séduire, simuler, tricher, truffer ■ 8 affecter, attraper, aveugler, balancer, carotter, cocufier, décevoir, empaumer, endormir, frustrer, jobarder, suborner, trompeur ■ 9 dindonner, embobiner, escroquer, faillible, falsifier, fourvoyer, imposteur, mécompter, méprendre, mystifier, pigeonner, tromperie ■ 10 cafouiller, embéguiner, resquiller, surprendre ■ 11 artificieux, circonvenir, couillonner, déraisonner, embabouiner, embobeliner, illusionner, infaillible, trompe-l'œil ■ 12 désappointer, faillibilité ■ 14 infaillibilité.

**TROMPERIE**: 3 dol ■ 4 ruse ■ 5 godan, pipée ■ 6 datura, fraude*, leurre, manège ■ 7 arnaque, attrape, dolosif, duperie, fardage, gabegie, piperie, trucage ■ 8 artifice, défiance, fausseté, mécompte, mensonge* ■ 9 baraterie, collusion, compérage, expédient, fourberie*, franchise, imposture, invention, tricherie ■ 10 passe-passe, stratagème ■ 11 escroquerie, supercherie ■ 12 couillonnade, manipulation ■ 13 falsification, mystification.

**TROMPETER:** 9 divulguer.

**TROMPETTE:** 5 agami, bugle, diane ■ 6 buccin, trompe ■ 7 clairon ■ 8 générale, sonnerie ■ 10 bouteselle, craterelle, trompeteur ■ 12 trompettiste.

**TROMPETTER:** 4 grue ■ 5 aigle, cygne.

**TROMPEUR:** 5 filou ■ 6 pipeur ■ 7 menteur ■ 8 apparent, brillant, captieux, décevant, fanfaron ■ 9 clinquant, illusoire, insidieux, mensonger ■ 10 fallacieux ■ 11 trompe-l'œil ■ 13 trompeusement.

**TRONC:** 3 ars, fût ■ 4 écot, pied, tige*, zona ■ 5 aorte, arbre, cépée, corps, estoc, grume, hypne, loupe, rejet, stipe ■ 6 aubier, rondin, souche, ventre ■ 7 abdomen, dentelé, duramen, mastaba, tronçon ■ 8 broussin, écuisser, plantard, poitrine, proximal, tirelire ■ 9 adragante ■ 11 étronçonner, ramassement, tronçonique ■ 12 rapatronnage ■ 13 embranchement ■ 14 arrière-cerveau.

**TRONÇON:** 5 bille ■ 7 tranche* ■ 10 tronçonner.

**TRONÇONNER:** 6 couper* ■ 7 tailler* ■ 9 godendart ■ 11 tronçonnage ■ 12 tronçonneuse.

**TRONE:** 4 dais ■ 5 ligue, stipe ■ 8 détrôner ■ 9 baldaquin, restaurer ■ 10 introniser, orléaniste.

**TRONQUE:** 5 cippe ■ 7 écourté.

**TRONQUER:** 6 couper* ■ 7 mutiler ■ 8 écourter, trancher.

**TROP:** 8 superflu, surfaire ■ 9 répondant, trop-perçu, trop-plein ■ 11 suralimenté.

**TROPE:** 6 ironie ■ 8 allusion, sarcasme ■ 9 allégorie, hypallage, métalepse, métaphore, métonymie ■ 10 antiphrase, autonomase, catachrèse, euphémisme, synecdoque.

**TROPHEE:** 5 butin, coupe, scalp ■ 7 laurier ■ 8 faisceau, panoplie ■ 9 dépouille.

**TROPHIQUE:** 13 trophonévrose.

**TROPHOBLASTE:** 15 trophoblastique.

**TROPICAL:** 3 tek ■ 4 pipa, teck ■ 5 acare, copal, gnète, singe, tapir, zamia ■ 6 dengue, gnétium, panace, zamier ■ 7 marenta, ximénia ■ 8 adiantum, arachide, bauhinie, cocotier, colocase, corossol, hibiscus, jacquier, poivrier, sesbania ■ 9 courbaril, hurricane, sapotacée, téphrosie ■ 10 médicinier, strophante, tamarinier, tillandsia ■ 11 tropicalisé ■ 15 tropicalisation.

**TROPICALE:** 5 gombo ■ 10 phalangère.

**TROPICALISATION:** 12 tropicaliser.

**TROPIQUE:** 4 zone ■ 5 alizé ■ 8 tropical ■ 11 subtropique ■ 13 intertropical.

**TROPOSPHERE:** 9 jet-stream ■ 10 tropopause ■ 12 stratosphère.

**TROP-PLEIN:** 9 émissaire ■ 11 déchargeoir.

**TROQUE:** 8 troquer.

**TROQUER:** 4 troc ■ 7 changer ■ 8 échanger*, troqueur ■ 10 copermuter.

**TROT:** 5 sulky ■ 7 stepper ■ 8 steppeur ■ 9 trottiner.

**TROTTE:** 6 trajet ■ 8 steppeur.

**TROTTER:** 5 aubin ■ 7 marcher, stepper ■ 8 trotteur, trotting.

**TROTTIN:** 9 midinette.

**TROTTINER:** 7 marcher ■ 12 trottinement.

**TROTTINETTE :** 9 patinette.
**TROTTOIR :** 4 quai ■ 5 dalle, tapin ■ 6 refuge ■ 8 asphalte, terrasse.
**TROU :** 3 ope, par ■ 4 chas, golf, mine, œil, silo, vide, yeux ■ 5 abîme, antre, bonde, capot, creux*, dalle, dalot, évier, fente, flûte, foret, fossé, futée, macle, moque, nable, pomme, percé, perle, puits, taret ■ 6 blouse, boulin, brèche, bunker, cavité*, daleau, fondis, forure, grotte, larron, percée, piqûre, poquet, trouée ■ 7 bétoire, caverne, citerne, clapier, cratère, fleuret, gouffre, lumière, mandrin, œillet, orifice*, ornière, pertuis, puisard, tanière, terrier ■ 8 carrière, chatière, cheville, crevasse, décharge, enlaçure, étampure, fenêtrer, foraminé, fossette, fraisure, mortaise, œillard, ovalaire, parcours, perforer ■ 9 avant-trou, enfonçure, entonnoir, fondrière, grumelure, œil-de-pie, ouverture*, précipice, réservoir, souillard ■ 10 excavation, nid-de-poule ■ 11 cache-entrée, enfoncement ■ 12 perforatrice.
**TROUBADOUR :** 5 poète* ■ 7 félibre, occitan ■ 8 jongleur, trouvère, trouveur ■ 9 ménestrel, ménétrier ■ 10 ménestrier.
**TROUBLANT :** 8 affolant, frappant ■ 10 ahurissant, pétrifiant ■ 11 éblouissant ■ 12 étourdissant ■ 14 impressionnant.
**TROUBLE :** 3 ému, pur ■ 4 émoi, ivre ■ 5 ahuri, clair, égaré, grève, nuage, orage, repos, saisi, santé, tison, voile ■ 6 alarme, confus, délire, effaré, effroi, émeute, éperdu, fièvre, hagard, hébété, mirage, tracas ■ 7 agnosie, astasie, bagarre, cushing, démonté, dérangé, émotion*, étourdi, frayeur, ivresse, malaise, orageux, ouragan, passion, raynaud, remords, stupeur, surpris, turbide, vésanie ■ 8 agraphie, arythmie, asphyxie, déchirer, désordre*, diplopie, dyslalie, dyslexie, dyslogie, dysosmie, dystasie, dystomie, embarras*, exostose, factieux, hystérie, interdit, mentisme, migraine, nébuleux, obtusion, paisible, pellagre, renverse, secousse, sédition, séquelle, sérénité, surprise, symptôme, trublion ■ 9 abasourdi, agitateur, agitation*, alzheimer, apoplexie, commotion, confusion*, dyscrasie, dysidrose, dysmnésie, dysorexie, dysthymie, égarement, émotivité, épouvante, logorrhée, macropsie, palilalie, phoniatre, porphyrie, rabat-joie, séduction, stupéfait, tourmente, troublant, turbidité, turbulent, virilisme ■ 10 aberration, acétonémie, alcoolisme, bégaiement, bouleversé, brouillage, complainte, coprolalie, crétinisme, dépression, désorienté, dysacousie, dysbarisme, dyschromie, dysgraphie, dyskinésie, dystrophie, effarement, embarrassé*, enivrement, ensorceler, glycosurie, hébétement, impression, inquiétude, iridologie, mouvementé, nervosisme, paramnésie, paraphasie, phoniatrie, rachitisme, révolution ■ 11 ascaridiose, aveuglement, chatoiement, dérangement*, dyscalculie, dysfonction, fascination, fonctionnel, halopéridol, hébéphrénie, infestation, miroitement, névropathie, paresthésie, pithiatisme, pollakiurie, remue-ménage, sociogenèse, soulèvement, tachyphémie, traumatisme, trouble-fête ■ 12 ahurissement, apragmatisme, attroupement, brouillamini, décontenance, dédoublement, dysménorrhée, hétérophorie, hospitalisme, immaturation, insurrection, interruption, neurasthénie, perturbation, renversement, saisissement, schizophasie, stupéfaction ■ 13 asomatognosie, consternation, dysendocrinie, éblouissement, effervescence, frissonnement, hallucination, jargonaphasie, malabsorption, papillotement, schizophrénie, trophonévrose ■ 14 adiposo-génital, anéantissement, bouleversement, cardiothyréose, cénesthopathie, dyschromatopie, étourdissement, presbyophrénie, tressailllement ■ 15 désorganisation, hypervitaminose.
**TROUBLER :** 5 gâter ■ 6 agiter*, ahurir, égarer, épater, saisir ■ 7 affoler, bluffer, déjouer, éblouir, effarer, étonner, frapper, hébéter, sé-

duire, tremper ■ 8 anéantir, aveugler, chatoyer, démonter, déranger*, dérégler, dérouter, éberluer, ébranler, effrayer, émouvoir*, étourdir, fasciner, miroiter, pacifier ■ 9 atteindre, brouiller, confondre, détraquer, distraire, interdire, intimider, offusquer, perturber, pétrifier, renverser, stupéfier ■ 10 abasourdir, consterner, décomposer, désagencer, désajuster, ébouriffer, halluciner, importuner, papilloter, réverbérer, subversion ■ 11 déconcerter, désorienter, effaroucher, embarrasser*, émerveiller, interloquer, interrompre, rabouilleur, traumatiser, tressaillir ■ 12 désorganiser ■ 13 décontenancer, imperturbable, impressionner, révolutionner, tranquilliser.

**TROUEE:** 4 trou* ■ 6 percée.

**TROUER:** 5 miter ■ 6 percer* ■ 8 perforer ■ 12 emporte-pièces.

**TROUILLE:** 4 suée.

**TROUPE:** 3 ost, tas ■ 4 banc, file, gang, guet, raid ■ 5 armée*, bande, bivac, cadre, carré, corps, étape, flanc, front, garde, génie, harde, horde, ligne, masse, mêlée, meute, parti, prise, ramas, revue, ruche, spahi, tabor, tribu, volée ■ 6 clique, convoi, essaim, groupe, légion, milice, nichée, peuple, portée, relais ■ 7 brigade, cohorte, colonne, coterie, décurie, escadre, escorte, harpail, peloton, réserve, section ■ 8 archerie, bouillon, caravane, division, effectif, escadron, garnison, grégaire, harangue, manipule, motorisé, pantenne, pantière, peuplade, phalange, ramassis, régiment*, séquelle, syndicat, troubade, troupeau ■ 9 assemblée, bataillon, campement, cavalerie, centenier, compagnie, confrérie, harpaille, marmaille, mascarade, multitude, quadrille ■ 10 avant-poste, escadrille, flanc-garde, groupement, gueusaille, infanterie, ribambelle, valetaille ■ 11 association, détachement, fourmilière, manutention, soldatesque ■ 12 arrière-garde, attroupement, cantonnement, congrégation ■ 13 agglomération, manu militari, rassemblement.

**TROUPEAU:** 4 ranz ■ 5 faune, foule, menon, pâtre, tonte ■ 6 manade ■ 7 estiver, pasteur ■ 8 bestiaux, estivage, grégaire, inalpage ■ 11 dépaissance, transhumant ■ 12 transhumance.

**TROUPIER:** 6 soldat*.

**TROUSSE:** 5 botte ■ 9 enveloppe ■ 10 nécessaire ■ 14 porte-aiguilles.

**TROUSSEAU:** 7 layette.

**TROUSSE-NEZ:** 8 serre-nez.

**TROUSSEQUIN:** 5 arçon.

**TROUSSER:** 7 relever ■ 9 troussage.

**TROUVAILLE:** 4 idée ■ 10 découverte.

**TROUVER:** 4 être ■ 5 gésir, juger* ■ 6 aviser, goûter, pêcher, penser*, siéger ■ 7 admirer, dégoter, deviner*, éventer, exhumer, figurer, innover, planqué ■ 8 dégotter, dénicher, dépister, déplorer, déterrer, imaginer, ingénier, inventer*, pénétrer, présence, repérer, résoudre, trouveur ■ 9 complaire, découvrir*, dispenser, épiloguer, retrouver, trouvable ■ 10 accommoder, déchiffrer, identifier, improviser, raccrocher, récriminer, rencontrer, rendez-vous, surprendre ■ 11 disparaître, introuvable, représenter.

**TROUVERE:** 8 trouveur ■ 10 troubadour* ■ 11 minnesanger, minnesinger ■ 12 minnesaenger.

**TRUAND:** 7 malfrat ■ 8 mendiant ■ 10 truanderie.

**TRUBLE:** 9 troubleau.

**TRUBLION:** 15 révolutionnaire.

**TRUC:** 6 bidule ■ 7 gimmick ■ 8 truqueur ■ 9 trucmuche ■ 10 stratagème ■ 14 wagon-tombereau.

**TRUCHEMENT:** 10 traducteur ■ 13 intermédiaire.

**TRUCIDER :** 4 tuer*.
**TRUCULENT :** 8 farouche.
**TRUELLE :** 7 couteau ■ 8 truellée.
**TRUFFE :** 4 pâté ■ 6 terfès ■ 7 terfèze ■ 8 terfesse, truffier, tubéracé ■ 9 truffière ■ 11 tubériforme ■ 13 trufficulture.
**TRUFFER :** 6 emplir.
**TRUIE :** 4 porc ■ 5 coche ■ 9 cochonnée, cochonner.
**TRUISME :** 6 vérité.
**TRUITE :** 6 saumon ■ 7 touladi ■ 13 trutticulture ■ 14 salmoniculture.
**TRUITER :** 9 marqueter.
**TRUQUAGE :** 9 truquiste.
**TRUQUER :** 5 piper ■ 8 bidonner ■ 9 bidonnage, falsifier*.
**TRUST :** 7 société*, truster ■ 8 trusteur ■ 9 accaparer.
**TRUSQUIN :** 10 trusquiner ■ 11 troussequin.
**TRYBLIDIDE :** 9 néopilina.
**TRYPANOSOMIASE :** 9 hématobie.
**TRYPANOSOME :** 14 trypanosomiase.
**TRYPSINE :** 12 trypsinogène.
**TSAR :** 4 tzar ■ 5 ukase ■ 8 tsarisme ■ 10 tsarévitch, tzarévitch.
**TSE-TSE :** 8 glossine.
**T.S.F. :** 5 poste ■ 8 bigrille ■ 10 auto-alarme ■ 11 radiogramme, sans-filiste, sélectivité ■ 13 syntonisation ■ 15 superhétérodyne.
**TSIGANE :** 3 rom ■ 6 romani ■ 8 manouche.
**TU :** 4 vous.
**TUBAGE :** 6 casing.
**TUBE :** 3 âme ■ 4 cops, fêle, néon ■ 5 anode, cadre, canon, diode, drain, flûte, fusil, jabot, lampe, lance, paroi, rayon, ténia, tuber, tuyau*, verre ■ 6 embout, siphon, triode, tubule ■ 7 ajutage, ampoule, burette, cathode, conduit*, cuvette, fusette, pentode, pipette, queusot, retuber, tâte-vin, tétrode, trachée, venturi, vidicon ■ 8 bigrille, conduite, faisceau, ignitron, jaumière, klystron, penthode, tubicole, tubuleux, tubulure, vaisseau ■ 9 ambulacre, carottier, magnétron, manubrium, multitube, néphridie, œsophage, phanatron, tourillon, serpentin, tubulaire ■ 10 éprouvette, eudiomètre, fistulaire, iconoscope ■ 11 anticathode, capillarité, grille-écran, porte-crayon, vide-ordures ■ 12 bronchoscope ■ 13 pyélonéphrite, trachée-artère, transistorisé ■ 14 multitubulaire, œsophagoscope.
**TUBERCULINATION :** 12 tuberculiner.
**TUBERCULE :** 4 taro ■ 5 salep, tacca ■ 6 racine* ■ 7 ulluque ■ 8 féculent, sclérote, tubérisé ■ 9 planteuse ■ 10 arracheuse, décrotteur ■ 11 topinambour ■ 12 pomme de terre, tuberculiser, tubérisation ■ 15 tuberculisation.
**TUBERCULEUX :** 6 lupome, tubard.
**TUBERCULINE :** 14 tuberculinique, tuberculiniser ■ 15 tuberculination.
**TUBERCULOSE :** 3 b.c.g. ■ 5 lupus ■ 7 phtisie ■ 8 coxalgie, galopant, granulie, scrofule, silicose ■ 9 bacillose ■ 10 bacillaire, écrouelles, sanatorium ■ 11 tuberculeux ■ 12 phtisiologie, phtisiologue, pneumothorax, spina-ventosa ■ 13 streptomycine ■ 14 primo-infection, typhobacillose ■ 15 antituberculeux, percuti-réaction, tuberculination.
**TUBERISATION :** 9 rhizotone ■ 10 rhizoctone ■ 11 rhizoctonie.
**TUBEROSITE :** 5 bosse* ■ 6 fundus ■ 7 trochin ■ 9 trochiter ■ 10 trochanter.
**TUBICOLE :** 7 tubifex.
**TUBULEUX :** 4 tube ■ 11 tubuliflore.
**TUBULIDENTE :** 10 oryctérope.

**TUBULURE :** 6 tubule.
**T.U.C. :** 6 tucard ■ 7 tuciste.
**TUE :** 6 écrasé.
**TUER :** 3 tué ■ 5 buter, fatal, noyer, temps, tueur ■ 6 butter, crever, occire, pendre, percer, tuable ■ 7 abatage, abattre*, abréger, achever, décimer, défaire, dégeler, démolir, échiner, égorger, immoler, juguler, lapider, lyncher, saigner, suriner ■ 8 abattoir, ad patres, assommer, attenter, dépêcher, détruire, écorcher, équarrir, étouffer, éventrer, exécuter*, expédier, fusiller, homicide, meurtrir, saigner, suicider, trousser, trucider ■ 9 asphyxier, bousiller, chouriner, décapiter, descendre, entretuer, escoffier, estourbir, étrangler, foudroyer, germicide, massacrer, parricide, phytocide, rectifier, refroidir, sacrifier, supprimer ■ 10 abasourdir, assassiner, exterminer, mitrailler, poignarder, pourfendre, précipiter, ratiboiser, supplicier, zigouiller ■ 11 bactéricide, dégringoler, empoisonner, guillotiner, microbicide, pasteuriser ■ 12 électrocuter, parasiticide.
**TUERIE :** 7 carnage ■ 8 massacre ■ 10 égorgement.
**TUEUR :** 5 bravo, séide ■ 6 espada ■ 7 escarpe, sabreur, sicaire ■ 8 assassin*, bourreau, égorgeur, saigneur ■ 9 assommeur, meurtrier* ■ 10 étrangleur, massacreur ■ 11 coupe-jarret, équarisseur, pourfendeur ■ 12 empoisonneur.
**TUF :** 6 tufier ■ 7 péperin.
**TUILE :** 4 noue ■ 5 égout, ruche, solin, vason ■ 6 pureau, tuiler ■ 7 bardeau, tuilage, tuileau ■ 8 arêtière, enfaîter, faîtière, tavillon, tuilerie ■ 9 enfaîteau, imbriquer ■ 10 embroncher, mésaventure ■ 12 battellement ■ 13 enchevauchure.
**TULLE :** 5 ruché ■ 7 tullier ■ 8 dentelle, tullerie, tulliste, voilette.
**TUMEFACTION :** 6 hernie ■ 8 tuméfier ■ 10 tumescence.
**TUMEFIE :** 5 enflé ■ 6 gonflé*.
**TUMESCENT :** 10 tumescence.
**TUMEUR :** 3 fic ■ 5 abcès, bubon, dépôt, jarde, kyste, loupe, myome, nodus, poche, suros, tanne ■ 6 cancer, éponge, épulie, épulis, fungus, gliome, goitre, jardon, javart, lipome, nævus, œdème, polype, strema, ulcère*, verrue ■ 7 adénite, adénome, ampoule, angiome, anthrax, capelet, chalaze, enflure, éparvin, épervin, épulide, ésulide, fibrome, flegmon, invasif, léprome, myélome, orgelet, osselet, ostéome, pustule, sarcome, squirre, tumoral ■ 8 apostème, apostume, chéloïde, énostose, exostose, fécalome, furoncle, grosseur, lymphome, mélanome, mycétome, nodosité, sarcoïde, séminome, squirrhe, stéatome, vessigon, xanthome ■ 9 anévrisme, cancroïde, carcinome, chondrome, granulome, léiomyome, molluscum, néoplasie, neurinome, papillome, tubercule ■ 10 carcinoïde, fibromyome, induration, méningiome, staphylome, tubérosité, varicocèle ■ 11 enchondrome, épithélioma, épithéliome, évolutivité, granulation, turgescence ■ 12 détumescence, endométriose, excroissance, intumescence, ostéosarcome, pseudotumeur ■ 13 grenouillette ■ 14 adénocarcinome, chondrosarcome.
**TUMORAL :** 11 dysembryome.
**TUMULAIRE :** 9 columelle.
**TUMULTE :** 4 foin ■ 5 bruit*, cohue, foire, orage, train ■ 6 chahut, tapage* ■ 7 bagarre, ouragan ■ 8 baroufle, brouhaha, hourvari ■ 9 chabanais, charivari ■ 10 cacophonie, tumultueux ■ 12 attroupement ■ 15 tumultueusement.
**TUMULTUEUX :** 7 orageux ■ 9 turbulent.
**TUMULUS :** 5 cairn ■ 6 galgal.
**TUNER :** 11 syntoniseur.

**TUNGSTENE :** 5 flood ■ 7 wolfram ■ 8 platinée, stellite ■ 9 partinium, tungstate ■ 10 tungstique.
**TUNICIER :** 5 salpe ■ 7 ascidie ■ 8 procordé ■ 9 amphioxus ■ 10 protocordé ■ 14 appendiculaire.
**TUNIQUE :** 5 éphod ■ 6 bliaud, chiton, kimono ■ 7 tuniqué ■ 10 dalmatique ■ 12 angusticlave.
**TUNISIE :** 6 boukha.
**TUNISIEN :** 3 kef ■ 5 arabe ■ 6 mechta.
**TUNISIENNE :** 6 tagine, taline.
**TUNNEL :** 9 tunnelier ■ 10 souterrain.
**TURBAN :** 6 chèche ■ 10 enturbanné.
**TURBELLARIE :** 8 planaire.
**TURBIDITE :** 10 turbimètre.
**TURBINE :** 4 aube ■ 5 rotor ■ 6 pelton, stator ■ 7 ailette ■ 8 turbiner ■ 9 rotruenge, turbinage ■ 11 turboforage, turbomoteur ■ 13 turboréacteur ■ 15 turbopropulseur.
**TURBINER :** 9 turbinage.
**TURBOCOMPRESSEUR :** 5 turbo ■ 14 turbocompressé.
**TURBOT :** 8 turbotin ■ 10 turbotière.
**TURBULENT :** 3 dur ■ 4 jo-jo, sage ■ 5 calme ■ 7 dissipé ■ 8 brise-fer pétulant ■ 9 trépidant ■ 10 tumultueux, turbulence.
**TURC :** 4 émir, para, raia, reis ■ 5 divan, pacha, pilaf, pilau, pilaw, rayia, spahi, tatar, uhlan ■ 6 efendi ■ 7 cafetan, ottoman, vilayet, yatagan ■ 8 moussaka, tarbouch ■ 9 croissant, padichah, rcharchaf, tarbouche, tcharcharf ■ 10 janissaire, turcophile ■ 12 bachi-bouzouk ■ 14 ouralo-altaïque.
**TURDIDE :** 5 cincle, grive, merle, shama ■ 6 tourde ■ 7 litorne, merleau, moqueur ■ 8 merlette, rubiette ■ 9 philomèle, rossignol ■ 10 rouge-gorge, rouge-queue ■ 11 vendangette.
**TURGESCENCE :** 10 gonflement, turgescent.
**TURIN :** 8 turinois.
**TURLUPIN :** 7 bouffon* ■ 10 turlupiner ■ 11 turlupinade.
**TURLUTAINE :** 5 manie.
**TURPIN :** 8 mélinite.
**TURPITUDE :** 5 honte*.
**TURQUE :** 5 azéri, uzbek ■ 6 kazakh, ouzbek ■ 7 kirghiz, osmanli ■ 10 turcophone ■ 14 azerbaïdjanais.
**TURQUIE :** 7 chibouk ■ 9 chibouque.
**TUSSILAGE :** 7 pas-d'âne.
**TUSSOR :** 6 tussah, tussau.
**TUTELLE :** 6 baillie ■ 8 auspices, cotuteur ■ 9 autonomie, émanciper, tutélaire ■ 10 dévolution, protecteur, protection* ■ 11 pupillarité.
**TUTEUR :** 4 bail, rame ■ 5 baile, bayle ■ 7 tutorat ■ 8 cotuteur, tuteurer ■ 9 protuteur, tuteurage.
**TUTOYER :** 8 tutoyeur ■ 10 tutoiement.
**TUTTI :** 10 concertino.
**TUYAU :** 4 buse, pipe, tube* ■ 5 canal, drain, durit, lance, orgue, plomb, plume, pomme, pompe, prise ■ 6 canule, godron, pédale ■ 7 ajutage, conduit*, poterie ■ 8 boisseau, brise-jet, capuchon, conduite, descente, papillon, tuyauter ■ 9 chalumeau, cornemuse, porte-vent, sarbacane, serpentin, tuyautage, tuyauteur ■ 10 collecteur, crapaudine, détartrage, dévoiement, fume-cigare, gargouille, tournevent, tuyauterie ■ 13 fume-cigarette.
**TUYAUTER :** 9 cisailler, tuyautage.
**TUYERE :** 13 pulsoréacteur, statoréacteur.

**TWIST :** 7 twister.
**TYMPAN :** 7 oreille*, platine ■ 8 blanchet, tympanal ■ 10 tympanique ■ 14 tympanoplastie.
**TYMPANISER :** 8 malmener ■ 9 divulguer.
**TYMPANON :** 10 psaltérion.
**TYPE :** 3 gus, ska, zig ■ 4 crac, idée, typé ■ 5 beauf, fonte, gille, gonze, gusse, luron, norme, série, suidé, zigue ■ 6 espèce, modèle*, police ■ 7 marconi ■ 8 fast-food, original, parangon, personne*, standard ■ 9 caractère, culbuteur, plastique ■ 10 chicanneau, proverbial ■ 11 monogénisme, polygénisme.
**TYPHACEE :** 8 massette ■ 10 sparganier ■ 12 roseau-massue.
**TYPHOÏDE :** 3 t.a.b. ■ 5 t.a.b.d.t. ■ 8 typhique ■ 11 typhoïdique, typhotoxine ■ 14 typhobacillose ■ 15 chloramphénicol.
**TYPHON :** 10 bourrasque*.
**TYPHUS :** 8 typhique ■ 12 rickettsiose, spirochétose.
**TYPIQUE :** 5 idéal ■ 11 typiquement ■ 15 caractéristique.
**TYPOGRAPHE :** 5 prote ■ 6 leveur ■ 8 imposeur, réviseur ■ 9 corrigeur ■ 10 composteur ■ 11 compositeur, maquettiste.
**TYPOGRAPHIE :** 5 forme, lever ■ 6 cicéro, verset ■ 7 elzévir, fleuron ■ 8 deleatur, logotype ■ 9 surcharge ■ 10 astérisque, composeuse ■ 11 chromotypie, galvanotype ■ 12 photogravure ■ 13 typographique.
**TYPOGRAPHIQUE :** 4 pica ■ 11 esperluette.
**TYPOLOGIE :** 11 typoligique ■ 12 biotypologie.
**TYRAN :** 5 cruel ■ 7 despote, satrape ■ 9 autocrate, dictateur, draconien, polycrate, tyranneau ■ 10 despotique, usurpateur ■ 11 persécuteur, tyrannicide.
**TYRANNIE :** 5 sacre ■ 6 empire ■ 7 pouvoir ■ 9 dictature, influence ■ 10 autocratie, despotisme, oppression, tyrannique, usurpation ■ 11 absolutisme, intolérance, persécution ■ 12 proscription ■ 13 illibéralisme.
**TYRANNIQUE :** 14 tyranniquement.
**TYRANNISER :** 7 usurper ■ 8 asservir, opprimer* ■ 9 comprimer, proscrire ■ 10 persécuter*.
**TYROLIEN :** 8 romanche ■ 9 réto-roman ■ 10 rhéto-roman, tyrolienne.
**TYROSINE :** 7 histone ■ 10 tyrosinase.
**TZIGANE :** 7 zingaro ■ 8 bohémien* ■ 10 romanichel.

# U

**UBAC** : 5 adret ■ 6 ombrée.
**UKASE** : 4 édit ■ 6 oukase ■ 12 commandement.
**ULCERATION** : 5 aphte ■ 6 ulcère* ■ 7 cautère ■ 8 exutoire ■ 9 syphilide, ulcératif ■ 12 exulcération.
**ULCERE** : 5 abcès, ladre, loupe, ozène, phyme, sanie ■ 6 cancer, tumeur* ■ 7 anthrax, chancre, charbon, panaris, pustule, squirre ■ 8 apostume, exutoire, fourchet, gangrène, malandre, ulcéreux ■ 9 ulcéroïde ■ 10 ulcération ■ 12 antiulcéreux, phagédénisme.
**ULCERER** : 7 blesser*.
**ULCEREUX** : 9 cancroïde.
**U.L.M.** : 7 ulmiste.
**ULMACEE** : 4 orme ■ 11 micocoulier.
**ULTERIEUR** : 7 suivant ■ 8 proroger ■ 9 antérieur, après-coup ■ 10 postérieur* ■ 11 ajournement.
**ULTIMATUM** : 12 commandement*.
**ULTIME** : 7 dernier*.
**ULTRA** : 9 activiste.
**ULTRABASIQUE** : 10 kimberlite, péridotite.
**ULTRALEGER** : 10 deltaplane.
**ULTRAMONTAINE** : 15 ultramontanisme.
**ULTRASON** : 11 ultrasonore ■ 12 ultrasonique.
**ULTRAVIOLET** : 2 u.v. ■ 14 actinothérapie.
**ULTRA-VIRUS** : 10 myxomatose.
**ULULER** : 5 crier ■ 5 hululer.
**UN** : 3 nul ■ 4 seul* ■ 5 aucun, reste, unité ■ 6 unique* ■ 7 certain, unanime ■ 8 monandre, yearling ■ 10 monovalent, unilatéral, uninominal, unipolaire ■ 12 uniloculaire.
**UNANIMITE** : 6 chorus ■ 10 unanimisme ■ 11 unanimement.
**UNGUEAL** : 8 pédicure.
**UNI** : 3 mat, ras ■ 4 égal*, lien, plan*, plat*, poli* ■ 5 agnat, allié, aplat, arasé, cadre, énodé, joint, lisse, marié, ouvré, paire, patin, pique, plain, polir*, satin, sedan, serge ■ 6 énervé, glabre, unitif ■ 7 égalité, mutique, unifier ■ 8 cohérent, conjoint, égaliser, uniforme ■ 9 confédéré, esplanade, inégalité ■ 10 enclitique ■ 11 inséparable ■ 13 subordination.
**UNICELLULAIRE** : 5 amibe, spore ■ 6 levure ■ 8 diatomée, protiste, rhizoïde ■ 9 volvocale ■ 10 procaryote, protocoque, protophyte ■ 11 protococcus, protozoaire ■ 12 chrysophycée, xanthophycée ■ 13 clamydomonas, protococcale ■ 14 chrysomonadale.
**UNIFIER** : 11 unificateur, unification ■ 13 normalisation.

**UNIFORME :** 4 égal*, plat* ■ 5 règle, tenue ■ 8 homogène, monotone, vêtement* ■ 9 ceinturon, cocardier, monocorde ■ 10 irrégulier, uniformité ■ 12 uniformément ■ 14 isochromatique.
**UNIFORMEMENT :** 13 régulièrement.
**UNIFORMISER :** 12 standardiser ■ 14 uniformisation.
**UNIFORMITE :** 7 égalité* ■ 9 monotonie ■ 10 consonance.
**UNILATERAL :** 12 confirmation ■ 15 unilatéralement.
**UNILINEAIRE :** 12 matrilignage.
**UNIMENT :** 3 net ■ 10 simplement.
**UNION :** 3 ars ■ 4 bloc, paix ■ 5 hymen, ligue, parti, trait ■ 6 accord*, isolat ■ 7 concert, entente, inceste, liaison*, mariage*, rapport, société, trinité ■ 8 adhésion, alliance, conjugal, ensemble, jonction, légitime, syndicat ■ 9 adhérence, coalition, cohérence, collusion, communion, connexion, unionisme ■ 10 apposition, complicité, fédération ■ 11 coalescence, combinaison, concubinage, fécondation, incarnation, œcuménisme, panarabisme ■ 12 intelligence, panislamisme ■ 13 confédération, conjugalement, rapprochement ■ 14 polymérisation, sécessionnaire ■ 15 autofécondation.
**UNIPERSONNEL :** 5 verbe.
**UNIQUE :** 2 un* ■ 4 rare, seul* ■ 5 isolé, paire ■ 6 phénix, simple ■ 7 bizarre, unicité ■ 8 efficace, exclusif, fréquent, tangence ■ 9 monophasé, monostyle, singulier ■ 10 individuel, multimètre, pluralisme ■ 11 monogénisme, particulier* ■ 12 interclasser, monopartisme.
**UNIQUEMENT :** 8 purement ■ 9 seulement ■ 10 simplement ■ 13 exclusivement.
**UNIR :** 2 qu ■ 3 que ■ 4 lier* ■ 5 matir, mêler*, polir*, raser ■ 6 allier, araser, liguer, lisser, planer, racler, relier, ribler, souder ■ 7 aplanir, aplatir, dresser, fédérer, joindre*, niveler, rallier ■ 8 associer*, clavette, coaliser, conjurer, égaliser, incarner, jonction, ratisser, syncoper ■ 9 accoupler, amalgamer, assembler*, confédérer, conjuguer, copulatif ■ 10 conjoindre, conjonctif, rapprocher ■ 11 enchevêtrer, solidariser.
**UNISEXUE :** 8 monoïque.
**UNIT :** 7 cohésif.
**UNITARISME :** 8 unitaire ■ 12 socinianisme.
**UNITE** *(voir monnaie) :* 2 as, cv, pz, rd, un, u.v. ■ 3 are, bar, bel bit, cgs, dao, erg, gal, lei, leu, lev, lew, lux, mts, ohm, rem, rhé, tex, ton, u.e.r., u.f.r., var, yen ■ 4 barn, baud, dyne, mark, m.k.s.a., octa, phot, pica, sone, tael, torr, volt, watt ■ 5 barye, belga, carat, canon, codon, cuber, curie, débit, debye, degré, demie, dinar, droit, farad, fermi, franc, gauss, grade, henry, hertz, joule, lexie, litre, livre, louis, lumen, mètre, mille, nœud, obole, ounce, peser, phone, pièce, pièze, point, poise, quart, sinus, sonie, stère, taxon, taxum, tesla, toman, tonne, train, weber, zloty ■ 6 ampère, bougie, brasse, cicéro, groupe, légion, mégohm, module, newton, nombre, parsec, pascal, phanie, radian, sthène, stokes ■ 7 blondel, candela, coulomb, décitex, drachme, maxwell, microhm, néphron, oersted, peloton, quintal, section, siemens, sievert, système, tonneau, unifier ■ 8 batterie, centurie, combinat, dioptrie, ensemble, escadron, frigorie, grammage, homogène, kilovolt, kilowatt, longueur, magnéton, métamètre, millibar, ohmmètre, parcelle, poncelet, quadrant, régiment, roentgen, ternaire, unitaire, varheure ■ 9 angstrœm, arianisme, bataillon, compagnie, échevette, hectowatt, hipparque, kilocycle, kilofranc, kilojoule, kilomètre, kilotonne, mégatonne, millivolt, stéradian, volumique, wattheure ■ 10 ampère-tour, atmosphère, horse-power, kilogramme, mi-

crofarad, voltampère ■ 11 hectopascal, kilocalorie, microampère, milliampère, millimicron, mondialisme ■ 12 anharmonique, antiunitaire, cheval-vapeur, électronvolt, enrégimenter, microseconde ■ 13 fractionnisme, kilogrammètre ■ 14 panafricanisme ■ 15 kilogramme-force, kilogramme-poids.

**UNITE MONETAIRE :** 3 kip, lek, won ■ 4 baht, birr, cédi, dông, inti, kyat, mark, rand, rial, riel, yuan ■ 5 colon, naira, riyal, sucre, zaïre ■ 6 balboa, gourde, markha, shekel ■ 7 afghani, cordoba, lempira, metical, ouguiya, quetzal, ringgit ■ 8 C.F.A. franc, cruzeiro ■ 9 boliviano.

**UNIVALENT :** 6 alkyle ■ 7 acétyle, benzyle ■ 8 benzoyle, stéaryle ■ 9 aminogène, carboxyde, nitrosyle ■ 10 monovalent.

**UNIVERS :** 4 dieu ■ 5 monde*, taiji, t'ai-ki ■ 6 cosmos, nature* ■ 7 big bang ■ 8 atomisme, cosmique, création ■ 9 continuum, finalisme, monadisme ■ 10 cosmogonie, cosmologie, macrocosme, microcosme ■ 11 métagalaxie, monadologie ■ 12 cosmographie, égocentrique ■ 13 universalisme.

**UNIVERSALITE :** 4 tous, tout ■ 8 ubiquité ■ 10 généralité, panthéisme ■ 11 omniscience ■ 12 encyclopédie ■ 14 cosmopolitisme.

**UNIVERSEL :** 5 adage ■ 6 commun ■ 7 général, mondial, volapük ■ 8 piétisme ■ 11 œcuménique, omniscience ■ 12 physiocratie ■ 13 universaliser, universalisme ■ 14 encyclopédique ■ 15 universellement.

**UNIVERSELLE :** 6 dharma.

**UNIVERSITAIRE :** 3 c.h.u., i.u.t. ■ 7 licence ■ 8 académie ■ 9 parchemin ■ 12 baccalauréat, honoris causa ■ 14 situationnisme.

**UNIVERSITE :** 3 fac ■ 4 aula ■ 5 école ■ 7 collège, faculté, madrasa, medersa, recteur ■ 8 académie, étudiant ■ 11 vice-recteur ■ 13 universitaire.

**UNIVOQUE :** 9 univocité.

**UNTEL :** 10 tartempion.

**UPERISATION :** 8 upériser.

**URANIUM :** 5 urane ■ 7 uraneux, uranite ■ 8 autunite ■ 10 pechblende, thorianite.

**URBAIN :** 3 p.m.u. ■ 4 cité ■ 6 insula ■ 7 autobus, citadin ■ 9 urbaniser ■ 10 technopole ■ 12 urbanisation ■ 14 ville-satellite.

**URBAINE :** 8 mégapole ■ 10 mégalopole ■ 11 mégalopolis.

**URBANISME :** 6 zoning ■ 12 urbanistique.

**URBANITE :** 8 civilité ■ 9 politesse* ■ 10 affabilité.

**UREDINALE :** 7 rouille ■ 8 puccinie, urédinée.

**UREE :** 6 uréide, urémie ■ 8 azotémie, thio-urée ■ 11 aminoplaste.

**URETERE :** 7 urétral ■ 8 cathéter, prostate, urétrite ■ 9 urétérite ■ 10 épispadias ■ 13 urétérostomie.

**URGENCE :** 4 s.a.m.u. ■ 8 écoutant.

**URGENT :** 6 pressé ■ 7 premier, urgence ■ 8 pressant.

**URINAIRE :** 7 anurèse, uva-ursi ■ 8 nycturie, urologie ■ 9 calciurie, clearance, hématurie, ondinisme ■ 10 exstrophie, urographie ■ 11 entéro-rénal ■ 12 antilithique ■ 14 génito-urinaire.

**URINE :** 3 eau ■ 4 pipi, rein, urée ■ 5 pisse, purin ■ 6 pissat, pyurie ■ 7 diurèse, dysurée, pisseux, uretère, urineux ■ 8 azoturie, cholurie, énurésie, oligurie, uromètre ■ 9 cétonurie, compisser, uréomètre, urinifère, urobiline, urokinase ■ 10 acétonurie, ammoniure, bacillurie, glycosurie, hippurique ■ 11 albuminurie, pollakiurie, protéinurie ■ 12 incontinence, phosphaturie, urobilinurie, vasopressine ■ 13 hydronéphrose ■ 14 antidiurétique, hémoglobinurie.

**URINER :** 6 pisser ■ 7 évacuer, miction, urinoir ■ 8 pissoter ■ 9 compis-

ser ■ 10 diurétique ■ 11 pissouiller.
**URINOIR:** 7 pissoir ■ 10 pissotière ■ 11 vespasienne.
**URIQUE:** 5 urate ■ 8 uricémie.
**URNE:** 4 vase* ■ 7 ascidie ■ 8 opercule, sporange ■ 9 péristome.
**UROBILINE:** 12 urobilinurie.
**URODELE:** 6 protée, triton ■ 7 axolotl ■ 10 amblystome, salamandre.
**UROLAGNIE:** 9 ondinisme.
**UROPODE:** 13 patte-nageoire.
**URSIDE:** 4 ours ■ 5 panda.
**U.R.S.S.:** 10 tchernozem ■ 11 tchernoziom ■ 14 antisoviétique.
**URTICACEE:** 5 ortie, ramie ■ 6 mûrier ■ 10 pariétaire ■ 11 casse-pierre ■ 13 perce-muraille.
**URTICAIRE:** 7 quincke.
**URTICANT:** 11 nématocyste.
**URUGUAY:** 9 uruguayen.
**US:** 8 habitude*.
**USAGE:** 2 us ■ 3 usé ■ 4 frai, indu, mode, muet, nase, naze, saie, saye, taux, user, waqf ■ 5 débit, forme, jouir, linge, niais, oisif, ordre, orgue, règle*, samit, tabou, thèse, turbe, usité, usure, vieil, vieux, vivre ■ 6 drogué, emploi*, maxime, mœurs, parère ■ 7 coutume, défonce, dépense, étrenne, formule, jetable, mésuser, naturel, ribouis, service, suranné ■ 8 affecter, autonyme, commodat, culotter, débauche, disposer, employer, estropié, étourdir, folklore, fongible, habitude*, insolite, non-usage, obsolète, pratique, profaner, urbanité ■ 9 civilités, classique, consommer, démutiser, ergotisme, estropier, fraîcheur, garde-robe, gibecière, mondanité, ordinaire, pratiquer, profitant, tradition, ustensile, vaisselle ■ 10 bienséance, cérémonial, jouissance, passe-droit, quincaille ■ 11 affectation, conformisme, savoir-vivre, usufruitier, utilisateur, vespasienne ■ 12 consommation, mégalithisme, parisianisme, prostitution, traditionnel ■ 13 bicarburation, fréquentation, pharmacomanie, vulgarisateur ■ 14 électroménager, extraordinaire, nu-propriétaire, surmédicaliser ■ 15 anticonformisme.
**USAGER:** 10 pancartage.
**USANCE:** 8 habitude*.
**USE:** 3 las, mûr ■ 4 fané, fini, gâté, limé, râpé, rodé ■ 5 abîmé, éculé, élimé, mangé, percé, ragué, rongé, terne, troué, usagé, usant, vieil, vieux ■ 6 achevé, avachi, fruste, pourri ■ 7 déchiré, déformé, délabré, éraillé, fatigué, fringue, rebattu, vétuste, vieilli ■ 8 attrition, vermoulu ■ 9 détérioré ■ 11 cache-misère, souquenille.
**USER:** 5 émeri, râper, roder, usité ■ 6 abîmer*, abuser, araser, élimer, mettre, meuler, raguer, ronger, servir* ■ 7 abraser, biaiser, épuiser, mesurer, tutoyer ■ 8 coqueter, disposer, employer*, épointer, érailler, finasser, inusable, utiliser* ■ 9 consommer, oblitérer, propriété, trafiquer ■ 10 équivoquer ■ 12 maquignonnage.
**USINAGE:** 8 taillage ■ 9 réalésage ■ 10 automation, étincelage, mortaisage ■ 12 fluo-tournage.
**USINE:** 5 boîte, forge ■ 7 atelier, rizerie, scierie, usinier ■ 8 centrale, dépotoir, fabrique*, fonderie, hercheur, maïserie, verrerie ■ 9 chaufferie, industrie*, plâtrerie, portillon ■ 10 aluminerie, bleueterie, préfabriqué, semoulerie ■ 11 manufacture ■ 12 bouteillerie, cartoucherie, manufacturer ■ 13 établissement.
**USINER:** 7 galeter ■ 9 charioter ■ 11 usinabilité.
**USTENSILE:** 4 gril, râpe ■ 5 cabas, casse, chope, écope, engin, outil*, poêle ■ 6 brosse ■ 7 bassine, brûloir, cuiller, huilier, plumeau, ré-

chaud, trépied ■ 8 amorçoir, arrosoir, couloire, cuillère, fourneau, gaufrier, lanterne, moussoir, œufrier, passoire, pincette, pocheuse, toasteur, turlutte ■ 9 calebasse, égouttoir, entonnoir, poivrière, tourtière ■ 10 argenterie, coquetière, dégorgeoir, dinanderie, fourchette, instrument, lèchefrite, quincaille, rôtissoire ■ 11 essuie-plume, masticateur, presse-purée ■ 12 poissonnière, porte-couteau, presse-viande ■ 15 porte-parapluies.

**USTILAGINALE :** 5 carie ■ 7 charbon.

**USUEL :** 4 reçu ■ 5 admis, banal ■ 6 commun ■ 7 courant, inusuel ■ 8 habituel* ■ 9 coutumier, ordinaire ■ 10 allopathie ■ 11 usuellement ■ 12 traditionnel.

**USUFRUIT :** 8 commende ■ 10 incorporel, jouissance ■ 11 usufruitier ■ 12 nue-propriété ■ 13 usufructuaire ■ 14 nu-propriétaire.

**USURE :** 5 usage ■ 7 érosion, intérêt, usurier ■ 8 usuraire ■ 9 corrosion, éraillure ■ 10 pourriture ■ 11 ovalisation ■ 12 usurairement ■ 13 avachissement.

**USURIER :** 4 juif ■ 5 arabe ■ 7 lombard, prêteur*, vautour ■ 8 tiresous ■ 12 fesse-mathieu.

**USURPATEUR :** 5 titre, tyran.

**USURPATION :** 11 empiètement, usurpatoire.

**USURPER :** 5 voler* ■ 7 arroger, envahir, occuper, plagier, prendre* ■ 8 attenter, déborder, empiéter, enjamber ■ 9 anticiper, attribuer ■ 10 approprier, usurpateur, usurpation ■ 11 contrefaire ■ 12 entreprendre.

**UTERIN :** 7 lochies ■ 12 anovulatoire.

**UTERINE :** 12 amniocentèse.

**UTERUS :** 5 vagin ■ 6 utérin ■ 7 caduque, in utero, matrice, métrite, œstrus ■ 8 annexite, placenta ■ 9 cervicite, endomètre, gravidité, ocytocine ■ 10 césarienne, salpingite ■ 11 colposcopie, endométrite, extra-utérin, intra-utérin, métrorragie ■ 12 endométriose, hystéromètre, rétroversion ■ 14 hystérographie, stomatoplastie.

**UTILE :** 3 bon ■ 4 bien ■ 5 ordre, riche, usuel ■ 6 fécond ■ 7 commode, secours ■ 8 convenir, efficace*, précieux, profiter ■ 9 expédient, fructueux, important, provision, salutaire, utilement ■ 10 avantageux, convenable, nécessaire, profitable, utilitaire ■ 11 infructueux ■ 13 indispensable.

**UTILISABLE :** 9 convivial.

**UTILISATEUR :** 7 cibiste ■ 9 progiciel ■ 11 minitéliste.

**UTILISATION :** 4 abus ■ 7 dépense, serveur ■ 9 déstocker, nutrition, thermique ■ 10 défilement, durabilité, optronique, privatique, proxémique, treuillage ■ 11 océanologie ■ 12 banalisation, exploitation, multifenêtre, pictographie, solarisation ■ 13 cryotechnique, gammothérapie, mécanographie, onirothérapie signalisation ■ 14 musicothérapie, post-combustion ■ 15 climatothérapie, électrification.

**UTILISE :** 7 bitonal ■ 8 argotier ■ 9 binominal ■ 10 multimédia.

**UTILISER :** 4 user*, usus ■ 5 veine ■ 6 émuler, servir* ■ 7 appuyer, défiler, obliger ■ 9 consommer, exploiter, inutilisé, palanquer ■ 10 adjectiver, bénéficier, médiatiser, réutiliser, utilisable ■ 11 multilingue, utilisation ■ 12 adjectiviser, inutilisable, registration, réutilisable, sous-utiliser ■ 14 inopposabilité.

**UTILITE :** 3 t.u.c. ■ 4 aide ■ 6 profit ■ 7 service ■ 8 avantage, bienfait, fonction ■ 9 commodité, dolorisme, inutilité, non-valeur, paperasse ■ 10 convenance, utilitaire ■ 11 heuristique ■ 14 désidérabilité.

**UTOPIE :** 4 rêve* ■ 5 roman ■ 7 chimère ■ 8 illusion, utopique, utopisme ■ 9 idéalisme ■ 10 imaginaire.

**UTRICULE :** 10 utriculeux ■ 11 utriculaire.

# V

**VACANCE :** **11** juilletiste.
**VACANCES :** **5** congé ■ **7** vacuité ■ **9** vacancier, vacations ■ **11** camerlingue.
**VACANT :** **4** vide ■ **5** libre, vague ■ **8** inoccupé.
**VACARME :** **6** boucan, chahut, raffut, ramdam, tapage* ■ **8** chahuter, chambard, hourvari ■ **9** sarabande.
**VACATIONS :** **8** vacances ■ **11** rétribution.
**VACCIN :** **3** bcg, t.a.b. ■ **4** rage ■ **5** t.a.b.d.t. ■ **8** inoculer, vaccinal, vacciner ■ **9** jennérien, vaccinide ■ **10** antiamaril, autovaccin, lipovaccin, vaccinelle ■ **11** inoculation, vaccination, vaccinifère, vaccinogène ■ **12** entérovaccin ■ **13** variolisation ■ **15** sérovaccination, vaccinothérapie.
**VACCINATION :** **9** vaccinide.
**VACCINE :** **5** sérum ■ **6** cow-pox ■ **8** vaccinal ■ **10** vaccinoïde ■ **11** vaccinateur.
**VACCINER :** **8** inoculer ■ **10** revacciner, vaccinable ■ **11** vaccination ■ **12** vaccinostyle.
**VACHE :** **3** fic, pis ■ **4** ajut, ranz, veau ■ **5** ajust, bouse, taure, vêler ■ **6** étable ■ **7** génisse, rigotte, vaccine ■ **8** amouille, vacherie, vachette, vêtement ■ **9** vitulaire ■ **10** beuglement, mollèterie ■ **11** amouillante ■ **12** soumaintrain ■ **13** saint-nectaire ■ **14** saint-florentin, saint-marcellin.
**VACILLER :** **7** tanguer, tituber ■ **8** chavirer, trembler ■ **9** chanceler ■ **10** papilloter, titubation, trembloter ■ **11** vacillation, vacillement.
**VACUITE :** **8** vacances.
**VACUOLE :** **7** vacuome ■ **8** andésite ■ **10** pinocytose, vacuolaire ■ **11** cystoplasme.
**VADROUILLE :** **11** vadrouiller ■ **12** vadrouilleur.
**VAGABOND :** **5** clodo ■ **6** clocho, comète, errant, nomade*, rôdeur, truand ■ **8** bohémien, clochard, galapiat, mendiant*, polisson ■ **9** chemineau, itinérant, malandrin, misérable*, va-nu-pieds ■ **10** camp-volant, galvaudeux, romanichel, trimardeur.
**VAGABONDER :** **5** errer* ■ **9** galvauder, trimarder.
**VAGAL :** **9** vagotonie ■ **11** vagotonique.
**VAGIN :** **7** vaginal ■ **9** colpocèle, vaginisme ■ **11** culdoscopie.
**VAGOTONIE :** **11** vagotonique.
**VAGUE :** **4** flot, flou, lame, môle, onde ■ **5** ondée, on-dit, vagal ■ **6** confus, évasif, obscur*, postes, timide, usages, vacant ■ **7** général,

indécis*, nuageux ■ 8 déferler, imprécis*, indéfini, vaporeux ■ 9 embarquer, incertain, vagotomie, vaguement ■ 10 raz-de-marée, vaguelette ■ 11 indéterminé, vagolytique ■ 12 appréhension, cristalliser, mélancolique, réminiscence ■ 13 pressentiment.
**VAGUEMENT:** 13 lointainement.
**VAGUER:** 5 errer*, vague ■ 10 traînasser, vagabonder.
**VAIGRE:** 8 vaigrage.
**VAILLANCE:** 7 courage* ■ 8 bravoure* ■ 9 chèrement ■ 11 vaillamment, vaillantise.
**VAILLANT:** 5 brave*, preux ■ 9 valeureux.
**VAIN:** 4 paon ■ 5 enflé, fumée, songe ■ 6 futile, neutre, oiseux, propos ■ 7 frivole, inutile*, stérile* ■ 8 futilité*, vaniteux* ■ 9 important ■ 10 inefficace ■ 11 boursoufler, improductif, infructueux, surabondant ■ 13 calembredaine, mystification.
**VAINCRE:** 5 mater ■ 6 battre, brider, gagner*, primer, rosser, rouler ■ 7 abattre, brasser, brosser, chasser, crosser, défaire, dominer*, dompter*, dresser, échouer, écraser, évincer, reculer, tailler ■ 8 abaisser, accabler, anéantir, asservir, culbuter, désarmer, détruire, emporter, enfoncer, éreinter, étriller, régenter ■ 9 assouplir, confondre, conquérir, déconfire, disperser, maîtriser*, paralyser, repousser, soumettre, subjuguer, surmonter, surpasser, terrasser, triompher ■ 10 invincible, pulvériser, supplanter ■ 11 apprivoiser, désarçonner ■ 13 décontenancer.
**VAINCU:** 4 joug ■ 5 merci ■ 6 écrasé ■ 7 conquis, culbuté, enfoncé, gagnant ■ 8 invaincu ■ 10 victorieux.
**VAINQUEUR:** 4 prix ■ 7 gagnant ■ 8 champion ■ 10 victorieux.
**VAIR:** 4 tire ■ 5 vairé.
**VAISSEAU:** 3 nef ■ 4 rang ■ 5 aorte, armer, aviso, borda, canal, chyle, fanal, lacté, ligne, naval, poupe, sinus, taret, veine, voile ■ 6 artère, bateau*, birème, cordon, dromon, navire*, ponton, trière ■ 7 angéite, angiite, angiome, embolie, escorte, matelot, tonneau, trachée, trirème, valvule ■ 8 aumônier, bannière, bâtiment*, jaumière, thrombus ■ 9 capitaine, caravelle, coronaire, croisière, glomérule, récipient, serre-file, thrombose, trachéide, vasculeux ■ 10 hémorragie, vasculaire, vaso-moteur ■ 11 angiectasie, église-halle, orthodromie, vascularisé ■ 12 angiographie, galactophore, lymphangiome, vasopressine ■ 13 forcipressure, lymphographie ■ 14 télangiectasie, vasculo-nerveux, vaso-dilatateur, vaso-dilatation ■ 15 vascularisation.
**VAISSELLE:** 4 plat ■ 5 évier, plomb ■ 7 poterie, salière, service ■ 8 assiette, dressoir, plongeur, servante ■ 9 grosserie, tête-à-tête ■ 10 argenterie, vaisselier.
**VAL:** 6 vallée*.
**VALABLE:** 6 périmé, valide ■ 7 valider ■ 8 validité ■ 9 entériner, universel ■ 10 admissible ■ 11 valablement, validement.
**VALACHIE:** 7 valaque.
**VALAIS:** 4 dôle ■ 8 valaisan.
**VALENCE:** 7 faraday ■ 8 bivalent ■ 9 trivalent, univalent ■ 10 monovalent, polyvalent ■ 11 plurivalent, valentinois ■ 12 quadrivalent.
**VALENCIENNES:** 13 valenciennois.
**VALERIANACEE:** 4 nard ■ 5 mâche ■ 8 doucette ■ 9 valériane ■ 12 valérianelle ■ 13 herbe-aux-chats, nardostachyde.
**VALERIANE:** 9 valérique ■ 11 valérianate ■ 12 valérianique ■ 13 herbeaux-chats.
**VALET:** 5 louée ■ 6 goujat, larbin, varlet ■ 7 laquais, pasquin, piqueur ■ 8 équipage, estafier ■ 9 serviteur* ■ 10 domestique*, valetaille.

**VALETUDINAIRE :** 7 maladif.
**VALEUR :** 2 u.v. ■ 3 nul, t.v.a., vil ■ 4 bien, cote, fétu, note, pair, pile, prix*, tare, vain, zéro ■ 5 banco, chêne, coter, cours, effet, lieue, livre, mince, navet, petit, point, poser, prime, rebut, rompu, tenue, titre, trust, value, zeste, zigue ■ 6 classe, insert, mérite*, niveau, patard, piètre, portée, puéril ■ 7 babiole, capital, chiffre, courage, demi-vie, maximum, modique, nullard, pendage, qualité*, quelque, reconnu, valable, wergeld ■ 8 affutiau, capacité, constant, dépriser, dévaluer, égotisme, encaisse, extrémal, faribole, fifrelin, foutaise, garantir, gnognote, hors-cote, indiciel, longueur, médiocre, merdique, modicité, mort-bois, pondérer, sapiteur, solution ■ 9 aberrance, ad valorem, amplitude, axiologie, constante, décrément, déprécier, incompris, intensité, maximiser, misérable, nominatif, paltoquet, paperasse, pitoyable, plus-value, remettant, valoriser, variation, visagisme ■ 10 brimborion, couverture, détracteur, équivalent, équivaloir, estimateur, évaluateur, évaluation, exploitant, fiduciaire, inexistant, lactomètre, malheureux, mésestimer, moins-value, péjoration, pluviosité, quelconque, surligneur, trésorerie, valorisant ■ 11 amour-propre, antiquaille, axiologique, coefficient, convertible, démonétiser, dévaloriser, devise-titre, diacritique, esthétisant, maximaliser, mensuration, publication, revaloriser, sous-estimer, sous-évaluer ■ 12 cominatoire, considérable, contre-valeur, équipollence, exploitation, insignifiant, marginalisme, sous-déclarer, telluromètre, valorisation ■ 13 décapitaliser, épistémologie, extrapolation, mésestimation, personnalisme, qualification, surpeuplement ■ 14 capitalisation, dévalorisation, euro-obligation, valeureusement ■ 15 insignification.
**VALEUREUX :** 5 brave* ■ 9 intrépide.
**VALEURS :** 10 plurivoque.
**VALIDE :** 4 fort, sain ■ 6 périmé ■ 7 ingambe, valable, valider ■ 8 validité ■ 10 validation ■ 10 invalidité.
**VALIDER :** 8 ratifier ■ 14 instrumentaire.
**VALISE :** 7 valoche ■ 8 mallette ■ 12 baise-en-ville, portemanteau.
**VALLEE :** 3 val ■ 4 aber, glen, oule, ubac ■ 5 adret, canon, cavée, cluse, combe, creux, fiord, fjord, gorge, palud, ravin ■ 6 cirque, éperon, palude, talweg, vallon ■ 7 bas-fond, ombilic, reculée, thalweg, versant ■ 8 débouché, descente, terrasse, valleuse ■ 10 épaulement, interfluve ■ 11 enfoncement.
**VALLON :** 8 vallonné ■ 12 vallonnement.
**VALOIR :** 6 coûter ■ 7 fermage, mousser ■ 9 entregent, exploiter, rehausser.
**VALORISE :** 10 valorisant.
**VALORISER :** 7 majorer ■ 12 valorisation ■ 14 ethnocentrisme.
**VALSE :** 4 java ■ 7 valseur.
**VALVE :** 5 valvé ■ 7 écaille, valvule ■ 8 trivalve, vannelle, vantelle ■ 9 charnière.
**VALVULE :** 8 sigmoïde ■ 10 valvulaire ■ 11 endocardite.
**VAMP :** 6 vamper.
**VAMPIRE :** 5 goule ■ 6 strige, stryge ■ 10 convoitise, vampirique, vampirisme.
**VAMPIRISME :** 10 vampirique.
**VAN :** 6 tarare ■ 7 ventage.
**VANADIUM :** 9 vanadique.
**VANDALE :** 7 barbare* ■ 10 vandalisme.
**VANDALISME :** 8 hooligan, houligan ■ 10 vandaliser.
**VANESSE :** 5 morio ■ 7 vulcain ■ 9 belle-dame.

**VANILLE :** 8 alkermès, vanillon ■ 9 vanillier, vanilline ■ 10 vanillerie, vanillière, vanillisme.
**VANITE :** 4 vide ■ 6 fierté ■ 7 enflure, étalage, orgueil*, inanité ■ 8 gloriole, humilité, modestie ■ 9 glorifier, triompher ■ 10 importance ■ 11 présomption ■ 12 enorgueillir ■ 13 vaniteusement.
**VANITEUX :** 3 fat ■ 4 fier*, paon, snob, vain ■ 6 dindon, faraud, gobeur, pédant, poseur ■ 7 crâneur, m'as-tu-vu, superbe ■ 8 fanfaron*, glorieux ■ 9 important, suffisant ■ 10 avantageux ■ 11 orgueilleux*, prétentieux* ■ 12 outrecuidant, plastronneur, présomptueux, rengorgement.
**VANNE :** 3 las* ■ 4 gril, pâle ■ 6 by-pass ■ 7 vannage ■ 8 vannelle, vantelle ■ 9 déversoir ■ 12 électrovanne.
**VANNER :** 6 tarare.
**VANNERIE :** 7 lacerie, vannier ■ 8 lasserie ■ 9 bourdaine.
**VANTAIL :** 4 gond ■ 7 ouvrant ■ 8 vasistas ■ 9 brise-bise ■ 15 arrière-voussure.
**VANTARD :** 6 gascon ■ 7 hâbleur* ■ 8 blagueur, fanfaron*, rodomont, tartarin ■ 10 vantardise.
**VANTARDISE :** 6 blague, parade ■ 8 hâblerie, jactance, vanterie ■ 9 esbrouffe ■ 10 gasconnade ■ 11 rodomontade, tartarinade ■ 12 ostenstation.
**VANTER :** 5 louer*, parer ■ 6 épater, étaler, hâbler, mariol, prôner, valoir ■ 7 blaguer, bluffer, exalter, flatter, mousser, prêcher, targuer, vantard ■ 8 abaisser, célébrer, surfaire, vanterie ■ 9 féliciter, gasconner, glorifier, prévaloir, rehausser ■ 10 préconiser, vantardise.
**VANTERIE :** 8 hâblerie.
**VA-NU-PIEDS :** 8 indigent, vagabond* ■ 10 déguenillé.
**VAPEUR :** 3 gaz*, nue ■ 4 buée, iode, pâle, suée ■ 5 brome, bruir, étuve, évent, fumée, fumer, lampe, nuage, pompe, rosée, sauna, yacht ■ 6 bruine, serein ■ 7 embruns, steamer, volatil ■ 8 étouffée, évaporer, pressing, touffeur, vaporeux ■ 9 autoclave, azéotrope, chaudière, étouffade, insuffler, soufflard, vaporiser ■ 10 brise-glace, brouillard, condenseur, exhalaison, fumigation, locomobile, régulateur, saturateur, tonométrie, vaporisage ■ 11 évaporisation, marie-salope, réfrigérant, sublimation ■ 12 azéotropique, contre-vapeur, ébouillanter, surchauffeur, vapocraquage ■ 13 resurchauffer, transpiration.
**VAPOCRAQUAGE :** 12 vapocraqueur.
**VAPOREUSE :** 7 sfumato.
**VAPOREUX :** 4 flou ■ 5 léger, vague* ■ 6 aérien ■ 13 vaporeusement.
**VAPORISATEUR :** 8 fixateur.
**VAPORISATION :** 11 évaporation, sublimation ■ 12 distillation ■ 13 pulvérisation ■ 14 volatilisation.
**VAPORISER :** 11 rebouilleur, volatiliser ■ 12 vaporisation.
**VAQUER :** 5 faste ■ 7 occuper.
**VAR :** 6 varois.
**VARANGUE :** 7 véranda.
**VARAPPE :** 6 grimpe ■ 8 varapper ■ 9 varappeur.
**VARECH :** 4 iode ■ 5 algue, fucus ■ 6 goémon.
**VAREUSE :** 6 suroît ■ 7 tunique.
**VARHEURE :** 13 varheuremètre.
**VARIABILITE :** 9 inégalité ■ 11 incertitude ■ 14 coarticulation.
**VARIABLE :** 5 lieue, livre, palme, phase, quart, sicav, verbe ■ 7 booléen, boolien, relatif ■ 8 céphéide, ondoyant, rhéostat ■ 9 changeant*, décrément, désinence, incertain, incrément, inégalité ■ 10 bilinéaire ■ 11 descripteur, exponentiel, identifieur, terminaison ■ 12 différentiel,

diversiforme, variablement ■ 13 multilinéaire ■ 14 identificateur.
**VARIANTE :** 6 chibre.
**VARIATION :** 4 type ■ 5 écart, thème ■ 6 espèce ■ 7 partita, polaire, variété* ■ 8 gradient, pleurage, sensible, somation ■ 9 apophénie, biorythme, diagramme, graphique, mouvement, sinosoïde ■ 10 changement*, convection, différence, eudiomètre, hygroscope, hystérésis, photodiode ■ 11 démographie, fluctuation, lamarckisme, orthogenèse, oscillation, tonographie ■ ■ 12 oscillomètre, oscilloscope, thermographe ■ 13 électrodermal, oscillographe, phototactisme, thermoclastie, vasomotricité ■ 14 quantification ■ 15 barotraumatisme, compressibilité, pyro-électricité ■ 15 désaisonnaliser.
**VARICE :** 9 hamamélis, stripping, variqueux ■ 10 hémorroïde.
**VARIE :** 3 uni ■ 4 égal, rayé ■ 5 moire, phlox, tigré, varia, veiné, zébré ■ 6 diapré, divers*, inégal, matiné, tavelé ■ 7 bariolé, bigarré, grivelé, mélangé*, panaché, pommelé, tacheté, vergeté ■ 8 instruit, monotone, moucheté, uniforme ■ 9 changeant, chatoyant, subjectif ■ 10 commutatif, hétérogène, intonation, polygraphe ■ 11 hétéroclite.
**VARIER :** 6 moirer ■ 7 changer* ■ 8 accorder, alterner, bigarrer, chatoyer, osciller, panacher, variable ■ 11 diversifier, variabilité ■ 13 pœcilotherme, poïkilotherme.
**VARIETE :** 3 uni ■ 4 race ■ 5 agate, blues, dandy, gouet, guyot, napel, niébé, opale, ozone, riche, rubis, sauge, silex ■ 6 burlat, espèce*, morion, sucrin ■ 7 aridité, élinvar, ferrite, karakul, mélange*, rambour, valence ■ 8 calville, dialecte, diaprure, éventail, guignier, kaoliang, levrette, maltaise, marasque, marquise, melonnée, mont-dore, néphrite, silicule, stéatite, sycomore, valencia, vanillon, variétal ■ 9 aragonite, avelinier, bariolage, bergamote, bigarrure, capronier, chiralité, cornaline, demi-deuil, diversion, diversité, griottier, inégalité, lentillon, lymphoïde, maréchale, monotonie, pegmatite, protogine, saphirine, schnauzer, variation*, zirconite ■ 10 anthracite, brugwonier, calcédoine, carcinoïde, changement, chêne-liège, clémentine, différence, œil-de-chat, one-man-show, sanguinole, toute-bonne ■ 11 aigue-marine, alabastrite, bon-chrétien, chrysoprase, démonomanie, granny-smith, louise-bonne, montmorency, porphyroïde, quarantaine ■ 12 boogie-woogie, breitschwanz ■ 13 cœur-de-pigeon, quatre-saisons.
**VARIOLE :** 6 picote ■ 7 pustule ■ 8 alastrim, clavelée, éruption ■ 9 exanthème, varicelle, varioleux ■ 10 variolique, varioloïde ■ 13 varilisation ■ 14 antivariolique.
**VARLOPE :** 8 varloper.
**VARSOVIE :** 9 varsovien.
**VASCULAIRE :** 7 fougère ■ 8 filicale ■ 9 filicinée ■ 11 équisétinée, lycopodiale, lycopodinée ■ 12 trachéophyte ■ 13 lépidodendron.
**VASE :** 3 bol, pot ■ 4 anse, broc, grès, seau, supé, urne ■ 5 bidon, bocal, buire, carpe, fêler, fiole, galbe, godet, graal, hanap, jarre, jatte, lampe, limon, moque, motte, outre, panse, paroi, socle, tasse ■ 6 bourbe, calice, canari, canope, carafe, cérame, cloche, cornue, cruche, flacon, gourde, hydrie, marais, matras, patène, pichet, rhyton, slikke, tourbe, urinal, vasard, vaseux, vasque ■ 7 amphore, ampoule, burette, capsule, carafon, ciboire, cratère, cruchon, diplôme, lécythe, mortier, murrhin, navette, potiche, pucheux, schoore, tubifex, urcéole ■ 8 aiguière, alguière, colombin, drageoir, égueuler, goguenot, limivore, poto-poto, puisette, saladier, sapropel, saucière, torchère ■ 9 alcarazas, boucheton, bourdalou, bouteille, calebasse, cinéraire, cor-

beille, récipient*, sapropèle, vidrecome ■ 10 cassolette, dame-jeanne, désenvaser, éprouvette, moutardier, persillère, pique-fleur, transvaser ■ 11 alabastrite, brûle-parfum, égueulement, gargoulette, marie-salope, pique-fleurs ■ 12 effondrilles, porte-bouquet.

**VASECTOMIE :** 12 vasectomiser.

**VASE DE NUIT :** 6 thomas.

**VASELINE :** 9 vaseliner.

**VASEUX :** 6 vasard ■ 7 vasière ■ 8 bourbeux, limoneux, tourbeux.

**VASISTAS :** 7 lucarne ■ 9 loqueteau.

**VASQUE :** 5 coupe.

**VASOCONSTRICTEUR :** 9 éphédrine ■ 11 ergotamine ■ 12 angiotensine, naphtazoline.

**VASODILATATEUR :** 8 yohimbine ■ 9 raubasine, vincamine.

**VASOMOTRICITE :** 7 raynaud.

**VASSAL :** 3 ban, bey ■ 4 fief, pair ■ 8 gonfalon, gonfanon, hospodar ■ 9 baise-main, chasement, main-morte, vassalité, vasselage ■ 10 ethnarchie, feudataire, forfaiture ■ 13 arrière-vassal, médiatisation.

**VASSALITE :** 9 autonomie ■ 10 vassalique ■ 13 subordination.

**VASTE :** 5 ample*, front, grand*, nappe, océan, pampa, salle ■ 6 craton, énorme*, étendu, ouvala ■ 8 autoport, icefield, panorama, spacieux ■ 9 cyclopéen, immensité, vastement ■ 11 manufacture ■ 12 amphithéâtre ■ 13 extrapolation ■ 14 microstructure.

**VATICINER :** 5 devin* ■ 7 prédire ■ 12 vaticinateur.

**VAUD :** 5 papet ■ 9 salvagnin.

**VAUDEVILLE :** 7 comédie ■ 8 flonflon ■ 9 vaudevire ■ 13 vaudevilliste ■ 14 vaudevillesque.

**VAUDOIS :** 8 valdisme ■ 9 valdéisme.

**VAUDOU :** 5 zombi ■ 7 macumba.

**VAURIEN :** 5 gobet, nervi, voyou ■ 6 bandit*, coquin, dévoyé, escroc, frappe, gouape, gredin, picaro, poisse, voleur* ■ 7 crapule, galopin, gouspin, pendard, vermine ■ 8 canaille, chenapan, galapiat ■ 9 arsouille, garnement, sacripant ■ 10 fripouille, goussepain, malfaiteur, picaresque.

**VAUTOUR :** 5 urubu ■ 6 condor ■ 7 griffon ■ 11 pecnoptère.

**VAUTRER :** 6 abîmer ■ 7 coucher*.

**VEAU :** 3 ris, vau ■ 5 longe, mégis, quasi, taure, vélin, velot ■ 7 box-calf, rouelle ■ 8 broutard, broutart, cuisseau, escalope, osso buco, vitoulet ■ 9 amourette, côtelette ■ 10 fricandeau, rognonnade.

**VECTEUR :** 3 lié ■ 5 norme ■ 7 tenseur, torseur ■ 8 abscisse, glisseur, unitaire ■ 9 composant, vectoriel ■ 10 hodographe, résultante ■ 11 colinéarité ■ 12 anharmonique.

**VECUE :** 4 vécu.

**VEDETTE :** 4 star ■ 6 acteur ■ 7 fan-club, glamour ■ 8 chanteur ■ 9 superstar ■ 10 star-system, surmontoir, vedettiser ■ 12 factionnaire.

**VEDETTISER :** 13 vedettisation.

**VEDISME :** 7 védique ■ 11 brahmanisme.

**VEGETAL :** 4 cire, iule, méat, moût, sève, tige, vert ■ 5 algue, arbre*, bulbe, clone, fibre, fleur*, fruit*, géant, huile, humus, kapok, latex, liber, liège, plant, pulpe, savon, serre, sucre, taïga, tanin, terre ■ 6 lichen, plante*, xylène ■ 7 étamine, feuille, stipité, tampico ■ 8 épiphyte, farineux, filament, garrigue, individu, mangrove, pectique, puccinie, scarieux ■ 9 aoûtement, botanique, bouturage, bryophyte*, épiphytie, gallicole, glucoside, méristème, micropyle, parasiter, phytocide, propagule, rhéophile, vulnérant ■ 10 anthéridie, laticifère, phytophage, protophyte, saprophyte, sitostérol ■ 11 chasmogamie,

collenchyme, gamétophyte, gomme-résine, inférovarié, phanérogame*, phelloderme, phythormone, thallophyte*, végétalisme ■ 12 anthérozoïde, arborescence, chlorophylle, phytohormone, ptéridophyte*, ramification, sclérenchyme ■ 13 biogéographie, microrganisme ■ 14 phytosanitaire ■ 15 phytosociologie.
**VEGETALE:** 4 bush ■ 5 acheb ■ 8 castinga, hordéine, matorral ■ 9 prolamine, synergide ■ 13 aromathérapie.
**VEGETALINE:** 4 coco.
**VEGETALISME:** 10 végétalien ■ 11 végétaliste.
**VEGETARIEN:** 7 rongeur ■ 8 pellagre ■ 9 frugivore, herbivore ■ 10 végétalien ■ 11 végétarisme.
**VEGETATIF:** 6 thalle ■ 8 mycélium.
**VEGETATION:** 4 parc ■ 5 flore, nebka, oasis, terre ■ 8 sous-bois, soutrage ■ 9 végétatif ■ 10 crête-de-coq ■ 14 adénoïdectomie.
**VEGETER:** 7 vivoter.
**VEHEMENCE:** 3 feu ■ 6 fougue* ■ 8 violence* ■ 9 animosité, éloquence ■ 10 énergumène ■ 13 véhémentement.
**VEHICULE:** 4 char, kart, rail, roue ■ 5 arrêt, balai, borne, cahot, coach, coche, crabe, mener, poids, tacot, train, wagon* ■ 6 bolide, tender ■ 7 autobus, bicycle, citerne, dameuse, fardier, fourgon, iceboat, motrice, navette, side-car, tracter, voiture* ■ 8 astronef, carénage, chasseur, chenille, dragster, ensabler, glisseur, matériel, microbus, motorisé, prolonge, remorque, scout-car, survirer, tracteur, traîneau, tricycle ■ 9 autoneige, culbuteur, gyrophare, half-track, monocoque, motoneige, motor-home, survireur, véhiculer, voiturier ■ 10 automobile*, bicyclette*, porte-autos, remorqueur, sous-vireur, suspension, tamponneur, tête-à-queue, trolleybus ■ 11 anticabreur, carrosserie, caterpillar, chenillette, combinateur, télescopage, tout-terrain, vinaigrette ■ 12 arrière-train, fourgon-pompe, motocyclette*, semi-chenille, porte-bagages ■ 13 aérodynamisme, désincarcérer ■ 15 télémaintenance.
**VEHICULER:** 11 transporter*.
**VEILLE:** 4 soir ■ 5 quart, vigil ■ 8 attentif ■ 9 babordais, parascève ■ 10 providence, somnolence, vernissage ■ 11 avant-veille, demi-sommeil.
**VEILLER:** 4 voir ■ 6 garder ■ 7 diriger, guetter ■ 8 éclairer ■ 9 contrôler, élucubrer, inspecter ■ 10 providence, surveiller* ■ 11 chaperonner, garde-chasse, gendarmerie, saint-office ■ 13 correspondant.
**VEINE:** 3 fil ■ 4 sang ■ 5 chyle, délit, filon, lacté, madré, porte, ronce ■ 6 airure, azygos, chance*, varice ■ 7 ronceux, saignée, saphène, veinard, veineux, veinule ■ 8 éveinage, lancette, pédicule, phlébite, thrombus, veinette ■ 9 basilique, jugulaire, veinosité ■ 10 hémorroïde, varicocèle ■ 12 intraveineux, périphlébite, phléborragie, phléobologie ■ 13 phlébographie, vasomotricité ■ 15 thrombophlébite.
**VEINER:** 8 barioler.
**VELAGE:** 7 vêleuse ■ 11 parturition.
**VELAR:** 8 sisymbre.
**VELARIUM:** 5 tente.
**VELAY:** 7 vellave.
**VELEMENT:** 11 parturition.
**VELER:** 11 amouillante.
**VELIN:** 5 velot.
**VELIPLANCHISTE:** 10 planchiste.
**VELIQUE:** 5 point.
**VELLEITE:** 7 volonté.

**VELO :** 7 bicross ■ 9 vélocross.
**VELOCIPEDE :** 4 vélo ■ 5 cycle, selle ■ 9 monocycle ■ 10 bicyclette*.
**VELOCITE :** 7 vitesse* ■ 8 rapidité ■ 11 promptitude*.
**VELOMOTEUR :** 5 meule.
**VELOURS :** 4 loup ■ 5 panne, patte, tripe ■ 6 floche, velvet ■ 7 mâchure, velouté ■ 8 velouter ■ 9 velouteux, veloutine ■ 10 milleraies.
**VELOUTE :** 6 lainer ■ 7 suprême ■ 8 moquette, onctueux, velouter ■ 11 veloutement.
**VELU :** 5 faune, poilu* ■ 6 pluché ■ 7 peluche ■ 9 villosité.
**VENAL :** 4 prix ■ 8 vénalité ■ 9 intéressé ■ 10 vénalement.
**VEND :** 7 toilier ■ 8 carterie, fouacier ■ 9 tuyauteur.
**VENDANGE :** 5 banne, baste, benne ■ 6 brante ■ 7 bouille ■ 8 comporte, vigneron ■ 9 vendanger ■ 10 grappiller, saisonnier, vendangeur ■ 11 retroussage, vendangeoir ■ 12 démaillonner.
**VENDANGEOIR :** 4 cave.
**VENDETTA :** 9 vengeance.
**VENDEUR :** 8 covendeur, marchand* ■ 9 charlatan, vivandier ■ 10 détaillant, étalagiste.
**VENDRE :** 5 céder, gâter, laver, saler, vente ■ 6 brader, placer, servir, solder ■ 7 aliéner, débiter, défaire, écouler, hallage, laniste, liciter, vendeur ■ 8 bazarder, discuter, mévendre, réaliser, revendre ■ 9 brocanter, détailler, placement, survendre ■ 10 discounter, invendable, marchander ■ 11 inaliénable ■ 12 aliénabilité ■ 13 commissionner.
**VENELLE :** 3 rue*.
**VENENEUX :** 4 pane, upas ■ 5 bolet, brome, ciguë, pavot ■ 6 aconit, datura, vireux ■ 7 morelle, vérâtre ■ 8 ammanite, cicutine, conicine, entolome, euphorbe, œnanthe, venimeux ■ 9 belladone, colchique, jusquiame, stramoine ■ 10 mandragore ■ 12 mancenillier.
**VENERATION :** 5 culte, sacré ■ 7 auguste, hommage, respect* ■ 9 révérence, vénérable ■ 10 fétichisme ■ 13 vénérablement.
**VENERER :** 7 déifier, honorer* ■ 9 respecter.
**VENERIE :** 5 bigle, hampe, menée, voler ■ 12 chasse-à-courre.
**VENERIEN :** 10 chancrelle, crête-de-coq.
**VENERIENNE :** 12 antivénérien.
**VENETTE :** 7 crainte.
**VENEUR :** 6 taïaut, tayaut.
**VENGE :** 7 vengeur.
**VENGEANCE :** 7 vengeur ■ 8 vendetta, vindicte ■ 11 représaille.
**VENGER :** 7 vengeur ■ 10 vindicatif ■ 12 ressentiment.
**VENIEL :** 5 péché ■ 12 véniellement.
**VENIMEUSE :** 10 latrodecte.
**VENIMEUX :** 4 bave, haïr, naja, vive ■ 5 aspic, cobra, orvet ■ 6 vipère ■ 7 céraste, crotale, serpent ■ 8 scorpion, vénéneux, vipéridé ■ 9 ammophile, tarentule ■ 10 malfaisant, pastenague, venimosité ■ 14 trigonocéphale.
**VENIN :** 6 poison* ■ 7 aglyphe ■ 8 anavenin, venimeux ■ 11 dompte-venin, inoculation ■ 12 anti-venimeux, désenvenimer, envenimation.
**VENIR :** 5 appel, buter, futur, tenir, venue ■ 6 amener, entrer, naître, partir, suivre, surgir ■ 7 aborder, abouler, accéder, advenir, arriver*, chasser, presser, radiner, revenir ■ 8 accourir, découler, devancer, immigrer, paraître, parvenir, provenir, résulter, secourir, succéder, suggérer, survenir ■ 9 approcher, atteindre, convoquer, débarquer, déboucher, présenter ■ 10 achalander, apparaître*, rappliquer, rapprocher, superposer, surprendre, survenance ■ 11 comparaître, immigration, tournailler.

**VENT:** 3 air*, cor, lof ■ 4 aire, bise, bora, cers, dune, hâle, nord, rumb, suet, tuba, zeph ■ 5 alisé, alizé, amure, anche, autan, bande, brise, flûte, fœhn, frais, grain, harpe, houle, lagon, lofer, marin, mitre, notus, orage, orgue, penon, perce, rhumb, risée, saute, tâter, tison, vague, vesse, voile, volis ■ 6 abrité, auster, débout, norois, noroît, rafale, simoun, typhon, zéphir, zéphyr ■ 7 africus, aquilon, chamsin, chergui, chinook, cyclone, doldrum, étésien, galerne, haleine, khamsin, mistral, mousson, nuaison, ouragan, pampéro, schofar, sirocco, souffle, tempête, tornade, venteux, zéphire ■ 8 abat-vent, barkhane, beaufort, blizzard, empanner, éolienne, favonius, libeccio, louvoyer, renverse, voltiger ■ 9 brise-vent, corrasion, déchaîner, déflation, encalminé, girouette, harmattan, hurlement, hurricane, jet-stream, magistral, porte-vent, ralinguer, tourmente ■ 10 aéromoteur, anémomètre, anémophile, bourrasque*, clarinette, sifflement, tourbillon, tournevent, tramontane ■ 11 anémophilie, chasse-neige, hyperboréen, microclimat ■ 13 géostrophique.

**VENTE:** 4 gros ■ 5 criée, débit, encan, motte, terme, trole ■ 6 regrat ■ 7 cession, mévente, revente, simonie ■ 8 boutique, braderie, commerce*, comptoir, débouché, solderie, survente ■ 9 exécution, télévente ■ 10 animalerie, colicitant, couponnage, dépôt-vente, discussion, écoulement, licitation, œnothèque ■ 11 contrebande, liquidation, lotissement, redhibition, tempérament ■ 12 adjudication, redhibitoire.

**VENTILATEUR:** 5 panca, panka, punka ■ 10 soufflante.

**VENTILER:** 11 ventilation.

**VENTOUSE:** 6 podion ■ 9 ambulacre.

**VENTRALE:** 8 sternite.

**VENTRE:** 3 sac ■ 4 bide, musc ■ 5 bedon, bidon, fanal, foire, hampe, panse, pansu, point, tempe ■ 6 buffet, gaster ■ 7 abdomen*, bedaine, seppuku, ventral ■ 8 bedonner, éventrer, hara-kiri ■ 9 bas-ventre, bedonnant, paillasse, ventrière ■ 10 hypocondre, hypogastre, météorisme ■ 11 ventriloque ■ 12 ballonnement, ventripotent ■ 13 météorisation, sous-ventrière.

**VENTRICULE:** 5 aorte, cœur ■ 8 épendyme ■ 12 métencéphale ■ 13 ventriculaire.

**VENTRILOQUE:** 12 ventriloquie.

**VENTROUILLER:** 7 coucher.

**VENTRU:** 4 gros* ■ 5 bedon ■ 10 dame-jeanne ■ 12 ventripotent.

**VENUE:** 6 entrée ■ 7 arrivée* ■ 8 approche, survenue ■ 9 accession, avènement, naissance, voyageage ■ 10 apparition, courreries, voyagement ■ 11 appréhender ■ 12 débarquement.

**VENUS:** 8 vénusien.

**VENUSTE:** 6 charme*.

**VEPRES:** 8 complies, vespéral ■ 10 magnificat.

**VER:** 5 cirre, palot ■ 7 distome, némerte, sabelle ■ 8 annélidé*, ver à soie* ■ 9 helminthe, ténébrion, térébelle, vermicide, vermicule, vermidien*, vermifuge, vermineux, verminose, vermivore ■ 10 vermiforme, vermisseau ■ 11 sémen-contra, vermiculure ■ 12 helminthiase, trichogramme, vermiculaire ■ 13 plathelminthe*, trichocéphale ■ 14 bothriocéphale, némathelminthe*.

**VERACITE:** 6 vérité* ■ 9 franchise ■ 10 véridicité.

**VERANDA:** 8 varangue ■ 9 bow-window.

**VER A SOIE:** 4 flat, soie ■ 5 cocon ■ 6 bombyx, magnan ■ 8 chenille, grainage ■ 9 flacherie, grasserie ■ 10 encabanage, magnanerie, muscardine, séricicole ■ 12 magnanarelle ■ 13 siriciculteur.

**VERBACASCEE:** 6 molène ■ 13 bouillon-blanc.

**VERBAL :** 9 idiolecte.
**VERBALISER :** 13 verbalisation.
**VERBE :** 4 mode ■ 5 futur, logos, passé, régir, sujet, supin, temps, venir ■ 7 rection ■ 8 défectif, déponent, déverbal, préverbe, régulier ■ 9 conjuguer, inchoatif, indicatif, infinitif, participe ■ 10 auxiliaire, déverbatif, irrégulier, subjonctif ■ 11 conjugaison, impersonnel, intransitif, performatif ■ 12 conditionnel, fréquentatif ■ 14 intransitivité, plus-que-parfait, semi-auxiliaire.
**VERBENACEE :** 7 lantana ■ 8 verveine ■ 9 gattilier, lantanier ■ 11 agnus castus.
**VERBEUX :** 6 diffus ■ 8 succinct ■ 9 verbosité ■ 10 paraphrase ■ 12 verbeusement ■ 13 amplification.
**VERBIAGE :** 6 bla-bla ■ 8 délayage ■ 9 bla-bla-bla, éloquence.
**VERBOSITE :** 9 éloquence.
**VERDATRE :** 4 jade ■ 5 melon, olive ■ 8 olivâtre, persillé ■ 11 chrysolithe.
**VERDET :** 10 vert-de-gris.
**VERDEUR :** 5 force*.
**VERDICT :** 4 juré ■ 8 jugement*.
**VERDIR :** 8 verdoyer ■ 12 verdissement.
**VERDOYER :** 6 verdir ■ 9 verdoyant ■ 11 verdoiement.
**VERDUNISATION :** 10 verduniser.
**VERDURE :** 2 nu ■ 4 pelé ■ 5 ramée ■ 7 treille ■ 8 reverdir, tonnelle ■ 9 gloriette, guirlande.
**VEREUX :** 5 probe ■ 10 déshonnête.
**VERGE :** 3 jas ■ 5 fléau, fouet*, gland, jalon, pénis ■ 6 broche, liteau ■ 7 batogue, prépuce, tringle ■ 8 baguette*, balanite, vergette, vitrière ■ 9 brochette, flageller, inférieur, pontuseau ■ 11 hypospadias ■ 12 paraphimosis.
**VERGER :** 7 verdier.
**VERGETER :** 6 battre* ■ 7 frapper* ■ 8 fouetter* ■ 9 brocheter, débrocher, embrocher.
**VERGETTE :** 9 vergetier.
**VERGEURE :** 5 vergé.
**VERGLAS :** 8 verglacé ■ 9 verglacer.
**VERGOGNE :** 6 pudeur*.
**VERGUE :** 3 gui, ris ■ 5 agrès, corne, digon, espar, voile ■ 7 antenne ■ 8 capelage, suspente, wishbone ■ 9 balancine, déverguer, enverguer, envergure ■ 10 bout-dehors ■ 11 orientation ■ 12 désenverguer.
**VERIDIQUE :** 4 vrai* ■ 10 véridicité ■ 11 authentique ■ 13 véridiquement.
**VERIFICATION :** 6 examen* ■ 7 gabarit ■ 8 contrôle, ostensif ■ 9 apurement, basculeur, calibrage, vérifieur ■ 10 cale-étalon, scrutateur ■ 11 recoupement, vérificatif ■ 12 redressement, vérificateur ■ 13 collationnure, rectification ■ 14 reconnaissance ■ 15 collationnement.
**VERIFIER :** 5 peser, tirer, viser ■ 6 apurer, avérer, relire, revoir ■ 7 assurer, plomber, prouver, récoler, réviser ■ 8 calibrer, éclairer, éprouver, examiner*, repasser ■ 9 certifier, check-list, confirmer, constater, contester, contrôler, démontrer, étalonner, inspecter, légaliser, rectifier, redresser ■ 10 passe-balle ■ 11 contre-appel ■ 12 collationner, crève-tonneau, expérimenter, explosimètre, invérifiable, réceptionner, vérificateur, vérification.
**VERITABLE :** 4 réel*, vrai* ■ 8 efficace, vraiment.
**VERITE :** 3 foi ■ 4 naïf, tort, vrai ■ 5 dogme, juste, lexis, ma foi ■ 6 absolu, axiome, oracle, preuve, sûreté ■ 7 mystère, opinion, réalité,

système, truisme ■ 8 apagogie, apologue, attester, croyance, doctrine, évidence, exagérer, fausseté, fidélité, lumineux, mensonge, mystique, parabole, spécieux, théorème, véracité, vérifier ■ 9 assurance, bien-fondé, certitude, constater, faussaire, impartial, inférence, nécessité, prophétie, véridique, véritable ■ 10 certificat, convaincre, exactitude, faussement, infidélité, maïeutique, véridicité ■ 11 affirmation, attestation, lapalissade ■ 12 assertorique, authenticité, confirmation, constatation, contre-vérité, perquisition ■ 13 démonstration, vraisemblable, vraisemblance.

**VERJUS**: 7 verjuté.

**VERMEIL**: 4 rose ■ 5 rouge*.

**VERMICELLE**: 9 spaghetti ■ 11 vermicelier ■ 13 vermicellerie.

**VERMIDIEN**: 8 rotifère ■ 10 bryozoaire ■ 11 brachiopode.

**VERMIFORME**: 9 géphyrien ■ 12 balanoglosse ■ 13 entéropneuste.

**VERMIFUGE**: 8 bauhinia, bauhinie, tanaisie ■ 9 chénopode, santoline ■ 12 pelletiérine.

**VERMINE**: 7 vaurien* ■ 8 populace ■ 9 vermineux.

**VERMOULU**: 9 vermouler.

**VERMOUTH**: 7 martini.

**VERNAL**: 5 point.

**VERNALISATION**: 12 jarovisation ■ 14 printanisation.

**VERNE**: 4 aune ■ 5 aulne ■ 6 vergne.

**VERNIR**: 5 cirer ■ 6 glacer, laquer ■ 7 enduire, frotter ■ 8 émailler, revernir ■ 9 alquifoux, vernisser ■ 10 gomme-laque, vernissage ■ 12 encaustiquer.

**VERNIS**: 4 cire, fixé ■ 5 copal, élémi, émail, gomme, laque, moque, nacre ■ 6 cirage, engobe ■ 7 ailante, mordant ■ 8 couverte, dévernir, litharge, vernissé ■ 9 acchroïde, écaillage ■ 10 courbarine, craquelure, gomme-gutte, gomme-laque, sandaraque, vernisseur ■ 11 encaustique ■ 12 polyuréthane, térébenthine ■ 13 polyuréthanne.

**VEROLE**: 5 grêlé ■ 6 vérolé ■ 7 variole.

**VERRAT**: 4 porc*.

**VERRE**: 4 azur, bock, demi, fêlé, lacé, suin ■ 5 bocal, bullé, chope, coupe, crown, dalle, drain, écran, fêler, fiole, flint, flûte, glace, glass, globe, jayet, loupe, perle, pyrex, rubis, smalt, soyer, suint, vitre ■ 6 buvant, calein, hyalin, strass, tourie ■ 7 carreau, cristal, harassé, hyalite, opaline, ouvreau, queusot, scléral, securit, triplex, verrier, vitrain, vitreux ■ 8 colcotar, hyaloïde, lentille, mazagran, ménisque, paraison, rebrûler, silionne, trinquer, verranne, verrerie ■ 9 agitateur, apprêteur, batavique, casilleux, cueillage, étenderie, plexiglas, vidrecome, vitrifier ■ 10 antireflet, chambourin, crown-glass, diapositif, flint-glass, lithophanie, millefiori, obsidienne, pousse-café, verroterie ■ 11 diapositive, essuie-verre, vitrifiable ■ 12 borosilicaté, essuie-glaces, essuie-verres, périscopique ■ 13 aluminisation ■ 15 cristallomancie, dévitrification.

**VERRERIE**: 9 attremper, soufflage.

**VERRIER**: 4 fêle ■ 5 casse ■ 9 périgueux ■ 10 pinaigrier.

**VERRIERE**: 8 vitrière.

**VERROU**: 6 bénard ■ 7 crémone ■ 11 verrouiller ■ 13 déverrouiller.

**VERROUILLER**: 6 fermer* ■ 8 enfermer ■ 12 verrouillage.

**VERRUE**: 3 fic ■ 10 chélidoine, verruqueux.

**VERS**: 2 ac, ad, an, ap, ar, as, at ■ 3 sur ■ 4 écho, lyre, mime, pied ■ 5 album, chute, coupe, envoi, fable, iambe, livre, mètre, pièce, poème*, poète, prose, rimer, rôlet, roman, viser ■ 6 césure ■ 7 dactyle, sénaire, triolet ■ 8 alcaïque, anapeste, clausule, distique, entonner, métrique, quatrain, saphique, trimètre, tripodie ■ 9 choriambe, glyconien, hexamètre, monomètre, prosaïsme, rimailler, versifier ■ 10 alexandrin, asclépiade, choliambre, glyconique, hémistiche, métromanie, palindrome, pentamètre, rimailleur, septénaire, spondaïque, tétramètre, versiculet ■ 11 anacyclique, anapestique, antistrophe, décasyllabe ■ 12 catalectique, stichomythie, vers-libriste ■ 13 improvisation, quadrisyllabe, versificateur, versification.

**VERSAILLES :** 11 versaillais.

**VERSANT :** 4 ubac ■ 5 adret, pente ■ 6 brisis, coteau ■ 8 rendzine ■ 9 parapente ■ 11 contre-pente.

**VERSATILE :** 5 pitre ■ 9 changeant* ■ 11 versatilité.

**VERSEMENT :** 9 royalties.

**VERSE :** 7 roiller.

**VERSER :** 5 payer*, verse ■ 6 mettre ■ 7 arroser, confier, dépoter, épandre, honorer, verseur ■ 8 culbuter, décanter, déverser, épancher, larmoyer, répandre*, reverser, soutirer, verseuse ■ 9 appointer, distiller, instiller, rembouger, renverser, versement ■ 10 inversable, transvaser, transvider.

**VERSET :** 6 gloria, surate ■ 7 graduel ■ 8 antienne.

**VERSIFICATEUR :** 5 poète*.

**VERSIFICATION :** 9 métricien.

**VERSIFIER :** 5 rimer.

**VERSION :** 5 bible ■ 6 remake ■ 10 traduction ■ 13 juxtalinéaire.

**VERSO :** 3 dos ■ 4 rôle ■ 6 revers ■ 10 retiration ■ 13 opisthographe.

**VERSOIR :** 3 soc.

**VERT :** 3 mai ■ 4 houx, jade, pers ■ 5 aigre, jaspe, jaune, merde, morve, myrte, ramée, rayon, sapin, savon, tapis, thuya, yeuse ■ 7 céladon, glauque, merdoie, sinople, verdage, verdure ■ 8 actinote, émeraude, navicule, reverdir, verdagon, verdâtre, verdoyer ■ 9 amphibole, malachite, pentatome, prothalle, smaragdin, spirogyre, vauchérie ■ 10 biliverdine, burgaudine, chrysoprase, hornblende, smaragdite, verdissage ■ 11 vert-de-grisé ■ 12 chlorophylle.

**VERTEBRAL :** 5 bossu ■ 6 rachis ■ 8 croupion, scoliose, vertèbre.

**VERTEBRALE :** 6 chorde.

**VERTEBRE :** 4 axis ■ 5 crâne, psoas ■ 6 myxine, oiseau* ■ 7 agnathe, amniote, neurula, poisson*, reptile* ■ 8 coccidie, croupion, épidural, lombaire, otocyste, spondyle ■ 9 batracien*, homodonte, mammifère*, odontoïde, prochordé, trématode, vertébral ■ 10 cyclostome* épiphysite, lombo-sacré, sauropsidé ■ 11 chiropraxie, trypanosome ■ 12 chiropractie, lombarthrose ■ 14 intervertébral.

**VERTEMENT :** 5 river ■ 8 savonner.

**VERTICAL :** 4 haut ■ 5 crawl, droit, lisse, nadir, nasal, patin, ronde, venet ■ 6 debout, vindas ■ 7 pointal ■ 8 dystasie, pantenne, piédroit, portance ■ 9 barbacane, cannelure, écoperche, épontille, pied-droit ■ 10 lampadaire, surplomber ■ 11 mâchicoulis, verticalité, vide-ordures ■ 12 chantepleure, contremarche ■ 13 transformante, transstockeur, verticalement ■ 15 perpendiculaire*.

**VERTICALE :** 4 à-pic ■ 8 piédroit ■ 9 pied-droit.

**VERTICALEMENT :** 4 à pic ■ 11 hyponeurien.

**VERTIGE :** 7 émotion, ivresse, mélisse, tournis, vertigo ■ 9 transport, vercoquin ■ 10 enivrement ■ 11 agoraphobie, vertigineux ■ 12 tournoiement ■ 13 éblouissement ■ 14 étourdissement.

**VERTIGO :** 9 ver-coquin.

**VERTU :** 3 foi, mal ■ 4 vice ■ 5 effet, force, infus, votif ■ 6 pudeur, valeur ■ 7 charité, civisme, décence, dignité, énergie, faculté, justice, qualité*, retenue, sagesse* ■ 8 chasteté, clémence, docilité, édifiant, efficace, héroïsme, modestie, moralité, patience, prudence, pruderie, sainteté, sévérité, vertueux ■ 9 austérité, espérance, honnêteté, intégrité ■ 10 conscience, dévouement, hypocrisie, jansénisme, modération, perfection, prolifique, tempérance ■ 11 affectation, édification ■ 12 pudibonderie ■ 13 propitiatoire.

**VERTUEUX:** 3 pur ■ 4 sage* ■ 5 digne, divin, juste, moral, prude, saint ■ 6 chaste*, décent, dévoué, modèle, sévère ■ 7 auguste, austère, honnête*, louable, parfait, pudique, rosière ■ 8 adorable, bégueule, édifiant, méritant, pudibond ■ 9 estimable, excellent, tempérant ■ 10 exemplaire ■ 13 consciencieux, irréprochable, vertueusement ■ 14 sainte-nitouche.

**VERVE:** 7 verveux ■ 9 éloquence*.

**VERVEUX:** 4 gord ■ 5 louve.

**VESCE:** 3 ers ■ 5 apion.

**VESICAL:** 11 pollakiurie.

**VESICANT:** 5 garou ■ 7 ypérite ■ 10 vésication.

**VESICATOIRE:** 8 exutoire ■ 10 cantharide.

**VESICULE:** 4 gale, œuf, zona ■ 5 psora, spore ■ 8 cystique, liposome, otocyste ■ 9 phlyctène ■ 10 vésiculeux ■ 11 vésicatoire ■ 12 cholécystite.

**VESPASIENNE:** 7 urinoir.

**VESPIDE:** 5 guêpe ■ 6 frelon ■ 9 ammophile ■ 11 hyménoptère*.

**VESPREE:** 4 soir.

**VESSE:** 6 vesser ■ 7 crainte.

**VESSE-DE-LOUP:** 10 lycoperdon.

**VESSIE:** 5 urine ■ 6 ballon ■ 7 cystite, uretère, vésical ■ 9 cystique, gravelle, vésicule ■ 10 cystotomie, vésiculeux ■ 11 cystectomie, cystoscopie, lithotritie ■ 12 cystographie.

**VESTALE:** 6 infule ■ 9 vestalies.

**VESTE:** 5 kabic, kabig, yélek ■ 6 anorak, boléro, dolman, fiasco, veston ■ 7 casaque, vareuse ■ 8 doudoune, hoqueton, insuccès ■ 10 canadienne, carmagnole, saharienne.

**VESTIAIRE:** 9 lave-mains.

**VESTIBULE:** 4 hall ■ 5 vélum ■ 6 entrée ■ 7 galerie, narthex, passage ■ 8 corridor, otoscope, propylée, utricule ■ 9 prodromos, prothyron ■ 11 antichambre ■ 12 fenestration, vestibulaire.

**VESTIGE:** 5 trace* ■ 6 ruines ■ 9 apparance.

**VESTON:** 5 gilet ■ 6 blazer ■ 9 pet-en-l'air.

**VETEMENT:** 3 bas, col, dos, obi, pan, pli, sac ■ 4 aube, bleu, bure, cape, ciré, flou, frac, froc, gant, haïk, jupe, kaki, kilt, luxe, maxi, mini, robe, saie, saye, toge, tour, vêtu ■ 5 bahut, bâtir, bazar, caban, calot, capot, châle, chape, cotte, crevé, deuil, drapé, fichu, galon, gilet, gonne, habit*, haire, heuse, jaque, jupon, juste, khaki, laine, lange, mante, miton, nippe, ouate, pagne, palla, panet, paréo, patte, pièce, plaid, poche, queue, sagum, sayon, stola, tabar, tacon, tenue, valet, veste, vêtir, yélek ■ 6 ajusté, basque, berthe, blouse, boléro, camail, capote, caraco, casque, collet, corset, costar, dolman, domino, effets, hardes, kimono, lévite, manche, nippes, orfroi, pelure, pénule, péplum, pyjama, raglan, rochet, sarrau, surcot, tartan, tricot, ulster, veston ■ 7 blouson, burnous, cafetan, caleçon, canezou, carrick, casaque, casimir, chemise, collant, complet, corsage, costume, culotte, fringue, haillon, lainage, liseuse, maillot, manteau, matinée, mosette, paletot, pallium, pelisse, rotonde, simarre, soutane, spencer, surplis, surtout, tablier, talaire, tunique, vareuse ■ 8 affaires, apiéceur, baluchon, basquine, camisole, capuchon, casaquin, cashmere, ceinture, chasuble, chlamyde, cotillon, défriffé, défroque, djellaba, doudoune, dressing, encolure, essayeur, fourreau, fourrure, fringues, friperie, frou-frou, frusques, grébiche, guenille, hoqueton, indusium, jaquette, mantelet, mantille, palatine, pantalon, pectoral, peignoir, pèlerine, prétexte, pull-over, rebroder, tailleur, toilette, touloupe, treillis, troussis, uniforme ■ 9 balluchon, bourgeron, braguette, brassière, cachemire, court-vêtu, décolleté, demi-deuil, gandourah, garde-robe, laticlave, limousine, normalisé, pardessus, pet-en-lair, pourpoint, redingote, salopette, surpiquer, tailleuse, tunicelle, vestiaire ■ 10 adoubement, antiglisse, barboteuse, carmagnole, chemisette, dalmatique, décolleter, déguenillé, déshabillé, deux-pièces, devantière, douillette, emmanchure, magfarlane, retoucheur, retroussis, roquelaure, scapulaire, soutanelle, sportswear, strip-poker, vieillerie, waterproof ■ 11 boutonnière, cache-corset, cache-misère, combinaison, déharnacher, déshabiller, emmitoufler, endimancher, habillement*, houppelande, justaucorps, prêt-à-coudre, prêt-à-porter, rabattement, soubreveste, souquenille, survêtement, travestisme ■ 12 accoutrement, angusticlave, dressing-room, raccommodage, sous-vêtement, soutien-gorge ■ 13 transvestisme, vestimentaire ■ 14 haut-de-chausses.

**VETERAN :** 6 ancien*, soldat, yeoman ■ 9 vétérance.

**VETILLE :** 4 rien* ■ 8 chipoter, vétiller ■ 9 vétillard, vétilleur, vétilleux.

**VETILLER :** 8 chicaner* ■ 9 vétilleur.

**VETILLEUX :** 9 vétillard.

**VETIR :** 5 tenue ■ 6 nipper ■ 7 couvrir, fagoter, ficeler, revêtir ■ 8 affubler, costumer, fringuer, frusquer, habiller* ■ 9 accoutrer, harnacher ■ 10 enjuponner, requinquer ■ 12 caparaçonner.

**VETO :** 3 non ■ 11 liberum veto.

**VETU :** 2 nu ■ 7 couvert, habillé ■ 9 loqueteux ■ 10 dépenaillé.

**VETURE :** 4 mise.

**VETUSTE :** 6 ancien*.

**VEULE :** 3 mou ■ 4 lope ■ 7 lopette.

**VEUVAGE :** 7 viduité.

**VEXATION :** 8 vexateur ■ 9 camouflet, vexatoire.

**VEXER :** 6 outrer ■ 7 blesser*, ulcérer ■ 8 déplaire, froisser*, offenser*, vexation ■ 10 contratier, tourmenter ■ 11 susceptible ■ 14 susceptibilité.

**VIA :** 4 voie.

**VIABLE :** 6 vivant ■ 9 prématuré.

**VIAGERE :** 7 tontine.

**VIANDE :** 3 rôt, suc ■ 4 étal, gras, gril, mafé, pâté, pita, rôti ■ 5 aspic, carne, chair*, daube, farce, frigo, froid, fumet, gelée, haché, halal, lunch, oille, pâtée, pilaf, pilau, pilaw, saler ■ 6 broche, casher, cimier, émincé, fricot, ragine, taline ■ 7 allonge, bidoche, bouilli, brochée, cachère, cawcher, colombo, grisons, hansart, kascher, présalé, terrine ■ 8 barbaque, barbecue, daubière, escalope, greubons, grillade, hochepot, macreuse, marinade, marinage, moussaka, pemmican, pot-au-feu, quenelle, saladero, saucisse, souvlaki, tailloir, tandoori ■ 9 béatilles, boucanage, boucherie, carbonade, carpaccio, croquette, entrecôte, étouffade, fricassée, koulibiac, paupiette, rillettes, rôtisseur, tranchoir, vol-au-vent ■ 10 blanquette, charbonnée, chevillard, corned-beef, estouffade, fricadelle, hippophage, rôtissoire ■ 11 couteau-scie, hâche-viande, hippophagie, salmigondis ■ 12 cochonnaille.

**VIATIQUE :** 9 provision*.

**VIBRANT :** 12 pervibrateur.

**VIBRAPHONE :** 13 vibraphoniste.
**VIBRATION :** 3 son ■ 4 coup, gong, onde ■ 5 anche, tuyau ■ 7 doppler ■ 8 infra-son, ultra-son ■ 9 étouffoir, fréquence, languette, pulsation, tintement, voisement ■ 10 résonateur, silentbloc, vibratoire ■ 11 oscillation ■ 12 polarisation ■ 13 vrombissement ■ 15 monochromatique.
**VIBRER :** 6 frémir ■ 7 vibrage, vibrant, vibrato ■ 8 palpiter, trembler* ■ 9 vibrateur, vibratile ■ 11 tressaillir.
**VIBRION :** 7 virgule.
**VICAIRE :** 6 prêtre* ■ 8 vicarial, vicariat ■ 11 archidiacre.
**VICE :** 4 noce ■ 5 excès, lèpre, orgie, péché*, tache ■ 6 défaut* ■ 7 blésité, égoïsme, équipée, frasque, licence, travers, vicieux ■ 8 bamboche, débauche*, désordre, fredaine, impureté ■ 9 lasciveté, lubricité, perdition, rescision, saturnale, simplisme ■ 10 corruption, débaucheur, difformité, épispadias, hypocrisie, illégalité, immoralité, impudicité, inconduite, perversion, perversité ■ 11 déportement, dépravation*, dérèglement, dissipation, redhibition ■ 12 imperfection*, incontinence, intempérance, malformation ■ 13 contamination ■ 14 démoralisation.
**VICE-ROI :** 7 khédive, palatin ■ 11 vice-royauté.
**VICHY :** 8 vichyste.
**VICIE :** 3 pur ■ 4 sain, taré ■ 8 viciable ■ 9 viciateur.
**VICIER :** 5 gâter* ■ 6 perdre ■ 7 altérer, pourrir*, séduire ■ 8 dépraver*, entacher, suborner ■ 9 corrompre, débaucher, gangrener, pervertir, viciateur, viciation ■ 11 démoraliser, scandaliser.
**VICIEUX :** 4 gâté, roué ■ 5 impur, perdu ■ 6 noceur, pourri ■ 7 dépravé, déréglé, dissolu, entaché, immonde, immoral, mauvais, méchant, obscène*, pervers ■ 8 corrompu*, débauché, diallèle, érotique, perverti, pétition, vicelard ■ 9 crapuleux, janotisme, lallation, luxurieux*, misérable, satanique ■ 10 démoralisé, dévergondé, diabolique, licencieux*, rhotacisme ■ 11 cacographie, lambdacisme ■ 12 incorrigible, onychophagie, vicieusement.
**VICISSITUDE :** 6 retour ■ 10 changement.
**VICINAL :** 10 vicinalité.
**VICOMTE :** 5 baron, comte, titre ■ 8 vicomtal.
**VICTIME :** 4 serf, volé ■ 5 proie ■ 6 martyr ■ 8 asphyxié, oblation ■ 9 assujetti, hécatombe ■ 10 holocauste, probatique, victimaire ■ 11 martyrologe ■ 12 victimologie ■ 14 souffre-douleur.
**VICTOIRE :** 3 hip ■ 4 péan ■ 5 pæan, palme ■ 6 succès* ■ 8 disputer, triomphe* ■ 9 stratégie, vainqueur ■ 10 victorieux.
**VICTORIEUX :** 9 vainqueur ■ 15 victorieusement.
**VIDAME :** 6 vidamé ■ 7 vidamie.
**VIDAGE :** 8 étripage.
**VIDANGE :** 5 fosse, urine ■ 6 vidamé, vidoir ■ 7 conduit, poterie, tinette, vidamie ■ 8 dépotoir, vide-vite ■ 10 ballastage ■ 11 tout-à-l'égout ■ 12 déballastage.
**VIDANGER :** 5 vider* ■ 7 vidange.
**VIDE :** 3 âme ■ 4 auge, coin, lège, trou, veuf ■ 5 blanc, creux*, lampe, pompe, rebec, solin, sonde, sucer, vague, vider ■ 6 cavité, désert, vacant, vacuum ■ 7 vacuité, vacuole ■ 8 klystron ■ 9 cénotaphe, ouverture, ultravide, vidangeur ■ 10 aspiration, boursouflé, intermonde ■ 12 opus incertum.
**VIDEO :** 3 c.d.v. ■ 4 clip ■ 8 vidéaste ■ 9 caméscope.
**VIDEOCASSETTE :** 9 vidéoclub ■ 11 vidéothèque.
**VIDEODISQUE :** 12 vidéolecteur.

**VIDEOGRAPHIE :** 8 vidéotex.
**VIDEOTEX :** 7 télébel.
**VIDER :** 5 tarir ■ 6 écoper, pomper ■ 7 épuiser*, étriper, évacuer, videlle ■ 8 absorber, consumer, dégarnir, dépenser, expulser, nettoyer, survider, vidanger ■ 9 appauvrir, consommer, débourrer, dépeupler, désemplir, dessécher, pressurer ■ 10 transvider ■ 11 désobstruer.
**VIDIMER :** 8 comparer.
**VIDIMUS :** 7 vidimer.
**VIDOIR :** 11 vide-ordures.
**VIDUITE :** 7 veuvage.
**VIE :** 3 âge, âme, vif ■ 4 à vie, fête, mort, sang, tête, tuer ■ 5 animé, fange, garce, gaupe, génie, jours, monde, pâque, privé, saint, signe, songe, train, trame, vital, vivre ■ 6 destin, survie ■ 7 inanimé, mondain, traînée ■ 8 biologie, carrière, délétère, destinée, éternité, histoire, jeunesse, mollesse, patachon, personne, quartier, renaître, standard, standing, survivre, sybarite, vitalité, zoonomie ■ 9 abiotique, activisme, aérobiose, animation, ascétisme, bucolique, climatère, compagnon, dolce vita, épicurien, étrangler, existence*, longévité, nomadisme, ruralisme, salutaire, ustensile ■ 10 acagnarder, biographie, érémitisme, filmologie, inamovible, inquilisme, patrologie, ranimation, vieillesse ■ 11 adolescence, anaérobiose, biophysique, biosciences, confortable, évangéliste, immortalité, inorganique, organicisme, physiologie, ressusciter ■ 12 bourlingueur, climatérique, cohabitation, encroûtement, filmographie, palingénésie, résurrection ■ 13 anachorétisme, commensalisme, ecclésiologie, océanographie, paléoécologie, saprophytisme, semi-nomadisme ■ 14 autobiographie.
**VIEIL :** 3 ute ■ 7 chnoque, schnock ■ 8 schnoque ■ 11 chrysobéryl.
**VIEILLARD :** 3 âge ■ 4 home ■ 5 barbe, birbe, grime, vieux* ■ 6 barbon, chenu, grison, sénile, vioque ■ 7 baderne, géronte ■ 8 pantalon ■ 9 gériatrie, roquentin ■ 10 gérontisme, patriarche ■ 13 gérontocratie.
**VIEILLERIE :** 9 bric-à-brac.
**VIEILLESSE :** 3 âge, ans ■ 4 soir ■ 5 asile ■ 8 caducité, couchant, sénilité ■ 10 vieillerie ■ 11 décrépitude.
**VIEILLI :** 7 harnois.
**VIEILLIR :** 8 blanchir.
**VIEILLISSEMENT :** 9 involutif, sénilisme ■ 10 sénescence ■ 12 vieillissant ■ 13 gérontologie.
**VIEILLOT :** 3 âgé ■ 6 ancien*, désuet*.
**VIELLE :** 7 vieller ■ 8 vielleur.
**VIENNE :** 8 viennois.
**VIERGE :** 3 ave, pur* ■ 5 blanc, hymen, icône, intact, selva, selve, terre, vigne ■ 6 chaste, madone, marial, puceau, rosier ■ 7 colombe, pucelle ■ 8 ave maria, virginal ■ 9 virginité ■ 10 demi-vierge, magnificat, mariologie ■ 12 annonciation, présentation, purification.
**VIET-NAM :** 4 dông ■ 7 nuoc-mâm ■ 8 annamite ■ 10 vietnamien ■ 13 sud-vietnamien ■ 14 nord-vietnamien.
**VIETNAMIEN :** 3 têt.
**VIEUX :** 3 âgé ■ 4 vioc ■ 5 caduc, cassé, vieil ■ 6 ancien*, ponton, rococo ■ 7 vétéran, vétuste ■ 8 briscard, croûlant, frusques, lanlaire, vieillir, vieillot ■ 9 brisquard, pet-de-loup, réchauffé, solitaire, vieillard* ■ 10 hachischin, vieillerie ■ 12 antédiluvien ■ 13 gérontocratie.
**VIF :** 3 dru, sel, zou ■ 4 aigu*, âpre, joie, soif, vert ■ 5 actif, agile*, aigre, animé, chaud, galop, larme, léger, leste, magie, mutin, rubis, saute, trait, tride ■ 6 alerte, allant, dégagé, déluré, éperdu, ouvert,

prompt*, rapide*, souple, vivace, vivant ■ 7 allègre, brûlant, brusque, cruenté, cuisant, emporté, entrain, éveillé, mordant*, nerveux, perçant, piquant*, remuant, spitant, violent* ■ 8 atténuer, délecter, diminuer, émousser, espiègle*, fougueux, frappant, fringant, pétulant, poignant, repentir, rutilant, saillant, vicacité ■ 9 andantino, bouillant, diablotin, émerillon, frétiller, fulgurant, guilleret, impétieux, pénétrant, pétillant, sémillant, spirituel, tranchant, transport, turbulent, vigoureux* ■ 10 appétition, désinvolte, étincelant, frétillant. ■ 11 émerillonné.

**VIGILANCE :** 4 soin* ■ 5 garde ■ 8 endormir, obtusion, vigilant ■ 11 vigilamment.

**VIGILANT :** 11 vigilamment.

**VIGNE :** 3 cep ■ 4 clos ■ 5 arçon, cuvée, larme, pleur, tortu, vinée ■ 6 cépage, hautin, oïdium, provin, raisin* ■ 7 anomala, anomale, hautain, fossoir, mildiou ■ 8 cochylis, épamprer, mélanose, oullière, phytopte, retercer, sautelle, vigneron, vignoble, vinicole, viticole ■ 9 crossette, lambruche, muscadine, pourridie, quartager, soufreuse, sulfateur, vigneture ■ 10 lambrusque, plasmopara, pourriture, provignage ■ 11 anthracnose, assarmenter, retroussage, viniculture, viticulteur, viticulture ■ 12 déchausseuse, provignement ■ 13 ampélographie.

**VIGNERON :** 10 vendangeur ■ 11 viticulteur.

**VIGNEROT :** 9 aiguillon.

**VIGNETAGE :** 8 vigneter.

**VIGNETTE :** 5 talon ■ 8 ex-libris, historié, keepsake ■ 10 cul-de-lampe ■ 11 timbre-poste, vignettiste ■ 15 timbre-quittance.

**VIGNOBLE :** 3 cru*, vin* ■ 4 clos ■ 5 erbue, vigne ■ 6 herbue ■ 7 parchet ■ 12 encépagement.

**VIGNOT :** 9 littorine.

**VIGOGNE :** 9 carmeline, carméline.

**VIGOUREUX :** 3 dru, mol, mou, vif* ■ 4 fort*, vert ■ 5 atone, frêle, jeune, lâche, tabac ■ 6 membru, solide*, valide ■ 7 costaud, robuste, végétal ■ 8 gaillard.

**VIGUEUR :** 3 ton ■ 4 nerf, sève ■ 5 avent, force*, rosse, titre ■ 7 affadir, énergie*, verdeur ■ 8 goussaut, jeunesse, mollesse, tonifier, vivacité, vivifier ■ 9 hétérosis, revigorer, subsister, vigoureux ■ 10 renouveler, robustesse ■ 12 restauration ■ 14 vigoureusement.

**VIL :** 3 bas* ■ 4 pelé, taré ■ 5 avili, écume, lâche, limon, puant, rebut ■ 6 abject, coquin, faquin, fumier, galeux, goujat, humble, infâme, infime, piètre, roquet, triste, vilain ■ 7 bélître, dégradé, dernier, ignoble, infamie, rampant, ravilir, servile, sordide, trivial, vilenie ■ 8 bassesse, canaille, grossier*, pied-plat, racaille, rosserie, vilement ■ 9 bassement, crasseaux, excrément, paltoquet, pouilleux, saloperie ■ 10 caudataire, innommable, méprisable*, pleutrerie, populacier, vilipender.

**VILAIN :** 3 ord, toc ■ 4 beau, joli, laid* ■ 5 magot, moche, tarte ■ 6 chiche, hideux, manant, odieux, paysan, tocard ■ 7 affreux*, macaque, méchant, pouacre ■ 8 horrible ■ 11 vilainement.

**VILEBREQUIN :** 5 mèche.

**VILENIE :** 6 crasse, injure, saleté ■ 8 bassesse*, humilité, vacherie ■ 9 platitude, saloperie, servilité, souplesse ■ 10 méchanceté*.

**VILIPENDER :** 8 malmener.

**VILLA :** 6 chalet ■ 7 cottage ■ 8 bungalow, pavillon.

**VILLAGE :** 5 bourg, douar, ksour ■ 6 hameau ■ 7 bicoque, clocher, frairie, patelin, vicinal ■ 8 bourgade ■ 9 virilocal ■ 10 synœcisme, villageois ■ 13 rurbanisation.

**VILLAGEOIS:** 3 mir ■ 6 paysan* ■ 9 morguenne ■ 10 morguienne.
**VILLE:** 2 ev ■ 4 cité ■ 5 bourg, hanse, kreml ■ 7 îlotage, kremlin ■ 8 décapole, localité, oppidium, township ■ 10 concitoyen, labyrinthe, plan-relief ■ 11 bourgmestre, conurbation, embastiller, interurbain, périurbain ■ 12 centre-ville ■ 13 agglomération ■ 14 ville-satellite ■ 15 ville-champignon.
**VILLEGIATURE:** 6 séjour ■ 9 house-boat ■ 12 villégiateur.
**VILLEUX:** 5 poilu*.
**VILLEURBANNE:** 14 villeurbannais.
**VIN:** 3 kil, lie ■ 4 asti, coca, déci, dive, dôle, ivre, moût, piot, râpé ■ 5 anjou, boîte, canon, casse, chais, civet, débit, fagot, jerez, larme, mâcon, médoc, palme, palus, pinot, piqué, porto, rioja, rouge, saucé, tavel, tokai, tokaj, tokay, vigne, vinée, xérès ■ 6 alsace, aramon, arrosé, bichof, bishop, cahors, corton, enviné, gravas, madère, malaga, morgon, muscat, nectar, pinard, pineau, rancio, régnié, résiné, sherry, tourne, verrée, vineux, volnay ■ 7 aligoté, banyuls, bischof, bistrot, buvande, buvante, candida, cellier, chablis, chabrol, chabrot, chianti, clairet, coupage, crémant, falerne, guinguet, marsala, moselle, paillet, perlant, pèse-vin, piccolo, picpoul, picrate, pomerol, pommard, pouilly, retsina, romanée, rouquin, tâte-vin, vinaire, vinasse, vinique, vouvray ■ 8 alicante, bakchich, bordeaux, brouilly, brûlerie, décuvage, eau-de-vie, extra-dry, fillette, ginglard, goguette, gravelée, grenache, juliénas, jurançon, mercurey, meurette, mousseux, muscadet, picardan, picpoule, piquette, pochouse, sancerre, sémillon, sylvaner, verdagon, verdelet, vermouth, vinaigre, vinicole, vinifère, vinosité, viticole ■ 9 baissière, bardolino, bourgueil, bourgogne, brandevin, champagne, clairette, corbières, demi-pièce, gouleyant, gros-plant, liquoreux, lamvoisie, meursault, minervois, muscadine, œnilisme, œnolique, œnologie, œnophile, pauchouse, pinardier, quinquina, sauternes, salvagnin, sauvignon ■ 10 acidimètre, baquetures, beaujolais, blanquette, bouteiller, boutillier, chambertin, cubitainer, décuvaison, frontignan, manzanilla, mastroquet, mère-goutte, montrachet, œnothèque, picpouille, piquepoult, pressurage, reginglard, saint-amour ■ 11 amontillado, dégustateur, eucharistie, moulin-à-vent, œnanthique, vin de paille, viniculture ■ 12 côtes-du-rhône, madérisation, valpolicella, vinification ■ 13 bourguignonne, court-bouillon, échansonnerie, saccharomyces ■ 14 lacryma-christi, passe-tout-grain ■ 15 champagnisation, gewurtztraminer.
**VINAIGRE:** 5 câpre, rosat ■ 6 acétol, oxymel ■ 7 acétate, acéteux, achards, oxycrat ■ 8 acétique, acétomel, hydromel, marinade, poivrade ■ 9 vinaigrer ■ 10 acétimètre, acétomètre, anguillule, éthanoïque, vinaigrier ■ 11 vinaigrerie.
**VINAIGRETTE:** 8 gribiche.
**VINDICATIF:** 15 vindicativement.
**VINDICTE:** 9 vengeance.
**VINEUX:** 8 vinosité.
**VINGT:** 9 icosaèdre, vicesimal, vingtaine, vingtième ■ 12 bimillénaire, quatre-vingts.
**VINGT-CINQ:** 9 quarteron.
**VINGTIEME:** 5 vingt ■ 8 shilling ■ 13 vingtièmement.
**VINGT-NEUVIEME:** 8 bissexte.
**VINGT-QUATRE:** 10 nycthémère.
**VINICULTURE:** 15 vitiviniculture.
**VINIFICATION:** 8 vinifier ■ 9 sulfitage ■ 12 vinificateur.
**VINYLE:** 3 pvc ■ 6 rhovyl ■ 8 vinylite ■ 12 polychlorure ■ 13 polyvinylique.

**VIOL**: 7 violeur ■ 9 violateur, violation, violement ■ 10 infraction, manquement.
**VIOLACE**: 5 lilas ■ 6 violet* ■ 7 magenta, vibices ■ 8 bordeaux.
**VIOLACEE**: 6 livedo, pensée, vibice ■ 8 violette, zinzolin.
**VIOLATION**: 4 faux, lèse, vice ■ 5 crime, défit ■ 6 accroc ■ 7 licence, parjure ■ 8 adultère, anomalie ■ 9 déviation ■ 10 aberration, infraction ■ 12 irrégularité.
**VIOLE**: 5 gambe, rebec ■ 8 violiste.
**VIOLEMMENT**: 5 éclat, smash, vomir ■ 8 emboutir, percuter, tabasser ■ 15 tempétueusement.
**VIOLENCE**: 3 feu ■ 4 gêne, rapt, viol ■ 5 délit, éclat, excès, force, orage, proie ■ 6 âpreté, colère, fougue, fureur* ■ 7 aigreur, attaque, passion*, pillage, rigueur, rudesse, tempête ■ 8 démesure, expulser, hooligan, houligan, redoublé, scandale, tyrannie ■ 9 animosité, brutalité, esclandre, extorquer, racketter, ravisseur, rébellion, sacripant, tamponner, véhémence, virulence ■ 10 apostrophe, brusquerie, coercition, contrainte, despotisme, oppression, racketteur, spoliation, terrorisme, valdinguer, violemment ■ 11 amortisseur, compression, déprédation, emportement, impétuosité, intolérance, ravissement ■ 12 déchaînement ■ 14 défenestration.
**VIOLENT**: 3 cru, ras, raz, vif* ■ 4 amer, âpre, bora, féru, fort, gros, mort, rage, rude, tuer ■ 5 autan, calme, dégât, dogue, éclat, fœhn, grand, levée, périr, scène ■ 6 ardent*, brutal, enragé, éperdu, prompt ■ 7 brusque, emporté, extrême*, furieux*, furioso, sauvage, tornade, torrent ■ 8 carabine, coléreux, déchaîné, diatribe, farouche, fougueux, hargneux, pamphlet, sanglant, spontané, terrible, véhément, virulent ■ 9 acariâtre, commotion, courroucé, déchirure, drastique, éréthisme, impatient, impétueux*, invective, irritable, tourmenté, transport, véhémence, vulcanien ■ 10 contorsion, foudroyant, frénétique, non-violent, révolution, tressaillir ■ 11 altercation, catilinaire, chasse-neige, objuration, palpitation, philippique, rugissement ■ 12 désenvenimer, saisissement ■ 14 bouleversement.
**VIOLENTER**: 5 ravir, sévir ■ 6 brider, forcer, violer* ■ 7 obliger ■ 8 arracher, molester, opprimer, outrager, tempêter ■ 9 comprimer, maîtriser ■ 10 brutaliser, maltraiter, tyranniser ■ 11 contraindre.
**VIOLER**: 6 abuser, forcer ■ 7 déroger, faillir, inviolé, manquer, tromper ■ 8 asservir, attaquer, attenter, désobéir, forfaire, parjurer, profaner* ■ 9 soumettre, violation, violenter ■ 10 enfreindre, inviolable ■ 11 contrevenir, prévariquer ■ 12 transgresser.
**VIOLET**: 4 iode ■ 5 jacée, mauve, radis, sauge ■ 6 pensée ■ 7 azurant, violacé, violine ■ 8 colombin, violacer, violâtre, violeter ■ 9 améthyste, aubergine ■ 11 ultraviolet.
**VIOLETTE**: 5 parme.
**VIOLIER**: 9 matthiole.
**VIOLOGIQUE**: 14 chronobiologie.
**VIOLON**: 5 boyau, rebec ■ 6 prison* ■ 7 cordier, violoné ■ 8 chevalet, crincrin, pochette, sourdine, violonner ■ 9 ménétrier ■ 10 violoniste ■ 11 chanterelle, contrebasse, stradivarius, trois-quarts.
**VIOLONEUX**: 9 ménétrier.
**VIORNE**: 5 obier ■ 7 pimbina ■ 10 laurier-tin.
**VIPERE**: 4 vive ■ 5 aspic, venin ■ 7 péliade, vipérin ■ 8 ammodyte, vipereau, vipériau, vipéridé, vipérine.
**VIPERIDE**: 6 vipère ■ 7 céraste, crotale ■ 8 ammodyte, mocassin ■ 14 trigonocéphale.

**VIRAGE :** 4 stem ■ 5 stemm, virer ■ 8 survirer, télémark ■ 10 diachromie, sous-vireur.
**VIRAGO :** 6 mégère* ■ 9 maritorne.
**VIRALE :** 6 virion.
**VIREE :** 4 tour ■ 10 vadrouille.
**VIRER :** 5 virée ■ 7 tourner* ■ 13 tourne-à-gauche.
**VIREVOLTER :** 7 tourner*.
**VIRGINIE :** 8 virginie.
**VIRGINITE :** 8 chasteté*, déflorer, pucelage ■ 9 dépuceler ■ 10 continence ■ 12 déverginiser.
**VIRGULE :** 8 virguler ■ 12 rouflaquette.
**VIRIL :** 3 vit ■ 4 mâle* ■ 5 homme ■ 8 jeunesse ■ 9 viriliser ■ 10 virilement ■ 11 adolescence.
**VIRILITE :** 9 émasculer ■ 11 déviriliser.
**VIROLE :** 7 viroler ■ 8 virolage, virolier.
**VIROLOGIE :** 9 virologue ■ 11 virologique, virologiste.
**VIRTUEL :** 9 puissance ■ 10 virtualité ■ 13 actualisation, virtuellement.
**VIRTUELLEMENT :** 15 potentiellement.
**VIRTUOSE :** 2 as ■ 5 aigle ■ 6 maître ■ 8 musicien ■ 10 virtuosité.
**VIRTUOSITE :** 8 bel canto ■ 9 acrobatie.
**VIRULENCE :** 8 envenimé ■ 13 auto-infection.
**VIRULENT :** 4 rage ■ 7 fougueux ■ 8 corrosif ■ 9 virulence ■ 12 désenvenimer.
**VIRUS :** 3 v.i.n. ■ 4 kuru ■ 5 viral ■ 6 poison, virose ■ 7 microbe*, variole ■ 8 allergie, friselée, frisolée, inoculer, mosaïque, trachome, virocide, virucide, virulent ■ 9 antiviral, arbovirus, grasserie, lentivirus, virologie ■ 10 infravirus, interféron, rétrovirus, rickettsie, ultravirus, virulicide ■ 11 biotropisme, entérovirus, inoculation ■ 12 poliomyélite, terrafungine ■ 13 bactériophage ■ 15 cytomégalovirus, ultrafiltration.
**VIS :** 5 écrou, filet, piton, vérin ■ 7 filière ■ 8 dévisser, tarauder, tire-fond, visserie ■ 9 avant-trou, tournevis ■ 11 tire-bouchon ■ 12 décolleteuse ■ 13 tourne-à-gauche.
**VISA :** 5 viser.
**VISAGE :** 3 air, bec, nez ■ 4 face, joue, lune, mine, ride, tape, tête, zona ■ 5 blair, chère, front, groin, lupus, poire, teint, trait, voile ■ 6 bobine, faciès, figure*, masque, menton, minois, museau, trogne ■ 7 balafre, binette ■ 8 cache-nez, coiffant, physique, rubicond, touffeur, trombine, voilette ■ 9 couperose, érythrose, frimousse, linéament, tcharchaf, visagisme, visagiste ■ 10 estafilade, renfrogner ■ 11 brumisateur, physionomie ■ 12 cosmétologie, transfigurer ■ 13 portrait-robot ■ 15 débarbouillette.
**VIS-A-VIS :** 4 face ■ 6 en face, opposé, regard ■ 8 ci-contre, opposite ■ 9 face à face, vison-visu.
**VISCERE :** 4 foie, rate, rein ■ 6 poumon ■ 7 matrice ■ 8 intestin, viscéral ■ 9 cœliaque, éviscérer ■ 12 éviscération, splanchnique ■ 13 décapsulation, histoplasmose ■ 14 splanchnologie.
**VISCOELASTICITE :** 14 viscoélastique.
**VISCOPLASTICITE :** 14 viscoplastique.
**VISCOSE :** 7 droguet.
**VISCOSITE :** 3 s.a.e. ■ 5 poise ■ 8 visqueux ■ 12 viscosimètre ■ 13 mucoviscidose, superfluidité ■ 14 viscoréduction.
**VISEE :** 3 but* ■ 8 réticule ■ 10 prétention, théodolite ■ 11 collimateur ■ 12 imperfection.
**VISER :** 4 visé ■ 5 mirer, tirer ■ 6 tendre ■ 7 ajuster ■ 8 bornoyer ■ 11 collimation.

**VISEUR :** 9 œilleton ■ 11 stignomètre.
**VISIBLE :** 3 off ■ 8 apparent*, sensible ■ 9 endoscope, extérieur, filigrane, manifeste* ■ 10 ectoplasme, ostensible, percevable, visibilité, visualiser ■ 11 acotylédone, apercevable, disparaître, perceptible, visiblement ■ 12 oscilloscope.
**VISIERE :** 3 vue ■ 4 képi ■ 5 morné ■ 6 mézail ■ 7 ventail ■ 8 abat-jour, cabasset, garde-vue ■ 9 casquette, ventaille.
**VISION :** 3 vue* ■ 4 idée ■ 6 mirage ■ 7 darshan, optique, scotome, zoopsie ■ 8 fantasme, glaucome, illusion ■ 9 amétropie, cauchemar, évocation, macropsie, orthoptie, phantasme ■ 10 apparition*, daltonisme, nyctalopie ■ 11 amblyoscope, héméralopie, orthoptique, visionnaire ■ 12 astigmatisme, hétérophorie, stéréovision ■ 13 embryonscopie, fantasmagorie, hallucination*, hypermétropie, ophtalmologie, théocentrisme.
**VISIONNAIRE :** 5 devin* ■ 8 illuminé ■ 10 songe-creux.
**VISIONNER :** 10 visionnage.
**VISIONNEUSE :** 7 moviola.
**VISITATION :** 11 visitandine.
**VISITE :** 4 voir ■ 5 ronde, salon ■ 7 fouille ■ 8 visiteur ■ 9 expertise, interview ■ 10 visitation ■ 11 stationnale ■ 12 contre-visite, domiciliaire.
**VISITER :** 4 voir ■ 6 hanter ■ 8 aboucher, examiner, explorer, fouiller*, recevoir, voisiner ■ 9 parcourir, revisiter ■ 10 solliciter.
**VISON :** 10 visionnière.
**VISQUEUX :** 4 lave ■ 5 magma, morve, mucus ■ 6 gluant*, résine ■ 7 chassie, miellée ■ 8 miellure, mucilage ■ 9 glutineux ■ 10 hygrophore, oléorésine ■ 11 conglutiner, dissolution, thixotropie ■ 15 viscoélasticité, viscoplasticité.
**VISSER :** 8 revisser, visseuse.
**VISUALISATION :** 6 visuel ■ 12 vidéographie.
**VISUEL :** 8 onirisme ■ 12 rédactionnel, visuellement.
**VISUELLE :** 9 micropsie ■ 12 chromatopsie.
**VIT :** 6 endogé ■ 8 aquacole, aquicole, tubicole ■ 9 cryptique, dulcicole ■ 12 agropastoral, dulçaquicole.
**VITAL :** 6 vivant ■ 9 vitalisme ■ 11 dévitaliser.
**VITALISME :** 9 vitaliste ■ 12 néo-vitalisme.
**VITALITE :** 3 pep ■ 9 dynamisme.
**VITAMINE :** 7 biotine ■ 8 adermine, aneurine, béribéri, carotène, esculine, thiamine ■ 10 ascorbique, calciférol, dévitaminé, ergostérol, pyridoxine, rachitisme ■ 11 avitaminose, provitamine, riboflavine, vitaminique ■ 12 lactoflavine ■ 14 hypovitaminose ■ 15 hypervitaminose.
**VITAMINIQUE :** 10 tocophérol.
**VITE :** 3 tôt ■ 5 gazer, poste, trait, voler ■ 6 presto, prompt ■ 7 saloper ■ 8 filocher, pulluler, tricoter ■ 9 escamoter, expéditif, trottiner ■ 10 allegretto ■ 11 prestissimo ■ 13 champignonner, six-quatre-deux.
**VITELLUS :** 4 œuf ■ 8 vitellin ■ 11 télolécithe.
**VITESSE :** 3 t.g.v. ■ 4 baud, erre, hâte*, loch, mach, vite ■ 5 badin, boîte, étale, gazer, nœud, temps, train, vroom, vroum ■ 6 allure ■ 7 express, lenteur, plafond, tachyon ■ 8 baladeur, catalyse, célérité, moulinet, rapidité*, sprinter, vélocité, vivacité* ■ 9 accélérer, autoroute, berzingue, diligence, métronome, mouvement, prestesse, variateur, virevolte ■ 10 anémomètre, subsonique, survitesse, tachymètre, véhiculeur ■ ■ 11 cinémomètre, emballement, promptitude, rétrograder ■ 12 accélération, cinémographe, démultiplier, hypersonique, présélecteur, supersonique, transsonique, vélocimétrie ■ 13 desmo-

dromique, homocinétique, monocinétique, précipitation, surmultipliée ■ 14 ralentissement ■ 15 turbosoufflante.
**VITICOLE :** 8 vinicole.
**VITICULTEUR :** 8 vigneron ■ 9 taravelle.
**VITICULTURE :** 15 vitiviniculture.
**VITIVINICULTURE :** 12 vitivinicole.
**VITRAGE :** 5 glace ■ 10 survitrage.
**VITRAIL :** 7 gemmail, résille ■ 8 plombure, verrière.
**VITRE :** 5 bâche, glace, oriel, serre, vigie ■ 7 carreau, vitrier ■ 8 verrière, vitrerie.
**VITREUX :** 5 émail ■ 6 vernis ■ 8 rétinite.
**VITRIER :** 5 fléau ■ 7 grésoir ■ 8 vitrerie.
**VITRIFIER :** 7 glaçure ■ 13 vitrification.
**VITRINE :** 7 étalage* ■ 12 lèche-vitrine ■ 13 lèche-vitrines.
**VITRIOL :** 9 vitrioler ■ 10 vitriolage, vitrioleur.
**VITRIOLER :** 10 vitriolage.
**VITULER :** 7 coucher.
**VITUPERER :** 6 blâmer, tonner ■ 10 déblatérer ■ 12 vitupérateur, vitupération.
**VIVACE :** 3 rue ■ 5 aneth, ormin, prêle ■ 6 laîche, vivant ■ 7 gerbera, sanicle ■ 8 agrostis, ellébore, gratiole, joubarbe, rhubarbe, sainfouin, sanicule ■ 9 agrostide, chiendent, hellébore, hydrastis.
**VIVACITE :** 4 brio, vlan, youp ■ 6 ardeur*, fougue ■ 7 agilité, animato, amorphe, chaleur, entrain, lenteur, mordant, stepper, vitesse* ■ 8 activité, alacrité, décocher, lourdeur, maestria, rapidité, steppeur, vivement ■ 9 animation, gendarmer, mouvement, pesamment, pétulance, prégnance, vif-argent ■ 10 exubérance, turbulence ■ 11 emportement, impétuosité, promptitude* ■ 13 précipitation.
**VIVANT :** 3 vif* ■ 4 hôte, mort ■ 5 larve, noyau, vital ■ 6 debout, monère, viable, vivace ■ 7 spitant ■ 8 académie, inquilin, vivipare ■ 9 biogenèse, halophile, halophyte, histolyse, organisme, protistes ■ 10 abiogenèse, latinisant, procaryote ■ 11 biotropisme, hétérogénie ■ 14 transgénétique.
**VIVEMENT :** 7 allegro, scherzo ■ 8 chauffer, embraser, pressant, riposter, trotteur ■ 9 appétitif, ardemment, assaillir, enluminer, fulgurant, rembarrer ■ 10 scherzando.
**VIVERRIDE :** 7 civette, genette ■ 9 mangouste.
**VIVEUR :** 6 noceur ■ 8 débauché* ■ 11 badouillard.
**VIVE VOIX :** 11 verbalement.
**VIVIDITE :** 6 vivide.
**VIVIER :** 10 anguillère, homarderie.
**VIVIFIER :** 9 vivifiant ■ 10 revivifier ■ 12 vivificateur, vivification.
**VIVIPARE :** 8 paludine ■ 10 pastenague.
**VIVISECTION :** 8 anatomie.
**VIVOTER :** 7 végéter.
**VIVRE :** 4 être* ■ 5 mener, train ■ 6 camper, denrée, rabiot ■ 7 croupir, exister*, galérer, gueuser, habiter*, syntone, végéter, vivable, vivoter ■ 8 amphibie, habitude, orbicole, respirer, sociable ■ 9 brigander, cambusier, disetteux, existence, invivable, marronner, non viable, paganiser, pérennant, subsister, traverser, viabilité, vivandier ■ 10 biotechnie, hygrophobe, insociable, matérielle, séquestrer ■ 11 concubinage, libertinage, ravitailler, sociabilité, subsistance, victuailles ■ 12 antisociable ■ 13 munitionnaire, noctambulisme ■ 14 cosmopolitisme.
**VIZIR :** 7 vizirat.

**VOCABLE:** 3 mot* ■ 5 photo.
**VOCABULAIRE:** 5 argot ■ 9 prégnance ■ 12 dictionnaire ■ 14 microglossaire.
**VOCAL:** 5 motet, rondo ■ 7 étendue ■ 8 registre ■ 9 lallation ■ 10 modulation.
**VOCALE:** 4 scat ■ 9 glissando.
**VOCALISATION:** 8 massorah.
**VOCALISER:** 7 chanter, roulade ■ 8 vocalise ■ 12 vocalisateur, vocalisation.
**VOCATION:** 8 penchant*.
**VOCERO:** 11 vocératrice.
**VOCIFERER:** 5 crier* ■ 9 tonitruer ■ 12 vociférateur.
**VŒU:** 4 vote ■ 5 désir, ordre, santé, sœur, votif, vouer ■ 6 prière, profès ■ 7 serment, souhait ■ 8 chasteté, promesse* ■ 9 christmas ■ 10 engagement, obligation, résolution ■ 11 malédiction, réciproquer.
**VOGUE:** 4 mode* ■ 5 cours ■ 6 faveur, succès ■ 8 come-back, snobisme ■ 9 célébrité ■ 10 coqueluche, engouement, popularité.
**VOGUER:** 8 naviguer.
**VOIE:** 3 rue*, via ■ 4 pavé, quai, rail, tram ■ 5 allée, canal, corde, datif, écart, garer, jalon, lacté, moyen, nœud, quête, route, selle, voyou ■ 6 artère, avenue, canton, chemin, débord, rocade ■ 7 bas-côté, impasse, sentier, sévices, tramway, trimard ■ 8 bretelle, chaussée*, élection, pionnier, urologie ■ 9 aéroporté, autoberge, boulevard, entrevoie, hématurie ■ 10 accotement, contre-rail, monophonie, opposition, sanctifier, terre-plein ■ 11 chemin de fer ■ 12 raccordement ■ 13 intermédiaire.
**VOIE FERREE:** 9 banquette, entre-rail, garde-voie ■ 10 cantonnier, locomotive ■ 12 saut-de-mouton ■ 13 signalisation ■ 14 infrastructure.
**VOIE LACTEE:** 10 galactique.
**VOÏEVODE:** 8 voïvodat ■ 9 voïévodat.
**VOILE:** 3 foc, fun, gui, ris, spi ■ 4 cape, étui, gaze, oral ■ 5 agrès, amure, barge, brick, burat, canot, crêpe, fanon, fuste, gréer, lacer, mante, phare, plein, poêle, point, riser, taled, tissu, tréou, velet, vélum, yacht ■ 6 ariser, chèche, fougue, guimpe, houard, houari, hunier, litham, litsam, masque, taleth, vergue ■ 7 aurique, bouline, conopée, couvert, driveur, faseyer, manteau, misaine, tape-cul, tchador, têtière, vélaire, vélique, voilier, voilure* ■ 8 antihalo, bonnette, cacatois, déferler, dériveur, dévoiler, empanner, funboard, gréement, guidant, perruche, ralingue, vaporeux, voilière, wishbone, yachting ■ 9 balestron, déverguer, envergure, faseiller, œil-de-pie, perroquet, spinnaker, tcharchaf, tcharchef ■ 10 bout-dehors, brigantine, empointure, grand-voile, tiers-point, tire-veille ■ 12 cirro-stratus, désenverguer, uranoplastie ■ 13 brick-goélette.
**VOILER:** 6 cacher* ■ 7 voilage ■ 8 estomper.
**VOILIER:** 4 finn ■ 5 senau ■ 6 abatée, génois, rating ■ 7 aulofée, catboat, roulier ■ 8 albatros, auloffée, gaillard, paumelle, schooner, trimaran ■ 9 boulinier, monocoque ■ 10 caphornier, multicoque, quatre-mâts.
**VOILURE:** 3 mât ■ 4 étai, hune ■ 5 agrès, câble, palan, penne, rotor, voile* ■ 6 drisse, grelin, hauban, hunier, mâture, poulie, vergue ■ 7 artimon, beaupré, clinfoc, misaine, mouffle, tapecul ■ 8 bonnette, cacatois, gréement, perruche ■ 9 perroquet ■ 10 brigantine, taillevent, tourmentin, trinquette.
**VOIR:** 2 vu ■ 3 vue ■ 4 goût ■ 5 épier, fixer, mirer, nuage, point, recul,

tâter ■ 6 aviser, planer, revoir ■ 7 lorgner, repérer, visiter ■ 8 diapason, observer, paraître, regarder*, reluquer, vérifier ■ 9 curiosité, découvrir*, dessiller, dévisager, discerner*, éclairage, entrevoir, justifier, optimisme, pardonner, percevoir, présenter, remarquer ■ 10 apercevoir, autoscopie, considérer. contempler, distinguer, exhibition, fréquenter, surprendre, visibilité ■ 11 extralucide ■ 12 moucharabieh ■ 13 éblouissement.

**VOISIN :** 4 près*, semi ■ 5 ouche ■ 6 proche* ■ 7 vicinal ■ 8 confiner, voisiner ■ 9 atterrage, avoisiner, proximité, voisinage ■ 13 circumpolaire.

**VOISINAGE :** 6 entour ■ 10 périurbain.

**VOIT :** 9 non-voyant.

**VOITURE :** 3 cab, car, duc, van ■ 4 bige, char, clou, jeep, oing, parc, taxi, tram, truc ■ 5 araba, armon, bâche, banne, break, buggy, capot, coach, coche, coupé, derby, drein, fusée, guide, jante, moyeu, place, poste, sabot, sapin, siège, sulky, tabor, tacot, timon, train, turbo, vagon, volée, wagon*, wiski ■ 6 binard, boguet, camion, chaise, coucou, diable, fiacre, haquet, landau, milord, téléga, tender, troïka ■ 7 bagnole, berline, caisson, calèche, chariot, châssis*, dog-cart, fardier, fourgon, litière, locatis, omnibus, patache, phaéton, tape-cul, télègue, tilbury, tonneau, torpédo, tramway ■ 8 autorail, basterne, brouette, capotage, carriole, carrosse, cartayer, chignole, débarras, enrayoir, équipage, portière, prolonge, quadrige, rickshaw, roulotte, stock-car, teuf-teuf, traîneau, trottade, véhicule*, victoria, voiturée, voiturer, voiturin, wagon-lit ■ 9 ambulance, appui-bras, baladeuse, berlingot, cabriolet, charrette, diligence, éfourceau, familiale, fourrière, guimbarde, landaulet, limonière, limousine, mail-coach, micheline, poussette, tarantass, taximètre, tombereau ■ 10 automobile*, avant-train, boulangère, carrossier, cellulaire, chargement, corbillard, dépanneuse, jardinière, malle-poste, marche-pied, pétrolette, strapontin, tapissière, vélocifère, voiture-bar, voiture-lit, voiturette, wagon-salon ■ 11 camionnette, chasse-marée, commerciale, hippomobile, sleeping-car, triqueballe ■ 12 fourgonnette, pousse-pousse, voiture-balai, voiture-poste, voiture-salon ■ 15 wagon-restaurant.

**VOITURE-LIT :** 8 sleeping ■ 11 sleeping-car.

**VOITURER :** 6 rendre ■ 11 transporter*.

**VOITURETTE :** 8 cyclecar ■ 11 auto-scooter ■ 12 microvoiture.

**VOITURIER :** 7 roulier ■ 8 voiturin ■ 11 chasse-marée.

**VOIX :** 3 cri, mue, off, ton ■ 4 alto, oral, pose ■ 5 basse, butor, canon, chant, couac, danse, mimer, ténor*, verbe, vocal, voter ■ 6 aphone, gosier, volume ■ 7 aphonie, baryton, fausset, langage, soprano, stentor ■ 8 abat-voix, cadencer, majorité, mêle-cass, oraliser, phonique, préluder, suffrage, ténorino, terzetto ■ 9 accentuer, bas-dessus, chuchoter, contralto, dysphonie, fredonner, hommasse, mezzo-voce, mimologie, monodique, phonation, phoniatre, porte-voix, tessiture ■ 10 chantonner, contre-alto, haut-dessus, intonation, mêle-cassis, modulation, phoniatrie, sopraniste, vocalement ■ 11 basse-contre, basse-taille, haute-contre, haute-taille, nasonnement ■ 12 chevrotement, marmottement, mezzo-soprano, phonogénique.

**VOL :** 4 aile, raid, tire, volé ■ 5 essor, recel, voile ■ 6 fauché, larcin, rapine* ■ 7 maraude, péculat, volerie ■ 8 entôlage, rectrice ■ 9 maraudage, tire-d'aile ■ 10 brigandage, chapardage, concussion, deltaplane, escamotage, marauderie, rase-mottes ■ 11 escroquerie ■ 12 malhonnêteté, malversation ■ 13 falsification, indélicatesse, ornithomancie.

**VOLAGE :** 5 léger* ■ **8** papillon ■ **9** changeant ■ **11** inconstant.
**VOLAILLE :** 4 œuf ■ **5** civet, farce, pâtée, pâton, pilon ■ **6** cageot, chapon, gaveur, tagine, taline, trémie ■ **7** gaveuse, plumeur, typhose ■ **8** grenadin ■ **9** basse-cour, chaponner, pullorose, troussage, volailler ■ **10** aviculteur, aviculture, ballottine, chaponnage, coquassier ■ **11** aiguillette, sot-l'y-laisse ■ **12** poulaillerie.
**VOLANT :** 5 copie ■ **8** sambuque ■ **9** badminton ■ **12** ptérodactyle.
**VOLATIL :** 5 éther, fleur ■ **6** néroli ■ **7** acétonie ■ **8** hydrolat ■ **9** acroléine ■ **10** ammoniaque, volatilité ■ **11** volatiliser ■ **12** dégazolinage.
**VOLATILE :** 6 oiseau*.
**VOLATILISER :** 12 vaporisation ■ **13** volatilisable ■ **14** volatilisation.
**VOLATILITE :** 7 sublimé.
**VOL-AU-VENT :** 7 bouchée.
**VOL A VOILE :** 8 vélivole ■ **9** libériste.
**VOLCAN :** 4 lave, lune ■ **5** guyot, salse ■ **6** cercle, péléen, scorie ■ **7** cratère, lapilli, zéolite ■ **8** adventif, éruption, zéolithe ■ **9** fumerolle, laccolite, phonolite, solfatare, soufrière, vulcanien ■ **10** cumulo-dôme, laccolithe, phonolithe, volcanique, volcaniser, volcanisme ■ **12** cumulo-volcan, volcanologie, vulcanologie.
**VOLCANIQUE :** 4 mésa ■ **7** effusif, péperin, perlite ■ **8** cinérite, téphrite ■ **9** microlite ■ **13** pyroclastique.
**VOLCANOLOGIE :** 14 volcanologique, vulcanologie.
**VOLE :** 8 voletant.
**VOLEE :** 3 vol ■ **4** coup, pile ■ **5** essor, pâtée ■ **6** brûlée, fessée, flopée, raclée, rincée, rossée, roulée, saucée, tannée, trempe ■ **7** dégelée, frottée, grattée, peignée, secouée, tournée ■ **8** drop-goal, tabassée, tripotée, volleyer ■ **9** fricassée, tatouille, trépignée ■ **10** bastonnade, correction, déculottée, dérouillée ■ **11** passing-shot, tourlousine.
**VOLER :** 5 pante, piper ■ **6** chiper, choper, flouer, gruger, piller, piquer, priver ■ **7** dérober*, empiler, enlever, faucher, frauder, prendre*, tricher, usurper*, volable, voleter ■ **8** barboter, calotter, chauffer, empoigne, filouter, frelater, grincher, marauder, rabioter, survoler, voltiger ■ **9** chaparder, détourner, dévaliser, escamoter, escroquer, exploiter, extorquer, falsifier, flibuster, plafonner ■ **10** approprier*, cambrioler, déposséder, dépouiller, détrousser, soustraire ■ **11** cleptomanie, kleptomanie, volatiliser ■ **13** aéromodélisme.
**VOLET :** 7 aileron, spoiler ■ **8** jalousie, mantelet ■ **9** persienne ■ **10** contrevent, déflecteur, polyptique, tourniquet.
**VOLETER :** 5 voler ■ **7** flotter.
**VOLEUR :** 5 argot, filou, pègre ■ **6** bandit*, escroc*, fripon, larron, pirate* ■ **7** coupeur, pilleur, vaurien* ■ **9** cartouche, malandrin, rossignol ■ **10** chapardeur, escogriffe, kleptomane, malfaiteur, pickpocket, sycophante ■ **11** détrousseur, vide-gousset.
**VOLIGE :** 7 voliger ■ **9** voligeage.
**VOLONTAIRE :** 3 i.v.g. ■ **4** dîme, fiat, mâle, tête ■ **5** hardi, viril, voulu ■ **6** engagé ■ **8** partisan, sabotage ■ **9** baraterie, intrépide, jeune-turc, privation, réticence, sacrement ■ **10** antrustion, boycottage, ébrouement, pathomimie ■ **11** assentiment, garibaldien, volontariat ■ **12** involontaire ■ **13** contraception, sursimulation ■ **14** volontairement.
**VOLONTAIREMENT :** 8 de bon gré ■ **10** de bon cœur, volontiers ■ **12** bénévolement, de bonne grâce.
**VOLONTE :** 3 gré ■ **4** mode, tête, vœu ■ **5** obéir, toton ■ **6** malgré, oracle ■ **7** aboulie, courage, dessein, énergie, fermeté*, vigueur, volitif, vouloir ■ **8** autorité, bravoure, concorde, décision, destinée, impul-

sif, machinal, mollesse, surhomme, velléité, votation ■ 9 ad libidum, commander, déférence, envergure, fioriture, hardiesse, intention, offensive, testament, ultimatum ■ 10 arbitraire, entêtement, lévitation, opposition, potestatif, prétention, résolution, suggestion, volontaire ■ 11 absolutisme, automatisme, intrépidité, obstination, opiniâtreté, résignation ■ 12 consentement, monothélisme, neurasthénie, volontarisme ■ 13 détermination*.

**VOLONTIERS:** 4 tope ■ 14 volontairement.

**VOLT:** 8 kilovolt.

**VOLTAÏQUE:** 4 pile.

**VOLTAIRIEN:** 14 voltairianisme.

**VOLTAMETRE:** 5 anode ■ 7 cathode ■ 9 électrode.

**VOLTE:** 8 caracole.

**VOLTE-FACE:** 10 changement*.

**VOLTIGE:** 6 brille ■ 7 icarien, tonneau ■ 9 voltigeur ■ 11 voltigement ■ 12 cheval-arçons.

**VOLTIGER:** 5 voler ■ 7 flotter ■ 11 papillonner.

**VOLTMETRE:** 10 multimètre.

**VOLUBILE:** 5 liane ■ 7 liseron, ulluque ■ 8 tchatche ■ 11 physostigma ■ 13 salsepareille.

**VOLUBILIS:** 6 ipomée ■ 7 liseron.

**VOLUBILITE:** 8 dégoiser, jacasser ■ 9 éloquence*.

**VOLUME:** 4 menu, stot, tome ■ 5 cuber, dense, grain, jauge, livre, loupe, mètre, roman, stère, thèse ■ 6 cubage ■ 7 ouvrage, retrait ■ 8 brochure, capacité, comprimé, dilution, gonflant, grosseur*, isochère, jaugeage, quartage ■ 9 atrophier, expansion, gonflette, isocarène, petitesse, volumique ■ 10 contracter, dilatation, eudiomètre, gazométrie, mastodonte, volumétrie, volumineux ■ 11 condensable, contraction, déplacement, hématocrite, roman-fleuve ■ 12 détumescence, dilatabilité, foisonnement, stéréognosie, vasopressine, volumétrique ■ 13 amplification, hépatomégalie, macrocéphalie, splénomégalie, stalagmomètre ■ 14 boursouflement, mini-ordinateur ■ 15 cardiomyopathie, compressibilité.

**VOLUMINEUX:** 4 gros*.

**VOLUMIQUE:** 8 molarité.

**VOLUPTE:** 6 luxure* ■ 7 licence*, plaisir* ■ 8 débauche* ■ 9 lascivité ■ 10 sensualité, voluptueux ■ 11 libertinage, raffinement, sybaritisme ■ 12 dévergondage, égrillardise ■ 13 concupiscence ■ 15 voluptueusement.

**VOLUPTUEUX:** 7 sensuel ■ 8 sybarite ■ 9 luxurieux*.

**VOLUTE:** 6 hélice ■ 7 aileron, tigette ■ 8 modillon.

**VOMIQUE:** 7 brucine.

**VOMIR:** 6 rendre ■ 7 évacuer, vomitif ■ 8 dégorger, émétique, ignivome, regorger, renarder ■ 9 dégueuler, vomissure ■ 10 débagouler, dégobiller, mal de cœur, régurgiter ■ 11 débecqueter, haut-le-cœur, vomissement.

**VOMISSEMENT:** 4 vomi ■ 7 pituite ■ 9 vomissure ■ 10 hématémèse ■ 11 dégobillage ■ 12 antiémétique.

**VOMITIF:** 5 ipéca ■ 8 émétique ■ 10 ipécacuana ■ 11 apomorphine.

**VORACE:** 4 ogre ■ 5 avide* ■ 6 morfal ■ 7 glouton ■ 8 albatros, sphyrène, voracité ■ 10 uranoscope, voracement.

**VORACITE:** 6 rapace.

**VOTATION:** 7 système.

**VOTE:** 4 urne, voix ■ 5 levée, voter ■ 7 scrutin ■ 8 abstenir, bulletin, panacher, suffrage ■ 10 abstention, plébiscite, référendum ■ 11 blackbouler ■ 13 contre-épreuve.

**VOTER :** **5** aller ■ **7** revoter ■ **8** ballotte, votation ■ **11** suffragette ■ **15** abstentionnisme.
**VOUE :** **5** oblat ■ **8** pénitent.
**VOUER :** **7** désirer, dévouer ■ **8** exprimer ■ **9** consacrer, convoiter, souhaiter ■ **11** prédestiner.
**VOULOIR :** **4** haïr ■ **6** exiger*, régler ■ **7** daigner, désirer, entêter, imposer, statuer, volonté ■ **8** entendre, insister, obstiner ■ **9** consentir, convoiter, prétendre*, revouloir, signifier, souhaiter ■ **10** déterminer, persévérer ■ **12** malveillance, théâtralisme.
**VOUS :** **5** vôtre ■ **8** vousoyer, vouvoyer ■ **9** voussoyer ■ **12** voussoiement.
**VOUSSOIR :** **7** claveau ■ **8** retombée ■ **10** contre-clef, trompillon.
**VOUSSURE :** **10** tête-de-clou.
**VOUTAIN :** **10** sexpartite.
**VOUTE :** **3** arc, vau ■ **4** ciel, dais, dôme, four, nova, rein ■ **5** arche, chape, culée, culot, fesse, nadir, niche, ogive ■ **6** arcade, carnau, palais, trompe ■ **7** berceau, blindes, carneau, claveau, coupole, lunette, panache, périple, tournée, voûtain ■ **8** doubleau, échappée, éventail, extrados, formeret, intrados, jarreter, jaumière, pariétal, piédroit, retombée, tonnelle, vousseau, voussoir ■ **9** cul-de-four, décintrer, embarrure, firmament, pendentif, pied-droit, surbaisse, tierceron ■ **10** contreclef, cul-de-lampe, navisphère, sexpartite, stalactite, surhausser ■ **11** arc-doubleau, planétarium ■ **13** surbaissement ■ **15** arrière-voussure.
**VOYAGE :** **4** grue ■ **5** coche, étape, halte, hôtel, plaid, poste, train, vagon, wagon ■ **6** qasida ■ **7** circuit, méharée, odyssée, périple, tournée, voucher ■ **8** caravane, hôtelier, marmotte, rotation, touriste, viatique, voyageur ■ **9** croisière, incursion, promenade, traversée, voyagiste ■ **10** astronaute, expédition, fourre-tout, navigation, pèlerinage, vanity-case ■ **11** déplacement, exploration ■ **12** globe-trotter, long-courrier, représentant ■ **13** pérégrination ■ **14** science-fiction ■ **15** traveller's check.
**VOYAGER :** **5** errer ■ **6** rouler ■ **8** circuler, naviguer, tourisme ■ **9** parcourir, traverser ■ **10** pérégriner ■ **11** bourlinguer, cosmopolite.
**VOYAGEUR :** **3** kan ■ **4** khan ■ **10** multicarte ■ **11** panier-repas.
**VOYAGISTE :** **13** tour-opérateur.
**VOYANT :** **5** devin* ■ **7** voyance ■ **9** nivelette ■ **10** tape-à-l'œil ■ **11** extralucide.
**VOYELLE :** **5** brève, crase, tréma ■ **7** brévité ■ **8** infléchi, synérèse ■ **9** apophonie, contracté, épenthèse, métathèse, vocalique ■ **10** diphtongue, rétroflexe ■ **11** circonflexe, semi-voyelle ■ **12** vocalisation ■ **14** intervocalique.
**VOYOU :** **6** gouape, loubar, loulou, marlou, truand ■ **7** loubard, vaurien* ■ **8** hooligan, houligan ■ **9** arsouille ■ **10** fripouille.
**VRAC :** **10** minéralier.
**VRAI :** **3** sûr ■ **4** fait, faux, nier, réel* ■ **5** avéré, clair, connu, exact*, franc, juste*, loyal, roman, temps ■ **6** formel, patent, prouvé, strict ■ **7** certain*, décisif, évident, logique, notoire, positif*, reconnu, sérieux, sincère, truisme, visible ■ **8** fabuleux, officiel, palpable, spécieux, véracité ■ **9** aléthique, certifier, critérium, manifeste, plausible, rationnel, véridique, véritable ■ **10** dogmatique, historique, incontesté, nécessaire, présupposé ■ **11** authentique, indubitable, infaillible, irrécusable, péremptoire, présomption, raisonnable, reconnaître, satisfiable.
**VRAISEMBLABLE :** **8** probable ■ **9** plausible ■ **12** probablement ■ **15** invraisemblable.

**VRAISEMBLABLEMENT :** 12 possiblement.
**VRAISEMBLANCE :** 5 roman ■ 9 apparence ■ 11 crédibilité, probabilité ■ 15 invraisemblance.
**VRILLE :** 6 cirre, mèche ■ 6 cirrhe ■ 7 tarière ■ 8 tarrière ■ 9 avant-clou, oviscapte ■ 10 percerette ■ 13 queue-de-cochon.
**VRILLETTE :** 6 anobie.
**VU :** 6 de visu.
**VUE :** 3 but*, set ■ 4 lynx, miro, œil*, sens, sort, site, yeux* ■ 5 écran, envie, nuage, objet, point, riant, scène, sport, trait, trust, visée ■ 6 aspect, myopie, vision*, visuel ■ 7 aveugle, optique*, paysage, ralenti ■ 8 aveugler, diplopie, garde-vue, panorama, regarder ■ 9 amblyopie, invisible, pifomètre, spectacle*, strabisme ■ 10 apparition, emmétropie, paroptique, point de vue ■ 11 éblouissant, hémianopsie, libéralisme, papillotage, perspective ■ 12 clairvoyance ■ 13 éblouissement, papillotement ■ 14 cartellisation.
**VULCANISATION :** 10 vulcaniser ■ 13 vulcanisateur.
**VULCANOLOGIE :** 12 vulcanologue ■ 14 vulcanologiste.
**VULGAIRE :** 3 bas ■ 4 brut, plat ■ 5 banal, battu, foule, gouet, loche, nitre, nopal, orque, vulgo ■ 6 commun* ■ 7 trivial ■ 8 grossier*, pinchart, populace, quolibet ■ 9 banaliser, philistin, populaire, prosaïque, vulgarité ■ 10 vulgarisme.
**VULGAIREMENT :** 10 couramment.
**VULGARISATION :** 14 philotechnique.
**VULGARISER :** 8 propager ■ 11 populariser ■ 13 vulgarisation.
**VULGATE :** 5 bible.
**VULNEAIRE :** 10 anthyllide.
**VULNERABLE :** 4 loge ■ 5 talon ■ 13 vulnérabilité ■ 14 vulnérabiliser.
**VULNERAIRE :** 5 orpin ■ 9 anthyllis ■ 10 anthyllide, crapaudine.
**VULTUEUX :** 5 rouge ■ 6 gonflé ■ 10 vultuosité.
**VULVE :** 5 hymen, vagin ■ 7 vulvite ■ 8 clitoris, vulvaire ■ 12 bartholinite.

# WXYZ

**WAGON :** 4 rame, truc ■ 5 bogie, coupé, plomb, train, truck, vagon, vigie ■ 7 fourgon, plateau, voiture* ■ 8 prolonge, wagon-bar, wagon-lit, wagonnée ■ 9 impériale, wagonnier ■ 10 débrancher, dérailleur, locomotive, wagon-poste ■ 11 sleeping-car, wagon-foudre, wagon-trémie ■ 12 compartiment, wagon-citerne ■ 14 wagon-couchette, wagon-réservoir.
**WAGONNET :** 5 benne, lorry ■ 8 draisine, hercheur, herscher ■ 9 herscheur ■ 10 draisienne.
**WAHHABISME :** 10 wahhabiste.
**WALHALLA :** 4 ciel.
**WALLIS :** 9 wallisien.
**WALLON :** 10 wallingant, wallonisme.
**WARRANTER :** 7 warrant ■ 8 warranté ■ 10 warrantage.
**WATER :** 5 vécés.
**WHISKY :** 3 rye ■ 4 baby ■ 6 scotch ■ 7 whiskey.
**WHIST :** 5 trick ■ 6 chelem ■ 7 schelem.
**WILAYA :** 4 wali ■ 5 daïra.
**WOMBATIDE :** 6 wombat ■ 12 phascolomidé.
**WOOFER :** 6 boomer.

**X :** 5 rayon.
**XENON :** 2 xe.
**XENOPHOBE :** 4 skin ■ 8 skinhead.
**XEROPHILE :** 8 caatinga.
**XEROPHYTE :** 12 xérophytique.
**XIPHOÏDE :** 10 xiphoïdien.
**XIPHOPHORE :** 11 porte-glaive.
**XYLENE :** 5 xylol ■ 8 xylidine.
**XYLOGRAPHIE :** 13 xylographique.
**XYLOPHONE :** 7 marimba ■ 8 cymbalum.

**YACHT :** 5 winch ■ 6 bateau ■ 7 cruiser, vaurien ■ 8 bulb-keel, monotype ■ 10 fifty-fifty ■ 12 cabin-cruiser.
**YACHTING :** 7 marconi ■ 8 yachtman ■ 9 yachtclub, yachtsman ■ 15 course-croisière,
**YAK :** 4 yack.
**YANG :** 3 yin.

**YASS :** 6 chibre.
**YATAGAN :** 4 épée*.
**YEMEN :** 4 rial ■ 8 yéménite.
**YEUX :** 3 vue* ■ 4 œil* ■ 5 cerne, larme, momie, rhume, taupe ■ 6 billes ■ 7 châsses, chassie ■ 8 éborgner, exorbité, mirettes, oculiste, ribouler ■ 9 éborgnage, nystagmus, oculogyre, quinquets ■ 10 nyctalopie ■ 11 binoculaire, ophtalmique ■ 13 interoculaire.
**YIDDISH :** 13 judéo-allemand.
**YIN :** 4 yang.
**YOGA :** 4 yogi ■ 5 asana.
**YCHIMBEHE :** 9 yohimbine.
**YONNE :** 8 icaunais ■ 12 soumaintrain.
**YOUDI :** 6 youpin, youtre ■ 9 israélite.
**YOUGOSLAVE :** 5 dinar ■ 7 voïvode ■ 8 voïévode, voïvodie ■ 9 voïévodie
**YTTERBIUM :** 2 yb ■ 9 ytterbine.
**YTTRIUM :** 6 yttria ■ 8 yttrique ■ 9 yttrifère ■ 10 yttrialite.

**ZAIRE :** 5 zaïre ■ 7 zaïrois.
**ZAMBIE :** 7 zambien.
**ZAPPING :** 6 zapper.
**ZAZOU :** 7 élégant.
**ZEBRE :** 3 daw ■ 4 dauw ■ 5 okapi.
**ZELATEUR :** 6 zélote ■ 12 enthousiaste.
**ZELE :** 4 élan, soin* ■ 5 tiède, vouer ■ 6 ardeur, flamme ■ 7 chaleur, courage, énergie, entrain, ferveur ■ 8 activité, dévotion, relâcher, zélateur ■ 9 diligence, émulation, fanatique, fanatisme, stimulant, vigilance ■ 10 dévouement, exaltation ■ 11 amateurisme, chauvinisme, intrépidité, relâchement ■ 12 empressement, enthousiasme, prosélytisme.
**ZELOTE :** 9 zélotisme.
**ZEN :** 6 satori.
**ZENITH :** 5 nadir ■ 6 comble ■ 8 méridien, zénithal.
**ZEPHIR :** 9 zéphyrien.
**ZERO :** 3 nul ■ 5 gelée, néant ■ 7 nullité ■ 8 zérotage ■ 9 asymptote ■ 15 supraconduction.
**ZESTE :** 6 zester.
**ZEZAIEMENT :** 7 blésité ■ 10 zozotement.
**ZEZAYER :** 6 bléser ■ 7 zozoter ■ 10 zézaiement.
**ZIBELINE :** 5 marte, sable.
**ZIGZAG :** 5 boyau, criss, lacet ■ 7 chicane, émanché ■ 9 zigzaguer.
**ZIMBABWE :** 10 zimbabwéen.
**ZINC :** 2 zn ■ 5 falun, indol, métal, moire, plomb, tutie ■ 6 tuthie, zicral ■ 7 pacfung, similor, zincage, zincate, zingage ■ 8 argentan, packfung, zincifère, zincique ■ 9 lithopone ■ 10 chrysocale ■ 11 maillechort, smithsonite ■ 12 chrysocalque, zincographie ■ 14 shérardisation.
**ZINGARO :** 8 bohémien*.
**ZINGIBERACEE :** 5 amone ■ 7 curcuma ■ 9 cardamome, gingembre.
**ZIP :** 6 zipper.
**ZIPPING :** 8 pitonner.
**ZIRCONIUM :** 2 zr ■ 6 zircon ■ 7 zircone ■ 9 zirconite.
**ZIZANIE :** 6 ivraie ■ 15 mésintelligence*.
**ZOANTHAIRE :** 11 anthozoaire*.

**ZODIAQUE :** 4 lion ■ 6 bélier, cancer, vierge ■ 7 balance, gémeaux, taureau, verseau ■ 8 poissons, scorpion, zodiacal ■ 10 capricorne, sagittaire.
**ZONAGE :** 5 zoner ■ 6 zoning.
**ZONE :** 2 z.i. ■ 3 z.a.c., z.a.d., z.i.f. ■ 4 halo, fief, sima ■ 5 bande, front ■ 6 zonier ■ 7 cambium, écotone, secteur ■ 8 cuticule, épiderme, isochémie, objectif, quartier, zodiaque ■ 9 avalanche, desmosome, mésocarpe, péricycle, urbaniste ■ 10 ectoplasme, intertidal, territoire ■ 11 sous-secteur ■ 12 épipélagique, sous-quartier, subconscient ■ 14 bathypélagique.
**ZOOLOGIE :** 3 zoo ■ 10 mammalogie, zoologique, zoologiste ■ 11 entomologie, ichtyologie ■ 12 ornithologie ■ 14 zoologiquement.
**ZOOLOGIQUE :** 3 zoo.
**ZOOPATHIE :** 8 zoophile ■ 11 zoopathique.
**ZOOPHYTE :** 11 phytozoaire.
**ZOOSPORE :** 11 zoosporange.
**ZOOTECHNIE :** 12 zootechnique ■ 13 zootechnicien.
**ZOROASTRISME :** 8 parsisme ■ 11 zoroastrien.
**ZOUAVE :** 7 chéchia.
**ZURICH :** 9 zurichois.
**ZUTISTE :** 7 zutique.
**ZWINGLIANISME :** 9 zwinglien.
**ZYGOMYCETE :** 9 mucoracée*.

IMPRESSION : BUSSIÈRE S.A., SAINT-AMAND (CHER). — N° 844
D. L. AVRIL 1993/0099/113
ISBN 2-501-01885-0
*Imprimé en France*

## LES AUTEURS

**Léon NOËL** est un passionné de la langue française. Il lit énormément — tous les domaines l'intéressent — et s'est ainsi forgé un solide bagage intellectuel. Il possède une énorme bibliothèque où se côtoient des milliers de livres, ouvrages spécifiques, dictionnaires anciens et actuels. Il compose aussi des grilles de mots croisés.

**Marynel HENRARD,** son épouse, expert comptable, prix supérieur de chant classique, est aussi passionnée par la langue française.